HISTOIRE
DE
MONTPELLIER

Par D'AIGREFEUILLE

2ᵉ édition

TOME II. — PREMIER FASCICULE

A MONTPELLIER
Chez C. COULET, Libraire-Éditeur
de la Société des Bibliophiles Languedociens
Grand'rue, 5

M DCCC LXXVII

Lyon. — Imp. MOUGIN-RUSAND.

COLLECTION DES CENT-QUINZE

DE LA SOCIÉTÉ

DES BIBLIOPHILES LANGUEDOCIENS

———

HISTOIRE
DE LA VILLE
DE MONTPELLIER

AVIS IMPORTANT

La Société, laiffant à chaque auteur ou éditeur la refponfabilité de fes écrits, déclare ne point accepter la folidarité des opinions énoncées dans les ouvrages qu'elle fait imprimer.

(Statuts, extr. de l'art. 1er.)

HISTOIRE
DE LA VILLE
DE
MONTPELLIER

Depuis fon origine jufqu'à notre temps

Par Charles D'AIGREFEUILLE

NOUVELLE ÉDITION

PUBLIÉE SOUS LA DIRECTION

De M. de la PIJARDIÈRE

Archivifle de l'Hérault
Bibliothécaire honoraire de la bibliothèque Sainte-Geneviève, Préfident de la Société des Bibliophiles Languedociens

ET

PAR PLUSIEURS MEMBRES DE CETTE SOCIÉTÉ

DEUXIÈME VOLUME

A MONTPELLIER
Chez C. COULET, Libraire-Éditeur
de la Société des Bibliophiles Languedociens
Grand'rue, 5

M DCCC LXXVII

Lyon. — Imp. MOUGIN-RUSAND.

HISTOIRE
DE LA VILLE
DE MONTPELLIER
Sous le roy Henry IV.

PAGE 331.

LIVRE DIX-SEPTIÉME.

CHAPITRE PREMIER.

I. Commencemens du roi Henry IV. II. Troubles dans le Languedoc pour ses interêts. III. Blocus de Paris. IV. Continüation des troubles dans nôtre province. V. Sort funeste du gouverneur de Leucate. VI. Autres expeditions entre les ligueurs & les royalistes.

A nouvelle de la mort du roi Henry III fut reçûë à Montpellier avec plus de tristesse que dans plusieurs autres villes du royaume, parceque les religionnaires y avoient conçû de grandes esperances de son dernier traité avec le roi de Navarre. L'evêque Antoine de Subjet, profitant de la liberté qu'on laissa aux catoliques dans cette occasion, lui fit faire un service solennel; mais tous les esprits se tournérent bientôt vers le roi de Navarre, qui avoit à poursuivre ses droits sur la couronne de France.

Sa religion y mettoit un obstacle insurmontable de la part des catoliques; les huguenots eux-mêmes étoient rafroidis, dans la crainte qu'il ne les abandonnât; & les seigneurs qui avoient été en faveur sous le regne préce-

I. 1589.

II.

1589.

Page 332.

Gaches.

dent formoient un parti secret contre lui. Plusieurs ne laissèrent pas de lui jurer fidelité, sur tout lorsqu'il eut promis de maintenir la religion catolique, & de s'y faire instruire; mais le duc d'Epernon refusa d'être de ce nombre, & il lui accorda seulement quelques jours pour lever le siége de Paris avec honneur.

Le nouveau roi, reduit à un petit nombre de troupes, les fit marcher vers la Normandie, pour y amasser de l'argent & pour y recevoir le secours qu'il attendoit d'Angleterre; il dépêcha en même tems dans les provinces, aux principaux * seigneurs qui y gouvernoient, comme Lesdiguières dans le Dauphiné, & Montmorency dans le Languedoc, pour les exhorter à être fermes dans son service. Le duc de Montmorency étoit allé voir son armée devant Narbonne, lorsqu'il reçut le gentilhomme que Henri IV lui envoya, & qui avoit ordre de lui parler de l'épée de connétable; le duc répondit par de grandes assurances de fidelité, & envoya au roi pour lui marquer sa joye de son avénement à la couronne.

II. Il tenoit alors Narbonne bloqué, n'étant pas assés fort pour en entreprendre le siége; mais le grand prieur de Joyeuse ayant ravitaillé la place, ils convinrent d'une trêve de quatre mois, qu'ils signèrent le dernier d'août, & durant ce tems, chacun d'eux alla pourvoir aux affaires de la partie du Languedoc qui le regardoit.

Le maréchal de Joyeuse alla à Toulouse pour en chasser l'evêque de Couserans[1] & le provincial des minimes, deux fameux ligueurs, qui gouvernoient absolument dans la ville; ils eurent le credit d'en faire mettre dehors le maréchal, & ce ne fut qu'après bien des mouvemens & d'executions violentes, qu'on mit quelqu'ordre aux affaires de cette ville.

Le duc de Montmorency, d'autre part, travailloit à assurer nos côtes, en faisant bâtir le fort de Brescou, ce qu'il entreprit par une avanture singulière. On raconte que sur l'avis d'un patron provençal, nommé Barberousset, le maréchal de Joyeuse s'étoit saisi du rocher appellé Brescou, à la vûë d'Agde, où il fit faire un petit fort pour mettre à couvert les barques qu'il envoyoit en course jusqu'à Maguelonne & Aiguemortes. Dans le tems que le duc de Montmorency cherchoit à y remedier, le bonheur voulut que ses coureurs du camp de Narbonne lui amenèrent à Beziers Barberousset avec sept ou huit autres; il profita de cette occasion pour leur faire si belle peur, qu'ils lui moyenèrent la prise du fort, où il fit aussitôt travailler au bâtiment qu'on

Hist. de Castres, troisième partie.

y voit aujourd'hui. C'est ainsi que Gaches le raporte.

Les affaires du Languedoc étant dans cette situation, le duc de Mayéne,

---

[1] François Bonard, qui avoit été cordelier.

general de la ligue, marcha vers la Normandie pour y pourfuivre Henry IV. Il le pouffa jufque fous les murailles de Dieppe, de forte qu'on ne croyoit point qu'il pût avoir d'autre reffource que de paffer la mer; il fe retrancha néanmoins dans le bourg d'Arques, à une lieuë & demi de Dieppe, où le mauvais fuccès des attaques du duc de Mayéne rehauffa le courage des royaliftes & abatit celui des ligueurs; ils fe retirérent le dixiéme jour vers la Picardie, & le roi, ayant reçû d'Angleterre un fecours de quatre mile hommes, marcha vers Paris, où il força, le 1er de novembre, les retranchemens des fauxbourgs St Jacques & St Germain, puis les fauxbourgs mêmes. On dit qu'il feroit entré dans la ville, fi fon canon fût arrivé affés à tems pour rompre les portes; mais, les ducs de Mayéne & de Nemours y étant accourus avec toutes leurs troupes, le roi retira les fiénes & alla s'affurer de l'Anjou, du Maine & de la Touraine.

1589.

Sur la fin de novembre, le duc de Mayéne, folicité par les Parifiens, fe mit en campagne, & prit quelques châteaux aux environs de Paris; puis, décendant la riviére, il alla, dans le mois de janvier, attaquer le Pont-de-l'Arche, où le roi accourut auffitôt; il fauva la place, et alla mettre le fiége devant Dreux. Alors le duc de Mayéne, ayant reçû des Païs-Bas un puiffant fecours, marcha à la tête de quatorze mile hommes pour faire lever ce fiége. Le roi le prevint, quoiqu'il eût un tiers moins de forces, & s'étant rencontrez tous deux le 14e de mars dans la plaine d'Ivry, on en vint à une bataille, où l'armée de la Ligue fut défaite.

1590.

Durant tous ces mouvemens, le duc de Montmorency, qui n'étoit plus en tréve avec le maréchal de Joyeufe, fe rendit à la ville baffe de Carcaffonne, pour la délivrer des garnifons voifines des ligueurs, qui la refferroient de trop près; il fit venir du fecours & des vivres du côté de Caftres, avec quoi il prit, dans le mois de mars, Villepinte, Pefens, Lauraguel, Mouffolens & autres lieux qui incommodoient Carcaffonne; puis, ayant eu des avis preffans du côté de Beaucaire, il y alla pour fes vûës particuliéres, autant que pour les affaires de fon gouvernement.

* Cependant, le roi ayant formé une armée de quinze mile hommes de pied, & d'environ quatre mile chevaux, vint fe faifir, le 15e jour d'avril, de St Maur-des-Foffez, par où la ville de Paris fe trouva bloquée & dans une grande difette de vivres. Le duc de Mayéne en laiffa la garde au duc de Nemours, fon frere uterin, pour aller demander, dans les Païs-Bas, du fecours au duc de Parme, qui, au bout de cinq femaines, lui accorda quatre mile hommes & deux cent lances, avec quoi, ayant joint deux mile François que Balagni lui fournit, il vint fe mettre à couvert fous les murailles de Laon. Le roi y accourut pour le forcer; mais, tandis qu'il le harceloit avec vigueur,

III. Page 333.

1590.

le duc trouva le moyen de faire couler huit cent chevaux & quelqu'infanterie le long des rives de la Marne, qui se jetèrent dans Paris avec un assés grand convoi de vivres.

Enfin, le vingt-deuxième du mois d'août, le duc de Parme, pressé par les ordres réïterez du roi d'Espagne, s'approcha de Paris, dont le roi leva le siége le 29, avec intention d'aller le défier à une bataille; mais il le trouva si bien retranché auprès de Chelles, qu'il consuma inutilement ses troupes, & le mécontentement s'étant glissé parmi ses gens, il ne put rien entreprendre de tout le reste de l'année.

Gaches.

IV. Tandis qu'on en étoit au plus fort du siége de Paris, les affaires n'en étoient pas plus tranquiles dans le Languedoc, où le duc de Montmorency, ayant découvert quelques menées dans la ville basse de Carcassonne, fut obligé de s'y rendre au commencement de juin & d'y faire bâtir une citadelle, pour l'opposer à la garnison de la ville haute, qui tenoit pour le maréchal de Joyeuse; il en donna le gouvernement au vicomte de Mirepoix; & ayant eu avis de la maladie de son épouse Antoinette de la Mark, il partit en diligence pour Pezenas, où il la perdit le quatrième jour de son arrivée, ayant eu d'elle: Hercule, comte d'Offemort; Charlote, mariée à Charles de Valois, duc d'Angoulême; & Marguerite, épouse d'Anne de Levi, duc de Ventadour.

En ce même tems, les ligueurs du Languedoc eurent recours au roi d'Espagne, comme avoit fait le duc de Mayéne, pour en avoir du secours; ils en obtinrent six mile Tudesques, conduits par le comte de Ladron, qui vint aborder au port de la Nouvelle le premier d'août, & fit camper ses troupes sous des tentes le long de la Robine. Le duc de Montmorency, en ayant été informé, fit attaquer un de leurs quartiers, qu'il défit entiérement; ce qui donna tant de chagrin aux ligueurs de Narbonne, qu'ils jetèrent leur colère sur les prisonniers qu'ils tenoient dans la tour de l'archevêché, auxquels ils ne firent aucun quartier, parcequ'ils avoient témoigné de la joye dans le tems du combat, qu'ils regardoient du haut de leur tour.

V. Cet acte de cruauté fut comme le prélude d'un plus grand qui arriva dans ce même tems, & qui interesse plus particuliérement Montpellier, puisque les principaux acteurs étoient natifs ou habitans de cette ville. N. Boursier, Sr de Barri et de St Aunez, au voisinage de Montpellier, avoit le gouvernement de Leucate, sur le chemin de Salses à Narbonne, le long de la côte; ce poste étoit d'autant plus important qu'il fermoit le passage aux Espagnols pour venir par terre du Roussillon en Languedoc. Comme on eut avis en ce tems-là du secours que les ligueurs avoient demandé au roi d'Espagne, le seigneur de Barri, fort zélé pour Henry IV, se mit en chemin pour aller conferer avec le duc de Montmorency; mais il eut le malheur de tomber dans une embufcade, où il demeura prifonnier. Dans ce contretems, fon premier foin fut de pourvoir à la confervation de fa place; il trouva le moyen d'informer fa femme de fon état, & lui manda de fe jeter dans Leucate, & de n'entendre à aucune des propofitions que les Efpagnols ou les ligueurs pourroient lui faire. Le nom de fa femme étoit Conftance de Cezelli, fille de Jean de Cezelli, préfident en feul de la chambre des comptes de Montpellier; elle s'embarqua auffitôt à Maguelonne & aborda heureufement à Leucate, où elle anima tout par fon courage. Les Efpagnols & les ligueurs tentèrent de lui enlever la place de vive force[1]; mais leurs attaques furent inutiles contre la forte fituation du lieu & le bon ordre qu'elle avoit mis à fa défenfe. Alors, les ennemis ayant recours à un autre moyen, firent conduire * à Narbonne le gouverneur de Leucate, & lui propoférent de grandes recompenfes s'il leur faifoit rendre la place, ou bien une mort certaine s'il refufoit de le faire; ils le trouvèrent dans une fi ferme refolution, qu'ils crurent devoir fe tourner du côté de fa femme; pour cet effet, ils lui firent demander un pourparler dans lequel ils lui repréfentèrent qu'ils étoient les maîtres de la perfonne & de la vie de fon mari; mais qu'il n'y avoit d'autre expedient pour le fauver, que de rendre Leucate; elle offrit toutes fes pierreries & la fomme qu'ils voudroient pour fa rançon; mais elle ajoûta qu'elle fe refoudroit à tout, plûtôt que de manquer à la foi que fon mari avoit jurée au roi. Sur ce refus, ils vont à Narbonne, où, de fang-froid, ils font étrangler le feigneur de Barri, dont ils envoyèrent le corps à Leucate; cette vûë caufa une fi grande fureur à la garnifon, qu'ils coururent demander à leur gouvernante le feigneur de Loupian, prifonnier de guerre, que le duc de Montmorency lui avoit envoyé pour répondre de la vie de fon mari. On marque qu'elle eut la generofité de le leur refufer, & qu'elle fe contenta de faire un fi grand feu fur les ennemis, qu'ils n'oférent plus tenter le fiège de Leucate. Le gouvernement lui en fut laiffé jufqu'à ce qu'elle pût le tranfmettre à fon fils Hercule; & quelques courtifans ayant voulu repréfenter à Henry IV qu'un gouvernement de cette importance n'étoit pas affuré entre les mains d'une femme, il répondit qu'il ne connoiffoit point d'homme qui voulût faire pour fon fervice les avances que cette femme avoit fait.

1590.

PAGE 334.

Le Moine, Femmes fortes, pag. 220.

On peut juger, par ce dernier trait, à quel point la guerre étoit échaufée dans le bas Languedoc. Le grand prieur de Joyeufe, voulant profiter du fecours qui lui étoit venu d'Efpagne, fe mit en campagne dans le mois de feptembre, & étant renforcé des troupes que le baron d'Ambres lui amena

VI.

---

1 Ces trois mots « de vive force » font biffés fur le m°.

1590.

du haut Languedoc, il prit Rieux, Periac, Caunes, Ciran & Olonzac; après quoi, il ramena son armée à Narbonne pour lui faire faire montre. Le duc de Montmorency, de son côté, ayant reçû de Mr de Lesdiguiéres un secours de trois cent maîtres, alla reprendre toutes ces places, à la reserve d'Azillanet, qui eut le courage de soûtenir un siége. Tous les ligueurs y accoururent pour le défendre, & les deux armées se trouvérent en présence; mais tout se passa en escarmouches, dans l'une desquelles le parti de la ligue perdit Laroque-Fontiez, capitaine des gardes de Mr de Joyeuse, qui, s'étant retiré, abandonna la place aux royalistes.

Gaches.

Le quinziéme de novembre, le baron de Magalas, accompagné des sieurs de la Canourgue, Cazillac & Marénes, de Montpellier, tous ligueurs, avec sept ou huit cens hommes, surprirent la ville du Vigan; mais ils furent bloquez le lendemain par les voisins, au nombre de trois mile hommes. Le sieur de Lecques y amena les gendarmes du duc de Montmorency, & le vicomte de Panat un regiment de huit cens hommes, avec lesquels on commença l'attaque par la sape & la mine, qui fit bientôt une grande ouverture à la tour; on en vint à l'assaut, qui fut bien soûtenu; mais, au treiziéme jour, les assiégez capitulérent, & sortirent de la place la vie sauve.

Tous les desordres que la chaleur de cette guerre avoit causez, lassérent enfin les combatans, & portérent les deux chefs de parti, Mrs de Montmorency & de Joyeuse, de faire, sur la fin de novembre, une trêve qui fut publiée dans toutes les villes de la province. Ainsi finit dans le Languedoc l'année 1590.

CHAPITRE SECOND.

I. Affaires de France. II. Affaires du Languedoc. III. Carcassonne surprise par les ligueurs. IV. Projets de paix. V. Siége de Villemur. VI. Le nouveau duc de Joyeuse fait une trêve avec le duc de Montmorency, qui perd son fils unique. VII. Mauvais état des affaires du roi. VIII. Sa conversion.

1591.

PAGE 335.

I. LES expeditions militaires recommencérent en France avec l'année 1591. Dès le mois de janvier, le chevalier d'Aumale, l'un des chefs de la ligue, fit une tentative sur la ville de Saint-Denis, où il perdit la vie; & le roi, de son * côté, en fit une autre sur Paris, à la porte Saint-Honoré, qui lui manqua; alors, il porta ses armes plus loin; &, malgré l'incommodité de la saison, il entreprit, dans le mois de février, le siége de Chartres.

1591.

Ce siége, qui ne finit qu'au 18e d'avril, donna lieu à plusieurs intrigues, dont la plus éclatante est la bule que les Espagnols & les ligueurs obtinrent du pape Gregoire XIV, en date du 1er de mars, par laquelle il déclaroit Henry de Bourbon excommunié, relaps, &, comme tel, déchû de tous ses royaumes & seigneuries. Elle fut accüeillie dans les parlemens du royaume selon les diferens partis qu'ils tenoient; le parlement de Toulouse la reçut, & celui de Tours refusa de la recevoir; mais elle porta un contrecoup favorable aux huguenots, car le roi, voulant se les attacher davantage, donna une déclaration qui revoquoit par provision les édits déja donnez contr'eux, & les jugemens qui s'en étoient ensuivis: en consequence, il fit expedier, pour le duc de Montmorency, des lettres d'aveu de tout ce qu'il avoit fait sous le regne du feu roi, qui furent publiées au parlement de Carcassonne, à la cour des aides & chambre des comptes de Montpellier.

Les agitations qui arrivèrent à ce sujet dans la province y causérent la mort de Fulcrand de Vignoles, conseiller en la chambre de l'édit, qui, revenant de la cour avec plusieurs autres députez des royalistes, fut assassiné, entre Mende & Saint-Auban, par ordre du comte d'Apcher. Ce voyage lui avoit valu des provisions pour l'office de président, possedé par Philipe de Canaye, sieur du Fresne; mais elles ne purent servir qu'à son fils Jacques de Vignoles, conseiller en la même chambre, à qui le roi conserva cet office.

II.

Gaches, troisième partie.

Les esprits étant ainsi disposez à la guerre, le baron d'Ambres, du parti des ligueurs, surprit par intelligence le lieu de Fiac; & de là il fut assieger Lauraguel, où le vicomte de Mirepoix avoit jeté Baillat, sergent-major des troupes du duc de Montmorency, lequel se laissa gagner pour de l'argent, & eut encore l'imprudence d'aller à Carcassonne; le vicomte le fit prendre & amener à Pezenas à son maître, lequel le fit passer par le conseil de guerre, qui le condamna à perdre la tête, qu'on fit ensuite porter à Gigean, d'où il étoit.

Idem.

Le maréchal de Joyeuse & le grand prieur, son fils, voulant tirer raison de ces petits avantages, firent marcher leurs Tudesques vers Carcassonne, où ils s'attachérent aux places des environs de la ville basse; leur plus grand effort fut contre Argens, où le vicomte de Mirepoix avoit fait entrer quatre compagnies d'infanterie, qui repoussérent si bien les Tudesques, qu'il falut que Moussolens, lieutenant de Mr de Joyeuse, les ramenât par l'espoir du pillage; ils firent si bien leur devoir, qu'ils entrérent par la bréche, passérent la garnison au fil de l'épée, tuérent tout, sans distinction d'âge ni de sexe, & n'é-

III.

1591.

pargnérent pas même les prêtres, qu'ils tiroient de l'autel pour les égorger, tant étoit grande l'animofité de la fainte ligue.

Après cet exploit, le grand prieur de Joyeufe s'attacha à la ville baffe de Carcaffonne, où il avoit des intelligences. On prit le tems que les royaliftes avoient fait une fortie fur lui, pour leur fermer les portes de la ville, afin qu'ils n'y puffent plus rentrer; & d'autre part, on en ouvrit une aux ligueurs, qui fe rendirent bientôt maîtres de la citadelle que le duc de Montmorency y avoit fait bâtir; & dans leur premier feu, ils auroient conduit au fuplice le préfident La Bourgade, fi toute la ville n'eût demandé fa grace à Mr de Joyeufe; mais on ne put fauver Gibron, avocat du roi, qui fut pendu, pour avoir (difoit-on) parlé infolemment du grand prieur, en plaidant au parlement. Après cette execution, le préfident & les confeillers fortirent de Carcaffonne & fe retirèrent à Beziers, où le parlement fut rétabli.

Quelques mois avant la prife de Carcaffonne par les ligueurs, le roi avoit fait le fiége de Noyon, qui s'étoit rendu le 18e d'août; mais, dans ce même tems, on laiffa échaper le jeune duc de Guife du château de Tours, où il étoit gardé depuis la mort de fon pere aux états de Blois; cette evafion prepara au roi un énemi redoutable. Cependant, comme la faifon de la guerre continüoit, le duc de Mayéne s'avança, dans le mois de feptembre,

Page 336.

jufqu'à Verdun, pour recevoir * huit mile hommes que le pape Gregoire XIV lui envoyoit, fous la conduite d'Hercules Sfrondate, fon neveu. Le roi, de fon côté, reçut dix à douze mile hommes, qui lui vinrent d'Allemagne par la négociation du vicomte de Turéne, avec lefquels il alla donner de fes nouvelles au neveu du pape & au duc de Mayéne, qui n'oférent fortir de Verdun.

Ce fut alors que, pour recompenfer le vicomte de Turéne, & pour s'affurer de Sedan, il lui fit époufer l'héritiére de cette principauté, préferablement à fes autres rivaux, & le fit maréchal de France; ce nouveau maréchal, la nuit d'auparavant celle de fes nôces, furprit par efcalade la ville de Stenay, d'où enfuite il fit fortement la guerre au duc de Lorraine.

1592.

L'année finit par le fiége de Roüen, que le maréchal de Biron commença dans le mois de novembre, & qui fut pouffé jufque bien avant dans l'année fuivante. La vigoureufe refiftance du marquis de Villars donna le tems au duc de Parme d'amener le grand fecours qu'il preparoit dans les Païs-Bas; il vint avec une puiffante armée, qui fut renduë inutile par les lenteurs du duc de Mayéne; mais elles fervirent à faire paroître l'habileté du duc de Parme, qui, après avoir ravitaillé Roüen & Paris, fit une des plus belles retraites qu'on life dans l'hiftoire.

IV. Les affaires du roi commencèrent alors à déchoir. Il perdit le maréchal de Biron, qui eut la tête emportée d'un coup de canon au siége d'Epernay. Les grandes villes songérent à se procurer la liberté ; les seigneurs & les gouverneurs, à se faire une souveraineté de leurs places ou de leurs gouvernemens ; & les simples gentilshommes, à prolonger la guerre, pour continüer le pillage & les voleries qu'ils faisoient impunément ; le roi, d'ailleurs, se trouvoit sans argent, les tailles & les deniers publics étant en proye aux plus forts.

1592.

Dans cet état, il chercha des voyes d'accommodement avec le duc de Mayéne ; & il fut convenu entre Villeroy & Duplessis-Mornay, faisant pour les deux partis : « Que le roi prendroit le terme de six mois pour se faire « instruire ; que la noblesse députeroit au pape, pour le suplier d'y apporter « son autorité ; que cependant on travailleroit à la paix, & qu'il seroit reconnu « par les princes unis ; que l'exercice de la religion catolique seroit rétabli « par tout, & que les huguenots joüiroient des édits qui leur avoient été « accordez avant 1585 ; qu'on modereroit les tailles & les impôts, & que « les priviléges des officiers & des villes seroient conservez. »

Ce traité, pour être connu de trop de personnes, fut traversé par le roi d'Espagne, & causa de nouveaux troubles dans les provinces. En Languedoc, la guerre s'échaufa à l'occasion de ceux de Toulouse, qui voulant arrêter les courses de ceux de Montauban, attirérent à leur secours le grand prieur de Joyeuse ; il fit lever le siége de Revel, & entreprit, vers la fin de juin, celui de Villemur, sur la rivière du Tarn ; les commencemens en furent heureux, car il défit les troupes de Themines, senechal de Quercy, qu'il poussa jusqu'à Montauban ; & il alloit continüer le siége de Villemur, lorsque ses adversaires eurent recours au duc d'Epernon, qui conduisoit une armée en Provence.

L'historien de Castres raporte que ce duc écrivit secrettement un billet au grand prieur, dans lequel il lui disoit : « Que son honneur & son devoir « l'obligeant d'aller délivrer Villemur, il avoit voulu l'en avertir pour lui « donner le tems de se retirer, ou pour s'excuser envers lui. » Le grand prieur n'en ayant pas moins continüé ses attaques, le duc d'Epernon & les troupes du Quercy donnérent sur son camp & l'obligérent de se retirer à la hâte, ayant laissé une fort belle couleuvrine, que le duc enmena au bas Languedoc, où il la donna au maréchal de Montmorency, qui la fit conduire au fort de Brescou.

V.

Gaches, troisième partie.

Environ ce tems, le maréchal de Joyeuse mourut au château de Cauvissan, l'une de ses terres, dans le diocése d'Alet ; & le duc d'Epernon, après avoir eu à Pezenas une longue conference avec Mʳ de Montmorency, vint à Montpellier, d'où il passa dans la Provence, pour s'assurer de ce gouvernement, qui vaquoit par la mort de Bernard de la Valette, son frere.

1592.

PAGE 337.

Tandis qu'il s'y engagea dans une longue fuite d'avantures, qui ne font pas de mon fujet, le grand prieur de Joyeufe reprit fon premier deffein fur Villemur, * qu'il attaqua de nouveau le 10ᵉ de feptembre. Tous les religionnaires & les royaliftes fe réunirent pour l'en chaffer. Le duc de Montmorency fit un corps de fes meilleures troupes, dont il donna le commandement à Lecques, Chambaud, & Montoifon. Marfillac, ci-devant Raftignac, gouverneur d'Auvergne, les joignit avec fa cavalerie, & le vicomte de Gourdon avec Guifcard, y en amenérent du Quercy. Pons de Lauziéres, depuis maréchal de Themines, fe jeta dans la place avec bon nombre de braves gens, qui firent une vigoureufe fortie fur le grand prieur, dans le tems que les alliez donnoient fur fes retranchemens. Le defordre fe mit alors dans fon armée : tous prirent la fuite, & lui-même, entrainé par le grand nombre vers la riviére du Tarn, s'y noya le 19ᵉ d'octobre.

Cet accident jeta Touloufe dans la derniére confternation. Comme c'étoit là le fort des ligueurs du Languedoc, ils fongérent à fe donner un autre chef, & ils voulurent le prendre dans la maifon de Joyeufe, qui depuis plus de trente ans commandoit dans le haut Languedoc. De fept enfans mâles qu'avoit eu le maréchal de Joyeufe, il ne reftoit plus que le cardinal & le pere Ange, connu auparavant fous le nom du marquis de Bofchage, qui, après la mort de fon époufe (Catérine de la Valette), s'étoit fait capucin. Le cardinal, homme fort habile dans la conduite des affaires, voulut bien s'en charger; mais il s'excufa du commandement des armées, qui fut deferé à fon frere, comme en ayant fait autrefois le métier. On lui perfuada, fur la décifion des docteurs, de quiter fon habit en attendant la difpenfe du pape; & ce nouveau general fit auffitôt une tréve pour un an avec le duc de Montmorency, à commencer du 1ᵉʳ janvier 1593. On marque qu'elle fut fignée au mas de Barbieu, entre Olonzac & Mille en Minervois, le 4ᵉ décembre, & qu'elle fut publiée le huit.

1593. VI. Cette tréve donna plus de tranquilité au Languedoc durant toute l'année 1593, mais le duc de Montmorency reçut une grande affliction domeftique par la mort de fon fils unique le comte d'Offemont, qui mourut à Pezenas le 15 du mois de février de cette même année; il étoit né à Montpellier quinze ou feize ans auparavant, depuis que fon pere fe tenoit renfermé dans fon gouvernement. On lui fit par fon ordre, à Pezenas, dans le mois fuivant, des obféques les plus magnifiques; les evêques d'Agde, de Montpellier de Beziers, de Nîmes & de Saint-Pons y affiftérent; le plus grand nombre de toute la nobleffe de la province; une partie des officiers de la cour des aides de Montpellier en robe rouge, & leurs huiffiers en robe violette; les préfidens & officiers des préfidiaux de Beziers, Nîmes &

Manufcrit de Philippy.

Montpellier, qui furent fuivis, dans le convoi funébre, de la compagnie des gendarmes du duc, enfeignes trainantes, & d'un nombre infini de peuple : on fit l'oraifon funébre du défunt; & puis, un dîné fplendide, preparé pour tous au château.

Dans le mois fuivant, le duc de Montmorency tint à Pezenas les états de la province, compofez des députez des villes qui le reconnoiffoient, où il fit décrier ces piéces de monoye qu'on appelloit des pignatelles, & que les troubles précedens avoient introduit dans le Languedoc.

Cependant les affaires du roi déperiffoient tous les jours : les gens de fon confeil & de fa maifon étoient broüillez, fes meilleurs ferviteurs rafroidis ; & les ligueurs, profitant de la trifte fituation où ils le voyoient, lui enlevérent Noyon, & affemblérent les états generaux du royaume pour élire un roi de France à fa place. L'ouverture en fut faite dans la haute fale du Louvre le 26ᵉ janvier; mais les diferentes brigues des prétendans firent trainer l'affemblée jufqu'au mois d'avril, où l'on convint d'une conference entre députez des deux partis, qui fe rendirent à Suréne le 29ᵉ d'avril : les catoliques liguez foûtinrent avec obftination qu'on ne pouvoit reconnoître un roi hérétique; & les autres les fommoient de fe joindre à eux pour inftruire & pour convertir le roi.

Dans cette altercation, Henry IV, déja ébranlé, donna parole pofitive de fe convertir, & demanda une conference pour fon inftruction, à laquelle il convia les plus doctes de fon parti & de celui de la ligue, pour le 15ᵉ juillet; enfin, le 23, il fe rendit dans l'églife Saint-Denis, où il abjura l'héréfie entre les mains de l'archevêque de Bourges, & alla le foir vifiter l'églife de Montmartre. * Dès lors, les parifiens donnérent de fi grandes marques de joye, qu'ils firent bien voir qu'ils n'avoient jamais eu d'éloignement pour fa perfonne. Le roi, de fon côté, fit expedier des lettres aux religionnaires des principales villes ; & dans celles qui furent adreffées à Montpellier, il leur fit fçavoir qu'il s'étoit fait catolique, leur recommandant de lui être fidéles, & leur promettant de les entretenir & conferver felon les édits de pacification : les catoliques de cette ville, quoiqu'en plus petit nombre, témoignérent leur joye par une proceffion generale, à laquelle il ne fut mis aucun empêchement.

CHAPITRE TROISIÉME.

I. Le maréchal de Montmorency est fait connétable de France. II. Il est appellé à la cour par le roi Henry IV. III. Reduction de tout le Languedoc à l'obéïssance du roi. IV. Réunion du parlement de Toulouse. V. Chambre de l'édit de Castres resoluë & formée à Montpellier. VI. Fâcheux hiver en cette ville.

1593.

LA conversion du roi Henry IV fut le grand dénouëment des affaires de la ligue : le duc de Mayéne, qui en étoit le chef, fit aussitôt une tréve de trois mois avec lui, pour lui donner le tems d'envoyer à I. Rome foliciter son absolution. Le roi, de son côté, se souvenant des esperances qu'il avoit données au duc de Montmorency de l'épée de connétable, le nomma à cette grande charge ; & parce que l'on regardoit celle de lieutenant general du Languedoc comme vacante depuis la mort du maréchal de Joyeuse, le roi y nomma le duc de Ventadour, gendre & neveu du nouveau connétable.

1594.

La plûpart des villes qui étoient au pouvoir des catoliques songérent dès lors à reconnoître Henry IV. Lyon se soumit au commencement de janvier 1594 ; Orleans dans le mois suivant, & Bourges peu de jours après, précisément dans le tems que le roi alloit se faire sacrer à Nôtre-Dame de Chartres, n'ayant pû le faire à Reims, parcequ'il n'en étoit pas encore le maître ; enfin Paris lui ouvrit ses portes le 22ᵉ de mars, & l'exemple de Paris fut bientôt suivi par la ville de Roüen.

Ces prosperitez excitérent l'envie des Espagnols & du reste des ligueurs, qui mirent tout en œuvre pour traverser à Rome son absolution. On leur attribua même deux celébres attentats qui furent faits sur la vie de ce prince depuis sa conversion ; & les Espagnols, pour traverser les négociations qu'on faisoit en sa faveur dans les provinces, mirent le siége devant la Capelle ; mais leur entreprise n'empêcha point que plusieurs villes de Bretagne & de Bour-
II. gogne ne reconnussent Henri IV. Ce fut alors que le roi manda au connétable de Montmorency de venir le joindre avec toutes les troupes qu'il pourroit tirer du Languedoc. Il lui amena (selon nos mémoires) une belle armée de six à sept mile hommes ; & (selon Mezeray) de quatre mile fantassins, & de mile hommes de cheval ; laissant son gouvernement tranquile, sous la charge de M. de Ventadour, son lieutenant.

Gaches, troisième partie.

Après quelques retardemens, il se mit en marche le 23ᵉ de juillet, contre l'opinion du public, qui ne croyoit pas qu'après avoir vécu en souverain durant plus de vingt ans dans le Languedoc, il pût se resoudre à en sortir.

On raconte même à ce sujet qu'il échapa à un habitant de Montpellier de dire en bonne compagnie, que lorsque M. de Montmorency passeroit pour aller à la cour, il s'engageoit à l'y porter sur les épaules : ce qui ayant été raporté au connétable lorsqu'il fut arrivé à Montpellier, il fit semblant d'être en colére, & de faire chercher l'homme pour l'obliger de tenir sa promesse, mais ce bonhomme prit tant de soin de se cacher, que le connétable fut le premier à rire de la peur qu'il lui avoit faite.

1594.

La ville de Poitiers traita avec le roi dans le mois d'août, & celles de Laon, d'Amiens & de Beauvais presque en même tems : le siége fut mis devant Noyon, que le roi emporta le 18ᵉ d'octobre. Ainsi, étant maître de presque toute la Picardie, il alla visiter la frontière de Champagne, où il accorda la paix au duc de Lorraine ; & dans le mois de novembre suivant, il conclut un traité avec le duc de Guise, dans lequel il lui fit des avantages, que sa generosité naturelle & l'état de ses affaires demandoient. Alors, le roi voyant qu'il avoit deux énemis de moins, déclara ouvertement la guerre aux Espagnols, & conduisit lui-même ses troupes dans l'Artois ; mais les rigueurs de l'hiver l'obligérent de revenir à Paris, tandis que le connétable de Montmorency eut ordre de demeurer aux environs de Lyon, pour s'opposer au duc de Nemours, qui vouloit affamer cette grande ville ; mais il le resserra dans Viéne si à l'étroit, que toutes ses troupes l'abandonnérent.

PAGE 339.

L'année 1595 commença par les expeditions du maréchal de Biron dan la Bourgogne, où les villes d'Autun, Auxonne, Beaune & Dijon se déclarérent pour le roi. Les Espagnols allarmez, vinrent par la Franche-Comté, sous la conduite de Fernand de Velasque, connétable de Castille, pour s'opposer à ses progrès ; mais le roi, qui y accourut, rendit leurs desseins inutiles, par cette grande valeur qu'il fit paroître au combat de Fontaine-Françoise, près de Dijon ; de sorte que le duc de Mayéne, rebuté des lenteurs & de la fierté des Espagnols, fit un traité secret avec le roi, qui fut rendu public au commencement de l'année suivante.

1595.

Cependant, on traitoit en Languedoc pour achever de reduire cette province à l'obéïssance d'Henry IV, à quoi on parvint enfin, lorsqu'il y avoit le moins lieu de l'esperer. Le plus grand nombre des officiers du parlement de Touloufe, ayant déclaré au duc de Joyeuse qu'ils étoient obligez de reconnoître le roi, puisqu'il étoit catolique, le duc, cherchant à rendre sa condition meilleure, sûcita les plus échaufez de sa faction, qui cauférent de si grands troubles dans Touloufe, que le parlement se retira à Castelsarrasin, ne laissant dans la ville que dix ou douze officiers, qui ne voulurent pas les suivre ; de cette sorte il y eut en même tems trois parlemens dans la province : celui de la ligue, composé des officiers qui avoient resté à Touloufe ;

III.

1595.

celui de Castelsarrasin, qui tenoit pour le roi ; & celui de Beziers, qui avoit été formé (comme nous l'avons vû) dans le tems des politiques. Ces trois compagnies, qui se faisoient la guerre en donnant des arrêts les uns contre les autres, cherchérent à s'appuyer du secours des armes : le duc de Ventadour, lieutenant general de la province, marcha contre Toulouse & fut renforcé par le maréchal de Matignon, gouverneur de Guiéne; ils firent quelques petits siéges aux environs de cette ville ; mais, les maladies contagieuses les ayant obligez de retirer leurs troupes, ils laissérent le champ libre au duc de Joyeuse, qui conduisit les siénes contre Castelsarrasin, où il fit un grand ravage.

On en étoit dans cette triste situation, sans aucune esperance de pouvoir ramener les esprits, lorsque la nouvelle de la reconciliation du roi avec le pape, ôta tout prétexte au parti des ligueurs. Le pape Clement VIII, bien loin d'y mettre des obstacles (comme avoient fait ses prédecesseurs), parut la rechercher ; il donna publiquement l'absolution aux procureurs du roi le 16ᵉ septembre ; & la chose ayant été sçûë dans le Languedoc, on convint d'une conference à Verfeil près de Toulouse, où présida, comme commissaire du roi, François de Rochemore, qualifié alors maître des requêtes de Mʳ le connétable, & depuis premier président en la cour des aides de Montpellier. Le duc de Joyeuse y fit des demandes, qu'on connoîtra mieux par les suites. Les députez du parlement demandérent la réunion des diferentes chambres qui le divisoient; ceux des états de la province insistérent que la chambre de l'édit, déja établie à l'Isle, fût mise dans une ville catolique ; & les députez du duc de Mayéne, avec ceux de la ville de Toulouse, firent leurs demandes particuliéres.

PAGE 340.

Il parut, par les suites, que le roi ne cherchoit qu'à ramener ses sujets, car il accorda presque toutes les demandes qui lui furent faites ; il en fit expedier des lettres patentes en forme d'édit, donné à Folembray, le premier de janvier * 1596, dans lequel il fit au duc de Mayéne les conditions avantageuses qu'on peut voir dans l'histoire generale du royaume : « Il créa le « duc de Joyeuse pair & maréchal de France, & l'un de ses lieutenans ge-« neraux dans la province du Languedoc, és villes de Toulouse, Narbonne, « Carcassonne & autres par lui ramenées au service du roi, sous le gouver-« nement toutefois de Mʳ de Montmorency ; le duc de Ventadour demeu-« rant lieutenant general en l'autre partie du Languedoc, Beziers compris, « Capestang, le diocése de Saint-Pons & le château de Leucate sur la fron-« tiére. Par le même édit, il ordonna le rétablissement du parlement de « Castelsarrasin à Toulouse, & l'incorporation de celui de Beziers. »

IV. Ce dernier article fut executé par deux diferens commissaires ; Mʳ Menardeau, m^e des requêtes, après plufieurs allées & venuës, conduifit le parlement de Beziers à Caftelfarrafin, où fut faite en fa préfence l'incorporation ordonnée, comme il réfulte de fon procès verbal, raporté par Lafaille dans fes Preuves. Quant au rétabliffement de cette cour dans Touloufe, & fa réunion avec les dix ou douze officiers qui y avoient refté, la commiffion en fut donnée au marquis de Mirepoix, & à Mr de Rochemore, qui, ayant remis aux uns & aux autres des lettres de cachet du roi, fe rendirent à Caftelfarrafin le dernier du mois de mars, & en partirent le premier d'avril avec le parlement, qui fit à Touloufe fa réunion en leur préfence.

1596.

Tom. 2, pag. 92.

Annal. tom. 2, pag. 511.

L'établiffement de la chambre de l'édit dans une ville catolique (comme il avoit été demandé) foufrit plus de dificultez : car nous apprenons des mémoires de Gaches que le roi avoit envoyé Mr de Belliévre à Montpellier, auprès du duc de Ventadour, afin qu'il établit cette chambre où il trouveroit à propos ; & que le prefident du Frefne s'étant rendu à Montpellier pour y conferer avec Mr de Belliévre fur les interets de fa compagnie, il trouva que le duc de Ventadour avoit deffein de l'établir à Bagnols, quoique d'autres perfonnes folicitaffent pour Nîmes; mais, l'evêque de Caftres, Jean de Foffez, arrêta tout, en demandant qu'elle fût établie à Caftres ; « Surquoi, le duc « de Ventadour (ajoûte Gaches), qui aimoit beaucoup cet evêque, lui de- « manda s'il auroit bien le courage de fe foumettre, lui & fon clergé, dans « une ville où il y auroit fi peu de catoliques ? A quoi il répondit que « c'étoit le moyen d'y en avoir davantage. » Alors, le duc en ayant conferé avec Mrs de Belliévre & du Frefne, ils écrivirent au préfident la Bourgade, qui étoit encore à la tête du parlement de Beziers, & lui propoférent d'être mis en cette même qualité à la chambre de l'édit, parcequ'on prévoyoit bien qu'il feroit avec beaucoup de defagrément à Touloufe, où il étoit fort haï. La Bourgade ayant fait réponfe qu'il s'en remettoit entiérement à eux, on fuivit le projet d'établir cette chambre dans la ville de Caftres. A quoi les miniftres & le confiftoire ayant formé oppofition, l'affaire paffa néanmoins au confeil de ville, qui délibera d'en remercier l'evêque, & de faire leurs inftances auprès de Mr de Ventadour, pour l'execution de ce projet. Ainfi les religionnaires furent confervez dans la poffeffion d'une chambre mi partie ; & les catoliques, qui la vouloient dans une ville de leur religion, fe confolérent de la voir à Caftres, puifque l'evêque lui-même l'avoit demandé : en confequence, on forma cette chambre d'officiers catoliques & religionnaires, prefque tous du bas Languedoc, & le plus grand nombre de Montpellier.

V.

Troifiéme partie.

1596.

CATOLIQUES.	RELIGIONNAIRES.
PRÉSIDENT.	*PRÉSIDENT.*
Jean SABATIER, feigneur de la Bourgade, originaire de Narbonne.	PHILIPE DE CANAYE, Sr du Frefne.
CONSEILLERS.	*CONSEILLERS.*
DE SAUX.	ANTOINE DE BERENGER, baron d'Arvieu.
DE BONNET.	RICHARD D'ESCORBIAC.
FRANÇOIS DE ROUX *.	JEAN DE LA MER.
PIERRE BARDICHON.	JACQUES DE VIGNOLES.
PIERRE D'UZILLIS.	RAULIN D'AIREBAUDOUZE, baron d'Andufe [1].
FRANÇOIS DE CALVIERE.	FRANÇOIS DE ROZEL.
	PAUL DE JUGES.
	PAUL CORRECH.
PROCUREUR GENERAL.	*AVOCAT GENERAL.*
ETIÉNE DE RATTE.	PIERRE DE BOUCAUD.
	Pour la chancelerie.
GREFIERS	NICOLAS FOSANDIER, ET GEORGE CAZALS.
JEAN CAZALEDES, ET NICOLAS MICHEL.	FRANÇOIS DE FONTANIER, confeiller & fecrétaire du roi.

1597. VI. La joye qu'on eut à Montpellier de la reduction du Languedoc confola les habitans de cette ville d'un fâcheux hiver qu'ils eurent en 1597, & qui leur caufa de très-grands dommages : il commença dans le mois de mars, par une grande abondance de nége, qui étant fuivie d'une rude gelée, fit mourir le menu bétail & perir les arbres fruitiers. Nonobftant ce malheur, le commerce & la confiance furent rétablis dans la province à la faveur de cette nouvelle paix; & l'on marque que Mrs de Joyeufe & de Ventadour fe vifitoient reciproquement, le duc de Joyeufe allant à Beziers, & le duc de Ventadour à Narbonne : ils tinrent néanmoins cette année les états feparément, où chacun d'eux demanda aux villes de fon reffort des fecours extraordinaires pour le roi, qui venoit de perdre Calais & Amiens.

Ces deux pertes, qui ouvroient aux Efpagnols un chemin libre pour aller à Paris, obligérent le roi à faire les derniers efforts contre Amiens, dont il vint enfin heureufement à bout, malgré toutes les tentatives de l'archiduc Albert. La place fe rendit le 25e de feptembre; & le connétable de Montmorency, qui ne quita point le roi durant ce fiége, la reçut à fon nom. Alors les Efpagnols furent plus difpofez que jamais à renoüer les pourparlers de paix qu'on avoit commencez auparavant : Philippe II roi d'Efpagne,

---

[1] Avoit été lieutenant particulier au fiége préfidial de Montpellier.

se voyant sur la fin de ses jours, ne voulut point laisser à son fils une aussi 1597. grande guerre sur les bras; & Henry IV, ayant éprouvé cette année les troubles intestins que le mauvais succés de ses armes lui avoit sûcité, accepta la médiation du cardinal de Florence, legat du saint siége. Les deux rois convinrent qu'on s'assembleroit à Vervins, petite ville du Tierache en Picardie, où ils envoyérent leurs plenipotentiaires sur la fin de cette année.

CHAPITRE QUATRIÉME.

I. Le roi s'assure de la Bretagne. II. Y donne l'édit de Nantes. III. Survivance du gouvernement du Languedoc accordée au fils du connétable. IV. Paix de Vervins. V. Mariage du roi. VI. Demandes des catoliques de Montpellier. VII. Sédition à ce sujet. VIII. Reglemens faits pour y remedier.

TANDIS qu'on étoit assemblé à Vervins pour la paix des deux cou- I. 1598. ronnes, on conseilla au roi de s'approcher de la Bretagne pour prévenir les dificultez qu'on prévoyoit dans le traité de la paix generale, au sujet du duc de Mercœur. A son entrée dans cette province, toutes les places de la frontiére lui portérent les clefs; de sorte que le duc de Mercœur n'eut rien de mieux à faire que de recourir à la clemence du roi, qui lui accorda des conditions très-avantageuses; *mais le prix de son traité fut PAGE 342. le mariage de sa fille unique avec Céfar, duc de Vendôme, fils naturel d'Henry IV.

Pendant le séjour de deux mois que le roi fit en Bretagne, il donna le II. fâmeux édit de Nantes en faveur des religionnaires de son royaume, de qui il avoit tout à craindre depuis que sa conversion leur avoit paru sincére : ils étoient entrez dans une si grande défiance de lui, qu'ils formérent dès-lors un troisiéme parti, sous le nom de Bons-François; & lorsqu'il s'agit de sauver la France par la reprise d'Amiens, ils lui en laissérent faire le siége avec presque les seules forces des catoliques. L'assemblée de Vervins augmenta leurs allarmes; car, ils ne doutérent plus que la paix avec les Espagnols ne dût servir à les accabler.

Dans cette frayeur, ils s'assemblérent en plusieurs villes du royaume, tantôt à Saumur, tantôt à Châtelleraud; ceux de nos provinces choisirent la ville de Montpellier, où nos mémoires marquent qu'il se trouva cent cinquante ministres, munis des procurations de leurs églises. Quant aux députez qu'ils avoient à la suite de la cour, le roi qui avoit souvent différé, crai-

1598.	gnant de leur part quelque coup de defefpoir qui eût renouvellé tous les troubles paffez, leur accorda cet édit, qui renferme en 92 articles toutes les graces qui leur avoient été accordées par les édits précedens. Il leur fut permis d'exercer les charges de judicature & de finance; & par d'autres articles, qu'on appella fecrets, il leur laiffa plufieurs places de sureté, du nombre defquelles étoit Montpellier; il ne voulut pas néanmoins, pour plufieurs confiderations, envoyer alors cet édit au parlement pour le verifier, & ce ne fut que dans l'année fuivante qu'on l'y apporta.

III. Dans ce même tems, le roi accorda au connétable de Montmorency la furvivance du gouvernement de Languedoc, pour fon fils Henry de Montmorency, âgé feulement de trois ans; il lui étoit né à Chantilly, le 30e jour du mois d'avril 1595, de Loüife de Budos de la maifon de Portes, qu'il avoit époufée à Pezenas peu après la mort du comte d'Offemont. Le connétable, qui étoit revenu dans fon gouvernement après la rédition d'Amiens, voulut être lui-même le porteur de ces lettres, & les faire verifier en la cour des aides de Montpellier. La ceremonie en fut faite le 8e juin en robes rouges, préfens le duc de Ventadour, les evêques d'Agde & de Nîmes, avec un très-grand nombre de nobleffe; Guillaume de Ranchin, avocat general, y fit un très-beau difcours, & par l'arrêt que la cour prononça, le regître des provifions fut ordonné.

IV. Quelques femaines après, on fit à Montpellier la publication de la paix concluë à Vervins dans le mois de mai, par laquelle les deux rois fe rendirent mutuellement ce qu'ils avoient pris l'un fur l'autre depuis 1559. Ainfi, les Efpagnols recouvrèrent la comté de Charolois; & le roi de France, les villes de Calais, de Blavet en Bretagne, & autres moins confiderables. Cette publication fut faite à Montpellier, le 27e de juin avec beaucoup de folennité, comme dans tout le refte du royaume: Pierre Dampmartin, gouverneur de la ville, avec Samuël de Trinquére juge mage, marchoient à la tête, ayant au milieu d'eux Daniel Pafcal, general des aides, premier conful; fuivoient en robe rouge les autres confuls à cheval avec leur fuite confulaire, précedez par les quatre trompettes de la ville.

1599.	Le refte de cette année ayant été employé à l'execution de quelques articles de la paix de Vervins, le roi fit porter au parlement de Paris, dans le mois de février 1599, l'édit de Nantes qu'il avoit accordé aux religionnaires de fon royaume; il y fut enregîtré avec cette claufe: « Tant qu'il plaira au roi. » Peu de tems après, on apprit avec admiration le changement du maréchal de Joyeufe, qui après avoir fait le mariage d'Henriette fa fille unique avec Henry duc de Montpenfier, rentra dans les capucins, dont il étoit forti (comme nous l'avons vû) en 1592. Par ce changement, fa lieutenance de

Languedoc, devenuë vacante, fut donnée au duc de Ventadour, qui ayant réuni en fa perfonne les deux lieutenances, réunit auffi les états de la province, qui auparavant s'étoient affemblez feparément durant quelques années. On marque qu'il les tint alors en feul, & que tout s'y paffa de bon accord, les troupes du Languedoc ayant été diftribuées, partie dans la fenéchauffée de Carcaffonne, partie dans celle de Beaucaire. 1599.

La paix dont la France commençoit à joüir, ne laiffoit à fouhaiter pour le * royaume que des enfans au roi : fon mariage avec la reine Marguerite ne pouvoit lui en donner, & les prétentions de la ducheffe de Beaufort étoient un obftacle infurmontable au confentement de la reine Marguerite pour faire rompre fon mariage avec le roi. Dans ces conjonctures, la mort enleva fubitement la ducheffe de Beaufort, & prefqu'en même tems Loüife de Budos, feconde femme du connétable de Montmorency. V. PAGE 343.

Alors, la reine Marguerite fut la première à demander la diffolution de fon mariage; & la fentence en ayant été donnée, le roi fit rechercher Marie de Medicis, fille de François, en fon vivant duc de Florence. Tandis que les agens du roi fuivoient cette affaire, il fe formoit à la cour un parti de mécontens, qui produifit dans la fuite plufieurs effets. Les principaux chefs étoient le maréchal de Boüillon, le duc de la Trimoüille, le connétable de Montmorency & le duc de Montpenfier; mais les plus ardens étoient le duc d'Epernon & le maréchal de Biron. Ce dernier recherca le duc de Savoye, prince des plus fins de fon tems, qui vint alors à la cour pour y foliciter la confervation du marquifat de Saluces, qu'il détenoit à la France; Biron lui découvrit la confpiration qu'il avoit tramée, ce qui porta le duc à éluder l'execution de fes promeffes, & attira dans fes états les armes du roi.

Cependant, les religionnaires du Languedoc faifoient leurs inftances pour l'enregîtrement de l'édit de Nantes dans les cours fupérieures de la province; ils l'obtinrent enfin au commencement de l'année 1600, car cet édit fut verifié à Touloufe le 19 de janvier, & à Montpellier le 12 du mois fuivant. Les catoliques, de leur côté, demandérent à joüir des graces que le roi leur accordoit par ce même édit; & comme il y étoit ordonné qu'ils rentreroient dans la poffeffion des églifes qu'on leur avoit ufurpées, ils refolurent, pour prévenir l'oppofition des huguenots, de député au roi, & de lui demander le rétabliffement de l'églife Nôtre-Dame des Tables; ils choifirent pour cela trois perfonnes des plus confiderables d'entr'eux, fçavoir: Me Homer de Gerard, confeiller en la cour des aides; Jean Teftoris, procureur general en la chambre des comptes, & Claude Talamandier, lieutenant de robe courte au préfidial, qui, ayant été reçûs favorablement, eurent pour VI. 1600.

réponse que le roi envoyeroit des commissaires sur les lieux pour l'execution de son édit.

Les préparatifs qu'on faisoit alors contre le duc de Savoye retardérent de quelques mois l'envoi des commissaires; mais, après que le roi eut avancé son expedition (dans laquelle il prit Bourg-en-Bresse, Chambery, Montmelian & le fort Sainte-Catérine), il fit partir pour Montpellier Chamblay, maître des requêtes, & Dubourg, gouverneur de l'Isle-Jordain; ces deux commissaires se rendirent auprès du duc de Ventadour, avec lequel ils entrérent à Montpellier au commencement de décembre; & les catoliques ayant débatu en leur présence les raisons qu'ils avoient de demander la restitution de l'église Nôtre-Dame, elle leur fut adjugée par ces trois seigneurs, quoique Mr Dubourg fût de la religion protestante.

VII. Sur cette décision favorable, Guitard de Ratte, evêque de Montpellier, prit jour au 28 décembre, pour prendre possession de cette église; Mr de Ventadour voulut s'y trouver pour autoriser toutes choses par sa presence; mais, à peine eut-on dressé une échelle pour démolir une espéce de ravelin qu'on avoit fait à l'entrée de la grand-porte, qu'on vit voler une grêle de pierres sur le maçon qui osa y mettre la main; le duc de Ventadour eut beau dire qu'il falloit executer les ordres du roi, les séditieux coururent à la cloche de la ville, sonnérent le tocsin; & dans peu de tems on vit accourir, par toutes les avenües, un si grand nombre d'habitans tous en armes, qu'on en fait monter le nombre jusqu'à quinze cens.

Le duc, voyant ce tumulte, prit le parti de se retirer chez Mr de Mariotte; & une partie des chanoines qui avoient suivi leur evêque, quitérent la place, le laissant seul avec quelques gentilshommes, qui ne voulurent point l'abandonner. Le prélat resta encore quelques heures au pied du ravelin, & l'on raporte qu'en se tournant vers le baron de Castries (l'un des principaux qui l'accompagnoient), il leur dit, d'un ton de fermeté qui lui étoit ordinaire: « Messieurs, * s'il faut mourir, nous n'en trouverons jamais de « plus belle occasion, puisqu'il s'agit de la gloire de Dieu & du rétablisse- « ment de son culte; ne nous rendons point méprisables à ceux qui ne « cherchent qu'à profiter de nôtre lâcheté. » Comme le baron lui répondoit, au nom de tous, qu'il pouvoit compter sur eux, un des séditieux s'avança, & levant le bras, il alloit décharger un grand coup sur la tête de l'evêque, lorsqu'il fut heureusement arrêté. Alors, les consuls, prévoyant les suites de ce grand tumulte, redoublérent leurs efforts pour calmer la furie du peuple, tandis que les chanoines agissoient auprès de Mr de Ventadour & des commissaires pour faire représenter à l'evêque qu'il convenoit mieux de ceder au tems & d'attendre que le roi eût donné ses ordres sur cette affaire.

Ils en écrivirent, en effet, & leurs lettres trouvérent le roi à Lyon, où il 1600.
s'étoit rendu de Savoye pour y confommer fon mariage avec Marie de Medicis. Les fuites de cette grande fête fufpendirent la réponfe qu'on attendoit
à Montpellier, & le traité de paix avec la Savoye (par lequel on fit un
échange de la comté de Breffe avec le marquifat de Saluces) y mit du retardement jufqu'au mois de mars 1601. Alors Henry IV, étant bien perfuadé 1601.
qu'il y avoit collufion entre les confuls & les religionnaires de la ville, fit
expedier un ordre aux confuls de mettre les catoliques en poffeffion de l'église de Nôtre-Dame, fous peine d'en répondre en leur privé nom. Comme
l'ordre étoit fi précis, ils firent abatre eux-mêmes le ravelin pour lequel ils
avoient fait tant de bruit, & ils abandonnérent l'églife aux catoliques pour
la reparer comme ils jugeroient à propos.

Ce dernier defordre fervit à faire mieux connoître l'importance & la juf- VIII.
tice qu'il y avoit, d'affurer aux catoliques du Languedoc l'exercice libre de
leur religion, puifqu'on l'avoit accordé aux religionnaires. Dans cette vûë,
le connétable de Montmorency convoqua à Pezenas une affemblée des
principales villes de la province, où affiftérent: pour celle de Touloufe, le
préfident de Paule & Mr de Mauffac; pour Montpellier, Pierre Convers,
doyen de la chambre des comptes, & Loüis de Rochemore, confeiller en la
cour des aides; pour Beziers, M^r d'Arnoye, juge mage, & Mr Marion, tréforier de France en la generalité de Montpellier, réfident alors à Beziers; pour
Nîmes, Mrs de Pujol & d'Andufe.

Tous ces députez ayant examiné les articles prefentez par les catoliques
de Montpellier, reglérent (conformément à l'édit de Nantes): « Que
« l'exercice de la religion romaine feroit rétabli dans les lieux où il avoit
« été interrompu; que les biens enlevez aux catoliques leur feroient refti-
« tuez; que tous indiftinctement tiendroient leurs boutiques fermées pen-
« dant les jours de fête, & qu'ils feroient tenus de tapiffer le devant de leur
« maifon lorfqu'on porteroit le faint facrement en proceffion. Il fut fait
« défenfe de faire du bruit aux portes des églifes durant le fervice (ce qui
« n'étoit que trop ordinaire). On convint que ceux des deux religions fe-
« roient reçûs indiftinctement dans les hôpitaux, & l'on attribüa aufdits
« hôpitaux tous les legs que les religionnaires fe trouveroient avoir enlevé
« aux catoliques. »

Ces deux derniers articles furent faits en faveur de l'hôpital de Montpellier, qui avoit été transferé l'année précedente à l'école-mage, & ôté de
l'Eguillerie, où il étoit depuis la premiére démolition des fauxbourgs. Les
catoliques demandérent encore: « Que leurs écoles fuffent feparées de
« celles des religionnaires, & qu'on les appellât aux confeils de ville, pour

1601.

« les impositions où ils devroient être compris. » C'est ainsi qu'après avoir été les maîtres depuis la fondation de leur ville, ils étoient reduits, par le malheur des guerres civiles, à l'état de fuplians. On leur accorda toutes leurs demandes, & l'acte en ayant été signé le 2ᵉ de septembre, il fut confirmé depuis par des lettres patentes, qui furent publiées à Montpellier, en préfence du connétable de Montmorency.

Un mois après l'affemblée de Pezenas, on apprit à Montpellier la naiffance du dauphin (qui fut depuis le roi Loüis XIII), né à Fontainebleau le 27 septembre. Les catoliques en témoignèrent leur joye par le *Te Deum* qu'on chanta, le plus folennellement que l'on put, dans l'églife de la Canourgue, où l'evêque & les chanoines étoient reduits, parce que Nôtre-Dame n'étoit pas encore reparée.

1602.

PAGE 345.

L'année 1602 n'eut autre chofe de remarquable pour Montpellier que les * fuites de la confpiration du maréchal duc de Biron, qui ayant refufé la grace que le roi lui offroit, pourveu qu'il avouât fa faute, fut envoyé au parlement de Paris, & condamné dans le mois de juillet à perdre la tête. Henry de la Tour, duc de Boüillon & maréchal de France, foupçonné d'avoir eu part à cette confpiration, refufa auffi de fe rendre auprès de la perfonne du roi, & fe contenta d'aller fe prefenter à la chambre de l'édit de Caftres, qu'il prétendit être fon juge naturel ; l'avocat general Pierre de Bocaud dépêcha auffitôt un courier à Henry IV pour lui en donner avis, & fur le bruit que Mʳ de Caumartin, préfident au grand confeil, venoit avec un ordre du roi pour le faire arrêter, le duc de Boüillon partit de Caftres & fe rendit à Montpellier.

CHAPITRE CINQUIÉME.

I. Le duc de Boüillon à Montpellier. II. Trahifons dans le Languedoc. III. Nouveau temple des religionnaires. IV. Arrivée du duc de Montmorency à Montpellier. V. Faveurs que le roi accorde à l'univerfité de cette ville. VI. Année du grand hiver. VII. Paffage des Morifques. VIII. Mort de Henry IV.

1603.

I. LE duc de Boüillon étant arrivé à Montpellier fur le commencement de 1603, y fit une affemblée de ceux de fa religion, aufquels il parla fort de fon innocence, & demanda inftamment l'interceffion de leur églife auprès du roi, afin d'obtenir que fa caufe fût portée devant les juges accordez par l'édit de Nantes ; les plus fages mirent une très-grande diference entre un crime d'état au premier chef, & les cas particuliers pour lefquels le roi avoit accordé la chambre de l'édit; ils demandérent du tems pour déliberer fur fa demande, & en fecret ils lui firent preffentir l'inutilité de la tentative qu'il exigeoit d'eux. Le duc partit alors pour Orange, d'où il fe retira à Genéve, & chès les princes proteftans d'Allemagne, jufqu'à ce que fes amis euffent obtenu (comme ils firent quatre ans après) fa grace du roi.

1603.

Andoque, p. 612.

On remarque que cette confpiration du duc de Biron occafionna la nomination d'un evêque & d'un premier préfident de la cour des aides de Montpellier, car Guitard de Ratte, evêque de cette ville, étant mort en 1602, le roi nomma à fa place Jean Garnier, docteur de Sorbonne, qui avoit affifté à la mort le maréchal de Biron; & Pierre de Rozel, premier préfident, n'ayant furvêcu à l'evêque guere plus d'une année, le roi fe fouvint du fervice que Pierre de Bocaud lui avoit rendu à Caftres, lorfque le duc de Boüillon étoit venu s'y préfenter: il le tira de fa charge d'avocat general en la chambre de l'édit & le transfera à celle de premier préfident de la cour des aides, dont il prit poffeffion en 1604.

Gaches, troifiéme partie.

Au commencement de cette année, on avoit eu en Languedoc une fi grande difette, qu'elle y auroit caufé une horrible famine, fi le duc de Ventadour n'eût fait venir des blez de la Champagne & de la Bourgogne, par les riviéres de Sône & du Rône. L'abondance ayant été ainfi renduë à la province, le duc de Ventadour affembla les états à Alby, où, pour entrer dans les vûës du roi Henry IV, qui diffipoit fes chagrins domeftiques en s'appliquant aux moyens de fertilifer fon état, il fit refoudre qu'on planteroit dans le Languedoc ce grand nombre de mûriers qui commencérent de produire à la province le commerce des foyes qu'elle n'avoit pas eu auparavant. Dans ce même tems, on propofa de joindre la Garonne avec la riviére d'Aude, pour faire la jonction des deux mers; mais ce grand deffein, quoique formé dès lors, ne put avoir fon effet que longtems après, fous le regne de Loüis XIV.

1604.

Les querelles particuliéres des dames de la cour ayant donné entrée aux miniftres d'Efpagne dans les affaires les plus fecrettes, ils pratiquérent des intelligences dans plufieurs places frontiéres, comme à Toulon, à Marfeille, à Bayonne * & Blaye. Nôtre Languedoc ne fut pas oublié dans leur projet, car ils trouvérent le moyen de gagner deux freres, nommez les Luquiffes, qui promirent de leur faire livrer Leucate, Narbonne & Beziers. On raconte qu'ils étoient fils d'un Albanois, fort aimé du connétable, qui continüa aux enfans une penfion qu'il faifoit au pere; mais ces jeunes gens, avides d'une fortune plus brillante, prêtérent l'oreille aux Efpagnols, & l'aîné des deux

II. 1605.

PAGE 346.

Andoque, p. 613.

1605. ayant été faire son traité à Perpignan, il en revint avec une grosse somme d'argent pour distribuer à ceux qui faciliteroient la décente des Espagnols, projetée à la Franqui & à Serignan. Tandis qu'ils disposoient leurs gens, un de ceux à qui ils s'adressérent alla découvrir le tout au chevalier de Montmorency (fils naturel du connétable), qui se tenoit à Pezenas; il en donna aussitôt avis au roi; & l'ordre étant venu de s'assurer des Luquisses & de les conduire à Toulouse, Verdun, premier président, fort célèbre de son tems, par sa promte & sevére justice, fit trancher la tête au plus jeune, écarteler l'aîné & punir de mort quelques autres complices qu'il prit soin de découvrir.

III. Ces desordres avoient leur source dans les intrigues secrettes de la cour, qui rehaussérent le courage des religionnaires de Montpellier. Les plus entreprenans de leurs ministres projetérent, lors du passage du duc de Boüillon, de bâtir un second temple dans la place que nous appellons encore aujourd'hui le petit temple. L'ouvrage ayant été achevé cette année, ils commencérent à l'ouvrir de leur propre autorité. De là vient que, dans la recherche qui fut faite de leurs établissemens en 1670, ils furent condamnez à le démolir, n'ayant eu aucun titre légitime pour construire celui-ci.

Heureusement pour la France & pour le duc de Boüillon, les grands mouvemens qu'il s'étoit donné au dedans et au dehors du royaume finirent en
1606. 1606 par son retour dans les bonnes graces du roi. Tout devint paisible dans les provinces & à la cour, où l'on ne fut occupé que de fêtes, dont la principale fut la ceremonie du batême du dauphin & des deux filles de France, qui fut celebrée à Fontainebleau, dans le mois de septembre, avec des apprêts extraordinaires.

IV. La ville de Montpellier se ressentit de ces fêtes, par l'arrivée du connétable de Montmorency, qui profita de ce tems pour amener son fils dans le gouvernement du Languedoc, dont il avoit deja la survivance. Dès qu'on apprit à Montpellier que ce jeune seigneur devoit y venir, tout ce qu'il y avoit de gens capables de porter les armes montérent à cheval pour aller à sa rencontre. On lui dressa dans la ville des portiques, des arcs de triomphe, des inscriptions & des statuës; on y celebra son arrivée par des danses, des courses de bague & des festins, qui durérent pendant six jours; & il est marqué qu'il y vint, durant ce tems, plus de deux mile étrangers, pour prendre part à cette fête.

1607. V. L'année suivante ne fut pas moins heureuse pour Montpellier, car les religionnaires, d'une part, apprirent avec joye la tréve arrêtée entre les Espagnols & les états des Provinces-Unies, leurs bons alliez, après une guerre de quarante ans; d'autre côté, l'université de Montpellier reçut des faveurs signalées du roi Henry IV, par l'établissement qu'il y fit d'un nouveau professeur pour la botanique, qui fut le fameux André du Laurens, & d'un autre pour l'anatomie, qui fut Bartélemi Cabrol; ce prince voulut bien encore faire dresser en cette ville un jardin des plantes, qui, après avoir subsisté jusqu'au tems du siége de Montpellier, fut rétabli après ce même siége en l'état où nous le voyons encore. 1607.

Le 15ᵉ juin de cette année, le premier président de la cour des aides prêta serment dans le conseil du roi, pour la charge de conseiller d'état ordinaire, où il avoit été nommé sur la fin de l'année précedente.

Une autre faveur du roi Henry IV fut la permission qu'il donna par lettres patentes à son colége royal de Montpellier, de passer maître ès-arts les écoliers de ce colége, ce qui avoit été oublié par inadvertance dans les lettres d'établissement fait en 1596. Je raporterai dans l'article de la faculté des arts ces dernières lettres patentes, qui sont datées de Fontainebleau, du mois de novembre 1607.

*Peu de tems après, on commença de sentir à Montpellier, comme dans le reste du royaume, ce grand froid qui fit appeller l'année 1608 l'année du grand hiver; il dura tout le mois de janvier & le suivant, sans presque aucun relâche : nos oliviers & nos vignes en moururent; on trouvoit le gibier mort de froid à la campagne, & grand nombre de voyageurs périrent dans les chemins; on eut toutes les peines de sauver le bétail, tant par la rigueur du tems que par le défaut des fourrages; mais, on remarque que les chaleurs de l'été ayant égalé en quelque sorte les rigueurs de l'hiver, la recolte fut une des plus abondantes : heureusement nous ne soufrîmes pas des grandes inondations que le dégel causa dans les païs du royaume qui avoient de grandes riviéres; car nous en fûmes quites pour celles que la fonte des néges de la montagne nous donna par intervales. VI. 1608. PAGE 347.

Un évenément celébre de l'histoire d'Espagne, arrivé en 1609, produisit à Montpellier, comme en plusieurs autres villes du Languedoc, une colonie de nouveaux habitans, qui venoient d'être chassez de l'Espagne par le roi Philipe III. Ce prince, ne pouvant soufrir dans ses états le grand nombre de mahometans & de juifs qui, après la destruction du royaume de Grenade, s'étoient jettez dans les païs de Valence, de Castille & d'Andalousie, prit le parti de les banir tous de ses terres, quoiqu'ils fissent profession au dehors du chrisianisme & que leur nombre allât à plus de douze cent mile têtes de l'un & de l'autre sexe. Ces misérables se refugiérent en partie dans le royaume de Fez & de Maroc, où étant regardez comme chrétiens par ces infidéles, ils y furent dépoüillez de leurs biens, plusieurs massacrez, & plusieurs repoussez par les peuples de ce royaume. Ceux qui avoient habité les provinces d'Es- VII. 1609.

1609.

pagne les plus voisines de la France, y vinrent chercher un refuge. L'or & l'argent qu'ils avoient soigneusement caché, malgré les défenses du roi d'Espagne, leur ouvrit un passage dans nos provinces; & la pitié naturelle qu'on y a pour les étrangers, jointe à leur bonne mine & à la qualité de plusieurs, en fit recevoir un bon nombre dans nos villes, où ils exercérent, les uns le négoce, les autres la médecine, & plusieurs s'adonnérent à la culture des terres, à quoi ils étoient très-habiles. On les appella d'abord Morisques ou Grenadins ; & depuis, le nom de Marran a resté aux familles qui en sont venuës.

1610.

Ce passage des Morisques par le Languedoc donna lieu à une execution mémorable qui fut faite à Montpellier au commencement de 1610. Parmi le grand nombre de refugiez qui entrérent dans nôtre province, ceux qui ne purent ou qui ne voulurent pas s'y arrêter prirent le parti de s'embarquer sur nos côtes pour passer à Alger, où on leur faisoit un accüeil plus favorable qu'à Fez & à Maroc : toutes les barques qui se trouvérent dans nos

Andoque, pag. 617.

ports furent employées par ordre du roi à ce trajet. Deux patrons d'Agde (appellez les Antorons, pere & fils) avoient déja fait deux voyages pour le transport des Morisques, lorsqu'au troisiéme, où la voiture étoit plus considerable par la richesse des passagers, ils projetérent de les dépoüiller dans leur traversée. Pour cet effet, ils abordérent une isle deserte, où ils persuadérent aux voyageurs de décendre pour y prendre quelque repos; mais, à peine commençoient-ils à le goûter, que les mariniers rentrent dans leur barque, & prenant le large, emportent tout le bien de ces pauvres infortunez, & vont se promener en diferens ports écartez, afin de ne revenir à Agde qu'après le tems qu'on employe ordinairement à ce trajet. Lorsqu'ils y furent arrivez, ils publiérent que ceux d'Alger ayant voulu les assassiner, ils avoient été contrains de revenir sans prendre aucun certificat de leur débarquement.

Cependant, la justice divine, qui préside à la punition des crimes, permit que des vaisseaux de Constantinople passassent auprès de l'isle deserte, & qu'attirez par les feux que les Morisques avoient allumé pour les appeler à leur secours, ils détournassent la chaloupe pour sçavoir ce qui en étoit : après avoir appris l'aventure de ces malheureux, ils les reçurent tous dans leur bord, & les menérent à Alger, d'où quelques-uns d'entr'eux étant partis pour Agde, ils portérent leur plainte contre les Antorons, qui furent

PAGE 348.

conduits à Montpellier, où leur procès ayant été * instruit, ils furent condamnez à perir sur une roüe, comme voleurs de grand chemin.

Cet accident particulier fut bientôt suivi du plus funeste qui pût arriver à la France, par la mort du roi Henry IV qui fut tué à Paris le 14ᵉ de mai, dans le tems que ce prince étoit fur le point d'aller joindre fon armée, qui marchoit déja vers la Flandre. La fucceffion des états de Cleves & de Juillers en étoit la caufe apparente ; mais il avoit un plus grand deffein, dans lequel il avoit engagé la plûpart des puiffances de l'Europe : il s'étoit arrêté à Paris pour affifter au couronnement de la reine fon époufe, qui avoit demandé avec inftance que cette ceremonie fût faite avant le départ du roi; mais, au milieu des grandes folennitez de cette fête, il reçut le coup mortel qui priva la France d'un des plus vaillans & des meilleurs princes qu'elle eût jamais eu. Il mourut dans la 58e année de fa vie, & dans la 22e de fon regne, également regreté des catoliques & des huguenots.

FIN DU LIVRE DIX-SEPTIÉME.

HISTOIRE
DE LA VILLE
DE MONTPELLIER

Sous le roy Loüis XIII,

depuis 1610 jusqu'à 1643

LIVRE DIX-HUITIÉME.   Page 349.

CHAPITRE PREMIER.

I. Premiers troubles fous la minorité de Loüis XIII. II. Sédition à Nîmes. III. Guerre des princes. IV. Mort du connétable. V. Suite de la guerre des princes. VI. Etats generaux. VII. Hiftoire particuliére d'un grenadin condamné à Montpellier.

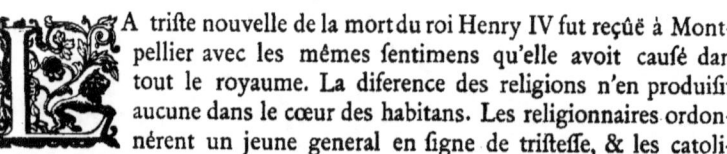A trifte nouvelle de la mort du roi Henry IV fut reçûë à Montpellier avec les mêmes fentimens qu'elle avoit caufé dan tout le royaume. La diference des religions n'en produifit aucune dans le cœur des habitans. Les religionnaires ordonnérent un jeune general en figne de trifteffe, & les catoliy firent un fervice des plus folennels qu'ils purent dans les bornes étroites où ils étoient refferrez. Leur evêque Pierre de Fenoüillet, l'un des plus grands prédicateurs de fon tems, fit l'oraifon funébre de ce prince, où, après avoir touché fes plus beaux exploits de guerre, & le grand nombre de

I.

1610.

graces qu'il avoit accordé dans le cours de sa vie, il laissa à décider laquelle des deux vertus avoit été plus éminente en lui, la valeur ou la clémence.

On y apprit bientot que la reine avoit été déclarée régente du royaume pendant la minorité du roi son fils, & le religionnaires eurent la joye d'apprendre que l'édit de Nantes avoit été confirmé en leur faveur, par une déclaration expresse du 22e mai, verifiée au parlement de Paris le 3e de juin ; néanmoins, pour les contenir dans ce commencement de regne, le connétable de * Montmorency se hatâ de venir à Montpellier, soit qu'il le fît par ordre de la reine, soit que, prévoyant les troubles qui devoient agiter la cour, il voulût se tenir à couvert dans sa petite souveraineté du Languedoc.

De là vient qu'après avoir assisté au premier lit de justice que tint Loüis XIII, il n'attendit pas les ceremonies de son sacre, où le maréchal de la Châtre fit pour lui les fonctions de connétable. Nos archives marquent qu'étant à Montpellier, M. de Fenoüillet alla le saluer à la tête de son clergé, & qu'il prêta entre ses mains le serment de fidelité qu'il devoit au nouveau roi : il fit chanter le *Te Deum* ; & le soir, tant les catoliques que les religionnaires, firent de grands feux de joye dans toute la ville.

Nos consuls, de leur côté, n'oubliérent point de demander au nouveau roi la confirmation de leurs statuts, & des priviléges, libertez & immunitez qui leur avoient été accordez par les rois ses prédecesseurs. Surquoi, Loüis XIII leur fit expedier des lettres patentes, où il dit : « Qu'après avoir
« vû un extrait desdits priviléges & statuts, tiré des regîtres de la maison
« consulaire de la ville de Montpellier, il les confirme & ratifie de sa
« grace spéciale, pleine puissance & autorité royale, pour en joüir par eux,
« tout ainsi qu'ils en ont bien & dûement joüi ; voulant qu'ils en joüissent
« & usent encore à present. Ordonnant à tous les officiers qu'il appartien-
« dra, qu'ils ayent à verifier & enregistrer les présentes, & du contenu en
« icelles faire joüir pleinement & paisiblement les suplians. Donné à Saint-
« Germain-en-Laye, au mois d'août, l'an de grace 1611 & de nôtre regne
« le second. LOUIS. Et plus bas, au repli : par le roi, la reine sa mere pré-
« sente, DELOMENIE. Scellé du grand scel de cire verte. »

Par un effet des changemens que le connétable avoit prévû, on ôta au duc de Sully le gouvernement de la Bastille et la surintendance des finances : on changea les maximes du gouvernement, & on abandonna les anciénes alliances du roi Henry IV, pour recevoir les impressions de la cour d'Espagne.

Il y avoit été resolu de faire une double alliance, par le mariage du roi Loüis XIII avec l'infante d'Espagne, & celui de l'infant avec Elizabeth de France. La reine y donna volontiers les mains ; mais elle diféra de déclarer son dessein jusqu'en 1612; ce qui donna occasion au prince de Condé & au comte de Soissons de se plaindre : « Que dans les « grandes affaires on ne se mettoit point en peine de l'avis des princes ; » « que les tresors du feu roi se consumoient inutilement ; qu'on ôtoit les « charges aux anciens & bons officiers, pour les donner à des étrangers ; par où ils désignoient Conchini, si connu depuis sous le nom du marquis & du maréchal d'Ancre ; mais la reine s'employa si éficacement à gagner leur esprit, que le prince revint de Valery, & le comte de son gouvernement de Normandie, où ils s'étoient retirez, & ils signèrent enfin le contrat de mariage du roi.

Ces premiers troubles recommencèrent par l'affaire de Saint-Jean-d'Angeli, qui parut d'abord bien legère, puisqu'il s'agissoit de l'élection du maire de cette ville, dont le duc de Rohan étoit gouverneur : il y eut à ce sujet plusieurs ordres réiterez de la cour, auxquels le duc n'ayant pas deféré, la reine le fit déclarer rebelle, & leva une armée contre lui. Alors, le duc tâcha d'engager dans cette affaire tous les prétendus reformez du royaume ; ils tinrent sur cela plusieurs assemblées ; & les seigneurs de ce parti entrèrent dans de grandes négociations à Saumur, à Privas [1] & ailleurs : mais, dans le tems qu'ils ne demandoient pas mieux que d'avoir un prétexte de se revolter, le roi donna une déclaration le 15ᵉ décembre, par laquelle il confirmoit en leur faveur les édits de pacification, & promettoit d'oublier tout ce qui s'étoit fait de contraire à ses ordres.

II. Le mouvement que cette affaire causa dans les esprits se fit sentir, au voisinage de Montpellier, par une sédition qu'il y eut à Nîmes dans les premiers mois de 1613 à l'occasion du ministre Duferrier ; il avoit été privé de son ministére par le sinode de Privas tenu en 1612, parceque dans l'assemblée de Saumur il avoit suivi l'avis de ceux qui se conformérent aux volontez de la cour. Dieu se servit de cette disgrace pour le faire rentrer dans le sein de l'église catolique ; & le roi, en consideration de sa conversion, le gratifia d'une charge de *conseiller au présidial de Nîmes. Cette grace du prince lui attira la persecution des ministres, qui fulminérent contre lui une prétenduë sentence d'excommunication, & excitérent la populace à le maltraiter dans le tems qu'il iroit au présidial. Duferrier en ayant eu avis, pria le prévôt Guitaud de l'accompagner le 14ᵉ de juillet ; mais, à la sortie du présidial, il fut chargé d'injures & poursuivi à coups de pierre, jusqu'au logis de Mʳ de Rozel juge mage, où il se refugia, et d'où il se sauva à Beaucaire.

Les séditieux, fâchez qu'il eût échapé de leurs mains, allèrent sacager sa

---

[1] Le manuscrit porte Nîmes au lieu de Privas.

maison de la ville, & courant de là à celle qu'il avoit à la campagne, ils en arrachérent les vignes & les oliviers, qu'ils portérent en triomphe à Nîmes.

Quoique le premier consul & le consistoire fussent contre lui, ils ne laissérent pas, pour sauver les apparences, de faire arrêter trois des principaux séditieux ; mais la populace courut aux armes : plusieurs se postèrent aux environs de la prison, quelques-uns se mirent en garnison dans les arénes & dans l'hôtel de ville ; ensorte qu'ils ne voulurent jamais se retirer qu'on n'eût relâché les prisonniers. Cet attentat, qui ôtoit toute sureté aux officiers de justice, porta le roi à transferer le siége présidial de cette ville dans celle de Beaucaire, par un édit du 3e du mois d'août, qui fut verifié au parlement de Toulouse le 9e de septembre suivant.

III. Cependant, les murmures continüoient à la cour, où l'on ne pouvoit suporter l'élevation du marquis d'Ancre, qui, après avoir obtenu le gouvernement de plusieurs places & la charge de premier gentilhomme de la chambre du roi, venoit d'être élevé à celle de maréchal de France. Le prince de Condé, les ducs de Vendôme, de Nevers, de Mayéne, de Longueville, de Luxembourg & de Boüillon s'unirent ensemble & firent éclater leur mécontentement, en se retirant tous de la cour l'un après l'autre.

La reine, craignant alors les malheurs d'une guerre civile, écrivit à toutes les villes du royaume qu'elle étoit resolue d'assembler les états generaux, pour remedier aux abus dont on se plaignoit ; & d'autre part, elle dépêcha au prince de Condé à Châteauroux, pour tâcher de le ramener ; mais le prince s'étoit retiré à Sedan, chés le duc de Boüillon, où il vit son parti grossi par les ducs de Fronsac & de Retz, par les comtes de Choisi, de la Suse, le vidame de Chartres, le marquis de Bonivet & d'un grand nombre de seigneurs & gentilshommes, suivis de leurs vassaux.

Ces nouvelles ayant augmenté les inquiétudes de la reine, elle n'eut d'autre parti à prendre, de l'avis de son conseil, que de chercher des voyes d'accommodement & d'envoyer à Sedan pour exhorter Mr le prince à la paix. Cette députation eut tout le succés qu'elle pouvoit esperer, car les princes consentirent à une conference avec les commissaires que le roi envoyeroit à Soissons, où le prince se rendit le 15e du mois d'avril.

IV. Dans ce même tems, le connétable de Montmorency, son beaupére, qui vivoit depuis près de quatre ans dans une glorieuse vieillesse, fut enfin accablé sous le poids de ses années : il finit ses jours à la Grange de Pezenas, le 1er d'avril, & fut inhumé à Nôtre-Dame du Grau, où il avoit choisi sa sépulture. Peu de jours aprés, on lui fit à Montpellier un service solennel dans l'église Nôtre-Dame des Tables, où les chanoines de la catédrale, la noblesse

Livre dix-huitième.

du païs & les cours de juftice donnèrent à l'envi des marques de l'eftime & de la venération qu'ils devoient à fa mémoire.

1614.

Le calme qu'il avoit entretenu dans le Languedoc depuis la mort du roi Henry IV y continüa encore, malgré les troubles qui agitoient la cour; car les princes continüoient à demander la convocation des états-generaux, la furféance du mariage du roi & le defarmement de part & d'autre. Alors, la crainte qu'on eut que le duc de Rohan avec les religionnaires de France fe joigniffent aux princes, fit qu'on leur accorda toutes leurs demandes, par le traité de Sainte-Menehould, qui fut figné le 15ᵉ de mai; mais le duc de Vendôme n'ayant pas voulu y être compris, la reine prit la refolution de faire, avec le roi fon fils, un voyage en Bretagne, où tout étoit dans le trouble. Au premier bruit de leur * marche, la plûpart des places ouvrirent leurs portes: le duc de Vendôme remit le fort de Blavet; les ducs de Sully & de Rohan vinrent faire leurs foumiffions; & tout y étant pacifié, le roi revint à Paris fur la mi-feptembre, où il devoit entrer dans fa majorité.

V.

PAGE 352.

Le premier acte qu'il en fit fut une déclaration du premier octobre, par laquelle fa majefté confirmoit l'édit de Nantes & renouvelloit tous les édits du roi fon pere contre les duels, & toutes les ordonnances de fes prédeceffeurs contre les juremens & les blafphêmes. Cette déclaration fut enregîtrée le lendemain au parlement, où il fut déclaré majeur avec les ceremonies accoûtumées. Mais, pour accomplir le feul article qui reftoit du traité de Sainte-Menehould, le roi convoqua les états generaux en la ville de Paris, où tous les députez eurent ordre de fe rendre.

Ceux du gouvernement de Montpellier font marquez en ces termes dans la lifte qui en fut imprimée: Pour le clergé, meffire Pierre de Fenoüillet, evêque de cette ville; pour la nobleffe, meffire François de Montlaur, chevalier, feigneur de Murles & de Precors, confeiller du roi en fes confeils d'Etat, & Privé, capitaine de cinquante hommes d'armes, gouverneur & fénéchal de la ville de Montpellier; Jean de Gardie, feigneur d'Eftandre, gentilhomme ordinaire de la chambre du roi, capitaine de cent chevaux legers, gouverneur pour le roi en la ville de Montpellier, député pour le bailliage dudit Montpellier; & pour le tiers état, Daniel de Galiére, confeiller du roi, tréforier-general de France, premier conful & viguier de ladite ville.

VI.

Les états commencèrent fur la fin d'octobre & durèrent jufqu'au mois de février de l'année fuivante; mais ils n'eurent aucun des bons effets qu'on en attendoit, à caufe de la divifion qu'on prit foin de faire naître entre les chambres, & par le délai que l'on fit de répondre à tous les articles des cayers. Je trouve dans le procès-verbal de cette assemblée, que le clergé n'étant point satisfait du tiers état, envoya l'evêque de Montpellier prier derechef le tiers état de leur communiquer l'article qu'ils avoient dressé sur l'autorité & l'indépendance du roi, qui faisoit tout le sujet du diferend entre ces deux chambres.

VII. Nôtre Talamus raporte fort au long pour cette année 1614 l'avanture d'un grenadin qui donna bien de l'exercice au présidial de Montpellier. Cet homme, refugié à Lunel, y cultivoit un jardin, attenant une petite maison, dans laquelle un autre grenadin, qui passoit son chemin, vint lui demander retraite pour lui, sa femme & un enfant. Le jardinier les reçut avec joye, & les retint chés lui, parcequ'il conçut dès-lors une violente passion pour la femme de son hôte. Il ne tarda point à la lui déclarer; mais elle le rebuta si constament, que le jardinier se mit dans l'esprit que la vie du mari étoit le seul obstacle à ses desirs. Dans cette pensée, il l'invite à sortir avec lui à la campagne, où il le tuë à coups de couteau & le cache le mieux qu'il peut dans une fosse.

A son retour, l'enfant du défunt le voyant blessé à la main, lui demanda comment il avoit fait cela ? A quoi il répondit que c'étoit en coupant des tamarins pour faire des paniers; mais l'enfant lui ayant fait remarquer que sa chemise étoit toute couverte de sang, le trouble qui le saisit alors lui fit avoüer à cet enfant la mauvaise action qu'il venoit de faire, en ajoûtant que, s'il en disoit le moindre mot à qui que ce fût, il lui en feroit autant.

Peu de tems après, la femme ne voyant point revenir son mari, en demanda des nouvelles au jardinier, qui lui répondit qu'il étoit allé à Montpellier voir quelques-uns de sa nation; & prenant de là occasion de la soliciter de plus fort, il lui dit que son mari pourroit bien ne revenir jamais plus; mais, la trouvant toûjours constante dans ses refus, il lui avoüa que son mari étoit mort, lui offrit de l'épouser, & de gré ou de force il la fit consentir à sa passion.

Cela fait, il presenta requête au juge de Lunel, dans laquelle il exposa que cette femme n'étoit point mariée, & que celui qui se disoit son mari s'en étant allé pour ne revenir jamais plus, il demanda qu'il lui fût permis de l'épouser; le * juge le lui accorda; mais, dans le tems qu'ils alloient à l'église, il survint un homme qui portoit l'habit du mort, ce qui causa de la rumeur & fit demander à cet homme d'où est-ce qu'il avoit eu cet habit ? Il répondit l'avoir acheté de quelques bergers qui avoient trouvé un corps mort dans les tamarins de la campagne. Les assistans se souvinrent alors de l'avoir vû porter au premier mari de cette femme; & le trouble ayant beaucoup paru sur le visage de celui qui alloit être le second, le murmure augmenta parmi les affiftans & vint jufqu'aux oreilles du juge, qui fit fufpendre les époufailles & manda le tout au juge criminel de Montpellier.

1614.

La cour du préfidial fit arrêter le prévenu, qui, ayant été traduit dans fes prifons, fe défendit avec une fermeté extraordinaire. Quoique la femme, fon fils & quelques voifins dépofaffent contre lui, & difent l'avoir vu fortir avec le mort, & qu'ils ajoûtaffent toutes les autres circonftances que nous avons déja dites, il perfifta à nier tout, en alleguant le peu de vraifemblance qu'il y avoit, qu'un homme de quarante-cinq ans comme lui, qui avoit vû, difoit-il, tant de chofes & éprouvé l'une & l'autre fortune, eût commis un pareil meurtre envers fon hôte & fon compatriote; il ajoûtoit qu'il y avoit encore moins d'apparence, que fupofé qu'il eût commis ce crime, il l'eût découvert au fils & à la femme du mort; mais les douleurs de la queftion, où il fut appliqué, l'obligérent enfin d'avoüer la verité; & il fut condamné à mourir fur une roüe, dans la place de l'Hôtel-de-Ville: ce qui fut executé au mois d'avril 1614.

CHAPITRE SECOND.

I. Entrée de la ducheffe de Montmorency à Montpellier. II. Nouveaux troubles dans le royaume. III. Mariage du roi. IV. Sédition à Montpellier. V. Troubles finis par la mort du maréchal d'Ancre. VI. Affemblée des notables à Roüen. VII. Affaires particuliéres à Montpellier.

LA mort du connétable ayant attiré en Languedoc le duc de Mont- morency, fon fils & fon fucceffeur dans ce gouvernement, il y fit un féjour confiderable, pour y regler les affaires de fa maifon & pour contenir cette province dans l'obéiffance du roi. Tandis qu'il y travailloit avec fuccés, Marie-Felice des Urfins, fon époufe, voulut profiter du calme que la guerre des princes laiffa à la France durant les premiers mois de l'année 1615. Elle fe mit en marche dans le mois de mai & arriva dans la province au commencement de juin.

I.

1615.

A peine en eut-on appris la nouvelle à Montpellier, qu'on s'y prepara à lui faire une entrée qui répondit à la haute eftime qu'on avoit pour cette dame & à l'affection generale des habitans de Montpellier pour le duc fon époux. Il en refte une relation, imprimée cette même année chés Gillet, par laquelle nous apprenons qu'elle fe rendit le 18 juin, avec le prince dom Côme des Urfins, fon frere, au château de Botonnet, où, aprés avoir dîné,

1615.   elle en partit en litière fur les quatre heures, pour faire fon entrée dans la ville. Elle étoit précedée de quinze jeunes hommes, habillez en amazones, que nos confuls lui avoient donné pour lui fervir de gardes; fon approche fut annoncée par la fanfare des trompettes, qu'on avoit placé aux creneaux de la porte du Pile-Saint-Gilles, où les confuls lui ayant prefenté le dais, elle le refufa. Les canons & les mortiers qu'on avoit difpofé fur toutes les murailles, celebrérent fon entrée; & dans fa marche, depuis la porte du Pile-Saint-Gilles jufqu'à celle de fon hôtel, elle trouva fix arcs de triomphe érigez à fon honneur.

Quelques jours après, continuë la relation, les ecoliers de medécine re- citérent en fa préfence une paftorale en langage du païs, qu'on peut voir dans le livre intitulé *les Folies du Sage;* ils danférent enfuite le balet des aveugles, dans lequel on fit paroître, felon le goût du tems, des cupidons,

Page 354.   des apollons, * des firénes & des monftres marins, fort bien repréfentez, dit la relation.

II.   Dans ce même tems, les affaires du royaume fe broüillérent plus que jamais. Le roi ayant fixé au 25 de juin fon voyage de Guiéne, pour l'execu- tion du double mariage refolu avec l'Efpagne, les prétendus reformez s'en allarmérent & publiérent que cette alliance n'étoit faite que pour détruire leur religion dans le royaume. Ils fe fervirent de la permiffion qu'ils avoient obtenuë de s'affembler à Grenoble, non pas pour nommer des agens qui duffent refider en cour, comme il en étoit convenu, mais pour dreffer des articles fur la reformation de l'état; ils firent une ligue offenfive & défenfive avec le prince de Condé, le maréchal de Boüillon & autres; ils levérent des troupes, fe faifirent des deniers royaux & fe mirent en état de s'oppofer à la marche du roi.

Toutes leurs tentatives n'empêchérent point que la cour n'arrivât heu- reufement à Poitiers le 4e de feptembre & enfuite à Bordeaux le 7e d'octobre. Ce fut en cette derniére ville que les députez de la religion P. R. vinrent demander au roi qu'il approuvât la tranflation qu'ils avoient faite de leur affemblée de Grenoble en la ville de Nîmes; le roi, qui les reçut favorable-

Liv. 2, p. 88.   ment, leur permit de continüer leur affemblée, mais il voulut qu'elle fe tînt à Montpellier.

Nous apprenons de la nouvelle hiftoire du regne du roi Loüis XIII les raifons qui empêchérent cette derniére difpofition du roi: « Les prétendus « reformez, dit-elle, qui craignoient le credit de Chatillon, petit-fils de « l'amiral de Coligny, gouverneur de Montpellier, ne purent fe refoudre de « tenir leurs affemblées en cette ville, & ils fupliérent le roi de les difpenfer « de s'affembler à Montpellier, & de trouver bon qu'ils reftaffent à Nîmes; »

c'eſt-à-dire que les membres qui compoſoient l'aſſemblée de Nîmes, jaloux
de l'autorité qu'ils y exerçoient, ne vouloient la partager avec aucun ſeigneur, comme ils le firent paroître en bien d'autres occaſions. Nous verrons
même que, par le moyen des miniſtres, l'aſſemblée de Nîmes fut auſſi ab-
ſoluë à Montpellier que ſi elle y avoit fait ſa reſidence, & qu'elle en donna
des marques bien ſenſibles envers Mr de Chatillon même.

1615.

Cependant, on continüoit à Bordeaux de travailler à la double alliance
avec l'Eſpagne. La ceremonie du mariage d'Elizabet de France avec Philippe IV y fut faite le 17e octobre, & cette reine fut échangée à Bidaſſoa le
9e novembre avec Marie d'Autriche, qui, étant arrivée à Bordeaux le 21 de
ce mois, y épouſa le roi Loüis XIII. Les troubles que les mécontens cau-
ſoient dans toutes les provinces voiſines de Paris & du paſſage du roi
obligérent la cour de ſéjourner à Bordeaux juſque bien avant le mois de
décembre, tandis que les ducs de Leſdiguiére & de Montmorency, avec le
marquis d'Alincourt, s'aſſembloient en la ville du Saint-Eſprit, pour prendre
les moyens de pacifier le Languedoc, le Lyonnois & le Dauphiné, dont ils
avoient le gouvernement. Le grand ſecret qu'ils gardérent ſur le reſultat de
leur conference, ſervit à contenir ces trois provinces, qui furent tranquiles,
tandis que tout étoit en feu ſur la route de Bordeaux. Le roi en partit le
17e décembre; mais il fut obligé de lever une armée, dont il donna la lieutenance generale au duc de Guiſe.

III.

Ce general conduiſit heureuſement la cour juſqu'à Poitiers, où il la quitta
le 4e de janvier 1616, pour aller combatre à Luzignan l'armée des princes;
il en defit une bonne partie trois jours après; & cet échec ayant diſpoſé les
mécontens à des pourparlers de paix, on convint d'une ſuſpenſion d'armes
& d'une conference à Loudun, pour laquelle le roi Loüis XIII voulut bien
faire expedier des paſſeports aux députez de l'aſſemblée de Nîmes. Cette
conference, qui traîna aſſés longtems à cauſe des diferens interêts des princes,
qui ſongeoient plus à eux-mêmes qu'à la cauſe commune, produiſit le changement de l'aſſemblée de Nîmes en la ville de la Rochelle, & cauſa des al-
ternatives ſurprenantes à la cour.

1616.

A peine le roi fut de retour à Paris, après avoir ſigné l'édit de Loudun,
qu'il mit en liberté le duc d'Angoulême, fils naturel du roi Charles IX, qui
étoit en priſon depuis quatorze ans; il fut rétabli dans ſes charges, & le
prince de Condé fut fait chef du conſeil des finances. Par une ſuite inévitable, le maréchal * d'Ancre ſe retira de la cour; mais, par un revers ſurpre-
nant, ce même prince qui l'avoit éloigné, fut arrêté priſonnier dans le
Louvre le premier ſeptembre, & depuis transferé à la Baſtille; ſa détention
ne fit qu'augmenter les troubles, car elle donna lieu au pillage que fit le

PAGE 355.

1616. peuple de Paris de l'hôtel d'Ancre, à la retraite du duc de Guife & au changement de tous les miniftres: ce qui valut à l'evêque de Luçon une charge de fecrétaire d'état.

IV. L'affemblée de Nîmes, en fe changeant à la Rochelle, ne quita point le Languedoc fans y laiffer de grandes femences de troubles; ils parurent à

1617. Montpellier dès le commencement de 1617, où l'on vit allumer les premiéres étincelles d'un embrafement qui devint general. La chofe commença par une mutinerie de quelques gens du peuple, qui allérent enlever de force un nommé Malhordy des prifons du fenéchal, où il étoit pour crimes capitaux; ils le mirent à leur tête; & cherchant à fe donner de l'exercice, ils entreprirent d'enlever une grande croix de bois peinte en rouge, qui étoit joignant la porte du petit hofpice des capucins.

Le premier conful, quoique de la religion (c'étoit Mr de Combas), prévoyant les fuites d'une telle entreprife, y accourut en diligence avec toute fa fuite confulaire, & leur repréfenta qu'ils alloient ouvertement contre les édits de pacification dont ils joüiffoient eux-mêmes; mais fa reprefentation fut reçûë avec de grandes huées, & fuivie des cris redoublez d'efcarlambat, qui étoit un terme de mépris qu'ils donnoient à ceux qu'ils foupçonnoient de tenir aux deux partis. Alors le premier conful, croyant devoir ufer de fon autorité, voulut faire arrêter quelques-uns des mutins; tous les autres fe jetérent fur lui & dans cette occafion il fut battu & bleffé. Tout ce que put faire le confeil de ville dans ces fâcheufes conjonctures, fut de ceder au temps pour le moment; mais en fecret, ils firent dreffer des informations, qui ayant été envoyées en la chambre de l'édit de Caftres, produifirent un décret de prife de corps, en vertu duquel on fit faifir adroitement le nommé Nogaillan, concierge des prifons du préfidial, & un autre des factieux, qui ayant été conduits à Caftres, y furent condamnez à mort, & leurs têtes envoyées à Montpellier, & mifes fur la porte de Lates pour intimider leurs femblables.

Cette exécution néanmoins, ne put point arrêter l'efprit d'indépendance qui s'étoit emparé du peuple : le parti des féditieux qui avoit mis le nommé Malhordy à fa tête, continûa de s'affembler toutes les fois qu'il le jugea à propos; & à fon exemple, il fe forma un fecond parti, qui alla tenir fes affemblées dans les mafures du vieux monaftére Ste Catherine (aujourd'hui Ste Urfule), d'où ils furent appelés catérinots. Ces deux factions, quoique divifées enfemble, convenoient néanmoins fur deux articles; l'un, de ne reconnoître l'autorité des magiftrats que lorfqu'elle leur feroit utile; l'autre, de ne rien foufrir qui pût contribüer au progrès des catoliques : de là vient, que l'evêque Fenoüillet, ayant voulu établir des jacobins reformez dans leur ancien couvent de la Portaliére, conformément aux édits de pacification, ils lui fûcitérent tant de trouble, qu'il n'en put jamais venir à bout ; & le même prélat ayant fait nommer un jefuite pour prêcher l'avent & le carême, ils ne voulurent jamais le laiffer entrer dans la ville.

1617.

C'étoient des infractions manifeftes aux reglemens faits par les édits de pacification; mais il n'étoit pas poffible de faire entendre fes plaintes, dans l'état de trouble où les affaires étoient alors à la cour: car, en moins de fix mois, on vit le prince de Condé transféré de la Baftille au château de Vincénes ; les feigneurs déclarés pour lui, tenir ferme contre les armées du roi; le maréchal d'Ancre, tué à Paris le 24ᵉ d'avril; fa femme, peu de jours après, executée en la place de Gréve ; les feigneurs qui étoient armez (contens de ce facrifice), mettre bas les armes; & la reine-mere, outrée de ces deux exécutions, prendre le parti de quiter la cour & de fe retirer à Blois. Tout le miniftere fut alors changé; & dans ce grand trouble, on ne trouva d'autre expedient que de ménager le retour des ducs de Vendôme, de Longueville, de Mayène, de Nevers, & du maréchal de Boüillon, en faveur desquels le roi donna le 24ᵉ de juillet, une abolition générale de tous les troubles paffez.

V.

* Alors, les chofes paroiffant plus tranquilles, le roi voulut remedier aux abus de fon royaume, & répondre aux cayers des états generaux qui s'étoient tenus à Paris en 1614. Pour cet effet, il indiqua une affemblée des perfonnes les plus notables de fon royaume, qui devoient s'affembler à Roüen le 24ᵉ du mois de novembre. Je ne trouve point qu'il y eût aucun député de Montpellier, à moins qu'on ne veüille dire, que Charles de Coligny, fieur d'Andelot, qui y affifta, étoit chargé des interêts de Gafpard de Coligny, fieur de Chatillon fon frére, & gouverneur de Monpellier: les autres députez du Languedoc furent, Loüis de Vervins, archevêque de Narbonne; Henry Defprez, marquis de Montpezat; Loüis de Voifin, fieur d'Ambres ; Gilles le Mazuyer, premier préfident au parlement de Touloufe, & François de St.-Félix, procureur general.

VI. Pagᴋ 356.

Quoique cette affemblée n'eût ni le titre ni la forme requife pour être confiderée comme une affemblée des états generaux, néanmoins, la probité, le defintereffement, la capacité & la fageffe de la plûpart de ceux qui la compofoient, donnoient lieu de croire qu'elle procureroit un grand bien à l'état; mais, le fuccès ne répondit pas aux efperances qu'on en avoit conçûës. Quelques jours avant l'ouverture de cette affemblée, Mʳ de Fenoüillet, evêque de Montpellier, avoit obtenu un arrêt du confeil d'état du 10ᵉ de novembre, confirmé par lettres patentes, qui enjoignoient au gouverneur

1617. & consuls de la ville de Montpellier, de donner une entrée libre aux jesuites & aux autres prédicateurs que l'evêque envoyerait pour l'instruction de ses diocésains : mais, les affaires qui survinrent en 1618, arrêtérent l'effet de cet ordre du roi.

1618. VII. La plus considérable affaire de cette année, fut le rétablissement de la religion catolique dans le Bearn, que Loüis XIII avoit ordonné, mais que, les religionnaires de France tâchoient d'éluder par toutes sortes de voyes : ils formérent de leur propre autorité, une assemblée de trois provinces à Ortez, que le roi trouva le moyen de dissiper, en leur permettant de l'assembler à Loudun dans le mois de septembre. Il paroît que ceux de Montpellier y prirent beaucoup de part, puisque de quatre principaux officiers de cette assemblée de Loudun, on en prit deux du voisinage de Montpellier : sçavoir, Chauve, ministre de Sommiéres, pour adjoint du vidame de Chartres, président ; & Chalas, avocat de Nîmes, pour l'un des deux secrétaires de l'assemblée.

Malgré toutes ces agitations, on ne laissa point à Montpellier d'y donner des marques du bon accüeil qu'on est en possession d'y faire aux étrangers ; car je trouve dans un mémoire particulier de ce tems là, que le duc d'Ossonne passant en cette ville, au retour de sa vice-royauté de Naples, on lui donna le bal, durant lequel il s'attacha plus particuliérement à la conversation d'une dame de la ville, à qui il demanda un épi d'or qu'elle portoit à sa coiffure : on marque qu'il le reçut comme une grande faveur, & qu'il le porta à son chapeau tout le reste du bal ; mais, que le lendemain il en envoya un autre de diamans à cette même dame, la priant de le porter pour l'amour de lui [1] : à quoi (dit mon manuscrit) elle ne perdit rien au change.

CHAPITRE TROISIÉME.

I. Troubles à l'occasion de la reine-mere. II. Differentes assemblées des huguenots. III. Nouveaux mécontentemens de la reine. IV. Guerre dans le Languedoc. V. Expeditions du roi dans la Guiéne. VI. Petits siéges autour de Montpellier. VII. Etat de cette ville. VIII. Etablissement du cercle. IX. Tentatives inutiles pour ramener les factieux.

1619. I. DÈS le commencement de l'année 1619, on vit éclorre un grand dessein, ménagé depuis plusieurs mois pour la sortie de la reine-mere, qui étoit depuis deux ans au château de Blois. Le duc d'Eper-

---

(1) Ce qui suit est biffé sur l'original.

non, qui conduisait toute l'intrigue, * reçut cette princesse à sa sortie de 1619.
Blois, & la mena au château de Loches. Cet évenement, qui menaçoit de Page 357.
plus grands troubles, occupa la cour jusqu'au 4ᵉ septembre, où la reconciliation fut faite à Coussiéres près de Tours, entre le roi & la reine sa mere: l'evêque de Luçon, qui fut rapellé d'Avignon pour y travailler, s'y employa plus efficacement que tout autre; par où il continüa de se rendre necessaire, & se prepara un chemin aux plus grandes charges de l'état.

Cependant Luynes, favori du roi, cherchant à s'apuyer d'une grande protection contre le credit de la reine-mere, employa tout celui qu'il avoit auprès de son maître pour obtenir l'elargissement du prince de Condé, qui sortit enfin du château de Vincénes dans le mois d'octobre, d'où il se rendit auprès du roi à Chantilly, qui appartenoit alors au duc de Montmorency, son beau-frere.

Les religionnaires, attentifs à toutes ces broüilleries, se préparoient à en II.
profiter, en tenant des assemblées particuliéres pour disposer les esprits à une generale qu'ils projetoient. Dès le mois de mai 1619, ils tinrent à Melgüeil près de Montpellier, un sinode composé de soixante ministres & d'autant de surveillans, qui, sous prétexte de remedier aux besoins particuliers *Manuscrit de*
de leurs églises, travaillérent à la cause commune. Nous avons deux regle- *Melgüeil.*
mens particuliers de ce sinode de Melgüeil, l'un pour déposer le Sʳ Coutelier, ministre de Nîmes, pour crime de malversation (dit mon manuscrit), l'autre pour dresser une nouvelle église à Castelnau, près de Montpellier, de laquelle devoit dépendre le Crez, Montferrier & autres lieux voisins; il est marqué qu'ils nommérent pour ministre à cette nouvelle église le Sʳ Second; mais les résolutions secretes du sinode regardoient la cause commune, pour laquelle ils obtinrent, moitié de gré, moitié de force, la permission de tenir dans le mois de septembre une assemblée generale à Loudun, qu'ils trouvérent le moyen de faire durer six mois, malgré toutes les défenses du roi.

Les conjonctures du tems ne pouvoient leur être plus favorables, à III. 1620.
cause de la grande inimitié qu'on avoit pris soin d'inspirer à la reine-mere contre le duc de Luynes: cette princesse attira dans ses sentimens un grand nombre des seigneurs de la cour, qui firent un puissant armement; & elle ne craignit point de faire lever des troupes à son nom contre le roi son fils. Loüis XIII fut obligé de marcher vers la Normandie, où il dissipa les intrigues du duc de Longueville; puis, tournant ses armes du côté de l'Anjou, il fit attaquer les retranchemens du pont de Cé, défendus par les troupes de la reine.

Cette victoire abatit le parti des mécontens, & fit accepter à Marie de

1620.

Medicis la paix qu'elle avoit refusée : elle la signa le 11ᵉ d'août; & le roi, voyant les troubles apaisez dans le cœur de son royaume, marcha en Guiène, d'où il passa dans le Béarn pour y faire executer les déclarations qu'il avoit données en faveur de la religion catolique. Les grandes dificultés qu'on avoit mises pendant deux ans à l'execution de ses ordres, finirent par sa présence : la couronne de Navarre, & la souveraineté de Béarn furent réunies à la couronne de France ; la chancelerie de Pau, érigée en parlement ; la grande église renduë aux catoliques ; les abbez & ecclesiastiques du païs, rétablis dans le conseil de Bearn, avec la main levée sur tous les biens d'église qui leur avoient appartenu.

IV. Tant d'heureux succès firent de cette année, l'une des plus belles du regne de Loüis XIII, qui revint à Paris le 7ᵉ de novembre, tandisque les huguenots du Languedoc travailloient à donner de l'exercice à ses armes dans leur province : l'affaire commença par une querelle particuliére qui devint generale en-deçà de la Loire. La dame de Privas dans le Vivarés, veuve de Chambaut, ayant épousé en secondes nôces le vicomte de l'Estrange, qui étoit catolique, tous les huguenots du païs se firent une affaire capitale d'empêcher au vicomte l'entrée du château de Privas, afin d'y introduire le Sʳ de Brizon, gendre de ladite dame, qui étoit de leur parti : il y eut à cette occasion divers combats qui obligérent le duc de Montmorency de lever des troupes, & de s'assurer de cette place, où il mit un gouverneur catolique, qui fut le baron de Castries.

PAGE 358.
1621.

Ce gouverneur ayant suivi en cour le duc de Montmorency, laissa le gouvernement *de sa place au Sʳ de Sᵗ-Palais, son lieutenant, qui fut obligé, après quatorze jours de siége de la rendre à Brizon le 11ᵉ de février 1621. Cet événement fut le signal de la guerre : on arma à Nîmes & à Montpellier ; & Chatillon, qui commandoit dans ces deux villes, leva une armée de cinq à six mile hommes, tandisque le duc de Montmorency, menant avec soi le duc de Ventadour, alla conferer à Valence avec le maréchal de Lesdiguières pour prendre les moyens de dissiper ces premiers troubles.

Manuscrit de Melgüeil.

Vie de Montmorency, pag. 29.

Le resultat de leur assemblée fut que le mal ne pouvoit être guéri par les voyes de douceur : ainsi, le duc de Montmorency ayant pris les regimens de Languedoc, de Peraud, d'Hannibal, d'Ornano & de Montreal, avec sa compagnie de gendarmes, & celles de Ventadour & du marquis des Portes, il marcha pour reprendre Privas ; mais, son conseil lui ayant représenté que le plus court moyen d'avoir cette place étoit de se rendre maître de Villeneuve-de-Berg, il prit le parti de l'attaquer sur l'espérance de rompre la communication du Bas-Languedoc avec les Cevénes d'où il pouvoit venir du secours à Privas.

Villeneuve se rendit par composition dans le mois d'avril, & quelques 1621.
jours après, le lieu de Vals après avoir soutenu deux assauts : cette perte
fit beaucoup murmurer les huguenots contre Chatillon, qui s'étoit avancé
jusqu'à Barjac sans aucun effet ; mais, piqué enfin par les reproches de ceux
de son parti, il vint attaquer le château de Marguerites près de Nîmes, &
Maisonforte auprès de St. Gilles, qu'il reprit sur le duc de Montmorency,
& chemin faisant, il força l'église de Mandüeil qui avait été fortifiée.

Ces expéditions dans le Bas-Languedoc occupérent les deux partis jus- V.
qu'à la coupe des blez, tandis que le roi en personne remportoit de plus
grands avantages dans l'Anjou, dans la Guiéne & dans le Poitou. Les religionnaires de ces provinces, fâchez du rétablissement des catoliques dans
le Bearn, avoient formé une assemblée à la Rochelle, qui donnoit le branle
à tous ceux de leur parti : elle ordonnoit des impositions de deniers, faisoit
des levées de gens de guerre, déposoit les chefs qu'elle leur avoit donné, &
formoit au milieu du royaume un état indépendant & absolu. Le roi, après
avoir proscrit cette assemblée, sans aucune deference de leur part, se mit en
état de les reduire par la force : il prit Saumur au commencement de juin,
soumit le Poitou, & vint attaquer St. Jean d'Angely, défendu par Soubise ;
il le prit après trente cinq jours de siége, & le fit raser ; Bergerac eut le
même sort ; & Nerac ayant été emporté après vingt jours de siége, le roi fit
bloquer la Rochelle par le duc d'Epernon. Ces heureux succés engagérent
Loüis XIII au siége de Montauban, qui dura plus de trois mois, tandis que
les hostilitez redoubloient aux environs de Montpellier.

Une sédition arrivée à Nîmes ayant obligé Mr de Chatillon d'en sortir, VI.
il conduisit son armée à Montpellier, où, pour donner quelque reputation
à ses armes, il s'attacha au siége de Clapiers (à une lieuë de cette ville),
qui capitula le 4e du mois d'août ; mais, on garda si mal la foi promise, que
le lieu fut mis au pillage, plusieurs habitans tuez, le curé précipité du
haut du clocher, & son corps traîné dans le camp avec toutes sortes d'ignominies.

Ce mauvais traitement fit que les habitans de Grabels, menacez de siége,
enfermérent tout ce qu'ils avoient de meilleur dans leur église, & firent
venir une garnison, sous la conduite du capitaine Valentin, pour se bien
défendre : ils écartérent si bien, à coups de grenades les premiers qui voulurent en approcher, que Mr de Chatillon fut obligé de faire venir du canon ; mais les assiégez, qui avoient une piéce d'artillerie, emportérent la
tête à son canonier & lui tuérent plus de quarante soldats & quelques
officiers, qui étoient de Montpellier même. Cette courageuse resistance
servit à leur faire obtenir une meilleure composition, lorsque la disette des

1621.

Manuscrit de Melgüeil.

Page 359.

vivres les obligea de capituler: ils fortirent vies & bagues fauves; & ce ne fut que contre l'églife & le curé du lieu que les affiégeans exercérent leur rage.

D'autre part, le duc de Montmorency alla fe faifir de Cornonterrail, qui tenoit pour ceux de la religion, & qui fe rendit le 10ᵉ d'août, par le moyen du Sʳ de Pujol, feigneur dudit lieu; ce qui obligea Mʳ de Chatillon d'envoyer en diligence, * une forte garnifon à Cornonfec pour brider celle de Cornonterrail.

VII. Il étoit dificile que tous ces mouvemens fe fiffent aux environs de Montpellier fans que l'intérieur de la ville s'en reffentît: on peut même dire que les agitations du dehors n'étoient qu'une fuite de celles du dedans; car il n'eft guere d'exemple d'un plus grand renverfement que celui qui arriva pour lors à Montpellier: le gouvernement y changea plufieurs fois dans moins d'une année, & ces changemens y produifirent des effets terribles. D'abord on y établit, à l'inftigation & fur l'exemple de la Rochelle, une affemblée compofée de fept miniftres, de quatre gentilshommes, de trois bourgeois & de quelques uns du peuple, auxquels on donna une infpection generale fur les cinq provinces du generalat de Mʳ de Chatillon, fçavoir: le Haut & le Bas-Languedoc, les Cevénes, le Vivarés & le Dauphiné; mais, comme ces païs étoient écartez, on regla que cette affemblée tiendroit fucceffivement fes féances à Andufe, à Nîmes & à Montpellier, pour être plus à portée des provinces de fa juridiction: de là vient qu'on l'apella le cercle, parce qu'elle rouloit dans ces diferens lieux l'un aprés l'autre.

VIII. La première ordonnance qu'il porta, fut de tenir les portes de Montpellier fermées comme dans un tems de fiége; d'en interdire la fortie aux catoliques, & de leur défendre toute affemblée entr'eux, fous peine de la vie: quelques uns ne laifférent pas de tromper la vigilance des gardes; mais on envoyoit auffitôt une garnifon dans leurs maifons que l'on donnoit au pillage, felon le plus ou moins des égards qu'il plaifoit au cercle d'avoir pour les particuliers. J'ai en original une lettre écrite à un tréforier de France de Montpellier, retiré alors à Beziers, où fon homme d'affaires s'explique en ces termes:

« Monsieur: J'eftime que vous avés fçû tout ce qui s'eft paffé chés vous
« depuis le départ de madame, & pendant le tems que j'ai demeuré à Mont-
« pellier. J'ai apporté toute forte de foin pour empêcher l'infolence de plu-
« fieurs, qui fe portoient aux extremitez; mais en ces extrémitez, je n'ai
« fçû trouver autre milieu que de faire changer la déliberation du cercle,
« qui étoit de mettre vingt foldats & quatre carabiniers chés vous, & à vos

« dépens. Après leur avoir représenté qu'il étoit necessaire de vous envoyer
« un exprès pour vous faire entendre l'état de l'affaire, je demandai qu'il
« fût permis au capitaine Ducros, de loger & demeurer dans vôtre maison
« pour donner ordre à tout; mais il fut impossible d'obtenir cela; & fut
« résolu, après beaucoup de contestations, qu'on députeroit un commis-
« saire pour faire inventaire de vos meubles, & que ledit commissaire se
« rendrait investi de vôtre maison, sans aucuns fraix pour vous; & cepen-
« dant, on fit Burges vôtre voisin, sequestre de la petite maison en atten-
« dant de vos nouvelles.

« Pendant que j'étois à Montpellier, je me presentai deux ou trois fois le
« jour à vôtre maison, pour empêcher qu'on ne décendît à la cave pour en
« faire inventaire; mais, après que j'eus menacé ceux qui y travailloient, ils
« portérent leur plainte au cercle, qui envoya deux carabins pour m'ar-
« rêter, si je me fusse presenté chés vous. J'en eus avis par l'un du cercle,
« & je me comporta le plus prudemment qu'il me fut possible pour éviter
« inconvénient; mais, le lendemain à midi, je me trouvai au nombre des
« proscrits, de façon qu'il me falut prendre le chemin d'Aiguemortes. Je
« vous assure que mon exil ne m'a pas tant fâché comme ils croyoient;
« car je n'avois d'autre regret, en mon départ, que de laisser votre maison
« sans tuteur. J'estime que vous y aurés donné ordre, par le moyen de l'ex-
« près qui vous fut envoyé par mon conseil, avec de mes lettres qui lui
« furent prises à la porte: cependant, vous jugerés si d'Aiguemortes en-
« hors, mon service vous est utile; & me ferés la faveur de me tenir pour

Vôtre très-humble & obéissant serviteur & domestique,

LA BRELHY. »

Le goût du pillage, que ces sortes d'executions donnérent au petit peuple
de Montpellier, en fit attrouper plus de deux cent, pour aller fourrager les
maisons de campagne, sous prétexte qu'elles appartenoient à des catoliques:
ceux de la * ville qui en avoient à Celleneuve, craignant pour leurs effets, PAGE 360.
les firent enfermer dans l'église du lieu, qui étoit alors une espéce de forteresse, & ils les laissérent en garde aux habitans mesme de Celleneuve;
mais la troupe des coureurs en ayant été informée, vint forcer l'église, d'où
ils enlevérent indiferemment les effets des huguenots & des catoliques, qui
y étoient enfermez, & firent contre ceux qui les gardoient & sur les ornemens de l'église, les violences & les profanations inévitables dans ces sortes
de tumultes.

Le roi, informé de tous ces désordres, envoya des commissaires dans le IX.

Bas-Languedoc, pour tâcher d'y pacifier les choses : celui qui vint à Montpellier est nommé dans mon manuscrit Raulin de la Tour, qui alla décendre chès Mr de Sallagoce, maître des comptes ; mais, à peine le cercle en fut-il averti, qu'une troupe de séditieux investit sa maison dans le dessein de le tuer ; & il n'en falut pas moins que toute l'autorité de Mr de Chatillon pour le garantir de leurs mains & pour le faire sortir en sureté.

L'action que ce seigneur venoit de faire, toute juste qu'elle étoit, fut si mal interpretée dans le cercle, qu'on proposa dès lors de le démettre du generalat : le ministre Olivier, homme très-violent, fut le principal auteur de ce projet, dont il dressa un mémoire en forme de libelle diffamatoire, contre M. de Chatillon ; & ayant eu l'adresse d'extorquer un consentement du cercle, qui étoit alors à Anduse, il l'adressa, à son nom, à tous les consistoires des villes de la religion. Les déclamations excessives qu'il fit dans ce libelle, déplurent beaucoup à ceux de ses confrères qui étoient les plus moderez : ils desaprouvérent hautement la conduite d'Olivier ; & ils l'auroient démis du ministére, si Mr de Chatillon lui-même n'eût intercedé pour lui : tant il est vrai qu'on est obligé d'avoir bien des égards, quand on a le malheur d'être à la tête d'un peuple revolté.

Cette complaisance ne gagna point le ministre ; au contraire, il profita de l'occasion que je vais dire pour se déchaîner davantage. Le roi, croyant qu'un homme du païs seroit plus propre pour ramener les esprits aliénez des habitans de Montpellier, donna commission au nommé Gevaudan, président en la chambre des comptes, de conferer avec Mr de Chatillon, pour moyenner un accommodement. Ce magistrat employa si utilement les personnes de connoissance qu'il avoit à Montpellier, pendant que le cercle étoit à Anduse, qu'il y avoit lieu de bien espérer de sa négociation, lorsqu'Olivier en ayant eu le vent, assembla le peuple & l'anima si fort par ses prédications séditieuses, qu'ils coururent en foule chès le président, & le menacérent de le tuer s'il ne sortait incessament de la ville. Après cette belle expedition, Olivier partit pour Nîmes, où le cercle devoit se transporter, pour y dresser une nouvelle baterie contre Mr de Chatillon.

Livre dix-huitiéme.

CHAPITRE QUATRIÉME

I. Chatillon est démis du generalat. II. Continuation de troubles à Montpellier. III. Prise d'un vaisseau qui apportoit des armes aux revoltez. IV. Ordonnance du cercle contre les catoliques. V. Pillage des églises. VI. Mr de Rohan élû chef des rebelles. VII. Ordonnance pour la démolition des eglises. VIII. Nouvelles fortifications à Montpellier.

LA premiére marque que le cercle transferé à Nîmes donna de son autorité despotique fut (par les solicitations d'Olivier) d'ôter à Mr de Chatillon le generalat qu'il avoit eu jusqu'alors, & de faire arrêter à Montpellier la dame de Polignac St-Germain son épouse, & Maurice son fils : il en fut dressé une ordonnance peu ménagée contre ce seigneur, à laquelle il se contenta de repondre par une apologie pleine de moderation ; & rebuté enfin de la bizarrerie * de ceux qu'il avoit eu à conduire, il prit le parti de se retirer dans son gouvernement d'Aiguemortes, & s'empara de la tour de Carbonniére pour rendre les approches de cette place plus dificiles. Par les mêmes raisons que l'assemblée du cercle s'étoit faites contre lui, elle proceda contre le Sr Alard de Carescausses, premier consul de Montpellier, qui fut démis de sa charge, & le Sr Aimeric, conseiller au présidial de cette ville, mis à sa place.

Cet homme, le plus ardent des catérinots, signala son consulat par une guerre ouverte qu'il fit au roi, aux églises & aux catoliques. Ses premiers soins furent de se saisir des deniers royaux & des revenus du chapitre, qu'il afferma à sa fantaisie : il en fit une levée de soldats, avec lesquels il alla surprendre Sommiéres, où il retint prisonnier le Sr Saurin qui y commandoit pour le roi. Après cet exploit de guerre, il revint à Montpellier, où il prit toutes les cloches (hors celle de l'horloge), pour servir à une fonte de canons : il exigea pour cet effet, de tous les catoliques, le cuivre, le leton & le métail qui se trouva dans leurs maisons ; & un habile fondeur catolique ayant refusé de prêter sa main, il n'est point d'avanie qu'il ne lui fît.

La grande raison qu'ils avoient de songer à cette fonte, étoit la perte que son parti venoit de faire, d'un vaisseau Hollandois qui leur apportoit des armes & des munitions de guerre ; voici comme le racontent les historiens de ce tems là. Le 3e du mois d'août, un gros vaisseau, qui étoit parti d'Amsterdam, vint aborder au cap de Sette, à une portée de mousquet de terre, où

I. 1621.

Mercure françois, tom.8, pag.87.

PAGE 361.

II.

III. *Histoire de Hollande, liv.4, chap.7.*

1621.

Mercure françois.

le capitaine hollandois décendit avec un pilote & un truchement pour prendre langue : ils trouvèrent sur le bord de la mer un pêcheur nommé Guillaume Graffy, qui avant de leur répondre, s'informa de leur religion ; & ayant appris qu'ils faifoient profeffion de la religion prétenduë reformée, il feignit d'en être auffi, ce qui engagea le capitaine à lui découvrir le veritable fujet de fon voyage. Graffy les affura que le gouverneur de Montmorencietée (c'eft le nom du fort qui commandoit au cap de Sette), étoit parent du gouverneur d'Aiguemortes, où ils vouloient aller ; & il leur promit de leur indiquer un habile pilote pour les y conduire.

Dans ce même tems, Defpinaut, commandant du fort, ayant aperçu le vaiffeau, décendit avec une vingtaine de foldats pour voir ce que ce pouvoit être. Les Hollandois à qui Graffy dit que c'étoit le gouverneur, s'approchèrent pour le falüer, & Graffy s'étant avancé le mit en peu de mots au fait de l'affaire. Sur cet avis, Defpinaut parla aux Hollandois en conformité de ce que Graffy leur avoit dit & les affura que Mr de Chatillon, gouverneur d'Aiguemortes, qu'ils ne fçavoient pas avoir été dépofé de fon generalat, l'avoit chargé de les bien recevoir s'ils abordoient à Sette ; il les conduifit chés lui, & leur fit donner abondament à boire & à manger ; d'autre part, les matelots qui manquoient d'eau, décendirent pour fe rafraîchir dans quelque hôtelerie ; & tandis que les uns & les autres ne fongeoient qu'à fe divertir, Defpinaut envoya un pilote fous prétexte de venir reconnoître le vaiffeau pour fe difpofer à le conduire à Aiguemortes ; & fur le rapport qu'il fit qu'il n'y avoit dans le vaiffeau que quelques matelots fans chef, Defpinaut y envoya des foldats avec beaucoup de vin, qui ayant enivré tous ces matelots, ils fe faifirent du batiment & le firent approcher de terre pour le décharger.

Ce fut alors qu'on connut toute l'importance de la prife qu'on venoit de faire, car ce vaiffeau fe trouva monté de huit pièces de canon, de fix doubles canons, huit pièces de campagne, quatre mile moufquets, un pareil nombre de carabines, deux mile cinq cent piftolets, deux mile cinq cent piques, cinq cent cuiraffes, cinq cent cafaques, deux cent quintaux de poudre, un grand nombre de boulets, de bales & des planches de bois pour faire des mantelets ou des ponts volans. Defpinaut fit tirer le canon de la forterefle & du vaiffeau, pour marquer la joie qu'il avoit de cette prife ; de forte que le duc de Montmorency, qui étoit à Pezenas, ayant entendu le bruit du canon, accourut auffitôt à Sette, où il voulut vifiter lui-même le vaiffeau & les Hollandois qui l'avoient amené ; il en écrivit la nouvelle au roi Loüis XIII, qui donna le vaiffeau au Sr Defpinaut, fit payer deux mile livres à Graffy, & commanda que l'on apportât les armes & les munitions de guerre à Agde & à Pezenas. On trouva dans ce même vaiffeau trois paquets de lettres, qui furent envoyez au roi tous cachetez; mais, l'on ne fçauroit dire combien les huguenots de France furent mortifiez de cette perte, qu'on faifoit monter à plus de deux cent mile écus.

Dans le chagrin que le premier conful de Montpellier eut de cette affaire, il dit hautement qu'il vouloit enfevelir la meffe fous les ruines de Babilone, par où il défignoit l'églife romaine: il fit établir des chefs de bande, appellez chaffemeffes, pour veiller fur ceux qui entreroient dans les églifes; mais, fatigué bientôt de ce foin, il fit donner au cercle une ordonnance qui fuprimoit abfolument tout acte de catolicité: je vai la raporter telle qu'elle eft dans nos archives; par où l'on pourra voir que fi le cercle agiffoit en fouverain, en parlant des lieux & villes de fon obéïffance, plufieurs perfonnes du même parti n'étoient pas perfuadées qu'un véritable efprit de religion les fît agir.

ORDONNANCE.

« Les députez de l'affemblée du cercle ayant reconnu qu'au lieu que le
« bon traitement que les papiftes reçoivent dans nos villes, auroit dû rete-
« nir ceux qui commandent dans les villes où ils font les maîtres, & les
« empêcher de molefter nos freres dans l'exercice de leur religion, ni leur
« faire aucun mal ni injure; au contraire, cela les a rendus plus infolens &
« témeraires, enforte qu'en plufieurs lieux & villes de nôtre obéïffance,
« l'exercice de nôtre religion y eft défendu, comme à Montagnac, Florenfac,
« Vindemian & autres lieux; & qu'en outre nos temples ont été brûlez
« & démolis, par où plufieurs de nôtre parti doivent être defabufez de la
« croyance qu'ils ont pris que cette guerre n'eft pas une perfecution ou-
« verte contre nôtre religion; ce qui les a porté & les porte encore tous les
« jours à prendre les armes contre nous.

« Pour ces caufes, nous avons ordonné & ordonnons que l'exercice de
« la meffe fera interdit & défendu en toutes les villes de nôtre département,
« & notament à Montpellier, & qu'à ces fins, au premier commandement
« qui fera fait aux ecclefiaftiques, tous actes papiftiques cefferont; & néan-
« moins que les papiftes de Montpellier feront retenus prifonniers dans la
« ville avec tous leurs biens pour y recevoir pareil traitement que ceux de
« nôtre religion recevront és villes papiftiques. Mandons & commandons
« à tous gouverneurs, magiftrats & autres qu'il appartiendra, de prêter af-
« fiftance & main forte à l'execution de nôtre préfente ordonnance, à
« peine d'en répondre en leur propre & privé nom. Donné à Montpel-

« lier le vingtième novembre 1621. Meirieux préfident: Daniel; fignez
« à l'original. »

Je ne fçai pourquoi on ne commença de fignifier cette ordonnance que le troifiéme décembre, car c'eft de ce jour qu'eft datée la fignification qui en fut faite par un huiffier aux prêtres de Nôtre-Dame ; mais le premier conful ne tarda pas fi longtems à témoigner la joye qu'il avoit de l'avoir obtenuë, car on raporte que le jour même qu'elle fut fignée, ayant rencontré la dame de Convers & la damoifelle Tondut, qui venoient d'entendre la meffe, il leur demanda d'un ton railleur fi elles en avoient fait bonne provifion; puis fe laiffant aller à fon animofité, il leur dit qu'il venoit de faire interdire la meffe, & que dans peu de tems les églifes feroient démolies.

V. La fignification qu'on en fit aux prêtres de Nôtre-Dame fut prefque auffi-tôt fuivie du pillage de cette églife. Une troupe de foldats & de peuple fe jeta dedans, & pour s'animer à ne rien épargner, on marque qu'ils crioient « harlan, harlan, » qui en langage fuiffe ou allemand fignifie pille, pille. Ce mot, que je trouve pour la première fois dans nos mémoires, fit fortune parmi nôtre populace, qui l'employa fouvent dans la fuite des troubles, & qui s'en fert encore dans les mêmes occafions & dans le même fens qu'elle fit alors. Le goût du pillage les porta dans toutes les églifes, qu'ils firent ouvrir de gré ou de force; mais dans celle de la Canourgue (aujourd'hui la maifon de Belleval) la furprife fut fi grande, que les chanoines furent obligez de fe fauver par-deffus les toits; la feule chapelle des capucins fut oubliée dans cette occafion, peut-être par le peu d'efpoir qu'ils avoient d'y faire harlan. Cela valut aux catoliques le moyen de pouvoir * entendre la meffe encore huit ou dix jours, parce que ces bons peres la dirent à huis-clos, malgré l'ordonnance du cercle.

VI. Ces premiers troubles ne furent qu'un preparatif à de plus grands, parce que les zélez catérinots de Montpellier, voyant avec admiration la refiftance que ceux de Montauban faifoient depuis trois mois à toute l'armée du roi, ils fe propoférent de fuivre leur exemple & pour être en état de fe fignaler comme eux, ils voulurent un chef qui pût faire à Montpellier ce que Mr de la Force faifoit à Montauban. Tous s'accordèrent à deferer le generalat au duc de Rohan, qu'ils avoient vû quelques mois auparavant à Montpellier, allant affembler dans les Cevénes le fecours qu'il amena au marquis de la Force: ils délibererent le 10 décembre de lui envoyer des députez pour le prier d'accepter leur generalat, & foit que la chofe fût concertée ou non entre ce feigneur & eux, ils firent partir le quatorziéme de ce mois les députez qu'ils lui envoyérent.

Dés le lendemain on ne douta plus à Montpellier de leur dernière déter- 1621.
mination à la guerre, par la publication qu'on y fit de l'ordonnance fan-
glante que voici :

ORDONNANCE

« Les députez des cinq provinces unies tenant à Montpellier : à tous VII.
« ceux qui ces préfentes verront : confiderant que la perfecution ouverte
« depuis quelque tems contre les eglifes reformées de ce royaume aug-
« mente tous les jours, & que nos énemis fe montrent plus envenimez
« que jamais à nôtre ruïne, il eft befoin, pour repouffer leurs efforts & pour
« montrer nôtre jufte & légitime défenfe, de fortifier les villes & places que
« nous tenons & qui fervent d'azile & de retraite à ceux de nôtre religion,
« pour la confervation de leurs biens, & ôter tout ce qui peut en quelque
« façon préjudicier à la fureté defdites places & fervir de fortereffe à nos
« énemis.

« L'affemblée, defirant pourvoir par toute forte de moyens poffibles à
« la fureté defdites places & empêcher les effets des mauvais deffeins des
« énemis, a ordonné & ordonne qu'il fera promptement procedé à la démo-
« lition de toutes les églifes, couvents, clochers & autres bâtimens, tant
« ecclefiaftiques qu'autres, foit dans la ville ou à la campagne, qui peuvent
« fervir de retraite, fortereffe ou logement à nos énemis & préjudicier à la
« fureté des places & villes fervant à la défenfe de ceux de la religion : man-
« dons à tous gouverneurs & confuls des villes & communautez d'y faire
« proceder promtement par bon ordre. Donné à Montpellier le quinziéme
« décembre 1621. Le Pont, préfident ; P. Paulet, adjoint ; Delapierre, fecré-
« taire, & Richard auffi fecrétaire, fignez à l'original. »

On fe prepara à l'execution de cette ordonnance par un jeune folennel
qui fut obfervé le feize, & aprés avoir chanté le pfeaume 79, *Deus venerunt
gentes*, que Marot a traduit par ces premiers mots : les gens entrez font en
ton héritage, &c., ils commencèrent dès la nuit du 16e au 17e à fe faifir des
eglifes & à y porter les leviers & les echelles qui devoient fervir à la démolition. Dès la pointe du jour, ils s'y prirent avec tant de force, qu'aucune
eglife ni chapelle ne refta fur pied dans vingt-quatre heures. On obferve
feulement qu'ils épargnèrent à Nôtre-Dame tout le côté qui regarde la
loge, afin de conferver la grande horloge (comme ils avoient fait à la démolition de 1562). St Mathieu, où étoient alors les jacobins, fut détruit
pour la feconde fois, de même que Ste Foy, qui fervoit aux trinitaires. La
Canourgue, où les chanoines faifoient l'office fut renverfée & fes archives

1621.

pillées; Ste Croix, tout joignant, fubit le même fort; mais on remarque que le nommé Romain, en s'efforçant d'ébranler une croix qui étoit au faîte du clocher, fe laiffa tomber & fut brifé de fa chûte.

Les capucins rifquérent plus que tous les autres, parce qu'on leur en vouloit à caufe du mépris qu'ils avoient fait de l'ordonnance du cercle fur la celebration de la meffe. Le Sr Fonbon, greffier de la chambre des comptes, tout huguenot qu'il étoit, fe hâta de les en avertir; & tandis que ces bons religieux fe refolvoient à attendre la mort au pied de l'autel, deux autres huguenots de leur voifinage vinrent les prendre pour les retirer chés eux; l'un fut * Antoine Andrieu, lieutenant du petit fceau; l'autre Pierre Serres, correcteur en la chambre des comptes. Ils les tinrent cachez dans des voûtes fouterraines de leur maifon; & l'on remarque qu'une troupe de féditieux ayant été les demander à Mr Serres, il répondit courageufement qu'il ne violeroit jamais la foi donnée à des gens refugiez chés lui; en effet, il les garda jufqu'à ce qu'on en pût faire échange avec d'autres prifonniers que le duc de Ventadour avoit faits fur les revoltez de Montpellier.

PAGE 364.

VIII. Ces trois perfonnes peuvent fervir de preuve que tous les religionnaires de la ville n'approuvoient pas les violences qu'on y faifoit, & l'on raporte à ce fujet une parole remarquable d'un autre de leur parti, nommé Vernet, qui, voyant toutes ces grandes démolitions, ne put s'empêcher de dire, par une efpéce de prophetie : Voici une mauvaife journée pour nous, & Dieu veuille que nos enfans ne la payent pas un jour bien cherement! Mais l'efprit de fureur qui agitoit les autres ne leur permettoit pas de faire toutes ces reflexions; les uns fe hâtoient de porter des matériaux fur les murailles de la ville pour les rehauffer; les autres en affembloient autour des foffez, où l'on fe propofoit de conftruire des baftions. Les ruïnes du couvent des cordeliers furent apportées à la porte de Lates; & pour avoir de plus belles pierres ou par avarice, ils foüilloient dans les tombeaux. Gariel raporte que le corps de fa fœur fut exhumé, parce qu'elle avoit été enterrée avec une bague d'or au doigt.

Ces petites trouvailles animoient la populace, qui déterra les corps du préfident d'Agel, des Srs Ranchin pere & fils, & de plufieurs autres, aufquels on faifoit de fi grandes indignitez, qu'Aimeric lui-même en fut fatigué; car on raporte que, leur voyant trainer un grand crucifix avec les cadavres d'un jacobin & d'une religieufe de Ste Claire: C'eft affés badiné (leur dit-il) avec les poupées & les chanfons; travaillons à nous mettre en défenfe contre les Philiftins. Les chanfons dont il vouloit parler nous ont été confervées dans divers manufcrits de ce tems là; ils les chantoient pour s'animer à faire plus gayement leurs diferentes expeditions. L'une de ces chanfons eft à la loüange d'Aimeric, & les deux autres contre le pape, les capelans & les papiſtes. Je n'ai pas crû qu'elles duſſent trouver place dans un ouvrage ſérieux, outre qu'elles ne contiénent qu'une redite continuelle, & qu'elles manquent du ſel, ſi neceſſaire dans cette ſorte d'ouvrages.

CHAPITRE CINQUIÉME.

I Supreſſion du cercle à l'arrivée du duc de Rohan. II. Deſordres à Montpellier. III. Meurtre du préſident Ducros. IV. Diferens ſiéges aux environs de cette ville. V. Combat de Laverune. VI. Degâts aux environs de Montpellier. VII. Journée des moiſſonneurs.

LES choſes changérent de face à l'arrivée du duc de Rohan, qui fut reçû à Montpellier, le premier du mois de janvier 1622, aux acclamations de tout le peuple, qui cria à ſon entrée: Vive le roi & Mr de Rohan! Mais ce ſeigneur ne tarda point de s'appercevoir des diviſions qui étoient dans la ville comme dans le reſte de la province au ſujet de l'aſſemblée du cercle. Les uns ſe plaignoient qu'elle avoit diſſipé toutes les finances, dont ils vouloient qu'elle rendît compte; & ils ajoûtoient que, puiſqu'il y avoit un general nommé, elle ne devoit plus ſubſiſter.

Les autres maintenoient que le cercle ne devoit rendre compte qu'à l'aſſemblée generale qui l'avoit établi, & de qui il avoit reçu toute ſon autorité; il ſe fit ſur cela diverſes négociations, tant dedans que dehors la province, comme on peut voir dans les mémoires de Rohan. Mais ce duc, craignant les ſuites de cette diviſion, fit reſoudre dans une aſſemblée de la province des Cevénes &* du Bas-Languedoc, tenuë à Sommiéres: «Qu'on « approuveroit la geſtion du cercle; qu'on prenoit tous les députez d'icelui en protection; qu'il ne ſe feroit aucune paix qu'on ne les eût mis « à couvert; qu'ils ceſſeroient d'agir en corps d'aſſemblée juſqu'à ce que « l'aſſemblée generale en eût ordonné, vers laquelle chacune des parties « envoyeroit ſes raiſons, & que cependant, deux députez du cercle entreroient au conſeil du duc de Rohan. » Ce ſeigneur eut à travailler tout le mois de janvier pour ménager cet accommodement durant lequel le cercle diſpoſa des finances & de toutes les affaires, comme de donner des ordonnances, des paſſeports & des ſauvegardes.

Aimeric profita de ce tems pour exercer les catoliques de Montpellier, & particuliérement les chanoines de la catédrale, qu'il faiſoit guéter dans les maisons particuliéres où ils s'assembloient en cachette pour y celebrer la messe; il les fit prendre un jour avec leurs surplis & conduire à la maison de ville, où il les exposa à la risée du peuple. Un autre jour, ayant surpris Mr Honoré Hugues, l'un desdits chanoines, revêtu des habits sacerdotaux pour dire la messe, il le fit promener en cet état par la ville, avec mile huées; & ce chanoine n'en auroit pas été quite à si bon marché, si des amis particuliers, qu'il avoit parmi les huguenots, ne l'eussent tiré de ce mauvais pas.

Cependant, le duc de Montmorency, revenu des états de Carcassonne, où il avoit fait délibérer que la province partageroit avec le roi les fraix de la guerre, assembla des troupes à Lodéve, & fit assiéger Lunas le 6e de février, pour couper la communication des rebelles du Roüergue avec ceux du Bas-Languedoc. De Rignac, qu'il avoit chargé de cette entreprise, la mena si bien, qu'il entra dans la place au troisiéme jour du siége, d'où il fut attaquer le fort de Greisisac, qu'il emporta, tandis que le duc de Rohan étoit malade à Montpellier, dans la maison du sieur de Massane, conseiller en la cour des aides, où il est marqué qu'il logeoit.

Manuscrit de Melgüeil.

III. Ce fut alors qu'arriva le meurtre du président Ducros, dont il est parlé dans toutes les histoires de ce tems-là. Il étoit venu de Grenoble, chargé des instructions secretes du maréchal de Lesdiguiéres auprès du duc de Rohan, duquel il reçut un si bon accüeil, que les plus factieux de Montpellier en prirent ombrage, quoique le président fût de leur religion; ils se défiérent de lui, parcequ'il venoit de la part de Mr de Lesdiguiéres, nouvellement converti à la religion romaine. On disoit ouvertement qu'il étoit venu pour traiter de la rédition du Poussin, dont la garnison empêchoit le commerce du Rône; mais d'autres publioient qu'il étoit chargé de traiter de la paix avec Mr de Rohan. Il n'en falut pas davantage à des esprits portez aux derniéres violences; ils prénent aussitôt le dessein d'aller tuer le président Ducros, & sans porter la chose plus loin, ils en donnent la commission à une troupe de gens déterminez qui se rendent chès le président Tuffany, où Ducros étoit logé.

Histoire de Lesdiguiéres, liv. II, chap. 2.

Le chef de la troupe entra seul dans la chambre du président, pour lui dire que quelques-uns des plus considerables de la ville, souhaitant de lui faire la reverence, envoyoient sçavoir s'ils ne l'incommoderoient point? A quoi ayant été répondu qu'ils seroient les bienvenus, alors les autres, qui avoient resté à la porte, entrent en foule, l'un desquels s'avançant avec un visage farouche: « Eh bien, monsieur le traître, lui dit-il, vous êtes donc venu pour débaucher Mr le duc de la part de ce beau Lesdiguiéres, à qui il ne tient pas que nous soyons tous perdus? » Et sans attendre réponse, ils se jettent sur lui, le percent de coups & le laissent mort sur le carreau. Le seul homme qui étoit dans la chambre avec lui, se trouvant sans épée, se jeta par la fenêtre dans la cour & se cassa une jambe; le fils du président & ses domestiques, qui étoient en d'autres endroits du logis, furent enfermez par les assassins, afin d'avoir le loisir de se retirer.

Quoiqu'ils se fussent flatez d'une impunité entiére, il arriva, comme dans toutes les mauvaises actions, que ceux qui les avoient animez se tinrent cachez & les laissérent à la discretion de Mr de Rohan, qui demanda hautement qu'il en fût fait une justice exemplaire. Tous les honnêtes gens s'employérent à découvrir les coupables; & de dix ou douze qui furent saisis, on en pendit un le 24 * février, deux jours après le meurtre, au coin de la maison où il avoit été fait; deux autres furent rompus le lendemain, devant l'hôtel de ville; & le reste fut condamné aux galères ou au banissement, du nombre desquels fut le ministre Suffren, pour avoir été le principal instigateur de cette mauvaise action.

Le duc de Rohan étant relevé de sa maladie, sur le commencement de mars, prit la resolution d'assiéger la tour Carbonniére, pour se rendre maître des salins d'Aiguemortes; la place fut si bien défendüe, & ses gens firent, selon lui, de si grandes fautes, qu'il fut obligé d'en lever le siége. Mais, voulant avoir sa revenche, il fit investir, le 24 de ce mois, le château de Montlaur, qui coupoit la communication de Montpellier à Sommiéres. Après l'avoir batu du canon jusqu'au 26, il fit donner un assaut, où il eut trente hommes de tuez & plus de cent de blessez. Mais le 28, étant revenu à la charge, il emporta la place, tua plus de quatre-vingt des assiégez, & força le sieur de Montlaur, qui étoit retranché dans la plus haute tour, de se rendre à discretion. On marque que les prisonniers furent conduits à Saint-Drezery, après qu'on en eut pendu cinq à la tête du camp; le sieur de Montlaur, envoyé à Sommiéres, fut mis à rançon; mais, avant que l'armée décampât, Mr de Rohan voulut que ce château, l'un des plus anciens du païs, fût entiérement rasé, ce qui fut fait le 29e de mars.

Mr de Montmorency n'ayant pû venir à tems au secours de Montlaur, parcequ'il étoit occupé au siége de Fougéres, qu'il prit, ramena ses troupes à Frontignan & à Villeneuve, où il fit un corps d'armée avec Mr de Chatillon, qui venoit de prendre le parti du roi: ils allérent ensemble assiéger Cornonsec, qui se rendit à composition le 7e jour d'avril. Alors, le duc de Rohan, étant de retour d'une conference qu'il avoit eu avec le maréchal de Lesdiguiéres, entre le pont du Saint-Esprit & Barjac, fut instamment prié par les habitans de Montpellier de les délivrer de la garnison de Villeneuve, & de ne pas laisser oisifs six ou sept mile hommes qu'ils avoient autour de

1622.

PAGE 366.

Mémoire de Rohan, tom. II, pag. 13.

Manuscrit de Melgüeil.

IV.

V. leur ville. Le bruit s'en étant répandu jusqu'à Villeneuve, les troupes qui y étoient s'avancérent vers Laverune, ayant à leur droite la petite riviére de Lamouffon; & les énemis qui venoient du côté de Montpellier, s'arrêtérent à Saint-Jean de Vedas, la riviére entre deux.

Un moulin affés fort, appelé Tourtourel, qui eft fur cette riviére, faillit à engager le combat; car le duc de Rohan, voulant chaffer de ce pofte une compagnie du regiment de Languedoc qui le gardoit, mit fes troupes en bataille, & il fe tenoit tout prêt fur une eminence avec le gros de fa cavalerie, lorfqu'un boulet de canon emporta la tête du cheval de Montarnaud, qui étoit près de lui, & couvrit de fang le miniftre, qui faifoit la priére. Ce coup fembla rafroidir l'ardeur des combatans, car la priére ceffa, les bataillons éurent ordre de s'arrêter, & durant trois jours on ne fit que fe canonner, fans aucune perte confiderable de part ni d'autre.

Les deux chefs fe retirérent comme de concert, l'un à Villeneuve, l'autre à Montpellier, où les habitans firent de nouvelles inftances pour être délivrez de la garnifon de Saint-George. C'étoit un petit lieu fans aucune fortification, d'où ils recevoient néanmoins beaucoup d'incommodité, parceque Valcourtois, qui y étoit logé avec une compagnie de gens de pied, alloit fouvent faire des prifonniers jufqu'aux portes de Montpellier. Le duc de Rohan n'eut pas beaucoup de peine à s'en rendre maître; mais Mr de Montmorency, craignant quelqu'autre entreprife, s'avança jufqu'à Saint-Jean de Vedas, & prit le pofte que fes énemis tenoient quelques jours auparavant; il s'empara du moulin de Tourtourel & fit avancer des troupes au-delà de la riviére.

Le regiment du marquis de Portes y fut envoyé, avec les compagnies de Naves & de Fajac, pour faire tête aux énemis qui venoient du côté de Laverune. Les moufquetades qu'on fe tira longtems de part & d'autre engagérent enfin le combat; car La Bertichere, lieutenant general du duc de Rohan, croyant pouvoir enlever facilement toutes ces troupes avancées, les fit attaquer par deux cens hommes, foûtenus de cinq cent volontaires, & ceux-ci par toute l'armée, qui déja marchoit en bataille avec la cavalerie fur les aîles. Ses premiers ordres furent executez avec tant de fuccés, que Mr de Chatillon, confiderant le tout * du haut d'un côteau, ne put s'empêcher de dire au marquis de Portes que fon regiment étoit perdu. Le marquis, fans fe troubler, lui répondit qu'il alloit y donner bon ordre, & auffitôt, décendant avec ceux qui fe trouvérent auprès de lui, il redonne courage aux fiens, repouffe ceux des énemis qui avoient paffé l'eau, & fe jetant fur le regiment de la Blaquière, il en tuë le colonel & quelques autres officiers. Cette perte fit retirer les autres en defordre; de forte que le duc de Rohan voyant la déroute des fiens, & que le duc de Montmorency, à la tête de fa cavalerie, étoit prêt à paffer la riviére, fit arrêter fes bataillons fans donner fecours à ceux qui avoient été commandez pour l'attaque.

Je ne fçai fi ce fut par une politique, affés ordinaire en ce tems, qui porta prefque tous les chefs qui commandérent dans le Bas-Languedoc d'éviter avec foin les affaires décifives. Le duc de Rohan fit dire que celle-ci avoit été commencée fans fon ordre, & il en rejeta la faute fur la Bertichere, comme on le voit encore dans fes mémoires. Le marquis de Malauze, qui étoit venu à fon fecours, n'en parut pas content; car il fe retira avec plufieurs volontaires qui l'avoient fuivi fur le bruit d'une bataille, difant ouvertement qu'il ne faloit plus attendre de combat fignalé, puifque ce jour-là on n'avoit ofé l'entreprendre.

Le roi apprit cette nouvelle dans le tems qu'il venoit de défaire Soubife, frere du duc de Rohan, aux ifles de Ré, le 17ᵉ d'avril. Ces deux conjonctures furent malheureufes pour les députez des églifes prétendues reformées du Bas-Languedoc, qui venoient prefenter au roi des articles de paix, arrêtez entre Mʳˢ de Lefdiguiéres & de Rohan, dans la conference qu'ils avoient eu entre le pont St-Efprit & Barjac : ils furent renvoyez avec ordre de dire à ceux de leur parti qu'ils n'étoient plus en état de demander autre chofe que pardon & grace.

Cependant le duc de Rohan, ayant raffemblé fes troupes à Celleneuve pour attendre des nouvelles de fes énemis, apprit le 24ᵉ d'avril, que Mʳ de Chatillon avoit ramené fes troupes à Aiguemortes, & Mʳ de Montmorency les fiénes à Villeneuve. Auffitôt il prit le chemin de Gignac, où, après quatre volées de canon, il fe faifit de l'églife de Nôtre-Dame, qu'il fit rafer; puis, gagnant la valée de Monferrand, il voulut tenter l'attaque du château; mais, l'evêque de Montpellier (Fenoüillet), qui s'y étoit enfermé avec bon nombre de fes amis, le fit falüer fi à propos de quelques volées de canon, qu'il prit le parti de fe retirer du côté d'Uzés, après avoir démantelé les Matelles & quelques églifes fortifiées.

Les affaires qu'il trouva en ce païs-là l'obligérent d'y paffer tout le mois de mai, & d'y faire tenir deux affemblées generales, l'une à Nîmes & l'autre dans les Cevénes, parcequ'on avoit des nouvelles certaines que le roi faifoit approcher fon armée vers le Bas-Languedoc. La haine que les anciens membres du cercle avoient confervé contre le duc de Rohan, & les menées du fieur de Brifon (de qui le duc fait beaucoup de plaintes dans fes mémoires), lui donnérent tant d'exercice, dans le Vivarés, qu'il ne put empêcher un degât general que le duc de Montmorency entreprit par ordre du roi aux environs de Montpellier.

1622.

Liv. 2, pag. 18.

Pag. 120. 121.

1622. **VI.** Ce dégât fut commencé le fixiéme de juin, par fix cens hommes, qui avoient ordre de faucher tous les blez, depuis les métairies d'Encivade & de Cocon jufqu'à Perols, Melgüeil & Caftelnau. La garnifon de Montpellier fortit auffitôt pour s'y oppofer, & rencontra les premiers fourrageurs à la métairie de Rondelet, avec lefquels elle en vint aux mains : Montreal, maréchal de camp du duc de Montmorency, y fut bleffé à la tête; & il auroit été entiérement défait (dit Mr de Rohan) fi St-André, lieutenant de roi à Montpellier, qui commandoit toutes les troupes de la garnifon, eût chargé à propos.

Pag. 123.

Les deux partis fe retirérent pour cette fois avec une perte affés égale; & ils continüérent de s'attaquer les jours fuivans, fans aucun évenément remarquable; mais, la veille de St-Jean, 23e juin, le fieur de la Bertichere, lieutenant general de Mr de Rohan à Montpellier, ayant eu avis qu'il étoit arrivé à Perols quelques bateaux chargez de munitions pour Mr de Montmorency, fit auffitôt partir cinq cens hommes pour les aller faifir, fans fçavoir que le duc fût parti de Villeneuve avec deux mile hommes de pied & trois cent de cavalerie, que Zamet, * maréchal de camp de l'armée du roi, lui avoit amené. Les premiers partis fe rencontrérent à la métairie de Ranchin, où les moufquetades tirées de part & d'autre attirérent le refte de l'armée. Ceux de Montpellier, fe voyant furpris, fe jetérent dans un petit bois, où ils fe défendirent avec beaucoup de réfolution contre Naves, qui y étoit déjà; leur refiftance fut fi vigoureufe, qu'on ne put les y forcer qu'en faifant mettre pied à terre à la cavalerie. Enfin, accablez par le nombre, ils laifférent quatre cens hommes fur la place; & cette défaite, qui depuis a retenu le nom du Bofquet où elle arriva, facilita la prife du mas d'Encivade, & étonna tellement les habitans de Montpellier, qu'ils furent plufieurs jours fans ofer fortir pour défendre leurs blez.

Vie de Montmorency, pag. 58.

PAGE 368.

VII. On trouva le moyen de les attirer dehors par un ftratagême affés fingulier. La nuit du 2e de juillet, Mr Zamet fit habiller trois cent foldats en vilageois, & leur fit prendre des chariots, comme pour fervir à voiturer la recolte qu'ils vouloient faire. Il avoit rempli ces chariots de gros moufquets, emboitez fix à fix dans des piéces de bois, qui devoient prendre feu tout à la fois, par la difpofition des méches. Les moiffonneurs déguifez commencérent leur travail à la pointe du jour, & affés proche de la ville pour être apperçûs des habitans : ceux-ci, ne voyant que trois cens hommes, fortirent par la porte du Peirou, au nombre de cinq cent, & chargérent les moiffonneurs, qui, les voyant venir, fe retirérent au petit pas. Les habitans, arrivez autour des chariots, qu'on avoit couverts de quelques gerbes pour les mieux tromper, furent accüeillis de la décharge des moufquets, qui,

Mercure françois, tom. 3, pag. 21.

étant chargez de mitraille, firent un furieux carnage. A ce bruit, la cavalerie, 1622.
qui étoit en embufcade, vint couper aux fuyards le chemin de la retraite ;
& l'infanterie, les venant prendre par les côtez, en jeta cent-cinquante fur
le carreau ; le refte fut bleffé ou pris prifonnier, & fort peu en échapérent
pour en porter la nouvelle à la ville. L'allarme fut fi grande dans Montpellier, qu'on ne parla depuis de cette avanture, que fous le nom de la malheureufe journée ; & le peuple, pour fe venger en quelque manière de
Mr Zamet, qui en étoit l'auteur, l'appella toûjours le Grand-Mahomet, pour
faire allufion à celui de Zamet.

CHAPITRE SIXIÉME.

I. Marche de l'armée du roi pour venir à Montpellier. II. Divers fiéges autour de cette ville. III. Le roi vient à Lunel & à Sommiéres. IV. Folies faites à Montpellier. V. Confeil de guerre tenu à Laverune, où le fiége eft refolu.

LE roi, qui depuis la défaite de Mr de Soubife aux ifles de Ré, avoit I.
refolu de venir en perfonne dans le Bas-Languedoc, fit avancer dans
le mois de mai fon armée vers la Guiene, où il prit Royan fur l'embouchure de la Garonne, le mont de Marfan & Ste-Foy. Dans le mois fuivant, il donna le foin au prince de Condé de faire le fiége de Negrepeliffe,
qui fut forcé le 10e de juin ; & le 23 il eut le plaifir d'apprendre la rédition
de St-Antonin, place très-forte, que le duc de Vendôme avoit pris à difcretion après douze jours de fiége, malgré toutes les tentatives du duc de
Rohan, venu exprès du Bas-Languedoc pour le fecourir.

Cette expedition faite, le roi s'avança vers Touloufe, où il fit fon entrée
le 27e & ne retenant que deux compagnies de fes gardes, il donna le refte
de fes troupes au maréchal de Praflin & à Baffompierre, qu'il chargea de
prendre en chemin Carmain, Cucy, & le mas Stes-Puelles. Ses ordres
ayant été executez, il vint joindre fon armée à Caftelnaudary, le 14 de juillet, & y féjourna quelques jours, à caufe qu'il y arriva malade ; en forte qu'il
ne fe rendit que le 12 à Alzone, où le duc de Montmorency, avec la nobleffe
du Bas-Languedoc,* vinrent le falüer. Le 14, Loüis XIII fit fon entrée en la PAGE 369.
cité de Carcaffonne ; & ayant reçû en cette ville la nouvelle de la converfion du maréchal de Lefdiguiéres, il le nomma connétable de France &
chevalier du St-Efprit. De Carcaffonne, fa majefté, paffant par Lefignan,

1622.

arriva à Beziers le 17 & y séjourna long tems, pour laisser diminüer les chaleurs, qui étoient excessives.

Ce fut à Beziers qu'on prit les derniéres resolutions sur le siége de Montpellier. Le maréchal de Praslin, en faisant remonter à ses troupes la riviére d'Orb, pour aller s'assurer de Becderieux & couper le secours des huguenots de Castres & du Roüergue: le prince de Condé partit de Beziers le 27, ayant avec lui MM. de Schomberg & de Bassompierre, qui se rendirent le 29 à Frontignan, d'où Mr le prince passa l'étang en bateau, pour aller à Melgüeil, que le maréchal de Praslin & Mr de Montmorency avoient assiégé.

« Pour moi, dit Bassompierre, je partis de Frontignan avec les troupes, « pour venir loger à Villeneuve de Maguelonne, dont je partis le lendemain « 1er d'août en ordre de bataille, parceque nous passions devant Montpellier. « Je fis faire deux ponts sur deux canaux qui sont deçà & delà la tour de « Lates; puis je vins joindre l'armée à Mauguio, qui s'étoit ce jour même « rendu à Mr le prince. »

II. Après la redition de Melgüeil, l'armée partit le 2e d'août pour son rendésvous, qui étoit proche d'une église ruinée, entre Lunel & Massillargues; là, sur l'avis de Toiras, capitaine au regiment des gardes, le conseil de guerre resolut de faire les deux siéges tout à la fois. Mr le prince se chargea de celui de Lunel & laissa au duc de Montmorency, son beaufrere, celui de Massillargues: on lui donna le regiment de Portes, qu'il faisoit nommer le regiment de Languedoc, avec ceux de Fabregues, de la Roquette & de Saint-Brés, tous du païs, ausquels on joignit le regiment de Normandie & celui de Massargues, avec lesquels il prit en trois jours Massillargues, sans d'autre perte considerable que celle du baron de Montpezat, qui y fut tué.

Mémoires de Bassompierre.

Le siége de Lunel fut plus long & donna plus de peine, parceque, la place ne pouvant être investie de tous côtez, il fut impossible d'empêcher qu'il n'y entrât un secours de huit cens hommes qui leur vint du côté de Cauvisson. Gamoriny, ingenieur du roi, fit dresser une baterie si à propos, qu'elle ruina le derriére des retranchemens des assiégés, ce qui termina l'affaire; car ils parlérent de capituler le 7e d'août, & le lendemain ils vuidérent la place. Je ne puis omettre deux événemens qui arrivérent à leur sortie & qui firent grand bruit parmi les huguenots: c'est que nos troupes débandées se jetérent sur le bagage de la garnison après sa sortie & en tuérent près de quatre cent, avec tant de hardiesse, que huit soldats oférent se presenter à la porte de Lunel, avec plus de vingt prisonniers qu'ils menoient, & leurs épées sanglantes des meurtres qu'ils avoient fait.

Pag. 361, tom. 2.

« Sur le recit qui m'en fut fait, dit Bassompierre, & que je trouvai veri-

« table, je fis lier mes huit galants des mêmes cordes dont ils avoient lié
« leurs prisonniers, & les fis pendre, sans autre forme de procès, à un arbre,
« tout proche de Lunel, en présence des prisonniers qu'ils avoient amené,
« ausquels je fis donner le butin des huit soldats, & les fis conduire par
« mes carabins jusque sur le chemin de Cauvisson, dont M^r le prince me
« sçut bon gré & m'en remercia le lendemain. »

Le second événement fut causé par le feu, qui prit aux poudres de l'armée du roi deux diferentes fois : l'une dans le camp, où il emporta une compagnie entiére du regiment de Piémont; & l'autre dans la ville, où, tandis qu'on transportoit les poudres dans les voûtes des Cordeliers, il arriva que trois charrettes qui en étoient chargées prirent feu & renversérent six maisons voisines, dont les débris bouchérent l'unique porte qui avoit resté ouverte. Le grand monde qui étoit alors dans Lunel ne faisant qu'augmenter la confusion, Mr de Bassompierre qui s'y trouvoit, voyant qu'il ne pouvoit se faire entendre dans ce grand tumulte, prit le parti de faire rompre une des portes condamnées, par laquelle chacun eut la liberté de sortir; & ayant ainsi les coudées franches, comme il s'en explique * lui-même, il fit éteindre le feu & mit le reste de ses poudres en sûreté.

Cependant M^r le prince avoit fait marcher son armée vers Sommiéres, où, aux premiéres approches, on fit déloger la garnison que les énemis tenoient au château de Villevieille; ses troupes, s'en étant emparées, firent l'attaque du Bourguet, qui étoit un fauxbourg retranché pour favoriser les travaux de la ville; le duc de Montmorency, avec le regiment de Picardie & de Fabregues, l'emporta l'épée à la main & travailla à se loger au bord du fossé, tandis que Bassompierre partit de Lunel avec cinq cent chevaux, pour aller au devant de Loüis XIII, qui s'étoit rendu à Villeneuve-lez-Maguelonne; il mena ses troupes coucher le 13 à Melgüeil, dont il partit le dimanche quatorziéme, ayant fait mettre devant Montpellier toute sa cavalerie en bataille. Le roi, auprès de qui il s'étoit rendu de grand matin, marcha au milieu de son infanterie; & passant par Lates, il vint à Melgüeil, ayant voulu auparavant se faire tirer des coups de canon de Montpellier, qu'il alla reconnoître; il avoit à sa suite le duc d'Epernon & peu d'autres; mais on avoit pris soin de faire avancer & mettre sur les ailes de la cavalerie, pour favoriser son passage.

Loüis XIII, après son départ de Melgüeil, arriva le 15 à Lunel, où le lendemain M^r le prince & Mr de Schomberg lui apportèrent la capitulation de Sommiéres. Sa majesté voulut s'y trouver en personne, afin que tout s'y passât dans l'ordre, tant dehors que dedans; & s'y étant renduë le 17, elle eut le plaisir d'en voir sortir douze cens hommes, qu'elle prit soin elle-même de faire conduire en toute sureté; après quoi, ayant dîné à Sommiéres, il s'en retourna le même jour à Lunel.

Cette promte expedition du roi donna lieu, après le siége de Montpellier, à une raillerie qui s'est perpetuée entre le peuple de cette ville & celui de Sommiéres; car le peuple de Montpellier, voulant faire valoir la longue resistance qu'il fit à Loüis XIII & reprocher indirectement le contraire à celui de Sommiéres, dit encore, par une espéce de proverbe: « Tout en passant, le roi a pris Sommiéres. »

« A Lunel, il y eut une grande dispute au sujet du gouvernement de « cette ville, que Mr de Montmorency avoit fait donner par M^r le prince au « baron de Castries, & que le roi donna le lendemain à Massargues, second « fils du maréchal d'Ornano, qui en avoit déja le domaine. Comme ce « choix ne plaisoit point au duc de Montmorency, je fis en sorte, dit Bas-« sompierre, pour le contenter, que le roi y mît l'aîné de Toiras, nommé « Restincliéres. »

Une plus grande affaire retint encore Loüis XIII à Lunel: c'étoit la réduction d'Aiguemortes, qui étoit toûjours entre les mains de Mr de Chatillon, quoiqu'il se fût déja déclaré pour le roi. La manière de rendre cette place fut mise en déliberation, & tout ayant été reglé de part & d'autre, Loüis XIII alla lui-même à Aiguemortes, qui lui fut remis; il en donna le gouvernement à Varénes; & étant revenu à Lunel, il y fit, le 22 d'août, Mr de Chatillon maréchal de France.

IV. Quelque resolution qu'eût pris le roi de reduire par les armes la ville de Montpellier, il ne laissoit point d'entretenir les bonnes dispositions où plusieurs religionnaires y étoient pour son service. De ce nombre étoit le sieur Fonbon, greffier de la chambre des comptes, dont j'ai déja parlé: il étoit parti quelque tems auparavant avec de bons passeports, pour assurer le roi de la bonne intention d'un grand nombre d'habitans, & il fit à ce sujet divers voyages jusqu'au commencement d'août; mais, à son retour, il fut jeté dans une prison par ordre du premier consul Aymeric. Cet homme forcené, de qui M. de Rohan se plaint lui-même dans ses mémoires, fit dresser deux potences, l'une devant l'hôtel de ville & l'autre au palais, avec cet écriteau: « Ici seront pendus les porteurs de mauvaises nouvelles & les escarlambats, » par où il vouloit designer Fonbon. Il fit mettre une nouvelle imposition sur tous ceux qu'il soupçonnoit être disposez à la paix; & quelques-uns ayant voulu s'en plaindre: « Philistins, leur dit-il, vous voulés vôtre roi? il faut auparavant payer sa bienvenuë & la poudre des canons pour lui faire entrée. » Il avoit l'insolence de ne parler du roi que sous le nom de Loüiset le chasseur; & s'abandonnant un jour à sa furie, il laissa traîner à la populace * mutinée le portrait du roi, criant lui-même avec mépris: Voici Loüis le begue.

Le roi, informé de tous ces excès, fe contenta de dire un jour qu'ils avoient raifon de l'appeler chaffeur, car jai bien refolu (ajouta-t-il) de ne pas quitter la chaffe que j'ai commencé contre des bêtes fi fauvages. Cependant, pour ne pas negliger les voyes de paix qu'il employa fi heureufement dans tout le cours de cette guerre, il fit écrire au connétable de Lefdiguiéres de renoüer avec Mr de Rohan les pourparlers de paix qu'ils avoient eu enfemble. Ces deux feigneurs fe virent à St-Privat fur le Vidourle, & le 26e d'août, le connétable vint à Melgüeil pour en rendre compte au roi qui alloit à Laverune. Le lendemain 27e du mois, on fçût que les articles de paix avoient été reglez, & qu'il ne reftoit qu'à gagner ceux des habitans de Montpellier qui craignoient le reffentiment du roi s'il entroit le plus fort dans leur ville: pour cet effet, Mrs de Crequi & de Bullion y firent plufieurs voyages les deux jours fuivans & pendant ce tems le roi donna à Laverune l'épée de connétable à Mr de Lefdiguiéres, & deftina le bâton de maréchal de France, qui vaquoit par fa promotion à Mr de Baffompierre.

Le 29e, Mr de Bullion vint raporter la derniére réponfe des habitans de Montpellier aux propofitions qu'il leur avoit faites. Malheureufement (comme nous l'apprenons des mémoires de Baffompierre), Mr le prince qui n'approuvoit pas cette paix, avoit dit en plufieurs occafions que fi le roi entroit dans Montpellier, il le feroit piller, quelque foin qu'on pût prendre du contraire; cette ménace allarma fi fort les habitans qu'ils refuférent abfolument de recevoir le roi dans leur ville, & ils demandérent qu'il s'en éloignât à dix lieües avec fes troupes, moyennant quoi ils promettoient d'y laiffer entrer le connétable de Lefdiguiéres avec les troupes qu'il ameneroit. Cette réponfe ayant été portée à Laverune, le roi y affembla fon confeil, qui fe trouva compofé du prince de Condé, du connétable, des maréchaux de Praflin, de St-Geran & de Crequi, d'Epernon, de Montmorency, de Baffompierre, de Schomberg, de Marillac, de Zamet, de Valencé, de Deportes, de Montréal, du préfident Faure & de Bullion, pour prendre avis fur le procédé qu'ils devoient tenir par rapport aux habitans de Montpellier. Bullion ayant fait fon raport, le roi lui demanda fon avis.

« SIRE, (répondit Bullion) j'ai toûjours oüy dire que celui qui retiroit
« quelque avantage de la guerre en remportoit l'honneur; c'eft pourquoi
« je confeillerai toûjours à vôtre majefté d'aller au folide, fans s'arrêter à de
« petites formalitez qui ne font point effentielles; fi la ville de Montpellier
« vous refufoit l'obéïffance qui vous eft düe & que les habitans font obli-
« gez de vous rendre, je dirois qu'il faut la perdre & l'exterminer; mais

1622.
PAGE 371.

Mercure françois, tom.7, pag.31.

V.

Mémoires de Baffompierre.

1622.
« c'eſt un peuple allarmé & épouvanté des menaces qu'on leur a faites, de
« les piller & détruire, de violer leurs femmes & filles & de brûler leurs
« maiſons, qui vous ſuplie au nom de Dieu, que vous faſſiez recevoir
« leur obéïſſance par M^r le connétable, lequel y entrera (lorſque vous en
« ferés éloigné) avec autant de troupes qu'il lui plaira, pour faire valoir &
« reconnoître l'autorité de vôtre majeſté; ce qui eſt la même choſe que ſi
« V. M. y entroit elle-même.

« Pourquoi voulés-vous (ajouta Bullion), pour une pointille de rien,
« ne pas recevoir une paix ſi utile & ſi honorable à vôtre majeſté, & plutôt
« entreprendre une longue guerre, dont l'évenement eſt douteux & la dé-
« penſe exceſſive, dans un païs où les chaleurs font immoderées, & expo-
« ſer votre perſonne aux outrages de la guerre & de la ſaiſon, ne pouvant
« vous en exemter autrement ſans dommage ni blâme, puiſque dès à pré-
« ſent vôtre majeſté peut recevoir la paix ou pour mieux dire la donner à
« ſes ſujets rebelles?

« Ceux de Montpellier offriront & même ſuplieront très-humblement
« vôtre majeſté de venir honorer leur ville de vôtre préſence, & d'y faire
« ſon entrée, pour laquelle ils feront le plus de préparatifs qu'ils pourront,
« ils vous demanderont ſix jours pour licencier les troupes des Cevénes
« qu'ils ont dans leur ville & pour ſe preparer à y recevoir dignement vôtre
« majeſté, ce que vous leur accorderés; mais vous témoignerés enſuite de

PAGE 372.
« l'impatience d'aller voir la reine * vôtre épouſe, que vous ferés décendre
« à Alais de Lyon où elle eſt, & laiſſerés à M^r le connétable la charge de
« recevoir Montpellier, où il demeurera avec une partie de vôtre armée;
« vous irés avec l'autre faire vôtre entrée à Nîmes & à Uzés, & ainſi vous
« ne perdrés aucun tems pour vos affaires, ni pour vôtre retour[1] & elles
« feront parfaitement bien accomplies à mon avis. Voilà ce que je puis dire
« à vôtre majeſté ſur ce ſujet. »

Le prince de Condé, qui ne penchoit point pour la paix, écouta cet avis
avec beaucoup d'impatience & commença à ſe déchaîner contre Bullion
& contre ceux de ſon parti à qui il donnoit le nom de cabale; le roi, pour
faire ceſſer ſes vivacitez, fut obligé de lui dire qu'il faloit laiſſer à chacun la
liberté d'opiner, & que quand ſon tour viendroit, il auroit tout le loiſir de
parler & de relever ce qu'il ne trouveroit pas juſte; quoique le prince témoi-
gnât par ſes geſtes la repugnance qu'il avoit pour cet avis, le préſident
Faure, Montreal, Deportes, Valencé, Zamet & Marillac ne laiſſèrent point

---

(1) La fin de la phraſe eſt biffée ſur l'original.

de le suivre & de s'y conformer. Mais quand on en vint à moi (dit Bassompierre), Mʳ le prince, qui avoit murmuré tout bas, commença à élever la voix & à dire d'un ton fâché : je sçai déjà son sentiment & nous pouvons par avance dire idem. Il se trompa néanmoins, car Bassompierre fut opposé à ce que l'on venoit de conseiller à Louis XIII, à qui il dit :

« SIRE, je suis d'avis que Vôtre Majesté se léve de son conseil; & que
« par un noble & genereux dédain, elle montre combien elle se sent offen-
« sée des propositions de ceux de Montpellier, & combien les avis qu'on
« lui donne en conformité lui sont desagréables. Si Vôtre Majesté étoit
« devant Strasbourg, Anvers ou Milan, & qu'elle conclût une paix avec les
« princes à qui ces villes appartiénent, les conditions de n'y pas entrer
« seroient tolérables, mais qu'un roi de France, victorieux avec une forte
« armée, au lieu de donner la paix à une partie de ses sujets rebelles, la
« reçoive d'eux à des conditions honteuses qu'ils lui viénent proposer &
« imposer! ce sont injures qui ne se peuvent souffrir, pas même écouter.

« La ville de Montpellier refusera l'entrée à son roi, lui fermera les por-
« tes, & avant que de lui faire serment de fidelité, elle exigera qu'il s'éloigne
« de dix lieuës de leur ville! Un roi qui se soumettroit à ces conditions
« doit se preparer à de plus grands outrages dans les autres villes, qui de-
« viendront plus audacieuses par cet exemple & par l'impunité d'un pareil
« attentat. Mais, dira-t-on, il paroîtra par le traité que le roi a pu y entrer
« & cette exception se fera par un article secret qui ne sera sçû que par ceux
« de Montpellier & par ceux qui ont l'honneur d'assister à ce conseil;
« comme si un peuple entier pouvoit cacher & celer une chose qui lui est
« si avantageuse, & comme si on ne pouvoit pas lire sur nôtre visage ce que
« nôtre langue auroit honte de déclarer.

« Sire, au nom de Dieu (continüa Bassompierre), prenés une ferme reso-
« lution & y perseverés : opiniâtrés-vous même à ruïner ce peuple, parce
« qu'il est rebelle & insolent, ou à le réduire à une soumission parfaite &
« respectueuse. Mes intérêts particuliers repugnent à ma proposition; &
« le seul service & souvenir de Vôtre Majesté me portent à vous la faire;
« car si la paix se conclut aujourd'hui, elle me trouvera avec une plus
« grande recompense que mes services ne m'en devoient promettre, par
« l'honneur que j'ai reçû du bâton de maréchal de France, dont Vôtre Ma-
« jesté m'a assuré. Je ne puis gagner au siége de Montpellier que de la
« peine, de dangereux coups & peut-être la mort; il peut aussi arriver de
« fâcheux accidens, qui retarderoient Vôtre Majesté de me faire prêter le
« serment de la charge qu'elle m'a promise, ou même de me la refuser; je
« veux bien néanmoins courir ces risques & suplie humblement Vôtre Ma-

« jefté de diferer ma reception jufqu'à ce que la ville de Montpellier foit
« reduite à fon obéïffance & Vôtre Majefté vengée de l'affront que ces
« rebelles vous ont voulu faire. »

Ce difcours, prononcé avec feu, plut extrêmement au prince de Condé, qui fe leva & dit au roi: Sire, voilà un homme de bien, grand ferviteur de Vôtre*Majefté & jaloux de vôtre honneur. Loüis XIII, frappé des fentimens nobles & genereux de Baffompierre, fe leva auffi & s'adreffant à Bullion, il lui dit d'un ton ferme & majeftueux : Retournés à Montpellier, & dites à ceux de la ville que je donne bien des capitulations à mes fujets, mais que je n'en reçois point d'eux. Qu'ils acceptent celles que je leur ai offertes, ou qu'ils fe préparent à y être forcez.

CHAPITRE SEPTIÉME

I. Difpofition de l'armée du roi devant Montpellier. II. Fortifications de la place. III. Attaque du fort Saint-Denis. IV. Mort du fieur Zamet. V. Nouvelle attaque à Saint-Denis. VI. Maladies dans notre armée.

I. DÈS le lendemain 30ᵉ d'août, l'armée du roi eut ordre d'aller camper à la vûë de Montpellier, en deçà de Caftelnau, fur un tertre couvert d'oliviers, qui furent bientôt mis à bas: on y marqua le logis du roi, précifément à la métairie de ce même Aimeric dont nous avons fouvent parlé. La riviére du Lez, qui borde cette maifon, lui fervoit de retranchement du côté de l'avenuë de Nîmes : & cette riviére dans fon contour, enfermoit toute l'armée du roi; car on mit d'abord un bon corps de garde au pont de Caftelnau, & un autre au pont Juvenal, commandé par le marquis de Saint-Chaumont.

Pour mieux s'affurer des autres paffages du Lez, on plaça les regimens des gardes, de Navarre, Piémont, Normandie & autres, le long de cette riviére, à droite & à gauche du logis du roi : La cavalerie étoit avancée vers la ville ; & les fuiffes, avec les lanfquenets, occupoient la petite plaine qui eft au bas de la citadelle, le long du Merdanfon. Mʳ le prince prit fon logement au-deffus des recolets ; & Baffompierre, comme premier maréchal de camp, eut fa tente au voifinage de celle de Mʳ le prince. Le duc de Montmorency, avec fes troupes, eut fon quartier aux tuileries, vers Boutonnet;

Livre dix-huitième.

le regiment de Vendôme, & quelques autres, fur le chemin de Celleneuve; & les troupes de M^r le connétable, fur le tertre qui eft au-deffus de la porte de la Saunerie.

D'autre côté, les affiégez oppofoient à l'armée du roi de bons baftions qu'ils avoient fait autour de leur ville, chacun avec fon foffé particulier & fon glacis. On y avoit mis la main dès le commencement de ces derniers troubles; les pierres de la démolition des églifes & de tous les fauxbourgs y avoient été employées: & quant au terraffement, on marque que les femmes & filles les plus qualifiées de la ville y portoient la hote. D'Argencour, natif de la ville, conduifit tout l'ouvrage: il conferva toutes les anciennes murailles & leurs foffez; & ce ne fut qu'au-delà de ces mêmes foffez, qu'il traça fes nouvelles fortifications.

Il fit fur le Peirou un grand ouvrage à tenaille, dans lequel il éleva un cavalier (que nous avons vû encore de nos jours), pour dominer jufque vers la porte des Carmes, & vers la porte de Saint-Guillem: en décendant vers le jardin du roi, il fit un baftion, qui prit le nom de Saint-Jaumes; & devant la tour des Carmes, il éleva un grand boulevard, qui fut appellé dans l'armée du roi, le Baftion-Blanc, pour le diftinguer de celui qui étoit au-deffous de la porte de la Blanquerie, auquel on donna le nom de Baftion-Noir. Nous verrons dans la fuite qu'on fit entre-deux un ravelin ou demi-lune, appellé du Riberan, autrement d'Argencour.

Sur l'élevation du préfident Bocaud, on fit un grand ouvrage à corne, d'où l'on tiroit fortement fur la porte du Pile-Saint-Gilles; mais, pour communiquer plus aifément avec le fort Saint-Denis (aujourd'hui la citadelle), on y ajoûta une autre corne, qui fervoit auffi à nétoyer les approches de cette hauteur. Depuis cet efpace jufqu'à la porte de Lates, les murailles de la ville, qui étoient alors fur pié, avoient une autre porte appellée de Montpellieret, précifément à l'endroit où eft l'egoût public appellé le Gazillan de Niffole. Là, on éleva un cavalier,* dont nous avons vû les décombres avant qu'on travaillât à l'efplanade. On fit un baftion à la porte de Lates, qui a fubfifté de nos jours; un autre devant la tour de la Babote, regardant les jardins: celui de la porte de la Saunerie fubfifte encore en partie, & celui de Saint-Guillem fut démoli auffitôt après le fiége.

Le plan que j'en donne mettra le lecteur mieux au fait de ces fortifications, & des attaques qui y furent faites. J'ai feulement à obferver que ce plan eft copié fur celui qui fut dreffé peu après le fiége, tel qu'on le voit encore dans le Mercure François, & dans le grand livre de planches, qui a pour titre: *Les Triomphes de Loüis le Jufte.*

Le 31e du mois d'août fut employé à bien établir les quartiers, & à gagner

1622.

II.

PAGE 374.

III.

quelques masures qui étoient sur le chemin des attaques. On resolut le 1ᵉʳ septembre, dans le conseil de guerre, de commencer par se rendre maîtres de l'eminence de Saint-Denis (aujourd'hui la citadelle) : Mʳ de Praslin en eut la charge avec Bassompierre, premier maréchal de camp, auxquels Mʳ de Chevreuse voulut se joindre ; ils prirent des détachemens de Normandie, de Piémont, de Navarre & d'Estissac, avec les deux regimens entiers de Fabregues & de Saint-Brés, qui donnérent, environ deux heures après minuit, sur un corps de garde, qu'ils chassèrent bientôt.

La facilité que nos gens avoient eu à s'emparer de ce poste leur fit negliger les moyens de s'y maintenir : car ils ne songèrent point à y faire aucun retranchement ; au contraire ; ils se crurent dans une si grande sureté, que le même jour un trompette des énemis étant venu pour reclamer les morts, ils lui firent débander les yeux, par une espéce de défi qu'ils donnoient aux assiégez. Le trompette ayant remarqué qu'il n'y avoit point de cavalerie à leur garde, & que la plûpart des soldats étoient épars çà & là pour se rafraichir, en avertit ceux de la ville, qui firent sortir par la droite deux cens hommes, soûtenus de quarante maîtres ; & par la gauche, autre deux cens. Ils furent si bien reçus par les troupes du roi, qu'ils furent obligez, durant quelque tems, de se tenir à couvert derrière un rideau de terre ; mais, un capitaine de la ville, monté sur un bidet, ayant remarqué quelque desordre parmi les nôtres, cria aux siens : Donnons, camarades, l'énemi branle. Alors ils sortirent de leur rideau, chargèrent rudement les nôtres, & reprirent sur eux le poste qu'ils occupoient, après avoir tué Saint-Brés, le chevalier de Fabregues & deux autres gentilshommes de sa famille.

Le roi, qui du haut de son logis regardoit, avec une lunette d'approche, tout ce grand mouvement, apprit bientôt que les assiégez avoient l'avantage sur ses troupes. Aussitôt tout ce qu'il y avoit de seigneurs auprès de sa personne prirent les premiers chevaux qu'ils trouvèrent, & coururent à toute bride vers Saint-Denis. Le duc de Fronsac (jeune prince de la maison de Longueville) & le duc de Montmorency y arrivèrent, n'ayant d'autres armes que leurs épées. La mêlée fut bientôt si grande, que le duc de Montmorency ayant fait prisonnier Carlencas, cavalier des énemis, le bailla en garde à leur infanterie, sans les reconnoître ; Dargencour, qui étoit du nombre, n'ayant pas voulu tuer le duc de Montmorency, comme il le pouvoit aisément, se contenta de lui dire : Monsieur, il ne fait pas bon ici pour vous, retirés-vous par là ; mais, en se retirant, ce seigneur reçut deux coups de pique, dont il fut plus de quinze jours à guérir. Le duc de Fronsac fut tué presqu'en arrivant. Le marquis de Beuvron, le sieur Octot, lieutenant des gardes de Mʳ le prince, le baron de Canillac, les sieurs de Montbrun, de l'Etrange, de

Luffan l'aîné, y périrent tous; & le fieur de Combalet, neveu du feu connétable de Luïnes, ayant été pris & conduit dans la ville, y fut tué de sangfroid.

1622.

Baffompierre, voyant ce defordre, courut aux quartier des fuiffes, dont il étoit colonel, & les fit marcher aux énemis, qui pourfuivoient les nôtres jufqu'au Merdanfon: ils avancérent en bon ordre, & montérent refolument jufqu'au haut de Saint-Denis, où ceux de la ville ne les attendirent pas jufqu'aux piques; mais, en efcarmouchant de leur moufqueterie, ils fe retirérent dans la ville, & leur quitérent le champ de bataille.

Loüis XIII touché de la mort du duc de Fronfac, fils unique du comte de *Saint-Paul, & âgé feulement de vingt ans, écrivit au comte & à la comteffe fa mere, des lettres de condoleance, qui ont été confervées dans l'hiftoire de ce tems. Il donna ordre, le foir même, de faire retirer les fuiffes du pofte de Saint-Denis, parceque Sa Majefté étoit refoluë d'y faire un bon fort le lendemain, qui étoit le troifiéme de feptembre: l'execution en fut diferée, fous prétexte que ce lieu, faute de terre, ne pouvoit être fortifié, & par confequent être gardé; mais, les énemis y trouvérent bien plus de facilité de s'y retrancher comme ils firent: de forte qu'on perdit le moyen d'attaquer la ville de ce côté-là, qui fans contredit étoit le plus favorable pour l'armée du roi.

Vie de Toiras. Mercure François. PAGE 375.

Dans ce même tems, les affiégez firent une fortie au bas du Peirou, vers le quartier de Mr de Montmorency, qui étoit arrêté par fes bleffures du jour précedent. Le fieur Zamet, maréchal de camp, y accourut auffitôt; & voyant les foldats reculer, il leur dit en colére: Soldats, vous fuyés? A quoi ils répondirent qu'ils n'avoient plus de poudre ni de plomb: Eh quoi! (repartit-il) n'avez vous point l'épée & les ongles? Ce peu de paroles les firent retourner à la tranchée, où Mr Zamet trouva leurs capitaines en devoir. Sa préfence fortifia ce quartier, dont les énemis furent entiérement repouffez; mais, comme il s'en retournoit pour donner ordre à un autre pofte, & qu'il fe fut arrêté avec le fieur de Coudron, aide de camp, qu'il trouva fur fon chemin, un coup de canon, parti du Peirou, tua fon laquais, emporta la feffe de Coudron & le ventre de fon cheval, tua celui du fieur Zamet, & lui coupa la cuiffe à lui-même, dont il mourut fix jours après, regretté du roi & de tous les gens d'honneur, comme un homme dont la valeur & la vertu étoient éprouvées. On peut voir, dans les mémoires de Pontis, avec quels fentimens de religion il reçut la mort.

IV.

Liv 5.

Les affiégez, qui, depuis la journée des moiffonneurs, l'appelloient le grand Mahomet, pour faire allufion à fon nom de Zamet, reconnurent du haut de leurs baftions, avec des lunettes de Hollande, qu'il avoit été ren-

1622.

versé de cette canonnade. La joye qu'ils en eurent leur fit pousser un grand cri & repeter souvent : Voyés, voyés, le grand Mahomet par terre !

V. La faute qu'on avoit faite de negliger le poste de St-Denis obligea de faire de nouveaux efforts pour se rendre maîtres de l'ouvrage à cornes que les énemis y avoient construit. Dès la nuit du 4 au 5, Mr de Bassompierre fit une barricade pour traverser un chemin qui étoit en vûë desdites cornes; puis, coulant le long du Merdanson vers le pont du Pile-Saint-Gilles, il s'y fortifia; de maniére (dit-il) que nous nous donnions la main avec ceux qui étoient sur le havre St-Denis. Le lendemain, le Sr Gamoriny fit ouvrir des tranchées en ligne oblique pour s'en approcher; mais comme il montroit son travail au Sr de Toiras, une mousquetade partie des fortifications de la ville, emporta le chapeau de Toiras & tua Gamoriny. Cette perte fit aller nos travaux plus lentement jusqu'au 10, que le prince de Condé resolut absolument d'emporter les cornes. Il disposa son attaque en un très-bel ordre : car, au milieu, devoit donner le regiment des gardes; à droite, Piémont, soutenu par Navarre; à gauche, Normandie, soutenu par Estissac, & trois troupes de gendarmes, divisées une en chaque attaque.

Comme le combat devoit se faire à deux heures après minuit, nos soldats mirent des chemises sur leurs armes, & les énemis les ayant aperçus, sans sçavoïr à quel dessein le faisoient, ils envoyérent un sergent, avec quelques mousquetaires, faire une salve sur eux pour les reconnoître; & dans cette occasion, le Sr de Terrault & le chevalier de Manican y furent tuez. Alors, Mr le prince voyant qu'il étoit découvert, fit donner le signal par quelques coups de canon, & aussitôt nos gens partirent avec tant de promptitude, qu'ils ôtérent aux énemis le loisir de se mettre en armes; la plûpart de leurs soldats se laissérent surprendre sur leurs paillasses, plus de deux cent cinquante y furent tuez, les cornes prises, & tout ce qu'ils étoient de gens pour les défendre prirent la fuite vers la ville, où l'épouvante fut si grande, qu'ils abandonnérent pour quelques tems leurs bastions. Nous y perdîmes de Lago, aide de camp, & trois ou* quatre chevau-legers; Leobal y fut blessé, & Restincliéres, frere de Toiras, y reçut une mousquetade au bras.

Page 376.

Cette victoire ne nous produisit pas pourtant tout l'avantage qu'on avoit lieu d'attendre, parce que l'armée vint à déperir à vûë d'œil, les vivres rencherissant extraordinairement dans le camp, où l'on manquoit aussi de fourrage pour les chevaux, les maladies y augmentérent, de sorte que les fruits de l'automne, les raisins & le vin nouveau firent mourir plus de soldats que les coups d'épée ou les arquebusades des énemis. Le roi, pour renouveler ses troupes, envoya Laforest, frere de Toiras, dire au duc de Vendôme qu'il eût à quiter le siége de Briteste, & qu'il le vînt joindre avec son armée; il ordonna au prince de Condé de faire hâter son regiment de Berry; aux Srs de Bressieux & de Montespan, d'amener les leurs; il écrivit aux Srs de Ragny & de Tremont de quiter la Bourgogne & de se rendre au camp de Montpellier; il fit partir un courier, avec ordre au duc d'Angoulême d'amener les six mile hommes de guerre qu'il avoit en Champagne, pour s'opposer au bâtard de Mansfeld, parce qu'on avoit des nouvelles certaines qu'il étoit repassé en Hollande. Ces troupes arrivèrent successivement les unes après les autres, tandis qu'on faisoit décendre par le Rône, les vivres & les munitions dont on avoit besoin; de cette sorte, au bout de huit jours on eût reçu un assés grand renfort d'hommes & de vivres pour pouvoir faire quelque nouvelle entreprise.

1622

CHAPITRE HUITIÉME

I. Mr. de Caumartin fait garde des sceaux au camp de Montpellier. II. Le prince de Condé change ses attaques. III. Vigoureuse resistance des assiégez à la demi-lune d'Argencour. IV. On marche au-devant du secours qui venoit à Montpellier. V. Le connétable arrive au camp. VI. Il négocie la paix avec Mr de Rohan. VII. Qui vient demander pardon au roi.

DANS l'espace de tems qui s'écoula depuis la prise des cornes de St-Denis jusqu'à une nouvelle attaque, il y eut de grandes brigues pour la nomination d'un garde des sceaux à la place de Mr Mery de Vic, seigneur d'Ermenonville, qui étoit mort depuis le 2e de septembre, à Melgüeil prés de Montpellier, où se tenoit le conseil. Le parti du prince de Condé solicitoit fortement pour Mr Daligre; mais Bassompierre (comme nous l'apprenons de ses mémoires) détermina le roi en faveur de Loüis Le Fevre de Caumartin, président au grand conseil, qui reçut les sceaux au camp de Montpellier, dans ce même mois de septembre. I.

Mémoires de Bassompierre.

M^r le prince ayant reçû les premières troupes de celles que le roi avoit envoyé querir, entreprit l'attaque du bastion de la Blanquerie, tandis que par le quartier de Montmorency, on attaqueroit le bastion des Carmes. Il fit pour cela tirer une ligne de communication de l'un à l'autre & dresser une baterie de douze canons à la faveur de laquelle il poussa ses travaux jusqu'à la contrescarpe; mais par un effet de la trop grande confiance qu'il avoit pour un jeune ingenieur nommé Le Mayne Chambaud, il changea sa principale attaque & la dressa contre la demi-lune qui étoit entre les deux II.

1622.

PAGE 377.

Mémoires de Pontis, liv. 6.

bastions. D'abord, on prepara un front de baterie de seize piéces de canon, qui, avec ceux du quartier de Montmorency, tirérent en un jour, mile ou douze cent coups à tort & à travers, mais principalement sur la demi-lune.

Les assiégez furent si étonnez de ce grand feu, qu'ils quitérent quelques postes & lignes avancées. On dit même, que si on eût donné l'après-dinée, on eût pu les forcer; mais eux ayant reconnu qu'on ne vouloit que les épouvanter, ils se rassurérent & prirent le pic & la pêle pour se mieux retrancher. D'Argencour,* qui conduisoit leurs travaux, y employa tout ce qu'on peut imaginer, comme des contremines, des palissades, des poutres planchées à l'épreuve & des pierriers pour donner le moyen à ses gens de tirer sans péril; il en fit autant aux deux bastions qui faisoient tête aux assiégeans & ses travaux parurent si surprenans, que le Sr de Pontis fut traité de visionnaire lorsqu'il en eût fait son rapport au roi.

III. Quoique dans le conseil de guerre plusieurs n'approuvassent pas qu'on se fût attaché à ce poste, parce qu'il étoit en vûë du flanc & de la face des deux bastions, on ne songea qu'à trouver le moyen d'en approcher sans être enfilé; car en tirant à droit, le bastion blanc voyoit à plomb; à gauche, le bastion noir, & en droite ligne, la demi-lune. On prit donc le parti de baisser la visiére & d'aller droit à la pointe dè la demi-lune, en mettant des traverses au-dessus des tranchées, faites avec des barriques remplies de terre. Les assiégés mirent aussitôt une piéce en baterie pour les renverser, dont ils tuérent Castelnau, capitaine aux gardes; mais nos gens, voyant leurs barriques culbutées, en firent un triple rang & placérent parmi quelques piéces d'artillerie pour démonter la leur. Alors les énemis eurent recours aux feux d'artifice & les jetérent en si grande quantité, qu'ils brûlérent douze à quinze pas de tranchée.

Les assiégeans, de leur côté, resolus de ne pas en démordre, prirent le parti d'avancer à la sape vers la pointe de la demi-lune & d'y faire joüer la mine pour pouvoir s'y loger. Les regimens de Navarre & d'Estissac furent commandez pour cet effet, & quoique la mine n'eût pas réussi, ils s'opiniâtrérent à y poser quelques barriques, ce qui engagea l'action la plus chaude qui se fût passée dans tout ce siége. Les assiégez, qui s'étoient preparez à les recevoir, les accüeillirent avec une quantité prodigieuse de grenades & un si grand feu de mousqueterie, qu'il tua ou blessa la plûpart de ceux qui en approchérent. Du regiment de Navarre, Ceran & Fernelles y périrent; de celui d'Estissac, le Sr de Frette. Roquelaure, maréchal de camp, ayant voulu y mettre quelque ordre, y fut tué; & Duplessis, sergent de bataille, venant pour le remplacer, y reçut un coup de mousquet à l'œil. Nos soldats rebutez, commencérent à lâcher du pié; & les assiégez, profitant de leur avantage, sortirent sur eux, & les menèrent batans. Dans ce désordre, Bassompierre prend les mousquetaires du regiment de Piémont, conduits par le jeune Guiteau, qui dès-l'abord est tué; Guyermont lui succède, & il a le même sort. On fait venir le chevalier Dugua, lieutenant d'Attigny, qui reçoit une mousquetade à travers du corps. Enfin, dans cette horrible confusion, le duc d'Epernon ayant mis l'épée à la main, & commandé au sieur de Nantas de donner avec cent piquiers & quelques volontaires, il fit retirer les ennemis par l'allure fière de toute sa troupe.

Ce fut en cette occasion (si nous en croyons le continuateur de Turssellin) que les femmes de Montpellier, habillées en homme, combatirent trés-vaillamment; mais, le fait est d'autant plus douteux, qu'on ne le trouve que dans ce seul écrivain : la raison même qu'il en apporte, de la disette d'hommes pour défendre la place, se trouve démentie par le grand nombre de soldats qui en sortirent après le siége. Je craindrois fort que cet auteur n'ait confondu avec Montpellier, ce qu'on lit du siége de Saint-Antonin, où parmi les morts, on trouva quinze femmes habillées en homme.

Jean Tournes, pag. 791.

Cependant, le duc de Rohan s'étoit rendu à Nîmes, pour aller assembler IV. les troupes qu'il avoit dans les Cevénes & dans le Vivarés, & pour marcher ensuite au secours de Montpellier. Cette nouvelle causa bien du mouvement dans nôtre camp, d'où il falut tirer quelques regimens de cavalerie & d'infanterie pour lui aller disputer le passage. On en donna le commandement au maréchal de Saint-Geran, auquel se joignirent plusieurs gentilshommes du païs, ayant à leur tête Mr de la Curée. Le roi lui-même voulut être de la partie ; car, il monta plusieurs fois à cheval : & il fut si bien servi par Toiras, & par ses cinq freres, qui, étant du païs, en sçavoient toutes les avenuës, que le secours n'osa tenter le passage.

Ces troupes détachées campérent plus de quinze jours sur le chemin des Cevénes * pour y attendre les énemis, pendant que nôtre camp devant Montpellier fut inondé d'un orage de pluye, si prompt & si furieux, que les tranchées en furent toutes remplies. La terre, qui étoit séche & pressée depuis long-tems, ne pouvant boire la grande quantité d'eau qui tomboit, elle s'écoula dans les fonds-bas, où le Merdanson en grossit si fort, qu'il emporta plus de cent lansquenets, qui, pour éviter les grandes chaleurs, avoient fait des creux contre sa rive, & s'y étoient hutez.

PAGE 378.

Cet orage passé, le prince de Condé tint le 3e octobre un grand conseil de guerre, pour une nouvelle attaque de la demi-lune, que son ingenieur continüoit de lui conseiller. Les premiers opinans furent d'avis de faire de nouvelles mines, & qu'aussitôt qu'elles auroient joué, on y allât par assaut, & non par logement : Bassompierre dit que la demi-lune étant comme enfoncée dans la terre, on feroit mieux d'élever un cavalier pour la battre de haut en bas; fon avis fut approuvé du duc d'Epernon, & M^r le prince s'y arrêta.

Tandis qu'on y alloit mettre la main, les affiégez firent fur les dix heures du foir du 4e octobre, une vigoureufe fortie fur le regiment de Picardie, au quartier du duc de Montmorency, qui étoit revenu de Pezenas après la guerifon de fes bleffures; ils portèrent le feu à nos gabions, tuérent les premiers qu'ils rencontrèrent, & ils travailloient déja à s'établir dans les poftes qu'ils venoient de gagner, lorfque le duc y accourut l'épée à la main : il ramena les fuyards, les fit foûtenir par fes gardes, & ne quita point la partie qu'il n'eût repouffé les énemis jufqu'au pié de leurs murailles.

V. Dans ces entrefaites arriva le maréchal de Crequy, avec des bonnes nouvelles du connétable fon beaupere, qui envoyoit à nôtre armée un renfort de quatre mile hommes de pied, & de trois cent chevaux. Ces troupes arrivèrent le 7 au matin; & l'on apprit que le connétable lui-même venoit en perfonne : ce qui fit que tous les feigneurs qui n'étoient pas commandez ce jour-là, allèrent à fa rencontre. Il arriva le foir même, & l'on lui fit dreffer plufieurs tentes pour lui auprès du logis du roi. Dans ce même temps, arriva la petite armée que Mr de Vendôme avoit dans le haut Languedoc, qui pouvoit faire trois mile hommes de pied & cinq cent chevaux : on leur fit prendre le pofte de quelques vieilles bandes qui étoient au camp; & avec celles-ci, & un gros détachement de cavalerie, on marcha vers Fontanés & Corconne, où l'on apprit que le duc de Rohan étoit venu fe loger.

Le confeil fecret étoit alors le feul qui fçut la difpofition des affaires, dont le connétable de Lefdiguières étoit venu rendre-compte à Loüis XIII. Il lui apprit que dans fes conferences avec Mr de Rohan, ils étoient convenus d'un accommodement honorable pour fa majefté. De là vient que le duc de Rohan n'attendit pas nos troupes à Corconne, foit, comme il le dit lui-même, que fes gens ne vouluffent pas fe jeter dans Montpellier, foit qu'il fût bien aife de faire voir aux affiégez qu'il n'avoit pas tenu à lui de leur amener du fecours. Quoi qu'il en foit, le prince de Condé voyant que la préfence du connétable lui ôtoit le commandement de l'armée, & qu'on tramoit une paix à laquelle il n'avoit pas la part qu'il defiroit, il demanda congé au roi, fous prétexte d'aller s'acquiter d'un vœu qu'il avoit fait autrefois à Nôtre-Dame de Lorette; & il partit le neuviéme au matin, avec peu de fuite, pour fon voyage d'Italie.

Dès le lendemain 10e octobre, on vit paffer par le camp le duc de Rohan, conduit par le maréchal de Crequy, avec un paffeport de Sa Majefté pour entrer dans Montpellier; ce qui fit croire que la paix étoit affurée : mais,

M^r le connétable ayant été visiter les tranchées, affecta de dire qu'elle étoit rompuë, afin de contenir le soldat dans le devoir. Cependant, on ne tarda point de publier une tréve de part & d'autre, durant laquelle les assiégeans & les assiégez se visitoient, & les dames de Montpellier venoient à la demi-lune se promener & voir la plûpart de la cour.

Ce fut dans cet intervale que Loüis XIII donna à Mr de Bassompierre le bâton de maréchal de France qu'il lui avoit promis à Laverune. Il assembla pour cet effet un conseil le 12e d'octobre, auquel il appela le cardinal de la Valette * & le duc de Vendôme, qui venoient d'arriver au camp, M^r le connétable, les duc de Chevreuse & d'Elbeuf, M^{rs} d'Epernon, de Praslin, de Crequy & de Montmorency, les maréchaux de camp, le garde des sceaux, & Puisieux secretaire d'état, ausquels le roi ayant déclaré son dessein, qui fut approuvé de tous, il prit Bassompierre par la main, lui fit prêter le serment à genoux; & lui mit en main le bâton de maréchal de France. Le soir toute l'armée fit une décharge generale d'artillerie: ce qui n'intrigua pas peu les habitans de Montpellier, qui ignoroient la cause de ce grand bruit; mais, Calonges, leur gouverneur, l'ayant fait demander à la tranchée, il envoya dire au nouveau maréchal, que ceux de la ville n'en vouloient pas moins faire; & bientôt après, on entendit une salve generale qu'ils firent de tous leurs bastions.

Le duc de Rohan, qui travailloit dans la ville à ramener les habitans, en partit le 13 pour faire sçavoir aux députez des Cevènes, de Nîmes & d'Uzés, qui se tenoient à Ganges, la resolution où l'on étoit à Montpellier d'obéir & d'observer le traité qu'il avoit arrêté avec Mr de Lesdiguières, pour le general des églises de France & de Bearn. Ils firent plusieurs dificultez, qui portérent Mr de Rohan à les engager de venir eux-mêmes à Montpellier, sur les passeports du roi dont il étoit muni; ils y arrivérent le 17e, & ils eurent le même jour & le lendemain, plusieurs conferences au bas du fort de Saint-Denis, avec M^r le connétable & Mr de Rohan. Les députez particuliers de Montpellier qui y vinrent, firent de grandes instances contre la garnison que le roi vouloit établir dans leur ville; ils dirent hardiment, que tout ce qu'ils pouvoient proposer au peuple, c'étoit l'entrée du roi avec sa garde ordinaire. On leur passa cet article; mais, Mr de Rohan fit entendre, & il le dit ensuite à Loüis XIII que quand il n'observeroit pas cet article, les huguenots pour cela n'en prendroient pas les armes.

La paix ayant donc été résoluë, & la ratification de ceux de Montpellier ayant été portée au roi, le duc de Rohan se rendit le soir même au quartier du roi, d'où il fut introduit dans la chambre de sa majesté, devant laquelle il se mit à deux genoux; lui demandant pardon, des armes qu'il avoit porté

1622.

PAGE 379.

Bassompierre, tom. 2, pag. 410.

1622.

contre son service; à quoi le roi répondit, qu'il fût plus sage à l'avenir, & qu'il vouloit bien oublier les choses passées. Sa majesté l'ayant fait lever, ils changèrent de discours; & une demi-heure après, le duc de Rohan se retira au quartier de M^r le connétable, où il coucha.

CHAPITRE NEUVIÉME.

I. Harangue des habitans de Montpellier au roi. II. Le connétable vient prendre possession de la ville. III. Le roi y fait son entrée. IV. Il prend des otages pour la démolition des fortifications. V. Articles de la paix de Montpellier.

I. LE lendemain 19e octobre, le duc de Rohan rentra dans Montpellier, pour amener au roi le gouverneur de la ville, les députez des Cevénes, avec ceux des villes de Montpellier, Nîmes & Uzés, qui devoient venir demander pardon, & suplier sa majesté de leur accorder la paix. Ils furent presentez par le duc de Rohan; & s'étant tous mis à genoux, le sieur de Calonges, gouverneur de Montpellier, parla pour tous, en ces termes :

« Sire, nous sommes envoyez de toutes les églises de France & souve« raineté de Bearn, pour, en leur nom, demander très-humblement la paix « à vôtre majesté : nos cœurs, plus humiliez que nos corps, se jettent à « vos pieds (sire) pour la lui demander, & la suplier très-humblement de « croire, que les faux bruits qu'on a semé parmi nous, des desseins de votre « majesté contre nôtre religion, * nous ont jeté dans les malheurs où nous « sommes.

PAGE 380.

« Ce n'est pas que nous voulions changer de nom au mal. Nous nous « confessons coupables; c'est pourquoi, nous nous présentons à votre ma« jesté, pour lui demander pardon, & la suplier très-humblement de nous « recevoir en grace; & à l'exemple de Dieu, dont elle est l'image, avoir « égard à nos infirmitez, & donner quelque chose à la crainte que nous « avons eu, de voir la liberté de nos consciences opprimée. Plus votre ma« jesté nous trouvera coupables, plus aussi trouvera-t-elle en nous de quoi « employer sa clemence.

« Henry-le-Grand, pere de votre majesté, s'est servi de nous, s'est fié en « nous, & nous a aimez. Nous la suplions très-humblement, que comme

« héritiere de ſes royales vertus, elle le ſoit auſſi de la bonne volonté qu'il a
« eu pour nous, & ne nous diſtinguer de ſes autres ſujets que par le ſer-
« vice que nous lui rendrons; car, c'eſt là (ſire) où nous prétendons faire
« voir à votre majeſté, que nuls ne peuvent être plus que nous, ſes très-
« humbles, très-obéïſſans, très-fidéles ſujets & ſerviteurs.

1622

Loüis XIII leur répondit: Que volontiers il leur pardonnoit, à condition qu'ils fuſſent plus ſages qu'ils n'avoient été. Qu'ils lui fuſſent bons ſujets, & qu'il leur feroit très-bon roi. Après quoi, ayant reçu les ſoumiſſions d'un chacun, les uns après les autres, il les fit lever, & ordonna qu'on expediât la déclaration de la paix, pour être envoyée à tous les parlemens du royaume. Les conſuls vinrent preſqu'en même tems, lui preſenter les clefs de la ville dans un ſac de velours bleu; mais, ce qu'il y eut de particulier en cette rencontre, c'eſt que le même qui s'étoit ſignalé contre le ſervice & la perſonne du roi, fut obligé, en qualité de premier conſul, de parler en cette occaſion. On marque qu'il le fit avec beaucoup d'embaras & de trouble; mais la grace que ſa majeſté accordoit à tous ſe répandit ſur lui comme ſur les autres.

Le même jour après-dîné, M^r le connétable entra dans Montpellier, avec II. les maréchaux de Crequy & de Baſſompierre, pour y établir les gardes françoiſes & ſuiſſes. Ils ſe ſaiſirent des portes, des magaſins, du canon & de deux baſtions, laiſſant les autres aux troupes étrangères qui avoient ſervi durant le ſiége, & qui devoient le lendemain vuider la ville. Le grand prévôt de l'armée, après avoir publié la paix au quartier du roy & aux tranchées, ſe rendit à Montpellier pour y faire la même publication; & les maréchaux de logis étant venus preſqu'en même tems, y marquérent le logis du roi, chès le préſident d'Agel; celui de M^r le connétable, chès Maſſane, conſeiller en la cour des aides[1]; celui du duc de Montmorency, chès Laroche, maître des comptes; du maréchal de Baſſompierre, chès Greffeüille, tréſorier de France; de Mr de Valencé, chès Dampmartin, aujourd'hui le bureau des finances, &c.

Tout fut tranquile dans la ville, malgré le grand nombre de gens de guerre qu'il y avoit; en ſorte que les habitans ne furent occupez qu'à accüeillir les ſeigneurs qui s'y étoient rendus. Parmi les harangues qui furent faites à M^r le connétable, je trouve qu'il eſt fait une mention particuliére d'Iſâc Joubert, conſeiller au préſidial, & ſeul catolique de tout ſon corps: il en fut eſtimé davantage de M^r de Leſdiguiéres, qui ne put s'empêcher de loüer la fidélité qu'il avoit eu pour ſa religion, malgré l'exemple

---

1 Il y a dans le ms. : « Celuy de M^r le conneſtable chès Mr de Fourques. »

1622.

Bonnefoy, Historia hæresis in Occitania oppugnatæ.

contraire de tant d'autres, & les persecutions où il fut exposé pendant les troubles. Aussi marque-t-on, que Dieu lui prolongea la vie jusqu'à près de cent ans, & qu'il continüa jusqu'à cet âge, la vie penitente & exemplaire qu'il avoit toûjours mené.

Le lendemain matin, 20ᵉ octobre, les troupes etrangéres, qui avoient servi pendant le siége, sortirent de la ville, au nombre de douze cens hommes de guerre, en fort bon équîpage; ils furent reçus par le sieur de la Curée, qui les escorta avec un détachement de cavalerie jusqu'à Monferrier, où ils prirent le chemin des Cevénes.

III. L'après-midi, le roi, accompagné des ducs de Chevreuse, de Vendôme, d'Elbeuf & de plusieurs autres seigneurs, alla visiter le fort de Saint-Denis, précedé de ses carabiniers & de ses chevaux legers. Sur les quatre heures, il entra dans Montpellier par la porte de Lates, au bruit d'une double salve

Page 381.

de quarante-trois* piéces de canon qui étoient dans le parc. Les consuls, qui se trouvérent à la porte, le reçurent avec le plus grand appareil qu'il leur fut possible dans les conjonctures du tems; mais l'accüeil le plus touchant qu'on put lui faire, vint d'un nombre infini de voix, qui crioient de toutes leurs forces : Vive le roi, & misericorde. Un moment après que le roi fut entré dans son logis, qui étoit tout proche de la porte de Lates, les choses furent aussi paisibles dans la ville que si la guerre n'y eût jamais été.

Cependant Loüis XIII demanda en quelle église il pourroit aller rendre grâces à Dieu de la victoire qu'il lui avoit accordée; ce qui donna lieu à la réponse qui lui fut faite, qu'elles avoient été absolument toutes détruites. Alors, les catoliques zélez proposérent de convertir en église, le grand temple des huguenots; & ils ne manquérent point de citer les préjugez qu'on avoit, de plusieurs villes où pareille chose avoit été faite, & même d'ajouter toutes les raisons particuliéres qu'on avoit, d'ôter ce temple aux religionnaires de Montpellier; mais le roi, ne voulant pas effaroucher un peuple qui venoit de se soumettre, en confera auparavant avec Mʳ le connétable, qui fut d'avis qu'en attendant on se servît de la loge des marchands, qui fut preparée en diligence pour le dimanche 23ᵉ de ce mois, où le roi vouloit entendre la messe, & faire une procession generale en actions de grâces de la réduction de Montpellier.

L'office fut fait ce jour là par messire Claude de Toiras, prévôt de la catédrale, nommé à la coadjutorerie de Nîmes & déjà sacré évêque de Cézarée. Il porta le Sᵗ. Sacrement à la procession, où les catoliques & les huguenots indistinctement tapissérent le devant de leurs maisons. Le dais étoit porté par Mʳ le connétable, par les ducs de Montmorency & d'Epernon & par le maréchal de Praslin. Le roi suivoit avec un cierge à la main, qu'il donna sur la fin de la proceſſion à madame Le Clair, femme d'un conſeiller en la cour des aides, qui avoit fait paroître beaucoup de fermeté pendant le ſiége, où elle eut beaucoup à ſoufrir pour la religion catolique. Le tour que cette proceſſion fit alors, eſt encore appellé le tour royal, qui eſt ſuivi fort exactement toutes les années, le jour de la délivrance de la ville, que l'on met au vingtiéme d'octobre, parce que le roi entra ce jour là dans Montpellier; la ſeule diference qu'il peut y avoir maintenant, c'eſt que la proceſſion part de St. Pierre, depuis que le ſervice y a été rétabli & qu'elle partit alors de la loge; le roi y aſſiſta à l'office de vêpres après midi, & il entendit la prédication de Mr de Fenoüillet, évêque de cette ville, qui, ſans entrer dans aucun détail des conditions de la paix, fit beaucoup valoir qu'elle avoit été donnée par Loüis le Juſte.

Manuſcrit de Delort.

Les trois jours ſuivans furent employez à reformer & à licencier les troupes du roi qui avoient ſervi pendant le ſiége; les compagnies des chevaux-legers de la reine-mere, de la reine & de Mr le prince, furent réduites à cinquante hommes chacune; mais la grande affaire étoit la démolition des fortifications de la ville, que le roi avoit été viſiter dès le lendemain de ſon entrée; il les trouva ſi bien, qu'il voulut connoître celui qui en avoit conduit l'ouvrage; d'Argencour lui ayant été préſenté, non ſeulement Loüis XIII le loüa de ſon travail, mais encore il voulut l'avoir à ſon ſervice; de ſorte que ce qu'il avoit fait contre le roi, ſervit à lui en aſſurer l'eſtime & le mit en occaſion de ſervir ſon prince tout le reſte de ſon regne, en France, en Italie & dans la Catalogne, en qualité de maréchal de camp de ſes armées, & mourut gouverneur de Narbonne.

IV.

Comme les habitans de Montpellier ne pouvoient éviter la démolition de leurs fortifications, puiſqu'elle étoit portée par le traité de paix, ils offrirent d'eux-mêmes de les abatre & donnérent pour otage un grand nombre des principaux de la ville qui s'étoient ſignalez pendant le ſiége; ceux-ci, pour ſe procurer plûtôt la liberté, avancérent conſiderablement les affaires du roi, en demandant qu'on fit entrer des troupes dans Montpellier pour y contenir le peuple, tandis qu'on travailleroit à cette démolition après le départ de ſa majeſté. Loüis XIII qui ne demandoit pas mieux, fit entrer dans la ville les regimens de Picardie & de Normandie, qu'il laiſſa ſous les ordres de Mr de Valencé, maréchal de* camp; après quoi, il partit de Montpellier le 23e d'octobre, pour aller coucher à Aimargues, d'où, en paſſant par Arles, il alla viſiter toute la Provence.

PAGE 382.

Louis XIII après avoir ſéjourné trois jours à Marſeille, ſe rendit à Taraſcon le 13e de novembre, dans le deſſein d'aſſiſter aux états de Languedoc, qui avoient été convoquez à Beaucaire, & qui y furent tenus par le duc

1622. de Ventadour. Quoique cette assemblée eût commencé dès le 8, le roi ne laissa point de l'honorer de sa présence, & s'étant rendu le 16 à Avignon; il y trouva Armand de Richelieu, évêque de Luçon, qui venoit le remercier de sa promotion au cardinalat, faite le 5e septembre, précisément dans le temps que sa majesté étoit au plus fort du siége de Montpellier.

V. Il est tems de raporter les articles de paix que le roi avoit accordé par la déclaration du 19e octobre, donnée au camp devant Montpellier. Cette paix est d'autant plus remarquable, qu'elle ne regardoit pas seulement les habitans de cette ville, mais qu'elle comprenoit encore tous les sujets de sa majesté qui professoient la religion prétendüe reformée; elle portoit en substance:

« Que l'édit de Nantes seroit observée dans toute sa teneur.

« Que l'exercice de la religion catolique seroit rétabli dans les lieux du « royaume où il avoit été interrompu.

« Que les siéges de justice, bureaux de recette & officiers de finances, « seroient rétablis és lieux où ils étoient avant ces derniers mouvemens.

« Que toutes les fortifications des villes tenuës par ceux de la religion, « seroient démolies & qu'on n'y laisseroit que les anciénes murailles, « tours, fossez & contrescarpes, telles qu'elles étoient avant les derniers « troubles.

« Toutes les assemblées politiques, sous le nom de cercle, & autres sem« blables, étoient prohibées aux prétendus reformez, quoiqu'on leur per« mit la tenüe des sinodes pour reglement de dicipline entr'eux.

« Abolition entière du passé, spécialement pour ce qui étoit arrivé à « Privas & nommément pour le Sr de Brison.

« Tous prisonniers de part & d'autre, renvoyez sans rançon, & toutes « personnes rétablies dans les biens, charges & honneurs dont elles avoient « été privés à l'occasion des presens troubles.

Outre ces articles publics, il y en eut quelques autres particuliers, dont le premier étoit: « Qu'il seroit accordé six cent mile livres au duc de « Rohan, pour le dédommager des gouvernemens de Poitou, de St-Jean« d'Angely, St-Maixant, Maillezais, Meslé & pour l'abbaye de l'Or de Poi« tiers, à la place desquels le gouvernement de Nimes & d'Uzés lui seroit « donné sans garnison.

« On lui promit encore de rétablir & de faire payer exactement les « pensions dont lui & Soubise, son frere, avoient joüi avant les troubles, « & d'en accorder une de six mile livres par an à Calonges, gouverneur de « Montpellier.

« A l'égard de la ville de Montpellier, on ſtipula d'abord que les fortifi-
« cations ſeroient démolies & raſées, & qu'à l'avenir, ſelon la volonté du
« roi, le duc de Montmorency en nommeroit les conſuls, dont la moitié
« ſeroient catoliques & l'autre moitié de la religion.

« Le roi aboliſſoit pour la ſuite, les villes appellées villes de ſureté, d'otage
« & de mariage, dont ſa majeſté ſe réſervoit la nomination des gouver-
« neurs, & dans leſquelles elle pourroit mettre telles garniſons qu'elle juge-
« roit à propos. Nous verrons dans la ſuite les diferentes interprétations
« qui furent données à quelques-uns de ces articles. »

CHAPITRE DIXIÉME.

I. Démolition des fortifications. II. Tentative du duc de Rohan pour éluder la nomination des conſuls mi-partis. III. Les habitans demandent une citadelle pour éviter le logement des gens de guerre. IV. Création d'un nouveau ſenéchal à Montpellier. V. Renouvellement des troubles dans les Cevénes. VI. Ordonnance du duc de Rohan, pour la levée de troupes & des deniers.

TANDIS que Loüis XIII aprés ſon départ d'Avignon, viſitoit le I.
Dauphiné, & les autres provinces du royaume qui ſont ſur le chemin de Paris, Mr de Valencé faiſoit executer à Montpellier ce qui
avoit été reglé pour les fortifications de la ville; il les fit détruire (comme
on en étoit convenu) par les habitans mêmes, qui y travaillérent par cor-
vées : on raſa ſi bien les principaux ouvrages qui avoient le plus reſiſté
pendant le ſiége, qu'il n'en reſta plus de veſtige. Je ne ſçai pourquoi on
laiſſa ſur pié les baſtions de Lates & de la Saunerie, que nous avons vû ſubſiſter de nos jours; mais on combla entiérement les foſſez particuliers &
les glacis de tous ces ouvrages exterieurs : de ſorte qu'en moins de deux
mois, la ville fut à peu prés reduite aux ſimples murailles, tours & foſſez
qu'elle avoit avant le ſiége.

Comme la paix de Montpellier étoit generale pour toutes les villes de la
religion, elle fut publiée le 14 de novembre à la Rochelle, où le duc de
Guiſe commandoit l'armée navale du roi, & le comte de Soiſſons l'armée
de terre. Les fortifications de cette ville furent conſervées par un brevet
particulier; ce qui donna lieu à ceux de Caſtres, de Nîmes, d'Uzés & de
Milhau, de prétendre à la même grace, quoique le roi ne ſe fût engagé qu'à
leur laiſſer la moitié de leurs fortifications : Il arriva même, comme on

avoit vû dans tout le cours de ces guerres de religion, que les particuliers se contentérent de profiter des avantages qui leur revenoient de la paix, sans se mettre en peine de faire observer ce qu'ils avoient promis au roi. Quelques-uns d'entr'eux ne laissérent pas de continüer les fortifications de leurs places, de lever des impôts, de s'approprier les deniers du domaine du roi, de démolir des eglises pour servir à leurs fortifications, & de commettre plusieurs autres infractions au traité de paix; ce qui obligea le parlement de Toulouse à rendre un arrêt le 14 décembre, par lequel il défendoit de continüer ces hostilitez, à peine d'être regardez comme perturbateurs du repos public, & déchûs du bienfait de la déclaration du roi.

II. A Montpellier, on prit une autre route, qui fut d'éluder la nomination des consuls mi-partis qui avoit été ordonnée dans le traité de paix. Pour cet effet, les religionnaires de la ville engagérent le duc de Rohan, de venir présider à l'election consulaire qu'ils devoient faire le premier du mois de mars. Valencé, qui commandoit dans la ville, craignant qu'on ne s'y prévalut de la présence de ce seigneur, envoya devers lui, pour le prier de ne pas entrer dans Montpellier; mais, il fut bien surpris d'apprendre qu'il y étoit déja depuis le troisiéme de février. Aussitôt il assemble ses troupes, & fait investir toute l'isle de Massane, aujourd'hui d'Audessens, chès qui le duc avoit son logement : puis, montant chès lui, il lui dit qu'il venoit se rendre prisonnier dans sa maison avec lui, jusqu'à ce qu'il eût plû au roi (à qui ils en écrivoient l'un & l'autre) d'en ordonner. Soubise, qui se trouvoit alors à la cour avec la duchesse de Rohan, y firent de si grandes plaintes, que le roi commanda à Valancé de retirer ses gardes d'auprès du duc de Rohan; mais, il envoya ordre à ce seigneur, de sortir de Montpellier, & de n'y point revenir qu'il n'en eût une permission expresse. En consequence, le duc sortit de la ville, & Valancé l'alla accompagner, pour lui faire honneur, jusqu'à une lieüe.

Les religionnaires de Montpellier ne perdirent point courage de sa retraite, * non plus que de l'arrivée d'un commissaire du parlement de Toulouse, qui vint pour l'execution d'un arrêt, donné en conformité du traité de paix, sur l'election des consuls mi-partis; ils s'assemblérent en cachette le premier de mars, & nommérent précipitamment six consuls huguenots. Mr de Valencé, qui en eut avis, accourut à l'Hôtel-de-Ville, & ordonna, de la part du roi, de proceder à une nouvelle election. Il lui fut répondu, qu'elle étoit faite; surquoi, on en vint à des contestations; mais enfin, l'autorité du roi l'emporta; & il fut réglé, que le premier, le troisiéme, & le cinquiéme consul, seroient choisis d'entre les catoliques, & les trois autres d'entre les huguenots : en consequence, on eut pour premier consul, Mr le baron de Caſtries, ſous le conſulat duquel on ouvrit la chapelle de l'Hôtel-de-Ville, qui avoit été fermée pendant 60 ans.

1623.

Le reſte de cette année fut aſſez tranquile à Montpellier, où les officiers de la garniſon, la plûpart riches & de qualité, faiſoient beaucoup de dépenſe auprés des dames. On marque, que ſuivant les ſaiſons, ils paſſoient leur tems en courſes de bague, ou en parties de maſques, de jeu & de comedie. Ce loiſir fit naître la penſée de rétablir le jardin du roi, qui avoit été détruit lorſqu'on voulut ſe preparer au ſiége. François Ranchin, chancelier de l'univerſité, y apporta tous ſes ſoins; & par les ſecours qu'il reçut de la cour, il le mit dans peu, dans l'état où nous le voyons encore.

Les grandes liaiſons que les officiers de la garniſon avoient dans toutes les familles de Montpellier, donnérent lieu à divers diſcours vagues, ſur l'avantage qu'il y auroit d'avoir une citadelle, pour y enfermer les ſoldats répandus dans la ville, & ſoulager ainſi les habitans, de l'incommodité qu'ils avoient de les loger chés eux. La propoſition ayant été bien accüeillie de quelques-uns, fit inſenſiblement un plus grand progrés : de ſorte que M. de Valencé jugea à propos d'en ſuivre la penſée ; & aprés s'être aſſuré de pluſieurs voix, il ſolicita ouvertement un conſeil de ville, pour y mettre la choſe en délibération. Le plus grand nombre y opina par complaiſance, les autres par crainte. On raconte néanmoins, que le ſieur Fournier, bon bourgeois, ayant été prié par Mr de Valencé d'être de ſon avis; mais ſi je n'en ſuis pas, que me ferez-vous ? lui dit-il; rien, répondit le gouverneur. Et bien, monſieur, puiſque vous me laiſſés dans ma liberté, je vous déclare ne pouvoir être pour vous. On ajoûte, que le ſieur Lafarelle, ſeigneur d'Aumés, cita en plein conſeil, la fable du cheval, qui, pour ſe venger du cerf, ſe laiſſa mettre une ſelle, une bride & un mords; ainſi, meſſieurs (dit l'opinant), Mr de Valencé ſe ſervira contre nous de la citadelle que nous aurons bâti ; mais, malgré ſa repréſentation, l'affaire paſſa, & l'aſſemblée députa au roi pour lui demander une citadelle. Le ſieur de Meux, capitaine au regiment des gardes, & habile ingenieur, fut envoyé pour conduire l'ouvrage, auquel on commença de mettre la premiére main environ le 10e de juillet.

III.

1624.

Manuſcrit de Delort.

Loüis XIII fut ſi ſatisfait du moyen que les habitans de Montpellier lui avoient donné, de s'aſſurer de leur ville, qu'il leur accorda, par arrêt du conſeil d'état du 26e d'octobre, dix ſols à prendre ſur chaque minot de ſel à Pecais, moitié applicable au payement des dettes de la ville, & l'autre moitié à la conſtruction de la catédrale & autres égliſes du diocéſe.

Peu aprés qu'on eût mis la premiére pierre à la citadelle de Montpellier, il arriva un changement remarquable, par l'établiſſement qui y fut fait du premier ſenéchal qu'il y ait eu en cette ville. Pour l'intelligence de ce fait, je

IV.

1625.

prie le lecteur de se rappeler ce qui a déja été dit sous le regne de Philipe de Valois, lors de l'acquisition qu'il fit de Montpellier, sous Jacques III roi de Mayorque. Alors, les sénéchaux de Beaucaire & de Carcassonne s'étant disputé la juridiction de cette ville, parcequ'elle étoit précisément sur les limites de leur ressort, le roi Philipe de Valois, ne voulant prononcer ni pour l'un ni pour l'autre, se contenta de créer un sequestre de justice, auquel on donna depuis, le nom de gouverneur ; d'où est venuë l'erreur de quelques-uns, qui ont confondu & nommé ces sequestres, gouverneurs de la ville, quoiqu'ils ne fussent que chefs de la justice. Le roi Loüis le Juste, en cette année 1624 par ses lettres du 7ᵉ août, érigea cette charge de sequestre de justice,

Page 385.

en celle de sénéchal, en faveur de *Jacques de Restinclières, gouverneur de Lunel, & frere aîné du seigneur de Toiras, qui fut depuis maréchal de France. Cette charge a conservé à ses successeurs, le titre de gouverneur, qu'on leur donne encore dans l'adresse des requêtes, au nom de Mʳ le sénéchal & gouverneur de la ville de Montpellier.

La disette où l'on étoit de sujets catoliques pour exercer la charge de premier consul, fit qu'on eut recours dans ces premiéres années aux compagnies de justice pour remplir cette place. On choisit, pour cette année, Mʳ de Grasset, procureur general en la cour des aides, & son parti fut fortifié bien avantageusement dans l'année de son consulat, par la conversion du premier président Bocaud, qui, par un exemple assés rare, avoit été mis & conservé pendant vingt ans dans cette premiére place, quoiqu'il fût de la religion protestante.

1625.   V. Depuis la démarche qu'avoit fait le duc de Rohan, de venir dans Montpellier pour y traverser l'election des consuls, il ne pouvoit douter de la défiance que l'on avoit de lui à la cour ; mais le danger qu'il avoit couru pendant qu'il resta au pouvoir de Mʳ de Valencé, le piquoit à un point qu'il ne put resister aux sollicitations des mécontens du Languedoc, qui crurent devoir profiter des affaires que le roi avoit alors en Italie au sujet de la Valteline. Ils s'unirent avec ceux de la Rochelle, où l'on équipa une flote, sous la conduite de Soubise, pour s'assurer du fort de Blavet, des Isles

Grammont, liv. 14.

d'Oleron & de Ré. Le duc de Rohan, son frere, arma de même dans le Haut-Languedoc ; mais ayant été défait par le maréchal de Themines, il se retira dans les Cevénes, où il fit refoudre la guerre dans une assemblée qu'il tint à Andufe. La ville de Nîmes refusa de prendre son parti ; mais ceux d'Alais & d'Uzés se déclarérent pour lui, & comme le voisinage de Sommiéres les incommodoit beaucoup, ils commencérent par attaquer cette place.

Marcillac qui y commandoit, en donna aussitôt avis à Mʳ de Valencé, qui, connoissant toute l'importance de ce poste pour la conservation de Montpellier, ne délibera point s'il envoyeroit du secours, mais sa grande peine fut de s'assurer des religionnaires de la ville, dont le plus grand nombre tenoit pour Mr de Rohan, & pouvoit profiter de l'absence de ses troupes. Il prit le parti de les faire tous desarmer, de changer tous ceux qui avoient la garde des portes, de mettre dehors tous les gens sans aveu & de faire braquer contre la ville tout le canon de la citadelle. Ces suretez prises, il fit marcher mile hommes de secours sous la conduite du Sr de la Vergne, aide de camp auquel se joignirent les gentilshommes des environs, qui avoient à leur tête Mr de Süeilles, premier consul de Montpellier. Le secours arriva dans le tems que les enemis avoient déja petardé une muraille; mais Mr de Rohan ne jugeant pas à propos de se commettre avec eux, délogea la nuit même & ramena ses troupes à Anduse, où il ne fut pas bien accüeilli, parce qu'il avoit perdu en cette expédition une trentaine de jeunes gens de la ville qui avoient voulu le suivre.

Après cet échec, il gagna le Haut-Languedoc, où, malgré la défaite de Soubise, son frere, qui venoit d'être batu aux Isles de Ré par le duc de Montmorency, amiral de France, il convoqua une assemblée à Milhau pour rétablir ses affaires; tout ce qu'il y obtint de plus considerable fut une déclaration des députez de Nimes en sa faveur, qui promirent de faire travailler incessamment à leurs fortifications, mais pour en avoir les moyens, ils lui demandérent son ordonnance pour faire saisir les deniers publics & particuliérement ceux des catoliques. Si l'on étoit curieux de voir la forme de cette ordonnance, on en pourra juger par celle qu'il fit expedier à Anduse quelques mois auparavant, dont voici les propres paroles:

« Henry, duc de Rohan, pair de France, prince de Leon, seigneur du
« Blain, conseiller du roi en ses conseils, capitaine de cent hommes d'ar-
« mes de ses ordonnances & chef general des églises reformées du royaume
« & des provinces du Languedoc, Guiéne, Cevénes & Gevaudan: maître
« Jean Souftelle, notaire royal d'Anduse. Etant nécessaire pour subvenir
« aux grandes nécessitez, fraix & dépenses des justes armes que nous avons
« été contrains de prendre * pour la défense & conservation desdites
« églises & entretenement des gens de guerre, de nous aider & servir des
« deniers publics, de quelque nature & condition qu'ils soient, dans cette
« province & à ces fins, pour faire saisir & arrêter iceux dans l'étendue de
« la ville & viguerie d'Anduse, commettre quelque personne suffisante &
« capable.

« A ces causes, à plein informé de vous suffisant & capable, de même
« de vôtre entiére & singuliére affection à l'avancement de la gloire de

VI.

Pag. 110, Rerum Occitan.

PAGE 386.

1625.

« Dieu & fervice defdites églifes, vous avons commis, ordonné & député,
« commettons, ordonnons & députons pour vous tranfporter incontinent
« & fans délai, en toutes les villes, & lieux de la viguerie d'Andufe, & illec
« faire faifir & arrêter toutes fommes des deniers publics & autres de con-
« traire parti, de quelque nature & condition qu'ils foient, fans aucun
« excepter, faifant inhibition à tous confuls, receveurs, contrôleurs, collec-
« teurs, commiffaires, rentiers & tous autres débiteurs defdits deniers, de
« ne s'en deffaifir que par nôtre ordonnance, de rendre és mains des rece-
« veurs qui feront par nous établis, à peine d'en répondre en leur propre
« & privé nom, de payer deux fois ; defquels receveurs par nous commis
« il les recevra & en demeureront valablement déchargez envers tous qu'il
« appartiendra. De ce faire, vous avons donné & ordonné tout pouvoir ;
« commiffion, aveu & mandement fpécial. Mandons à tous officiers, ma-
« giftrats, capitaines, gens de guerre & tous autres qu'il appartiendra, de
« prêter main-forte à l'execution de ce que deffus. En témoin de quoi avons
« figné ces préfentes de nôtre main, fait mettre en icelles le cachet de nos
« armes & contrefigner au fecrétaire de nos commandemens. Donné à
« Andufe le 9e juillet 1625. HENRY, Duc de Rohan.

« *Par mondit feigneur*, Faget. »

CHAPITRE ONZIÉME.

I. Nouvelle paix accordée aux prétendus reformez. II. Réjoüiffance à Montpellier. III Guerre ouverte avec les Anglois. IV. Nouveau gouverneur à Montpellier. V. Le duc de Rohan y raméne la guerre. VI. Anciénes armoiries de la ville rétablies. VII. Entreprife mémorable fur la citadelle.

1626.

I. LE peu de fuccès que Mr de Rohan avoit eu dans le Languedoc, & la fuite en Angleterre de Mr de Soubife, fon frere, porta ceux des religionnaires qui étoient les plus difpofez à la paix, de la faire demander au roi Loüis XIII qui la leur accorda par édit du mois de mars 1626, prefqu'aux mêmes conditions qu'il la leur avoit donnée au camp de Montpellier : ils avoient demandé la reftitution de leurs temples & de leurs cimetiéres, en l'état qu'ils étoient en l'année 1620 avec leur rétabliffement dans les villes où ils avoient été les maîtres ; mais les parlemens où ces articles avoient été portez pour les vérifier, y mirent de si justes modifications, que cette nouvelle paix ne produisit aucun mauvais effet à Montpellier.

1626.

 Au contraire, on y procéda fort tranquillement à l'élection des consuls, qui fut faite, selon l'usage, le premier de mars, où l'on choisit pour la premiére place, Gilbert Griffy, S^r de St Georges, maître en la chambre des comptes. Il n'y eut de l'altercation que sur le choix de l'assesseur & du greffier, que chacun des deux partis vouloit choisir de sa religion ; mais l'affaire ayant été portée au roi, on reçut le 3e de ce mois une décision en faveur des catoliques.

 A la faveur de cette paix, dont on joüit le reste de l'année, on profita à Montpellier de toutes les occasions de fête qui se presentérent. Les deux plus remarquables furent, selon l'ordre du tems : 1º l'arrivée de dame Marie Liesse de Luxembourg, épouse de Henry de Levy, duc de Ventadour, qui avoit succedé à Gilbert, son pere, dans la lieutenance generale du Languedoc. Elle fit son entrée à *Montpellier, le 1er du mois de juillet, au bruit de toute l'artillerie. On lui dressa des arcs de triomphe où, selon nos mémoires étoient les portraits & les devises des empereurs & princes de l'auguste maison de Luxembourg dont elle étoit issüe ; son logement fut à l'Eguillerie, chés M^r d'Hauteville, maître en la chambre des comptes.

II.

Page 387.

 Le second sujet de fête fut le mariage de Mr Gaston, frere du roi, avec Marie de Bourbon, duchesse de Montpensier, celebré à Nantes le 6e d'août. La nouvelle n'en fut reçüe à Montpellier que sur la fin du mois, où l'on fit les rejoüissances accoûtumées ; mais, ce qu'il y eut de particulier, fut un balet magnifique, dansé par vingt-deux capitaines de la garnison, tous habillez richement, mais d'une manière si diferente les uns des autres, qu'ils ne représentoient pas mal la construction de la tour de Babel, qu'ils avoient pris pour le sujet de leur balet. On marque qu'ils le dansérent chés Mr de Valencé, dans la maison où sont aujourd'hui M^{rs} les trésoriers de France ; puis, chés Mr de Bocaud, premier président en la cour des aides ; & enfin, chés M^r le duc de Montmorency, après qu'il fût revenu à Montpellier, dans la maison de Mr de la Roche, maître des comptes, où il étoit logé.

 L'année 1627 ramena la guerre, par les voyes de fait où les Anglois se portérent contre nous, sans en avoir fait aucune déclaration. On en donne pour raisons, les mauvaises dispositions contre la France du duc de Buckingan, favori de Charles premier roi d'Angleterre, & les instances des Rochelois, appuyez des solicitations de Soubise, refugié en Angleterre. Sur les premières nouvelles de l'armement qu'on y faisoit, le cardinal de Richelieu, qui étoit déja à la tête des affaires, fit couler des troupes dans le bas Languedoc ; & lorsqu'elles furent arrivées à Montpellier, elles y causérent un

III. 1627.

1627.   grand desordre, par le logement qu'elles prirent indiferenment dans toutes les maisons des officiers de justice : de sorte que les présidens & les trésoriers de France avoient chacun seize soldats, les conseillers douze, & ainsi à proportion des autres personnes aisées ; car, ils ne logeoient, ni chès les laboureurs, ni chès les artisans. Comme il fut aisé de comprendre qu'on en vouloit aux meilleures bourses, on tint un conseil politique, où il fut déliberé de faire un emprunt, pour lequel on députa en cour, afin d'en obtenir la permission ; moyenant quoi, les troupes se retirerent à la citadelle.

IV.   Un mois après, Jacques d'Estampes, marquis de Valencé, qui commandoit à Montpellier depuis le siége, eut ordre de venir à la cour ; il se mit en chemin le deuxième de mars, après avoir assisté le jour d'auparavant à l'élection des consuls, où Mr de la Clote fut nommé à la première place. On ne tarda point d'apprendre, que le roi avoit nommé gouverneur de la ville, messire Gabriel de la Vallée, marquis de Fossez, qui prit jour 9e de mai, pour y faire son entrée. Trois jours après, on vit arriver vingt compagnies du regiment de Normandie, commandées par Audard de Fromentiéres, baron de Mélay, qui venoit pour renforcer la garnison de la citadelle. Il prit jour avec le regiment de Picardie, qui y étoit aussi en garnison, pour faire benir une quarantaine de leurs drapeaux, dont la ceremonie fut faite le 19 & le 20 de mai, dans la loge, qui servoit de paroisse, par Pierre Rebuffy, vicaire-general de Mr de Fenoüillet.

V.   Quoique la guerre fut déja bien échaufée du côté de la Rochelle, où Mr de Toiras avoit resisté avec beaucoup de valeur au duc de Buckingan, dans l'isle de Ré, on n'avoit fait encore dans le bas Languedoc aucun acte d'hostilité ; ils commencérent le 7e de septembre, par la surprise du château de Corconne, où Mr de Fossez tenoit un sergent avec trente soldats. Ce sergent, nommé la Riviére, s'étant confié mal à propos à un nouveau catolique de Sauve, dit Depise, autrement Panurge, se laissa surprendre & arrêter prisonnier ; de sorte que son caporal, nommé Dupont, qui commandoit en son absence, n'ayant pas le courage de se défendre, se rendit à Depise.

Dès-lors, la guerre fut déclarée dans le païs ; & Mr de Rohan, qui avoit mené l'intrigue de Corconne, publia, pour animer son parti, un manifeste, dans lequel il faisoit fort valoir les liaisons qu'il avoit prises avec l'Angleterre. Il n'osa néanmoins rien entreprendre ouvertement de tout le reste de cette année ; mais il * pratiqua dans le païs des intelligences secretes dont nous verrons bientôt les effets. Mr de Fossez le paya de la même monoye ; car il fit agir si utilement le chevalier de Cambous, auprès de Depise, qui avoit surpris pour les huguenots le château de Corconne, qu'il le remit lui-même aux catoliques le premier de décembre. Le lendemain, Mr de Fossez alla s'en affurer par une bonne garnifon qu'il y établit; & le huitiéme du même mois, étant de retour à Montpellier, il fit rétablir dans un confeil general, les anciénes armoiries de la ville.

1627.

Pour l'intelligence de ce fait, il eft à obferver que de tems immémorial, les armes de Montpellier étoient la vierge affife fur une chaife antique d'or, tenant le petit Jefus entre fes bras, ayant fous fes pieds un ecuffon, chargé d'un torteau de gueules, que nos anciens Guillaumes avoient pris pour armes dans leurs expeditions à la Terre-Sainte. La chofe paroit fur la groffe cloche de l'horloge, à laquelle les huguenots ne touchérent jamais, où l'on voit encore l'empreinte de la fainte vierge, de la maniére que je viens de la décrire : elle l'eft de même, dans le fceau d'argent qui fert à fceller les atteftations, les certificats, & autres aĉtes de l'Hôtel-de-Ville; & quoiqu'il eût été fuprimé par les huguenots dans le tems qu'ils furent les maîtres, il eft démontré qu'on s'en fervoit auparavant par le grand nombre de fcellez qu'on voit encore dans les vieux aĉtes des archives de l'Hôtel-de-Ville, & dans ceux du confulat de mer, où la vierge eft repréfentée de la maniére que j'ai dit.

VI.

Les catoliques demandérent alors à Mr de Foffez leur gouverneur, qu'on rétablît les chofes comme elles avoient été avant les troubles de religion; & dans un confeil general qu'il fit affembler, il fut déliberé qu'on reprendroit les anciénes armes de la ville; mais, afin d'en conferver la mémoire à la pofterité, on chargea noble Jean Romieu, fieur d'Ufclas, doĉteur & fameux avocat de cette ville, de dreffer une infcription, pour être gravée fur le marbre en lettres d'or. On la voit encore au-deffus de la feconde porte de l'Hôtel-de-Ville, en entrant dans la cour, où on lit ces paroles :

Antiqua urbis Monfpelienfis infigna difcerpta malignitate fæculi, e quibus folo orbe retento, facra Chrifti & ejus matris imago fublata fuerat; tandem curante potente viro domino marchione de Foffez, urbis & arcis gubernatore, communi civitatis ordinum confenfu. Oĉtava die menfis decembris anno 1627 dicatâ in honorem conceptionis beatæ Mariæ virginis, in integrum reftituta funt.

Cependant, le duc de Rohan, qui reftoit dans l'inaĉtion, ne fongeoit à rien moins que de fe rendre maître de la ville & de la citadelle de Montpellier. Il fe fervit pour ce deffein, du feigneur de Bretigny, du païs d'Anjou, & proche parent du baron de Mélay, qui commandoit (comme nous l'avons l'avons déja dit) un bataillon de Normandie dans la citadelle. On marque, que Bretigny ayant été voir fon parent dans la maifon de Criftin, proche de Sommiéres, appartenante à la femme du baron de Mélay, il lui propofa, de la part du duc de Rohan, deux cent mile écus, & fa lieutenance generale, s'il vouloit lui donner le moyen d'entrer dans la citadelle. A quoi le baron

VII. 1628.

Mémoires du tems.
Pontis,
& nos annales
Manufcrits de Delort.

répondit, qu'il demandoit du tems pour y penser; mais, à peine se furent-ils quitez, qu'il vint en diligence à Montpellier, où il dit à M⁰ de Foſſez la propoſition qui lui avoit été faite. Ils projetérent enſemble de ſe ſervir de cette ouverture pour faire tomber M⁰ de Rohan dans le piége; & ils formérent un plan de tout ce qu'ils avoient à faire, qu'ils envoyérent au roi Loüis XIII qui, connoiſſant leur fidelité, y donna ſon conſentement.

Toutes leurs meſures priſes, le baron rencontra Bretigny dans Montpellier, où il étoit venu ſous prétexte d'y pourſuivre un procès à la cour des aides, il lui dit qu'il étoit en état de faire ce qu'il lui avoit propoſé; & ils demeurérent d'accord, que les troupes de M. de Rohan entreroient dans l'eſplanade, par trois ouvertures qu'on avoit fait aux murailles, pour faire monter les femmes qui charioient de la terre pour le terraſſement des baſtions.

Ce projet ayant été raporté à M⁰ de Rohan, il jugea plus à propos qu'on lui ouvrît la porte de ſecours de la citadelle, d'où étant une fois le maître, il le ſeroit bientôt de la ville, par les intelligences qu'il y avoit. Bretigny le fit ſçavoir au * baron de Mélay, par le moyen d'un ingenieur traveſti, qui avoit ordre en même tems, de bien examiner la place. Le gouverneur, qui vouloit le tromper, affecta durant ce tems de negliger la garde des poſtes; & l'ingenieur ayant trouvé la plûpart des ſoldats ivres, ſe hâta d'aller faire ſon rapport au duc de Rohan, & amena avec lui le bâtard de Mélay, dit le Cadet, qui lui fut donné pour adjoint, & pour faire ſçavoir au ſeigneur de Bretigny, l'heure & le jour qu'ils pouvoient s'approcher.

Le duc de Rohan, ſur cet avis, fit avancer ſes troupes vers le château de Corconne, ſous prétexte d'en vouloir faire le ſiége, & le 9ᵉ de janvier, ſur le minuit, qui étoit l'heure marquée, il détacha Bretigny avec cinquante officiers des plus braves de ſon armée, pour aller ſe ſaiſir de la porte du cheval-de-friſe, qu'on lui devoit ouvrir, & il les ſuivit lui-même de près, avec deux ou trois mile hommes, pour les jeter dedans.

Depuis le départ de l'ingénieur & du Cadet, on ſe prepara dans la citadelle à la reception qu'on vouloit leur faire. M⁰ de Foſſez ſe ſurpaſſa dans cette occaſion; il fit prendre les armes à tous les ſoldats des deux regimens de Picardie & de Normandie, qui pouvoient faire en tout deux mile huit cens hommes; Il en diſpoſa huit cent dans la ville, aux principales avenües des rües, avec ordre de tuer tous les bourgeois qui ſortiroient de leurs maiſons, ou qui voudroient ſe jeter par deſſus les murailles; il mit douze cens hommes aux trois ouvertures de l'eſplanade, où il fit faire en diligence, à force d'ouvriers, de grands retranchemens; il prit avec lui, dans la citadelle, les autres huit cens, qu'il diſpoſa, partie vers la porte du cheval-de-frife, partie vers l'efplanade, & pointa vers ces deux côtez, tout fon canon chargé à cartouche.

A peine avoit-il fait ces arrangemens, que Bretigny fe prefenta fur les cinq heures du matin à la porte de fecours, dont il trouva la première ouverte; & ayant paffé le pont-levis, il heurta doucement à la feconde qui étoit fermée, croyant que le baron de Mélay étoit derriére pour lui ouvrir : il lui fut répondu par un fergent qui avoit le mot, que le baron étoit allé faire un tour au corps de garde, mais qu'il alloit revenir dans le moment pour le recevoir; cependant (ajoûta-t-il), ferrés-vous & mettés-vous en bataille.

Ce retardement & le grand filence que Bretigny entendoit par tout, le jeta dans quelque défiance, ce qui lui fit demander un pieu-fourchu pour retenir la herce, par où il fit craindre à Beine, ingenieur de la place, qu'il ne feroit plus maître d'arrêter un plus grand nombre s'il en venoit; de forte que fans attendre l'ordre, il coupa avec fa hache la corde du cheval de frife, qui décendit à terre & fit faire la culbute au pont-levis. Ceux qui fe trouvérent deffus tombérent dans la chauffe-trape & les autres reftérent entre le pont-levis & la herce. Alors, Mr de Foffez donna le fignal par un coup de piftolet, qui fut fuivi d'un grand nombre de feux d'artifice, que la garnifon jeta dans le foffé pour y voir plus clair; ils écartérent à coups de moufquet & de canon le gros des conjurez dont le plus avancé étoit le baron d'Aubaïs, à la tête de trois cent cuiraffiers.

Le duc de Rohan voyant la partie manquée & qu'on lui tuoit tous fes gens à coups de canon, les fit retirer par le pont Juvénal, où il jeta dans la riviére le pain de munition qu'il faifoit porter fur des charettes & y fit mettre fes morts & fes bleffez. Cependant, le feigneur de Bretigny & Courfilles fon frere avec plufieurs autres étoient enfermez entre les deux portes du cheval-de-frife. On raporte que Mr de Foffez l'ayant aperçu, lui dit : vous croyez donc, monfieur, nous prendre pour dupes ? A quoi il répondit que c'étoit bien lui qui les avoit dupez; mais patience (ajouta-t-il) c'eft le fort de la guerre. A peine eût-il fini, qu'il reçut un coup de piftolet dans la tête; on en fit autant à fon frere & aux autres, dont on ne retint que douze perfonnes qui furent faits prifonniers de guerre. Parmi ceux-là on compte le nommé Verchand, enfant de la ville, homme de grand cœur & de bonne famille.

Quant à ceux qui étoient tombez dans la chauffe-trape, on leur jeta des pierres pour les affommer, ce qui fit que Cadet, bâtard de Mélay, qui étoit du nombre, * cria de toutes fes forces pour fe faire connoître & demanda qu'on lui jetât une corde pour le retirer. Mais fes compagnons criérent de

1628.

leur côté qu'ils le poignarderoient fi on ne leur promettoit la vie & voyant qu'on ne leur donnoit aucune parole, ils donnèrent à Cadet plufieurs coups de dague dans le tems qu'on le tiroit avec une corde, dont il ne mourut pas pourtant. Cela fait, on affomma tous les autres, & ainfi finit cette cruelle tragédie.

CHAPITRE DOUZIÉME

I. Suites de l'entreprife fur la citadelle. II. Le prince de Condé arrive à Montpellier avec le commandement general dans la province. III. Il agit dans le Haut-Languedoc & Mr de Montmorency dans le Bas. IV. Aimargues eft pris par le duc de Rohan & Galargues par le duc de Montmorency. V. Suites funeftes de ces deux prifes.

I. LE duc de Rohan, après avoir manqué fon coup, alla rafraîchir fes troupes à Aimargues, d'où il fe rendit à Nimes le même foir. Le lendemain on vit arriver un trompette de fa part, pour demander fes morts & pour dire à Mr de Foffez que s'il faifoit du mal à fes prifonniers, il feroit pendre une cinquantaine de perfonnes qu'il tenoit, parmi lefquelles il y avoit douze prêtres; à quoi il fut répondu qu'on feroit enterrer les morts dans le cimetiére de leur religion; mais quant aux prifonniers, ils étoient remis à la clemence du roi.

Sur cette réponfe, les religionnaires de la ville furent occupez toute cette journée à des convois funèbres: ils enterrèrent le matin le Sr de Bretigny & Courfilles, son frere; l'après-midi, le Sr de la Rivoire, d'Aiguemortes; La Croufette, fils du baron de Ferriéres; St Chapte, Lacaffagne, Bocan, qui étoit mort le foir du combat; Gineftous & un miniftre d'Uzés appellé Privat avec plufieurs autres. Il arriva en cette occafion que le Sr Patris, fecond conful & par conféquent de la religion, ayant voulu faire honneur à la ceremonie, y affifta en chaperon fans la participation de fes collègues; à raifon de quoi il fut interdit de fa charge & donna lieu fans le vouloir, au changement qui arriva depuis au confulat.

Sept à huit jours après on fit courir le bruit d'une nouvelle entreprife fur Montpellier, dont le fignal devoit être: vive Rohan & l'évangile. Les plus factieux des huguenots fe donnèrent à ce fujet bien du mouvement, mais Mr de Foffez en ayant été averti, les obligea de tenir toute la nuit des lu-

Livre dix-huitiéme.

miéres à leurs fenêtres, pour éclairer les troupes qu'il difpofa dans les rües & voyant que l'impunité du paffé pouvoit les rendre plus hardis, il commença une recherche des habitans qui avoient donné des avis à Mr de Rohan, ou qui avoient fait cuire dans leurs métairies des pains de munition pour fon armée, ce qui coûta la vie à plufieurs dont je tais le nom.

Le 8e de février, on reçut un courrier de la cour, qui affura que le roi avoit été furpris d'apprendre qu'on n'eût pas tiré meilleur parti de l'entreprife fur la citadelle dont on lui avoit donné de fi bonnes efpérances ; mais que du refte fa majefté vouloit que les prifonniers qu'on avoit fait en cette occafion fuffent traitez en prifonniers de guerre. En conféquence, on les laiffa dans des maifons particuliéres, parmi lefquels on nomme : les deux Gineftous, freres du mort ; Turc, de Nîmes, Lafarelle & autres.

Les affaires generales du royaume & celles de la province, firent naître II. quelques autres incidens qui arrivérent à Montpellier dans le refte de cette année & qui font dignes de remarque. Comme le roi Loüis XIII vouloit abfolument venir à bout de la Rochelle, où il devoit fe rendre en perfonne, il donna le commandement de la Guiéne & du Languedoc à M^r le prince qui vint à Montpellier fur la fin du mois de février. On y étoit alors occupé de l'election des confuls pour le* premier de mars, & Mr de Foffez en qualité de gouverneur de la ville, prétendoit en faire la nomination, quoique Mr de Montmorency fe fût déclaré en faveur d'un fujet qu'il portoit pour la première place. Le prince de Condé ayant appelé à foi cette affaire, dit à Mr de Foffez de prefenter deux fujets, qui furent François de Ranchin, chancelier de l'univerfité & le baron de Murles. Il dit en même tems à Mr de Montmorency, fon beau-frere, d'en préfenter un, qui fut Antoine Dupont, Sr de Gaut. Il étoit bien croyable qu'avec une telle protection celui-ci l'emportoit, auffi le fit-il ; mais quand ce fut à l'élection des autres confuls, Mr de Montmorency (peut-être de concert avec Mr de Foffez) voulut, fous le bon plaifir du roi, qu'ils fuffent tous catholiques pour cette année à caufe de l'entreprife de la citadelle, dont on n'avoit pas encore découvert tous les complices ; il ajouta qu'il n'étoit pas expédient pour le fervice du roi, qu'en l'abfence du premier conful, le fecond, qui fe trouveroit huguenot portât la baguette ; ainfi on le prit d'entre les catoliques & la chofe fut continuée depuis.

Cependant, le parlement de Touloufe, qui avoit donné dans le mois de janvier, un arrêt foudroyant contre le duc de Rohan & contre fes complices dans l'entreprife fur la citadelle, envoya un commiffaire pour faire traduire à Touloufe tous les prifonniers, afin qu'on leur fît leur procès. Le premier préfident Bocaud, déja intendant de la province, para le coup, en faifant ve-

1628.

Page 391.

1628.

nir un nouvel ordre à Mʳ de Foſſez, de garder les priſonniers, & de ne point les livrer. De là vient, que Mʳ de Rohan ayant fait une nouvelle tentative pour leur rançon depuis l'arrivée du commiſſaire, Mʳ de Foſſez lui fit ſçavoir les ordres qu'il avoit reçû; ce qui calma les priſonniers ſur la crainte qu'ils avoient eu du parlement.

III.   Tandis que le roi Loüis XIII preſſoit vivement la Rochelle, & qu'il faiſoit conſtruire la fameuſe digue qui ôta toute communication à cette ville avec la flote des Anglois, Mʳ le prince agiſſoit dans le haut Languedoc, aux environs de Caſtres, & Mʳ le duc de Montmorency dans le Vivarés, où il prit le Pouſſin le 3ᵉ du mois de juin, & Mirabel le 15ᵉ. Peu de jours après, c'eſt-à-dire le 27, il arriva un changement au conſulat de Montpellier, par la mort inopinée de Mʳ de Gaut, premier conſul, qui, montant un jeune cheval dans la cour de ſa maiſon pour aller à ſa métairie, fit une chute ſi malheureuſe, qu'il reſta mort ſur la place. Son corps fut accompagné par les ſixains, juſqu'à Villeneuve-lez-Maguelonne, où étoit le tombeau de ſes ancêtres; & quelques jours après, le conſeil de ville proceda à l'election d'un premier conſul, qui fut Pierre de Grefeüille, tréſorier de France, dont on voit encore le tableau dans la chapelle de l'Hôtel-de-Ville.

Cependant, le duc de Montmorency ayant ramené ſes troupes du Vivarés, alla du côté de Beaucaire, où il reçut ordre de la cour, de faire le dégât aux environs de Nîmes. Le duc de Rohan, de ſon côté, en fit autant autour des places tenuës par les catoliques: & ayant gagné les Cevénes pour aller ſecourir le haut Languedoc contre Mʳ le prince, il y fut bientôt ſuivi par Mʳ de Montmorency; de ſorte qu'ils y paſſérent l'un & l'autre le reſte de l'été. Tandis qu'on croyoit Mʳ de Rohan fort engagé en ce païs-là, il quita bruſquement ſon infanterie, & partit avec une diligence incroyable pour Nîmes, où ayant pris du canon & des troupes qu'on lui tenoit prêtes, il vint aſſiéger Aimargues, place aſſés forte pour tenir long-tems.

IV.   Malheureuſement un jeune ſeigneur qui y commandoit, la rendit le deuxième ſeptembre, avant que Mʳ de Montmorency fût arrivé à Montpellier pour la ſecourir; ce qui le piqua ſi fort, qu'ayant appris qu'il y avoit à Galargues ſept à huit cens hommes des Cevénes, il reſolut de les enlever. Pour cet effet, il prend le peu de canon qu'il y avoit à Lunel; il fait venir quatre cens hommes, de la garniſon de Montpellier, que Tilladet, capitaine de Picardie, lui amena; & ayant écrit à tous ſes amis, de lui amener du ſecours, il en compoſe un corps de quinze cens hommes, avec leſquels il entreprend de forcer la place. A ce bruit, Mʳ de Rohan aſſemble ſon armée dans la plaine de Cauviſſon, & ſe preſenta * devant Galargues du côté d'Aiguevives. On ne douta point que ſi la garniſon de Galargues eût fait une

Mémoires de Rohan.

PAGE 392.

fortie, ou que le fecours eût donné, Mr de Montmorency n'eût été dans un extrême péril ; mais contre l'attente des deux armées, la garnifon ne fit aucune démarche, & le duc de Rohan fe retira, prenant pour prétexte la lâcheté des affiégez.

1628.

Aprés fa retraite, ceux de Galargues fe rendirent à difcretion, avec la claufe qu'ils pourroient racheter leur vie & leur liberté, par la rédition d'Aimargues, qu'ils ne doutoient point d'obtenir de Mr de Rohan ; mais, ce duc en fit un refus abfolu, lorfque Valefcure, l'un de leurs chefs, lui porta la capitulation qu'ils avoient fignée le 11e du mois d'octobre. Ce fut alors une chofe digne de pitié, de voir fortir cinq à fix cens hommes, liez deux à deux, & foixante-trois officiers fans épée, conduits en cet état jufqu'à Montpellier, où ils furent gardez, partie dans le grand arrêt de l'Hôtel-de-Ville, partie dans les mafures de l'églife Nôtre-Dame, qui n'étoit pas encore rebâtie.

Cependant, Mr de Rohan, pour faire des prifonniers qui puffent répondre de la vie de ceux-là, mit le fiége devant Monts, près d'Alais, où il ne voulut entendre à aucune compofition avec les affiégez : mais, les ayant emportez d'affaut, il les fit conduire à Andufe ; & écrivit à l'intendant, qui étoit auprés de M^r le prince, qu'il feroit à fes prifonniers, le même traitement qui feroit fait à ceux de Galargues. Cette menace lui attira de la part de M^r le prince, V. la réponfe que voici, telle qu'elle eft dans nos mémoires :

« Monfieur, les précifes volontez du roi, d'entretenir ceux de la religion
« prétenduë réformée, en entière liberté de confcience, m'ont fait jufqu'ici
« conferver tous ceux qui font demeurez dans l'obéïffance dûë à fa majefté,
« tant dans les places, païs, que villes catoliques, en une entière liberté.
« La juftice a eu fon cours libre ; le prêche fe continuë partout, hormis en
« deux ou trois lieux, où il fervoit, non d'exercice de religion, mais de moyen
« pour s'acheminer à la rebellion. Les officiers des villes rebelles ont con-
« tinuë leurs charges ; en un mot, on a traitez les prétendus reformez obéïf-
« fans, également aux catoliques fidéles au roi. Auffi les plus avifés de
« vôtre religion ont maudit vôtre rebellion, & connu que le roi ne vous
« a fait & à eux du mal que celui que vous vous êtes procuré vous-
« même.

« J'ai vû par la vôtre que vous écriviés au Sr Machaut [1] la refolution
« de l'affemblée d'Andufe. A quel terme portés-vous le defefpoir de vos
« fineffes découvertes, & la fole refolution que vous prenés contre les cato-
« liques ? Ceux qui ont été pris à Galargues feront pendus par vôtre ordon-
« nance, puifque vous preferés Aimargues à leur vie ; ils periront juftement

---

[1] Le manufcrit porte « au Sr Edmond. »

« par toute regle de guerre quand ce feroit entre deux fouverains; mais en
« ce fait ci, qui eft du valet au maître, & du fujet tel que vous étes à fon roi
« & fouverain, oüir vos ménaces, tant contre les prifonniers que tenés, tous
« d'autre nature que les nôtres & contre les catoliques reftez dans les
« villes rebelles, cela retombera fur vous. Vous crachés contre le ciel, vous
« & vos fuivans en recevrés tôt ou tard une punition exemplaire.

« Pour moi, je vous avertis que je ne lairrai de difpofer des prifonniers
« pris à Galargues, comme j'entendrai avec raifon ; & outre Savignac, que
« je tiens & trente autres avec lui, és prifons de Touloufe, les prifonniers
« du Trapet de Montpellier & tous autres pris & à prendre, foufriront le
« même traitement que vous ferés foufrir à ceux que vous tenés. Tous les
« huguenots des villes du roi, les miniftres non exceptez ni les officiers,
« recevront le même que ferés recevoir aux catoliques qui font en votre
« puiffance dans les villes que vous occupés, tenés-le pour affuré.

« Et fur la fin des abois de la Rochelle, à cette heure que les Anglois
« connoiffant vos tromperies vous ont abandonné, contentés-vous d'avoir
« ajouté à toutes ces rebellions paffées, trois crimes notables : le premier,
« d'avoir vous feul appelé l'étranger dans le royaume & de vous en être
« vanté par écrit; le fecond, d'avoir créé des officiers de juftice; le troifième,
« d'avoir fait batre monoye aux armes royales, & dües au roi feul. Dieu
« vous recompenfe felon vos bienfaits,* & vous donne un bon amende-
« ment. Pour moi, je voudrois de bon cœur, que le fervice du roi me per-
« mît d'être,   Vôtre affectionné ferviteur,

HENRY DE BOURBON.

« *Et au-deffous :* Mr de Montmorency a vû la préfente.

« *De Béziers le premier novembre 1628.* »

Il y a grande apparence que M^r le prince, en écrivant cette lettre, avoit reçu ordre du roi de faire juger les prifonniers de Galargues, car le Sr de Machaut, intendant de juftice auprés de fon alteffe, partit en diligence pour Montpellier, où ayant affemblé les officiers catoliques du préfidial, ils condamnérent les officiers de guerre pris à Galargues à être pendus & les foldats aux galéres.

Malheureufement (comme le remarque Mr de Rohan dans fes mémoires) ceux des prifonniers qui étoient les mieux vêtus fe débitérent pour officiers quoiqu'ils ne le fuffent pas, efperant d'en être mieux traitez; mais leur vanité leur coûta cher, car ils furent foixante-trois condannez à être pendus.

On prit jour au 3ᵉ de novembre après-midi pour cette execution & l'on choisit l'isle dite de Barriére, hors la porte de la Saunerie, dans le même lieu où l'on a bâti depuis la nouvelle église de Sᵗ Denis. Là, sur trois rangs de gros soliveaux soutenus par des pieds droits qui tenoient toute la largeur de l'aire, on expedia ces misérables qui donnoient un spectacle bien touchant, mais particuliérement le fils de Mʳ de Laroque, gentilhomme des Cevénes, âgé de quatorze ou quinze ans, qui fut obligé d'assister au suplice de son pere, l'un des deux chefs de la bande; Valescure son collègue ayant pris la fuite, aprés que Mʳ de Rohan eut refusé de signer sa capitulation.

1628.

On raporte que le nommé Jean Bordes, sergent dans la compagnie de Tournac, qui s'étoit fait catolique dans sa prison, alloit constament à la mort invoquant souvent la Sᵗᵉ Vierge, qui lui fut en effet bien favorable; car, le bourreau ne l'eut pas plutôt jeté de l'échelle, que la corde rompit; & le peuple prenant de là occasion de crier grâce, il fut assés heureux pour l'obtenir.

Manuscrit de Delort.

Mʳ de Rohan ayant appris cette execution, en fit faire autant à soixante-quatre des principaux prisonniers qu'il avoit fait à Monts, lesquels furent tous pendus à Anduse, le huit, le neuf & le dix de novembre; après quoi il écrivit à Mʳ le prince cette lettre pleine de recrimination qu'on voit encore dans ses mémoires, & qui fut rendue publique à tous ceux de son parti. Mʳ de Montmorency qui s'étoit fort interessé pour sauver les uns & les autres, dit à ses plus particuliers qu'il mettoit au rang de ses victoires malheureuses, l'expedition de Galargues, & il ne put empêcher, par surcroit de déplaisir, que ceux qui avoient été condannez aux galéres n'y fussent conduits quelques jours après, au nombre de trois cent quatorze, qui furent menez au Grau de Palavas, près de Mirevaux, pour être de là transportez à Marseille; il n'arriva néanmoins aucun mal aux prisonniers de la citadelle que Mʳ le prince avoit menacé de faire mourir.

CHAPITRE TREIZIÉME

I. La prife de la Rochelle fait armer les prétendus reformez dans le Languedoc. II. Hoftilitez entre les ducs de Rohan & de Montmorency. III. Le roi vient d'Italie faire le fiége de Privas & reduire plufieurs autres villes. IV. Affaires particuliéres de Montpellier. V. Le cardinal de Richelieu y fait un féjour confidérable. VI. Grande pefte en cette ville.

1628.   I. LA rédition de la Rochelle, où Loüis XIII avoit fait fon entrée le premier de novembre 1628, eut dans l'année fuivante de grandes fuites pour tout le royaume & en particulier pour la ville de Montpellier. Le
PAGE 394. roi ayant refolu * d'aller lui-même en Italie foutenir les intérêts du duc de Nevers, nouveau duc de Mantoüe, que les Efpagnols étoient fur le point d'accabler, déclara la reine fa mere regente du royaume pendant fon voyage & en même tems pour calmer les religionnaires, il donna une déclaration
1629. du 15 janvier 1629, par laquelle il revoquoit toutes les peines portées contre ceux qui s'étoient liez avec les Rochelois, à condition qu'ils quiteroient les armes & qu'ils en feroient leur déclaration par devant les parlemens ou préfidiaux les plus prochains.

Et quant aux communautez des villes, le roi vouloit qu'elles lui envoyaffent des députez, moyennant quoi fa majefté promettoit de les recevoir en grâce, de les maintenir dans leurs biens, dans l'exercice de leur religion & dans tous les priviléges dont joüiffoient fes autres fujets. Au contraire elle déclaroit criminels de léze-majefté au premier chef ceux qui refteroient dans leur rebellion, voulant qu'il fût procédé contre eux dans toute la rigueur des ordonnances précedentes.

Cette déclaration ne fervit dans le Bas-Languedoc & les Cevénes, qu'à unir davantage ceux qui étoient animez de l'efprit du duc de Rohan; ils s'affemblérent à Nîmes le 9e de février, où ils fignérent une nouvelle union dont ils envoyérent des copies à tous ceux de leur parti, pour les inviter à profiter de l'abfence du roi. Ce prince, qui s'étoit mis en marche fur la fin de février, força, le 6e de mars, le fameux pas de Sufe, ce qui lui valut la levée du fiége de Cafal par les Efpagnols, la paix avec l'Angleterre & un traité particulier avec la Savoye; après quoi il fut en état de venir dans le mois de mai, faire le fiége de Privas dans le Vivarés.

II.   Sur ces entrefaites, Mrs de Montmorency & de Rohan, armérent chacun de leur côté dans le Bas-Languedoc. Montmorency, dans le mois de mars alla brûler les moulins qui étoient aux environs de Nîmes, & dans le mois d'avril il emporta Soyon fur le Rône; après quoi, s'étant rendu à Pezenas pour y tenir les etats de la province, Mr de Rohan profita de ce tems & vint affiéger le château de Corconne, le 6e de mai. A cette nouvelle, Mr de Montmorency quita les etats pour aller joindre fon armée aux environs de Privas; il s'aboucha en paffant avec le maréchal d'Eftrées, qui commandoit quatre mile hommes à St Gilles & qui marcha auffitôt au fecours de Corconne. Le duc de Rohan ne jugea point à propos de l'attendre, & il delogea avec tant de celerité, que le maréchal ne put l'atteindre qu'aux portes de Cauviffon, où une partie de fon armée étoit déjà entrée; il donna fur l'arriére-garde qu'il tailla en piéces; mais ayant voulu forcer ceux qui étoient dedans, ils firent une fi belle refiftance qu'il falut leur accorder une compofition honorable.

Le duc de Montmoreney tenoit cependant la ville de Privas bloquée, en attendant que le roi en vint faire le fiége; fa majefté y arriva d'Italie le 20e de mai & dans huit jours il emporta la place. Cette victoire ne laiffa pas de nous coûter la perte de plufieurs braves gens, parmi lefquels on compte le marquis d'Uxelles & le marquis de Portes, qui, le jour même qu'il fut tué, devoit être fait maréchal de France.

Louis XIII, après la rédition de Privas, fit publier dans fon armée la paix qu'il avoit concluë à Sufe avec le roi d'Angleterre; ce qui defabufa les religionnaires du païs des efpérances de fecours qu'on leur avoit donné. Dans ce même tems, le maréchal d'Eftrées alla faire le dégât aux environs de Nîmes & le roi menaça de fiége Barjac & St Ambroix qui previnrent ce malheur par leur obéïffance; Alais compofa & reçut le roi, qui envoya auffitôt inveftir Sauve & Andufe. Alors les députez de ces deux villes coururent à Nîmes, à Uzés & dans les Cevénes, publiant que le roi vouloit leur donner la paix. Sur quoi, les villes affemblées par députez, traitérent avec ceux du roi & conclurent, le 27 du mois de juin, la paix d'Alais, par laquelle toutes les fortifications des villes tenuës par ceux de la religion devoient être démolies. Le duc de Rohan, qui s'étoit oppofé de toutes fes forces à cette refolution, fit de néceffité vertu, & ayant obtenu de groffes fommes pour s'indemnifer de fes pertes, il profita de la liberté qu'on lui laiffa de fortir du royaume, mais fans voir le roi.

* Après quelque féjour qu'eut fait Louis XIII dans la ville d'Alais, où il laiffa garnifon, il fe rendit à Beaucaire & de là à Uzés, où il entra le 10 de juillet; les députez de Nîmes vinrent le prier en cette ville de les honorer de fa préfence, ce qu'il leur accorda; & étant venu dans leur ville le 14, il y fut reçû avec de grandes démonftrations de joye, après quoi

1629.   en étant parti le 15 pour retourner à Paris, il laissa à Nîmes le cardinal de Richelieu avec cinq ou six regimens d'infanterie & quatre cornettes de cavalerie.

IV. J'ai crû devoir raconter tout de suite ces evenémens publics, pour disposer au recit de ceux qui arrivérent à Montpellier depuis le commencement de cette année 1629. Dès le mois de février on y fut dans quelque mouvement pour l'election des consuls, dont les deux partis faisoient alors une affaire essentielle. Mʳ de Fossez offrit aux religionnaires de les comprendre dans le rôle, mais ils refusérent, dit l'un d'entre eux, sur le prétexte ridicule qu'on avoit mis aux armes de la ville l'image de la Vierge. Ce refus, dont peut-être on ne fut pas fâché, fut cause qu'au premier de mars on fit tous les consuls catoliques, dont le premier fut François de Ranchin, chancelier de l'université.

Manuscrits de Carlencas.

Au mois de juin, on tint un conseil general sur le colége de la ville, qui avoit été conduit jusqu'alors par un principal & par des regens séculiers. Mʳ de Fenoüillet, evêque de Montpellier ayant preparé les esprits sous le consulat précedent, fit alors proposer au conseil de ville d'en donner la conduite aux peres jesuites qu'il étoit bien aise d'introduire dans Montpellier. L'affaire ayant passé au conseil comme il le souhaitoit, on en remit l'execution à l'arrivée du cardinal de Richelieu, qui étoit attendu à Montpellier de jour en jour.

V. Il partit de Nîmes le 17 du mois de juin & ayant été coucher à Massillargues, il entra dans Montpellier le mécredi 18ᵉ avec les maréchaux de Schomberg, de Bassompierre, de Marillac & Mʳˢ de Montmorency & Deffiat surintendant des finances; leur séjour en cette ville fut marqué chaque jour par quelque evenément considerable.

Mémoires de Bassompierre.

Le jeudi 19ᵉ, Mʳ le cardinal mena toute sa cour au jardin du roi, où il mit la derniére main au rétablissement qui en avoit été commencé après le siége.

Le vendredi 20ᵉ il fit établir les jesuites dans l'ancien colége, qui étoit en l'état que nous l'avons vû avant que la ville leur eût bâti le nouveau qu'ils ont a présent.

Le samedi 21ᵉ, on proceda à l'union de la cour des aides & de la chambre des comptes, ordonnée par lettres patentes du roi Louïs XIII pendant le peu de séjour qu'il fit à Nîmes. Cette union qui avoit été projetée depuis plusieurs années, & toujours traversée par les états de la province, par le parlement de Toulouse, les tréforiers de France & les présidiaux du Languedoc, fut enfin approuvée alors & l'édit en fut vérifié, les deux cours assemblées en l'audience tenuë par le president Philippy, en présence de Mʳ de Machaut, intendant de la province.

Livre dix-huitième.

1629.

Le dimanche 22°, M' le cardinal fit refoudre par les maréchaux de France les travaux qu'il convenoit de faire à l'efplanade, qui confiftoient aux ouvrages extérieurs qu'on devoit faire à la citadelle, du côté de la ville, & à l'entière démolition des murailles de Montpellier de ce côté-là. Le foir du même jour, il les conduifit tous à la Canourgue, où après avoir vû les fondemens de la nouvelle églife, aufquels M' de Fenoüillet faifoit travailler, il ordonna pour épargner de plus grands fraix, qu'on s'attachât à la reparation de l'anciène eglife de S' Pierre, dont il fit paffer le prix fait à Froment, architecte de la ville, pour la fomme de vingt-fept mile livres, & il en donna la direction au préfident Beaudan, chès qui fon éminence logeoit.

Le lundi 23°, on fit verifier au palais l'édit des élûs, qu'on vouloit introduire dans le Languedoc, pour faire l'impofition des tailles à l'exclufion des états de la province. Cet édit, porté à Pezenas, où les états étoient affemblez, y trouva de grandes oppofitions; le parlement ne voulut pas le recevoir, & plufieurs diocéfes ayant refufé d'impofer la taille fur le mandement des élûs, on put prévoir que cette affaire auroit de grandes fuites, comme nous le verrons en fon tems.

*Le mardi 24° M' le cardinal voulut aller voir l'anciène églife de S' Pierre, qu'il avoit ordonné de rétablir; il trouva qu'il manquoit à la voûte les deux premiers arceaux qui font du côté de l'entrée. Il ordonna qu'on ôtât les décombres dont l'églife étoit pleine & qu'on reparât le coin qui portoit un des grands clochers détruit en 1567 par les huguenots. Le maréchal de Baffompierre qui accompagnoit alors le cardinal de Richelieu, dit dans fes mémoires, qu'il prit une chapelle dans cette églife.

PAGE 396.

Le mercredi 25°, on apporta le refus que les états de la province avoient fait de recevoir l'édit des élûs; ce qui fâcha fi fort M' le cardinal, qu'il envoya ordre de rompre les états avec défenfe de s'affembler plus à l'avenir; mais nous ne trouvons point que cet ordre eût été executé; au contraire, il confte que les états, commencez cette année le 13 de mars, ne finirent que le dixième d'août, quoique fon eminence eût fait arrêter les émolumens des députez; il fit bien plus; car, voyant qu'aucun particulier ne s'offroit pour acheter de ces nouvelles charges d'élûs, il les fit exercer par commiffion, et l'on marque que les S" Maduron & Mandronet, nommez pour Montpellier, allèrent prêter ferment en la cour des comptes & finances.

Ibidem.

Le jeudi 26° de juin (dit toujours M' de Baffompierre), la place devant l'hôtel-de ville fut refolue; ce qu'il faut entendre de la delibération qui fut autorifée par fon éminence, de rebâtir l'églife de Nôtre-Dame-des-Tables, qui donne fur cette place; ce projet néanmoins ne fut executé que plufieurs

1629.

années après, & le même jour, M^r le cardinal étant parti l'après-midi de Montpellier, alla coucher à Frontignan, d'où il prit la grande route du Languedoc, pour se rendre à Montauban, qui consentit enfin à la démolition de ses murailles.

VI. A peine le cardinal de Richelieu fut parti de Montpellier, que la peste s'y declara violemment. On en avoit eu quelque pressentiment avant son arrivée; mais le passage des troupes qui le suivoient augmenta le mal dont quelques personnes commencèrent à être attaquées sur la fin de juillet. L'allarme s'étant répanduë dans la ville, on dépêcha en diligence au premier consul, qui étoit encore aux états de Pezenas, & dont il ne partit que le dix d'août, pour attendre la fin de cette assemblée; il nous marque lui-même dans l'histoire qu'il a composé de cette peste, qu'il trouva sur son chemin grand nombre de fugitifs que la frayeur chassoit de Montpellier avec leurs familles & leurs meubles. La cour des aides s'étoit retirée à Montagnac, & tous les habitans qui en avoient les moyens, travailloient à se changer à la campagne.

Opuscules de F. Ranchin.

Dans ce desordre, le premier consul (qui heureusement pour la ville, se trouvoit chancelier de l'université de médecine), assembla ses collègues, dont les noms méritent d'être conservez à la postérité, pour le service important qu'ils rendirent à la patrie: Mrs Delort, Cortaud, Rivière, Duranc & Chaffignon, se dévoüèrent au service des pestiferez, & ayant pris pour chirurgiens de la peste, les Srs Fourmy, Estanove, Pomaret, & quelques autres, ils travaillèrent tous de concert avec le premier consul François de Ranchin, leur chancelier.

Histoire de la peste de Montpellier.

Je n'entrerai point dans le détail des reglemens qui furent faits pour ce temps malheureux, ni de l'ordre que le premier consul établit pour le soin des malades, puisqu'il en a donné lui-même une histoire fort détaillée. Je me contenterai de dire que le mal alla toûjours en augmentant jusqu'au mois de novembre, où il mourut deux mile personnes, qu'il commença à diminüer en décembre, où il n'en périt que cinq à six cens, & que le nombre des morts n'étant allé qu'à cent cinquante dans le mois de janvier 1630, & à beaucoup moins dans celui de février, on resolut de commencer dans le mois de mars la desinfection de la ville.

Je raporterai à ce propos, une chose remarquable pour l'anciéne histoire de Montpellier, que Ranchin nous apprend à l'occasion de cette peste. Il dit, qu'en cherchant un lieu propre à purifier ceux qui devoient rentrer dans la ville, il se transporta dans les vieilles étuves, qu'il trouva encore fort belles (quoique ruïnées en partie); qu'il y restoit un grand puits à roüe, avec des canaux pour porter l'eau dans les cuves; des fourneaux où on l'échaufoit; des bancs pour * s'affeoir à l'entour, & de belles chambres, où fe retiroient anciénement ceux qui fortoient de l'étuve. Le premier conful fit un très-bon ufage de ce qu'il y trouva pour le deffein qui l'y amenoit: mais, il nous apprend que ces étuves furent bâties par les rois d'Aragon, lorfqu'ils étoient maîtres de Montpellier; qu'elles étoient de leur domaine, & leur raportoient plus de deux cens écus de rente : ce qu'on a pû remarquer dans le contrat de vente, qui fut faite au roi Philipe de Valois. Il ajoûte, que les femmes qui fortoient de couche, & ceux qui avoient des douleurs s'y faifoient porter, à caufe des bains qu'il y avoit pour les uns & pour les autres; enfin, que ces étuves ayant été fort frequentées jufqu'au tems de Rondelet, qui mit en vogue les bains de Balaruc, on en perdit infenfiblement l'ufage. Il y a encore quelques reftes de ces étuves dans le jardin du Sr Tandon, attenant le grand jeu de paume.

CHAPITRE QUATORZIÉME

I. Divers évenémens particuliers à Montpellier. II. Troubles dans la province. III. Combat à Villeneuve-lez-Maguelonne. IV. Autre à Caftelnaudarry. V. Arrivée du roi à Montpellier. VI. Démolitions ordonnées dans le Languedoc. VII. Départ du roi pour Touloufe, où le duc de Montmorency eft condamné à mort.

TANDIS que la pefte duroit encore à Montpellier, & dans plufieurs autres villes du Languedoc, le cardinal de Richelieu marcha vers l'Italie, pour y faire obferver les articles du traité de Suze, que le duc de Savoye n'executoit pas. Son éminence fe rendit maître de Pignerol dans le mois de mars, & le roi Loüis XIII de toute la Savoye, dans les mois de mai & de juin. Ces expeditions donnérent lieu au combat de Veillane, où le duc de Montmorency, dans le mois de juillet, défit le prince Doria, & le prit prifonnier; elles fervirent auffi à l'élevation de Mr de Toiras, qui fut honoré du bâton de maréchal de France (le même jour que le duc de Montmorency), en recompenfe de la belle refiftance qu'il avoit fait à la citadelle de Cafal.

Ces deux promotions, qui intereffoient particuliérement la ville de Montpellier, ne purent y être celebrées comme on auroit voulu, parcequ'on y travailla durant fix mois à la definfection de la ville, qui ne put être finie que fous le confulat du Sr de Girard, contrôleur & commiffaire de l'extraordinaire des guerres. Cela fut caufe que Montpellier ne fut entiérement repeuplé qu'en 1631, dans le tems qu'il fe formoit à la cour une terrible confpiration contre le cardinal de Richelieu, peu après une grande maladie que le roi avoit eu à Lyon, au retour de fon expedition d'Italie.

Monfieur Gafton, frere unique du roi, & la reine fa mere, engagérent plufieurs grands feigneurs du royaume dans cette confpiration, mais la force d'efprit ou le bonheur du premier miniftre ne parurent jamais mieux qu'en cette occafion; car, ayant découvert & diffipé le deffein de fes enemis, il reduifit monfieur à fe retirer en Lorraine, & la reine mere à Bruxelles, tandis qu'au milieu de tous ces troubles, il conclut le fameux traité de Berneuval, avec Guftave-Adolphe, roi de Suéde, & celui de Querafque pour la paix d'Italie.

A Montpellier, on élut au mois de mars, le cadet Bouffuges pour premier conful ; & le 4e de juin, on fit la nomination d'un capitaine du noble jeu de l'arc, qui eft un exercice particulier à cette ville. J'en donnerai un article feparé à la fin de cet ouvrage; mais, j'obferverai cependant, que cette charge étant vacante par la mort de noble Pierre de Combas de Montagut, la compagnie des archers élut à fa place, noble Raulin de Girard.

II. L'année 1632 fit changer de face à tout le Languedoc, par le trouble & les grands évenémens qui y arrivérent. Monfieur, frere du roi, ayant quité la Loraine * pour aller à Bruxelles, entra dans le royaume avec une armée d'Efpagnols, de Lorrains & de François, qu'il mena dans la Bourgogne, d'où il décendit, par le Bourbonnois & par le Roüergue, dans le Languedoc, où il fe joignit, entre Carcaffonne & Beziers, avec le duc de Montmorency, gouverneur de la province, qui s'étoit déclaré pour lui. Le grand credit que ce feigneur avoit dans fon gouvernement, & le mécontentement des peuples de cette province, depuis l'édit de création des élus, porta les députez des états, affemblez alors à Pezenas, à figner une déliberation du 22e juillet, « dans laquelle ils appeloient M. le duc d'Orleans à leur pro« tection, & promettoient de lui fournir de l'argent pour l'entretenement « de fes troupes, & de ne fe feparer jamais de fes interêts. » Avec cette affurance, le duc d'Orleans partit de Beziers le 28e pour fe rendre à Beaucaire, où fes gens étant maîtres du château, il lui paroiffoit aifé de reduire les habitans de la ville, qui tenoient pour le roi.

Nos mémoires particuliers marquent, que fon alteffe vint dîner le 29 au pont de Lantiffargues, qui n'eft qu'à deux portées de canon de Montpellier, où il fit une alte de quatre heures avec le duc d'Elbeuf, le comte de Moret, son frere naturel, & huit cent chevaux qui l'escortoient. Pendant ce tems, il envoya un trompette au marquis de Fossez, gouverneur de la ville & de la citadelle, pour lui demander du sirop de citron & de capilaire, avec quelques confitures, qui lui furent envoyez. Mais l'allarme s'étant mise dans la ville, tous les habitans prirent les armes; & quelques-uns des cavaliers de Monsieur s'étant trop approchez des murailles, il fut tiré un coup d'arquebuse qui blessa un cheval.

1632.

Le marquis de Fossez l'avoit manquée belle quelques jours auparavant; car le duc de Montmorency se trouvant à Montpellier avant de s'être déclaré, il projeta de se rendre maître de la citadelle, dans le tems que le gouverneur & les deux Danval freres, qui y commandoient, seroient à une tragedie aux jesuites, à laquelle il avoit pris soin de les faire prier. Heureusement, les deux Danval ne voulurent point quiter la place dans l'absence du gouverneur; de sorte que le duc de Montmorency, jugeant inutile de faire arrêter le marquis de Fossez sans les deux autres, garda un profond secret sur son dessein, qui fut néanmoins rendu public quelque tems après, par ceux même qui avoient été du complot.

Ibid.

Après que le duc d'Orleans eut fait entrer sa cavalerie dans le château de Beaucaire, le maréchal de Vitry, qui commandoit une partie de l'armée du roi, vint investir la place; & le maréchal de la Force, avec le reste des troupes, alla enlever les munitions que le duc d'Elbeuf avoit fait à Monfrein; de sorte que ceux du château se trouvant dépourvûs de secours & de vivres, furent obligez à la longue de capituler.

Cependant, le maréchal de la Force se mit aux trousses du duc d'Orleans, & vint établir un quartier à Villeneuve-lez-Maguelonne, où il mit cinq compagnies de gens de pied, & deux de cavalerie. Le duc de Montmorency, qui étoit à la Grange-des-Prez, en ayant eu avis, envoya cinq cent chevaux, sous la conduite de M^r d'Elbene, pour les enlever; mais le maréchal leur étant allé au-devant jusqu'à la petite riviére de Colason, il prit son tems pour les charger lorsqu'une partie des énemis se trouva divisée de l'autre en passant la riviére, & il le fit si heureusement, qu'il défit ou prit prisonnier tout ce qui se rencontra entre Villeneuve & Colason.

III.

Dix jours après le vicomte de l'Estrange, qui avoit ramassé des troupes aux environs de Privas, fut batu & pris prisonnier avec plusieurs autres qu'on fit conduire au Pont-du-St-Esprit, où ils subirent le même sort que la plupart de ceux qui eurent le malheur d'être pris les armes à la main contre leur roi.

Ces petits desavantages portérent son altesse & le duc de Montmorency à s'avancer vers le Haut-Languedoc, pour combatre le maréchal de Schom-

1632.

berg qui y étoit déjà entré. Les armées se rencontrèrent le premier septembre, à un quart de lieuë de Castelnaudarry, sur le grand chemin, où il fut donné un sanglant combat, dans lequel monsieur, qui étoit présent, perdit quantité de braves gens; mais sur tout le duc de Montmorency, qui ayant été blessé de huit ou dix coups, fut abatu de son cheval, pris prisonnier & conduit à Castelnaudarry.

Page 399. IV. * Cet evenément décida de toute cette guerre; car les troupes de Monsieur s'affoiblirent & diminuérent de jour en jour & les villes qui avoient suivi son parti travaillérent comme de concert à se remettre dans l'obéïssance du roi. Les habitans d'Alby mirent leur évêque hors de leur ville avec cinq cens hommes qu'il y avoit fait entrer;¹ ceux d'Agde se rendirent maîtres de leur citadelle, qu'ils démolirent eux-mêmes, après en avoir obtenu la permission du roi; ceux d'Alais reçurent dans leur ville le marquis de la Force, que le maréchal son pere leur envoya; les habitans de Lunel envoyérent aux maréchaux de la Force & de Vitry, des otages pour répondre de leur obéïssance & de leur fidelité; Villeneuve, Maguelonne & Frontignan en firent de même; d'Espinaut, gouverneur du cap de Cette, envoya aux maréchaux pour leur remettre sa place, & celui qui commandoit dans Brescou pour le duc de Montmorency, suivit son exemple.

Le roi apprit toutes ces bonnes nouvelles à Lyon, où il s'étoit rendu, après avoir châtié le duc de Lorraine du secours qu'il avoit donné à monsieur son frere. Sa majesté entra dans le Languedoc, le 14ᵉ de septembre, où il donna, dans la ville du St-Esprit, la charge de sénéchal de Beaucaire & de Nîmes, à Pierre de Joannis Sʳ de la Roche-St-Angel, qui, se trouvant premier consul de Beaucaire, avoit conservé cette ville dans l'obéïssance du roi, & ainsi le seigneur de Peraut, qui étoit entré dans la revolte avec l'évêque d'Uzès son frere, perdit cette charge dont il avoit été gratifié deux ans auparavant.

V. Du Saint-Esprit, le roi se rendit à Nîmes le 17 où les habitans de Pezenas vinrent demander pardon à sa majesté, qui le leur accorda, en se reservant néamoins la punition des plus coupables. Le 22 elle arriva à Montpellier, & entra par la porte du Pile-Saint-Gilles, d'où ayant passé par l'Eguillerie, & à la loge des marchands, qui servoit d'église, elle alla décendre à la maison de Dampmartin (aujourd'hui les trésoriers de France), habitée alors par le marquis de Fossez. On marque, que Loüis XIII voulut aussitôt aller voir la citadelle; & qu'une heure après, la reine arriva par le même chemin que le roi avoit tenu dans la ville. Le cardinal de Richelieu

---

(1) Le manuscrit porte : « qu'il y tenoit en garnison. »

vint beaucoup plûtard, puisqu'il entra aux flambeaux; son logement fut chés le président Bocaud.

1632.

Pendant les douze jours que le roi séjourna à Montpellier, il s'y passa beaucoup de choses dignes de remarque. Dès le lendemain de son arrivée, les députez de Beziers vinrent lui demander pardon, & lui rendre compte de l'état de leur ville. On apprit sur leur raport, que Monsieur, après la journée de Castelnaudarry, ayant séjourné long-tems à Alzonne, s'étoit retiré à Beziers, où il vouloit faire entrer une partie de ses troupes; mais le gouverneur & les habitans ayant refusé de les recevoir, il vit bien qu'il n'y seroit pas en sureté, d'autant plus que l'armée du roi s'en approchoit en diligence. Alors le duc d'Orleans prit le parti de se retirer à Olonzac dans le diocése de Saint-Pons, avec la duchesse de Montmorency, qu'il y conduisit aux flambeaux le 20 de ce mois; ce qui facilita aux habitans de Beziers, le moyen de recourir à la clemence du roi. Ils envoyérent faire leurs soumissions aux maréchaux de Vitry & de la Force; & ils ouvrirent leurs portes au comte de Noailles, maréchal de camp, qui fut envoyé pour prendre possession de leur ville. Les députez qu'ils avoient à Montpellier, demandérent au roi ses ordres sur la nouvelle proposition que Monsieur venoit de leur faire, de le recevoir dans leur ville. Surquoi sa majesté manda au gouverneur de Beziers de recevoir M^r son frere avec son train seulement, & de lui rendre le respect & les honneurs qui lui étoient dûs; mais, parceque son altesse avoit demandé pour sa sureté, de faire garder par ses gens, le pont qui étoit hors la ville, le roi, qui vouloit ramener son frere, lui permit de faire garder ce poste par trois cens hommes des siens, ainsi qu'il l'avoit desiré.

C'étoit un effet des négociations qu'on faisoit déja pour la reconciliation des deux freres. Le sieur de Bullion, surintendant des finances, & le marquis de Fossez, gouverneur de Montpellier, allérent à Beziers le 26 de septembre, & y travaillérent si puissanment auprés de Monsieur, qu'il signa les articles qu'ils lui apportoient, parlesquels il renonçoit à toute intelligence hors du royaume. Il * laissoit au roi la disposition de ceux qui avoient suivi son parti; & il promettoit de se retirer à Tours avec ceux de sa maison ausquels le roi feroit grace. Le roi signa ces articles à Montpellier le 1er d'octobre, & l'on convint, que son altesse partiroit de Beziers, le même jour que le roi partiroit de Montpellier; mais, par diferens chemins.

Page 400.

Le marquis de Fossez, à son retour de Beziers, fut gratifié de la charge de senéchal de Montpellier, déclarée vacante par la défection de Jacques de Restinclières, qui avoit eu le malheur d'embrasser le parti des mécontens, avec Claude de Toiras son frere, évêque de Nîmes. Presqu'en même tems,

VI.

Mercure François.

1622.

le roi ordonna la démolition d'un grand nombre de places dans le bas Languedoc. De ce nombre furent le château de Beaucaire, celui de Pezenas, les fortifications de Brefcou, la citadelle de Beziers, le fort de Montmorenciette fur la montagne de Saint-Clair au cap de Cette, les murailles de Lunel, & quantité d'autres dans les Cevénes, dans le Vivarés, dans le Gevaudan & dans le Velay, où le fieur de Machaut, maître des requêtes, affifté du marquis de Tavanes, maréchal de camp, firent de grandes executions. Les terres de ceux qui en foufrirent le plus, furent celles du comte de Bieules; du comte de Rieux, tué à la journée de Caftelnaudarry; du vicomte de l'Eftrange, déja décapité; de Saint-Amant, gendre du marquis de Malauze; Duluc, autrement Saint-Genié, ci-devant gouverneur de Narbonne; de Marfillac, lieutenant des gendarmes du duc de Ventadour; d'Alzau, retiré en Efpagne; du baron de Leran en Foix, Du Cros, de Chantereuges, de Saint-Laurens, de Coñdres, du vicomte de Chailard, de Saint-Aubans, de la Roque de Gafques, & Saint-Taon. On mit garnifon dans le château de Peire, en attendant des ordres plus précis du roi. Ceux qui n'avoient point de maifon furent fupliciez en éfigie, & leurs biens confifquez. L'entrée des états fut interdite à ceux des barons qui en avoient abufé, & leur baronie donnée à d'autres. Les officiers de judicature perdirent leur charge; & Mr de Machaut fe rendit fi célébre dans la province, qu'il y conferva le furnom de Coupetête.

Manufcrit de Delort.

Au milieu de tous ces ordres rigoureux, le roi & la reine furent fi touchez de la beauté & de la vertu de mademoifelle Catérine de Gaut, qui leur fut prefentée par Mr de Saint-Simon, que le roi lui accorda la grace de fon frere, qui avoit fuivi le parti du duc de Montmorency, dont il avoit été page; & leurs majeftez ayant appris que cette demoifelle étoit recherchée par le baron de Mouffolens, capitaine dans Normandie, elles lui firent donner fix mile écus en faveur de leur mariage. Nous verrons en fon tems, les autres marques de bonté que Loüis XIII donna à leur famille.

Mercure françois, tom. 18.

Le 4 d'octobre, le roi alla coucher à Meze, & la reine à Frontignan; mais le tems fut fi mauvais, que nonobftant la chaleur qui dure encore dans ce climat, feize foldats du regiment des gardes, huit fuiffes, & plus de trente goujats, moururent de froid cette journée-là. Le duc d'Orleans partit le même jour de Beziers, par la route de Gignac; & ayant couché le lendemain à Montpellier, il alla à Avignon, d'où il prit la route de Lyon pour fe rendre à Tours. Le roi étant arrivé à Beziers le 6e d'octobre, y fit tenir les états de la province, dont fa majefté fit l'ouverture dans la falle des Auguftins de cette ville; ce fut là que les élus furent fuprimez, après que la province fe fut chargée de rembourfer les traitans, des avances qu'ils avoient faites pour la vente de ces nouveaux offices.

 Le 14 de ce mois, le roi partit de Beziers pour aller à Narbonne; mais, il foufrit en chemin ce furieux orage dont il eft parlé dans plufieurs relations de ce tems-là. L'inondation de la riviére d'Aude, qui furvint en même-tems, fit perir grand nombre d'équipages, & encore plus de gens; de forte que Loüis XIII n'y fit pas grand féjour. Mais, en partant, il laiffa un ordre pour plufieurs perfonnes de la ville (dont je ne raporterai pas les noms), d'en fortir inceffament, & de tout le diocéfe. Sa majefté, en paffant par Carcaffonne, vint à Caftelnaudarry le 20 de ce mois, & le 22 à Touloufe, où il donna le gouvernement du Languedoc au maréchal de Schomberg, avec la furvivance pour le duc d'Aluin, fon fils. Le marquis de Foffez, gouverneur de Montpellier, eut en même-tems le * gouvernement de Verdun; mais, il donna fa démiffion de celui de Montpellier, dont le gouvernement fut encore donné au maréchal de Schomberg. Le marquis de Brezé, qui avoit fervi comme maréchal de camp au combat de Caftelnaudarry, fut fait maréchal de France; & il eut ordre auffitôt, d'aller prendre à Leitoure le duc de Montmorency, qui y avoit été conduit. Cet infortuné feigneur fut amené à Touloufe le 27 où fon procés lui ayant été fait par le garde des fceaux à la tête du parlement, il fut décolé le 30 d'octobre dans la cour de l'hôtel de ville.

 Après cette trifte execution le roi partit de Touloufe, le 31 de ce même mois, d'où il n'arriva que le 20 de novembre à Verfailles, à caufe des nouvelles qu'il reçut en chemin, de la fortie hors du royaume de monfieur fon frere, qui écrivit lui-même à fa majefté pour lui marquer le mécontentement qu'il avoit, de n'avoir pû obtenir la grace du duc de Montmorency. Nous verrons, dans les années fuivantes, les effets que produifit dans le royaume cette nouvelle fortie.

CHAPITRE QUINZIÉME

I. Démolition de Maguelonne. II. Entrée du duc d'Aluin à Montpellier. III. Etats de la province qui y furent tenus. IV. Divertissements qu'on y fit pour l'arrivée du duc d'Aluin. V. Batême d'apparat fait au nom du roi. VI. Défaite des Espagnols à Leucate.

1633.   I. LE commencement de l'année 1633 fut remarquable, à Montpellier, par la démolition du fort & château de Maguelonne, dont la commission fut adressée par lettres patentes du roi à Jean-Jacques de Plantade, conseiller en la cour des comptes, aides & finances de Montpellier. Je pourrai rapporter plus au long, dans mon second volume, les circonstances de cet événement, qui est digne de remarque pour nôtre histoire, & je me borne pour le présent d'en avoir fixé l'époque.

On avoit déja appris, à Montpellier, la mort du maréchal de Schomberg. arrivée à Bordeaux sur la fin de l'année précedente, & la confirmation du roi en faveur du duc d'Aluin, son fils, du gouvernement du Languedoc; mais, on ne tarda point d'apprendre les bons offices que le nouveau gouverneur venoit de rendre à toute la province, en sollicitant des lettres d'abolition en faveur de ceux qui avoient été engagez dans la derniére revolte.

Mercure fran- Le roi en donna ses lettres dans le mois de mars, où il dit : « Que ne vou-
çois, tom. 19. « lant pas confondre avec les coupables, ceux qui avoient été engagez par
« malheur plûtôt que par mauvaise volonté, il accorde à tous une amnistie
« generale, à la priére du duc d'Aluin; exceptez néanmoins les évêques, (*a*)
« d'Alby, (*b*) Uzés, (*c*) Lodéve, (*d*) Alet, (*e*) & St Pons, l'abbé d'Elbéne,
« les nommez de Naves, Peraut & ses enfans, Vallon, Odemart, Penau-
« tier, trésorier de la bourse, Marcillac, St Amant, d'Alzau pere & le baron
« de Leran fils. » Nous verrons néanmoins que plusieurs obtinrent bientôt la grace qui leur avoit été refusée alors.

Cependant M^r le duc d'Orleans s'étant retiré à Nancy, y épousa, sans le consentement du roi, Marguerite de Lorraine; ce qui donna lieu à divers

---

(*a*) Alphonse d'Elbéne, qui avoit succedé en cet évêché à un autre Alphonse son oncle.
(*b*) Paul-Antoine de Fay de Peraut, fils de Marie de Montmorency, fille naturelle du dernier connétable de ce nom ; il étoit par consequent neveu du duc de Montmorency, dont il prit les interêts.
(*c*) Jean Plantavit de la Pauze, de qui nous avons le *Chronologia Præsulum Lodovensium*.
(*d*) Etiéne de Polveret.
(*e*) Pierre de Fleyres, qui mourut l'année suivante ; son neveu Jean-Jacques lui succeda.

arrêts du parlement contre le duc de Lorraine, & attira dans ſes états les armes du roi, qui, s'étant rendu maître de Nancy, en donna le gouvernement au même marquis de Foſſez que nous avons vû ci-devant gouverneur de Montpellier.

* Sur la fin de cette campagne le duc d'Aluin vint dans ſon gouvernement & fit ſon entrée publique dans Montpellier le premier d'octobre. Les relations qu'on nous en a conſervées marquent : qu'ayant dîné, ce jour-là, au jardin de Grefeüille, qui étoit immédiatement au-delà de Sᵗ-Martin de Prunet, les ſixains de la ville allérent s'y rendre, conduits par Deſtros, major de la ville, peu-après arriva le ſenéchal, à la tête de la nobleſſe, enſuite les conſuls de mer, portant leurs chaperons de velours rouge & noir, ſuivis de la bourgoiſie à cheval, qui étoit précedée de deux trompettes ; venoit enſuite le guidon de la jeuneſſe, portant une baniére aux armes du roi & de la ville, ſuivi de toute ſa troupe & devancé d'un trompette & de deux timbaliers. On marque que les officiers des ſixains & la troupe des gens à cheval étoient en noir, parceque le duc d'Aluin portoit le deüil de Mʳ ſon pere. Il montoit un cheval noir, enharnaché d'un ſatin fleuri de la même couleur & relevé d'une broderie d'argent ; ſon habit étoit garni de jayet en broderie & ſemé de paillottes, l'écharpe où il tenoit ſon bras, à cauſe d'une bleſſure qu'il venoit de recevoir en Allemagne, étoit toute enrichie de broderie ; mais ſa bonne mine & ſa taille avantageuſe, le diſtinguoient bien mieux de toute ſa ſuite.

Après que toutes les troupes, tant de pied qu'à cheval, l'eurent ſalüé d'une décharge generale, le canon de la citadelle annonça ſon approche aux dames, qui l'attendoient dans la ville. Les troupes défilérent vers la porte de la Saunerie ; & ayant paſſé dans la Grand'-rue, à la Pierre, devant l'hôtel de ville & par l'Eguillerie, elles s'arrêtérent à l'entrée de la ruë du Pile-Saint-Gilles, vis-à-vis la maiſon du préſident Bocaud, où le nouveau gouverneur avoit ſon logement. Il trouva ſur ſon chemin grand nombre d'arcs de triomphe, ornez d'inſcriptions & de déviſes à ſon honneur, particuliérement à l'entrée de la ville, à la pointe de la Saunerie devant l'hôtel de ville, entre la grande & la petite loge, à la tour d'Encanet & à la pointe du Pile-Saint-Gilles.

Les fêtes publiques qu'on lui deſtinoit, furent ſuſpenduës par les préparatifs de l'aſſemblée des états de la province, qui devoient ſe tenir à Montpellier dans le mois de novembre & où l'on avoit à faire de grands changemens, tant pour le general que pour le particulier de la province. En effet, la lieutenance générale du Languedoc qui, depuis longtemps, étoit poſſedée en ſeul par le duc de Ventadour, fut alors diviſée en trois. Juſt-

1634.

Henry comte de Tournon & de Rouffillon, chevalier des ordres du roy & maréchal de camp, eut le Vivarés & le Velay; Hector de Gelas & de Voifins, marquis de Leberon & d'Ambres, chevalier des ordres, eut le Haut-Languedoc; & Loüis duc d'Arpajon, chevalier des ordres, eut pour fon partage le Bas-Languedoc. On difpofa auffi de la lieutenance de roi de Montpellier, qui fut donnée à Jean de Halot, feigneur de Gouffonville & celle de la citadelle à Jacques d'Avoine, feigneur de La Jaille-Gatine, qui étoit attaché depuis long-tems à la maifon de Schomberg.

Robert Miron, préfident aux requêtes du palais & ambaffadeur en Suiffe, étoit alors intendant de police & de finance en Languedoc; la cour lui donna pour ajoint en cette occafion, Nicolas Lecamus, intendant de l'armée, & tous les deux enfemble, avec le duc d'Aluin, travaillérent à remplacer les barons qui avoient été exclus de l'affemblée, & prirent des méfures avec les deux commiffaires du roi: Etiène de Puget & Jacques de Manfe, tréforiers des generalitez de Touloufe & de Montpellier.

La plus importante affaire qui leur reftât, étoit le remboursement des traitans, qui avoit été refolu dans les états de Beziers, de l'année précedente. Comme tous les membres de l'affemblée avoient un égal interêt à conferver leurs priviléges & à finir l'affaire des élûs, ils confentirent, avec moins de peine, à donner les quatre milions cinq cent mile livres qui leur furent demandez; & le plus grand nombre voyant l'affaire terminée, s'en retourna chés foi, avec la fatisfaction d'avoir rétabli, à quelque prix que ce fût, les chofes dans leur premier état.

1634. IV.

PAGE 403.

Manufcrits de Delort.

La nobleffe des états s'arrêta à Montpellier pour y paffer le carnaval de 1634. On marque qu'elle entreprit une courfe de bague, dont le duc d'Aluin voulut être. Il engagea la ducheffe, fon époufe, de propofer une bague toute garnie de * diamans pour le prix de la courfe. Le champ étoit à la Grand'-Ruë, en commençant depuis celle qui va au Petit-Saint-Jean jufqu'à la pointe vers l'Argenterie. Le vicomte de Rhode (autrement de Roüet) emporta le prix; & quelques jours après, la marquife de St Germain ayant propofé une émeraude garnie de fix diamans, le fr de Bellefonds, proche parent du vicomte de Pujol, l'emporta. Le refte du carnaval fe paffa en mafcarades. On raconte que ces feigneurs, divifez en deux troupes, repréfentant chacune une nation diferente, fe promenoient dans les ruës, fuivis d'un char de triomphe, rempli de muficiens, & précedé des trompettes. Ils diftribüoient aux dames des boëtes de confitures, & la nuit ils marchoient à cheval, un flambeau à la main, ayant toûjours avec eux leur char rempli de violons & de hautbois.

Au milieu de ces réjoüiffances, Mr de la Jaille-Gatine, lieutenant de roi de la citadelle, fut inftalé dans la charge de fenéchal de Montpellier, à laquelle il avoit été nommé par le credit du duc d'Aluin. On marque fon inftalation au 21 février, fur la fin du confulat du Sʳ Roques.

Dans le confulat fuivant, où Jean de Graffet, juge de l'ordinaire, occupoit la premiére place, le corps de bourgeoifie voulut donner au duc d'Aluin le divertiffement du perroquet qui eft en ufage dans les grandes occafions. On prit (felon la coûtume) le mois de mai, où les bourgeois les plus choifis fe promenérent plufieurs jours armez d'un arc & de fléches pour aler abatre l'oifeau qu'ils perchent fur un mât des plus élevez; leur enfeigne, en habit magnifique, portoit fon drapeau, au milieu de douze jeunes hommes des mieux faits & habillez cette année de tafetas gris de lin avec des bouquets de plume fur leur chapeau, de la même couleur. Aprés avoir perché le perroquet au bruit des fanfares des trompettes mêlé de hautbois & de violons, ils vinrent prier Mʳ le duc d'Aluin de leur faire l'honneur de tirer la premiére fléche, ce qu'il fit volontiers, & s'étant fait apporter le livre où tous les noms des archers font écrits, il y écrivit le fien, comme prenant parti parmi eux; cependant, les dames prenoient le divertiffement de la danfe fous des tentes qu'on avoit dreffées exprés, tandifqu'on tiroit au perroquet, lequel ayant été abatu aprés quelques jours, on promena le vainqueur par toute la ville, avec les mêmes cerémonies qu'on avoit gardé aux préparatifs de la fête.

Dans le mois d'août le tiers-état voulut donner fa fête à Mʳ le duc d'Aluin. On choifit pour cet effet le lit de la riviére qui eft entre le moulin de Sept-Camps & Pont-Trincat, où deux troupes de combatans, l'une pour les mariez, & l'autre pour la jeuneffe, devoient donner le divertiffement de la joûte; ils étoient tous en blanc, avec cette diference que l'habit des mariez étoit garni de rubans rouge & bleu & celui de la jeuneffe de gris de lin & verd; leurs pavois & leurs lances étoient de même couleur. Ils fe promenérent en cet état le 18ᵉ d'août par les rües de Montpellier, les mariez ayant à leur tête le nommé capitaine Boyer, qui avoit fervi dans les troupes du roi; & la jeuneffe, le Sʳ Rieutord, qui eut depuis des emplois honorables dans le fervice; le lendemain, Mʳ & madame la ducheffe étant montez fur la barque couverte qui leur avoit été preparée, attirérent fur les deux bords de la riviére, une infinité de monde, de tout âge, de tout fexe & de toute condition qui formoient un amphitéâtre des plus beaux & des plus diverfifiez. Les deux chefs, montez fur le haut de leur barque, dont les rames étoient peintes de leurs couleurs, falüérent de leurs lances à la premiére paffade, le duc & la ducheffe d'Aluin; puis, venant à la feconde, qui fut le commencement du combat, le capitaine Boyer donna un fi rude choq à Rieutord, qu'il

1634.

le renversa dans l'eau & deux autres après lui: les fanfares des trompettes celebrérent fa victoire à chaque coup, mais enfin il fut vaincu lui-même au quatriéme choq, ce qui n'empêcha pas que la victoire ne fût adjugée aux mariez; & la nuit étant venuë, les deux troupes fe joignirent pour fe promener aux flambeaux dans toute la ville, où le duc d'Aluin leur donna des marques de la fatisfaction qu'il avoit par les liberalitez qu'il leur fit.

Page 404.

Sur la fin d'octobre, on reçut à Montpellier la déclaration du roi, en faveur de M^r fon frere, qui avoit quité Bruxelles pour fe rendre auprès de fa majefté; * & dans le mois fuivant, on apprit le mariage de Puylaurens avec la niéce du cardinal de Richelieu, en faveur defquels on erigea la terre d'Aiguillon en duché & pairie.

V. Le 16 de décembre, on fit à Montpellier, au nom du roi, une cerémonie toute nouvelle, qui fut le batême du premier né de la dame de Mouffolens dont nous avons parlé deux années ci-devant. Comme elle avoit obligation de fon mariage à Loüis XIII, elle crut pouvoir lui donner fon premier enfant, qui, ayant été accepté par fa majefté, elle envoya ordre au Sr de la Jaille, fenéchal de Montpellier & lieutenant de roi de la citadelle, de tenir pour lui cet enfant avec la duchesse d'Aluin; la cerémonie en fut faite en cet ordre. Les dames de la ville s'étant renduës chés la marreine pour l'accompagner lorfqu'elle iroit prendre l'enfant, les fixains de la ville commencérent la marche & allérent fe ranger autour de l'églife; fuivoit la livrée confulaire & le capitaine du guet, avec les hautbois & les joueurs de flute, venoient enfuite les gardes du duc d'Aluin, précedez de leurs trompettes. Nos fix confuls, ayant devant eux leur grande bande de violons, marchérent en cet ordre; le fixiéme, qui commençoit le rang, portoit une faliére d'argent; le cinquiéme, une éguiére; le quatriéme, une autre faliére, & le troifiéme, une autre éguiére; le fecond avoit le baffin, & le premier portoit l'enfant, fuivi de M^r le duc d'Aluin, revêtu du colier de l'ordre, après lequel venoit le Sr de la Jaille, donnant la main à la marreine, de même que tout le refte de la noblefse, aux dames qui étoient de la fête.

L'enfant ayant reçu le batême, les fixains firent leur décharge, qui fut fuivie de celle de tout le canon de la citadelle; après quoi l'on alla remettre l'enfant entre les bras de fa mere, à qui on livra la vaiffelle d'argent qui avoit fervi à la cerémonie; enfuite, la duchesse d'Aluin ayant été accompagnée chés foi par toutes les perfonnes qui avoient été de la fête, elle les regala d'une colation magnifique & de la comedie de Melite.

Lib. 5, ad ann. 1634.

VI. Je ne dois pas oublier ici une chofe raportée par le fameux Gaffendi, dans la vie de Mr Peiresch. Il nous apprend qu'un nommé Vermeil, de la ville de Montpellier, ayant pris le parti des armes, où il diffipa tout fon bien, s'avifa de ramaffer plufieurs curiofitez de l'Europe, qu'il porta dans l'Ethiopie, où il trouva de l'accés auprès de la reine, qui le fit goûter au roi fon époux: or, un jour que le roi eut appris qu'un énemi de fon état preparoit une armée de cinquante mile hommes contre lui, Vermeil prit la liberté de lui dire que s'il vouloit lui permettre de dreffer aux armes huit mile hommes de fes fujets, il s'engageoit de repouffer fon énemi. Sa propofition ayant été acceptée, il choifit fes foldats, qu'il dreffa à la manière de Hollande, où il avoit fait la guerre, & il s'en fervit fi heureufement qu'il défit les énemis de fon maître. A fon retour, le roi lui donna le commandement general de fes troupes, & alors, Vermeil cherchant à fe rendre plus capable dans fa nouvelle charge, écrivit à fes amis de Marfeille de lui envoyer des livres qui traitaffent de la guerre, avec les plans des villes, des tableaux & autres pareilles chofes. Mr Peirefch voulut bien fe charger luimême de la commiffion, en choififfant pour la reine des effences les plus prétieufes, & pour Vermeil des livres de l'architecture militaire, de la perfpective & autres femblables avec les portraits des rois, des reines, des hommes & des femmes illuftres qu'il put recouvrer, ne croyant pas (dit Gaffendi) qu'on dût abandonner un homme qui faifoit honneur à fa nation dans un païs fi éloigné.

1634.

Dans les premiers mois de l'année 1635, on apprit à Montpellier par une lettre du roi du 14 février, adreffée au duc d'Aluin, la détention de ce même duc de Puylaurens qui avoit époufé la niéce du cardinal de Richelieu, il fut conduit au château de Vincénes, où il mourut dans le mois de juin. Le 17e de juillet, on publia dans Montpellier, fous le confulat du Sr de Sueilles, la déclaration de la guerre contre l'Efpagne, qui produifit en Languedoc les mouvemens que nous verrons dans les années fuivantes.

1635.
Mercure françois, tom. 20.

En 1636 on commença par ordre du roi de batre la monoye à Montpellier* fous le confulat du f^r de Rignac, lieutenant de robe courte. On marque que la fabrique en avoit été difcontinuée depuis le fiége, durant lequel, le duc de Rohan, qui étoit à la tête des revoltez, fit batre les fols qui furent appelez de fon nom, des Rohans.

1636.
PAGE 405.

Dans ce même tems, mourut en Italie le maréchal de Toiras, célébre par la belle défenfe qu'il avoit fait en l'ifle de Ré contre les Anglois, & à Cafal contre les forces de l'empire & d'Efpagne. Après avoir éprouvé fur la fin de fa vie, les viciffitudes où les grands furent expofez fous le miniftère du cardinal de Richelieu, il fut tüé le 14 de juin à Fontanette en Italie, où il commandoit les troupes du duc de Savoye, jointes à celles de la France, fous le maréchal de Crequy. Sa mort fut reçûë à Montpellier avec les fen-

1636. timents qui étoient dûs au seigneur de tout le païs qui avoit porté plus haut l'honneur & la gloire des armes.

1637. VII. L'année 1637 est devenuë célébre pour nôtre province, par la défaite du comte de Serbellon, commandant les troupes d'Espagne, qui étoit venu attaquer Leucate. Le duc d'Aluin, qui n'avoit alors que deux ou trois regimens de troupes reglées, convoqua l'arriére-ban & les milices de la province, qui accoururent avec tant de diligence, qu'il fit en peu de tems dix à douze mile hommes. Hercules de Barry, gouverneur de la place, lui donna le tems de les assembler, en arrêtant durant vingt deux jours les énemis, aux seules attaques du dehors. Serbellon ayant eu avis de leur marche, se fortifia sur une hauteur qui dominoit la place; & il le fit si avantageusement que nos plus habiles ingenieurs ne croyoient pas possible de le forcer. Néanmoins, le conseil de guerre, voyant qu'il étoit absolument necessaire de l'entreprendre, resolut qu'on feroit durant la nuit trois diferentes attaques; l'une, du côté de la mer, qui étoit le plus foible; l'autre, du côté du fort, qui ne feroit que feinte; & la troisiéme, par le milieu du retranchement des énemis, qui étoit sur une hauteur fort escarpée. Nos troupes se préparérent à faire l'attaque le 28 de septembre, veille de Saint-Michel, trois ou quatre heures avant le jour. Le signal en fut donné par trois volées de canon, qui firent partir nos gens avec tant de courage, qu'après un combat de six heures, Serbellon fut forcé dans ses retranchements, & obligé de prendre la fuite vers Perpignan, où il mourut de déplaisir.

Il perit en cette occasion quatre mile hommes des énemis, & douze cent des nôtres, avec plus grand nombre de blessez. De vingt deux diocéses qui composent la province, & dont la noblesse & les milices étoient venuës au secours, chacun fit ses pertes particulières. Montpellier y perdit le sieur de Maureillan, lieutenant-colonel de Saint-Aunais; Sueilles, capitaine dans le regiment de Languedoc, qui fut brûlé en forçant le parc des chariots; & Lavalette-Planque, qui reçut trois coups mortels. Parmi les blessez, on compte le seigneur de Restincliéres, frere du feu maréchal de Toiras; Argencour, maréchal de camp; Saint-Aunais, colonel du regiment qui portoit son nom; Rozel, son major; Sauffan, commandant les chevaux-legers que Montpellier avoit mis sur pié; Vallauquez de Murles, Gabriac & Montarnaud, volontaires.

Les relations de ce combat, qui coururent tout le royaume, marquent que l'évêque de Montpellier fit lui seul quatre cens hommes, & que le baron de Ganges en conduisit huit cens à l'armée; Laclote eut la conduite des milices de Montpellier, à qui on donna le nom de regiment, & les Srs de la Faverie & de Ruperé, établis depuis longtemps en cette ville, servirent d'aide de camp à M^r le duc d'Aluin.

On fit dans toute la France des réjouissances publiques de cette victoire qui donna tant de joye à Loüis XIII, qu'il écrivit au duc d'Aluin une lettre commençant par ces mots : mon cousin, vous avés sçû vous servir si à propos de vôtre épée, que je vous envoye un bâton, afin qu'une autrefois vous ayés à choisir des armes dont vous voudrés vous servir contre mes énemis. Dans cette même lettre, le roi lui marquoit qu'il vouloit perpetuer en sa personne, le nom de maréchal de Schomberg, ce qui lui fit prendre ce nom qu'il porta depuis le reste de sa vie.

1637.

CHAPITRE SEIZIÉME.

PAGE 406.

I. Naissance de Loüis XIV. II. Guerre dans le Roussillon. III. Petite peste à Montpellier. IV. Recherche des rogneurs de monoye. V. Arrivée du roi à Montpellier. VI. M. de Cinqmars à la citadelle. VII. Siége de Perpignan, & ses suites. VIII. Mort du cardinal, suivie de celle du roi Loüis XIII.

VERS la fin du mois de février 1638, on reçut à Montpellier la déclaration du roi Loüis-le-Juste, donnée à St-Germain-en-Laye, le 10 de ce mois, par laquelle sa majesté mettoit sa personne & ses états sous la protection de la Ste-Vierge, & ordonnoit à perpetuité une procession generale dans toutes les villes de son royaume, le jour & fête de l'Assomption; on la commença cette année à Montpellier, avec toute la splendeur qu'on a coûtume de la faire; & l'on ne tarda point de ressentir les effets de la protection divine, par l'heureuse naissance du dauphin, dont la reine accoucha le cinquième de septembre. Comme toute la France soupiroit après ce bonheur, elle donna au jeune prince le surnom de Dieudonné, & il n'est pas de démonstration de joye qu'on ne donnât dans toutes les villes du royaume.

I.

1638.

Celle de Montpellier, après les actions de grâces publiques, voulut marquer la confiance singuliére qu'elle avoit de voir finir les troubles, en faisant brûler dans un feu de joye, l'image d'une femme qui représentoit la discorde, & afin de donner de l'exercice à la jeunesse de la ville, on dressa un château rempli de fusées & autres feux d'artifice, qui fut attaqué, défendu & emporté par une troupe de jeunes bourgeois choisis par le Sr de Combas, premier consul.

Mercure françois, tom. 22.

Quelques mois auparavant, les religionnaires de Montpellier avoient

1638.

appris la mort du célébre duc de Rohan, qui avoit été l'âme de tous les mouvemens arrivez à Montpellier & dans le refte de la province, durant neuf ou dix ans; ce feigneur, après s'être retiré à Venife en 1629, fut employé par la France dans la Valteline, & auprès des Grifons, & ayant été bleffé à la premiére bataille de Rhinfeld, le 13 avril 1638, il mourut de fes bleffures & fut enterré le mois fuivant dans l'églife de St-Pierre de Genéve, où l'on voit encore le magnifique tombeau de marbre qui lui fut dreffé.

1639. II. La France, qui ménageoit alors plufieurs intrigues contre l'Efpagne, avec qui elle étoit en guerre, mit fur pié quatre ou cinq armées en 1639, dont l'une, commandée par Henry de Bourbon, prince de Condé, entra dans le Rouffillon, où il prit les châteaux de Hautpoul, de Stagel, de Canet & de Teutavelle, pour faciliter la prife de Salces qu'il affiégea avec toute fon armée; il s'en rendit maître le 19 juillet, & pour laiffer paffer les chaleurs, qui font extrêmes dans ce climat, il vint à Narbonne, & mit fes troupes en quartier de rafraîchiffement. Cependant les Efpagnols, voulant ravoir cette place, à quelque prix que ce fut, ramafférent toutes leurs troupes, & vinrent la ferrer de prés. Alors, M^r le prince ayant convoqué la nobleffe du Languedoc & fait de nouvelles levées, marcha avec vingt-deux mile hommes de pied, quatre mile chevaux & deux mile volontaires. A leur approche, les énemis fongeoient déja fe retirer, lorfque dans la nuit il furvint un orage, pareil à celui que nous avons vû ci-devant être arrivé dans le même lieu à Henry II encore dauphin; nos troupes en furent difperfées; & ce ne fut qu'avec des peines extrêmes que le maréchal de Schomberg en ramaffa le débris, avec lequel il voulut encore aller aux énemis; mais nos regimens, après avoir bien commencé, fe confondirent fi fort les uns les autres, que les foldats ne fçurent plus à qui obéïr, enforte que l'épouvante les ayant pris, ils entraînérent dans leur fuite le refte de l'armée. Nous eûmes en cette occafion plus de trois cens officiers de bleffez, & trente de morts, parmi lefquels * Montpellier regreta beaucoup le Sr de la Jaille, fon fénéchal & lieutenant de roi de la citadelle, dont le corps fut porté en cette ville & enterré à l'entrée du chœur de St-Pierre; un autre mort de diftinction fut François de Janvier, S^r de La Faverie, fils d'un confeiller au grand confeil, qui s'étant marié à Montpellier après le fiége, avec Jeanne de Varanda, y laiffa pofterité & mérita par fes fervices le gouvernement de la petite tour d'Avignon & la conceffion du roi Loüis XIII de porter à fes armes une fleur de lis en franc quartier.

Mercure françois, tom. 23.

Liv. 13.

Page 407.

1640. III. Le paffage des troupes qui revenoient du Rouffillon, porta à Montpellier la maladie du camp qui degenera en une pefte déclarée fur la fin du mois d'avril 1640. Toutes les compagnies fe hâtérent de fortir de la ville, fur un principe qui paffoit alors en proverbe: qu'en tems de pefte il faloit partir en diligence, aller loin & revenir tard. La cour des aides fe changea à Frontignan, les tréforiers de France à Gignac & le chapitre à Aniane. Tous les habitans qui en eurent le moyen fuivirent leur exemple, & ainfi, le mal trouvant moins de matiére, finit dans quatre mois, ce qui fit appeller cette contagion, la petite pefte, pour la diftinguer de celle de 1629, qui avoit duré dix-neuf mois; elle empêcha la ville de Montpellier de donner du fecours au maréchal de Schomberg, qui étoit alors dans le Rouffillon pour appuyer la revolte de la Catalogne contre le roi d'Efpagne, & elle enleva François de Ranchin, qui avoit fi bien fervi fes concitoyens durant la grande pefte. On marque que fa charge de chancelier de l'univerfité fut donnée à Richer de Belleval, & celle de profeffeur à Pierre Sanche.

1640.

La cour des aides étant revenuë de Frontignan à Montpellier, y fit l'ouverture du palais le premier octobre, où les confuls en robe rouge, ayant à leur tête le Sr de Beaulac, receveur-general & premier conful, allérent haranguer le préfident Lagreffe, qui fe trouvoit le plus ancien en l'abfence de Mr de Rochemore, premier préfident. Le 7e de ce mois, toutes les compagnies fe rendirent à St-Pierre pour affifter au *Te Deum* qui y fut chanté pour l'heureufe naiffance du duc d'Anjou, dont la reine s'étoit accouchée le 21 du mois précedent.

Dans ce même mois d'octobre, le roi ayant nommé M^r le prince pour venir tenir les états à Pezenas avec le maréchal de Schomberg, nos confuls envoyérent à fa rencontre jufqu'à St-Privat, près du pont du Gard, où les députez de la ville faluérent fon alteffe, qui étant arrivée à Montpellier, le 25 ne voulut point prendre la maifon du préfident Baudan qu'on lui avoit préparé, mais elle s'arrêta au logis du Cheval-Blanc, où elle reçut les honneurs & les préfens de la ville, & ayant oüy la meffe le lendemain matin dans l'églife de St-Paul, elle partit pour Pezenas.

Ce fut alors qu'on fit à Montpellier, comme dans le refte de la province une grande recherche des rogneurs de monoye. Pour l'intelligence de ce fait, il eft à obferver que dès l'année précedente, le roi avoit ordonné qu'on recevroit indiferemment toutes les efpeces fur le pié courant, foit qu'elles fuffent fortes ou legéres, ce qui donna lieu aux plus avides d'en faire de grands amas. Alors le roi fit ce beau reglement pour les monoyes qu'on peut voir dans Le Blanc, par lequel fa majefté ordonne une nouvelle fabrication des efpeces, & veut qu'on apporte à l'hôtel des monoyes toutes les anciennes. Le déchet énorme qui s'y trouva caufa la ruïne de ceux qui en avoient le plus amaffé; & la précaution qu'on prit par le moyen des gre-

IV.

1640. netis, de rendre fenfibles les moindres rognures qu'on feroit à l'avenir, arrêta le mal. Ainfi le roi eut les rogneurs & les rognures, comme avoit dit le cardinal de Richelieu, lorfqu'on voulut lui faire des repréfentations fur l'ordre qui avoit été donné de recevoir indiferemment toutes les efpeces.

1641. Dans les premiers mois de l'année 1641, on vit paffer à Montpellier D. Ignatio Mafcaregnas, ambaffadeur extraordinaire de Jean de Bragance, nouveau roi de Portugal, qui paffoit par la France pour fe rendre à Barcelonne, où il étoit envoyé. Nos confuls en chaperon, allérent le complimenter en françois, au logis du Cheval-Verd où il s'étoit arrêté, & le même truchement qui lui fit entendre le compliment des confuls, leur rendit en françois le remerciment de l'ambaffadeur.

Page 408. *Peu de jours après, le maréchal de Brezé qui alloit prendre poffeffion de fa vice-royauté de Catalogne, vint à Montpellier, d'où il partit avec les troupes du Languedoc, qu'il laiffa dans le Rouffillon, fous les ordres de Mr de la Melleraye pour preparer au roi Loüis XIII la prife de Perpignan. Tout le refte de cette année fe paffa dans la Catalogne en divers combats qui confervérent cette comté fous la domination de la France, & il n'y eut rien de remarquable à Montpellier, que les obféques de dame Anne d'Aluin, maréchale de Schomberg, qu'on fit à St-Pierre, le 18e novembre, en prefence de toutes les cours qui y affiftérent par députez en robe noire. Peu de jours après les états de la province députérent Mr de Fenoüillet, évêque de Montpellier, pour aller porter au roi le cayer des états, mais il trouva fa majefté à Lyon, d'où elle avoit fait deffein de s'avancer vers la Catalogne.

1642. V. Nos confuls reçurent de fa part, une lettre écrite à Montélimar, le 25 février, par laquelle fa majefté leur donnoit avis qu'elle venoit à Montpellier, mais qu'elle leur defendoit par exprés de la recevoir fous les armes, ni de tirer le canon qu'après qu'elle feroit entrée; en confequence, trois de nos confuls & cinq députez allérent jufqu'à Nîmes, pour affurer le roi du refpect & de l'obëiffance de toute leur ville, & étant revenus à la hâte, ils fe rendirent en robe rouges, le 6e de mars au-delà du clos d'Aiguillon, où voyant approcher le carroffe du roi, ils fe mirent à genoux, lui prêtérent le ferment de fidelité, & lui firent faire une petite harangue dont il parut fi content, qu'il leur dit : « je vous en remercie, » en mettant le chapeau à la main; c'eft ainfi que nos mémoires le raportent. Et ils ajoutent que fa majefté étoit au fond du carroffe, ayant Mr de Cinqmarcs, fon grand écuyer, & un autre feigneur, chacun à une portiére. On ne lui prefenta point les clefs de la ville, non plus que le dais, parce qu'elle l'avoit défendu, & elle alla loger chez le préfident Baudan (aujourd'hui la maifon de Mouton).

Le même jour, Mr de Noyers, fecrétaire d'état, arriva à Montpellier, &

logea chez le Sʳ de Fourques, où les consuls allèrent le visiter en robes rouges & avec toute la suite consulaire, sans halebardes, à cause de la présence du roi dans la ville.

Le 7ᵉ du mois, le roi étant parti pour Pezenas, nos consuls, qui sçavoient que le cardinal de Richelieu devoit arriver incessanment, firent partir trois des leurs avec cinq députez, pour aller au-devant de son éminence jusqu'à Lunel, d'où étant revenus le lendemain matin, ils se trouvèrent tous, sur les deux heures après midi, au-delà du pont des Augustins, où ils firent haranguer le cardinal, qui alla loger chés le président Bocaud; Mʳ de la Vrilliére, secrétaire d'état, logea chés le sieur Daudessens, mᵉ des comptes, & le cardinal Mazarin, qui venoit tout récemment de recevoir le chapeau des mains du roi, étant arrivé à Montpellier le 9ᵉ, fut logé chés le président Baudan, dans le même appartement que le roi avoit occupé deux jours auparavant.

Le 10 de mars, sur les onze heures du matin, tous ces seigneurs partirent de Montpellier, où, quelques jours après, la surprise fut extrême, lorsqu'on vit arriver, comme prisonnier d'état, ce même Mʳ de Cinqmarcs qu'on avoit vû tout récemment entrer avec le roi dans le même carrosse. On apprit bientôt que ce jeune seigneur, favori de Loüis XIII, tramoit alors un traité avec l'Espagne, dont l'execution alloit bouleverser la France, & perdre entièrement le cardinal de Richelieu. Ce ministre, qui fut assés heureux pour avoir une copie du traité, fit arrêter Mʳ de Cinqmarcs à Narbonne par ordre du roi & conduire de là dans la citadelle de Montpellier, où il arriva le 15. Dès lors, on mit tout en œuvre pour le faire évader par le moyen d'un enseigne de la garnison, nommé La Bonaudiére, qui avoit gagné la sentinelle & qui attacha une echelle de corde au parapet d'un bastion, par où le prisonnier pouvoit décendre; il ne restoit qu'à le tirer de sa prison, qui donnoit sur un couvert terminé par une cheminée, d'où, en sautant de la hauteur d'un homme, il pouvoit gagner son echelle de corde; mais malheureusement le courage manqua à Mʳ de Cinqmarcs, car, après être sorti de sa prison par une fenêtre bâtie à pierre sèche qui donnoit sur le couvert, il fut si fort effrayé du bruit que faisoit l'officier qui l'avoit en garde, qu'au lieu de continüer* sa marche pour gagner le bastion, il se contenta de se cacher derrière le tuyau de la cheminée, où ayant été découvert, il fut renfermé plus étroitement & conduit à Pierre-Encize. On sçait qu'après y avoir été confronté à Mʳ de Thou, conseiller d'état, ils furent condannez à perdre la tête le 12 de septembre, l'un pour avoir signé le traité & l'autre pour n'avoir pas revelé le dessein de son ami, quoiqu'il eût fait son possible pour l'en dissuader.

Cependant Loüis XIII ayant quitté Narbonne, se présenta devant Perpignan presqu'en même tems que Philippe de la Mothe-Houdancour défit

1642.

VI.

Manuscrits de Delort.

Page 409.

VII.

1642.

dans la Catalogne l'armée des Espagnols & fit prisonnier leur general; cette victoire lui valut le bâton de maréchal de France, & ses prisonniers ayant été envoyez en France, on vit arriver à Montpellier Dom Pedro d'Aragon, marquis del Povar, general de l'armée d'Espagne, & Dom Vincenso de la Mare, lieutenant-general de la cavalerie. La ville leur ayant été donnée pour prison, ils y restérent jusqu'en 1644. Ce fut pendant ce long séjour qu'on apprit à Montpellier une réponse bien fiére du marquis del Povar, après la déroute de son armée; car on raconte que le maréchal de Brézé, chés qui il fut logé, lui ayant presenté Mr de la Mothe-Houdancour, auquel il venoit de donner de la part du roi le bâton de maréchal de France, le marquis, à qui cette vûë rapelloit le souvenir de sa défaite, lui dit fiérement : *No es el rey que lo a hecho marescal de Francia, es yo*, ce n'est pas le roi qui l'a fait maréchal de France, c'est moi. Les soldats de son armée qui avoient été faits prisonniers furent conduits à Montpellier, où on les tint, jusqu'au nombre de deux mile, sous des tentes qu'on fit dresser dans les fossez en attendant qu'on les distribüât en d'autres villes.

Manuscrits de Delort.

Dans ce même tems, Janetin Doria, general des galéres d'Espagne, allant de Colioure à Taragone, fut obligé de relâcher à Palamos, d'où il fut conduit à la citadelle de Montpellier, qu'il eut pour prison; il étoit de l'illustre famille des Doria de Génes, attachée depuis Charles-Quint à la maison d'Autriche. On marque que Janetin étoit de fort petite taille & malfait de sa personne, mais qu'il avoit beaucoup d'esprit.

VIII. Les fatigues du siége de Perpignan, jointes aux chaleurs du climat, alterérent si fort la santé du roi, qu'il fut obligé, par l'avis de ses medécins, de partir pour aller prendre les eaux de Maine. Celle de son premier ministre n'en soufrit pas moins, puisqu'il fut reduit à se faire porter en brancard; mais ils ne tardérent point l'un & l'autre d'apprendre que Perpignan s'étoit rendu le 8 septembre aux maréchaux de Schomberg & de la Meilleraye, qui en avoient conduit les attaques. Dans ce même mois, Salces suivit l'exemple de Perpignan, & ainsi, tout le Roussillon fut réuni à la France, à qui il a resté toûjours depuis.

Cette année 1642, qui avoit terminé les jours de la reine, mere du roi, dans la ville de Cologne, le 3e de juillet, termina aussi ceux du cardinal de Richelieu, qui, après un ministère des plus traversez & des plus glorieux, mourut à Paris le 4e décembre, dans la 58e année de sa vie; le roi son maître ne lui survécut que de cinq mois, étant mort à St-Germain-en-Laye le

1643.
14e de mai 1643.

FIN DU LIVRE DIX-HUITIÉME.

HISTOIRE
DE LA VILLE
DE MONTPELLIER
Sous le roy Loüis XIV,
depuis 1643 jufqu'à 1715.

LIVRE DIX-NEUVIÉME.

CHAPITRE PREMIER.

I. Nouveau premier préfident à Montpellier. II. Le duc d'Orléans gouverneur de la province, & le vicomte d'Aubijoux gouverneur de la ville & de la citadelle. III. Troubles pour l'election des confuls. IV. Nouveau juge mage & nouveau fenéchal. V. Sédition des partifans.

ÈS la mort de Loüis XIII, la reine Anne d'Autriche prit pof- I.
feffion de la régence, & monfieur Gafton de la lieutenance
generale du royaume, qui leur étoient données par une déclaration du feu roi. Dés lors le cardinal Mazarin alla à grands
pas au miniftére, où il fut élevé par la reine fur la fin de cette
même année; mais on ne tarda pas fi longtemps de s'en appercevoir à

1643.

1643.

PAGE 412.

Montpellier, par la nomination qu'il fit faire, à la charge de premier préfident en la cour des comptes, aides & finances, qui vaquoit par la mort de François de Rochemore ; il y fit nommer François Bon, conseiller en cette * cour, qui en eut les provisions du 20 août & fut reçû en cette charge le 15ᵉ de septembre; peu après, il fut député par sa compagnie avec le Sʳ de Rignac & deux autres officiers qui étoient déjà à Paris, pour aller rendre au roi Loüis XIV les devoirs accoûtumez par les cours supérieures du royaume, à chaque mutation de regne.

Dans cette même année, les états de la province, assemblez à Montpellier, y firent un service solennel pour le roi Loüis XIII, dans l'église de Sᵗ-Pierre. Claude de Rebé, archevêque de Narbonne, y celebra la grand'messe ; le pere Cazelez, religieux dominicain, fit l'oraison funèbre & les absoutes furent faites par le même archevêque, assisté des seigneurs Louis-François de la Baume de Suze, evêque de Viviers; Gaspard d'Aillon de Lude, evêque d'Alby; Jean de Foffez, evêque de Castres & Clement de Bonzy, evêque de Beziers. On marque que Mʳ de Schomberg tint les états, assisté de Mʳˢ François Bosquet, intendant de justice, police & finances en Languedoc, & de Jean Balthazar, maître des requêtes de l'hôtel, avec les Sʳˢ Pierre de Grefeüille, & N. de Caulet, l'un tréforier de France en la generalité de Montpellier, & l'autre en celle de Toulouse.

1644.

II. L'année 1644 produifit un changement remarquable dans la province, parce que Mʳ le duc d'Orléans demanda le gouvernement & voulut en même tems celui de la ville & citadelle de Montpellier. Le maréchal de Schomberg, qui étoit revêtu de toutes ces charges, voyant qu'il ne pouvoit resister à une si grande autorité, prit le parti de demander la lieutenance generale du Languedoc, sous son altesse, ce qui lui fut accordé; mais le comandement de la ville & citadelle de Montpellier fut donné par le duc d'Orléans à François d'Amboise, vicomte d'Aubijoux, comme on peut le voir par cette lettre qu'il écrivit à nos consuls.

« Messieurs. Il a plû au roi, mon seigneur & neveu, outre le gouver-
« nement de la province, me confier encore celui de vôtre ville & de la
« citadelle. Comme son service m'appelle ailleurs, j'envoye le Sʳ vicomte
« d'Aubijoux pour y commander en mon absence & avoir le soin néces-
« saire pour la conservation de cette ville. Je l'ai aussi chargé particuliére-
« ment de vous maintenir en union & concorde les uns avec les autres, &
« de contribuer de tout son pouvoir à vôtre foulagement; je veux croire
« que de vôtre part vous entretiendrés avec lui une bonne correspondance
« & lui ajoûterés une même foi qu'à moi-même, qui suis, Messieurs, vôtre

« bon ami. Signé, GASTON. A Paris le 16 mai 1644. Et au-dessus: A
« Messieurs les consuls de la ville de Montpellier. »

Les ordres du prince furent fidélement executez, M^r d'Aubijoux ayant été reçû le 20 juin avec tous les honneurs accoûtumez, sous le consulat du Sr de Girard, contrôleur. Les mois suivans furent marquez par les réjoüissances qu'on fit à Montpellier pour l'heureux succés des armes du roi, commandées dans les Païs-Bas par M^r le duc d'Orléans, qui y prit Gravelines, & en Allemagne, par le jeune duc d'Anguien, qui se rendit maître de Philisbourg. Sur la fin de cette campagne, où le maréchal de Schomberg avoit servi, il se fit recevoir à Montpellier, le 17 octobre, en la charge de sénéchal & gouverneur de la justice de Montpellier, à laquelle il avoit été nommé depuis la défection de Mr de Restinclières. On marque aussi qu'il alla à la citadelle, quoiqu'il n'en eût plus le gouvernement, pour y visiter le marquis del Povar, Janetin Doria & les autres prisonniers qui y étoient encore, & qu'avant la fin de cette même année il reçut à Montpellier pour lieutenant-general dans le département du Bas-Languedoc, Loüis de Cardaillac, comte de Bioule, qui avoit acheté cette charge du duc d'Arpajon.

III. 1645.

Toute l'année 1645 fut pleine de changemens & de troubles à Montpellier, qui commencèrent le 1er de mars, à l'occasion de l'election des consuls; car, tandisque le conseil étoit assemblé dans l'hôtel-de-ville pour y proceder, on marque que le Sr Genton, gentilhomme à M^r d'Aubijoux, porta un ordre du roi & de M^r le duc d'Orléans, de nommer à la première place Richer de Belleval, chancelier en l'université de medécine, préferablement à tout autre. * Le conseil, surpris d'un ordre qui renversoit les usages & priviléges de la ville, s'y opposa de son mieux; mais voyant qu'il n'étoit pas possible de resister à l'autorité souveraine, ils nommérent celui qu'on leur ordonnoit, &, profitant de la liberté qu'on leur laissa d'élire les autres consuls, ils choisirent les Srs Pinel, Salgues, Bagnols, Maumiger & Peiret.

PAGE 413.

Cependant, les anciens consuls ayant quelque remords à ce qu'ils venoient de faire, & craignant d'être blâmez un jour d'avoir laissé perdre les libertez & priviléges de la ville, députerent à Toulouse le second & le quatriême d'entr'eux, pour impetrer des lettres d'appel de cette election; ils envoyérent même un courier en cour, pour faire leurs très-humbles représentations; mais le gentilhomme de M^r d'Aubijoux ayant fait plus de diligence que leur envoyé, il y eut arrêt du conseil en confirmation de tout ce qui avoit été fait; de sorte que les anciens consuls firent inutilement exploiter leurs lettres d'appel & l'ordonnance du parlement qui fortifioit les inhibitions. Mais ce qu'ils firent de mieux fut de faire prendre une déliberation aux états de la Province, qui se tenoient à Narbonne, par

1645.

laquelle le roi & son altesse seroient supliez de laisser à la ville de Montpellier, & aux autres du Languedoc, leurs libertez & leurs priviléges. Cet expedient réussit pour l'avenir; mais, quant à cette année, l'election subsista, non sans causer du murmure & de l'aliénation dans les esprits.

IV. Durant l'intervale des vingt-cinq jours qui s'écoulérent entre l'election des nouveaux consuls & leur prestation de serment, il y eut à Montpellier un nouveau juge mage & un nouveau sénéchal. Antoine de Crouzet, conseiller en la cour des aides, ayant acquis du Sr Saporta la charge de président au présidial, & celle de juge mage du Sr de Trinquére, voulut réunir en sa personne les deux charges, pour lesquelles il se fit recevoir au parlement de Toulouse, d'où étant venu à Montpellier le 8 de mars, il y fit son entrée avec les cerémonies accoûtumées; c'est-à-dire, que les consuls majeurs & les consuls de mer, avec la bourgeoisie à cheval, allérent à sa rencontre hors la ville, & l'accompagnérent à sa maison. Deux jours après, il fut instalé dans sa charge par les officiers du présidial; & le lendemain, jour de sa première audience, les consuls s'y rendirent en robes rouges, & le firent haranguer par leur orateur, avant qu'on appelât aucun cartel. Il est à observer qu'ils le firent requerir de jurer la conservation des statuts & priviléges municipaux de la ville de Montpellier, ce qu'il fit. On observe encore que les consuls restérent debout & couverts tout le tems que leur orateur parla; & s'étant assis pendant que la cour fut aux opinions, ils se relevérent, & se tinrent découverts lorsque le juge mage prononça.

La charge de sénéchal, en laquelle le maréchal de Schomberg s'étoit fait recevoir quelques mois auparavant, fut resignée presqu'aussitôt par ce même seigneur, à messire Loüis de Saint-Bonnet-Toiras, fils de Jacques, seigneur de Restinclières, en faveur de qui le roi Loüis XIII avoit créé cette charge. Il est à croire que le maréchal de Schomberg, qui avoit négligé long tems de s'y faire recevoir, le fit alors pour faire revenir au fils la charge du pere, & donner ce plaisir au comte d'Aubijoux, beaufrere de Toiras; il fut instalé au palais le 24, & le lendemain, il reçut avec le nouveau juge mage, le serment des nouveaux consuls dans l'église de la Loge.

Sur ces entrefaites, Henry de Lorraine, comte d'Harcourt, ayant été nommé viceroi de Catalogne, où la guerre duroit toûjours, vint à Montpellier dans le mois de mars; le maréchal de Schomberg fut à sa rencontre, le reçut chès lui, & l'accompagna dans son voyage. Quelques mois après, on vit arriver en cette ville Isabeau d'Aubijoux, épouse de Mr de Toiras, sénéchal de Montpellier, & sœur du comte d'Aubijoux, commandant de la ville & de la citadelle. Cette dame fut reçûë à la porte de la Saunerie avec les honneurs accoûtumez; & étant suivie d'un grand nombre de carrosses qui avoient été à sa rencontre, elle vint décendre à la maison de son époux (aujourd'hui la maison de Barbeirac).

1645.

Jusqu'ici les mouvemens arrivez à Montpellier avoient eu quelque mélange de * plaisir; mais, sur la fin de juin, il y eut de si grands troubles, qu'ils faillirent à causer un renversement total. La chose vint à l'occassion des droits du joyeux avénement à la couronne du roi Loüis XIV, que quelques particuliers de Montpellier avoient affermé, & qu'ils étendoient si fort, qu'ils l'exigeoient des consuls, non seulement pour le général de la ville & pour chaque corps de métier, mais encore de chaque particulier, qu'ils prétendoient rendre solidaires les uns pour les autres. Les huissiers de la ville ayant refusé de leur prêter leur ministére, ils firent venir un huissier étranger, qui exploita avec si peu de ménagement, qu'il se fit chasser à coups de pierre par une troupe de femmes jusqu'à Castelnau. L'affaire n'eut point alors d'autres suites, & le peuple se contenta de murmurer & d'attacher une grande idée de mépris au nom de partisan; mais, la veille de St-Pierre, la chose fut portée à la derniere extrémité; car le Sr François Maduron, qui tenoit chès lui au Pile Saint-Gilles, le bureau de recette, ayant voulu, la veille de St-Pierre, aller voir le feu de joye qu'on fait tous les ans devant la catédrale, il y trouva une troupe d'enfans, qui, l'ayant apperçu, l'appelérent partisan: cette injure le fâcha si fort, qu'il châtia rudement le premier qui lui tomba sous la main; mais, tous les autres ayant accouru, lui firent lâcher prise à coups de pierre.

V.
Page 414.

La querelle de ces enfans fut bientôt suivie de celle de leurs meres. La nommée Monteille, femme d'un tuilier, touchée des pleurs de son fils, qui avoit été batu, alla prendre une caisse pour assembler ses compagnes, qu'elle harangua de toutes ses forces. Le resultat de leur assemblée fut de mettre à leur tête la nommée Branlaire, femme d'une grande taille, d'une mine résoluë & toute propre à augmenter la sédition: elle dit résolument, qu'il faloit exterminer ceux qui leur ôtoient, & à leurs enfans, le pain de la bouche; & aussitôt elles coururent dans tous les lieux où elles croyoient trouver des partisans. La maison de Maduron fut la première visitée & mise au pillage, ensuite deux autres à la Canourgue; puis, courant de toutes leurs forces au logis du Cigne, où les commis des partisans étoient logez, elles obligérent l'hôte à leur ouvrir la chambre de Chantereau, dont elles brûlérent tous les papiers. Le voisinage du Cigne les ayant attirées au plan de Tournemire, elles s'attachérent à la maison de la dame de Falguerole, belle mere de Dupuy, l'un des principaux partisans. Cette dame avoit pris la précaution de faire venir des gens armez pour la défendre; mais, sa précaution augmenta le mal, car la troupe des femmes voulant à toute force

Manuscrits de Delort.

qu'on la leur ouvrît, la dame de Falguerole fit tirer fur elles, dont il y en eut quelques-unes de bleffées.

Alors leurs maris, qui jufque-là avoient été paifibles, commencérent d'entrer dans la querelle; ils coururent aux armes, & la première perfonne qui y périt fut la dame de Falguerole, qui, ayant voulu fe montrer à la fenêtre, reçut un coup de fufil dans la tête: fes meubles furent brûlez au devant de fa maifon, en fi grande quantité, qu'il y auroit eu lieu de craindre un incendie de tout le quartier, fi on n'eût eu la précaution d'en porter une partie à l'Efplanade. De la maifon de Falguerole, la troupe des mutins courut à la maifon du Sr Boudon, payeur du préfidial, & enfuite à celle de Maffia, tréforier de la bourfe de la province : ils y brûlérent meubles, carroffe & papiers; mais, ce qu'il y eut de plus trifte eft qu'un des fils du Sr Maffia, chanoine de Narbonne, en fuyant la maifon de fon pere pour éviter les féditieux, fut arrêté au coin de la maifon de Grefeüille (aujourd'hui Girard) & tué miférablement.

Le maréchal de Schomberg, revenu d'une partie de chaffe, où il fe trouvoit dans le tems de ce defordre, monta auffitôt à cheval, à la tête de fes gardes, fuivi de beaucoup de nobleffe, & entr'autres du Sr de Gouffonville, lieutenant de roi, qui, s'étant féparé de lui avec des troupes, vint à la place des Cévénols, où il trouva des gens armez qui gardoient ce pofte; il leur commanda, de la part du roi, de fe retirer; mais cette canaille lui ayant répondu infolemment, il fit tirer quelques coups, dont il y eut un habitant de tué; alors les revoltez firent une décharge fur lui, & blefférent plufieurs des fiens : ce qui obligea le lieutenant, qui étoit le moins fort, de fe retirer; & fe voyant encore * pourfuivi, il pouffa fon cheval à toute bride vers la citadelle, où il fe refugia ayant laiffé fon chapeau dans ce défordre.

Cependant Mr de Schomberg n'étoit pas moins expofé à la fureur de ceux qui lui faifoient tête; un malheureux le coucha en joue & il l'auroit tué infailliblement, fi le coup n'avoit été détourné par le capitaine Carrié. Cet homme, qui avoit autrefois bien fervi dans les troupes du roi, fe trouvoit alors capitaine de fixain dans Montpellier, & voyant la fédition du peuple, il alla, de l'ordre de Mr le maréchal, fe mettre à la tête des revoltez, pour tâcher de les ramener. Le maréchal, de fon côté, employa toutes les voyes de douceur pour appaifer les efprits : il défendoit aux fiens de tirer & parloit en aux revoltez Languedocien, ce qui lui gagna la bienveillance des femmes. On raconte que la Branlaire ayant été prendre la bride de fon cheval & le maréchal lui ayant demandé d'un air affés enjoüé qu'eft-ce qu'elle vouloit faire de lui, elle lui répondit que c'étoit pour le faire retirer, parcequ'on n'en vouloit qu'aux fangfuës publiques, & nulement à un bon feigneur comme lui. Une chose qui le toucha beaucoup au commencement du tumulte, c'est qu'ayant trouvé une bonne femme avec son enfant qu'elle pressoit de marcher pour aller joindre le gros des combatans, il lui demanda où est-ce qu'elle alloit? A la mort, monseigneur, répondit-elle. Mais qu'est-ce qui vous presse de mourir? C'est, ajoûta-t-elle, pour mourir une bonne fois, afin qu'on ne nous donne pas la mort chaque jour, comme l'on fait, en nous ôtant le pain à mon fils & à moi. Le, maréchal touché de cette réponse, lui donna un écu d'or & la fit conduire par un de ses gardes dans la maison de quelque bon bourgeois, jusqu'à ce que le désordre eût fini.

1645.
Manuscrits de Serres.

Il continüa tout le reste de ce jour à parcourir la ville jusque bien avant dans la nuit, où le capitaine Carrié fit remettre aux consuls les clefs de l'horloge dont les revoltez s'étoient saisis pour sonner le tocsin. On négocia toute cette nuit avec eux en leur promettant l'expulsion des partisans & la décharge des taxes. En effet, Mr de Schomberg donna une ordonnance, portant cette décharge, avec main-levée des saisies & ordre aux étrangers de vuider la ville. Il dissimula même un attentat arrivé le soir précedent, où les femmes en furie avoient été rompre les prisons du présidial & enlever deux jeunes hommes qui avoient été surpris en pillant quelques maisons de partisan.

Ces marques de bonté de la part de Mr de Schomberg, calmérent les esprits & les disposérent à laisser assembler les sixains qu'on distribüa avec quelques soldats de la citadelle, à la maison de Ville, aux principaux Carrefours & à deux portes de la ville qui s'ouvroient alternativement. La nouvelle qui survint que le regiment de Normandie étoit déjà à Lunel pour en entrer dans Montpellier, y causa quelque alarme & porta les principaux habitans à faire de grandes instances à M^r le maréchal pour qu'il revoquât son ordre & renvoyât ce regiment ailleurs. Il le fit gracieusement pour achever de les gagner; mais il exigea que toutes les compagnies de justice envoyassent tour à tour quelques uns de leurs corps pour la garde des portes. Ainsi, la cour des aides commença, puis les trésoriers de France, ensuite le présidial & enfin les bourgeois & les marchands.

Le calme ayant été affermi par ce bon ordre, nos consuls donnérent un avis sommaire de tout ce qui s'étoit passé dans cette émotion, au premier président du parlement de Toulouse & ils écrivirent aux villes circonvoisines qu'elles pouvoient venir librement commercer avec eux, comme on avoit fait auparavant. Le roi informé, que la tranquilité avoit été rétablie à Montpellier, écrivit au maréchal de Schomberg pour lui marquer la satisfaction qu'il avoit de sa bonne conduite; mais ce seigneur avoüoit à ses amis que

1645.

dans les plus grands combats où il s'étoit trouvé, il avoit moins apprehendé qu'en cette occafion, & il ajoûtoit en riant que, lorfqu'il diroit les litanies, il n'oublieroit jamais d'y mettre : *A furore populi libera nos, Domine.*

Dans cette même année, le roi fit expedier un brevet de confeiller d'état ordinaire en faveur d'Antoine Croufet, préfident juge mage & lieutenant genéral au gouvernement & préfidial de Montpellier, où il eft dit que c'eft en recompenfe * de fes bons fervices dans la charge de préfident juge mage, & particuliérement en l'émotion arrivée depuis peu dans cette ville.

PAGE 416.

CHAPITRE SECOND

I. Defunion de la cour des aides & de la chambre des comptes. II Tentatives des officiers pour l'éluder. III. Abolition accordée pour la fédition des partifans.

1646.

I. IL fut propofé dans le confeil du roi de punir la ville de Montpellier par la démolition de fes murailles; mais l'inquiétude & la jaloufie de quelques particuliers que je ne nommerai point fervirent à déterminer & peut-être à accélerer le châtiment. Ils firent entendre au premier miniftre que la cour des aides de cette ville avoit fomenté la fédition des partifans & que fi on la défuniffoit de la chambre des comptes, elle feroit bien punie, outre que la juftice en feroit mieux adminiftrée (difoient-ils) & qu'il en reviendroit aux cofres du roi une groffe fomme, par des offices de crûë qu'on pourroit établir, pour lefquels on promettoit un grand nombre d'acheteurs.

Les diferentes guerres que la France foûtenoit alors en Flandre, en Allemagne & dans la Catalogne, firent goûter cet expedient, d'autant plus qu'il donnoit le moyen de punir toute la ville de Montpellier. Ainfi, par édit du mois d'octobre 1646, la defunion fut ordonnée; la cour des aides deftinée à Carcaffonne, le préfidial à Lunel; & l'on vit une création de vingt-cinq offices, pour compofer une nouvelle chambre des comptes qui devoit refter à Montpellier:

Cependant les officiers de la cour des aides, ne pouvant fe refoudre fitôt à quitter leur maifon & leur ville, députérent en cour dans l'efperance de pouvoir fléchir le roi. Ils continuérent, à leur ordinaire, l'adminiftration de la juftice, fous prétexte de ne pas laiffer foufrir les parties; mais le roi, en ayant été informé, fit partir deux huissiers de la chaîne, avec cette lettre pour les consuls de Montpellier.

1646.

« Très chers et bien amez. Par arrêt de nôtre conseil d'état du 14 du
« présent mois & lettres patentes expediées sur icelui, nous avons, pour
« plusieurs considerations importantes à nôtre service & contentement de
« nos sujets de nôtre province de Languedoc, ordonné, conformément
« à nôtre édit du mois d'octobre dernier, la desunion de notre cour des
« aides de Montpellier d'avec la chambre des comptes dudit lieu, ainsi que
« vous verrés & qu'il est plus particuliérement porté par ledit édit & lettres,
« lesquelles envoyons presenter par delà, par Quinebeuf & Herbin, huissiers
« de nôtre conseil, pour la mettre en execution. Nous vous avons voulu faire
« certains de l'ordre de la reine regente nôtre très-honorée dame & mere,
« pour vous dire que vous ayés à y tenir la main & d'y porter à cet effet
« ausdits huissiers toute l'application dont vous serés par eux requis, en-
« sorte que ledit arrêt & lettres soient promptement executées. A quoi nous
« assurant que vous ne serés faute d'y satisfaire, nous ne vous la ferons plus
« plus expresse. Donné à Paris, le 19e jour de novembre 1646. Signé,
« LOUIS ; » & plus bas, Phelypeaux.

Et au-dessus : « A nos chers & bien amez les consuls de la ville de Montpellier. »

Pierre de Ratte, qui étoit alors premier consul, en recevant cette lettre de la main des huissiers, leur répondit au nom de tous ses collégues qu'ils offroient tout ce qui pouvoit dépendre d'eux pour le service du roi, & ayant reglé ensemble ce qu'ils avoient à faire, ils allérent avec les huissiers chés Mr Balthazar, intendant ; de là, chés chaque président de la cour des aides, & ensuite chés les gens du roi pour leur intimer les ordres dont ils étoient chargez. On marque que les consuls étoient en chaperon, & les huissiers en toque de velours avec* la chaîne d'or au cou. Les gens du roi s'étant rendus au palais avec les huissiers, Herbin y fit la lecture de l'arrêt de desunion, & Quinebeuf enjoignit à la cour des aides, en la personne des gens du roi, de satisfaire à l'arrêt qu'ils leur remirent en original ; à quoi ces officiers répondirent qu'en leur particulier ils étoient prêts d'obéir à la volonté du roi, à qui la cour avoit envoyé le président de la Verune & le Sr de Russas, conseiller, au sujet de cet arrêt comme injurieux à la compagnie & au general de la province.

Page 417.

Le 22e, Mr Baltazard fit publier, à son de trompe, cette desunion, à la porte du palais, & dans tous les carrefours de la ville, avec invitation à tous les habitans de se rendre à l'hôtel de ville pour y mieux entendre les volontez du roi. On s'assembla, sur les neuf heures du matin, dans la grand'

1646. salle, où M. l'intendant, accompagné du juge mage, de quelques officiers du présidial, du procureur du roi, du juge de l'ordinaire & d'une grande affluence de peuple, fit faire une nouvelle lecture des ordres du roi. On marque que les trésoriers de France arrivérent dans ce moment & qu'on les fit asseoir aux chaises hautes, du côté des fenêtres. Alors, Mr Baltazard prit la parole, & fit (selon nos mémoires) un discours fort injurieux à la cour des aides; après quoi, les huissiers ayant demandé acte de tout ce qu'ils avoient déja fait pour l'execution des ordres du roi, ils partirent le vingt-sixiéme décembre, pour aller faire à Carcassonne l'établissement porté par l'édit.

Tout ce que nous venons de dire se passa dans l'année 1646; mais, dans la suivante, l'affaire eut de plus grandes suites, car la cour des aides ayant
1647. II. continüé de s'assembler au palais, les consuls, par ordre de Mr Baltazard, allérent dans le mois de janvier chés le président Grasset, pour lui signifier que les consuls & habitans de Carcassonne étoient prêts de recevoir la cour des aides, conformément à l'édit de desunion; & que le lieu de la séance de cette cour avoit été designé dans le couvent des Augustins de la même ville. Le président ne s'étant pas trouvé chés lui, la signification fut faite à un de ses gens; mais la cour des aides ne laissa point de continüer ses audiences; & l'on marque, que le président Grasset la tint le dix-huitiéme janvier.

Je ne sçai pourquoi Mr de Baltazard fut revoqué dans ce même tems; ainsi, les ordres de la cour furent adressez au vicomte d'Aubijoux, qui, outre le commandement de la ville & de la citadelle, avoit été fait depuis peu lieutenant général de la province, dans le département du Haut-Languedoc. Ce seigneur, ayant reçû les ordres de la cour, envoya le major de la citadelle au président Grasset, pour lui dire qu'il avoit ordre de les empêcher de s'assembler dans Montpellier, & en même tems il donna aux consuls quarante soldats de la citadelle, pour aller se saisir du palais, autour duquel on mit encore un détachement de chaque sixain; mais, pour éviter que ce mouvement ne causât quelque rumeur parmi le peuple, il ordonna que les sergens se promeneroient, chacun dans son quartier, avec l'épée seulement, pour faire sçavoir ce qui en étoit.

Toute cette escorte ayant trouvé les portes du palais fermées, M^r d'Aubijoux fut obligé d'y venir lui-même & d'en faire ouvrir une par force: il y établit des soldats en garnison, sous les ordres du premier consul, & des Srs Dangot & Romede, qui lui firent sçavoir, après qu'il se fut retiré, que les officiers de la cour s'y rendoient par pelotons, pour y continüer l'exercice de leurs charges. M^r d'Aubijoux, à cette nouvelle, revint au palais, & dit aux officiers que tant qu'il feroit dans la ville il ne foufriroit pas qu'ils contrevinffent aux ordres du roi, & qu'il les prioit de faire ce qui étoit ordonné par l'édit de deunion : à quoi les officiers ayant oppofé la neceffité de rendre juftice, & le retardement que les parties en foufriroient, il leur repliqua, que ce n'étoit pas là le lieu, mais bien à Carcaffonne, fuivant l'édit ; & fur les proteftations que firent encore les officiers, de dreffer un verbal pour envoyer au roi, il leur dit qu'il ne l'empêchoit point ; au contraire, que lorfque fa majefté lui manderoit de les laiffer dans l'exercice de leurs charges à Montpellier, il le feroit de tout fon cœur ; mais que jufqu'alors il ne pouvoit faire autrement.

1647.

Ce qui engageoit les officiers de la cour des aides à agir de la forte, étoit la * bonne efperance qu'ils avoient de leur députation à Paris ; de là vient qu'ils firent encore quelques tentatives auprés de l'enfeigne qui commandoit la garnifon du palais, pour les y laiffer affembler ; mais cette voye n'ayant pû réuffir, ils prirent le parti de fe rendre tous en corps chés le préfident Graffet, où ils ordonnérent que, puifque le palais étoit occupé par les foldats, la juftice feroit adminiftrée fous le bon plaifir du roi, dans cette même maifon ; & en confequence, le vendredi, premier jour du mois de février, la cour y tint fon audience publique, les officiers étant affis fur des chaifes à dos, les avocats fur d'autres fiéges, & les procureurs debout.

PAGE 418.

Le lendemain, fête de la Chandeleur, ils affiftérent à la proceffion avec des cierges allumez ; & le 4 il fut tenu une audience publique, de même que le vendredi fuivant, huitiéme du mois ; mais le dixiéme, qui fut le jour de l'arrivée de M. de Breteüil (nouvel intendant, qui venoit remplacer le Sr de Baltazard), la cour prit de nouvelles mefures, & ceffa entiérement de rendre la juftice dans Montpellier. Les avis qu'ils avoient reçu de leurs députez, ne contribuërent pas peu à cette réfolution ; & la venuë de M^r d'Argenfon, confeiller d'état, qui arriva le 13 février (pour faire le procés à ceux qui étoient arrêtez pour le fait de la fédition), fit entendre aux officiers de la cour des aides que le paffé n'étoit pas oublié & qu'il devoit avoir des fuites. Enfin, le Sr de Ruffas, l'un de leurs députez à Paris, étant arrivé le 20, & leur ayant raporté que le roi vouloit abfolument être obéï, ils ne fe raffemblérent que pour déterminer leur départ au lundi fuivant, vingt-cinquiéme février.

A peine la cour des aides eut été établie à Carcaffonne que M^{rs} d'Argenfon & de Breteüil s'affemblérent pour juger les prifonniers qui étoient enfermez depuis long tems à la citadelle pour le fait de la fédition des partifans. Le fort tomba fur deux malheureufes femmes, coupables de quantité d'autres crimes, auffi bien que de celui-ci ; elles furent condamnées à être

III.

pendües, après avoir fait amende honorable, & leurs têtes expofées fur deux portes de la ville. Plufieurs autres fugitifs (du nombre defquels étoit la Branlaire), furent condamnez par contumace, les uns à faire amende d'honneur, les autres à la potence ou à la roüe. Tout s'étant paffé dans un grand calme pendant ces éxecutions, le maréchal du Pleffy-Praflin, qui avoit été envoyé dans la province à la place de Mr de Schomberg, manda chés lui les confuls de la ville; & là, en préfence de M^{rs} d'Argenfon, de Breteüil & du comte d'Aubijoux, il leur dit: « Qu'il avoit eu ordre du roi de leur « délivrer les lettres d'abolition & pardon du crime de rebellion & fédition « arrivée à Montpellier ès mois de juin & de juillet de l'année 1645, deman- « dées par les officiers, confuls, manans de cette ville, & obtenuës par la « bonté du roi & de la reine régente fa mere, à l'inftante prière de M^r le duc « d'Orléans, gouverneur de cette province, & en particulier de cette ville. »

En même tems, il remit entre les mains du Sr Duché, premier conful, qui fe mit à genoux avec tous ceux qui le fuivoient, les lettres d'abolition, fcellées du grand fceau en cire verte, fur lacs de foye rouge, fignées Louis, & fur le repli, par le roi & la reine régente fa mere, PHELYPEAUX, datées de Paris au mois de mars. Les confuls, après les avoir reçûës, firent leurs très-humbles remercimens par la bouche de leur orateur; & ayant été exhortez à vivre mieux à l'avenir, on leur dit: « de témoigner à fa majefté, par une « députation folennelle, la fatisfaction des habitans pour une telle grace, « qui étoit fans exemple, eu égard à leur crime. On ajoûta qu'ils devoient « marquer auffi une reconnoiffance particuliére à monfieur le duc d'Or- « léans, comme le feul qui avoit obtenu leur grace; » à quoi il fut répondu, par un cri de vive le roi & fon alteffe royale.

Les confuls étant fortis avec une grande foule d'habitans qui les avoient fuivi, marchèrent vers l'hôtel de ville, précedez de leurs trompettes & violons. Le premier portoit à la main les lettres d'abolition, afin que chacun pût les voir; auffi, furent-ils arrêtez dans la plûpart des carrefours, par les cris redoublez de vive le roi & fon alteffe royale. Arrivez enfin à l'hôtel de ville, la publication des * lettres y fut faite fur la galerie baffe qui eft à côté de la porte, avec mile cris d'acclamation, & peu après, les confuls étant allez chés le comte d'Aubijoux pour le prier de vouloir bien que les prifonniers qui reftoient encore à la citadelle à caufe de la fédition, fuffent mis dehors, puifqu'ils étoient compris dans les lettres de pardon, la chofe leur fut accordée fur le champ. Ainfi, tout le monde ayant lieu d'être content, on alla le foir même faire chanter le *Te Deum* dans l'églife de St-Pierre, & l'on finit la journée, par un grand feu de joye, au bruit du canon de la citadelle & aux cris toûjours redoublez de vive le roi & fon alteffe royale.

CHAPITRE TROISIÉME.

I. Le présidial envoyé à Lunel. II. Nouvelle chambre des comptes. III. Embelissement à l'hôtel-de-ville. IV. Retour de la cour des aides & du présidial à Montpellier. V. Réunion de la cour des aides & de la chambre des comptes. VI. Lieutenance generale du Languedoc donnée au comte de Roure.

L'ABOLITION que sa majesté avoit accordé à la ville de Montpellier, n'empêcha point l'exécution de l'ordre qui étoit déja venu aux officiers du présidial de se rendre à la ville de Lunel pour y exercer les fonctions de leurs charges. Ils fixèrent leur départ au 25ᵉ jour de mars, ce qui donna lieu à une innovation marquée bien au long dans les archives de l'hôtel de ville; car ce jour se trouvant concourir avec la prestation de serment des nouveaux consuls, le juge mage ne put se trouver à la ceremonie, encore moins le sénéchal, qui étoit chargé d'aller faire l'établissement du présidial à Lunel. Dans ce contretems, les consuls eurent recours à Mʳ de Breteüil, intendant, qui, pour ne pas retarder le service du roi, se rendit à l'église de la Loge & y reçut le serment des nouveaux consuls, en déclarant tout haut qu'il ne le faisoit qu'à leur prière, & dans l'absence de Mʳ de Toiras, sénéchal, au droit duquel il ne prétendoit point préjudicier, non plus qu'à celui du juge mage, ou d'autre officier de la cour présidiale, selon son rang & qualité. Les nouveaux consuls dont le premier étoit le Sʳ Duché, ayant prêté serment, allèrent faire leurs visites accoutumées & nommément à Mʳ d'Argenson, conseiller d'état, l'un des commissaires du roi aux états generaux de la province.

1. 1647.

Nous apprenons des mémoires du maréchal du Plessy-Praslin, à qui on avoit laissé le choix de tel lieu qu'il voudroit pour les tenir cette année, qu'il se détermina en faveur de la ville de Montpellier, bien que criminelle, afin de se servir utilement des liaisons qui étoient entre les habitans de cette ville & la plûpart des députez des états, ausquels il avoit à demander une somme fort extraordinaire pour ce tems-là; il avoit ordre de faire entrer des troupes dans le Languedoc pour appuyer sa demande; « mais ce sei-« gneur, qui se conduisit toujours avec beaucoup de bonté & de sagesse, ne « voulut point employer ce dernier expedient, car il fit si bien valoir les « frais qu'il épargneroit à la province en n'y faisant point entrer des trou-« pes, qu'elle lui envoya par l'évêque de Montpellier, un présent de trois

Pag. 190.

« millions pour fa majefté & quarante mile livres pour lui; ce que les peu-
« ples, ajoûte-t-il, n'avoient jamais pû confentir de donner, même dans le
« temps du duc de Montmorency, qui fut fans contredit le feigneur qu'on
« avoit le plus aimé dans la province.

Pendant la tenuë des états, & le 5ᵉ avril, on vit arriver à Montpellier le nouveau prince Loüis de Condé, qui, fous le nom de duc d'Anguien, avoit gagné les célébres batailles de Rocroy, de Nortlingue & de Fribourg; il alloit en Catalogne, à la place du prince d'Harcour, commander l'armée de France, & il couroit à dix chevaux. Le vicomte d'Aubijoux eut l'honneur de le recevoir chés lui, dans la maifon du préfident d'Agel, où il logeoit, & toutes les compagnies * de la ville ayant été lui rendre leurs devoirs, les états de la province lui députérent cinq évêques, cinq barons & dix confuls.

II. Le douze du mois d'avril, Mʳˢ d'Argenfon & de Breteüil montérent au palais pour inftaler les nouveaux officiers qui devoient compofer la chambre des comptes, créée par édit du mois d'octobre dernier; ils étoient au nombre de vingt-cinq, dont je crois faire plaifir de donner ici le catalogue. Jacques-Philippe de Mauffac, premier préfident; Pierre Crouzet, Marc Antoine Dupuy, Charles Boutard, préfidens ordinaires; Jean-Bâtifte de Girard, François de Beaulac, Loüis de Crefeüille, Pierre Seguin, Etiéne Peliffier de Boirargues, André de Ruffiers, N. Tabours, N. Bertuel. N. Courtils, N. Ginefte, N. Borel, Henry de Lacroix, maîtres des comptes; Francois de Mirmand, procureur-général; Jean Blay, avocat-général, Jean Rey & N. de Fremont, correcteurs; Philippe Juin & André Rouviére, auditeurs; N. Martin, greffier; David Fizes, receveur & payeur; N. Bizard, garde des archives.

Tous ces officiers s'étant rendus au palais, entrérent dans le bureau des comptes, où Mʳ d'Argenfon prit la place du doyen, & Mʳ de Breteüil, celle du foûdoyen; ils firent lire les lettres patentes du roi, portant la création des nouveaux officiers avec l'arrêt du confeil, qui regloit leurs rangs & féance; & nonobftant les proteftations qui furent faites au nom des officiers de Carcaffonne, par le préfident Bocaud, il furent inftalez ce même jour.

III. Le calme que l'abolition avoit produit à Montpellier fit naître la penfée de rendre l'hôtel de ville plus propre à recevoir l'Affemblée genérale des états de la province, lorfqu'ils reviendroient à Montpellier. Pour cet effet, Mʳ de La Forêft, homme fort agiffant & grand zélateur du bien public, propofa de changer la façade de l'hôtel de ville, d'y faire un efcalier nouveau & de difpofer les chambres autrement qu'elles n'étoient. L'affaire paffa au conseil de ville par le crédit de M^r d'Aubijoux, beaufrere de La Forest & de Mr de Toiras, son neveu, senéchal de Montpellier. Ce fut donc alors qu'on abatit les grandes fenêtres à la gotique qui y étoient encore & qu'on y substitua celles qu'on y voit maintenant à double croisée. On y fit un escalier à repos au lieu de celui qu'il y avoit en limaçon & l'on mit les chambres en l'état où nous les voyons à présent. On peut juger de la forme qu'avoient les anciénes fenêtres, par celle qui reste encore à la chambre des archives en allant de l'hôtel de ville à la porte de Lates.

<small>1647.</small>

Dans cette nouvelle reparation, on fit un nouvel auditoire pour le juge de l'ordinaire, qui, depuis longtems rendoit la justice dans l'hôtel de ville; nous l'y avons vû encore de nos jours, avant que cette jurîdiction fût unie au présidial; mais on marque que la première audience qui fut tenuë dans ce nouvel auditoire, ne le fut que l'année d'après 1648 par le s^r Thomas Rosset, à laquelle les consuls assistérent en robes rouges, assis sur le tribunal en qualité de viguiers.

<small>1648.</small>

Dans le mois de mars de cette même année, nos consuls ayant eu avis que le maréchal de Schomberg venoit en Catalogne pour y commander les troupes de France, après la levée du siége de Lerida, ils nommérent trois des leurs pour lui aller au devant avec six bourgeois, qui l'ayant rencontré sur le chemin de Nîmes, l'accompagnérent jusqu'à Montpellier, où il fut reçu avec les honneurs accoûtumez. Ce seigneur, après avoir séjourné quelques jours en cette ville, marcha vers la Catalogne, où il fit lever aux espagnols le siége de Flix & prit d'assaut la ville de Tortose; mais ces avantages qui reparoient en ce païs-là l'honneur de nos armes, n'eurent pas de plus grand progrès à cause des troubles de Paris qui changérent entiérement la situation des affaires.

Ils commencérent dans cette grande ville à peu près comme la sédition des partisans étoit arrivée à Montpellier. Ce nom de partisan devint en exécration à Paris aussibien qu'ailleurs, par les subsides extraordinaires qu'Emery, surintendant des finances, faisoit prélever sur le pauvre & sur le riche. Le peuple de Paris, se sentant appuyé de quelques-uns du parlement, fit entendre ses cris jusque dans le conseil du roi, où le cardinal Mazarin, jugeant à propos de donner quelque satisfaction au public, sacrifia le surintendant des finances qui fut démis de sa charge.

<small>Memoires de la Rochefoucaut.</small>

* Nos mémoires marquent cet evenément comme l'époque du rétablissement de la cour des aides de Montpellier, car cette compagnie, aussi bien que la ville, n'ayant plus à dos ce puissant enemi, le roi se laissa toucher aux trés-humbles priéres qui lui furent faites, & donna ses lettres patentes, en forme de déclaration, du 24 juillet, par lesquelles il rappeloit la cour des

<small>IV. Page 421.</small>

1648.

aides à Montpellier. Le vicomte d'Aubijoux, qui avoit tenu les états à Carcassonne, dans le temps que cette affaire se tramoit, en ayant appris le succés, donna ordre à la bourgeoisie de Montpellier, de monter à cheval & de se tenir prête pour aller au devant de la cour. Ils marchérent sous l'étendart des consuls de mer, au nombre de deux cent cinquante, jusque bien près de Pignan, où le peuple encore voulut les suivre, portant avec soi du vin & des fruits, pour marquer sa joye. Les consuls majeurs, en robes rouges, se trouvérent à la porte de la ville, pour feliciter la cour de son heureux retour; ce qui obligea Mr Bon, premier président, & les autres officiers, de décendre de carrosse, pour recevoir la harangue des consuls & pour les en remercier. Aprés être remontez, ils passérent la Grand'-Ruë, à travers plus de quatre mile personnes, avec un cortége d'environ trente carrosses; et le peuple fit durer la fête jusqu'à minuit, par des feux de joye & des illuminations aux fenêtres.

Le lendemain, 7e août, la cour vint rendre graces à Dieu, dans l'èglise de la Loge, qui servoit encore de paroisse, où ils firent chanter une grand'messe en musique, &, s'étant rendus au palais, au nombre de quatre présidens & dix-huit conseillers, ils tinrent leur première audience, où fut fait lecture, publication & enregîtrement des lettres patentes, à la requisition du Sr de Rignac, procureur-genéral: C'est l'origine de la grand'-messe qu'on dit tous les ans au palais, le jour de la Transfiguration, où toute la cour assiste en robes noires, en mémoire de ce qu'à pareil jour elle revint à Montpellier.

La grace que le roi venoit de faire à la cour des aides, s'étendit aux officiers du présidial, qui étoient à Lunel depuis plus de quinze mois. Ils reçurent, le dixiéme d'août, une lettre de cachet du roi, avec une autre lettre de son altesse royale, pour leur retour à Montpellier, qu'ils ne remirent pas plus loin; car il est marqué qu'ils recommencérent d'y tenir leur audience, le 13e du même mois.

Toutes ces faveurs arrivérent si à propos, qu'il y auroit eu beaucoup à craindre, si elles eussent été retardées seulement de quinze jours; car ce fut dans ce même mois qu'arrivérent les fameuses barricades de Paris, qui tinrent la cour & la ville dans de si grandes agitations. Le roi, par les motifs qui sont assés marquez dans l'histoire de ce tems, sortit de Paris le sixiéme

1649.

jour de janvier 1649, pour aller à St Germain-en-Laye, d'où sa majesté fit écrire dans les provinces tout ce qui pouvoit servir à contenir les peuples dans son obeïssance. M. de Breteüil ayant reçû des lettres du roi & de son altesse royale, convoqua chés lui le présidial & les consuls pour leur en faire part, & toute l'assemblée ayant apris avec joye, la bonne intelligence qui regnoit entre le duc d'Orléans & M^r le prince pour le fervice du roi, protefta de fa fidélité inviolable, & de fon zéle pour le bien de l'état.

Nous verrons par les fuites, que leur proteftation ne fut pas vaine, & que Montpellier fe contint exactement dans fon devoir pendant le trouble des guerres civiles. Il eft vrai que la nouvelle grace que le roi fit dans ce même tems à la cour des aides, ne fervit pas peu à exciter la reconnoiffance des bonnes familles de la ville qui tenoient à cette compagnie. On marque qu'il fut donné alors une déclaration en forme d'édit, portant la réunion de la cour des aides & de la chambre des comptes, qui fut executé à Montpellier le quinziéme de janvier 1649. Les officiers des deux compagnies s'étant rendus au palais en robes rouges, robons & toques de velours noir, le Sr Joly, avocat-général parla dignement fur cette réunion, & le préfident Graffet prononça l'arrêt de regître; mais l'un & l'autre n'oubliérent pas de refuter dans leurs difcours tout ce que le Sr de Baltazard avoit dit au defavantage de leur compagnie, lors de fa defunion en 1646. La plupart des officiers de la nouvelle * chambre des comptes, créée deux ans auparavant, furent rembourfez avec des quitances de finances, & les anciens qui reftérent en place, reprirent le nom & titre de cour des comptes, aides & finances de Montpellier.

Une des premières actions d'apparat qui fe paffa dans cette cour, depuis fa réunion, fut l'enregiftrement des provifions de la lieutenance générale dans le département du Vivarés & du Velay, vacante par la mort du comte de Tournon. Le roi, par fes lettres du 3e janvier, avoit donné cette charge à Sipion Grimoard de Beauvoir comte de Roure, qui les fit enregiftrer à la chambre des comptes le 23e du même mois. Il fut reçû quelque tems après à Montpellier, avec les honneurs acoûtumez, fous le confulat du Sr de Rozel-Laclote; & il alla decendre chés fon beaufrere Jacques de Beaudan, tréforier de France.

Le mois de février de cette année, fut un des plus rudes qu'on eût éprouvé depuis longtems, car on marque qu'il tomba de la nége jufqu'à la hauteur de fix piez, & qu'elle féjourna plus de trois femaines, ce qui rompit le commerce de la montagne, d'où Montpellier tire fes plus grandes provifions; mais enfin, après des coups de tonnerres épouvantables, le mauvais tems finit et l'on commença de fe préparer à la reception des états de la province, qui étoient mandez en cette ville au vingt-fix du mois de mai.

Ils ne commencèrent néanmoins que le premier de juin, & continüérent bien avant dans le mois de novembre. Le grand befoin d'argent où fe trouvoit le roi, donna lieu à cette prolongation, par le grand nombre d'affemblées extraordinaires qu'il falut tenir; mais comme elle regardent

1649.

V.

PAGE 422.

VI.

1649.

plus l'histoire genérale de la province que celle de Montpellier, je me contenterai d'obferver ici que, pendant cette tenuë des états, Mr de la Foreſt commença le grand deſſein qu'il avoit, de rebâtir l'èglife de Nôtre-Dame des Tables. Il leva les plus grands obſtacles qu'il y avoit eu juſqu'alors, & ayant réglé avec tous les contribüables, les ſommes qu'ils devoient fournir, il en paſſa le bail à trois entrepreneurs de la ville, nommez Cazenove, Gendron & Roux, pour le prix de quarante-cinq mile livres. Mais parceque les grands travaux qu'il avoit à faire, tant pour l'enlevement des terres que pour la conſtruction de l'édifice, ne pouvoit que nuire beaucoup & troubler le ſervice qu'on feſoit encore à la loge, il fut reſolu de le changer à la chapelle des penitens. Ainſi la grand'-loge qui ſervoit de parroiſſe depuis l'année 1622, fut renduë aux marchands de la Bourſe vingt-ſix ans après; & la nouvelle églife de Nôtre-Dame, ne tarda pas beaucoup à être miſe en l'état où nous la voyons à préſent.

CHAPITRE QUATRIÉME

I. Empriſonnement des princes. II. Broüillerie entre le parlement de Touloufe & la cour des aides de Montpellier. III. Autre démêlé entre le ſenéchal & le juge mage de cette ville. IV. Le vicomte d'Aubijoux ſe déclare pour les princes. V. Troubles à Montpellier à cette occaſion, fomentez par les huguenots. VI. Etats à Montpellier. VII. Suite funeſte du démêlé entre le ſenéchal & le juge mage.

1650.

Page 423.

I. LA meſintelligence qui ſurvint entre le prince de Condé & le cardinal Mazarin, cauſa la détention de ce prince, qui fut arrêté dans le palais royal le 19 janvier 1650, avec ſon frere le prince de Conty & le duc de Longueville leur beau-frere, d'où ils furent conduits au château de Vincénes. Cet évenément plongea le royaume dans de nouveaux troubles, car les amis des princes excitèrent tant de mouvemens dans la Normandie, la Bourgogne & la Guiëne, qu'on n'y trouva d'autre réméde, que de mener le jeune roi Loüis XIV dans toutes ces provinces, pour les calmer par ſa préſence. Tandis que ſa majeſté y travailloit avec ſuccés * le même feu qui agitoit ailleurs les eſprits pour la querelle des princes, ſe communiqua aux deux premiéres villes du Languedoc, ou les compagnies mêmes les plus reſpectables ſe portérent aux voyes de fait, ſelon l'eſprit qui regnoit malheureuſement alors dans le royaume.

Pour l'intelligence de la chose, il est à observer que le Sr du Robin ayant II. 1650.
été à Beziers pour executer un arrêt de la cour des aides, M^{rs} du parlement
eurent le credit de l'en faire sortir, & qu'ils envoyérent ensuite à Montpellier un de leurs commissaires, avec un nouvel arrêt pour le mettre à
execution. M^{rs} des aides ayant appris son arrivée, envoyérent les S^{rs} de
Senac & de Fontfroide, au logis du Cheval-Blanc, où il étoit logé, & l'obligérent de sortir de la ville. Le parlement en ayant été informé, crut que
Mr de Ranchin, l'un d'entr'eux qui étoit originaire de Montpellier par son
pere & sa mere, feroit plus propre à faire executer son arrêt; mais ce voyage
ne fut pas plus heureux que le premier. Enfin Mr D., conseiller au parlement, s'offrit de lui même, avec d'autant plus de confiance que Pardaillan
son bon ami, & colonel de chevaux legers, qui devoit passer par Montpellier
avec son regiment, promit de lui donner main forte; sa proposition ayant
été acceptée, il partit avec le regiment de Pardaillan : ce qui étant venu à la
connoissance de la cour des aides, elle fit garder le palais & la plus grande
partie des maisons de ses officiers; & le même Sr du Robin, dont nous
avons parlé, ayant sçû que le commissaire étoit au petit logis de la Couple,
déguisé en cavalier (d'où il devoit se transporter au palais avec son escorte),
il resolut de le prévenir; & ayant ramassé des gens armez, il ne se proposa
rien moins que de l'enlever. Dans tous ces mouvemens, le colonel Massanes
qui se trouvoit dans la ville, s'aboucha avec Pardaillan, à qui il dit, que s'il
croyoit pouvoir prendre parti pour un ami, il auroit lui-même plus de raison d'agir pour son propre frere, qui étoit conseiller en la cour des aides;
mais qu'il croyoit que ni l'un ni l'autre ne devoit entrer dans cette affaire,
sans un ordre exprès du roi. Pardaillan en ayant vû les consequences,
s'excusa auprès du commissaire son ami, & lui ayant fait valoir ses raisons,
il lui conseilla de sortir incognito avec son regiment; ce que le commissaire fit, quoiqu'avec regret. Ainsi, le trouble qu'on avoit grand lieu
de craindre, fut appaisé par ceux même qu'on avoit voulu employer pour
l'entretenir.

Cette affaire, qui arriva dans le mois de novembre, occupa encore quelque
tems tous les esprits, jusqu'à ce qu'on en fut détourné par la bonne nouvelle de la bataille de Rethel, où le maréchal du Plessy-Praslin avoit défait
l'archiduc Leopol & le vicomte de Turéne, qui suivoit le parti des princes :
on en chanta le *Te Deum* à Montpellier, le jour des rois 1651, & l'on y 1651.
donna des grandes marques de réjoüissance. Mais, de crainte que dans ce
tems de trouble, la jeunesse ne continüât à s'attrouper, comme elle faisoit,
sous un chef qu'elle se donnoit tous les ans, Mr de la Forest (nouveau sénéchal par la resignation de son neveu) fit publier une ordonnance, portant

défense à toutes personnes, de proceder dorénavant à l'élection d'un chef de jeunesse, & de ne plus faire aucune des exactions qui se faisoient abusivement à son nom;

III. Cette ordonnance servit à diminüer les suites d'un grand trouble qui survint à Montpellier le 25ᵉ de mars, à la prestation du serment des nouveaux consuls. On marque que la cerémonie en fut faite cette même année dans la chapelle de l'hôtel de ville, parceque le service ne se faisoit plus à la loge; & que dans le tems que Mʳ le senéchal, assis dans sa chaise sur le marchepié de l'autel, recevoit la baguette des mains du Sʳ de Murles, qui sortoit de place, l'arrivée de M. le juge mage avec des huissiers, surprit toute l'assemblée: il dit qu'il venoit pour assister à la cerémonie, selon les droits de sa charge; surquoi il y eut de si grandes discussions entre le senéchal & lui, qu'il falut verbaliser de part & d'autre: leurs protestations réciproques finirent par la tradition de la baguette, qui fut donnée au Sʳ de Sengla, premier consul. Mais, quoique l'affaire eût été consommée par cette dernière action, les contestations déja survenües à ce sujet eurent d'étranges suites; car Mʳ de Toiras, fâché de l'incident qu'on avoit fait à son oncle, attendit le dernier d'avril, Mʳ le juge mage, lorsqu'il revenoit * de la messe des penitens, & le fit traiter cruellement; tout le présidial prit son fait & cause, & cessa de rendre la justice, jusqu'à ce que le roy y eût pourvû.

D'autre côté, le baron de Brissac, beau-frere du juge mage, envoya demander raison à Mʳ de Toiras, qui offrit de la lui faire; & chacun avec son second, s'étant rendus au jardin de Grefeüille, Mʳ de Toiras, qui étoit un des hommes des plus forts du royaume, mit bientôt son homme dessous, de sorte qu'étant demeurez d'accord, ils allérent separer leurs amis.

L'affaire, qui paroissoit terminée par ce combat, prit un nouveau feu à l'arrivée du vicomte d'Aubijoux, commandant dans Montpellier, & beau-frere de Mʳ de la Forest: il envoya ses gardes chès le Sʳ de Brissac pour l'amener prisonnier; mais, celui-ci, averti par ses amis, & conseillé de ne pas se roidir contre un homme qui étoit revêtu de l'autorité du roi, il prit le parti de se retirer, ayant fait porter auparavant un duel au vicomte d'Aubijoux, qui eut trois ans après le funeste succès que nous verrons.

Cependant, le parlement, informé de la resolution que le présidial avoit pris de faire cesser l'exercice de la justice, donna un arrêt, par lequel il lui enjoignoit de le reprendre; ce qui fut executé le 26ᵉ de juin, après avoir été interrompu depuis le premier de ce mois.

Les grands troubles qui regnoient alors à la cour, sembloient autoriser ceux qu'on ne cessoit d'exciter dans les villes de province, où l'on n'ignoroit pas que le cardinal, cherchant à se faire un mérite auprès des princes,

avoit été lui-même les tirer de prifon; mais le reffentiment qu'avoit le 1651.
prince de Condé d'y avoir été mis, venoit obliger cette éminence à fortir du
royaume. On voulut de même à Montpellier, recourir aux voyes de fait,
pour des querelles particuliéres, & fous prétexte de l'éxecution d'un arrêt du
parlement, obtenu par défaut entre le juge mage & le fenéchal : les amis de
l'un & de l'autre armérent de leur côté, & firent venir des étrangers en
armes pour les tenir en garnifon chès eux. La chofe devint fi férieufe, qu'il
falut que Mr d'Aubijoux quitât les états de Carcaffonne pour y venir donner
ordre: il fit fermer les portes de la ville, & ordonna aux confuls & au major
de la citadelle, d'aller faire une vifite générale des maifons, pour découvrir
les étrangers qui y pourroient être : ce qui étant venu à leur connoiffance,
ils prirent d'eux-mêmes le parti de fortir de la ville; enforte que le trouble
paroiffant être appaifé, Mr d'Aubijoux repartit pour Carcaffonne.

Il preparoit cependant lui-même un plus grand fujet de trouble à Mont- IV.
pellier & à la province, en fe déclarant, comme il fit, pour M. le prince, qui
venoit de prendre les armes : on dit que la confideration de M. le duc d'Orleans, dont il étoit créature, l'y engagea ; ce qui lui fit entretenir des corref-
pondances fecrettes avec le comte de Marcin, qui commandoit en Catalogue,
& qui en débaucha les troupes en faveur de M. le prince. Mais lorfqu'on eut
appris que le cardinal Mazarin, revenu en France dans le mois de février
1652, avoit repris fa place dans le confeil, alors le vicomte d'Aubijoux ne 1652.
garda plus de ménagemens, & travailla ouvertement à affurer au prince la
ville & la citadelle de Montpellier; il fit faire des dehors à la citadelle, accompagnez de quelques demi-lunes, & pour être maître de la ville, il en fit
fortir plufieurs gentilshommes qui lui étoient oppofez, parmi lefquels on
marque le marquis de la Roquette, frere aîné de Briffac dont il a été parlé,
& Deftros, major de la ville, qui lui dit avec fermeté qu'il n'embrafferoit
jamais d'autre parti que celui du roi. L'impunité où l'on vivoit alors lui fit
porter les chofes bien plus loin; car, le roi ayant chargé le fr de Froulé, de
venir à Montpellier pour lui porter fes ordres & pour commander aux receveurs de fe retirer à Frontignan, afin d'y tenir plus en fureté les deniers
royaux, Mr d'Aubijoux, inftruit de fa marche, le fit enlever en chemin &
conduire à la citadelle, d'où fix jours après il fut changé à Aiguemortes,
qui s'étoit déclaré de fon parti, de même que Sommiéres & que le château
de Corcone.

Cette avanture arriva fur la fin de juin & peu de tems avant la fameufe
journée * du fauxbourg St-Antoine, qui fut fuivie, un mois après, de la PAGE 425.
feconde retraite du cardinal Mazarin. Les chofes parurent alors changer de
face; car le roi, revenu à Paris dans le mois d'octobre, fit publier une amnif-

1652. tie generale, & rétablit le parlement à Paris; mais Monsieur eut ordre de se retirer à Limoges, Mademoiselle à Bois-le-Vicomte & M^r le prince se retira de lui-même aux Païs-Bas, avec les Espagnols, où il fut declaré généralissime de leurs troupes.

1653. V. Sa retraite laissa dans le royaume un grand levain de division, qui éclata dès le mois de février 1653, où le cardinal Mazarin revint pour la seconde fois se mettre à la tête des affaires. Il y eut à son sujet des expeditions de guerre dans la Bourgogne, dans la Picardie & dans la Guiéne, tandis que Montpellier & ses environs avoient une guerre intestine; elle vint de la part des religionnaires, qui, profitant des troubles de la guerre civile, surprirent un arrêt du conseil, pour le rétablissement de quelques temples & du consulat mi-parti. Le vicomte d'Aubijoux en éluda l'exécution, quant au consulat, en laissant en exercice les consuls de l'année précedente, ensorte que le s^r de Sengla, premier consul, ayant été tué cette année, dans un combat singulier qu'il eut contre Du Tremblai, capitaine dans Harcourt-Cavalerie, on laissa sa place vacante & l'on donna la baguette au s^r Rouviére, second consul, qui exerça en chef jusqu'à ce qu'il plût au roi d'en ordonner.

Quant au rétablissement des temples, le grand objet fut celui de Valz dans le Vivarés, appartenant à la maréchale d'Ornano, où cette dame n'en vouloit point souffrir, fondée sur le propre édit de Nantes. Les huguenots, d'autre part, vouloient s'y établir à main armée, & pour ce sujet, ils remplirent durant six mois le Vivarés, les Cévénes & la Vaunage de gens de guerre; mais lassez enfin des grandes dépenses que cette levée leur avoit coûté, ils acceptèrent les propositions qui leur furent faites de mettre les armes bas, sur l'assurance qu'on leur donna d'une amnistie.

Les troubles de la Guiéne eurent le même dénouëment que ceux du Vivarés. Bordeaux, entretenu dans sa revolte par le prince de Conti, par Mad^e la princesse & le comte de Marcin, se rendit sur la fin de juillet au duc de Vendôme, & son exemple fut suivi de plusieurs autres villes de Guiéne. Alors, le prince de Conti se retira dans sa maison de Pezenas, où il fit un séjour considérable; & ayant disposé toutes choses durant ce tems pour son retour à Paris, il en partit le dixiéme novembre pour Montpellier, où il arriva le même soir. On marque qu'il menoit dans son carrosse le vicomte d'Aubijoux, qui eut l'honneur de le loger chez lui durant six jours; & ce prince ayant visité la citadelle & reçu les honneurs qui lui furent rendus par toutes les compagnies, partit le dix-sept pour Paris.

Son départ fut suivi des préparatifs pour la tenuë des états de la province, qui devoient s'assembler à Montpellier, & qui furent précedez d'un evenément qu'on n'avoit encore jamais vû dans cette ville; fçavoir, l'emprifonnement de tous les confuls, en vertu d'un arrêt de la cour des aides. On en donne pour raifon la mefintelligence qui étoit entre cette cour & M^r d'Aubijoux; mais le prétexte qu'on en prit eut quelque chofe de plus furprenant, car il eft marqué que ce fut fur la plainte d'un nommé Aphrodife Viguier, adjudicataire de la levée de la taille, à qui les confuls avoient diferé d'en paffer le bail; ils furent tous faifis & conduits en prifon, où ils reftérent le onze, le douze & le treiziéme de décembre. Ce feul exemple peut fufire à connoître l'efprit qui regna pendant cette guerre civile.

1653.

On marque que les états furent ouverts le 16 par Henry de Mabre, feigneur de Bercy, maître des requêtes, faifant pour Mr de Bieules, à caufe de fa maladie. Il étoit affifté de Mre Claude de Bazin, feigneur de Bezons, intendant, & des f^rs de Lafont & de Boirargues, treforiers de France és generalitez de Touloufe & de Montpellier, qui obtinrent de la province, quinze cent mile livres de don gratuit. On obferve encore que le f^r de Vires, premier conful de Narbonne, étant mort en cette ville fur la fin de cette année, on regla, pour éviter les difputes * qui pourroient naître fur le rang, dans les honneurs funêbres que les états lui firent rendre, que le capitoul de Touloufe, & les premiers confuls de Carcaffonne, Nîmes & Beziers porteroient le drap mortuaire, & que les confuls de Montpellier meneroient le deüil.

VI.

Page 426.

L'année 1654 commença à Montpellier par un *Te Deum* que les états firent chanter dans l'églife de St-Pierre, pour la prife de Ste-Menehoud, où le roi avoit été en perfonne. On vit arriver en cette ville le 26 janvier, le maréchal d'Hocquincourt, qui venoit de Catalogne relever l'honneur de nos armes, fort décreditées en ce païs depuis les malheurs de la guerre civile; il fut bientôt fuivi de dom Jofeph-Marguerit, comte d'Aguilar, recommandable par fon attachement pour la France dans toute cette guerre.

1654.

Environ ce tems on apprit à Montpellier, les funeftes fuites du démêlé du baron de Briffac avec le vicomte d'Aubijoux, qui s'étant rendus à Paris, chacun avec fon fecond, fe rencontrérent le jour des rois dans la place royale, où ayant mis l'épée à la main, Briffac fe froiffa le pied qu'il engagea dans une orniére & fut obligé de rendre les armes; mais fon fecond, nommé Serquemanens qu'il avoit amené de Montpellier porta un coup d'épée à Trebon, qui fervoit de fecond à M^r d'Aubijoux, & lui perça la veine-cave, dont il refta mort fur la place. Cette affaire fit d'autant plus de bruit à la cour, que le roi venoit de donner tout recemment une declaration fulminante contre les duels. Les intereffez furent obligez de fe tenir cachez

VII.

durant long tems, avec beaucoup de foins & de peines; mais la perte de Trebon valut à N. de La Baume, la lieutenance de Montpellier, qui vaquoit par fa mort & qui fut donnée à ce dernier, par brevet du 28ᵉ de mars 1654.

On fit dans le mois fuivant un nouveau capitaine du noble jeu de l'arc, dont la charge vaquoit par la mort de Raulin de Girard, contrôleur des guerres; le nouvel élû fut Antoine Sarret de Caladon, baron de Fabregues, maréchal de camp des armées du roi & colonel d'un regiment d'infanterie. La compagnie des archers qui s'étoit affemblée à fon occafion, fit l'exercice du perroquet dans le mois de mai, & dans le fuivant, elle fe trouva prête pour la reception de Mʳ le prince de Conty, qui après avoir époufé Anne-Marie Martinozzi, niéce du cardinal Mazarin, fut nommé generaliffime des armées du roi dans la Catalogne & dans le Languedoc; il fut reçu à Montpellier le 10 de juin, avec tous les honneurs qui lui étoient dûs; & l'on marque qu'il logea pour cette fois à la maifon de Falgueroles, au plan de Tournemire.

CHAPITRE CINQUIÉME.

I. Grand démêlé entre la cour des aides & les tréforiers de France. II. Arrivée de madame la princeffe de Conty à Montpellier. III. Retour des tréforiers de France en cette ville. IV. Le comte de Roure gouverneur de la ville & citadelle de Montpellier. V. Troubles au fujet de l'élection des confuls. VI. Plus grand trouble à l'occafion d'un amortiffement des tailles.

I. TANDIS que le prince de Conty faifoit le fiége de Villefranche dans le Rouffillon, pour entrer de là dans la Catalogne, il s'éleva une petite guerre à Montpellier, qui mit toute la ville en armes. Le fujet vint de la nomination que les tréforiers de France avoient fait de quelques commis au grenier à fel, en attendant que le nouveau bail de la ferme fût expedié. La cour des aides préfupofant que les tréforiers de France avoient excédé leur pouvoir, decreta de prife de corps, les fʳˢ de Beaulac & de Jougla, tréforiers de France, ce qui donna lieu à une ordonnance du bureau des finances, en caffation de l'arrêt & du décret de prife de corps.

*Jufque-là on s'en tint aux procédures, mais on en vint bientôt aux voyes de fait, car Mʳˢ de la cour des aides voulant faire executer leur arrêt,

s'assurérent d'un grand nombre d'habitans & firent entrer dans la ville des 1654.
étrangers qu'ils armèrent pour leur prêter main forte. Les trésoriers de leur
côté, en firent de même; enforte que le jour de St-Laurent, il y eut au palais
cinq ou six cens hommes armez & presque autant dans le bureau de finances.

Alors toutes les personnes considerables de la ville qui pouvoient être
neutres dans cette querelle, s'assemblérent pour tâcher d'en prévenir les
suites; le S^r de La Baume, lieutenant de roi de la ville en fit fermer les portes, & assembla les sixains, qu'il distribüa en divers corps de garde, tandis
que M^{rs} de La Forest, sénéchal; Vilespassiers, lieutenant de la citadelle &
Destros, major de la ville s'employoient auprès des deux partis, pour les
porter à quelque accommodement. Le consistoire, qui avoit en vue le consulat mi-partie, députa les s^{rs} de Fourques & d'Orthoman, pour offrir son
assistance à M^r de La Baume; mais ils en furent remerciez, & le s^r de Crouzet, juge-mage, ayant enfin persuadé aux trésoriers de France de donner
quelque satisfaction à la cour des aides sur la cassation de son arrêt, il fut
reglé qu'on mettroit armes bas & que le decret seroit signifié paisiblement
dans le domicile des parties sans autre suite.

Deux jours après, c'est-à-dire le 12 d'août, sur les sept à huit heures du
matin, il y eut à Montpellier une si grande eclipse qu'elle ne finit qu'à dix
heures; les habitans consternez la regardérent comme la fin du monde;
quelques-uns prétendirent que ses approches avoient influé dans le grand
mouvement qui venoit d'agiter tous les esprits, & on lui attribüa dans l'année suivante une séchereffe extraordinaire qui affligea tous le païs.

Sur la fin de l'année, M^r le prince de Conty ayant fini sa campagne par la II.
prise de Puicerda & de quelques autres places, vint à Montpellier pour y
tenir les états de la province; il en partit le 2 de décembre pour aller recevoir madame la princesse, son épouse, qu'il rencontra à Remolin, & qui
arriva le 4 à Montpellier: « Elle étoit (dit nôtre Talamus) belle au possible
« & âgée d'environ dix-huit à vingt ans. Le logement de leurs altesses fut
« chés Mr Girard de la Treille à l'Esplanade. »

Dans les premiers mois de l'année 1655, M^r le prince de Conty reçut 1655.
une députation du parlement de Toulouse, composée du président Mar-
miesse, & des Srs Guillermin, doyen de la grande chambre, de Marast &
Beauregard, conseillers, qui arrivèrent à Montpellier le 15 de janvier. Peu
de jours après on y vit arriver un président de la chambre de l'édit avec
trois conseillers & le neuviéme de février, M^r le duc d'Harcourt gouverneur
de la Provence, vint rendre visite à son altesse, qui passa tout le carême à
Montpellier, & assista le lundi de Pâques à la premiére prédication qui fut
faite à la nouvelle église de Nôtre-Dame-des-Tables

1655.

Les chaleurs extrêmes qui commencérent dans le Bas-Languedoc dès le mois de mai, n'empêchérent point nos troupes d'agir dans le Rouffillon, fous la conduite de M^r le prince de Conty, qui, s'étant emparé du Cap-de-Quiers, affiégea Caftillon & le prit le premier de juillet, après vingt-deux jours de fiége; le marquis de Merinville fon lieutenant général, fit lever le fiége de Solfonne aux Efpagnols dans le mois fuivant; & le duc de Vendôme batit en feptembre la flote d'Efpagne à la hauteur de Barcelone.

Ces heureux fuccès donnérent lieu à de grandes réjoüiffances qui furent faites à Montpellier, tant pour ces avantages remportez à nôtre voifinage, que pour la prife de Landrecy en Hainaut, faite par les maréchaux de Turéne & de la Ferté-Senetrerre; mais on y donna de plus grandes démonftra-

1656.

tions de joye au commencement de 1656, lorfqu'on eut appris le retour à la cour de M^r le duc d'Orléans, qui depuis trois ans étoit retiré à Blois. La protection que ce prince avoit toûjours donné à la ville, depuis qu'il étoit gouverneur de la province & de Montpellier en particulier, porta tous les habitans à faire des réjoüiffances publiques, durant lesquelles on fit une decharge générale de tout le canon de la citadelle; la compagnie du noble

PAGE 428.

jeu de l'arc, qui ne s'affemble que dans * les plus grandes occafions, fe mit en armes; & il eft marqué que la lieutenance fe trouvant vacante par la mort du Sr Dominique Cambacerez, on élut alors Daniel Verchant à fa place & N. Dupont pour guidon de la compagnie, qui, après s'être promenée dans la ville, felon l'ufage, avec le Sr de Fabregues à leur tête, alla faire fes exercices ordinaires dans le foffé de la porte de Lates.

III. On reprit dans le mois de mai, ces mêmes réjoüiffances à l'occafion du retour des tréforiers de France à Montpellier, qui avoient été envoyez à Pezenas, à caufe d'une divifion furvenuë entr'eux; le roi, à la priére de M. le duc d'Orleans, les rétablit à Montpellier par arrêt de fon confeil du 29e d'avril; & le jour ayant été pris pour leur retour au dix-huitiéme de mai, toute la ville fit pour eux ce qu'elle avoit fait lorfque la cour des aides revint de Carcaffonne. La bourgeoifie monta à cheval fous l'étendart des confuls de mer, porté par Dupont, leur guidon; les fixains, rangez en armes à l'aire de la Saunerie, firent une décharge à leur paffage & les confuls en robe rouge fortirent de la ville pour les recevoir & les haranguer par la bouche de leur orateur. Il eft marqué que tous les officiers du bureau fortirent de carroffe, felon l'ufage, pour recevoir le compliment des confuls, auquel le vicomte d'Aumelas, doyen de la compagnie, répondit pour tous. Ils arrivérent à travers une foule extraordinaire de peuple dont les ruës étoient pleines & au bruit du canon de la citadelle que M. d'Aubijoux voulut faire tirer en leur faveur.

Le lendemain, dix-neuviéme mai, ils partirent de leur bureau en manteau de parade, avec leurs toques & robons de satin, comme ils portoient alors; & s'étant rendus à la nouvelle églife de Nôtre-Dame-de-Tables, ils y affiftérent à une grand'meffe, qu'ils firent chanter en mufique, pour rendre grâces à Dieu de leur heureux retour; après quoi, ils retournérent dans le même ordre à leur bureau, où ils reprirent leurs féances comme auparavant.

1656.

Six mois après on apprit la mort de François-Jacques d'Amboife, vicomte d'Aubijoux, decedé le dixiéme novembre, dans fon château de Graulhet en Albigeois. Comme il étoit lieutenant général de la province, outre le commandement qu'il avoit dans la ville & citadelle de Montpellier, toutes les cours affiftérent en robes noires au fervice que la ville lui fit faire le vingt-neuviéme de ce même mois, dans l'églife St-Pierre; Charles de Brignon, prévôt de la catédrale & parent du défunt, fit l'office; & le pere Alexis, de l'ordre de la trinité, l'oraifon funebre, dans laquelle il n'oublia point l'anciéne maifon d'Amboife qui finiffoit par la mort de ce même François-Jacques d'Amboife, comte d'Aubijoux.

IV.

Le commandement de la ville & citadelle de Montpellier, qu'il laiffoit vacant, fut donné auffitôt par le duc d'Orléans à Scipion de Grimoard, comte de Roure, qui avoit déjà une des trois charges de lieutenant général dans la province; il alla remercier le roi & fon alteffe, avant que de venir prendre poffeffion de fa nouvelle charge, & étant de retour dans le mois de février 1657, il prit jour au vingt-quatre pour fon entrée dans Montpellier. Deux confuls allérent à fa rencontre jufqu'à Sommiéres; la bourgeoifie à cheval, conduite par le Sr Mazade, fecond conful de mer, s'avança jufqu'aux Areniers, & les fixains en armes, l'attendirent à l'avenuë de la porte St-Gilles, où les confuls en robes rouges lui préfentérent les clefs de la ville qu'il prit & qu'il rendit en même tems; il eut fon logement à l'Eguillerie, chés le Sr de Vauvert, fon parent, où il declara d'abord qu'il avoit ordre du roi de faire tous les confuls catoliques,

1657.

Pour mettre le lecteur au fait de cette affaire, il eft néceffaire de rapeller, comme il a été dit dans le chapitre précedent, que dans le plus grand feu de la guerre civile, les religionnaires de Montpellier avoient furpris un arrêt du confeil, pour le rétabliffement du confulat mi-parti; ce qui fit refoudre M. d'Aubijoux à laiffer en place ceux qui avoient été élûs en 1651. La continüation des troubles fit continüer les mêmes confuls durant fix ans; de forte que le Sr de Sengla, premier conful, ayant été tué en 1653, la baguette refta entre les mains du Sr Rouviére, fecond conful, qui la garda jufqu'au temps dont nous parlons. Alors on obtint un arrêt du confeil, donné à Com-

V.

piégne le 28 août précedent, portant que les élections feroient faites fuivant l'anciéne coutûme & que les élûs feroient * tous catoliques; mais, par un autre arrêt donné à Paris le fixiéme févrrier, dont le comte de Roure fut porteur, le roi pour cette fois nommoit M. de Baudan, tréforier de France, & les Srs Valat, Sigalon, Blanc, Prévôt & Cauquat, tous catoliques.

Il ne reftoit qu'à executer cet arrêt d'une maniére qui évitât le trouble qu'on avoit lieu de craindre de la part des religionnaires. Pour cet effet, on mit des foldats dans toutes les ruës, avec ordre d'empêcher que perfonne ne fortît de fa maifon avant que l'élection fût faite. Alors le comte de Roure fe rendit à l'hôtel-de-ville avec le S^r de La Baume, fon lieutenant de roi & quantité de nobleffe, où il fit lire, en préfence du juge mage, la nomination que fa majefté avoit faite, à laquelle on répondit par acclamation. Ainfi le confulat mi-parti pour lequel on avoit fait depuis fi long-tems mile tentatives, fut aboli de nouveau & les confuls qu'on venoit d'élire, s'étant faits peindre par le fameux Bourdon, qui étoit venu revoir fa patrie, ils placérent leur tableau fur la porte de la grand'fale, d'où il n'a jamais été déplacé depuis, pour conferver l'ouvrage de cet excellent peintre.

VI. Les grands avantages que la France avoit remporté cette année par la prife de Dunkerke, de Bergue-Saint-Vinox, de Furnes, d'Oudenarde, de Menin & de Gravelines, engagérent le roi à de fi grandes dépenfes, qu'il falut chercher de nouveaux fonds pour l'entretien de fes armées. Parmi les diferens moyens que l'on prit dans le Languedoc, où les tailles font réelles, on propofa d'en amortir pour la fomme de cent foixante-dix mile livres de rente, dont l'édit fut donné à Calais le 3 juillet 1658 & adreffé à Mr de Bezons, intendant de la province, avec des lettres de cachet à la cour des aides, pour enregîtrer cet édit. Mr de Bezons, voulant faciliter la chofe, crut devoir s'appuyer de M^r le prince de Conty, auquel il vint une commiffion du roi, pour fe transporter à la cour des aides & y faire proceder à l'enregîtrement. Son alteffe, qui étoit venuë à Pezenas pour y paffer les chaleurs de l'été, profita d'une députation que la cour des aides lui fit fur fon arrivée, où étoient le préfident Sartre, & les Srs Sartre, Gayon, & du Robin-Terrade, confeillers, aufquels il dit l'ordre qu'il avoit reçu de fa majefté, les chargeant d'en avertir leur compagnie, afin qu'elle fût affemblée le 23e juillet, auquel jour il feroit à Montpellier. Les députez promirent & firent partir du Robin, l'un d'eux, pour prévenir leur compagnie, ce qui donna lieu à des affemblées particuliéres, où la chofe ayant été difcutée, il fut dit que cette fomme de cent foixante-dix mile livres de rente étant ôtée des terres rurales, qui devenoient exemtes de taille par cet amortifiement, il faudroit la regaler sur les autres terres, afin de faire trouver au roi le don gratuit qu'il demandoit tous les ans; & qu'ainsi ce seroit une charge énorme pour ceux qui n'auroient pas amorti. Cette consideration porta quelques officiers à dire, qu'ils ne pouvoient, pour le bien de la province, consentir à l'enregitrement de l'édit, & leur sentiment ayant entraîné celui des autres, il fut resolu de s'y opposer.

Cependant, le prince de Conti arriva le vingt-deuxième juillet, pour monter au palais le 23, comme il avoit reglé; aussitôt la cour des aides envoya des députez pour lui faire compliment sur son arrivée, mais le lendemain, lorsque son altesse, accompagnée de Mr de Bezons & d'un grand nombre de gentilshommes, se fut renduë à la sale du palais, il ne s'y trouva absolument personne. On ne laissa point d'y faire faire lecture de l'édit, par un homme qui fut pris d'office à la place du greffier, & le verbal ayant été dressé de tout ce qui venoit d'arriver, il fut envoyé au roi, qui, par arrêt du 23e septembre, interdit tous les officiers de la cour des aides & leur enjoignit de se séparer incontinent après la signification de l'arrêt, qui leur fut faite le 10e d'octobre, par lequel les premiers opinans furent decretez de prise de corps & leurs gages suprimez.

Mais comme la justice en fait de tailles ne pouvoit chômer, Mr de Bezons reçut commission de former une chambre d'officiers, pris dans des senéchaussées de Carcassonne & de Beziers, pour administrer avec eux dans la ville de Narbonne, la justice en fait de tailles & aides, il fit lui-même l'ouverture * de cette chambre le 24 du mois d'octobre dans l'auditoire de Narbonne, où il fut ordonné que le greffier de la cour & les procureurs seroient tenus de s'y rendre, les regitres & autres actes apportez, & les prisonniers remüez. Nous verrons, dans l'année suivante, comment prit fin cette affaire.

CHAPITRE SIXIÉME.

I. Rétablissement de la cour des aides. II. Nouveaux embelissemens à Montpellier. III. Arrivée du roi Loüis XIV en cette ville. IV. Le prince de Conty gouverneur du Languedoc. V. Fole entreprise de St-Jean-de-Vedas. VI. Arrivée de M. le prince de Conty.

LA paix, si desirée entre la France & l'Espagne, commença à se traiter fort sérieusement en 1659, & l'on convint dès le mois de mars d'une suspension d'armes. Le cardinal Mazarin & dom Loüis de Haro, ministre d'Espagne, s'étant rendus sur les frontiéres, commencérent

1659. les conférences, & après la septiéme, le maréchal duc de Grammont fut envoyé à Madrid, pour traiter du mariage du roi avec l'infante d'Espagne.

I. Dans le cours de ces grandes négociations, le conseil des finances chercha de nouveaux fonds & crut en devoir prendre sur la même cour des aides qui s'étoit opposée l'année précedente à ceux qu'on avoit voulu établir en Languedoc. Pour cela il fut parlé d'une nouvelle crûë d'officiers & d'une augmentation de gages sur les anciens, moyenant quoi on leur promettoit leur rétablissement. Comme chacun souhaitoit d'être rétabli dans sa charge, chacun fut d'avis de subir la loi & en conséquence, il fut créé un nouveau président, cinq conseillers, un correcteur & un auditeur. L'augmentation de gages pour les dix présidens qui étoient déjà en place, fut de douze cent quarante cinq livres, un sol; pour les conseillers, de huit cent trente livres, huit deniers; pour les correcteurs, de six cent vingt-deux livres dix sols, six deniers & pour les auditeurs, de quatre cent quinze livres, quatre deniers. Ainsi, la finance de toutes ces augmentations, jointe au prix des offices de crûë, firent, comme on peut le voir, un fonds très-considerable pour le trésor du roi.

On marque que la compagnie se trouva composée par ce moyen de onze présidens, de cinquante-trois conseillers, de quinze correcteurs & de vingt-quatre auditeurs. La première audience fut tenuë le 22e d'août, où l'on verifia l'édit de création des nouveaux officiers & celui de la supression de la chambre de Narbonne. On ajoûte que lorsque les causes des particuliers furent appellées, il y eut seize cent requêtes de presentées, & qu'on employa quatre jours à les appointer, tant les affaires avoient été retardées à Narbonne.

II. Dans cette même année on fit à Montpellier deux reparations remarquables, tant pour le plaisir que pour la commodité des habitans: l'une fut la promenade du cours, qui servoit auparavant de jeu de mail & que le comte de Roure fit applanir pour y planter quatre rangées d'ormeaux, où dans peu de tems, on eut le plaisir de pouvoir se promener sous les arbres tant ils avoient bien réussi; mais, je ne sçai par quelle pique, ceux qui avoient interêt à les conserver, les laissérent déperir vingt ou trente années après. Peu auparavant, Mr de Laforest, toûjours attentif aux embelissemens de la ville, avoit proposé au conseil des vingt-quatre, de faire venir à la porte de la Saunerie, une fontaine qu'il avoit découvert à la métairie de Fargues & qu'on disoit être la même qui passoit anciennement au couvent des freres mineurs; sa proposition ayant été bien accüeillie, on y mit la main & l'ouvrage fut achevé sur la fin du consulat du Sr de Tremolet, seigneur de Salagosse & de Lunel-Viel.

Enfin, la paix étant concluë par le cardinal Mazarin & dom Lüis de Haro, le 7e de novembre, le roi, sur la première nouvelle, se mit en chemin, & vint à Toulouse, d'où sa majesté partit pour Marseille, tandis que ses ministres achevoient de regler les articles de la nouvelle alliance. Il traversa tout le Languedoc, & arriva sur les quatre heures du soir à Montpellier, le lundi cinquième jour de janvier 1660, accompagné de la reine mere, de Mr le duc d'Anjou son frere, de Mlle de Montpensier, fille de Mr le duc d'Orléans & enfin du cardinal Mazarin. Sa majesté logea chés le Sr du Robin, conseiller; la reine, chés le marquis de Castries; le duc d'Anjou, à la maison de Ranchin-Fontmagne; Mademoiselle, à celle d'Audessens, & le cardinal Mazarin, chés le président Solas. Le mardi matin, le roi entendit la messe à St Pierre, où il fut reçû par le corps du chapitre, qui avoit à sa tête Charles de Brignon, prévôt de l'église. Il donna la croix à baiser & de l'eau benite à sa majesté, qu'il harangua ensuite avec beaucoup de dignité. Le mécredi, le roi fut entendre la messe à St-Paul, chés les péres de la Trinité, & le jeudi à l'Observance: « auquel jour (disent nos annales), l'un de ses « aumôniers fut visiter le curé de Nôtre-Dame, pour lui donner cinq livres « cinq sols, à raison de trente-cinq sols par couchée; ce qui est un droit de « curé par tout le royaume où le roi couche. »

Sa majesté ayant visité le reste du Languedoc, entra dans la Provence, & vint dans la ville d'Aix, où le prince de Condé, dont le roi d'Espagne avoit ménagé les intérêts dans le traité de paix, & obtenu la grace du roi, eut l'honneur de saluër sa majesté, qui le reçut avec bonté. Les Marseillois, dans ce voyage, furent punis de quelque rebellion arrivée en leur ville, par une citadelle que le roi ordonna d'y bâtir. Et dans ce même tems, la nouvelle étant venuë au roi de la mort de Mr le duc d'Orléans, arrivée à Blois, le deuxiéme de février, sa majesté disposa du gouvernement de la ville & citadelle de Montpellier, en faveur de René-Gaspard de la Croix, marquis de Castries, qui en reçut le brevet le 18 de mars.

Peu de jours après, le roi ayant fait son entrée à Avignon & passé par Orange, revint à Montpellier, où toute la cour eut le même logement qu'au premier passage. Il est marqué, que sa majesté, le lendemain de son arrivée, entendit la messe à Nôtre-Dame des Tables, & le jour suivant aux jesuites: après quoi, pour donner le tems aux préparatifs qui se faisoient sur les frontiéres d'Epagne, il marcha à petites journées vers Perpignan, d'où reprenant le chemin de Toulouse, il se rendit dans le mois de mai à St-Jean-de-Luz, tandis que Philipe IV, roi d'Espagne, s'avançoit vers Fontarabie, l'entrevuë des deux rois se fit le 6e de juin, dans l'isle de la Conférence, où la paix fut jurée de part & d'autre; & le lendemain, le roi d'Espagne ayant remis

1660. l'infante Marie-Téréfe d'Autriche entre les mains du roi de France, la cerémonie du mariage fut faite le 9, à St-Jean-de-Luz, par l'évêque de Bayonne.

La paix que cet heureux mariage donnoit à la France, après une guerre de 25 ans, fut folennifée dans tout le royaume, avec des réjoüiffances extraordinaires; & tandis qu'on préparoit à Paris la fuperbe entrée qui fut faite à leurs majeftez le 26e d'août, on fit à Montpellier, fous le confulat du Sr de Gault, la publication de la paix, & un grand feu de joye à l'efplanade, qui fut fans contredit le plus beau qu'on eût encore vû dans cette ville. Ce fut en cette occafion que le marquis & la marquife de Caftries, diftribüérent des médailles d'or & d'argent, dont les deffeins coururent toute l'Europe. Dans l'une, on voyoit l'effigie du roi, avec cette infcription autour: *Quem Mars non potuit vincere vincit amor*; & au revers, un olivier avec ces mots: *Primus connubii fœtus*. Dans l'autre, les armoiries du cardinal Mazarin, avec fa légende ordinaire: mais, au revers étoit une palme, d'où fortoit un olivier; *Potuit fic folus olivam inferere*.

IV. 1661. Le gouvernement du Languedoc qui vaquoit depuis le 2 de février par la mort de M^r le duc d'Orléans, ne fut donné qu'après une année revoluë, puifque les provifions du prince de Conty, qui lui fucceda, ne font que du 26 février 1661, encore n'en vint-il prendre poffeffion que deux ans après; mais fa nomination fut bientôt fuivie de la mort du cardinal Mazarin, qui

PAGE 432. finit fes jours * à Vincénes le 9e du mois de mars. Alors Loüis XIV, prit feul les rênes de fon état, & la France commença de joüir des grandes profperitez qui accompagnérent fon regne tout le refte de ce fiécle. Le ciel benit fon mariage, par la naiffance de monfeigneur le Dauphin, qui naquit à Fontainebleau le premier novembre; & fa majefté ayant fait le premier de

1662. janvier 1662, une promotion de huit commandeurs & de foixante chevaliers de fes ordres, le marquis de Caftries eut l'honneur d'y être compris, & reçut le premier de mars le colier de l'ordre. La cerémonie en fut faite à Pezenas par le duc d'Arpajon, nommé commiffaire, dans le même ordre qu'elle fe fait le roi préfent. M^r le prince de Conty, gouverneur de la province, M^r le vicomte de Polignac, M^r le comte de Merinville y reçurent auffi le colier.

Le Sr de Candillargues, premier conful, ceda fa place au Sr de Combas, fous le confulat duquel Montpellier joüit des avantages que le roi procura à fes fujets, par le renouvellement des traitez d'alliance avec la Hollande, par le rachat de la ville de Dunkerque qu'il fit fur les Anglois, & par l'application qu'on eut par fes ordres, à faire venir des blez étrangers pour le foulagement du royaume, qui cette année auroit beaucoup foufert de la difette fans cette prévoyance.

L'année 1663, fut ouverte à Montpellier, par l'inſtalation de Pierre de   1663.
Crouzet à la charge de juge mage, qui lui avoit été remiſe par ſon frere,
pourvû depuis peu de la charge de préſident en la cour des aides, vacante
par la mort du préſident Grille. Son inſtalation fut accompagnée des cerémonies qu'on a coûtume de faire à la reception de ce premier magiſtrat,
qui eſt à la tête de la police & de la cour du ſenéchal.

Au commencement de l'été, on eut à Montpellier un ſpectacle plus triſte,   V.
par la fole entrepriſe que firent quelques jeunes débauchez, pour avoir la
piſtole volante, qu'ils ſupoſoient devoir toujours revenir dans leur poche,
après l'avoir échangée avec de la monoye. Ils firent venir à ce deſſein un
magicien de la campagne, qui leur dit qu'il ne pouvoit faire ſes conjurations ſans avoir un prêtre avec lui. Cette néceſſité leur fit jeter les yeux ſur
un hebdomadier de la catédrale, qu'ils ſçavoient être grand joueur, & qui ſe
laiſſant attirer par l'eſpérance de participer à leur gain, promit d'employer
ſon miniſtére. Tous les acteurs étant prêts, on choiſit pour le lieu de la
ſcéne, une métairie près de Sᵗ-Jean-de-Vedas, où il ne ſe trouvoit alors
qu'une ſeule métayére, qu'ils envoyérent à Montpellier ſous diverſes prétextes. La troupe ſe voyant en liberté, commença de proceder à ſon maléfice;
& d'abord, le magicien fit trois grands cercles l'un dans l'autre, au milieu
deſquels il plaça le prêtre revêtu d'un ſurplis & étole, pôur faire les priéres
portées dans ſon rituel magique; il plaça les autres dans le ſecond cercle,
& ſe tint lui-même dans le troiſiéme, avertiſſant pluſieurs fois toute la
troupe, de ne rien craindre, quoiqu'ils puſſent voir ou entendre. Alors, il fit
ſes évocations, en marmotant quelques paroles, & faiſant pluſieurs ſignes
de ſa baguette; mais, cela n'eut pas été fait, que le tems s'obſcurcit étrangement, le tonnerre tomba tout-à-coup, & il ſe mit à pleuvoir & grêler d'une
maniére épouvantable : tout cela, joint aux hurlemens ſoûterrains qu'ils
avoient déjà entendus, & à l'apparition d'un ſpectre, qu'on dit être venu
demander au prêtre qu'eſt-ce qu'il vouloit? firent tomber ce miſérable à demi
mort; & les autres, n'oſant tenir bon, ſortirent avec des viſages ſi defigurez,
que ceux qui les rencontrérent n'eurent pas de peine à connoître qu'ils
étoient hors d'eux-mêmes.

Ce fait qui eſt conſtaté par les procédures, où tous les complices ſe
trouvent nommez, cauſa l'empriſonnement du prêtre, qui fut enfermé dans
dans la tour de Sᵗ-Pierre : mais Mʳ de Boſquet, alors évêque de Montpellier,
touché des larmes de ce miſérable, & voulant épargner au public le ſpectacle de ſon ſuplice, ſe contenta qu'il allât à pied juſqu'à Rome, demander
ſon pardon au pape Alexandre VII, pour lequel il lui donna une lettre.
Il parut quelques années après dans le païs, où il trouva tous ſes complices

1663.

morts misérablement. Quant à lui, on ajoûte, qu'ayant toûjours son crime devant soi, il ne cessoit de le pleurer.

VI. La fin de cette année fut plus joyeuse à Montpellier par l'arrivée d'Armand de * Bourbon, prince de Conty & gouverneur de la province, qui fit son entrée en cette ville, le 10ᵉ de novembre. Il avoit défendu aux habitans de faire aucune dépense à son occasion; ce qui fut cause qu'on ne dressa point les arcs de triomphe qui sont en usage dans ces grandes ceremonies; mais toute la noblesse ne laissa point de lui aller au-devant jusqu'à une lieuë de la ville, la bourgeoisie monta à cheval & les sixains en armes sortirent pour le saluer à son passage; les consuls en robes rouges, ayant à leur tête le Sʳ de Rochemore, eurent l'honneur de le recevoir à la porte de la ville, où il entra au bruit de tout le canon de la citadelle

Page 433.

Environ ce tems le duc d'Arpajon à qui le roi avoit donné, pour la seconde fois, après la mort du marquis d'Ambres, la lieutenance generale dans le département du Bas-Languedoc, s'en démit en faveur du comte de Grignan.

1664.

Pendant l'année 1664, on fut occupé à Montpellier, des préparatifs qui se firent sur nos côtes pour l'expédition de Gigeri. On y apprit en même tems les grandes satisfactions que les Romains venoient de donner au roi, pour l'insulte faite à son ambassadeur, par les Corses de la garde du pape, & peu après, on reçut la nouvelle du grand avantage remporté par nos François sur les Turcs, à la bataille de St-Godard, dite de Raab.

Pierre de Crouzet, dont nous avons vû ci-devant l'instalation en la charge de juge mage, avant traité de celle de procureur general en la cour des aides, se défit de la première en faveur de François de Mirmand, qui, en ayant reçû les provisions & s'être fait recevoir au parlement de Touloufe, fit son entrée à Montpellier au commencement de 1665 & fut instalé peu de jours après.

1665.

Dans ce même tems, on apprit avec étonnement les ordres sévéres du roi envers un seigneur de la cour, dont la mémoire est prétieuse à Montpellier depuis le long séjour qu'il y fit; j'entends parler de François-René du Bec-Crespin, marquis de Wardes, chevalier des ordres du roi, chef & capitaine-colonel des Cent-Suisses du corps, & gouverneur d'Aiguemortes. Ce seigneur ayant eu le malheur de déplaire à sa majesté, pour des raisons qui sont plus de l'histoire secrette de ce regne, que de celle de Montpellier, eut ordre de se retirer dans son gouvernement d'Aiguemortes, où il ne fut pas plûtôt arrivé, qu'un exemt porta l'ordre au Sʳ de Guitaud, lieutenant de roi de la place, de l'arrêter prisonnier; & au marquis de Castries, de l'envoyer prendre & de le faire conduire incessamment dans la prison de la citadelle de Montpellier; avec défense de le laisser parler à personne & de ne lui donner qu'un de ses valets pour le servir, ce qui fut observé jusqu'à un an après, où nous verrons les nouveaux ordres qui vinrent à son sujet.

1665.

Cette année vit en mouvement toute la faculté de médecine, à l'occasion de la charge de chancelier, vacante par la mort de Martin Richer de Belleval, qui fut conferée, selon les anciens statuts, par l'évêque & par les professeurs à Loüis de Solinhac, l'un d'entre eux, qui servoit le public avec distinction depuis plus de quarante années; deux mois après, Michel Chicoyneau, neveu du chancelier défunt, vint avec un brevet du roi pour cette charge; ce qui donna lieu à une requête très-bien écrite, presentée au roi par tous les membres de la faculté, pour obtenir la conservation de leurs priviléges; mais, nonobstant cette requête, le roi maintint le Sr de Chicoyneau, qui dans les suites justifia bien le choix de sa majesté, par la distinction avec laquelle lui & ses enfans ont rempli successivement cette place.

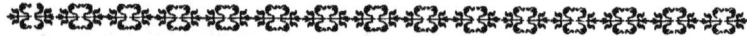

CHAPITRE SEPTIÉME.

PAGE 434.

I. Honneurs funebres du prince de Conty. II. Batême fait au nom de la province. III. Le port de Cette commencé. IV. Arrivée du duc de Verneüil, gouverneur du Languedoc. V. Querelle entre les deux maisons de Castries & de Toiras. VI. Recherche des nobles. VII. Mort du sieur de Laforest-Toiras.

LA province de Languedoc, qui joüissoit depuis plus de deux ans de la présence de M^r le prince de Conty, son gouverneur, eut le malheur de le perdre à la Grange-des-Prez le 20 février 1666 dans le tems que les états étoient assemblez à Beziers. Ils lui firent faire un service solennel. Mais, comme le prince avoit choisi sa sépulture dans le chœur de la Chartreuse de Villeneuve-lez-Avignon, il falut y transporter son corps, qui arriva à Montpellier, le 24 de mars. On lui rendit presque les mêmes honneurs que s'il avoit été en vie, car, M^r le marquis de Castries, accompagné de quelque noblesse, alla le recevoir à St-Jean-de-Vedas. Les sixains en armes l'attendirent au-dessus des Carmes-Déchaussez & les consuls en robes rouges, sortirent hors des fauxbourgs pour se trouver à son arrivée; ils l'accompagnérent jusqu'à Nôtre-Dame-des-Tables, où il resta toute la nuit,

I.
1666.

sous une chapelle ardente, gardée par les marguilliers de l'église, qui se relevoient d'heure en heure & par les gardes du prince.

Le lendemain, toutes les communautez religieuses y allérent tour à tour faire leur absoute, & sur les dix heures du matin, le chapitre de la catédrale y fit faire un service solennel, celebré pontificalement par Mr de Bosquet, évêque de Montpellier. Le respect & la veneration qu'on avoit pour ce prince, y attira plus de monde que l'église n'en pouvoit contenir, & l'on marque que les cerémonies furent souvent mêlées des pleurs que les assistans donnoient à sa mémoire.

II. Dans l'intervale de la mort & du passage du corps de M^r le prince de Conty, on avoit fait à Montpellier une ceremonie bien diferente, à l'occasion d'un troisiéme fils du marquis de Castries, qui étoit né pendant la tenüe des états. Ce seigneur ayant donné son fils à la province pour le tenir en batême, Loüis-François de la Suze, évêque de Viviers, qui présidoit cette année aux états, vint à Montpellier après la fin de cette assemblée; & tout étant disposé pour la ceremonie, on la fit à peu prés dans l'ordre qui avoit été observé en 1634 dans le batême fait au nom du roi Loüis XIII sous le duc d'Aluin. Les Srs de Bezons & de Tubeuf, intendans de la province, avec quelques barons des états & toute la noblesse de la ville ouvrirent la marche; suivoient les douze gardes du gouverneur de la ville, precédez de leur trompette, &, après toute la suite & la livrée consulaire, venoient les consuls en robes rouges, marchant deux à deux, le sixiéme & cinquiéme au premier rang, le quatriéme & le troisiéme au second & le second & le premier (qui étoit le Sr de Bonail) au troisiéme; le président des états avec le Sr Joubert, l'un des sindics de la province, & le marquis de Castries, pere de l'enfant, le suivoient & lorsqu'ils furent arrivez à l'église, le Sr Joubert, qui en qualité de sindic représentoit la province, présenta l'enfant, auquel M^r le président, qui avoit la droite sur lui, donna le nom de Loüis, en y ajoûtant celui de Languedoc, au nom de la province. Après que le batême eut été fait au chant de toute la musique des états, on revint dans le même ordre remettre l'enfant entre les mains de dame Elizabeth de Bonzy, sa mere. Ce jeune seigneur fut reçû chevalier de Malte peu de temps après et étant mort en bas âge, il fut enterré aux Carmes-Déchauffez.

* Sur la fin de mars, le sieur de Bezons ayant reçû ordre du roi, d'interroger le marquis de Wardes sur quelques articles qui lui furent envoyez, cet intendant alla s'enfermer avec lui, le jeudi saint, 2e d'avril, pendant que tout le monde visitoit les églises. L'interrogatoire subi, lu & signé, fut envoyé en cour; & quelques mois après, cet illustre prisonnier étant tombé dangereusement malade, ses amis obtinrent du roi, qu'il eut la citadelle pour prison;

il lui fut permis, peu de tems après, d'aller à son gouvernement d'Aigue-mortes, & enfin dans toute la province. Pendant le séjour de seize à dix-sept ans qu'il y fit, il en passa la plus grande partie à Montpellier, où il attira beaucoup de gens d'esprit & de sçavoir, comme Corbinelli, Nuré & Regis, qui ranimérent dans cette ville, le goût des belles lettres; & nos dames furent redevables à ce seigneur du bon usage de la politesse qu'elles apprirent auprès de lui.

1666.

III. Cette année est mémorable dans la province, par la premiére pierre qui fut mise au port de Cette, pour la communication des deux mers. Ce grand dessein, approuvé déja par le roi, sur la proposition de Mʳ Colbert, ministre d'état & contrôleur général des finances, ne put être executé qu'alors par le Sʳ de Riquet, qui en avoit donné le projet. On choisit le 29 de juillet pour cette cérémonie; & M. de Bezons étant parti de Montpellier avec la plus belle noblesse de l'un & l'autre sexe, de cette ville, on mit sous la premiére pierre une grande médaille d'or, avec cette inscription autour du du buste du roi: *Pacem terris indixit & undis*; & à l'exergue de la médaille: *Ludovicus XIV, Franc. & Navar. Rex.* Le revers représentoit la mer, le port de Cette & le païs d'alentour, avec ces mots: *Tutum in importuoso littore portum struxit anno 1666.*

IV. Au commencement de novembre, M. le duc de Verneüil, fils avoüé du roi Henri IV, vint prendre possession du gouvernement du Languedoc, que le roi lui avoit donné depuis la mort du prince de Conty. Il fit son entrée à Montpellier le 7ᵉ du même mois, & parce qu'il avoit défendu comme son prédecesseur, qu'on ne fit aucune dépense pour le recevoir, on suprima les arcs de triomphe et autres ceremonies publiques; mais la noblesse monta à cheval pour accompagner le marquis de Castries, qui alla à sa rencontre jusqu'à une lieuë: ils furent suivis de la bourgeoisie à cheval, précédée des trompettes, & les sixains en armes, sous les ordres du Sʳ Destros, major de la ville, s'arrêtérent à quatre cent pas du fauxbourg, pour faire une salve à son passage, à laquelle il fut répondu par tout le canon de la citadelle. On marque que le lieutenant de roi, & le major de la ville, lui en ayant présenté les clefs dans un sac de velours cramoisi, garni d'un passement d'or, il les prit & les leurs remit aussitôt. On ajoute qu'il refusa le dais que les consuls lui présentérent à l'entrée du fauxbourg du Pile-Saint-Gilles, & qu'étant monté en carrosse avec le marquis de Castries, pour aller à la catédrale rendre graces à Dieu, il y fut reçu & harangué par l'évêque, à la tête de son chapitre: on chanta ensuite le *Te Deum* en musique; après lequel, M. le duc de Verneüil voulant aller chès le président Solas, où il avoit son logement, il fit une partie du chemin à pied, à cause des difficultez de la montée.

1667.

V. On vit un nouveau fenéchal à Montpellier, au commencement de 1667, par la démiſſion que Mr de la Foreſt donna de cette charge, en faveur de ſon neveu Loüis-Bernard du Cailar de Toiras, marquis de St Michel, comte d'Aubijoux, baron de Beleſta, ſeigneur de Sauveterre, Caſtelnau, le Crez & Salaiſon, qui fut inſtalé, pour la ſeconde fois, fenéchal & gouverneur en la juſtice de Montpellier, le 26e janvier de cette année. Il avoit autrefois occupé cette place, qu'il ceda à ſon oncle; mais alors il la reprit, à l'occaſion d'une grande querelle qui s'émeut entre les deux maiſons les plus illuſtres de Montpellier. Quelques coups entre les domeſtiques des deux maiſons, & encore plus, beaucoup de mauvais rapports, indiſpoſérent l'eſprit de deux dames, qui, depuis longtemps, avoient vécu en bonnes amies : leurs maris entrérent dans leurs ſentimens; & Mr de Toiras, comme fenéchal, ayant voulu aſſiſter avec le juge mage à l'élection de ceux qui devoient nommer les conſuls, Mr le marquis de Caſtries envoya querir à la citadelle cinquante mouſquetaires, qui, avec autant d'habitans ſous les armes, inveſtirent * la maiſon de ville pour ſoutenir la liberté des électeurs. L'élection faite, & confirmée par un arrêt du conſeil, acheva d'aigrir les eſprits, & les porta à ſe choquer les uns les autres. On voulut inſpirer à nôtre gouverneur, pour faire plus de dépit au fenéchal, de faire ôter les armes qu'il avoit au-deſſus de la porte de ſa maiſon, avec les feſtons de laurier qu'on a coûtume d'y mettre; ce qu'il refuſa longtems; mais pouſſé enfin par l'endroit le plus touchant, il ſe laiſſa vaincre, & donna ordre aux Srs Deſandrieux, premier conſul, & Deſtros major de la ville, d'aller enlever ces armes; ce qui fut executé avec la rumeur & le trouble qu'il eſt aiſé d'imaginer. Toutes les familles de la ville prirent parti pour l'une de ces deux maiſons, & l'inimitié auroit paſſé des peres aux enfans, ſi le roi n'eût interpoſé ſon autorité dix ou douze ans après, pour la reconciliation de ces deux illuſtres familles, comme nous le dirons en ſon tems.

Page 436.

Au milieu de tous ces troubles inteſtins, on ne laiſſa point de proceder à la cour des aides, à la vérification & enregîtrement du code, ou nouvelle ordonnance, dreſſée de l'ordre du roi, par Mr Puſſort, au mois d'avril de cette même année. La commiſſion en fut adreſſée au gouverneur de la province, & les chambres s'étant aſſemblées le 17e d'octobre, la vérification en fut faite, en préſence de Mr de Bezons, intendant, & d'une grande affluence de peuple.

Comme dans l'année précédente on avoit mis la premiére pierre au port de Cette, qui devoit terminer, du côté de la Méditerranée, le canal de la communication des deux mers, on voulut ouvrir ce canal du côté de la mer Océane, dans le lieu où il devoit ſe joindre à la Garonne, un peu au-

deſſus de Touloufe. Pour cet effet, on prit jour au dix-feptiéme novembre 1667.
de cette année 1667, où M. de Bourlemont, archevêque, benit la premiére
pierre; & M. de Fieubet, premier préfident, avec les capitouls, y firent jeter
une medaille d'or, où l'on voyoit cette infcription pompeufe autour de
la face du roi: *Undarum terraque potens, atque arbiter orbis*, & au revers de la
médaille, qui repréfentoit la ville de Touloufe, avec le courant du canal &
de la Garonne: *Expectata diù populis commercia pandet*.

Cette année ne finit point à Montpellier, fans qu'on eût le plaifir d'y voir
l'affemblée des états de la province, qui furent ouverts par le duc de
Verneüil, affifté de Mrs de Bezons & de Tubeuf, intendans de la province,
& des Srs Bonnaventure Lafont & Pierre de Fleury, tréforiers genéraux de
France. Le comte de Roure, lieutenant genéral de la province, fut de tour
cette année, & l'archevêque de Touloufe tint la place de celui de Narbonne,
qui étoit abfent depuis la difgrace de Mr Fouquet fon frere. L'affemblée,
qui n'avoit commencé que dans le mois de décembre, continüa fes féances
durant les premiers mois de 1668, après lefquels on entreprit deux affaires 1668.
mémorables pour les familles & pour les communautez des villes du Languedoc: l'une fut la recherche des nobles, & l'autre la fubvention ou
dégagement des dettes des communautez.

Quant à la recherche, elle fut mife en parti, & le traitant choifit Mont- VI.
pellier pour fa réfidence, où Mr de Bezons, avec quelques commiffaires pris
d'office, jugeoit & prononçoit fur les titres que chacun y apportoit pour
juftifier la qualité de noble, de chevalier ou d'écuyer qu'il avoit pris. Ce fut
alors qu'on vit venir à Montpellier bien de bonnes gens, habillez de bure &
labourant eux-mêmes leurs terres, qui s'en retournoient avec des jugemens
très-avantageux; tandis que d'autres, tout couverts de plumes & de doru-
res, étoient obligez de payer l'amende de cent treize livres quinze fols, &
donner leur déclaration au greffe comme ils fe départoient des qualitez
qu'ils avoient prifes. On peut néanmoins dire en général que, malgré cette
bonne juftice, plufieurs trouvérent le moyen d'adoucir les recherches du
traitant.

Quant à l'acquitement des dettes des communautez, il eft à obferver, que
les defordres de guerres paffées avoient mis les communautez dans
l'ufage de faire des emprunts comme elles le jugeoient à propos, fans autre
permiffion. De là vient que les taillables ne pouvoient fatisfaire aux charges de la communauté & à celles qui regardoient le roi, comme tailles &
autres droits, qui commençoient déjà à augmenter confiderablement. Pour
y remedier, on établit que chaque * lieu, ville ou vilage de la province, Page 437.
payeroit fes créanciers en leur aliénant les fonds de la communauté, ou en

1668. les colloquant au lieu & place de ceux qui avoient déguerpi leurs terres. A Montpellier, on prit un autre moyen qui fut d'engager les revenus fans aliéner les fonds. Pour cet effet, on accepta la propofition de quelques parculiers, qui offrirent d'acquiter dans huit ans toutes les dettes de la ville, qui alloient au-delà de deux cent mile livres, moyenant qu'on leur laiffât les revenus de la communauté durant quatorze ans, afin de s'indemnifer des fraix et emprunts qu'ils auroient fait pour cet acquit. En confequence, on leur accorda : 1º la claverie ou levée de tailles, que le fecond conful avoit accoûtumé de lever; 2º trois deniers fur chaque livre de viande qui fe vendoit à la boucherie; 3º les deniers provenant de la vente du bois de Valéne, appartenant à la ville; 4º le droit de corretage, qui confifte aux droits du poids du foin, bois & charbon qui entre journellement; le mefurage de l'huile, noix & châteignes ; cinq fols par quintal des cochons, avec le poids de la farine qui entre tous les jours dans la ville ; 5º le loyer des boutiques de l'orgerie & de la grand'loge, à commencer du premier octobre 1668. Toutes ces fommes fervirent alors à payer les dettes de la ville, jufqu'à ce que l'occurrence des affaires l'obligea de s'endetter incomparablement davantage.

Sur la fin de cette année, René-Gafpard de Lacroix, marquis de Caftries, chevalier des ordres du roi & gouverneur de la ville & citadelle de Montpellier, prêta ferment, entre les mains du roi, de la charge de lieutenantgénéral au département du Bas-Languedoc, vacante par la mort du comte de Bioule, chevalier des ordres du roi. Ses lettres, données à St-Germainen-Laye le 26ᵉ octobre, ne furent enregiftrées au parlement & à la cour des aides que dans le mois de mars de l'année fuivante.

1669. VII. Dans ce même mois, mourut, au château de Reftincliéres, Simon de St-Bonnet-Toiras, feigneur de la Foreft, maréchal de camp des armées du roi, ci-devant gouverneur pour fa majefté de la ville de Foix & fenéchal de Montpellier. Cet homme illuftre, dont la mémoire eft en très-grande vénération en cette ville, finit fes jours à l'âge de quatre-vingt-onze ans. Il avoit préparé fa fépulture dans la chapelle dite de Bon-Secours, à Nôtre-Damedes-Tables, où il ordonna par fon teftament d'être porté fans aucune pompe. On executa fa volonté fur cet article, les feuls prêtres de Nôtre-Dame ayant été le recevoir à la porte du Pile-Saint-Gilles; mais le concours univerfel lui fit un convoi mile fois plus honorable, car on marque que fon corps n'ayant pû arriver qu'après onze heures de nuit, toutes les ruës furent pleines de monde, qui, lui donnant mile benedictions, l'accompagna à fa fepulture les larmes aux yeux. Les officiers du fenéchal lui firent le lendemain un fervice folennel dans l'églife de Nôtre-Dame, tenduë de deüil, avec un lé de velours chargé d'écuſſons aux armes du défunt; & l'affluence y fut ſi grande, qu'une bonne partie ne put pas y trouver entrée.

1669.

CHAPITRE HUITIÉME.

I. Nouveaux lieutenans généraux de la province. II. Revolte dans le Vivarés. III. Démolition du petit temple à Montpellier. IV. Divers événemens arrivez en cette ville. V. Milices envoyées en Catalogne. VI. Premiére pierre miſe au canal du Lez.

NOUS avons vû ci-devant que le comte de Grignan avoit ſuccedé en 1663 au duc d'Arpajon, dans la charge de lieutenant général de la province au département du Haut-Languedoc; mais dans cette année 1669, il fut fait lieutenant général au ſeul gouvernement de Provence; ce qui occaſionna ſa démiſſion de la lieutenance generale du Languedoc, que le roi donna à Loüis * Nogaret de Loüet, marquis de Calviſſon, pourvû par lettres patentes du ſixiéme décembre, enregîtrées au greffe des états, le 9 janvier 1670, au parlement le 5 février, & à la cour des aides le 21. Cette promotion en occaſionna une autre, qui fut celle de Sipion Grimoard de Beauvoir, comte de Roure, fils, pourvû par le roi de la lieutenance générale au département des païs du Vivarés, Velay & diocéſe d'Uzés, par lettres du vingt-uniéme janvier, enregîtrées en la cour des aides de Montpellier, le ſeptiéme de juillet ſuivant, avec celles du gouvernement de la ville & citadelle du St-Eſprit.

I.

PAGE 438.

1670.

La revolte du Vivarés, déja ſurvenuë depuis le mois d'avril, avoit obligé le marquis de Caſtries d'accourir avec un grand nombre de gentilshommes & quelques milices qu'il fit lever à Nîmes; il negocia ſi heureuſement avec les revoltez, qu'il les fit convenir d'une ſuſpenſion d'armes, durant laquelle le roi, informé du deſordre, envoya une partie de ſa maiſon & d'autres troupes, commandées par le Sr Lebret, maréchal de camp, ſous les ordres du marquis de Caſtries & du comte de Roure, lieutenans generaux de la province, qui eurent chacun leur jour pour commander cette armée. Ils réduiſirent les rebelles après quelques légers combats & obligérent les autres à prendre la fuite. De ce nombre fut Jacques Roure, leur chef, qui prenoit la qualité de généraliſſime des peuples oppreſſez. Cet homme, qui pouvoit avoir quelque bonne intention, mais d'un fort petit genie, partit pour Paris dans le deſſein de s'aller jeter aux pieds du roi, pour lui repréſenter que la

II.

1670.

crainte des impôts dont ils étoient menacez, leur avoit fait prendre les armes. Ce deſſein n'ayant pû lui réuſſir, il vint à Touloufe, dans la confiance qu'il pourroit bien engager le parlement à entrer dans ſes vûës; mais le procureur auquel il s'adreſſa, lui ayant conſeillé de s'enfuir au plus vîte, parceque ſon portrait avoit été envoyé pour le faire arrêter, il prit en diligence le chemin de la Navarre. Cependant, le procureur qui l'avoit conſeillé, craignant pour ſoi-même, ſi l'on venoit à ſçavoir qu'il lui eût parlé, alla rendre compte de tout à Mʳ de Fieubet, premier préſident, qui le blâma de n'avoir pas arrêté Roure; mais ayant ſçû le chemin qu'il avoit pris, il fit courir après lui; en ſorte qu'on l'atteignit à un quart de lieuë des terres d'Eſpagne où il avoit eu l'imprudence de s'arrêter pour dîner. Heureuſement la perruque qu'il avoit pris le fit encore méconnoître, mais ſes piſtolets le trahirent ſur leſquels il avoit fait graver ſon nom & qu'il avoit laiſſé ſur une armoire tandis qu'il étoit à table. Ce ſeul indice fit qu'on le queſtionna, & ſur ſes réponſes, il fut ſaiſi, conduit à Touloufe & de là à Montpellier, par les gardes du marquis de Caſtries, où ſon procès ayant été inſtruit par Mʳ de Bezons, avec les officiers du préſidial, il fut condanné à être rompu à la place de l'hôtel de ville, ce qui fut executé le vingt-neuviéme d'octobre.

Tout paroiſſoit terminé par cette execution, lorſqu'un évenement extraordinaire mit en mouvement tout le peuple de Montpellier à ſon ſujet. Le corps de ce pauvre malheureux (comme les gens vivans en font encore foi) reſta vingt jours ſur la roüe, ſans ſe gâter ni ſe corrompre, ſoit que cela vint de la force de ſon tempérament, ou des premiers froids du mois de novembre. Quoiqu'il en ſoit, la populace le regarda avec vénération, d'autant plus qu'il avoit été toûjours bon catolique. Elle courut en foule à Caſtelnau, où il avoit été expoſé, & la ſuperſtition fut ſi grande, que pluſieurs coupoient des morceaux de ſa chemiſe pour les garder ſoigneuſement, de ſorte qu'il ne falut pas moins qu'une ordonnance de l'evêque & de l'intendant pour les arrêter. Je croi devoir ajoûter ici qu'il nous reſte des copies du manifeſte que ce Jacques Roure fit répandre dans le tems de ſa revolte; mais on peut juger, par le mélange qu'on y trouve de raiſon & de folie, qu'on abuſa de ſa ſimplicité pour l'expoſer dans le danger où il perit.

III. Sur la fin du mois de novembre, dans le tems qu'on ſe preparoit à Montpellier à la tenuë des états, on fit abatre le petit temple des huguenots, bâti ſoixante-cinq ans auparavant, contre les diſpoſitions de l'édit de Nantes. Ce fut auſſi par ce motif que le roi en accorda la démolition à l'evêque de Montpellier, qui, ſe trouvant alors à l'aſſemblée générale du clergé de France, ſolicita * un arrêt du conſeil, en vertu duquel on proceda le dix-

PAGE 439.

huitiéme novembre à cette démolition. Il est à remarquer à ce sujet, que le consistoire s'étant servi en 1605, du nommé Raynard, architecte pour bâtir ce temple, le Sr Charles de Varanda, premier consul, employa cette année le fils du même Raynard pour le démolir.

1670.

Dans l'année 1671, il n'y eut d'interessant pour la ville de Montpellier que la défense faite par les Hollandois de venir charger nos vins, ce qui en attira une autre de la part du roi à tous ses sujets, de charger des eaux-de-vie sur les vaisseaux de Hollande. On comprit aisément que nous aurions bientôt la guerre avec cette république, & l'on apprit cependant, que le roi preparoit, aux officiers & soldats invalides de ses armées, ce magnifique hôtel qui est le plus beau monument qu'on voye en ce genre dans toute l'Europe.

1671.

La déclaration de la guerre par mer & par terre contre les Hollandois, IV. fut publiée à Montpellier, le 27 avril 1672, dans le tems que le duc de Cardonne revenoit de sa viceroyauté de Naples, avec la duchesse son épouse & toute sa famille. Comme ce seigneur, sous le nom du marquis del Povar, avoit fait trente ans auparavant un séjour considerable à Montpellier, il voulut alors s'y arrêter quelques jours, durant lesquels il reçut la visite de nos consuls & de toutes les personnes de qualité de l'un & de l'autre sexe, ausquels il témoigna gracieusement qu'il se ressouvenoit du bon accüeil qu'il avoit reçu dans leur ville, dans le tems qu'il y resta prisonnier de guerre, depuis 1643 jusqu'à la fin de 1645. Ce seigneur avoit succedé depuis à son frere aîné au nom & aux terres de la maison de Cardonne.

1672.

Presqu'en même tems on apprit à Montpellier la promotion de l'archevêque de Toulouse (Pierre de Bonzy) au chapeau de cardinal, qui lui avoit été donné par le Pape Clement X, le 22 février. Cette nouvelle, qui interessoit extraordinairement la marquise de Castries, sa sœur, causa une joye publique à Montpellier, où l'on eut avec le tems de plus grandes raisons de s'interesser pour cette éminence, qui sans contredit fut le seigneur le plus gracieux & le plus bienfaisant qu'on eût eu dans cette province depuis le duc de Montmorency.

La mort du chancelier, Seguier arrivée dans le cours de cette année, porta les états de Languedoc, assemblez à Montpellier, à lui faire un service solennel dans l'église de Nôtre-Dame des Tables, avec tous les honneurs usitez dans ces grandes occasions. M^r le duc de Verneüil son gendre, & madame la duchesse sa fille, étoient à la tête du deüil, l'evêque de Montpellier y chanta la messe, & messire Armand de Bethune, evêque du Puy, fit l'oraison funébre, que les états firent imprimer.

Le grand nombre de conquêtes que le roi venoit de faire en Hollande,

1673.

1673.

alarma les puissances, qui jusqu'alors avoient favorisé ses armes. Il se forma contre lui une ligue entre l'électeur de Brandebourg, l'empereur & le roi d'Espagne, qui n'empêcha point Loüis XIV d'aller en personne faire le siége de Mastrik, qu'il emporta dans le mois de juin, après quatorze jours de tranchée. Cette prise, très-considérable par toutes les circonstances, fut celebrée à Montpellier le seiziéme du mois de juillet; mais, les suites de la fête, qu'on y avoit préparée, servirent encore plus à faire souvenir de Mastrik; car, l'ingenieur qui avoit dressé son feu d'artifice sur un échafaut flanqué de quatre tours, se laissa tomber du plus haut & se cassa la tête. D'autre part, la foule du monde qui étoit monté sur l'église de Nôtre-Dame, s'appuyant trop sur la balustrade, qui étoit de pierre, la fit tomber du plus haut de l'église sur ceux qui étoient en bas, dont il y eut grand nombre de blessez à mort. Cet accident porta l'alarme dans toutes les familles, & causa des suites bien funestes à quelques-unes.

Deux mois après, Claude de Bazin de Bezons, intendant de la province, fut rapellé à la cour, & messire Henry d'Aguesseau, maître des requêtes ordinaire de l'hôtel, substitué à sa place. Il arriva à Montpellier le 22e septembre, d'où il repartit quatre jours après, pour aller recevoir au St-Esprit madame son épouse & toute sa jeune famille. Le long séjour que Mrs ses enfans firent à Montpellier donna lieu d'y connoître à bonne heure les grandes qualitez qui devoient* élever son aîné à la charge de procureur général, & enfin à celle de chancelier de France.

PAGE 440.

Le marquis de Castries, lieutenant général de la province, tint cette année les états à Pezenas comme commissaire principal, durant lesquels il conclut le mariage de sa fille Elizabet, avec Loüis-Joseph de Panat de Castelpers, marquis de Villeneuve, dite la Cremade, près de Beziers, baron des états & colonel de cavalerie. Comme la ceremonie en devoit être faite à Montpellier, les parties s'y rendirent au commencement de 1674, où le cardinal de Bonzy, accompagné de cinq ou six evêques, les épousa dans l'église des religieuses de Ste-Catérine-de-Siéne, le 28 janvier. Cette fête en attira plusieurs autres, qui durérent trois semaines. Mais la plus remarquable est une course de bague, qui fut faite le 3e février dans la ruë de St-Guillen, qu'on avoit pris soin de dépaver & de couvrir de sable. Les chevaliers du carrousel étoient: le marquis de Villeneuve, nouveau marié; le marquis de Cailus, beaufrere du marquis de Castries; Penautier, trésorier général de la bourse du Languedoc; le vicomte de Treboin, parent du nouveau marié; Dauviller, écuyer du cardinal de Bonzy; Castelet Cambous, Vitrac & Montcausson freres; & pour juges de la course, on nomma le vicomte du Bosc, le baron de Brissac & le sieur de Morangers.

1674.

Les chevaliers du carrousel parurent tous en masque à la barriére dans l'équipage convenable à ces sortes d'exercices; leurs chevaux richement enharnachez, le crin et la queuë natée & garnie des rubans de diferente couleur, que chacun d'eux avoient choisi; leur habillement entiérement diferent les uns des autres, produisoient, par leur variété, un aussi bel effet que l'or & l'argent dont ils étoient couverts. Ils attendirent tous que les dames eussent pris place dans une galerie qu'on avoit dressé le long de la maison du marquis de Castries; & les trompettes ayant sonné la chamade, chaque chevalier partit à son rang & fit la premiére course pour les dames, où Montcausson remporta l'avantage. Dans les trois autres, qui devoient être pour la bague, Castelet l'emporta le premier, puis le vicomte de Treboin, & ensuite Penautier; mais Castelet y étant revenu pour la seconde fois, il gagna le prix qui fut une émeraude de vingt à trente loüis, qu'il alla recevoir des mains de la nouvelle mariée.

1674.

Les hostilitez des Espagnols contre la France avoient porté le roi à leur déclarer la guerre dès le mois d'octobre de l'année précedente; & sur le commencement de celle-ci, sa majesté nomma pour commander dans le Roussillon, le maréchal Federic de Schomberg, qui arriva à Montpellier le quinziéme d'avril. Il ne tarda point d'apprendre que le marquis de St-Germain, general de l'armée d'Espagne, devoit entrer dans le païs avec un bon nombre de troupes, ce qui obligea de recourir aux milices du Languedoc, comme on avoit fait dans plusieurs autres occasions. Montpellier fit alors dix compagnies, à la tête desquelles le marquis de Castries ne voulut que des officiers qui eussent eu déja du commandement dans les armées; il en forma un corps, qui se trouva de cinq cent soixante-quatre hommes lorsqu'il les passa en revuë, & il les fit partir le treiziéme du mois de mai, sous les ordres du Sr de Seguin, qui avoit autrefois commandé le regiment d'Orléans. Ce bataillon fut en si bonne estime, qu'il fit toûjours corps avec le régiment de Picardie: ils entrérent dans le Roussillon le 18e de mai, & après avoir campé devant Salces & devant Perpignan, ils marchérent en corps d'armée à Saint-Jean-de-Pagez, qui se rendit après trois jours de siége. Les prisonniers qu'on fit en cette occasion furent envoyez à Montpellier, au nombre de cent quarante soldats & de sept officiers. Les soldats furent gardez par les habitans dans le vieux bâtiment des Augustins, hors la porte du Pile-Saint-Gilles, & les officiers dans l'hôtel-de-ville. Comme le maréchal de Schomberg n'avoit d'autre ordre que d'empêcher l'enemi d'avancer dans la plaine, il laissa ses troupes dans leurs retranchemens le reste de cette campagne, durant laquelle il n'y eut que trois petits combats, où nous eûmes toûjours l'avantage.

V.

1674.

Page 441.

Les foins que le marquis de Caftries s'étoit donné en cette occafion pour le fervice du roi, furent prefque les derniers de fa vie; car ce feigneur mourut le vingt-deuxiéme d'août, à fon château de Caftries, qui eft à deux lieuës de Montpellier.* Le 16 de feptembre, nos confuls, qui avoient à leur tête le S*r* de Teyran, lui firent faire, au nom de la ville, les honneurs funébres dans l'églife de Notre-Dame des Tables, où le pere Lagreffe, provincial des religieux de l'Obfervance, fit fon oraifon funébre le 24 du même mois. Meffire Jofeph-François de Lacroix, fon fils aîné, colonel du regiment d'infanterie de fon nom, âgé feulement de onze ans, vint prêter ferment entre les mains de M*r* d'Agueffeau, pour le gouvernement de la ville & citadelle de Montpellier, que le roi voulut bien conferver au fils en mémoire des fervices du pere. Le 28, la cour des comptes, aides & finances de cette ville, s'étant affemblée en femeftre, le jeune marquis de Caftries monta au palais, fuivi de quantité de nobleffe, où fes provifions, en date du 30 août, furent enregîtrées.

Cette année fut terminée à Montpellier par la tenuë des états, qui furent ouverts par le duc de Verneüil. Au commencement de cette affemblée, il furvint une difpute entre quelques prélats & le cardinal de Bonzy, nouvel archevêque de Narbonne, au fujet d'un tapis de velours cramoifi, que cette éminence avoit fait mettre à fa place dans l'églife Notre-Dame. La difpute fut decidée par le roi en faveur du cardinal; mais elle donna lieu à une piéce de poéfie, qui eut grand cours en ce tems-là, fous le titre du *Combat de la rofe & de la violette*.

En confequence d'une déliberation des états, on fit, au nom de la province, les honneurs funébres du feu marquis de Caftries, en qualité de baron des états & de lieutenant général de la province. La chofe fut executée,

1675.

quelques jours après la fête des Rois de l'année 1675, dans l'églife de Notre-Dame des Tables, où le Maufolée fut magnifique, & le fervice celebré par meffire Poncet de la Riviére, evêque d'Uféz.

Peu de mois après, Jean-François de Tremolet de Bucelli, marquis de Montpezat, lieutenant général des armées du roi & gouverneur de la ville & château de Sommiéres, vint faire enregîtrer, en la cour des aides, les lettres qu'il avoit obtenuës du roi, pour la charge de lieutenant général de la province, vacante par la mort du feu marquis de Caftries; ce qui fut fait le troifiéme d'avril. Dans ce même tems, la cour des comptes, aides & finances de Montpellier, fit un effort extraordinaire pour fatisfaire aux volontez du roi, qui demandoit quatorze milions aux compagnies fuperieures de fon royaume, pour la confervation du droit annuel pendant neuf années; celle de Montpellier, dont la portion montoit à quatre cent-cinquante mile livres, en fit le payement en huit jours, quoique cette fomme ne fût pas payée en corps, mais départie fur les particuliers. Tant il eft vrai, que les fujets bien intentionnez trouvent des facilitez qui auroient paru impoffibles à d'autres.

Meffire Loüis de Bermond du Cailar-Toiras, comte d'Aubijoux, fenéchal en la fenéchauffée de Montpellier, mourut le treize d'octobre de cette année, dans l'abbaye du Vignogoul, à une lieuë de Montpellier. Son corps fut porté en cette ville & inhumé fans pompe ni cerémonie, dans la chapelle de feu M. de la Foreft, fon oncle.

VI. Dans ce même mois, les états furent ouverts à Montpellier par le duc de Verneüil, affifté du marquis de Calviffon, lieutenant de roi dans la province, & de M^r d'Agueffeau, intendant. On approuva dans cette affemblée un nouveau canal fur la riviére du Lez, projeté par les confuls de mer & cedé au profit du préfident Solas, qui ayant obtenu du roi la permiffion d'y faire travailler, & l'érection en marquifat des terres qu'il avoit aux environs, pria le cardinal de Bonzy & la ducheffe de Verneüil, de mettre les deux premiéres pierres à l'éclufe du pont Juvenal, où ce canal venoit aboutir. On obferve qu'il y fut mis deux infcriptions diferentes; l'une au nom du cardinal & l'autre à celui de la ducheffe. Dans la premiére, on lifoit fur une plaque de cuivre : *Die XIV. menfis decembris 1675, pofuit hunc lapidem eminentiffimus cardinalis Petrus Bonzy, in gratiam marchionis Francifci Solas;* & fur l'autre pierre, on attacha une feconde plaque, où l'on voyoit ces mots : *Die XIV. menfis decembris 1675. pofuit hunc lapidem D. Anna Seguier, duxia de Verneüil, in favorem Francifci Solas, marchionis.*

CHAPITRE NEUVIÉME

PAGE 442.

I. Mort du Sr. d'Almeras, lieutenant général des armées du roi. II. Renouvellement du Jeu-de-l'Arquebufe. III. Funeftes effets d'un grand hiver. IV. Cerémonies du Jeu-de-l'Arc. V. Paix de Nimégue.

I. QUOIQUE les puiffances de l'Europe euffent déja convenu de la ville de Nimégue pour y tenir les conferences de la paix genérale, dont le roi d'Angleterre offroit d'être le médiateur, on ne laiffa point en 1676 de continüer les expeditions militaires, durant lefquelles le roi Loüis XIV fe rendit en perfonne devant Condé, qu'il prit le

1676.

1676. 26 d'avril, après six jours d'attaque. On en fit à Montpellier des réjoüissances publiques, en préfence de Mrs de Montpezat & d'Aguesseau. Peu de jours après, on eut nouvelle en cette ville d'une victoire navale, remportée par nôtre flote fur celle d'Espagne & de Hollande, le 21 avril, auprès de Catane en Sicile ; avec cette circonstance, que Ruiter, amiral des Hollandois, y avoit été blessé à mort. La joye de cette nouvelle auroit été entière à Montpellier, si on n'eût appris en même tems, qu'il en avoit coûté la vie à Guillaume d'Almeras, lieutenant genéral des armées du roi, qui commandoit nôtre avant garde dans cette bataille & qui avoit foûtenu le choc de Ruiter avec toute la fermeté possible. La perte de cet officier genéral, qui de tous ceux de Montpellier, s'étoit le plus avancé dans le service de mer, fut un grand sujet d'affliction pour fa famille & pour tous ceux qui s'interessoient à l'honneur de leur patrie.

II. Les frequentes levées de milices, qu'on faifoit alors dans le Languedoc, pour les envoyer en Roussillon, donnérent lieu au renouvellement qui se fit à Montpellier, de l'exercice de l'arquebuse, en faveur des gens de metier, qui font employez dans le besoin à la garde de nos portes. Ils reprirent cette année l'ancien ufage où ils étoient, d'aller par sixain s'exercer à tirer de l'Arquebuse, dans la fossé du Pile-Saint-Gilles qui leur est destiné. Là ils tirent à bale seule, dans un rond de bois de deux piez de diamètre, dans le centre duquel ils ont mis un gros clou doré, au milieu d'un petit cercle peint en blanc, pour leur servir de mire ; tous ceux, qui donnent dans le blanc, gagnent un des prix propofez, qui font quelques cuilliers ou tasse d'argent, un fusil, une épée, ou femblable chofe ; mais celui qui touche au clou doré remporte le prix, qui confifte dans la mife ou fomme confignée par chacun des joüeurs, qui vont enfuite l'accompagner par toute la ville, avec une couronne de laurier fur la tête & le prix porté en triomphe devant lui. Ce divertissement fut interrompu fur la fin de juin, à l'occafion de la mort de messire François de Bosquet, evêque de Montpellier, arrivée le 24 de ce mois ; mais, les obféques ayant été faites deux jours après dans l'église de St-Pierre, les fixains reprirent leurs exercices & chacun tour à tour eut fa femaine pour tirer au prix.

III. L'hiver de cette année devint mémorable à Montpellier par la quantité prodigieuse de nége qui y tomba dans le mois de décembre, & qui y caufa de funeftes effets ; car, le couvert des maifons n'ayant en ce païs-ci qu'autant de penchant qu'il en faut pour l'écoulement des eaux, la nége, qui y féjourna longtems, chargea fi fort les toits, que ceux qui fe trouvérent les plus foibles, fondirent fous le poids de la nége & écrafèrent les gens qui fe trouvérent deffous. Ce malheur arriva à la maifon du préfident Portalés, à

St-Firmin, au logis du Cigne, où l'hôte & l'hôtesse furent étoufez, à l'Eguillerie, & dans quelques maisons des fauxbourgs, où tout périt sous les ruïnes des toits & des murailles. Dans ce danger pressant on n'eut pas de reméde plus convenable, que de faire monter des gens sur les toits avec de péles, pour jeter la nége dans les ruës.

Cette année finit par l'assemblée des états, tenuë à Montpellier sous Mr le * comte de Roure, lieutenant de roi de la province, assisté de Mr d'Aguesseau, intendant de la police & justice en Languedoc, & des Srs Guillaume de Caulet & Jacques Baudan, trésoriers de France des généralitez de Toulouse & de Montpellier.

Le marquis de Montpezat, lieutenant général dans le département du Bas-Languedoc, étant mort au commencement de 1677, le roi donna sa charge au comte Frederic de Schomberg, que nous avons vû commander dans le Roussillon & qui avoit été fait maréchal de France dans l'année précédente. Mais comme ce seigneur professoit la religion luthériéne, il traita de sa lieutenance avec Jean-Baptiste de Lurre, de Paris, marquis de Montanegre, qui obtint ses lettres de provision le 1er octobre, enregîtrées depuis au parlement & à la cour des aides.

Dans cet intervale nos milices suivirent le regiment de Castries en Roussillon, pour servir dans l'armée du maréchal de Navailles, qui s'en servit avantageusement, tandis que le roi prit Valenciénes, Cambray, Saint-Omer, & que Monsieur, frere du roi, gagna sur le prince d'Orange la bataille de Cassel. Ces heureux succés animérent nôtre bourgeoisie à reprendre son exercice du jeu de l'arc (dit du perroquet) qui avoit été discontinuë depuis quelque tems. Mais parce que le fossé, où les archers ont coûtume de faire cet exercice, étoit en mauvais état, ils priérent les consuls de le faire reparer; ce qui fut fait cette année par Henry de Grefeüille, premier consul, & les Srs Barbe, Dubois, Gregoire, Madiéres & Bringaud, comme il paroît par l'inscription qui reste encore dans ce fossé.

Les archers se preparérent dés le commencement de 1678, pour le 1er de mai, qui de tems immémorial est destiné à leurs exercices. Dés le matin ils firent batre la caisse par quatre tambours vêtus de verd, pour avertir qu'on devoit tirer le perroquet le huitiéme suivant. Et ce jour étant venu, il se rendirent tous chés le Sr de Combas, leur capitaine, d'où ils partirent en corps pour se promener dans la ville. Nous avons une rélation si nette & si précise de tout ce qui fut fait alors, que je croi faire plaisir au lecteur de la lui donner dans son naturel, pour être mieux au fait de tout ce qu'on pratique en cette occasion.

« Premiérement (dit la rélation) marchoient huit tambours, vêtus de

« leurs casaques vertes, & aprés eux venoient autant de hautbois, suivis
« d'un homme couvert d'une robe verte, où il y avoit sur le derriére un
« Cupidon en broderie, il portoit au bout d'une perche, peinte en verd, le
« perroquet de bois doré qu'on devoit tirer, & il avoit à ses côtez deux
« jeunes garçons, habillez de toile d'argent, représentant deux amours, qui
« portoient sur l'épaule un carquois rempli de fléches dorées & à leur main
« un arc, avec lequel ils jetoient aux dames & aux filles de la poudre de
« Chipre, qui sortoit d'une espéce de poudroir attaché au bout de la fléche,
« arretée par l'autre bout à la corde de l'arc.

« Aprés eux venoient trois trompettes, précedées de huit violons, suivis
« du Sr Freboul, orfévre, qui avoit abatu le perroquet la derniére fois qu'il
« avoit été tiré ; il marchoit au milieu du capitaine & du lieutenant de la
« compagnie, en habit de brocard, portant une toque de velours noir, or-
« née de quantité de plumes blanches & d'une aigrette noire par dessus. Les
« conseillers de la compagnie venoient ensuite deux à deux, suivis des
« mariez & de la jeunesse, tous l'épée au côté & une fléche à la main, se
« faisant suivre par des jeunes garçons, qui portoient leur carquois & leur
« arc & un trousseau de fléches communes, qu'ils décochoient en passant,
« sous les toits des maisons des dames qu'ils voyoient à la fenêtre. Le
« major & l'aide-major serroient la file & terminoient la marche.

« Dans cet ordre, toute la troupe se rendit au fossé, où le perroquet fut
« attaché au haut de deux mâts de navire joints ensemble. Chaque archer
« décocha une fléche pour le saluer, & puis, ayant tiré au sort le rang au-
« quel chacun devoit tirer, ils se tinrent avertis pour se rendre au fossé, à
« mesure que leur heure approcheroit. Pendant tout ce tems il y eut des
« tentes dressées, pour garantir de l'ardeur du soleil, sous lesquelles on
« avoit rangé plusieurs tables garnies de limonade, de sorbet & autres
« liqueurs, pour regaler ceux qui vouloient s'y arrêter.

PAGE 444.

« *On abatit, dans les premiers jours, les aîles & les extrémitez du per-
« roquet, qui donnoient le plus de prise ; mais il resta le tronçon, qui
« donna beaucoup plus de peine. Aprés qu'il eût été ébranlé par plusieurs
« coups de fléche, le Sr Fayet, orfévre, fut assez heureux pour l'abatre ; ce
« qui lui attira les acclamations de plus de six mile personnes qui remplis-
« soient le fossé, l'esplanade & le fauxbourg de Lates. Il fut salüé comme
« roi de la fête, & pour faire en cette qualité ses libéralitez, il fit présent
« à chaque officier de la compagnie, d'une écharpe de tafetas, garnie d'une
« dentelle or & argent ; & il en donna deux autres semblables pour être
« tirées au blanc par les archers.

« Cela fait il fut accompagné chés lui par toute la compagnie ; & l'on

« remit au dimanche suivant tous les honneurs de son triomphe. Pour
« cet effet on dressa devant la porte de sa maison, dans la ruë de l'Argen-
« terie, un grand pavillon carré, garni de laurier & des festons de fruits &
« de fleurs, autour d'une emblême qu'on avoit mis à chaque face, pour re-
« presenter les divers effets de l'amour. Dans la premiére étoit un amour
« frapant sur deux cœurs, qu'il tâchoit d'unir ensemble, avec ces mots
« italiens : *Col tempo ;* dans la seconde on voyoit ce même amour frappant
« sur un fer tout rouge de feu, sortant de la forge, avec ces autres paroles
« italiénes : *Se no arde no se piega ;* la troisiéme representoit un soleil, don-
« nant sur un miroir ardent, qui refléchissoit ses rayons sur un tournesol
« qu'il faisoit sécher, avec ces paroles espagnoles : *Muero porque me miras ;*
« & dans la quatriéme un Cupidon décochoit une fléche contre un cœur
« élevé sur une haute perche, avec ces paroles françoises : *Je l'aurai tôt ou
« tard.* Le haut du pavillon étoit semé de fleurs de lys dorées & terminé par
« les armoiries de France à double face. Tout étant prêt pour le triomphe
« du nouveau roi, les archers se rendirent au fossé, où ils furent regalez d'une
« magnifique colation, après laquelle on alla se promener dans la ville, au
« bruit & fanfare des instrumens & dans l'ordre que je vais décrire.

« Le roi étoit au milieu du capitaine & du lieutenant, & il avoit auprés
« de lui le roi de l'année précedente. Il portoit une toque de velours noir,
« brodée de petites perles, dont il avoit deux tours des plus grosses pour
« cordon, serrées d'espace en espace par de très-belles emeraudes. Le revers
« de sa toque étoit enrichi d'une grande rose de diamans, de laquelle pen-
« doit une grosse perle en poire, ombragée d'une grande quantité de plu-
« mes blanches & une aigrette noire par dessus, il portoit en écharpe une
« chaîne d'or, & il s'appuyoit sur une cane d'Inde, garnie d'une grosse
« pomme d'argent.

« Comme le perroquet étoit le principal sujet du triomphe, il étoit porté
« devant lui, au bout d'une perche peinte en verd, à laquelle on avoit atta-
« ché l'arc & la fléche du roi qui l'avoit abatu. Les archers suivoient dans
« le même ordre qu'ils avoient gardé auparavant & quantité de monde de
« l'un & de l'autre sexe qui remplissoient les fenêtres des maisons pour voir
« la fête, ne contribüoient pas peu à la rendre plus brillante. Après s'être
« promenez de la sorte, ils se rendirent dans la sale de l'hôtel de ville, où
« les états ont coûtume de s'assembler ; ils y furent regalez d'un superbe
« festin par les ordres du nouveau roi qui leur donna ensuite un grand bal.
« Ces divertissemens ayant fini, tous les archers allérent accompagner le
« roi dans sa maison & les plus jeunes se séparérent bientôt, pour aller
« donner des sérenades toute la nuit.

1678.

Cette fête fut suivie dans le mois de juin d'une autre réjoüissance que l'on fit à Montpellier à l'occasion du nouveau juge mage qui succedoit à François de Mirmand, pourvû depuis peu d'un office de président en la cour des aides. Pierre Eustache, qui avoit traité avec lui de la charge qu'il quitoit, choisit le dix-neuf de juin pour faire son entrée à Montpellier avec toute la cerémonie usitée en ces occasions: les sixains se mirent sous les armes; la bourgeoisie monta à cheval pour aller à sa rencontre & tous l'accompagnérent jusqu'à son logis où l'on avoit fait de grands préparatifs pour le recevoir avec ceux de sa suite.

V. Dans ce même mois, on vit arriver à Montpellier les prisonniers de guerre que le maréchal de Navailles avoit fait à Puicerda; mais la paix de Nimégue leur rendit bientôt la liberté, car elle fut concluë avec la Hollande le dixiéme * d'août, avec l'Espagne le dix-sept de septembre & avec l'empereur quelque temps après, chacune de ces puissances s'étant soumise aux conditions que Louis XIV avoit reglées. On fit à ce sujet des réjoüissances extraordinaires à Montpellier, dont je suprime le détail, à cause de la ressemblance qu'on y trouveroit avec tout ce que j'ai déjà dit en ce genre.

PAGE 445.

Cette année est remarquable pour le palais de la cour des comptes, aides & finances de Montpellier, parce que la nouvelle chambre des audiences fut entiérement achevée & tous les bureaux placez dans le nouveau bâtiment qu'on venoit de faire le long des murailles de la ville, ce qui occasionna un logement dans le palais à M^r le premier président, qui jusqu'alors, comme tous ses prédecesseurs, avoit logé dans des maisons particuliéres. Ce digne magistrat, respectable par son âge & par ses longs services, obtint de sa compagnie le bâtiment qu'on venoit de quiter sur le devant du palais, où il se logea dès le mois de septembre, & dont M^r son fils a fait depuis un logement des plus convenables à cette premiére place, qui a l'avantage, comme quelques autres premiers présidens du royaume, d'être logé dans l'enceinte du palais.

Les états de la province s'assemblérent en cette ville dans le mois suivant, & l'ouverture en fut faite par le marquis de Calvisson, assisté de M^r d'Aguesseau & des Srs Philipe Boudon & François d'Aldiguier, trésoriers de France des généralitez de Montpellier & de Toulouse. On marque que durant cette assemblée, M^r le cardinal de Bonzy, pour celebrer la paix de Nimégue, donna chés lui le premier opéra qu'on eût vû dans Montpellier, dont il fit faire les paroles par le Sr Brueys, natif de cette ville, & connu déjà par plusieurs autres ouvrages; il donna charge au Sr Sabliéres maître de la musique des états, d'en faire le chant, ce qui plut extra-ordinairement à tout le monde, tant par la grâce de la nouveauté que par l'execution.

Livre dix-neuviéme. 179

CHAPITRE DIXIÉME

I. Hôpital général. II. Célébre reconciliation de deux grandes familles. III. Mort du premier préfident. IV. Affemblée extraordinaire à Montpellier de cinq intendans. V. Evenémens particuliers.

LA paix que Loüis XIV venoit de donner à l'Europe, ne laiffa dans fon royaume pour l'année 1679 que des fonctions de police & de charité. De ce genre eft l'établiffement des hôpitaux genéraux, qui avoient été ordonnez par le roi plufieurs années auparavant, mais dont les guerres avoient fait furfeoir l'execution. Dans celle-ci, Charles de Pradel, évêque de Montpellier, y mit la première main, en faifant enfermer les pauvres invalides de fon diocéfe, dans le logis du Cheval-Verd, en attendant qu'il pût les mieux placer, & dans l'année fuivante, il pofa la première pierre de ce bâtiment fpatieux que nous avons aujourd'hui à la porte des Carmes, où l'on entretient plus de fix cent perfonnes & où l'on donne une affiftance à prefqu'autant de pauvres familles de la ville.

I. 1679.

Dans cette même année 1680, on eut le plaifir à Montpellier de voir la reconciliation des deux plus illuftres familles qui étoient en divifion depuis 1667, à l'occafion des armoiries enlevées de deffus la porte du feu marquis de Toiras. Les enfans de ce feigneur, jeunes & courageux, donnoient lieu de craindre qu'ils ne fiffent revivre la querelle de leur pere, lorfque le roi en ayant été informé, voulut abfolument qu'ils vécuffent bons amis & nomma les maréchaux de Crequy & de Schomberg pour terminer leurs diferends. Ces feigneurs s'étant éclaircis à plein du commencement & des fuites de cette divifion, agirent fi eficacement auprès des deux dames qui étoient alors à Paris, qu'ils les portérent à s'envoyer de part & d'autre, les premiers complimens qui devoient préceder leur entrevûë. Le Sr Bornier, lieutenant particulier du préfidial de Montpellier, fut * envoyé par Mme de Caftries à Mme de Toiras, qui chargea Corbinelli de lui porter fes complimens. Le cardinal de Bonzy, avec cette grâce qui accompagnoit toutes fes actions, acheva le refte en priant Mme de Toiras, dans une vifite qu'il lui fit de vouloir renouveller la grande union qui étoit autrefois entre elle & fa fœur. La réponfe de cette dame fut conforme à ce qui avoit été reglé par les maréchaux de France & tout étant difpofé à la première entrevûë, les maréchales de Crequy & de Schomberg menérent

II. 1680

PAGE 446.

1680.

la marquife de Caftries chés Mme de Toiras, où les larmes & les embraffemens fuprimérent une partie de ce qu'elles avoient à fe dire, Les enfans de Mme de Caftries, qui furvinrent dans ce moment, fervirent à rendre l'entrevûë plus touchante & les mêmes maréchales ayant conduit la marquife de Toiras chés Mme de Caftries, elles fe donnérent de nouvelles marques de la joye qu'elles avoient de leur reconciliation.

L'affaire étant ainfi terminée à Paris, il ne reftoit qu'à la finir à Montpellier, où étoient les jeunes meffieurs de Toiras. Les mêmes maréchaux avoient reglé qu'ils iroient vifiter le cardinal de Bonzy à fon arrivée, ce qu'ils firent avec le marquis de Wardes, qui avoit été prié par les maréchaux de France de fe trouver à leur entrevûë; l'aîné qui prit toujours la parole, remercia fon éminence de la generofité qu'elle avoit eu avant de partir de Paris, d'avoir vifité Mme leur mere, à quoi le cardinal répondit par toutes les démonftrations poffibles d'amitié, & les alla voir dès l'aprèsmidi chés le vicomte d'Aumelas, où ils s'étoient rendus; puis, montant en carroffe, il pria le marquis de Wardes de venir avec lui à l'abbaye de Vignogoul, pour rendre vifite à mademoifelle de Toiras, & à Mme l'abbeffe fa tante, qui le reçurent de la meilleure grace du monde.

Le marquis de Caftries étant revenu de Paris, où il avoit refté pendant le cours de cette affaire, alla rendre la premiére vifite à Mrs de Toiras, comme il avoit été reglé par les maréchaux de France, où il fut accompagné par M^r le marquis de Wardes, qui les fit embraffer; & Mrs de Toiras l'ayant été voir à la citadelle, ils allérent enfuite à l'Abbaye de St-Geniés, voir les dames de Caftries, fes fœurs, tandis qu'il alla lui-même à l'abbaye du Vignogoul. Ainfi finit cette anciêne divifion qui partageoit depuis longtems toutes les familles de la ville.

III. Dans ce même tems, meffire François Bon, premier préfident en la cour des comptes, aides & finances de Montpellier, mourut âgé de quatre-vingt-deux ans, après avoir exercé cette premiére charge l'efpace de trente-huit années. Son corps, après avoir été expofé pendant trois jours dans la fale de fa maifon, fut porté le troifiéme de novembre, avec les cerémonies accoûtumées, dans l'églife de Nôtre-Dame-des-Tables, où l'évêque de Montpellier fit le fervice & le P. Benoît, prieur des Jacobins, l'oraifon funébre.

Douze jours après, Philibert Bon fon fils aîné, qui depuis quelques années avoit été reçû en furvivance de la charge de feu fon pere, fit fa premiere fonction publique à l'ouverture des audiences de la St-Martin, le vendredi quinziéme novembre, où fe trouva le marquis de Montanegre, lieutenant général dans ce département du Bas-Languedoc, & tenant actuellement les états de la province. Il prit son rang à la place du doyen des conseillers & M.^r le cardinal de Bonzy, qui s'y rendit *incognito* avec cinq ou six évêques & autant de barons des états, se plaça dans une des lanternes qui sont à l'extrémité du tribunal. Après cette cerémonie, les états députérent au premier préfident, un évêque, un baron & deux consuls pour lui faire compliment & félicitation de la part de leur assemblée.

1680.

A peine les états eurent fini dans le mois de janvier 1681, qu'on vit à Montpellier une assemblée extraordinaire de cinq intendans, ce qui donna sujet de penser, jusqu'à ce qu'on eut sçû le veritable motif de leur assemblée. On apprit bientôt que c'étoit pour convenir d'une jurisprudence uniforme sur le fait de la taille dans les provinces où elle est réelle. Comme le public ne vit paroître aucun fruit de tout leur travail, il en parla depuis fort diversement; mais les mémoires qu'en a laissé un des officiers qui y travaillérent le plus, nous apprénent d'une maniére si précise, le commencement, le progrès & la fin de ce projet, que je croi faire plaisir au lecteur de lui donner ici un abregé de ces mémoires.

IV. 1681.

* Cet Officier nous apprend que Mr Colbert ayant formé le dessein de faire un code sur les matiéres de la taille, pareil à celui qu'on avoit fait depuis dix à douze ans sur les matiéres civiles & criminelles, il en écrivit en 1679 à M.^r d'Aguesseau, le priant de choisir dans la cour des aides de Montpellier, quelques officiers expérimentez, avec lesquels il pût travailler à dresser une ordonnance qui facilitât la levée des deniers du roi & qui en retranchant les abus que leur expérience leur feroit connoître, procurât du soulagement aux sujets de sa majesté.

Page 447.

En consequence, M.^r d'Aguesseau choisit les préfidens Bocaud & Moulceau, avec Mrs de Lauriol-Viffec & Plantade, conseillers en la même cour, qui priérent tous le Sr de Lauriol, leur ancien, de former le dessein de l'ouvrage, de regler l'ordre des titres & de ranger les articles par ordre de matiéres. L'ouvrage fini, après une longue visite des regîtres & des arrêts de la cour des aides de Montpellier, il fut revû par chacun des députez & enfin par M.^r d'Aguesseau, qui l'envoya à Mr Colbert environ le mois de mai 1680.

Ce ministre qui approuva ce travail, conduit selon les ordres, dans un grand secret, engagea M.^r d'Aguesseau à une conférence secrette avec les deux intendans de Guiéne, en prenant occasion d'un voyage qu'il avoit à faire à Toulouse pour les affaires du roi. Il lui écrivit de pousser jusqu'à Montauban, où étoit Mr de Foucaut & où Mr de Ris, intendant de la Haute-Guiéne, devoit se rendre. M.^r d'Aguesseau invita les officiers de Montpellier de venir le joindre à Montauban, où s'étant rendus, ils s'assem-

1681.

blérent avec quelques autres officiers de la cour des aides de Montauban, qui ayant examiné le travail fait à Montpellier, ils l'approuvérent & en donnérent avis à Mr Colbert.

Dés lors, on refolut l'execution du projet; & comme la taille eft réelle dans la Provence & dans le Dauphiné, de même que dans le Languedoc & dans la Guiéne, le miniftre voulut que les cinq intendans de ces quatre provinces tinffent une affemblée pour convenir d'une ordonnance uniforme. Ils fe rendirent à Montpellier fur la fin de janvier 1681, menant chacun avec foi quelques officiers de fa genéralité. Mr de Ris, intendant de la Haute-Guiéne, amena le Sr Baritau, avocat général en la cour des aides de Bordeaux; Mr Foucaut, intendant de la Baffe-Guiéne, le Sr Redon, confeiller à la cour des aides de Montauban; Mr Moran, intendant de Provence, Les Srs Meironet & de Rians, confeillers en la cour des comptes d'Aix, & M^r d'Herbiny, intendant de Dauphiné, le S^r d'Alois, tréforier de France en la genéralité de Grenoble.

Leurs affemblées commencérent le 17e février, qu'ils tinrent réguliérement deux fois par jour chés M^r d'Agueffeau, leur préfident, affifté de Mrs de Bocaud, Lauriol & Plantade, le Sr de Moulceau étant alors à Paris. Dés les premiéres féances, il y eut de grandes conteftations à caufe des diferens ufages de ces cinq provinces. Le Dauphiné vouloit s'en tenir à un reglement particulier fait pour lui en 1639, la Provence à fes ftatuts & Mr de Ris ne vouloit pas introduire dans les trois genéralitez de la Haute-Guiéne quelques articles du projet qui n'y étoient pas en ufage. La feule genéralité de Montauban ne fit aucune oppofition, parce qu'ayant été autrefois du reffort de la cour des aides de Montpellier, elle en avoit confervé les coûtumes.

On convint de laiffer à la Provence fes ftatuts, au Dauphiné, fon reglement, & de ne rien innover dans les trois genéralitez de la Haute-Guiéne, touchant les articles conteftez; mais on en fit de nouveaux fur la contribution des forains aux impofitions; fur la durée de l'action du collecteur & fon étendue fur les biens des taillables, fur la vérification du rôle de l'impofition; & tous ces articles ayant été approuvez par l'affemblée, elle finit fes féances le 16 du mois de mars & pria Mr de Ris qui devoit partir pour Paris, de fe charger du nouveau projet & de le prefenter de leur part à Mr Colbert.

Quoique j'en fois venu touchant cette affaire, au tems où j'en étois fur l'hiftoire genérale de Montpellier, je croi pouvoir anticiper fur les deux années fuivantes, pour raconter tout de fuite le progrès & la fin que prit cette affaire.

Le préfident Moulceau, l'un des quatre premiers commiffaires qui fe trouvoit * alors à Paris, fut prié de la part de l'affemblée de fe joindre à Mʳ de Ris, pour prefenter enfemble ce projet à Mʳ Colbert, qui voulut l'examiner de nouveau & revenir fur toutes les queftions agitées. Ce miniftre qui ne négligeoit aucun fecours dans les affaires, ayant appris que Mʳ d'Arènes, préfident à la cour des aides de Montpellier étoit à Paris, le fit appeller à Verfailles pour affifter à la continuation de cet examen. On y traita des faifies réelles & du privilége des collecteurs, dont on convint des articles; mais quant à ceux de la forme des cadaftres, du rabatement de decret, & la juridiction du fait de la taille exercée en Languedoc par les officiers des jufticiers, Mʳ Colbert en écrivit à Mʳ d'Agueffeau, qu'il chargea en même tems de faire travailler à un titre des biens aliénez des communautez.

1681.
Page 418.

Les quatre commiffaires y ayant travaillé, donnèrent leur réponfe aux dificultez propofées, & le Sʳ de Lauriol, l'un d'eux, étant obligé de partir pour Paris fur la fin d'avril 1682, il fut chargé par Mʳ d'Agueffeau de prefenter au miniftre ce dernier ouvrage. Ce fut une occafion à de nouvelles conférences: car Mʳ Colbert agita d'abord la queftion, fi la condition du collecteur volontaire était moins à charge aux peuples que celle du collecteur forcé? Pourquoi on admettoit l'appel de la clôture des comptes des communautez directement à la cour des aides, fans commencer l'inftance par devant le premier juge du fait de la taille? Pourquoi cette même cour confervoit au collecteur fon action durant trente années?

On fatisfit à fes demandes par des raifons qui font déduites fort au long dans les mémoires fur lefquels j'écris, mais qu'on me difpenfera bien de raporter dans un ouvrage comme celui-ci. Je me contenterai de dire pour finir ce narré, que le Sʳ de Lauriol ayant achevé un traité fur le rabatement du décret qu'il avoit compofé par ordre de Mʳ Colbert, il eut, fur cette matiére plufieurs conférences en 1682 & 1683 avec le celèbre Mʳ Puffort, & lorfque leur ouvrage étoit prêt à recevoir la derniére main, la mort de Mʳ Colbert l'arrêta entiérement.

Mʳ de Pontchartrain, depuis contrôleur genéral, parut vouloir le reprendre, en priant Mʳ de Bafville, de demander des mémoires fur ce projet, aux commiffaires de la cour des aides de Montpellier qui y avoient travaillé. Le Sʳ de Lauriol fut chargé de les dreffer, & c'eft de fes propres mémoires, qui m'ont été communiquez en original par Mʳ fon fils, que j'ai tiré tout ce que je viens de raporter fur cette affaire. Il eft à croire (ajoûte l'auteur) que les grandes guerres où la France fe trouva engagée depuis ce temps-là, firent oublier ce projet.

Pour revenir au courant de l'hiftoire de Montpellier, je remarquerai deux
V.

choſes qui arrivérent dans cette année 1681. L'une eſt la reception de Joſeph-François de la Croix, marquis de Caſtries, en la charge de conſeiller honoraire en la cour des comptes, aides & finances de Montpellier, en vertu d'un brevet que le roi lui envoya, comme gouverneur de la ville. Il ſe rendit au palais le treize de novembre, accompagné de beaucoup de nobleſſe, où il aſſiſta à l'ouverture qui en fut faite ce jour-là, en prenanr ſa place avant tous les conſeillers.

 La ſeconde choſe que j'ai à obſerver eſt une diſpute qui ſurvint entre Mr de Montanegre & Mr de Calviſſon, tous deux lieutenans genéraux de la province, au ſujet des gardes, que le premier vouloit avoir en ſeul à Montpellier, parce que cette ville eſt de ſon département. Le Marquis de Calviſſon diſoit de ſon côté, qu'il étoit de tour, pour tenir les états aſſemblez en cette ville, & qu'en cette qualité, il avoit droit d'y paroître avec des gardes. L'affaire ayant été portée au roi, ſa majeſté décida que chaque lieutenant-genéral avoit droit dans ſon département de ſe faire accompaner par des gardes, mais pour le cas préſent, elle ordonna que lorſque M. de Calviſſon, en qualité de commiſſaire, iroit à l'aſſemblée des états pour y parler des affaires de ſa majeſté, Mr de Montanegre s'abſenteroit pour laiſſer paroître ſon commiſſaire avec des gardes, ce qui a ſervi depuis de reglement.

CHAPITRE ONZIÉME.

I. M. le duc du Maine gouverneur de la province. II. Naiſſance de monſeigneur le duc de Bourgogne. III. Entrée du duc de Noailles à Montpellier. IV. Sa reception à la cour des aides. V. Démolition du grand temple des Huguenots.

I. L'ANNÉE 1682 donna un nouveau gouverneur à la province de Languedoc, & elle vit naître des mouvemens extraordinaires dans Montpellier au ſujet des religionnaires. Le duc de Verneüil étant mort le 28 de mai, dans ſon château de Verneüil, âgé de quatre-vingt-un an, le roi donna ſon gouvernement de Languedoc, à Loüis-Auguſte duc du Maine; mais, comme ce prince étoit encore fort jeune, ſa majeſté nomma pour tenir ſa place, Anne-Jules duc de Noailles, capitaine de la première compagnie des gardes du corps, en qualité de ſon lieutenant général & commandant en chef dans le Languedoc.

Ce seigneur ne vint prendre possession de sa nouvelle charge que dans le mois d'octobre; & dans cet intervalle, nos consuls apprirent, par une lettre du roi, l'heureuse naissance de monseigneur le duc de Bourgogne, arrivée à Versailles le sixième du mois d'août. Le sieur de Lagreffe, premier consul, en fit annoncer la nouvelle par la cloche de l'hôtel de Ville; & dès-lors, tout le monde se prepara à donner des marques publiques de sa joye. Quoique toute la France fit en cette occasion des réjoüissances extraordinaires, on peut dire que Montpellier ne ceda à aucune des villes du royaume dans les démonstrations de sa joye; car, après que tous les corps de la ville eurent publiquement rendu graces à Dieu dans l'église catédrale, chaque compagnie en particulier donna de si grandes fêtes, que chacune surpassa tout ce qu'on avoit fait jusqu'alors dans les plus grandes prosperitez de la France. Les relations qui en furent imprimées, marquent que le marquis de Castries, Mr d'Aguesseau, & le premier président, donnèrent chacun la leur avec la derniére magnificence. Que les trésoriers de France, le présidial, & la bourgeoisie, firent à l'envie les uns des autres : que des particuliers rencherirent encore sur eux, par la beauté de leurs feux d'artifice; & que toutes les communautez religieuses de l'un & de l'autre sexe firent de si grandes illuminations, que de bien loin dans la mer Montpellier parut tout en feu durant plusieurs nuits.

II. 1682.

Le duc de Noailles ayant été arrêté à la cour, par les suites de l'heureuse naissance de monseigneur le duc de Bourgogne, se mit en marche pour le Languedoc, au commencement du mois d'octobre. Nos consuls avertis que le roi vouloit qu'ils lui rendissent les mêmes honneurs qu'on a coûtume de rendre aux gouverneurs de la province, rencherirent sur tout ce qui avoit été fait en pareille occasion. Ils envoyèrent quatre des leurs & quatre députez du conseil des vingt-quatre, pour se trouver au pont du Saint-Esprit à l'arrivée de ce seigneur, qui y fut complimenté le 13 d'octobre, au nom de la ville de Montpellier, par son premier consul. Le vendredi d'après, 16e de ce mois, qu'on avoit choisi pour le jour de son entrée, le marquis de Castries, gouverneur de Montpellier, alla à sa rencontre jusqu'au pont de Lunel, & revenant quelque tems après sur ses pas, il joignit un corps de cens gentilshommes, qui l'attendoient au pont de Salaison, à la tête desquels il se mit comme sénéchal. Ce fut là que Mr de Noailles décendit de son carrosse pour recevoir les gentilshommes qui avoient mis pied-à-terre pour le saluer; il se fit amener un de ses chevaux, & marcha à leur tête jusqu'aux Areniers, où toute la bourgeoisie de Montpellier s'étoit renduë à cheval. Les trompettes qu'ils avoient amené, annoncèrent à ceux de la ville l'approche du nouveau commandant; ce qui fit que les consuls de mer

III.

1682.

avec douze des plus apparens de leur troupe, mirent pied-à-terre, & vinrent complimenter le duc de Noailles, qui leur répondit avec beaucoup d'honnêteté.

Page 450.

* Lorfque toutes ces troupes furent arrivées à Caftelnau, les maîtres des moulins à poudre firent joüer une grande quantité de boëtes, qui furent fuivies d'une falve de moufqueterie; & aux approches des fauxbourgs de Montpellier, les fixains de la ville, dont on avoit formé un bataillon, prefentérent les armes & firent une décharge, après que toute la cavalerie fut paffée. A peine M. de Noailles eut apperçû le fieur de la Baume, lieutenant de roi de la ville, & les confuls en robe rouge, qui l'attendoient au pont des Auguftins, qu'il mit pied-à-terre: il reçut de leurs mains les clefs de la ville dans un fac de velours bleu, qu'il leur remit; il écouta gracieufement la harangue qu'ils lui firent faire par l'orateur de la ville, & il refufa le dais qu'on lui prefenta. A la porte du Pile-Saint-Gilles il fut falüé de tout le canon de la citadelle, qui tira le premier coup à bale pour lui faire plus d'honneur.

Comme il vouloit aller décendre à l'églife catédrale pour y rendre graces à Dieu, toutes les troupes marchérent de ce côté-là, en cet ordre. Les trompettes de la ville ouvroient la marche, fuivis des pertuifanniers, des écuyers, & des valets des confuls, avec le capitaine du guet. Les fieurs de Malefaigne, grand prévôt de la province, & Durand fon lieutenant, marchoient à la tête de la maréchauffée, fuivis d'une partie des gardes de Mr de Noailles, qui portoient les couleurs du duc du Maine, gouverneur de la province; quatre pages fuivoient, devancez de leur écuyer, & fuivis de deux gentilshommes du duc de Noailles, qui marchoient immédiatement devant le dais porté par nos confuls, après lequel venoit Mr le duc de Noailles, vêtu et monté fuperbèment: il avoit à fa gauche le marquis de Caftries, & après eux, le capitaine & le lieutenant des gardes, fuivis de la nobleffe & de l'autre partie des gardes, qui faifoient en tout le nombre de trente-deux.

Tout le refte de fa maifon venoit enfuite, fçavoir: quatre carroffes, dont le premier étoit à huit chevaux, & les autres à fix; puis une caléche & une chaife roulante à deux places; enfin, la bourgeoifie, divifée en deux corps, terminoit la marche: le premier ayant à fa tête les confuls de mer, en chaperon de velours noir, doublé et bordé de rouge, precedez de quatre trompettes, & le fecond, compofé de jeunes bourgeois à marier, marchoit fous l'étendart du fieur Riviére leur guidon, qui étoit précédé d'un trompette & de deux timbaliers: ils avoient tous des écharpes blanches ou bleuës, & des plumets à leur chapeau de ces mêmes couleurs, marchant tous l'épée à la main.

Lorsque le duc de Noailles eut mis pied à terre sous le portique de l'église de Saint-Pierre, il y trouva le sieur de Solas, grand archidiacre, à la tête du chapitre, qui lui presenta de l'eau benite & la croix à baiser, & après lui avoir fait sa harangue, il lui donna la main pour le conduire dans le chœur où l'on avoit preparé un grand prie-dieu, couvert d'un tapis de velours cramoisi, bordé et frangé d'or, sur lequel il entendit le *Te Deum* chanté par la musique : après quoi, le celebrant lui ayant donné la main jusqu'à la porte de l'église, il monta à cheval, & l'on regla une nouvelle marche pour le conduire à son hôtel.

1682.

Comme il étoit déjà nuit lorsqu'on eut chanté le *Te Deum*, on fut obligé d'allumer une grande quantité de flambeaux, qui ne contribüerent pas peu à diversifier la fête & à la rendre plus brillante. La maréchaussée prit le devant, avec les subalternes de la maison de ville, chacun un grand flambeau à la main, pour éclairer ceux qui approchoient de la personne de M^r le commandant. La marche pour le reste fut assés dans le même ordre qu'on étoit venu à Saint-Pierre ; et dans tout ce chemin, on vit aussi clair qu'en plein jour, par le grand nombre de lumiéres que chaque particulier fit mettre à ses fenêtres. Le duc de Noailles, arrivé à la maison du président Desplan, où il devoit loger, s'arrêta sur la porte pour voir défiler la bourgeoisie, qui, en passant, le salüa de l'épée ; & les sixains venant à leur tour, firent une décharge de leurs fusils. Le soir, il alla souper chès le marquis de Castries, & le lendemain dîner chès le premier président.

Cette ceremonie, fut suivie quatre jours après, d'une autre qui fut faite au palais, au sujet de sa reception en la charge de premier président né de la cour des comptes, aides & finances de Montpellier, qui est attachée à celle de gouverneur * de la province. Sa majesté ayant donné des lettres patentes à M^r le duc de Noailles pour joüir du même droit, on prit jour au vingtiéme d'octobre, qui est celui de la délivrance de la ville. La cour lui députa deux conseillers, qui furent Mrs de Ranchin & de Grefeüille, pour aller le prendre chès lui, & l'accompagner au palais, où il fut reçû au bas de l'escalier, par Mrs de Boulhaco & Farlet, precedez de deux huissiers, qui l'accompagnérent jusqu'à la sale d'audience.

IV.

PAGE 451.

Le ceremonial observé en cette occasion, porte que la cour étoit séante en robes noir sur les bancs bas de la sale, où les parties plaidantes se mettent ordinairement, & qu'en y entrant le duc de Noailles salüa toute la compagnie. Mr Bon, premier président, qui se tenoit debout, avança deux pas, & lui presenta la première place, où l'on avoit mis un carreau, sur lequel Mr de Noailles s'assit un moment ; après quoi, ayant tiré son chapeau, & salüé l'assemblée par une inclination de corps, il lui fit un beau discours, auquel

1682.

Mr Bon répondit au nom de toute la cour. Cela fait, une partie des officiers, après avoir falüé ce feigneur & l'affemblée, entrèrent dans la chambre du confeil, d'où ils revinrent un moment après en robes rouges, & ceux qui avoient refté allèrent en faire de même, & ayant tous pris leurs places, ils fe levèrent quelque tems après pour aller entendre la meffe dans leur chapelle; après quoi, ils partirent en corps pour fe rendre à Saint-Pierre, & affifter à la proceffion generale qui fe fait tous les ans à pareil jour. On marque, qu'à l'occafion d'un cas qui furvint pour le rang, il fut arrêté qu'ils marcheroient quatre de front au premier rang, fçavoir : Mr de Noailles, Mr Bon premier préfident, Mr de Caftries, & le préfident Defplan. En cet ordre, ils fe rendirent à Saint-Pierre & affiftèrent de même à la proceffion, où ils portoient chacun un cierge à la main.

V. Toutes ces fêtes furent fuivies d'un evenement des plus intereffans pour les religionnaires, puifqu'il produifit la démolition du feul temple qui leur reftât à Montpellier. Une affaire particulière y donna occafion, par une fuite de la déclaration du fixième juillet 1680 qui défendoit, fous peine d'amende honorable, à tout catolique, de quitter fa religion pour profeffer le calvinifme; avec défenfes aux miniftres de les recevoir, fous peine d'être interdits de leurs fonctions & d'être privez de tout exercice dans le temple où un catolique auroit été reçû. Or, il arriva que la demoifelle Ifabeau Paulet, fille d'un ancien miniftre d'Uzés & alors confeiller au préfidial de Montpellier, ayant fait fon abjuration dans le monaftére des filles de la Vifitation, au château de Teirargues, appartenant à mademoifelle des Portes, elle revint deux ans après en la ville de Montpellier, où, à la perfuafion de fa mere, elle alla au prêche, & y fut reçûë à la céne par le fieur Bordieu pere, miniftre de cette ville. La chofe ayant été fçûë & portée au parlement de Touloufe, cette cour, par arrêt du 16 novembre, condamna par défaut la demoifelle Paulet, à faire amende honorable, le miniftre Bordieu à ne faire plus aucune fonction, & leur temple de Montpellier à être démoli. Le confiftoire, pour éluder l'exécution de l'arrêt, fe pourvut en caffation au confeil & députa à Mr de Noailles quatre miniftres & plufieurs autres du confiftoire, pour le prier de leur permettre qu'ils continüaffent d'aller au prêche, jufqu'à ce qu'ils euffent reçû des nouvelles du confeil, où ils s'étoient retirez. Le refus qui leur en fut fait, porta imprudemment deux gentilshommes qui étoient de la députation, de demander à Mr de Noailles s'il ne fçavoit point qu'il y eût en France dix-huit cent mile familles huguenotes ? A quoi M^r le commandant fe contenta de répondre en regardant l'officier de fes gardes, « qu'en attendant de voir que deviendroient ces dix-huit cent mile « familles huguenotes, il conduifit ces meffieurs à la citadelle. » Le fieur de Sauffan, homme refpectable, qui fe trouva préfent à cet ordre, interceda pour les deux gentilshommes, qui le touchoient de fort près, & il obtint qu'ils euffent leur maifon pour prifon : mais, les quatre miniftres furent conduits à la citadelle ; & les autres de la députation, voyant que les affaires tournoient fi mal pour eux, prirent le parti de déloger à la fourdine.

1682.

Ce foir là même, Mr de Noailles & M^r d'Aguefseau, écrivirent de concert * au roi, pour l'informer de tout ce qui venoit de fe paffer ; & le confiftoire, de fon côté, fit partir dix jours après un courier exprès ; mais, celui de Mr de Noailles étant arrivé incomparablement plûtôt, revint avec un ordre exprès de faire démolir le temple dans vingt-quatre heures : Et vous me ferés plaifir (ajoûtoit le roi dans fa lettre au duc de Noailles) de faire en forte que ce foit dans douze, s'il eft poffible.

Page 452.

Cet ordre ayant été reçû de Mr de Noailles, il envoya querir ceux du confiftoire, aufquels il demanda, fi leur courier étoit de retour ? & quel ordre il avoit apporté ? A quoi ils répondirent, qu'ils n'en avoient point reçû : ce qui lui donna lieu de leur montrer le fien, leur demandant, s'ils vouloient eux-mêmes faire la démolition pour en avoir les matériaux ? mais, leur confternation étoit fi grande, qu'à peine purent-ils ouvrir la bouche pour le prier de les en difpenfer. Alors il leur dit, je le veux bien ; & fur l'heure, ayant mandé les confuls, il leur ordonna d'aller prendre cinquante ou foixante maçons, & de marcher droit au temple : ce qui ayant été fait avec une extrême diligence, il partit lui-même, fur le premier avis qu'il en eut, fuivi de fes gardes & de toute fa maifon, pour fe rendre au temple, où étant arrivé, il entra dedans, & cria hautement aux maçons, « Courage, mes « amis, vive le roi ; n'appréhendés rien, travaillés fortement, & commen- « çons de mettre la main à l'œuvre. » Ils commencérent par abattre la chaire, felon le fignal qui leur en fut donné ; puis, montant fur le toit, ils l'eurent bientôt découvert, parcequ'il n'avoit que de fimples planchers.

Cependant, le duc de Noailles étant monté à cheval, fit placer des fentinelles à toutes les avenuës, pour empêcher que perfonne ne paffât & ne fut endommagé des ruines, quoiqu'on prit grand foin de les faire tomber en dedans. Le lendemain, deuxième décembre, il fut vifiter à l'efplanade, le regiment de Saut, qui étoit arrivé en cette ville ; & l'ayant fait défiler vers le temple, il fe mit à la tête des officiers, devancé par les marquis de Caftries & de Villeneuve fon beau-frere, colonel de cavalerie ; il avoit à fa gauche le comte de Roure, l'un des lieutenans généraux de la province ; & tous les barons des états venoient enfuite, avec le regiment de Saut, qui fut placé par détachemens, à la Canourgue, à Saint-Firmin, à la place des Cévénols,

1682. & devant les Capucins, où ils restérent jusqu'au matin du quatriéme decembre, que la demolition fut entiérement achevée.

Ce temple avoit été bâti l'an 1585 dans le mois de janvier, ainsi qu'on le verifia par le milésime qui étoit à un grand arceau qui traversoit le temple. On y voyoit cette inscription, *Ex cinere vires colligo*, au-dessus d'un phénix qui servoit de devise à l'amiral de Châtillon, avec ses armes de l'autre côté, où étoit une aigle déployée & couronnée ; c'est lui, qui, dans le tems qu'il étoit le maître à Montpellier, fit faire les belles tribunes qui étoient à ce temple. Mais, ce qu'on observa le plus, c'est que le vendredi, troisiéme décembre, & jour de Sainte-Barbe, lorsque les huguenots de Montpellier se preparérent en 1621 à soûtenir le siége de leur ville contre le roi Loüis XIII, ils commencérent d'abattre toutes les églises de la ville, & le lendemain, quatriéme du même mois, ils achevérent de les détruire ; en sorte que soixante-un ans après, le culte exterieur des calvinistes fut aboli, le même jour qu'ils abolirent eux-mêmes dans Montpellier celui des catoliques, & pour surcroit de chagrin, ils appriient que le courier qu'ils avoient envoyé à Paris, avoit été arrêté & conduit à la Bastille, où il demeura dix ou douze jours.

CHAPITRE DOUZIÉME

Page 453.

I. Rapel du marquis de Wardes à la cour. II. Affaire de la Paulet. III. Chagrin qu'en eurent les huguenots. IV. Ils s'assemblent à Montpellier. V. Dans le Dauphiné. VI. En Vivarés. VII. Et dans les Cevénes. VIII. Honneurs funébres faits par les états de la province à Marie-Térése d'Autriche.

1683. I. LES états de la province, que M. le duc de Noailles tenoit à Montpellier, ne se separérent point sans avoir fait les honneurs funebres de M. le duc de Verneüil, dans l'église de Nôtre-Dame des Tables, avec toute la magnificence accoûtumée ; après quoi M. de Noailles partit pour aller servir son quartier de premier capitaine des gardes du corps, qui commençoit avec l'année 1683.

Peu de tems après le marquis de Wardes, qui étoit à Montpellier depuis dix-huit ans, reçut une lettre de Mr de Châteauneuf, secretaire d'état, qui l'invitoit de se rendre à Lyon, où il trouva un courrier du duc de Rohan, son gendre, avec un paquet, dans lequel étoit une lettre écrite de la propre main duroi, où fa majefté lui marquoit de venir en diligence à Verfailles, parce qu'il vouloit furprendre toute la cour par fon rapel. Cette heureufe nouvelle le fit voler où les ordres de fon maître l'appelloient, en forte qu'il arriva à Verfailles le famedi 22ᵉ de mai, ne trouvant dans la chambre du roi que le feul Mʳ de Châteauneuf. Il fe jeta d'abord aux pieds de fa majefté qui lui dit de fe relever; maïs ce feigneur la fuplia de permettre qu'il ne fe relevât point qu'elle ne lui eût pardonné. « Eh bien, lui dit le roi, « relevés-vous, je vous pardonne & de bon cœur; vous ne devès avoir obli- « gation à perfonne qu'à moi, car je vous ai rapellé de moi-même & quand « je l'ai jugé à propos. » Enfuite il lui parla affés longtems en particulier, puis il le fit voir à monfeigneur le dauphin & à Mᵐᵉ la dauphine, qui lui dit qu'on étoit bien aife de le voir à la cour, & quoiqu'elle ne le connût pas, elle avoit fort entendu parler de lui. Il reçut les mêmes honneurs & les mêmes entrées qu'il avoit lorfqu'il étoit en charge & le roi lui fit l'honneur de le nommer pour le premier voyage que fa majefté devoit faire à Marly. Toutes ces circonftances que je trouve dans les mémoires de divers particuliers de cette ville, prouvent combien ce feigneur étoit aimé & à quel point on s'intereffoit aux bonheurs de fa vie.

La démolition du temple tenoit trop à cœur aux religionnaires, pour ne pas donner des marques publiques de leur chagrin. Ils perfuadérent à Ifabeau Paulet, dont nous avons déjà parlé, de fe remettre aux prifons du parlement de Touloufe & de foûtenir fort & ferme qu'elle n'avoit jamais profeffé la religion catolique, par où ils auroient prouvé qu'on s'étoit fervi d'un faux prétexte pour les dépoüiller de leur temple. Cette affaire, qui devint une affaire de parti, fit grand bruit dans le royaume & dans une bonne partie de l'Europe, enforte que les catoliques de Montpellier furent dans la neceffité d'envoyer à Touloufe vingt témoins irreprochables, qui depoférent l'avoir vû abjurer l'héréfie à Teirargues, & profeffer en diverfes occafions la religion romaine. Sur ces témoignages, le parlement jugea conformément aux déclarations du roi, mais la peine de l'amende honorable fut commuée en une prifon perpetuelle, ou à paffer fes jours dans un monaftére. Heureufement, elle vint à ouvrir les yeux & fit de nouveau fon abjuration entre les mains de Mʳ de Montpezat de Carbon, archevêque de Touloufe; avoüant publiquement toût ce qu'elle avoit fait nier à fon avocat. Elle écrivit enfuite à fon pere qu'elle étoit catolique & que tout ce qu'elle avoit fait, n'avoit été qu'à la folicitation des huguenots, qui lui fourniffoient de l'argent pour plaider. La fincérité de fa converfion lui attira de la part *du roi une penfion de mile livres & mile écus d'argent comptant, pour fe marier avec un avocat de Touloufe, qui l'année fuivante fut fait capitoul.

1683.

II.

Page 454.

1683.

Par le même arrêt du parlement de Touloufe, confirmé depuis par des lettres patentes, il fut ordonné qu'après que la place du temple auroit été rafée, on y éleveroit une grande croix, ce qui fut executé le 10e de juin, par Mr Charles de Pradel, evêque de Montpellier, avec le plus de folennité qui fut poffible. D'où les miniftres prirent occafion de tourner en ridicule les

III. ceremonies de l'églife, en attachant durant la nuit à cette même croix, douze ftrophes de vers françois (que j'ai) en ftile marotique, mais fort mal imité, où ils ne manquérent pas d'accufer les catoliques d'idolâtrie & d'adorer la pierre dont cette croix étoit faite.

Mémoires du tems.

La verité eft que ce qui les fâcha le plus, fut de voir trente deux perfonnes de leur religion, parmi lesquelles il y en avoit plufieurs de diftinction, venir au milieu de cette ceremonie, fe jeter aux pieds de l'evêque & faire entre fes mains abjuration de leur herefie. Ils refolurent dès-lors de faire un coup de defefpoir & concertérent avec les autres miniftres de France & de Hollande que lorfque le duc de Montmouth partiroit pour l'Angleterre contre le roi fon pere Charles II, tous les huguenots du royaume s'attrouperoient & prêcheroient publiquement dans les lieux où leur religion avoit été interdite.

IV. Ils commencérent à Montpellier de s'affembler en diverfes maifons, où il fe trouva des miniftres preparez pour l'execution de leur deffein. Le cardinal de Bonzy en ayant été averti, envoya aux lieutenant de roi & major de la ville, de faire prendre les armes aux fixains & de charger leurs fufils à bale. En même tems, il manda les principaux des huguenots, aufquels il dit que s'il arrivoit quelque contravention aux ordres du roi, & du trouble dans la ville, ils en feroient les premiers punis. Ces meffieurs voyant bien qu'ils avoient plus à perdre que la populace, fe tranfportérent à une affemblée déjà toute formée, où un jeune propofant fe difpofoit à prêcher; ils repréfentérent à l'affemblée, qu'en faifant ce qu'on avoit refolu, on iroit ouvertement contre les ordres d'un roi puiffant & redoutable, dont ils ne pourroient avoir que du repentir s'ils ne changeoient de fentiment. Le jeune propofant répondit avec hardieffe que le fort en étoit jeté & qu'il ne faloit pas quiter la partie en fi beau jeu. A ces mots, Mr Bofc, confeiller au parlement, l'un de ces Mrs, prit le jeune propofant par la cravate & dit à ceux avec qui il étoit venu qu'il faloit amener en prifon ce jeune étourdi & tous ceux qui voudroient le protéger. Quelques-uns ne laifférent pas d'intercéder pour lui; enforte que Mr Bofc leur lâcha le propofant, fur la promeffe qu'on lui fit de le faire retirer; ce qu'ils firent exactement; & ainfi tout fut appaifé pour cette heure à Montpellier.

V. Il n'en fut pas de même en Dauphiné, où les religionnaires s'attroupérent en armes jufqu'au nombre de quatre mile hommes. Le roi y envoya 1683. le S^r de St-Rut, maréchal de camp & lieutenant des gardes du corps, qui s'étant mis à la tête des dragons, ne marchanda point les rebelles. Il alla droit à eux par tout où il les fçavoit, leur tua deux cens hommes, fit plufieurs prifonniers, qui furent pendus auffitôt; & s'étant faifi d'un de leurs chefs, nommé Chamié, jeune homme de vingt-deux ans, il le fit roüer tout vif à Montélimard, devant la maifon de fon pere.

Cette feverité faite à propos, calma le Dauphiné, d'où le S^r de St-Rut paffa dans le Vivarés & vint camper le vingtième feptembre entre Charme & Beauchatel, fur le bord du Rône. Ce fut dans ce pofte qu'il reçut une amniftie que le roi venoit d'accorder à la folicitation de M^r d'Aguefleau, en faveur des rebelles qui poferoient les armes dans huit jours à compter du 23e feptembre qu'elle fut publiée. Plufieurs communautez acceptérent la grâce qui leur étoit offerte; mais les plus féditieux s'attroupérent fur les montagnes voifines & vinrent tirer fur les fentineles du camp, attribüant à lâcheté, l'obfervation de l'ordre que M^r de St-Rut avoit donné à fes troupes de ne rien entreprendre durant les huit jours de terme.

* Dans cet intervale, le duc de Noailles, qui revenoit de la cour, arriva VI. P$_{AGE}$ 455. à Tournon, où il apprit que les féditieux avoient bleffé la nuit précédente un dragon, tué des foldats qui s'étoient écartez, pillé un troupeau de moutons à la vûë du camp, & brûlé les pailles des environs. Ce mépris de la grace du roi, furprit d'autant plus ce feigneur, qu'il venoit dans un efprit de paix: mais, il le fut bien davantage, lorfqu'étant monté à cheval pour reconnoître le païs, les féditieux tirérent fur lui & fur fa troupe; ce qui le convainquit, qu'il n'avoit plus à les ménager, & qu'il faloit marcher à eux. Il ne tarda point d'en avoir de nouvelles preuves; car, ayant ordonné à fes troupes de décamper à deux heures devant le jour, fept ou huit cens hommes, décendus d'une haute montagne, tombérent fur fon avant-garde, & firent une furieufe décharge. Cette attaque obligea nos dragons à mettre pied à terre, & à les pouffer à leur tour; ils leur tuérent cent hommes, en prirent dix ou douze, qui furent pendus, & chafférent le refte dans leurs rochers & leurs précipices. Nos foldats trouvérent dans la fuite de leur marche, une autre troupe de quatre cens, qui ne les attendirent point, mais qui prirent la fuite dans des bois inacceffibles à ceux qui n'en fçavoient pas les routes.

Le château de Chambaud, dont la fituation étoit fort avantageufe, auroit pu leur fervir d'azile, s'ils avoient eu le courage de le défendre; mais la peur le leur fit abandonner à la première vûë de nôtre armée, qui fit mine de le vouloir inveftir. Le duc de Noailles partit de là pour Chalançon, qui

1683.   étoit le siége de la rebellion, & que les gens du païs regardoient comme une place imprenable, mais elle eut le sort de Chambaud, car les revoltez n'osèrent y attendre nos troupes. Elles arrivèrent le 28 à Saint-Fortunat, qui ne se défendit pas mieux, quoiqu'il eût été fortifié; de sorte que le duc de Noailles & le sieur de Saint-Rut, ayant été trouver à la Voute M^r d'Aguesseau, ils prirent ensemble les mesures nécessaires pour l'établissement des quartiers. Nous ne perdîmes dans cette expedition du Vivarés, qu'environ quarante-cinq à cinquante soldats; le marquis de Castries eut un cheval tué sous lui à côté de Mr de Noailles & le comte de Talard son chapeau percé d'une bale. Mais, les séditieux firent incomparablement de plus grandes pertes, parceque les dragons qui s'écartoient pour piller, ne faisoient aucun quartier à ceux qui leur tomboient sous la main.

Cependant, M^r d'Aguesseau ayant prévû que les ministres séditieux prendroient la fuite, écrivit à divers seigneurs de la province, par les terres desquels ils pourroient passer, de les faire observer & de les arrêter. Il apprit bientôt, que le nommé Audoyer, ministre de Chalancon, avoit été pris par les ordres du comte d'Harcourt, & conduit à Tournon, où il indiqua le ministre Aumel, chef des revoltez, qui fut pris, & condamné à expirer sur la roüe, sa tête portée à Chalancon, & son corps à Beauchatel sur le Rône. Les prisons de Tournon & de Montpellier, furent alors remplies des prisonniers que l'on fit sur l'indication d'Audoyer; ce qui lui valut sa grâce. Mais, parmi ceux qui vinrent à Montpellier, on marque le nommé Alquier, du lieu de Clarensac, qui, le jour de tous les Saints, se coupa la gorge dans les prisons de la citadelle, avec un canif qu'il avoit caché sur lui.

VII.   Pour contenir les Cévénes, on envoya des troupes au Vigan, à la Sale, à Saint-André-de-Buéges, & surtout à Saint-Hipolite, où ils avoient prêché publiquement, & pris les armes à l'arrivée des troupes du roi. Les premiers prisonniers qui y furent faits, & qu'on pendit sur le champ, servirent à intimider les autres, qui reçurent garnison chés eux, avec le déplaisir de voir que les catoliques étoient exempts de logement des gens de guerre. Mais, le grand sujet de leur affliction, fut la nouvelle de la levée du siége de Viéne, qu'ils apprirent à Montpellier dans le mois d'octobre. La haine que les calvinistes portoient à l'empereur, pour avoir détruit leurs temples dans la Hongrie, leur rendit cette mortification plus sensible, jointe à l'esperance qu'ils perdoient de les voir rétablis par Tezeli, comme ils s'en étoient toûjours flatez. Tous ces mauvais succès les rendirent plus sages dans nos quartiers, où le duc de Noailles s'étoit déja rendu pour la tenuë des états de Languedoc.

Page 456. VIII.   * Ils furent ouverts à Montpellier le dixiéme d'octobre; & dés les premiers jours, le cardinal de Bonzy propofa à l'affemblée, de faire un fervice folennel pour la reine Marie-Téréfe d'Autriche, décédée à Verfailles le 30 du mois de juillet. Quoiqu'il en eût été déja fait un dans la catédrale, en préfence de tous les corps de la ville, où M. l'évêque avoit fait l'office, & le P. Viguier jefuite, l'oraifon funébre, la province néanmoins voulut donner dans la même ville, des marques fignalées de fon refpect pour la mémoire de cette vertueufe princeffe; de forte que les préparatifs ayant été achevez le vingt-quatre octobre, on prit jour au lendemain pour cette grande cerémonie. Je n'entreprendrai point d'en donner ici le détail, qui fut imprimé par ordre des états, avec des repréfentations en taille douce; je me contenterai de dire, que tout fut executé dans l'églife de Nôtre-Dame-des-Tables, avec tant d'ordre & de magnificence, qu'on n'y avoit encore rien vû dans ce genre qui en approchât. Le duc de Noailles portoit le grand deüil, fuivi des lieutenans généraux de la province, & des barons des états. Les prélats marchoient en rochet & camail noir. Les grands vicaires des évêques abfens, en bonnet & manteau long: foixante-trois députez des principales villes du Languedoc avoient des manteaux trainans, & les officiers des etats, mêlez dans toute cette marche, étoient en grand deüil. Le cardinal de Bonzy, grand aumônier de cette reine, celebra la meffe, affifté des dignitez du chapitre, & meffire L. de Gramont, evêque de St-Papoul, prononça l'oraifon funébre.

1683.

Aprés que les etats eurent fini leur affemblée au commencement de décembre, Charles de Pradel, évêque de Montpellier, entreprit de faire une miffion qui pût être également utile aux anciens catoliques & aux nouveaux convertis. Il fe fervit de plufieurs capucins, qui avoient à leur tête le P. Honoré de Cannes, célébre miffionnaire de fon tems. Les exercices de la miffion furent portez bien avant dans le mois de février 1684, & les grandes reftitutions, les aumônes & les reconciliations qui furent faites durant ce tems rendirent cette année mémorable dans Montpellier.

1684.

Le refte de 1684 fut diverfifié dans la ville par les réjouiffances que l'on y fit pour la prife de Luxembourg, invefti depuis le mois d'avril & rendu feulement le 7e de juin. Dans le mois d'octobre, on fe prepara, à Montpellier, à la tenuë des états, qui y furent ouverts le 25, par le marquis de Calviffon, en l'abfence du duc de Noailles. Les commiffaires du roi demandérent deux millions deux cent mile livres de don gratuit, qui furent accordez fur la propofition qu'en fit le cardinal de Bonzy, comme archevêque de Narbonne; mais, par le retour du Sr de Rozel, capitaine des gardes du marquis de Calviffon, on apprit que fa majefté fe contentoit de deux milions cent mile livres & qu'elle relâchoit le refte à la province.

CHAPITRE TREIZIÉME

I. Converſion des huguenots à Montpellier. II. Revocation de l'édit de Nantes. III. Soins que l'on prit pour l'inſtruction des nouveaux catoliques. IV. Commencement de grands troubles dans les Cévénes. V. Réjoüiſſances faites pour la convaléence du roi. VI. Précautions priſes pour contenir les Cévénes.

1685.   I. LE grand événément de l'année 1685, eſt le changement de religion que firent les hugenots & la revocation de l'édit de Nantes, qui furent precédéz à Montpellier par l'arrivée de Mr Nicolas de Lamoignon, ſeigneur de Baſville, que le roi tira de ſon intendance de Poitou, pour lui donner celle de Languedoc. Il arriva à Montpellier le vingt-ſixiéme de ſeptembre, où il ſe mit bientôt au fait des affaires de la province auprès de M^r d'Agueſſeau, qui s'y arrêta encore quinze jours, après lesquels cet illuſtre magiſtrat partit pour Paris, le onziéme d'octobre, portant avec ſoi l'amour & la vénération de tous les peuples du Languedoc.

Pluſieurs jours avant ſon départ, le cardinal de Bonzy & le duc de Noailles étoient arrivez de la cour pour la tenuë des états de la province, enſorte que ces trois ſeigneurs, bien inſtruits des intentions du roi, concertérent enſemble des moyens de réunir tous les habitans de Montpellier dans une même religion. Il fut propoſé de faire aſſembler les principaux religionnaires de la ville, afin qu'ils déliberaſſent enſemble d'embraſſer la religion catolique, de même que leurs peres avoient embraſſé le calviniſme par une déliberation publique. La propoſition leur en ayant été faite par M^r le duc de Noailles, ils tinrent leur premiére aſſemblée chès le Sr de Clauzel-Fontfroide, après laquelle ils vinrent dire qu'ils étoient plus de quatre mile perſonnes qui ſe feroient catoliques, & quelques jours après, s'étant aſſemblez de nouveau chès le Sr Bornier, jadis lieutenant principal au ſiége du préſidial de cette ville, ils en ſortirent tous en corps pour aller chès M^r le cardinal de Bonzy, à qui ils dirent qu'ils étoient reſolus d'embraſſer la religion romaine & qu'ils le prioient de vouloir les recevoir. Son éminence ayant pris le nom de tous ceux qui ſe préſentérent à lui, les renvoya à M^r l'evêque, qui les reçut; après quoi, ils vinrent avec une longue liſte à l'hôtel de ville, faire enregiſtrer leur abjuration, qui eſt datée du ſamedi vingt-neuvième ſeptembre, fête de St-Michel.

Ce même jour il arriva huit compagnies du regiment de La Fere & autant de celui de Dampierre, qui furent logez indiferemment chés les catoliques et chés les religionnaires. L'empreſſement de ceux-ci redoubla aux approches des troupes; de telle ſorte qu'ils coururent en foule pour faire leur abjuration & que faute de tems pour pouvoir leur en expedier des certificats en forme, on fut obligé d'écrire leur nom ſur des cartes marquées du cachet de l'evêque. Quoique les troupes ne ſéjournaſſent point dans la ville, on compte que dans trois jours il y eut ſix mile perſonnes de toute ſorte de condition qui abjurérent leur hèreſie; mais parce que dans ce nombre il étoit bien à preſumer que toutes ces converſions ne feroient pas durables, Mr l'evêque redoubla ſes ſoins pour leur inſtruction, en établiſſant des conferences publiques & des explications ſur la foi catoliques, qui ſe faiſoient tous les jours dans l'égliſe de Nôtre-Dame & le dimanche dans celle des Jacobins.

Mr de Baſville, de ſon côté, agiſſoit contre les malintentionnez, qui reprochoient aux nouveaux convertis leur abjuration & qui perſuadoient à pluſieurs de ſortir du royaume. Il fit publier le 4ᵉ d'octobre une déclaration du roi contre ces fugitifs, ſous peine de confiſcation de biens; mais elle aſſuroit en même tems le pardon à ceux qui voudroient revenir, ce qui ne contribüa pas peu au retour d'un grand nombre.

II. Tout ce qui venoit de ſe paſſer à Montpellier, diſpoſa les eſprits au grand coup que le roi frappa ſur tous les religionnaires de ſon royaume par la revocation de l'édit de Nantes & de tous autres édits & déclarations donnez en leur faveur: « il leur défendoit par ce dernier édit, donné à Fontaine-
« bleau le 22 d'octobre, tout exercice de leur religion dans les terres de ſon
« obëïſſance. Il ordonnoit que tous les temples qui leur reſtoient feroient
« démolis inceſſamment & il leur défendoit de s'aſſembler dans aucun lieu
« ou maiſon particuliére pour faire exercice de leur religion & à tous ſei-
« gueurs de permettre qu'on le fît dans leurs maiſons ou dans leurs fiefs.

« Sa majeſté enjoignoit à tous les miniſtres de ſortir du royaume dans
« quinze jours, avec défenſe de faire aucun prêche ou exhortation, ni au-
« cune fonction de leur miniſtére, ſous peine de galére. Il leur accordoit
« néanmoins, s'ils venoient à ſe convertir, les exemptions de tailles & du
« logement des gens de guerre qu'ils avoient auparavant, leur promettant
« de plus une penſion d'un tiers plus forte que leurs appointemens, & vou-
« lant qu'après leur mort leurs veuves joüiſſent de la moitié de ladite pen-
« ſion; ſa majeſté leur faiſoit pluſieurs autres grâces, capables de détermi-
« ner ceux d'entr'eux qui ne tenoient à leur religion que par le beſoin de
« ſubſiſtance. »

* Cet édit fut porté à Montpellier par un courier exprès, qui fit une

1685.

diligence extraordinaire; enforte que le duc de Noailles fut en état le 27ᵉ d'octobre, de monter à l'audience de la cour des aides, où cet édit fut enregîtré en fa préfence, & du comte de Roure, lieutenant de tour aux états, qui l'avoient accompagné avec un grand nombre de nobleffe; nos confuls, qui avoient à leur tête le Sʳ Crouzet de Villa, y furent appellez, & ce grand coup ne produifit heureufement aucun mauvais effet dans la ville, où tout demeura tranquile, comme fi l'on s'y fût attendu depuis long-tems.

III. Les états de la province ayant fini dans le mois de décembre, & le duc de Noailles étant parti pour aller fervir fon quartier près de la perfonne du roi, fa majefté nomma pour tenir fa place en Languedoc, Mʳ le marquis de la Trouffe, lieutenant-général de fes armées, qui arriva le 23 décembre à Montpellier, où il fut reçû avec les mêmes honneurs qu'on rend aux gouverneurs de la province. Après y avoir refté quelques femaines, il fit un voyage dans les Cevènes avec Mʳ de Bafville, pour faire fçavoir les volontez du roi & à fon retour, fur la fin de janvier 1686, il envoya des billets aux principaux des nouveaux catoliques de cette ville, pour s'affembler chés lui le mardi 29ᵉ du mois. « Mʳ l'intendant, qui s'y étoit rendu, leur « témoigna la fatisfaction que fa majefté avoit eu de leur bonne conduite « dans leur converfion, qui avoit fervi d'exemple à tout le royaume; mais « (ajoûta-t-il) cela ne fuffit pas, puifqu'il refte à faire les fonctions de bon « catholique, que le roi attend que vous faffiez fincèrement & de bonne foi « &, pour cet effet, fa majefté ne veut rien oublier de tout ce qui fera né- « ceffaire pour vôtre inftruction. »

1686.

C'étoit en effet ce dont ils avoient le plus de befoin, pour revenir des prejugez de leur naiffance contre les dogmes & les pratiques de l'églife romaine à qui leurs miniftres ne ceffoient de donner le nom de Babilone. Le roi, convaincu de leurs befoins, ordonna un grand nombre de miffionnaires dans tous les lieux où il y avoit de nouveaux catholiques; & par une grace fpéciale pour la ville de Montpellier, il lui deftina le P. Bourdaloüe, fon prédicateur ordinaire, qui arriva en cette ville le feize de février. Ce fameux prédicateur y prêcha tout le carême de 1686 & il fut fi fort goûté des nouveaux catoliques qu'ils fe rendoient à Sᵗ-Pierre dés huit heures du matin, quoique le fermon ne dût commencer qu'à dix & demi; l'églife ne pouvant encore les contenir tous, on fut obligé d'y faire des amphitéatres où après l'avoir oüy quatre jours de la femaine, ils pouvoient, les après-midi, l'aller entendre dans l'églife des Jefuites, où il faifoit des leçons de controverfe & répondoit aux dificultez que chacun avoit la liberté de lui faire. Les prêtres des parroiffes, de leur côté, faifoient des inftructions publiques trois fois la femaine, pour les préparer à la confeffion & à la communion pafcale; & afin qu'ils ne manquaffent pas de bons livres pour fe confirmer dans le parti qu'ils avoient pris, le roi leur en envoya vingt balots, dans lefquels il y avoit huit mile exemplaires du Nouveau-Teftament du pere Amelote, autant du petit livre des Courtes prieres pour dire pendant la meffe, l'Imitation de Jefus-Chrift & les pfeaumes de David en latin & en françois, qui leur furent diftribüez gratis.

1686.

Sa majefté leur donna une nouvelle marque de fon affection en faifant partir trois demoifelles de Paris, qu'elle entretint à fes dépens, pour apprendre à lire & pour élever à la vertu les filles des nouveaux catoliques; mais tous ces diferens moyens ne réuffirent qu'à l'égard du plus petit nombre, les autres étant retenus par le refpect humain, par les longues habitudes qu'ils avoient contractées, & par la feverité des pratiques de la religion romaine, comme la confeffion & le jeûne, qui n'avoient jamais été du goût de la prétendüe reforme. De là vient que les plus opiniâtres évitoient fous diferens prétextes les affemblées des catoliques & prenoient grand foin de ne fe laiffer voir à aucun prêtre dans leur maladie. Quelques-uns même pousfèrent les chofes jufqu'à faire des déclarations publiques qu'ils vouloient mourir dans leur anciene religion, ce qui fit que pour l'exemple, on en traita deux ou trois dans toute la rigueur des édits contre les relaps, mais on diffimula fur bien d'autres.

IV.

Les attroupemens, qui étoient d'une plus grande conféquence pour l'état, donnérent * beaucoup plus d'exercice à Mr de la Trouffe & à Mr de Bafville: ils apprirent qu'on avoit fait une affemblée à Vauvert, dans une cave foûterraine du vieux château & que dans les Cévénes, on avoit fait venir des miniftres & des propofans qui prêchérent à Sauve & à La Sale; puis étant décendus dans Lavaunage, ils avoient tenu des affemblées à Aiguevives, Codognan, Muz, Saturargues & autres lieux. Alors, les dragons leur donnérent la chaffe. On en prit un trés-grand nombre, qui remplirent les prifons de Brefcou, de Montpellier & d'Aiguemortes; mais leur nombre venant fi fort à augmenter, qu'ils ne pouvoient plus y trouver place, on les envoya à Marfeille, d'où ils partirent pour aller former des colonies dans la Nouvelle-France.

Page 459.

Les perfonnes du fexe, qui en fait de religion ne font pas moins opiniatres que les hommes, fe fignalérent à Montpellier dans cette occafion. Quelques-unes, à la tête defquelles on met une nommée Feüillade, alloient par les maifons foliciter leurs femblables de chercher dans les païs étrangers, la liberté des enfans de Dieu, qu'on leur ôtoit en France; & pour leur en faciliter les moyens, elles prirent foin de gagner un Genois, qui

1686.
depuis long-tems étoit homme d'affaires dans une maifon confiderable de la ville. Cet homme, fous le prétexte de faire venir des confitures, des citrons & autres fruits de fon pays, avoit eu le credit d'avoir une barque à Perols, où il recevoit de nuit les femmes & les filles de Montpellier, qui s'étoient renduës pendant le jour à la métairie de Vauguiéres par forme de promenade. Or, un jour qu'on en vit difparoître un grand nombre, le maitre d'hôtel de Mr de la Trouffe eut ordre de faire venir le Genois dans fon office, comme pour concerter enfemble des provifions qu'il lui faloit; & là, le capitaine des gardes l'ayant fait foüiller, lui trouva un catalogue des femmes & filles qui étoient déja parties, & un autre de celles qui reftoient à partir, fous les deux diferentes claffes de jeunes, de vieilles, & de celles qui avoient déja payé pour leur paffage, ou qui reftoient à le payer. Comme il fe trouva que beaucoup de familles étoient intereffées dans cette affaire, on jugea à propos de ne pas la fuivre: mais, on fe faifit de Vincent Vianes (c'étoit le nom du Genois) qui ayant été envoyé à Nîmes, y fut condanné aux galéres; et le métayer de Vauguiéres, qui lui tenoit la main, renvoyé à un plus amplement informé.

Ce jugement parut trop moderé à ceux qui vouloient s'en tenir à la féverité des édits contre les fugitifs, & contre ceux qui leur prêtoient la main; mais, quoique l'on pût faire dans la fuite, on n'empêcha point qu'un trésgrand nombre ne trouvât le moyen de fe retirer à Genéve, en Brandebourg, ou en Angleterre.

Nos archives marquent pour cette année, la belle reparation qui fut faite devant la porte de l'églife catédrale, où l'on ôta les décombres des vieilles ruines qui y reftoient depuis les premiers troubles de la religion; c'eft-à-dire, depuis plus de cent ans. On dit que le grand abord du monde, dont les voitures avoient eu peine à fe ranger dans le tems des prédications du pere Bourdaloüe, détermina le confeil de ville à y faire mettre la main; mais, quoique la déliberation en eût été prife dés-lors, la chofe ne fut commencée que l'année d'après, par le fieur Fontanon, premier conful, qui fit enlever les terres: enfuite, le fieur Duvidal, feigneur de Montferrier, qui lui fucceda dans cette place pour l'année 1687, fit faire la muraille de foûtenement du côté de Saint-Ruf, & l'efcalier à deux rampes par où l'on décend à la place Saint-Pierre.

1687.
V. Au commencement de cette année 1687 on avoit été fort occupé à Montpellier, des actions de grace qu'on devoit à Dieu pour la convaléfcence du roi Loüis XIV. Le *Te Deum* en fut chanté folennellement dans la catédrale, le vendredi 7e février, où il eft à obferver, que M. le cardinal de Bonzy, qui y affifta en camail & rochet, fe plaça dans la chaife du prévôt du chapitre;

Mr de la Trouffe, commandant pour le roi dans cette province, au milieu du chœur, fur un prie-dieu; Mr de Lamoignon, intendant, à la chaife du facriftain; & M^r le marquis de Wardes, qui étoit venu revoir Montpellier, fe mit au côté de M^r l'intendant.

1687.

Toutes les cours de juftice qui y avoient affifté, voulurent faire leur fête particuliére. M^{rs} de la cour des aides ne la portérent pas plus loin qu'au lendemain,* en faifant chanter dans leur chapelle une grand'meffe & un *Te Deum*. Mais, ce qu'il y eut de particulier à leur fête, c'eft qu'outre les décorations ordonnées dans leur chapelle, & dans la grande cour du palais, ils firent diftribuer aux pauvres quarante douzaines de pains, & leur livrérent divers tonneaux de vin blanc & de vin rouge, qu'on avoit mis aux coins de cette grande cour; mais, lorfque le peuple, mêlé avec les pauvres, donnoit les plus grandes marques de leur joye, ils furent tous agréablement furpris, d'une pluye de petites piéces d'argent qu'on leur jeta des fenêtres, jufqu'au nombre de douze cent livres. M^{rs} les tréforiers de France imitérent leurs largeffes, dans la fête qu'ils donnérent le neuviéme de ce mois; & le jour fuivant, M^{rs} du préfidial, fuivis des avocats, procureurs, & de la maréchauffée, s'étant rendus chés le juge mage, partirent de fa maifon, précedez de trompettes, violons & hautbois, & allérent rendre graces à Dieu dans leur chapelle, où ils firent chanter une grand'meffe, terminée par le *Te Deum*.

PAGE 460.

Cependant les nouveaux convertis des Cévénes, qui avoient pris courage à la nouvelle de la maladie du roi, continuérent de plus fort leurs affemblées; ce qui obligea Mr de la Trouffe & Mr de Bafville, de faire plufieurs voyages en leur païs, où ils fe propoférent de faire bâtir des forts pour les contenir. Ils en écrivirent au roi, qui, ayant approuvé leur deffein, ordonna qu'on en fit conftruire à Nîmes, à Alais, & à Saint-Hipolite; ce qui fut bientôt exécuté, car toutes les villes & communautez, à dix lieuës à la ronde, fournirent des maçons, des charrettes & du monde, pour avancer l'ouvrage. Montpellier y fut pour fix charrettes, & pour les maçons de la ville qui y furent envoyez.

IV.

L'évêque de Montpellier, voyant qu'il n'avançoit pas beaucoup auprès des nouveaux catoliques de fon diocéfe, quelque foin qu'il prît de leur envoyer des prêtres pour les difpofer à faire leurs pâques, redoubla fes foins envers leurs enfans, de qui il y avoit plus à efperer. Après avoir fait difpofer les plus âgez à la première communion, il leur donna le facrement de la confirmation dans l'églife Nôtre-Dame, & en communia cinq cent de fa main, le premier jour d'avril, 3e fête de Pâque; mais, ce qui toucha le plus les bons catoliques, fut une proceffion que ces enfans firent l'après-midi en cet

1687.

ordre. La suite consulaire marchoit à la tête, suivie de la banière de la ville, portée par un pauvre de l'hôpital général; après laquelle venoient trois cent filles, deux à deux, ayant à la main un cierge de cire blanche, & chantant les litanies de la Vierge. Après un peu d'intervale, venoient deux cent garçons dans le même ordre, précedez de trois enfans de chœur, qui chantoient la prose du jour de Pâque, *O Filii & Filiæ*; à quoi tous les garçons répondoient en corps, *Alleluya*, &c. Le clergé en surplis, mené par le sieur Pignon, curé de Nôtre-Dame, marchoit sous la croix de la paroisse; & toute la marche étoit fermée par les consuls en chaperon, suivis de quelques personnes de qualité, & de beaucoup de peuple.

Manuscrits de Delort.

Nos mémoires particuliers marquent au 4 de juillet, l'arrivée en cette ville du sieur de Moran, intendant de Provence, qui alloit prendre la place de premier président au parlement de Toulouse, vacante par la mort de Mr de Fieubet. Il fut logé chés Mr de Basville, regalé le lendemain chés le premier président de la cour des aides, & visité en corps par le présidial, par le chapitre en grande députation, & par les facultez de droit & de medécine. On marque qu'ils ne se virent point avec Mr de la Trousse, chacun d'eux prétendant à la première visite. A son départ, qui fut le 6 de juillet, tous les procureurs montérent à cheval, pour l'accompagner jusqu'à Loupian, qui est à cinq grandes lieuës de Montpellier.

Ces mêmes mémoires marquent, que le sixiéme décembre on donna la première eau à l'écluse du pont Trincat, sur le canal de la riviére du Lez, commencé, comme nous l'avons dit, par le président Solas, & continué par la marquise de Graves sa fille.

PAGE 161.

CHAPITRE QUATORZIÉME

I. Froid & chaleur excessive. II. Evenèmens particuliers. III. Ligue d'Ausbourg. IV. Le comte de Broglio à Montpellier. V. Levée des milices. VI. Promenade du Peirou. VII. Retraite de Nuys honorable au marquis de Castries.

1688.

I. LE cardinal de Boüillon, qui avoit déja fait quelque séjour à Montpellier, voulut y venir passer l'hiver de 1688 mais, ce même hiver fut un des plus rudes qu'on eût ressenti depuis long-tems en cette ville; il y tomba de la nége jusque dans le mois de mars, & le vent du mois d'avril fut aussi froid qu'il avoit été en décembre & en janvier. Par

contrecoup, les chaleurs y furent extrêmes l'été fuivant; enforte que le ter- 1688.
momètre monta le jour de la Magdelaine, jufqu'au 84ᵉ degré : on y refpi-
roit durant la nuit un air enflamé, comme s'il fortoit d'une fournaife; & il
eft mémorable, que le peuple ne pouvant fubfifter dans fes maifons, fut
reduit à porter fes matelas en pleine ruë, pour pouvoir y refpirer, & prendre
quelque fommeil.

Sur la fin d'août, le comte d'Armagnac, paffant en cette ville pour aller II.
aux bains de Barege, fut reçû à la porte du Pile-Saint-Gilles par nos confuls en robe rouge, & falüé de quatorze coups de canon de la citadelle. Il
logea chés le fieur de Sarret, à la Canourgue, & partit le 28ᵉ de ce mois.

Peu après fon départ, il y eut à Montpellier un grand paffage de troupes,
qui avoient leur rendés vous autour du Comtat Venaiffin; & le 20 de feptembre, Mʳ de la Trouffe reçût un courier du roi, pour aller fe faifir d'Avignon, qui en eft la capitale. Il partit auffitôt, & fe prefenta avec quelques
troupes devant la ville, où il fut reçû fans coup ferir, les confuls lui en ayant
porté les clefs, & le vice-légat s'en étant retiré à fon approche. La caufe de
cette nouvelle démarche, venoit des broüilleries entre Rome & la France,
au fujet des franchifes du quartier des ambaffadeurs à Rome, que le pape
Innocent XI (Odefcalki) vouloit fuprimer. Il interdit à cette occafion l'é-
glife de Saint-Loüis de la nation françoife; & ce mécontentement, joint
au refus qu'il avoit fait au cardinal de Fuftemberg, des bules pour l'archevêché de Cologne, irrita le roi, qui protegeoit ce cardinal, & fut caufe
de la faifie du Comtat.

Alors, on vit éclater la ligue d'Ausbourg, qui étoit déja formée contre la III.
France, par le prince d'Orange & par le duc de Neubourg. Le roi, pour
prévenir fes énemis, fit marcher des troupes dans le Palatinat, & par les
prifes de Hailbron & d'Heidelberg, il difpofa l'execution du principal deffein, qu'il avoit fur Philisbourg. Monfeigneur fut chargé de cette expedition,
dont il vint heureufement à bout en dix-neuf jours de tranchée ouverte,
quoique la place fût une des plus fortes de l'Europe, & la faifon déja fort
avancée. On en fit à Montpellier des réjoüiffances publiques, & le *Te Deum*
y fut chanté le 14 de novembre; mais, cette prife, qui fut encore fuivie de
celles de Manhein & de Frankendal, ne firent pas une diverfion affés forte
pour arrêter le prince d'Orange, qui, fur la fin de cette année, fe mit en mer
pour l'Angleterre, où les fujets du roi Jacques l'ayant abandonné, il fut
obligé de faire paffer en France le prince de Galles & la reine fon époufe,
qu'il vint joindre lui-même à Saint-Germain-en-Laye, le 7ᵉ janvier 1689. 1689.
Alors l'empire, l'Efpagne & la Savoye, fe liguérent avec le prince d'Orange
contre la France, qui feule eut à foûtenir la guerre en faveur du roi détrôné.

1689.

IV.

PAGE 462.

Aprés la faifie d'Avignon & du Comtat-Venaiffin, le roi avoit rapellé le marquis de la Trouffe, qu'il comprit dans une création de foixante-cinq chevaliers de fes ordres, faite quelque tems après. Le marquis de Rozel vint commander à fa place avant la tenuë des états; mais, au commencement de 1689, il fut relevé par le comte de Broglio, qui fit fon entrée à Montpellier le 11 de* janvier, au bruit de vingt-cinq coups de canon. Il occupa le peuple dés ce même mois, à l'applaniffement des terres hors la porte du Peirou, où l'on avoit projeté de faire une grande & belle promenade. Il eft marqué, que le travail fut interrompu le 21 & le 22 de février, par un vent fi fort & fi general, qu'il abatit plufieurs cheminées, & arracha des oliviers & autres arbres; mais, ce qui parut plus étrange, fut que nos champs & nos chemins étoient couverts de feüilles de châteigners, que le vent avoit apporté des Baffes-Cévénes, & du côté de Lodéve.

Le comte de Broglio, & Mr de Bafville, fon beaufrere, étoient alors dans le Vivarés, où, fur la nouvelle qu'ils reçurent le 16 février, ils s'étoient rendus en diligence, pour diffiper deux mile hommes attroupez auprès d'Annonay, qui avoient déja battu nos troupes. Ils en affemblérent d'autres, avec lefquels ils châtiérent les rebelles, & amenérent à Montpellier leur prédicant lié & garroté, qui ayant été transferré à Nîmes le 8 de mars, y fut pendu quelques jours après.

V. Comme la faifon de la guerre approchoit, on travailla dès-lors à la levée des milices, & à la convocation de l'arrière-ban, ordonnées par le roi. Le duc de Noailles, qui alloit commander nôtre armée en Rouffillon, paffa dans ce même tems à Montpellier; & ayant conferé pendant deux jours avec Mr de Bafville, chés qui il étoit logé, il partit le 28 de cette ville pour fe rendre à celle de Perpignan.

Manufcrits de Serres.

La levée des milices donna plus de tracas qu'on avoit crû avant que de la mettre en régle. On renonça d'abord à la première vûë qu'on avoit eu, d'y comprendre les gens mariez, ou veufs qui auroient des enfans, & l'on prit le parti de choifir des garçons de métier, aufquels on promit la maitrife; pour cet effet, le fieur Henri Caffeirol, juge de l'ordinaire, fut chargé d'affembler chés lui les confuls des arts & métiers, qui tous ne fongeoient qu'à fe faire exempter. Les apoticaires, les orfévres & les ferruriers, débatirent leurs droits en préfence de Mr de Broglio & de M^r l'intendant, qui parurent approuver leurs raifons; mais, par l'évenement les orfévres & les ferruriers perdirent leur caufe. Les procureurs défendirent beaucoup mieux la leur; car, ayant été avertis qu'ils étoient taxez avec les notaires pour faire huit hommes, ils s'affemblérent à l'iffuë de l'audience, pour déliberer ce qu'ils avoient à faire; & en ayant informé la cour, elle commit les fieurs de Lau-

Livre dix-neuviéme.

riol & de Grefeüille pour entendre leurs raiſons. Ils dirent, « qu'ayant
« l'honneur d'être officiers du roi, au moyen des proviſions qu'ils ſont
« obligez de prendre pour pouvoir exercer leurs charges, & en conſequence
« ayant payé des taxes pour la confirmation de leur hérédité, ils devoient
« être déchargez, conformément aux ordonnances déja données en leur
« faveur par M^r d'Agueſſeau, ès années 1674 et 1676. Ces deux commiſſaires ayant goûté leurs raiſons, & fait leur raport à la cour, elle pria Mr Vignes, procureur genéral, de parler à Mr de Broglio & à M^r l'intendant en
faveur des procureurs, qui gagnérent leur cauſe. Le choix qu'on reſolut de
faire entre les anciens catoliques, préférablement aux nouveaux convertis,
fit naître un autre cas, parceque chaque ſoldat voulant ſe faire valoir, demanda du moins trente écus avant que de partir. Il fut reglé, que ceux qui
marcheroient pour gagner leur maîtriſe, ne prendroient rien; & que ceux
qui s'engageroient pour de l'argent, ſe contenteroient de quatre écus. Ainſi,
tous les préliminaires ayant été reglez, on ſigna la cotiſation des contribüables, que je raporte, parcequ'elle a ſervi de régle depuis ce tems-là.

1689.

	hom.		hom.
Les cordonniers feront.	8	Serruriers, arquebuſiers, roma-	
Les tailleurs d'habits & fripiers.	8	niers	5
Ménuiſiers, barraliers & tour-		Maréchaux	3
neurs	7	Paſſementiers, ceinturiers & bou-	
Les maçons	6	tonniers	3
Les plâtriers	5	Pâticiers, cabaretiers & rotiſſeurs.	10
Tiſſerands de toile.	3	Couteliers, & faiſeurs de peignes.	3
Tiſſerands en laine, & pareurs.	5	Potiers d'étain, lanterniers &	
Selliers & bahutiers	2	fondeurs	1
*Potiers de terre	1	Tapiſſiers, brodeurs	3
Charrons & faiſeurs de mails.	2	Maquignons, loueurs de litiére	
Jardiniers.	1	ou de chaiſe	3
Orfévres, graveurs & lapidaires.	3	Meûniers	1
Faiſeurs de futaines.	3	Chapeliers, cartiers & paumiers.	2
Tondeurs.	2	Portefaix & porteurs de chaiſe.	3
Chaudronniers	1	Peintres, doreurs & ſculpteurs.	2
Teinturiers	2	Perruquiers	2
Fourbiſſeurs.	1	Cordiers	1
Tuiliers,	1	Libraires & imprimeurs	1
Vitriers & verriers.	1	Bourgeois & marchands.	46

Page 463.

De tous ces hommes on en fit cent effectifs, qui faiſoient la cotité de la

1689.

ville de Montpellier, dont on forma deux compagnies de cinquante hommes chacune, qui eurent pour capitaines les Srs de Combas & de Rozel; Mr de Villevieille en fut fait colonel; Juvignac, lieutenant-colonel & Pastourel, aide-major. Ils affemblérent leurs troupes le jour des Rameaux, chés Mr de Broglio, qui fit donner un fufil à chaque foldat & le lendemain ils partirent de cette ville pour aller à St-Hipolite relever les vieux foldats qui y étoient en garnifon.

Dans ce même tems on publia une ordonnance au nom du marquis de Caftries, fenéchal de Montpellier, qui affignoit tous les poffeffeurs de fief & terres nobles, à venir faire leur déclaration, afin qu'à proportion de la valeur du bien ou des fiefs, on pût regler la contribution d'un chacun pour le ban & l'arriére-ban. Ceux qui portoient l'epée ou qui vivoient noblement furent taxés par le juge mage; & après que les gentilshommes de la fenéchauffée de Nîmes & de Montpellier, qui vouloient rendre le fervice perfonnel, fe furent mis en état, ils fe rendirent en cette ville le dix-huitiéme de mai, où ils pafférent en revûë le lendemain à la place de la Canourgue, tous vêtus de rouge & galonnez d'or; ils partirent le 20 pour Caftelnaudarry, qui étoit le quartier d'affemblée, où l'arriére-ban du Haut-Languedoc les attendoit, pour fe rendre tous enfemble dans la Guiéne, ayant à leur tête François de Montenard, marquis de Montfrin, fenéchal de Nîmes.

Le vingt-un, on vit arriver à Montpellier l'arriére-ban de la fenéchauffée du Puy, qui y fut paffé en revûë, & partit enfuite pour aller joindre les autres. Le 24, arrivérent les milices de Provence, au nombre de cinq cens hommes, pour aller renforcer l'armée du duc de Noailles, qui, dans ce même mois fe rendit maître de Campredon.

VI. Tous ces préparatifs de guerre n'empêchérent point qu'on ne reprit alors le deffein de la promenade du Peirou, qui avoit été interrompuë depuis le mois de février. Je trouve dans des mémoires particuliers de ce tems-là,

Manufcrits de Delort & de Serres.

que le premier projet en eft dû à Mr de la Trouffe & l'exécution à Mr de Broglio, qui fit conclurre l'applaniffement du terrein dès fon arrivée à Montpellier, mais on ajoûte que lui & Mr de Bafville, fon beau-frere, n'étant pas d'accord pour la difpofition qu'on devoit donner à cette promenade, ils envoyérent leur deffein à Paris, où l'on fe détermina pour celui de Mr de Broglio, qui vouloit toute la promenade en terraffe, au lieu que Mr de Bafville en vouloit deux, l'une baffe & l'autre haute. La chofe une fois refoluë, on paffa le bail à quarante-cinq mile livres pour tous les ouvrages qu'il y avoit à faire, dont on donna la conduite au S^r d'Aviler, fameux architecte; il fit abatre les deux portes du Peirou, qui étoient dans le goût de celle de Saint-Guillem, & à leur place, il en bâtit une feule en forme d'arc de triomphe, dont je ne donne point la defcription, parce qu'elle eſt connuë de tous ceux qui ont été à Montpellier. On fe fervit de la terre qui formoit le cavalier qu'on y avoit fait du tems du fiége, & qui fervoit alors d'une aire à batre le blé, pour combler les chemins qui coupoient tout ce terrein. On y forma une promenade de cent trente toifes de longueur fur quarante-deux de largeur, revêtuë aux endroits néceffaires d'une forte muraille, pour foûtenir les terres & pour fervir de fiége à ceux qui vont s'y promener. *Comme le lieu eſt le plus élevé de tout Montpellier, on y refpire pendant l'été le bon air de la montagne, dont on voit une longue chaîne à quatre lieuës de diſtance, & dans l'entredeux une forêt d'oliviers, diverfifiée par un grand nombre de maifons de campagne; de l'autre côté, la vûë eſt terminée par une grande étenduë de mer, où l'on découvre l'anciéne iſle de Maguelonne & à l'extrèmité de la promenade, on voit des colines toutes couvertes de vignes. Ce lieu a paru le plus propre pour y placer la ſtatuë équeſtre que la province a fait dreffer à la gloire du roi Loüis - le - Grand. Elle a projeté d'y faire, dans cette année 1729, de grands embeliffemens, dont je laiffe la defcription à ceux qui viendront après moi.

1689.

PAGE 464.

Cependant, la ligue d'Ausbourg faifoit fes efforts contre la France. L'électeur de Brandebourg entra dans le Palatinat au mois de juillet, avec une armée de cent mile hommes, d'où il projeta le fiége de Strasbourg; mais ayant changé d'avis, il fe rabatit fur Bonne, défenduë par le baron d'Asfeld & enfuite fur Mayence, où commandoit le marquis d'Uxelles. Ces deux fiéges occupérent les énemis durant toute cette campagne & donnérent une joye particuliére à Montpellier, par une action glorieufe du marquis de Caſtries, fon gouverneur. On raconte que Mr de Sourdis étant forti de Nuys avec douze cent chevaux & le regiment de Provence infanterie, fuivi d'un détachement de celui de Caſtries de vingt-cinq hommes par compagnie, il donna dans un gros de quarante efcadrons alemans, qui mirent fa cavalerie en defordre & vinrent charger nôtre infanterie, qui avoit à fa tête le marquis de Caſtries. Ce feigneur ralia fon monde pour gagner un bois où il tint fi ferme, que quoique la compagnie des grenadiers eût été taillée en piéces, les énemis ne purent jamais le rompre; & la nuit étant venuë, il fe retira en très-bon ordre dans Nuys & de là à Bonne. Cette action (à qui on a donné le nom de la retraite de Nuys) ayant été fçuë du roi, par les lettres de Mrs de Sourdis & de Bertillat, maréchal de camp, porta fa majeſté à faire une promotion unique en faveur du marquis de Caſtries, qu'il honora d'un brevet de brigadier de fes armées dans lequel toute l'action eſt détaillée.

VII.

1689.

Durant ce tems, on ne fe reffentoit pas à Montpellier des troubles de la guerre; car on aporte que l'opera y vint pour la première fois & qu'il fit fa première repréfentation le 7ᵉ de juillet dans le jeu de paume du Pas-Etroit, où il commença par l'opera d'Amadis, & donna fucceffivement, le dimanche, mardi & jeudi, ceux de Bellerophon, Phaeton, Alcefte & autres.

Le premier feptembre, la ducheffe de Noailles & la comteffe de Guiche, fa fille, arrivèrent en cette ville, pour aller en Rouffillon, où le duc de Noailles commandoit nôtre armée. Le canon ne tira qu'après qu'elles furent arrivées chés Mʳ l'intendant, où elles logeoient; & le lendemain elles partirent après-dîné, fans avoir voulu aucune harangue de la part des confuls.

Peu de jours après, Mʳ de Broglio & Mʳ de Bafville furent obligez d'aller dans les Cévènes, où le miniftre Vivens, du lieu de Valeraugue, faifoit des affemblées en armes, pour exciter, s'il le pouvoit, une guerre inteftine dans le royaume, tandis que nos armées étoient occupées fur les frontières. Les plus coupables furent punis de mort. La tête de Vivens fut mife à cinq cent loüis d'or, & l'on rafa les maifons de ceux qui avoient donné retraite aux rebelles après en avoir donné le pillage aux foldats.

Cette année finit par un dénombrement que nos confuls firent dans chaque fixain de la ville, pour en fçavoir au jufte le nombre des habitans. Il fe trouva dans celui de St-Firmin, dix-huit cent vingt-trois perfonnes; à Ste-Foy, trois mile cinq cent quatre-vingt-quatorze; à St-Mathieu, trois mile cent foixante-dix-fept; à Ste-Anne, trois mile cinq cent cinquante-fept; à Ste-Croix, trois mile fept cent foixante-feize, & à St-Paul, cinq mile quatre cent trente-cinq. Le tout, fans y comprendre les fauxbourgs, faifant vingt-un mile trois cent quatre-vingt-dix-fept perfonnes; par où l'on reconnut la diminution d'habitans qu'avoit caufé la fuite des religionnaires, & le grand nombre de ceux qui avoient pris parti dans les troupes du roi.

CHAPITRE QUINZIÉME.

PAGE 465.

I. Evenémens particuliers. II. Heureux succés des armes de la France. III. Nouvelle crûë à la cour des aides. IV. Inscription de la promenade du Peirou. V. Établissement de la bourse des marchands. VI. Arrivée du prince de Danemark. VII. Création des mairies.

LES troubles des Cévénes donnérent lieu à la prise qu'on fit à Saint-Jean de Gardonenque, du nommé Olivier, jeune prédicant, âgé de 18 ans, qui avoit prêché en diverses assemblées, bâtisé des enfans, administré la céne, & imposé les mains pour faire des ministres. Il fut conduit à Montpellier le 12 janvier, & condamné le 15 à être pendu.

I. 1690.

Le vingt-uniéme du même mois, le cardinal de Bonzy arriva en cette ville, à son retour de Rome, où il avoit assisté à l'élection du cardinal Ottoboni, qui prit le nom d'Alexandre VIII. Cette éminence séjourna jusqu'au mois de mars à Montpellier, d'où elle partit le 2 pour se rendre à Narbonne.

Nos consuls, qui ont coûtume de prendre possession de leur charge le 25 de mars, qui se rencontroit cette année avec le samedi-saint, remirent la cerémonie au lundi d'après la *Quasimodo*; ensorte (disent nos annales) que les consuls de l'année précedente virent deux semaines saintes, & leurs successeurs n'en virent point.

Pendant le reste de ce mois, & dans le suivant, il y eut à Montpellier un grand passage de troupes, qui donna lieu à la capture d'un fameux chef des rebelles du Vivarés, qu'on cherchoit depuis long-tems. Cet homme, nommé Astier, vint se brûler, (comme l'on dit) à la chandelle; car, il eut la hardiesse de venir à Montpellier, & d'aller voir la revûë du regiment de Sault, que Mr de Broglio faisoit au Peirou. Un soldat ayant crû reconnoître à sa mine, les traits de son portrait qu'il avoit vû, le dit à ses camarades, qui l'arrêtérent de concert; & l'ayant conduit à la citadelle, où il nia d'abord qui il étoit, il l'avoüa enfin. De sorte que Mr de Broglio ayant ordonné qu'on le menât à Baix-sur-Baix, où il avoit commencé de soulever le peuple, il y fut jugé par Mr de Basville, qui s'y rendit exprés, & le fit punir le 2 avril, du suplice qu'il avoit merité.

Toutes ces entreprises des nouveaux convertis, firent prendre à Montpellier de nouveaux soins pour la sûreté de la ville. On publia le 5 d'avril, sous peine de prison & d'amende, que personne n'eût à sortir aprés dix heures du soir, sans lumiére; & l'on fit faire toutes les nuits une patroüille exacte par la

1690.

garde bourgeoife, foûtenuë de quinze dragons, qu'on prenoit de ceux qui avoient refté dans la ville. Le même jour, on publia la convocation de l'arriére-ban des fenéchaufſées de Nîmes, Montpellier & le Puy, qui ne fe rendirent en cette ville qu'au commencement de juin, d'où ils partirent, au nombre de foixante gentilshommes, commandez par le marquis de Tourneil, pour aller joindre à Caftelnaudarry ceux du haut Languedoc, & de là fe rendre tous enfemble à Angoulême, pour y attendre les ordres de la cour.

Dans ce même temps, le duc de Noailles, qui commandoit nôtre armée du Rouffillon, envoya à Montpellier cent quatre-vingt efpagnols, qu'il avoit pris à Saint-Jean-de-Pagez. Les officiers furent mis dans la citadelle, & les foldats dans un jeu de paume, où après avoir refté un jour entier, ils furent conduits à Aiguemortes, & enfermez dans la tour de Conftance.

II. Tout le mois de juillet fe paffa en réjoüiffance des bonnes nouvelles qu'on reçut de nos diferentes armées de terre & de mer. Le 7ᵉ Mʳ de Baſville apprit par un courier dépêché de la cour, la victoire complette que le duc de Luxembourg avoit remportée à Fleurus fur le prince de Valdec. Le 16 un autre courier apporta à Mʳ de Broglio, que le chevalier de Tourville, vice-amiral de France, avoit défait dans la Manche, l'armée navale des Anglois & des Hollandois ; le 23 il lui vint un autre courier, avec la nouvelle d'un fecond combat, où Mʳ de Tourville ayant pourfuivi dix-fept vaiffeaux énemis, les avoit démâtez, & obligé d'échoüer fur la côte, où ils fe brûlérent.

PAGE 466.

Pour comble de grands évenémens, Mʳ de Baſville reçut le 2 d'août, une lettre de Mʳ de Louvois, par laquelle il lui marquoit, que le même jour que la bataille navale s'étoit donnée, le prince d'Orange en avoit donné une autre en Irlande, où il avoit été tué avec le maréchal de Schomberg. Comme le peuple de Montpellier foufroit beaucoup, des troubles que les religionnaires avoient excité depuis l'invafion du prince d'Orange, il ne falut pas le pouffer à donner des marques de fa joye ; il n'eft point de plaifanterie qu'il ne fît fur cette mort : mais, deux jours après, on apprit que veritablement le maréchal de Schomberg avoit été tué, mais que les bleffures du prince d'Orange n'étoient pas dangereufes, & qu'il avoit même défait nos troupes, qui lui avoient abandonné Dublin.

Cette mauvaife nouvelle fut reparée en quelque forte, par celle qu'on reçut bientôt après, de la victoire remportée à Stafarde le 18ᵉ août, par Mʳ de Catinat, qui fut fuivie de la prife de Saluces, & de plufieurs autres villes de Piémont, tandis que Mʳ de Saint-Rut, commandant dans la Savoye, la foûmit toute entiére au roi, excepté Montmelian.

Le duc de Noailles, étant fur la fin de fa campagne, vint à Montpellier le 23ᵉ octobre, pour y tenir les états de la province, qui y étoient mandez : il y arriva avec onze compagnies de dragons du regiment de Bruëil ; & ayant reçû les clez de la ville, des mains du fieur de Maine, nouveau lieutenant de roi de la ville, il entra à cheval par la porte de la Saunerie, fans vouloir aucune harangue des confuls. Il fit l'ouverture des états deux jours après, vingt-cinquième octobre ; & le 13ᵉ novembre, jour de l'ouverture du palais, il y affifta dans la première place, comme premier préfident né, en vertu des lettres patentes qu'il en avoit. L'intendant de la province fe mit à la tête du doyen de la cour, en robe rouge & chaperon fourré d'hermines, comme ceux des autres officiers, ce qui ne s'étoit jamais vû (difent nos mémoires), parceque ceux qui l'avoient précedé en cette charge, n'y avoient affifté qu'en robe noire.

1690.

Quinze jours après, la cour des aides fut obligée d'enregitrer un édit, portant création d'un nouveau préfident, de cinq confeillers, d'un correcteur & de deux auditeurs, pour joüir des mêmes gages & honneurs que les anciens. C'étoit un effet des divers expedients que l'on prit dans le cours de cette guerre, pour tirer de l'argent du general & des particuliers ; mais, on donna une douceur à la cour des aides, qui fut d'unir à fa jurifdiction la connoiffance du domaine, que l'intendant exerçoit auparavant avec des commiffaires. A cette occafion, il fut créé par le même édit, une charge de garde des archives du domaine, dont le fieur Carouge prit des provifions.

III.

L'année 1691 fut remarquable par la prife de trois des plus fortes places de l'Europe, comme la précedente l'avoit été par le gain de trois fanglantes batailles. Nice fut la première, felon l'ordre du tems, à laquelle Mʳ de Catinat s'étoit difpofé dès le mois de mars, par la prife de Villefranche & autres lieux voifins : mais, deux bombes lui avancèrent confidèrablement la prife de Nice ; car, l'une étant tombée fur le magafin des poudres, & l'autre fur celui des bombes & grenades, elles firent un fi grand fracas, & cauférent tant de defordre dans la place, qu'elle ne fut plus en état de faire la longue refiftance qu'on avoit attendu. Le roi, de fon côté affiégea en perfonne, la forte place de Mons, qui fe rendit dans le mois d'avril, après feize jours de tranchée. Cependant, le duc de Noailles arriva à Montpellier, pour aller commander dans le Rouffillon ; & fon paffage donna lieu à bien de chofes qui furent faites en cette ville pour la fûreté publique ; car, on y defarma tous ceux qui s'étoient faits catoliques depuis cinq ans. On y publia une nouvelle convocation de l'arriére-ban : on mit en meilleur ordre les fixains de la ville, à qui l'on choifit de bons officiers ; on en nomma pour Bouton-

1691.

1649.

net & Celleneuve, qui font du confulat de Montpellier, & l'on établit un nouvel ordre pour la garde de la ville.

*Les confuls qui fortoient de place & qui avoient fait achever la promenade du Peirou, en voulurent laiffer un monument à la poftérité, par cette infcription qu'ils firent graver en lettres d'or fur un marbre qu'on voit encore à l'un des coins de la promenade, du côté de St-Guillem.

ANNO M. DC. LXXXX.

AD CIVIUM DELICIAS, URBISQUE ORNAMENTUM, HOC PUBLICUM OPUS FOELICITER CONFECTUM EST

REGNANTE LUDOVICO MAGNO

Consulibus nobili viro DE CAPON DU BOSC, MAZADE, GERMAIN, CASTEL, DUMAS & TOURLET.

Les nouveaux confuls, de leur côté, firent le dénombrement accoûtumé des habitans de la ville, qui fe trouvèrent monter cette année à vingt-trois mile quatre cent quatre-vingt-dix-huit perfonnes, le nombre en ayant augmenté de plus de deux mile depuis deux ans, fans qu'on en marque la raifon.

V. Les fecours confiderables que le roi avoit tiré des marchands de Montpellier dans le cours de cette guerre, fervirent à leur faire obtenir un édit du mois de mai, portant établiffement d'une bourfe commune de marchands à l'inftar de celle de Touloufe, avec les mêmes juridiction, prééminences, autorité & priviléges, pour connoître, en première inftance, de tous les procès mûs & à mouvoir entre les marchands & négocians de la generalité de Montpellier & dans les diocéfes de Montpellier, Nîmes, Uzès, Viviers, Le Puy, Mende, Lodève, Agde, Beziers, Narbonne & Saint-Pons. Cet édit fut vérifié le 16 de juin à l'audience du fenéchal de Montpellier, en préfence des confuls majeurs de la ville, & en conféquence de cet édit, on fuprima les confuls de mer, qui avoient regi le commerce de Montpellier depuis l'origine de cette ville; comme je le dirai dans l'article du confulat de mer qui ne fera pas des moins curieux ni des moins intereffans de cette hiftoire.

Mr le duc de Noailles ayant fait quinze cent prifonniers à la Seu d'Urgel, on en conduifit les officiers dans la citadelle de Montpellier, qui y entrèrent le 25 de juin & dans le mois fuivant, foixante-fix miquelets efpagnols y ayant été conduits, on les en tira peu de jours après pour les galéres de Marseille.

1691.

Le roi fit l'honneur cette année au Sr de Montaigne, lieutenant principal au sénéchal et siége présidial de cette ville, de le nommer professeur en droit françois & conseiller au conseil souverain de Perpignan, ce qui valut à son fils la charge de lieutenant principal, que son pere lui resigna, en laquelle il fut reçû dans le mois d'août avec les honneurs accoûtumez.

Les taxes que la nécessité de la guerre obligea de mettre sur tous les corps du royaume, fit aussi qu'on accorda à quelques-uns divers priviléges & des marques honorifiques. Ainsi les conseillers au présidial prirent la robe de satin; les auditeurs & correcteurs celles de damas, & les conseillers à la cour des aides, qui, faute d'avoir pris des grades dans une université, portoient des robes noires, eurent permission d'y ajoûter la fourrure d'hermines.

Le duc de Noailles arriva du Roussillon le 22 octobre, pour la tenuë des états de la province, dont il fit l'ouverture le 29; & sur la fin de cette assemblée, on apprit qu'après 33 jours de tranchée ouverte, Mr de Catinat s'étoit rendu maître de la forte place de Montmelian, ce qui ne pouvoit terminer plus heureusement l'année.

Dans la suivante, 1692, où l'hiver fut très-rude à Montpellier, on apprit que le roi s'étoit mis en marche dès l'entrée du printems vers la Flandre, où il fit le siége de Namur, qui se rendit après huit jours de tranchée; mais le tems fut si extraordinaire pour la saison, que le roi fut arrêté encore vingt-deux jours* devant le château, dont il vint néanmoins à bout, malgré l'armée de cent mile hommes que le prince d'Orange & le duc de Baviére avoient amené à son secours.

1692.

P<small>AGE</small> 468.

Le 10 du mois de juillet, à neuf heures du soir, arriva *incognito* à Montpellier, le prince royal Federic, fils aîné de Christian IV, roi de Danemark, âgé de vingt & un an. Il alla loger chez la marquise de Graves, où son logement étoit preparé, & le lendemain, il fut visité par Mr de Broglio, par M^r l'intendant & par toutes les cours de justice, sans harangue. Il fut regalé tour à tour par Mr de Broglio & par Mr de Basville; & le 14 de ce mois, il fit l'honneur au comte de Courson, d'assister à ses théses pour la licence, qu'il prit en l'université de cette ville. On marque que le prince étoit hors de rang, dans un fauteüil au haut du parquet, & Mr de Broglio debout derriére sa chaise, quoique son altesse royale lui eût dit deux ou trois fois qu'il lui feroit plaisir de s'asseoir; ce qu'il fit à la fin.

VI.

Pendant le séjour que le prince fit à Montpellier, il fut témoin des ré-

1692.

joüiſſances que nous fîmes pour la priſe de Namur & pour le combat de Steinkerque, gagné le 4 d'août par Mr de Luxembourg. Son alteſſe néanmoins n'eut pas lieu de ſe louer du climat de Montpellier, le 30 août; car ayant fait preparer ſur une plate-forme couverte de tentes, un grand ſoupé pour quelques dames, il ſurvint un ſi grand orage de grêle au commencement du feſtin, que les dames effrayées ſe refugiérent dans une ſale où on leur apporta tout ce qu'on put ramaſſer; mais elles furent dédommagées par un grand & magnifique deſſert qui n'avoit pas encore été ſervi.

Comme cet orage dura toute la nuit & une partie du lendemain, il enfla ſi fort nôtre riviére, qu'elle entraîna les gerbiers qui étoient dans les aires, les chaudrons & les paniers du pré de la Laine, & porta au milieu des champs une barque pleine de blé, qu'elle y laiſſa ſans que le grain eût ſouffert aucun dommage.

Son alteſſe royale de Danemark, avant de quiter Montpellier, voulut diverſes fois ſe faire voir au Peirou avec Mr de Broglio, de qui il avoit eu quelque mécontentement au jeu; elle en partit le 8e de ſeptembre, au bruit de ſeize piéces de canon pour ſe rendre à Paris par la route de Touloufe & de Bordeaux. Son départ fut bientôt ſuivi de l'arrivée de la reine Caterine de Portugal, reine douairiére d'Angleterre, qui avoit à ſa ſuite plus de cent cinquante perſonnes. Cette princeſſe fut logée chès le préſident Deſplans; & elle ne tarda point de ſe mettre en marche pour le Portugal où elle ſe retiroit.

VII. La ville de Montpellier, ſur la demande de Mr de Pontchartrain, contrôleur general des finances, fit cette année un don au roi de ſoixante mile livres, pour leſquelles elle engagea ſes boucheries pendant dix ans; mais comme ce ſecours étoit bien modique pour les grands beſoins de l'état, on projeta de créer un maire perpetuel, à la place du premier conſul qui n'étoit en charge que pendant un an. L'eſpérance que cette nouvelle charge donnoit à l'acquereur de pouvoir gouverner pendant toute ſa vie, fit augmenter conſidérablement le prix de la finance, & le roi ayant ôté toute ſorte d'incompatibilité des autres charges avec celle-là pour en faciliter la vente, George de Belleval, préſident en la cour des aides, pouſſa les offres juſqu'à la ſomme de quarante mile ecus, avec les deux ſols pour livre; & la nouvelle lui étant venuë le 3 décembre, qu'il avoit obtenu l'agrément du roi pour cette mairie, il en reçut les felicitations de tous ſes amis.

CHAPITRE SEIZIÉME.

PAGE 469.

I. Troubles à l'établissement de la Mairie. II. Union de la cour de l'ordinaire au siége présidial. III. Campement autour de Montpellier. IV. Impôt sur l'entrée du vin. V. Froid extrême en 1694. VI. Nouvel hôpital établi pour la retraite des pauvres. VII. Campagne glorieuse au maréchal de Noailles.

LES deux premiers mois de l'année 1693 se passèrent à disposer l'établissement de la mairie perpétuelle. On fit venir les provisions du nouveau maire, qui prêta serment le 16 du mois de mars, entre les mains de Basville, intendant de la province. Mais, comme il est impossible de prévoir tous les cas qui peuvent arriver dans des changemens aussi considerables que celui qu'on venoit de faire, il survint des incidens qui partagèrent toute la ville.

I. 1693.

Par un des articles de la création des mairies, on établit deux rangs d'assesseurs, qui devoient aider le maire dans les fonctions de sa charge, & être du nombre des conseillers politiques. On reçut la soumission de six personnes pour le premier rang, sur la finance de six mile livres chacun; & celle de six autres personnes pour le second rang, à raison de quatre mile liv. chacun, avec les deux sols pour livre: ensorte que par ce moyen il entroit soixante mile écus dans les cofres du roi, tant pour la création du maire que pour celle des assesseurs.

Ceux qui firent leur offre pour le premier rang, furent Henry de Ranchin & Claude Campan, conseillers en la cour des comptes, aides & finances; Gilbert Plomet, auditeur en la chambre des comptes; Hierôme Loys, conseiller au présidial; Pierre Verduron, avocat du roi au même siége, & Charles de Combas, ancien capitaine. Les sieurs Melon, Myot, Silvecane, Fabre, Bonnier & Hébrard, marchands de laine, firent leur soumission pour le second rang; mais, les uns & les autres furent longtemps à recevoir leurs provisions.

Dans cet intervale, il falut proceder à l'élection des consuls; & pour cet effet, le 26 du mois de mars, le nouveau maire assembla les électeurs dans la grand'sale de l'Hôtel-de-Ville, où Henry de Ranchin (dit Lizée) fut nommé premier consul, au gré de tout le monde. Mais, la scène changea étrangement le lendemain; car, le premier consul ayant reçu la baguette des mains du maire à sa prestation de serment, & ayant été faire ses visites

1693.

accoûtumées avec la baguette à la main, on envoya le foir même la lui demander : ce qui donna lieu à plufieurs allées & venuës à l'intendance, tant de la part du maire, que du premier conful, qui crut être obligé de faire fignifier les proteftations par écrit.

Les divers expediens que l'on prit pour pacifier les chofes n'ayant pu réuffir, Mr de Bafville donna une ordonnance qui caffoit l'élection du premier conful & de fes affeffeurs, comme ayant été faite avant qu'ils euffent reçû les provifions de leurs charges; & à leur place, il nomma les trois premiers confuls de l'année précedente, afin que la ville ne demeurât pas dépourvuë de magiftrats politiques pour la regie des affaires de la communauté.

Cette ordonnance donna lieu au premier conful dépoffédé, d'aller à Paris, pour fe pourvoir au confeil; mais, à peine y fut-il arrivé, qu'il apprit que le confeil avoit donné un arrêt en confirmation de l'ordonnance de l'intendant; qu'il étoit interdit des fonctions de fa charge de confeiller en la cour des comptes, aides & finances, & qu'il lui étoit ordonné de fe rendre inceffanment à la fuite du confeil pour fe faire oüir. Il n'eut pas le temps d'être entendu; car, un mois après, il fut relegué au château de Saumur, jufqu'à nouvel ordre.

Cet événement caufa dans Montpellier (où tout le monde prenoit parti dans cette affaire) la rumeur qu'il eft aifé d'imaginer. Mais, on ne tarda point de paffer du murmure à la pitié, par la mort inopinée du nouveau maire, qui fut enlevé par un miferere, le troifiéme du mois de juin, à la quarante-fixiéme année de fon âge.

PAGE 470.

*Dans ces entrefaites, on foufrit beaucoup à Montpellier par la cherté des vivres, à caufe d'une grande levée de mariniers, qui fut faite fur nos côtes pour renforcer nos armées navales. Le poiffon en devint beaucoup plus cher; & par une efpéce de contagion, le prix du blé, du vin & de la viande, augmenta extraordinairement.

Tous ces contretems n'empêchérent point les habitans de donner de grandes démonftrations de joye, à l'occafion du mariage du marquis de Caftries avec mademoifelle de Mortemar, fille au feu maréchal de Vivonne, qui fut celebré à Paris dans la maifon de Saint-Jofeph, par le cardinal de Bonzy, le 20 du mois de mai. La ville & la citadelle de Montpellier (dont ce feigneur avoit le gouvernement) firent à l'envi de grandes réjoüiffances; & le peuple fit fa fête particuliére, où il n'oublia point les danfes accoûtumées du chevalet. Ces fêtes furent fuivies quelques jours après du *Te Deum* chanté à Saint-Pierre le 24 juin, pour la prife d'Heidelberg dans le Palatinat, par le comte de Lorge; & le 12 juillet, pour celle de Roze dans la Catalogne, par le maréchal de Noailles. Les feux de joye en furent faits à la Canourgue, selon l'usage qui s'en introduisit alors.

Enfin, l'union de la cour ordinaire de Montpellier avec le siége présidial de cette ville, fut faite en cette année 1693. Le sieur Pierre Eustache, juge-mage, ayant resté deux ans à Paris pour soliciter cette affaire revint avec un arrêt du conseil, qui ordonnoit cette union; mais, la dificulté d'indemniser les officiers de la cour ordinaire qui devoient être suprimez, fit surseoir assés long-tems à l'éxecution de l'arrêt. Après plusieurs projets inutiles, on prit le parti d'indemniser en argent, le lieutenant du juge, & le procureur du roi de l'ordinaire, selon la liquidation qui en seroit faite par Mr de Basville; & quant à Henry Casseirol, qui en étoit juge, on trouva le moyen de le recompenser en la personne de son fils, à qui le présidial donna la charge de juge criminel, que cette compagnie acheta exprès de Charles de Perdrix, qui la quitoit pour passer à celle de président en la cour des comptes, aides & finances. Par ce moyen, la juridiction de l'ordinaire, après avoir duré cent quarante ans, depuis son établissement par Henry II, demeura suprimée, & unie à celle du présidial, où Jean Henry Casseirol fut instalé juge criminel le 8 d'août, après avoir fait son entrée publique de la manière que je l'ai décrite en pareille occasion.

Dans ce même mois, on eut à Montpellier un spectable qu'on marque n'y avoir point été vû depuis le siége de 1622. Les énemis de la France ayant attaqué Pignerol en Italie, le roi donna ordre à son armée de Catalogne, d'envoyer un détachement au secours de cette place. L'infanterie fut embarquée, pour faire plus de diligence; & la cavalerie s'avança par terre à grandes journées, au nombre de deux mile cinq cens hommes, qui arrivérent à Montpellier le 20 d'août. Comme il étoit à craindre que le peuple ne fût extraordinairement foulé de leur logement, & même qu'ils ne portassent quelque maladie dans la ville, ce qui n'étoit que trop souvent arrivé, on prit le parti de les faire camper auprès de la rivière, entre le moulin de l'Evêque & celui de Semalens. Chaque habitant eut ordre, par un cri public, de fournir un fagot de bois du poids d'un quintal, tant pour faire boüillir la marmite du soldat, que pour faire des piquets pour former le camp, pour dresser les tentes & attacher le chevaux. Le camp fut formé sur deux lignes dont les regimens de cavalerie occupoient celle qui touchoit au moulin de l'Évêque, & les dragons celle du moulin de Semalens, un grand chemin entre deux. Les étapiers leur ayant fourni tout le bois, foin, paille, avoine, pain, vin & viande qu'il leur faloit, ce fut un objet nouveau & bien agréable, de voir toutes ces tentes dressées au cordeau, & les chevaux rangez de même, avec les feux allumez d'espace en espace; ce que bien peu d'hommes

1693.

vivans pouvoient se souvenir d'avoir vû autour de Montpellier. Le lendemain ils partirent pour aller coucher à Nîmes, où ils devoient séjourner, sans s'arrêter à Lunel.

Le maréchal de Catinat, qui commandoit en Italie, profita si bien de ce renfort, qu'il obligea le duc de Savoye de lever précipitamment le siége de Pignerol, & que l'ayant attaqué à la Marsaille le 3ᵉ d'octobre, il remporta

PAGE 471.
une victoire * signalée, qui fut celebrée à Montpellier dans le même mois, avec les mêmes solennitez qu'on avoit fait sur la fin d'août pour la bataille de Nervinde, gagnée dans le Brabant par le maréchal de Luxembourg.

Sur la fin d'octobre, le maréchal de Noailles, qui commandoit en Catalogne, vint à Montpellier, d'où il partit au bruit des canons de la citadelle, pour se rendre en diligence à la cour. Dans ce même tems on instala dans la charge de maire, Gaspard de Belleval, à qui le roi venoit d'accorder une dispense d'âge pour pouvoir occuper la place de son pere, avec tous les droits honorifiques qui y étoient attachez, comme d'assister aux *Te Deum*, feux de joye, processions & assemblées des états de la province; mais sa majesté vouloit qu'il attendit l'âge de vingt-cinq ans accomplis, pour pouvoir présider aux assemblées de ville, sans autoriser aucunes délibérations ni signer aucun mandement.

IV. Les grands efforts que la France étoit obligée de faire, donnérent lieu à un impôt sur le vin, qui a duré depuis quoiqu'il n'eût été établi que pour un tems. Voici le fait: le roi ayant donné un édit par lequel tous les propriétaires des maisons relevant de sa directe, payeroient un droit de lods anticipé, sur le pié de dix un, Mʳ de Basville, à la priére des propriétaires, écrivit à Mʳ le contrôleur général, qui se laissa toucher à la misére du peuple & fit abonner ce droit de lods à la somme de deux cent vingt-six mile livres, moyenant quoi, les acheteurs dedites maisons seroient affranchis du droit de lods. Lorsqu'il fut question de payer cette somme, on ne trouva d'autre expedient que de la faire emprunter à la ville, à laquelle il fut permis d'imposer pendant vingt ans, quatre livres sur chaque muid de vin étranger qui entreroit dans Montpellier, vingt sols sur chaque muid du terroir & quarante sur celui qui n'en seroit pas. Outre cette faculté, le roi transmit son droit de lods à la ville, à laquelle chaque acheteur de maison relevant de la directe du roi, payeroit à l'avenir comme il auroit dû payer au fermier du domaine. De cette maniére, les acheteurs ne furent point déchargez du droit de lods; ils payérent même leur portion des sommes empruntées, avec le droit d'entrée de leur vin, qui subsista toûjours, par la facilité qu'il y a de continüer une chose déja établie.

Ce traité, qui étoit avantageux à quelques particuliers, aiguisa la cupidité de plusieurs autres, qui firent de grands amas de blé pour en augmenter le prix. Ils firent si bien que nous fûmes menacez d'une disette prochaine, pour à quoi remedier, on obtint un arrêt du conseil, qui défendoit le transport des grains & ordonnoit une vérification de ceux qu'on trouveroit chés les particuliers, afin que tout ce qui seroit au-delà de leur besoin fut employé à celui du public en bien payant. Sur cet ordre il fut fait une vérification dans toute la province; mais les précautions que l'on prit, n'empêchérent point la disette qui survint dans l'année suivante.

1693.

Cependant on fut réjoüi à Montpellier par l'heureuse arrivée du marquis de Castries, qui revint de l'armée le 1er novembre & qui fut accüeilli à la porte de la ville par les consuls & par tout le peuple qui se mit en fête à son occasion. Quelques jours après, on fit des réjoüissances publiques pour la prise de Charleroy par l'armée du maréchal de Luxembourg; mais on étoit à la veille d'une saison des plus rigoureuses qu'on eût eu de mémoire d'homme; car, dès la fin de novembre, il y eut des gelées fréquentes & un vent de bise insuportable, qui continüa jusqu'au 22 de janvier 1694.

V.

Alors il tomba une quantité prodigieuse de nége, qui se conserva sans se fondre, tant à la ville qu'à la campagne, jusqu'au 15 de février. La misére devint si grande qu'elle fit périr un grand nombre de pauvres dans toute la province; ensorte que le parlement de Toulouse, à la requisition du procureur general, donna un arrêt contenant plusieurs articles pour leur subsistance. Mr l'intendant ayant reçû cet arrêt, manda tous les sindics des corps & métiers, & tous les particuliers qui ne tenoient à aucun corps, dont on avoit fait un regître île par île, afin que chacun offrit volontairement ce qu'il voudroit donner, pour faire subsister les pauvres de la ville pendant quatre mois, & pour établir en faveur des étrangers un second hôpital general, où ils seroient reçûs & nourris * pendant ce tems. Chacun offrit selon ses pouvoirs, & les cours de justice se taxérent elles-mêmes : la cour des aides à mile écus, & les autres à proportion.

1694.

Page 472.

Avec ce secours, on établit un hôpital dans le cimetiére dit des huguenots, où tous les pauvres étrangers, qui décendoient en foule de la montagne, avoient le couvert & la nourriture. Douze dames de la miséricorde, assistées de douze jeunes demoiselles, leur administroient les vivres, & quelques autres femmes les soulageoient dans les plus basses fonctions; trois prêtres s'offrirent pour leur instruction spirituelle, & pour leur faire le catéchisme. Mais avec tout ce bon ordre, on éprouva que l'habitude & le libertinage faisoient gueuser la plûpart des pauvres : car un grand nombre de ceux qui y étoient, démandérent d'en sortir; & ils aimérent mieux mendier leur vie, que de

VI.

la trouver toute prête dans un lieu renfermé. Les plus robustes furent envoyez à la citadelle, où ils s'enrolérent ; & quelques autres congediez, avec défense, fous peine du carcan, de mettre le pied dans la ville. Ceux qui reftérent se laissérent enfin gagner à la malpropreté ; ensorte, que la maladie se mit parmi eux, dont quelques-unes des dames qui les servoient furent les victimes. On fut enfin obligé de leur donner la clef des champs, qu'ils demandoient avec instance ; mais, comme ils n'osoient entrer dans la ville, dont les portes étoient gardées par des habitans & par des soldats tour à tour, ils s'attroupoient à la promenade du Peirou, où des personnes charitables alloient encore les faire ranger en haye & leur distribuer des vivres.

Ce mauvais tems dura jusqu'au mois de mai, où le bon Dieu touché, de nos malheurs, envoya une pluye si abondante, & des rosées si frequentes, que la terre reprit une nouvelle face : les blez reverdirent, au lieu qu'auparavant ils étoient jaunes ; les oliviers se dépoüillérent de leurs feüilles toutes séches, & en jetérent de nouvelles ; & les vignes qui avoient pû échaper au froid, poussérent des pampres & des raisins, qui promettoient une heureuse recolte. Sur cette esperance, quasi certaine, les usuriers ouvrirent leurs greniers ; & les pauvres, qui esperoient trouver quelque chose à la campagne, se dispersérent : ensorte qu'au commencement de juin, les choses revinrent dans leur premier état.

Au milieu de tous ces malheurs, M^r le cardinal de Bonzy, qui étoit à Montpellier, fit de grandes largesses au peuple, particuliérement dans le mois de février, où l'on apprit la naissance de son petit-neveu, dont la marquise de Castries s'étoit accouchée à Paris. Dans les mois suivans, on fut distrait à Montpellier par un grand passage de troupes, dont les unes prenoient le chemin de Provence, où l'on équipoit une armée navale, les autres marchoient vers la Catalogne, où le bruit couroit qu'on assembloit quarante mile hommes. Peu de jours après, on vit passer les genéraux qui devoient commander ces deux armées ; sçavoir, le maréchal de Tourville, qui arriva le 25 avril à Montpellier, pour se rendre à Toulon, & le maréchal de Noailles, qui alloit en Catalogne.

VII. Il partit de Montpellier le deuxième de mai ; & l'on apprit bientôt, qu'il avoit passé le Ter à la vûë des Espagnols, retranchez sur les bords, & qu'il avoit défait leur armée le 27e de mai. On vit ensuite arriver cent cinquante officiers, de ceux qu'il avoit faits prisonniers en cette occasion, parmi lesquels étoit le general de la cavalerie espagnole, qui eut la ville pour prison, & tous les autres la citadelle. Ils en furent bientôt retirez, par l'arrivée d'environ cinq cent soldats prisonniers de guerre, qu'on y conduisit encore ; & le 25 de juin, jour de Saint-Jean-Baptiste, on chanta le *Te Deum* à Montpellier pour cette victoire, & pour la prife de la ville & château de Palamos, qui en fut le premier fruit. Gironne & Oftalric fe rendirent dans le mois fuivant; ce qui donna lieu à des nouvelles réjoüiffances à Montpellier, où l'on ne fut occupé, depuis le paffage du maréchal de Noailles, que des avantages qu'il avoit remporté fur nos énemis.

1694.

CHAPITRE DIX-SEPTIÉME

PAGE 473.

I. Evenémens particuliers. II. Foire du pont Juvenal. III. Mort du comte du Bourg. IV. Inondation extraordinaire. V. Etabliffement des cafernes. VI. Capitation. VII. Paffage du duc de Vendôme, & du furintendant de la marine. VIII. Etats à Montpellier. IX. Entrée du marquis de Caftries en cette ville. X. Naiffance du prince de Dombes.

L'ABONDANCE que la recolte de 1694 avoit produit, fit paffer le refte de cette année dans des occupations plus gracieufes que n'en avoient été les commencemens. On fit à Montpellier le 29 août, le facre du premier évêque d'Alais (François Chevalier de Saux) dans l'églife de la Vifitation, où le cardinal de Bonzy fit la cerémonie, affifté des évêques d'Uzés (*a*) & de Lodéve (*b*); tout ce qu'il y avoit de plus remarquable dans la ville, de l'un & de l'autre fexe, y affifta. Et le cinquiéme de feptembre, Charles de Pradel, évêque de Montpellier, affifté des évêques de Lodéve & d'Alais, en camail & rochet, fit la benédiction de dame Marie-Téréfe-Elizabet d'Amboife de Toiras, nommée par le roi à l'abbaye de Nonenque dans le Roüergue. Cette dame, qui étoit religieufe de l'abbaye du Vignogoul-lez-Montpellier, eut pour affiftantes, Tifaine-Françoife de Nogaret de Calviffon fon abbeffe, & Loüife-Téréfe de Lacroix de Caftries, abbeffe de Saint-Geniés. La cerémonie en fut faite dans l'églife des Auguftins, en préfence de M^r & madame de Broglio, de M^r & madame de Bafville, & de tout ce qu'il y avoit de plus apparent dans Montpellier.

I.

Le fecond de novembre, on tint la premiére foire du pont Juvénal, qui avoit été accordée ci-devant par lettres patentes au préfident Solas, en faveur du canal qu'il avoit entrepris fur la riviére du Lez. La marquife de

II.

(*a*) Michel Poncet de la Riviére.
(*b*) Jacques-Antoine Phelypeaux.

1694.

Graves fa fille & fon héritiére, voyant ce travail achevé, voulut profiter de la grace qui lui avoit été accordée; & ayant difpofé toutes chofes pour le 2 novembre, jour marqué pour tenir la foire, elle la fit publier le matin avec les formalitez accoûtumées, & en fit faire l'ouverture par une proceffion, durant les trois jours de la foire. Elle donna des prix pour être gagnez à la courfe; ce qui attira un concours incroyable de peuple de l'un & de l'autre fexe, tant de la ville que de la campagne; & dans le refte du tems que la foire dura, elle fut honorée de la préfence de Mr le cardinal de Bonzy, & de quantité de perfonnes de qualité.

Les difputes qu'il y avoit eu au fujet de la baguette confulaire, furent terminées peu de tems après par un arrêt du confeil, portant union de la charge de viguier à celle de maire, avec faculté audit maire, en qualité de viguier, d'avoir rang & féance devant le doyen du préfidial, & de fe faire accompagner par la fuite confulaire, toutes les fois qu'il iroit au palais, où le fieur Gafpard de Belleval fit enregîtrer cet arrêt.

III. Sur la fin de cette année, il arriva à Montpellier un évenément bien funefte au comte du Bourg, qui y commandoit dans l'abfence de Mr de Broglio. Ce feigneur ayant appris que le comte du Roure, l'un des lieutenans genéraux pour le roi en cette province, & qui étoit de tour cette année pour tenir les états à Narbonne, devoit paffer par Montpellier, défendit au lieutenant de roi de la citadelle de faire tirer le canon à fon arrivée; ce qui n'empêcha point Mr du Roure d'entrer dans la ville, avec douze de fes gardes, le fabre à la main, & précedez de deux trompettes fonnantes. Il alla loger chès le préfident d'Arênes, où l'on mit fes armoiries fur la porte, avec des feftons de laurier, felon l'ufage. La chofe ayant été raportée à Mr du Bourg,

PAGE 474. il envoya prier le comte du Roure, * de faire fortir fes gardes de la ville, & de faire ôter les armoiries du deffus de fa porte. Le comte du Roure mit fi bon ordre à la fûreté de fes gardes, qu'ils ne purent être rencontrez par deux compagnies de la citadelle qui furent envoyées pour les chercher; mais, quant aux armoiries, il répondit qu'il alloit partir, & qu'après fon départ on les ôteroit. Ce départ ayant été retardé de quelques heures, le comte du Bourg voulut aller voir lui-même, fi les armoiries étoient encore en place; & les y ayant apperçûês, il manda une compagnie de foldats de la citadelle, qui les arrachérent, & les percérent de plufieurs coups.

La chofe ne put être faite fans une grande émotion de part & d'autre. Mr du Roure partit fur le champ dans une étrange colére, après avoir dépêché un homme en cour pour en informer le roi. Mr du Bourg, de fon côté, prit la même précaution; mais, les mouvemens qu'il s'étoit donnez, firent rouvrir une bleffure qu'il avoit reçû au paffage du Ter; ce qui lui caufa la mort le 29ᵉ novembre, dans la maison du président Mariotte, où il logeoit, & d'où il fut porté aux Capucins, selon sa dernière disposition. On marque, qu'avant mourir il chargea le sieur Pignon, curé de Nôtre-Dame des Tables, de dire au comte du Roure qu'il mouroit son serviteur, & que tout ce qu'il avoit fait, n'étoit par aucune animosité contre lui, mais seulement pour soûtenir les droits de sa charge, afin de ne pas porter préjudice à ceux qui lui succéderoient.

1694.

Ce malheur particulier fut suivi d'une disette generale de bois & de charbon, qui provenoit de l'avarice des proprietaires des bois, qui vouloient en augmenter extraordinairement le prix. Nos consuls firent de beaux reglemens sur cela; mais, rien ne fut plus efficace qu'une ordonnance de Mʳ de Basville, qui enjoignoit aux païsans, sous peine de garnison à pure perte, d'apporter, à leur ordinaire le bois & le charbon. Dans ce même tems, & sur la fin de l'année, il y eut de si grands orages de pluye, que nôtre rivière du Lez déborda extraordinairement comme quantité d'autres; ce qui fit grossir la mer à tel point, qu'elle couvroit toute la plage qui sépare la mer & l'étang, depuis Agde jusqu'à Aiguemortes. Les champs & les vignes des environs en furent inondez, quelques maisons renversées, les arbres déracinez, & le bétail noyé avec ceux qui le gardoient.

IV.

Ainsi finit l'année 1694 qui n'annonçoit pas un commencement plus heureux pour la suivante; car, dès le 3 de janvier, on eut dans Montpellier plus d'un pié de nége, qui y séjourna très-long-tems : & quoique durant le jour il y fit de beaux soleils, selon l'ordinaire du païs, le froid étoit si cuisant pendant la nuit, que la nége duroit encore le 25 du même mois, où il en survint une plus grande quantité du double. On l'amoncela dans les coins des ruës, pour y tracer quelques voyes; mais, les vents furieux & glaçans qui s'élevèrent dans le mois de février, la durcirent davantage, & ce ne fut qu'au commencement de mars, qu'on pût marcher en sûreté dans les ruës, après que les chefs de police eurent pris soin de la faire rompre, & la faire transporter hors la ville avec des tombereaux.

1695.

Pendant cette rude saison, les états de la province, assemblez à Narbonne, prirent une resolution qui fut parfaitement bien accüeillie à Montpellier; ce fut de bâtir des casernes dans tous les lieux de la province où l'étape étoit établie. La nouvelle s'en étant répandue dans Montpellier, tous les consuls des arts et métiers, avec les bourgeois & marchands, allèrent prier leur évêque d'en faire la proposition à l'assiette du diocése, & de vouloir bien les aider de son credit & de sa protection. Il leur promit ses services; & même, qu'il feroit ensorte que le diocése y contribuât; mais, il ajoûta qu'il faloit que chacun s'executât lui-même, & qu'il en confereroit avec Mʳ de Basville.

V.

1695.

A peine furent-ils de retour chés eux, que leurs femmes, au nombre de deux ou trois cent, vinrent lui faire les mêmes inftances. Ce qui fut renouvellé à M' l'intendant, qui, après plufieurs dificultez formées à deffein, promit de donner les mains, pourveu qu'on lui affurât les fonds néceffaires ; à quoi les marchands ayant répondu, qu'il ne devoit pas en être en peine, il fut arrêté qu'on agiteroit la queftion dans un confeil général, où tous les confuls des arts & métiers, les bourgeois & les marchands feroient leurs offres dans le mois de mars. Ils y trouvérent une étrange oppofition de la part de quatre ou * cinq perfonnes, qui, étant exemtes par leurs charges du logement des gens de guerre, firent leur poffible pour faire échoüer l'affaire, fur le prétexte que les offres étoient infuffifantes.

PAGE 475.

Les plus fages de l'affemblée conclurent qu'avant toutes chofes, il faloit faire un plan, un dévis, recevoir les moindites, & bailler le prix fait à celui qui en feroit la condition meilleure ; ce qui ayant été fuivi du plus grand nombre, on nomma des commiffaires pour examiner mieux la chofe, pour recevoir les offres des corps qui n'en avoient pas fait encore, & pour augmenter celles qu'on avoit déja reçûës : cette derniére refolution fit retarder jufqu'à la fin de novembre, l'execution du projet.

VI. Cependant, le roi, pour fubvenir aux grands fraix de la guerre qu'il avoit fur les bras, avoit déja établi par édit du 18 janvier, une capitation générale, dont les princes même ne furent point exemts. La taxe en fut faite à Montpellier, dans le mois de mars, par l'état & vacation d'un chacun, fans entrer dans fes facultez. Ce qui fit que le plus pauvre d'une même profeffion, fut taxé comme le plus riche, & que ceux qui tenoient à deux états diferens, furent taxez fur le pié du moindre, felon le credit qu'ils fe trouvérent avoir.

Les néges qu'on avoit eu dans les premiers mois de cette année, revinrent dans le mois d'avril ; ce qu'on n'avoit jamais vû à Montpellier : & les vents de la montagne, qui fouflérent avec force depuis le 8 jufqu'au 12 y cauférent un froid extrême, qui ne put être adouci que par une groffe pluye, qui fondit la nége, & rendit le beau tems pour tout le mois de mai.

VII. Sur la mi-juin, le duc de Vendôme vint à Montpellier, pour aller commander nôtre armée en Catalogne. On marque qu'il ne voulut point entrer dans la ville ; mais qu'il s'arrêta au jardin de Sartre à la porte de Lates, où il fut regalé d'une fuperbe colation, & accüeilli par Mrs de Broglio, de Bafville, de Bon, premier préfident, & autres perfonnes de qualité. On ajoûte que le cardinal de Bonzy alla aux carmes déchauffez pour fe trouver à fon paffage.

Le dimanche dix juillet, M' de Pontchartrain, furintendant de la marine,

& fils du contrôleur général, arriva en cette ville, où il séjourna quelques jours. Il alla décendre chés le cardinal de Bonzy, & logea à l'intendance; il fut regalé tour à tour par son éminence, par Mrs de Broglio & de Basville, par M^r l'Evêque à la Verune, & par le premier président. Avant de partir de Montpellier, il voulut voir la citadelle, où il fut reçû au bruit de toute l'artillerie; & le cinquième jour, il alla visiter, avec le commandant & l'intendant de la province, le port de Cette & celui d'Agde.

On eut dans le mois d'août, un débordement du Merdanson, pareil à celui qui est décrit dans les mémoires de Bassompierre. Il fut causé par une pluye extraordinaire, qui dura, le 27, le 28 & le 29. Les eaux de cette petite riviére grossirent si fort, qu'elles abatirent les parapets du pont de la porte de la Blanquerie, & renversérent toutes les murailles des jardins qui sont depuis l'hôpital général jusqu'au clos des Augustins, où elles emportérent les meubles & les provisions de leur jardinier.

Dans le mois d'octobre, le comte de Peyre se fit recevoir à la cour des aides, en la charge de lieutenant général de la province, qu'avoit eu le marquis de Montanegre, dont il avoit été pourvû par le roi depuis quelques années. Il parut en cette qualité aux états de la province, tenus cette année à Montpellier, où l'on fut occupé depuis quelques jours de la mort du chevalier de Beauvoir, parent du comte du Roure, & député par lui pour la baronie de Barjac; il mourut le 12 de novembre, & le même jour que le sieur Danty, maire et juge-mage de Carcassonne, qui entroit aussi aux états. Leurs corps furent portés dans l'église Nôtre-Dame, & déposez, l'un dans la chapelle de Saint-Roch, & l'autre dans celle de la miséricorde. On commença le lendemain par le convoi du chevalier de Beauvoir (où les évêques & les barons ne se trouvérent pas) : on fit le tour de l'église en dedans & en dehors, le drap mortuaire porté par quatre députez de la noblesse, suivis des grands vicaires des évêques, des officiers de la province, & des autres députez; il fut enseveli au bout du banc du présidial : & cette ceremonie étant achevée, on fit le convoi de Mr Danty, où l'on ne mit d'autre diference que de faire porter le drap par quatre maires. Le 17 de ce mois, toute l'assemblée des états assista au service qui fut fait dans la même église pour le chevalier de Beauvoir; & le lendemain, à celui qu'on fit pour le maire de Carcassonne; le tout aux dépens de la province.

Peu de jours après, on eut le plaisir à Montpellier, d'y voir arriver M^r & madame la marquise de Castries, qui y firent leur entrée le 25 de novembre. Comme ce seigneur étoit sénéchal & gouverneur de la ville & citadelle, tout concourut à rendre l'entrée plus brillante. Les procureurs montérent à cheval, pour aller les complimenter à l'abbaye de Saint-Geniés : la noblesse &

les bourgeois furent les attendre aux Arenaſſes, où ils mirent pied à terre pour les ſalüer ; & étant remontez à cheval, ils marchérent vers la ville en cet ordre. Les jeunes bourgeois précedez de leur guidon, d'un timbalier & d'un trompette, ouvroient la marche ; ſuivoit quantité de nobleſſe, immédiatement avant le carroſſe du cardinal de Bonzy, qui étoit dedans avec la marquiſe de Caſtries doüairière ſa ſœur, & quelques évêques & autres perſonnes de qualité. Venoit enſuite le carroſſe du marquis & de la marquiſe de Caſtries ſon épouſe, qui avoient auſſi des évêques & des gentilshommes avec eux. Ils étoient ſuivis d'une cinquantaine de carroſſes ou caléches, remplis de perſonnes de qualité & d'officiers de juſtice, qui étoient venus à leur rencontre ; & le tout étoit terminé par les bourgeois & marchands mariez à cheval, précedez de leur trompette.

Tout ce cortège paſſa le long des Recolets & devant l'hôpital général, pour ſe rendre au Peirou, où ſon éminence, voulant faire voir la beauté de la promenade aux jeunes mariez, fit paſſer tous les carroſſes d'un bout à l'autre, pour décendre vers la portalière, & gagner enſuite le cours, où la jeuneſſe, qui s'y étoit renduë par un autre chemin, les attendoit, rangée en haye ſur une même ligne. Elle défila vers la porte de la Saunerie, d'où l'on entendit, pour la ſeconde fois, une décharge generale des canons de la citadelle. Alors deux filles, qui étoient en chaiſe à porteurs, l'une en amazone, & l'autre en boemiéne, ſortirent de leur chaiſe à l'approche du ſecond carroſſe, & préſentérent un bouquet des plus belles fleurs de la ſaiſon à la jeune marquiſe de Caſtries & à ſon époux. Ils trouvérent ſur la porte de la ville, les conſuls en robe rouge pour les haranguer ; après quoi, le lieutenant de roi, ſuivi de l'état-major de la ville, & des commandans & autres officiers des quartiers, leur preſenta les clez de la ville dans un ſac de velours bleu.

Toute la cavalcade paſſa au travers des ſixains, rangez en haye de chaque côté des ruës de la Saunerie, du Cigne, & de la Friperie-Vieille, où logeoit le cardinal de Bonzy. On y mit pied-à-terre ; & toute la nuit s'y paſſa en grande réjoüiſſance. Le peuple, durant trois jours, continüa ſes fêtes ; pendant leſquelles le nouveau maire uſa, pour la première fois, des droits qui lui étoient accordés depuis l'année précedente, en ſe faiſant inſtaler au ſenéchal en la charge de conſeiller honoraire, le 26ᵉ de novembre : il aſſiſta ce jour-là à l'audience, en manteau noir doublé de velours bleu, & la baguette de viguier à la main.

Le reſte de cette année fut ſi pluvieux à Montpellier, qu'il n'y eut pas dix jours où l'on vît paroître le ſoleil ; ce qu'aucun homme vivant (ajoûtent mes mémoires) n'avoit vû arriver. Mais, ce qu'il y eut de plus ſingulier, c'eſt qu'à dix ou douze lieuës de cette ville, on faiſoit des proceſſions pour la pluye, tandis qu'on prioit à Montpellier pour le beau tems.

Ces contre-tems n'empêchérent point qu'on n'y fît des réjoüiſſances publiques pour la naiſſance du prince de Dombes, fils aîné de M^r le duc du Maine, gouverneur de la province, dont on apprit la nouvelle ſur la fin du mois de novembre. La ville fit ſa fête particuliére le 4 décembre, & les états le 17 où l'on marque qu'il ſurvint une diſpute entre les commiſſaires du roi & les ſeigneurs des états, pour ſçavoir qui allumeroit le feu de joye. Les premiers diſoient, qu'ils repréſentoient la perſonne du roi en celle de M^r le comte de Peyre; & les autres au contraire, que ce feu ne ſe faiſant point par ordre du roi, mais par un pur zéle de la province, c'étoit à eux à l'allumer. Pour éluder la dificulté, il fut reſolu * qu'il n'y auroit point de bucher, mais ſeulement un dragon volant qui mettroit feu à l'artifice; ce qui fut executé.

1695.

X.

Page 477.

CHAPITRE DIX-HUITIÉME

I. Projet pour la ſtatuë équeſtre du roi. II. Evenemens particuliers. III. Les conſuls rétablis dans la ſeigneurie de Combes, qui leur étoit diſputée. IV. Mort de l'évêque Pradel. V. Paix avec la Savoie. VI. Prince de Danemark à Montpellier. VII. Arrivée d'une pélerine fort remarquable. VIII. Diferens evenémens. IX. Paix de Riſvik.

L'ANNÉE 1696 eſt mémorable à Montpellier, par les mouvemens qu'on ſe donna pour placer la ſtatuë du roi Loüis XIV que la province avoit déliberé de faire ériger à ſon honneur. La reſolution en avoit été priſe en 1686; & ſur les conteſtations qu'il y eut alors dans l'aſſemblée, pour déterminer en quelle des deux villes, de Toulouſe ou de Montpellier, elle ſeroit placée, le roi eut la bonté de décider en faveur de Montpellier. Après cette déciſion, l'aſſemblée délibera que la province payeroit la ſtatuë, & que la ville de Montpellier feroit faire la place où on devroit la mettre. L'execution en fut ſurſiſe juſqu'en 1696 où l'on fit à Montpellier de nouveaux projets ſur le lieu où l'on devoit la placer, chacun faiſant de ſon mieux pour être honoré d'un ſi auguſte voiſinage; enfin, après bien de difcuſſions, on convint que l'endroit le plus convenable étoit la place de la Canourgue, & qu'on y feroit abatre quatre ou cinq maiſons détachées qui retreciſſoient beaucoup la longueur de cette place. Sur cette

I. 1696.

resolution, M`r` l'intendant donna son ordonnance du mois de janvier, portant que ces maisons seroient estimées par deux experts pris d'office, l'un par la ville & l'autre par les propriétaires. L'évaluation en ayant été faite à la somme de vingt-neuf mile livres, il fut ordonné que les proprietaires vuideroient dans deux mois; & que les matériaux seroient pris par les entrepreneurs des casernes, pour la somme de huit mile cinq cent livres, en tant moins de leur prix fait, & qu'ils en feroient la démolition & le transport à leurs dépens. Ces conditions, très-avantageuses pour la ville, alloient être exécutées, lorsqu'au moment que les entrepreneurs découvroient ces maisons, on leur intima un ordre venu de la cour, de surseoir à la démolition. Ce qui fit remettre à plus de vingt ans au-delà, l'érection de la statuë, comme nous le verrons dans la suite.

II. A ce mouvement en succeda un autre, qui vint de la création d'un office de payeur et mesureur de charbon & bois à brûler, dont l'édit fut publié à son de trompe le 29 avril. Il donna lieu d'établir à chaque porte de la ville, des receveurs et contrôleurs, pour enregîtrer tout le bois & le charbon qui y entroit, & pour recevoir les diferentes taxes qu'on avoit mis sur chaque charge de mulet, de mule, ou de cheval. Comme ce subside étoit sujet à de grands inconveniens pour la ville, elle prit le parti d'offrir une grande somme pour se liberer.

Le malheur du tems obligea aussi de faire venir une compagnie de soldats du château de Sommiéres, pour les mettre en garnison chés toutes les personnes qui n'avoient pas payé leur capitation. Mais, le public souffrit incomparablement plus, des chaleurs excessives qu'on eut depuis la fin de juillet jusqu'au commencement de septembre, qui dessechérent les raisins & les olives, & reduisirent le peuple à courir dans les églises, pour demander à Dieu quelque soulagement.

III. Dans ce même tems, on jugea un procès singulier, que le fermier du domaine avoit intenté à la ville, au sujet de la seigneurie du tenement de Combes & Pechconil, dont nos consuls prénent le titre de seigneurs. La raison du fermier étoit, que la ville n'y avoit jamais établi d'officiers pour en exercer la justice, ni fait faire des joyes ou courses, comme on fait aux fêtes des autres seigneuries; * surquoi il forma une instance pardevant M`r` de Lauriol, doyen de la cour des aides, & commissaire député pour la confection du papier du roi. Ce magistrat jugea au profit de la ville; & son jugement ayant été confirmé par arrêt de la même cour, en la chambre du domaine, M`rs` les maires & consuls firent proclamer, que le jour de Nôtre-Dame de septembre on feroit les joyes & courses en tel cas accoûtumées, en la terre de Combes, au-devant de la maison du sieur Domaison. Le jour en étant venu, ils s'y rendirent tous à cheval, & y établirent un juge, un procureur juridictionnel & un greffier. Après un grand festin, qui fut donné sous deux pavillons en plate campagne, on fit faire diferentes courses au bruit des trompettes & des hautbois; sçavoir, par les filles à pied, & par les garçons à cheval. Les prix pour la course à pied, étoient une paire de bas, une bourse au petit métier, des rubans à tresser les cheveux & des jarretiéres; ceux de la course à cheval, furent deux chapeaux, une épée & une écharpe de tafetas, bordée aux deux bouts d'une dentelle d'or.

1696.

Le onziéme jour après, qui tomboit au 19ᵉ de septembre, la ville & le diocése de Montpellier perdirent leur évêque messire Charles de Pradel, après une maladie de deux mois qu'il avoit contractée en faisant la visite de son diocése. Je me borne à marquer ici cette époque; me réservant pour le second volume, à parler plus au long de ce digne prélat, dont la mémoire ne peut qu'être en vénération aux personnes qui l'ont connu.

IV.

Cependant le maréchal de Catinat, aussi bon négociateur que general d'armée, traitoit avec le duc de Savoye, pour le détacher de la ligue formée contre la France depuis neuf ans, entre lui & l'empire, l'Espagne, l'Angleterre & la Hollande. Il l'engagea à une tréve d'un mois, durant laquelle le duc de Savoye traita avec ses alliez, pour les faire consentir à une neutralité pour l'Italie. L'affaire fut traitée à Lorette, où le duc se rendit sous prétexte d'un voyage de dévotion : mais, ses alliez ayant retardé de donner ce consentement, le duc joignit ses troupes à celles de la France, qui firent ensemble le siége de Velence dans le Milanez. Alors, les alliez consentirent à cette neutralité, & le duc de Savoye ne fit plus de mistére de la paix qu'il avoit concluë avec la France, dont l'un des articles fut le mariage de Marie-Adelaïde, sa fille aînée, avec monseigneur le duc de Bourgogne.

V.

On en apprit la nouvelle à Montpellier sur la fin de septembre, par une lettre du roi, qui ordonnoit de chanter le *Te Deum*, & de faire des feux de joye. Ses ordres furent executez un dimanche, dernier du mois, où toute la bourgeoisie à cheval s'étant renduë devant la maison de Mʳ le maire, elle alla prendre à l'Hôtel-de-Ville le guidon, qui fut remis entre les mains du chef de la jeunesse; ils reprirent le chemin de la Canourgue, au bruit des trompettes, timbales, hautbois & violons, pour y accueillir les maire & consuls, qui se mirent à leur tête avec toute la maison consulaire. Cette cavalcade ayant commencé sa marche pardevant les maisons de Mʳˢ de Broglio & de Basville, pour se rendre à l'Hôtel-de-Ville, elle y fut jointe par le juge-mage, le juge criminel, les deux lieutenans principal & particulier, deux conseillers du présidial, les gens du roi, le greffier domanial, & deux commis, tous en robe & à cheval.

Ils partirent de l'Hôtel-de-Ville en cet ordre. La marche étoit ouverte par un trompette, fuivi de quatre hautbois; après lefquels venoient les gardes de la maréchauffée, & les archers de la prévôté, ayant tous leurs officiers en tête. Les huiffiers du préfidial à cheval, avec des violons, précedoient immédiatement les officiers de ce fiége; & le greffier domanial, en robe & bonnet, fit la publication de la paix, que tout le monde écouta chapeau bas, & accompagna de grands cris de vive le roi !

Le corps de ville fit faire la même proclamation par fon greffier confulaire, qui étoit précedé des capitaines du guet & de la fanté, fuivis des violons & des hautbois. Les valets des confuls étoient à pied, & les efcudiers à cheval. Le greffier, avec fes deux commis, précedoient immédiatement le maire de la ville, qui étoit en robe, fuperbement monté, & jetoit de petits cornets de confitures. Les confuls & affeffeurs répandoient des dragées au peuple; & toute * la marche étoit terminée par les bourgeois & marchands à cheval, divifez en deux troupes, l'une de mariez, & l'autre de la jeuneffe. Les mariez marchoient les premiers, ayant à leur tête un chef qu'ils s'étoient choifi, & précedez de quatre trompettes & d'un timbalier; venoit enfuite le guidon de la jeuneffe, à la tête de fa troupe, fort lefte & fort propre, précedée de deux trompettes.

Après que la publication de la paix eût été faite dans les carrefours accoûtumez, les maires & confuls, avec les officiers du préfidial, fe détachérent de la bourgeoifie, pour pouvoir affifter au *Te Deum*, qui fut chanté à la catédrale, où fe trouvérent toutes les cours de juftice en habit de cerémonie, & Mrs de Broglio & de Bafville, accompagnez d'un grand nombre de nobleffe. Sur les fept heures du foir, on fit un grand feu de joye à la Canourgue.

VI. Le 12 d'octobre, arriva incognito à Montpellier, un fils du roi de Danemark, âgé de 13 à 14 ans, & très-bien fait, qui fit un féjour confidérable en cette ville. Le 20 du même mois, les officiers du préfidial commencérent de porter des robes de fatin à la proceffion genérale qu'on fait tous les ans à pareil jour pour la délivrance de la ville. Peu de jours après, on vit un cerémonial bien fingulier, dans la vifite que le cardinal de Bonzy & le prince de Danemark fe rendirent. Le prince voulant faire cette vifite, pria Mr de Plantade, chés qui il logeoit, de prendre la peine d'en avertir fon éminence; il s'acquitta de fa commiffion, en parlant aux aumôniers du cardinal, qui fortit de fa maifon avant que le prince fut pour l'y voir; mais, le prince étant revenu chés lui, le cardinal y fut auffitôt, & lui demanda excufe, de ce qu'il ne s'étoit pas trouvé chés lui lorfqu'il lui avoit fait l'honneur de le venir voir. On ne douta point, vû la politeffe & l'experience du cardinal, qu'il n'eût eu de grandes raifons pour en ufer de la forte.

Tout le refte de l'année fe paffa en diferentes fêtes qu'on donna au prince 1697. de Danemark, pendant la tenuë des états, & jufqu'à la fin du carnaval de 1697. Il voulut à fon tour, donner un régale aux dames; ce qu'il fit avec tant de magnificence, qu'on en fit monter la dépenfe à plus de mile piftoles. Il rendit vifite avant fon départ, à toutes les dames qui l'avoient été voir; & il partit de Montpellier le 23e avril, après y avoir féjourné plus de fix mois.

Cinq ou fix femaines avant fon départ, & le 17 mars, arriva en cette VII. ville, Marie-Anne-Téréfe de Viano, petite-fille du comte de Staremberg, fi célébre par le fiége de Viéne en Autriche qu'il foûtint contre les Turcs en 1683. Cette jeune dame alla décendre & loger à l'hôpital genéral où mefdames de Broglio & de Bafville allérent la voir, & firent leur poffible pour l'amener dans leur maifon. Elles furent d'autant plus touchées de fa vûë, qu'elle n'avoit guére plus de 22 ans, qu'elle étoit fort belle, & d'une rare modeftie. Elle alloit en pélerinage à Saint-Jacques-de-Galice; & fon équipage n'étoit aûtre que celui des pélerins, car, elle portoit un grand chapeau, une tunique de coton noir, un rochet de cuir, un crucifix fur le cœur, & de l'autre côté une image de la Magdelaine. A fa ceinture, qui étoit de corde, pendoit, d'un côté, fes chapelets, & de l'autre, une boëte de fer-blanc, où étoient les paffeports qu'elle avoit pris; elle marchoit nû-pieds, & ne prenoit point l'argent qu'on lui offroit.

Tout ce que les dames de Broglio & de Bafville purent obtenir d'elle, fut une vifite de fa part, où elles apprirent, que dans une grande maladie elle avoit fait vœu d'aller en pélerinage, pendant fept ans, dans tous les lieux faints; à quoi elle en avoit déjà employé cinq. Elle leur dit, qu'étant fur le chemin de Jérufalem, elle fut arrêtée avec fes compagnes, par les Turcs, qui les prirent pour des efpionnes, & voulurent les faire renoncer à Jéfus-Chrift. Ils leur firent foufrir la baftonnade; & ce tourment n'ayant pû les faire changer, ils les condannérent à perdre la tête. Trois de fes compagnes fubirent la fentence; & quand ce fut à fon tour, elle fe mit à genoux, & fit fa priére à haute-voix en allemand. Un renegat de cette nation, qui étoit préfent à ce fpectacle, fit furfeoir l'execution; & l'ayant interrogée, & fçû fon païs, fon nom & fa famille, ils fe trouvérent un peu alliez; ce qui lui fit demander grace pour elle & pour l'unique compagne qui lui reftoit; il fut même affés genereux pour lui faire trouver de l'argent * pour paffer en Ita- PAGE 480. lie. Elle ajoûta qu'après avoir fini fes pélerinages, elle devoit aller à Rome pour fe faire carmelite, & donner tout fon bien à cet ordre, pour la fondation d'un autre couvent. C'eft ainfi que de tems en tems, Dieu fait voir au monde des exemples finguliers de vertu, & du mépris des chofes que le monde eftime le plus.

1697.

Le 21 mai, fur les fept heures du foir, meffire Charles-Joachim de Colbert, nommé par fa majefté à l'évêché de Montpellier, arriva en cette ville, où il fut accüeilli par tout ce qu'il y avoit de plus confiderable; & le lendemain, il fut inftalé dans fa place, avec les cerémonies accoûtumées.

Dès le mois de juin, on fut fort occupé à Montpellier, au fujet des lanternes que le roi avoit ordonné par édit du mois de mars, dans les principales villes de fon royaume, à l'exemple de celle de Paris. Comme on inferoit des termes de l'édit, que chaque particulier feroit obligé de payer en argent, & en un feul payement, la finance de l'entretien des lanternes, chacun s'en effraya davantage; ce qui donna lieu à de grandes repréfentations de la part des confuls à M^r l'intendant. L'affaire traîna jufqu'au mois d'octobre, où la communauté obtint une diminution confiderable du nombre des lanternes qu'on lui avoit demandées. Elles commencèrent le 20 de novembre, & furent fuprimées deux ans après, par une fomme de plus de quatre-vingt mile livres.

VIII. Dans cet intervale, les efprits furent détournez ailleurs, par les divers évenémens que les affaires genérales produifirent dans Montpellier. On y fit, fur la fin de juin, des rejouiffances publiques pour la prife de la ville d'Ath, par le maréchal de Catinat, qui, n'étant plus néceffaire dans la Savoye, étoit allé commander nôtre armée en Flandre. Dans ce même tems, le roi, qui vouloit obliger le roi d'Efpagne à accepter la paix qui fe traitoit à Rifvik, chargea le duc de Vendôme de faire le fiége de Barcelonne. Le voifinage du Languedoc engagea ce genéral de demander les milices de la province, pour les mettre dans les garnifons voifines de cette place, afin d'en tirer les vieilles troupes, qui pouvoient fervir plus utilement au fiége. Cet ordre attira à Montpellier, les milices de Beaucaire, Nîmes, Uzès, Ganges & autres lieux, qui partirent fous la conduite du fieur de Maine, lieutenant de roi de cette ville, pour aller joindre les milices du haut Languedoc. Elles fe rendirent toutes à Perpignan, dans le tems que le duc de Vendôme reçut le grand renfort que le roi lui envoya par mer. Ce fecours, venu fi à propos, fit contremander nos milices, qui revinrent à Montpellier le dix & le douziéme d'août, mais en même-tems, on vit paffer le comte de Chamereau, qui portoit au roi la nouvelle de la rédition de Barcelonne, après cinquante-deux jours de tranchée. On n'attendit pas les ordres de la cour pour celebrer cette victoire par la décharge du canon de la citadelle; mais, dans le refte du mois d'août, l'ordre étant venu de faire des réjoüiffances publiques, le *Te Deum* fut chanté à Saint-Pierre le premier feptembre, & le foir on fit les feux de joye accoûtumez.

La prife de cette importante place accelera la conclufion de la paix, qui fut signée à Risvik le 20 & le 21 de septembre, par la médiation du roi de Suède, entre la France, l'Espagne, l'Angleterre & la Hollande. L'empereur & l'empire n'y furent point compris, mais on convint avec eux d'une suspension d'armes. Dans le tems qu'on en apprit la nouvelle à Montpellier, on y vit arriver, pour la première fois, M^r le duc de Bervik, qui devoit un jour y commander en chef & à toute la province. Il arriva en cette ville le 10 d'octobre avec madame son épouse, pour aller à Pezenas, où ils devoient rester jusqu'à la fin des états. Le 12 de ce même mois, mourut à Montpellier, Jean-Bâtiste de Grignan, archevêque d'Arles, qui étoit venu en cette ville pour le recouvrement de sa santé, déjà fort affoiblie. Son corps fut mis en dépôt dans la chapelle soûterraine de la Magdelaine dans l'église Nôtre-Dame, où le nouvel évêque de Montpellier alla le lendemain avec son chapitre, lui faire un service solennel.

1697.

La publication de la paix de Risvik fut faite à Montpellier le onze décembre, avec les mêmes cerémonies qu'on avoit faites pour la paix de Savoye. Le *Te Deum* fut chanté dans l'église de Saint-Pierre, où le cardinal de Bonzy se trouva à la tête de vingt évêques, qui s'étoient rendus à Montpellier pour la tenuë des états. Toute la * noblesse de cette auguste assemblée, ayant à sa tête le comte de Roure, y assista, avec l'intendant de la province & toutes les cours de justice. Le soir on se rendit à la Canourgue, où l'on avoit representé le temple de Janus à quatre faces égales. Chacune avoit ses portes de fer, qui étoient fermées, l'une par la religion, l'autre par la sagesse, la troisiéme par la victoire & la quatriéme par la justice. Le reste de la nuit se passa en festins & en danses, où l'on marque que le guidon de la jeune bourgeoisie se distingua.

IX.

Page 481.

Les états de la province furent ouverts le vingt-cinquiéme de novembre; & le 29, le cardinal Cornaro, qui retournoit de sa nonciature de Portugal pour aller à Rome, assista à la messe des états, dans la tribune des consuls, où l'on avoit étendu sur la balustrade un tapis de velours rouge & un carreau de même. Il fut regalé par le cardinal de Bonzy, qui pria tous les évêques & quelques barons des états.

CHAPITRE DIX-NEUVIÉME

I. Grands mouvemens à Montpellier aprés la paix de Rifvik. II. Emeute des vignerons au Petit-Temple. III. Jugement contre les prifonniers d'Orange. IV. Execution de Claude Brouffon. V. Réponfe de la cour fur l'émeute du Petit-Temple.

1698.

I.

LE commencement de 1698 fit augurer une heureufe année, par la nouvelle qu'on reçut de la paix concluë avec l'empereur & l'empire, qui fut celebrée à Montpellier le 25ᵉ de janvier. Mais, les fuites ne répondirent point à cette attente ; car, dès le mois de février, on mit la main à l'execution de l'édit des armoiries, qui obligeoit tous ceux qui payoient vingt livres de capitation, d'en payer vingt-fept pour ce droit d'armoiries, qu'on étoit obligé de prendre par commandement & faifie.

La reftitution de la ville d'Orange, qui avoit été faite au roi Guillaume par le traité de Rifvik, mit en mouvement tous les religionnaires des Cévénes & de la Vaunage, pour aller affifter aux exercices de leur religion, qui fe faifoit publiquement à Orange. Comme on avoit prévû que la chofe pourroit bien arriver, on avoit publié dès le mois de janvier, une défenfe à tous les fujets du roi, fous peine de galére, d'aller à Orange fans pâffeport. Les contraventions qu'on fit journellement à cet ordre, obligérent enfin de mettre des gardes fur les avenuës ; ce qui remplit dans le cours de cette année, les prifons de Montpellier.

On y amena auffi plufieurs perfonnes coupables de meurtre & d'affaffinat, dont le nombre parut fi extraordinaire, qu'on ne put refifter à la penfée de comparer la fin de ce fiécle aux approches de la fin du monde. Mais, de tous ces accidens funeftes, le plus fingulier eft un combat qui fe fit aux environs de Montpellier, entre la fille d'un gentilhomme & la fille d'un bourgeois, qui avoient pris querelle dans le jeu, où la bourgeoife avoit donné un fouflet à la noble. Celle-ci, ne pouvant digerer l'affront, alla trouver fon énemie dans une églife où elle entendoit la meffe ; & lui dit, que pour reparation de l'infulte, elle l'attendroit le lendemain avec une épée, dans le lieu qu'elle lui marqua ; & que fi elle manquoit de s'y rendre, elle pouvoit compter d'être poignardée à la première rencontre. La bourgeoife, auffi courageufe que la noble, accepta le défi ; elle fe rendit le lendemain à l'affignation, où fa partie l'attendoit; & d'abord, s'étant mifes en jeu, elles fe portérent un coup fourré dont elles tombérent toutes deux à terre.

1698.

Dans ces entrefaites, deux princes freres, lantgraves de Heffe en Alemagne, vinrent incognito à Montpellier, pour y féjourner durant quelques mois. Ils prirent * un logement dans la maifon de Lauziére à la Grand'Ruë, attenant le logis du Cheval-Blanc, où l'on fit une porte de communication pour les fervir plus commodément à table. Peu de tems après, Chrêtien-François de Lamoignon, préfident à mortier au parlement de Paris, accompagné de dame Jeanne de Voifin fon époufe, & de mademoifelle leur fille, vint rendre vifite à Mr de Bafville fon frere. Le préfident Riquet, qui avoit époufé mademoifelle de Broglio leur niéce, fe rendit à Touloufe avec fon époufe pour fe trouver à leur arrivée.

PAGE 482.

Elle fut fuivie, quelques femaines après, de celle du marquis de Leganez, viceroi de Milan, qui alloit en Efpagne pour être chef du confeil. Il logea chès M^r l'évêque de Montpellier, qui l'avoit vû à Milan dans fon voyage d'Italie. On marque qu'il portoit un habit de drap uni, avec des boutons de gros diamans, & que la pomme de fa canne étoit d'un autre diamant d'une groffeur prodigieufe. Mais, nos confuls furent bien furpris, lorfqu'ayant été en robes rouges pour le haranguer, il ne daigna point fe lever de fon fauteüil, ni à leur arrivée, ni pendant leur harangue, encore moins les accompagna-t-il jufqu'à la porte de fa chambre, comme font les plus grands feigneurs; il partit de cette ville au bruit du canon de la citadelle, & paffa par Laverune, où Mr de Montpellier le regala encore.

Le mouvement que la paix de Rifvik caufa parmi nos troupes, en attira un très-grand nombre dans le Languedoc, qui eurent leur paffage par Montpellier. Les habitans s'en trouvérent extrêmement foulez, parce qu'il falut mettre plufieurs foldats enfemble chès le même hôte; cet inconvenient fit demander avec plus d'inftance qu'on mît les cafernes en état de les recevoir, puifque le logement étoit déjà fini, & qu'il ne manquoit que de le meubler. Le prix fait en fut donné à des entrepreneurs, qui travaillérent avec tant de diligence, qu'on fut en état dans le mois de juillet, d'y faire entrer cinq à fix cens hommes du regiment d'Auvergne. Le foir même qu'ils y entrérent, quelques foldats qui avoient bû, rencontrérent un pauvre homme, qui, revenant de la coupe du blé, paffoit devant les cafernes; ils l'agacérent de paroles, qui finirent enfin par un coup d'épée que ce miférable reçut, dont il tomba mort fur la place. Dès le lendemain, le meurtrier fut faifi & pendu devant les cafernes; enforte que leur entrée dans cette maifon fut fcellée du fang d'un habitant & d'un foldat.

Dans le mois d'octobre, les officiers de ces mêmes cafernes, cauférent,

II

1698.

sans y penser, un trouble d'une bien plus grande consequence. On raconte, en conformité des verbaux qui en furent envoyez à la cour, que sur les trois heures d'après-midi, quelques officiers sortant du cabaret, prirent leur chemin par la place du Petit-Temple, où les vignerons ont coûtume de s'assembler pour la vendange. Comme ils y étoient alors en grand nombre, les officiers se mirent à crier, place, place, & qu'on nous laisse passer; un vigneron leur répondit, comme par chagrin, passés, messieurs, & ne faites pas tant de bruit. A ces mots, les officiers mirent l'épée à la main, & maltraitérent les premiers qu'ils purent atteindre; ce qui alarma si fort les autres, qu'ils s'écartérent pour amasser des pierres, dont ils chargérent les officiers. Un d'eux courut aussitôt chés le commandant, pour appeller l'escoüade qui y étoit de garde; elle marcha, commandée par un sergent, auquel les officiers se joignirent, ne doutant point qu'avec ce secours ils ne missent le hola.

Mais cet expedient ne fit qu'augmenter le mal, car, les vignerons voyant approcher la garde, crurent qu'elle venoit pour les conduire en prison; & sans déliberer davantage, ils attaquérent la garde à grands coups de pierre. Les officiers, qui esperoient de pacifier tout, tâchérent inutilement de se faire entendre, la grêle des pierres continüa si fort, qu'ils donnérent ordre à la garde de tirer; & l'on marque, qu'un des officiers prit lui-même un fusil qu'il lâcha. Deux habitans en furent tuez, & quelques autres blessez; ce qui redoubla la fureur des vignerons, qui attaquérent de plûfort les officiers & la garde à coups de leviers; ils les obligérent de lâcher du pied, & les poursuivirent dans la ville, où la plûpart s'étant retirez dans des maisons particuliéres, les vignerons en * surprirent deux, qu'ils traînérent en prison, croyant faire des merveilles.

PAGE 483.

On marque, que dans l'excès de leur fureur, ils prenoient pour officiers tous ceux qui portoient l'épée; & qu'un neveu du sieur de Ginestous du Vigan, s'étant approché pour les appaiser, ils l'accablérent de coups de pierre, & le laissérent mort sur la place. Le sieur Plauchut, auditeur en la chambre des comptes, qui passoit en chaise, en étant sorti dans le même dessein, faillit à avoir le même sort, quoiqu'il leur dît qui il étoit, & qu'il ne songeoit qu'à ménager la paix, s'il étoit possible.

Le bruit de tout ce desordre étant venu jusqu'à Mr de Basville, il se fit porter en chaise à la place du Petit-Temple, où il fut bientôt environné d'hommes & de femmes, pour lui demander justice de la mort des deux hommes qu'on venoit de tuer, & l'un desquels laissoit sept enfans; il n'eut pas moins à faire en cette occasion, que le maréchal de Schomberg dans la sédition des partisans en 1645. Après les avoir écoutez avec beaucoup de patience, il leur promit de leur rendre juftice, pourveu qu'ils fe retiraffent chés eux. Cet air de grandeur que nous lui avons connu, & qu'il fçavoit accompagner fi bien, quand il le vouloit, de maniéres gracieufes, perfuada ces gens mutinez, qui parurent encore plus contens, lorfqu'ils virent qu'il manda le juge criminel, pour informer de tout ce qui venoit d'être fait.

1698.

Il parut par les informations, que les officiers avoient le premier tort; ce qui détermina Mr de Bafville à en faire conduire deux à la citadelle. Et cependant, pour affurer le repos de la ville, il fit battre la générale aux cafernes, & mettre des détachemens de foldats au palais, au petit temple, & autres lieux. On ferma les portes de la ville, où les foldats firent fentinelle toute la nuit.

Le lendemain, Mr de Bafville, qui n'avoit pû fe difpenfer d'en informer la cour, envoya chercher les officiers des quartiers de la ville, que nous appellons îliers, aufquels il dit, « que n'étant pas poffible d'affembler tous « les habitans, il les avoit mandez, pour leur dire que l'action qu'on venoit « de commettre étoit fort mauvaife; qu'il n'avoit pû éviter d'en écrire à la « cour, & qu'il ne fçavoit point ce qui en arriveroit; que véritablement les « officiers avoient tort; mais auffi, qu'il ne faloit point s'en être pris à la « garde, qui étoit compofée des troupes du roi. » Il leur enjoignit, d'aller chacun dans les maifons de fon île, & d'avertir les habitans de n'ufer jamais de voyes de fait contre les foldats; mais, de venir fe plaindre, fi on leur faifoit quelque tort, dont il leur feroit rendu bonne juftice : en confequence, il fit publier & afficher deux jours après, une ordonnance conforme à ce qu'il avoit dit aux îliers.

Pendant qu'on attendoit à Montpellier la réponfe de la cour, à la lettre III. de Mr de Bafville, il y arriva deux évenémens fort remarquables pour les religionnaires. Le premier fut le jugement porté contre foixante-dix-huit hommes de baffe condition, & deux riches marchands de Nîmes & d'Alais, avec douze ou quinze femmes, qui avoient été furpris allant à Orange fans paffeport. Les prifons de la citadelle en étoient remplies depuis quelque tems; mais alors, Mr de Bafville reçut un ordre exprès, de proceder à leur audition, & de les juger felon la teneur de l'édit. Soixante-quinze de ces malheureux, y compris les deux marchands, furent condannez aux galéres, les femmes à une prifon de cinq ans, dans le château de Sommiéres, & cinq autres renvoyez, parcequ'ils n'avoient point l'âge de vingt ans. Parmi ceux-là il y en eut un qui évita plaifanment la galére : il avoit dit qu'il n'avoit pas vingt ans, quoiqu'il en eût paffé trente; ce qui le fit comprendre dans le rôle des cinq qui devoient être élargis. Mais, lorfqu'après le jugement rendu, Mr de Bafville avec le raporteur, les eurent fait venir pour les exhor-

1698.

ter à être plus fages à l'avenir, alors ils reconnurent qu'ils avoient été furpris; & demandérent à l'homme dont je parle s'il étoit poffible qu'il n'eût pas vingt ans ? je l'ai toûjours crû, répondit-il, parce que je n'ai jamais vû mon bâtiftére. Comme il ne fe trouva pas un nombre fufifant de juges pour retoucher à fon procès, & que le jugement étoit déja figné, on le laiffa partir avec ceux qui devoient être élargis.

PAGE 484. IV. * Le fecond évenément qui fit beaucoup de bruit parmi les religionnaires de l'Europe, fut la mort de Claude Brouffon, natif de Nîmes, qui, après avoir exercé la charge d'avocat pour ceux de fa religion, en la chambre de l'édit de Caftres, fe livra entiérement aux foles idées de Jurieu; il courut pendant quinze ans de Genéve en Holande, & de Holande dans les Cévénes, ou s'étant affocié avec François Vivens, il y entretint les troubles que nous avons vû en 1688. Son camarade ayant été tué, de la manière que l'on peut voir dans l'hiftoire des fanatiques, il reprit le chemin de Holande, d'où il fit plufieurs excurfions en France, pour y exciter une revolte genérale de ceux de fon parti. Mais enfin, ayant été reconnu à Oleron, fur le portrait qu'on en avoit envoyé, il y fut arrêté, & conduit à Montpellier, où il arriva fur la fin d'octobre.

Brueys, tom. 2, page 62.

Mr de Bafville ne tarda point de fe rendre à la citadelle, avec les officiers du préfidial, pour oüir Brouffon, qui ne fçavoit pas toutes les preuves qu'on avoit contre lui. Il parut avec beaucoup de confiance; mais, comme on avoit de quoi le confondre, & qu'on vouloit détromper les religionnaires de la bonne opinion qu'ils avoient de lui, on permit à ceux qui auroient la curiofité de venir à la citadelle, d'y entrer, & d'écouter ce qui fe diroit dans la chambre du confeil. Le prévenu parla avec beaucoup de fermeté durant un quart d'heure, & prétendit juftifier toute fa conduite par l'exemple des apôtres. Mais, après qu'il eut fini, M^r l'intendant lui demanda fi les apôtres prêchoient la revolte contre les puiffances établies de Dieu ? & s'ils faifoient des projets contr'elles ? Il répondit que non, & qu'auffi il n'avoit jamais rien fait de femblable. Sur cette réponfe, Mr de Bafville tira de fa poche, l'original d'un projet que Brouffon avoit envoyé en Savoye, & lui demanda, s'il reconnoiffoit cette écriture, & fi les apôtres faifoient de pareilles chofes ? A cette vûë, le prévenu fut déconcerté; & après quelques momens de furprife, il prit le parti de nier fon écriture & de dire, en tremblant, qu'il n'avoit pas fait ce projet. Mr de Bafville fe contenta de lui dire qu'au moins en cela il n'imitoit point les apôtres, qui ne mentoient pas, & qu'on avoit en main de quoi le convaincre qu'il ne difoit point la verité, quoiqu'il eût juré de la dire.

On lui fit auffitôt reconnoître les écrits qui avoient été trouvez fur lui pour fervir de piéces de comparaifon, & l'on nomma des experts; mais comme la chofe étoit vifible, il reconnut fon écriture, & avoüa tout. Dès le même jour, ce qui s'étoit paffé à la citadelle, fut rendu public dans la ville, où les religionnaires virent avec étonnement que leur prétendu martir avoit tâché de garantir fa vie par un parjure. Il fut condanné le 4ᵉ novembre à perdre la vie fur une roüe, qui eft la peine ordinaire des chefs des rebelles; mais comme fon projet contre l'Etat n'avoit pas été mis à execution, on lui accorda, par un principe d'humanité, l'adouciffement qu'on donne quelquefois à ceux à qui l'on veut épargner les plus cruelles douleurs du fuplice.

1698.
Tom. 2, pag. 80.

Enfin, le 10 novembre, on reçut la réponfe de la cour, fur les informations & procedures qui avoient été envoyées au fujet de l'émeute du petit temple. Mʳ de Bafville, à qui cette réponfe fut adreffée, étoit trop habile pour ne pas profiter de cette occafion de faire aux habitans une inftruction trés-utile. Il manda chés lui le maire, confuls & îliers de la ville, aufquels il dit qu'il vouloit leur faire part de la favorable réponfe qu'il avoit eu à la lettre qu'il avoit écrit fur cette affaire; elle portoit, que le roi avoit condanné quatre officiers lieutenans, comme les plus coupables, à quatre mois de prifon, & à être caffez; que celui qui ne fe trouva point (heureufement pour lui) à la place du petit temple, lors de l'excés commis, feroit puni de quatre mois de prifon, & que la procedure feroit continuée, afin de rendre juftice aux veuves & aux enfans de ceux qui avoient été tuez.

V.

Après s'être arrêté un moment, il ajoûta, d'un air grave & impofant : « que fi jamais pareille chofe arrivoit à Montpellier, la ville feroit punie « par fix ou fept bataillons que le roi y envoyeroit à difcretion pendant « fix mois ou un an, à l'exemple d'une autre ville qu'il leur nomma, à la-« quelle il en avoit coûté plus de cent mile écus, pour une faute moindre « que la leur ; que par un effet * de l'amitié qu'il avoit pour Montpellier, il « avoit tâché d'adoucir cette affaire, quoiqu'il en apprehendât quelque éve-« nément finiftre ; mais, que la chofe ayant tourné autrement, ils ne de-« voient pas être moins perfuadez qu'ils fe mettroient à deux doigts de « leur perte, fi pareille affaire arrivoit jamais ; auquel cas, il n'auroit, ni le « pouvoir, ni le credit, peut-être pas même la volonté, de s'intereffer pour « eux, parce que les foldats du roi, lorfqu'ils font en faction, doivent être « regardés comme une chofe facrée. Je parle, meffieurs, dit-il, en fe radou-« ciffant, à des perfonnes fages & moderées, qui n'auroient jamais trempé « dans une pareille action : ainfi, je vous confeille d'aller dans chaque mai-« fon de vos îles, exhorter tout le monde d'être fage à l'avenir, & de n'en-« treprendre jamais de fe faire juftice foi-même, parce qu'on feroit toûjours

PAGE 485.

1698.

« disposé à la leur rendre. Vous auriés plus à perdre que ces brutaux de « vignerons qui ont causé le trouble ; mais, dans une punition inévitable, « il seroit bien difficile de ne pas comprendre l'innocent avec le coupable. » Ces messieurs, après l'avoir remercié des bontez qu'il avoit pour la ville, l'assurérent que pareil cas n'arriveroit plus, & qu'ils alloient y employer tous leurs soins.

Cette affaire, avec celle des prisonniers d'Orange, donna lieu à renouveller les anciénes ordonnances qui obligeoient tous les hôtes, cabaretiers, aubergistes, & autres personnes qui tenoient des pensionnaires ou chambres garnies, de dénoncer le nom, le païs & la qualité de ceux qui logeroient chés eux, sous peine de diferentes punitions pour la première, seconde & troisiéme fois. Mais, pour donner quelque douceur aux troupes du roi logées dans les casernes, on resolut de reparer la promenade du cours où elles sont construites ; & parce que les eaux de la pluye & le passage des voitures, rendoient le chemin impraticable durant l'hiver, on y fit travailler les soldats à tant par toise, & faire des aqueducs pour conduire les eaux jusqu'au ruisseau des Agarelles. Cet ouvrage étant fini, on engrava tout le cours, & on ferma les avenuës avec de gros piliers de pierre, pour empêcher le passage des charrettes, qui auroient pû le gâter ; ainsi finit l'année 1698.

CHAPITRE VINGTIÉME

I. Evenémens particuliers. II. Jeu de l'arquebuse. III. Assemblée des états. IV. Lieutenance de police établie & suprimée. V. Nouveau juge mage. VI. Arrivée de Mgrs les princes.

1699.

ON apprit à Montpellier, dans les premiers mois de l'année 1699 la mort du jeune prince électoral de Baviére, qui, selon le projet de partage de la monarchie d'Espagne, signé à la Haye par les potentats de l'Europe, étoit designé roi d'Espagne. Monseigneur le Dauphin devoit avoir les royaumes de Naples & de Sicile, avec les places dépendantes de la monarchie sur les côtes d'Italie, ainsi que les villes de Fontarabie, Saint-Sebastien, & le port du passage sur la frontiére d'Espagne. On y donnoit à l'archiduc Charles d'Autriche, le duché de Milan. Ce projet devint inutile par la mort du prince de Baviére, âgé seulement de six à sept ans, qui mourut le sixiéme février 1699 ; ce qui fit travailler le reste de l'année à convenir d'un autre partage, qui ne fut rendu public que dans l'année suivante.

Cependant, on paſſa plus tranquilement cette année à Montpellier, où il I.   1699.
y eut beaucoup moins d'évenémens extraordinaires qu'il n'y en avoit eu
dans la précedente. On marque au 13 d'avril, la mort du chevalier de Genlis, de l'ordre de Saint-Jean de Jeruſalem, directeur & inſpecteur des troupes
du Languedoc, qui fut porté, avec tous les honneurs militaires, dans l'égliſe
du Petit-Saint-Jean, où il fut inhumé proche l'autel du côté de l'épitre.

Pendant la ſemaine ſainte, on tint une grande aſſemblée, pour garantir
Montpellier d'une maladie contagieuſe qui regnoit à Nîmes; & l'on fit   PAGE 486.
publier une ordonnance fort ſevére pour la garde des portes, de peur que
les gueux, mendians & familles étrangéres n'y portaſſent quelque mal : on
fut d'autant plus excité à cette précaution, qu'on eut nouvelle que les vaiſſeaux d'Italie faiſoient quarantaine à Marſeille, ſur le bruit qui couroit que
la peſte étoit à Génes & à Veniſe.

Les marchands de blé, les boulangers & les meûniers ſe prévalurent
extrêmement d'une grande ſécherreſſe qu'il y eut à Montpellier pendant l'été
de cette année. Les premiers, n'étant pas contens d'avoir fermé les greniers
qu'ils avoient dans la ville, en allérent établir ſur les avenuës, où ils enfer-
moient le blé qu'ils achetoient des païſans qui en apportoient pour le vendre à l'orgerie. Les boulangers, ſous prétexte de la diſette du blé, cuiſoient
fort peu de pain, & le vendoient exceſſivement. Les meûniers, voulant ſe
prévaloir de la diſette de l'eau, augmentérent de leur autorité le prix de la
mouture ; & parcequ'ils étoient bien payez des étrangers, ils les faiſoient
paſſer avant ceux de la ville, contre les conventions paſſées. Ces deſordres,
faiſant craindre une prochaine famine, donnérent lieu à des défenſes très-
ſevéres, contre ceux qui troubleroient la liberté du paſſage des grains, &
contre l'augmentation du prix du pain & des moutures, qui fut reglé par le
bureau de police, & appuyé de l'ordonnance de l'intendant.

Pour faire oublier au peuple, la diſette qu'il avoit ſoufert dans les mois II.
de juin & de juillet, on jugea à-propos de lui faire reprendre l'exercice de
l'arquebuſe dont il a été déja parlé. Nos conſuls, ſelon l'anciéne coûtume,
donnérent à chaque ſixain dix écus, pour le prix qu'ils devoient tirer tour
à tour. Mais, il arriva dans le cours de cet exercice, un cas aſſés ſingulier;
c'eſt qu'un de nos conſuls, qui ſont en poſſeſſion de tirer le premier coup,
donna ſi près du centre, qu'aucun autre tireur ne put couvrir ſon coup. Le
public déféra l'honneur de la victoire à ce conſul : mais, celui des tireurs
qui, après lui, avoit approché le plus près du centre, la lui diſputa ; & dit
pour ſes raiſons, que le conſul n'ayant point conſigné de ſomme comme les
autres tireurs, il ne devoit pas profiter de la miſe des autres, non plus que
de l'épée & du fuſil qui étoient propoſez pour prix de la victoire. Ceux qui

1699.

parlérent pour le conful, voulurent faire entendre que les dix écus donnez par la ville, tenoient lieu de mife pour le conful : mais, l'affaire ayant été portée à fes collégues & à M^r le maire, ils décidérent que le conful devoit fe contenter de l'honneur de la victoire ; & que celui qui la lui difputoit, en auroit tout l'utile ; c'eft-à-dire, l'épée, le fufil, avec la mife de tous les tireurs ; moyenant quoi, il payeroit les frais du jeu : mais, que le prix ou rondeau de bois peinturé, qui étoit chargé de tous les coups tirez, feroit porté en triomphe chès le conful par tout le fixain en armes.

Le 30 d'août, on mit la premiére pierre à la nouvelle églife de Saint-Denis, qui devoit fervir de paroiffe au fauxbourg de la Saunerie. Je raporterai dans mon fecond volume, les raifons qu'eut la ville de demander cette nouvelle paroiffe, les ceremonies qui furent faites en y mettant la premiére pierre, & l'infcription que les maire & confuls y firent graver.

Quelques jours après, on eut des vents & une pluye extraordinaire, qui caufa un débordement du Lez, accompagné d'éclairs & de tonnerres effroyables, dont un pauvre foldat de la citadelle, qui montoit la garde, fut touché ; mais, par un effet de la bizarrerie de la foudre, il ne perdit que fon fufil & la moitié de fes habits d'un même côté ; c'eft-à-dire, qu'une partie de fon jufte au corps & de fa culote, un bas & un foulier, lui furent enlevez, fans recevoir d'autre mal qu'un grand étourdiffement.

Environ ce tems, on apprit à Montpellier la mort de Mr de Boucherat, chancelier de France, qui avoit fait autrefois un féjour confiderable en cette ville. On fçut bientôt, que fa charge avoit été donnée à Mr de Pontchartrain, contrôleur des finances, & que Mr de Chamillard avoit été nommé à cette derniére place.

P<small>AGE</small> 487.

1700.

* Les états de la province furent ouverts à Montpellier fur la fin de cette année, pour continüer durant les premiers mois de la fuivante, où la maladie du marquis de Claviffon (qui reçut les derniers facremens le 9 janvier 1700) fit naître un nouveau cas. Ce feigneur, qui étoit de tour, comme lieutenant general de la province, prefidoit aux affemblées qui fe tenoient actuellement pour les enchéres de l'équivalent ; mais, fa maladie l'empêchant d'y affifter, M^r l'intendant, comme premier commiffaire du roi, fe chargea de ce foin, & demanda d'être reçû à l'affemblée, avec les mêmes honneurs que les états rendoient au marquis de Calviffon. Après diverfes conteftations, il fut reglé par M^r le cardinal de Bonzy (pour éviter d'en écrire au roi), que lorfque M^r l'intendant viendroit à l'affemblée, le premier banc du tiers-état iroit le recevoir au haut de l'efcalier, & deux barons fur le feüil de la porte de la fale en dedans ; & que lorfqu'il s'en retourneroit, il feroit accompagné par les mêmes, & par deux évêques, jufqu'à la porte de la fale; mais qu'il ne pourroit point fe mettre dans la chaife que le marquis de Calviffon occupoit comme lieutenant genéral; ce parti ayant été accepté de part & d'autre, Mʳ l'intendant fit pouffer les enchéres de l'équivalent jufqu'à trois cent trente mile livres.

1700.

Cette affaire fut fuivie d'une autre, à laquelle toutes les compagnies de la ville prirent beaucoup de part. Le roi, par édit du mois d'août de l'année précédente, ayant permis aux communautez de rembourfer les proprietaires des offices de maire, créa, par autre édit du mois d'octobre, une charge de lieutenant de police, de divers commiffaires de quartier, d'un procureur du roi, d'un greffier & de quatre huiffiers. Cette nouvelle création, qui ôtoit au juge mage, au juge criminel, & au préfidial, la connoiffance de plufieurs caufes qui leur étoient attribuées, les porta à faire en corps, une offre de plus de cent mile livres, pour la charge de lieutenant de police. D'un autre côté, les confuls, qui y perdoient les plus beaux de leurs priviléges, repréfentérent au confeil de ville, qu'il étoit important à la communauté, d'acquerir cette charge, & de couvrir l'offre du préfidial. Ceux qui avoient interêt de les traverfer, demandérent un confeil plus nombreux; ce qui fit naître l'envie à toutes les compagnies de la ville, d'y avoir des députez. On fit fi bien, qu'il fe paffa un tems confiderable avant qu'on eût pû rien refoudre. Enfin, après plufieurs affemblées chès Mʳ de Bafville, on convint de huit perfonnes, qui en choifiroient cent d'entre tous les corps de la ville, pour refoudre les queftions qu'il y auroit à propofer.

IV.

Ce nombreux confeil, où entrérent quatre officiers de la cour des aides, autant des tréforiers de France, du corps du chapitre, de la nobleffe, du préfidial, des marchands de la bourfe, des avocats, des procureurs, des notaires, des receveurs, & le refte de bons bourgeois, pour achever le nombre de cent, prirent leur féance fans diftinction, & furent affés d'accord, qu'on acquerroit, au nom de la ville, la charge de lieutenant de police, pour la fomme de cent-dix mile livres. Mais, pour ne pas ébrecher la jurifdiction du préfidial, il fut refolu qu'on lui laifferoit la connoiffance des arts & métiers, les délits de nuit & le port des armes; d'autant plus que la ville n'a point de juftice diftributive; mais, que les manufactures & le lanifice refteroient à la connoiffance des confuls, qui en connoiffoient déja privativement à tous juges.

L'offre que fit le maire, d'être rembourfé du prix de fa finance en contrats fur l'Hôtel-de-Ville, facilita l'execution de ce qui venoit d'être refolu; & il ne refta qu'à convenir de l'élection confulaire, dont la premiére place étoit briguée par toutes les cours de juftice. Après bien de proteftations de chaque corps, Mʳ de Bafville jugea qu'il faloit en écrire à la cour; & le roi ayant prononcé en faveur de la noblesse, on élut Pierre de Maine, lieutenant de roi de la ville, qui ne put entrer en charge que le vingt-cinq du mois d'avril, à cause du retardement que toutes les contestations passées avoient causé.

Dans ces entrefaites, on apprit à Montpellier la naissance du comte d'Eu, second fils de M^r le duc du Maine, gouverneur de la province, qui y fut celebrée* avec de grandes réjoüissances, le 18e du mois de mars; & le lendemain, on fit les honneurs funébres du sieur de Sailly, brigadier des armées du roi, & inspecteur des troupes, avec les mêmes cerémonies qu'on avoit fait pour le chevalier de Genlis.

PAGE 488.

Les nouveaux consuls signalérent leur entrée par la construction de la boucherie, dont ils donnérent le prix fait à Augustin-Charles d'Aviler, architecte renommé; il fit une enceinte de gros quartiers de pierre à hauteur d'homme, d'où sortent de grands piliers qui portent un couvert en forme de pavillon. L'ouvrage est orné des simboles d'une boucherie, comme des têtes de bœuf, & autres pareilles. On prit soin de rendre la porte bien fermante, pour garantir cette hale des ordures qu'on y apportoit pendant la nuit, & plus encore des mauvaises actions qui s'y passoient.

V. Une des suites funestes des contestations qu'il y avoit eu au sujet de la lieutenance de police, fut la mort de Pierre Eustache, juge mage, qui ayant été à Paris pour cette affaire, en revint avec le succès qu'il souhaitoit; mais, à son retour, il mourut le troisiéme jour de son arrivée; & sa charge fut acquise par Jacob Bornier, lieutenant particulier, qui alla se faire recevoir à Toulouse, & fit à Montpellier son entrée publique avec les formalitez accoûtumées. Son instalation, qui devoit être faite le lendemain, causa quelque trouble, parce que Mr de B..., conseiller au parlement, étant venu exprés pour la faire, les officiers du présidial lui firent connoître qu'il ne pouvoit présider à leur tête, cette prérogative étant reservée aux seuls maîtres des requêtes & au chancelier de France; ils lui propoférent néanmoins le temperament d'instaler (s'il le vouloit) le nouveau juge mage à l'audience du sénéchal, où ils n'assisteroient point; mais, afin de prévenir toutes les suites fâcheuses que leur refus pouvoit leur attirer, ils allérent en informer Mr de Basville; & ils écrivirent au chancelier de France, au doyen des maîtres des requêtes & au premier président du parlement de Toulouse.

Le commissaire s'étant servi de l'expedient qu'on lui avoit suggeré, d'instaler le juge-mage à l'audience du sénéchal, il ne laissa point de dresser son verbal, dans lequel il se plaignit, qu'au lieu de six officiers & un des chefs à leur tête, qui devoient être venus le visiter, il n'y en avoit eu que quatre sans aucun chef. Sur quoi, le parlement decreta d'ajournement personnel le juge criminel & le lieutenant principal.

Comme le moindre dérangement dans un corps compofé de diferens 1700.
membres, en entraîne toûjours quelqu'autre, il furvint une plus grande difpute entre le juge-mage & le doyen du préfidial, pour fçavoir qui des deux tiendroit l'audience criminelle pendant l'interdit du juge criminel. Le juge-mage difoit, que la charge de lieutenant particulier qu'il venoit de vendre étoit encore fur fa tête, & qu'en cette qualité il devoit précéder le doyen ; à quoi celui-ci repliquoit, que le juge-mage ne tenoit jamais d'audience criminelle, & quoique fon refignataire n'eût pas encore été reçû en la charge de lieutenant particulier, lui, qui l'avoit refignée, ne pouvoit pas faire deux fonctions à la fois. La queftion n'ayant pû être terminée à Montpellier, les parties convinrent d'en écrire au préfidial de Nîmes, qui donna fon avis en faveur de Me Jean Patris, doyen, auquel fa compagnie donna pour adjoint Hiérôme Loys, un d'entr'eux, afin de le foulager dans les fonctions pénibles de la procédure criminelle.

Ce que le préfidial fit cette année dans fa compagnie, le doyen de la cour des aides le fit dans la fiéne. Car on marque que fur la fin de novembre, aucun préfident ne s'étant trouvé pour tenir l'audience, François-Vincent de Sarret, qui fe trouva le plus ancien, la tint & prononça les arrêts qui y furent rendus avec autant de grace & de dignité que s'il l'avoit fait toute fa vie.

Ce même mois de novembre, affligea Montpellier, par la maladie dangereufe de Mr le cardinal de Bonzy, à qui l'on porta le faint-facrement le 18 de ce mois; mais, fe trouvant beaucoup mieux dans le mois fuivant, il fit à Montpellier une grande fête, pour l'exaltation du cardinal Albani au fouverain pontificat, fous le nom de Clément XI.

* L'année finit à Montpellier, par les honneurs funébres que les états PAGE 489. affemblez en cette ville, firent faire pour le marquis de Calviffon, lieutenant-général de la province, qui étoit mort dans fon château de Maffillargues, au commencement de l'été paffé. Sa charge fut donnée par le roi, au comte de Calviffon fon frere.

On commença dans toute l'Europe avec l'année 1701 à fe reffentir des 1701. grandes fuites que devoit avoir la mort de Charles II, roi d'Efpagne, décédé le premier de novembre de l'année précédente. Dès lors, les projets du roi Guillaume, pour le partage de fa fucceffion, devinrent inutiles, tant par le refus que fit l'empereur de le figner, que par le teftament du roi d'Efpagne, qui déclara le duc d'Anjou héritier de tous fes états. Ce prince, accompagné VI. du duc de Bourgogne & du duc de Berry fes freres, partit pour l'Efpagne ; & après s'être arrêté quelque tems dans les villes de fon paffage, il fit fon entrée à Madrid le 4 d'avril, avec de grands témoignages de joye de la part des grands du royaume & des peuples.

1701.

Cependant, les princes fes freres, s'étant feparez de lui à l'île de la Conference, revinrent à Bordeaux, pour prendre de là leur marche par le Languedoc. Le commandant & l'intendant de la province partirent auffitôt de Montpellier, pour fe rendre à Touloufe, afin de fe trouver à leur entrée dans la province; & ayant fçû à peu près le tems où ils devoient arriver à Montpellier, ils en donnèrent avis, afin qu'on fe mit en état de les recevoir. Ils couchèrent à Valmagne le 25 février, & arrivèrent à Montpellier le 26 à travers une foule infinie de monde, qui bordoit le grand chemin jufqu'à Saint-Jean-de-Vedas. Leur carroffe, précedé d'un détachement de la maifon du roi, étoit fuivi de trois autres, où étoient les feigneurs de leur cour; ils s'arrêtèrent à la croix de la Saunerie, où nos confuls en robe rouge eurent l'honneur de les haranguer; mais, ils ne purent pas leur préfenter les clefs de la ville, ni un dais magnifique qu'ils avoient fait faire, parce que le maître des cerémonies en ordonna autrement.

Les confuls s'étant retirez après avoir fait leur harangue, noffeigneurs les princes entrèrent par la Grand'Ruë, qu'on avoit tapiffée jufqu'aux Penitens. Les fixains en armes, formoient une haye de part & d'autre; les uns avec des bonnets à la dragonne, dont le retrouffis étoit en broderie, avec une fleur de lis fur le milieu; les autres avoient un plumet blanc au chapeau, bordé d'un galon d'or, avec une cocarde de rubans, & un neud à la cravate & à l'épée; toutes les fenêtres & les balcons étant remplis du plus beau monde de l'un & de l'autre fexe.

A peine les princes furent arrivez à leur logement, qui étoit marqué chés le préfident Defplans, que les confuls y firent apporter dans de grandes corbeilles, les préfens de la ville, confiftant en quatre douzaines de gros flambeaux de cire blanche, cinquante livres de bougie, vingt douzaines de pots de vin rouge, huit douzaines de pots de mufcat. « Ce qui étoit (difent nos « mémoires) un chetif préfent pour de fi grands princes; mais nos con- « fuls n'en furent pas les maîtres, Mr l'intendant l'ayant reglé ainfi avant « fon départ pour Touloufe. » Après leur foupé, il y eut à l'Efplanade, vis-à-vis les fenêtres de leur hôtel, un feu d'artifice, qui réuffit parfaitement bien. & pendant le refte de la nuit, Montpellier fut éclairé comme en plein jour, par les feux que chacun fit allumer devant fa porte, & par les grandes illuminations qui furent faites à l'Hôtel-de-Ville, chés le cardinal de Bonzy, chés le gouverneur, à l'intendance, à l'évêché, au palais, aux jefuites, aux peres de l'Oratoire & autres lieux : ce qui continüa toutes les nuits durant leur féjour en cette ville.

CHAPITRE VINGT-UNIÉME

PAGE 490.

I. *Séjour des princes à Montpellier.* II. *Grands préparatifs de guerre.* III *Remboursement des assesseurs du maire.* IV. *Nouveaux troubles des fanatiques.* V. *Arrivée de la reine d'Espagne.* VI. *Investiture de la principauté d'Orange pour le prince de Conty.*

LE lendemain, vingt-septiéme de février, nosseigneurs les princes, voulant rendre à Dieu leurs devoirs, montérent en carrosse pour aller à la catédrale, selon l'anciéne pratique des rois leurs ancêtres. Ils sortirent par la porte de la Saunerie, passèrent par le cours, le Peirou & la contrescarpe qui va à la porte des Carmes, par où ils entrèrent pour décendre à Saint-Pierre, où cinquante suisses de leur garde s'étoient déjà rendus, avec un détachement des sixains de la ville ; ils trouvérent à l'entrée de l'église, Charles-Joachim Colbert, évêque de Montpellier, qui les attendoit auprés du benitier, en habits pontificaux, avec tout son clergé en chape ; après leur avoir presenté de l'eau benite, il les harangua, & sa harangue finie, il les conduisit dans le chœur de l'église, où les princes s'étant mis à genoux sur le priédieu qui leur étoit preparé, ils entendirent une messe basse, dite par un de leurs aumôniers, pendant laquelle la musique chanta. L'évêque de Montpellier ayant été se deshabiller à la sacristie, revint en camail & rochet, se tenir auprés des princes ; & la messe finie, il les accompagna jusqu'à la porte de l'église, où ils remontérent en carrosse, & retournérent chés eux par le même chemin qu'ils étoient venus.

I. 1701.

A leur retour, les députez de la cour des aides, au nombre de six présidens & de trente-six conseillers, deux correcteurs, deux auditeurs & un des M^rs des gens du roi, en robe noire & chapeau, haranguérent par la bouche du premier président. Loüis de Pezenes, trésorier de France, parla à la tête de sa compagnie. Jacob Bornier, juge-mage, pour le présidial. N. Brousse, avocat, pour les marchands de la bourse. P... Tondut, professeur, pour la faculté du droit, & François Chicoyneau, chancelier en médecine, harangua en latin, selon l'usage de sa faculté.

Les officiers du noble jeu de l'arc, qui avoient été presentez le matin à M^r le duc de Bourgogne, & à M^r le duc de Berry, priérent le maréchal de Noailles, de leur procurer l'honneur de passer en revüe avec toute leur troupe, devant M^rs les princes ; l'heure leur ayant été donnée après le dîné, ils entrèrent par la grande porte de la maison de Desplans, & traversèrent le grand veſtibule pour ſortir par le jardin. Noſſeigneurs les princes étant décendus dans ce veſtibule, ils virent défiler la troupe, qui étoit de plus de deux cent, tous en uniforme, avec leur ſuite accoûtumée de maures, de ſauvages, de turcs & de cupidons, mêlez d'un grand nombre d'inſtruments de muſique. Je ne rappelle point ici tout ce que j'ai dit ailleurs du détail de cette marche ; mais, je ne puis oublier une particularité dont M^{rs} le princes parurent contens.

Les premiers officiers du perroquet ayant paru en leur préſence, & ſalüé de la fléche qu'ils tenoient à la main, & enſuite du chapeau, ils ſe mirent à côté, pour faire place à deux petits amours, qui preſentérent deux caiſſes en forme de croiſſant, peintes d'azur & ſemées de fleurs de lis d'or, l'une à M^r le duc de Bourgogne & l'autre à M^r le duc de Berry. Dans chacune de ces caiſſes, qui étoient doublées de ſatin bleu, étoit un arc de breſil, qui avoit les extrémitez garnies de lames d'argent, & la corde de ſoye bleuë ; il étoit accompagné de braſſarts & de carquois, remplis de fléches dorées avec le bout d'argent. Les armes des princes étoient peintes ſur les deux caiſſes & au bas on liſoit en lettres d'or les vers ſuivans :

> GRANDS PRINCES, *pour vous rendre hommage,*
> *Le dieu d'amour vient recevoir vos loix,*
> *Et mettre entre vos mains ſon arc & ſon carquois ;*
> *Trop heureux ! s'il a l'avantage*
> *De pouvoir vous redire encor cent & cent fois,*
> *Grands Princes, pour vous rendre hommage,*
> *Le dieu d'amour vient recevoir vos loix.*

A peine eut on fait la lecture de ces vers, que l'un des petits amours après avoir ſalüé les princes, leur recita, d'un petit air mutin, ces autres vers :

> PRINCES, *c'eſt par dépit que je vous abandonne,*
> *Mon arc, mon carquois & mes traits ;*
> *Je ne puis plus bleſſer perſonne,*
> *On ne ſe rend qu'à vos attraits :*
> *Mais ſi je ſens que par vos charmes*
> *Vous l'emportés ſur Cupidon,*
> *Je ſçai que bientôt par vos armes,*
> *Mars recevra le même affront.*

Noſſeigneurs firent paroître au petit amour qu'ils étoient contens de lui ; & après avoir reçu ſon préſent avec beaucoup de bonté, ils ordonné-

rent au sieur Desgranges, maître des cerémonies, de faire porter les deux
caisses à Versailles; ils témoignérent ensuite aux officiers du noble jeu de
l'arc, qu'ils étoient satisaits d'eux & le capitaine les ayant remercié au nom
de toute la compagnie, il acheva de la faire défiler devant M^rs les princes,
qui eurent la bonté de rester dans le vestibule jusqu'à ce qu'elle fût entiérement passée.

1701.

Toute la cour suivit alors M. le duc de Bourgogne, qui monta dans son
cabinet, dont la fenêtre donnoit dans le fossé; il fit dire qu'on commençât
de tirer le perroquet, & cet ordre ayant été reçu avec joye, il fut executé un
moment après. Les consuls tirérent les premiers, selon l'usage; ensuite le
capitaine, puis les officiers subalternes, & enfin les chevaliers, selon le rang
que le sort leur avoit donné. En peu de tems, un des chevaliers mit une
fleche dans le corps du perroquet où elle resta, et un autre lui abatit une
aîle, que les princes voulurent voir & se la firent apporter.

L'heure de vêpres étant venuë, ils montérent en carrosse pour les aller
entendre aux Cordeliers, où la musique chanta, & étant revenus chés eux
ils montérent à cheval pour aller voir la citadelle, d'où ils revinrent aussi à
cheval.

Le lendemain matin, 28e février, les principaux officiers du perroquet
ayant été faire leur cour aux princes, ils leur presentérent un ancien regître de
leur compagnie, écrit sur du velin, où l'on voit le seing & les armes de feu
M. le prince de Conty, gouverneur de la province; ils supliérent les princes
de vouloir bien les honorer de leur seing, ce qu'ils leur accordérent volontiers. En sorte que l'on voit encore dans ce livre les armoiries de M. le duc de
Bourgogne & de M. le duc de Berry, avec leur seing au bas; leur exemple
fut suivi par le maréchal de Noailles & par le comte de Maure, qui se trouvent signez dans ce même regître.

L'heure de la messe étant venuë, ils allérent l'entendre à Nôtre-Dame-
des-Tables, d'où en sortant ils furent amusez agréablement par la danse du
chevalet, qu'on avoit amené dans la place de l'hôtel de ville; la propreté
des danseurs & la nouveauté de leur danse fit arrêter leur carrosse pendant
un tems considerable & les chansons patoises qu'on venoit chanter à la
portiére leur plurent si fort, qu'ils voulurent en emporter des exemplaires
qu'on avoit pris soin de faire imprimer.

Après le dîné, qui fut servi ce jour-là à onze heures, les princes montérent en carrosse pour aller à Laverune, où ils se divertirent à joüer au mail
dans le parc de l'evêque de Montpellier, qui leur donna une magnifique
colation, après quoi, étant de retour à la ville, ils regardérent de leurs fenêtres, tirer au perroquet; & sur le soir, ils allérent à l'opera, où les dames

1701.
PAGE 492.

étoient invitées, * & où les princes firent donner six-vingt loüis aux acteurs.

Le lendemain 29, après avoir entendu la messe à l'oratoire, ils montèrent en carrosse pour aller coucher à Nîmes; mais il y eut bien de gens qui furent trompez sur leur marche, car le bruit s'étant répandu la veille qu'ils sortiroient par la porte de la Saunerie, les soldats étoient déja rangez en haye dans la grand'rüe & les officiers du perroquet dans le cours, lorsqu'ils apprirent que toute la maison des princes avoit gagné vers l'hôtel de ville, & qu'elle sortoit le long de l'Eguillerie, par la porte du Pile-St-Gilles. Alors les troupes, qui étoient déja vers la Saunerie, se mirent en mouvement pour arriver à Castelnau avant les princes; mais elles n'en eurent pas le tems, & le seul chevalet fut assés diligent pour y être avant eux; ceux qui le conduisoient voulurent recommencer leur danse à Castelnau, mais des jeunes païsannes qui vinrent autour du carrosse, firent négliger le chevalet, & elles dansèrent & chantèrent avec tant de grâce, que les princes en les quittant leur jetèrent quelques loüis.

Pendant leur séjour à Montpellier, Pierre Veissière, conseiller en la cour des aides & grand médailliste, choisit dans son cabinet deux onix orientaux qui avoient des gravures gréques & antiques, qu'il presenta dans une boëte d'or à M^{rs} les princes, avec une dissertation imprimée, dans laquelle il expliquoit, en faveur des anciens Gaulois, la figure d'un coq portant une couronne de laurier, qui étoit gravée sur un de ces onix, & dans l'autre, le dieu d'amour sur un char traîné par un autre coq; par où il vouloit justifier ce qu'on a écrit des Celtes, qui habitoient autrefois la Gaule Narbonnoise, & qui firent une expedition celébre dans cette partie de l'Asie qui fut appellée de leur nom Gallo-Grece.

II. Toutes les réjoüissances que l'on fit à Montpellier, à l'occasion du passage de nos princes, n'empêchérent point qu'on ne se ressentît dans cette ville, des préparatifs de guerre qui se faisoient déja dans toute l'Europe. Dès le mois de janvier, on vit passer un grand nombre d'infanterie & de cavalerie, qui alloit s'embarquer sur les côtes de Provence pour passer en Italie, où l'empereur vouloit se saisir du Milanez. Nos troupes, dans cette marche, profitérent des belles reparations qu'on avoit fait aux grands chemins, à l'occasion du voyage des princes.

Dans ce même tems, le roi demanda au Languedoc trois mile cinq cens hommes de milice dont Montpellier en eut trente pour sa portion, qui furent faits par les corps des métiers. On les mit en état de marcher au commencement de l'été, où l'on vit arriver à Montpellier le 6 juillet, le marquis de Castelrodrigo, ambassadeur d'Espagne, qui alloit demander pour le roi son maître, Marie-Loüife-Gabrielle, feconde fille du duc de Savoie; cette princeffe fut époufée à Turin le onziéme feptembre, par le prince de Carignan, au nom du roi d'Efpagne, & vint à Montpellier dans le mois fuivant, en paffant par la France.

Cependant le confeil de ville travailloit au remboursement des affeffeurs de la mairie, qui étoit une fuite néceffaire de la fupreffion déja faite de la charge de maire. La permiffion en ayant été obtenuë de la cour, on s'affembla le 23ᵉ août en confeil général, compofé de plus de cent perfonnes, où il fut délibéré de rembourfer la finance des affeffeurs, en un feul & actuel payement; ce qui fut fait par le moyen des emprunts qu'on eût permiffion de faire; & ainfi le confulat fut entiérement rétabli fur l'ancien pié; mais, nous verrons bientôt que les affaires genérales du royaume ne permirent point de laiffer les chofes en cet état.

Le grand nombre des troupes que la France fut obligée alors d'envoyer fur les frontiéres, fit naître l'envie aux religionnaires des Cevénes, d'exciter dans le cœur du royaume le plus de mouvemens qu'ils pourroient. Ils n'en vinrent pas d'abord aux violences outrées qu'on éprouva depuis; mais dans cette année, ils y preparérent les efprits, par la miffion d'un grand nombre de prophétes & prophéteffes, qui alloient dans les vilages y tenir des affemblées, où ils annonçoient des fuccés favorables à leur parti & tâchoient d'autorifer leurs prédictions par des preftiges les plus bizarres; de ce nombre, fut une fille qui verfoit des larmes de fang; quatre païfans du côté d'Uzés, dont l'un difoit être le * prophéte Daniel; la nommée Beiffe, qui affuroit que le Saint-Efprit étoit defcendu fur elle dés l'âge de cinq ans & quantité d'autres, qui furent amenez à la citadelle de Montpellier, d'où ils furent transferez à Carcaffonne au nombre de trente-neuf, parceque les états de la province y étoient alors affemblez, & que M. de Bafville, ne pouvant quiter les états, étoit bien aife de juger par lui-même le procés de de tous ces fanatiques. Quelques femmes furent renvoyées, quelques autres retenuës en prifon & les hommes condannez aux galéres ou au gibet: le lieu d'Uchau, entre Montpellier & Nîmes, où l'on avoit tenu des affemblées féditieufes, fut puni par une garnifon qu'on y envoya à difcretion jufqu'à nouvel ordre.

Environ ce tems-là, la reine d'Efpagne, après avoir quité la mer à Marfeille, prit fa route par terre, & arriva à Montpellier le 26ᵉ d'octobre, accompagnée de la princeffe des Urfins, de madame des Noyers fa gouvernante, & du marquis de Caftelrodrigo. Elle fut logée chés le premier préfident, au palais, où il y eut nuit & jour pour fa garde, une compagnie de foldats de la citadelle. On obferve, qu'elle fut faluëe de trois décharges de canon;

mais que les confuls ne fe trouvérent point à fon entrée, qu'elle fit par la porte du Peirou; ils vinrent feulement le lendemain, fans robe & fans chaperon, lui apporter le préfent de la ville, qui confiftoit en cinq corbeilles remplies de fultans parfumez, tous en broderie d'or & d'argent, des fachets de fenteur, brodez de même, des étofes, des rubans, & quantité de fioles de diferentes effences, dont la reine parut fi fatisfaite, qu'elle dit aux confuls, que l'Efpagne étoit fort obligée à la ville de Montpellier de fon honnêteté, & qu'elle s'en fouviendroit. On ajoûte, qu'ayant deftiné une de ces corbeilles pour Turin, l'ambaffadeur lui dit, qu'elle feroit bien mieux de porter le tout en Efpagne; à quoi la reine répondit fur le champ : Je ne croyois pas que vôtre ambaffade s'étendît jufqu'à mes affaires particuliéres. Tout le refte du jour, elle refta dans fon appartement, d'où elle ne fortit que pour entendre la meffe dans la chapelle du palais, où toute la cour affifta en grand femeftre; l'après-midi, elle fe renferma, pour dépêcher un courier qui lui étoit venu de Savoye, & pour faire quelques emplettes; ce qui donna le loifir au marquis de Caftelrodrigo, d'aller fe promener à la maifon de campagne du premier préfident, qui l'y conduifit lui-même; & le lendemain 28e la reine partit en litiére, fur les huit heures du matin, après avoir entendu la meffe dans la chapelle du palais.

On apprit dans ce même tems à Montpellier, la ligue déja formée entre l'empereur, le roi Guillaume & la Holande, contre la France & l'Efpagne; & l'on ne tarda point de fe reffentir dans cette ville, des efforts qu'il falut faire pour leur refifter. Car, le roi ordonna, dès le commencement de 1702 des compagnies franches, pour les envoyer dans les Cévénes; il demanda un plus grand nombre de milices, dont Montpellier fournit fix-vingts hommes pour fa part; & l'on rétablit la capitation, payable tout à la fois pour les années 1701 & 1702.

VI. Les efprits furent divertis de ces penfées triftes, par la nouvelle de la fameufe journée de Cremone dans le mois de février, & par la mort du roi Guillaume, arrivée le 19 mars; elle donna lieu à l'inveftiture de la principauté d'Orange, que le roi Loüis XIV. donna au prince de Conty, comme fief mouvant de fa couronne, & vaquant par le défaut d'enfans du dernier poffeffeur. On vit paffer en pofte, dans le mois d'avril, le fieur Rouffeau-Lavalette, maire de Pezenas, & agent genéral du prince de Conty, qui alloit prendre poffeffion d'Orange au nom de fon maître. Ce changement de domination ôta toute efperance à nos religionnaires, de pouvoir continüer dans cette ville, l'exercice de leur religion, comme ils faifoient le plus fouvent à la derobée; mais ils cherchérent à s'en dédommager en quelque forte, par les meurtres & les incendies qu'ils commencérent dans les Cévénes, & qui se répandirent avec le tems jusqu'aux portes de Montpellier. Après avoir amassé des armes, qu'ils donnérent aux plus déterminez d'entr'eux, ils les envoyérent, dans le mois de juillet, au pont de Montvert, où ils massacrérent l'abbé de Chayla; puis, se répandant dans le voisinage, ils signalérent leur marche, par le meurtre de tous les curez qu'ils purent rencontrer; * par celui du sieur de Ladeveze, gentilhomme du païs, & du sieur de Saint-Cosme, parent au marquis de Calvisson & colonel des milices de tout le canton.

1702.

Page 494.

Le tems leur parut d'autant plus favorable, que toutes nos armées étoient fort éloignées d'eux; car le roi d'Espagne, avec le duc de Vendôme sous lui, combatoit dans le royaume de Naples, monseigneur le duc de Bourgogne dans les Païs-Bas, & le marquis de Villars en Alemagne, où il avoit en tête le prince Loüis de Bade. Comme dans ces conjonctures, on ne pouvoit opposer aux fanatiques que les seules milices, ils continüérent impunément leurs desordres; mais, après la bataille de Luzara, gagnée dans le Milanez au mois d'août par le roi d'Espagne, on fit venir d'Italie quelques troupes reglées pour les reprimer. Leur maniére de combatre par pelotons au milieu de leurs montagnes, & les intelligences qu'ils y avoient partout, leur servit beaucoup pour donner souvent l'échange à nos troupes; mais enfin, ils furent surpris à leur tour, & l'on en prit un si grand nombre, qu'ils remplirent les prisons de Montpellier, de Nîmes & de Sommiéres, d'où ils ne sortirent que pour subir la peine du fer ou du feu, selon qu'ils l'avoient employé eux-mêmes.

Les états de la province, assemblez à Montpellier, voulant y apporter quelque reméde, prirent déliberation, de lever vingt-cinq compagnies de fusiliers, & quatre de dragons, pour les opposer aux fanatiques; mais comme le roi leur avoit demandé trois milions de don gratuit & deux de capitation, ils dépêchérent un courier pour représenter que les diocéses de Mende, d'Uzés, de Nîmes & d'Alais, étoient hors d'état, à cause des troubles, de contribüer à cette somme, & qu'il n'etoit pas possible de faire suporter aux autres la portion de ceux-là. Tandis que le courier étoit en marche, on eut nouvelle qu'il venoit un détachement de l'armée d'Alemagne, depuis la bataille de Fredelingen, qui avoit valu au marquis de Villars le baton de maréchal de France, & l'on apprit aussi, que le roi d'Espagne s'étant embarqué à Génes, avoit débarqué à Marseille & devoit arriver incessamment à Montpellier.

CHAPITRE VINGT-DEUXIÉME.

I. Arrivée du roi d'Espagne. II. Préparatifs contre les fanatiques. III. Le maréchal de Montrevel en Languedoc. IV. Mort du cardinal de Bonzy. V. Suite de l'affaire des fanatiques.

1702 I. UNE longue fuite de charrettes, de chariots, de fourgons & de mulets, chargez des équipages du roi d'Espagne, annoncérent à Montpellier fon approche dès l'après-midi du cinquiéme décembre. Venoit enfuite le tréfor, appellé la caffette du roi, dans laquelle on difoit y avoir cinq ou fix milions, efcortée par des gens à cheval, & fuivie de plufieurs caléches & carroffes des officiers de fa maifon, pour lefquels on avoit marqué foixante des meilleures maifons de la ville. Le grand nombre de peuple qui alla à fa rencontre jufqu'au-delà de Caftelnau, eut le plaifir d'y voir arriver ce prince, dans une petite caléche, précedée des gardes du duc du Maine, gouverneur de la province, & fuivie de cent gardes du corps de fa majefté catolique, vétus de bleu, avec la bandouliére de velours rouge.

Plufieurs chevaliers de la toifon-d'or & quelques grands d'Efpagne, fuivoient le roi, qui, étant décendu de fa caléche, monta à cheval, dont le comte de Marcin prit le mords & l'étrier doré, en faifant une efpéce de genuflexion. A peine le roi eut paru fur fon cheval, que le peuple pouffa un grand cri de: vive le roi d'Efpagne! Il paffa fur le pont de Caftelnau, & gagnant vers les recolets & l'hôpital general, il monta le long de la contrefcarpe, où fes trompettes commencérent de joüer. Il entra par la porte du Peirou, pour aller loger dans la maifon du premier préfident, les ruës, PAGE 495. depuis cette porte jufqu'au palais, * étant bordées des fixains fous les armes.

« C'étoit un beau roi (dit mon manufcrit); il étoit habillé à la françoife,
« d'un drap gris de fer, brodé fur les coutures, avec fon cordon bleu &
« celui de la toifon-d'or; il portoit un plumet blanc à fon chapeau, dont
« il falüoit gracieufement le monde. On ne tira point le canon à fon
« entrée, parce qu'il vouloit être incognito à Montpellier. »

Lorfqu'il fut dans fon appartement, il y reçut les refpects d'un grand nombre de perfonnes de condition, de l'un & de l'autre fexe, avec quelques-unes defquelles il joüa jufqu'au foupé; alors, on étendit fur une table quarrée, un tapis de velours rouge frangé d'or, où le maître d'hôtel mit la nape par dessus, & fit couvrir la table; il donna la serviette moüillée au roi; & Mr l'évêque de Montpellier fit la priére & la bénédiction du repas, durant lequel le roi d'Espagne lui fit l'honneur de s'entretenir avec lui.

Le cardinal d'Estrées, ambassadeur ordinaire de France auprès de sa majesté catolique, arriva quelque tems après ce prince, & fut loger à l'évêché, où Mr l'abbé d'Estrées son neveu étoit arrivé quelques jours auparavant, en qualité d'ambassadeur extraordinaire. Le lendemain, sixiéme décembre, le roi, voulant aller entendre la messe dans l'église catédrale, partit à pied sur les dix heures du matin, précedé de ses gardes, & suivi des seigneurs de sa cour & autres personnes de qualité de cette ville; il fut reçû au-dedans de l'église, par l'évêque de Montpellier, en camail & rochet, à la tête de son chapitre qui lui presenta de l'eau benite & la croix à baiser. La messe fut dite par le grand aumônier du roi, pendant laquelle on fit chanter la musique des états; le patriarche des Indes se tint à la droite du roi, Mr de Montpellier à sa gauche, & tous les évêques des états, alors assemblez en cette ville, se rangérent de chaque côté. La messe étant finie, le roi fut accompagné jusqu'à la porte de l'église par l'évêque & par son chapitre, & il s'en retourna à pied, dans le même ordre qu'il étoit venu; habillé (dit mon manuscrit) d'un drap bleu, brodé en plein, une perruque extrêmement blonde, un ruban d'or sur l'épaule avec un plumet blanc au chapeau.

L'après-midi, sur les deux heures, il sortit à cheval hors la porte du Peirou, avec un grand cortège, pour aller à la chasse au bois de Grammont, & décendant vers la Portaliére, il passa devant les casernes, au fauxbourg de la Saunerie & au pont Juvenal, d'où s'étant rendu au bois de Grammont, il y tua quelques lapins & quelques pigeons, qu'on lâcha exprès pour lui donner le plaisir de tirer en volant. Après son retour de la chasse, il se reposa un peu chés lui, & alla voir représenter la tragédie de *Polieucte*, & les *Vendanges de Suréne*, où il parut prendre beaucoup de plaisir.

Le lendemain 7e décembre, sur les neuf heures du matin, le roi entra en chaise (à cause de la pluye) pour aller faire ses dévotions à l'église Saint-Pierre, où il communia de la main de Mr l'évêque, qui dit la messe en crosse & en mitre; & après celle-là, sa majesté en entendit une autre de l'un de ses aumôniers, durant laquelle il fit son action de graces.

L'après-dînée, le roi, suivi de ses gardes & de quelques carrosses, alla à cheval jusqu'au lieu de Laverune, appartenant à l'évêque de Montpellier, qui lui donna une colation en viande; le roi y joüa quelque peu de tems au mail dans le parc, & tira ensuite aux pigeons, comme il avoit fait au bois de Grammont. Sur le soir, Mr l'évêque eut l'honneur de lui donner à souper, & de lui presenter la serviette. On fut surpris après soupé, lorsque le

1702.

1702.   roi demanda des cartes, qu'il ne s'en trouvât point dans le château; ce qui obligea d'envoyer un garde à toute-bride, pour en venir chercher en ville; mais, comme il étoit déja dix heures de nuit, le roi entra dans son carroffe, fuivi de dix ou douze de fes gardes, & revint à Montpellier, d'où il partit le lendemain pour Pezenas, après avoir fait dire la meffe dans fa chambre.

1703. II.   Dès le 15 janvier 1703 on vit arriver à Montpellier le fieur de Julien, maréchal de camp, pour commander dans les Cévénes fous Mr de Broglio. Les fufiliers & les dragons que la province avoit eu permiffion de lever, fe rendirent en cette ville, où ils furent logez dans les caferness, pour être

PAGE 495.   diftribüez* dans les diferens poftes qu'on avoit à garder. Ils n'empêchérent pas cependant que les revoltez ne décendiffent dans la plaine & ne vinffent jufqu'à Candiac, où, fur le raport de quelques prifonniers qu'on fit fur eux, on prit le parti d'établir à Montpellier une garde bourgeoife de quatre hommes à chaque porte, pour veiller aux étrangers qui s'y préfenteroient; de ce nombre furent les curez de la campagne, que les incendiaires avoient obligé de quiter leurs paroiffes, & de chercher un azile dans quelque ville de fûreté; il en vint à Montpellier un fi grand nombre, que la ville en fourmilla durant plufieurs mois.

Cependant nos nouvelles levées ne faifoient pas grand chofe contre les énemis, qui, connoiffant tous les fentiers de leurs montagnes, fe deroboient à leur vûë auffitôt qu'ils avoient fait leur décharge. On crut que les miquelets des Pirénées, gens accoûtumez à grimper fur les rochers, feroient plus propres à les dénicher; & dans cette vûë, on en fit venir du Rouffillon, qui arrivérent à Montpellier, pour la première fois, au nombre de quatre cent; ils avoient pour colonel le fieur de Pomerol, qui avoit perdu un bras. Leur marche & leur équipage parut tout nouveau, parce qu'on n'en avoit jamais vû en cette ville; car ils marchoient fans tambour & fans épée, n'ayant qu'un feul homme à leur tête, qui cornoit avec une coquille de mer en limaçon, femblable à celle des tritons qu'on repréfente dans les tableaux de marine. Leur équipage confiftoit en une camifole rouge, renfermée dans des hauts de chauffe, larges en bas comme celles des matelots; ils avoient un furtout gris ou cafaque fort ample, des fouliers de corde, appellez communément efpardilles; un bonnet rouge pointu, terminé par un neud de ruban blanc; un chapeau à la ceinture, & pour armes, deux piftolets d'un côté, avec une longue dague, & de l'autre, une gifpe ou carabine efpagnole fur l'épaule.

Dans le tems que ces nouvelles troupes marchoient vers la montagne, Cavalier, l'un des chefs des revoltez, décendoit dans la plaine, où il brûla l'abbaye de Cendras, tout auprès de Nîmes, & une autre de leurs troupes s'étant avancée vers la riviére de l'Ardefche, pour fe jeter dans le Vivarès, le fieur de Julien tomba fi à propos fur eux, qu'il les défit entiérement. On apprit, dans ces conjonctures, la nomination qu'avoit fait le roi du nouveau maréchal de Montrevel, pour venir commander dans le Languedoc; il arriva au Saint-Efprit le fix de février, à Nîmes le 14 & à Montpellier le feiziéme de mars, d'où Mr de Broglio partit le vingt-trois pour s'en retourner à Paris.

1703.

III.

Pendant le féjour que M. le maréchal fit à Nîmes, quinze cent fanatiques, fous la conduite de Rolland, entrérent tambour batant, le cinquième de mars, dans la ville de Ganges, où leur chef fut reçû dans le château & fes troupes chès le bourgeois; de là ils allérent à Pompignan, où ils firent bien du defordre; mais M. de Parat, brigadier général, ayant affemblé les dragons de Fimarcon avec ceux de la province, un bataillon de Haynaut & deux cent miquelets, il difpofa fi bien toutes ces troupes, qu'il environna les énemis dans Pompignan, où il les força & fit périr la plûpart des fuyards, qui tombérent dans l'embufcade qu'il leur avoit dreffée. Cette déroute porta l'épouvante dans tout le païs & l'on ne vit à Montpellier dans le mois de mars, que des gens de la campagne tous éplorez, qui venoient s'y réfugier avec leur famille & leurs meilleurs effets; ce fpectacle, qui certainement étoit des plus touchans, attendrit la plûpart des habitans; mais les confuls, croyant à cette occafion devoir augmenter leur vigilance pour la fûreté de la ville, mirent deux bourgeois de plus à chaque porte, qu'on n'ouvroit qu'à fept heures du matin, pour les fermer à pareille heure du foir.

Les réjoüiffances pour la prife du fort de Kiel par le maréchal de Villars, vinrent fort à propos pour détourner un peu les efprits de tous ces objets affligeans; on en chanta le *Te Deum* à Montpellier le premier d'avril, & le foir on fit un feu de joye à la Canourgue, à la manière accoûtumée.

Dans ce même tems, le maréchal de Montrevel étant à Nîmes, les religionnaires de la ville eurent la hardieffe de s'affembler le jour des Rameaux au nombre de cent perfonnes, de tout âge & de tout fexe, dans un moulin à blé, tout * auprès des caſernes, pour faire prêcher & chanter des pſeaumes; le maréchal qui étoit à table, y accourut; & fit fi bien inveſtir le moulin, qu'il y perit plus de ſoixante perſonnes. Ce fut par une efpèce de confpiration générale qu'ils firent cette entreprife, car on fçut que dans les Hautes-Cevénes, ils prêchérent & chantérent publiquement des pfaumes le jour de Pâques; & que dans les lieux de St-Cofme, de Clarenfac & autres

Page 497.

1703.

de La Vaunage, ils firent monter un prédicant fur un téatre au milieu de la place & forcèrent les anciens catoliques de l'aller entendre. Il ne fut pas dificile à comprendre que les nouveaux convertis de tous ces lieux tenoient la main aux revoltez; mais pour s'en défaire une bonne fois, on prit le parti de les tranfporter ailleurs. Dans cette vûë, M. le maréchal s'en fit donner un rôle par les confuls de tous ces vilages; & les ayant raffemblez, il les fit conduire à Montpellier, où ils furent embarquez jufqu'au nombre de douze cent fur le canal du Lez, pour être tranfportez à Perpignan, d'où ils allérent fervir fur les galéres d'Efpagne, ou furent envoyez en Terre-Neuve.

Mr Planque, brigadier & infpecteur d'infanterie, l'un des meilleurs officiers que la ville de Montpellier eût donné aux armées du roi, défit dans le mois de mai, deux ou trois partis de ces malheureux; mais ils étoient comme une hidre qui repouffoit, dans la montagne des nouvelles têtes, lorfqu'on la leur avoit abatuë dans la plaine.

IV. Le onze juillet fut mémorable à Montpellier, par la mort de M. le cardinal de Bonzy, l'un des feigneurs des plus bienfaifans & des plus gracieux que la province eût eu depuis plufieurs fiécles. Dans le tems que fon convoi fortoit par la porte de la Saunerie, pour prendre le chemin de Narbonne, le maréchal de Montrevel arriva par la porte du Pile-Saint-Gilles, avec une grande efcorte: il alla le 14e vifiter le port de Cette & fit enregîtrer le 16 fes lettres de premier préfident-né de la cour des aides; il partit enfuite le 19 pour la foire de Beaucaire.

Pendant fon abfence, on chanta le *Te Deum* à Montpellier, pour le combat d'Ekeren, gagné par le maréchal de Bouflers, joint au marquis de Bedmar, contre le général Opdam. On fit auffi des réjoüiffances pour la retraite des Anglois devant Belle-Ifle, & l'on apprit le vingt-uniéme d'août par un courrier extraordinaire, que le roi avoit nommé à l'archevêché de Narbonne, à la place du feu cardinal de Bonzy, Charles le Goux de la Berchere, archevêque d'Alby.

V. Les enlévemens que le maréchal de Montrevel avoit fait faire dans les vilages des fanatiques les irrita fi fort, qu'ils tentérent diverfes fois de l'enlever lui-même; ils dirent hautement qu'ils vouloient fe défaire de lui & ils affectoient de lui donner d'autre nom que celui de maréchal de Courtevie. Ce feigneur, les regardant comme des forcenez, voulut tenter les voyes de douceur, en leur faifant offrir une amniftie; mais cette voye n'ayant fervi qu'à augmenter leur infolence, on en vint à une refolution extrême, qui fut de faire retirer tous les habitans de la campagne dans des villes qu'on leur nomma & de brûler tout le païs, afin que les revoltez n'y trouvassent ni vivres ni retraites. Cette ordonnance, qui fut exécutée, attira à Montpellier un nombre infini de pauvres familles catoliques, qui excitèrent la pitié de tous les habitans; on reçut les jeunes enfans dans l'hôpital genéral; on fit de grandes quêtes & l'on entretint long-tems les personnes âgées dans le logis du Cheval-Verd, jusqu'à ce que les choses changeassent de face.

1703.

Cette derniére execution anima d'autant plus les fanatiques, qu'ils vinrent à apprendre que le duc de Savoye avoit renoncé à l'aliance des deux couronnes & avoit pris le parti de l'empereur. Ils se flatèrent d'un grand secours de la part de ce prince, qui le leur fit promettre, & ils se crurent à la veille de le recevoir, lorsqu'ils virent paroître le 28 septembre, deux vaisseaux de guerre au-dessus de Maguelonne. Ceux de leur parti, aussi bien que les catoliques, crurent que ces deux vaisseaux servoient d'avant-garde à une armée navale qui venoit débarquer sur nos côtes; ainsi, les uns témoignèrent une grande joye, & les autres se donnèrent mile mouvemens pour empêcher le débarquement; ils firent approcher de la mer les troupes qu'ils avoient dans le continent, et ils envoyèrent à la découverte des énemis, deux galéres du chevalier de Roannez, * qui étoient à Cette. Heureusement, les deux vaisseaux prirent le large & ils se contentèrent d'avoir fait luire aux fanatiques ce foible rayon d'esperance.

PAGE 498.

Dans le mois d'octobre, on reçut à Montpellier la nouvelle de la prise de Brisac par M. le duc de Bourgogne & de la défaite du comte de Stirum à Hochtet, par le duc de Bavière & le maréchal de Villars. Le Sr de Fimarcon batit environ ce tems, un gros parti de fanatiques, qui s'étoient assemblez dans le lieu de Nages pour y faire la St-Martin; après quoi le maréchal de Montrevel prit toutes ses troupes pour se faire accompagner dans l'entrée publique qu'il fit à Montpellier, le dix-huitiéme novembre, avec toute la solennité qu'on a coûtume d'observer à l'entrée des gouverneurs de la province.

Le 28, il fit l'ouverture des états, durant lesquels il établit une garde de cinquante hommes au pont Juvénal & autant à celui de Castelnau; mais ces précautions pour la sûreté de la ville, n'empêchèrent point les desordres de la campagne, où les fanatiques couroient impunément, et où ils égorgérent une jeune dame de Montpellier, qui venoit avec ses domestiques d'Uzès à St-Ambrois. Sa mort, très-lamentable dans toutes ses circonstances, causa une affliction genérale, qu'on tâcha de dissiper par les grandes réjoüissances qui furent ordonnées pour la bataille de Spire, gagnée par le maréchal de Talard sur les impériaux & suivie de la reddition de Landau; cette victoire auroit causé plus de joye à Montpellier, si on n'eût appris qu'elle avoit coûté la vie au chevalier de Toiras, le dernier des seigneurs de cette illustre maison.

La grande affaire de l'assemblée des états, fut l'imposition de six millions & la levée de deux mile hommes de milice que le roi demandoit. Quoique la province fût desolée depuis longtemps par la guerre intestine des fanatiques, elle ne laissa point en cette occasion de faire des efforts extraordinaires; mais on ne put resister à la surprise où tout le monde fut, d'apprendre que Rolland, l'un des chefs des rebelles, avoit celebré son mariage presque sous les yeux des seigneurs de la province assemblez à Montpellier; & que, non content d'avoir pris la qualité de prince des Hautes & Basses Cevénes, il avoit donné celle de princesse à une misérable servante qu'il venoit d'épouser.

Les catoliques commencérent à murmurer de l'inaction ou de la tolérance de ceux qui avoient le commandement; & il se forma dès lors un troisiéme parti, qui fit fort parler de soi. Un reclus de l'Hermitage de Primecombe, près de Sommiéres, y donna occasion. Cet homme, qui sous le nom du Sr de la Sajole, avoit autrefois servi dans le régiment de la marine, sentit reveiller son humeur guerriére par le desordre des fanatiques; il demanda permission à son diocésain l'evêque d'Uzés de prendre un habit séculier & de leur courre sus; on lui donna commission pour commander quatre cent braves hommes qu'il choisit, avec deux capitaines sous lui, ausquels on accorda la solde des troupes reglées, avec un ordre à toutes les communautez de leur fournir les vivres dont ils auroient besoin. Nous verrons dans la suite de quelle utilité fut cette troupe.

CHAPITRE VINGT-TROISIÉME.

I. Conseil tenu à Montpellier contre les fanatiques. II. Le maréchal de Villars en Languedoc. III. Evenemens particuliers pour Montpellier. IV. Le duc de Barwik en Languedoc. V. Conspiration des fanatiques à Montpellier. VI. Evenémens particuliers.

I. LE Sr de Julien, maréchal de camp, ayant brûlé trente-cinq vilages dans les Hautes-Cevénes, vint à Montpellier, pour se trouver à un grand conseil que M. de Montrevel tint chés lui le quatriéme de janvier 1704, où assistérent Mrs de Fimarcon, de la Lande, de la Parra, Planque, de Basville & plusieurs autres* qui resolurent de former quatre camps volans pour envelopper les fanatiques & les exterminer, avant que la faifon fut venuë de faire partir nos troupes pour le Portugal, qui venoit de fe déclarer contre la France. En confequence de cette refolution, on fit marcher tout ce qu'on avoit de troupes reglées, jufqu'à la garnifon des foldats qui étoient à la citadelle, dont on confia la garde pour cette fois aux habitans de la ville.

1704.

Cependant, le maréchal de Montrevel, détenu à Montpellier par l'affemblée des états, profita de ce tems pour fe faire inftaler, le 23 janvier, en la charge de premier préfident né de la cour des aides; dans cet intervale, il affifta aux *Te Deum* chantez pour la défaite dans le Tirol du genéral Staremberg par le Duc de Vendôme & pour la prife d'Ausbourg par le duc de Baviére, nôtre allié.

L'affemblée des états ayant fini dans le mois de février, le maréchal partit pour Sommiéres, d'où il envoyoit fes ordres dans tout le païs fanatique; mais le grand nombre de troupes qu'il y retint pour fa garde, l'empêchant d'envoyer ailleurs la quantité qu'il eût falu, les rebelles en prirent courage & nos foldats manquant de cœur, n'écoutérent point fouvent la voix de leurs officiers. Dès lors, les incendies continuérent à la campagne & les meurtres fur les grands chemins; ce qui piqua fi fort les catoliques des environs de Beaucaire, qu'ils s'attroupérent au nombre de plus de deux mile; & prenant le nom des Cadets de la Croix, ils coururent fe venger des fanatiques par tout où ils purent les trouver; à quoi ils ne furent pas peu aidez par l'hermite de Sommiéres.

Les chofes continüoient fur ce pié, lorfque le roi, voulant abfolument faire ceffer nos troubles, nomma le maréchal de Villars pour venir commander dans la province & deftina pour la Guiéne, le maréchal de Montrevel, qui, avant fon départ, batit les revoltez à Caveirac fur la fin du mois d'avril. L'arrivée de M. de Villars parut faire prendre une toute autre face aux affaires; car ayant enlevé entre Andufe & St-Jean-de-Gardonenque, l'hôpital des fanatiques, où l'on trouva une très-grande quantité de remèdes & de vivres, il les rendit plus fouples à écouter la propofition d'une amniftie qu'il leur fit offrir; dès lors, les négociations commencérent. Catinat, l'un de leurs chefs, vint trouver M. de la Lande à Alais, & lui demanda, de la part de Cavalier, une conference avec M. le maréchal. Ce feigneur, voulant applanir toutes les difficultez pour terminer une fi malheureufe guerre, affigna à Cavalier le jardin des Recolets de la Ville de Nîmes pour conferer avec lui; il demanda de fortir du royaume avec quatre mile hommes; mais on jugea plus à propos de faire de toute fa troupe un regiment qui porteroit le nom de Villars & dont Cavalier feroit colonel, fur le pié

II.

des troupes étrangéres; en conſequence, on fit travailler à des habits rouges pour le nouveau regiment, & M. de Villars ſe chargea lui-même d'équiper magnifiquement ſon colonel; mais tandis que toute la troupe attendoit à Calviſſon qu'on l'eût miſe en état, un des lieutenans de Cavalier et grand prédicant, nommé Ravanel, déclama ſi fort contre lui, qu'il lui débaucha la plûpart de ſes gens & le laiſſa preſque ſeul. Cavalier, voulant ſe piquer de bonne foi, courut après ſes deſerteurs, dont il en ramena quatre cent, & perſiſtant toûjours dans ſa parole, malgré la deſertion de pluſieurs autres, il fut recompenſé par le roi d'un brevet de lieutenant colonel, avec lequel il partit pour le Vieux-Briſac dans le mois de juin, amenant avec lui une centaine des ſiens qui lui avoient reſté fidéles.

 Les fortes ſolicitations des religionnaires de France & de Holande, avec l'argent de l'Angleterre, & la promeſſe d'une puiſſante diverſion du côté de la Savoye, empêchérent les autres chefs des fanatiques de ſuivre l'exemple de Cavalier; ils oférent même entreprendre une nouvelle irruption dans La Vaunage; mais M. de Villars ayant fait dépeupler le païs les reduiſit à ſe retirer dans les Hautes-Cevénes. En ce même tems, Rolland, un de leurs principaux chefs, fut ſurpris & tué dans un château près d'Uzés, où il étoit avec ſa maîtreſſe; quatre galéres du duc de Savoye, qui leur apportoient des armes & des hommes, furent diſſipées par le chevalier de Roannez, qui en fit échoüer trois & prit la quatriéme, avec les religionnaires françois qui s'y trouvérent deſſus: ils furent executez * à Nîmes, & cet échec ayant abatu le cœur aux fanatiques ils ſe laiſſérent batre en diverſes rencontres; enſorte que Caſtanet, Catinat, Joanin & la Roſe, leurs principaux chefs, vinrent ſe rendre au maréchal de Villars, préciſément dans le tems de la funeſte bataille d'Hochtet.

 Ce ſeigneur, voyant qu'il ne lui reſtoit que Ravanel à reduire, ſe contenta de mettre ſa tête à prix, & prenant le chemin de Montpellier, il y fit ſon entrée avec la maréchale ſon épouſe, le vingtiéme novembre. Au commencement du mois ſuivant, il fit l'ouverture des états, & après qu'il eut obtenu de la province les cinq milions que le roi demandoit, il prit jour au dix-neuviéme de ce mois, pour ſe faire inſtaler en la charge de premier préſident né de la cour des aides.

III. Dans le cours de cette année, il y eut quelques évenémens ſinguliers pour la ville de Montpellier, dont je n'ai pû faire mention en leur tems, pour ne pas interrompre ce que j'avois à dire des fanatiques. Dès le 15 de janvier, on mit à exécution les deux édits du roi, qui établiſſoient une chambre de commerce en cette ville, à l'inſtar de celle de Touloufe; j'en parlerai plus au long ſur la fin de cet ouvrage, dans l'article du conſulat de

mer, & je me borne, pour le préfent, à marquer l'époque de fon établif- 1704.
fement.

Par autre édit du même mois, le roi rendit héréditaires trois de nos charges de confuls, c'eft-à-dire que la premiére, la troifiéme & la cinquiéme, furent financées par les acquereurs, & les trois autres reftérent electives, comme elles l'étoient auparavant; cette affaire, aprés avoir été agitée dans plufieurs confeils de ville, ne put être terminée que dans le mois de feptembre, où les nouveaux confuls perpetuels reçurent leurs provifions : le premier, fur la finance, de trente mile livres ; le troifiéme de dix-huit & le cinquiéme de fix mile, avec les deux fols pour livre.

Les befoins de la guerre, qui faifoient recourir à ces expediens obligérent aufii de créer de nouveaux offices dans toutes nos cours de juftice; la cour des comptes, aides & finances eut une crûë d'un préfident, de fix confeillers, de deux correcteurs & de deux auditeurs ; le bureau des finances, d'un tréforier de France ; le préfidial, de quatre confeillers, d'un chevalier d'honneur & d'un lieutenant genéral d'épée. Par les mêmes raifons, on érigea en titre d'office, la commiffion de fubdélegué de l'intendant, que Hierôme Loys, confeiller au préfidial, exerçoit depuis longtems en cette ville; il finança pour la nouvelle charge; & ayant reçu fes provifions, il fe fit inftaler le 20 novembre.

Dans cette même année, on agita long-tems au confeil de ville, la propofition du fieur Matte, artifte royal en chimie, qui vouloit établir une verrerie dans le fauxbourg St-Guillem, où il faifoit fes démonftrations ordinaires. L'affaire ayant foufert de grandes dificultez, tant à caufe de la grande confommation de bois qui s'y feroit au prejudice des habitans, que par le danger du feu que courroit tout le fauxbourg, on ne laiffa point de lui permettre de commencer fa verrerie, en prenant avec lui des ajuftemens, mais l'entreprife ceffa enfin, par les mêmes raifons qui l'avoient combatuë, & par le peu de profit qui en revint à l'entrepreneur.

L'année 1705 caufa un changement remarquable dans notre gouver- IV. 1705.
nement, par l'arrivée d'un courier, qui porta le cinquiéme de janvier au maréchal de Villars, le cordon bleu avec le commandement des armées du roi fur la Mofelle, contre l'empereur; il partit quatre jours aprés, pour aller remercier fa majefté, & la maréchale fon époufe l'ayant fuivi au commencement de février, on ne tarda point d'apprendre que, pour comble de faveur, le roi l'avoit fait duc & pair. Sa place dans le Languedoc fut remplie par le duc de Barwik, qui arriva le 19ᵉ mars à Montpellier, où il connut bientôt le peu de fonds qu'il y avoit à faire fur la parole des fanatiques.

1705.

Caftanet, l'un de leurs chefs, qui s'étoit rendu à M. de Villars, n'ayant pû rester à Genéve (où il s'étoit retiré) fans y exercer fon fanatifme, fe fit chaffer par les bourguemestres de cette ville ; & ne pouvant refifter à l'envie de revoir fon païs, il fe mit en chemin pour y revenir, malgré les ordres du réfident de France, & les défenfes expreffes de M. de Bafville, à qui il en avoit fait écrire. Son malheur * voulut qu'il fut reconnu & livré par des païfans du Vivarés, à qui il demandoit la retraite ; & ayant été conduit à Montpellier avec deux de fes camarades, ils y perirent fur la roüe dans le mois d'avril.

PAGE 501.

V. Cet événement qui fit grand bruit, fut moins confiderable en lui-même que par les fuites terribles qu'il eut ; car on apprit en même tems qu'il y avoit à Montpellier des étrangers qui machinoient contre la religion & contre l'état. Sur cet avis, Mrs de Barwik & de Bafville ordonnérent une recherche, qui réuffit au Sr Henry Jaufferand, prévôt diocéfain, beaucoup mieux qu'aux autres qui couroient comme lui avec des efcoüades; il alla, fur les onze heures de nuit, chés une nouvelle convertie, dont la maifon, dans la Vieille-Triperie, répondoit par le derriére aux murailles de la ville; cette femme, interrogée fi elle avoit des étrangers répondit qu'elle n'avoit que trois amis de fon fils, couchez dans la plus haute chambre de la maifon; le prévôt y monta fuivi de deux hommes, & fur les réponfes que ces étrangers lui firent, il leur dit qu'il les arrêtoit de la part du roi. L'un d'eux, nommé Ifâc Fleiffiéres, feignant de chercher fes habits pour s'habiller, foüilla dans un coffre, où il prit un piftolet qu'il lâcha par deffus l'épaule contre le prévôt, à qui il brûla la perruque & les fourcils ; à ce coup, le prévôt lui appuya le fien fur les reins & l'abatit à terre.

Le trouble que cet accident caufa dans la chambre, fit tomber la lanterne des mains du valet qui la portoit, & dans cette obfcurité, les deux compagnons de Fleiffiéres prirent la fuite. Comme après leur évafion on n'étoit pas plus avancé qu'auparavant, on prit le parti de courir après les fuyards. Le nommé Gaillard dit l'Alemand, l'un des compagnons de Fleiffiéres, fut arrêté, & le troifiéme, dit le Genevois, après avoir couru de ruë en ruë, alla fe refugier à la Poiffonnerie, qui eft la retraite ordinaire des gueux; il y changea d'habit avec quelque miferable, qui n'en avoit pas de meilleur que le fien, & dans le tems qu'il fe croyoit en fûreté à la faveur de fon déguifement, il fut reconnu par le valet du prévôt qui paffoit avec fa lanterne; le valet le coleta & cria au fecours. Genevois fut pris & conduit à M. de Barwik, à qui il dit que s'il vouloit lui promettre la vie, il lui découvriroit les deffeins des principaux chefs des revoltez, qui étoient rentrez dans la province pour y exciter de plus grands foulévemens. La promesse de la vie lui ayant été faite, il dit tout ce qu'il sçavoit, & marqua le lieu où l'on pourroit se saisir des chefs. Aussitôt, M. de Barwik ordonna qu'on transferât le Genevois à Nîmes, où étant arrivé le 16 d'avril sur les six heures du soir, M. de Sandricourt, gouverneur de Nîmes, en fit fermer les portes & environner les maisons qui lui avoient été indiquées ; ses gens se saisirent de Ravanel, dont la tête avoit été mise à prix depuis longtems, & sur les autres indications qu'il avoit, il fit arrêter plus de quarante personnes.

A cette nouvelle, Mrs de Barwik & de Basville se rendirent en diligence à Nîmes, où on leur dit que Catinat étoit en cette ville, quoiqu'on n'eût pû encore le découvrir. L'avis étoit véritable, car ce malheureux n'ayant pû se soûtenir à Genéve, comme la plupart de ses semblables, étoit revenu pour exciter de nouveaux troubles dans le païs. Ceux de sa religion lui donnaient azile, mais lorsque le duc de Barwik eut fait publier peine de mort contre les receleurs & une grande recompense pour ceux qui le découvriroient, ce misérable n'eut d'autre ressource que de tenter de sortir de la ville ; pour cet effet, il prit les airs d'officier, et tenant son chapeau enfoncé sous les yeux, le bout de sa cravate entre les dens & une lettre à la main qu'il lisoit nonchalanment ; il se présenta à la porte pour sortir. On le laissoit passer, lorsqu'un officier subalterne dit (comme par hazard) que l'air de cet homme ne lui plaisoit point ; à quoi l'officier commandant lui ayant répondu qu'il étoit maître de le faire arrêter s'il vouloit, sauf à le relâcher dans la suite, il prit ce parti & à peine l'eut-il fait entrer dans le corps de garde, que les enfans s'écriérent : Catinat est pris ; à ce mot, il fut fouillé & reconnu pour tel par les lettres qu'on trouva sur lui. On le mena garroté à M. de Basville, qui travailloit actuellement au procès de Ravanel & de là, ayant été conduit à M. de Barwik, il eut l'extravagance de lui proposer son echange avec le maréchal de Talard, prisonnier en Angleterre ; sa sentence lui fut bientôt prononcée * mais comme il devoit être préalablement appliqué à la question, son suplice fut remis au lendemain vingtiéme d'avril, qu'il fut attaché avec Ravanel à un même poteau, & brûlez tous deux, comme incendiaires publics. Deux autres de leurs complices, nommez Jonquet & Villas, eurent les os cassez avant que d'être jetez dans leur brasier.

Telle fut la fin de ces misérables, qui produisit après leur mort un trésgrand nombre d'executions à Nîmes & à Montpellier, car sur les éclaircissemens qu'ils donnérent à la question, on saisit un grand nombre de personnes, qui servirent à en découvrir plusieurs autres ; en sorte que dans le reste d'avril & dans tout le mois de mai, on ne vit à Montpellier que des

1705.

PAGE 502.

emprifonnemens & des executions, dont la moindre peine étoit la galére pour les hommes & la prifon perpetuelle pour les femmes, qui furent enfermées dans la tour de Conftance à Aiguemortes, ou dans le château de la cité de Carcaffonne.

L'arrivée de la duchesse de Barwik parut adoucir l'horreur que caufoient ces objets lugubres. Cette dame arriva le même jour qu'on devoit chanter le *Te Deum* pour la prife de Verüe par le duc de Vendôme & pour celles de Villefranche & du fort de Montalba dans le Piémont par le duc de la Feüillade; plufieurs perfonnes de fon fexe fe reffentirent de fa puiflante protection par l'adouciffement qu'elle leur obtint des peines qu'elles avoient encouruës.

VI. Dans ce même mois M. Legendre, intendant de Guiéne, vint par ordre du roi, conferer avec Mrs de Barwik & de Bafville, fur les religionnaires de fes cantons; ils prirent enfemble des mefures fi juftes, qu'au lieu du foulévement qu'on vouloit faire craindre dans les deux provinces, les mal-intentionnez y diminuërent tous les jours, par les captures qu'on en fit & par l'efperance qu'ils perdirent du fecours de la Savoye; car ils fçurent par un courier dépêché au roi d'Efpagne par le duc de Vendôme & qui paffa à Montpellier dans le mois de juin, que tout étoit prêt pour le fiége de Turin, que la Mirandole s'étoit renduë à difcretion & que le prince Eugene, après avoir perdu huit cens hommes à un paffage, étoit parti pour Viéne à l'occafion de la mort de l'empereur Leopold.

Les chofes commençant à être paifibles dans Montpellier, le duc de Barwik voulut fuivre l'exemple de tous les commandans de Languedoc, depuis le maréchal de Noailles, qui s'étoient faits inftaler premiers prefidens nez de la cour des aides. Quoique fes lettres euffent été enregîtrées en cette cour depuis fon arrivée dans la province, il prit jour pour fon inftalation au 22 de juin, qu'il fe rendit au palais avec un grand cortége, où la ceremonie en fut faite avec toutes les folennitez accoûtumées.

Dans le mois de juillet, on reçut de la cour les lettres de grâce de ce Genevois (dont j'ai parlé) qui découvrit la confpiration tramée par Catinat, Ravanel & leurs complices. Il fut mis hors de prifon, mais une heure après il lui arriva un accident des plus finguliers & qui fait bien voir la dicipline & les priviléges des troupes fuiffes qui fervent dans le royaume. Ce pauvre miferable goûtoit à peine la première joie de fon élargiffement, qu'il fut arrêté par ordre de M. de Courten (colonel fuiffe) comme deferteur de fon regiment; en même tems cet officier fit affembler le confeil de guerre qui condamna Genevois à avoir la tête caffée avec un autre deferteur; on lui prononça fa fentence, au grand étonnement de tout le monde

& on lui donna un confesseur pour l'accompagner au lieu du suplice. Alors M. Courten ayant imposé silence aux soldats & aux spectateurs, dit « que le « roi avoit le pouvoir de faire grâce à un criminel, mais que sa majesté ne « lui avoit pas ôté l'autorité de punir un deserteur ; que néanmoins il revo- « quoit la sentence de mort qui venoit d'être renduë contre Genevois, & « qu'il lui accordoit la vie, la liberté & son congé, puisqu'il avoit servi l'état « par ses dépositions sincéres. » Il est marqué qu'on lui ouvrit la veine pour empêcher le mauvais effet du trouble qu'il avoit eu.

Le reste de cette année donna à Montpellier, des objets beaucoup plus gracieux qu'on n'en avoit eu depuis six mois. On marque au vingt-sixiéme de juillet, les ceremonies du batême de mademoiselle d'Aubijoux, fille de François-Jacques marquis de Toiras, tué à la bataille de Leuse & de dame Françoise de Berard de Bernis. Les * affaires de sa maison ayant fait retarder jusqu'alors les ceremonies de son batême, ses parens priérent M. de Basville de lui servir de parrein avec demoiselle Marie de Toiras, tante de la jeune néophite, à qui on donna les noms d'Elizabet-Marie-Louise-Nicole de Bernis, du Cailar, de Toiras, d'Amboise.

Sur la fin d'août, on apprit à Montpellier le gain de la bataille de Cassano par le duc de Vendôme sur le prince Eugene, qui perdit douze mile hommes en cette occasion & y fut lui-même dangereusement blessé. On reçut ordre d'en faire à Montpellier des rejoüissances publiques, qui furent faites le 8e de septembre. Quelques jours après, madame la duchesse de Barwik ayant accouché d'une fille, elle fut portée le 16 de ce mois à l'église Nôtre-Dame, où elle fut batisée & nommée Jeanne-Henriette, le parrein, M. de Basville & la marreine une sœur de la duchesse de Barwik. Pendant toute la ceremonie les orgues joüerent & après que tout fut achevé, la fille fut ramenée chés M. son pere, dans une chaise précedée de quatre tambours & suivie d'un carrosse, où étoit la nourrisse avec ses amies & d'un autre de M. de Barwik, dans lequel étoit M. de Basville & quelques personnes de qualité. Le duc voulut s'en retourner à pied avec la noblesse qui l'accompagnoit.

Dans le mois d'octobre, on apprit la mauvaise nouvelle que le parti de l'archiduc avoit été le plus fort dans Barcelonne ; ce qui preparoit bien de l'exercice aux deux couronnes & particuliérement à nôtre province, à cause du voisinage de mer & de terre. Peu de tems après, le Duc de Barwik fut envoyé dans le Piémont, pour y faire le siége de Nice & sur la fin de l'année, on vit arriver à Montpellier le comte d'Ayen, fils du maréchal de Noäilles, qui alloit commander nôtre armée en Roussillon, dans le tems que le chevalier de la Fare, qui commandoit le blocus de Montmelian, reçut la capitulation de cette importante place.

CHAPITRE VINGT-QUATRIÉME

I. Le duc de Roquelaure en Languedoc. II. Cavalerie bourgeoise. III. Grande eclipſe du ſoleil.
IV. Mauvais ſuccès de nos armes. V. Société royale des ſciences. VI. Priſonniers d'Eſpagne.
VII. Mortalité du bétail. VIII. Inſtalation du premier préſident. IX. Evenémens particuliers.

1706.

L'ANNÉE 1706 commença à Montpellier par des rejoüiſſances publiques pour la priſe du château de Nice, qui s'étoit rendu au duc de Barwik le 4ᵉ janvier, après cinquante cinq jours de tranchée ouverte. Les états de la province, alors aſſemblez en cette ville, aſſiſtèrent en corps au *Te Deum* qui fut chanté le premier de février dans l'égliſe de Saint-Pierre, où M. l'archevêque de Narbonne officia en l'abſence de l'evêque de Montpellier, & ſur le ſoir, le comte de Calviſſon qui étoit de tour cette année mit le feu au bûcher, au bruit de tous les canons de la citadelle.

Les états ayant fini le huitiéme février, le duc de Barwik qui s'étoit arrêté à Caveirac en revenant du ſiége de Nice, entra dans Montpellier le même jour que les états finirent ; il y fut reçû avec de grandes démonſtrations de joye, qui augmentérent encore plus le 18 par l'arrivée du courier qui lui porta la nouvelle qu'il avoit été fait maréchal de France, vice-roi de Caſtille & generaliſſime des armées du roi d'Eſpagne en Portugal. Dès lors, il diſ-

I. poſa ſon départ pour l'Eſpagne, & s'étant mis en chemin le 26 du même mois, on apprit que le duc de Roquelaure venoit lui ſuccéder dans le commandement de la province.

Avant l'arrivée de ce ſeigneur, M. de Baſville fit juger à Montpellier un célèbre predicant qui depuis le commencement du fanatiſme avoit échapé à toutes les recherches qu'on avoit faites. Son obſtination le porta à revenir de Genéve avec deux autres de ſes camarades, pour renouveller dans les Cevénes les troubles paſſez ; mais heureuſement ils furent découverts au paſſage du * Rône & conduits à Montpellier, où le predicant, nommé Salomon Couderc, fut condanné le 3ᵉ mars à perir par le feu, comme incendiaire public, & ſes deux aſſociez, Vignes & Veirac à être pendus ; leur ſentence fut imprimée afin de la rendre plus connuë.

PAGE 304.

Le duc de Roquelaure, nouveau commandant de Languedoc, arriva en cette ville le dix-neuviéme mars, jour de Saint-Joſeph, il y fut reçû avec tous

les honneurs ufitez à l'entrée des gouverneurs de la province; les confuls en robe rouge le haranguérent à la porte du Peirou & lui prefentérent le dais, qu'il ne voulut pas; il alla décendre à l'intendance, où il logea jufqu'au départ de la duchesse de Barwik, qui occupoit l'hôtel deftiné aux commandans de la province.

1706.

Une des premiéres affaires qu'il eut à regler, fut la levée d'une compagnie de cavalerie bourgeoife, ordonnée par le roi dans les villes qui font les plus proches de la mer, pour s'oppofer aux décentes que les énemis voudroient entreprendre fur nos côtes. Les prieur & confuls de la bourfe choifirent foixante-fix marchands qui leur parurent les plus en état de monter à cheval & de marcher au premier ordre. On convint que leur uniforme feroit d'un camelot gris blanc, bordé d'argent, le chapeau bordé de même, avec la coquarde blanche, & que les officiers auroient leurs habits galonnez d'argent. On nomma pour capitaine, Simon Gily; pour lieutenant, Jofeph Aribert; pour cornette, Laurent Rozier & pour maréchaux-de-logis, Pierre Beirez & Izâc Teiffier; on y ajoûta fix brigadiers, qui furent Jacques Mouton, Delfaut, Philippe Aribert, Pomier, Mialhe & Sablier; ce qui faifoit en tout près de quatre-vingts hommes avec le fieur Roux, ancien capitaine de carabiniers, qui fut donné pour commandant à toute la troupe. Ils firent faire un étendart en broderie d'or & d'argent, où d'un côté on voyoit un foleil d'or fur un fond bleu, femé de fleurs de lis d'or avec la dévife du roi: *nec pluribus impar*, & de l'autre, un bouclier d'argent, chargé d'une tête de Medufe, avec une crépine d'or & d'argent.

II.

Il furvint un incident lorfqu'il falut remettre cet étendard entre les mains du cornette; car les confuls de la ville prétendirent qu'il devoit venir le recevoir de leurs mains, comme il fe pratique dans les rejoüiffances publiques. A quoi les officiers de la bourfe répondoient que dans les occafions publiques ils agiffoient comme membres de la ville, mais qu'en celle-ci, ils reprefentoient le feul corps des bourgeois & marchands. Sur cette conteftation, l'affaire ayant été portée à M. de Bafville, il fe décida en faveur du prieur & confuls de la bourfe, qui remirent cet étendart, avec beaucoup de cerémonie au Sr Laurent Rozier, fur la porte de la Loge.

Au partir de là, toute la troupe alla faire l'exercice & efcadronner vers la fontaine St-Barthelemi, d'où ils fe rendirent à la place du Peirou, pour paffer en revûë devant le commandant de la province, qui y vint fur le foir précedé de tous fes gardes & M. de Bafville à cheval avec lui; ils firent quelques tours dans les rangs & au tour de l'efcadron qui fut trouvé fi beau, que M. de Roquelaure leur dit qu'il en avoit bien du plaifir & que c'étoit une marque qu'ils vouloient bien fervir le roi.

II.

34

1706.   III.   Le 12 de ce mois, la duchesse de Barwik partit de cette ville au bruit du canon de la citadelle, qu'on rechargea le même jour pour M. de Roquelaure, qui alloit dans les Cévènes avec M. l'intendant. Précilément un mois après c'est-à-dire le 12 de mai, parut la fameuse éclipse de soleil qui étonna toute l'Europe. Nos M^{rs} de la société royale des sciences, que le roi avoit fondé depuis peu à Montpellier, firent publiquement leurs observations sur cette éclipse, en présence de Mrs de Roquelaure & de Basville. Les imprimez qu'ils en donnérent au public marquent le commencement de l'éclipse :
« vûë de Montpellier, à huit heures du matin vingt-trois minutes &
« trente-deux secondes; le commencement de l'entier obscurcissement,
« à neuf heures trente & une minutes & trois secondes; la fin de l'éclipse
« à dix heures quarante six minutes treize secondes ; ensorte que la durée
« de toute l'éclipse fut de deux heures vingt deux minutes & quarante &
« une secondes. Ils ajoûtent que pendant l'obscurité, les chauves-souris

PAGE 505.
« voltigeoient comme à * l'entrée de la nuit; les poules, les pigeons &
« les autres animaux domestiques couroient précipitanment se ren-
« fermer; les petits oiseaux qui chantoient dans les cages, se turent ou
« mirent la tête sous l'aile; & enfin les bêtes qui étoient au labour s'ar-
« rêtérent par la grande obscurité & la plupart de leurs conducteurs
« s'enfuirent tous effrayez d'un tel prodige qui allarma bien d'autre
« monde & donna lieu à des contes fort plaisans & à des avantures très-
« singulières. »

Celui de nos astronomes, qui à l'occasion de cette éclipse prit la peine de consulter nôtre anciéne histoire, marque que dans le Talamus de la ville, il est fait mention de trois grandes éclipses : l'une au 14 mai 1133, entre l'heure de none & de vêpres; l'autre, au premier janvier 1386, entre la seconde & la troisiéme heure du jour; enfin, la derniére le 7 juin 1415, à une heure & demie de jour ; à quoi des personnes vivantes ajoutérent alors que l'éclipse vûe à Montpellier le 12 août 1654, ne ceda point à celles dont nous parlons; mais il n'en reste qu'une connoissance purement historique, & nos successeurs connoîtront avec plus d'exactitude celle de 1706, par les sçavantes observations de nôtre société royale des sciences.

IV.   Quelques jours après, on chanta le *Te Deum* à Montpellier, pour la bataille de Calcinato, gagnée par le duc de Vendôme en Italie, contre le général Raventlhau, qui commandoit en l'absence du prince Eugéne. Mais nos rejoüissances en cette occasion furent bien tristes, par la mauvaise nouvelle qu'on apprit de la levée du siége de Barcelonne & de l'arrivée du roi d'Espagne à Narbonne, où M. de la Berchére eut le bonheur de se trouver pour accüeillir sa majesté catolique, qui après s'être délassée quelques jours chés cet archevêque, continūa sa route par le Haut-Languedoc & gagna Bayonne pour rentrer dans ses états par la Navarre.

Le passage du maréchal de Tessé par Montpellier dans le mois de juin donna lieu d'y parler de nouveau de la déroute de Barcelonne; mais pour nous précautionner contre la flote des énemis, qui paroissoit toûjours sur nos côtes, on assembla la cavalerie bourgeoise de nos villes maritimes, comme Lunel, Aimargues, Massillargues & St-Laurent-d'Aigouse, qui passérent en revûë à Montpellier le premier de juillet; elle fut trouvée aussi leste que celle de Montpellier; mais pour distinguer les deux troupes, celle-ci mit à son étendart, au revers de la dévise du roi (qui leur étoit commune) deux ancres en sautoir & une épée nuë dans le milieu, avec ces paroles: autour: *& bello & commercio*.

La nouvelle societé royale des sciences commença cette année de celebrer la fête de St-Loüis, comme elle a fait depuis tous les ans, dans la chapelle des Penitens; Mr l'intendant, à la tête de tous les académiciens, y reçut l'évêque d'Alais, qui y celebra pontificalement la messe.

Les chaleurs excessives qu'on avoit eu pendant l'été finirent par une pétite pluye qui commença le premier de septembre; mais elle vint à augmenter si fort que nôtre riviére grossit jusqu'à la hauteur du pont Juvenal & qu'elle emporta celui de Prades, rompit l'écluse du moulin de Semalens & se repandant avec impetuosité dans la campagne, elle entraîna le bétail, les hommes & les bateaux qu'elle trouva sur son chemin.

Cet orage particulier fut regardé quelques jours après comme un avantcoureur de la déroute des François devant Turin, qui arriva dans ce même tems. Elle causa au roi la perte de toute l'Italie & l'on remarque à ce sujet que les trois grands échecs de Barcelonne, de Ramilly & de Turin, que nous reçûmes cette année, furent suivis de la perte des plus fortes places que nous eussions dans le païs où nous fûmes batus. Le seul maréchal de Villars soûtint l'honneur de nos armes en Alemagne & le duc de Barwik, après que le roi d'Espagne fut rentré dans sa capitale, commença de rétablir les affaires de cette monarchie, par les prises de Cuença & de Cartagéne.

Dans ces entrefaites, le duc de Roquelaure fut instalé à Montpellier dans la charge de premier président né de la cour des aides; la cerémonie en fut faite le sixiéme septembre & l'on profita de cette occasion remarquable, pour faire publier les lettres patentes du roi pour l'etablissement de la societé royale des * sciences, qui n'avoient été jusqu'alors qu'enregîtrées en cette cour. Le 12 du même mois, on célébra le mariage de mademoiselle de Basville avec M. Desforts, maître des requêtes, fils à M. Peletier de Souzy, directeur & intendant général des fortifications. L'estime & l'affec-

1706.

tion de toute la ville pour cette jeune dame, jointe à la grande vénération qu'on avoit pour M. fon pere, porta toutes les compagnies & plufieurs particuliers à celebrer extraordinairement cette fête.

La vendange de cette année fervit à entretenir la joye dans Montpellier, car on marque que l'abondance du vin y fut fi grande, que le muī ne s'y vendit que douze livres. On en attribüa la caufe aux nouveaux plants de vigne qu'on avoit fait en très-grand nombre depuis le commencement de ce fiécle & aux dificultez qu'on avoit à pouvoir embarquer le vin pendant le fort de cette guerre.

La joye publique augmenta par l'arrivée de madame la ducheffe de Roquelaure, qui fut reçûë à Montpellier le 15ᵉ d'octobre, avec tous les honneurs qu'on put trouver pour rendre fon entrée plus folennelle. Le duc fon époux fit l'ouverture des états de la province le 25 de novembre; & le dixiéme du mois fuivant, les Mrs de la focieté royale des fciences, firent après midi l'ouverture de leur académie, dans la fale même des états, en préfence de tous les feigneurs de cette augufte affemblée; le directeur commença par un difcours à la loüange du roi, le fecretaire perpetuel fit la lecture des lettres patentes; le phificien lut un difcours fur le rapport du corps humain avec celui des animaux & des végétaux, l'aftronome difcourut fur l'éclipfe précedente & en prédit trois autres pour les années 1708, 1709 & 1710; après quoi, le directeur fit une recapitulation de tout ce qui avoit été dit. Nous n'eûmes d'autre evenément dans le cours de cette année, que celui que les fanatiques nous firent naître par leurs divers attroupemens, & qui occafionnérent la prife de leur prophéte Daniel & du nommé Lafleur, un de leurs petits chefs, qui furent executez à Montpellier fur la fin de cette année.

1707.

Au commencement de 1707, le corps de ville & les états de la province firent de grandes réjoüiffances pour la naiffance du fecond prince dont madame la ducheffe de Bourgogne accoucha le huitiéme de janvier. Il parut une defcription imprimée du feu d'artifice qui fut fait à la Canourgue au fujet de cette fête, avec des explications en vers de toutes les devifes. On mit ce petit ouvrage au nombre des meilleurs qu'on eût vû dans ce genre.

VI. Le changement arrivé en Efpagne depuis que Philipe V fut rentré dans Madrid, attira à Montpellier l'evêque de Segovie, le grand prieur de Caftille & le procureur genéral de l'inquifition, qui y furent conduits le 26 de mars par quatre gardes du maréchal duc de Grammont. Comme on les avoit fait décendre au logis du Cigne, où ils trouvérent qu'il y avoit un trop grand abord de monde, ils firent fuplier M. de Roquelaure de les loger hors de la ville, dans quelque lieu où il y eût du jardinage. Ce feigneur, qui ne fut jamais éloigné de faire tout le plaisir qu'il pouvoit, fit prier de sa part le prieur des carmes déchauffez de leur donner un logement chès eux; ce qui fut accordé gracieusement. Ils y furent visitez par quelques particuliers de la ville; mais ils ne virent ni M. de Basville, ni M. de Roquelaure, à qui ils firent demander encore la permission de voir en passant à Avignon l'evêque de Barcelonne qui y étoit prisonnier; il leur fut répondu que cela dépendoit uniquement du maréchal de Grammont, auquel ils prirent le parti de dépêcher un courier à Bayonne, qui leur apporta la permission qu'ils demandoient; ainsi après avoir fait un assés long séjour à Montpellier, ils prirent la route d'Avignon, d'où ils furent conduits à Pierre Encise. On publia qu'ils étoient les principaux chefs d'un complot fait pour enlever la reine d'Espagne & pour faire ensuite époufer à l'archiduc cette princesse, veuve du feu roi Charles II; mais la revolution arrivée à Madrid rompit toutes leurs mesures.

1707.

On apprit dans le mois suivant que le duc de Barwik avoit commencé de rétablir les affaires de cette couronne, par le gain de la bataille d'Almança dans le royaume de Valence. On chanta le *Te Deum* à Montpellier pour cet heureux * evenément & l'on y donna de grandes marques de joye, tant par raport au roi d'Espagne, que pour le duc de Barwik.

PAGE 507.

Dans le mois de mai nous fûmes affligez d'une maladie qui enlevoit le bétail de toute espéce & qui se communiquoit encore aux personnes qui vouloient les pancer. Elle commençoit sous la langue par une vessie noire d'où il sortoit du poil; enforte que la langue se fendoit & tomboit de la gueule de l'animal. Les médecins & les maréchaux consultez firent un remède dont on envoya des imprimez dans tous le païs, qui joints aux bénédictions & aux prières qu'on fit dans toutes les parroisses, firent cesser le mal & mirent fin aux soins & aux peines que les officiers de police étoient obligez de se donner pour visiter la viande qui se vendoit à la boucherie.

VII.

La nouvelle de la prise des lignes de Stolophen vint fort à propos pour faire oublier l'inquiétude qu'on avoit eu au sujet de cette maladie. On apprit sur la fin de mai que le maréchal de Villars s'étoit rendu maître de ces lignes que nos énemis regardoient comme le rempart de l'Alemagne; nous y prîmes sur eux cent soixante-dix piéces de canon & nos soldats y firent un butin prodigieux; on en fit des réjoüissances publiques à Montpellier le 7ᵉ de juin, & le lendemain, la duchesse de Roquelaure voulant partir pour Paris, prit sa route par Touloufe, pour visiter les terres du duc son époux, qui alla l'accompagner avec Mʳ de Basville, jusqu'à une journée d'ici.

1707. VIII. Le 28, on fit au palais la cerémonie de la reception de Mre François-Xavier Bon, en la charge de premier préfident de la cour des comptes, aides & finances dont le roi l'avoit gratifié en furvivance de M^r fon pere. La cour (felon la coûtume) s'étant affemblée en femeftre aux bas-fiéges de la fale d'audience, jugea le foit montré de la reception en la charge & ordonna le regître des provifions; après quoi, les huiffiers & le grefier lui ayant été dire que la cour l'attendoit, il vint, fuivi du corps des procureurs, & lorfqu'il fut à l'entrée du parquet, le préfident Moulceau qui tenoit l'audience, lui prononça l'arrêt de fa reception & inftalation; il s'avança pour prêter le ferment à genoux entre fes mains; après quoi il prit la place de premier préfident, d'où il fit fon remercîment à la cour, auquel le préfident Moulceau répondit avec la politeffe & la dignité qui lui étoit ordinaire. Cette action fut fuivie des députations que toutes les compagnies firent au premier préfident & de plufieurs fêtes que fes parens & amis particuliers firent à cette occafion.

IX. Dans le mois de juillet, on vit arriver à la citadelle quatre-vingt prifonniers efpagnols dont la plus grande partie étoient des prêtres féculiers ou des moines, qui tous s'étoient déclarez avec chaleur contre les interêts de Philippe V. Prefqu'en même tems, on découvrit à Montpellier un manifefte au nom des religionnaires, contenant un projet de revolte : dans ce tems favorable (difoient-ils) où la France étoit attaquée de tous côtez. La perfonne qui avoit laiffé tomber de fa poche une copie de ce manifefte fut conduite à la citadelle & l'on ne tarda point de connoître d'où le projet pouvoit en être venu, en apprenant que le duc de Savoye formoit actuellement le fiége de Toulon. Ce fiege allarma beaucoup en cette ville tous les bons François, à caufe de nôtre voifinage avec la Provence, qui auroit beaucoup rifqué par la prife de cette place; mais on apprit avec le tems que le maréchal de Teffé & M. de Medavy, avoient repris les dehors de Toulon, dont le prince Eugéne & le duc de Savoye s'étoient d'abord emparez & qu'enfin ce fiége leur avoit réuffi comme celui de Marfeille réuffit à l'empereur Charlequint fous le roi François premier.

Nous eûmes ordre dans le mois de feptembre de faire des réjoüiffances publiques pour la naiffance du prince des Afturies, né à Madrid le propre jour de St-Loüis. L'ordre fut executé avec toutes les folennitez accoûtumées; mais dans le mois fuivant, on fut occupé avec moins de plaifir à l'hôtel-de-ville au fujet d'une nouvelle création d'un lieutenant de maire & de maires alternatifs mi-triennaux, aufquels on donnoit la faculté de pouvoir entrer aux états; par ce moyen, la charge de maire déjà fuprimée, revivoit fous un autre nom, & les confuls perpetuels établis depuis quelques mois, se trouvoient privez de l'entrée * des états. Dans les diferens partis qui composoient le conseil de ville, & dont quelques-uns avoient en vûë les interêts de quelques personnes considérables, on prit la resolution de faire acheter à la communauté toutes ces nouvelles charges pour le prix de cinquante-cinq mile livres, quoique la ville se trouvât endettée de plus de quinze cent mile.

1707.
PAGE 508

Sur la fin de novembre, le duc de Roquelaure fit l'ouverture des états de la province, durant lesquels on vit arriver le duc & la duchesse de Saint-Pierre, qui étoit sœur à M. l'evêque de Montpellier, lequel avoit été les prendre au pont du St-Esprit; ils firent quelque séjour en cette ville, avant que de prendre le chemin d'Espagne où ils alloient. Le 8 de décembre arriva le duc de Noailles, qui venoit de commander l'armée de Catalogne & le soir du même jour, on chanta le *Te Deum* pour la prise de la ville & château de Lerida, par M. le duc d'Orleans, qui depuis la bataille d'Almança étoit generalissime des armées d'Espagne

CHAPITRE VINGT-CINQUIÉME

I. Evenémens particuliers. II. Arrivée de la duchesse de Roquelaure. III. Mort de la marquise de Castries. IV. Commencement du grand hiver. V. Etat violent où reduisit la disette des grains. VI. Troubles dans le Vivarés. VII. Suite de la disette. VIII. Naissance du roi Loüis XV. IX. Retraite des Anglois au port de Cette.

LES suites inévitables de la guerre nous attirérent au commencement de l'année 1708 trois ou quatre compagnies de dragons, commandez par le Sr de Grandval, qui les mit en garnison chés les personnes mêmes les plus qualifiées, pour leur faire payer la capitation. L'allarme qu'ils causérent dans la ville & à la campagne, dura jusqu'au mois de mars, où l'on fit à Montpellier les obséques du comte de Mailly de la Houssaye, brigadier d'armée & parent de Mr l'archevêque d'Arles & de l'evêque de Lavaur; il mourut en cette ville d'une pleurésie & pleuropneumonie, le 1er de mars & fut inhumé le lendemain aux capucins, avec tous les honneurs militaires. L'éclipse de soleil qui avoit été prédite pour cette année, à l'ouverture de la societé royale des sciences (dont j'ai parlé) arriva le 22 de ce mois à sept heures dix minutes du matin.

I.   1708.

1708.

Nous apprîmes dans le mois de juillet la prife de la ville & château de Tortofe par M. le duc d'Orleans, pour laquelle on chanta le *Te Deum* au commencement d'août, avec toutes les folennitez accoûtumées; mais les nouvelles qui nous vinrent du mauvais fuccès de nos armes en Flandre & du fiége de l'importante ville de Lille, attaquée par nos énemis, nous obligérent de recourir aux priéres publiques; & l'on fixa au fecond dimanche de feptembre, la proceffion genérale ordonnée par le roi dans toutes les villes confidérables de fon royaume, pour attirer la bénédiction de Dieu fur fes armées. Tout le clergé, les corps religieux & les compagnies de juftice y affiftérent; mais ceux qui nous gouvernoient ayant crû devoir diffiper la trifteffe du peuple par quelque exercice public, ils lui permirent de renouveller fur la riviére du Lez, les joûtes qu'on avoit difcontinuë depuis un grand nombre d'années; on choifit le lit de la riviére entre Septcans & Pontrincat, où la réjoüiffance fut commencée avec tout le cerémonial que j'ai décrit ailleurs, en préfence de M. de Roquelaure, de M^rs les evêques de Montpellier & de Frejus, de medames de Bafville & de Boufchu, intendante de Dauphiné, & quantité d'autres perfonnes de diftinction; mais les accidens funeftes qui arrivérent fur la riviére firent difcontinüer la fête.

PAGE 509.

Le malheur parut nous fuivre tout le refte de ce mois, par la grande quantité de pluye & de grêle, mêlée d'éclairs & de tonnerres, qui tomba depuis Narbonne * jufqu'au-delà de Nîmes: les inondations emportérent le pont de Courfan près de Narbonne, qui eft un des plus beaux de la province, & le château de Caveirac, fur le chemin de Nîmes, fut fi fort inondé qu'on fut longtems à pouvoir reparer ce lieu, qui depuis plufieurs années, faifoit les délices des commandans de la province.

Nos vendanges foufrirent extrêmement de cet orage & la gelée qui furvint au mois d'octobre, retarda beaucoup les voyageurs; de ce nombre fut le duc de Noailles, qui, revenant de Catalogne, paffa à Montpellier le 18 d'octobre; mais le tems s'étant radouci à la St-Martin, la ducheffe de Roquelaure, qui avoit été arrêtée en chemin, revint en cette ville avec mademoifelle fa fille; toute la bourgeoifie à cheval alla à leur rencontre jufqu'au pont de Salaifon; le canon de la citadelle les falüa à leur approche; les confuls en robe rouge allérent les attendre & les haranguer à la porte de la Saunerie, où fe trouvérent auffi le lieutenant de roi & le major de la ville, pour leur en prefenter les clez.

II.

La harangue finie, leur carroffe entra dans la ville, précedé du prévôt avec fes archers à cheval, des gardes de M. le duc, d'un détachement de dragons & des deux compagnies de la bourgeoifie, tous l'épée à la main. Cette cavalcade paffa à travers les fixains fous les armes, rangez en haye

des deux côtez de la grand'rue, jufqu'à l'hôtel de M. de Roquelaure, où 1707.
toutes les dames & les perfonnes de diftinction, s'empreffèrent de leur rendre vifite. Le lendemain, les compagnies de juftice, le prieur de la bourfe à la tête des marchands, & les deux facultez de droit & de médecine y allèrent par députez; mais la fatigue du voyage obligea madame la ducheffe de recevoir leurs harangues couchée dans fon lit.

Le treize de ce mois, fur l'heure de midi, mourut en cette ville, dame III. Elizabet de Bonzy, sœur du cardinal de ce nom & mere de M. le marquis de Caftries, gouverneur de cette ville. Elle étoit âgée de quatre-vingt-deux ans, qu'elle avoit paffé dans l'eftime genérale de tout le monde, pour fa grande capacité dans les affaires & pour les grandes qualitez qui étoient en elle; elle étoit fille de François, comte de Bonzy & de Chriftine Riaci, d'une des plus anciénes & des plus illuftres maifons de Florence; fon corps, après avoir repofé durant quelques jours dans la chapelle de St-Roch en l'églife Nôtre-Dame, fut porté en celle du château de Caftries, à deux lieuës de Montpellier.

L'ouverture des états fut faite le 22 novembre, où fe trouva *incognito* le comte de Grignan, commandant en chef dans la Provence, qui étoit venu voir le duc de Roquelaure. Dés lors le froid & les gelées commencèrent en IV. cette ville fans difcontinüation, jufques bien avant dans le mois de décembre; mais on le vit recommencer de plus fort le fixiéme janvier 1709, 1709. où nous reffentîmes dès lors ce grand hiver qui devint célèbre dans toute l'Europe. Quelque extrême que fût la froidure, par la glace, le verglas, la nège & les vents extraordinairement froids qui fe fuccedoient l'un à l'autre, les mal intentionnez ne laiffèrent point d'en profiter pour faire des affemblées, fous prétexte de veillées; ce qui donna lieu à une ordonnance du onziéme janvier, publiée & affichée en cette ville, par laquelle il étoit défendu, dans tous les lieux où il y avoit de nouveaux convertis, de s'affembler, fous prétexte de veillées, en plus grand nombre que de quatre perfonnes, fans y comprendre le maître de la maifon & fa famille.

Le quinze de janvier, le froid augmenta fi fort que les charrettes chargées paffoient fur toutes nos riviéres, où la glace étoit épaiffe de douze à quinze piez (*fic*). Elle ne commença de fondre que le 23 de janvier par une pluye abondante qui dura quelques jours, & le foleil ayant commencé de fe faire voir le 28 de ce mois, le degel fut bientôt achevé. Ce fut alors que plufieurs perfonnes furent témoins au pont Juvenal, de l'infigne folie d'un affortiffeur de laine, nommé Lafortune, qui paria un écu qu'il fauteroit du haut du pont en bas. La gageure acceptée, il fe déshabilla auffi tranquillement que s'il avoit êté au fort de la canicule, & s'étant précipité dans la

1709.

Page 510.

rivière, il y fit quelques nagées & gagna le bord, où il fit encore des gambades. Tout le remède qu'il employa contre le mal qui pouvait lui en arriver, fut de se fourrer dans un sac rempli de laine, où il resta jusqu'à ce * que la chaleur lui fut bien revenuë; après quoi, s'étant habillé à son ordinaire, il reprit son travail, sans qu'il eût ressenti depuis aucune incommodité de ce coup de folie.

Le degel fit connoître une partie du mal que ce grand hiver avoit causé à la campagne; car les blez y parurent brûlez & d'une coûleur grisâtre, toutes les plantes des jardins mortes jusqu'à là racine & un vent glacial étant survenu depuis le degel, il fit mourir nos oliviers, nos lauriers, nos figuiers & nos grenadiers. On ne sentit point d'abord toute la conséquence de cette perte, parce qu'on n'étoit attentif qu'à la disette du bois & du blé,

V. dont les voitures n'avoient pû aborder depuis deux mois; mais l'espérance étant perduë de voir repousser nos semences, les usuriers fermérent leurs greniers & chaque ville, craignant de manquer du pain, défendit d'en donner aux gens de la campagne & ne voulut point en laisser sortir hors de son enceinte. Cela donna lieu à une ordonnance fort sévere de l'intendant du 22 mai, qui défendoit la sortie des blez hors de la province, ordonnoit à tous les particuliers de chaque ville de donner un état des grains qu'ils auroient chès eux, & vouloit que les habitans de la campagne eussent la liberté de venir se pourvoir aux marchez des villes.

Nous fûmes obligez à Montpellier d'emprunter cinquante mile livres de divers particuliers, qui les prêtérent pour trois mois sans interêt, pour aller acheter du blé dans les lieux où l'on en pourroit trouver. Les sieurs Manny, consul perpetuel, & Joubert, sindic de la province, allérent à Narbonne, où il y en avoit; mais les communautez qui se trouvoient sur leur passage, enlevérent une partie de leur convoi sur le prétexte qu'ils en manquoient eux-mêmes; il n'y eut d'autre remède que de leur envoyer un regiment de dragons, pour les contraindre à le relâcher; mais tout ce secours n'empêcha point que les particuliers ne fussent réduits à aller prendre avec des billets du blé à l'hôtel de ville, où la confusion fut si grande, que tel qui en avoit grand besoin, ne pouvoit en avoir pour son argent & tel autre qui n'en manquoit pas, avoit le credit d'en prendre largement pour le revendre. Malheureusement, la ville de Toulon & le prince de Monaco se trouvérent dans le même embaras que nous & demandérent du blé à ceux qui nous gouvernoient. Comme ils n'étoient pas en état de pouvoir leur en refuser, ils donnérent des passeports pour en transporter chès eux; mais ce secours ayant été donné à nos dépens, il nous falut recourir à d'autres expediens pour en avoir. Alors la cour des aides ayant prêté à la ville pour quatre mois, trente mile livres fans interêt, & la difette ayant paru diminüer par ce moyen, on s'avifa, pour faire durer la provifion, de la diftribüer en pain qui n'étoit ni blanc ni bis, dont tout le monde mangea indiferemment, voyant que M. de Roquelaure en avoit fait fervir à fa table.

Nous reftâmes dans cet état jufqu'à la fin du mois d'avril, où la terre ayant un extrême befoin de pluye, on fit des prières publiques, qui en obtinrent une très-abondante; mais pour fubvenir au mal préfent, on fit une focieté de marchands pour aller querir du blé en Barbarie, fous la garantie de nos confuls pour dix barques, dont tout le grain devoit être uniquement pour la ville de Montpellier. Tandis qu'ils étoient en route, & qu'on faifoit mile vœux pour leur heureux retour, on en vint jufqu'à taxer chaque particulier à une livre & demi de pain, qu'il alloit prendre chés le boulanger fur un billet des îliers. Ceux-ci avoient leur ordre par écrit pour cette diftribution, dont on voit encore des imprimez, qui fervent à faire connoître l'état violent où l'on étoit alors à Montpellier, comme dans la plûpart des autres villes du royaume.

Dans ces conjonctures, on enregîtra à la cour des aides le 17 mai, un édit portant création des charges de premier, troifième & cinquième conful perpetuel & alternatif; cependant, les énemis de la France, voulant faire paroître la fuperiorité qu'ils croyoient avoir fur nous, firent les propofitions exorbitantes que toute l'Europe a fçu : leur fierté encouragea nos religionnaires, qui reprirent hardiment leurs affemblées; & les femmes, recommençant à fanatifer, cherchérent à difpofer les peuples à quelque foulévement. On tâcha d'y remedier, en obligeant les confuls des lieux à nourrir dans la tour d'Aiguemortes, toutes les propheteffes qui * feroient prifes & qu'ils n'auroient pas declarées; mais, le mal qu'on avoit craint aux environs de Montpellier, fe tourna beaucoup plus loin; car, on ne tarda point d'apprendre, que les religionnaires du Vivarés avoient pris les armes dans les Boutiéres, & que pour groffir leur parti, ils gardoient une conduite toute oppofée à celle des fanatiques des Cévénes : car, au lieu des meurtres & incendies de ceux-ci, ils affectoient de ne faire du mal qu'à ceux qu'ils trouvoient les armes à la main; & pour intereffer les catoliques même dans leur parti, ils publiérent une abolition totale des impôts : ce prétexte, qui leur avoit été infpiré par le penfionnaire de Holande, fut alors d'autant plus dangereux, que la province fe trouvoit dégarnie de troupes; pour y remedier, le duc de Roquelaure en demanda au maréchal de Barwik, qui commandoit en Dauphiné; & étant affuré du fecours, il partit pour le Vivarés avec M. de Bafville, le 17 de juin. Toute leur expedition fut terminée dans deux combats que les revoltez oférent foutenir; mais, ayant été défaits, ces meffieurs

1709.   revinrent tous deux à Montpellier, où ils arrivérent le vingt-huitiéme juillet.

VII.   Ils y trouvérent la difette augmentée, par la grande quantité de grains qu'ils avoient été obligez de faire tranfporter dans le Vivarés pour l'entretien des troupes, & par les grandes banqueroutes qu'il y eut cette année à la foire de Beaucaire : ils eurent encore le chagrin d'apprendre, que prefque fous leurs yeux, les religionnaires du païs avoient tenu une affemblée dans un bois du lieu de Boifferon; & quoique foixante perfonnes de cette affemblée euffent été arrêtées, ils avoient lieu de croire que le feu de la revolte n'étoit pas bien éteint : de ces foixante miferables, les hommes furent condamnez aux galéres, les femmes à une prifon perpetuelle dans la tour d'Aiguemortes, & les filles dans le château de la cité de Carcaffonne.

Mais il reftoit à pourvoir à la difette, qui devint fi grande, quoique dans le mois d'août, qu'on fut réduit à chercher quelque nouvelle nourriture au défaut du blé. Nos meffieurs de la focieté des fciences effayérent de faire du pain de la racine du gramen qui vient par les campagnes; enforte qu'en ayant fait fecher une certaine quantité qu'ils firent moudre, ils en tirérent une farine blanche qu'ils mêlérent avec de la farine de blé, dont ils firent du pain qui fut trouvé bon & fans aucun mauvais goût : quelques autres mêlérent la farine du petit millet avec celle de fégle, qui fit un pain jaunâtre, mais d'une pâte bien liée, parceque le fégle, qui eft onctueux, corrigeoit la féchereffe de la farine du millet.

Enfin, le blé de Barbarie fi attendu, arriva au commencement de feptembre au port de Cette, d'où il fut conduit au pont Juvenal, par le canal qui traverfe l'étang de Maguelonne : nos confuls, qui fe chargérent d'en faire la diftribution, firent imprimer la maniere de l'employer, parcequ'elle eft diferente de la nôtre. Ils marquent, « que le reprin contribuë à faire le « pain plus blanc, & qu'il produit plus de pain que la farine : que le levain « doit être frais & peu levé; que la pâte doit être dure comme fi c'étoit « pour faire des galettes : qu'il faut enfuite y mettre de l'eau peu à peu, & « le travailler beaucoup & long-temps pour bien fondre le reprin; enfin, « qu'on doit obferver que le four foit bien chaud, & qu'en faifant cuire le « pain on laiffe la porte du four à demi-ouverte. »

Nos vendanges fe reffentirent de la rigueur de l'hiver précédent, qui avoit fait perir ou endommagé la plûpart des fouches : nous n'eûmes qu'une grande abondance de farmens, & le vin fut vendu cette année à proportion du blé, c'eft-à-dire à deux tiers de plus.

M. de Bafville eut le plaifir dans le mois d'octobre de voir paffer le comte de Courfon, fon fils unique, qui alloit exercer l'intendance de Bordeaux, où il venoit d'être nommé; & M. de Roquelaure fit l'ouverture des états le 22ᵉ novembre.

1709.

On ne tarda point en cette ville de se ressentir de la mauvaise nourriture qu'on avoit pris dans le tems de la disette; car, dès le commencement de janvier 1710, il y eut une si grande quantité de fiévres malignes, que chacun commença de craindre pour soi : l'affluence des gueux & des mendians qui vinrent se jeter * à Montpellier dans le tems des états, augmenta le mal : on fut obligé d'en mettre dehors plus de quatre cent, & de faire une garde exacte aux portes de la ville pour qu'ils n'y rentrassent plus.

1710.

Page 512.

Sur la fin de février, nous apprîmes l'heureuse naissance du troisiéme prince dont madame la duchesse de Bourgogne s'étoit accouchée le quinziéme de ce mois, & à qui le roi donna le nom de duc d'Anjou : c'est celui que le ciel destinoit à être le pacificateur de l'Europe, sous le nom du roi Louis XV. Le *Te Deum* en fut chanté à Montpellier avec toutes les solennitez accoutumées ; & par un heureux présage, on ne tarda pas de voir nos oliviers repousser par la racine & produire des rejetons, qui sont maintenant une de nos plus grandes ressources.

VIII.

Cependant les malheurs du tems voulurent que le roi fût obligé de donner une déclaration par laquelle tous ceux qui payoient au-dessus de dix livres de capitation, seroient tenus de la payer pour six années en un seul payement. La rigueur de cette ordonnance tomba plus particuliérement sur les marchands, qui ne payoient point en corps de compagnie, comme les gens d'église & de robe : les autres particuliers qui se trouvèrent dans le même cas furent contrains comme les marchands à payer les six années qu'on leur demandoit.

En ce même tems, nos religionnaires flatez des grandes esperances que leur donnoient les énemis de la France, entreprirent de faire de nouvelles assemblées, dont la principale fut sur la montagne de Lirou, proche d'Alais ; ils avoient pris la précaution de tenir des gens armez sur les avenues; mais, nos troupes y ayant accouru, chassérent leur garde, tuérent le prédicant, & firent plusieurs prisonniers qui furent conduits à Montpellier, parmi lesquels étoient deux célèbres fanatiques chargez de beaucoup de crimes. M. de Basville étoit actuellement occupé le 24 juillet à instruire leur procès, avec les officiers du présidial, lorsqu'on vint lui dire qu'il paroissoit dans la mer, au-dessus de Maguelonne, une armée navale qui ne pouvoit être que celle des énemis : quoiqu'il vît parfaitement toute la consequence d'un si grand evenement, il crut (pour témoigner de la fermeté) devoir faire executer ce jour-là même ces deux malheureux, au plus haut de l'Esplanade, d'où ils pouvoient découvrir la flote & être apperçûs eux-mêmes des vaisseaux énemis.

IX.

Il fut aisé d'en sçavoir le nombre, par le moyen des lunettes qu'on mit sur le Peirou & sur les tours les plus élevées de la ville, d'où l'on découvrit vingt-cinq vaisseaux de ligne & plus grand nombre d'autres bâtimens qui étoient chargez de leurs munitions. Après avoir bien donné le loisir aux gens de Montpellier de compter toutes leurs forces, ils suivirent la côte vers le port de Cette, où ils débarquèrent des troupes sur la plage qui regne depuis ce port jusqu'à la ville d'Agde; ils se rendirent bientôt les maitres de l'un & de l'autre, parcequ'il n'y avoit aucunes bonnes troupes, & que l'allarme se répandit aussitôt dans tous les environs : le grand nombre de fugitifs qui vinrent se refugier à Montpellier y annoncèrent que les vaisseaux étoient anglois, & que leurs troupes débarquées avoient déja fait tant de progrès qu'on devoit compter de les avoir incessamment sur les bras. Alors, M. de Roquelaure ne voulant point dégarnir les Cévènes dans des conjonctures si délicates, prit le parti d'envoyer demander du secours au duc de Noailles, qui commandoit nôtre armée de Roussillon, & en attendant ce secours, il se rendit avec M. de Basville & toute la noblesse qui voulut les suivre aux environs de l'étang de Thau, pour observer la démarche des ènemis qui étoient déja maîtres du port & de la montagne de Cette. Trois jours après ils eurent le plaisir de voir arriver le duc de Noailles, qui leur apprit qu'ils alloient recevoir mile soldats choisis de son armée & neuf cent chevaux, avec du canon & des munitions de guerre.

Ces troupes étant arrivées à Beziers, on fit embarquer l'infanterie sur le canal qui va de cette ville à celle d'Agde, d'où les ènemis se retirèrent au bruit de leur approche. Il restoit à les chasser du port de Cette, où l'on ne pouvoit aller que par le chemin de la plage, qui se trouvoit exposé à tout le feu des vaisseaux : pour mettre nos troupes un peu plus à couvert, on les fit marcher le long de l'étang, afin de venir gagner la montagne de Cette par le derrière & combatre ensuite les ènemis de haut en bas. La chose réussit comme on l'avoit projeté : nos gens, maîtres du haut de la montagne, chassèrent les Anglois de l'église de Cette où ils étoient retranchez; ils culbutèrent les autres dans leurs chaloupes qu'ils eurent beaucoup de peine à regagner; ensorte qu'il ne resta qu'à chasser du fort (qui est au bout du môle) ceux qui le gardoient : si leurs vaisseaux avoient voulu les soûtenir, nos gens auroient eu beaucoup plus de peine à reprendre ce poste; mais l'officier qui y commandoit, ayant inutilement fait batre la caisse pour appeler du secours, il fut obligé avec toute sa troupe de se rendre à discretion : ainsi, dans moins de six jours toute cette grande entreprise s'évanoüit.

CHAPITRE VINGT-SIXIÉME

I. Changemens en Espagne. II. Grand passage de troupes à Montpellier. III. Dîme royale. IV. Petite émeute pour les toiles peintes. V. Prise d'un célèbre fanatique. VI. Arrivée du chevalier de St. George. VII. Recherche des faux monnoyeurs. VIII. Projet d'une nouvelle fontaine. IX. Honneurs funèbres pour nos princes. X. Paix générale.

LA marche qu'avoit fait le duc de Noailles pour fauver le Languedoc donna plus de facilité au comte de Staremberg de s'approcher de Saragoce, où il défit l'armée du roi d'Espagne le 20ᵉ du mois d'août; ce qui donna lieu de publier que la décente des Anglois sur nos côtes n'étoit que pour faire faire une diversion à nôtre armée de Roussillon, qui étoit prête d'entrer dans le Lampourdan. Quoiqu'il en soit, les énemis profitérent si bien de leur avantage, qu'ils approchérent de Madrid, d'où la cour d'Espagne se retira le 16ᵉ de septembre pour aller à Valladolid: ensorte qu'après cette retraite, l'archiduc fit son entrée le 28ᵉ du même mois dans la capitale du royaume; cet évenément attira en Espagne le duc de Vendôme, qui rétablit les affaires de cette couronne de la manière que nous le verrons; mais cependant on ne laissa pas dans nos cantons de veiller sur les fanatiques, qui ne demandoient qu'une occasion favorable pour remuer. Le bonheur voulut que le sieur de la Lande, qui commandoit à Uzés, fût informé qu'un de leurs chefs, nommé Claris, couroit le païs avec le prophéte Abraham & le nommé Cofte, marchand d'Uzés: il les fit investir dans une métairie, où le prophéte & le marchand furent tuez les armes à la main; & Claris ayant été blessé, sans pouvoir plus se défendre, fut pris & conduit à Montpellier, où il expira sur la roue en véritable sçélérat: peu de jours après, on amena leur tréforier, homme fort riche, qui, ayant découvert beaucoup de choses à M. de Basville, ne fut pas puni si rigoureusement.

Les grands secours qu'il faloit envoyer au roi d'Espagne attirérent à Montpellier un si grand passage de troupes sur la fin de novembre qu'on fut obligé d'en loger une partie chés l'habitant, les casernes n'étant pas assés grandes pour les contenir: alors, les fonds ayant manqué pour fournir aux frais de leur marche, on eut recours à une taxe de bien assez; & l'on ne tarda point d'apprendre que le roi d'Espagne avec le duc de Vendôme étoit

I.

1710.

II.

rentré dans Madrid le troifiéme décembre ; qu'il s'étoit rendu maître le neuf de Brihuega & que, le dix, il avoit gagné, contre Staremberg, la bataille de Villaviciofa, qui fut fuivie de la foumiffion de plufieurs places de fon royaume, & particuliérement de Saragoce, où Sa Majefté catholique fit fon entrée.

Toutes ces heureufes nouvelles nous occupérent jufqu'aux premiers jours de janvier 1711, où l'on chanta le *Te Deum* à Montpellier ; mais les malheurs du tems ne nous permirent pas d'en goûter toute la joye, parcequ'on reçut en même tems l'édit de la dîme royale, qui fut verifié à la cour des aides. Les * états de la province crurent y apporter quelque adouciffement en demandant au roi l'abonnement de ce nouveau droit, pour lequel ils offrirent cinq cent mile livres fur les biens en fonds de terre, indépendamment de ce qu'on auroit à payer pour les rentes à prix d'argent & à l'intérêt ; mais le courier qu'ils avoient dépêché à ce fujet leur ayant porté la nouvelle que leur offre n'avoit pas été reçuë, tous les particuliers furent contrains d'aller donner une déclaration de leurs biens.

La mort du premier préfident Philibert Bon, arrivée le 27 janvier, donna lieu à fon fils, déja reçu en furvivance, de demander la difpenfe d'âge dont il avoit befoin pour cette charge ; il la reçut dans le mois fuivant, & il tint fa première audience le 27 du même mois.

Dans cet intervale, nous vîmes paffer le fieur Planque, brigadier des armées du roi, qui alloit porter à Sa Majefté la nouvelle de la prife de Gironne par M. le duc de Noailles, malgré les inondations qui affiégérent fon armée pendant le mois de janvier. On commença dans ce même tems à Montpellier de lever la portion qui competoit à cette ville, pour les deux mile hommes de milice que le roi demandoit à la province. On enregitra à la cour des aides un nouveau fubfide pour les huiles, & l'on vit naître une petite guerre dont les femmes furent les principales actrices : la chofe vint à l'occafion de l'arrêt du confeil qui défendoit les toiles peintes ou indiénes, avec injonction de les ôter à toutes les perfonnes qui s'en trouveroient vêtuës. Malheureufement, cette commiffion fut donnée aux miquelets, qui s'en acquittérent brutalement à l'égard de quelques femmes qu'ils trouvérent dans la contravention ; il n'en falut pas davantage pour exciter le murmure des autres : celles du plus petit peuple dirent hautement qu'on auroit bien mieux fait de défendre les étofes d'or & d'argent que ces fortes de toiles dont elles pouvoient fe parer à bon compte ; encore moins devoit-on les leur ôter fur le corps, tandis qu'elles n'avoient pas de quoi acheter d'autres étofes ; ces plaintes touchérent moins que l'inhumanité des miquelets ; il fut défendu de les dépoüiller ; mais, pour obéir à l'arrêt, on fe contenta de faire obferver toutes celles qui fe trouveroient en faute, & fur les verbaux qu'on en dreffa, on les condanna à l'amende.

1711.

Le malheur de la France voulut qu'elle perdît alors Monfeigneur Loüis, dauphin de France, fils unique du roi, qui mourut à Meudon de la petite vérole, le 15ᵉ d'avril, dans fa cinquantiéme année. Sa grande bonté pour les peuples, qui devoient être fes fujets, augmenta l'affliction de tous les bons François fur cette perte. Quelques jours après qu'on eût reçû à Montpellier cette trifte nouvelle, on apprit la mort de l'empereur Jofeph, décédé deux jours après Monfeigneur le Dauphin, & du même mal que lui; cet événement, qui appelloit à l'empire l'archiduc Charles, attira plus particuliérement l'attention des peuples du Languedoc, par la néceffité où feroit ce prince de quiter Barcelonne; en effet, il fe déroba quelque tems après de cette ville pour retourner en Alemagne, où il avoit été élu empereur par le plus grand nombre des électeurs.

Cependant, M. de Bafville continüoit à Montpellier fes foins pour prévenir jufqu'aux moindres mouvemens des fanatiques; en forte qu'ayant découvert qu'un homme du Vivarés, nommé Julien, fe tenoit à Genéve pour y recevoir l'argent qui lui venoit des cours étrangéres, afin de le faire tenir enfuite aux religionnaires du païs, cet intendant, toûjours en action, entreprit de faire enlever le receveur général du parti, & pour cet effet, ayant donné fes ordres à des gens affidez, ils engagérent Julien à aller fe promener fur le lac de Genéve, d'où ils prirent terre à un petit vilage de la domination de France: Julien y fut arrêté & conduit à Montpellier. Tout fon parti fit agir les Suiffes auprès du roi pour reclamer ce prifonnier; mais, les Suiffes ayant entendu raifon fur les circonftances de cette prife, le procés, qui avoit été difcontinüé à cette occafion, fut repris fur la fin du mois de juin, où Julien fut condanné à être pendu; mais Dieu lui fit la grace de fe rendre à tout ce qu'on lui dit fur la verité de la religion catolique, enforte qu'il fit une mort auffi édifiante que celle de plufieurs de fes femblables avoit été obftinée.

V.

*Le 6 du mois d'octobre, Jacques, prince de Galles, fils du feu roi d'Angleterre, arriva en cette ville fous le nom de chevalier de St. George: Mʳˢ de Roquelaure & de Bafville lui allérent au-devant jufqu'au pont de Salaifon; mais, comme ce prince voyageoit incognito, le canon ne tira point, & les confuls ne fe trouvérent point en robe à la porte de la ville: ils allérent feulement en chaperon le faluer chés le duc de Roquelaure, où ce prince étoit logé, & où toutes les cours de juftice fe rendirent par députez. Le lendemain, il alla entendre la meffe, chantée par la mufique de la catédrale, dans l'églife des Auguftins, où il ne voulut ni carreau ni

VI. Page 515.

1711.   tapis de diftinction, s'étant contenté du baluftre du presbitère pour appui; ce jour-là il dîna à l'intendance & foupa, le foir, dans fa chambre, chès le duc de Roquelaure. Le 8, il fut regalé à Laverune chès M. l'évêque, & le 9, après avoir entendu la meffe à la Vifitation; il partit de cette ville pour aller à Agde.

1712.   L'année 1712 commença, à Montpellier, par les honneurs funèbres que les Etats de la province firent à Monfeigneur le Dauphin, le 8e de janvier, dans l'églife de Nôtre-Dame-des-Tables; mais nos pertes ne fe terminèrent pas à celle-là, quelque grande qu'elle fût, puifque dans le mois fuivant la mort nous enleva Marie-Adelaïde de Savoye, ducheffe de Bourgogne, & fix jours après, Loüis dauphin de France, fon époux, avec le duc de Bretagne, leur fils; enforte que, de trois princes que la France avoit eu de leur mariage, il ne refta que le duc d'Anjou, aujourd'hui Louis XV, âgé pour lors de deux ans.

VII.   Une affaire extraordinaire furvint pour détourner les efprits de tant de penfées affligeantes: ce fut la recherche qu'on fit, dans le mois de mars, de plufieurs faux monoyeurs répandus dans la province, & dont la commiffion fut donnée au fieur de Saint-Maurice, préfident en la cour des monòyes de Lyon; il fit arrêter, au Puy, un des premiers officiers de la cour préfidiale de cette ville, qui trouva le moyen de s'évader de prifon; mais un doreur de vaiffelle d'argent de la ville de Touloufe ayant été arrêté & conduit à la citadelle de Montpellier, il y fut condanné à perdre la vie; malheureufement, il dénonça un officier d'une cour fupérieure, qui fut conduit par le prévôt dans cette même citadelle, où fa compagnie le reclama pour lui faire elle-même fon procès.

A ces objets defagréables fuccedèrent plufieurs propofitions de mariage, qui furent faites dans le mois d'avril pour des perfonnes de la première confidération; quelques-unes manquérent, comme il eft affés ordinaire dans le grand nombre; mais les plus remarquables de ceux qui réuffirent furent celui de mademoifelle de Courfon, petite fille de M. de Bafville, avec M. de Meaupou, neveu de l'archevêque d'Auch, & celui de M. Bon, premier préfident, avec mademoifelle Pujol, diftinguée par fes biens & par fa vertu. Dans le mois de mai, on enregîtra, à la cour des aides, les lettres patentes du roi en faveur de M. le prince de Dombes, pour la furvivance du gouvernement du Languedoc, qu'avoit depuis longtems M. le duc du Maine, fon pere; on n'oublia rien dans la ville pour rendre la fête plus brillante, par les grandes illuminations publiques & particuliéres qui y furent faites.

VIII.   En ce même tems, on renouvela un projet que nos anciens avoient eu trois ou quatre cens ans auparavant, fous le roi Jacques-le-Conquerant (comme nous l'avons vû ci-devant), qui permit à nos confuls de faire une impofition fur les habitans pour conduire à Montpellier l'eau de la fontaine de Lironde, près du lieu de St. Clement, à cinq ou fix quarts de lieuë de cette ville. Ce même deffein fut repris en 1712, & approuvé par ceux qui nous gouvernoient ; mais, lorfqu'il eut été porté au confeil des Vingt-Quatre, il trouva des oppofitions qui obligérent de convoquer un nouveau confeil beaucoup plus nombreux que le premier : alors, la chofe ayant été difcutée à fond, il fut dit par quelques-uns que les grandes dettes que la ville avoit contracté dans le cours de cette guerre ne permettoient point d'entreprendre un fi grand ouvrage, & quelques autres, pour combattre le projet en lui-même, dirent que fi l'on réuffiffoit à faire venir cette eau jufqu'à la porte du Peirou, comme on le projetoit, pour être diftribuée de là dans les maifons de la ville, il arriveroit que nos moulins foufriroient beaucoup de * cette diverfion, parceque la Lironde, qui va fe jeter dans le Lez, fournit à cette riviére le fecours d'eau dont elle a befoin en été pour entretenir fes moulins, & pour arrofer les prairies de Lates ; cette derniére confideration fit avorter le deffein, & l'on remercia l'entrepreneur de ce beau projet. *

1712.

Page 516.

Nous eûmes le plaifir, dans le mois de juillet, d'apprendre la victoire fignalée que le maréchal de Villars avoit remportée à Denain, contre les troupes du prince Eugéne : on en chanta le *Te Deum* à Montpellier, &, pour comble de joye, on reçut ordre de publier une tréve de quatre mois entre l'Angleterre, la France & l'Efpagne, ce qui fut executé le huitiéme d'août.

La recherche des faux monoyeurs que le fieur de St. Maurice continüoit toûjours attira dans le mois de feptembre, à la citadelle de Montpellier, de nouveaux prifonniers, qui, pour la plûpart, furent condannez à des peines pécuniaires. Dans ce même tems, on vit avec frayeur le tonnerre tomber en divers quartiers de la ville ; mais, ce qui étonna davantage, fut de le voir promener dans la Salpêtriére, au milieu de caques pleins de falpêtre ou de poudre, & aller enfuite fe précipiter dans le puits de la maifon : ce dénouëment heureux fit faire reflexion au danger qu'avoient couru toutes les maifons du voifinage, & fit dire auffi que, pour la fûreté publique, ces fortes de fabriques devroient être hors des villes ou dans quelque lieu ifolé.

On chanta le *Te Deum* pour la prife de Doüay dans le mois d'octobre, prefqu'en même tems que le premier évêque d'Alais (François, chevalier de Saux), revenant de Paris, mourut dans cette ville, où il avoit été facré le 29 novembre 1694. Le maréchal de Villars nous fit chanter, le 6 novembre, un nouveau *Te Deum* pour la prife de Bouchain, & les Etats de la province

1712. ayant été ouverts le 24 de ce mois, par le duc de Roquelaure, il eut le plaifir de voir arriver, le cinquiéme décembre, le maréchal de Barwik, qui alloit au fecours de Gironne, inveftie alors par les miquelets catalans; ce général fit prendre les devans aux troupes qu'il put tirer du païs, &, ayant donné fes ordres pour la marche de celles qu'il attendoit d'ailleurs, il partit le neuviéme pour le Rouffillon.

Pendant la tenuë des états, mourut en cette ville, fur la fin de décembre, Victor-Auguftin de Mailly, evêque de Lavaur, auffi refpectable par fa piété que par fa naiffance; fon corps, après avoir refté durant quelques jours dans la chapelle de St. Roch, fut accompagné par le corps des états jufqu'à la porte de la Saunerie, pour être tranfporté dans fa catédrale, comme il l'avoit ordonné par fon teftament.

1713. IX. L'année 1713 commença, à Montpellier, par les honneurs funèbres que les états de la province rendirent à Monfeigneur le duc de Bourgogne, avec toute la magnificence qui étoit dûë à la mémoire d'un fi grand prince. Peu de jours après, on vit arriver le maréchal de Barwik, qui venoit de chaffer les imperiaux & les Catalans de devant Gironne, qu'il pourvut de toutes les munitions de guerre & de bouche dont elle avoit un extrême befoin; il féjourna deux jours entiers à Montpellier, durant lefquels tout le corps de la province & ceux de la ville lui marquérent la vénération qu'ils confervoient pour leur ancien commandant.

La ville de Montpellier perdit, dans le mois fuivant, le fieur Planque, brigadier d'armée & infpecteur d'infanterie, qui s'étoit acquis la reputation d'officier très-capable & d'homme d'une probité reconnuë. Il étoit revenu dans fa patrie pour y paffer l'hiver avec fa famille, lorfqu'après avoir foupé à fon ordinaire, il mourut fubitement fans avoir fenti aucune incommodité précedente; ce genre de mort augmenta beaucoup le regret de fa perte, &, le lendemain, il fut porté aux carmes-déchauffez, avec tous les honneurs militaires.

Dans ce mois de mars, la cour des aides enregîtra les lettres patentes du roi, pour la furvivance mutuelle de M. le duc du Maine & du prince de Dombes fon fils, dans le gouvernement du Languedoc, &, dans le mois fuivant, le duc de Roquelaure, en habit ducal, accompagné d'un grand nombre de nobleffe, porta au palais les renonciations que les puiffances de l'Europe avoient exigé des rois de France & d'Efpagne, pour empêcher l'union de leurs couronnes; * ces renonciations furent enregîtrées le 28 avril à la cour des aides, où l'affemblée fut auffi belle & auffi nombreufe qu'à l'ouverture des audiences qui fe fait après la St. Martin.

PAGE 517.

X. Moyenant ces renonciations, la tréve de quatre mois déja concluë entre l'Angleterre, la France & l'Espagne fut convertie en une paix dans laquelle le Portugal, le Brandebourg, la Holande & la Savoye voulurent être compris, & que leurs plenipotentiaires signérent à Utrek dans ce même mois : on en fit la publication à Montpellier le 25e juin, avec toutes les cerémonies que j'ai raporté ailleurs; & pour donner cours à la joye publique, on permit les joûtes à Villeneuve-lez-Maguelonne, à Cette & au pont Trincat.

Comme il restoit à faire entrer l'empereur dans cette paix, ce qu'on ne pouvoit guere que par la voye des armes, le maréchal de Villars eut ordre d'affiéger Landau, dont il se rendit maître après cinquante-six jours de tranchée ouverte. Les réjoüissances en furent faites à Montpellier le 17e septembre, & alors nos religionnaires s'étant imaginez d'être compris dans cette paix, comme on le leur avoit fait esperer, ils crurent pouvoir faire ouvertement l'exercice de leur religion; ce qu'ils firent dans ce même mois auprés d'Uchau, dans une grange appartenant à une dame de Nîmes. M. de Basville en ayant été averti par les consuls du lieu, trouva le moyen de faire saisir quelques-uns de ceux qui avoient assisté à l'assemblée : ceux-ci en découvrirent d'autres & tous avoüérent qu'on leur avoit fait entendre qu'ils avoient l'exercice libre de leur religion. Toute leur punition pour cette fois fut de rester à la citadelle : mais, afin de détromper leurs semblables, la grange où ils s'étoient assemblez fut rasée, quelques solicitations qu'eût employé la proprietaire pour la conserver.

Les états de la province assemblez à Montpellier le neuviéme de novembre assistérent quelque tems après, au *Te Deum* qui fut chanté pour la prise de Fribourg en Brisgau par le maréchal de Villars. La perte que faisoit l'empereur de cette importante place le disposa à entrer dans les propositions de paix : il chargea de ses pouvoirs le prince Eugéne, qui se rendit à Rastat, où le maréchal de Villars étant venu avec les pouvoirs du roi de France, ces deux grands hommes de guerre, qui avoient été rivaux si longtems, eurent l'honneur eux seuls de conclurre la paix generale.

CHAPITRE VINGT-SEPTIÉME.

I. Publication de la paix avec l'empereur. II. Siége & prise de Barcelonne par le maréchal de Barwik. III. Supression de plusieurs charges municipales. IV. Passage de la nouvelle reine d'Espagne. V. M. de Maillebois, lieutenant-général de la province. VI. Evenémens particuliers. VII. Maladie & mort du roi Louis XIV.

1714.

I. LE duc de Roquelaure ayant eu permission du roi de faire un voyage à Paris, pour la celébration du mariage de mademoiselle sa fille avec le prince de Leon, il partit le vingt-deux de janvier, & deux jours après, on vit arriver M. de Courten, colonel suisse, pour commander pendant son absence : il fut salué à son arrivée de sept coups de canon de la citadelle, & les états de la province ayant fini au commencement de février, les officiers du présidial vinrent siéger dans la sale des états, parcequ'ils faisoient travailler au nouveau bâtiment & à l'escalier de leur palais.

Le retour du duc de Roquelaure dans le mois d'avril fut suivi de la triste nouvelle de la mort de M. le duc de Berry, qui, étant à la chasse & son cheval s'étant cabré, reçut dans l'estomac un coup du pommeau de la selle, dont il mourut le 4 de mai. Peu de jours après, on reçut ordre de faire publier * la paix signée à Rastat, entre l'empereur & la France, ce qui fut fait à Montpellier, le 25ᵉ de ce mois, avec les solennitez accoutumées.

PAGE 518.

Après cet heureux événement, il ne restoit, pour mettre le dernier sceau à la paix genérale, qu'à reduire les Barcelonnois, qui, depuis le départ de l'archiduc & de l'archiduchesse, avoient persisté dans leur révolte & donné de plus grandes marques de leur obstination, en courant, comme ils firent

II. dans le cours de cette année toute la Catalogne, pour surprendre ou fatiguer nos troupes : mais, ayant été chassez de la campagne & réduits à se tenir dans leur ville, le roi d'Espagne résolut d'en faire le siége, dont il donna le soin au maréchal de Barwik qu'il fit son generalissime. Nous vîmes arriver ce seigneur à Montpellier le vingt-huitiéme de juin, avec un de ses fils, qui l'étoit venu attendre en cette ville, & qui le même jour avoit été à sa rencontre avec MM. de Roquelaure & de Basville ; il fut reçu à la porte de la Saunerie avec les honneurs accoutumez, & après s'être arrêté à Montpellier tout le reste de cette journée, il en partit le lendemain pour Barcelonne.

Le 3 de juillet on enregîtra à la cour des aides l'édit du roi qui appeloit à la succession de la couronne MM. le duc du Maine, nôtre gouverneur, &

le comte de Touloufe, fon frere, au cas que tous les princes légitimes de France vinffent à manquer : l'arrêt d'enregîtrement fut prononcé à l'audience, en préfence du duc de Roquelaure & des confuls en robe rouge. Le 27 d'août ces mêmes confuls mirent la premiére pierre à un nouveau bâtiment que le confeil de ville jugea à propos de faire en faveur des pauvres infenfez : on acheta le jardin dit de Lagreffe, où l'on bâtit douze loges, dont on donna la direction au bureau de l'hôpital St Eloi.

1714.

Dans le mois de feptembre nous vîmes paffer fucceffivement deux couriers dépêchez au roi pour lui rendre compte du fiége de Barcelonne. Le 16, le comte de Mortemar apporta la nouvelle que notre armée s'étoit logée fur les ramparts de la ville, après avoir donné un affaut general. Et le 17, le marquis de Broglio vint avec la nouvelle que les énemis s'étoient rendus à difcretion, fur la promeffe du maréchal de Barwik qu'ils auroient la vie fauve & qu'ils ne feroient point pillez. La rédition de cette grande ville entraîna bientôt celle de toute la Catalogne, & nous fûmes délivrez dans le Languedoc du paffage des troupes qu'on étoit obligé d'y envoyer continuellement, & du rifque que nos bâtimens couroient fur mer à leur occafion.

Quelque avantageufe que fût à nôtre province la fin de cette guerre, on voulut attendre les ordres du roi pour en faire des réjoüiffances publiques, & l'ordre en étant venu, on choifit le 14 d'octobre pour chanter le *Te Deum*, qui fut entonné par M. l'évêque dans fa catédrale, où affiftérent MM. les commandant & intendant de la province, avec toutes les cours de juftice & les confuls en robe de ceremonie : le foir, on fit joüer un feu d'artifice à la place de l'Hôtel-de-Ville, où le peuple donna un libre cours à fa joye.

La guerre fe trouvant finie par la foûmiffion de la Catalogne, le roi voulut foulager les villes de fon royaume de la création de tant d'offices municipaux que les conjonctures du tems l'avoient obligé d'établir fous diferens noms : pour cet effet, il donna un arrêt portant fupreffion des charges de maire, lieutenant de maire, affeffeurs, confuls perpetuels & autres qui avoient été créez pendant la derniére guerre; cet arrêt fut adreffé à la cour des aides de Montpellier qui le verifia le 27 de ce mois, avec un autre portant revocation & fupreffion des commiffaires établis pour la confection des inventaires.

III.

Peu de jours après, Montpellier fut honoré de la préfence de la reine Elizabet Farnefe, que Philipe V, roi d'Efpagne, avoit époufée par procureur, depuis la mort de Marie-Loüife-Gabrielle de Savoye, décédée le 14 du mois de février précedent. Cette princeffe ayant pris terre à Monaco, continüa fon voyage par la Provence & le Languedoc; & fur l'avis qu'elle devoit

IV.

arriver à Montpellier le feptiéme de novembre, le duc de Roquelaure quita les états de la province, affemblez alors à la ville de Nîmes, & vint à Montpellier pour y recevoir la reine ; elle arriva fur les fix heures du foir, accompagnée de la princeffe de Piombino, de la * princeffe Pio, du marquis de los Balbazes & de quantité de gentilshommes, dames & autres de fa fuite. A peine tout ce cortége eut paru vers les Recolets, qu'on fit la premiére décharge des canons de la citadelle, qui fut de quinze coups ; la feconde fut faite lorfque la reine arriva à la porte de la Saunerie, où elle entra après être paffée par le Peirou & devant les caſernes ; la troifiéme tira après fon arrivée dans l'hôtel de M*r* de Roquelaure, où fon logement étoit preparé ; elle décendit de fa caléche au bas du perron, où fe trouvérent, avec le duc de Roquelaure, M*r* Defgranges, grand-maître des cerémonies, que le roi avoit envoyé pour l'accompagner dans tous fes états, & M*r* Bon, premier préfident, qui avoit eu l'honneur de loger le roi d'Eſpagne, fon époux. Après avoir été conduite dans fon appartement, où elle voulut fouper toute feule, elle y paffa encore le lendemain, pour fe repofer des fatigues de fon voyage ; elle ne fe fit voir, ce jour-là, qu'à la premiére préfidente, qui vint lui baifer la main avec quelques autres dames, & à quelques gentilshommes, qui lui furent prefentez par le duc de Roquelaure.

Le lendemain, neuviéme du mois, elle reçut les préfens de la ville, confiftant en une corbeille, garnie dedans & dehors d'un tafetas orné de dentelle d'or, qui renfermoit des aromates, comme gans parfumez, fachets de fenteur en broderie d'or, deux fultans & deux petits cofrets de bois de noyer, couverts comme la corbeille, & remplis d'effences & de liqueurs de toute forte ; ces préfens furent rangez dans la chambre de la reine par ordre de M*r* Defgranges, qui lui préfenta nos confuls, à qui cette princeffe fit l'honneur de faire un figne de tête, comme pour les remercier.

Après cette audience, la reine, voulant aller à la meffe, donna fa main droite au duc de Roquelaure, ne laiffant que la gauche au marquis de los Balbazes ; elle ne goûta point le divertiffement du chevalet, qu'elle ne voulut pas feulement voir, ce qui donna une grande mortification à ces pauvres gens, qui s'étoient mis en grands frais pour divertir Sa Majefté. L'après-midi, les bataillons de Medoc s'étant rangez en bataille au Peirou, & une foule inconcevable de peuple s'y étant auffi rendue, fur le bruit que la reine devoit venir s'y promener, cette princeffe fe mit en chaife pour y aller ; mais ayant trouvé qu'il étoit trop tard & que le tems étoit un peu froid, elle remonta dans fon appartement, & fruftra ce pauvre peuple de l'attente où il étoit d'avoir l'honneur de la voir.

Enfin, le lendemain, dixiéme novembre, elle partit fur les quatre heures du soir pour aller coucher à Gigean, ayant été saluëe, à son départ comme à son arrivée, de trois décharges du canon de la citadelle.

Mr de Maillebois, fils à Mr Desmarets, ministre d'état, & gendre du marquis d'Alégre, ayant été pourvû par le roi de la charge de lieutenant-général en Languedoc, vacante par la mort du marquis de Calvisson, il prit soin de faire enregîtrer ses lettres à la cour des aides de Montpellier, avant que de se rendre aux états de Nîmes, où il entroit cette année comme lieutenant-général de tour; mais alors, étant allé aux bains de Balaruc, il en revint en cette ville le 21 novembre, & logea chés Mr de Montpellier, son cousin-germain; il y reçut les honneurs accoûtumez de nos consuls, ausquels il répondit avec beaucoup de politesse; mais nôtre cérémonial remarque que les consuls, étant sortis de sa chambre, ils y rentrérent quelque tems après pour haranguer madame son épouse, qui étoit dans le lit & qu'il les remercia fort gracieusement.

Sur la fin de cette année, on établit à Montpellier, dans le fauxbourg de Lates, des coches comme ceux de Paris, qui partoient certains jours de la semaine pour Lyon & pour Toulouse; les personnes & les hardes y étoient reçuës, moyenant les droits dont on dressa les tarifs, & l'on avoit le plaisir, comme à la diligence, de n'être pas chargé du détail de sa nourriture. Cette voiture, quelque commode qu'elle fût à beaucoup de monde, ne laissa pas d'être préjudiciable aux loüeurs de chaise, qui sont en grand nombre dans cette ville, & je ne sçai pourquoi les entrepreneurs de ces coches, après les avoir entretenus huit ou neuf ans, les ont abandonnez entiérement, & ont laissé revenir l'usage des chaises roulantes comme il étoit auparavant.

* L'année 1715 nous donna la première huile qu'on eût eu depuis la mortalité des oliviers, &, quoique la quantité des olives ne fût pas grande, on compta pour beaucoup l'espérance certaine de voir revenir nos arbres dans le même état qu'ils étoient avant les grandes gelées de 1709.

La paix générale fit naître la pensée à M. de Basville de mettre sur la porte du Peirou, qui est en forme d'arc de triomphe, une inscription qui répondit à la beauté de cette piéce d'architecture, qui est estimée de tous les connoisseurs; il crut avoir trouvé l'inscription qu'il cherchoit dans celle-ci, qu'il fit graver des deux côtez de la porte, en très-gros caractéres, & peints en noir, afin qu'on pût les lire de plus loin:

LUDOVICO MAGNO LXXII. ANNOS REGNANTE
DISSOCIATIS, REPRESSIS, CONCILIATIS GENTIBUS
QUATUOR-DECENNALI BELLO CONJURATIS
PAX TERRA MARIQUE PARTA. 1715

1715.

Cette inscription fut achevée de graver au mois de février, précisément dans le tems que le roi donna à l'ambassadeur de Perse, cette audience magnifique où toutes les pierreries de la couronne furent employées.

Nous eûmes, le troisiéme de mai, à huit heures trois quarts du matin, une éclipse du soleil, qui dura jusqu'à dix heures & demi. On observe que le soleil ne fut couvert par l'interposition de la lune que de quatre parts les trois, & que les objets parurent jaunes jusqu'à ce qu'il eut repris sa forme & sa couleur ordinaire. Depuis ce tems, il y eut à Montpellier une grande alteration du tems : on vit naître, dans le terroir, une quantité prodigieuse de vers & d'escargots qui s'attachoient aux bourgeons des vignes & menaçoient la vendange d'une perte totale. On employa tous les remèdes que les vignerons purent imaginer pour faire mourir ces insectes; mais, tout ayant été inutile, on eut recours aux conjurations de l'église, qui furent faites à la croix du Peirou, dans le cours d'une procession générale ordonnée à cet effet; Dieu nous fit la grace de faire cesser ce fleau, dont on lui rendit publiquement des actions de grace dans l'église de Saint-Pierre.

Quelque tems après, il y eut un orage de pluye si violent que la rivière en grossit tout à coup & courut avec tant de rapidité que les blanchisseuses n'eurent pas le loisir d'amasser leur linge; il en coûta la vie à une pauvre mere, qui fut entraînée avec sa fille, & la foudre, s'étant mêlée à cet orage, tua beaucoup de bétail au voisinage de la ville.

VII. Il sembloit que, par ces malheurs particuliers, le ciel vouloit nous disposer à celui qui menaçoit toute la France, par la maladie du roi, qui, depuis quelque tems, avoit une goute-crampe & la gangréne à une cuisse, dont il fut obligé de s'aliter dans le mois d'août. On fit aussitôt, à Montpellier, des priéres publiques pour la santé de ce grand prince, & le nommé Icard, natif de cette ville, ne consultant que son affection, partit de Marseille (où il étoit) pour porter au roi un remède souverain qu'il avoit contre la gangréne; il fut rebuté, comme il devoit s'y attendre, faute d'avoir un protecteur à la cour; mais enfin, les douleurs & l'insomnie du roi venant à augmenter, on consentit à faire usage de son remède, ensorte qu'ayant donné au roi quelques goutes d'une essence qu'il avoit, le roi dormit pendant cinq heures, & dit à son reveil qu'il étoit soulagé et qu'on lui donnât à manger. Après cette première operation, Icard appliqua un emplâtre sur la cuisse gangrenée, dont le roi se trouva mieux; de manière qu'on commença d'avoir esperance de sa guerison, & que le bruit s'en répandit dans le royaume; mais, soit que le remède eût été appliqué trop tard & que l'heure fatale fût déjà venuë, ce grand monarque mourut le premier de septembre, avec toute la fermeté chrétiéne qu'il avoit fait paroître dans les plus fâcheux évenémens de fon regne. Comme la plûpart des hommes vivans n'avoient vû en France d'autre regne que le fien, puifqu'il fut de foixante-treize ans, fa perte reveilla les fentimens d'eftime & de vénération qu'on avoit eu le loifir de former * pendant le cours de ce regne, fi célebre par fes grandes conquêtes, par le bon ordre qu'il avoit établi dans le barreau, dans la marine, dans fes armées, dans la finance, & par l'extinction du duel et de l'héréfie.

1715.

PAGE 521.

Nous apprîmes en même tems que, par fa derniére difpofition, il avoit declaré, pour fon fucceffeur, Louis, duc d'Anjou, dauphin de France, fils de feu Monfeigneur le duc de Bourgogne, âgé alors de cinq à fix ans, auquel il nommoit pour tuteur Loüis-Augufte, duc du Maine & gouverneur de nôtre province; pour gouverneur de fa perfonne, le maréchal duc de Villeroi, &, pour précepteur, André-Hercule de Fleury, évêque de Fréjus, dont le choix intereffoit d'autant plus la ville de Montpellier, que ce prélat avoit occupé, durant plus de vingt ans, une place dans fa catédrale, & que fa famille donnoit, depuis très-longtems, des officiers au bureau des finances & à la cour des aides. On apprit enfin que le roi Louis-le-Grand avoit établi un confeil de regence pendant la minorité du roi fon petit-fils, & qu'il avoit nommé Philipe de France, duc d'Orléans, pour chef de ce confeil.

On n'attendit pas, à Montpellier, les derniers ordres de la cour pour donner des marques publiques du zéle & de la vénération qu'on avoit pour la mémoire de ce grand prince. Dès le huit de feptembre qu'on reçut la nouvelle de fa mort, toutes les cloches de la ville annoncérent au peuple qu'on fe difpofoit à faire des priéres publiques pour le repos de fon ame. Le lendemain, la confrérie des penitents, qui n'eft jamais tardive dans ce qui regarde fes princes, fit faire un fervice folennel dans fa chapelle; nos confuls en firent de même dans la leur, puis la cour des aides, le préfidial, & enfin les jefuites.

FIN DU LIVRE DIX-NEUVIÉME.

HISTOIRE
DE LA VILLE
DE MONTPELLIER

Sous le roy Loüis XV,

DEPUIS M. DCC. XV. JUSQU'EN M. DCC. XXIX

LIVRE VINGTIÉME.

CHAPITRE PREMIER

I. Divers évenémens à Montpellier après la mort de Louis-le-Grand. II. Honneurs funébres qu'on lui rendit en cette ville. III. Projets pour la statuë équestre. IV. Recherche des gens d'affaires. V. Diferends entre la cour des aides & M. l'intendant. VI. Mort du jeune comte de Castries. VII. Place Brandille.

I. 1715.

ON étoit encore, à Montpellier, dans l'incertitude des suites que devoit avoir la maladie du roi, lorsque le duc d'Orleans, quelques heures après sa mort, se rendit au parlement de Paris où, ayant pris séance, il fut déclaré seul regent du royaume, & tuteur de la personne du roi Loüis XV. Le même jour il fit partir, au nom du roi, des lettres pour toutes les cours supérieures du royaume, qu'on peut regarder comme tenant lieu de ces anciennes lettres de confirmation que nos rois don-

1715.

noient aux officiers de juftice lors de leur avénement à la couronne. Dans celles qui furent adreffées à la cour des comptes, aides & finances, le roi leur dit (après avoir marqué fa douleur fur la perte qu'il venoit de faire du roi fon bifayeul): « Nous vous ordonnons & exhortons, en tant « qu'il nous eft poffible, à ce que vous ayés, nonobftant cette mutation, à « continüer la féance de notre cour des comptes & à la fonction de nos « charges. » En confequence de cet ordre, la cour s'étant affemblée le 13ᵉ, elle enjoignit aux confuls de continuer à faire l'impofition de la taille en la maniére accoûtumée.

PAGE 524.

* Le 18 feptembre arriva incognito, à Montpellier, Frederic-Augufte, prince royal de Pologne & électoral de Saxe, qui fut vifité auffitôt par Mʳˢ de Roquelaure & de Bafville dans le logis où il avoit été décendre; le lendemain, il alla dîner chez le duc de Roquelaure, &, le 20, chés madame l'intendante; fur le foir du même jour, il fut fe promener à la belle maifon de campagne du premier préfident, &, le 21, il partit de cette ville pour aller à Avignon.

Dans les premiers jours du mois d'octobre, la cour des aides nomma des députez pour aller rendre fes devoirs au nouveau roi, felon l'ufage des compagnies fupérieures du royaume. Le 10, elle ordonna l'enregîtrement de l'arrêt de la regence en faveur de Mʳ le duc d'Orleans: il fut ordonné que cet arrêt feroit publié au premier jour d'audience, qui fut tenuë le 18 du même mois, & à laquelle affifta le duc de Roquelaure commandant pour le roi dans la province.

Les députez de cette compagnie, fçavoir: le préfident Fonbon, l'abbé de Curduchefne & Mʳ de Chicoyneau, confeillers, s'étoient déja rendus à Paris avant Mʳ Bon, premier préfident, qui étoit à la tête de cette députation: ce premier magiftrat partit de cette ville le 20 de novembre, & le 23 du mois fuivant, il fut admis à l'audience du roi dans le château de Vincénes; le lendemain, il eut audience de Mʳ le duc d'Orléans, &, dans ces deux occafions, il reçut des marques fingulières d'eftime.

Dans ce même tems, il s'éleva une grande difpute entre fa compagnie & Mʳ de Bafville, intendant du Languedoc, au fujet de l'hommage & dénombrement des vaffaux du roi dans cette province: l'arrêt d'attribution qu'en avoit eu M. l'intendant intereffoit trop la cour des aides pour qu'elle ne fît pas tous fes efforts pour faire revoquer cet arrêt; elle députa dans cette vûë Loüis Saunier, procureur général, qui agit fi bien dans cette affaire qu'il eut dans l'année fuivante le fuccés que nous verrons.

II. Le 12 décembre, les états de la province ayant été ouverts par Mʳ le duc de Roquelaure, l'affemblée accorda au roi trois milions de don gratuit &

un quatriéme de capitation comme l'année précedente. A peine cette affaire eut été réglée, que l'affemblée tourna tous fes foins à faire éclater ce qu'elle devoit à la mémoire de Louis-le-Grand. Les préparatifs de la cerémonie funébre qu'elle ordonna ne purent être achevez que le 22ᵉ de janvier, où l'on vit dans l'églife de Nôtre-Dame des Tables un magnifique maufolée, dont le haut portoit jufqu'à la voûte; les murailles étoient ornées d'un beau deffein d'architecture, diverfifié par des déviles & des fimboles convenables au fujet : on n'avoit d'autre jour dans l'églife que celui qu'elle recevoit d'un nombre infini de cierges & de flambeaux allumez. La meffe fut celebrée par Mʳ de la Berchere, archevêque de Narbonne, affifté des chanoines de la catédrale : le duc de Roquelaure en grand deüil, à la tête des feigneurs des états, vint à l'offrande, & après que le P. Senaut, jefuite, eut fait l'oraifon funébre, les abfoutes furent faites autour du maufolée par l'archevêque celebrant, affifté des évêques (a) d'Agde, (b) de Beziers, (c) de Montauban & (d) d'Alais.

Comme il avoit falu attendre que la province eût rendu fes devoirs au feu roi, la catédrale de Montpellier ne put s'acquitter des fiens que dans le mois fuivant. Alors le chapitre ayant fait dreffer dans le chœur de fon églife un lit d'honneur, accompagné de tous les ornemens qui convenoient à cette cerémonie, Mʳ le duc de Roquelaure, avec un grand nombre de nobleffe, fe rendit dans l'églife de Saint-Pierre, où fe trouvèrent toutes les cours de juftice, & nos confuls en robe rouge : meffire Jean de la Parifiére, évêque de Nîmes, fut prié de faire l'office, en l'abfence de l'évêque de Montpellier, & lorfque le tems fut venu de l'oraifon funébre, Mʳ de Roquelaure fe plaça fur une eftrade au milieu de l'églife, d'où il entendit le fieur de Trimond, chanoine de la catédrale, qui la prononça : la meffe dite, les abfoutes furent faites par l'évêque celebrant & par quatre dignitez ou perfonats du chapitre.

* Quoique la confrérie des penitens eût déja donné des marques de fon zéle, elle ne laiffa point de fe preparer à un fervice plus folennel, après que le corps de la province & la catédrale eurent fait le leur; ils s'en acquitèrent le 16ᵉ de mars, dans leur chapelle, qu'ils avoient ornée avec tout le bon goût qui leur eft particulier dans ces fortes de cerémonies : les cours de juftice y affiftèrent avec les confuls, & l'oraifon funébre ayant été faite par un autre chanoine de la catédrale, la confrérie jugea à propos de faire imprimer à fes dépens cette oraifon funébre.

(a) Philibert-Charles de Pas-Feuquieres.
(b) Loüis-Charles des Alris du Rouffet.
(c) François de Vaubecourt.
(d) Jean-François-Gabriël de Henin-Lietard.

1716.   III.   Pendant tous ces exercices de piété, les états affemblez déliberérent de faire venir la ftatuë équeftre du feu roi, qui avoit été fonduë à Paris depuis longtems, par ordre & aux dépens de la province; comme il n'étoit pas poffible de tranfporter une fi lourde maffe par d'autre route que celle de la mer, il falut tout le refte de l'année avant qu'elle eût pû faire ce long trajet; ce qui fut caufe qu'elle ne fut dreffée à Montpellier que dans l'année fuivante.

Cependant, le procureur genéral de la cour des aides, député à Paris au fujet de la preftation des foi & hommage, obtint la revocation de l'arrêt qui en attribüoit la connoiffance à Mr de Bafville: fa compagnie fe voyant rétablie dans fes droits donna un arrêt le 28 du mois de février, qui donnoit pleine main-levée aux vaffaux de Sa Majefté des faifies feodales qui leur avoient été faites, à la charge de rendre, après l'expiration d'un an de délai, la foi & hommage qu'ils devoient au roi.

IV.   Sur la fin de mars, on reçut à Montpellier l'édit de Sa Majefté du 8 de ce mois, portant création d'une chambre de juftice, compofée de préfidens à mortier, maîtres des requêtes, confeillers au parlement & maîtres des comptes, pour faire une recherche genérale de ceux qui avoient adminiftré les affaires du roi, avec ordre à eux de remettre leurs comptes & donner un état fidéle de tous leurs biens; en confequence, Mr de Bafville fit publier à fon de trompe que tous ceux qui avoient manié les finances du roi n'euffent point à s'abfenter de Montpellier, fous peine de la vie. Les gens d'affaires, qui font en grand nombre dans cette ville, entrérent, comme ceux de Paris, dans de mortelles inquiétudes, lorfqu'après avoir exigé des états de leurs biens & de leur adminiftration, on éplucha leurs comptes avec une exacte féverité; prefque tous fubirent une taxe, plus ou moins forte; mais la plûpart du monde qui avoit applaudi à cette recherche fe laffa enfin de voir des malheureux, & l'on paffa bientôt de la haine à l'excés de la compaffion, comme le dit M^r le chancelier d'Agueffeau, lorfqu'il alla, au commencement de l'année fuivante, remercier, de la part du roi, M^{rs} de la chambre de juftice.

V.   Le premier préfident de la cour des aides de Montpellier revint dans le mois de mars de la députation que fa compagnie avoit fait au roi pour fon heureux avénement à la couronne; il fut reçû avec les cerémonies ufitées en cette occafion, par les procureurs, qui lui allérent au-devant jufqu'au pont de Lunel; mais il ne fut pas longtems à Montpellier fans s'appercevoir des mouvemens que la recherche des partifans y caufoit. Mr de Bafville, qui en étoit chargé, l'étendit fur la clôture des comptes des communautez, dont il donna une commiffion au Sr Barbara, fon fubdélegué de Caftres.

La cour des aides, à qui la connoiffance en appartient par fes lettres d'établiffement, donna, dans le mois de juin, un arrêt qui faifoit défenfe au fubdélegué de connoître de ces fortes d'affaires; mais M⁷ de Bafville eut le credit d'obtenir un arrêt du confeil, en caffation de celui de la cour des aides, ce qui difpofa les chofes à une plus grande mefintelligence entre ces deux puiffances.

Elle éclata plus particuliérement dans le mois de juillet fuivant, à l'occafion d'un vol de fel qui avoit été fait aux falines de Peccais, & dont M⁷ de Bafville donna commiffion de connoître au juge de Lunel. La cour des aides, à qui cette connoiffance eft dévoluë, nomma, par arrêt du 24 juillet, deux officiers de fon corps pour fe tranfporter fur les lieux, avec ordre que toutes les procédures déja faites feroient remifes au greffe de fes commiffaires: fur le refus qu'en fit le greffier du juge de Lunel, il fut faifi & tranféré dans les prifons de la * cour. Alors M⁷ de Bafville obtint un arrêt du confeil du premier août, qui caffa celui de la cour des aides; « & en évo-
« quant au confeil le procés criminel pour le fait de ce vol de fel, le ren-
« voya au fieur intendant pour être par lui inftruit & jugé en dernier reffort,
« avec tels autres juges qu'il voudroit choifir. »

A cet arrêt en fuccéda un autre du 8 août, qui fit iteratives défenfes à la cour des aides de caffer les ordonnances des intendans, & qui interdit le procureur genéral & celui qui avoit prefidé à l'arrêt du 24 juillet: en vertu de cet arrêt, l'intendant envoya fon hoqueton pour tirer de prifon le greffier du juge de Lunel; mais, comme la chofe ne put être faite fans employer la force, la cour des aides, affemblée en femeftre, fit faire une procédure & députa en cour un de fes officiers pour y porter fes plaintes.

Malheureufement, il fe trouva que M⁷ le premier préfident avoit prefidé à l'arrêt du 24 juillet, & qu'un des avocats genéraux avoit fait fes requifitions en l'abfence du procureur genéral, ce qui fit tomber fur leurs perfonnes l'interdit porté par l'arrêt, & donna fujet à bien de diferentes interpretations: ils partirent l'un & l'autre pour Paris, où l'affaire ayant traîné jufqu'au mois de décembre, elle finit par une lettre que M⁷ le regent écrivit à la cour des aides, du 14 de ce mois, dans laquelle ce prince exhortoit la cour des aides « de vivre avec M⁷ de Bafville, en fi bonne intelligence, qu'il ne
« pût refter à Paris ni à Montpellier aucun fouvenir de ce qui s'étoit paffé. »
Le lendemain, 15ᵉ du même mois, il fut donné un arrêt du confeil « por-
« tant permiffion au fieur premier préfident & au fieur Duché de rentrer
« dans l'exercice de leur charge ».

Le mouvement que cette affaire avoit caufé à Montpellier n'empêcha point d'y penfer à un embelliffement pour l'efplanade, qui en a attiré avec

1716.

PAGE 526.

le tems un autre bien plus confiderable : ce lieu, qui eft fort vafte entre la ville & la citadelle, fe trouvant alors fort embarraffé par de grands monceaux de terre que les gens de la Salpêtriére y avoient accumulé depuis plus de trente ans, on fe propofa de la tranfporter ailleurs, & l'on choifit le long des murailles de l'efplanade, qui vont depuis la maifon de Defplans jufqu'à la citadelle ; on y fit une grande allée, que Mr de Roquelaure découvroit de fes fenêtres dans toute fa longueur, & pour reconnoître les foins que ce feigneur avoit pris pour faire avancer l'ouvrage, on donna fon nom à cette promenade, qui depuis a été appelée la Roquelaure.

VI. Tandis qu'on étoit occupé de ce travail, on apprit avec douleur la mort de Pierre-Jofeph-François de la Croix, comte de Caftries, âgé de 23 ans, & reçu en furvivance du gouvernement de la ville & citadelle de Montpellier, qu'avoit le marquis de Caftries, fon père ; cette mort parut d'autant plus touchante qu'il étoit le feul héritier de fa maifon, & qu'elle fut fuivie de la mort de dame des Noeillan, fon époufe, & de l'unique fils qu'ils avoient de leur mariage. Leurs obféques furent celebrées à Montpellier, dans la chapelle des penitens & dans celle du confulat, avec les folennitez accoûtumées.

Dans le mois de décembre, les états de la province, convoquez à Montpellier, furent ouverts le dixiéme de ce mois par le duc de Roquelaure : le fermon qu'on a coûtume de prêcher le dimanche fuivant fut fait par meffire Jean-Loüis des Bretons de Crillon, alors évêque de St. Pons, & la meffe celebrée par Jean-François-Gabriël de Henin-Lietard, évêque d'Alais.

VII. Environ ce tems, on publia le projet d'une nouvelle place dans la ville, qui a été depuis appelée place Brandille ; il s'agiffoit de donner plus de clarté à la ruë de l'Eguillerie, & d'élargir un petit chemin qui conduifoit de cette ruë aux tréforiers de France. Pour cet effet, on propofa d'abatre une traînée de maifons, dont la plus confiderable étoit celle de Beuves (autrefois de Bouques) ; mais, pour en épargner les frais à la ville, les voifins projetérent d'en faire l'achat à leurs dépens, pourveu que la ville les déchargeât de la taille. La propofition ayant été acceptée au confeil des vingt-quatre, les voifins firent leur foumiffion, & ayant calculé la fomme qui leur reviendroit de la vente des matériaux, ils regalérent entr'eux le refte du prix, à proportion de l'avantage qui en revenoit à un chacun ; la chofe ainfi reglée, & le contrat paffé avec les proprietaires, on proceda à la démolition, dont les matériaux furent vendus aux jefuites pour fervir à la bâtiffe de leur églife. Enfin, * la place fe trouvant nette, le fieur Chirac, premier médecin de M. le regent, envoya de Paris le deffein de la façade de fa maifon, qui occcupe une des longueurs de cette place ; le fieur de Veiffiére, conseiller en la cour des aides, bâtit de l'autre côté ; & le sieur de Grefeüille, lieutenant-colonel du regiment d'Agenois, fit le grand bâtiment qui remplit le fonds de la place Brandille. Nos successeurs seront peut-être en peine de sçavoir l'origine de cette dénomination qui paroît singulière ? A quoi l'on peut répondre que ce fut par un effet de la bizarrerie ordinaire à la plûpart des étimologies ; car, on voulut attacher à cette place le sobriquet qu'on avoit donné jadis à l'un de ceux qui avoit été des plus zelez à faire réussir le projet ; il fut le premier à en rire, & le public lui a rendu la justice de dire qu'il avoit été le principal auteur d'une des plus belles reparations qui ait été faite dans l'enceinte de la ville.

1716.

CHAPITRE SECOND

I. Nouvelle assemblée des fanatiques. II. Conduite de la statuë equestre depuis Paris jusqu'au pont Juvenal. III. Supression des consuls perpetuels. IV. Erection de la statuë equestre. V. Départ de M. de Basville. VI. Nouvelle maison achetée par M. de Bernage. VII. Commencement de troubles avec l'Espagne.

LES religionnaires des Cévénes regardant la minorité du roi comme un tems favorable pour l'exercice de leur religion, entreprirent au commencement de 1717 de reprendre leurs assemblées. La plus nombreuse qu'ils tinrent fut à Moliéres, prés d'Anduse, où nos dragons ayant accouru pour leur donner la chasse, ils prirent soixante-quatorze personnes, tant hommes que femmes, qui furent conduites à Montpellier sur la fin de la tenuë des états, assemblez en cette ville. M. le duc de Roquelaure les jugea militairement, & condamna vingt-deux hommes aux galéres perpetuelles, à la reserve de trois, contre lesquels on ordonna une continüation d'information ; les femmes & filles furent envoyées partie à la tour de Constance, partie aux prisons de Carcassonne ; & l'on fit partir le bourreau pour aller planter, au milieu de la place d'Anduse, une potence, d'où pendroit le nom de tous les condamnez. Peu de jours après on envoya un grand nombre de troupes afin de contenir tout le pays.

I.

1717.

Dans ce même tems, nosseigneurs des états se firent rendre compte de tout ce qui avoit été fait pour le transport de la statuë equestre du roi Louis XIV, qu'ils avoient ordonné par déliberation de l'année précedente.

II.

1717.

Ils apprirent qu'on l'avoit tirée du lieu où elle avoit été fonduë à Paris, dans le fauxbourg St Germain, & qu'après qu'on l'eut conduite fur des rouleaux jufqu'à la riviére de Seine, on l'avoit fait décendre jufqu'à Roüen, où elle avoit été embarquée pour faire le trajet de la mer & monter enfuite par la Garonne. A peine fut-elle près de Bordeaux qu'elle fit naufrage dans cette riviére, d'où ayant été tirée avec beaucoup de travail, on fe propofoit de lui faire prendre à Touloufe le canal du Languedoc & de la conduire par l'étang de Maguelonne & par la riviére du Lez jufqu'au pont Juvenal; ce dernier deffein ayant été approuvé de l'affemblée, M. de Bafville en attendit l'exécution avec impatience.

III. La déclaration du feu roi qui, depuis la paix de Raftat, avoit ordonné la fupreffion des confuls perpetuels, ayant été fans effet à Montpellier, parceque la ville n'avoit point de fonds pour les rembourfer, il fut enfin refolu, fur les nouveaux ordres qu'on reçut du roi Louis XV, de faire ce rembourfement. La chofe parut d'autant plus aifée qu'on reçut de Paris un très-grand nombre de billets de la banque nouvellement établie, qui furent confignez aux premier, troifiéme & cinquiéme confuls perpetuels qui devoient être fuprimez, & fans attendre le tems ordinaire, on proceda le 30 feptembre à l'élection de trois *autres qui devoient les remplacer, fçavoir : noble Marc-Antoine de Beaulac, baron de Pezenes, à la place de Jean Manny; Cambon, procureur, à la place de Boufquet, auffi procureur, & Cauvin, marchand épicier, à la place de Roques; ils prêtérent ferment le 3 octobre, & ce même jour, ils firent leurs vifites en la maniére accoutumée, ce qu'on n'avoit pas encore vû dans une faifon fi avancée. Ces nouveaux confuls fignalerent leur confulat par la reparation qu'ils firent faire à la croix de la place des Cévenols dont le piédeftal menaçoit rüine, & au lieu de trois rangs de marches qu'il y avoit au bas & qui retreciffoient la place, ils fe contentérent d'y faire une bafe quarrée toute fimple & cantonnée de quatre pouffe-roües.

PAGE 528.

IV. Enfin la ftatue equeftre arriva au pont Juvenal, ce qui fit preffer les travaux qui avoient été ordonnez à la place du Peirou, pour y bâtir le maffif du piédeftal fur lequel on devoit la placer. M. de Bafville, qui avoit des raifons particuliéres de fouhaiter qu'elle fût bientôt en place, voulut qu'on l'amenât à pié-d'œuvre : pour cet effet, on la mit fur de gros madriers liez enfemble & portez fur des rouleaux qu'on faifoit mouvoir par le moyen d'un cabeftan. A peine fut-elle arrivée à la fontaine du fauxbourg de Lates, qu'elle fut faluée de treize coups de canon de la citadelle : on la fit entrer dans l'enclos des Cordeliers, par une brèche qu'on fit à la muraille, & pour lui faire franchir le ruiffeau des Aiguarelles on y jeta un pont de groffes

poutres fur lequel elle paffa pour entrer dans l'enclos du Grand-Saint-Jean; 1717.
de là elle fut conduite devant les cafernes, puis à la Portaliére, & enfin dans
le jardin de la Mercy où on la mit en dépôt, en attendant qu'on pût l'élever
fur le piédeftal.

Cependant, les états de la province furent convoquez à Montpellier, où
l'on en fit l'ouverture le neuviéme décembre : ce fut alors que M. de Bafville declara publiquement qu'il avoit demandé à la cour d'être rapellé de
fon intendance du Languedoc; il le fit en terminant le difcours que les
intendans ont coûtume de faire à l'ouverture de cette augufte affemblée,
dont il prit congé en des termes fi obligeans pour la province qu'il fit augmenter l'eftime & la vénération qu'il s'étoit juftement acquife pendant les
trente-trois ans qu'avoit duré fon intendance.

L'affemblée apprit quelques jours après que le pape Clement XI leur avoit
accordé la beatification du Pere Jean-François Regis, qu'elle avoit fait foliciter à Rome (comme d'un faint homme natif de la province), par déliberation des états de 1704. Les jefuites de Montpellier ne purent en celebrer
la fête que le 26 de janvier 1718. Toutes les compagnies fe rendirent chès 1718.
eux pendant les quatre ou cinq jours que dura cette fête, & pour entrer en
part de la dépenfe qu'ils firent à cette occafion, les états de la province leur
accordérent une gratification de quinze cent livres.

M. de Bafville avoit trop à cœur de voir en place la ftatue du feu roi, fon
bon maître, pour ne pas profiter du peu de temps qui lui reftoit : il preffa
fi fort l'ouvrage qu'on acheva dans le mois de janvier de conftruire autour
du piédeftal un grand château de charpente qui devoit porter les cables
& les poulies, pour enlever cette lourde maffe de quatre cent cinquante
quintaux, & ils la placérent fur le piédeftal qui a d'élevation dix-huit piez
de roi.

La chofe fut executée le 10 février, quoiqu'il fit ce jour-là un froid
extrême : on fe contenta, pour cette fois, de pouffer plufieurs cris de vive
le roi, en attendant de donner au public une fête folennelle. Les préparatifs
n'en purent être achevez que le dimanche 27ᵉ du même mois, où l'on vit
aux quatre coins de la ftatuë équeftre, quatre tours liées par une galerie
ornée de pilaftres, de feftons, de trophées d'armes & d'infcriptions fur les
plus beaux ouvrages qui avoient été faits dans la province fous le regne du
feu roi : la face qui regardoit la ville ne contenoit qu'une infcription générale à fon honneur; celle du côté de la Mercy reprefentoit le port de Cette;
dans la fuivante, on voyoit le canal royal qui joint les deux mers ; & du
côté de la montagne, les beaux chemins qui ont été faits dans les Cévénes;
le tout accompagné d'emblêmes & de devifes à l'honneur du roi. M. de

1718.
Page 529.

Basville commença la fête par un grand *dîné qu'il donna à soixante personnes de qualité. Sur deux heures, nos consuls en robes rouges allèrent saluer & haranguer le roi, par la bouche du sieur Silvecane, second consul. A quatre heures, toutes les troupes des casernes avec une partie de celles de la citadelle & nos sixains, se rendirent au Peirou, pour y attendre le duc de Roquelaure, le marquis de Cailus & le sieur Demaine, lieutenant de roi, qui y vinrent à cheval aux flambeaux, & après avoir fait trois fois le tour de la statuë, qu'ils saluèrent successivement du chapeau & de l'épée, ils allumérent le bûcher qui fût suivi d'un feu d'artifice magnifique, qu'on vit partir des tours ou pavillons dreslez sur les angles : on fit ensuite plusieurs décharges de mousqueterie & du canon qu'on avoit amené de la citadelle au Peirou. Après cette fête, on alla voir celle que nos consuls avoient préparé à l'hôtel de ville : toutes les ruës étoient éclairées comme en plein jour ; les réjoüissances continuèrent bien avant dans la nuit, & M. le duc de Roquelaure termina la fête par un magnifique soupé & par le bal qu'il tint avec la princesse d'Auvergne.

Les consuls en charge, qui avoient pris soin de faire reparer la croix de la place des Cévénols, crurent devoir changer celle de la Canourgue, qui étoit au-devant de la maison de Mr de Sarret, trésorier de France ; comme la croix se trouvoit à l'avenuë de quatre ou cinq ruës, ils prirent la resolution de la changer, & ayant obtenu le consentement de M^r l'evêque, ils la firent transporter au coin de la Canourgue, en décendant vers l'église de Saint-Pierre, où l'on trouva, en foüillant la terre, quelques tombeaux de l'anciène église de Ste. Croix, qui me donneront lieu d'en parler, sur l'article de cette église, dans mon second volume.

V. Enfin, on apprit que Mr de Bernage, intendant de Picardie, devoit venir succeder à Mr de Basville dans l'intendance du Languedoc, & sur l'avis qu'il arriveroit en cette ville le 28 d'avril, Mr de Basville alla à sa rencontre avec toute la maréchaussée. Les deux intendans arrivèrent sur le soir dans le même carosse & furent décendre chez Mr de Roquelaure, qui alla souper avec eux chés Mr de Basville ; après quoi on conduisit le nouvel intendant à la maison de Gily, qui lui étoit preparée, où il reçut le lendemain la visite des consuls en robe, celle de plusieurs cours de justice, du corps des marchands & des ordres religieux. La plûpart des evêques & archevêques de la province, avec plusieurs autres personnes de distinction, vinrent en cette ville pour le voir & pour prendre congé de Mr de Basville, qui partit à cinq heures du matin le dixième de mars.

Un mois après, arriva en cette ville dame N. Roüillé, épouse de Mr de Bernage, intendant, qui étoit parti le 9 de juin pour aller à sa rencontre ;

Livre vingtiéme.

ils arrivérent enfemble le onze fur le foir, pour éviter les chaleurs qui furent extrêmes cette année-là; elles durérent tout le mois de juillet & d'août, & ce ne fut qu'au fixiéme de feptembre qu'on commença d'avoir de la pluye, qui rafraîchit toute la campagne; mais, malheureufement, le tems s'étant épaiffi, le 13 il furvint un orage qui caufa plufieurs funeftes effets. Le Merdanfon, dont les débordemens font très-violens, groffit jufqu'à trois ou quatre piez fur les ponts de St. Côme & de la Blanquerie, dont il emporta les parapets; il y abatit la maifon d'un taneur & ravagea le jardin de Jofferand, dont il emporta bien loin les orangers, avec quantité d'autres arbres qu'il trouva fur fon chemin; d'autre côté, un pauvre caroffin, qui venoit de Pezenas, fe trouva furpris vers la fontaine Saint-Barthelemi par les torrens qui décendoient des hauteurs: il fut entraîné dans un méchant ruiffeau, qui eft à fec la plûpart de l'année, où trois hommes qui étoient dedans avec une femme furent noyez; la feule femme s'en étant garantie, en fe prenant à une branche de faule, qu'elle eut la force de tenir jufqu'à ce que le torrent fût paffé. Je marque cet événement, parce qu'il en arriva un tout femblable dans le même lieu, & prefque avec les mêmes circonftances, dans le mois de feptembre 1354, comme il eft raporté dans nôtre Talamus

1718.

Les habitans de Nîmes, dans l'efperance de pouvoir attirer dans leur ville le nouvel intendant, lui firent offrir un logement à Nîmes, dont ils fe chargeroient * du payement & de l'entretien. On fe fervit de cette raifon à Montpellier pour propofer au confeil des vingt-quatre d'en faire de même; mais la belle maifon de la comteffe de Ganges, fe trouvant alors vacante par la mort de cette dame, on fit propofer au même confeil d'acheter cette maifon au nom de la ville, pour l'affecter au logement des intendans: la propofition ayant été accüeillie dans le confeil, on paffa un contrat d'achat avec les héritiers pour le prix de cinquante mile livres, &, afin de faire les chofes plus gracieufement, la ville employa encore vingt mile livres en reparations, pour rendre cette maifon plus logeable. Il eft néceffaire, pour l'hiftoire de Montpellier, d'obferver ici que tout le grand efpace contenu dans cette maifon renferme une partie de la ruë du Capuchin-Pintrat, qui traverfoit la ruë des Orangers & aloit aboutir à la maifon de Montlaur: ce même efpace renferme l'anciéne cour du Baile, dont le puits fert aujourd'hui dans les cuifines de M. de Bernage; enfin, une partie du grand temple des huguenots, du côté de l'entrée de cette belle maifon: l'affaire ne put être confommée que le quatriéme du mois de novembre, qui fut le jour où le nouvel intendant prit poffeffion de ce logement.

VI.

PAGE 529.

Les états de la province, affemblez à Montpellier, le quinziéme décembre

1718.
VII.

accordèrent au roi la fomme de trois milions de don gratuit, & celle d'un milion huit cent mile livres pour la capitation : cette augmentation fut occafionnée par la découverte qu'on fit alors d'une confpiration du miniftre d'Efpagne, pour ôter la regence à M^r le duc d'Orleans. La chofe fut éclaircie par les lettres qu'on furprit à Poitiers fur l'abbé Portocarrero, envoyé au cardinal Alberoni par le prince de Cellamare, ambafladeur d'Efpagne à la cour de France; plufieurs perfonnes du premier rang furent compliquées dans ce projet & envoyées à la Baftille. On fit marcher des troupes vers la Bretagne pour arrêter les complices qu'il y avoit dans cette province, où l'on établit, à Nantes, une chambre de juftice pour leur faire le procès;. dès lors, on vit courir dans tout le royaume des manifeftes qui annoncèrent une rupture inévitable entre la France & l'Efpagne.

CHAPITRE TROISIÉME

I. Rupture avec l'Efpagne. II. Paffage du cardinal Alberoni par Montpellier. III. Troubles au fujet des billets de banque, & de la contagion. IV. Arrivée de l'ambaffadeur de la Porte. V. Contagion dans le Gevaudan. VI. Evenémens particuliers. VII. Retour de l'ambaffadeur de la Porte. VIII. Suite des affaires de la contagion.

1719. I.

LE neuf de janvier 1719, on publia, à Paris, la déclaration de la guerre contre l'Efpagne, dont on envoya des copies à Mr de Roquelaure, pour être publiées à Montpellier & dans les autres villes de la province; il reçut ordre en même tems de pourvoir au contingent du Languedoc pour vingt-cinq mile hommes de milice que le roi avoit ordonné dans fon royaume, & il eut avis qu'on envoyeroit des troupes dans le Rouffillon & que trente-fix mile hommes d'infanterie avoient ordre de marcher vers Bayonne au commencement du printems. Dès lors, M. de Bernage fit faire plufieurs magafins de vivres pour ces deux armées, & l'on preffa la levée des milices qui étoient ordonnées.

On fçut, peu de tems après, que M^r le prince de Conty étoit nommé pour commander en Efpagne, &, fur le bruit qu'il pafferoit par le Languedoc, on fit de grands préparatifs à Pezenas (qui appartient à ce prince) pour l'y recevoir. Toutes les compagnies de la province fe tinrent prêtes pour le haranguer fur fon paffage, & les peuples fe réjoüiffoient de voir bientôt le petit-fils de leur ancien gouverneur Armand de Bourbon, prince de Conty, dont la mémoire est si prétieuse en Languedoc; mais on apprit, sur la fin de mai, que son Altesse, étant partie * de Paris le 9 de ce mois, avoit pris en droiture la route de Bayonne, s'étant contenté de faire passer une partie de ses équipages par le Languedoc. Le passage des officiers de son armée attira successivement à Montpellier Mr de Montmorency, le prince de l'Epinoy, le marquis de Bellefontaine & le duc de Valentinois, qui furent retenus quelque tems par le duc de Roquelaure.

1719.
PAGE 513.

Peu après l'arrivée du prince de Conty sur les frontières d'Espagne, nos troupes se saisirent du port du Passage & formérent le siége de Fontarabie, qui fut enlevé dans le mois de juin, & suivi, vingt-cinq jours après, de la prise de Saint-Sebastien, dont on fit, par ordre de la cour, des feux de joye à Montpellier. Ces deux conquêtes ouvrirent un chemin pour aller à Pampelune, qu'on avoit resolu d'assiéger; mais il survint un nouvel ordre de porter l'effort de la guerre dans la Catalogne, où le duc de Barwik se rendit pour faire le siége de Roses. Alors tout le Languedoc se mit en mouvement pour lui fournir des vivres & des troupes: nos milices marchérent du côté du Roussillon; les barques & les tartanes de toute la côte furent employées au transport des vivres & des munitions: la province arma à ses dépens une pinque, dont on donna le commandement au chevalier de Bernage, & l'on fit de nouveaux magasins sur toutes nos côtes.

Ces préparatifs ne purent être achevez que sur la fin de novembre, qui fut le tems où tous ces bâtimens chargez de vivres arrivérent à portée de Roses; mais, à peine commençoient-ils à faire leur débarquement, qu'ils furent surpris d'une tempête si violente qu'elle renversa tout ce grand projet le cinquiéme de décembre. Vingt-huit tartanes échoüérent avec la pinque de la province; vingt-quatre matelots y furent noyez, & l'on s'estima heureux de pouvoir sauver le reste des équipages avec une partie des effets; ainsi, le maréchal de Barwik vint rejoindre l'armée du Roussillon, d'où il partit pour la cour.

Environ ce tems, on enregîtra à Montpellier les provisions du gouvernement de la ville & fort de Cette, en faveur du marquis de Castries, qui étoit déjà gouverneur de la ville & citadelle de Montpellier. Le roi jugea à propos d'établir un état-major dans ce poste, qui est l'un des plus importans du Languedoc, où il étoit d'autant plus nécessaire d'établir un bon ordre que cette ville étoit remplie de gens de mer & de plusieurs refugiez qui y vivoient dans une liberté entière: la lieutenance de roi en fut donnée à François de Rives, ancien officier de Navarre, & la majorité à Paul de Guilleminet, capitaine dans le regiment d'Orleans.

Sur la fin de novembre, le marquis de Cailus, lieutenant genéral des

1719.

1720.

Page 532.

armées du roi, & baron des états du Languedoc, revint d'Efpagne à Montpellier, pour fe trouver à l'ouverture des états, qui y fut faite le 14 de décembre par M^r le duc de Roquelaure, le comte de Peyre, lieutenant-général
II. de la province, étant de tour. On ne tarda point d'apprendre le changement arrivé en Efpagne, par la refolution que prit fa majefté catolique, de finir entiérement la guerre avec la France : elle écrivit de fa propre main, au commencement de janvier 1720, un billet à fon premier miniftre, par lequel il lui étoit ordonné, pour le bien de la paix, de fortir de Madrid dans huit jours, & de fon royaume dans trois femaines, avec défenfes de parler à la reine ni à aucun des princes ni des miniftres. Cet ordre nous donna lieu, à Montpellier, d'y voir arriver, fur la fin du mois, le nombreux équipage du cardinal Alberoni, qui arriva lui-même au commencement de février, accompagné du chevalier de Marfieu, qui lui avoit été donné fur la frontière de Rouffillon pour lui faire efcorte jufqu'à Antibes, avec un paffeport de l'abbé Dubois, miniftre des affaires étrangeres. Cette éminence s'arrêta au fauxbourg de la Saunerie dans le logis du Cheval-Verd, où l'on avoit pris foin de lui faire meubler un appartement : elle y reçut les complimens qui lui furent envoyez par le duc de Roquelaure ; mais aucun des feigneurs des états ne fut le vifiter.

Une des ceremonies remarquables durant la tenuë des états fut le fervice que la province fit faire dans l'églife Nôtre-Dame, le mardi 13 janvier, à meffire Charles le Goux de la Berchere, archevêque de Narbonne, & préfident né des états du Languedoc, décedé à Narbonne le deuxième de juin de l'année précedente ; * meffire Jacques de Maboul, évêque d'Alet, fit fon oraifon funèbre, durant laquelle les regrets de l'affemblée parurent d'autant plus fincéres que le clergé perdoit un prélat d'une vie fort exemplaire, |la province un préfident plein de droiture & de defintereffement, tous les gens de lettres un fçavant homme, qui fe faifoit admirer dans les occafions par la juftelle & la vivacité de fes reparties.

III. Les troubles qui furvinrent à Paris au commencement de cette année faillirent à coûter la vie au f^r Law, qui trouva bien à propos le Palais-Royal ouvert pour fe dérober à la furie du peuple. Heureufement, les efprits vinrent à fe calmer par l'efperance d'une paix prochaine avec l'Efpagne, pour laquelle on affigna un congrès à la ville de Cambray, dont l'abbé Dubois venoit d'être nommé archevêque ; mais ces mêmes troubles fe renouvellérent bien davantage à Paris & à Montpellier, dans le mois de mai, qui eft la fameufe époque de la reduction des billets de la banque à la moitié de leur valeur. Alors la fureur, s'emparant de tous les efprits, fit pouffer mile cris de defefpoir, par le regret général où l'on étoit d'avoir changé fon argent avec du papier. Le confeil des finances jugea à propos de rendre aux billets leur première valeur; mais cet expedient augmenta le trouble, car la confiance étant perdue chacun, pour fe défaire du papier, courut le configner à fes créanciers, & l'on vit alors avec étonnement que le débiteur faifoit plus de diligence contre fon créancier, que le créancier n'en faifoit autrefois contre fon débiteur.

1720.

A ce trouble genéral fucceda la crainte de la contagion, qui commença par la ville de Marfeille, d'où elle fe répandit dans toute la Provence. Le mal n'étant plus douteux, le duc de Roquelaure mit tous fes foins à en préferver le Languedoc; il donna des ordres févéres pour la garde des paffages du Rône, & afin de garantir Montpellier, où les marchands ont de grandes relations avec ceux de Marfeille, il convoqua chés lui une affemblée des confuls & des plus notables de la ville pour conferer avec eux des moyens les plus efficaces pour rompre toute communication avec la Provence. Il fut refolu, le premier d'août, de ne laiffer que deux portes de la ville ouvertes, fous la garde des principaux notables, & de conftruire des barriéres aux avenuës des fauxbourgs, qui feroient gardées nuit & jour par un détachement des fixains.

En confequence, toutes les compagnies de la ville s'offrirent pour monter la garde tour à tour. Le chapitre de la catédrale eut l'honneur de commencer: tous les chanoines y pafférent l'un après l'autre, & la même règle fut obfervée par M^{rs} de la cour des aides, par les tréforiers de France, par les officiers du préfidial & par la nobleffe, aufquels on donna deux ajoints pris du corps de la bourfe. On fit imprimer des réglemens fur tout ce qu'il y avoit à obferver pour l'entrée des perfonnes & des marchandifes venant des lieux fufpects, & l'on établit, à l'Hôtel-de-Ville, un bureau de fanté, pour juger de tous les cas que les prépofez à la garde des portes leur renvoyeroient.

A peine ce bon ordre eut été établi, qu'il furvint un cas des plus imprévûs. Le grand feigneur, voulant renouveller les anciénes alliances de la Porte avec la cour de France, envoya une ambaffade folennelle au roi Louis XV. Mehemet Effendi, grand tréforier de l'empire, en fut chargé & vint pour prendre terre au port de Marfeille, où, la pefte fe trouvant déclarée, il fut obligé de relâcher au port de Cette. L'avis en étant venu à Montpellier, on y refolut qu'il feroit la quarantaine, &, pour la lui rendre plus douce, on choifit l'île de Maguelonne, où M^r l'intendant fit preparer des logemens très-commodes. On lui fournit largement toutes fortes de provifions, qui lui étoient apportées du continent & laiffées au bord de l'île, où fes gens venoient les prendre. Comme ils avoient un grand efpace pour fe prome-

IV.

ner & pour faire divers exercices, nos gens de la terre ferme avoient souvent le plaisir de les voir tirer de l'arc & faire des courses sur les chevaux arabes qu'ils avoient amené avec eux.

Le terme de leur quarantaine étant venu, on envoya des barques pour prendre l'ambassadeur & le conduire à la ville de Cette, où il trouva Mr de la Beaune, gentilhomme ordinaire de la chambre, envoyé par sa majesté pour l'accüeillir à * son arrivée & pour l'accompagner dans son voyage jusqu'à Paris. Mehemet Effendi fut reçu à Cette par l'état-major, toutes les troupes sous les armes ; il logea à la Rafinerie, qui est le plus grand logement de la ville, & tandis qu'on préparoit d'autres barques, pour le conduire par le canal royal jusqu'à Toulouse & à Bordeaux, toute sa suite fut souvent regalée par le lieutenant de roi.

V. Cependant, on apprit avec douleur à Montpellier, que la garde du Rône s'étant laissée surprendre par des marchands qui venoient de Marseille, la peste avoit été portée à Marüejols dans le Gevaudan, & y faisoit de grands ravages. Pour en prévenir les suites, M^r le duc de Roquelaure fit faire des lignes le long de la riviére du Tarn, & parcequ'il decend de ce païs là un grand nombre de brassiers, qui, après avoir fait la vandange dans leur païs, viénent à Montpellier pour y être porteurs de chaises durant l'hiver ; il fit publier une défense, sous peine de la vie, à ces sortes de gens, de sortir de leur païs, & de venir à Montpellier ; la connoissance qu'ils avoient des routes les plus détournées en porta plusieurs à franchir les lignes & à venir en cette ville, pour y continüer leur travail ordinaire ; mais, malheuresement, deux de ces hommes ayant été convaincus d'avoir contrevenu aux défenses, ils furent condannez à perdre la vie, & conduits hors des fauxbourgs, auprès d'une fosse qu'on avoit déja creusée, où, après qu'un bon capucin les eut disposez à la mort, ils furent fusillez & enterrez aussitôt.

VI. On apprit en ce tems-là que le sieur Law, contrôleur general des finances, avoit donné la démission de sa charge & se retiroit hors du royaume, laissant les finances dans la confusion où il les avoit mises ; ce qui fut cause que les états du Languedoc, tenus à Narbonne, ayant accordé le don gratuit ordinaire, le roi consentit qu'ils en fissent le payement moitié en argent, moitié en billets de banque.

Les six premiers mois de l'année 1721 se passérent dans le trouble que causoient ces billets, & dans l'alarme qu'on avoit de la contagion ; mais, cette crainte publique augmenta bien davantage par la mauvaise nouvelle que le roi, étant allé à la messe, le dernier du mois de juillet, avoit été attaqué d'une grande douleur de tête, suivie de la fiévre & autres simptomes fâcheux; ſes médecins l'en tirèrent par des ſaignées réïterées & par l'emetique, ce qui donna tant de joye à Montpellier qu'on en chanta le *Te Deum* le 17ᵉ d'août, dans l'égliſe de Saint-Pierre, où aſſiſtérent le commandant, l'intendant & toutes les cours de juſtice; le ſoir on fit un grand feu de joye, qui fit oublier pour un tems les autres chagrins qu'on avoit d'ailleurs.

Peu après, on apprit la promotion de l'archevêque de Cambray au cardinalat, & le bruit ſe répandit preſqu'auſſitôt du mariage du roi avec l'infante d'Eſpagne, & celui du prince des Aſturies avec mademoiſelle de Montpenſier, fille à Mʳ le duc d'Orleans. Le duc de Saint-Simon fut choiſi pour aller à Madrid faire la demande de l'infante; le duc d'Oſſone vint à Paris pour complimenter le roi très-chrétien, & le marquis de la Fare, capitaine des gardes du duc regent, alla complimenter le roi d'Eſpagne au nom de ſon A. R. à l'occaſion dequoi il fut honoré du colier de la toiſon d'or.

Dans le mois de ſeptembre, nous vîmes arriver à Montpellier Mehemet Effendi, ambaſſadeur de la Porte, qui, après avoir eu ſon audience ſolennelle du [roi, le ſeize du mois de mars, étoit revenu par la route de Lyon, pour s'embarquer au port de Cette, ſur les vaiſſeaux que ſa majeſté lui donnoit pour le conduire à Conſtantinople; il fit quelque ſéjour à Montpellier, dans la maiſon de l'Auziére à la Grand'-Rüe, où, ſelon ce qui eſt raporté dans le cerémonial de l'Hôtel-de-Ville, nos conſuls, en robe rouge, furent le viſiter, & lui offrirent pour préſent quatre paires de pigeons, une corbeille de confitures & une autre de fruits, garnie de toutes ſortes de fleurs de la ſaiſon.

Sur la fin de cette année, nos alarmes augmentérent, par la mauvaiſe nouvelle que la contagion avoit gagné la ville d'Alais: on interdit auſſitôt à Montpellier toute communication avec cette ville, & l'on prit la reſolution d'établir des lignes ſur la rivière d'Orbe, auprès de Beziers, qui devoient ſe terminer au port * de Cette. L'ambaſſadeur de la Porte y fit un ſéjour conſiderable, en attendant que les vaiſſeaux de Mʳ de Camilly & du chevalier de Nangis, qui devoient le conduire à Conſtantinople, puſſent mettre à la voile; cependant Mʳˢ de Roquelaure & de Bernage ſortirent avant qu'on eût fermé les lignes, pour ſe rendre à Narbonne, où les états étoient convoquez cette année.

Le commencement de 1722 nous donna plus de joye, par le retour de Mʳ de Roquelaure & de Mʳ de Bernage, qui, après la fin des états de Narbonne, eurent le courage de venir s'enfermer dans les lignes, & faire leur ſéjour ordinaire à Montpellier. On ſe ſentit ſi obligé de leur reſolution, qu'il n'eſt pas de marque de réjoüiſſance qu'on ne donnât à leur arrivée:

la plûpart des habitans furent à leur rencontre; ils firent joüer un beau feu d'artifice; toutes les ruës furent éclairées pendant la nuit, & on livra plufieurs tonneaux de vin au peuple, dans la place de l'Hôtel-de-Ville.

On fit alors, pour la commodité des fauxbourgs, un changement à l'ordre qu'on avoit tenu pour l'ouverture des portes de la ville. Celle de Lates, qui, dans le commencement de la contagion, devoit refter ouverte avec celle du Pila-Saint-Giles, fut bientôt fermée, pour la commodité de ceux qui venoient du Haut-Languedoc par la Saunerie; depuis, pour faciliter l'entrée de la ville aux habitans du fauxbourg Saint-Guillem, on refolut d'ouvrir leur porte de quinze en quinze jours, alternativement avec celle de la Saunerie; ainfi, les députez des compagnies prépofées à la garde des portes, changeoient de place felon le tems reglé.

Sur la fin d'août, on apprit la retraite de la cour du maréchal de Villeroy, & la promotion du cardinal Dubois à la charge de premier miniftre, qui fut déclarée le 22 de ce même mois; chacun en parla felon fes difpofitions particuliéres, mais tout le monde réunit fes fentimens de joye à la nouvelle que le roi avoit été facré à Rheims le 25 de ce mois; il en fut fait des réjoüiffances extraordinaires à Montpellier, où l'on n'attendoit, pour comble de joye, que d'être délivré des incommoditez qu'on recevoit de la continüation des lignes.

Enfin, elles furent ôtées par ordonnance du roi du dix-neuf de novembre. On abatit auffitôt les barriéres des fauxbourgs, on ouvrit toutes les portes de la ville, & nos habitans revirent avec plaifir la promenade du Peirou, quoique l'herbe l'eût déja toute gagnée. Nos confuls s'acquiterent, dans l'églife Nôtre-Dame, du vœu qu'ils avoient fait à Saint-Roch, & le *Te Deum* fut chanté folennellement dans l'églife de Saint-Pierre.

Au milieu de ces réjoüiffances, Mr de Roquelaure reçut un placet des plus finguliers qu'on eût encore vû : il étoit conçu en des termes fort miftérieux, & il finiffoit par demander la permiffion de faire, le jour de Noël, une proceffion dans la ville, pour la profperité du roi & de l'état. Cette nouveauté piqua la curiofité de Mr de Roquelaure, qui, voulant connoître à fond les gens qui s'adreffoient à lui, fit paroître de la difpofition à leur accorder leur demande; mais, ayant pris les mefures néceffaires pour s'en bien éclaircir, il renvoya leur affaire à M[r] l'évêque, à qui ces gens n'eurent garde de recourir: cependant, fur les foupçons qu'ils avoient déja donné, on fit des perquifitions fi exactes que l'affaire éclata trois mois après, de la maniére que nous verrons dans le chapitre fuivant.

CHAPITRE QUATRIÉME

I. Réjoüiffances pour la majorité du roi. II. Découverte d'une nouvelle fecte, dite des multiplians. III. Emprifonnement de ces nouveaux fectaires. IV. Figures miftérieufes trouvées chès eux. V. Explication defdites figures.

NOS confuls, fe voyant délivrez des pénibles foins que la crainte de la contagion leur avoit donné depuis plus de deux années, fe preparérent, au commencement de 1723, à rendre leur hommage pour les feigneuries de Caravettes, * de Pechconil, Combes & Valeine, qui appartiénent à la ville ; on leur donna jour pour fe rendre à la cour des comptes, aides & finances, où lecture faite de leur requête, & le procureur general oüy, ils furent admis à prêter hommage, ce qu'ils firent, felon l'ufage, à genoux & en robes rouges, les mains jointes entre celles du préfident, qui leur fit l'accolade.

I. 1723.

PAGE 535.

Dans le mois fuivant, ils ordonnérent des réjoüiffances publiques pour la majorité du roi, qui avoit été declarée en la grand' chambre du parlement de Paris le feize de février, & par un heureux préfage, on eut en même tems des nouvelles certaines que tous les reliquas de pefte avoient entiérement ceffé dans le Gevaudan & à Alais. On crut à Montpellier en devoir rendre à Dieu des actionsde grace, ce qui fut fait au commencement de mars par un *Te Deum* chanté dans l'églife catédrale, où Mr de Roquelaure, Mr de Bernage & toutes les cours de juftice s'étoient renduës ; le foir on fit à l'Hôtel-de-Ville un grand feu de joye, qui fut continüé dans toutes les ruës par chaque particulier.

Environ ce tems, on vit revenir de Marfeille Françoys Chicoyneau, chancelier de la faculté de médecine & confeiller en la cour des comptes, aides & finances de Montpellier ; Jean Verny, correcteur en la chambre des comptes & celébre médecin ; Antoine Deidier, profeffeur dans la même faculté, & Jean Solier, habile chirurgien, que fon alteffe royale avoit tous fait partir pour Marfeille au commencement de la contagion ; ils fe livrérent, dans cette grande ville, aux foins des peftiferez, qu'ils ne craignoient point de toucher, & dont ils fe préfervérent heureufement par un grand régime & beaucoup de fobrieté. Le roi les gratifia d'une penfion confiderable ; il anoblit le chirurgien, & honora les médecins du colier de l'ordre de Saint-Michel. A leur retour, ils furent reçus dans Montpellier avec tant d'applaudiffement, que le peuple dreffa des arcs de triomphe à la porte de leurs maifons, & que tous les fupôts de la faculté allérent à leur rencontre.

II. Le fixième de mars fut le jour célébre où l'on vit paroître en public, pour la première fois, les gens dont j'ai déja parlé, qui avoient demandé à faire une proceffion le jour de Noël. Mr de Roquelaure, après s'être fait informer de leurs pratiques & de leur demeure, fçut certainement qu'ils tenoient des affemblées dans une maifon, dite de la Verchand, dans la ruë qui va de la Triperie droit au puits du Temple; il crut devoir les prendre fur le fait, & fçachant qu'ils faifoient ce jour là une de leurs grandes cérémonies, il fit inveftir leur maifon par la maréchauffée & par un détachement du regiment d'Auvergne, qui avoient ordre d'entrer brufquement & de faifir tous ceux qui s'y trouveroient. Malheureufement pour ces miférables, ils étoient actuellement en exercice : leur furprife fut extrême, de voir paroître le lieutenant du prévôt; mais la fiéne ne le fut guere moins lorfqu'il eût vû l'étalage bizarre qui étoit dans les chambres de cette maifon & fur les habits des premiers qui fe prefentérent à lui. Quelques-uns avoient gagné le haut pour s'enfuir par-deffus les toits; mais ceux qui paroiffoient les chefs de la troupe, n'ayant pas eu le tems de quiter leurs habits de cerémonie, furent faifis & conduits à la citadelle, dans l'équipage où on les avoit trouvez.

III. On vit alors dans les ruës une vingtaine de perfonnes environnées de foldats, dont les unes avoient de longues robes blanches avec de grands rubans en baudrier & des palmes à la main. L'un portoit un étendard, au milieu duquel étoit un rond échiqueté en lozange, & entouré de rayons; l'autre avoit à la main un tirfe ou baguette entortillée de feüilles; quelques autres portoient des bonnets de diferentes couleurs, avec des aigrettes de même : leur marche étoit terminée par celle de leur hôteffe, fuivie de fa fille, qui attiroit la compaffion de tout le monde. Ils furent menez à la citadelle, & auffitôt le Sr Hierôme Loys, fubdélegué de l'intendance, fe tranfporta dans la maifon où ils avoient été pris, pour en inventorier tous les meubles.

IV. Il trouva, au premier étage, deux grandes chambres, dont le mur de refend avoit une grande ouverture, afin qu'on pût voir d'une chambre dans l'autre; la première étoit remplie de 24 bancs, à deux places chacun, avec doffier & marchepié; * dans la feconde, on voyoit dans l'angle du fond, à main droite, la chaire du prédicant, de bois de noyer, garnie d'un tapis verd, avec trois tours de frange de foye verte, parfemé d'étoiles de papier doré : autour de la chaire, il y avoit trente-cinq chaifes bois de faule, marquées du nom de ceux qui devoient les occuper.

Du côté oppofé, étoient des fons bâtifmaux, dans une armoire fermante & terminée en dôme.

Un arbre (dit l'arbre de vie) planté dans un grand vafe, d'où pendoient diferens fruits & diferentes bouteilles de liqueurs.

Une lampe de fer blanc, à fept diferentes méches.

Un tambour avec fes deux baguettes.

Une lance, terminée en haut par un fer de lance, & en bas par une pointe de dard.

Un cabinet pour ferrer les habits.

Un bonnet rond, entouré de douze aigrettes, qui fortoient du retrouffis du bonnet.

Une flûte, une trompette, un bâton teint en noir, qu'ils appelloient la verge noire.

Un prix comme celui que tirent nos arquebufiers, dans le centre duquel il y avoit des paroles hebraïques mal figurées.

Trois tentes ou pavillons, de forme piramidale, terminez par des banderoles. Le plus grand avoit pour écriteau : Pavillon du roi des rois, avec une balance au-deffus de l'entrée ; le fecond avoit pour titre : Arche miftique de Sion, & fur le troifiéme, dans lequel il y avoit une chaife fans dos, étoit écrit : Pavillon du grand patriarche.

Un bonnet quarré, terminé en rond, dit bonnet de levite.

Un baudrier, une écharpe, liée d'un ruban par le bout, d'où pendoient trois petits quarrez, marquez de figures bizarres.

Divers étendarts de diferentes couleurs.

Enfin, ce qu'ils appelloient le tronc du tréfor, qui étoit un petit cofre-fort.

Après que le fubdélegué eut dreffé fon verbal, on jugea à propos de donner au public la liberté de vifiter cette maifon, afin que tout le monde fe convainquit par fes propres yeux de l'extravagance de cette fecte. Plus de dix mile perfonnes eurent la curiofité d'y aller ; mais, après avoir tout vû, on fçut encore que ce que les voifins en publioient, fçavoir : que, depuis plus de deux ans, on voyoit entrer fur le foir, dans cette maifon, grand nombre de femmes étrangeres, qui, à leurs habits & à leur langage, paroiffoient être des Cévénes ou de la Vaunage ; que le concours en étoit plus grand tous les famedis, & qu'après y avoir refté le dimanche entier, ils en fortoient le lundi de grand matin, à petites troupes ; les plus proches voifins difoient avoir entendu prêcher leur prédicant ; quelques autres ajoûtoient qu'ayant fait des trous à la muraille, ils avoient découvert une partie de leurs cerémonies, qu'ils faisoient durer bien avant dans la nuit; après quoi, ils éteignoient les lampes, & chacun dormoit où il se trouvoit. La mauvaise idée que cette dernière circonstance faisoit naître leur fit donner le nom de multiplians, qui leur a resté, quoique par tous les papiers que j'en ai vû, je n'aye trouvé contr'eux rien de convaincant sur cet article.

Les procédures qui furent faites à la citadelle donnérent des connoissances bien plus certaines. On sçut que leur hôtesse ayant donné depuis longtems dans le fanatisme le plus outré, avoit fait divers voyages dans les Cévénes & dans le Dauphiné, où s'étant jointe à d'autres prophetesses, elles rencherirent ensemble sur les foles idées de leur secte, & firent un mélange de cerémonies judaïques & chrétiénes; elles allérent les exercer à Lunel; mais, en ayant été chassées, avec les prédicans qu'elles avoient pris soin de s'associer, leur troupe crut ne pouvoir être plus en sûreté qu'au milieu de Montpellier, où tout le monde étoit occupé de la crainte de la contagion. La facilité qu'ils y eurent de s'assembler dans la maison de la Verchand augmenta leur courage: ils invitérent plusieurs de leurs fréres & sœurs de venir à Montpellier, où ils trouvérent le moyen * d'entrer, sous prétexte d'y apporter des vivres des vilages voisins; ils continuérent tranquilement leurs exercices pendant plus de deux années, & leur confiance devint si grande qu'ils crurent pouvoir se produire, en faisant la demande (que nous avons dit) à Mʳ de Roquelaure.

Dans le premier interrogatoire, l'un des prisonniers avoüa qu'il étoit de la ville de Mende en Gevaudan, appellé du nom de sa famille Jacques Bonicel, clerc tonsuré; qu'il avoit été envoyé à Montpellier pour y faire ses études, & qu'il y avoit porté le petit colet; mais qu'ayant connu la religion des enfans de Dieu il l'avoit embrassée & la prêchoit sous le nom de Jacob. Un autre dit avoir pour nom de famille Antoine Comte, fils d'un cordonnier de la ville de Lunel, & qu'il étoit appellé Moïse par ceux de sa secte. Le troisiéme declara être du nombre des levites sous le nom de Paul, quoique dans sa famille, qui résidoit à Sommiéres, il fût appellé Jacques Bourrely. On tira de la Verchand, après beaucoup de subterfuges de sa part, des preuves sufisantes de tout ce que j'ai dit ci-dessus, & le nommé Jean Vesson, qui leur servoit de ministre, declara qu'il étoit tonnelier du lieu de Cros, près de St-Hipolite, âgé d'environ quarante-cinq ans.

Après qu'on eut tiré ces premières connoissances de l'interrogatoire des prisonniers, on voulut s'instruire de leur religion, & l'on crut que Jacob, qui avoit étudié, seroit plus capable d'en donner des éclaircissemens. On le questionna sur la procession qu'ils avoient demandé de faire, & sur la signification des figures qu'on avoit trouvé chés eux: ce pauvre fanatique crut qu'il étoit de l'honneur de sa secte de la faire bien connoître; il demanda du papier & de l'ancre, & donna les explications que voici écrites de sa propre main.

J'obferverai en paffant, pour l'intelligence du jargon dont ils fe fervoient, que le mot de « refidu » fignifie la chambre où étoit la chaire & les trois pavillons; la « maifon d'oraifon » étoit la maifon de la Verchand; la « nouvelle Sion », leur petit nombre d'élus; la « nouvelle Chanaam » fignifioit leur nouvelle fecte, & fous le nom de « fortie », ils entendoient la proceffion qu'ils avoient demandé de faire. Voici donc comme parla cet illuminé :

« Dieu le Pere, le Fils & le Saint-Efprit, par fa propre puiffance, ayant
« inftitué trois innocens pour repréfenter fon adorable perfonne, leur enfei-
« gna comme il faloit faire les ornemens de fon églife triomphante.

« Premiérement, il ordonna de faire une couronne, & enfuite deux autres
« à la fois, toutes les trois n'en faifant qu'une, comme les trois perfonnes
« ne font qu'un feul Dieu & une feule divine effence.

« Elles font entourées de douze aigrettes chacune, fignifiant le renou-
« vellement des douze apôtres; elle eft garnie de tafetas blanc qui, par fa
« blancheur, marque l'innocence de leurs enfans; la dentelle d'alentour
« marque le cafque d'amour & de falut, & les gances de ruban de quatre
« couleurs, attachées à l'entour, fignifient les livres des nôces du Saint-
« Efprit.

« La lampe des fept lumiéres nous repréfente le chandelier de Salomon,
« qui étoit allumé dans la maifon d'oraifon : nous l'allumions jufqu'à mi-
« nuit pour repréfenter les nôces de Jéfus-Chrift, & la nouvelle Chanaam
« où il a mis fes enfans.

« Le petit cofre qui étoit fous le pavillon royal, où il y avoit les billets,
« & l'eau-de-vie qui fe donnoit à ceux qui fe préfentoient au batême de re-
« pentance (lequel ne leur coûtoit rien) repréfentoit la fontaine des eaux
« faillantes & éternelles, pour abreuver les âmes qui avoient foif, & les
« raffafioit du pain des anges par fa fainte & divine parole.

« La verge de fer repréfente la verge de Dieu, laquelle s'appefantiroit fur
« nous fi nous ne faifions point ce qu'il nous commande, & fi nous n'évi-
« tions ce qu'il nous défend.

« La lance de fer, qui a été donnée à Paul, & qui lui fera ôtée s'il vient
« à deferter, repréfente la parole que Dieu lui donnoit pour percer les
« cœurs de rocher & leur annoncer la pure verité. »

Pour l'intelligence de cet article, il eft à obferver que Paul fut ébranlé dans fa prifon, & qu'il voulut fe convertir & abjurer fes erreurs; mais Jacob fanatifa* fi bien qu'il lui perfuada de foufrir la mort plûtôt que de changer.

1723.

« Le sceptre de fer qui nous a été donné à tous les trois, Jacob, Moïse
« & Paul, représente le regne du Saint-Esprit, auquel regne il n'y aura
« aucun pardon pour ceux qui auront deserté de la vigne du Seigneur, &
« des sentiers que Jacob & Jean ont preparé, en administrant le batême de
« repentance de la part de son maître, qui l'a loüé pour travailler à son
« œuvre manifeste, disant au peuple de se repentir ou bien entiérement
« perir; c'est-à-dire à celui ou celle qui venoit se présenter au lavoir mis-
« tique pour se faire laver.

« La chaire, dans le lieu élevé où elle est plantée, représente la montagne
« d'oliviers & la montagne de l'Eternel.

« La tente, où il y avoit un écrit à l'entour, représente la tente sous
« laquelle Dieu va mettre tous ses enfans qui voudront être des nôces de
« Chanaam, & qui voudront se renouveller de nouveau, comme les enfans
du berceau.

« La couronne de fleurs de lis du milieu représente les trois couronnes
« de ses enfans jointe à une seule; il y a trente-six fleurs de lis, ainsi qu'il y
« a trente-six aigrettes à celle dont il a été parlé ci-devant.

« Le bonnet des enfans garni de tafetas blanc avec un plumet est pour
« représenter le besoin de devenir en enfance, pour posseder la couronne
« qui nous étoit presentée. »

A cette occasion, Jacob parle de la procession qu'ils avoient projetée le
jour de Noël, & des préparatifs qu'ils avoient déjà faits; voici dans quels
termes il s'en explique:

« Ces couronnes étoient ordonnées & preparées pour sortir à la fête de
« Noël dernier, croyant que nous aurions ce jour-là liberté, quoique le
« Seigneur avoit dit, par la bouche de Solpha, que nous ne sortirions pas
« ce jour-là, nous ayant ordonné d'autres choses que nous n'avions pas
« executées, qui ne furent pas preparées, & d'autres, par le nombre des en-
« fans qu'il nous faloit, & qui nous manquérent.

« Les étoiles qui étoient attachées à la tente marquoient que c'étoient
« les nouveaux cieux.

« Le prix étoit en signe de la représentation de la viction ou victoire de
« nos pechez, ayant renoncé à Satan, au monde & à tout ce qui regarde le
« monde, pour prier & ensuite faire la sortie, où auroit marché première la
« fille de la maison, à la tête des petites filles; la mere à la tête des veuves;
« Paul à la tête des enfans, avec son drapeau blanc; Jacob avec le rouge, à
« la tête des pasteurs, & Moïse avec le verd, où il y a les commandemens
« écrits par dessous le tafetas.

« A la tête de tous devoient marcher les tambours; l'un à la tête de la

« fortie (c'eſt-à-dire de la proceſſion); un autre au milieu, & le troiſiéme à
« la queuë : ce qui auroit fait l'armée céleſte des petits enfans, qui n'au-
« roient fait que prier Dieu, chantans pſeaumes & cantiques. »

Après cette belle deſcription de la proceſſion qu'ils avoient projetée, il continüa l'explication du reſte de leurs ceremonies.

« Le lavoir étoit pour ôter la foüillure du viſage, des mains & des pieds,
« & pour marque ou ſigne que le Seigneur leur laveroit le dedans par ſa
« ſainte grace, pourveu qu'ils priſſent bien les choſes en foi; autrement,
« les incredules étoient rejetez & ne pouvoient paſſer par le lavoir, ni au
« batême, ſans qu'ils n'euſſent jeûné; après qu'ils avoient fait cela, on les
« écrivoit au livre de vie, où ils donnoient leurs cœurs & leurs âmes
« à Dieu. »

Cet article ſera mieux éclairci par la formule qu'on leur faiſoit ſigner, & dont je donnerai plus bas la copie.

« Le drapeau blanc repréſente le Pére, le rouge repréſente le Fils & le
« verd repréſente le Saint-Eſprit; les autres quatre, qui avec ceux-là font le
« nombre de ſept, repréſentent les ſept eſprits, & les quatre guidons du
« pavillon royal repréſentent les quatre coins du monde.

« Le laurier étoit pour ſigne de la délivrance que nous aurions & atten-
« dions de nos mœurs, ayant obſervé celles de nos âmes, par le change-
« ment de vie * (mieux que nous n'avons fait) en abandonnant le monde,
« parens & amis, encore que priaſſions pour eux, & que prions encore, &
« prierons tant que vivrons en ce monde. » Il ajoûte enſuite ces paroles remarquables, pour montrer qu'ils honoroient les puiſſances établies de Dieu, & qu'ils n'étoient pas énemis de l'état. « Priant auſſi pour nôtre
« bon roi, que Dieu lui donne un bon conſeil, & qu'il lui accompliſſe ſes
« deſirs, de même que de M^r le duc d'Orleans, & à toute la famille royale,
« & enſuite pour tous les bons ſuperieurs qui nous gouvernent.

« Les baudriers nous repréſentent la bandouliére du Roi des Rois, au
« bout deſquels il y a pour chef les commandemens qu'il donna à Moïſe
« ſur la montagne de Sinaï, pour montrer qu'ils ſont envoyez de Jeſus-
« Chriſt; les quatre couleurs des rubans qui y ſont repréſentent les quatre
« tems & les quatre ſaiſons qu'il a impoſées au commencement du monde
« ſur la terre, quand il créa les arbres & plantes qui ſont ſur icelle, pour
« porter la nourriture de la chair; les quatre fleurs de lis attachées par-
« deſſus ſignifient les quatre eſprits inſtituez de lui pour travailler à ſon
« œuvre magnifique, laquelle paroît folie à l'homme; la fleur de lis atta-
« chée à la couronne de Jean Galentiny, hôte, ſignifie la fleur de lis que
« Jeſus-Chriſt s'eſt reſervée de toutes les fleurs qu'il a créées; le nom de

PAGE 539

« misterium, qui est sur le devant ou sur le front de sa couronne, c'est
« le mistére de la loi que Jesus-Christ grave dans le cœur de ses vrais
« fidéles.

« Les trois palmes que je portois sur mon baudrier, ce sont les palmes
« que je dois recevoir dans les cieux; sçavoir : une du Pere, une du Fils,
« une du St-Esprit; & les chapelets qui sont attachez au long, représentent
« les vierges qui doivent être au residu de Sion; & les canes, la nouvelle
« Chanaam. »

J'ai honte de raporter au long une piéce si ennuyeuse par ses extravagances ; mais j'ai crû ne devoir pas suprimer à la posterité cette piéce originale qui fait si bien connoître le caractére de cette nouvelle secte, & en même tems la folie de l'esprit humain, lorsqu'il s'abandonne à lui-même en fait de religion.

Les canes, qui, selon ce nouveau prophéte, signifioient la nouvelle Chanaam, sont suivies de deux articles avec lesquels il finit ses explications.

« La robe blanche, dit-il, signifie la robe de l'époux qui est Jesus-Christ,
« lequel envoye son esprit sur toute chair, pour rendre son église d'humi-
« liante triomphante, & pour épouser ses enfans bien-aimez, qui quitent
« les plaisirs du monde pour suivre la verité.

« Les autres palmes sont les armes qu'il donne à ses enfans, pour com-
« batre contre ses énemis dans la terre de Chanaam; leur étant défendu, de
« la part de Dieu, d'avoir d'autres armes que celles-là, pour emporter la
« viction ou victoire du combat qui se doit dresser contr'eux pour les
« détourner de la loi du Seigneur; défenses leur étant faites, de la part de
« Dieu leur maître, que s'ils font autrement, ils seront banis de la nôce de
« Chanaam & excommuniez de ne plus entrer dans la maison où se doit
« prêcher la verité. »

Après cette belle déclaration, qu'ils ne vouloient employer aucun des moyens violens qu'on avoit reproché aux fanatiques qui les avoient précedé, il tâche de gagner ses juges par cet enthousiasme.

« C'est le tems où vous devés penser de ne pas empêcher de prier Dieu
« les trois enfans hebreux que vous avés mis en esclavage & déchiré leurs
« pavillons, en tirant de sa maison la veuve qui faisoit du bien aux pauvres
« & aux domestiques de la foi de Jesus-Christ; vous l'avés mise en prison
« pour être l'opprobre de ses énemis; mais nous esperons que vous serés
« charitables; que vous aurés pitié d'elle & de nous, en nous faisant ren-
« trer dans la maison d'oraison que le Seigneur nous a donné pour le prier
« en esprit & en verité; vos charges prospereront, & vos biens au double
« produiront or & argent, qui roulera au dedans de la France si on y laisse

« prier les enfans de Dieu ; autrement, il n'y aura plus dans la France que
« peines & tourmens, guerre & famine, pefte cruelle, fi par la priére les
« enfans de Dieu n'arrêtent fa colére; autrement les pavillons fe redreffe-
« ront pour appeler toute nation, foit Turcs, * Juifs, payens & autres, qui
« viendront reconnoître la fille de Sion & recevoir le batême d'oraifon, qui
« eft le batême de repentance; & étant fait chrétiens, ils raporteront en
« France une partie de leurs biens, & alors les cofres du roi fe rempliront
« d'or & d'argent, fi on remet l'arche avec fes tréfors qu'on a enlevé de la
« maifon d'oraifon. »

Il conclut enfin, en ordonnant à tous les fréres & fœurs de jeûner le jeudi & le dimanche, en priéres & oraifons, pour obtenir bientôt la délivrance de Sion, & enfuite il dit brufquement : Je finis en ce moment, au nom du Pere, du Fils & du St-Efprit. *Amen.*

CHAPITRE CINQUIÉME

I. Suite de l'affaire des multiplians. II. Jugement rendu contr'eux. III. Trouble à l'occafion des billets de banque. IV. Orage épouvantable à Montpellier. V. Le duc de Roquelaure fait maréchal de France. VI. Travaux de l'Efplanade.

L'ÉCRIT que je viens de raporter donna aux commiffaires les idées qui viênent naturellement à l'efprit : ils furent convaincus qu'il fe formoit, au milieu de Montpellier, une religion des plus dangereufes; & pour la mieux connoître, ils procedérent à l'examen des papiers qu'ils avoient trouvé en grand nombre chés la Verchand. Ils parcoururent le regître de leurs batêmes, qui avoit ce beau titre : *Regître des batêmes de la nouvelle création du monde, du fecond avénement de J.-C. par fon Saint-Efprit;* ce livre contient le nom de deux cent vingt-fept perfonnes, qui avoient été bâtifées à leur maniére, & qui avoient reçû fur les fons un nom extraordinaire & bizarre : ainfi Jacob prit le nom de Galentini, la Verchand fut appellée la Glanitino, Antoine Comte eut le nom de Solfa, Jean Veffon celui de Solmifa, & ainfi des autres.

Ils n'adminiftroient ce facrement qu'aux feuls adultes; c'eft pourquoi ils l'appelloient le batême de repentance : leur ufage étoit de les faire laver par un des facrificateurs au vifage, aux mains & aux pieds; après quoi, ils entroient dans l'un des trois pavillons, où ils faifoient le ferment que voici : En préfence de l'affemblée (tel ou telle) promet ici, par jurement fur l'évangile, de deformais oublier tout le paffé & d'être attemperé & vigilant, moderé & docile, me foûmettant toûjours à la charité avec le fecours du ciel. N... figné. Cela fait, un des facrificateurs les écrivoit dans le livre de vie, & leur en donnoit un billet conçû en ces termes : Loüis Berquiére eft écrit par Jean facrificateur, au livre de vie de St Pierre, qui eft le vieux & le nouveau Teftament, aux chapitres x, xi & xii de fapience de Salomon. Signez, JACOB & JEAN.

Le livre de leurs mariages avoit pour titre : *Regitre des mariages de la nouvelle création du regne de J. C., de fon fecond avénement par fon St. Efprit.* On trouve dans ce livre le mariage de la veuve Verchand avec Jacob Galentini, jeune homme de vingt-quatre ans ; on y trouve celui de Marie-Magdelaine, fa fervante, avec Antoine Comte, dit Moïfe & Solfa. Leur maniére étoit de publier les bans ou annonces (comme ils s'en expliquent) à trois dimanches confecutifs ; enfuite ils étoient mariez par Jacob, l'un de leurs facrificateurs, qui leur donnoit l'huile de lieffe. On remarque que la formule de leurs contrats de mariage étoit diferente, felon l'infpiration de celui qui l'écrivoit.

Le catalogue de ceux de leur fecte eft daté du 6 juin 1722. Il a pour titre : *Original des noms & furnoms des enfans de Sion.* Leur nombre montoit alors à deux cent trente-deux perfonnes, de diferens lieux des Cevénes & des environs de Lunel.

On eut des preuves convaincantes par leurs propres écrits qu'ils faifoient la Céne, & que Jean Veffon, en qualité de miniftre, l'avoit fouvent adminiftrée. On trouva l'acte par lequel il avoit été élevé à cette charge (de fimple tonnelier * qu'il étoit auparavant) par l'impofition des mains de toute l'affemblée.

Le grand nombre de vifions, de propheties & de fermons qui fe trouva parmi leurs papiers, donna bien de l'exercice aux commiffaires tant par la longueur des lectures que par les folies qu'ils y trouvérent. En voici quelques échantillons : Dieu m'a fait voir, dit Anne Robert (c'eft la même que la Verchand) la parole magnifique, en préfence de quatre témoins ; j'ai vû une clarté & une étoile, & le fil d'or ; & dans une autre plus grande clarté, j'ai vû une corde d'or & une colombe, & le fruit de vie : Pierre Felis, Pierre Portalez, Sufon Guerine, font témoins que j'ai vû le palais de gloire, le 8 feptembre 1722. Signé ANNE ROBERT.

Une de leurs prêcheufes, parlant fur l'arbre de vie dont ils avoient la repréfentation dans leur refidu, s'explique en ces termes : Je vous parlerai du premier homme, nommé Adam, & d'Eve, fortie de fon côté, dont mon premier point fera fur l'arbre, le fecond fur le diable en forme de ferpent, & le troifiéme fur l'homme & la femme.

1723.

Jacob, dans un fermon prophetique du 20 décembre 1722, dit ces paroles honorables pour l'églife romaine. Dieu a beni & facré du plus haut de fon ciel les trois facrificateurs, par le fel & l'huile de fa grace : « Il a choifi la « veuve (c'eft la Verchand) pour repréfenter fon églife, qu'il veut faire « fleurir & triompher fur la terre, ladite églife ayant demeuré veuve juf- « qu'à préfent & affervie au bergant de l'églife romaine; mais il faut qu'elle « foit abatuë avec fes bergans, & que fa honte fe montre à la face de tout « le monde, après avoir été cachée aux rois & aux princes par fcience « humaine. »

Le refte de leurs écrits contenoit mile extravagances, dont ils faifoient auteur le St. Efprit. On trouve prefque partout : Voici ce que dit l'Efprit faint : voici ce que le St. Efprit m'ordonne de vous dire. Ils l'employoient jufques dans la marque des chaifes qui étoient dans le refidu & qui avoient toutes une infcription pareille à celle-ci : Chaife marquée par la voix du St. Efprit, pour Jeanne Mazaurigue, le 2 janvier 1723. J'ai vû dans les piéces du procès un réglement fait pour garder le filence pendant leurs exercices, qui a pour titre : Ordonnance du St. Efprit. Dans les lettres de recommendation & de fauvegarde qu'ils donnoient à leurs fréres dans leurs voyages, ils faifoient parler le St. Efprit en ces termes : J'envoye la compagnie de mes fidéles, petite troupe de mes élus; je les envoye d'un côté & d'autre : bienheureux qui les recevra, plus heureux qui les connoîtra; & le refte auffi fou que ce premier début. Pour comble de folie, ils donnoient à leurs fréres des exemptions de taille & de capitation, foit qu'ils cruffent en avoir l'autorité, foit, comme ils le dirent dans leur interrogatoire, qu'ils euffent intention de faire payer, par le corps des fidéles, la taille & la capitation des pauvres. Voici la formule de ces exemptions : Marie Blaine, avoir reçû la fleur de lis par le St. Efprit, en repréfentation des elus de J.-C., elle fera exemte de tailles & capitation, & aucun chagrin ne lui fera fait, fi elle perfevére jufqu'à la fin.

Je raporte leurs écrits fuivant l'ortographe ordinaire, car aucun d'eux ne fçavoit ortographier, & le lecteur feroit trop fouvent arrêté, fi, en raportant (comme je fais) leurs propres termes, je marquois encore leur mauvaife maniére d'écrire.

Enfin, leur procès fe trouva pleinement inftruit vers la fin du mois d'avril, par les foins & la diligence du fieur Hierôme Loys, fubdélegué de Mr de Bernage, intendant, qui avoit eu, depuis le commencement de cette

II.   41

1723.

affaire, un arrêt d'attribution pour les juger avec les officiers du préfidial de Montpellier. Le grand nombre des coupables fauva la vie à plufieurs : Pierre Gros, jeune garçon, & Marguerite Verchand furent mis hors de cour & de procès ; Victoire Bourlette, Françoife Delort & Suzanne Delort, Loüis & Philipe Comte renvoyez à un plus amplement enquis; trois femmes, fçavoir : Anne Robert (dite la Verchand), Jeanne Mazaurigue & Suzanne Loubiére furent condannées à être rafées & enfermées pour le refte de leur vie dans une prifon; cinq hommes, fçavoir : Jacques Bourrely, dit Paul, facrificateur, âgé feulement de feize ans; Pierre Figaret, André Comte, François Comte & François Baumés furent envoyez aux galéres ; Jean Veifon, comme miniftre, Jacques Bonicel, dit Galentini, le premier des facrificateurs, & Antoine Comte, dit Moïfe, fon colégue, furent condannez,

PAGE 542.

comme atteints & convaincus * d'avoir tenu des affemblées illicites & contrevenu aux ordres de fa majefté fur la religion, à faire amende honorable devant la porte de la chapelle de la citadelle, & enfuite à être pendus à l'Efplanade, avec Marie Blaine, dite Marie-Magdelaine, convaincuë d'avoir fanatifé & d'être la principale motrice des affemblées. Leur fentence, qui eft datée du vingt-deuxiéme avril, fut executée le même jour, & peu de tems après, on rafa jufqu'aux fondemens la maifon où ils avoient tenu leurs affemblées, felon un des articles de la fentence, qui porte qu'elle ne pourra plus être reédifiée.

III.   Tandis qu'on inftruifoit cette affaire à la citadelle, on étoit extrêmement agité dans la ville par les confignations des billets de banque ; car, comme à Montpellier, le plus grand nombre des familles ont leurs biens en contrats ou en quitances de finance, il n'y en eut prefqu'aucune qui fût exemte de trouble, tant à caufe de la réduction des contrats que de la confignation des billets qu'on recevoit, ou qu'on étoit obligé de faire ; cette agitation, qui commença dans le mois d'avril, continüa jufques bien avant dans le mois d'août, qu'on apprit à Montpellier la mort du cardinal Dubois, arrivée le dixiéme. On fçut prefqu'en même tems que fon alteffe royale M^r le duc d'Orleans avoit pris fa place dans cette premiére charge, & tandis que chacun raifonnoit, comme il eft ordinaire, fur ces deux grands évenémens, il fe preparoit un orage du ciel qui nous exerça pendant les mois de feptembre & d'octobre.

IV.   Sur la fin de feptembre, nous eûmes de fi grands tourbillons de pluye, qu'elle entroit dans toutes les maifons par les fenêtres & par les cheminées, comme fi des nuages d'eau euffent crevé tout à la fois. Les bâtimens commencez en foufrirent beaucoup, & dans la maifon de Roffelly, à la Canourgue, qu'on avoit découvert pour y creufer une cave, la pluye, ayant foüillé fous la fondation des murailles, les fit crouler avec un bruit effroyable dans tout le voifinage. Nôtre riviére qui, dans ce même tems, vint à groffir prodigieufement, emporta ou endommagea fi fort toutes les digues des moulins qu'aucun ne fut en état de pouvoir moudre du blé : en forte qu'avec une affés bonne provifion dans tous les greniers, on craignit de mourir de faim faute de farine ; d'autant plus que les chemins étant impraticables, on ne pouvoit avoir recours aux moulins des riviéres voifines.

1723.

La mort fubite de M^r le duc d'Orleans, arrivée à Verfailles le deuxiéme de décembre, donna matiére à de plus grandes reflexions. On apprit que M^r le duc Loüis-Henry de Bourbon, prince de Condé, lui avoit fuccedé dans le miniftére, &, quelques jours après, on fe prepara à la tenuë des états, qui furent ouverts à Montpellier le 16 de décembre ; M^r le duc de Roquelaure en fit l'ouverture pour la derniére fois. On accorda au roi le don gratuit accoûtumé, & l'on obtint de fa majefté que le payement en feroit fait, moitié en argent comptant, moitié en billets de banque, dont il reftoit encore une quantité prodigieufe dans la province.

Cette convocation des états en la ville de Montpellier y attira meffire Armand-Pierre de la Croix, archevêque d'Alby, frére du gouverneur de la ville & de la citadelle. Comme ce feigneur avoit refté longtems à la cour, où, après la charge de premier aumônier de madame la ducheffe de Bourgogne, il avoit été fait confeiller du confeil de confcience, la ville de Montpellier, qui l'avoit vû naître, avoit été privée depuis longtems de fa préfence ; alors, toutes les compagnies s'empreffèrent de lui donner des marques de l'affection & de l'eftime generale qu'il s'étoit acquife par fa politeffe & la douceur de fes mœurs.

Pendant la tenuë de ces états, on vit arriver un courier le fixiéme janvier 1724, qui portoit la nouvelle au duc de Roquelaure de fa promotion à la charge de maréchal de France. Jamais l'affection du peuple ne parut mieux qu'en cette occafion : chacun, de fon propre mouvement, alluma des feux de joye & éclaira tout le devant de fa maifon ; les harangéres firent une fête particuliére, & les travailleurs quitérent leurs ouvrages commencez pour faire danfer le chevalet durant plufieurs jours : le vin fut répandu dans tous les quartiers de la ville, où l'on donna de fi grandes marques de joye que ce fut, fans contredit, * l'un des plus beaux éloges qu'on pût faire d'un feigneur qui avoit pris foin de fe faire aimer.

V. 1724.

P$_{AGE}$ 543.*

La joye publique augmenta par la nouvelle que le roi venoit de comprendre, dans la promotion des chevaliers de fes ordres, trois feigneurs des états actuellement affemblez, fçavoir : M^r l'archevêque de Narbonne, M^r le duc d'Uzés & M^r le marquis de Caftries, gouverneur de la ville & citadelle

1724.   de Montpellier; comme cette promotion intereſſoit également la ville & la province, les députez des états donnérent pluſieurs jours aux complimens indiſpenſables dans ces ſortes d'occaſions.

Les états ayant fini le dix-neuviéme de février, par la bénédiction que l'archevêque préſident a coûtume de donner à l'aſſemblée, le maréchal de Roquelaure ſe diſpoſa de partir pour aller remercier le roi, ce qu'il ne put faire néamoins que le 20 de mars, à trois heures après minuit, pour éviter la foule dont il auroit été accablé s'il n'eût caché ſon départ.

VI. Ce ſeigneur, depuis neuf ou dix mois, avoit fait reſoudre au conſeil de ville qu'on applaniroit le grand eſpace qui eſt entre la ville & la citadelle, où l'on trouvoit des inégalitez affreuſes qui empêchoient de s'y promener commodément. Les débris du ſiége de Montpellier & les travaux exterieurs de la citadelle avoient cauſé toutes ces hauteurs & ces profondeurs; il faloit enlever les terres ſuperflües & les tranſporter aux lieux où il en manquoit: ce travail fut donné aux ſoldats des caſernes, qui, la plûpart, prirent leurs tâches à prix fait; ils firent voir leur habileté à remüer la terre, & le bon ordre dans la diſtribution du travail, en coupant le terrein d'eſpace en eſpace, & en laiſſant une grande ouverture d'un bout à l'autre, afin qu'on pût juger à bonne heure de l'effet que tout l'ouvrage devoit produire. Le travail étoit déja fini avant le départ du maréchal de Roquelaure, lorſqu'on s'apperçut qu'il faudroit renforcer & hauſſer les murailles du côté du Pile-Saint-Gilles, afin de ſoûtenir les terres qu'on avoit à y jeter pour combler un abîme qui s'y trouvoit, appelé la grande baume (ou la grande caverne). Nos conſuls, qui devoient être remplacez le premier d'avril, ſe hâtérent de mettre la première pierre à cet ouvrage, &, afin d'en conſerver la mémoire, ils firent graver leurs noms ſur le piédeſtal d'une croix en piramide qu'ils projetérent de dreſſer tout auprès: c'eſt où l'on voit le nom de Jean-Joſeph de Valat, ſieur de Saint-Romans, premier conſul, avec celui de ſes colégues.

CHAPITRE SIXIÉME

I. M^r le marquis de la Fare, commandant en chef dans la province. II. Mr de Saint-Maurice, intendant. III. Mendians enfermez, fuivant la déclaration du roi. IV. Suite des travaux de l'Efplanade. V. Mariage du roi. VI. Naiffance d'Armand-François de la Croix, gouverneur de Montpellier. VII. Paffage du prince Emanüel de Portugal. VIII. Evenémens particuliers. IX. Mr de Fréjus à la tête des affaires du royaume. X. Sa promotion au cardinalat.

PEU de jours après le départ du maréchal de Roquelaure, on apprit à Montpellier que le marquis de la Fare, maréchal de camp des armées du roi & chevalier de l'ordre de la toifon-d'or, avoit été nommé commandant en chef dans toute la province. Cette nouvelle fit d'autant plus de plaifir que ce feigneur avoit fes principales terres à une journée de Montpellier, & que plufieurs familles de la ville étoient dans fon alliance: il arriva le feptiéme d'avril & fit fon entrée par la porte du Peirou, où Daniel de Grefeüille, lieutenant-colonel du regiment d'Agenois, premier conful, s'étoit rendu, avec fes colégues en robe rouge, pour le recevoir & pour le haranguer felon l'ufage.

* L'arrivée de ce feigneur fut fuivie de celle de plufieurs perfonnes de la premiére confideration, qui vinrent à Montpellier dans le refte de cette année. M^r le duc de la Rocheguyon y vint le neuviéme mai, pour rendre vifite à madame la marquife de Toiras, fa belle-mere; fur la fin de feptembre, Mr de Saint-Maurice, nommé intendant du Languedoc à la place de Mr de Bernage, fon pere, vint en cette ville, où il fut bientôt fuivi de madame de Saint-Maurice, fon époufe, qui arriva le troifiéme d'octobre. Dans le mois fuivant, madame de la Fare, fœur du commandant de la province, vint faire fa réfidence à Montpellier, &, par toutes ces occafions, nos confuls eurent à faire bien des harangues & des vifites de cerémonie.

Dans ces entrefaites, le fieur Pierre de Maine, lieutenant de roi de la ville, étant mort fur la fin de juin, fa charge, après avoir été fort briguée, fut enfin donnée à Jofeph de la Croix de Candillargues, lieutenant-colonel du regiment de Bacqueville, fa majefté n'ayant fait aucune dificulté de laiffer le gouvernement & la lieutenance de la ville dans une même maifon, dont la fidelité lui étoit fi connuë.

Nous reçûmes, environ ce tems, la déclaration du roi concernant les mendians & vagabonds, donnée à Chantilly le 18e juillet 1724. Les beaux

1724.

réglemens qu'elle contient & qui paffent tout ce qui a été fait en ce genre depuis l'établiffement de la monarchie, animérent tous les corps de la ville pour l'execution des ordres du roi. On chargea, felon fon intention, les directeurs de l'hôpital general du détail de cette grande œuvre, &, pour les foulager en quelque façon de leur peine & de leurs foins, on leur choifit, pour enfermer les mendians, les maifons & les jardins qui font vis-à-vis l'hôpital general; ce logement ayant été mis en état par les ordres de Mr de Bernage, les archers des pauvres coururent la ville, & la maréchauffée batit la campagne pour amener tous les mendians & vagabonds qu'on trouveroit fur les chemins & dans les vilages; ils remplirent bientôt la maifon qui leur avoit été preparée, où ils recevoient tous les jours, de l'hôpital general, les fecours & la nourriture qui leur eft marquée dans la déclaration du roi; mais le génie de ces fortes de gens fe fit bientôt connoître, par la fainéantife où ils vouloient toûjours continüer de vivre, & par les entreprifes qu'ils faifoient journellement de percer les murailles de leur prifon. On fut obligé d'établir tout auprés un corps de garde à la porte des Carmes, d'où les foldats fe relevoient jour & nuit pour monter la garde devant leur maifon. Les directeurs, de leur côté, tinrent (felon l'intention du roi) leurs regitres en bon état, pour envoyer reguliérement des copies à M^r le procureur general du parlement de Paris, avec le fignalement des prifonniers qu'on leur avoit amené: Mr de Bernage, de fon côté, pourvut au payement de leur nourriture, en forte que fi toutes les perfonnes qui doivent concourir à cette bonne œuvre ne fe rebutent pas, il eft à efperer, pour la religion & pour l'état, qu'on verra l'effet des avantages que le roi s'eft propofé dans un établiffement fi utile.

Les états du Languedoc ayant été convoquez à Narbonne fur la fin de cette année, Mr de Bernage pere voulut y aller avec fon fils, qui devoit y paroître pour la premiére fois. Après que les affaires de cette grande affemblée eurent fini, il revint à Montpellier, d'où il partit pour Paris le 22 février 1725, laiffant à fon fils le foin de la décoration de l'Efplanade, dont il avoit fait achever l'applaniffement.

1725.

IV. Le nouvel intendant y mit la derniére main, en faifant tracer une longue allée, de dix toifes de largeur fur deux cent foixante-dix de longueur; il forma à côté deux contre-allées, larges de cinq toifes chacune, qu'il fépara par quatre rangées d'ormeaux d'un bout de promenade à l'autre, &, pour rendre plus beau l'afpect des maifons de la ville qui fe préfentent de ce côté-là, il fit ordonner que tous les proprietaires des jardins qui répondent à l'Efplanade, bâtiroient, dans toute fa longueur, des maifons uniformes, furmontées d'un entablement & terminées par une baluftrade, d'où les proprietaires, sans sortir de leur maison, peuvent joüir de la vuë de cette grande & belle promenade.

1725.

En ce même tems, les consuls, qui devoient sortir de charge, firent élever au * milieu de l'Esplanade la croix que leurs predecesseurs avoient fait faire une année auparavant, &, pour en rendre la solennité plus marquée, ils priérent le chapitre de la catédrale d'en venir faire la bénédiction; ce qui fut executé le quinziéme de mars, avec une si grande affluence de peuple, qu'on fit état de plus de vingt mile personnes, qui y trouvérent place sans être pressées.

Page 545.

M. de Saint-Maurice, après avoir donné pendant cette année plusieurs heures de son loisir à perfectionner cet ouvrage, fut affligé dans le mois de septembre par la mort de dame Marie Moreau, son épouse, qui mourut le onziéme de ce mois, généralement regretée de tout le monde. Le clergé séculier & régulier assista à ses obséques: le présidial menoit le deüil; quatre dames de la ville portoient le drap mortuaire; les consuls en robe rouge fermoient la marche que les penitens avoient ouverte, & le chapitre fit l'office dans l'église de Nôtre-Dame-des-Tables, où la défunte fut inhumée près la chapelle de la Miséricorde.

A cette triste ceremonie succedérent les rejoüissances extraordinaires qu'on fit à Montpellier pour le mariage du roi Loüis XV avec la princesse Marie, fille du roi Stanislas. Le desir ardent qu'avoit toute la France de voir à son roi un héritier présomptif, lui fit suporter avec moins de peine le départ de l'infante d'Espagne, qui faisoit déjà les délices de toute la cour: mais la grande jeunesse de cette princesse ne permettant pas de pouvoir esperer de longtems un dauphin, le conseil du roi, à la tête duquel se trouvoit Mr le duc, fit de grandes instances auprès de sa majesté de choisir dans l'Europe une princesse qui pût combler les desirs de la France. Le roi s'étant déterminé en faveur de la princesse Marie, qui faisoit son séjour dans l'Alsace avec le roi son pere, elle fut conduite à Strasbourg, où le duc d'Orleans, chargé de la procuration du roi, l'épousa le quinziéme d'août, entre les mains du cardinal de Rohan, evêque de cette ville & grand aumônier de France. La consommation de cet heureux mariage ayant été faite à Fontainebleau, le cinquiéme du mois de septembre, on reçut ordre à Montpellier d'en faire des réjoüissances publiques; ce qui fut exécuté le 30 du même mois, avec toutes les démonstrations de joye que pouvoit donner un peuple qui ne céde à aucun autre du royaume dans l'affection & la fidelité qu'il doit à son prince.

V.

Dans le mois de novembre, nous eûmes à Montpellier, durant plusieurs jours, Mr Pajot, nouvel intendant de Montauban, qui avoit succedé dans cette intendance à Mr de Saint-Maurice, son proche parent; il logea chés lui & y reçut les visites accoûtumées de nos consuls. Peu de jours aprés, on apprit en cette ville la bénédiction que Dieu avoit répanduë sur le second mariage du marquis de Castries, qui, après la perte de sa première épouse & de son fils unique, avoit été pressé par sa famille de lui donner des successeurs : il eut alors de dame de Levis, qu'il avoit épousé en secondes nôces, Armand-François de la Croix, son fils aîné, pour lequel on fit, le 18 novembre, une grande illumination à l'hôtel de ville, qui fut suivie des réjoüissances du peuple durant toute la nuit.

Les états de la province ayant été convoquez cette année beaucoup plus tard que les précedentes, M. le marquis de la Fare en fit l'ouverture à Narbonne, le dixiéme janvier 1726, d'où il eut le tems de venir à Montpellier, pour se trouver à l'arrivée de dom Emanüel, infant & frere du roi de Portugal, qui, venant des Païs-Bas, où il avoit fait un séjour considerable, prenoit sa route par le Languedoc, pour se rendre auprès du roi son frere. Il entra en cette ville le second d'avril, au bruit du canon de la citadelle & à travers le regiment de Touraine, rangé en haye depuis la porte de la Saunerie jusqu'au logis du Cheval-Blanc, où ce prince voulut décendre. Le soir même, Mr de la Fare lui donna un grand soupé de plus de cent couverts ; le lendemain, M^r l'intendant eut l'honneur de le recevoir chés lui & de lui donner un concert de musique. Enfin, le prince ayant marqué son départ au troisiéme jour, Mr de la Fare lui demanda s'il ne vouloit pas manger avant partir, &, sur sa réponse, il fit porter de chés lui au Cheval-Blanc & servir par ses gens un repas magnifique, avec* toute la délicatesse & l'abondance qui lui est ordinaire : le prince parut si content de sa politesse & de sa generosité, qu'il lui en donna des marques devant tout le monde, en lui disant adieu.

Le passage de dom Emanüel fut suivi de l'arrivée de plusieurs seigneurs qui firent quelque séjour à Montpellier. Le dix-huit de ce même mois, Armand-Jules de Rohan-Guemené, archevêque de Rheims, vint en cette ville pour aller prendre les bains de Balaruc & pour consulter nos médecins sur un rumatisme presque universel dont il étoit attaqué : il reçut les honneurs de tous les corps de la ville chés M. de Saint-Maurice, où il fut logé, & nos médecins s'employérent avec zéle à la conservation d'un seigneur qui prévenoit par sa bonne mine & gagnoit les cœurs par sa politesse & par sa bonté.

Mr de Montmorency, colonel de Touraine, vint quelque tems après pour voir son regiment, qui étoit de séjour en cette ville ; il y entretint la joye pendant un tems considerable qu'il y resta ; & M^r le prince de Pons, gendre du maréchal de Roquelaure, y étant venu au commencement de juillet, il attira auprès de fa perfonne prefque toute la ville, à qui la mémoire du maréchal, fon beau-pére, eft toujours préfente.

Sur la fin de ce mois, on apprit que le roi, voulant gouverner fes états par lui-même, avoit fuprimé la charge de premier miniftre; que M^r le duc s'étoit retiré à Chantilly, & que l'ancien evêque de Fréjus avoit été mis à la tête des affaires. Quelques raifons qu'eût la ville de Montpellier de s'intereffer particuliérement à ce qui regardoit ce prélat, on ne jugea point, dans les conjonctures du tems, devoir donner des marques publiques de joye; on fe contenta de permettre les joûtes ordinaires, qui furent faites le dixhuitiéme août, au Pont-Trincat, où Mr de la Fare voulut que deux confuls en chaperon fe trouvaffent pour contenir le peuple : les joûteurs eurent ordre de venir prendre ces deux magiftrats à l'hôtel de ville & de les reconduire enfuite au même lieu; ce qu'ils firent au fon des hautbois, des violons & des tambours.

Dans ce même tems, la fanté du roi ayant foufert une atteinte confiderable, on chanta le *Te Deum* à Montpellier, pour fa convalécence le 25 d'août; &, dans le mois fuivant, on eut nouvelle de la promotion de l'ancien evêque de Fréjus au cardinalat, faite par le pape Benoît XIII, le onziéme de feptembre 1726. La modeftie que cette éminence a toûjours fait paroître dans fes plus grandes profperitez fit fuprimer alors les réjoüiffances publiques qu'on eût voulu faire à Montpellier, où tous les habitans, pour fe conformer à fes intentions, fe contentérent de donner entr'eux un libre cours à leur joye & de fe féliciter réciproquement de l'honneur qui revenoit à leur ville de cette promotion.

Les états de la province ayant été convoquez à Nîmes fur la fin de cette année, M. de Saint-Maurice revint de Paris pour s'y trouver, avec le cordon rouge dont le roi l'avoit gratifié; ce nouvel honneur lui attira les felicitations de toute la ville & une harangue particuliére de nos confuls en robe rouge. Ils rendirent les mêmes honneurs à M. de la Fare, qui revint des états fur la fin de janvier 1727. Et comme ce feigneur avoit obtenu permiffion d'aller à la cour, M. d'Iverny, maréchal de camp des armées du roi, fut nommé pour commander à fon abfence, & vint dans le mois de mars prendre fon logement dans la maifon de M. Defplans, qui eft deftinée aux commandans de la province.

CHAPITRE SEPTIÉME.

I. Reparations faites à la porte de la Saunerie. II. Naissance de mesdames de France. III. Evenéments particuliers. IV. Mort du marquis de Castries. V. Froid extrême durant les états de Narbonne. VI. Ouvrages publics. VII. Nouveaux projets pour la décoration de la ville. VIII. Naissance de monseigneur le Dauphin.

I. 1727. LA paix dont la France joüissoit depuis le siége de Fontarabie fit executer une partie des projets qu'on avoit déja faits pour l'embellissement & la commodité de la ville. On resolut alors de remettre la porte de la Saunerie en l'état qu'elle étoit avant le siége de Montpellier en 1622, c'est-à-dire d'ouvrir une grande porte qui communiquât en droite ligne de la grand'rue de la ville à la principale rue du fauxbourg; pour cet effet, il faloit percer une demi-lune bien terrassée, que nos anciens avoient fait faire lorsqu'ils voulurent se préparer au siége ; il faloit abatre une autre porte construite dans l'enceinte de la demi-lune, par où l'on étoit obligé de passer (en faisant un long circuit) lorsqu'on vouloit entrer ou sortir de la ville. Ce projet donnoit une commodité inestimable aux voitures du Haut-Languedoc; ainsi, la proposition en ayant été faite dans le conseil de ville, elle passa d'une commune voix, & le dévis en ayant été communiqué aux entrepreneurs, la délivrance leur en fut faite le 4 d'août, pour le prix de deux mile cinq cent livres seulement, avec toutes les démolitions. Mais, comme dans les travaux publics on trouve toûjours beaucoup plus d'ouvrage qu'on n'avoit crû, il falut augmenter considerablement cette somme pour l'enlèvement des terres, pour les ornemens de la nouvelle porte & pour ouvrir deux chemins de communication avec le plus beau quartier du fauxbourg.

II. Dans ce même tems, on apprit que Dieu avoit commencé de benir le mariage du roi par l'heureuse naissance de deux princesses, dont la reine étoit accouchée à Versailles le quatriéme d'août. Cette nouvelle fut reçûë à Montpellier (comme dans toutes les autres villes du royaume) avec une extrême joye : on en avertit le public par trois décharges du canon de la citadelle, & toutes choses étant prêtes pour la fête solennelle, qu'on avoit marqué au septiéme de septembre, on vit paroître, à la place royale du Peirou, un palais de figure octogone, représentant le temple de Lucine, d'où plus de vingt mile personnes qui y étoient assemblées virent partir une infinité de fusées, entremêlées de tous les autres feux d'artifice qu'on a inventé en ce genre. Toutes les maifons de la ville reftérent éclairées pendant la nuit, & chacun fit à l'envi une fête particuliére felon fes moyens.

Peu de jours après, on vit avec plaifir l'honneur que le roi venoit de faire au plus ancien de nos magiftrats, en le nommant confeiller d'état: c'étoit Hercule de Bocaud, ancien préfident à la cour des comptes, aides & finances; vénérable par le nombre de fes années, & plus encore par fes longs travaux à terminer, par voye d'arbitrage, les diferends de la plûpart des familles de la ville & de la province. Comme il y en avoit fort peu dans Montpellier pour qui il n'eût travaillé utilement dans le cours de fa vie, il n'y en eu point qui n'applaudît au jufte dîcernement du prince; tous accoururent chés lui pour l'en feliciter; & nos confuls y allèrent le dix-feptiéme feptembre, au nom de toute la communauté.

Après la conclufion des états de la province, tenus à Nimes, & qui ne finirent que bien avant dans le mois de février 1728, Mr de la Fare, revenu à Montpellier, y reçut la vifite de M^r le duc de Duras, commandant en Guiène. L'étroite liaifon qui eft entre ces deux feigneurs fit féjourner le duc de Duras plus *longtemps à Montpellier, & attira quelque tems après, à Montauban, le marquis de la Fare, qui de là prit fa route pour Paris.

Sur la fin de juillet, nous apprîmes que Dieu continüoit de benir le mariage du roi par la naiffance d'une troifiéme princeffe, qui vint au monde le 23 de ce mois: on fe conforma aux intentions de la cour pour les réjoüiffances qu'il y avoit à faire, & tout le monde regarda cette heureufe naiffance comme un gage affuré pour la France de l'heureufe fecondité de fa pieufe reine.

Environ ce tems, mourut à Paris Jofeph-François de la Croix, marquis de Caftries, chevalier des ordres du roi, maréchal de camp de fes armées, fenéchal de Montpellier & gouverneur de la ville & de la citadelle. Nos confuls firent preparer l'églife Nôtre-Dame pour le fervice que la ville lui fit faire le 16 d'août, où fe trouvèrent tous les officiers du fenéchal & préfidial, plufieurs officiers de la cour des aides, l'état-major de la ville & citadelle, les officiers des quartiers & les fixains fous les armes autour de l'églife; M^r l'evêque, affifté de fon chapitre, y chanta la meffe, pendant laquelle le fieur Demonte, curé de Nôtre-Dame, fit l'oraifon funébre.

Le retour de Paris de Mr de la Fare précéda de quelques jours les réjoüiffances qu'on fit à Montpellier, fur la fin de novembre, pour la convaléfcence du roi, qui avoit été attaqué de la petite verole: nous apprîmes par les lettres de Mr de Saint-Florentin que les fuites en avoient été fi heureufes que fa majefté s'en étoit tirée fans aucun fâcheux accident qui pût caufer la moindre inquiétude.

1728.   V.   Peu de tems après, les états s'étant affemblez à Narbonne, ils y furent affiégez par une fi grande quantité de nége, qu'elle ferma toutes les avenües des grands chemins à quatre lieuës à la ronde : il y en eut dans la ville jufqu'à fix piez de haut; ce qui ôtoit toute communication d'une maifon à l'autre : il falut, avec des peines extrêmes, la faire amonceler, pour frayer un paffage dans les ruës; mais on en eut incomparablement davantage à déboucher les chemins de la campagne, d'où l'on attendoit les befoins de la vie. Mr de la Fare ordonna un grand nombre de troupes pour ouvrir un chemin depuis Beziers jufqu'à Narbonne, où l'on manquoit de farines. La mifére fut extrême dans les vilages enfermez par la nége : il y périt de faim ou de maladie un grand nombre de perfonnes, & ceux qui purent en fortir vinrent affamer Narbonne, où la charité des feigneurs des états trouva bien de l'exercice ; plufieurs firent diftribüer de grandes chaudières pleines de legumes, & l'on n'a pas oublié que Loüis-Jofeph de Rochebonne, evêque de Carcaffonne, fit de fa maifon un hôpital general, où les pauvres trouvoient la nourriture & le couvert.

1729.   Ce mauvais tems ayant ceffé fur la fin de janvier 1729, les états ne tardérent pas à fe féparer : nous vîmes revenir M^r l'intendant le 7 de février, & Mr de la Fare le 9. Ce feigneur, étant parti pour Paris dans le mois d'avril, laiffa le commandement à M^r d'Iverny, qui fut vifité le 7 mai par nos confuls en chaperon.

VI.   Dans ce même tems, on reprit les travaux déja commencez à la porte de la Blanquerie, fur la petite rivière du Merdanfon, qui avoit fait fes ravages ordinaires contre le pont & fur les rives voifines. On refolut alors d'agrandir confiderablement l'arche du pont ; mais, lorfqu'on étoit prêt d'y mettre la clef, le cintre vint à manquer & écrafa l'entrepreneur, qui fe trouva deffous : ce malheur, arrivé le 26 juin, a fait prendre de plus grandes précautions pour affurer l'ouvrage, qui eft déja dans fa perfection.

Environ ce tems, on vit avec plaifir les travaux finis autour de la ftatuë équeftre, qui avoit occupé, durant plufieurs années, un très-grand nombre d'ouvriers. Le maffif du piédeftal fe trouvant enfin incrufté du beau marbre de Génes que la province avoit fait venir à grands fraix, & que le fieur Joly, habile fculpteur, avoit mis en œuvre ; on enferma tout l'ouvrage, à fix ou fept pas de diftance, dans une grille de fer, où l'on n'oublia rien pour les ornemens & pour la folidité. On fit graver fur la face du piédeftal qui regarde la ville * cette infcription, faite par Mr de Mandajors, gentilhomme d'Alais, qui avoit remporté le prix au jugement de l'academie royale des infcriptions ; elle indique le tems où l'on forma le deffein de l'ouvrage & celui où il fut executé :

LUDOVICO MAGNO
COMITIA OCCITANIÆ
INCOLUMI VOVERE
EX OCULIS SUBLATO
POSUERE
ANNO CIƆ IC CC XVIII.

1729.

Les lettres en font gravées fur le marbre & remplies enfuite par d'autres lettres de bronze doré. Tout l'ouvrage a déja reçû la derniére main, & fi jamais on execute le projet qu'a fait la province d'entourer la place royale du Peirou de deux larges foffez, dont l'un ferviroit de promenade pendant l'hiver, & l'autre qui viendroit fe joindre aux foffez de la ville, ferviroit d'enceinte à tout ce grand efpace, alors la ftatüe équeftre fe trouveroit renfermée dans la ville & pourroit, par fa fituation avantageufe, être découverte, autant que la vûë pourroit y fournir, des Pirénées, des Alpes, des montagnes des Cévénes & de bien avant dans la mer.

La perte du feu marquis de Caftries fut reparée (en quelque maniére) pour fa famille par la confervation de toutes fes charges en faveur de l'aîné des trois enfans qu'il laiffoit de fon fecond mariage : les lettres que fa majefté en accorda furent enregîtrées dans le grand Talamus de l'hôtel de ville, pour le gouvernement de la ville & citadelle de Montpellier; &, dans le mois de juillet fuivant, le préfidial enregîtra ces mêmes lettres avec celles de difpenfe d'âge pour poffeder la charge de fenéchal.

Après qu'on eut achevé l'ouvrage de la porte de la Saunerie, on prit le deffein de travailler à celle de Lates, qui eft le grand abord des marchandifes du pont Juvenal, qu'on regarde aujourd'hui comme le port de Montpellier ; il y avoit plus à faire à ce deffein qu'à celui de la Saunerie, car, outre la démolition des deux portes qui y formoient un corps de garde, à la maniére des villes de guerre, il faloit abatre deux groffes tours maffives qui flanquoient l'entrée de la ville. On fe propofa d'élever, au milieu de l'efpace qu'on gagnoit par ces démolitions, une grande porte ifolée, qui auroit en dedans & en dehors une place commode pour les voitures; &, par ce moyen, on ménagea une grande avenuë pour l'Efplanade & pour la ruë des Etuves, qui eft la plus droite & la plus longue de Montpellier. On commença le 23ᵉ d'août d'y mettre la premiére main, & dans le moment que j'écris, l'ouvrage eft fi fort avancé, qu'on peut juger de l'agrément que cette reparation va donner à tout ce quartier. On fe propofe d'en faire autant à la porte du Pile-Saint-Gilles & à celle de Saint-Guilhem ; ainfi nos

VII.

1729.

neveux ne verront presque plus de vestige de tous les ouvrages que firent nos ayeux pour se préparer au siége qu'ils eurent le malheur de soûtenir contre le roi Loüis XIII.

VIII. Enfin l'on apprit à Montpellier, le onziéme septembre, l'heureuse naissance de monseigneur le dauphin, arrivée à Versailles le 7 de ce mois. On n'attendit point les ordres de la cour pour faire éclater la joye publique; car, dès ce même jour, on en répandit la nouvelle par une triple décharge du canon de la citadelle & par un grand nombre de boîtes de la salpêtrière. Le 14, on reçut les lettres du roi & celles de M. le duc du Maine, gouverneur de la province. Tous les corps de la ville se preparérent à solenniser cette grande fête le 25 du même mois; &, après une procession genérale que sa majesté avoit ordonnée, on chanta le *Te Deum* dans la cathédrale. Le même jour, on fit un * magnifique feu de joye autour de la statue équestre, après lequel on alla voir la fête que M. de Saint-Maurice avoit preparé chés lui. Comme il a paru des relations imprimées de tout ce qui fut fait à Montpellier dans cette occasion, je suprime le détail de tout ce que la cour des aides, les trésoriers de France & les autres corps de la ville firent à l'envi pour donner des marques signalées de leur zéle, & je m'estime très-heureux de pouvoir finir l'histoire de ma patrie par un évenément aussi grand & autant desiré que celui de la naissance de monseigneur le dauphin, qui lui est un présage assuré de son bonheur & de celui de toute la France.

FIN DU LIVRE VINGTIÉME.

PROFIL DE MONTPELLIER EN L'ESTAT QU'IL ESTOIT EN 1540 AVANT LES GUERRES DE LA RELIGION.

A N.D. des Tables.	E le Palais	I les Generaux	N la Magdeleine	S S.t Sauvaire	X la G.de Observance
B L'Orloge.	F S.te Eulalie.	K la Cité	O la P.te Observance	T Chemin de	Y Grenier a Sel
C S.t Firmin.	G les Freres Pres-	L Rue S.t Guilhem	P la Saunerie	Beziers	Z. Pour aller a Lattes
D S.t Germain au-	cheurs.	M Religieuses S.t	Q S.t Thomas	V le Grand S.t	8. Pour aller au Pont
jourdhuy S.t Pierre	H S.t Denis.	Guilhem.	R la Palissade	Jean.	Juvenau

OBSERVATIONS HISTORIQUES
SUR L'ANCIEN PLAN
DE MONTPELLIER

I. Observations sur les murailles de la ville. II. Sur ses portes. III. Sur ses fauxbourgs. IV. Sur ses ruës. V. Divers noms qu'elles ont porté. VI. Quartier des Juifs. VII. Epoques des maisons les plus anciennes. VIII. Puits & fontaines.

ES recherches que j'ai été obligé de faire pour la composition de cette histoire, m'ont donné plusieurs éclaircissemens sur les murailles, les portes, les fauxbourgs, les ruës & les divers quartiers de Montpellier, qui peuvent servir à son histoire & à l'intelligence du plan de cette ville avant les troubles du calvinisme.

Je ne trouve pas precisement en quel tems on commença de clorre Montpellier de murailles, mais il est constant qu'il l'étoit déjà dans le XI.e siécle,   I.

Livre 1, de cette histoire. où nous avons vu que Guillaume, fils d'Ermengarde, renonça entre les mains de Godefroy, evêque de Maguelonne, à un certain fief qui est designé au delà des fossez & des murailles de la ville : *Quod est infra vallatos, & foris muros de Muntpeslier.*

Il est encore constant qu'il y eut de tout tems des officiers prépofez à l'entretien des murailles de la ville, fous le nom d'ouvriers de la commune clôture : *Operarii communis clausuræ,* comme il est dit dans plusieurs actes, & particulierement dans les lettres du roi de Navarre, que j'ai raportées dans mon livre IX, chapitre II. Ces ouvriers avoient l'intendance des portes & des murailles de la ville, ils estoient membres du consulat. De là vient qu'il est *Livre 3, chap. 3.* toûjours fait mention des consuls & des ouvriers dans les cérémonies publiques. Et lorsqu'il falut, en 1363, faire le chemin des rondes, que nous appellons les Douze-Pans, il est dit que les ouvriers faisoient porter leur baniere après celle des consuls.

Il paroit qu'ils avoient droit de prendre des pierres, fans rien payer, dans toutes les carrières qui font aux environs de Montpellier, pour être employées à la commune clôture. La chofe consfte par un acte que j'ai vu de la terre de Caunelles, où il est dit que les particuliers qui voudront y prendre des pierres payeront un certain droit : *Exceptis illis qui scindunt lapides ad opus communis-clausuræ Monspelii, pro quibus nihil datur.*

Je n'ai trouvé aucun acte d'où l'on puisse inferer que l'enceinte de la ville ait été changée ou augmentée depuis le XIIᵉ siécle, quoique les fauxbourgs l'ayent été souvent. Je trouve au contraire que, dans le XIᵉ siécle, la rue de la Blanquerie, qui est à l'extrémité de la ville, payoît, comme le Campnau, une censive au seigneur de Montpellier; d'où l'on doit inferer que ce quar- *Mémorial des nobles, fº 67.* tier étoit déjà bâti, & peut-être même longtemps auparavant. *Vendimus tibi Guillelmo filio Ermengardis,* disent deux frères appelez Guillaume & Pierre de Puechabon, *quod habemus & quod habere debemus in toto quarto de censo Campi-novi & Blancariæ.*

II. Les portes de la ville ont été jusqu'au nombre de onze, sçavoir : celles du Pile-Saint-Gilles, de la Blanquerie, des Carmes, de Saint-Germain, de Saint-Jacques, du Peirou, de Saint-Cuillem, de la Saunerie, de Lates, de Montpellieret & de l'Evêque.

Celle du Pile-Saint-Gilles peut avoir pris fon nom des grandes piles ou vafes de pierre que nous avons vû encore de nos jours auprès de la fontaine, où l'on alloit abreuver les chevaux; la ville de Saint-Gilles, dont les habitans viénent aboutir à cette porte quand ils arrivent à Montpellier, peut aussi lui avoir donné son second nom.

La Blanquerie a été ainsi appellée à cause des blanchers ou corroyeurs

sur l'ancien plan de Montpellier.

qui y faisoient leur demeure. La porte des Carmes prit ce nom depuis l'établissement des religieux carmes dans le lieu où est aujourd'hui l'hôpital général; nous trouvons, dans plusieurs actes antérieurs à l'établissement des carmes, que cette porte étoit appellée en latin *Porta legatorii*, & en langage du païs, du Legassieu, qui veut dire de la Tanerie.

J'ai assés fait connoître la fausse porte du monastere Saint-Germain, en parlant de la sortie que fit la garnison de Saint-Pierre sur les troupes du seigneur d'Acier, en 1567. Cette porte paroit encore bien distinctement sur les murailles de la ville; elle est murée aujourd'hui, de même que celle de Saint-Jacques, qui répond au même fossé, en montant vers le Peirou. Jacques le Conquérant, lorsqu'il logeoit au palais, comme nous l'avons vu en 1231, sortoit par cette porte pour aller à l'église Saint-Jacques qu'il protegeoit beaucoup, & à laquelle il accorda plusieurs immunitez. *Livre 15, ch. 5, § 4.*

Nos actes anciens, qui ont voulu latiniser le nom de la porte du Peirou, l'appellent *de Petrono*, peut-être à cause du rocher qu'on y trouvoit; mais, dans l'acte du mariage de Guillaume, fils de Sibille, avec Mathilde de Bourgogne, passé en 1156, on lui conserve son nom naturel : *Dono tibi futuræ uxori meæ* (dit le seigneur de Montpellier), *forum seu mercatum Montispessulani, portæ del Peiron;* d'où nous apprenons qu'on y tenoit une foire dans le tems de nos premiers seigneurs.

La porte de Saint-Guillem prit son nom de l'hôpital bâti par nos Guillaumes dans le lieu où est aujourd'hui le monastére des filles de Sainte-Caterine de Siéne.

* Celle de la Saunerie est appelée dans plusieurs actes, *Portale Salnarie*, sans doute à cause des greniers à sel qui étoient dans ce quartier, où les voitures venoient se décharger du sel qu'elles avoient pris aux salines de Perols & de Maguelonne. *Page 553.*

La porte de Lates, qui faisoit la division des deux seigneuries de Montpellier & de Montpelliéret, est appellée, dans tous les vieux actes, porte d'Obilion : je ne doute point qu'elle n'eût pris son nom de la famille des Obilions, qui étoit fort considérable dans Montpellier, & que j'ai mentionnée en divers endroits.

Depuis cette porte jusqu'à celle du Pile-Saint-Gilles, les murailles de la ville étoient bâties sur la ligne où sont encore les maisons de Desplan, Mouton, Malesaigne, le seminaire, les penitens, Sueilles, le Vignogoul, les augustins, Nissole, Girard, les jesuites, Moulceau, Pelissier, Bossuge, Beauvezet & Bocaud. Dans tout cet espace, les murailles étoient fortifiées de grosses tours, comme il resulte de la fameuse sentence du duc d'Anjou, qui ordonnoit de les détruire, &, comme nous l'avons vû tout recemment, dans les derniers travaux faits à l'Esplanade, où les entrepreneurs ayant découvert, entre la maison des jesuites & celle de Moulceau, les fondemens d'une grande tour quarrée, ils prirent le parti de foüiller dans la terre, d'où ils tirérent une grande quantité de pierre excellente pour leurs ouvrages.

Entre la maison de Niffolle & celle de Girard, il y avoit une porte de ville, dite de Montpellieret, précifément à l'égout public appelé le Gazillan de Niffolle; elle fervoit pour aller ou pour venir de l'églife Saint-Denis, qui étoit la paroiffe de Montpellieret; mais rien n'y paroît maintenant, à caufe de la démolition des murailles de la ville, qui fut faite de ce côté-là lorfqu'on bâtit la citadelle.

Quelques cent pas plus haut, & précifément à la porte de la maifon du préfident Bocaud, était la porte dite de l'Evêque, dont il eft parlé dans l'accord fait entre le roi Jacques d'Aragon & Jean de Montlaur. On trouve auffi dans nôtre *Petit Talamus* que Pierre Ademar, évêque de Maguelonne, affiftant à une proceffion genérale qu'on faifoit hors des murailles de la ville, fe trouva fatigué en arrivant à la porte de Montpellieret, & que, pour ne pas déranger la proceffion, il fe retira fans bruit & alla entrer dans la ville par la porte de l'Evêque, d'où il fe rendit à la maifon qu'il avoit tout auprès, connuë fous le nom de la Sale de l'Evêque.

L'enceinte des murailles de la ville avoit dix-neuf cent toifes, à en juger par cette longue bougie (dont j'ai parlé), qui fut mife autour d'un cilindre dans l'églife Nôtre-Dame-des-Tables pour y brûler nuit & jour. Il faut auffi que toutes ces murailles ne fuffent pas garnies de creneaux, car il eft dit dans le Petit Talamus que les ouvriers de la commune clôture les ayant fait compter en 1411 il n'en fut trouvé que huit cent cinquante, fans y comprendre ceux des murailles de la Paliffade.

Cette paliffade, comme je l'ai dit ailleurs, fut faite après la prife du roi Jean, pour garantir Montpellier des foldats congediez, qui couraient par troupes dans le Languedoc. On élargit alors les foffez de la ville, en les mettant dans l'état où ils font encore. On fit un chemin au-delà du foffé, que nous appellons la Dougue, & l'on ceignit les fauxbourgs d'une bonne muraille, dite la Paliffade, dont on peut juger de l'enceinte par les portaliéres qui nous reftent encore; elles étoient fur les grands chemins, aux principales avenuës de la ville; ainfi l'on en voit une en fon entier fur le chemin de Celleneuve; une autre près du jardin de Mazade, pour aller à Murviel, & plus bas, en allant vers Saint-Côme, on voit les deux piliers d'une autre portaliére, qui fortent hors de terre à la hauteur de neuf ou dix piez, par où l'on pouvoit entrer & fortir du fauxbourg Saint-Jacques. En deça de la Portaliére du chemin de Celleneuve, vers la Saunerie, il y en

Sur l'ancien plan de Montpellier.

avoit une qui répondoit au milieu du Courreau, comme on le voit dans les anciens plans de Montpellier, par Belleforêt, dans fa cofmographie, & dans le téatre des citez du monde, par George Brüin.

Le fauxbourg de la Saunerie avoit fa portaliére au coin de l'hôtelerie du Cheval-Verd, allant vers les carmes-déchauffez, comme il paroît par la relation * de l'entrée de l'archiduc à Montpellier en 1502. Celui de Lates, autrement dit les Barris des Fraires Menors, fi fouvent mentionnez dans nos annales, avoit une portaliére fur le grand chemin de Lates, attenant le couvent des fréres-mineurs, comme il fe voit dans l'ancien plan de Montpellier, que Belleforêt nous a donné dans le Ier tome de fa cofmographie. Quant au fauxbourg Saint-Denis, il eft dificile d'en pouvoir rien dire, parceque tout y fut bouleverfé lors de la conftruction de la citadelle; mais je trouve une autre portaliére fur le chemin de Caftelnau, où répondoit l'ancien hôpital de Saint-Antoine, & une autre près du cimetiére des juifs, aujourd'hui le jardin de Vernioles, en allant des Recolets à Boutonnet.

PAGE 554.

Page 351.

De cette forte, la ville de Montpellier, avant les guerres de la religion, étoit environnée de grands fauxbourgs, & ces fauxbourgs, d'un gros mur de clôture, dit la Paliffade. Dans ce cas, il n'eft pas furprenant que tous ceux qui nous ont laiffé des mémoires de ce tems-là nous affurent qu'il y avoit dans les feuls fauxbourgs beaucoup plus d'habitans que dans toute la ville. Pour cet effet, il ne fera pas inutile de faire connoître plus particuliérement ces fauxbourgs, qui ont changé de nom ou qui n'exiftent plus, depuis qu'on les rafa entiérement, lorfqu'on voulut fe preparer au fiége contre le roi Loüis XIII.

Le fauxbourg du Peirou, qui s'étendoit jufqu'à la portaliére du chemin de Celleneuve, étoit terminé de ce côté-là par le grand couvent des jacobins: il renfermoit le couvent de la Mercy, la tour de Sainte-Eulalie & les écoles du colége de Saint-Germain; tout le refte étoit rempli de maifons des particuliers, comme on le juftifie par le grand nombre de puits domeftiques qu'on y a trouvé en foüillant la terre.

III.

En décendant vers la porte des Carmes, étoit le fauxbourg Saint-Jacques, qui prenoit fon nom de l'hôpital Saint-Jacques, fondé dans le XIIIe siècle, fous le roi Jacques-le-Conquerant. Le jardin du roi occupe aujourd'hui la plus grande partie de ce fauxbourg, qui faifoit le principal abord des provifions qu'on apportoit du côté des Cévénes: de là vient que nos anciens prirent grand foin de ce chemin, comme il paroît par le beau pavé dont on voit encore les reftes en allant à Saint-Côme; l'églife de ce nom étoit hors du fauxbourg Saint-Jacques, précifément à cette pointe de terre qu'on laiffe à main gauche en entrant à Lavanet.

Je ne trouve dans le fauxbourg des Carmes que l'églife & le grand monaftére de ces religieux, dont je donnerai la defcription ailleurs. Les faifeurs de chandéles de fuif & les taneurs, qui preparoient les cuirs tout le long de la petite riviére de Merdanfon, donnérent à ce quartier le nom de Legaffieu, avant que les carmes fuffent venus s'y établir: le chemin qui conduifoit de leur monaftére à celui des Recolets d'aujourd'hui faifoit la féparation de ce fauxbourg d'avec celui de Villefranche, comme il refulte de l'acte de donation du jardin de Sartre, faite aux Recolets, où il eft dit qu'une partie du fonds étoit au lieu dit Villefranche ; ce fauxbourg eft fouvent mentionné dans nos anciens titres: le roi Sanche y avoit fes jardins, comme il confte par la fondation qu'il y fit de l'hôpital Saint-Antoine, fitué dans le lieu où eft aujourd'hui l'aire de M. Brun, confeiller ; on y voit dans les champs un grand nombre de puits domeftiques qui dénotent vifiblement que ce fonds étoit anciénement habité.

Les auguftins, qui avoient leur couvent fur le chemin de Caftelnau, donnérent leur nom au fauxbourg, qui venoit depuis la porte du Pile-Saint-Gilles jufqu'à eux. De là vient qu'il eft dit dans nôtre Petit Talamus, fous le roi Charles VI que les mauvaifes compagnies, ayant féjourné quelques jours dans le fauxbourg des Auguftins, y firent de grands ravages, &, dans une ligne de divifion que nous avons de la feigneurie de Montpellier, d'avec celle de Montpelieret, on la fait commencer & finir, après un grand circuit, au pont des Auguftins, qui eft fur le Merdanfon, en venant de Caftelnau. Tout joignant ce pont étoit l'enclos du grand hôpital du Saint-Efprit, & vis-à-vis un autre hôpital, appelé des Trois-Couronnes, qui fut depuis la Charité, & maintenant les Boucheries.

Page 555. * En montant du fauxbourg des Auguftins par une rude côte qui aboutiffoit à l'Efplanade d'aujourd'hui, on arrivoit au fauxbourg Saint-Denis ou de Montpelieret, qui rempliffoit tout l'efpace qu'on voit encore entre la ville & le baftion de la citadelle, (qui regarde le Pile-Saint-Gilles) où étoit l'églife de Saint-Denis. Dans cet entredeux, étoit la chapelle de Nôtre-Dame de Bonnes-Nouvelles, que nos anciens bâtirent, par l'occafion que j'ai racontée, fous Charles VII, précifément à l'endroit où eft aujourd'hui la croix de l'Efplanade. Tout ce terrein, jufques vers la porte de Lates, étoit rempli de plufieurs maifons, qui relevoient du feigneur de Montpelieret, comme il paroît encore par les anciénes reconnoiffances de l'évêque: les regîtres de l'Hôtel-de-Ville marquent auffi que nos confuls y achetérent certain lieu de débauche, qui étoit alors toleré à Montpellier, comme dans les autres villes du royaume.

Les Barris des Fraires-Menors, aujourd'hui fauxbourg de Lates, renfermoient, dans le xiv⁰ siécle, un grand nombre de maisons dont les habitans de Montpellier abatirent la plus grande partie, pour se défendre contre les mauvaises compagnies, qui étoient venuës attaquer ce fauxbourg. Les bâtimens les plus remarquables qu'on y voyoit étoient le grand couvent des fréres-mineurs, dont ce fauxbourg porta le nom pendant quelques siécles : il y avoit auffi l'hôpital de la porte d'Obilion, autrement dit de Nôtre-Dame-des-Tables, & ensuite de Saint-Eloi, qui étoit situé dans ces jardins d'aujourd'hui, qu'on trouve sur la main droite en allant de la porte de Lates aux Cordeliers.

Le fauxbourg de la Saunerie est appelé, dans nos vieux actes, le fauxbourg de Villeneuve, sans doute parcequ'on commença d'y bâtir lorsque l'enceinte de la ville se trouva trop étroite pour les nouveaux habitans qui venoient s'y établir. Ce fauxbourg, dans toute son étenduë, alloit jusqu'au cimetière Saint-Barthelemi (aujourd'hui les carmes-déchauffez) vis-à-vis duquel étoient les minorettes, dont le couvent répondoit d'un autre côté au Grand-Saint-Jean, originairement les templiers. Dans le corps de ce fauxbourg, en dedans de la Palissade, étoit l'hôpital des Teutons, qui fut depuis l'hôpital de Saint-Sauveur, desservi par douze chapelains ; au-devant étoit l'hôpital Sainte-Marthe, attenant le lieu où est aujourd'hui le logis du Tapis-Verd : plus bas, vers la ville, & du même côté, étoit la Petite-Observance : enfin, de l'autre côté de la même ruë, étoit l'église de Saint-Thomas, qui servoit d'annexe à Saint-Firmin, & de paroisse à tout le quartier : toutes ces églises, qui avoient leurs clochers & leurs cloches, ont donné lieu à Gariel de dire que la grande sonnerie qu'on y entendoit avoit donné le nom à ce fauxbourg ; mais l'ancien mot latin de *salnaria* est entièrement oppofé à son sentiment.

Dans le fauxbourg Saint-Guillem, qui étoit anciénement auffi peuplé qu'il l'est maintenant, on voyoit l'hôpital Saint-Guillem fondé par nos Guillaumes, & un hospice pour les jeunes religieux de Valmagne, qui venoient étudier à Montpellier. Je parlerai de tous ces établissemens dans mon second tome, où je donnerai un plus grand détail des coléges, des monastéres & des hôpitaux de cette ville ; cependant je croi devoir marquer ici qu'on montoit du fauxbourg Saint-Guillem à celui du Peirou, non-seulement par cette contrescarpe que nous appelons la Dougue, mais encore par la ruë Dieu-vous-doin-bonne-nioch, où il se passa une avanture célèbre que je raconterai dans l'article de l'université.

Tels étoient les dehors de Montpellier avant qu'on les eût détruit durant le cours des guerres de la religion ; mais il est tems de venir à l'intérieur de la ville, où j'obferverai d'abord que les ruës y sont étroites & les maisons

IV.

fort hautes, pour garantir des ardeurs du soleil ; comme l'a remarqué un auteur du siécle passé : je ne sçai si c'est pour la même raison qu'on fit les ruës courtes & entrelassées, à peu près comme elles le sont à Paris aux environs de l'église Nôtre-Dame. Nos anciens suivirent plus particuliérement cette maniére dans le quartier du Poids-du-Roi & dans celui du Puits-de-Fer ; mais, dans les extrêmitez de la ville, ils firent leurs ruës plus droites & plus longues, comme aux Etuves, à la Grand'Ruë, à la Blanquerie, à Saint-Guillem & au Pile-Saint-Gilles. Je ne sçai encore si ce fut par cette même consideration que du tems de nos Guillaumes * on faisoit des galeries ou avancemens dans les ruës, qui commençoient au premier étage des maisons ; ensorte qu'on pouvoit marcher dessous à l'abri de la pluye & du soleil : à quoi ne servoit pas peu le couvert des maisons, qui avoient alors beaucoup plus de saillie qu'à present.

Le roi Jacques-le-Conquerant défendit ces galeries par un reglement de police de l'année 1259. De là vient que sur le devant de nos maisons les plus anciénes on voit encore des trous en quarré, d'où sortoient les solives qui portoient ces galeries. Il ordonna, pour la facilité du passage des ruës, que les tables ou bancs qui sont au-devant des boutiques, n'auroient pas plus d'un palme & demi de saillie, & il ne voulut plus permettre qu'on jetât des arceaux ou ponts de bois d'une ruë à l'autre, comme on faisoit auparavant : il se contenta de laisser ceux qui étoient en pierre, comme celui de Saint-Nicolas à l'Eguillerie, & celui de Brun, dans l'anciéne ruë Bouques-d'Or. Les rois ses décendans firent depuis, pour leur propre usage, les deux ponts qui sont attenant la maison dite des Rois de Mayorque, aujourd'hui le Poids-du-Roi. Nos rois de France permirent ensuite à Jacques Cœur d'en bâtir un, qui part des tresoriers de France & va s'appuyer sur l'église des Penitens ; ils permirent aussi, presqu'en même tems, de bâtir l'arc de Mandronnet & celui d'Arénes ; enfin, les tresoriers de France (comme grands-voyers) ont permis, dans les derniers siécles, de bâtir l'arc de Grefeüille, aujourd'hui de Girard ; celui des filles de la Visitation & un autre à l'hôpital Saint-Eloi.

La mode, qui vint, il y a plus de deux cens ans, de terminer le haut des maisons considerables par des creneaux, servit à éclaircir nos ruës, de même que les entablemens dont tout le monde se sert à présent : il est vrai que nos ruës en sont plus exposées au soleil ; mais, en revenche, l'interieur des maisons en est plus éclairé & purifié de l'air, sur tout depuis qu'on a fait les fenêtres à l'italiéne & qu'on s'est desabusé des croisées, qui avoient regné si longtems sous diferentes formes.

Les plus anciénes fenêtres que nous ayons sont celles de l'hôpital Saint-

---

Favin, en son Téâtre d'honn., liv. 2, ch. 1.

Page 556.

Premiére armoire des Petits Tiroirs, dix-septiéme tiroir.

Eloi, de l'hôtel de ville, du côté de la Vieille-Friperie, & celles de la maison des rois de Mayorque, qui sont à la gotique & dans le goût des anciénes fenêtres d'église : on en voit quelques autres sur les côtés des anciénes maisons qui n'ont été refaites qu'à moitié; car il arrive souvent que les particuliers se contentent de reparer la façade de leurs maisons sans toucher aux côtez, parceque les murailles, quoique fort anciénes, ne laissent pas d'être très-bonnes, à cause de la pierre qu'on y employe.

Nos carriéres nous en fournissent d'excellente pour toute sorte d'ouvrage d'architecture: Saint-Geniés donne la pierre blanche, qui sert aux ouvrages de sculpture ; Vendargues en fournit de grise, qui est dure comme du fer, & qu'on employe aux travaux les plus exposez, comme le bas des maisons, le pavé des cours & des plateformes découvertes. On tire dans les autres carriéres des environs, comme Boutonnet, Saint-Jean-de-Vedas, Caunelles, Pignan & autres lieux, la pierre de taille, avec laquelle on a fait des ouvrages fort hardis, tels que sont la trompe de Montpellier (au coin de la maison du sieur Plantier), qui est mentionnée dans plusieurs livres¹ d'architecture: la coquille de Sarret, que les étrangers viennent voir par curiosité ; quantité de grands & beaux escaliers qui sont estimez des connoisseurs, & les balcons qu'on fait maintenant pour l'ornement & la gayeté des maisons. Le grand nombre de ces beaux bâtimens a fait souhaiter depuis longtems que les ruës & les places de Montpellier fussent plus larges, pour faire mieux paroître ses maisons ; ce qui fit dire un jour à un architecte de Paris, venu en cette ville, que Montpellier étoit un magasin de belles maisons.

* Nos ruës, quoique la plûpart fort étroites, ont néanmoins cet avantage, qu'elles sont beaucoup plûtôt nettes qu'en bien d'autres villes, à cause de leur pente, qui facilite l'écoulement des eaux ; à quoi servent aussi les cloaques soûterrains que nos anciens prirent soin de bâtir dans toute la ville, pour recevoir les immondices de chaque maison : cette sorte d'ouvrage a toûjours paru si important qu'un historien célèbre le compte parmi les plus remarquables que Tarquin-le-Vieux fit faire autrefois pour l'embellissement de Rome.

PAGE 557.

Denis d'Halicarnasse.

---

(1) François Derand, dans son livre qui a pour titre l'*Art des Traits & Coupe des Voûtes*, fait son chapitre huitiéme de la Trompe de Montpellier, partie 3, page 256.

Mathurin Jousse avoit donné avant lui la coupe de cette trompe, dans son *Secret d'Architecture*, page 108.

Augustin-Charles Daviler, tom. 2, pag. 898, parle en ces termes : Trompe de Montpellier ; espece de trompe dans l'angle, qui est en tour ronde, & diferente des autres en ce qu'elle a de montée, deux fois la longueur de son cintre. Il y a aussi dans la même ville de Montpellier, à l'encoignure de la maison de Mr de Sarret au quartier du Palais, une barlongue, qui est plus estimée, & qui a environ sept piez de large sur onze de long.

V. Il est à observer, pour l'intelligence de nos vieux actes, que les ruës de Montpellier ont changé quelquefois de nom, & qu'on en a fermé quelques autres, qui finissent aujourd'hui par de cus-de-sac. La ruë de Trepassen, qui portoit le nom d'une famille considerable de la ville, est aujourd'hui la Grand'Ruë; la Ferraterie alloit tout le long de Saint-Firmin, du côté qui regarde Sainte-Anne; la Charbonnerie étoit sur le derrière de la maison de Guilleminet, terminée aujourd'hui par deux cus-de-sac, qui finissent d'un côté à la maison de Cambous & de l'autre à celle de Montferrier : la Barlerie d'à-présent est appelée, dans un acte de 1497, la Savaterie-Neuve; celle qui va de l'entrée de la place Brandille jusqu'au-delà des trésoriers de France s'appelloit Bouques-d'Or; près la Saunerie étoit la Savaterie, où les juifs ont habité; la ruë des Orangers commençoit à côté de l'église des Capucins, traversoit leur jardin & venoit aboutir au cu-de-sac qui est devant la maison de Montlaur.

La ruë de Montpellieret commençoit à la porte du président Bocaud & venoit finir au coin de la maison de Girard de la Treille, avant que Louis XIV eût donné cette ruë aux jesuites pour bâtir leur nouveau colége.

Ces concessions particulières & les infeodations qui ont été faites en diferens tems ont produit ce grand nombre de cus-de-sac qu'on voit à Montpellier, sur tout aux environs de la loge & vers le quartier de Saint-Pierre. Les communautez religieuses qui ont été établies dans la ville ont causé ce changement depuis le siége, car anciénement elles étoient hors des murailles de la ville, excepté les seules filles de Sainte-Caterine, qui logeoient où est aujourd'hui Sainte-Ursule, & il n'est presqu'aucune communauté qui n'ait obtenu quelque infeodation de ruë. Le reste de la ville étoit rempli de maisons des particuliers; d'où l'on peut inferer que Montpellier étoit alors plus peuplé qu'à présent, si l'on veut faire reflexion qu'on ne donnoit pas autrefois l'étenduë que nous donnons aujourd'hui à nos appartemens : par la raison que je viens de dire, on trouve quelque diminution dans le nombre des isles qui composoient autrefois chaque sixain.

VI. Le quartier des juifs, qui sont très-anciens dans Montpellier, étoit separé du reste des habitans; mais on trouve qu'ils logérent successivement en divers endroits de la ville : nos Guillaumes les souffrirent dans le fauxbourg de Villeneuve, quoiqu'ils prissent grand soin de les exclure des charges publiques & qu'ils leur ôtassent la liberté de posseder aucun bien fonds. Les rois d'Aragon les protegérent ensuite, comme il paroît, par la permission que Jacques-le-Conquerant leur donna d'avoir un cimetiére & une boucherie particuliére; Philippe-le-Bel les ayant chassé de son royaume en 1303, ils ne laissérent pas d'être maintenus à Montpellier par les rois de Mayorque, & ce ne fut qu'après l'acquisition de Montpellier par nos rois de France que tous ceux de cette nation furent obligez d'en sortir. Nous trouvons dans nos archives que la peste étant dans le fauxbourg de Villeneuve, ils furent transferez dans la ruë de la Savaterie, près de la Saunerie; ils eurent ensuite le credit de se faire changer à la place des Cévénols, dans ce cu-de-sac qui aboutit à la maison de Ranchin & qui retient encore le nom de Juiverie.

Le plus ancien monument qu'ils nous ayent laissé se voit dans la maison de Montade, qui se présente en face lorsqu'on vient par la ruë du Puits-des-Esquilles. On y trouve des voûtes soûterraines qui répondent à un grand puits, d'où l'on tiroit de l'eau pour servir à la purification des femmes juives: tout à l'entour, elles avoient des cabinets pour se deshabiller, &, dans les murailles de ces cabinets, il y a des niches où l'on mettoit du feu pour les chaufer, & des * lampes pour les éclairer; à côté, on trouve une plus grande voûte, où il y a quatre ouvertures au haut, par où les femmes juives entendoient la prédication du rabin, de la même manière qu'elles font encore dans la juiverie d'Avignon.

PAGE 358.

Il est à croire que lorsqu'ils étoient au fauxbourg de Villeneuve, & depuis à la Savaterie, ils avoient leur cimetiére entre la porte de la Saunerie & de Saint-Guillem, comme on le trouve designé dans nos vieux compoix; mais lorsqu'ils eurent été changez sur la hauteur de la ville, on leur en accorda un autre hors la porte du Legassieu, entre les Recolets & Boutonnet, où le sieur Vernioles, faisant remüer la terre pour les travaux de son jardin, il trouva grand nombre de tombeaux & de corps morts, qui avoient tous une bague au doigt & des bandelettes autour du corps, ce qui lui ayant donné la curiosité d'aller consulter les regîtres de l'hôtel de ville, il trouva que ç'avoit été un cimetiére des juifs.

Avant de finir ces observations, je croi devoir marquer le moyen qui m'a réussi pour connoître avec quelque certitude le tems où nos plus anciénes maisons ont été bâties; car nous en avons de cinq & de six cens ans. La forme qu'on donnoit alors aux portes & aux fenêtres a beaucoup déterminé mes conjectures: car, ayant une fois découvert par nos regîtres le tems où quelcune de ces maisons avoit été bâtie, j'ai donné à celles qui sont dans le même goût, environ la même époque; ainsi, la maison des rois de Mayorque étant constanment du XIIIe siécle, & peut-être même d'auparavant, j'ai regardé l'hôtel de ville comme bâti dans ce même tems, à cause de la conformité de leurs vieilles fenêtres & de leurs portes d'entrée: on peut s'en appercevoir en faisant comparaison de la porte du sieur Fargeon avec les deux que l'on trouve en entrant dans l'hôtel de ville, & ainsi des autres qui finissent

VII.

en tiers point comme celles-là. Cette manière gotique est ce qu'il y a de plus ancien à Montpellier, en fait de portes ; après quoi, on s'avisa de couper le tiers point par une traverse de pierre, portée sur deux consoles qui sortent de la muraille : telles sont les deux portes de la maison de Marene & quantité d'autres que nous voyons encore dans ce même goût. Urbain V, dans le xive siécle, fit bâtir le colége de Mende, & Jacques Cœur, dans le suivant, bâtit la loge, & les tréforiers de France, dont les portes font à anse de panier, avec une moulure en faillie, ce qui m'a déterminé à donner environ la même époque à toutes les portes de cette espéce. Vinrent ensuite les portes rondes, chargées d'un couronnement & de pilastres d'ordre rustique ; quelque tems après, on couvrit ces pilastres de pierres taillées en pointe de diamant ; enfin, dans le siécle passé, on fit des portes quarrées avec un entablement, ce qui a été suivi des autres manières que tout le monde voit & que je ne décris point.

VIII. Quelques personnes judicieuses m'ont fait remarquer que je ne devois pas oublier, dans cet article, la manière dont on est pourvû d'eau à Montpellier, puisque c'est une chose des plus importantes à chaque ville. J'observerai à ce sujet que la situation de Montpellier, en forme de cône, ne permetant point de faire monter les fontaines sur sa hauteur, on s'est contenté de les conduire jusqu'aux portes de la ville, où les gens les plus commodes envoyent la prendre ; mais, sur le haut de la ville, on creusa, dès la première origine de Montpellier, des puits larges & profonds pour le service du public, qui a la liberté d'y puiser de l'eau, en payant un petit droit pour l'entretien des cordes & des poulies : tels sont le puits de las Esquilles, celui du Palais & quantité d'autres dans chaque quartier, qui doivent de l'eau à chaque particulier, moyenant ce droit ; il ne laisse pas d'y avoir des puits dans presque toutes les maisons, qui ne sont pas sujets au service public : l'eau, generalement parlant, y est bonne pour boire, hormis dans ceux qui se trouvent trop près des égouts soûterrains dont la ville est traversée.

Nos anciens avoient établi un droit sur les puits publics, comme il paroît par de vieux actes du tems de nos Guillaumes, qui tiroient une rente considerable du puits du Palais ; le vestiaire de Maguelonne en avoit un autre sur * celui de las Esquilles, qui appartient aujourd'hui aux PP. augustins. Le soin de nos ancêtres s'étendit encore jusqu'à pourvoir de bonne eau les grands chemins qui aboutissoient à Montpellier : ainsi la fontaine de Saint-Barthelemi étoit pour la commodité du chemin de Beziers ; celle du fauxbourg de Lates, pour ceux qui venoient du port de Lates, où se faisoit le grand commerce de Montpellier ; les voitures du côté de Castelnau trouvoient des abreuvoirs & de l'eau excellente à la fontaine du Pile-St-Gilles, & tout ce qui

nous venoit des Cévénes avoit Font-Couverte, autrement St-Côme. Je donnerai, à ce propos, le précis d'un acte du 3 mai 1603 (qui m'a été communiqué par Sabatier, procureur à la cour des aides), « où les ouvriers de la
« commune clôture baillent à Raymond & Jean Audifret pere & fils, pour
« leur vie, la fontaine appelée Font-Couverte, avec faculté d'en prendre de
« l'eau pour les prez de leur métairie (dite le Mas de las Boffes) fous
« l'ufage annuel de cinq fols; à la charge de tenir ladite fontaine bien
« nette, de la faire voûter, en y mettant au-deffus les armoiries de l'œuvre;
« d'entretenir les deux piles pour abreuver le bétail paffant, avec faculté de
« prendre une bûche de chaque bête chargée de bois, & un denier de celles
« qui ne feront pas chargées : ce qui avoit été fait précedemment (ajoute
« l'acte) par lefdits ouvriers, en faveur de Nicolas d'Orthoman, profeffeur
« ftipendié en la faculté de médecine, le 20 juillet 1583, & enfuite à Laurent d'Orthoman, fon fils, en 1590. »

OBSERVATIONS
sur les
ANCIÉNES JURÎDICTIONS
DE MONTPELLIER

LA COUR DU BAYLE   – Page 560

I. Ancièneté de cette jurîdiction. II. Fonctions du bailli. III. Forme de son élection. IV. Les habitans maintenus dans le droit de l'élire. V. Henry second, dans ses lettres de confirmation, nous apprend l'histoire de la baillie de Montpellier. VI. Le même roi la suprime cinq ans après. VII. Observations sur cette ancièné charge. VIII. Noms de quelques anciens baillis.

ONTPELLIER & Montpellieret ayant été, durant plusieurs I. siécles, sous deux diferens seigneurs, il étoit comme inévitable qu'il n'y eût deux diferentes jurîdictions; de là vient que d'aussi haut que nos archives remontent, on trouve des officiers de l'evêque dans Montpellieret, & ceux de nos Guillaumes dans Montpellier: il est à croire que ces jurîdictions commencérent toutes deux en même tems; c'est-à-dire lorsqu'on fit la division des deux seigneuries dans le Xe siécle. Il est à observer qu'elles finirent aussi en même tems, ayant été suprimées par un même édit du roi Henry II après avoir duré l'une & l'autre près de six cens ans.

    L'ancièneté de la cour du bailli paroît par le premier statut de la ville, qui porte que le seigneur de Montpellier doit gouverner son peuple par le ministére du bailli, qu'il choisira parmi les habitans de la ville, & par le conseil des prud'hommes de Montpellier: *Faciat bajulum Montispessulani de hominibus tantùm ejusdem villæ, communicato consilio proborum hominum*

ipsius villæ. La chose paroît encore, par un article du testament des quatre de nos derniers Guillaumes, qui recommendent à leurs successeurs d'avoir une attention particulière qu'aucun juif ne soit fait bailli de Montpellier : *Ne ullus Judæus fiat bajulus Montispessulani.*

II. Le bailli connoissoit du civil & du criminel dans toutes les terres de la seigneurie : *Civilium & criminalium habet jurisdictionem,* dit un acte fameux dans nos archives, appellé *Liber estimæ villæ.* Tous les autres baillis particuliers ressortoient de lui, & nommément ceux de Castelnau & de Lates : *Cui etiam bajulo alii & etiam ille de Latis & de Castronovo obedire, & sub ejus examine de jure respondere debent.* Il choisissoit lui-même un juge pour l'aider à rendre la justice, un substitut du bailli & un substitut de juge, un vicaire avec son assesseur, qui faisoient tous une même cour, distinguée néanmoins par trois siéges ou banques, dont la première étoit appelée la cour du bailli & de son juge; la seconde, du sous-bailli & du substitut du juge; la troisiéme, du vicaire & de son assesseur : *Qui faciunt omnes unam curiam, cujus prima sedes seu banqua dicitur esse bajuli, * secunda sub bajuli & sui sub judicis, tertia vicarii & sui assessoris.* Chacun des chefs de ces trois banques avoit le pouvoir de choisir un greffier ou notaire : *Et quilibet assumit unum notarium de villa.*

Ce pouvoir de choisir des adjoins pour l'administration de la justice, auroit pû être d'une dangereuse consequence, si on n'avoit pris le temperament de rendre le bailli annuel avec tous les officiers de sa cour. On procedoit à son élection quatre jours avant la fête de la nativité de Saint-Jean ; mais, lorsque les rois d'Aragon ou de Mayorque se trouvoient à Montpellier, ils nommoient de plein droit à la charge de bailli, selon la reserve qu'en avoit fait Jacques le Conquerant par ses lettres du 10 décembre 1258, & lorsqu'ils en étoient absens, le lieutenant de roi avec les consuls enfermez ensemble, y pourvoyoient.

III. Les procés-verbaux que nous avons de ces élections nous en apprénent la forme : on s'assembloit dans la chapelle du château, *in ecclesia Sanctæ Mariæ de Castro, juxta palatium regium Montispessulani,* & après avoir fait la lecture des lettres de commission du lieutenant de roi, ils juroient, tant lui que les consuls, de proceder en justice & sans interêt à cette élection ; le lieutenant proposoit un homme de la ville pour cette charge, et les consuls en proposoient un autre ; ils étoient balotez tous les deux, & celui qui avoit la moitié des suffrages l'emportoit sur son concurrent ; mais, si les consuls ne pouvoient convenir, le lieutenant ou le gouverneur proposoit quatre nouveaux sujets, sur lesquels les consuls avoient à choisir, & s'ils ne convenoient point, le lieutenant ou gouverneur nommoit de son autorité un des quatre sujets.

L'élection faite, le nouvel élû étoit mandé, &, fur le lieu même, il prêtoit ferment, après quoi il nommoit lui-même fes officiers, qui tous enfemble alloient à Nôtre-Dame des Tables, où ils faifoient publiquement le ferment accoûtumé, pour entrer en exercice le jour de la Nativité de Saint-Jean. Il paroît que nos anciens furent fort jaloux de conferver cette forme d'élection; car il eft marqué que le duc d'Anjou fe trouvant à Montpellier le 20 juin 1378, il manda les confuls à la fale de l'evêque (où il logeoit) pour venir proceder à l'élection des curiaux, & les confuls ayant offert de s'y rendre, par la reverence (comme dit le procès-verbal) qui étoit duë à ce prince, ils le firent néanmoins prier, pour la confervation de leurs privilèges & coûtumes, qu'il voulût bien leur permettre de faire leur proteftation, afin que ce qu'ils faifoient en cette occafion, par refpect pour lui, ne pût pas tirer à confequence à l'égard d'un autre; ce que le duc ne fe contenta pas d'approuver de parole, mais il voulut encore qu'on leur en donnât acte; après quoi, les confuls ayant été admis en fa préfence, on fit fortir tous les étrangers, *& foli confules remanentes juxta chiminariam aulæ fuperioris, dictæ domus epifcopalis*, on élut les curiaux que le duc publia lui-même, après avoir fait ouvrir les portes de la fale.

IV.

Deux ans après, c'eft-à-dire en 1380, la charge de bailli fut mife fous la main du roi, comme nous l'avons dit en parlant de la fédition de Montpellier, & le duc d'Anjou nomma de fon autorité à cette place Guiraud Malepüe, châtelain d'Aiguemortes; mais, les habitans de Montpellier ayant été bientôt rétablis dans leurs droits par Charles VI à fon joyeux avénement, ils obtinrent des lettres fpeciales pour la reftitution de la baillie, qui font dattées de Cerkant, proche de Paris, le 19 juillet 1381. Cela donna occafion à une affemblée extraordinaire que firent nos confuls le 1er de novembre de la même année, dans la maifon épifcopale, chés le prince Charles de Navarre, qui avoit alors le titre de gardien de la ville & baronnie de Montpellier pour le roi de France, *cuftos villæ & baroniæ Montifpeffulani pro rege Franciæ*. Les confuls qui étoient alors Jacques de Manhania, damoifeau, Pons de Conches, damoifeau, Pierre Colombier, Guillaume de Tournefort & autres, préfentèrent au prince les lettres du roi de France portant rétabliffement de la baillie, mife ci-devant fous la main du roi par le duc d'Anjou : fur quoi (dit le procès-verbal) le prince ayant reçû avec refpect lefdites lettres, il fit fortir pour un tems les confuls, afin de déliberer avec fon confeil, & les ayant rappelé peu de tems * après, il leur donna une réponfe favorable, après laquelle ils procedèrent à une nouvelle élection, fauf la proteftation qu'ils firent fur la forme inufitée en cette occafion pour le tems & pour le lieu. Ils nommèrent pour bailli Bernard Texier le Vieux, qui ayant

PAGE 562.

été appellé, prêta ferment entre les mains du prince Charles de Navarre; mais, ce feigneur, ne voulant pas affifter à tout ce qui reftoit à faire pour cette cerémonie, nomma pour tenir fa place, nobles hommes Jacques Meiffende, docteur, & Pierre de Montlaur, damoifeau, feigneur de Murles, entre les mains defquels les curiaux nouvellement élûs firent le ferment en langue vulgaire dans l'églife de Notre-Dame des Tables; témoins: Jean, evêque d'Aqs, dans la Bigorre; Jacques Meiffende & Pierre de Montlaur.

Le duc de Berry ayant fuccedé à fon frere, le duc d'Anjou, dans le gouvernement du Languedoc, un nommé Jean Mafculy, fecretaire du duc, fe fit donner l'office de notaire de la baillie en 1383; mais, nos confuls ayant reprefenté que la provifion de cet office leur appartenoit, ils obtinrent des lettres du mois de mai 1384 qui revoquoient le don fait à Mafculy.

Ils joüirent paifiblement de ce droit jufqu'en 1393, où, à la folicitation d'aucuns énemis (difent nos mémoires), on renouvella la playe de la rebellion de Montpellier, & l'on remit fous la main du roi l'inftitution du bailli. L'affaire ayant été portée au parlement de Paris, les confuls & les habitans eurent la main levée par arrêt du 11 décembre 1395, dont ils eurent confirmation par lettres du roi Charles VI, de 1396. Ils en obtinrent de pareilles du roi Charles VII en 1428, & du roi Loüis XI en 1496, qui outre la confirmation de leurs priviléges, revoqua le retranchement d'officiers faits par certains commiffaires, en vertu d'un pouvoir général qu'ils difoient en avoir par tout le royaume.

Les rois Charles VIII, Loüis XII, & nommément le roi François Ier, par fes lettres du mois de mars 1514, confirmérent aux confuls le droit de l'élection du bailli, dont ils joüirent paifiblement jufqu'en 1543, où un nommé Jean Baraton trouva le moyen de fe faire pourvoir des offices de notaire ou greffier du bailli, de fubftitut de bailli & du vicaire.

V. L'affaire ayant été portée au roi Henry II dans la première année de fon regne, il y eut arrêt du confeil dans lequel on trouve un abregé de l'hiftoire de la baillie de Montpellier, telle que je viens de la donner. « Sur quoi (dit
« l'arrêt), après avoir fait voir en nôtre privé confeil lefdites chartes, titres
« & priviléges; oüi le rapport contenu aux informations, nous avons,
« tous lefdits priviléges, libertez, coûtumes, franchifes, approuvé & con-
« firmé, pour en être joüi par lefdits confuls & habitans comme par ci-
« devant.

« Sauf néantmoins que led. bailly ne pourra, par chacun an, nommer ni
« inftituer que un juge aux gages de foixante livres tournois.

« Un lieutenant de juge fans gages... aux droits & emolumens accou-
« tumez.

« Deux notaires ou greffiers, l'un civil & l'autre criminel, fans gages.
« Un capitaine du guet, à quarante livres tournois de gages.
« Un fergent, à cent fols de gages, pour fervir aux guets & faire tous
« exploits & executions.
« Un executeur de haute juftice, aux gages de vingt-cinq livres tournois,
« à prendre fur ladite recette de la baillie.
« Et qu'aucun ne pourra être nommé juge de la manière fufdite, qu'il
« ne foit docteur ou licencié ès loix, & qu'il n'aye pratiqué en fiége & jurif-
« diction préfidiale.
« Revoquons & fuprimons l'erection des notariats en forme de greffier,
« faite en faveur dudit Jean Baraton, qui fera rembourfé par les deman-
« deurs de la fomme qu'il fera apparoir nous en avoir payée, & des frais de
« l'expedition de fes lettres d'office, que nous avons taxé à la fomme de
« douze écus-fol ; à la charge par lefdits habitans de faire exercer, felon leur
« offre, lefdits offices de notaire ou greffier civil ou criminel fans gages ; &
« que les emolumens defdits greffes, dont les pourvûs faifoient leurs profits
« avant l'érection & inftitution dudit Baraton, foient employez aux repa-
« rations & affaires * de ladite ville, fauf ce que nous avions accoûtumé de   PAGE 563.
« prendre fur lefdits greffes avant ladite érection.
« Et partant mettons lefdites parties, les confuls, habitans & Baraton,
« hors de cour & de procès. Si mandons à nos gens tenants nos cours de
« parlement de Paris & de Touloufe, gens de nos comptes & gouverneur
« de Montpellier, qu'ils ayent à tenir la main à l'execution des prefentes.
« Donné à Fontainebleau au mois d'octobre, l'an 1547 & de nôtre regne
« le premier. »

Les chofes reftérent en cet état jufqu'à la fin de l'année 1551, où le même VI.
roi Henry II, ayant aliené une grande partie de fon domaine pour les caufes
rapportées ci-devant, les confuls de Montpellier acquirent la feigneurie de
la ville avec la juftice haute, moyéne & baffe, mere, mixte, impere. En
vertu de cette acquifition, ils fe firent mettre en poffeffion de la baillie le 24
du mois de mars fuivant, que nous comptons 1552, comme je l'ai raporté
au long dans le premier chapitre du quatorziéme livre de cette hiftoire.

Un fi grand changement ne pouvoit fe faire fans laiffer après foi beaucoup de fuites : elles donnérent lieu à l'érection d'un viguier qui réünit
l'anciéne juridiction du bailli & du recteur de la Part-Antique. Henry II
en donna des lettres patentes que je raporterai fous l'article du confulat
auquel la charge de viguier eft attachée ; mais, avant de finir celui-ci, je
crois devoir ajoûter quelques obfervations fur cette anciéne charge de bailli.

1º Elle avoit fubfifté près de fix cens ans, puifqu'elle commença dans le VII.

xe siécle avec nos premiers seigneurs de Montpellier, & qu'elle ne fut suprimée que dans le xvie siécle.

<small>* Liv. 14. chap. 3.</small>

2° Elle étoit sur la tête d'un officier de robe courte, comme il est dit expressément dans le discours * d'Etienne Ranchin, lors de l'instalation des consuls en la charge de viguier, l'an 1554; de là vient qu'on ne trouve que des gens d'épée dans l'exercice de la charge de bailli, ou bien de riches négocians, qui vraisemblablement n'étoient point graduez.

<small>Aux regîtres de la cour des aides.</small>

3° Le siége de cette cour occupoit un espace qui est enclavé aujourd'hui dans l'intendance du côté des cuisines. Comme nous avons vû sur pié cette anciéne maison, nous pouvons en parler plus affirmativement : Guillaume Tuffany l'acheta des consuls, peu après la supression de la baillie; François II lui confirma, par lettres patentes de 1560, la vente que les consuls lui en avoient faite : ses filles, qui furent mariées dans deux bonnes maisons de Montpellier, la vendirent au sieur Cauffe, & celui-ci, sur la fin du siécle passé, la vendit à la comtesse de Ganges, qui l'enferma dans ce grand & beau bâtiment qu'elle fit faire à la place du Temple, & qui sert aujourd'hui de logement aux intendans de la province.

<small>Lib. estimæ villæ.</small>

4° Le district de la juridiction du bailli hors de la ville commençoit au pont du Saint-Esprit ou des Augustins, décendant par le Merdanson jusqu'à Sauzet, & de là montant le long du Lés vers Montferrier, les Matelles Celleneuve, le Terrail, cotoyant ensuite les terroirs de Mirevaux, Villeneuve, Lates & la Part-Antique; c'est ainsi que l'acte souvent mentionné s'en explique.

5° Nous apprenons du même acte qu'on appelloit des jugemens de cette cour à celle du gouverneur, & de celle-ci au parlement : *A bajulo appellatur ad gubernatorem & ab ipsa curia ad parlamentum.*

<small>* No. 3, du premier rang de l'inventaire du greffe.</small>

6° Je ne dois pas oublier un statut fait en 1223, raporté dans un vieux regître de l'hôtel de ville, * par lequel il est prohibé de faire élection d'un consul qui sort de charge pour être bailli, ni du bailli qui sort de charge pour être consul. Cette précaution étoit sans doute pour faire rouler les charges de la ville dans chaque famille, & pour empêcher qu'aucune ne s'y rendît trop puissante. Voici le nom de ceux que j'ai pu découvrir dans les actes qui m'ont passé entre les mains :

VIII. En 1207, Cap-de-biau, *Caput bovis*, est mentionné dans le contrat de vente d'une maison à l'Herberie. Le même ayant été nommé bailli en 1226 donna une sentence portant que les biens des condannez corporellement ne seroient pas adjugez au fisc.

En 1234, Raymond de Conchis est nommé * bayle de la cour dans un accord fait à Saint-Denis cette même année, entre Geraud de la Barce & Pierre Boniface. <small>PAGE 564.</small>

En 1258, Hugues Faber est mentionné comme bayle dans l'élec- <small>Ibidem.</small>

tion des confuls de cette année.

En 1282, Arnaud prend le nom de bayle & de procureur du roi de Mayorque, dans un acte du 17 juillet de cette année.

En 1285, Pierre Seguin est nommé bayle de Montpellier, dans un acte de l'abbaye d'Aniane, qui m'a été communiqué par le sieur Daché.

En 1291, Arnaud, bailli de Montpellier sous Jacques II, roi de Mayorque, lors du traité de ce prince avec autre Jacques, roi d'Aragon.

En 1292, Guillaume Causiti, lors de l'acquisition de Montpellieret par Philipe-le-Bel.

Armoire G, casete 7. En 1325, Pons Bonami.

En 1360, noble Pierre Sabors ou Saporis, l'avoit été en 1355.

En 1361, Aiscelin de Mathiis, bayle & secretaire du duc de Berry.

En 1366, Guillaume Causiti, dans le verbal de l'élection des curiaux de cette année.

En 1367, Jean de la Croix fut élû bailli par ordre du duc d'Anjou, & eut pour juge Jacques Rebuffi.

En 1371, Barthelemy Ricard est nommé bailli de Montpellier dans la mise de possession du captal de Busche pour le roi de Navarre.

En 1373, Bernard Ricardi reçut les lettres de la reine de Navarre, adressées à lui comme bailli de Montpellier.

Armoire H, casete 6. En 1374, François Dupuy, sous le roi de Navarre.

En 1377, Jacques de Manhania, conseigneur de Montferrier sous le roi de Navarre.

En 1378, Pierre de Lostau, & dans un acte latin *de hospitio*, fut fait bailli en présence du duc d'Anjou, qui publia lui-même son élection.

En 1380, Guiraud Malepuë, châtelain d'Aiguemortes, nommé par le duc d'Anjou après la sédition.

En 1381, Bernard Texier, le vieux.

En 1393, Deodat Ambroise, élû bailli contre les prétentions du gouverneur, Philipe de Bruyeres.

En 1398, Leonard Jannes.

En 1411, Jean Roch, bayle, comme il a été dit dans le corps de cette histoire, liv. x, chap. 3.

En 1428, Leonard Auriol, damoiseau, bayle de la cour royale.

En 1441, Jean Roch, le même que dessus.

En 1449, Jehan Nicolas signa comme bailli les statuts du jeu de l'arbalête.

En 1456, Milon Alquerii, bourgeois & bayle.

En 1478, Etiéne Cavillar... Petit-Talamus, pag. 433.

En 1506, Pierre Cezelli, mentionné comme bailli dans une ratification que donnérent nos consuls aux promesses qu'avoient fait leurs députez.

En 1552, Jean de la Volhe étoit bailli lors de la supression de cette charge.

LA RECTORIE

I. Appartint à l'evêque de Maguelone jufqu'à l'acquifition qu'en fit Philipe-le-Bel. II. Son ancien diftrict, tant dedans que dehors la ville. III. Elle fut fuprimée par le roi Henry II. IV. Noms de quelques anciens recteurs.

I. ON appelloit rectorie la jurîdiction de Montpellieret, qui appartenoit à l'evêque avant qu'il en eût fait échange avec le roi Philipe-le-Bel; la chofe eft prouvée par un acte célébre paffé en 1260, entre le roi d'Aragon, Jacques-le-Conquerant, & Guillaume Chriftofle, evêque de Maguelonne.

Le roi reconnoît, dans le premier article de cet accord, « que l'evêque a « pleine jurîdiction dans fa partie épifcopale (même pour le criminel) où « il peut faire faifir les coupables & leur faire le procès : fi toutefois (ajoûte « l'acte) * le crime eft d'une nature à mériter la mort ou la mutilation « des membres, le bailli de Montpellier fera appellé à l'inftruction du « procès, & la punition du criminel lui fera renvoyée. » Ce renvoy donne lieu de croire que le juge de l'evêque dans Montpellieret étoit pris du corps du clergé, puifqu'on prévient les occafions qu'il auroit pû avoir de répandre du fang.

PAGE 565.

Liber ultime ville.

Philippe-le-Bel changea cette difpofition lorfqu'il eut acquis Montpellieret; car il eft dit qu'Alfonfe de Rouveirac, fénéchal de Beaucaire, venant prendre poffeffion pour le roi, en 1292, établit à Montpellieret un recteur, un juge & un notaire ou greffier, tous laïques, qui formérent une cour ordinaire pour le diftrict de Montpellieret, tant dedans que dehors la ville.

II. On a déja vû que fon diftrict dans la ville comprenoit tout ce que l'on trouve à main gauche, en allant depuis le pont des Auguftins ou du Saint-Efprit par la ruë du Pile-Saint-Gilles, devant les Jefuites, & continüant fous l'arc de Mandronnet & devant les penitens jufqu'à la porte de Lates.

Le diftrict de dehors étoit beaucoup plus étendu ; car il commençoit à la porte de Lates, le long de la contrefcarpe appelée Dougue, vers le ruiffeau des Aiguarelles, qu'on fuivoit jufqu'à la fontaine de Lates & au Pont-Juvenal; de là on gagnoit par le chemin de Saint-Marcel & par la croix de Pomeffargues, les fourches de Soriech, les garennes de Grammont & métairie des fœurs de Saint-Gilles, d'où en cotoyant le moulin de Sauzet on revenoit joindre le pont du Saint-Esprit ou des Augustins, en suivant le Merdanson.

Tout ce qui se trouve enfermé dans ce circuit étoit de la jurisdiction de la rectorie et fut cedé par l'evêque au roi Philipe-le-Bel ; mais ce prince voulant donner plus de lustre à sa nouvelle acquisition, demanda que tous les lieux où l'evêque avoit la haute justice fussent ressortables de la rectorie, comme ils l'étoient auparavant ; ce que l'évêque n'ayant pu refuser au roi, le recteur étendit sa jurisdiction sur un grand nombre de vilages, pour lesquels l'évêque se reserva de tenir à Montpellieret un juge d'appeaux : *Et ultra hæc dictus episcopus habet judicem appellationum.* Ces vilages sont ainsi marquez dans le même acte, d'où j'ai tiré tout ce que je viens de dire : Villeneuve, Maureillan, Vic, Cornonterrail, Balaruc, Poussan, Gigean, Fabregues, Mujoulan, Laverune, le Terrail, Murviel, Murles, Vallauquez, Grabels, Assas, Teiran, Guzargues, Laval de Montferrand, Ganges, Saint-Bauzile, Brissac, Cazillac, Soubeirac, les Matelles, le Triadou, Saint-Gilles, Saint-Jean des Cuculles, Treviez, Valflaunez, Saint-Vincent, Saint-Clement, Viol en Laval, Agonez.

Les choses restérent dans cet état après même que Philipe de Valois eût acquis la portion des rois de Mayorque en 1349. Mais le roi de Navarre s'étant fait donner toute la seigneurie de Montpellier, en échange des comtez de Longueville, Mante & Meulan, il parut donner quelque atteinte à la jurisdiction du recteur de la Part-Antique, en permettant aux habitans de Montpellieret de recourir, s'ils vouloient, à la cour du bailli : on observe néanmoins qu'il ne suprima point la charge du recteur.

Nos rois de France, ayant repris bientôt Montpellier & Montpellieret sur le roi de Navarre, laissérent le recteur de la Part-Antique en possession de ses anciens droits jusqu'en 1552, où le roi Henry II résolut de suprimer la baillie de Montpellier & la rectorie de Montpellieret ; mais parceque cette derniére charge étoit à vie, on y trouva plus de dificultez qu'à la supression de celle de bailli, qui n'étoit que pour un an. On prit le parti de laisser en place, pour le reste de sa vie, Antoine du Robin, qui se trouvoit alors recteur de la Part-Antique, & Jean Bernard, juge de ladite rectorie : il fut reglé qu'après leur mort les deux charges seroient suprimées & leurs fonctions exercées par les officiers du viguier.

Je trouve pour le tems que nos evêques furent maîtres de Montpellieret, que le siége du recteur se tenoit à la sale dite l'Evêque ; mais, depuis que nos rois en eurent fait l'acquisition, je n'ai pû trouver en quel lieu le recteur tenoit ses audiences ; je sçai seulement que cette charge devint beaucoup plus considerable depuis Philipe-le-Bel, parceque nos rois ayant illustré

PAGE 566. Montpellieret par l'établissement d'une bourse de marchands, par celui de la cour du petit sceau & de la cour des monoyes, ils nommèrent pour conservateur de leurs priviléges le recteur de la Part-Antique; de là vient que nous voyons ces recteurs employez souvent par nos rois dans des affaires importantes, & pris pour arbitres des diferends qui survenoient à la communauté, quelquefois même à l'église de Maguelonne & aux facultez de médecine & de droit.

Voici le nom de ceux que j'ai pû découvrir dans nos anciens titres:

IV. En 1292, Guichard de Marziac, établi recteur lors de l'acquisition de Montpellieret par Philipe-le-Bel.

En 1333, Hugues de Carsan étoit recteur de la Part-Antique; on le trouve encore en 1336.

En 1340 & 1342, armoire H, cassette 4, où il est dit que Bernard Cabrespine étoit son lieutenant.

En 1351, Pons Berenger, mentionné comme juge de la rectorie dans le procès-verbal du sénéchal de Beaucaire, pour signifier aux consuls de Montpellier les conditions du mariage projetté entre le duc d'Anjou & Constance, fille du roi d'Aragon.

En 1366, Philipe de Laurilla, recteur, mentionné dans le verbal de l'élection des curiaux de cette année.

En 1385, noble Aubert de Puech-Calmo, dans un acte de cette année, prend le titre de gentilhomme du duc de Berry & de recteur de la Part-Antique; il l'étoit encore en 1387. Et Jean Forez, licencié ès loix, étoit son lieutenant.

En 1398, noble Guillaume Sacheti, damoiseau, recteur pour le roi en la Part-Antique, est ainsi nommé dans un acte concernant les Minorettes..... Regître de la Bourse, page 400. Il l'étoit en 1392.

En 1424, noble Hector, sieur de Montlaur, recteur royal de la Part-Antique. Ibidem. Il l'étoit encore en 1435, qu'il reçut commission du comte de Foix, lieutenant-général en Languedoc, de visiter l'abbaye de Psalmody, suivant la demande qu'en avoit fait l'abbé.

Arch. du Dom., reg. 39, fol. 160.

En 1500, Jean Bossavin, en son vivant écuyer, seigneur de Pignan & Fabregues, conseiller & panetier du roi nôtre sire, & son recteur de la rectorie & Part-Antique de Montpellier... ainsi nommé dans un acte de la seigneurie des Caunelles, du 10 décembre 1510.

En 1510, N. Boussuges succeda à Jean Bossavin dans la charge de recteur de la Part-Antique, selon le même acte que je viens de citer.

En 1552, Antoine du Robin étoit recteur de la Part-Antique lors de la supreſſion de cette charge; il avoit pour ſon juge Jean Bernard, comme il a été dit ci-devant.

LA COUR DU PETIT SCEAU

I. Motifs du roi St. Loüis en établiſſant le petit ſceau. II. Loix particuliéres de cette cour. III. Diferens lieux où elle a reſidé. IV. Priviléges qui lui ont été accordez. V. Lieutenans du garde du petit ſceau de Montpellier, établis en pluſieurs villes du royaume. VI. Cauſe du déchet de cette jurīdiction. VII. Noms de ſes anciens officiers.

L'INSTITUTION de cette cour eſt du roi St. Loüis, & ſon établiſſement à Montpellier eſt du roi Philipe-le-Bel, ſon petit-fils, lorſqu'ayant acquis Montpellieret de Berenger de Fredol, evêque de Maguelonne, il y transfera le petit ſceau pour donner du luſtre à ſa nouvelle acquiſition.

Le principal motif qu'avoit eu le roi St. Loüis en créant cette jurīdiction, fut pour abreger les chicanes que les voyageurs françois faiſoient aux marchands étrangers pour le payement des dettes qu'ils avoient contractées dans * leurs expeditions à la Terre-Sainte; car il arrivoit ſouvent que leur voyage étant plus long qu'ils n'avoient crû, ils empruntoient pour leurs beſoins (& quelquefois pour leur rançon) de groſſes ſommes des marchands qui étoient à la ſuite de l'armée; mais, à leur retour, ils éludoient le payement, en déclinant la jurīdiction des juges du lieu où ils débarquoient, & en demandant d'être renvoyez aux juges de leur domicile, qui étoient ſouvent à plus de cent lieuës de là; ce qui étoit cauſe que les créanciers, dans l'impuiſſance de pourſuivre, ou pour ne pas s'expoſer à des fraix plus grands que la ſomme, étoient obligez de l'abandonner.

I.

PAGE 567.

Pour obvier à ce deſordre, le roi St Loüis établit le petit ſceau ſous ces loix particuliéres: 1° Que le débiteur, s'étant une fois ſoûmis à cette jurīdiction, ne pouvoit être reçû à propoſer aucun declinatoire;

II.

2° Qu'il ne pouvoit être oüi en défenſe qu'il n'eût payé, donné caution, ou qu'il ne ſe fût remis en priſon;

3° Qu'il ne pouvoit alleguer que trois exceptions, ſçavoir: le payement de la ſomme, une convention entre parties de ne rien demander, ou bien la fauſſeté de l'acte en vertu duquel on demandoit, ce qui étoit exprimé par ces mots latins: *ſolutum, falſum, pactum de non petendo;*

4° Que le créancier, pour une même dette, pourroit faifir la perfonne & les biens de fon débiteur, en vertu d'une même clameur;

5° Que le juge ne feroit tenu à aucun ordre judiciaire qu'au fien propre;

6° Que le débiteur, qui ne payeroit pas au terme de fon obligation, feroit condané à payer un dixiéme de fa dette en faveur des pauvres.

III. Le premier fiége de cette jurîdiction fut établi par St Louis au château de Montredon, en deça de Vidourle, avant qu'il eût acquis le château de Sommiéres de Pons de Bremont, à qui il donna le Cailar en échange; il transfera auffitôt la cour du petit fceau fur le pont de Sommiéres, où le juge de cette cour avoit fon tribunal, comme il confte par divers actes. Enfin, le roi St Loüis ayant acquis, en 1248, de Raymond, abbé de Pfalmody, le territoire d'Aiguemortes par échange des condamines de Sommiéres, il y forma un port de mer & une ville qu'il enferma de murailles, &, peu de tems après, il y transfera le petit fceau qui étoit à Sommiéres, parcequ'Aiguemortes devint le lieu des embarquemens & des débarquemens pour la Terre-Sainte.

Dupuy, Droits du roy, pag. 407.

La cour du petit fceau refta à Aiguemortes jufqu'en 1292, où Philipe-le-Bel ayant acquis Montpelliéret, il y transfera ce fiége, dans la ruë qui va maintenant des jefuites à l'Efplanade, précifément dans le lieu où eft aujourd'hui la congregation dite des meffieurs: il y a refté jufqu'en 1682, qu'il fut transferé dans l'ancien colége du droit, près de Ste-Anne, lorfqu'on voulut faire le noüveau bâtiment des jefuites, en faveur duquel le roi Louis XIV donna l'ancien auditoire de la cour du petit fceau, pour être enclavé dans leur nouveau bâtiment.

IV. Les priviléges que nos rois accordérent à cette cour la rendirent (comme dit Efcorbiac) la plus belle entre les fubalternes, pour être la plus rigoureufe & la plus briéve.

Dés fon inftitution elle fut attributive de jurîdiction, c'eft-à-dire qu'il étoit permis à toute perfonne du royaume, & même aux étrangers, de s'y foûmettre en contractant; ce qui fait dire aux auteurs qui en ont parlé que c'eft une cour volontaire; mais, auffi la foumiffion une fois faite, il n'eft plus permis de la décliner.

Gloffe VI, n° 10 & 11.

Rebuffi remarque dans fon *Traité des lettres obligatoires* qu'il n'y a que deux autres cours en France qui foient attributives de jurîdiction comme le petit fceau de Montpellier; fçavoir: celle du Châtelet de Paris & celle de Brie en Champagne, pour les foires de cette province.

V. Le garde du petit fceau de Montpellier, au nom duquel toutes les expeditions fe font, eut dès le premier tems de fon établiffement, feize lieutenans difperfez en diferentes villes du royaume, qui tous dépendoient de lui, ils étoient obligez, par ordonnance du roi Charles VIII, donnée à Moulins, le 28 * décembre 1490, de venir à Montpellier en perfonne le jour de faint Loüis, & d'y prêter ferment entre les mains du juge, comme eft de coûtume (ajoûte le roi) il leur enjoint d'y porter un rôle exact des décimes de leurs clameurs, pour le faire figner & fceller audit Montpellier, chacun an à la fête de faint Loüis, &, s'ils y manquent, le roi veut que le garde du petit fceau de Montpellier ou fon lieutenant, fi bon lui femble, puiffe aller fur les lieux & fiége pour ce faire. PAGE 568.

Les villes où réfidoient les feize lieutenans dont nous venons de parler font nommées en cet ordre dans l'ordonnance du roi Charles VIII: Pezenas, Carcaffonne, Clermont en Auvergne, Touloufe, Alby, Villefranche de Roüergue, Mende, Villeneuve-lés-Avignon, le Pont-Saint-Efprit, le Puy, Lyon, Saint-Flour, Paris, Uzés, Gignac & Tulles. On avoit établi de pareils lieutenans dans plufieurs autres villes du royaume avant le regne de Charles VIII, ce qui l'obligea de les fuprimer & de les réduire au nombre ancien, feulement (dit l'ordonnance) & felon l'inftitution & fondation du petit fceau; d'où l'on doit conclurre que dès fon origine il avoit eu les feize lieutenans que je viens de nommer, fans parler d'Aiguemortes & de Sommiéres, où le garde du petit fceau de Montpellier en conferva toûjours un.

Tous ces lieutenans avoient droit de nommer & inftituer des huiffiers pour l'exécution de leurs ordonnances, & deux notaires, chacun pour fervir fous eux. Ces notaires faifoient les fonctions de greffier & fe difoient notaires du petit fcel de Montpellier, comme ceux de Paris fe difent notaires du Châtelet de Paris. Ils avoient pouvoir d'exercer par tout où la jurifdiction du petit fceau pouvoit s'étendre, notamment ceux qui écrivoient fous le juge de Montpellier: d'où vient que les notaires de cette ville ont contracté depuis par toute la France, s'étant confervé ce droit qui leur eft commun à cette occafion avec ceux de Paris & d'Orleans, comme remarque Guenois dans fes obfervations fur Imbert.

Le garde du petit fceau ayant fon fiége dans la Part-Antique, comme nous avons dit, il arriva fouvent qu'il fut choifi pour juge de cette partie de la ville; d'où vient qu'avant la fupreffion de la rectorie fous Henry II, on trouve plufieurs actes où le garde du petit fceau prend la qualité de juge de la Part-Antique. On en trouve encore où il agit comme confervateur de l'univerfité de médecine & des loix; mais ce pourroit bien être par commiffion pour des cas particuliers, car cette qualité de confervateur de l'univerfité lui a été toûjours difputée par le juge mage, & plus encore par l'evêque. *Liv. premier, ch. 4, lettre g.*

Le merite perfonnel des gardes du petit fceau pouvoit bien leur attirer ces commiffions extraordinaires; ainfi, l'on voit dans les archives de l'hôtel de ville une commiffion du roi Charles VI, du 4 avril 1397, adreffée à Urbain Grimoard, juge de la cour du petit fceau de Montpellier, pour connoître du diferend entre les confuls & le prieur de Saint-Firmin, au fujet des droits de fepulture. Ainfi, Guillaume de Senravy, maître des requêtes & juge de la cour du petit fceau de Montpellier, *tanquam commiffarius authoritate regia, & in ea parte fpecialiter deputatus*, prononça, le 17 octobre 1516, fur la proprieté de certaines piéces énoncées dans l'acte original que j'en ai vû dans les archives de cette cour.

Armoire G, caffete 6.

La charge de juge du petit fceau étoit feparée de celle de garde du fceau; mais enfin elles furent réünies dans le feizième fiécle en la perfonne du fieur Planque pere, qui les conferva dans fa famille jufqu'en 1683, où elles pafférent au fieur Defandrieux, qui étoit déja depuis trente-deux ans lieutenant du juge de cette cour; maintenant elles font fur la tête du fieur Granier, qui a Jourdan pour fon lieutenant & Bezac pour procureur du roi.

VI. On remarque que cette jurifdiction a foufert beaucoup de diminution: 1° par l'érection des préfidiaux, qui, de tout tems, lui ont fufcité du trouble, ce qui donna lieu à la déclaration du roi Henry II, en forme de charte en 1553, dans laquelle on trouvera la confirmation de tout ce que j'ai raporté fur l'établiffement du petit fceau de Montpellier; 2° par la fupreffion du droit de décime, qui fut faite en 1634 à la folicitation des états du Languedoc, parce que les parties, à qui l'on accordoit une portion de ce droit de décimes, ne recoururent* plus à la cour du petit fceau avec le même empreffement qu'elles faifoient auparavant.

Efcorbiac, tom. premier, page 384.

PAGE 569.

Je ne dois pas oublier qu'on fe fert de cire verte au petit fceau de Montpellier, pour le diftinguer du fceau des préfidiaux, qui eft de cire rouge; de celui des chancéleries, du Parlement qui eft en jaune, & du grand fceau qui eft indiferemment en cire rouge, jaune ou verte, mais diftinguée par l'effigie du roi dans fon lit de juftice; au lieu que tous les autres fceaux n'ont que les armes de France.

Les noms des gardes du petit fceau de Montpellier, que j'ai pû découvrir par nos vieux actes, font:

VII. En 1333, Capon Bordelli, garde du petit fceau, eut commiffion avec Hugues de Carfan, recteur de la Part-Antique, de connoître d'un grand diferend qu'il y eut à Montpellier entre les confuls & les populaires, au fujet des tailles & impofitions..... Armoire G, caffette 7.

En 1336, Pons de Boriac, garde du petit fceau de Montpellier..... Regîtres de la Bourfe.

En 1342, Hugues de Carfan, le même qui étoit recteur de la Part-Antique en 1333.

En 1351, Durand Ruffi ou Roux, nommé juge du petit fceau dans le verbal du fénéchal de Beaucaire, pour fignifier aux confuls de Montpellier les conditions du mariage projetté entre le duc d'Anjou & Conftance d'Aragon.

En 1368, Hugues de Porta, garde du petit fceau; nous avons de lui un vidimus des lettres du roi Jean, données en 1360.

En 1370, Aifcelin de Mathiis, fécrétaire du duc de Berry, & garde du petit fceau royal de Montpellier, comme porte le vidimus que nous avons de lui des lettres de Charles V, fur le payement de la rançon du roi Jean.

En 1397, Urbain Grimoard, dont j'ai fait mention dans le corps de cet article, eft nommé juge du petit fceau; il étoit fans doute de la famille du pape Urbain V, mort depuis 27 ans, dont il portoit le nom & le furnom.

En 1412, Jean de Meirac prend le titre de garde du petit fceau royal de Montpellier, dans un vidimus qu'il donna des lettres du roi Charles VI, pour foûtenir les fraix de la guerre civile qui s'émut durant ce regne entre les princes de la maifon royale.

En 1516, Guillaume de Saint-Ravy exerça, en qualité d'officier du petit fceau, la commiffion dont j'ai parlé ci-devant dans le corps de cet article; il obtint, en 1534, un arrêt raporté par Efcorbiac pour la confervation des priviléges de fa charge. Page 383.

En 1557, Antoine Gavaudan, juge du petit fceau..... ainfi nommé dans un échange par lui fait d'une maifon affife à la rue du Campnau.

En 1606, Jacques de Montchal, confeiller du roi, garde du petit fcel royal de Montpellier; ainfi nommé dans un clameur par lui donné en 1606. Il avoit pour juge, en 1604, Barthélemy Planque, mentionné en cette qualité dans un arrêt raporté par Efcorbiac. Page 387.

En 1645, Barthelemi de Planque, feigneur de la Valette, confeiller du roi en la cour du petit fceau royal de Montpellier, garde fceau de ladite cour & confervateur des rigueurs & priviléges d'icelle,.... Tiré des regîtres du petit fceau.

En 1660, Barthelemi de Planque (fils du precedent) prenoit le titre de confeiller du roi, juge du petit fcel royal de Montpellier, garde fceau de ladite cour, & confervateur des rigueurs & priviléges d'icelle & membres en dependans..... Tiré des mêmes regîtres.

En 1683, Jacques Defandrieux, pere.

En 1695, Antoine Defandrieux, fils.

En 1728, N. Granier.

En 1736, Jacques Barre.

L'HÔTEL DES MONOYES.

I. L'hôtel des Monoyes d'aujourd'hui fut établi dans Montpellier par Philipe-le-Bel. II. Il y avoit eu auparavant une fabrication de monoyes à Melgüeil. III. Les evêques de Maguelonne, en qualité de comtes de Melgüeil, furent maîtres de cette monoye. IV. Le roi Jacques le Conquérant en établit une autre à Montpellier. V. Elle fut célébre dans le royaume. VI. L'hôtel des Monoyes établi par Philipe-le-Bel subsiste toûjours dans le même lieu. VII. Juridiction des officiers de cet hôtel.

I. L'ACTE dont j'ai souvent parlé, qui fait une évaluation des revenus de la seigneurie de Montpellier, nous apprend qu'après l'acquisition de la Part-Antique par le roi Philipe-le-Bel, la cour des monoyes, qui étoit auparavant à Sommiéres, fut transportée à Montpellieret, et que le recteur de la Part-Antique lui fut donné pour conservateur de ses priviléges : *Moneta quæ priùs erat Sumedrii, fuit etiam ibi transportata, cujus privilegiorum conservator fuit rector.*

Cette époque est d'autant plus remarquable que les regîtres de la cour des monoyes, à Paris, ne commencent que sous le regne de Philipe-le-Bel, selon la remarque de le Blanc, dans la préface de son *Traité des Monoyes*. Nous verrons dans la suite que l'hôtel des Monoyes, qui fut alors établi à Montpellier, a toûjours resté dans le même lieu où on le mit alors ; mais auparavant, il paroît nécessaire, pour ne rien omettre sur cette matiére, de faire connoître les sols melgoriens qui se fabriquoient dans le pays, longtemps avant l'établissement du roi Philipe-le-Bel.

II. Il est certain, par tout ce que nous avons raporté du testament de nos Guillaumes, que les sols melgoriens étoient la monoye courante du pays, dans le onzième & douzième siécle; il est encore certain que cette monoye étoit fabriquée à Melgüeil, comme il paroît par les accords passez à ce sujet entre les Guillaumes, seigneurs de Montpellier, & les comtes de Melgüeil ; la chose est si fort reconnuë, que le célébre Mr Dupuy, dans son livre *Des droits du roi sur plusieurs villes de France*, dit ces paroles remarquables, en parlant de Mauguio ou Melgüeil : Dans ce terroir on a tiré autrefois quantité d'argent, c'est pourquoi il y avoit anciénement une monoye appellée *solidi melgorienses*, de laquelle plusieurs anciens titres & contrats font mention.

Je ferois porté à croire que les anciens comtes de Subftantion, voulant profiter des mines qu'ils avoient dans leur terre de Melgüeil, firent fabriquer cette monoye, qui porta quelque tems le nom de Subftantion, comme nous l'apprenons de le Blanc, qui dit avoir vû des deniers anciens avec cette infcription, Heuftancien; mais, ces mêmes comtes, ayant changé leur demeure à Melgüeil, donnèrent le nom de ce lieu aux efpeces qu'ils y faifoient fabriquer & qui eurent cours dans toute la province. La chofe paroît par un acte de 1160, raporté dans les mémoires de Catel, où il eft dit que Guillaume, evêque de Beziers, remet aux juifs de fon diocéfe, pour la fomme de deux cent fols melgoriens, le droit que les chrêtiens avoient de les infulter & de leur jéter des pierres depuis la veille des Rameaux jufqu'au mardi de Pâques : *Et propter hanc remiffionem dediflis mihi Guillelmo epifcopo ducentos melgorienfes, ad commodum ecclefiæ Sti Nazarii, quos omnes denarios a vobis Judæis accepi.* *Page 134.* *Page 523.*

Dans un acte de 1209, qui eft dans le cartulaire de Carcaffonne, on cede une terre à la charge de trois mile fols melgoriens de cens annuel. Et par un autre de 1212, qui eft dans le cartulaire de Touloufe, il eft dit qu'on fera au comte un payement de cent mille fols, indiftinctement de la monoye de Touloufe ou de celle de Melgüeil. *Le Blanc, pag. 41.* *Ibidem.*

* Les evêques de Maguelonne ayant acquis la comté de Melgüeil de la manière que nous l'avons dit en 1225, ils firent batre des fols melgoriens, & l'un d'eux ayant voulu y fabriquer des marabotins qui avoient un plus grand cours, à caufe du trafic des Maures d'Efpagne, il s'attira de la part du pape Clement IV une lettre célèbre, dans laquelle il lui demande s'il eft permis à un catolique de faire batre la monoye avec l'empreinte de Mahomet : *Quis enim catholicus monetam debet cudere cum titulo Mahometis?* Enfuite il lui repréfente qu'il avoit toûjours befoin de la permiffion du roi. III. *PAGE 571.*

Cependant, foit que cette permiffion eût été donnée, ou que le droit de l'evêque, en qualité de comte de Melgüeil eût été reconnu, il eft conftant que Berenger de Fredol, fucceffeur immédiat de Guillaume Chriftofle, à qui le pape avoit écrit, ufa de fon droit, puifqu'il fit des reglemens pour la fabrication de fa monoye de Melgüeil, confirmez & approuvez par Jacques, roi d'Aragon & de Mayorque, alors feigneur de Montpellier. L'acte que j'en ai feroit trop long à être raporté dans fon entier, mais le précis exact que j'en vai donner, mettra fuffifamment le lecteur au fait de cette affaire.

Berenger dit expreffément « qu'il parle comme comte de Melgüeil, « *tanquam comes Melgorii*; & en faifant mention d'un accord déja fait entre « le roi Jacques & lui, au fujet de fa monoye de Melgüeil, *Monetam noftram* « *melgorienfem*, il s'engage de la faire fraper fous la loi de quatre deniers

« moins une pite, argent fin de Montpellier, *Ad legem quatuor denariorum*
« *minus pitta argenti fini Montispessulani*, & du poids de dix-huit sols & neuf
« deniers le marc de Montpellier; de forte qu'il n'y aye point d'obole que
« de la loy & poids fusdit de dix deniers.

« Et quoique (ajoûte-t-il) les anciens comtes de Melgüeil eussent coû-
« tume de prendre six deniers sur chaque marc, il dit qu'il se contentera
« dorénavant de n'en prendre que deux, pour le droit de seigneuriage &
« pour les fraix de la fabrication, bien entendu que ces deux deniers seront
« quittes de toutes charges. Mais, parceque la monoye doit être stable &
« toûjours la même, nousdit evêque, en qualité de comte de Melgüeil, pro-
« mettons tant à vous, seigneur roi, & seigneur de Montpellier, qu'à vous,
« consuls de ladite ville, que nous ne diminüerons point nôtre monoye du
« poids & loi déjà marquez, & que nous la ferons fabriquer, examiner &
« délivrer, comme on a accoûtumé de toute anciéneté, en observant que le
« maître de la monoye garde tous les essais des monoyes, & que les
« monoyeurs, gardes & examinateurs, jurent entre nos mains de s'acquiter
« fidélement de leurs charges.

« Et parcequ'il pourroit arriver qu'à cause de la cherté de l'argent, du
« billon & du bas-aloi, on ne pourroit pas faire une monoye sur le poids
« qui a été dit, alors nous ne ferons rien que du conseil du seigneur de
« Montpellier ou de son lieutenant, & de celui des consuls de ladite ville;
« que si l'on nous refusoit ledit conseil, après l'avoir demandé pendant
« deux mois, nous nous reservons de pouvoir diminüer alors le poids des-
« dites monoyes qui auront cours à Montpellier, comme si elles étoient du
« poids des anciénes.

CONFIRMATION
DU
ROY JACQUES.

« Et nous, Jacques, par la grace de Dieu, roi d'Aragon, de Mayorque &
« de Valence, comte de Barcelonne, en qualité de seigneur de Montpellier,
« sçachant que vousdit evêque devez faire fraper la monoye susdite de Mel-
« güeil, de nôtre volonté & consentement exprès, *de voluntate nostra expressa*
« *& consensu*. Nous voulons, pour l'utilité de nôtre terre de Montpellier &
« la vôtre, que de quatre deniers que nous avions sur chaque marc de ladite
« monoye, nous n'en ayons que deux. Et parceque, selon les anciénes con-
« ventions entre les anciens comtes de Melgüeil & les seigneurs de Mont-
« pellier, la monoye de Melgüeil doit avoir cours à Montpellier, nous vous
« promettons à vous evêque, comme seigneur de Melgüeil, que nous
« ferons recevoir vôtre monoye dans Montpellier & dans toute sa dépen-
« dance, tant que vous garderez le poids & la loi susdite, & qu'on n'y en
« recevra point d'autre que la vôtre & la nôtre, appellée grosse monoye
« d'argent & d'or, *præter monetam nostram grossam argenti & auri cussam &*

sur les anciénes jurisdictions de Montpellier.

« *cudendam;* promettant de punir ceux qui voudroient * y en recevoir
« d'autre que celle de Melgüeil & nôtredite monoye grosse.

« Ce que nous promettons de faire jurer par nôtre lieutenant à Montpel-
« lier, par le bailli & par les autres officiers de nôtre cour de Montpellier,
« lorsqu'ils seront reçûs en leurs charges : voulant que les consuls tiénent
« la main à ce qu'aucune autre monoye que la nôtre & celle de Melgüeil
« n'aye cours dans Montpellier ; ce que nous ferons ajoûter dans la for-
« mule du serment qu'ils prêtent à leur création, & publier tous les ans à
« son de trompe. Mais, afin d'éviter toute surprise pour les habitans de
« Montpellier, nous voulons que si on leur fait des payemens en monoye
« étrangere, ils puissent la recevoir au change, & non comme monoye de
« cours; de quoi nos officiers & consuls jureront entre les mains de nôtre
« lieutenant à Montpellier, & nôtre lieutenant jurera sur les saintes évan-
« giles. Fait & passé dans le palais du seigneur-roi à Montpellier ; sçavoir :
« dans la chambre appellée de Lorebosc, l'an de l'incarnation 1272, & le
« 4 février, en presence de Raymond de Bochages, prévôt de Maguelonne ;
« Pierre Almeras, archidiacre & prieur de Saint-Firmin ; Me Pierre Julien,
« archidiacre & prieur de Montauberon ; Fredol de Saint-Bonnet, prieur
« de Nôtre-Dame de Lunel, tous chanoine de Maguelonne ; Albert de
« Lavagnac ; Raymond de Ribaute ; Pierre de Tournemire, jurisconsultes,
« & plusieurs autres marchands, changeurs & autres habitans de Mont-
« pellier. »

Nous voyons par cet acte la possession où étoit l'evêque de Maguelonne
(en qualité de comte de Melgüeil) de faire batre la monoye ; nous voyons
que sa monoye avoit cours à Montpellier, que la fabrication des especes étoit
fort anciéne à Melgüeil, & qu'il y avoit tous les officiers nécessaires, comme
un directeur de la monoye qu'ils appelloient maître, des essayeurs, des monoyeurs, des gardes & des examinateurs. Nous allons voir par un autre acte,
qui n'est pas moins curieux que le précedent, que dans le tems que le roi
Jacques consentoit à la fabrication des especes qui se faisoient à Melgüeil, il
voulut qu'il y en eût une semblable à Montpellier : l'acte en fut signé trois
jours après celui dont nous venons de parler, ayant été fait le 7 février de
la même année 1272.

« Le roi dit d'abord que la monoye de Melgüeil ne pouvant sufire pour
« grand négoce qui se fait à Montpellier, d'où il prend occasion de faire
« l'éloge de cette ville en ces termes : *Quæ villa sub umbra dominationis
« nostræ divina potentia condonante, crevit in immensum, & una de melioribus
« villis totius mundi hodie reputatur.* Il ordonne, à la requisition de ses fidéles
« consuls de Montpellier, qu'on y frape une grosse monoye d'argent ; sça-

PAGE 572.

IV.

« voir : des deniers & oboles, dont chaque denier vaille douze deniers de
« Melgüeil, & chaque obole six deniers melgoriens, pour l'usage de la ville
« de Montpellier & de toute sa seigneurie ; auquel effet il veut que cette
« grosse monoye soit toûjours de l'argent fin de Montpellier, marqué du
« poinçon de ladite ville, & dont le plus gros argent ne tiéne plus d'un
« ternal & un denier d'alliage. Que les soixante deniers de ladite grosse
« monoye, ou les six vingts oboles pesent un marc de Montpellier, sans
« plus ; sauf que si les soixante deniers ou six-vingts oboles, qui doivent se
« trouver au marc, ne sont foibles que de trois ou de six grains, les deniers
« & oboles susdits ne laissent pas d'avoir cours, & que le maître de la
« monoye se contente de reparer ce défaut dans la première fonte ou
« réfonte, ce qu'il fera de même s'ils se trouvent trop forts.

« Nous voulons (ajoute le roi) que lesdits deniers soient d'un poids
« égal, de sorte que le plus fort ne pese pas plus d'un grain & demi que
« les autres deniers, & que le plus foible ne pese pas au-dessous d'un grain
« demi, & ainsi des oboles à proportion ; en sorte que si quelque denier
« ou obole ne se trouve pas de cette loi, que le plus fort soit affoibli, & le
« plus foible réfondu. Les deniers & oboles ayant reçû leur empreinte, les
« monoyeurs, en présence des gardes, les remettront au maître de la
« monoye pour les repeser, & les ayant trouvé bons & de poids, il les
« livrera aux gardes de la monoye, qui, en présence du maître de ladite

PAGE 573. « monoye, s'il veut s'y trouver, les enfermeront * dans un bon cofre
« fermé à deux clefs, l'une pour le maître de la monoye & l'autre pour
« les gardes.

« Ces derniers, ainsi renfermez, ne seront délivrez qu'après l'épreuve
« qu'en aura fait l'essayeur, qui observera la même regle donnée ci-devant
« au maître de la monoye ; mais il faut que l'essayeur & les gardes s'accor-
« cordent dans le jugement qu'ils en porteront, &, s'ils étoient d'avis dife-
« rent, nous en reservons la décision à nous ou à nôtre lieutenant, qui se
« fera aider, en nôtre absence, par quelques prud'hommes qu'il appellera.

« Les consuls nous présenteront deux hommes de Montpellier pour être
« gardes de la monoye, & si nous ou nôtre lieutenant ne les croyons pas
« sufisans, lesdits consuls y en ajoûteront deux autres, afin que des quatre
« nous en choisissions deux. Ces gardes jureront de ne recevoir aucun
« salaire du maître de la monoye, & de n'entrer jamais en part de ladite
« monoye, pendant le tems qu'ils seront en place.

« Nous voulons que cette grosse monoye ait cours dans tous les
« royaumes, comtez, vicomtez & terres de nôtre domination, & qu'on la
« reçoive en payement de toute sorte de somme, sur le pié déja marqué ;

« à quoi feront contrains les créanciers fur la feule plainte des débiteurs,
« par nôtre cour de Montpellier ou telle autre des terres de nôtre domina-
« tion. Nous déclarons ne vouloir porter aucun préjudice à la monoye de
« Melgüeil, au contraire, nous voulons qu'elle aye cours tant qu'elle ref-
« tera au poids & titre convenus entre nous & l'evêque de Maguelonne,
« comme comte de Melgüeil. Et fi, pour l'utilité publique & avec nôtre
« participation, l'evêque de Maguelonne venoit à diminüer le poids &
« titre de fa monoye, nous diminüerons à proportion la nôtre, afin que
« nos fujets ne foufrent point de la difproportion qui y feroit. Ainfi
« promis & juré de l'ordre du roi, & de Jâques, fils du roi, heritier des
« états de Mayorque, de Montpellier, de Rouffillon, Cerdagne & Conflant.
« Donné à Montpellier, le 7 février 1272. Témoins : Ermengaud, d'Ur-
« gel, &c. »

Il paroît clairement, par ce dernier acte, qu'il y avoit une fabrication de V.
monoye à Montpellier, plus de fix vingts ans avant que le roi Philipe-le-Bel
y tranfportât l'hôtel des monoyes qu'il avoit à Sommiéres. Le bon ordre y
fut toûjours fi bien obfervé que, dans un avis donné au roi Philipe-le-Hardy
pour la reformation de la monoye de Paris, on lui propofa pour modéle la
monoye de Montpellier. Je raporte les propres termes de ce tems là, que le
Blanc nous a confervé dans fon traité des monoyes... « Il nous femble qu'il *Page 201.*
nous feroit bon à faire, & grand aufmone, & pour éviter moult de malice
qui en font faites à Paris, & pour grand profit à noftre cher feigneur le
roy, qu'il fit faire & affiner tout l'argeant oncques qui eft à Paris par
bonnes gens, ainfi comme l'on fait & ufe à Montpellier & en d'autres
bons lieux.

Philipe-le-Bel profita de l'avis qui avoit été donné au roi fon pere, & pour
animer les monoyeurs de Montpellier, il leur accorda de fi beaux priviléges
qu'ils dégenererent enfin en abus ; car, outre l'exemtion des tailles & de
toutes charges municipales qu'ils prétendirent, & où même ils furent maintenus par un arrêt du parlement du 5 mars 1389, ils s'aviférent de communiquer leurs priviléges à plufieurs habitans riches & puiffans, qui fe faifoient recevoir monoyeurs pour être exempts des charges publiques : la
plainte en fut portée par nos confuls aux diferens gouverneurs que nous
eûmes dans la province pendant le xive fiécle, ce qui donna lieu au duc de
Berry d'envoyer un ordre au bailli de Montpellier & au juge du petit fceau,
de taxer ces prétendus monoyeurs felon la valeur de leurs biens.

Je dirai ailleurs quand eft-ce que toutes ces exemtions furent abolies ; VI.
mais il eft tems de parler un peu plus en détail des hôtels de monoye qui
furent à Montpellier. J'avoüe que je n'ai point trouvé en quel lieu de la ville

les rois d'Aragon & de Mayorque firent batre leur monoye; car il est hors de doute que ce ne fut point dans Montpellieret qui ne leur appartenoit pas, au lieu que Philipe-le-Bel y établit l'hôtel qu'il fit venir de Sommiéres, comme dans la partie * la plus anciéne pour nos rois de France (selon l'ordre des tems); de là vient que les rois, successeurs de Philipe-le-Bel, ayant acquis la portion des rois de Mayorque, donnèrent à Montpellieret le nom de Part-Antique, *seu pars antiquitùs acquisita*, pour distinguer la juridiction de Montpellieret de celle de Montpellier.

PAGE 574.

Ce fut donc dans la Part-Antique que Philipe-le-Bel établit son nouvel hôtel des monoyes, dont on voit l'anciéne porte en venant de l'Esplanade, par la ruë qui va droit à cet hôtel. Les ornemens qui y restent & qui sont dans le goût de ceux de la loge, donnent lieu de croire qu'ils furent faits de l'ordre & du tems de Jacques Cœur, m^e de la cour des monoyes sous le roi Charles VII: ce que l'on dit de la naissance de Jacques Cœur & de l'affection qu'il conserva toûjours pour Montpellier fortifie beaucoup cette pensée. On a fermé de nos jours cette porte en lui laissant ses anciens ornemens, & l'on en a ouvert une autre vis-à-vis les Augustins, par où l'on traverse l'hôtel des monoyes pour sortir par une autre porte, qui est devenuë la principale, parce qu'elle est plus à portée du grand abord de la ville.

L'enceinte de cet hôtel est remplie de plusieurs logemens construits en diferens tems & disposez de diferente maniére. Les fondeurs, les tireurs, les graveurs, les essayeurs & autres ont leurs places separées, avec toutes les machines qui leur sont nécessaires. Les officiers, qui ne doivent jamais quiter l'hôtel, y ont un logement d'habitation, & les ouvriers ont des chambres separées pour y vaquer à leur travail. Ces officiers sont maintenant réduits à sept, deux juges-gardes, Campan & Niffole; un directeur trésorier particulier, auquel a été réüni l'office de receveur au change... Guillot; un contrôleur-contregarde... Montreal; un essayeur... Freboul; un tailleur ou graveur... Thubert; un procureur du roi, Fabre.

De tous ces officiers les deux juges-gardes avec le contrôleur-contregarde & le procureur du roi jugent en premiére instance de toutes les fautes & malversations des officiers & autres cas, dont la connoissance est attribuée à la cour des monoyes privativement à tous autres juges.

VII. L'hôtel de Montpellier ressortit à celui de Paris jusqu'en 1704; mais le roi, ayant créé, par édit du mois de juin, une cour de monoye à Lyon, y attacha l'hôtel de Montpellier, qui a sous sa dépendance particuliére les diocéses de Montpellier, Nîmes, Mende, Uzés, Alais & le Puy. Tous les ouvriers en or, argent & autres métaux de ces six diocéses ressortent à Montpellier, les officiers duquel reçoivent le serment desdits ouvriers & ont droit de visite chés eux. Ces ouvriers sont nommez de la sorte dans l'édit donné à Saint-Germain-en-Laye, au mois de décembre 1638 : monoyeurs, changeurs, affineurs, départeurs, bateurs d'or & d'argent, cueilleurs d'or de pailloles, alchimistes, orfévres, lapidaires, joüailliers, balanciers, fondeurs, graveurs & mouleurs en sable.

Nos rois, dans les diferentes supressions qu'ils ont fait de plusieurs hôtels de monoye, ont conservé toûjours celui de Montpellier. Henry II, par son édit du 3 mars 1554, les réduisit aux seules villes où il y avoit des trésoriers de France, généraux de ses finances, & dans le dénombrement qu'il fait des generalitez du royaume celle de Montpellier n'est pas oubliée.

François Ier son pere, ayant ordonné que chaque hôtel de monoye marqueroit d'une lettre distinctive toutes les especes qui y seroient fabriquées, assigna à celui de Montpellier la lettre N, qu'il a conservé toûjours depuis. On a pû observer, par la lettre missive que j'ai raportée du prince de Condé au duc de Rohan, en 1628, que ce duc fit batre monoye à Montpellier pendant les dernieres guerres des huguenots ; & l'on a vû ailleurs qu'il y fit fabriquer des especes appellées des Rohans : cet attentat contre l'autorité royale fit suspendre à Montpellier la fabrication des especes, tout le reste du regne de Loüis XIII ; mais, dès l'année de sa mort, en 1643, les sieurs Breys & Gauteron, habitans de la ville, furent chargez de la continuër, ce qui a duré depuis.

LA COUR
DITE DU GOUVERNEUR OU DU PALAIS

PAGE 575.

I. Elle commença sous les rois d'Aragon, seigneurs de Montpellier. II. Le gouverneur ou lieutenant de roi faisoit exercer la justice par des officiers de robe. III. Cette juridiction fut suprimée à l'érection des présidiaux.

JE n'ai trouvé aucun vestige de cette cour dans le tems de nos Guillaumes ; mais, depuis le roi Jacques Ier, il en est parlé dans tous nos titres, & nous avons une suite bien marquée des gouverneurs ou lieutenans de roi, qui faisoient alors exercer la justice au nom du prince, par des officiers, dont le principal étoit appellé *judex major* ou juge-mage.

I.

L'acte souvent cité, qui a pour titre: *Liber estimæ villæ*, nous apprend qu'on appelloit de la cour du bailli à celle du gouverneur, *à curia bajuli appellatur ad gubernatorem, qui est ibi pro domino*. Le prince n'étoit pas astraint de nommer un homme du pays pour son lieutenant, mais il l'envoyoit à Montpellier de tel lieu de ses états qu'il jugeoit à propos, *& per dominum instituitur undequaque*: de là vient que dans la liste que je donnerai de ces gouverneurs, on trouve des Languedociens, des Catalans, des Mayorquins sous les rois d'Aragon & de Mayorque; des Gascons & des Basques sous le roi de Navarre, & des François de toutes les provinces du royaume sous nos rois de France.

II. Les officiers du gouverneur, outre le juge-mage, étoient l'avocat, le procureur & le greffier ou notaire; *Habet judicem, advocatum, & procuratorem, & etiam notarium*. On pouvoit appeler à leur cour, pendant six mois, des jugemens du bailli: *Ista curia superior cognoscit de appellationibus per sex menses*: mais on appela d'eux au parlement, depuis que nos rois eurent fait l'établissement de celui de Toulouse, *& ab istâ curiâ solet appellari ad parlamentum*.

III. Telle fut à Montpellier la cour de justice exercée au nom du prince jusqu'en 1552 que le roi Henry II ayant établi à Montpellier un siége présidial, il l'unit avec l'anciéne cour du gouverneur, que nous appellons sénéchal, depuis que Loüis XIII eut créé cette charge en faveur de Jacques de Saint-Bonnet de Toiras, seigneur de Restinclieres, de la maniére qu'il a été dit dans le chapitre x du livre 18e de cette histoire.

Je vais donner le nom de ces gouverneurs, que j'ai tiré des archives de la maison de ville, des regîtres de la Bourse & de plusieurs autres actes qui me sont tombez entre les mains. Je les distingue par siécles, afin que le lecteur voye dans un plus grand ordre le tems de leur administration.

Dans le XIIIe siécle. En 1225, Berenger de Cerveria prend la qualité de *tenens locum domini regis Aragonum*, dans le traité de commerce entre les habitans de Pise & ceux de Montpellier... Il étoit encore en place en 1234, lors d'un accord fait à Saint-Denis, paroisse de Montpellieret.

En 1243, Bernard de Castro, mentionné comme tel dans la vente de la terre de la Fosse, faite à Raymond Elie.

En 1247, Guillaume de Pavo est appellé *locum tenens domini regis Aragonum in Montepessulano & in ejus dominatione*, dans le verbal de l'élection des consuls en 1247, où fut élû un Etiéne Roch.

En 1250, Guillaume de Roquefeüil, lieutenant du roi Jacques-le-Conquerant, intervint pour son maître dans le mariage d'Izabelle d'Aragon, avec Philippe-le-Hardy. Il étoit encore, en 1253, lieutenant du roi Jacques qu'il appaifa contre les confuls de Montpellier, qui, ayant été citez à Barcelonne, en avoient appellez à l'evêque de Maguelonne, comme à leur feigneur dominant.

En 1272, Bertrand de Beaupuy, lieutenant à Montpellier pour le même roi * Jacques; il eft mentionné dans l'acte paffé au fujet de la monoye, entre le roi Jacques Ier & Berenger, evêque de Maguelonne, l'an 1272.   PAGE 576.

En 1281, Guillaume de Pavo, ci-deffus nommé, fe trouve encore lieutenant à Montpellier pour le roi de Mayorque, Jacques II, lorfque Guillaume de Pontchevron, fénéchal de Beaucaire, fit commandement aux notaires de Montpellier de mettre dans les actes publics: regnant le roi de France.

En 1292, Bermond de Montferrier, chevalier, lieutenant pour le roi Jacques II, lors de l'acquifition de Montpellieret par le roi Philipe-le-Bel.

En 1292, Raymond Roch eft nommé gouverneur de Montpellier dans les ftatuts faits par les barbiers cette même année.

En 1312, Guillaume de Villaragut, lieutenant du roi Sanche, reçut pour ce roi le ferment des confuls de Montpellier.   *Dans le XIVe fiècle.*

En 1323, Berenger de Pierre Pertuze, lieutenant de Sanche, roi de Mayorque, s'entremit dans le grand procès qui s'étoit élevé entre les confuls & le peuple de Montpellier. Armoire G. Caffette 7.

En 1331, Roger de Rovenac, chevalier, lieutenant de Jacques III, roi de Mayorque, eft mentionné dans le compromis entre les confuls & le peuple fur le diferend émû entr'eux pour la rédition des comptes de la ville.

En 1334, Berenger de Vernede, chevalier, lieutenant de Jacques III, roy de Mayorque. Regîtres de la bourfe, page 200. Il l'étoit encore en 1338, qu'il demanda pour fon maître un fecours d'argent aux habitans de Frontignan.

En 1349, Bermond de Montferrier, lieutenant de Jacques III, roi de Mayorque, lors de la vente de Montpellier, faite par ce prince au roi Philipe de Valois. Dans la même année, Thierry le Comte, feigneur d'Arreblay, chambellan du roi de France, eft nommé gouverneur de Montpellier, dans les lettres du roi Philipe de Valois, du 20 mars 1349, pour mettre en poffeffion Arnaud de Roquefeüil des terres cedées par le roi Jacques de Mayorque.

En 1365, Guy, feigneur de Phinis ou Pheines, gouverneur pour le roi Charles V de la ville de Montpellier..... Verbal de l'élection des curiaux.

En 1366, Leger d'Orgey, gouverneur pour le roi de Navarre.

En 1367, Amedée de Baux, fénéchal de Beaucaire, nommé par le duc d'Anjou, la ville étant alors fous la main du roi de France.

En 1371, Leger d'Orgey, rétabli par le roi de Navarre, après que la feigneurie de Montpellier lui eût été renduë.

En 1373, Jean de Leuziere, mentionné comme gouverneur de Montpellier, dans le diferend furvenu entre Jean Meiffende, fon juge, & les confuls de Montpellier, à l'occafion des étrangers qui venoient dans la ville.

En 1374, Gomez Laurentii, gouverneur pour le roi de Navarre; il l'étoit encore en 1375.

En 1376, Berenger de Paulo, chevalier, gouverneur de Montpellier pour le roi de Navarre; il l'étoit en 1377.

En 1378, Arnaud Delar, fécrétaire du roi, gouverneur de la ville & baronie de Montpellier; il l'étoit encore en 1379, lorfqu'il fut tué dans la grande fédition qui arriva en cette ville.

En 1381, Beroald de Faudoas, chevalier, feigneur de Cauffe, prend la qualité de lieutenant de Charles le Noble, roi de Navarre & gouverneur des terres que fouloit tenir en France le roi fon pere.

En 1383, Gilles Vivian, lieutenant d'Enguerrand de Heudin, fénéchal de Beaucaire, faifit pour le roi Charles VI la ville de Montpellier, dont il venoit d'être nommé gouverneur.

En 1385, Aimeric de Vaffellis, pannetier du duc de Berry, gouverneur de Montpellier... Armoire H, Caffette 6.

En 1395, Philipe de Bruyeres eft nommé lieutenant pour le roi Charles VI, & gouverneur de Montpellier, dans un acte du quinzième tiroir de la 2ᵉ armoire; il avoit entrepris en 1393 de nommer de fon autorité à la charge de bailli, comme il a été dit fous cette année.

*Dans le XV*ᵉ *fiècle.*
PAGE 577.

En 1411, Guillaume Saccheti, échanfon du roi & gouverneur de Montpellier, * fous lequel on impofa la taille cette année par feux & non par diocéfes. Il paroît l'avoir été encore en 1413, par les regîtres de la bourfe, page 127.

En 1416, Imbert de Grolée. On a dans les regîtres de la bourfe, page 41, un vidimus de lui comme gouverneur de Montpellier, des lettres du roi Charles VI, accordant pour quatre ans fix deniers par quintal de fel à nos confuls.

Arch. du domaine reg., no. 39, fol. 211.

En 1428, Thierry le Comte, feigneur d'Arreblay, gouverneur de la ville & baronie de Montpellier; il l'étoit encore en 1435, qu'il reçut commiffion de faire executer certaines lettres du roi Charles VII en faveur du bailli de Montpellier contre le fénéchal de Beaucaire.

En 1457, Guillaume de Cadris, ainfi nommé dans un acte latin & dans un autre écrit en françois. De Caires, feigneur d'Entraigues, étoit gouverneur de Montpellier cette année; il l'étoit auffi en 1459, lorfqu'il fit aux confuls le mauvais traitement qui eft raporté dans le chapitre 3 du livre XI de cette hiftoire.

sur les anciénes juridictions de Montpellier.

En 1465, Remy de Marimont est mentionné dans plusieurs actes de cette année & des suivantes... particuliérement dans l'acte de la translation du parlement à Montpellier, en 1467.

En 1486, François de Marsac, seigneur de Hauterive, reçut la commission de mettre en possession les genéraux rétablis par le roi Charles VIII, en 1467. La commission lui en fut adressée comme gouverneur des villes & baronies de Montpellier & d'Omelas.

En 1490, Guillaume Cosmor. Nous avons de lui comme gouverneur de Montpellier un vidimus des lettres de Loüis XII, accordant cinq deniers sur chaque quintal de sel pour les reparations des murailles de la ville, du pont Juvenal & de Nôtre-Dame-des-Tables.

En 1491, François de Marsac, seigneur de Hauterive, maître d'hôtel du roi & son gouverneur de Montpellier, assigna à Guillaume de la Croix, trésorier des guerres, cinquante-cinq livres tournois, à prendre tous les ans sur le péage de Montmel-lès-Montpellier.

En 1493, Guillaume de la Croix composa avec Marsat de son gouvernement de Montpellier, pour la somme de quatre mile livres tournois, desquelles Marsac confesse en avoir reçû cinq cens pour sa procuration *ad resignandum*.

En 1528, Jean de Gaudete, seigneur de Castelnau & de la Vaulsiére, gouverneur de Montpellier, acquit du roi, cette même année, la seigneurie de Frontignan. *Dans le XVIe siécle.*

En 1533, Pierre de Gaudete, seigneur de Castelnau, écuyer, gouverneur de Montpellier, obtint la préféance sur le président & genéraux, lorsqu'ils ne seroient point en corps. Chenu, page 519, tome 2.

En 1543, Pierre de Bourdic, conseiller, valet de chambre du roi, & pour lui gouverneur de la ville de Montpellier, Lates & Omelas; ainsi mentionné dans les lettres de création de la charge de viguier.

En 1560, Simon Fizes, sécrétaire d'état & baron de Sauve, gouverneur de la justice de Montpellier.

En 1585, Pierre Dampmartin, procureur genéral du feu duc d'Anjou (depuis Henry III), pourvû de l'office de gouverneur de Montpellier que souloit tenir & exercer Me **Simon Fizes**; ainsi raporté dans les regîtres du palais.

En 1595, Guillaume Hébrard, gouverneur de la justice de Montpellier.

En 1605, Jean de Saint-Ravy, sieur de Meirargues, maître-d'hôtel ordinaire du roi, eut cet office, vacant par mort, aux gages de 750 livres, ainsi porté dans ses lettres données à Paris, le 22 mars 1605. *Dans le XVIIe siécle.*

En 1623, François de Montlaur, sieur de Murles, continüa jusqu'au

7ᵉ d'août 1624 que le roi Loüis XIII donna des lettres patentes à Jacques de St-Bonnet de Toiras, fieur de Reftincliéres, par lefquelles il le créa fénéchal, gouverneur en la juftice, ville & gouvernement de Montpellier.

Voici la fuite des fénéchaux :

1624. Jacques de St-Bonnet de Toiras, feigneur de Reftincliéres, pourvû le 17 février, & inftalé le 28 août de cette même année 1624.

1632. Gabriël de la Vallée, marquis des Foffez, pourvû par le roi Loüis XIII *en feptembre 1632, & inftalé le 13 novembre fuivant.

1634. Jacques d'Avoine, feigneur de la Jaille Gatine, lieutenant de roi de la citadelle, fut inftalé en la charge de fénéchal de Montpellier le 21 février.

1639. Charles de Schomberg, duc d'Alüin, maréchal de France, pourvû en 1639, ne fe fit inftaler en la charge de fénéchal que le 17 octobre 1644.

1645. Loüis de Saint-Bonnet-Toiras (fils de Jacques Iᵉʳ, fénéchal), fut pourvû fur la démiffion du maréchal de Schomberg, et inftalé le 24 mars 1645.

1650. Simon de St-Bonnet-Toiras, feigneur de la Foreft, oncle de Loüis fut inftalé le 5 octobre 1650 fur la démiffion de fon neveu.

1667. Loüis de St-Bonnet-Toiras reprend la charge de fon oncle, & fut inftalé de nouveau le 26 janvier 1667.

1678. François-Jofeph de la Croix, marquis de Caftries, gouverneur de la ville & citadelle de Montpellier, fut inftalé en la charge de fénéchal le 28 février 1678.

1729. Armand-François de la Croix, marquis de Caftries, gouverneur de la ville & citadelle de Montpellier, fils du précedent, fit enregîtrer fes lettres avec difpenfe d'âge pour la charge de fénéchal, le 30 juillet 1729.

LE CONSULAT DE VILLE.

I. Ancien nom de nos consuls. II. Changemens faits pour leur nombre & pour leur religion. III. Conseils établis pour les aider dans leurs diferentes fonctions. IV. Le juge ordinaire rendoit justice pour eux en qualité de viguier de la ville. V. Suite de ces juges ordinaires. VI. Justice sommaire renduë par les consuls. VII. Hôtel-de-Ville ancien & moderne. VIII. Suite des premiers consuls depuis 1500.

NOS plus anciens titres donnent le nom de prud'hommes aux I. consuls de Montpellier, qui, de tems immémorial, ont pris soin des affaires publiques de la communauté; les statuts de la ville leur donnent ce nom en divers endroits, et Guillaume, fils d'Ermengarde, eut tant de foi en leur prud'homie, qu'il défendit à ses filles, par son testament de 1121, de se marier sans leur consentement, *absque consilio nobilium proborum hominum Montispessulani*. La sage conduite qu'ils gardérent à la naissance & pendant la minorité de Jacques le Conquerant, leur attira des Espagnols le plus grand éloge qu'on puisse donner à un conseil de ville, car Montaner dit à cette occasion que *per tot lo mon se dia quel plus savi consel del mon era aquel de Monpeller*.

Ces nobles prud'hommes furent au nombre de douze jusqu'en 1389 que II. le roi Charles VI (ayant fait à Montpellier le voyage que j'ai raconté ailleurs) prit la résolution de diminüer le nombre des magistrats municipaux des villes du Languedoc; & par ses lettres données à Toulouse le dernier décembre de cette même année, il ordonna que dorénavant il n'y auroit que quatre consuls à Montpellier.

Quatre ans après, nos consuls réprésentérent à sa majesté qu'ils ne pouvoient sufire aux affaires de la ville, ce qui fit augmenter leur nombre de deux autres : ainsi, dès le commencement de 1394, ils furent six consuls, ce qui a continüé toujours depuis.

On a coûtume de les élire le premier du mois de mars, quoiqu'ils ne doivent entrer en exercice que le 25, qui est le tems où l'année commençoit en France, avant que le roi Charles IX, par son ordonnance expresse de 1564, eût fixé la nouvelle année au 1er de janvier. Je ne raporte point ici la forme de leur élection, dont j'ai assés parlé sous le regne de Philipe de Valois, lorsque ce prince ayant acquis Montpellier, confirma les priviléges

PAGE 579.   de la ville, & specialement * l'élection des consuls dans la forme usitée : on les prenoit de diferentes échelles, c'est-à-dire des rangs diferens qu'on met entre les citoyens. Ces échelles, dans les premiers tems, étoient composées des principaux négocians, des marchands & des artisans ; mais, depuis quelques siécles, on nomme à la premiére place un gentilhomme, à la seconde un bourgeois des plus notables, & ainsi des autres à proportion en décendant.

Le calvinisme, qui s'introduisit dans Montpellier en 1559, troubla ces élections, tant pour la qualité des consuls que pour la religion qu'ils devoient professer ; on commença dès lors à choisir pour la premiére place des magistrats de robe, & on les prit de celle des deux religions opposées, qui prévaloit dans le conseil de ville. Jusqu'en 1603, on trouve le consulat rempli, tantôt par des huguenots, tantôt par des catoliques ; mais, depuis cette année jusqu'en 1623 (c'est-à-dire pendant vingt ans), ils furent tous huguenots, & ils eurent encore le crédit, après le siége de Montpellier, de se conserver le consulat mi-parti jusqu'en 1628, qu'il leur fut ôté par le duc de Montmorency de la maniére que j'ai dit ailleurs. La mode de choisir des magistrats de robe ne laissa point de continüer, & l'on prit pour la premiére place des officiers catoliques de la chambre des comptes, de la cour des aides, des trésoriers de France ou du présidial ; mais, depuis Jacques de Baudan, trésorier de France, qui fut premier consul en 1657, on rendit pour toûjours la premiére place aux gens d'épée.

La création des mairies, qui survint en 1692, parut renverser l'ancien ordre du consulat ; mais enfin les choses furent rétablies de la maniére qu'il a été dit ès années 1701 & 1717, & les consuls sont maintenant choisis selon la forme la plus anciéne.

Leur principale fonction est de se présenter dans les affaires qui interessent la communauté, & de veiller à la police ; ils poursuivent en leur nom les procès qui regardent la ville ; ils en font les honneurs au passage des personnes de la premiére distinction & dans les grandes occasions de joye ou de tristesse qui interessent l'état, ils sont chargez des devoirs publics. Les affaires de police vont à eux en premiére instance, & de là au sénéchal ; mais pour les soulager dans ce grand nombre de fonctions, on a établi diferens conseils selon la nature des affaires qui doivent être mises en déliberation.

III.   Avant le roi Charles VIII, les habitans, sans distinction, étoient appellez dans la cour de l'hôtel de ville, au son d'une cloche dite le Gros-Sent, qui pesoit soixante-dix quintaux : chacun avoit droit d'y assister, mais souvent personne n'y venoit, parcequ'un chacun s'en remettoit sur son voisin ; pour remedier à cet inconvenient & au trouble que le trop grand nombre caufoit dans ces fortes d'affemblées, le roi Charles VIII, par fes lettres données à Amboife, le 4 d'avril 1483, établit un confeil de vingt-quatre habitans, tirez des corps les plus confiderables de la ville, pour déliberer fur les propofitions qui feroient portées dans le cours de l'année par les confuls en charge. Cet ordre a continué depuis, & les opinions y font ouvertes par les trois premiers confuls de l'année précedente; puis viénent deux députez de la cour des aides, deux des tréforiers de France, deux du préfidial, deux de la nobleffe, onze tirez d'entre les avocats, notaires, procureurs, marchands & bons ménagers: après quoi, les deux députez du chapitre de la catédrale donnent leur opinion; le juge-mage recüeillit les voix & autorife le tout par fa préfence; mais, lorfque les affaires paroiffent d'une fi grande confequence que le confeil des vingt-quatre ne veut point s'en charger en feul, il délibere de doubler le confeil, & alors on affemble un autre nombre de vingt-quatre habitans pris des mêmes corps que les 24 d'office pour réfoudre avec eux les queftions propofées.

Dans ce confeil, on délibere fur toutes les affaires genérales de la communauté, comme de l'afferme de fes revenus, de fes procés, des demandes que la ville fait ou qui lui font faites, des logemens, des reparations & autres chofes femblables; mais, pour le détail de la police, on établit, au commencement de chaque confulat, un bureau exprés, qui regle avec les confuls en * charge le prix de la viande, du pain, du gibier, de la volaille & du poiffon; ils veillent au néteyement des ruës, à l'obfervation des jours de fête & à la vérification des mefures, poids, balances & romaines; pour quel effet ils ont pouvoir de condanner à l'amende tous les contrevenans: un de leurs principaux foins eft encore de veiller fur les gens fans aveu, & fur les étrangers qui viénent s'établir à Montpellier. Ce droit leur fut difputé en 1373 par Jean Meiffendis, juge du gouverneur, qui ordonna de fon chef aux hôtes de la ville de lui apporter tous les foirs le nom des étrangers qui viendroient loger chés eux; mais les confuls en ayant appellé au parlement, il fut reglé par l'entremife des amis communs que les confuls renonceroient à leur appel, & que le juge tiendroit pour non arrivé ce qu'il avoit fait: c'eft ainfi que l'acte de leur accord s'en explique.

Environ ce tems & beaucoup auparavant, les confuls étoient déchargez du foin des portes, murailles, foffez & fortifications de la ville, dont la direction étoit donnée aux ouvriers de la commune clôture, *operariis communis claufuræ*, qu'on élifoit tous les deux ans au nombre de quatre; maintenant ils font réduits à l'infpection de la fabrique de Nôtre-Dame des Tables, conjointement avec les marguilliers de la paroiffe, & les confuls ont

* Page 580.

la direction des embéliffements ou reparations qu'il convient de faire tant au dedans qu'au dehors de la ville.

Pour fournir à toutes ces dépenfes ils n'avoient originairement que les biens patrimoniaux de la ville dont on leur laiffoit l'adminiftration; mais les cas extraordinaires, qui furent toûjours frequens, obligérent de recourir à des impofitions paffageres fur les habitans & fur les denrées. C'eft ainfi qu'en 1267, Jacques, roi d'Aragon, permit aux confuls d'impofer quelques deniers fur les habitans, pour conduire à Montpellier l'eau de la Lironde, qu'on parloit d'y faire venir; fon fils Jacques II, en 1294, leur accorda un denier fur chaque fétier de farine pendant trois ans; Jacques III étendit ce denier pour livre fur tout ce qui feroit mis en vente, jufqu'à ce qu'ils euffent amaffé dix mile livres tournois dont ils avoient befoin. En 1358, le duc de Berry accorda aux confuls le droit de barrage pour trois ans, & enfuite le fouquet de vin (mentionné fi fouvent dans nos Annales) fut rétabli par intervalles : ces moyens & autres, comme les cinq fols par minot de fel, que nos rois accordérent fouvent à la ville, fervirent de fuplément à la taille, qui commença d'être fixe fous le roi Jean; alors on donna aux confuls, dans la cotifation de la taille, huit prud'hommes pour adjoins, qui, avec les fix confuls, firent ce que nous appellons encore le confeil des quatorze.

Leur fonction eft de fe partager les fixains de la ville & de les vifiter une fois l'année avec un conful en chaperon; ils écrivent le nombre des perfonnes de chaque maifon, ifle par ifle, &, l'ouvrage fini, ils s'affemblent dans l'hôtel de ville pour y faire le département fur tous les contribuables; mais avant que d'y proceder ils prêtent ferment entre les mains des confuls, fuivant l'anciéne forme que voici :

Jeou home elegit per deliberation & pouiffanço dels feignours confouls de la prefent villa de Montpellier, per vous feignours confouls de la ditta villa, à eftre un dels quatorze de la capella per far l'affieta, cotization, & defpartoment, foubre lous habitans & taillables de la ditta villa, de la cotta-part & pourtion de la tailla & aida, derrieirament entrajada al rey notre foubeiran feignour. Jure à vous dits feignors coffouls que en tous autres fufdits de la capella elegits fegon Dieu & bona confiença à la ditta cottization provederay, ceffant tota amor, tota parentat, tota affinitat, tot odi, toto malvolença. Gardant lo drech & la jufticia tant per lou paure, com per lo ric. En tala maniera que cafcun pague fegun las facultas de fos bes, mobles & immobles, & fegun fon cabal & fon induftria, fans cargar ni defcargar alcun, oltre lo dever, & fans efpargnar ou avantajar alcun. Et aiffo fot la pena de ma damnation, & tout autramen fe Dious me garde & ajude, & aquets fans evangelis de Diou, de me corporalament toccats.

Le rôle de la taille étant dreffé, il eft mis entre les mains du clavaire, qui * eft ce qu'on appelle collecteur dans les autres communautez: fa fonction fut exercée longtems par le fecond conful; mais les diferens troubles que la diverfité des religions caufa dans Montpellier firent changer cet ufage, & l'on nomma des commis pour faire la levée des deniers impofez; depuis ce tems-là on les donne à ferme avec les droits patrimoniaux de la ville.

Pour faire les exploits néceffaires dans tous ces recouvremens de deniers, nos confuls demandérent, en 1365, au roi Charles V, la permiffion d'avoir deux fergens qui leur furent accordez; ils font maintenant en plus grand nombre & fervent, fous le nom d'efcudiers, à groffir la fuite des confuls, lorfqu'ils marchent en cérémonie: alors les efcudiers prénent leur robe mi-partie de bleu & de rouge, qui font les couleurs du roi & de la ville, avec une maffe d'argent qu'ils portent fur l'épaule; le refte de la livrée confulaire a l'épée & la halebarde, on s'en fert pour citer les habitans au bureau de police, & pour prêter main forte à l'exécution de fes jugemens.

La garde & défenfe de la ville, qui eft auffi de l'infpection des confuls, demande fans doute une plus grande main forte; pour cet effet, on a partagé la ville en fix parties appellées fixains, qui donnent chacun une nombreufe compagnie de milice compofée des gens du tiers-état. Elles ont leur capitaine, lieutenant & enfeigne; quatre fergens & quatre caporaux par compagnie: elles marchent felon l'ordre de reception des capitaines, & portent le nom de leur fixain, qui font Saint-Firmin, Saint-Paul, Saint-Mathieu, Sainte-Foy, Sainte-Croix & Sainte-Anne. On a formé, depuis quelques années, une feptiéme compagnie des habitans des fauxbourgs, qui doivent comme les autres prendre les armes au premier ordre, foit dans les réjoüiffances publiques, foit pour monter la garde à l'hôtel de ville, d'où ils partent pour faire la patroüille, lorfque les troupes reglées, qui font aux cafernes, ne peuvent les foulager dans ces deux dernières fonctions.

Il refte à parler des droits honorifiques de nos confuls qui ont entrée aux états de la province, comme ceux des autres villes principales; mais il y a cette diference pour Montpellier que le premier conful en exercice y entre toûjours avec celui de l'année précedente, au lieu qu'il n'y en a qu'un feul des autres villes, excepté Touloufe & Montpellier. Le roi fait l'honneur aux magiftrats de ces deux villes de leur adreffer immediatement fes ordres à la naiffance des fils de France, & dans les grandes occafions qui intereffent l'état, au lieu que dans les autres villes les confuls reçoivent l'ordre du commandant de la province.

IV. Un autre droit confiderable de nos confuls eft la charge de viguier qui leur eft attachée depuis longtems ; j'ai dit ailleurs comment cette charge fut établie par le roi Henry II après la fupreffion de la baillie & de la rectorie faite en 1553. Toute la jurîdiction de la Part-Antique & de la Part-Nouvelle fut alors réünie & attribüée aux confuls qui pouvoient l'exercer par eux-mêmes en qualité de viguiers, lorfque le premier conful fe trouvoit gradué ; mais reguliérement elle l'a été par un juge appellé ordinaire, qui avoit un lieutenant & un procureur du roi. Cette charge par fon édit de création fut donnée à Antoine du Robin, ancien recteur de la Part-Antique, & de lui elle paffa dans plufieurs autres familles de Montpellier, qui s'en fervirent comme de degré pour monter à la cour des aides. Leur jurîdiction s'étendoit dans tout Montpellier & dans les lieux du diocéfe qui étoient de l'anciéne rectorie, fçavoir :

Regiſtres du préfidial.

Balaruc.	Murviel.	Briffac & fon man-	Le Triadou.
Pouffan.	Valhauquez.	dement.	Cazevielle.
Cournonterrail.	Murles.	Soubeiran.	St-Gely du Fefc.
Fabregues.	Guzargues.	Gigean.	Saint-Vincent.
Mujolan.	Teiran.	Les Matelles.	Agonez.
Laverune.	Affas.	Saint-Jean de Cu-	Saint-Clement.
Vic & Maureillan.	Gangés & Cazillac	culles.	Combaliaux.
Villeneuve.	Saint-Bauzeli de	Treviez.	Val en Laval.
Grabels.	Putois.	Valflaunez.	

Page 582.

* Page 378.

* Le juge ordinaire prenoit le titre de juge ordinaire civil & criminel, & commiffaire examinateur en la ville & viguerie de Montpellier, rectorie & Part-Antique d'icelle. Les prérogatives de fa charge étoient confiderables, felon les arrêts raportez par * Efcorbiac ; car il connoiffoit en premiére inftance de tous les cas royaux, mûs entre les habitans de fon reffort ; il prenoit connoiffance du fait de police privativement aux magiftrats préfidiaux ; il recevoit le ferment des métiez jurez de Montpellier : les affaires criminelles des roturiers lui étoient dévolües ; on étoit obligé de l'appeller aux affemblées publiques & particuliéres de la maifon de ville, & il

V. avoit voix, opinion & féance au fiége préfidial après les deux plus anciens dudit fiége. Voici le nom de tous ceux qui ont exercé cette charge environ cent & quarante années qu'elle a refté fur la tête d'une feule perfonne.

1553. Antoine du Robin... puis avocat genéral en la chambre des comptes, en 1575.

1575. Jean de Solas... puis confeiller en la cour des aides.
1599. Jean-Jacques de Plantade... puis confeiller en la cour des aides.
1616. Gabriël Graffet... puis procureur général en la cour des aides.
1624. Jean de Graffet... puis confeiller en la cour des comptes, aides & finances.
1639. Thomas de Rouffet.
1672. Henry Caffeirol, jufqu'en 1693.

J'ai raconté ailleurs comment cette jurifdiction fut incorporée au fiége préfidial de cette ville, qui, pour dédommager Henri Caffeirol, donna à fon fils la charge de juge criminel au fiége du gouvernement, fénéchauffée & préfidial de Montpellier. Les confuls, qui étoient les parties les plus intereffées dans cette union, y donnérent leur confentement; mais ils fe refervérent les honneurs de la charge de viguier, qui donne féance au premier conful immédiatement après le juge-mage; ils vont en corps y prendre leur place en diferens jours de l'année, & ils en font de même à l'hôpital général & à l'hôpital Saint-Eloy, lorfqu'il s'agit de nommer les intendans qui doivent prendre foin de ces deux grandes maifons.

Le refte du tems eft employé journellement par les confuls à juger fommairement dans l'hôtel de ville des petits diferends qui naiffent entre les habitans, fur lefquels ils prononcent fouverainement fans aucuns frais ni épices. Mais la faifon des vendanges leur fournit trop de matiére pour pouvoir terminer par eux-mêmes les querelles du menu peuple; ils s'aident en cette occafion d'un bon & vieux ménager, appellé, dans les regîtres de l'hôtel de ville, le juge de la banque, &, par le peuple, le juge des vendanges: cet homme, affis fur un banc de pierre qui eft à côté de la grande porte, eft fouvent entouré de cent perfonnes qui lui font leurs plaintes, & de cent autres qui difent leurs raifons; les paffans que ce bruit arrête n'y peuvent fouvent rien comprendre; mais le juge, accoûtumé à leurs criailleries, démêle les bonnes & les mauvaifes raifons avec une dextérité merveilleufe, & prononce d'un ton & d'une voix animée par le dieu de la vendange, fans qu'aucun ofe en reclamer.

Son auditoire (lorfqu'il eft le plus nombreux) remplit cette galerie couverte dont nous avons parlé ailleurs, qui eft à côté de l'entrée de l'hôtel de ville, d'où autrefois on parloit au peuple, après que les confuls eurent acquis cette grande maifon d'un nommé Pierre Bonamic, riche marchand, qui la leur vendit, en 1358, pour le prix de quatre mile deux cens florins d'or. Je trouve que l'hôtel de ville étoit auparavant à l'Herberie, & l'on m'a affuré que c'étoit dans cette maifon qui fait coin fur la place des Cévénols attenant la poiſſonnerie; les armoiries & autres figures qui ſont en nombre ſur l'angle de cette maiſon, & les marques d'anciéneté qu'on y voit par tout, me perſuadent aiſément la choſe; mais on n'y étoit pas alors ſi au large qu'on l'eſt à préſent dans l'hôtel de ville d'aujourd'hui, où nos conſuls trouvérent des appartemens voûtez pour leur chapelle, pour leurs archives, pour leurs bureaux & pour leurs priſons; ils eurent encore de quoi loger pluſieurs grands princes, qui y furent reçûs à leur paſſage par Montpellier, comme la comteſſe de Montferrat, fille de Jacques III, roi de Mayorque, en 1359; le duc d'Anjou en 1365, & le pape Urbain V en 1367.

PAGE 583. * Durant plus de trois cens ans on laiſſa ce grand bâtiment avec ſes fenêtres à la gothique, ſon eſcalier à viz & ſes petites portes, ſelon le goût de ce tems-là; mais M. de la Foreſt, ſi zelé pour les embéliſſemens publics, y fit faire les réparations dont j'ai parlé en 1647. Voici les noms des premiers conſuls depuis l'année 1500 :

VIII. 1500. N. Jacques Merven.
1501. N. Perrin de Vaux.
1502. N. Etienne Manny.
1503. N. Jacques Buccelly.
1504. N. Jean Trincaire.
1505. N. Jean Tinturier.
1506. N. François de Faucon.
1507. N. Jean Morgues.
1508. N. Pierre de Leuze.
1509. N. Fredigue de Craxone.
1510. N. Jean Buccelly.
1511. N. Etiéne Manny.
1512. N. François de Faucon.
1513. N. Guichard Baſtier.
1514. N. Jacques Morgues.
1515. N. Fredigue de Craxone.
1516. N. Jean Gaudete, ſeigneur de Caſtelnau.
1517.
1518.
1519. N. Jean Tinturier.
1520. N. Guillaume de St-Ravy.
1521. N. Piere Bennier.
1522. N. Jacques Bocaud, licencié en droit.
1523. N. Guillaume Quarante, licencié.
1524. N. Antoine de Sala, licencié és loix.
1525. N. Jean Caſſet.
1526. N. Jean de Bouques.
1527. N. François Baſtier.
1528. N. Adam Mallyel.
1529. N. Honorat Loubert.
1530. N. Barthelemy Monfaucon.
1531. N. Jacques Bocaud, licencié.
1532. N. Pierre Dumas.
1533. N. Guillaume de St-Ravy, licencié.
1534. N. Claude de Cezelli.
1535. N. Guillaume de Combes.
1536. N. Jean Cognomb, docteur.
1537. N. Guichard de Sandre.
1538. N. Jean de Combes.
1539. N. Jean de Bouques, ſeigneur du Pous.

1540. N. Pierre Criſtophori, licencié en droit.
1541. N. Pierre Focard.
1542. N. Pierre Dumas.
1543. N. François Rozier.
1544. N. Hugues Beguin.
1545. N. Jean de Vivrac.
1546. N. Jean-François de Andrea.
1547. N. Guillaume de Boirargues, maitre des comptes.
1548. N. Nicolas de Bouques, ſieur du Bueil.
1549. N. Pierre Focard.
1550. N. Pierre Criſtophori ou Criſtol, licencié en droit.
1551. N. Euſtache Philippy, docteur ès loix, ci-devant conſeiller en la cour des genéraux..
1552. N. Jean de Sarrat.
1553. N. François Durant, docteur ès loix.
1554. N. Jean de la Volhe.
1555. N. Bertrand Manny.
1556. N. Etiéne Ranchin, docteur ès loix.
1557. N. Jean de Sarret, ſeigneur de St-Jean de Vedas.
1558. N. Jean de Combes.
1559. N. Simon de Sandre, ſeigneur de St-George.
1560. N. Guillaume de la Chaume, ſeigneur de Pouſſan.
1561. N. Jacques David, conſeigneur de Montferrier, docteur ès loix.
1562. N. Jean Martini, docteur ès loix.
1563. N. Pierre Combes, ſeigneur de Combas.

1564. N. Pierre Convers, maître des comptes.
1565. N. Jean de Lauſelergues, ſeigneur de Candillargues.
1566. N. Michel de Pluviers, ſeigneur de Paulian.
1567. N. Antoine du Robin, docteur ès loix, juge de l'ordinaire.
1568. N. Jean de Laſſet, conſeiller au préſidial.
1569. N. Pierre Convers, maître des comptes.
1570. N. Jacques de Monfaucon, préſident en la chambre des comptes.
1571. N. Jacques des Guillens, ſeigneur de Figaret.
1572. N. Jean de Clair, conſeiller.
1573. N. Louis de Bücelly, ſeigneur de la Mouſſon.
1574. N. Jean des Urſieres, ſeigneur de Caſtelnau.
1575. N. Pierre Chalon.
1576. N. Arnaud de Rignac, maître des comptes.
*1577. N. Raulin Dumois, ſieur de Ferrieres. PAGE 584.
1578. N. Simon de Sandre, ſeigneur de St-George.
1579. N. Jean Ortholan, auditeur des comptes.
1580. N. Guillaume Duplex, ſieur de la Tour.
1581. N. Jacques David, ſieur de Montferrier.
1582. N. Raulin Dumois, ſieur de Ferrieres.
1583. N. Jean des Urſieres, ſeigneur de Caſtelnau, chevalier de l'ordre du roi.

1584. N. Simon de Sandre, sieur de St-Just.
1585. N. Guillaume Duplex, sieur de la Tour.
1586. N. Guillaume de Bouques, sieur du Poux.
1587. N. Jean Rudavel, docteur et avocat.
1588. N. Philipe de Sarret, avocat-genéral en la cour des aides.
1589. N. Guillaume Duplex, sieur de la Tour.
1590. N. Pierre Cabassut, docteur & avocat.
1591. N. Paul-Antoine Massillan, conseiller du roi au siége présidial.
1592. N. Philipe de Boussuges, maître des comptes.
1593. N. Jean de Fontanon, maître des comptes.
1594. N. François de Sandre, sieur de St-Just.
1595. N. Guillaume de Ranchin, avocat genéral en la chambre des comptes.
1596. N. Pierre Cabassut, docteur en droit.
1597. N. Antoine Massane, docteur.
1598. N. Daniel Pascal, conseiller en la cour des aides.
1599. N. Guillaume d'Hebrard, sieur de la Lauze.
1600. N. Mathurin de Tremolet de Bucelli, sieur de la Valette.
1601. N. Pierre de Clauzel, maître des comptes.
1602. N. Pierre de Serres, genéral des aides.
1603. N. François de Sandre, sieur de St-Just.
1604. N. Pierre de Combes de Montagut, sieur de Combas.
1605. N. Guillaume de Bouques, sieur du Poux & de Londres.
1606. N. Jean d'Etiéne, sieur de Carlincas.
1607. N. Pierre de Massane, genéral des aides.
1608. N. François de Sandre, seigneur de St-Just.
1609. N. Philipe de Bossuge, sieur du Triadou, maître des comptes.
1610. N. Joachim de Mazerand, gentilhomme ordinaire de la chambre du roi.
1611. N. Jean d'Etiéne, sieur de Carlincas.
1612. N. Jean de Focard, maître des comptes.
1613. N. François de Clauzel, maître des comptes.
1614. N. Daniel de Galiere, trésorier de France.
1615. N. Simon Plantavit, sieur de la Bastide.
1616. N. Jean d'Hevrard, sieur de la Lauze.
1617. N. Pierre de Combes de Montagut, sieur de Combas.
1618. N. Claude de St-Ravy.
1619. N. Pierre de Fonts, sieur de Sabatier.
1620. N. Pierre de Massane, genéral des aides.
1621. N. Jean d'Alard, sieur de Carescause.

1622. N. Pierre Americ, conseiller au siége présidial.
1623. N. Jean de la Croix, seigneur & baron de Castries.
1624. N. Gabriel de Grasset, procureur général en la chambre des comptes.
1625. N. Henry de la Croix, sieur de Sueilles & de Figaret.
1626. N. Gilbert de Griffy, seigneur de St-George, maître des comptes.
1627. N. François de Rozel, sieur de la Clote.
1628. N. Antoine Dupont, sieur du Gout, étant mort peu de tems après être entré en charge, on élut N. Pierre de Grefeüille, chevalier, conseiller du roi, trésorier général de France.
1629. N. François de Ranchin, chancelier en l'université de médecine.
1630. N. Raulin de Girard, contrôleur de l'extraordinaire des guerres.
1631. N. Jacques de Bossuges, sieur d'Agnac & Mujolan.
1632. N. Jean-Baptiste de Girard, chevalier, conseiller du roi, trésorier général de France.
* 1633. N. Raulin de Gueiraud, sieur de Roque.
1634. N. Jean de Grasset, juge de l'ordinaire.
1635. N. Henry de la Croix, sieur de Sueilles & de Figaret.
1636. N. Pierre de Rignac, général des aides.
1637. N. François de Rozel, sieur de la Clotte.

1638. N. Charles de Combes de Montagut, sieur de Combas.
1639. N. Pierre de Guilleminet, greffier des états.
1640. N. François de Beaulac, maître des comptes.
1641. N. Henry de Ranchin, receveur général des finances.
1642. Les mêmes consuls.
1643. N. Henry de Clair, conseiller au présidial.
1644. N. Raulin de Girard, contrôleur de l'extraordinaire des guerres.
1645. N. Richer de Belleval, chancelier en médecine.
1646. N. Pierre de Ratte, sieur de Leirargues.
1647. N. Pierre Ducher, sieur de Caunelles.
1648. N. Raulin de Rozel.
1649. N. François de Montlaur, seigneur de Murles.
1650 Les mêmes consuls.
1651. N. Pierre de Sengla, sieur de Secelly, tué en dûel dans son année; ses collegues continuèrent pendant cinq ans: André Rouviére, second consul portant la baguette.
1657. N. Jacques de Baudan, chevalier, trésorier général de France.
1658. N. François-Antoine de Griffy, seigneur de Saint-George & Juviniac.
1659. N. Jean-Loüis de Tremolet, lieutenant de roi de la citadelle.
1660. N. Jerôme Dupont, sieur du Gout.

Page 585.

1661. N. Jean de la Croix, feigneur de Candillargues.
1662. N. Charles de Combes de Montagut, fieur de Combas.
1663. N. Charles de Rochemore, fieur de la Deveze.
1664. N. Charles Peliffier, fieur de Boirargues.
1665. N. Polidore-Jean de la Vergne, fieur de Marcoüines.
1666. N. François de Bonnal, fieur de la Baume.
1667. N. George Defandrieux.
1668. N. Pierre Vallat, fieur de Saint-Romans.
1669. N. Henry de la Croix.
1670. N. Charles de Varanda.
1671. N. Jean-Loüis de Tremolet, feigneur de Lunel-Viel.
1672. N. François de Rozel, fieur de la Clotte.
1673. N. Jean de la Croix, feigneur de Candillargues.
1674. N. Gabriël de Bocaud, feigneur de Teyran.
1675. N. Charles Bon, feigneur de Villevert.
1676. N. Etiéne de Peliffier, fieur de Boirargues.
1677. N. Henry de Grefeüille, fieur de Sardan.
1678. N. George Defandrieux.
1679. N. Abdias Pavée, fieur de Montredon.
1680. N. René-Gafpard de Tremolet, feigneur de Lunel-Viel.
1681. N. Jacques-Franç. du Clerac.
1682. N. Etiéne de Trinquere, fieur de Lagreffe.

1683. N. Gilbert de Griffy, feigneur de Juviniac.
1684. N. Alexandre le Robert, fieur de Villars, major de la citadelle.
1685. N. Pierre de Croufet, fieur du Villa.
1686. N. Philipe Fontanon, ancien capitaine de cavalerie.
1687. N. Jean-Antoine Duvidal, feigneur de Montferrier.
1688. N. René du Gain, fieur d'Availles.
1689. N. Pierre de Brignac, feigneur de Montarnaud.
1690. N. Charles Capon, feigneur du Bofc.
1691. N. Etiéne de Peliffier, fieur de Boirargues.
1692. N. Jean de Manny.

En 1693, les mairies perpetuelles ayant été établies dans toutes les villes du Languedoc, N. George de Belleval, préfident en la cour des comptes, aides & finances, acquit la mairie de Montpellier, dont il prit poffeffion le 17 mars 1693; on ne laiffa pas d'élire un premier conful qui fut

N. Henry de Ranchin, confeiller en la cour des comptes, aides & finances; mais par l'évenément la baguette fut adjugée au maire, qui occupa la place de premier conful.

En 1694, N. Gafpard de Belleval fucceda à fon pere dans la charge de maire, qu'il exerça jufqu'en 1699 inclufivement.

* En 1700, le prix de la mairie ayant

été remboursé par la ville, on élut pour premier consul,

1700. N. Pierre de Maine, lieutenant de roi au gouvernement de Montpellier.

1701. N. Etiéne Seguin, colonel de bourgeoisie.

1702. N. Gilbert de Griffy, seigneur de Saint-George & de Juviniac.

En 1703, les quatre premiéres places de consul ayant été renduës perpetuelles, par édit du...

N. Jean de Manny, colonel de bourgeoisie..., exerça la charge de premier consul pendant seize années. Et l'édit de revocation des consuls perpetuels ayant été publié à Montpellier dans le mois d'octobre 1717, on élut pour premier consul annuel,

1717. N. Marc-Antoine de Beaulac, baron de Pezenes.

1718. N. Joseph-Dominique Pelissier de Boirargues, sieur de Saint-Marcel.

1719. N. Joseph de la Croix de Candillargues, depuis lieutenant de roi de la ville.

1720. N. Pierre de Ranchin...., depuis lieutenant de roi d'Aiguemortes.

1721. N. Jean-Polidore Desandrieux, colonel de bourgeoisie.

1722. N. Loüis-François de Beaulac, seigneur & baron de Pezenes.

1723. N. Daniel de Grefeüille, lieutenant-colonel du regiment d'Agenois.

1724. N. Jean-Joseph de Vallat-Saint-Romans, seigneur de Montalet.

1725. N. François de Focard, sieur de Sapte.

1726. N. Joseph-Henry de Combettes, major de la citadelle.

1727. N. Claude-François Jougla, baron de l'Oziére.

1728. N. Antoine Desandrieux, ancien juge du petit sceau.

1729. N. Pierre Durand Peytieux, ancien capitaine de cavalerie.

1730. N. Henry-Pascal de Saint-Felix.

1731. N. Jacques-Gabriël Eustache.

1732. N. Henry-Joseph de Nigry.

1733. N. Joseph-Dominique Pelissier de Boirargues, seigneur de Saint-Marcel.

En 1734, les mairies ayant été rétablies, messire Loüis de Manse, trésorier de France, entra le 4 octobre en fonction de cette charge.

En 1737, messire Jacques Vichet, trésorier de France, a été nommé à cette charge par la mort de son predecesseur.

LE CONSULAT DE MER.

I. Commerce maritime continüé à Montpellier par les habitans de Maguelonne. II. Ils établissent des consuls de mer pour en prendre soin. III. Diferens traitez de commerce faits par ces consuls. IV. Leur attention pour la conservation du port de Lates. V. Histoire de celui d'Aiguemortes. VI. L'acquisition de la Provence par le roi Loüis XI change le commerce de Montpellier. VII. Nos consuls de mer projettent un canal sur le Lez. VIII. Leur charge est changée en bourse commune des marchands. IX. A laquelle on a ajoûté une chambre de commerce.

I. LES habitans de Maguelonne, qui vinrent se refugier à Montpellier, sur la fin du VIIIe siécle, y conservérent l'esprit du commerce qui avoit rendu leur isle si florissante; ils cherchérent à le continüer dans leur nouvelle habitation, &, afin d'approcher de Montpellier les marchandises qu'ils feroient venir de la mer, ils choisirent le port de Lates, d'où ils pouvoient aisément les faire transporter à Montpellier par un grand chemin pavé qui reste encore; de là vient que de tous tems la seigneurie de Lates fut inseparable de la seigneurie de Montpellier, & l'on a pu observer dans les testamens que j'ai raportez de nos Guillaumes, qu'ils donnérent toûjours à leurs aînez le château de Lates avec la seigneurie de Montpellier; les rois d'Aragon & de Mayorque ne les separérent jamais, & nos rois de France, en achetant Montpellier, achetérent aussi le château de Lates.

PAGE 587.   *La commodité de ce port fut la premiére cause du grand progrez que fit Montpellier en moins de deux siécles; car, Aiguemortes n'étant pas alors, & la Provence appartenant à des seigneurs étrangers, tout le Bas-Languedoc avec le Roüergue, le Vivarés, le Gevaudan & l'Auvergne étoient obligez de prendre des marchands de Montpellier le sel, les épiceries & autres marchandises que ceux-ci faisoient venir par la Méditerranée, & qu'ils conduisoient à Lates par les graux qui communiquent de la mer à l'étang.

Voyez le ch. 5 du liv. 2 de cette histoire.   Ce commerce mit les marchands de Montpellier en état d'équiper & d'entretenir des bâtimens considerables, comme nous l'apprenons du rabbi Benjamin, qui vivoit dans le douziéme siécle; j'ai déja raporté ailleurs les vers citez par Sandoval dans son *Histoire de Navarre*, en parlant de la galere qui conduifit en Efpagne Guillaume, fils de Sibille, feigneur de Montpellier.

Dux peſſulanus Guillelmus, in ordine magnus
Hos ſequitur juxta, celſa fortique carina.

L'hiſtoire de la conquête de Mayorque dans le XIIIe fiécle nous dit poſitivement que la galere fur laquelle Jacques le Conquerant fit le trajet de mer, étoit de Montpellier: *La galera en que iva el rey era de Montpeller.* *Hiſt. Balear., liv. 2,* § *5, pag. 209.*

Pour entretenir ce commerce ſi important à la communauté, nos anciens crûrent n'en devoir pas charger les conſuls majeurs, qui étoient aſſés occupez du foin de la police & des affaires generales de la ville ; ils en élurent pour le commerce, qu'ils appellérent conſuls de mer, & qu'ils renouvelloient tous les ans au nombre de quatre, le premier jour de chaque mois de janvier. La formule du ferment qu'ils prêtoient nous fait connoître leurs principales fonctions : « Ils promettoient fur les faints évangiles, entre les « mains de douze conſuls majeurs, de lever fidélement les deniers ou « mailles établies fur les voitures du chemin de Lates à Montpellier, d'en « employer l'argent à entretenir le chemin & le canal juſqu'à la golette de « Lates ; de veiller à la conſervation des graux qui communiquent de la « mer à l'étang, & de donner conſeil & ſecours aux navigans. » On leur donnoit ſouvent la commiſſion de regler les traitez de commerce qu'il y avoit à faire avec les villes maritimes ; ainſi nous voyons qu'ils allérent aux iſles d'Hiéres en 1224, & qu'ils y firent un traité de paix avec Guy & Bertrand Foa freres, qualifiez marquis d'Hiéres ; ainſi, en 1237, ils firent un pareil traité avec le podeſtat de la ville d'Arles ; peu de temps aprés avec Toulon, Nice, Antibes & Piſe. Noble Etiéne de Candillargues, conſul de mer, ſe trouve nommé entre les envoyez de la ville de Montpellier à Marſeille, l'an 1249, pour ſe donner avec les Marſeillois une ſûreté reciproque dans leurs villes. II.

Regiſtre de la bourſe, page 61.

III.

Fol. 22 du livre n° 3, du premier rang de l'inventaire du greffe.

Ibidem & ſeq.

Nous avons déja vû qu'ils avoient un conſul à Mayorque pour eux ; mais ils en tenoient encore un autre à Barcelonne pour toute la nation de France ; & il nous reſte des lettres de Jacques, roi d'Aragon, en faveur d'Etiéne Lobes, envoyé de la ville de Montpellier, par leſquelles il lui donne tous les droits & juriſdiction appartenans à cette charge, donné à Perpignan, le 17 juin 1246. Nos conſuls de mer, en 1254, paſſérent un traité avec Amalric, par la grace de Dieu vicomte & ſeigneur de Narbonne, pour s'engager à un ſecours mutuel. En 1259, ils renouvellérent leurs anciens accords avec les Genois, &, en 1262, ils obtinrent du roi faint Loüis la confirmation des lettres du roi ſon pere, qui leur avoit permis de négocier dans tout son royaume; le 30 d'octobre de cette même année les Marseillois étant venus avec leurs marchandises à la rivière de Lates, il fut passé à Maguelonne un accord célébre entre Charles, comte de Provence, & les habitans de Marseille, d'une part; & l'infant de Mayorque avec les consuls de Montpellier, d'autre.

Le commerce étant ainsi établi avec les villes voisines, on l'étendit sur toutes les côtes de la Méditerranée; dès l'an 1243, Boëmond, prince d'Antioche & comte de Tripoli, avoit donné aux marchands de Montpellier le privilége de décharger & charger à Tripoli, en ne payant que le tiers de la droiture. Hugues, roi de Jerusalem & de Chypre, par sa lettre du 30 mars 1254, marque comme il a reçû, pour toute l'étenduë de ses terres, Bernard Mores, consul des marchands * de Montpellier : Reynerius Geno, par la grace de Dieu duc de Venise, Dalmatie, Croatie, seigneur de la troisiéme partie de l'empire romain, par sa lettre aux consuls de Montpellier, leur promet toute sûreté dans ses terres & juridiction, en payant les droits accoûtumez; & le marquis Hubert Palavicin, vicaire de l'empire dans la Lombardie & podestat des villes de Cremone, Plaisance & Pavie, invite les marchands de Montpellier de trafiquer en Italie, en payant les droits de péage dont il leur envoye le tarif.

Tous ces titres & quelques autres qui sont dans les archives de l'hôtel de ville & dans celles de la bourse, prouvent sufisamment que le commerce maritime devoit être fort considerable à Montpellier; mais le bon ordre que nos anciens y avoient établi, ne paroît pas moins digne de remarque. Je trouve que chaque corps particulier de marchands avoit ses consuls particuliers, qui ressortoient tous aux consuls de mer; ainsi, l'on voit dans nos actes : consul de l'office des canabassiers, consul de celui des poivriers, consul de celui des orgiers, & ainsi de même des changeurs, des courtiers ou agens de change, des merciers, jusqu'aux marchands des petits balais.

On choisissoit les consuls de mer d'entre tous ces corps; mais, ce qui est bien singulier, c'est que plusieurs de ces consuls de mer étoient pris des familles notoirement nobles de ce tems-là, & ils en conservoient le titre dans les actes publics. Pierre de Murles en 1253. Guillaume de Conchis en 1301. François Pelissier en 1343. Noble Anglic de l'Hauziére en 1378. Pierre de Bouques en 1344. Noble Pierre de Capvillar, consul de l'office des canabassiers en 1456, avec noble Pierre Auriol, damoiseau, son colégue. Tous ces diferens corps prenoient le nom de confrérie ou de charité (comme on disoit en ce tems-là), d'où vient que dans les actes concernans les chapéles qui étoient de leur patronage, on trouve charité des poivriers, charité des canabaffiers, & leurs confuls, qui y nommoient, font appellez caritadiers.

La confervation du port de Lates & du canal de la riviére du Lez, faifoit IV. la principale attention des confuls de mer; fur quoi je crois ne devoir pas omettre les criées qu'ils y alloient faire en grande cérémonie : car, il eft marqué pour l'année 1337, que le neuviéme décembre ils fe rendirent à la goulete de Lates (felon la coûtume) avec hautbois, trompetes & cornemufes, dans un navire au haut duquel étoit le guidon des confuls de mer; & qu'ayant vifité le lieu appellé Cinquanten, le grau de la Pofquière & la paffe de Cornon, leur trompete, qui avoit les armes du confulat, fit dans tous ces lieux cette proclamation en langage du pays : *Baros manda los fignors coffols de mar de Montpeller, que n'aguna perfona de qual conditio ella fia, no fa tan auzada, qu'auze empechiar en ren, el viage de la canal del fignors coffols de mar de Montpeller, defpei la mour del Jonc jufqu'à la Goleta ; & qui encontra aifo fara, los fignors coffols de mar de Montpeller y faran fo que far y devran, fes tota mercé.*

Regîtres de la bourfe, pag. 177.

Cette goulette, dont il eft parlé dans la criée, n'eft autre chofe que l'embouchure de la riviére du Lez par laquelle on abordoit de Montpellier à Lates; elle est appellée Robine dans des lettres du roi Charles VII, données à Beziers le 1er de juin 1428, qui nous font connoître l'utilité dont elle étoit pour le commerce à la ville de Montpellier, & au roi pour les droits qu'il en retiroit; j'en raporte les propres paroles : Par laquelle robine (dit le roi) les navires vont du port d'Aiguemortes au port de Lates & du port de Lates à Aiguemortes, avec les marchandifes qui fe chargent auxdits ports, & defdits navires font portées ailleurs; laquelle robine eft fi néceffaire à la communauté de Montpellier que les marchands ne fçauroient faire leur trafic avec tant de facilité & utilité, & de laquelle il nous en vient jufqu'à fix ou fept mile livres tournois annuellement.

Page 341.

Le port d'Aiguemortes dont il y eft fait mention, avoit été formé par le V. roi faint Loüis près de deux cens ans avant Charles VII, & les premiers rois qui lui avoient fuccédé furent jaloux de la confervation de ce port, d'autant plus que la Provence ne leur appartenoit point alors, & que celui de Lates étoit aux rois de Mayorque ; ils accordérent des franchifes aux étrangers pour les attirer à Aiguemortes, & ils firent de grands travaux pour entretenir le canal par où les * barques venoient de la mer à la ville d'Aiguemortes; mais la dépenfe l'emporta fur le profit, & les fables de l'embouchure du Rhône gâtérent fi fouvent leur travail qu'on fut obligé d'affembler toutes les villes & communautez de la fénéchauffée de Beaucaire pour y rémedier : il fut reglé dans une affemblée du 12 avril 1337, entre Philipe

Armoire H, caffete 5.

Page 589.

de Prie, sénéchal de Beaucaire, & Bernard de Montagnac, conful de Montpellier, que les habitans dudit Montpellier feroient élection d'un homme de leur ville pour prendre foin du port d'Aiguemortes. Et il eft ajouté dans l'acte fuivant, que Pierre Fabre, nommé par eux, étant mort à ce travail, ils préfentérent au fénéchal Bernard des Troisloups, qui prêta ferment entre les mains du fénéchal.

Les travaux n'ayant pas réüffi, & le port d'Aiguemortes fe trouvant tout gâté en 1339, on permit à nos marchands, en attendant que les reparations fuffent faites, d'entrer par le grau d'Agde, & de là par roubines à Montpellier; ce qui donna lieu à plufieurs incidens qui intereffent particuliérement l'hiftoire de nôtre commerce: nos marchands, fâchez de paffer par Agde, demandérent la reparation des graux entre la mer & l'étang par lefquels ils pouvoient venir en droiture à Lates, avant qu'ils fuffent obligez d'aller raifonner à Aiguemortes : on marque que cette obligation d'aller raifonner ailleurs leur avoit fait négliger l'entretien des graux, & ce fut à l'occafion dont je parle qu'ils s'attachérent à en demander le rétabliffement.

Je trouve pour cela une réprefentation qu'ils firent au roi, dans laquelle ils difent : Que, quoique par la fortune de Dieu & de la mer, il fe foit fait un grau en la plage de Melgüeil, le long de la mer qui va d'Aiguemortes à Montpellier, par lequel il arriveroit un grand profit au pays, & grande abondance de poiffon & du fel, s'il étoit tenu net & curé, neantmoins le fénéchal de Beaucaire s'y oppofe, &c. Sur quoi le roi Philipe de Valois, par fes lettres du 7 juillet 1346, mande au fénéchal que fi la chofe eft ainfi, on ne trouble point les confuls de Montpellier qui voudront néteyer ledit grau.

En confequence, il fut tenu une grande affemblée à Nîmes le 19 octobre 1346, où il fut dit par les confuls de Montpellier que, « depuis l'ifle
« de Maguelonne jufqu'à la Mote il y avoit eu de tout tems un grau par
« lequel l'eau de la mer alloit dans l'étang, & celle de l'étang dans la mer,
« & cela des avant que la ville d'Aiguemortes fût bâtie. Que le grau de la
« Pofquiere, qui avoit refté ouvert par plus de quarante ans, venoit d'être
« fermé depuis quatre ans en ça; fur quoi ils réprefentérent que cette
« communication d'eau de la mer & de l'étang empêchoit la corruption
« des eaux de l'étang & l'infection de l'air ; qu'elle donnoit une grande
« abondance de poiffons, dont l'Auvergne, le Perigord & le Quercy pro-
« fitoient confiderablement, à caufe des anguilles falées qu'on leur porte
« tous les ans dudit étang. »

Il paroît qu'ils obtinrent l'effet de leur demande, car nous avons des lettres du 3 août 1350 qui leur permettent de venir en droiture à Lates, en payant les droits établis pour Aiguemortes. Robert de Fiennes, connétable de France & gouverneur de Languedoc, par ſes lettres données à Beaucaire, le 27 février 1360, leur permet de faire entrer vingt mile ſétiers de blé par le grau de la Coquilloſe ſans aller à Aiguemortes. Le comte de Poitiers (Jean, duc de Berry, troiſiéme fils du roi Jean) écrivit, le dix de mai de la même année, au ſénéchal de Beaucaire & au châtelain d'Aiguemortes de laiſſer paſſer par les graux de l'étang les barques qui portoient du blé à Montpellier, en payant toutefois les redevances accoûtumées. Arnaud Dandrehan, maréchal de France & lieutenant de roi de la province, leur donna pareille permiſſion & aux mêmes charges en 1364. On fit bien plus cette même année, car on parla de l'ouverture d'un nouveau grau, & nous avons des lettres de Pierre Raimond de Rabaſtein, ſénéchal de Beaucaire, au viguier d'Aiguemortes, & à Aſcelin de Mathiis, garde du petit ſcel de Montpellier, ſur l'ouverture du grau de la Cabre, qui étoit propoſée par nos marchands. *Ibidem.*

Enfin, le roi Charles VII, par ſes lettres du 23 ſeptembre 1425, adreſſées à M^{rs} du parlement nouvellement établi à Beziers, permet aux marchands de * Montpellier d'entrer avec leurs marchandiſes dans l'étang, avant que d'aller raiſonner à Aiguemortes. PAGE 590.

Tout ce que je viens de dire peut ſervir également à l'hiſtoire du port d'Aiguemortes & à celle du commerce de Montpellier ; j'ajoûterai encore pour l'un & pour l'autre que les réparations qu'il fallut faire à ce port, ayant obligé d'impoſer douze deniers pour livre des marchandiſes qui y venoient, nos conſuls firent une repréſentation (digne de remarque) au duc de Berry & à ſon conſeil. « Ils diſent que lorſqu'on ne prenoit qu'un « denier pour livre au port d'Aiguemortes, on recevoit plus d'argent par « l'abord des Catalans, Eſpagnols, Portugais, Genois, Italiens, Cypriots, « Napolitains, Siciliens, Provençaux & autres, qu'on n'en a reçu depuis « l'impoſition des douze deniers ; ce qui fait que les négocians portent « leurs marchandiſes à Genes, Marſeille, Barcelonne & ailleurs, pour leſ- « quelles raiſons ils prient le duc de Berry de remettre les choſes en leur « premier état. » *Armoire H, caſ: ſete 5.*

Je ne trouve point quel effet eut alors cette repréſentation ; mais je vois que les dificultez qu'on trouva au port d'Aiguemortes firent prendre le deſ- ſein de le changer ailleurs ; car nous avons dans nos archives pluſieurs mémoires & inſtructions qui furent faites en ce tems-là, contre le projet de changer le port d'Aiguemortes à Leucate.

L'acquiſition de la Provence faite par nos rois en 1481 arrêta tous ces VI.

projets; on ne songea des lors qu'au seul port de Marseille, & à peine Loüis XI en fut le maître qu'il écrivit à Montpellier qu'on envoyât au sieur Michel Gaillard (son M^e-d'hôtel & chargé de ses ordres à Marseille) deux hommes experts au fait de la marine: nos consuls nommérent pour cela Guiraud Boisson & Etiéne Cezelly, comme il conste par la réponse qu'ils firent le 20 novembre 1487 à Pierre d'Urfé, grand écuyer de France & sénéchal de Beaucaire, qui étoit venu à Montpellier pour la confection des galeres que le roi vouloit faire à Marseille.

Ce port est devenu l'entrepôt de toutes les marchandises qui viénent en France par la Méditerranée, & il a fait tomber tous les autres ports que nous avions dans le Languedoc; on continüa pour la forme les réparations de celui d'Aiguemortes, & les suites firent bien voir que ç'avoit été fort inutilement. Le dernier acte que j'aye trouvé sur cela est une lettre de Jacques de Crussol, vicomte d'Uzès, chambelan, capitaine de la garde du roi & sénéchal de Beaucaire, où il dit « que comme à la présentation des « consuls de Montpellier, ausquels appartient la nomination du clavaire « ou receveur des émoluments du port d'Aiguemortes, ils auroient « nommé pour clavaire de l'an 1504 honorable homme Foulque des « Faulcons, de qui ils ont reçu le serment, il ordonne aux commissaires « députez de le faire joüir de ladite charge. » Donné à Nîmes le vingtiéme janvier 1504.

Le port de Lates eut le sort des autres; on négligea le curement des graux qui donnoient passage aux bâtimens, & l'on se contenta d'y laisser entrer l'eau de la mer pour rafraîchir l'étang. Les troubles que les huguenots causérent dans le Languedoc, en ce même siécle, y suspendirent le commerce maritime; les barques ne partirent plus de Frontignan, d'Agde, de Narbonne & de Leucate que pour le transport de nos vins, & ce ne fut que sous le ministere de M. Colbert qu'on entreprit le port de Cette, qui l'emporte maintenant sur tous les autres de la province.

VII. Dans ce même tems, le corps des bourgeois & marchands de Montpellier projetta de faire un canal sur la rivière du Lez, depuis l'étang jusqu'au pont Juvenal, qui n'est qu'à une portée de canon de la ville. La proposition en fut faite dans la sale de la Grande-Loge, par les consuls de mer, Pierre Cassan, Guillaume Bruguieres & Henry Caisergues, qui, étant appuyez de M. de la Forest-Toiras, sénéchal & gouverneur de la justice, firent prendre une déliberation le 15 février 1666 pour traiter avec Jacques Icher, receveur général des gabelles, et Pierre Pasturel, receveur des tailles au diocése de Beziers, qui offroient de conduire ce canal jusqu'au pont Juvenal, ou jusqu'à la fontaine * de Lates, proche le couvent de l'Obsérvance, moyennant plufieurs conditions contenūes en dix-huit articles qu'on fit imprimer : l'un des plus remarquables eft que les confuls de mer fe refervent une redevance annuelle de vingt-cinq livres (comme feigneurs de la roubine) payables à chaque jour & fête Saint-Pierre d'août. *Dans le premier article.*

Leur déliberation fut autorifée par lettres-patentes du 14 octobre 1666, dans lefquelles on peut obferver que le roi permet aux entrepreneurs de prendre les vieux murs & ruines de Làtes, & d'employer la pierre qui en pourra être tirée à la conftruction des éclufes & autres ouvrages néceffaires audit canal. Cette permiffion produifit avec le tems la démolition entière de l'ancien château de Lates, renommé dans l'hiftoire de nos rois d'Aragon, & connu même du tems des Romains, comme nous l'avons vû par ces paroles de Pomponius Mela : *Ultra Rhodanum, ftagna Volfcarum, Ledum flumen, caftellum Lataræ.* *De fitu Orbis.*

Il eft encore à obferver que dans ces mêmes lettres le roi permet aux entrepreneurs d'affocier audit traité, vendre ou ceder partie dudit canal à toutes perfonnes, officiers de compagnie fouveraine & gentilshommes, fans pour ce déroger à nobleffe : ce qui fert de dénoüement au tranfport que les entrepreneurs firent de tous leurs droits au préfident Solas, qui, en l'année 1675, pria (comme nous l'avons vû) le cardinal de Bonzi & la ducheffe de Verneüil de mettre les deux premières pierres à ce canal. Les travaux qu'on y fit ayant heureufement réüffi, on commença dès l'année 1694 de débarquer au pont Juvenal les marchandifes qu'on y avoit conduit par le nouveau canal, ce qui continuë encore de nos jours & donne une grande commodité au public. *Liv. 19, ch.*

L'année 1691 caufa un entier changement au confulat de mer, à la place duquel le roi Louis XIV créa une bourfe commune des marchands, à l'inftar & avec tous les priviléges de celle de Touloufe, pour juger en première inftance des diferends qui pourroient naître entre les marchands de la generalité de Montpellier ; ce qui leur étoit d'autant plus convenable (dit le roi dans fes lettres-patentes) que Montpellier fe trouve fitué près de la mer, où fe fait le plus grand commerce, & comme au centre des manufactures du Vivarés, des Cévénes, des pays de Gevaudan & du Velay, de Clermont, de Lodéve, & autres du Bas-Languedoc. VIII.

Par cet édit le roi fuprima les confuls de mer, dont l'anciéne juridiction fut attachée à la bourfe, compofée d'un prieur, de deux juges confuls, d'un findic, & d'un nombre de bourgeois & marchands, nommez par le prieur & juges, pour affifter avec eux au jugement des procez. Le roi fixa leur juridiction aux diocéfes de Montpellier, Nîmes, Uzés, Viviers, le Puy, Mende, Lodéve, Agde, Beziers, Narbonne & Saint-Pons, leur donnant pouvoir de connoître & décider de tous billets de change & autres cas fur le fait du commerce.

En confequence, l'établiflement fut fait cette même année, avec fubordination au parlement de Touloufe, auquel les appellations de la bourfe reffortent nûëment; mais, il eft à obferver que, nonobftant appel, les jugemens de la bourfe font executez par ordonnance fur pié de requête, moyennant caution fournie par le requerant; ainfi les procez font bientôt terminez dans cette juridiction, qui eft l'une des plus expeditives & des plus brieves : le findic eft pris du corps des avocats poftulans en la cour des comptes, aides & finances de Montpellier, qui a l'avantage de pouvoir être continuë dans fa charge par les prieur, juges & confuls.

IX. Leur fiége eft au haut de la grande loge, dans l'une des deux fales qui partagent ce bâtiment; la première fert à l'audiance de la bourfe, & la feconde pour la chambre du commerce, qui fut établie par édit du mois de janvier 1704. Le roi Loüis XIV voulut bien comprendre Montpellier dans les dix villes de fon royaume où il établit alors des chambres particuliéres de commerce, pour recevoir les mémoires que tous les marchands & négocians de leur diftrict pourroient leur adreffer au profit & utilité du commerce, afin que lefdites chambres, après les avoir examiné, les envoyaffent à M. le contrôleur general.

PAGE 592.

Art. Ier de l'édit.

Cette chambre eft compofée du prieur & des deux confuls de la bourfe, qui * fe trouvent en charge, avec quatre députez faifant actuellement le commerce : ils font élûs par fcrutin & doivent s'affembler un jour de chaque femaine; l'intendant du Languedoc préfide à cette affemblée, quand il veut y venir, & le findic de la province peut s'y trouver, quand bon lui femble. Les négocians nobles par leur naiffance, par leurs charges, ou autrement, faifant le commerce en gros, y ont féance & peuvent être élûs pour députez de la chambre. Ils tiénent un député réfidant à Paris, qui eft (maintenant le fieur Gilly) chargé des affaires du Languedoc, tant pour la chambre de Montpellier que pour celle de Touloufe, lequel a voix déliberative dans le bureau general du commerce.

OBSERVATIONS
SUR LES
JURÎDICTIONS MODERNES
DE MONTPELLIER

LA COUR DES AYDES

I. Ce qu'on entend fous le nom des aydes. II. Le roi Charles VII en établit une cour dans le Languedoc. III. Loüis XI la fixe à Montpellier. IV. Priviléges que nos rois lui ont accordé. V. Crües d'offices qui y ont été faites. VI. Noms de tous les officiers de la cour des aydes jufqu'à fon union avec la chambre des comptes.

POUR rémonter à l'origine de cette cour, il ne fera pas inutile d'obferver que fous le nom des aydes on entend toute forte de deniers que nos rois levent dans leur royaume pour fubvenir aux neceffitez de l'état, auxquelles le revenu de leur domaine ne pourroit fufire.

Ces fortes d'aydes commencérent à être levées fous la troifiéme race des rois de France, & fur tout depuis Philipe-le-Bel, qui vivoit fur la fin du XIIIᵉ fiécle & au commencement du XIVᵉ.

Elles furent établies fur le fel, fur les perfonnes, ou fur le fonds de terre qu'ils poffedoient, & fur les marchandifes.

Les deniers qu'on établit fur le fel furent appellez gabelles.

Ceux que l'on prend fur les perfonnes ou fur les fonds de terre eurent le nom de taille, qui, felon les diferens ufages des provinces du royaume, eft réelle ou perfonnelle.

Traité des aydes par des Maisons.

Le nom d'ayde a resté plus particuliérement aux marchandifes tranfportées ou venduës en gros & en détail, principalement fur le vin & autres liqueurs... Ce que nous appellons en Languedoc équivalent, tient lieu de ce fecours.

Il y eut toûjours en France des officiers prépofez pour connoître de ces fortes d'impofitions; mais ils ne furent faits ordinaires qu'en 1382, où le roi Charles VI créa à Paris des genéraux des aydes pour exercer cette jurifdiction. On recouroit à eux de toutes les provinces du royaume, ce qui donnoit lieu à bien des voyages & à des frais confiderables : pour y remedier, le roi Charles VII créa une cour des aydes en Languedoc, *ad inftar* (dit-il) de celle de Paris, pour prononcer comme fouverains, fans qu'on puiffe appeller d'eux en aucune maniére.

II.

Livre II, chap. 1.

Par cet édit de création, qui fut donné à Montpellier même, durant le féjour que le roi Charles VII y fit l'an 1437 (comme il a été raporté dans le corps de cet ouvrage), le roi ne leur fixa pas de lieu, mais il voulut qu'ils puffent tenir leur fiége & auditoire là où bon leur fembleroit audit pays.

PAGE 594.

* Les premiers officiers de cette cour furent au nombre de fix, fçavoir :

Meffire Denis du Moulin *(de Molendino)*, archevêque de Touloufe, tranfferé deux ans après à Paris.

Meffire Guillaume de Champeaux, evêque & duc de Laon.

Meffire Guillaume de Montaife *(de Monte Gaudii)*, evêque de Beziers.

Meffire Arnaud de Maretz, maître des requêtes de l'hôtel de fa majefté.

Meffire Pierre du Moulin, frére de Denis, & fon fucceffeur en l'archevêché de Touloufe.

Meffire Jean de Arcy, licencié en droit canon & civil, juge de Beziers.

Comme le roi n'avoit pas fixé le lieu de leur féjour, ils tinrent leur féance dans la ville de Touloufe, pour la plus grande commodité des deux archevêques, qui furent fucceffivement les premiers officiers de cette cour; mais, après la mort de Pierre du Moulin, arrivée en 1455, ces officiers changérent leur fiége, comme il paroît par les arrêts que l'on trouve encore rendus à Lavaur, le 9 feptembre 1455, & à Beziers, le 23 décembre 1463.

A mefure que ces premiers officiers laifférent leur place vacante par leur promotion à de plus grandes charges, ou par leur mort, on en nomma de nouveaux pour les remplacer; & l'on trouve dans les regîtres de la cour des aydes, avant qu'elle fût fédentaire à Montpellier, que tous ceux, dont je vais raporter les noms furent genéraux des aydes dans le Languedoc,

sur les juridictions modernes de Montpellier.

quoique plusieurs d'entr'eux fussent en même temps officiers au parlement.

En 1442, Gilles le Lasseur.
En 1442, Jean Gentien, depuis évêque de Lavaur.
En 1444, Jean d'Estampes, maître des requêtes, depuis évêque de Carcassonne.
En 1444, Pierre Baurillet, dit Panconis.
En 1450, Pierre de Crosses.
En 1461, Adam Cousinot, fut président à la place de Jean de Arcy, & l'étoit encore au parlement de Toulouse.

En 1461, Loüis l'Huiller fut ensuite confirmé par Loüis XI dans le second édit de création que ce prince donna pour la cour des aides.
En 1462, Pierre Sarrat.
En 1465, Philippe de Fontenay fut ensuite conseiller au parlement de Paris.
En 1466, Guillaume Burnel *(aliàs)* Duvergier.
En 1466, Pierre des Bruyères.

On observe que durant ce tems Jean de Arcy tint les audiences, & Adam Cousinot après lui; ce qui est cause qu'on les a compris dans le catalogue des premiers présidens de cette cour.

Enfin, le roi Loüis XI la fixa à Montpellier, trente ans après que le roi Charles VII, son pere, en eût fait le premier établissement dans le Languedoc. Ses lettres du 22 septembre 1467 portent que l'auditoire & juridiction desdites aydes sera & résidera dorénavant en la ville de Montpellier, pour tel & semblable temps que nostre cour du parlement d'iceluy païs, qu'y avons de nouveau établie, y fera résidence, ou par tel autre temps qu'il nous plairra.

III.

Philippy, cour des aydes.

Le nombre de ces nouveaux officiers ne fut pas d'abord bien considerable ; car le roi dans cet édit ne nomme que cinq généraux, un avocat, un procureur, un greffier & un huissier. Les cinq généraux qui y sont nommez furent : Loüis l'Huiller, conseiller au parlement ; Loüis Corbiere, Guillaume du Vergier, Pierre Doyn, docteur ; & Pierre Granier ; l'avocat, Jean Sarrat ; le procureur, Jean Fournier ; le greffier, Jean Murichon, & l'huissier, Jean Belor.

L'exécution de ce nouvel établissement fut commise au duc de Bourbonnois & d'Auvergne (Jean II du nom), connétable de France & gouverneur du Languedoc ; à Jean de Bourbon, evêque du Puy, & abbé de Cluni, son lieutenant dans ledit gouvernement ; à Pierre Poignant, maître des requêtes, & à Guillaume Varie, général des finances.

Mais, en faveur des personnes de cette distinction, preposées pour l'exécution de ses ordres, le roi ordonna, en ces termes : Qu'en iceluy auditoire présideront le gouverneur dans nostre dit pays de Languedoc, ou son lieutenant, & le general sur le fait de nos finances en iceluy pays, toutes les fois qu'ils feront en ladite ville de Montpellier, & estre & assister y voudront, ou l'un d'eux.

PAGE 595.
En consequence de cet édit, l'évêque du Puy pour le duc de Bourbonnois, & *noble Jean de la Gardette, seigneur de Fontanille, maître d'hôtel de chés le roi, pour Guillaume Varie, général des finances, installèrent les nouveaux officiers le 8 décembre de la même année 1467, après leur avoir fait prêter les sermens requis.

Depuis ce tems là, la cour des aydes a été toûjours sédentaire à Montpellier, sauf les cas de peste, de guerre civile, ou par ordre spécial du roi, comme on a pu l'observer dans le cours de cet ouvrage.

IV. Nos rois Charles VIII, Loüis XII, François Ier, Henry II & leurs successeurs ont confirmé & étendu les priviléges de cette cour, & reglé sa juridiction contre les diferentes prétentions du parlement & des siéges présidiaux de la province, qui leur ont souvent fait naître des cas; on en peut voir les édits & déclarations que le président Philippy a pris soin de recüeillir & d'éclaircir par de sçavantes notes, dans son livre qui a pour titre : *Edits & Ordonnances de nos Rois*, concernant l'autorité & juridiction des cours des aydes de France sous le nom de celle de Montpellier.

Je me contente de raporter un article de la déclaration du roi Loüis XII, du 1er juillet 1500, qui régle les matières de leur ressort, & qui nous apprend en même tems le nom des impositions qui avoient déjà cours dans le royaume.

Veut le roy qu'il leur soit attribüé en seul & en dernier ressort la connoissance des tailles, gabelles, quatriéme, huitiéme, imposition foraine, ottrois, compositions au lieu de tailles, dons, recompenses, assignations, crües, traite, quart de sel, fournissement des greniers à sel, & de toutes autres aydes, dons, ottrois & impôts mis sus, & à mettre à l'avenir pour le fait & conduite de la guerre, entretenement de l'estat, de la maison de France, des princes & seigneurs & autres graves personnages, du conseil du roi, tuition & deffence de ses terres, seigneuries & sujets, villes & places du royaume comment qu'ils soient appelez, censez & reputez, leurs circonstances & dépendances en tous cas civils & criminels de quelque qualité qu'ils soient, & jusqu'à condamnation & exécution corporelle, mesmement de mort.

Ils ont joüi de tous ces priviléges avec leurs circonstances & dépendances (qui vont fort loin) dans toute l'étendüe du Languedoc, du Quercy, du Roüergue & de cette partie de la Guiéne, qui est du ressort du parlement de Toulouse, jusqu'en 1642, où le roi Loüis XIII, ayant établi une cour des aydes à Montauban, lui attribüa la juridiction de Roüergue & de Quercy, avec cette partie de la Guiéne que je viens de dire, & ne laissa que la seule province ou gouvernement de Languedoc, à la cour des aydes de Montpellier: il est vrai qu'en dédommagement le roi donna à chacun des officiers une augmentation de revenu, dont ils joüissent encore sous le nom d'indemnité de Cahors, parceque la cour des aides de Montauban tint ses premiéres séances à Cahors.

Les officiers de celle de Montpellier, qui, dans leur commencement, n'étoient qu'en fort petit nombre, ont augmenté depuis considerablement par les crües d'office que nos rois ont fait dans leur compagnie, comme dans les autres du royaume.

Les principales que j'aye trouvé, depuis leur établissement à Montpellier jusqu'à leur union avec la chambre des comptes, sont au nombre de huit ou neuf.

En 1473 (ou auparavant) il fut créé une charge surnuméraire de président, en faveur de Guillaume de la Croix, qui fut depuis gouverneur de Montpellier; car il paroît qu'il exerçoit la charge de président en 1473, par un arrêt de la chancélerie de cette cour, verifié par Jean de Rignac: la chose paroît encore plus par les lettres du roi Charles VIII, données à Laval, le 3 juin 1487, qui portent confirmation dudit office de président & premier conseiller de ladite cour, en faveur de Guillaume de la Croix, & font mention qu'il avoit été pourvû de cet office par le roi Loüis XI, & qu'il en avoit joüi jusqu'au décès du roi: on le prouve encore par l'enregîtrement des lettres de provision de Me Jean Bosc, prieur de Saint-Just, en 1491, où il est dit qu'elles furent présentées pardevant Mrs Guillaume de la Croix, président en ladite cour; Gabriël Vives, Jean Salomon, conseillers en icelle, etc.

V.

Manuscrits d'Aubais.

* En 1491, il fut créé deux offices de conseiller: l'un pour Jean Bosc, prieur de Saint-Just, diocése de Maguelonne, & l'autre pour Guillaume Bruni.

PAGE 596.

En 1503, par édit du 25 avril, donné à Lyon, deux autres offices de conseiller créez pour un an seulement; mais la restriction n'eut pas son effet: Pierre de Malaripa en occupa un à la place de Gabriël de Laye, qui, en ayant été pourvû, ne se fit pas recevoir, & l'autre fut rempli par Pierre de Petra, à la place de Jean Ginefte, qui avoit passé l'année sans exercer son office.

En 1537, sous François Ier, André Ricardi & Antoine Tremolet eurent chacun un office de crüe.

En 1543, par édit du mois de mars, du roi François Ier, & qui fut verifié en la cour des aides, le 5 avril de l'année suivante, il fut créé un office de second préfident, dont fut pourvû François de Laffet, pour fucceder au premier préfident, en cas de vacance.

En 1552, deux offices de crüe, qui furent remplis par Pierre Mathæi & Jean Bouques.

En 1555, François Dairebaudoufe fut troifiéme préfident de la crüe, qui fut faite cette année, par le moyen de laquelle il y eut douze genéraux & trois préfidens.

L'année d'après 1556, par édit du mois d'avril, création d'un quatriéme office de préfident, dont le fieur de Montfaucon fut pourvû & reçu à la cour des aydes, l'année fuivante.

En 1569, création d'un fecond office d'avocat genéral, en faveur d'Alexandre Barenton ; l'occafion vint de ce que la cour des aydes l'ayant nommé à la place du fieur de Montagne, qui alors ne pouvoit exercer, & le fieur de Montagne ayant été rétabli après l'édit de pacification, le roi donna fes lettres de juffion à la cour, de continüer ledit Barenton en fondit office.

En 1621, par édit du mois de novembre, ce même office d'avocat fut confirmé en faveur d'Etiéne Joly, avec la claufe que la vacance du premier avenant, le fecond deviendroit le premier. Le roi créa, cette même année, cinq offices de confeiller, dont deux furent fuprimez ; les trois autres furent remplis par Jean-Jacques de Plantade, Jacques d'Almeras & Pierre Sartre.

Il eft à obferver que, dans ces édits de crüe, dont quelques-uns paroiffent avoir été donnez en faveur des particuliers qui les demandoient, il eft dit que leur mort avenant, l'office feroit fuprimé ; mais, néanmoins, on trouve qu'ils fubfiftérent prefque toûjours.

De là vient qu'en 1629 cette cour fut unie avec la chambre des comptes, le nombre de fes officiers qui, dans fon premier établiffement à Montpellier, ne paffoit pas fix ou fept, alla jufqu'à quatre préfidens & trente genéraux : toute cette augmentation s'étant faite dans l'efpace de cent foixante-deux ans.

VI. J'ai crû qu'on feroit bien aife de voir le nom de tous ces officiers avec l'année de leur reception, telle que je l'ai trouvée dans les manufcrits du fieur de Rignac, & qu'il affure avoir verifié lui-même dans les regîtres de la cour. Je range tous ces officiers fous la fuite de nos rois, durant la vie defquels ils commencérent de fervir, & je n'y comprens que ceux qui furent inftalez dans leur office, fans faire mention des pourvûs & non reçûs.

SOUS LE ROY LOÜIS XI

1467. Meſſire Jean II du nom, duc de Bourbonnois & d'Auvergne, grand chambrier & connétable de France, préſident-né de la cour des aydes, comme gouverneur de Languedoc.
1467. Mre Loüis l'Huillier... conſeiller au parlement de Touloufe.
1467. Mre Jean Duvergier.
1467. Mre Loüis Corbiere.
1467. Mre Pierre Doyn.
1467. Mre Pierre Granier.
1473. Mre Guillaume de la Croix, préſident.
1477. Mre Jean Tripet.
1477. Mre Gabriël Vives.
1477. Mre Pierre Macé.

* SOUS LE ROY CHARLES VIII

1486. Mre François Mefnier.
1486. Mre Guillaume Bruni:
1489. Mre Bremond de Saint-Felix.
1492. Mre Jean Bofc, prieur de Saint-Juft, diocéfe de Maguelonne.
1492. Mre Anne de l'Aubefpine.
1493. Mre Loüis de la Croix... préſident, fils de Guillaume.
1493. Mre Philipe de Laufelergues.
1493. Mre Jean Teftoris ou Texier.
1496. Mre Jean Salomon.
1497. Mre Jean Prunier.

SOUS LE ROY LOÜIS XII

1494. Mre Pierre II du nom, duc de Bourbonnois & d'Auvergne, pair & grand chambrier de France, préſident-né de la cour des aides, comme gouverneur de Languedoc.
1503. Mre Pierre de Malaripa.
1503. Mre Jean de Bofcha.
1504. Mre Pierre de Petra.
1507. Mre Loüis Gombaud.
1508. Mre Pierre Barberii ou Barbier, préſident en 1524.
1514. Mre Fredol de Montvaillant.

SOUS LE ROY FRANÇOIS PREMIER

1524. François de France, dauphin de Viennois, gouverneur de Languedoc, préſident-né.
1525. Anne de Montmorency, connétable de France, ſon ſucceſſeur dans le même gouvernement.
1516. Mre N. Boifleau.
1518. Mre Loüis de Grille.
1521. Mre Guillaume de Laufelergues fils & fucceffeur de Philipe.
1524. Mre Euftache Philippy.
1524. Mre Jean Ifnardi.
1528. Etiéne de Combes... homme d'églife.
1530. Mre Antoine de Sala.
1537. Mre Antoine Tremolet... baron de Montpezat.
1540. Mre Pierre de Paniffa... premier préſident.
1541. Mre Guillaume de Saint-Ravy.

1544. Mre François de Laffet... second président, fut depuis juge-mage de Carcaffonne.

1544. Mre François de Chefdebien... confeiller-clerc.

1547. Mre Pierre de Saint-Ravy... fils de Guillaume.

SOUS LE ROY HENRY II

1544. François de Bourbon, comte d'Enguin, gouverneur de Languedoc, préfident-né.

Anne de Montmorency, connétable de France, rétabli dans fon gouvernement.

1548. Mre Jean Philippy... fils & fuccefleur d'Euftache... depuis préfident en 1572.

1552. Mre Nicolas de Grille... neveu de Loüis.

1552. Mre Simon de Beauxhoftes... fecond préfident à la place de Laffet.

1553. Mre Pierre Mathæi.

1553. Mre Jean de Bouques.

1553. Mre Guillaume de la Cofte, ou de Cofta... avoit été avocat général.

1553. Mre Michel de Saint-Ravy... frere de Pierre.

1553. Mre Jean de Laufelergues... fils de Guillaume.

1555. Mre Paul de Clerc,... avoit été greffier de ladite cour.

1556. Mre François d'Airebaudoufe.. baron d'Andufe... troifiéme préfident, avoit été confeiller au préfidial de Nîmes.

1557. Mre Jacques de Montfaucon... quatriéme préfident, avoit été confeiller au préfidial de Montpellier.

1558. Mre Jean de Ranchin... grand-vicaire & official d'Uzés.

1558. Mre Leonard Aiguillon... chanoine & prévôt en l'églife Saint-Pierre.

PAGE 598.

SOUS LE ROY FRANÇOIS II

Il n'y eut point de changement, le regne de ce prince ayant été trés-court.

SOUS LE ROY CHARLES IX

1567. Henry de Montmorency, qui fut depuis connétable de France & fuccefleur d'Anne, fon pere, au gouvernement de Languedoc... préfident-né.

1561. Mre Etiéne de Ranchin... frere & fuccefleur de Jean.

1570. Mre Pierre Rome, Sr de Fonds.

1572. Mre Jacques Blanchon... Sr de Saint-Cofme, avoit été avocat du roi en la fenéchaufiée de Beaucaire.

1573. Mre Arnaud Pafcal.

1573. Mre Etiéne de Rate... avoit été avocat du roi au préfidial.

SOUS LE ROY HENRY III

1597. Henry duc de Montmorency, amiral de France, reçu en survivance du connétable Henry son pere, dans son gouvernement de Languedoc... préfident-né [1].

1576. Mre Jacques de Montagne, préfident... avoit été avocat-général & fut garde du fceau.

1576. Mre Jean de Ranchin... fils & fucceffeur d'Etiéne.

1577. Mre Pierre du Robin... préfident en 1607... fut auffi garde du fceau.

1578. Mre Mathurin de Chefdebien, premier préfident... avoit été confeiller au grand confeil.

1578. Mre Homer de Gerard.

1583. Mre Loüis de Rochemore.

1586. Mre Raulin de Rignac.

SOUS LE ROY HENRY IV

1591. Mre Antoine de Grille... fils & fucceffeur de Nicolas.

1591. Mre Jacques de Vignoles.

1591. Mre François de Chefdebien.

1591. Mre Daniël Pafcal... fils & fucceffeur d'Arnaud.

1591. Mre Pierre de Maffane.

1592. Mre Pierre de Rozel, premier préfident... avoit été lieutenant principal en la fenéchauffée de Beaucairé & Nîmes.

1592. Mre Loüis Philippy, préfident, fils & fucceffeur de Jean.

1594. Mre Philipe de Sarret... avoit été avocat general.

1595. Mre Pierre de Rate... fils & fucceffeur d'Etiéne.

1596. Mre Pierre de Sarret... avoit été confeiller au gouvernement & fiége préfidial de Montpellier.

1602. Mre Jean de Graffet... avoit été procureur general.

1605. Mre Pierre de Bocaud, premier préfident... avoit été procureur général en cette cour, & puis avocat general en la chambre de l'édit: il acquit de Falgueroles la charge de garde des fceaux de la compagnie.

1606. Mre Jacques Valette, Sr Defplans.

1607. Mre Raulin d'Airebaudoufe... baron d'Andufe, préfident, avoit été lieutenant particulier au préfidial de Montpellier.

1607. Mre Jean de Solas... depuis préfident en 1622.

1608. Mre Charles de Graffet... frere de Jean, avoit été procureur général, & fut reçu préfident le jour même qu'on enregîtra l'édit d'union en 1629.

1608. Mre Jean de Sarret... fils de Philipe.

---

[1] D'Aigrefeuille place ici le nom d'Henri de Montmorency qu'il faut reporter, pour être exact, en tête de l'article fuivant.

SOUS LE ROY LOÜIS XIII

PAGE 599.

1632. Charles de Scomberg, duc d'Aluin, pair & maréchal de France, gouverneur du Languedoc, après la mort de Mr de Montmorency... préfident-né. *
1610. Mre Etiéne de Ranchin... fils & fucceffeur de Jean.
1610. Mre Denis d'Affier.
1610. Mre Emanüel de Gerard... fils & fucceffeur d'Homer.
1612. Mre David de Falguerolles... garde du fceau.
1613. Mre Gabriël de Bachelier... préfident.
1615. Mre André de Trinquere.
1619. Mre Jean de Rignac.
1622. Mre Jofeph Deydé... avoit été procureur genéral.
1622. Mre Jean-Jacques de Plantade... avoit été juge ordinaire.
1622. Jacques d'Almeras... avoit été vifiteur genéral des gabelles.
1622. Mre Pierre Sartre... avoit été juge en la ville & viguerie de Beziers.
1625. Mre Jean-Jacques de Cazaledes.
1625. Antoine Ranchin... avoit été avocat-genéral.
1626. Mre Balthafar Pichot.
1626. Mre Antoine du Robin.
1628. Mre Paul de Colonges.

GENS DU ROY

AVOCATS GÉNÉRAUX

1447. Mre Jean Dupont.
1461. Mre Robert Defloges.
1467. Mre Jean Sarrat... fut auffi avocat-genéral au parlement.
1477. Mre François Bofc.
1514. Mre Jean Boyer.
1537. Mre Guillaume Boffavin.
1547. Mre Guillaume de Lacofte ou de Cofta... fut enfuite confeiller.
1555. Mre Jacques de Montagne... fut enfuite préfident.
1570. Mre Alexandre Barenton... fut depuis juge criminel au fiége préfidial de Montpellier.
1574. Mre Jean de Trinquere... fut enfuite juge mage.
1582. Mre Philipe de Sarret... fut enfuite confeiller.
1595. Mre Guillaume de Ranchin... étoit profeffeur en droit & fut depuis confeiller en la chambre de l'édit.
1604. Mre Antoine de Ranchin... fut enfuite confeiller.
1622. Mre Etiéne Joly... fait fecond avocat-genéral par l'édit de 1622.
1625. Mre Pierre de Solas... fils de Jean, avoit été profeffeur en l'univerfité des loix à Montpellier.

PROCUREURS GÉNÉRAUX

1447. Mre Jacques Bedos.
1465. Mre Bernard Marsol.
1467. Mre Jean Fournier.
1477. Mre Raoul Bocaud.
1514. Mre Loüis Gentil.
1533. Mre Loüis Barbier.
1537. Mre Jean de Jaule.
1544. Mre Bernard de Chaudes-Maisons.
1560. Mre Guillaume Philippy... frere de Jean, étoit chanoine de l'églife catédrale de Montpellier.
1587. Mre Pierre Bocaud... depuis premier préfident.
1601. Mre Jean de Graffet... fut confeiller un an après.
1605. Mre Charles de Graffet... puis confeiller & enfuite préfident.
1614. Mre Joseph Deydé... enfuite confeiller.
1622. Mre François de Rignac.

GREFFIERS EN CHEF

1447. Mre François Montbel.
1465. Mre Martin d'Argonne.
1467. Mre Morichon.
1477. Mre Pierre Taupizier.
1486. Mre Jean Prunier.
1496. Mre Jean le Clerc ou Clary.
1537. Mre François de Clerc.
1544. Mre Paul de Clerc... fils de François.
1554. Mre Guillaume de Clerc... frere de Paul.
1572. Mre Mermet Mutin.
1596. Mre Jean Janvier.

Le greffe ayant été rembourfé audit Janvier, fut exercé depuis par des commis.

Il eft à obferver que, quoique les charges de la robe n'ayent été heréditaires que depuis l'établiffement de la Paulette, dont l'édit fut enregîtré en 1605, nos rois ne laifférent pas de continuer fouvent les enfans des officiers de la cour des aides dans la charge de leurs peres; comme nous le voyons dans les familles de Lauffelergues, de Grille, de Philippy, & autres qui fe fuccedérent de pere en fils jufqu'à la troifiéme generation.

Cela arrivoit quelquefois fur la refignation des peres, comme il refulte des provifions que nous avons des premiers officiers de la cour des aides ; quelquefois nos rois difpofoient de ces charges en forme de don, dans le cas de vacance.

Elles étoient toutes cenfées vaquer à chaque mutation de regne; de là vient que nos rois, dès leur avenement à la couronne, donnoient des lettres-patentes en confirmation defdites compagnies & des officiers qui les compoſoient, comme on a pû voir dans les lettres que j'ai raportées du roi Loüis XII (Livre 12, chap. 3), & du roi François Ier (Livre 13, chap. 1er).

LA CHAMBRE DES COMPTES

I. François Ier, en établiſſant une chambre des comptes dans le Languedoc, la fixe à Montpellier. II. Nombre des premiers officiers. III. Augmentation d'offices & de gages faite dans cette cour juſqu'à ſon union avec la cour des aydes. IV. Noms de tous les officiers qui en remplirent les charges juſqu'à l'union.

I. LA chambre des comptes, établie pour examiner & juger ſouverainement les comptes de ceux qui manient les deniers royaux, fut fixée à Paris par Philipe le Bel, au commencement du XIVe ſiécle; toutes les provinces du royaume étoient obligées d'y recourir par appel, lorſqu'on n'étoit pas content des jugemens rendus par les auditeurs des comptes, qui étoient envoyez de Paris dans les provinces pour oüir les comptables.

Les grands fraix & les perils où étoient expoſez à cette occaſion les habitans du Languedoc portèrent le roi François Ier d'y établir une chambre des comptes; il en donna ſes lettres-patentes à Saint-Germain-en-Laye, dans la neuviéme année de ſon regne, que nous comptons 1523. Le roi, par ces lettres, ordonne que « cette cour ſera dorſenavant & ſe tiendra toû-
« jours dans ſa ville de Montpellier; que les comptables de ſon païs de
« Languedoc rendront leurs comptes devers cette chambre à commencer
« dans un an, ſauf le receveur general du Languedoc & les trois receveurs
« des trois ſenéchauſſées de Touloufe, Carcaſſonne, Beaucaire & Nîmes, qui
« continüeront de compter en la chambre des comptes de Paris, comme
« ils avoient accoûtumé. »

II. François Ier compoſa d'abord cette chambre de dix officiers, ſçavoir : d'un préſident, de deux maîtres des comptes, de trois auditeurs, d'un greffier, d'un huiſſier & d'un receveur & payeur de ladite chambre, à laquelle il donne tous les priviléges qu'avoit la chambre des comptes de Paris.

Il aſſigna au préſident huit cent livres tournois de gages.

Aux deux maîtres des comptes, quatre cent livres chacun.

Aux trois auditeurs, trois cent livres chacun.

Au greffier, quatre-vingt livres tournois.

A l'huissier cinquante ; au procureur cent ; & au receveur & payeur de ladite chambre sept-vingt livres tournois par chacun an.

Le nombre & le revenu de ces officiers augmenta à mesure que nos rois créérent de nouveaux officiers, ce qui donna lieu le plus souvent à une augmentation de gages. Je trouve qu'il en fut créé dix à douze fois, depuis l'établissement de cette chambre jusqu'à son union avec la cour des aides.

III.

*En 1543, le roi François premier créa deux nouveaux offices de maître des comptes, qui furent remplis par Guillaume de Boirargues, ci-devant auditeur, et par Loüis de Lausselergues, sieur de Saint-Hilaire.

PAGE 601.

En 1551, Henri II créa un second office de président en faveur de Jacques de Fortia, ci-devant auditeur en ladite chambre... Deux ans après, c'est-à-dire en 1553, le même roi augmenta cette cour de deux maîtres des comptes & de deux auditeurs : les deux maîtres des comptes furent Jean Libel, sieur de Carescausses, & Pierre Rafaëlis, de Carpentras ; les deux auditeurs : Gabriël de Fortville & Honoré Focard. Par ce même édit, le roi Henri II créa, pour la première fois, un correcteur des comptes, qui fut Guillaume de la Gorce, sieur de Saint-Julien ; mais son office fut aussitôt commué en un office de maître des comptes ; ainsi, on ne trouvera dans cette chambre des conseillers correcteurs que sous les regnes suivans.

En 1572, le roi Charles IX créa un huitiéme office de maître des comptes en faveur de Charles Figeon, secrétaire de la reine de Navarre sa sœur, &, par le même édit, une charge d'avocat general, qui fut remplie par Antoine du Robin, ci-devant juge de l'ordinaire à Montpellier.

En 1576, Henri III créa un neuviéme office de maître des comptes, en faveur de Pierre de Griffy, sieur de Saint-Martin, avec la clause que le premier office vacant seroit suprimé ; ce qui arriva à la mort de Pierre Convers... En 1587, le même roi créa une sixiéme charge d'auditeur en faveur de Thomas Juin ; mais ayant voulu, deux ans après, faire une augmentation considerable d'offices, pour subvenir aux besoins pressans de ses affaires, la chose soufrit de si grandes oppositions qu'elle ne put reüssir que sous le regne d'Henry IV, qui, par ses lettres patentes, dattées de Chaliot, le 28 août 1590, confirma l'édit de son prédecesseur, donné à Tours en avril 1589, portant création d'un troisiéme président, de quatre maîtres des comptes, de deux correcteurs & de deux auditeurs.

En consequence, la charge de troisiéme président fut donnée à Pierre de Tuffany ; celles de maître des comptes à Simon de Farges, Adrien Payen, Paul Parent & Jean le Bon ; celles de correcteur à Jean de Vignes & à Jean Izarn, sieur de Salagosse, & celles d'auditeur à Jean Martiny & Denis Payen.

Les affaires du roi Henri IV dans les premiéres années de son regne, l'ayant obligé de recourir aux gens de robe pour avoir de l'argent, il augmenta la jurîdiction de la chambre des comptes de Montpellier, du compte des recettes genérales, de celui des payeurs des compagnies & autres droits, permettant en même tems aux officiers de faire par sémestre les fonctions de leurs charges. Mais, par ce même édit, donné à Lyon en septembre 1595, il ordonna une nouvelle crüe, qui fut d'un quatriéme président, de quatre maître des comptes, de deux correcteurs & de quatre auditeurs : le président fut Blaise d'Aiguillon, ci-devant conseiller & maître dans la même chambre; les quatre maîtres : Laurent Fizes, Gabriël de Cussonel, Jean Solier & Jean Focard; les correcteurs : Mathieu Baillé & Salomon Rey; les auditeurs : Guillaume de l'Abayé, Jacques Cazes, Pierre Blay & Pierre Bannieres; ainsi, cette compagnie se trouva alors composée de quatre présidens, de seize conseillers maîtres des comptes, de quatre conseillers correcteurs, de douze conseillers auditeurs, d'un avocat & d'un procureur général, sans parler d'autres officiers subalternes, alternatifs & triennaux. Duquel nombre d'officiers (ajoute le roi Henri IV) ladite chambre sera composée & réduite, sans qu'à l'avenir, pour quelque cause que ce soit, elle puisse être augmentée ou par surprise ou par importunité, & si autrement en étoient expediées quelques provisions, nous les déclarons de nulle valeur, avec défense à iceux juges d'y avoir aucun égard, ni à la dérogatoire.

Néanmoins, en 1608, le même roi Henry IV, voulant que le nombre de conseillers correcteurs allât jusqu'à six, créa, par édit du 28 janvier, deux nouveaux offices de correcteur, qui furent remplis par Jean Hilaire & Barthelemi de Bornier; ce qui fit en tout quarante officiers.

Les choses restérent en cet état jusqu'en 1621, où le roi Loüis XIII, étant * venu à Touloufe pour pacifier les troubles que les religionnaires causoient dans la Guiéne & dans le Languedoc, donna des lettres patentes en forme d'édit, du mois de novembre 1621, portant création de quatre offices de conseiller & maîtres en la chambre des comptes de Montpellier, & de deux correcteurs. Ce nouvel édit trouva beaucoup de dificultez dans ce tems de trouble, & engagea le duc de Lesdiguiéres à faire diferentes propositions à la chambre des comptes, pour tirer d'elle une partie des sommes nécessaires aux frais de la guerre; mais, tous les expédiens proposés ayant manqué, la cour prit le parti d'adresser au grand conseil les sujets qui se présentoient pour remplir les nouveaux offices; lesquels y ayant été reçus en 1622 vinrent, après le siége de Montpellier, faire enregîtrer leurs provisions en la chambre des comptes, & y prêter serment; ce qui fut fait dans les mois de juin et de juillet 1623. Ces nouveaux officiers étoient Philipe Izarn, sieur de

Salagoffe, ci-devant correcteur; René de Haudeffans, Jean de la Roche & François Turle, tous confeillers & maîtres des comptes; les deux correcteurs furent Henry de Mariotte & Pierre de Grefeüille.

Enfin, la dernière crüe fut faite en 1629, lors de l'union de la chambre des comptes avec la cour des aides, dont je nommerai les officiers dans l'article de l'union; cependant, je crois que le lecteur verra avec quelque plaifir le catalogue des officiers qui exercèrent leur charge avant l'incorporation de leur chambre avec la cour des aides : je crois auffi devoir obferver au fujet des confeillers correcteurs que fi on n'en trouve point fous les rois François Ier, Henry II, Charles IX & Henry III, c'eft parcequ'il ne commença d'y en avoir que fous Henry IV, en 1592.

IV.

SOUS FRANÇOIS PREMIER

1523. Charles d'Albiac, préfident en feul, avoit été auditeur des comptes à Paris.

1523. Ant. Bucelli, confeiller, étoit viguier à Gignac.

1527. Jacques Spitame, confeiller.

1528. Bernard Pavée, fieur de Villevielle, confeiller.

1533. Jean de Cezelli, feigneur de Saint-Aunez, préfident en feul.

1536. Pierre de la Croix, confeiller.

1543. Loüis de Lauffelergues, confeiller.

1543. Guill. de Boirargues, confeiller, ci-devant auditeur.

1544. Claude de Mariotte, confeiller.

1544. Loüis de Bucelli, fils d'Antoine, baron de la Mouffon, confeiller.

1546. Jean de Farges, confeiller, feigneur de Coucon.

AUDITEURS

1529. Albert Ricard.

1529. Jacques Guillen.

1533. Guillaume de Fortia.

1537. Jacques de Fortia, depuis préfident en 1551.

1537. Jacques de Sarret.

1538. Guill. de Boirargues, depuis maître des comptes.

Dominique la Bayé.

SOUS HENRY II

1551. Jacques de Fortia, préfident, avoit été auditeur.

1552. Jean-Antoine Bandinel, reçû préfident.

1553. Pierre Rafaëlis, confeiller.

1553. Guillaume de la Gorce, fieur de Saint-Julien, confeiller.

1554. Jean Libel, fieur de Carefcauffes, confeiller.

1556. Pierre Convers, confeiller.

AUDITEURS

1552. Nicolas Ricard.

1553. Honoré Focard.
1554. Gabriël de Fortville.

1556. Jean Ortholan, fieur de Pouzols.

SOUS CHARLES IX

1569. Albert Nicolas, confeiller.
1570. Loüis Prévoſt.
1570. Nicolas Dubois, confeiller.
1570. René Maron, reçû préfident.
*1572. Arnaud de Rignac, confeiller.
1572. Pierre de la Volhe, feigneur de la Lauze, préfident en feul.
1572. Jean de Boufquet, fieur de Montlaur, confeiller, puis préfident en 1581.
1573. Charles de Figeon, confeiller.

AUDITEURS

1572. François du Choul.
1573. Sauvaire Delon.
Raymond Rouvier.

PAGE 603.

SOUS HENRY III

1575. Blaife d'Aiguillon, confeiller, puis préfident en 1596.
1579. Pierre de Griffy, confeiller, Sr de St-Martin, avoit été lieutenant de robe courte.
1581. Philipe de Bouffuge, Sr du Triadou, confeiller.
1582. Loüis Prevoſt, feigneur de Fabrezan, préfident.
1582. Maurice Dalmas.
1582. André de Trinquere, fieur de la Greffe, confeiller.

1582. Jean de Fontanon, confeiller.
1584. Jean de Seigneuret, feigneur de la Borde, préfident.
1589. Pierre de Tufani, confeiller, puis préfident en 1592.
1589. Pierre Pinel, confeiller, puis préfident en 1599.

AUDITEURS

1580. Jean de Vignes.
1588. Thomas Juin.

SOUS HENRY IV

1591. Jean de Beauxhoftes, feigneur d'Agel, premier préfident.
1591. Jean de Mariotte, confeiller.
1592. Theophile Sourraffin, feigneur de Celleneuve.
1592. Adrien Payen, confeiller.
1592. Simon de Farges, confeiller.
1592. Paul Parent, confeiller.

1592. Jean le Bon.
1597. Gabriël Cuffonel.
1597. Laurent Fizes, confeiller.
1597. Etiéne Bergier, confeiller.
1597. Pierre Clauzel, confeiller, puis préfident en 1602.
1597. Jean Solier, confeiller.
1597. Jean Focard, confeiller, puis doyen.

1598. Maurice Dalmas, conseiller, fils d'autre.
1600. Philipe Bornier, conseiller, puis préfident en 1617.
1601. Jacques d'Hauteville, fieur de Vauvert, conseiller, ci-devant auditeur.
1604. François Clauzel, conseiller.
1605. Etiéne de Ratte, préfident.
1606. Pierre Baudan, conseiller.
1608. Jean Janvier, conseiller.
1608. François Fontanon, fils de Jean.

CORRECTEURS

1592. Jean de Vignes.
1592. Jean Izarn, fieur de Salagoffe.
1597. Mathieu Baillé.
1598. Salomon Rey.

1609. Jean Hilaire.
1609. Barthelemi Bornier.

AUDITEURS

1592. Jean Martiny.
1592. Denis Payen.
1593. Jacques d'Hauteville, puis conseiller.
1595. Pierre de Grefeüille, depuis tréforier de France.
1595. Martin Riviere.
1597. Guillaume de la Bayé.
1597. Jacques Cazes.
1597. Pierre Blay.
1597. Pierre Bannieres.
1600. Pierre de Solas.
1601. Pierre de la Font.
1601. Etiéne Boulhaco.
1609. Jean Ranchin.

SOUS LOÜIS XIII

1612. Pierre de Bouffuges, conseiller, fils de Philipe.
1612. Jacques de Farges, conseiller, fils de Simon.
1613. François de Bachelier, reçû préfident; il avoit été conseiller au parlement.
1613. François de Chefdebien, préfident.
1615. Hercule Dampmartin, conseiller.
1616. Pierre de Grefeüille, préfident, ci-devant auditeur.
* 1617. Gilbert de Griffy, fieur de Saint-George, fils de Pierre.
1617. Henry Solier, fils de Jean.

1617. Jean Ricard, ci-devant correcteur.
1617. Samuël de Trinquere, fieur de la Greffe, préfident.
1618. Honoré Gevaudan, reçû préfident.
1618. Pierre de Maffane.
1619. Etiéne Bergier, conseiller, fils d'autre Etiéne.
1622. Philipe Izarn de Salagoffe, ci-devant correcteur.
1622. René de Haudeffan, Sr de Guillory.
1623. François Turle.
1623. Guillaume de Calvet.
1623. Pierre de Beauxhoftes, fils de

Jean, reçû premier préfident.
1623. Jean de Maffane, frere de Pierre.
1623. Jean de la Roche.
1623. Guillaume Sartre.
1624. Pierre de Serres, fieur de Sauffan.
1624. Daniël Galieres, fieur de la Verune, ci-devant tréforier de France, reçû préfident.
1627. Antoine de Thomas.
1628. Simon-Jean de Bornier.
1628. Jacques-Philipe de Mauffac, reçû préfident; il avoit été confeiller au parlement de Touloufe.
1629. Henry de Mariotte, fils de Jean, ci-devant correcteur.

CORRECTEURS

1612. Philipe Izarn, fieur de Salagoffe, depuis maître des comptes, fils de Jean.
1612. Jean de Ricard.
1617. Etiéne Ravin.
1681. Pierre de Serres.
1623. Jean Rey.
1623. Guillaume Cauffe.
1624. Henry de Mariotte.
1627. Pierre de Grefeüille, frere du préfident.

AUDITEURS

1610. Jacques de la Bayé, fils de Guillaume.
1610. Pierre de Grefeüille, fils d'autre Pierre.
1611. Alexandre Riviere, fils de Martin.

1615. Jean Defperie.
1618. Etiéne David.
1621. Philipe Payen, fils de Denis.
1623. Guillaume Clauzel, puis maître des comptes & confeiller d'état, par brevet du 13 feptembre 1662.
1623. Etiéne Ranchin, profeffeur.
1624. Jean Raoulx.
1628. Jean du Ponat.
1629. Antoine Cazes, fils de Jacques.

AVOCATS GENERAUX

1575. Antoine du Robin, ci-devant juge de l'ordinaire.
1591. Guillaume de Robin, fon fils, Sr de Beaulieu.
1594. Guillaume Ranchin, ci-devant confeiller au préfidial.
1595. Charles Leonard de Miremont.
1618. Guillaume de Clauzel, fieur de Fontfroide.
Son office fut commué lors de l'union en un office de confeiller en la cour des comptes, aides & finances.

PROCUREURS GENERAUX

1538. Jean de Penderia.
Antoine Gavauldan.
1572. Etiéne Teftoris ou Texier.
1580. Jean de Graffet.
1623. Gabriël de Graffet, fils de Jean.
Son office fut commué lors de l'union en un office de confeiller en la cour des comptes, aides & finances.

GREFFIERS DE LA CHAMBRE DES COMPTES

1523. Alexandre Faucon, créé avec la chambre.
1534. Jean Leynadier.
1537. Jean Lablatiere.
1543. Pierre de Convers, puis préfident-préfidial.
1556. Claude de Convers, fils de Pierre, préfident-préfidial.

1583. François de Rozel.
1584. Claude Tardivier.
1624. Pierre Pujol & Michel Fonbon, furent reçûs en même tems pour exercer cette charge par moitié ; mais elle a été fuprimée depuis & réunie au domaine du roi.

UNION DE LA COUR DES AYDES
ET DE LA CHAMBRE DES COMPTES

PAGE 605.

I. Cette union fut fouvent traverfée. II. Elle ne put réüffir que fous le cardinal de Richelieu. III. Précis de l'édit de Loüis XIII pour cette union. IV. Premières crües faites en cette cour. V. Démembrement de fon reffort pour former la cour des aydes de Montauban. VI. Défunion de ces deux cours en 1646. VII. Leur réünion en 1649. VIII. Nouvelles crües. IX. Attribution du domaine pour cette cour. X. Obfervation fur les diferens lieux où elle a fiegé. XI. Noms de tous les officiers jufqu'à prefent.

IL paroît, par plufieurs déliberations prifes en divers tems dans l'affemblée generale des états de Languedoc, que les officiers de la cour des aides & de la chambre des comptes de Montpellier avoient projetté, depuis le commencement du dernier fiécle, l'union de leur compagnie : l'oppofition conftante que la province & le parlement de Toulouse firent à leur projet attira un arrêt du confeil en 1617 confirmatif d'autres arrêts du 10 février 1610 & du 12 d'octobre 1613, par lefquels il étoit enjoint aux officiers defdites cours de faire leurs charges feparément ; nonobftant ces arrêts, les officiers de la cour des aides reprirent, en 1624, leur ancien projet, & firent une députation en cour pour obtenir cette union ; mais, les états de la province ayant engagé quelques officiers de la chambre des comptes de députer en cour pour s'y oppofer, ils travaillérent fi heureufement qu'ils revinrent avec un arrêt du confeil du 7 décembre 1624 portant prohibition de faire ladite union. La chofe confte par une déliberation de

I.

l'assemblée générale des états de la province, tenuë en la ville de Beziers l'an 1625, par laquelle il est accordé à M^r d'Agel, premier président, la somme de deux mile cinq cens livres, & à Mrs de Saint-George, de Salagosse & de Clauzel, douze cens livres chacun, « pour les dédommager « en quelque manière (dit la déliberation) des fraix du voyage par eux « fait en cour, pour empêcher l'union de la cour des aides avec leur com- « pagnie. »

II. Les choses en restérent là jusqu'en 1629, que le cardinal de Richelieu, ayant voulu établir des élus en Languedoc, il crût que l'incorporation de la cour des aides & de la chambre des comptes serviroit d'appui à son nouvel établissement : pour cet effet, il vint à Montpellier après le siége de Privas, tandis que le roi Loüis XIII partit pour Paris & signa, en passant à Nîmes, l'édit d'union de ces deux compagnies. Le cardinal ayant reçû cet édit à Montpellier, le fit executer le samedi 21 juillet (comme on a pu l'observer dans le journal que j'ai donné de son séjour en cette ville) & le lundi d'après, 23 du même mois, il fit verifier l'édit des élus dans la nouvelle cour des comptes, aides & finances de Montpellier. Ce n'est pas ici le lieu de dire comment échoüa le projet du cardinal pour l'établissement des élus ; mais je ne puis omettre les articles reglez pour l'union des deux cours qui subsista depuis, quoiqu'on ne tardât pas longtems à suprimer les élus qui avoient occasionné l'union de la cour des aides & de la chambre des comptes.

III. Dans l'édit qui fut donné à ce sujet à Nîmes au mois de juillet 1629, le roi Loüis XIII dit que, s'étant fait représenter l'utilité ou l'incommodité qu'il y auroit de réduire en un seul corps la chambre des comptes & la cour des aides de Montpellier, ensemble les oppositions qui y avoient été faites par ci-devant : « Il fait sçavoir qu'ayant mis cette affaire en délibera- « tion en son conseil, où étoient les princes & officiers de sa couronne & « autres graves & notables personnages, de l'avis d'iceux & de sa certaine « science, pleine puissance & autorité royale, il incorpore, unit & conjoint « la chambre des comptes * de Montpellier & la cour des aides dudit « lieu, en telle sorte que ce ne sera plus qu'une même compagnie, qui « sera qualifiée cour des comptes, aides & finances de Montpellier, pour « connoître & juger souverainement de toutes les matiéres civiles & cri- « minelles, qui sont attribuées aux chambres des comptes & aux cours « des aides.

« Veut le roi, pour regler la séance des officiers de cettedite cour, que « dorsenavant les deux premiers présidens qui s'y trouvent présideront « chacun dans l'un des deux sémestres selon l'ordre de leur reception, &

« que la mort avenant de l'un d'eux, le furvivant demeurera feul premier
« préfident, à condition qu'il recompenfera la veuve ou les héritiers du
« défunt : voulant, en outre, fa majefté, que celui qui fera pourvû de la
« charge dudit ne puiffe prétendre autre rang, qualité & féance que comme
« les autres préfidens.

« Quant aux officiers, préfidens, maîtres des comptes, confeillers & géné-
« raux des aides, le roi veut qu'ils ayent rang & féance felon l'ordre de
« leur reception; mais parce que leur pouvoir fera grandement augmenté
« par le moyen de cette union, fa majefté juge néceffaire d'en augmenter
« le nombre afin qu'ils puiffent vaquer plus commodément aux fonctions
« de leurs charges » : & pour cette fin elle crée deux offices de préfident,
huit de confeiller, quatre de correcteur, huit d'auditeur, & commuë en
deux offices de confeiller en la cour des comptes, aides & finances de
Montpellier, les deux offices d'avocat & de procureur general de la chambre
des comptes. Elle ordonne, de plus, que les officiers s'affembleront en deux
bureaux diferens qui feront établis en telles chambres du lieu qu'ils avife-
ront, & qu'ils continüeront de fervir par fémeftre à l'option des plus anciens,
leur permettant d'augmenter les épices en leur loyauté & confcience, à proportion du nombre des officiers, aufquels fa majefté donne une augmentation de gages fuivant la finance qu'ils ont tous payé, voulant de plus que
les greffiers, qui étoient en charge devant l'union, reftent égaux en exercice
& en droits.

La préfence du cardinal de Richelieu leva toutes les dificultez qu'il y
auroit pû avoir à l'enregîtrement de cet édit, qui fut fait à l'audience tenuë
par le préfident Loüis Philippy; les deux premiers préfidens des deux compagnies n'ayant pû s'y trouver, parceque François de Rochemore, refignataire de Pierre de Boucaud, premier préfident en la cour des aides, n'avoit
pû encore être reçû dans fa charge, & que Pierre de Beauxhoftes, Sᵣ d'Agel,
premier préfident en la chambre des comptes, continüoit dans l'oppofition
qu'il avoit ci-devant faite à cette union. Il obtint la permiffion de fuivre le
roi jufqu'au Saint-Efprit, efperant de la faire rompre; mais, n'ayant pû y
réüffir, il revint à Montpellier, où il s'accorda avec François de Rochemore,
conformément aux difpofitions de l'édit, & par fa mort, arrivée en février
1636, il laiffa fon concurrent feul premier préfident de la cour des comptes,
aides & finances de Montpellier.

Dans cet intervale, on commüa les offices d'avocat & de procureur général de la chambre des comptes, qu'avoient Guillaume de Clauzel, Sᵣ de
Fontfroide & Charles de Graffet, en deux offices de confeiller : & parce que
le roi en avoit créé huit autres, ils furent donnez en cet ordre : Edoüard de

Chefnon, Sr de Pouffemote, parifien; Guillaume Clauzel, ci-devant correcteur; Geoffroy de Becherand, ci-devant vifiteur genéral des gabelles; Gedeon Tallemant, parifien; Jacques de Paget, parifien; Pierre de Gayon, Sr du Boufquet; Philipe Defmarets & Claude de la Roche, ci-devant receveur des tailles à Viviers.

Les deux nouveaux offices de préfident ordonnez par l'édit d'union furent acquis par Pierre de Baudan & Gilbert de Griffy, Sr de Saint-George... les quatre de correcteur par Antoine Portail, Philipe de Berger, Etiéne Peliffier de Boirargues & Blaife Nicolas... les huit d'auditeur par Jacques Ducros, Loüis Saporta, David Rouveirolis, Guillaume Hondrat, Pierre Maduron, Pierre Colomby, Pierre Euftache & Guillaume Maffia.

Tous ces officiers n'eurent pas le tems de faire un long féjour à Montpellier, parceque la pefte qui furvint en cette ville peu après le départ du cardinal de Richelieu, les obligea de fe refugier à Frontignan, où ils reftérent plus d'une * année. A peine furent-ils revenus, que le roi Loüis XIII, pour fubvenir aux fraix de la guerre, qu'il continüoit de faire à ceux de la religion prétenduë reformée, créa, par un édit donné à Monceaux, dans le mois d'août 1631, deux nouveaux offices de confeiller, deux de correcteur, deux d'auditeur & trois de fubftitut des gens du roi; Pierre de Rignac, ci-devant lieutenant de robe courte au fenéchal de Montpellier, acheta l'un des deux offices de confeiller, & Jean de Lefpine l'autre; Guillaume Seguin & Gabriël Sartre eurent les deux offices de correcteur, & Charles Coulon avec Jean Bravard les deux d'auditeur; quant aux trois charges de fubftitut, elles ne furent point remplies & reftérent entre les mains des gens du roi.

Par toutes ces augmentations, la nouvelle cour des comptes, aides & finances de Montpellier fe trouva, dans cette année 1631, compofée de dix préfidens, de quarante-huit confeillers, de quatorze correcteurs, de vingt-deux auditeurs & de trois charges des gens du roi. Peut-être fera-t-on curieux de voir le nom de ces premiers officiers, tels que je les ai trouvez dans les regîtres de ladite cour.

Les dix préfidens : Pierre de Beauxhoftes, feigneur d'Agel & de Cuxac, premier préfident; François de Rochemore, premier préfident; Loüis Philippy, Samuël de Trinquere, Sr de la Greffe; Jean de Solas, Daniël de Galieres, Sr de la Verune; Jacques-Philipe de Mauffac; Pierre de Baudan, Gilbert de Griffy, S^r de St-George; tous préfidens.

Les quarante-huit confeillers : Jean de Focard, Jacques d'Hauteville, Sr de Vauvert; François Clauzel, Jean Janvier, François Fontanon, Jean de Sarret, Emanuël de Gerard, Pierre de Boffuges, Jean de Ricard, Jean de

Rignac, Etiéne de Berger, Joseph Deydé, Jean-Jacques de Plantade, Jacques d'Almeras, René de Haudessan, Jean de Massane, Jean de la Roche, Guillaume de Sartre, Jean-Jacques de Cazaledes, Antoine de Ranchin, Balthasar Pichot, Jean-Antoine du Robin, Antoine de Thomas, Paul de Colonges, Sr de Senac; Simon Bornier, Pierre de Serres, Sr de Saussan; Henry de Mariotte, Guillaume Clauzel, Sr de Fontfroide; Gabriël de Grasset, Pierre de Portalez, Edoüard Chesnon, Sr de Poussemothe; Salomon de Roussel, Sr de Rossan; François de Bousquet, S^r & baron de Montlaur; Jean Sartre, Guillaume Clauzel-Rouqueirol, Jean Hilaire, Philipe de Boucaud, Geoffroy de Becherand, Gedeon Talemant, Jacques Paget, Antoine de Lauriol, Elzias de Ferrar, Pierre de Gayon, Sr du Bousquet; Philipe Desmarets, Claude de la Roche, Pierre de Rignac, Jean de Lespine; l'office de Jacques de Valette, Sr Desplans, vacant par mort.

Les quatorze correcteurs: Barthelemy Bornier, Jean Hilaire, Pierre de Serres, Guillaume Clauzel, Jean Rey, Pierre de Grefeüille, Henry de Mariotte, dont l'office étoit vacant; Antoine Portail, Philipe de Berger, Etiéne Pelissier de Boirargues, Blaise Nicolas, Guillaume Seguin, Gabriël de Sartre.

Les vingt-deux auditeurs: Jean Martiny, Jean Rey, Pierre Blay, Pierre Solas, Etiéne de Boulhaque, Jean Capon, Alexandre Riviere, Philipe Payen, Jean Raoulx, Jacques de la Bayé, Antoine Cazes, Jean du... Jacques Ducros, Loüis Saporta, David Rouveirolis, Guillaume Hondrat, Pierre Maduron, Pierre Colomby, Pierre Eustache, Guillaume Massia, Charles Coulon & Jean Bravard.

Les gens du roy: Etiéne de Joly, avocat genéral; François de Rignac, procureur genéral, & Pierre de Solas, second avocat genéral.

V. Cette nombreuse & illustre compagnie joüit paisiblement, dans toute l'étendüe de son ressort, des grands avantages que nos rois avoient attaché à leurs charges, lorsque, onze ans après, le roi Loüis XIII ayant voulu ériger une cour des aides dans le Quercy, démembra celle de Montpellier en 1642. Les élections de Villefranche-de-Roüergue, les villes, bourgs & citez de Rhodés, de Cahors, de Montauban, Figeac, Comenge, Riviere, Verdun, Armagnac, Lomagne & Astarac, qui furent attribuées à la nouvelle cour des aides de Cahors, établie à l'*instar* de celle de Montpellier; mais l'équité du roi Loüis le Juste ne lui permit pas de laisser, sans quelque indemnité, une compagnie qu'il privoit d'une partie de sa juridiction; pour cet effet, il accorda aux officiers de Montpellier une rente considerable à partager entre eux sous le nom d'indemnité de Cahors, qui leur est * encore payée avec la diminution que le tems améne à toutes choses.

PAGE 608.

VI. Loüis XIV, âgé feulement de quatre ans, ayant fuccedé au roi fon pere, dans l'année fuivante, il arriva au commencement de fa minorité la fédition appellée des partifans, dont j'ai parlé dans le dix-neuviéme livre de cette hiftoire. Les enémis de la cour des comptes, aides & finances de Montpellier en prirent occafion de la rendre fufpecte, & quelques particuliers s'étant joints aux corps les plus confiderables de la province, ils agirent fi efficacement qu'ils obtinrent un édit du mois d'octobre 1646 qui défuniffoit les deux compagnies, envoyoit la cour des aides à Carcaffonne, & créoit une nouvelle chambre des comptes pour refter à Montpellier.

VII. Cette affaire eut les fuites que j'ai déja marquées dans le corps de cet ouvrage, & elle donna lieu à de grands imprimez qui fubfiftent encore, d'où j'ai tiré tout ce que j'ai dit de l'oppofition que les états de la province & les principales cours de juftice firent de tout tems à l'union de la cour des aides & de la chambre des comptes. Enfin, après bien des mouvemens, les officiers qui étoient à Carcaffonne obtinrent des lettres-patentes du 24 juillet 1648, qui les rapelloient à Montpellier, & qui fuprimoient la nouvelle chambre des comptes créée lors de la défunion ; ils attendirent néanmoins jufqu'à la fin de l'année leur entier rétabliffement, qui fut ordonné par un édit en forme de déclaration du mois de décembre, qui ordonnoit la réünion des deux compagnies, & qui ne put être publiée à Montpellier que le quinziéme de janvier 1649.

VIII. Depuis ce tems jufqu'en 1658, il n'arriva aucun changement remarquable à la cour des comptes, aides & finances de Montpellier; mais les premiéres campagnes du roi Loüis XIV ayant porté fes miniftres, pour fubvenir aux frais de la guerre, à faire un affranchiffement de tailles pour cent foixante-dix mile livres de rente, qui devoient être fuportées par les autres terres rurales du Languedoc, le refus que la compagnie fit d'enregîtrer cet édit, lui attira une interdiction qui ne fut levée qu'une année après, à la charge de l'augmentation d'un office de préfident, de cinq confeillers, d'un correcteur & de deux auditeurs : Loüis Vivet, baron de Montclus, acquit l'office de préfident ; le célébre Paul Peliffon-Fontanier, fut reçû dans l'un des offices de confeiller; & dans les autres : Antoine Azemar, François Roffignol, fieur de Lanel ; Pierre Caunes, ci-devant correcteur, & Philipe Moulceau ; l'office de correcteur fut acquis par Antoine d'Autrivay; & les deux d'auditeur par Etiéne d'Autrivay & Jacques Poitevin, fieur de Maureillan. Ainfi, cette compagnie fe trouva, en 1659, compofée de onze préfidens, cinquante-trois confeillers, quinze correcteurs & vingt-quatre auditeurs.

IX. Dans tout le refte de ce fiécle il n'y eut de nouvelle crüe qu'en 1690, mais elle fut avantageufe à la cour des comptes, aides & finances de Montpellier, par la connoissance & jurisdiction du domaine qui lui fut attribuée, préferablement au S^r intendant de la province, qui jusqu'alors en avoit connu avec quelques commissaires. Le roi accorda cette grace par le même édit qui portoit création d'un nouveau président, de cinq conseillers, d'un correcteur & de deux auditeurs. L'office de président fut acquis par François Daudessens, baron de Beaulieu; les cinq offices de conseiller par Jean Deydé, Claude-Joseph Laurez, Loüis Deville, Jean-Baptiste Fabre & Jean Fages; celui de correcteur par François Serres, & les deux d'auditeur par Laurent Plauchut & Antoine Banal.

Les grandes guerres que la France eut à soûtenir, dans le commencement de ce siécle, pour la succession à la couronne d'Espagne, donnérent lieu à la derniére création d'offices qui ait été faite de nos jours; le roi Loüis XIV, par édit de 1704, créa un nouveau président, six conseillers, deux correcteurs & quatre auditeurs : Jean-Pierre d'Aigrefeüille, seigneur de Caunelles, fut reçû en l'office de président; Jean-Baptiste de Lespine, Jean de Clar; Florian, Henri Bosc, Jean de Bocaud, Jean Rouzier & Claude Maury, acquirent les six offices de conseiller; Guillaume Dabbes & Edmond Laurez, les deux offices de correcteur; mais le corps des auditeurs paya la finance des quatre nouveaux offices qui ont resté unis * à leur corps; ainsi la cour des comptes, aides & finances de Montpellier, se trouva composée dés-lors, comme elle l'est encore, de treize présidens, le premier compris; de soixante-quatre conseillers, de dix-huit correcteurs & de vingt-six auditeurs, qui, avec les gens du roi, font le nombre de cent vingt-quatre officiers.

PAGE 609

Cette auguste & nombreuse compagnie administre la justice dans le X. palais des anciens seigneurs de Montpellier, qui se trouve situé à l'endroit le plus élevé de la ville. On a pû observer, par tout ce que j'ai raporté dans le cours de cette histoire, que la cour des aides, avant son union, siégeoit dans la maison de Moncereau, comme il est dit dans le Petit Talamus, à l'occasion de l'arrivée du cardinal de Chatillon à Montpellier; on croit que cette maison est celle du président Laroche (aujourd'hui Desfours), où l'on voit encore une très-grande sale & des vitres peintes aux armes de Briçonnet, general des finances en Languedoc, de Mrs de Montmorency, gouverneurs de la province & autres premiers seigneurs de ce tems-là.

Par lettres patentes du 13 janvier 1631, le roi Loüis XIII déclare & ordonne « que M^r le duc de Montmorency, pair & maréchal de France, « comme gouverneur & lieutenant général en Languedoc, premier prési- « dent en la cour des aides, joüisse de ladite qualité de premier président, « préséance, autorité & honneurs à ladite charge appartenans, tout ainsi « qu'il faisoit en ladite cour des aides auparavant l'union & incorpo-

« ration d'icelle avec la chambre des comptes; l'ayant à cet effet (en tant
« que de besoin seroit) honoré & gratifié de ladite qualité de premier
« préfident-né. *Enregiftrées aux regiftres de ladite cour, le 17 octobre 1631.* »

La chambre des comptes étoit anciénement dans la maifon dite aujourd'hui de Montferrier, comme il confte par le contrat de vente qui en fut faite au nom de la chambre des comptes à N. Capon, ayeul maternel du fieur de Montferrier, & par le compoix de la ville, où toute l'ifle, dans laquelle cette maifon eft fituée, eft appellée l'ifle de la chambre des comptes.

Voyez l'arrêt raporté par Efcorbiac, page 760.

Lors de l'union, le roi Loüis XIII donna à fa nouvelle cour des comptes, aides & finances de Montpellier l'emplacement de l'ancien palais, où il ne reftoit que la petite tour qui fert aujourd'hui d'horloge avec quelques vieilles mazures attenant à la tour ; on les fit reparer, & la cour s'y logea en attendant que les grands bâtimens qu'elle projeta dès lors du côté des murailles de la ville, fuffent achevez : la chofe n'ayant pû être faite qu'en 1678, où la grand fale d'audience fut dans fa perfection ; la cour y alla fiéger, & tous les bureaux s'étant changez de ce côté-là, François Bon, premier préfident, obtint pour fon logement celui que la cour venoit de quiter, qui depuis a été rendu incomparablement plus beau & plus commode par fon fils & fon fucceffeur, Philibert Bon.

Tous les officiers fervent par fémeftre dans l'une des trois chambres qui compofent cette cour, fçavoir : la chambre des aides, la chambre des comptes & la chambre du domaine ; les correcteurs & les auditeurs fervent dans la feule chambre des comptes ; mais tous les autres officiers choififfent par anciéneté, au commencement de l'année, la chambre où ils veulent fervir.

XI. Voicy le nom de tous ceux qui, depuis l'union, ont été reçûs dans cette cour, avec l'année de leur reception :

SOUS LE ROY LOÜIS XIII.

CONSEILLERS.

1632. Jean Sartre, fils de Guillaume, avocat general en 1638, puis préfident en 1651.

1633. Philipe de Bocaud, fils de Pierre, puis préfident en 1646.

1633. Elzias Ferrat.

1633. Gedeon Talemant.

PAGE 610. 1633. Antoine Lauriol.

1634. Pierre de Gayon, feigneur de Boufquet.

1634. Leonard Valete, fieur d'Efplans, puis préfident en 1652.

1634. Pierre d'Hauteville, feigneur de Montferrier, fils de Jacques.

1635. Philipe Defmaret, ci-devant findic du diocéfe d'Uzés.

* 1636. Jean de Lefpine.

1636. Pierre de Grefeüille, ci-devant correcteur.
1636. Pierre de Rignac.
1636. Pierre de Curduchefne.
1636. François Bon, puis premier préfident en 1643.
1637. Theophile-Antoine Ranchin.
1637. Jean Deydé, fils de Jofeph.
1638. Jean de Rouffel, feigneur de Vic, frere de Salomon.
1638. Jean de Beauxhoftes, fils de Pierre, reçû préfident.
1638. Antoine de Crouzet, puis juge-mage, puis préfident en 1662.
1639. François de Guibal, fieur de la Cauffade.
1639. Jean de Graffet, avoit été juge ord'inaire.
1640. Jean de Brun, feigneur de Ruffas.
1640. Jacques de Paget, reçû préfident; il étoit confeiller dans le tems de l'union.

CORRECTEURS.

1631. Guillaume Seguin.
1631. Philipe Brun.
1632. Antoine Peyrat.
1632. Philipe de Berger.

1632. Jean Gaillard.
1632. Etiéne Peliffier de Boirargues.
1633. Jean Brouzet.
1636. Blaife Nicolas.
1637. Jean Gaillard, fils d'autre.
1640. Jacques Lambert.

AUDITEURS.

1630. Jean Martiny, fils d'autre.
1631. Pierre de Solas, neveu d'autre Pierre.
1633. Jacques Ducros.
1633. Loüis Saporta.
1633. Loüis Rouveirolis.
1633. Guillaume Hondrat.
1634. Charles de Bouliaco, fils d'Etiéne.
1634. Jacques d'Hauteville, fils d'autre Jacques.
1634. Pierre Maduron.
1637. Pierre Cazaux.
1638. Pierre Colomby.
1640. Pierre Euftache.
1640. Charles Coulon.
1640. Guillaume Maffia.
1641. Jean Brevard.
1643. Jofeph Aftier.

SOUS LE ROY LOÜIS XIV jufqu'en 1660.

CONSEILLERS.

1643. François de Boufquet, baron de Montlaur, reçû préfident, il étoit confeiller lors de l'union.
1643. Jacques de Baudan, feigneur de St-Aunez, frere de Pierre, reçû préfident, il avoit été tréforier de France.
1644. Pierre Mafclary.
1644. François de Beaulac, ci-devant receveur genéral des finances.

1644. Raulin de Goyrand, Sr de Roques.
1644. Claude Portalez, frere de Pierre, puis préfident en 1655.
1645. François de Rochemore.
1645. Ant. de Grille, puis préfident en 1652.
1645. Henry d'Enguerran.
1645. Henry de Ranchin, ci-devant receveur-genéral des finances.
1646. Antoine d'Almeras, fils de Jacques.
1646. J.-Franç. du Fefc, baron de Sumene.
1646. François du Robin, fils d'Antoine.
1646. Charles de Bouliaco, ci-devant auditeur.
1646. Etiéne de Guilleminet.
1648. Jacques de Martinet.
1648. Pierre de Becherand, fils de Geoffroy.
1649. Henry de Mariote, reçû préfident, il étoit confeiller lors de l'union.
1649. Claude de Laroche, reçû préfident. Item.
1649. Pierre de Solas, fils de Jean, & frere d'autre Pierre, procureur genéral.
1650. François de Solas, puis préfident en 1669, fils de l'avocat-genéral.
1651. Henry de Lauriol, fils d'Antoine.
1652. Pierre de Sarret, Sr de Saint-Laurent, fils de Jean.
1652. Gabriël Sartre, fils de Jean.
1652. J.-André de Trinquere, fieur de Lagreffe.
1652. François de Gerard, fils d'Emanüel.
1652. Pierre de Grefeüille, fils d'autre.
1652. Jean Dampmartin.
1652. François Ricard, feigneur de Sauffan, fils de Jean.
1652. P. Hipolite du Robin, feigneur de Terrade; avoit été correcteur.
1652. J.-Etiéne de Graffet, fils de Charles, reçû préfident.
1652. Martin Richer de Belleval, chancélier de médecine.
1653. Etiéne de Rignac, fils de Pierre.
1653. Franç. de Becherand, frere de P.
* 1653. André de Ruffiez.
1653. Pierre de Galiéres, feigneur de Laverune.
1654. Jacques de Freffieux.
1654. Pierre Colomby, ci-devant auditeur.
1654. Jean-Antoine de Thomas.
1656. Gabriël de Graffet, feigneur de Farlet.
1656. Jean Fontbon.
1657. Philibert Bon, fils de François, puis premier préfident en 1680.
1657. Fulcrand Darenes, ci-devant correcteur, puis préfident en 1694.
1659. Paul Peliffon Fontanier.
1659. Etiéne-Jofeph de Plantade.
1659. Claude Vanel.
1659. Antoine Azemar.

CORRECTEURS.

1644. Pierre-Hipolite du Robin, depuis confeiller.
1650. Jean Gervais.

1652. Fulcrand Darenes, puis conſeiller en 1657, puis préſident en 1678.
1652. Raymond Langlois.
1652. Jacques Reynes.
1653. Noël Fages.
1653. Antoine Portail, puis conſeiller en 1677.
1653. Pierre Seguin, frere de Guillaume.
1654. Jacques Vallat.
1654. Jean Bibal.
1659. Pierre Caunes.

AUDITEURS.

1644. Loüis Vignes.
1644. François Caunes.
1645. Joſeph Girard.

1645. Jean Caffarel.
1645. Charles Vaiſſerié.
1646. Charles Blay, fils de Pierre.
1649. Jean de Vaux, ſieur de Gineſtet.
1651. Marc de Rives.
1652. Nicolas Ricard.
1654. Jean Martineau.
1654. André Michel.
1654. Jacques Combes.
1655. Etiéne Loys.
1657. Charles Capon, ſeigneur du Boſc.
1658. Guillaume Hondrat, neveu d'autre Guillaume.
1658. Fulcrand Paliez, ſieur de Viraneil.
1659. Jean Courdurier, depuis avocat général.

SUITE des officiers de la cour des Comptes, Aides & Finances, SOUS LE ROY LOÜIS XIV, juſqu'en 1690.

CONSEILLERS.

1660. Michel-Amé Pichot.
1660. François Roſſignol, Sr de Laneil.
1661. Loüis Vivet, baron de Montclus, reçû préſident; il avoit été juge-mage à Nîmes.
1661. Pierre Caunes, ci-devant correcteur.
1661. Philipe Moulceau, puis préſident en 1683.
1662. Hercule de Bocaud, fils de Philipe, puis préſident en 1667.
1662. Ant. de Crozet, reçû préſident; il avoit été juge-mage.
1663. Charles de Graſſet, reçû préſident.

1663. Antoine Ferrar, fils d'Elzias.
1664. Jacques de Griffy, ſieur de St-George & de Juviniac.
1665. Jean-François de la Roche.
1665. François-Vincent Sarret.
1666. Henry-François de Beaulac, fils de François, puis préſident en 1679.
1667. Jean Clauzel, Sr de Fontfroide, fils de Guillaume.
1670. Pierre Vaiſſiere.
1671. François d'Audeſſens, fils de René, puis préſident en 1691.
1672. Loüis de Maſſanes, fils de Jean.
1672. J.-François de Gayon, fils de Pierre, ci-devant auditeur.

1673. Jean de Solas, fils de Pierre.

1673. Jean de Mariote, fils d'Henry, reçû préfident.

1673. Jacques Vallat, ci-devant correcteur.

1674. Auguftin Solas, frere de François, ci-devant confeiller au préfidial.

1675. Henry Ranchin, fils d'autre Henry.

1675. Jacques Tournezy, feigneur de Pouffan.

1675. Etiéne Loys, ci-devant auditeur.

1675. Ant. Duvidal, feigneur de Montferrier.

1676. Pierre de Guilleminet, fils d'Etiéne.

1676. George de Belleval, fils de Martin Richer, puis préfident en 1686.

1677. Loüis Vignes, profeffeur ès loix, puis procureur genéral.

1677. Antoine Portail, ci-devant correcteur.

1678. Michel Chicoyneau, chancelier en médecine.

1678. François de Mirmand, reçû préfident; *il avoit été juge-mage.

1678. Gabriël de Fleury, baron de Perignan.

1678. Gafpard de Ranchin-Fontmagne, fils d'Antoine.

1679. François de Portalez, fils de Claude, reçû préfident en 1680.

1679. Pierre Brun, feigneur de Salinelles, fils de Jean.

1679. Jacques Durand, feigneur de Poupian.

1679. Jean Berard de Veftrict.

1680. Jean-André de Curduchefne, fils de Pierre.

1680. Jean-Antoine Buiffon, fieur de Reffouche.

1680. Henry Ducher, Sr de Caunelles.

1681. Charles Bon-Villevert, frere de Philibert, premier préfident.

1681. Pierre Mafclary, fils d'autre.

1681. Pierre de Becherand, baron de Lamouffon, fils de François.

1682. Guillaume de Ratte, fils d'Etiéne, avocat genéral.

1682. Jean de Lefpine.

1683. Jacques Derieu, baron du Lac.

1683. Jean Philip.

1683. Jean-Paul Girard, Sr de Canet.

1683. Guillaume Portail, fils d'Antoine.

1683. Jean Cambacerés, ci-devant correcteur.

1684. Etiéne Sarret, feigneur de Saint-Laurent, fils de Pierre.

1684. François de Roquefeüil, feigneur de Vic.

1684. Etiéne Trinquere, Sr de Lagreffe, fils de Jean-Antoine.

1685. J.-François de Guibal, feigneur de la Cauffade.

1685. Jean Plos, fieur du Boufquet.

1686. Marc-Antoine de Curduchefne, frere de J.-André.

1687. J.-Etiéne de Graffet, fils de Charles, préfident.

1687. Daniël Fizes.

1687. Pierre Crouzet, fils d'Antoine, Sr du Villa, puis préfident en 1693.

1688. Denis Brouffore.
1688. Loüis Paul.
1688. J.-Pierre de Grefeüille, fils de Pierre, puis préfident en 1704, & confeiller d'état, par brevet du 22 mai 1736.
1688. Jean-Jacques Fontbon, fils de Jean, puis préfident en 1702.
1688. Afrodife de Ratte, frere de Guillaume & fils d'Etiéne, avocat genéral.
1688. Jean Bagniol, puis avocat genéral.
1688. François Conte, fieur de la Colombiere.
1689. Charles de la Farge, feigneur du Pouffin.

CORRECTEURS.

1660. Loüis d'Affié.
1667. Hierofme Loys.
1667. Pierre Clapiez.
1672. Guillaume Reynes.
1676. Jean Plos.
1678. Guillaume Portail.
1679. Jacques Caffan.
1680. Jacques Cambaceres.
1681. Jean Nicot.
1681. Jean Aftruc.
1681. Hugues d'Audifret.
1681. Claude Campan, puis confeiller.
1681. Jean Valiboufe.
1683. Pierre Dardé.
1684. Antoine Poujol.
1684. Pierre-François Bonnafous.
1685. Gafpard Fefquet.
1686. Pierre Guibert.
1688. Pierre Brun.

AUDITEURS.

1660. Jean-François Gayon.
1660. Pierre Gautier.
1660. Jean-Baptifte Vanel, fieur de Tricourt.
1661. Etiéne Dautrivay.
1662. Jacques Poitevin, Sr de Maureillan.
1672. Jean Martiny, fils d'autre Jean.
1673. Jacques Roux.
1675. Loüis Aftier, fils de Jofeph.
1675. Henry Maduron, fils de Pierre.
1675. Artus-Gilibert Plomet.
1677. Etiéne Querelle.
1680. Henry Serres, puis confeiller.
1680. Pierre Sabran.
1680. Jean Blanc.
1680. Antoine Griffy.
1680. Jean-François Ducros, fils de Jacques.
1681. Jacques Gaillac, Clamoufe.
1681. Hercule Percin.
1682. Philipe-Jofeph Hondrat, fils du dernier Guillaume.
1682. Bernard d'Almeras.
1683. François Vignes.
1683. Jean Pitot.
1684. Pierre Paulet.
1685. Henry Vidalon, puis confeiller.
1685. Antoine Azemar.
1686. Jean Bagniol, puis avocat genéral.
1688. François Campan.
1689. Jean Vezian.
1689. Jacques Planque.

* SUITE des mêmes officiers SOUS LE ROY LOÜIS XIV depuis 1690 jufqu'à 1715.

CONSEILLERS.

1690. Antoine Claris.
1690. Jean Bofquat, fils d'autre.
1691. Franç. de Portalez, feigneur de la Cheze, reçû préfident.
1691. J.-François Lauriol Viffec, fils de Henri.
1691. Jean-Antoine Duvidal, feigneur de Montferrier.
1691. Claude Campan, ci-devant correcteur.
1691. Jean Deydé, fils de Jofeph.
1691. Charles Perdrix, fieur de Pueichvilla, reçû préfident; il avoit été juge criminel.
1691. Claude-Jofeph Laurez.
1691. Loüis Deville.
1691. Jean-Baptifte Fabre.
1691. Jean-Laurent Chapelon.
1691. Jean Fargeon.
1692. Jean Fages, garde-fceau.
1692. Laurent Bofc, feigneur de Saint-Clement.
1692. Etiéne Combet, baron de Bouzigues.
1693. François-Gafpard Darenes, reçû préfident, fils de Fulcrand; il avoit été confeiller au fiége préfidial.
1694. Gabriël Clauzel.
1694. Henry Serres, feigneur de Savignac, ci-devant auditeur.
1694. Jacques Valete, Sr Defplans, puis préfident en 1697; fils d'autre Jacques.
1695. Etiéne Dampmartin, feigneur de la Vaulfiere, fils de Jean.
1695. Pierre-Michel Vaiffiere, fils de Pierre.
1695. Henry Vidalon, ci-devant auditeur.
1696. Dominique Cambacerés, feigneur de Reftinclieres, fils de Jean.
1696. Guillaume Pujol, Sr de Beaufort.
1697. Gafpard de Beaulac, frere de Henry-François, reçû préfident; il avoit été tréforier de France.
1697. Pierre Durand, fils de Jacques, puis préfident en 1710.
1697. Antoine Azemar, neveu d'autre.
1697. Loüis Paul, fils d'autre.
1698. Antoine-Afrodife Sartre, feigneur de Nefiez.
1698. Pierre Fizes, feigneur de Lavanet, fils de Daniël.
1699. François-Xavier Bon, depuis premier préfident en 1714, fils de Philibert.
1700. François Plantade, fils d'Etiéne-Jofeph, puis avocat-general en 1701.
1700. Etiéne de Maffanes, fils de Loüis.
1700. Laurent Plauchut, ci-devant auditeur.
1700. Etiéne de Guilleminet, fils de Pierre.
1700. Gafpard de Belleval, fils de George, puis préfident en 1715.

1701. François Chicoineau, fils de Michel.

1701. Philipe Perdrix, ci-devant profeffeur és loix.

1702. Guillaume-André Bon Villevert, fils de Jean.

1703. Pierre Vareille Reclot.

1703. Pierre Brun, ci-devant correcteur.

1724. Ant. Courtillis, ci-devant auditeur.

1705. Etiéne Sarret, fils de Franç. Vincent.

1705. Jean-Loüis Audifret.

1705. Jean Roufier, feigneur de Souvignargues.

1705. Pierre-Fulcrand Duffours.

1705. Pierre-Adam, feigneur de Montclar.

1705. Claude Maury.

1706. Henry Bofc.

1706. Pierre Bonnafous.

1706. Timothée Combet, baron de Bouzigues, fils d'Etiéne.

1706. François Dauzieres.

1707. Pierre Ferrar, feigneur de Pontmartin, fils d'Antoine.

1708. Guillaume Ranchin-Fontmagne, frere de Gafpard.

1708. Jean-Baptifte de Lefpine, fils de Jean, feigneur de Saint-Martin.

1708. Jean de Clary, feigneur de Florian.

1708. François Loys.

1708. Paul de Curduchefne, abbé de la Cazedieu, frere de M. Antoine.

1708. Loüis Paul, fils d'autre.

1709. Loüis Buiffon, fieur de Reffouche, fils de Jean-Antoine.

1710. Loüis-Bonaventure Deville, fieur de Saint-Quentin.

1711. Gafpard Fefquet, ci-devant correcteur.

1711. Jean Pas, baron de Beaulieu.

1712. Jean de Bocaud, fils d'Hercule, reçû préfident.

1712. Pierre Ramond.

1713. François Deydé.

1713. Loüis Sabran, ci-devant auditeur, fils de Pierre.

1713. Jean Saintaurant, feigneur de Marcoüine.

* CORRECTEURS. PAGE 614.

1691. Raulin Courtillis.

1691. François Serres.

1695. Barthelemy Germain.

1695. Honoré d'Arnaud.

1696. Pierre Sabatier.

1696. Laurent Bellaud.

1697. François Germain.

1698. Jacques Duffau.

1700. Jean Dejean.

1700. Jean Daffié, fils de Loüis.

1702. Jean d'Audifret, fils de Hugues.

1703. Jofeph Iffert.

1704. Efprit Mallafagne.

1705. Guillaume d'Abbes, fieur de Courbeffon.

1706. Edmond Laurez.

1708. J.-Pierre-Armand Mallafagne.

1708. Etiéne Poujol.

1714. Pierre Galibert.

AUDITEURS

1690. Jean Fargeon.

1691. Laurent Plauchut.

1692. Jean Banal.
1694. Moyſe Salze.
1694. Jean Serres.
1696. Pierre Blay.
1697. Antoine Courtillis.
1698. Antoine Poitevin.
1699. Jean Galibert.
1699. François Amier.
1700. Pierre Villar.
1701. David-André Baſſet.
1701. Guillaume d'Eſcalle.
1703. Jacques Benoît.
1703. François Baſtide.
1707. Antoine Tremouilhe.
1708. Loüis Sabran.
1708. Daniël Solier.
1708. Jacques Roux.
1714. Antoine Griffy.
1714. Etiéne Querelle.

SOUS LE ROY LOÜIS XV.

CONSEILLERS.

1715. Gaſpard-René Plantade, fils d'Etiéne.
1715. Jean Maurin.
1716. Jean-Pierre de Ratte, fils d'Afrodiſe, neveu de Guillaume.
1716. Noël Fages d'Auziéres, ſeigneur de Saint-Martial, reçû préſident, ci-devant conſeiller au préſidial, fils de François.
1716. Jacques Campan, fils de Claude.
1718. George Trémolet, ſeigneur de Lunel-Viel, reçû préſident.
1718. Henry-Etiéne de Graffet, fils de Jean-Etiéne.
1718. Loüis Caſtaing, ſieur d'Aleirac.
1718. Lambert Fargeon, ſeigneur de la Lauze, fils de Jean.
1719. Jean-Guillaume d'Almeras.
1719. Marc-Ant. Gayon, Sr de Liboirac.
1719. Pierre Chapelon, fils de J. Laurent.
1719. Joſeph Ferrar, fils de Pierre.
1719. Loüis-Antoine Viel, ſeigneur de Lunas & Sourlan.
1719. Jacques Cambacerés.
1719. Jacques-Philipe de Mariotte, puis préſident en 1723, fils de Jean.
1719. Pierre de Crouzet, fils d'autre, puis préſident en 1723.
1719. Fulcrand J.-Joſeph-Hiacinte d'Aigrefeüille, fils de J. Pierre, préſident en 1723.
1720. J. Saintaurant, fils d'autre.
1721. Jean Loys, frere de François, & neveu d'Etiéne.
1722. Claude Feſquet, fils de Gaſpard.
1723. Etiéne-Gabriël Perdrix, fils de Philipe.
1723. Jacques Valette, ſieur Deſplans, fils de Jacques.
1723. Samuël Comte, fils de François.
1723. Euſtache Durand Poitevin.
1723. André Mouſtelon.
1726. Joſeph Flaugergues.

1727. J.-François Bon Villevert, fils de Guillaume-André.
1727. Gafpard Hoftalier.
1727. Antoine-Hilaire Lauffel.
1727. J.-François Bofquat, fils de Jean.
1727. Daniël Plantier.
1727. J.-François Deydé, fils de Jean.
1728. François Defvignoles, feigneur de la Sale.
1730. Pierre Fulcrand Roffet, fieur de Tournel.
1730. Pierre Vaquier, Sr de Colondres.
1731. Pierre .de Guilleminet, fils d'Etiéne.
1731. Antoine-François de Claris, fils d'Antoine.
1731. Antoine Bonnier, préfident, fils d'Antoine.
1731. Jean-André Serres, reçû préfident.
1732. Loüis Paul, fils de Loüis.
1733. Antoine Viel, feigneur de Lunas, * reçû préfident.
1732. Jean Vaffal.
1733. Laurent-Ignace de Joubert, reçû préfident.
1733. Pierre-Antoine Rolland.
1733. Maurice de Claris, fils d'Antoine.
1733. J. François-Henry de Gayon, reçû en furvivance de Marc-Ant. fon pere.
1733. Dominique de Senez.
1734. Loüis-Guillaume de Bon, reçû premier préfident en furvivance de François-Xavier, fon pere.

1736. Jean Salzes.
1736. Jean-Laurent Rouzier, fieur de Sauvignargues.
1737. Philipe-Maurice Raiffouche, fils de Loüis.
1737. Jean-Antoine de Cambacerés, reçû en furvivance de Jacques, fon pere.
1737. Fulcrand Bouffairolles.
1737. Loüis-Claude Mauri.
1737. Guillaume-Barthelemi N. de Fondouffe.

CORRECTEURS

1717. Cyprien Mengaud, feigneur de Celeiran.
1718. Edmond Laurez, fils d'autre.
1719. Pierre Leynadier Aftruc, fils de J.
1719. Jofeph Cauffe.
1722. Jean Verny, chevalier de l'ordre de St-Michel.
1722. François Arnaud, fils d'Honoré.
1727. François Combelle.
1728. Jacques Dejean, chanoine de la catédrale, fils de Jean.
1729. Jean-Etiéne de Gaujal du Claux.
1730. Michel Mazars.
1733. Jofeph Mazars, fieur de Veine, frere de Michel.
1733. Jean Chaunel.
1736. Pierre Bonnafous, fils de Pierre-François.

AUDITEURS

1717. Antoine Banal, fils de Jean.
1719. Loüis-Antoine Azemar, fils d'Ant.

1720. Jean Vezian, fils d'autre.
1721. Pierre Villar, feigneur de Coullarou.
1722. Jacques Gaillac, Sr de Mouffeigne.
1722. Charles Blay, fils de Pierre.
1723. Loüis Arnail, Sr de Serres.
1723. Jean-Baptifte Gaudoy de Reverdy, fieur de St-Theodorit.
1724. Antoine Galibert, fils de Jean.
1724. Jean Ménard.
1725. Pierre Poitevin, fils d'Antoine.
1727. Raymond Amier, fils de François.
1727. Antoine Gailhac, fieur de Clamoufe, fils de Jean.
1728. Maximin de Graffet.
1731. Ifaac Sauzet, feigneur de Fabrias.
1731. Hiacinte Aftier, fils de Loüis.
1733. Loüis Benoît, fils de Pierre-Loüis.
1734. Pierre-Jean Paulet, fils de Pierre.
1735. Pierre-Augufte Galibert, frere d'Antoine.
1736. Jean-Jacques Gaillac, fieur de Mouffeigne, fils de Jacques.

GENS DU ROY.

PREMIER AVOCAT GENERAL.

1629. Etiéne Joly.
1641. Jean Joly, fils d'Etiéne.
1659. Leon Trimond.
1686. Honoré Trimond, fils de Leon.
1689. Leon Trimond, pere.
1696. Jean Bagniol.
1711. François de Plantade, fils d'Etiéne-Jofeph, confeiller.

PROCUREUR GENERAL.

1665. Pierre de Crouzet, ci-devant juge-mage.
1682. Jacques-Hercule de Boufquet, feigneur de Montlaur.
1687. Loüis Vignes.
1704. Jean Alizon.
1710. Loüis Vignes, pour la feconde fois.
1713. Loüis Saunier.
1727. Loüis-Pierre Saunier, fils de Loüis, maître des requêtes.

SECOND AVOCAT GENERAL.

1629. Pierre de Solas, ci-devant profeffeur ès-loix, fils de Jean, préfident.
1638. Jean Sartre, puis préfident, fait confeiller d'état par brevet du 13 janvier 1629, fils de Guillaume.
1651. Etiéne de Ratte, fon beau-frere, fils d'autre Etiéne.
1667. Jean Courdurier, ci-devant auditeur.
1714. Jean Duché, fils de Henry, confeiller.
1730. Etiéne-Laurent-Mazade, marquis d'Aveze.

CHANCELERIE

AUPRES DE LA COUR DES AYDES ET CHAMBRE DES COMPTES
de Montpellier.

LES officiers de la chancelerie nous font connus fous le nom de confeillers fecrétaires du roi, maifon & couronne de France.
Leurs principales fonctions (felon l'édit du roi Loüis XI du mois de novembre 1482) « font d'écrire & attefter en dûe forme tous les arrêts,
« édits & déclarations de nos rois, dons, conceffions, priviléges, mande-
« mens, commandemens, provifions de juftice ou de grâce; enfemble, d'en-
« regîtrer les arrêts & jugemens des cours fuperieures auprès defquelles ils
« font établis. »

Nos rois leur ont accordé plufieurs prérogatives honorables, comme celles de faire fouche de nobleffe, d'être exempts de lods & de ventes, & autres priviléges confiderables, qu'on peut voir dans Teffereau, qui a fait une hiftoire chronologique des chanceleries du royaume.

Cet auteur met l'établiffement de la chancelerie de Montpellier en 1574, par arrêt du confeil du 4 février de la même année, d'où je prens occafion d'obferver qu'avant ce tems-là l'ufage de la cour des aides & de la chambre des comptes étoit de faire fceler leurs arrêts par trois des premiers juges qui y avoient affifté; la chofe confte par un original de 1536, qui m'a été remis par M. le préfident d'Aigrefeüille, confeiller d'état; où l'on voit au bas, fur une même ligne, le cachet de trois officiers de la chambre des comptes, parmi lefquels on découvre aifément les armoiries de Pierre de la Croix, qui étoit déja dans l'exercice de fa charge.

Les fecrétaires du roi de Montpellier ont à leur tête un officier gardefceau à titre d'office, qui a été rempli dès leur établiffement par des officiers de la cour des aides ou de la chambre des comptes.

Le premier que nous trouvions dès l'origine de la chancelerie eft Jacques de Montagne, préfident en la cour des aides en 1576.

Pierre du Robin, préfident en la même cour en 1607, fut auffi garde du fceau.

David de Falgueroles, confeiller en la cour des aides, auquel Pierre de Boucaud fucceda dans cette charge; elle a paffé depuis dans diferentes familles de Montpellier, & eft exercée maintenant par Jean Fages, confeiller en la cour des comptes, aides & finances.

Quant aux confeillers-fecrétaires du roi qui n'étoient que quatre dans leur commencement, ils ont augmenté par divers édits de création jufqu'au nombre de fix, dix, douze & quinze, jufqu'à ce qu'enfin ils ont été fixez au nombre de vingt.

J'en donne la lifte depuis 1615, n'ayant pû recouvrer les noms de ceux qui exercèrent avant ce tems-là.

1615. Jacques de Lingonier.
1624. N. Cazaledes.
1626. Antoine de Lingonier.
1632. Abel de Lingonier.
1634. Blaife Durand.
1634. Benjamin de Carbon.
1644. Jacques Durand.
1644. Pierre Durand.
1650. Gabriël de Lingonier.
1653. Jacques de Lingonier.
1655. Pierre Peffemeffe.
1668. Guillaume Pujol.
1672. André Pouget.
1674. Laurent Bofc.
1674. André Bouffonel.
1676. Honoré Pouget.
1677. Etiéne-Julien de Pegueiroles.
1684. Samuël Verchant.
1685. Antoine-Barthelemi de Lofcazes.
1692. Jean Fages.
1694. Pierre Bourges.
1694. François Villaret.
1695. André Plantin.
1697. Jean Fargeon.
1697. Etiéne Montanier.
1702. Jean Viel.
1702. Antoine Laufel.
1702. Antoine Claris.
* 1703. Fulcrand Deffours.
1704. Alexis Prat.
1704. Jean Pas.
1704. Jean Genouilhac.
1704. Claude Lombard.
1704. Pierre Rouffy.
1705. Jean Michel.
1705. Antoine-François Caftanier.
1705. Richard de Vendargues.
1705. Camille Richard.
1706. Fulcrand Limozin.
1707. Jean Chapelier.
1708. Loüis-Pujol de Beauregard.
1710. Guillaume Caftanier.
1712. Jean Auveiller de Chanclos.
1718. Jacques Carquet.
1718. Pierre Pourcet.
1718. Pierre Genolhac.
1719. Etiéne Mazade.
1719. Pierre Fraiffe.
1720. Jofeph-Etiéne Montanier.
1723. Pierre Fermaud.
1723. Bernard Dufaut.
1724. Guillaume Melon.
1725. Jean Mouton.
1725. Gervot Brunet de Larey.
1726. Jean Rouffy.
1726. Michel Grozellier.
1726. Jean Mandellot.
1726. Jean Maynon de Brifefranc.
1729. Pierre Aftruc.
1729. Jofeph Drome.
1730. Charles-Gabriël le Blanc.
1731. Henry Aiguin.
1731. Simon Arnail Gily.

1731. Joseph-François Rafin.
1733. Antoine Teiffier.
1733. Pierre Malbois Cauffonel.

1734. Antoine Demoreft.
1735. Lamoux.
1737. Mathieu Thibouft.

LE BUREAU DES FINANCES
DE MONTPELLIER

I. Anciéneté des tréforiers de France. II. Etabliffement du bureau de Montpellier. III. Anciens généraux des finances. IV. Changemens faits à leur charge. V. Création de celles des gens du roi au bureau des finances. VI. Reffort des tréforiers de France de Montpellier. VII. Leur féjour en diferentes villes de la province. VIII. Acquifition qu'ils firent de la maifon qui leur fert aujourd'hui de bureau. IX. Noms de tous les officiers depuis leur établiffement.

LES auteurs qui ont écrit fur les bureaux des finances, comme Etiéne I. Pafquier dans fes *Recherches*, Fournival *fur les Tréforiers de France*, & Bacquet dans fon *Traité de la chambre du tréfor*, font remonter les charges de tréforier de France auffi haut que nôtre monarchie, parceque ceux d'aujourd'hui retiénent le nom & une partie des fonctions de ces anciens tréforiers de France, dont il eft fait mention dans Miraumont, fous le regne de Clovis; dans Gregoire de Tours fous Chilperic, & dans Rigord fous Philipe-Augufte.

Quoiqu'il en foit, il eft facile de voir que les finances étant le nerf principal de l'état, il a fallu de tout tems des officiers pour les adminiftrer; mais ces mêmes finances ayant été fujettés à de grands changemens, furtout depuis Philipe-le-Bel, qui le premier donna lieu aux grandes augmentations qu'elles ont eu; il a fallu auffi que nos rois changeaffent fouvent la maniére de les faire gouverner; ce qui a produit de grands changemens dans les charges de ceux qui en avoient la direction.

De là vient que les finances ayant été gouvernées dans le Languedoc durant près de deux fiécles par un feul officier qui avoit le titre de général des finances, nos rois firent enfuite exercer leur charge par des compagnies entiéres. De ce nombre eft le bureau des finances de Montpellier, qui fut créé par édit de décembre 1542, donné à Coignac par le roi François Ier. II. Mais avant que de parler de cette compagnie telle qu'elle eft à préfent, je crois devoir faire connoître les anciens généraux de finances du Languedoc, dont les noms fe font * confervez dans les regîtres de la province ou dans les archives particuliéres de nos villes.

Le 21 juin 1424, Loüis de Luxembourg, evêque de Theroüanne, étoit tréforier de France & genéral des finances, tant en Languedouïl qu'en Languedoc.

III. Dans des lettres-patentes du 16 juin 1431, données par le roi Charles VIII aux habitans de Beaucaire, portant confirmation en leur faveur du droit de blanque, l'evêque de Laon eft nommé general des finances en Languedoc. C'étoit Guillaume de Champeaux. Jacques Cœur avoit la même dignité en 1450.

Le fçavant M. Ducange, dans fes notes fur la vie de faint Loüis, marque, fur l'autorité des regîtres de la chambre des comptes de Paris, un Mathieu de Beauvarlet, receveur general des finances de Languedoc, du 1ᵉʳ octobre 1452.

Après lui Jean d'Eftampes, evêque de Carcaffonne, occupa fa place jufqu'en 1467, & le 7 de février de la même année où nous trouvons Guillaume de Varie, général des finances, nommé par le roi Loüis XI comme l'un de fes commiffaires pour l'établiffement de la cour des aides de Montpellier; ce qui fut fait par Jean de la Gaudete, feigneur de Fontanilles, commis à ce par Guillaume de Varie.

Le 6 février 1472 & le 13 juillet 1473, Jean Hebert étoit général des finances en Languedoc, & après lui Pierre de Refuge, nommé dans l'arrêt que j'ai à raporter de la cour des aides de Paris. Michel Gaillard étoit pourvû du même office en 1474. En janvier 1475, François d'Agenois & l'archevêque de Rheims, Guillaume Briçonnet, lui fuccedérent felon le même arrêt.

En 1493 Guillaume de Briçonnet étoit encore general des finances en Languedoc, fuivant une ordonnance du roi Charles VIII du 14ᵉ octobre de cette même année.

Jacques de la Baulne (connu dans l'hiftoire fous le nom de Samblançay pendant le regne de François Iᵉʳ) étoit général des finances en Languedoc, en avril 1499 & en janvier 1500, fous le roi Loüis XII, la chofe eft juftifiée par les regîtres de la province & par l'arrêt de la cour des aides de Paris, portant reglement entre les deux charges de général des finances & celle de vifiteur général des gabelles du Languedoc, du onziéme octobre 1503, dans lequel on lit ces paroles :

« Et touchant ce qu'icelui nôtre vifiteur avoit voulu dire qu'à lui feul &
« à lefdits lieutenans appartenoit la jurifdiction ordinaire, & que nôtredit
« general n'avoit aucune jurifdiction fur le fait defdites gabelles, difoit

« nôtre procureur général (en la cour des aides de Paris) que les généraux
« de nofdites finances qui avoient été par ci-devant en nôtre province de
« Languedoc; c'eſt à ſçavoir nos amez & feaux Jacques Cœur, le ſeigneur
« de Laon, l'évêque de Carcaſſonne, Guillaume de Varie, Me Jean Hebert,
« Pierre de Reffuge, Michel Gaillard, François d'Agenois, ledit archevêque
« de Rheims & ledit Jacques de la Beaulne, à prefent nôtredit général,
« avoient fait pluſieurs actes & exploits, corrigé pluſieurs abus, par condan-
« nations d'amendes, privations d'offices & autres procedures donnant
« ordre au ſujet de nofdites gabelles. »

Après Jacques de la Beaulne on trouve dans les regîtres du bureau des finances de Montpellier pluſieurs commiſſions données pour l'entrée des états de la province, aux tréſoriers de France & généraux des finances. En 1508, Jean Cotereau, nommé tréſorier de France pour le pays du Languedoc, ſe trouve avoir preſidé pour le roi aux états de 1515. En 1518, commiſſion à Henry Boyer, ſeigneur de la Chapelle, général des finances, pour en cette qualité, aſſiſter aux états de la province, comme l'un des commiſſaires préſident pour le roi; ce qu'il ſe trouve avoir fait juſqu'en 1522.

En 1523, pareille commiſſion à Jean de Ponchier, Sr de Limoux, général & chevalier, qui aſſiſta aux états en la même qualité juſqu'en 1532.

En 1533, Charles de Pierrevive, chevalier, ſeigneur de Lezigny, tréſorier de France, préſida pour le roi aux états tenus cette année & les deux ſuivantes.

En 1536, Charles du Pleſſis, chevalier, ſeigneur des Savonnières, général des finances, fut l'un des commiſſaires-préſidens pour le roi aux états de la province, * depuis 1536 juſqu'en 1542, qui fut l'année où le roi François Ier créa, par l'édit de Coignac, ſeize recettes générales des finances, dont il y en eut deux pour le Languedoc: l'une à Touloufe & l'autre à Montpellier. On trouve quelque temps après, par un acte du mois de ſeptembre 1549, qu'Antoine Bohier, ſeigneur de la Chenaye, étoit général des finances en Languedoc; mais il paraît que Charles du Pleſſis, ſeigneur des Savonières, reprit la place juſqu'en 1552, puiſqu'il eſt dit dans les proviſions de François de Chefdebien, qu'il ſucceda immediatement au ſeigneur des Savonières; ce qui fait preſqu'une ſuite des anciens généraux des finances de Languedoc.

Le roi Henry II, par édit de janvier 1551 (c'eſt-à-dire 1552, parceque l'année ne commençoit alors qu'au mois de mars), voulant faire exercer à titre d'office ce qui n'étoit auparavant qu'une commiſſion, créa dans les deux recettes générales ou generalitez du Languedoc, un office de tréſorier général de France, avec le même pouvoir, autorité, privilèges & ſéances

PAGE 619.

qu'avoient les anciens trésoriers de France & genéraux des finances, duquel office fut pourvû François de Chefdebien, au lieu & place de Charles du Pleffis, feigneur de Savoniéres; ce nouvel officier trouva de fi grandes oppofitions à la chambre des comptes & à la cour des aides, où il devoit être reçû, qu'il fallut deux lettres de juffion, l'une du 23 janvier & l'autre du 6 d'avril 1553. Enfin, ces deux cours ayant obéï aux ordres du roi, François de Chefdebien fut reçû, & préfida aux états tenus à Beziers cette même année, avec Bringuier Portal, feigneur de Pradelle, tréforier général de France en la generalité de Touloufe.

IV. Je ne fçai fi ce fut par jaloufie des compagnies déjà établies, ou par quelque raifon burfale, que le roi Henry II, deux ans avant fa mort, défunit les fonctions de tréforier de France d'avec celles de general des finances, & créa, par édit du mois d'août 1557, un nouvel office en chaque generalité, donnant l'option à celui qui étoit déjà pourvû, de prendre le titre de tréforier de France ou celui de general des finances; François de Chefdebien, qui fe trouvoit en place, opta l'office de general des finances & laiffa l'office de tréforier de France à François Robert, feigneur du Boufquet, qui fe trouve avoir été pourvû avant 1560.

Trois ans après, le roi Charles IX, par édit du mois de novembre 1570, rendit alternatif l'office de general des finances qu'exerçoit en feul François de Chefdebien, & créa pour cet effet un fecond office qui fut donné à Raymond Viard, pour vaquer alternativement avec lui aux fonctions de general des finances; l'un dans la ville où réfidoit le bureau de la recette generale, & l'autre hors la ville, pour faire les chevauchées & autres fonctions de leurs charges. Onze mois après, le même roi Charles IX fit pour l'office de tréforier de France ce qu'il avoit fait pour celui de general des finances, c'eft-à-dire qu'il créa, par édit du mois d'octobre 1571, un tréforier alternatif qui fut Michel de Maupeou; de maniére que le bureau fe trouva dèslors compofé de quatre officiers, fçavoir: François de Chefdebien, François Robert, Raymond Viard & Michel de Maupeou.

Les chofes reftérent en cet état encore fix ans, les derniers prenant la qualité de tréforier de France & les deux premiers de general de finances, comme je l'ai verifié par plufieurs ordonnances qui nous reftent de ce temslà, & particuliérement dans une que j'ai eu en original, du 13 mars 1572, par laquelle François de Chefdebien, en qualité de general des finances, ordonne le payement des gages de Jean Hucher, docteur regent en la faculté de médecine de Montpellier, contre les oppofitions de Laurent Joubert, docteur regent en la même faculté.

En 1577, le roi Henry III, par édit du mois de juillet, réünit les charges de tréforier de France avec celles de général des finances, voulant que les anciens pourvûs priffent de nouvelles provifions ; il créa en même tems un cinquiéme office de tréforier général de France en chaque generalité, pour vuider le partage qui pourroit être entre les autres quatre : il établit que les bureaux feroient appelez bureaux des finances, fixa les jours d'affemblées au lundi, mercredi & vendredi, & créa un greffier & deux huiffiers en chacun defdits bureaux: * René Marron, S^r de l'Eftang, fecond préfident en la chambre des comptes de Montpellier, quita fa charge pour prendre ce cinquiéme office de tréforier de France dont il fut pourvû le 31 décembre de la même année, reçu enfuite en la chambre des comptes, & inftalé au bureau des finances.

PAGE 620.

Par édit du mois de janvier 1581, le même roi Henry III augmenta le bureau d'un fixiéme office de tréforier de France, & d'un autre de préfident : Alexandre de Caftellan fut pourvû de l'office de tréforier, & René Marron, comme le plus ancien officier, exerça la charge de préfident jufqu'à l'inftalation de Milhes de Marion, qui fut faite en février 1583 ; cette année eft remarquable pour les tréforiers de France, qui eurent ordre de faire le département des deniers mandez fur chaque diocéfe, parcequ'il n'y eut point des états tenus en Languedoc cette année, pour les raifons que j'en ai touché dans le cours de cette hiftoire.

L'année 1586 produifit une augmentation de trois nouveaux offices dans le bureau des finances, Henry III, ayant créé deux offices de tréforier, par édit du mois de janvier, & un autre de préfident par édit du mois de juin de la même année : Guillaume de Bonnet, feigneur d'Aumelas (dans la famille duquel cet office fubfifte encore) acquit le premier, & Thomas de Lorme, ayant été pourvû du fecond office, le ceda fans fe faire recevoir à Jean Delon, qui le tranfmit à fes décendans jufqu'à la troifiéme génération. L'office de préfident fut acquis par Jean de Seigneuret, feigneur de la Borde, pour l'exercer alternativement avec le premier, ainfi le bureau des finances fe trouva compofé de dix officiers, fçavoir : huit tréforiers de France, & de deux préfidens.

Mais il y eut bientôt un onziéme office, par une occafion toute finguliére que voici : les malheurs du tems ayant divifé toute la province en ligueurs & en royaliftes, René Marron, feigneur de l'Eftang, fut accufé à Montpellier de fuivre le parti de la Ligue, & comme tout étoit royalifte dans cette ville, fon office de tréforier de France fut confifqué & donné à François Bon, qui ceda fon droit à Bernardin Pradel ; celui-ci, s'étant fait recevoir & inftaller, fut mis en caufe par Guillaume Marron, fils de René, qui, longtemps auparavant la dépofition de fon pere, avoit obtenu du roi des lettres de survivance: cette affaire ayant traîné au conseil durant quelques années, il intervint arrêt du dixiéme octobre 1592, par lequel ils furent maintenus l'un & l'autre dans l'office de tréforier de France; ainfi, le bureau des finances fe trouva compofé d'onze officiers, fans qu'il eût été fait une nouvelle création.

Le roi Henry IV, fous qui cet arrêt avoit été rendu, ne fit, durant tout fon regne, aucune augmentation des officiers; ils reftérent en ce nombre de onze jufqu'en 1621, où le roi Loüis XIII, étant venu en Languedoc pour les affaires de la religion, il créa, par édit du mois d'août, un douziéme office en faveur de Jean de Mirmand.

Quelques années aprés, le duc de Rohan ayant renouvellé la guerre dans le Languedoc, fa majefté créa, par édit de février 1626, deux offices de tréforier de France, qui furent remplis par Pierre-Loüis de Reich & par Pierre de Crouzet; mais, dans l'année fuivante, il y eut une augmentation bien plus confiderable, puifque, par un feul arrêt du mois d'avril 1627, Loüis XIII créa quatre nouveaux offices de tréforier de France, pour faire, avec les quatorze qui y étoient déja, le nombre de dix-huit officiers, qui devoient fervir alternativement neuf chaque année, avec attribution de la juridiction contentieufe du domaine, de la voirie & de la reception des foy & hommage: les acquereurs des quatre nouveaux offices furent Marc-Antoine Dupuy, Jacques Maffauve, François de Beaulac & Antoine Jougla.

En 1633, il fut créé un dix-neuviéme office de tréforier garde-fcel, pour fceller les attaches, ordonnances & autres expeditions émanées du bureau; mais toute la compagnie, après avoir inftalé Jean Bardin qui avoit été pourvû de cet office, le fit confentir à lui vendre tous les droits du garde-fcel pour la fomme de douze mile livres, à la charge que le droit feroit partagé en dix-neuf portions, aufquelles le vendeur auroit fa part comme les autres.

PAGE 621.   * On eut recours au même expedient en 1635, lorfque Loüis XIII, par édit du mois de mai, eut créé quatre nouveaux offices avec la qualité de chevaliers-préfidens-tréforiers-generaux; tout le corps du bureau des finances jugea devoir faire l'acquifition de ces nouveaux droits, afin que chacun y participât de même que les acquereurs, qui furent Jean de Graffet, Antoine Ratabon, Charles Boutard & Jean de la Briffe, qui ceda fon droit à Guillaume Maffia.

Par cette derniére crûë le bureau fe trouva compofé de vingt-trois offices de tréforier de France, dont les douze derniers avoient été créez par le roi Loüis XIII.

Ces augmentations devinrent beaucoup plus rares fous Loüis XIV, quoique fon regne eût été incomparablement plus long que celui du roi fon pere; car on peut obferver que dans l'efpace de foixante-treize ans qu'il dura, il ne fut créé que trois nouveaux offices de tréforier; les deux premiers par édit de juillet 1646, & le dernier par édit du mois d'août 1701. Philipe Boudon & Jean Caftel acquirent les deux premiers, & Philipe de Rochemore le troifiéme; ainfi le bureau de finances de Montpellier eft compofé maintenant de vingt-fix tréforiers de France, qui, avec un chevalier d'honneur, deux avocats & deux procureurs du roi, font en tout le nombre de trente-un officiers.

Le chevalier d'honneur fut créé dans tous les bureaux des finances du royaume par édit de juillet 1702. Loüis de Solas, fils de feu Jean Solas, confeiller en la cour des comptes, aides & finances de Montpellier, fut pourvû, quatre années après, de la charge qui regardoit le bureau des finances de Montpellier, où il fut inftalé le 6 avril 1707.

V. Quant aux charges des gens du roi, elles font poftérieures de beaucoup à l'établiffement du bureau des finances; car ce ne fut qu'en 1627 que le roi Loüis XIII, par édit du mois d'avril, créa une charge de fon avocat & une autre de fon procureur, pour connoître des caufes du domaine & voirie. Loüis Souffoy acquit celle d'avocat, & Jean Saporta celle de procureur; mais, par autre édit du mois de mai 1635, Loüis XIII fit une autre création d'un avocat & d'un procureur du roi pour les finances, dont les charges furent acquifes par Charles de Graffet & Rolin de Rozel; néanmoins toutes leurs fonctions leur ont été renduës communes par déclaration du onzième janvier 1639, & ils connoiffent également les uns & les autres des affaires du domaine & des finances; ils joüiffent de plus de tous les priviléges des tréforiers de France, à l'exception de l'entrée aux états de la province, qui leur eft ôtée par un arrêt du confeil.

L'attention que le bureau des finances de Montpellier a toûjours eu de faire réunir au corps les charges de préfident & autres, à mefure qu'on en a établi, a beaucoup fervi pour conferver une grande égalité entre tous les membres du corps, qui ne font diferens entr'eux que par l'ancieneté de leur reception; ainfi, le plus ancien a le titre de doyen, & quoiqu'on ait attaché à fa place diverfes prérogatives, comme d'être exempts des chevauchées, de convoquer les affemblées, de diftribuër les procez, de figner en feul le plumitif des ordonnances, &c., néanmoins, en fon abfence, le plus ancien des tréforiers exerce toutes ces fonctions, & chacun a droit de requerir les affemblées, quoiqu'elles foient convoquées au nom du plus ancien.

VI. Leur juridiction s'étend dans tout ce qu'on appelle la généralité de Montpellier, qui comprend les douze diocéfes du Bas-Languedoc, fçavoir:

Montpellier, Nimes, Alais, Uzès, Viviers, le Puy, Mende, Lodéve, Agde, Beziers, Saint-Pons & Narbonne,; ils furent fixez à Montpellier dès la création de la recette genérale établie en cette ville par François Ier, & le premier tréforier de France créé par Henry II fut tenu d'y réfider, felon l'ordonnance de ce prince; comme dans la ville où étoit le recette genérale; mais le malheur des guerres qui agitérent le Languedoc durant plus de foixante ans, les maladies contagieufes qui affligérent fouvent Montpellier, & diverfes caufes particuliéres, donnérent lieu à diferentes tranflations du bureau des finances.

En 1578, les quatre officiers qui compofoient ce bureau fe retirérent à Beziers, à caufe de la pefte qui étoit alors à Montpellier; ils s'établirent en la maifon abbatiale de Saint-Afrodife, où ils tinrent leur premiére affemblée le 25 mai * 1579, mais fur la fin de l'année fuivante ils furent obligez de fe refugier à Narbonne à caufe de la même contagion qui furvint à Beziers; ils commencérent le 30 janvier 1581 à y tenir, fous le bon plaifir du roi, leurs affemblées dans le couvent des cordeliers de Narbonne, ce qu'ils continuérent de faire jufqu'au 12 avril 1589; alors la ville de Narbonne s'étant déclarée pour la Ligue, les tréforiers de France revinrent à Beziers, où ils furent confirmez par lettres-patentes du 5 juin 1589.

Dans ce tems de trouble la cour étant mécontente des tréforiers de la generalité de Touloufe, qui la plûpart étoient ligueurs, unit cette generalité à celle de Montpellier par lettres-patentes du 15 juin 1589; en confequence les officiers qui, fur des certificats d'obéïffance & de fidelité au fervice du roi, obtenoient des provifions pour les charges de tréforier de France de Touloufe, venoient fe faire inftaler au bureau des finances de Montpellier, où ils faifoient toutes les fonctions, fignoient les expeditions & participoient à tous les droits, comme il paroît par les regîtres du bureau & par une indemnité de deux cens écus, que le roi accorda pour ce fujet à chaque tréforier de France de Montpellier.

Parmi ces officiers de Touloufe, on trouve Jean Dujars, pourvû le 14 juillet 1588, reçu à la chambre des comptes de Tours le 9 janvier 1589, & inftalé au bureau des finances de la generalité de Montpellier le 5 novembre 1592, fuivant les lettres-patentes du 14 mars de la même année.

Raoül le Comte, pourvû le 8 février 1595 à l'office de tréforier de France de Touloufe, vacant par la refignation de Michel Maupeou, reçu en la cour des comptes le 2 feptembre de la même année, fut inftalé au bureau des finances féant à Beziers le 23 décembre 1595, & il fervit avec les autres officiers du bureau, qui pour lors fe qualifioit bureau des finances de Languedoc. On ne fçait pas bien précifément la datte de la féparation de ces deux genéralitez; mais il paroît que l'union fubfiftoit encore au mois de juin 1596.

Pendant tout ce tems, le bureau des finances revenu de Narbonne à Beziers, où il tenoit fes affemblées au couvent des dames religieufes de Sainte-Claire, fut obligé d'en fortir à caufe de la pefte, & de refter errant tantôt à Maguelonne, tantôt à Pezenas, tantôt à Beziers, où il revint le 21 février 1593. Ce fut alors qu'il fit à Beziers le plus long féjour qu'il y eût encore fait; car il n'en fortit qu'en 1610 pour revenir à Montpellier, où il fut rapellé par arrêt du confeil du deuxiéme feptembre.

Les diffenfions qui furvinrent en cette ville entre la chambre des comptes & le bureau des finances, le firent encore transferer à Beziers en 1618, où il refta jufqu'en 1620, qu'il fut de nouveau rapellé à Montpellier; mais tous les ordres de la province s'étant oppofez à ce rapel fans qu'on en marque la caufe, la cour remit le bureau des finances à Beziers, d'où il ne fut rapellé qu'en 1629, lorfque Loüis XIII eût fait l'union de la cour des aides & de la chambre des comptes; alors les tréforiers de France de Montpellier qui fouhaitoient ardament de revenir dans leurs maifons s'étant hâtez d'y aller, apprirent en chemin que la pefte y étoit fort échaufée; ce contretems les obligea de s'arrêter à Pezenas, puis à Gignac, & enfin de revenir à Pezenas, jufqu'à ce qu'on eût appris qu'il n'y avoit plus à craindre à Montpellier; pour lors ils obtinrent des lettres-patentes du mois de décembre 1631 pour y rouvrir leurs féances, ce qu'ils firent pour la premiére fois le 26 janvier 1632.

Dans le cours de cette année ils firent acquifition de la grande maifon VIII. qui leur fert aujourd'hui de bureau; elle avoit appartenu à Jean des Urcieres, feigneur de Caftelnau & gouverneur de la juftice à Montpellier, qui n'ayant laiffé que trois filles, mariées dans les maifons de Dampmartin, de Vignoles & de Mazerand, intervinrent toutes dans le contrat de vente qui en fut fait le 21 août 1632, pour le prix de vingt-une mile livres. Les tréforiers acheteurs font: Jean-Bâtifte de Girard; Paul Arnaud, Sr de la Caffagne, baron du Pouget; Pierre de Grefeüille, Jean de Mirmand, Sr de Lavagnac; Jacques de Manfe, Sr de Coucon; Jean Delon, Charles Bonnet, S^r & baron d'Aumelas; Jacques Baudan, * Pierre Crouzet, Jacques Maffauve & François de PAGE 623. Beaulac, faifans pour fept autres abfens, & tous enfemble dix-huit; ladite maifon fife en la ruë Bouque-d'Or, & par derrière en la ruë Sainte-Foy, confrontant d'un côté celle de Me François de Clauzel, confeiller en la cour des comptes, aides & finances de Montpellier, & d'autre côté celle de Jean Gaillard qui avoit été du Sr de Faulcon.

La tradition conftante eft que cette maifon avoit été bâtie par Jacques

Cœur, général des finances du Languedoc en 1450, acquife enfuite par les auteurs de Jean de Gaudette, feigneur des Urciéres & de Caftelnau; elle échut en partage à Yoland fa fille, mariée à Pierre Dampmartin, chevalier, confeiller du roi & gouverneur en la juftice de la ville & gouvernement de Montpellier; d'où vient que le roi Loüis XIII ayant logé dans cette maifon au mois de feptembre 1632, il eft dit qu'il logea dans la maifon de Dampmartin, quoique les tréforiers de France l'euffent achetée quelques femaines auparavant: ce qui fert à concilier l'expofé de ces M^{rs} dans un placet prefenté au feu roi au fujet de cette maifon, où ils difent qu'ils avoient eu l'honneur d'y recevoir le roi fon pere.

On a fait depuis à cette maifon un efcalier des plus magnifiques, furmonté d'un grand dôme qui eft terminé par une grande fleur de lis dorée qui fe fait remarquer d'auffi loin qu'on découvre la ville; il y a deux bureaux d'affemblée pour les principales faifons de l'année, où dans celui d'hiver on voit les anciens portraits de tous nos rois de France, copiez, dit-on, fur ceux de la chambre des comptes de Paris avant qu'elle fût brûlée dans le fiécle paffé.

Depuis ce tems-là, le bureau des finances de Montpellier n'eft forti de cette maifon que dans deux occafions particuliéres; l'une au fujet de la pefte de 1640, qui l'obligea de fe tenir à Gignac pendant quatre mois, & l'autre pour le fujet que j'ai raconté dans le corps de cet ouvrage, qui lui attira une lettre de cachet du 19e mai 1655 pour fe rendre à Pezenas: le bureau y refta jufqu'à pareil jour de l'année fuivante, qu'il revint à Montpellier d'où

IX. il n'eft plus forti. Voici le nom de tous les officiers qu'il y a eu depuis fon établiffement, ils font marquez par ordre de leur reception à la chambre des comptes.

SOUS LE ROY HENRY II

1553. François de Chefdebien.   1559. François Robert, feigneur du Boufquet.

SOUS LE ROY CHARLES IX

1571. Raymond Viard.   1573. Michel de Maupeou.

SOUS LE ROY HENRY III

1578. René Marron, fieur de l'Eftang, avoit été préfident en la chambre des comptes.

1578. Guillaume de Contour.
1580. François Niquer, nommé gouverneur de Montpellier, puis

sur les juridictions modernes de Montpellier.

conseiller d'Etat, par brevet du 16 avril 1607.
1580. Pierre de Beynaguet, seigneur de Montgaillard.
1582. Michel Hebert.
1583. Milhes Marion, puis conseiller d'etat, & intendant en Languedoc.
1583. Alexandre de Castellan.
1584. Thomas de Lorme, non reçû.
1585. Timothée de Montchal, seigneur d'Assas.
1586. Jean-Baptiste de Crozilles.
1587. Guillaume de Bonnet, seigneur d'Aumelas.
1587. Jean de Seigneuret, seigneur de la Borde.

SOUS LE ROY HENRY IV

1592. Loüis Hebert, fils de Michel.
1592. Bernardin Pradel.
1595. Jean Delon.
1597. Guillaume Marron, fils de René.
1608. Daniël Galliere.
1609. Pierre de Grefeüille, ci-devant auditeur, puis président en la chambre des comptes.

*SOUS LE ROY LOÜIS XIII

PAGE 624.

1615. Jean-Baptiste Girard, sieur de Colondres.
1616. Paul Arnaud, Sr de la Cassagne.
1616. Jean de Seigneuret, sieur de Laborde, fils d'autre Jean.
1617. Hercule Marion, frere de Milhes.
1617. Pierre de Grefeüille, fils d'autre Pierre.
1617. Pierre de Montchal, fils de Timothée.
1621. Jean de Mirmand, Sr de Lavagnac.
1622. Jacques de Manse.
1623. Jean Delon, fils d'autre Jean.
1625. Bernard Dalfol.
1626. Jean de Ratte.
1628. Charles de Bonnet, seigneur d'Aumelas, fils de Guillaume.
1629. Jacques Baudan.
1631. Pierre de Crouzet.
1631. Marc-Antoine Dupuy.
1631. Jacques Massauve.
1631. François de Beaulac.
1632. Antoine Jougla.
1634. Pierre-Loüis de Reich.
1635. Pierre de Fleury, puis conseiller d'état par brevet de 1650.
1638. Jean de Grasset.
1641. Antoine Ratabon.
1642. Jacques de Manse, fils d'autre.
1642. Jean Blandin.
1643. Charles Boutard.

SOUS LE ROY LOÜIS XIV juſqu'en 1680

1643. Guillaume Maſſia.
1644. Jacques Baudan.
1644. Loüis de la Croix, fils d'un Henry pourvû & non reçû.
1645. Loüis Vivet.
1647. Pierre de Crouzet, fils d'autre, puis procureur général en la chambre des comptes.
1650. Etiéne Peliſſier, Sʳ de Boirargues.
1650. Jean Caſtel.
1651. Jean-François de Mirmand, fils de Jean.
1651. Loüis de Grefeüille, fils du dernier Pierre.
1651. Marc-Antoine Dupuy, fils d'autre.
1651. Charles de Graſſet.
1651. Philipe Boudon.
1653. Joſeph Girard, ſieur de Colondres, fils de Jean-Baptiſte, fut fait conſeiller d'état par brevet du 6 avril 1661.
1653. Jean Delon, fils & petit-fils des deux autres.
1656. François Jougla, petit-fils d'Antoine.
1658. Charles de Bonnet, ſeigneur d'Aumelas, fils d'autre.
1660. François de Beaulac, fils d'autre.
1660. J.-Paul Girard, ſieur de Colondres, frere de Joſeph.
1660. Jacques-Hercule du Bouſquet.
1663. Charles de Mirmand, frere de François.
1663. Henry du Robin.
1663. Charles Riviére.
1663. Melchior de Reverſac, ſieur de Celets.
1672. Charles Peliſſier de Boirargues, fils d'Etiéne.
1673. Guillaume Maſſia, fils d'autre.
1675. Gaſpard de Beaulac, puis préſident à la cour des aides en 1697.
1676. Jacques Bellet.
1676. Jean-Joſeph de Priſis la Forquette.
1679. Bernard d'Autrivay.
1679. Pienne-Anne de Rouch.

SUITE des tréſoriers de France SOUS LE ROY LOÜIS XIV juſqu'en 1715

1680. Antoine Roux.
1681. Henry de Fleury, neveu de Pierre.
1681. Jean-Melchior de Reverſac.
1681. Loüis de Beaulac, baron de Pezenes, fils de François.
1681. Jean-Paul Maſclary, Sʳ de Beauvezet.
1682. François Jougla, fils d'autre.
1685. Jacques de Maſſauve, fils de François.
1685. Jacques de Grefeüille, frere de Loüis.
1686. Maurice Baudan, frere de Jacques.
1687. Charles-Clement Boutard, fils de Charles.
1687. Etiéne Guerin, Sʳ de Flaux.

* 1688. Pierre-Hipolite du Robin, baron de Magalas.
1691. Etiéne Maffilian.
1692. Philipe de Rochemore.
1692. François Bofc.
1693. Jean de Bonnet, feigneur d'Aumelas, fils du dernier Charles.
1693. Henry de Grefeüille, fils de Loüis.
1693. Etiéne Peliffier de Boirargues, fils de Charles.
1693. François de Solas.
1696. Pierre-Guil. Girard, Sr de Colondres, fils de Jean-Paul.
1697. Jean Faure.
1698. Jean Cabot.
1700. Loüis de Manfe, neveu de Jacques.
1700. Antoine Bonnier, puis préfident en la cour des comptes.
1700. François Roux.

1700. Jean Valiboufe.
1701. Claude-Cezar Colin de Beauregard.
1702. Pierre Bardy.
1702. Henry Barbeyrac.
1704. François Roudil.
1704. Jacques Fontanez, fieur de Malherbe.
1708. Jacques Arnail.
1709. Antoine d'Autrivay, fils de Bernard.
1709. Jofeph d'Urbec.
1712. Philipe-Maurice de Sarret, feigneur de Saint-Laurent.
1713. Jacques Vichet.
1713. Firmin Benezet.
1713. François Reboul.
1713. Loüis Defpioch.
1714. Amans de Boffuges.
1718. Antoine Reboul, frere de François.

SOUS LE ROY LOÜIS XV.

1718. Loüis de Solas, fils de François.
1718. Henry de Rouch, neveu de Pierre.
1719. Jean-Paul Peliffier de Boirargues, fils d'Etiéne.
1719. Hyacinthe Fontanez, Sr de Malherbe, fils de Jacques.
1724. Antoine Barbeyrac, feigneur de Saint-Maurice, fils d'Henry.
1724. Claude Guerin, feigneur de Flaux, fils d'Etiéne.
1724. Charles de Reverfac, fieur Dauffillac, fils de Melchior.

1724. Raymond Roudil, fils de François.
1724. Jean Barancy.
1728. André-Simon Maupel.
1730. Jean Maffilian de Maffureau, fils d'Etiéne.
1731. Pierre Garnier Defchenes.
1732. Jean Benezet, fils de Firmin.
1733. Antoine Defpioch, fils de Loüis.
1733. Auguftin-Henry-Melchior de Reverfac, petit-fils de Jean-Melchior.

1733. Jean-Roch Cabot de Colorgues, fils de Henry.
1734. Daniël-Loüis Vieuffens.
1734. Guillaume Riviére.
1737, Marie-Loüis-François Demanfe, fils de Loüis.

GENS DU ROY AU BUREAU DES FINANCES.

PROCUREURS DU ROY de la première création.

1637. Jean Saporta.
1669. Pierre Saporta, fils de Jean.
1718. Pierre Veiffiére, petit-fils de P. Saporta.

AVOCATS DU ROY de la premiere création.

1636. Loüis Souffoy.
Jean-Paul Girard.
1651. Nicolas Trouffel.
1681. Jacques Trouffel.
1700. Gafpard Beaumevielle.

PROCUREURS DU ROY de la feconde création.

1639. Rolin de Rozel.
1658. François de Rozel.
1690. André Serres, puis préfident en la cour des comptes, &c.
1725. François-Benoît Campan.

AVOCATS DU ROY de la feconde création.

Charles de Graffet.
Jean de Reillan.
1701. Jean-Paul de Reillan.

LE SIÉGE PRÉSIDIAL
DE MONTPELLIER

I. Création dudit siége. II. Son érection en sénéchauffée. III. Suite des sénéchaux. IV. Offices nouveaux créés en 1636. *V. Union de la cour ordinaire au siége présidial. VI. District de sa juridiction. VII. Observations particulières sur cette cour. VIII. Suite de tous les officiers qu'il y a eu depuis sa création.*

J'AI dit dans le deuxième chapitre du quatorziéme livre de cette histoire, que le roi Henri II ayant créé, par édit du mois de mars 1552, un siége présidial à Beziers, auquel ressortiroit le gouvernement de Montpellier, nos consuls & habitans firent representer à sa majesté « que la ville « de Montpellier étant la seconde ville de la province, où il y avoit une « université fameuse, une cour des aides, chambre des comptes, siége épis- « copal, recette générale des finances & hôtel des monoyes, dont les offi- « ciers seroient grandement incommodez, s'ils étoient contraints d'aller « poursuivre leurs procés à Beziers, il lui plût créer, ériger & établir un « siège présidial audit Montpellier. »

Leur requête ayant été examinée à Rheims, où Henri II s'étoit rendu pour être plus à portée de secourir la ville de Metz, attaquée alors par l'empereur Charlequint : oüis aussi les députez des présidiaux de Beziers & de Nîmes, qui étoient venus faire leur opposition à la demande de ceux de Montpellier, le roi, par autre édit du mois d'octobre 1552, établit un présidial en la ville de Montpellier, « & en icelle (ce sont les termes de l'édit) « outre le juge mage, le lieutenant principal clerc & lieutenant particulier, « avons commis sept conseillers de nouveau & un greffier d'appaux en « chef & titre d'office, pour juger en dernier ressort & souveraineté de toutes « matières ès cas des édits, avec tous priviléges, franchises, autoritez, comme « les autres siéges présidiaux du païs de Languedoc, & tout ainsi que si par « édit du mois de mars dernier le siège eût été créé audit Montpellier. »

Voilà l'époque du présidial de cette ville, qui réellement est postérieur de sept mois aux présidiaux de Beziers & de Nîmes, quoique, par la disposition du roi Henri II ils doivent tous être reputez du mois de mars 1552.

Pour former ce nouveau tribunal, on prit tous les officiers qui composoient déjà la cour du gouvernement, sçavoir : Pierre de la Coste, juge

I.

mage; Jean Torillon, lieutenant principal; Jean Fabry, lieutenant particulier, & Jean de Rates avec Jean de Boffuges pour avocats & procureurs du roi. Les fept confeillers ordonnez dans l'édit de création furent Jacques de Montfaucon, François Dupuy, Aimé de Ratte, frere de l'avocat du roi; Jean le Bas, Antoine Uzillis, Jean de Laffet, Jean d'Albenas, & le greffier d'appaux Jean Borrit. Ce nombre augmenta bientôt par la création qui fut faite de plufieurs autres offices.

Il paroît que dès l'année 1554 il y avoit un lieutenant criminel (quoiqu'il n'en fût pas fait mention dans l'édit de l'érection du fiége) puifque le roi Henry II, dans fon édit du mois de novembre de la même année, concernant la juridiction des lieutenants criminels, dit ces propres paroles, art. 39 : Au fiége préfidial de Montpellier, outre le lieutenant & magiftrat criminel qui y eft jà inftitué, il y aura un lieutenant & fix archers, fergents, &c. Le nom de ce premier juge criminel, dont il a été ci-devant mention en la page 275, étoit Charles de Barges, & l'on trouve pour fon fucceffeur immédiat en l'année 1573, Alexandre Barenton.

En 1557, le même roi, par édit du mois de juin, créa une charge de préfident préfidial dans tous les fiéges du royaume; celle du préfidial de Montpellier fut acquife par Pierre Convers, qui étoit alors greffier en la chambre des comptes; mais il ne put éviter d'avoir avec le juge mage de grandes difcuffions qui ne purent être terminées fous Henry II, à caufe de la trifte mort de ce prince arrivée en 1559. Les troubles qui furvinrent fous François II fufpendirent les reglements néceffaires entre ces deux officiers; mais Charles IX les regla par fes lettres * du 13 feptembre 1572, raportées par Efcorbiac.

Le roy Henry III, par édit de 1580, fit une augmentation de confeillers jufqu'au nombre de quinze dans les villes où il n'y avoit pas de parlement, il leur accorda plufieurs beaux priviléges qu'on peut voir dans cet édit raporté par Neron; mais la plûpart des priviléges accordez foufrirent de fi grandes contradictions qu'ils furent fans effet, & qu'il n'en refta que le nombre des officiers qui avoient été créez; parmi ceux-là on met Pierre Blancard, Jean d'Albenas, Nicolas Calvet.

En 1596, par édit du mois de juin, Henry III érigea en office la commiffion de garde fcel, qui avoit été exercée jufqu'alors par Jean Torrillon; Henry de Vignoles en fit l'acquifition & tranfmit cet office à quelques autres qui l'ont exercé fous le titre de garde fcel jufqu'en 1708, qu'il fut fuprimé fur la tête de François Marie.

Henry IV, par édit du mois de février 1610, fuprima un office de confervateur de l'équivalent qu'il y avoit dans le fiége préfidial de Montpellier, duquel je n'ai point trouvé la création, & à fa place le roi créa un nouvel office de confeiller, qui fut acquis par Paul de Bornier.

Les troubles qui furvinrent à Montpellier en 1622 obligèrent le préfidial de fe retirer à Frontignan, où il tint fes féances durant tout le fiége de cette ville. Peu de tems après, le roi Loüis XIII, voulant recompenfer Jacques de Toiras, feigneur de Reftinclieres, des fervices que lui & fes freres lui avoient rendus pendant le fiége de Montpellier; il érigea en fa faveur la charge de gouverneur de juftice (qui étoit à Montpellier depuis plufieurs fiécles) en celle de fénéchal, & depuis ce temps-là tous les fuccefseurs qu'il a eu dans cette charge ont porté le nom de fenéchal, & les officiers du préfidial ont pris le titre d'officiers de la fenéchauffée, gouvernement & fiége préfidial de Montpellier.

II.

Les regîtres du préfidial marquent en ces termes la cérémonie qui fut faite en la reception de M. de Reftinclieres :

Livre verd.

« Le 28ᵉ d'août 1624, meffire Jacques de Saint-Bonnet de Toiras, fei-
« gneur de Reftinclieres, ayant été reçû en la cour du parlement de Tou-
« loufe en la charge de fenéchal & gouverneur de cette cour, il fut inftalé
« de la façon que s'enfuit ledit jour 28ᵉ d'août. Premièrement, étant arrivé
« de Toulouse en cette ville le jour d'auparavant, il vifita, incontinent être
« arrivé, tous les meffieurs avec la botte, accompagné de beaucoup de
« nobleffe ; le lendemain matin la cour étant au palais lui députa deux des
« meffieurs pour l'aller prendre chés lui, & l'accompagner jufqu'à la chambre
« du confeil, où étant entré Mᵉ Ducros avocat le prefenta, & harangua fur
« fes merites particuliers, & fur la dignité de fa charge : cela fait, il prêta le
« ferment (toute la cour étant féante) en mettant la main fur le *Te igitur*,
« qui lui fut prefenté par le préfident préfidial ; enfuite la cour ayant été
« tenir l'audience, il y affifta portant fon épée & fa tocque, & quelques jours
« après il traita magnifiquement toute la cour. »

Je ne fçai fi cette nouvelle érection n'occafionna point à Montpellier la création d'un office de lieutenant genéral & de lieutenant criminel, qui font des titres affectez aux premiers juges des autres fenéchauffées du royaume; au lieu que dans le reffort du parlement de Toulouse ils font appellez juge mage & juge criminel. Par ce même édit du mois de mars 1635, le roi Loüis XIII créa un fecond préfident, deux confeillers clercs & deux confeillers lais; mais ces créations eurent le fort que nous allons dire.

IV.

Le fecond office de préfident trouva fi peu d'acquereurs qu'il fallut que le roi Loüis XIII, par édit du mois de décembre 1638, attachât la qualité & les fonctions de premier préfident, à celui des deux qui fe trouveroit le plus

PAGE 628.

ancien de reception, afin que l'esperance de survivre au premier fît trouver un acquereur pour le second office ; mais la chose ne put pas réüssir alors, & ce ne fut qu'en 1645 qu'Antoine de Crouzet ayant acquis d'André de Trinquere l'office de juge mage, il traita du premier office de président avec Saporta & *levà le second office qui n'étoit pas rempli ; par ce moyen, il réünit en sa personne les charges de juge-mage, de premier & de second président, qui ont resté à tous ses successeurs jusqu'après la mort de Pierre Eustache ; alors le second office de président étant tombé aux parties casuelles, il fut levé par Pierre Alizon, qui, après en avoir joüi quelques années, le remit enfin à Jacob Bornier, juge mage. Ce second office de président est actuellement sur la tête de Gilbert Massilian, survivancier de Bornier ; mais les trois charges lui reviendront lorsque le terme convenu entr'eux sera expiré.

Les offices de lieutenant general civil & de lieutenant criminel de nouvelle création furent acquis par le juge mage & par le juge criminel ; ainsi, le juge mage joignit à cette première qualité celle de lieutenant general, & le juge criminel celle de lieutenant general pour le criminel, qui lui est donnée dans ses lettres de provisions.

Quant aux offices de conseiller de nouvelle création, les deux de conseiller-lai furent acquis par Henry Declair & par Charles Rodil ; mais je ne trouve point que ceux de conseiller clerc eussent été remplis alors : ce qui occasionna peut-être l'établissement d'une charge de conseiller honoraire, qui fut créée l'année suivante par édit du mois de mai 1639, avec la prérogative de pouvoir être remplie par un homme d'église aussi bien que par un laïque ; cette sorte de charge donne seance après les quatre conseillers plus anciens, avec voix déliberative dans toutes les assemblées, sans aucune part aux épices ; mais, en revanche, elle n'assujettit point aux charges de la compagnie : celle qui fut créée alors fut remplie par Benjamin Durand qui l'a exercée plus de quarante ans, & depuis (comme nous le verrons) on en a créé deux autres ; desorte que dans le présidial de Montpellier il y a actuellement trois charges de conseiller honoraire.

L'année 1647 fut funeste à cette compagnie, de même qu'à la cour des aides & à la chambre des comptes, parceque toutes ces cours ayant été renduës suspectes au roi, à l'occasion de la sédition des partisans, le présidial fut envoyé à Lunel, d'où il ne revint que lorsque la cour des aides fut rappelée de Carcassonne où elle avoit été envoyée.

Le roi Loüis XIV, par édit du mois de février 1680, créa deux nouveaux offices de conseiller honoraire, dont l'un fut rempli par Jacques Jausserand, & dans les années suivantes Gaspard d'Arenes acquit l'autre, d'où il paſſa bientôt à la charge de préſident en la cour des comptes, aides & finances.

Quelques années auparavant, la cour du préſidial avoit trouvé le moyen de faire unir à ſa juriſdiction celle de juge ordinaire de Montpellier, par l'occaſion que je vais dire. Charles de Perdrix, juge criminel, ayant traité d'un office de préſident en la cour des comptes, aides & finances, traita auſſi avec le préſidial de ſon office de juge criminel, que cette compagnie acheta en corps pour l'offrir à Henry Caſſeirol, juge de l'ordinaire; celui-ci ne la voulant pas pour lui, la fit mettre ſur la tête de ſon fils, & tous les conſentements des parties néceſſaires ayant été donnez, le préſidial obtint des lettres patentes du mois de janvier 1694 pour confirmer cette union; par ce moyen, les cauſes qui alloient au juge de l'ordinaire en première inſtance furent portées au préſidial, & les grands procès qu'il y avoit eu entre ces deux juriſdictions prirent fin entiérement.

Les guerres que la France eut à ſoutenir pour la couronne d'Eſpagne, au commencement de ce ſiécle, donnérent lieu à la création de deux offices de conſeiller, qui furent ordonnez par édit de 1703, et d'une charge de chevalier d'honneur qui ne fut point remplie: peu après, le roi Louis-le-Grand créa une autre charge de lieutenant general d'épée, qui fut unie à celle de lieutenant de robe courte, exercée alors par François Ducros; il laiſſa en mourant ces deux charges aux parties caſuelles; mais ſon fils Jean Ducros retira celle de lieutenant general d'épée comme beaucoup plus honorable, parcequ'elle lui donne ſéance immédiatement après le juge mage, & qu'en l'abſence du ſenéchal il a droit de commander l'arriére-ban.

* Je ne touche qu'en paſſant aux prérogatives des diferentes charges qui compoſent la cour de la ſenéchauſſée, gouvernement & ſiége préſidial de Montpellier, parcequ'elles ſont aſſés marquées dans les arrêts & déclarations raportées par Blanchard, Neron & Eſcorbiac; je me contente de dire que le juge mage, en cette qualité, préſide aux affaires de police, qu'il reçoit le ſerment des conſuls, qu'il eſt appellé aux conſeils de ville pour les autoriſer par ſa préſence, & que tous les corps de métier reſſortent à lui; il préſide comme préſident préſidial à toutes les aſſemblées de ſa compagnie, & prononce ſur les affaires civiles qui y ſont portées de tous les lieux de ſon reſſort.

Ces lieux ſont ainſi marqués dans l'édit de création du roi Henri II. « L'univerſité dudit lieu, les ſiéges de la rectorie dite Part-Antique & Petit « Scel de Montpellier, les vigueries de Sommiéres, Aiguemortes & Lunel, « les baillages de Sauve, le Vigan, Aimargues, Maſſillargues & Galargues,

« avec leurs appartenances & dépendances, & tout ce qui étoit du greffe,
« tablier ou banque de Sommiéres, excepté le lieu & baronnie du château
« de Vauvert; » j'ai dit ailleurs que Vauvert en fut excepté, parcequ'il étoit
depuis un temps immemorial de la fenéchauffée de Beaucaire. A tous ces
lieux on peut ajoûter ceux qui dépendoient du juge ordinaire, & qui, depuis
l'union, reffortent en première inftance du fiége préfidial.

VII. Le juge criminel connoît de toutes les affaires criminelles qui font portées à cette cour, le lieutenant principal fiége pour le juge mage & pour le
juge criminel lorfqu'ils font abfens ou qu'ils ne peuvent affifter aux jugemens pour caufe de recufation ou autre fujet legitime : le lieutenant particulier fait à fon égard ce qu'il fait pour le juge mage & pour le juge criminel ;
c'eft-à-dire qu'il fuplée pour le lieutenant principal lorfqu'il ne peut agir
dans le civil ou dans le criminel.

Les gens du roi ont au préfidial les mêmes fonctions que dans les autres
cours de juftice ; mais l'avocat du roi, par l'édit de création, a droit de pouvoir tenir un office de confeiller avec voix déliberative dans toutes les
affaires où le roi n'eft point partie : de là vient qu'Etiéne de Ratte fe trouve
confeiller & avocat du roi en même tems, & qu'on voit Gafpard & Charles
Perdrix exercer fucceffivement l'un après l'autre les charges d'avocat du roi
& de juge criminel. Jean de Trinquere, après la mort d'Alexandre Baranton,
prit la qualité de juge criminel & en fit les fonctions, ce qui donna lieu à
un grand procès qui lui fut intenté par le lieutenant principal, Jean de
Rochemore, qui dit dans fa plainte que les fonctions de juge criminel,
dans le cas de mort ou d'abfence, lui font dévoluës ; ce procès, après avoir
traîné longtemps au parlement de Touloufe & au confeil, finit enfin par
la refignation que Jean de Trinquere fit de l'office de juge criminel en
faveur de Pierre David, fon neveu.

Le fiége de cette juridiction eft depuis très-longtems dans le palais des
anciens feigneurs de Montpellier, où les officiers du gouvernement s'affembloient avant la création du préfidial ; on y a fait des embélifflemens
confiderables depuis 1700, par le fecours que M. de Bafville, intendant
de la province, fit trouver à ces M^{rs}, ce qui les porta à faire mettre fes
armojries fur la muraille du grand efcalier. On voit dans la falle du confeil
une anciéne tapifferie bleuë, femée de fleurs de lis jaunes, avec ces lettres
initiales au-deffous des armoiries de la famille des Convers, F. D. C. H. C.
P. H. M. I. T. D., 1619, qui veulent dire : *Francifcus de Convers, hujus curiæ
præfes, hoc monumentum, juftitiæ templo dedic.*

Quoique les offices de confeiller au préfidial ayent été pris par plufieurs
officiers pour acquerir le tems de fervice requis aux charges de préfident

en la cour des comptes où ils vouloient paſſer, on trouve néanmoins un grand nombre d'officiers qui ont vieilli dans le préſidial : les familles de Montaigne, de Rudavel & de Valobſcure ont donné chacune quatre & cinq officiers à cette compagnie, & les deux Iſaac Joubert pere & fils ont exercé eux ſeuls le même office pendant cent & huit ans. Les deux Remiſſe pere & fils ont été procureurs du roi quatre vingts dix-huit années, & toûjours quelcun des plus anciens * eſt appelé dans les affaires extraordinaires qui ſe reglent à l'intendance, où ſe trouve auſſi le ſubdélegué de l'intendant qui eſt pris de ce corps. <small>PAGE 630.</small>

Le nombre des conſeillers devroit aller juſqu'à vingt-quatre ou vingtcinq, ſelon les diferentes créations d'offices qui ont été faites depuis l'établiſſement du ſiége ; mais il n'y a guere maintenant que dix-ſept ou dix-huit conſeillers effectifs, à cauſe de la ſupreſſion de quelques offices, & parcequ'on en a laiſſé quelques-autres aux parties caſuelles. Voici le nom de tous les officiers reçûs depuis l'établiſſement de cette cour : VIII.

JUGES-MAGES.

1552. Pierre de la Coſte, ſeigneur de Granſelve & d'Areſquiers, étoit juge-mage du gouverneur & continüa de l'être après l'erection du ſiége préſidial.

1581. Jean de Trinquere, ſeigneur de Baux, avoit été avocat-général en la cour des aides.

1611. Samüel de Trinquere, ſeigneur de Lagreffe, neveu de Jean, puis préſident en la chambre des comptes.

1617. André de Trinquere, frere de Samüel.

1645. Antoine de Crouzet, puis préſident en la cour des comptes, aides et finances.

1663. Pierre de Crouzet, frere d'Antoine, puis procureur général en la cour des comptes, &c.

1664. François de Mirmand, puis préſident en la cour des comptes, &c.

1678. Pierre Euſtache.

1700. Jacob Bornier, ci-devant lieutenant particulier.

1730. Gilbert Maſſilian.

JUGES CRIMINELS.

1554. Charles de Barges.

1573. Alexandre Barenton, avoit été avocat général en la cour des aides.

1581. Jean de Trinquere, fut en même tems juge-mage.

1599. Pierre David, ſeigneur de Monferrier, étoit neveu de Trinquere.

1609. Jean de Galian, profeſſeur en droit.

1630. Gaſpard de Perdrix, étoit auſſi avocat du roi.

1671. Charles de Perdrix, fils de Gaſpard, puis préſident en la cour des comptes.

1694. Jean-Henry Caſſeirol.

LIEUTENANT PRINCIPAL.

1553. Jean Torillon.
1581. Jean de Rochemore, feigneur de Bernis.
1617. Jean de Rochemore, fils du premier.
1624. Jean-André de Lacroix, profeffeur ès loix, feigneur de Saint-Brez & Candillargues.
1654. François de Mirmand, puis juge-mage.
1673. Jean de Montaigne, ci-devant confeiller au préfidial, puis confeiller au confeil fouverain de Perpignan.
1691. Jean de Montaigne, fils du premier.
1737. Jean-Jacques Fermaud.

LIEUTENANT PARTICULIER.

1553. Jean de Lacofte.
1569. Jean Fabry.
1576. Claude Convers, puis préfident-préfidial.
1577. Raulin d'Airebaudoufe, fieur de Freffac, fut confeiller en la chambre de l'edit, puis préfident en la cour des aides.
1597. David Falguerolles, puis confeiller en la cour des aides.
1610. Jacques de Manfe, puis tréforier de France.
1624. Philipe Bornier.
1660. Philipe Bornier, fils du premier.
1685. Jacob Bornier, fils de Philipe fecond, fut depuis juge-mage.
1702. Jean-François Mouftelon.

LIEUTENANT de robe-courte.

1553. François de Belliran.
1570. Pierre de Griffy, feigneur de Saint-Martin, puis confeiller en la cour des aides en 1579.
1599. Claude Talamandier.
1626. Pierre de Rignac.
1654. Jean de Rignac, fils de Pierre.
1703. François Ducros.
17.. Jean Ducros, fils de François.

Préfident ancien créé par édit de 1557.

1557. Pierre de Convers, avoit été greffier en la chambre des comptes.
* 1575. Jean d'Albenas.
1578. Claude Convers, fils de Pierre, avoit été greffier en la chambre des comptes & puis lieutenant particulier.
1618. François de Convers.
1632. Etiéne Saporta.
1645. Antoine de Crouzet, en même temps juge-mage.
1663. Pierre de Crouzet, frere d'Antoine, puis procureur genéral.
1664. François de Mirmand, puis préfident en la cour des comptes.
1700. Jacob Bornier, ci-devant lieutenant particulier.

Second préfident créé par édit de 1635.

1645. Antoine de Crouzet.
1663. Pierre de Crouzet.
1664. François de Mirmand.
1681. Pierre Euftache.
1706. Pierre Alizon.
17... Jacob Bornier, ci-devant lieutenant particulier.
1723. Gilbert Maffilian.

GENS DU ROY.

AVOCATS DU ROY.

1553. Jean de Ratte, l'étoit au fiége du gouvernement, & le fut à l'erection du préfidial.
1565. Étiéne de Ratte, fils de Jean, puis confeiller en la cour des aides, & enfuite procureur général pour les catoliques en la chambre de l'edit lors de fa création.
1574. Etiéne Feynes.
1618. Gafpard Perdrix, profeffeur és loix.
1665. Charles Perdrix, fils de Gafpard, puis juge criminel, & enfuite préfident en la cour des comptes, &c.
1671. Pierre Verduron.
1724. René-Gafpard Joubert, puis findic-général de la province.
1737. Daniël Solier.

PROCUREURS DU ROY.

1553. Jean de Boffuges, étoit procureur du roi au gouvernement; il continüa de l'être au fiége préfidial.
1565. Jean Perdrier.
1581. Barthelemi Perdrier, fils de Jean, étoit feigneur de Maureillan.
1613. Jean Perdrier.
1627. Pierre Remiffe.
1686. Jean Remiffe, fils de Pierre.
1725. P. Antoine Roland, puis confeiller en la cour des aides.
1734. Nicolas Craffous.

CONSEILLERS au fiége préfidial.
SOUS LE ROY HENRY II.

1553. François Dupuy.
1553. Jacques de Montfaucon, puis préfident en la cour des aides.
1553. Amé de Ratte, frere de Jean, avocat du roi.
1553. Jean le Bas.
1553. Antoine Uzilis.
1553. Jean de Laffet.
1553. Jean d'Albenas, puis préfident-préfidial.
1557. Jean Torillon.

SOUS LE ROY CHARLES IX.

1560. Bandinelli.
1561. Henry de Vignoles.
1563. Jean de Clair.
1569. Étiéne de Ratte, fils de Jean, avocat du roi, à qui il fucceda dans cette charge, puis procureur général en la chambre de l'edit.

SOUS LE ROY HENRY III.

1576. Jean de Solas, profeffeur en droit.
1577. François Valobfcure.
1578. Paul-Antoine Maffilian.
1578. David Varanda.
1579. Pierre de Sarret, puis confeiller en la cour des aides en 1596.
1580. Guillaume Ranchin, puis avocat général en la chambre des comptes.
1581. Pierre Blancard, étoit doyen en 1600.
1582. Nicolas Calvet.
1585. d'Albenas.

SOUS LE ROY HENRY IV.

1592. Iſaac Joubert.
1596. Etiéne Americ.
1596. Alain de Solas.
1597. Pierre Rudavel.
1598. Jacques de Clair.
1599. Etiéne Dumois.
1599. Guill. Gaudemar, conſeiller clerc.
1604. Henry de Montaigne.

*SOUS LE ROY LOÜIS XIII.

1611. Michel Calvet, fils de Nicolas.
1611. Samüel Blancard, fils de Pierre.
1613. Philipe Bornier, puis lieutenant particulier.
1615. Henry Valobſcure, fils de François.
1615. Pierre Madronet.
1618. Antoine Atgier.
1621. Adrien Rudavel.
1623. Jean de Valobſcure.
1623. Jean Derieu.
1624. David Roveirolis.
1625. Jean Blancard.
1625. René Gerard, conſeiller-clerc.
1626. N. Marcha.
1628. Etiéne de Montaigne, fils d'Henry.
1630. N. Madronet.
1633. Guillaume Patris.
1635. Henry de Clair.
1641. Benjamin Durand, conſeiller honoraire.
1642. Adrien Rudavel, Mathæi.
1643. Pierre de Planque, ſieur de la Valette.
1643. Pierre de Guilleminet, puis greffier de la province.

SOUS LE ROY LOÜIS XIV.

1644. Jean Vignes.
1649. N. Solas.
1649. Iſaac Joubert, fils d'autre.
1650. Jean de Trinquere, fils d'André, juge-mage.
1651. Pierre Vedrines, doƈteur en médecine.
1652. Jean Patris, fils de Guillaume.
1656. Pierre Valobſcure.
1656. François de Beaulac.
1657. Vincent de Sarret, puis conſeiller en la cour des comptes.
1658. Claude Rudavel.
1659. Jean de Montaigne, fils d'Etiéne, puis lieutenant principal.
1661. Etiéne Madronet.
1661. Auguſtin Solas.
1668. Pierre Roſſelly.
1668. Pierre Rudavel.
1673. Henry de Leſcure.
1673. Hiérôme Loys.
1673. Jean Mejean, garde-ſcel.
1675. Guillaume Paulet, Sr de la Baume.
1679. Jean Rouſſet, fils du juge de l'ordinaire.
1680. Guillaume Azemar, puis maire de Gignac.
1681. Claude Trinquere, fils de Jean.
1687. Pierre Eſtival, homme d'egliſe.

1689. Theodore-Antoine Defprez, confeiller-clerc.
1690. Jean Durand, Sʳ de Saint-Paul.
1691. François Duvidal-Baillarguet.
1691. Fulcrand Darenes, confeiller honoraire, puis préfident en la cour des comptes.
1693. Jacques Jaufferand.
1694. Loüis Chauvet.
1695. Jacques Valette Defplans, C. H., puis préfident en la cour des comptes.
1697. Loüis Coudognan.
1697. Antoine Peyron, C. H.
1698. Jean-François Jaufferand, fils de Jacques.
1699. Pierre Valobfcure.
1699. Jacques du Carbon.
1700. Ifaac Carquet.
1700. Pierre Barbe.
1700. Philipe Maffanes.
1700. Theodore Rat.
1700. Loüis Vergnes.
1700. François Marie, garde fcel.
1701. Jean de Clary, Sʳ de Florian, confeiller honoraire.
1701. Loüis Caucat. Office fuprimé.
1701. Jean-Loüis Paradis, C. H.
1703. Jean Laval, C. H.
1703. Jacques Roffet, fubdélegué de l'intendant.
1706. Jean Loys, fils de Hierôme, puis confeiller en la cour des comptes.
1709. Pierre Rey. C. H.
1712. Jean Dalmas, C. H.
1713. Noël Fages d'Auziéres, puis préfident en la cour des comptes.
1715. Jacques Philipe de Mariotte, puis préfident en la cour des comptes.

SOUS LE ROY LOÜIS XV.

1720. Pierre Lagarde.
1721. Jean Milhau.
1724. Antoine Bonnier, puis préfident en la cour des comptes.
1725. Antoine Magnol, C. H., profeffeur en médecine.
1727. François Duvidal-Ballarguet, neveu d'autre François.
1737. Jean Chauvet, fils de Loüis.

LA MAÎTRISE DES EAUX ET FORÊTS
DE LA VILLE DE MONTPELLIER

I. Son anciéne étenduë fut réduite en 1677. II. Nouveaux officiers qui furent établis alors. III. Leur fiége, qui étoit ci-devant à la cour ordinaire, eft aujourd'hui à la cour du petit fceau.

I. CETTE jurifdiction a eu le fort de la plûpart de celles que nous avons compté parmi les juridictions anciénes de Montpellier, c'eft-à-dire qu'elle a diminüé & que fon diftrict eft beaucoup moins étendu qu'il n'étoit autrefois; la chofe confte par les lettres patentes qui l'ont réduite à des bornes plus étroites, & qui marquent que la maîtrife des eaux & forêts de Montpellier comprenoit les fenéchauffées de Beaucaire & Nîmes avec celle de Montpellier, & qu'elle s'étendoit jufqu'à l'extrémité du Vivarez; ces lettres font du 7 mars 1671, données à Saint-Germain-en-Laïe, par le roi Loüis XIV.

« Elles portent que la maîtrife des eaux & forêts de la ville de Montpel-
« lier, fe trouvant trop étenduë pour être fujete à la direction des officiers
« d'une feule maîtrife, joint que la juridiction la plus confiderable de la maî-
« trife de Montpellier s'étend fur les étangs & bords maritimes qui font
« dans le voifinage de ladite ville, ce qui eft caufe que les officiers ne peu-
« vent y donner toute l'application néceffaire, & en même temps veiller à
« la confervation des bois qui font dans une diftance fi éloignée de leur
« fiége. Pour cet effet, fa majefté réduit ladite maîtrife aux diocéfes de
« Montpellier, Nîmes, Agde, Lodéve & Mende, donnant commiffion au
« Sr de Bezons, intendant en Languedoc & commiffaire des eaux & forêts,
« d'y établir des nouveaux officiers. »

II. En confequence, M. de Bezons nomma le Sr Daniel Ranchin pour maître particulier de la maîtrife de Montpellier; Me Henry Caffeirol pour fon lieutenant; Me Philipe Juin, procureur du roi, & Mathieu Portes pour greffier. Nous apprenons, du procés-verbal de M. de Bezons, qu'il inftala ces nouveaux officiers le 4 novembre 1671, en la fale de l'audience de la viguerie & cour royale de Montpellier, pour y tenir leur audience tous les mécredis de chaque femaine, à dix heures du matin.

sur les juridictions modernes de Montpellier. 467

Ces premiers officiers exercérent leurs charges par commiffion, jufqu'à ce qu'elles furent érigées en titre d'office : Noël Loys, profeffeur en la faculté des loix de cette ville, finança pour la maîtrife & pour un fecond office de maître alternatif, qui fut créé quelque tems après ; François Teyffedre lui a fuccedé dans cette place où il eft actuellement.

La charge de lieutenant fut acquife par Jacques Lauffel, avocat de cette ville ; mais, perfonne ne s'étant prefenté pour l'acquerir après fa mort, le grand-maître des eaux & forêts, qui fe tient à Touloufe, donna en commiffion cette lieutenance à François Fabre, avocat, qui en fait les fonctions.

Jean Verduron de Rabius prit, à titre d'office, la charge de procureur du roi, qu'il vendit à Pierre Touzard, avocat, & celui-ci ayant été fait greffier des états de la province, vendit fa charge de procureur du roi à N Villeneuve qui, ayant eu fes provifions, negligea de s'y faire recevoir, ce qui porta le grand-maître de Touloufe de nommer Loüis Fargeon, avocat, pour l'exercer par commiffion.

Antoine Bellonnet, oncle & neveu, ont fuccedé aux fonctions de greffier que Mathieu Portes exerçoit auparavant.

La charge de gardemarteau, qui eft confiderable dans la maîtrife des eaux & forêts, prend fon nom d'un marteau fleurdelifé par le bout, dont on fe fert pour marquer les arbres deftinez pour le fervice du roi, ou autres ufages ; Jean-Baptifte Brey, profeffeur, en fait les fonctions, qui lui donnent voix déliberative * dans toutes les affemblées de la maîtrife, & le droit d'y préfider dans l'abfence du maître & de fon lieutenant. Tous ces officiers s'affemblent dans la cour du petit fceau royal de Montpellier, depuis que la cour ordinaire a été unië au fiége préfidial de cette ville.

III. PAGE 634.

Leurs regîtres (qu'ils ont eu la bonté de me communiquer) m'ont appris que, fuivant la relation des commiffaires, l'ancien mot de *pulmentum*, employé fouvent dans nos vieux actes entre les evêques de Maguelonne & les Guillaumes de Montpellier, eft un ufage que les feigneurs des étangs fe refervoient fur les particuliers, à qui ils inféodoient une partie defdits étangs, tantôt d'un cinquième, tantôt de onze deux & quelquefois de onze un.

SIÉGE DE L'AMIRAUTÉ
DE MONTPELLIER ET DE SETTE

I. Le cardinal de Richelieu fait établir dans le Languedoc plusieurs siéges d'amirauté. II. Qui sont réduits du consentement de la cour par le parlement de Toulouse. III. Le port de Sette occasionne l'établissement d'un siége à Montpellier. IV. Premiers officiers qui y furent nommez. V. Raisons pour lesquelles ils se tiénent à Sette.

AYANT déjà parlé (dans l'article des consuls de mer) du commerce maritime de Montpellier sous les premiers seigneurs de cette ville, j'ai crû ne devoir pas omettre le dernier établissement d'une amirauté, qui doit son origine au cardinal de Richelieu.

1. Ce fameux ministre ayant été nommé chef & surintendant général de la navigation & commerce de France, obtint du roi Loüis XIII un édit donné à Lyon au mois d'août 1630, portant création de sept siéges d'amirauté dans le Languedoc, sçavoir : quatre principaux & trois particuliers.

Les principaux (selon la disposition de cet édit) devoient être à Narbonne, Agde, Frontignan & Serignan, composez chacun d'un conseiller du roi, lieutenant général, d'un lieutenant particulier, d'un procureur du roi, d'un receveur des amendes, d'un greffier garde scel, d'un capitaine garde côte & de trois huissiers, sçavoir: deux audienciers & un visiteur.

Les trois siéges particuliers devoient être établis à Aiguemortes, Leucate & Vendres, composez d'un pareil nombre d'officiers, avec cette seule diference que, dans ces derniers, il n'y auroit que deux huissiers: l'un audiencier & l'autre visiteur, au lieu des trois qui étoient marquez pour les siéges principaux.

Toute la côte du Languedoc, depuis l'embouchure du Rône jusqu'aux frontières d'Espagne, fut partagée entre ces sept siéges, ausquels on attribüa juridiction sur la mer & ses dépendances ; c'est-à-dire les graux, plages, côtes & rivages, isles adjacentes, havres, ports, rades, étangs salez, embouchures de rivières, avec tout ce qui concerne la navigation & le commerce, la construction, armement, radoubage, vente & adjudication des vaisseaux, & toutes actions procedant de charte partie, affretement ou noliment, assurances, obligations à groffe aventure, entreprifes & fociété entre négocians fur mer & genéralement toutes obligations & contrats qui ont raport aux affaires maritimes.

Cet édit de création, quoique donné en 1630, ne fut envoyé au parlement de Touloufe pour y être enregîtré qu'en 1632, & dans cet intervale on trouva apparamment qu'il y avoit trop de fiéges d'amirauté & que le parlement reçut ordre d'en diminüer le nombre, ce qu'il fit par fon arrêt d'enregitrement du 2 octobre 1632, qui les réduifit à cinq, fçavoir : trois généraux & principaux, & deux particuliers.

Les genéraux à Narbonne, Agde & Frontignan ; les particuliers à Serignan & Aiguemortes ; * on fit en même tems un nouveau partage des côtes du Languedoc en cinq parties feulement ; celle d'Aiguemortes fut fixée depuis l'embouchure du Rône jufqu'à Melgüeil ou Mauguio inclufivement ; celle de Melgüeil, depuis Perols, qui le confronte, jufqu'à la montagne de Virgile, qui eft à l'orient du cap de Sette ; celle d'Agde, depuis le cap de Sette jufqu'à Vias ; celle de Serignan, depuis Vias jufqu'au port de Vendres inclufivement, & celle de Narbonne, depuis ce même grau jufqu'à Leucate.

Cette derniére difpofition eut lieu par raport aux fiéges d'amirauté, mais on conferva les fept capitaineries gardes-côtes, qui avoient été créées par l'édit de 1630.

Dans la fuite, le projet du canal royal du Languedoc qui fait la communication des deux mers ayant été mis à execution, on conftruifit en même tems un port au cap de Sette pour fervir d'entrée au canal du côté de la Mediterranée ; ce nouveau port, qui alloit rendre les côtes du Languedoc beaucoup plus pratiquables & la navigation plus fûre & plus aifée par l'afile qu'il prefente à toute forte de bâtimens, précifément au milieu du golphe de Lyon (autrefois fi redouté) attira bientôt l'attention de la cour : on convint que le commerce maritime du Languedoc pouvoit devenir un objet intereffant, & que le port de Sette en feroit le centre, d'autant plus qu'il n'eft qu'à quatre lieuës de Montpellier, ville riche, où il ne manqueroit point de négocians en état de faire des entreprifes confiderables, & qu'ainfi Montpellier feroit valoir le port de Sette, avec lequel il communique par terre & par eau, & que le port de Sette procureroit à Montpellier tous les avantages des villes maritimes.

Dans cette idée (qu'un heureux fuccés a juftifiée) on fongea, dès que le port fe trouva un peu en état, d'y établir des officiers d'amirauté, pour que les chofes y fuffent en regle, comme dans les autres ports du royaume ; ce qui fut exécuté par un édit du mois d'avril 1691 ; mais afin de conferver cette union entre Montpellier & Sette, on créa un nouveau siége à Montpellier pour avoir sa juridiction au port de Setté, & autres lieux qui seroient reglez & limitez par l'intendant de la province.

Il est à observer que par ce même édit de 1691 on créa un siége general d'amirauté à la table de marbre au palais de Toulouse, comme il y en a à Paris & en d'autres parlemens du royaume ; auxquels siéges generaux de la table de marbre les appellations des siéges particuliers du ressort sont portées, ainsi qu'on le pratique dans les juridictions des eaux & forêts; mais comme ce second degré de juridiction ne pouvoit que retarder la décision des affaires ; & que celles de la marine ont besoin d'être promptement expediées; la disposition de cet édit, par raport à ce dernier chef, fut bientôt revoquée, car on ne tarda point de s'appercevoir que la création d'un siége d'amirauté à Montpellier rendoit inutile celle de Frontignan, qui se trouvant placée entre Montpellier & Sette, devoit nécessairement être renfermée dans le ressort de ce nouveau siége.

Ainsi, par édit du mois de février 1692, c'est-à-dire dix mois après la création du siége de Montpellier, celui de Frontignan fut suprimé comme inutile, de même que le siége general de la table de marbre à Toulouse, & les autres quatre anciens siéges du Languedoc, sçavoir : Narbonne, Agde, Serignan & Aiguemortes, avec celui de Montpellier & Sette, furent maintenus & confirmez dans le droit de ressortir nûement au parlement.

IV. Peu de mois après on pourvut aux charges qui devoient composer l'amirauté de Montpellier. François Pouget eut celle de juge avec le titre (que ses provisions lui donnent) « de conseiller du roi, lieutenant-general au « siége de l'amirauté de Montpellier, pour avoir juridiction dans le port de « Sette & autres lieux qui seront reglez et limitez par le S^r intendant du « Languedoc, pour pouvoir exercer indiferament ses fonctions dans la « ville de Montpellier ou dans le lieu de Sette, suivant l'exigence des cas, « & comme il le jugera à propos. » Il fut reçu au parlement en 1691, & après avoir exercé cette charge environ trente-quatre années, il s'en est démis en faveur d'André-François Pouget, son fils, dont les provisions sont du 28 mai 1727, & sa reception au parlement du 12 août de la même année.

* L'office de procureur du roi fut d'abord acquis par Guillaume Privat, dont les provisions sont du 19 août 1693, & il a passé par sa mort sur la tête de Paul Teissier, pourvû le 8 mars 1715.

Celui de greffier, dont François Daché avoit été pourvû le 11 décembre 1693, fut suprimé comme dans tous les autres siéges d'amirauté du royaume, par un édit du mois de mai 1711, qui porte aussi création de nouveaux offices de même efpece, & l'acquifition en ayant été faite par une même perfonne dans tout le royaume, il ne fut plus exercé que par commiffion.

Nous avons remarqué que fuivant l'édit de création de ce nouveau fiége, fes limites devoient être reglées par l'intendant de la province, en conféquence duquel les officiers du nouveau fiége fe pourvûrent devant M. de Bafville, alors intendant du Languedoc, & firent affigner devant lui ceux du fiége d'Agde, qui étoient les feuls intereffez (parce que le cap de Sette avoit été auparavant de leur reffort.) Sur les demandes & défenfes refpectives avec les plans des vuës & lieux, M. de Bafville rendit fon ordonnance le 7 mars 1695, en exeçution de l'édit ci-deffus, par laquelle il attribûa au fiége de Montpellier & Sette, outre les lieux de l'ancienne juridiction de Frontignan, qui formérent fes limites du côté de l'orient, ceux de Balaruc & de Bouzigues jufqu'au territoire de Meze, & une liëue de plage au-delà de la montagne de Sette. C'eft l'état prefent de ce fiége qui comprend par confequent (outre Montpellier & Sette) les lieux de Bouzignes, Balaruc-les-Bains, Frontignan, Vic, Mireval, Maguelonne, Villeneuve & Perols, avec les étangs & plages qui y répondent en commençant à une liëue au couchant de la montagne de Sette.

Quoique les officiers qui les compofent puiffent exercer leur juridiction V. dans tous ces endroits, & notament dans Montpellier où le fiége a été créé, ils font cependant leur refidence ordinaire à Sette, le dépôt du greffe y eft fixé & ils y tiénent leurs audiences ordinaires trois jours de la femaine qui font le lundi, mardi & jeudi, comme à la grand'chambre du parlement, où les appellations de leurs fentences doivent être portées ; c'eft en effet à Sette où font leurs principales affaires, tant à caufe de la police maritime qu'ils doivent y faire obferver, que du commerce qui s'y fait immédiatement ; comme auffi par raport aux declarations que les capitaines & maîtres des navires, ou autres bâtimens de mer, font tenus de leur faire toutes les fois qu'ils entrent dans le port & des expeditions qu'ils doivent prendre à l'amirauté lorfqu'ils vont en mer.

ETAT-MAJOR
DE LA VILLE ET CITADELLE DE MONTPELLIER

ON ne trouve aucun veſtige d'état-major dans Montpellier avant les troubles de la religion, qui commencérent en 1559 & ne finirent qu'en 1622. Durant cet eſpace de ſoixante-trois ans, on trouve ſeulement un grand nombre de gouverneurs qui furent établis & deſtituez par les diferens partis qui dominérent tour à tour dans cette ville.

Ainſi, l'on a pû voir dans le cours de cette hiſtoire le capitaine Rapin, nommé gouverneur de Montpellier par le baron de Cruſſol, remplacé par le ſeigneur de Perraud (du païs du Vivarez), & celui-ci par le baron de Caſtelnau de Guers près de Pezenas, établi par M. Dampville qui commençoit de reprendre ſon autorité dans Montpellier.

Le baron de Cruſſol (dit alors Dacier) s'étant rendu maître dans la ville, y fit recevoir en 1567 le ſieur d'Aubaix pour gouverneur, & le vicomte de Joyeuſe, devenu plus puiſſant en 1568, y rétablit le baron de Caſtelnau de Guers. Enfin, les religionnaires eurent le crédit, ſur la fin de 1569, d'avoir pour gouverneur le ſeigneur Jean des Urcieres, chevalier des ordres du roi, & natif de leur ville.

On trouve dans la même année le Sr de Pelet, ſeigneur de Laverune, gouverneur de Montpellier, & en 1574, Arnaud de Faur, ſeigneur de Pujol, frere du celebre Guy de Pibrac, envoyé au maréchal Dampville par le roi de Navarre.

Le gouvernement de François de Coligni, fils de l'amiral de Chatillon, fut beaucoup plus long qu'aucun de ſes predeceſſeurs, puiſqu'ayant commencé en 1577, il ne finit qu'en 1621, par les cabales du cercle: alors les habitans de Montpellier, qui ſe preparoient à une revolte ouverte, appellérent dans leur ville le duc de Rohan, qui, ayant ſuprimé l'aſſemblée du cercle, nomma de ſon autorité le ſieur de Calonges; c'eſt lui qui ſoûtint le ſiége en 1622, & rendit au roi Loüis XIII les clefs de la ville de la maniére que nous l'avons raporté dans le 18e Livre de cette hiſtoire.

C'eſt proprement alors que commença l'établiſſement de l'état-major; car le roi Loüis XIII ayant nommé, après le ſiége, Jacques d'Eſtampes, marquis de Valencé, gouverneur de la ville de Montpellier, on lui donna un lieutenant de roi avec un major, & ce seigneur, peu de tems aprés, ayant persuadé aux habitans de demander une citadelle pour se délivrer de la garnison qu'ils avoient dans leur ville, il en obtint le gouvernement & un état-major dans la citadelle, comme il y en avoit déja un dans la ville.

La chose a continüé depuis, & c'est pour faire connoître tous ces diferens officiers qu'après avoir donné la liste des gouverneurs, je donne celle des lieutenans de roi & des majors, tant de la ville que de la citadelle, tels que j'ai pû les recouvrer:

GOUVERNEURS DE LA VILLE ET DE LA CITADELLE.

- 1623. Jacques d'Etampes, marquis de Valencé.
- 1627. Gabriël de la Vallée-Fossez, marquis de Verly, maréchal de camp des armées du roi.
- 1632. Charles de Schomberg, duc d'Alüin, maréchal de France.
- 1644. Gaston d'Orleans, frere unique du roi Loüis XIII.
- 1647. François d'Amboise, comte d'Aubijoux, gouverneur de la ville & de la citadelle, sous son altesse royale.
- 1657. Scipion Grimoard, comte du Roure, idem.
- 1660. René-Gaspard de la Croix, marquis de Castries.
- 1674. François-Joseph de la Croix, marquis de Castries.
- 1729. Armand-François de la Croix, marquis de Castries.

LIEUTENANS DE ROY DE LA VILLE.

- 1641. Mr de Goussonville qui, en 1651, traita de sa lieutenance de roi avec Mr de Trebon, lequel fut tué à la place Royale, à Paris, en 1654.
- 1654. Olivier de la Baume fut pourvû, par brevet du roi, à la place de Mr de Trebon.
- 1690. Pierre de Maine avoit servi dans la maison du roi.
- 1725. Joseph de la Croix de Candillargues avoit été capitaine de grenadiers & lieutenant-colonel dans Bacqueville.

MAJORS DE LA VILLE.

- 1660. Arnaud d'Estros, ancien major du regiment de Pile.
- 1681. Mr Arnal, natif de Montpellier, avoit servi dans la maison du roi.

1685. Le fieur de la Plagne, idem.
1715. Le fieur Terrier, idem.
1716. Jofeph-Henry de Combettes, ancien major de Nice.

LIEUTENANS DE ROY DE LA CITADELLE.

1632. Jacques d'Avoine, feigneur de la Jaille-Gatine, fut depuis fenéchal de Montpellier, en 1634.
1641. Mr de Ruperé, lieutenant de roy de la citadelle, fous Mr de Schomberg.
1657. Mr de Villefpaffiez, duquel il a été fait mention au livre... de cette hiftoire.
1674. Jean-Loüis de Tremolet pere.
1688. René-Gafpard de Tremolet fils.
1716. Mr de Sailly de la Grange (ci-devant major) fit échange de la lieutenance de la citadelle de Montpellier contre celle de Landrecy, avec
1717. Guillaume de Vernon, qui avoit commandé à Hombourg & eu la lieutenance de roi de Landrecy.
1732. Jean-Baptifte Renaud de la Rochette avoit été lieutenant-colonel du regiment d'Anjou.

MAJORS DE LA CITADELLE.

1660. Jean de Jayot avoit été capitaine de chevaux-legers, puis capitaine des gardes de M^r le maréchal de la Mothe; il fut tué à Aubenas dans le tems de la revolte de Roure.
1670. Alexandre-Robert de Villars eft celui de tous les officiers de l'état-major qui ait joüi plus longtemps de fon pofte.
1710. Mr de Nodan avoit fervi dans la maifon du roi.
1716. Jofeph-Henry de Combettes, ancien major de Nice.

REUNION DES DEUX ETATS-MAJORS.

Cette union, projetée au commencement de 1729, ne put être mife en execution que fur la fin de 1730, à l'occafion de la mort du Sr Jofeph de la Croix de Candillargues, qui, laiffant vacante la lieutenance de roi de la ville, donna lieu d'unir cette charge avec celle de la lieutenance de roi de la citadelle.

L'affaire fut reglée par la lettre de M^r d'Angervillers, miniftre de la guerre, à M^r le marquis de la Fare, commandant en chef dans la province, dont voici copie :

« Sur le compte que j'ai rendu au roi, monfieur, de la lettre que vous
« m'avés fait l'honneur de m'écrire fur la mort de Mr de Candillargues, fa
« majefté a jugé à propos, conformément à ce qu'elle avoit projeté au
« mois de janvier de l'année derniere,: de réünir les états-majors de la ville
« & de la citadelle de Montpellier, & elle a reglé que le fieur du Vernon,
« qui demeurera feul lieutenant de roi, aura à l'avenir, en cette qualité,
« trois mile livres d'appointement au lieu de deux mile qu'il avoit; plus
« quatre cens livres pour fon logement, & la moitié des émolumens attri-
« büez aux officiers des deux états-majors, dont il fera fait une maffe, à
« la referve du capitaine des portes, qui continüera d'en joüir. Que le
« Sr de Combettes, major, aura à l'avenir douze cens livres d'appointement
« au lieu de mile livres, outre fon logement de trois cens livres, & huit
« cens dont il joüit par gratification ou par le foin des prifonniers, & de
« plus les deux tiers à prendre fur l'autre moitié des émolumens. Que le
« fieur de Veiffiére, aide-major, aura mile livres d'appointement au lieu de
« huit cens livres qui lui avoient été reglez, fon logement de deux cens
« cinquante livres, & que le Sr de Monteillet, capitaine des portes, aura
« fix cens quatre-vingts livres d'appointement, au lieu de quatre cens
« quatre vingts livres qu'il avoit, cent livres pour fon logement, & de plus,
« les mêmes émoluments dont il jouiffoit. Je vous prie de les en avertir &
« de tenir la main à l'execution de cet arrangement. Quant à ce qui con-
« cerne la refidence de ces officiers, ce fera à vous à la regler, en deftinant
« à la ville ou à la citadelle ceux que vous jugerez être néceffaires, fuivant
« ce qui vous paroîtra convenable pour le fervice du roi dans les diferentes
« circonftances qui peuvent furvenir ; l'intention de fa majefté étant que,
« dans tous les tems, cela foit reglé par celui qu'elle aura choifi pour
« commander dans la province de Languedoc. J'écris en conformité à
« Mr de Bernage. J'ai l'honneur d'être très-parfaitement, monfieur, vôtre
« très-humble & très-obéïffant ferviteur, *Signé :* d'Angervilliers.

« *A Verfailles, le 10 feptembre 1730.*   LA FARE DE LAUGERRE. »

*J'ai l'original de la lettre, dont copie ci-devant, en mon pouvoir.

En conféquence de ce dernier ordre, Mr de Vernon réünit en fa perfonne les deux lieutenances de roi, & après fa mort, arrivée en 1732, le roi y nomma Jean-Baptifte Renaud de la Rochette, lieutenant-colonel du regiment d'Anjou. Il fait fa réfidence à la citadelle, où il a fait des embelliffements confiderables fur les ramparts & au logement des lieutenans de roi.

Le fieur de Combettes, qui a réüni les deux majoritez, demeure dans la ville, où il a fous fes ordres le capitaine des portes, Jean d'Auteville, Sr de Monteillet, ancien garde du corps.

L'aide-major Barthelemi de Veiffiére, capitaine dans le regiment de l'Ifle de France, fait fa réfidence dans la citadelle, auprés du lieutenant de roi.

DE QUELQUES JEUX D'EXERCICE
PARTICULIERS A LA VILLE DE MONTPELLIER

I. La danfe du chevalet. II. Le noble jeu de l'arc, dit le perroquet. III. Le jeu de l'Arbalête. IV. Celui de l'arquebufe. V. Celui du mail & du balon.

LES jeux d'exercice ayant été regardez, dans tous les gouvernemens des villes, comme autant néceffaires à la fanté qu'au divertiffement des habitans, les fages magiftrats ont favorifé plus particuliérement les exercices qui pouvoient tourner à l'utilité publique : ainfi, dans le tems que les armes à feu n'étoient pas connuës, nos anciens s'attachérent à exercer leurs citoyens à tirer de l'arc, de l'arbalête ou de la fronde, qui étoient alors les armes les plus ordinaires. On a laiffé la fronde aux enfans qui, malgré les foins des magiftrats, s'y exercent encore dans les foffez de la ville, où ceux d'un quartier vont provoquer leurs voifins à la bataille, d'où ils raportent fouvent à leurs maifons des funeftes marques de leur courage.

L'exercice de l'arc & de l'arbalête fut cultivé avec plus de foin à caufe de l'utilité que la ville pouvoit en retirer dans les occafions de défenfe ou d'attaque ; delà vient que l'on fit les réglemens que nous verrons, pour les deux compagnies de l'arc & de l'arbalête, & que les feigneurs de Montpellier les protegérent toûjours en vûë du bien genéral & particulier des habitants.

I. Il n'en fut pas de même de ce que nous appelons le chevalet, qui, n'ayant été imaginé que par une occafion finguliére dans le XIIIe fiécle, a été continué depuis pour le feul divertiffement du peuple.

J'ai raconté dans la vie de Pierre, roi d'Arragon, que ce prince revenant à cheval de Mirevaux, avec la reine Marie de Montpellier en croupe, le peuple de la ville, ravi de leur bonne union, vint à leur rencontre & donna mile marques de joye autour du palefroi qui les portoit l'un & l'autre: ce que le peuple fit alors fans autre deffein, il le continüa fous le roi Jacques leur fils; car tout le monde étant perfuadé qu'il dèvoit fa naiffance à la nuit qui avoit precedé l'entrée du roi fon pere dans Montpellier, les habitans, pour lui marquer combien ce fouvenir leur étoit cher, farcirent de paille la peau d'un cheval qu'ils menèrent à Lates où étoit le roi, & firent en fa préfence autour de ce cheval les mêmes réjoüiffances qu'ils avoient fait autrefois fur le chemin de Mirevaux. Soit que la fête eût plû au roi, (comme Zurita nous le donne à entendre) ou que le peuple y eût pris goût, il en a continüé l'ufage depuis ce tems-là, & il ne manque point dans toutes les réjoüiffances publiques de faire fortir le chevalet; c'eft-à-dire qu'un jeune homme monté fur un petit cheval de carton proprement équipé lui fait faire le manége aux fons des tambourins & des hauts-bois, tandis qu'une grande troupe de danfeurs, avec des grelots aux jambes & des tambours de bafque à la main, font femblant de lui préfenter de l'avoine pour le *détourner de fon exercice, ce qu'il évite avec beaucoup d'agilité & toûjours en cadence. *Page 640.*

Le jeu de l'arc eft peut-être encore plus ancien, fi l'on en juge par la preface des ftatuts de cette compagnie, renouvellez en 1411, où il eft dit qu'on les a dreffez pour foûtenir & maintenir les bonnes coûtumes faites & ordonnées par nos anciens peres, prédeceffeurs & faints prud'hommes. II.

Avant les troubles de la religion, on faifoit l'exercice de ce jeu dans le foffé de la ville, qui alloit de la porte de Montpelieret à celle de Saint-Denis ou de l'Evêque; c'eft-à-dire depuis le coin du jardin de Niffole à celui du préfident Bocaud; mais depuis la démolition des murailles de la ville, qui a été faite de ce côté-là, les archers ont acquis le foffé de la porte de Lates, allant vers la citadelle; ce qui leur fut confirmé par les ouvriers de la ville, fous l'albergue de deux perdrix, comme il eft marqué dans leurs regîtres. *Page 132.*

Ce foffé, qui a cent trente toifes de long & fept de large, a été entretenu depuis ce tems-là par la compagnie qui s'y affemble pour faire l'exercice du jeu de l'arc. Il confifte ou à tirer au blanc d'une bute à l'autre, ou à tirer le papagay, qu'on appelle vulgairement le perroquet; c'eft une figure d'oifeau faite de bois & peinte en verd, qu'on attache au haut d'un maft de navire, élevé de dix-huit toifes, & qu'il faut abatre à coups de fléches. On en a pû voir la cérémonie dans ce que j'en ai dit pour l'année 1678, mais je ne dois pas oublier ici que cette compagnie est composée des principaux bourgeois de la ville, soit mariez, soit jeunes gens, & que les artisans n'y sont pas compris, comme ayant pour eux d'autres exercices dont je parlerai dans la suite.

Ceux qui composent cette compagnie sont appellez indiferament du nom d'archers, à la manière du vieux tems, à cause de l'arc dont ils se servent ou de celui de chevalier, qui dans la suite a paru plus honorable. Le nombre n'en est pas fixé, mais il est fort grand, & il passe deux cent cinquante: ils élisent leur chef à la pluralité des voix, qui est toûjours un gentilhomme, sous le nom de capitaine, roi & gouverneur du noble jeu de l'arc: le lieutenant est choisi parmi les plus considerables bourgeois de la ville, & doit être l'un des plus anciens de la compagnie: l'enseigne est qualifié capitaine enseigne, pris d'entre les plus riches bourgeois, afin qu'il soit en état de se distinguer par quelque dépense, soit en habits, soit en régales ou en fanfares de trompettes, de haut-bois & de violons; on le prend parmi la jeunesse, à la tête de laquelle il marche portant le drapeau de la compagnie.

Outre ces trois officiers, il y a six conseillers pour gerer les affaires du corps, & trois majors, sçavoir: un pour les mariez & deux pour la jeunesse, qui sont choisis parmi les meilleurs bourgeois de la ville & des plus experimentez au jeu de l'arc.

Lorsque le capitaine, qui est à vie, laisse la place vacante par sa mort, toute la compagnie s'assemble dans le fossé pour en élire un autre; aussitôt le nouvel élû marche à la tête de sa compagnie vers l'hôtel de ville, où les consuls se trouvent revêtus de leurs robes & chaperon rouge pour les recevoir; ils mettent le capitaine entre le premier & second consul, & ils se rendent tous ensemble au bruit des trompettes, des tambours, des hautbois & des violons dans le fossé, où le capitaine prête, entre les mains du premier consul le serment accoûtumé, qui porte qu'il observera lui-même & qu'il fera observer aux autres les statuts de la compagnie du noble jeu de l'arc.

Ces statuts, qui sont écrits sur du velin dans leur grand regître, marquent l'anciéneté de cet exercice; les motifs qu'on eut pour l'établir & le serment reciproque que les particuliers de la compagnie font à leur capitaine, & le capitaine à eux; ils commencent par ces paroles: Ce sont les ordonnances, statuts & droits du noble jeu de l'arc de la ville de Montpellier que Dieu garde de mal & tout le bon royaume de France.

« Au nom de la sainte Trinité, du Pere, du Fils & du saint Esprit, amen.
« L'an de l'incarnation de N. Seigneur que l'on compte mil quatre cents &

particuliéres.   479

« unze, & le jour de Saint Philippe, pour l'honneur, eſtat & conſervation
« du noble * royaume de France & de la ville de Montpellier, que Dieu   Page 641.
« maintiéne en bonne paix & tranquilité, & tous les bienveillans dudit
« royaume, font faites certaines ordonnances, ſtatuts & droits qui appar-
« tiénent au noble jeu de l'arc, pour éviter tous perils, rancunes, haines,
« fraudes, fauſſetez & barats, & pour nourrir paix, amour, charité & dilec-
« tion, & pour ſoutenir & maintenir les bonnes coûtumes faites & ordon-
« nées par tout le bon royaume de France par nos anciens peres, préde-
« ceſſeurs & ſaints prud'hommes.

« Nous habitans de la ville ſuſdite de Montpellier, chaſtel du roy de
« France, noſtre ſouverain ſeigneur, frequentans et exerçans ledit noble
« jeu royal & franc dudit jeu de l'arc, avons fait ſtatuer & ordonner cer-
« tains droits, coûtumes & ordonnances, pour les cauſes deſſus dites
« éviter, & auſſi pour nourrir le bien commun; & pour icelles ſoûtenir,
« défendre & maintenir, avons élû, fait & ordonné vénérable & diſcrette
« perſonne, maiſtre Petitquin Deſchamps, habitant en la ville de Montpel-
« lier, expert en l'art & ſcience du noble jeu de l'arc, pour noſtre roy &
« gouverneur, comme il appartient audit noble jeu de l'arc. Auquel
« maiſtre Petitquin Deſchamps avons ordonné, promis & juré foy,
« loyauté, puiſſance & authorité d'abſoudre & condamner en toùs débats,
« rancunes & queſtions mûës & qui peuvent mouvoir & iſſir dudit noble
« jeu de l'arc. Et auſſi, d'autre part, ledit maiſtre Petitquin a juré & promis
« de tenir & maintenir foy, loyauté & juſtice, & d'adminiſtrer à tous leſdits
« joüans, exerçans & frequentans ledit noble jeu de l'arc, qui auront fait
« le ſerment, à ung chacun, ſans faveur quelconque, tant au grand comme
« au petit, & au petit comme au grand, raiſon & juſtice; & de corriger
« tous défaillans, violans, enfreignans & caſſans noſdites ordonnances, ſta-
« tuts & coûtumes qui s'enſuivent, leſquelles nous avons confermées,
« jurées & ratifiées par noſtre ſacrement, chacun par ſoy, & ſur ſaintes
« evangiles de Dieu, manüellement touchées, maintenir, obſerver & garder
« les ordonnances eſcrites en cetuy preſent rolle, faites & ordonnées par
« le roy dudit noble jeu de l'arc, & ſon bon conſeil. »

J'ai héſité quelque tems, par la crainte de fatiguer le lecteur, ſi je don-
nerois au long tous ces ſtatuts: mais, des perſonnes trés-conſidérables, au
jugement deſquelles je dois me faire honneur de déferer, m'ont aſſuré qu'on
auroit plus de plaiſir de voir ces ſtatuts dans leur naturel, que ſi je me
contentois d'en donner le précis; outre que ces piéces originales meritent
(à leur avis) d'être conſervées à la pôſtérité. Chacun pourra y faire ſes
obſervations particuliéres; mais on y trouvera par tout le bon ſens de nos

ayeux pour maintenir l'ordre dans ces sortes d'exercices, & pour prévenir les diferends qui pouvoient y survenir.

I

Les consuls & ouvriers ont donné le fossé.

Premiérement, sauf l'honneur, la reverence, correction & détermination du roy de France, nostre souverain seigneur & son bon conseil; sauf l'honneur & correction de tous les officiers du roy nostredit seigneur, qui sur ce nous voudront reprendre & corriger; sauf l'honneur & reverence des seigneurs consuls & ouvriers de la ville de Montpelier, lesquels nous ont donné lieu & assigné place, pour le bien & l'honneur des choses dessus dites.

II

Juremens.

Au nom que dessus est dit, ordonnons & statuons que le nom de Nostre-Seigneur Jesus-Christ soit gardé & observé de toutes injures & vilainies, pour quelconque cas que advienne ou appartenance audit jeu, mais soit ung chacun receu en sa conscience & sacrement qu'il a au jeu de l'arc.

III

Union.

Item, que ung chacun (de quelque condition qu'il soit) du sacrement dud. noble jeu de l'arc, ait à porter l'un à l'autre foy, amour & dilection ensemble, sans nulles injures quelconques, & de ayder l'un à l'autre en tout & par tout où mestier sera, sous amande ordonnée par le roy des archers, & son conseil appellé.

IV

Larcins.

Page 642.

Item, ordonnons, commandons & défendons expressément à tous les jurez dudit noble jeu de l'arc, qu'ils n'osent, ne présument de prendre ne essayer, aliener * ou occulter le..... ou artillement de son compagnon, sans sa licence, sous peine que dessus.

V

Soin des arbres.

Item, ordonnons, commandons & défendons, que chacun sauve & garde la place & le lieu, ensemble les appartenances du noble jeu de l'arc, sans damner arbres, herbes ne autres appartenances dudit jeu, sur peine que dessus.

VI

Arc & flèches.

Item, ensuivant, que chacun dudit sacrement ait à porter & tenir son arc droit & honnestement, & son artillement..... sans nuls d'enfrons ne vituperes dudit noble jeu de l'arc, ne..... de sa compagnie, sur peine comme dessus.

VII

Item, ordonnons que quand la partie fera faite, devant ou aprés, que nul ne préfume de dire ou faire ordure quelconques entre les deux butes, ne faire fignal ne deftourbe, par quoy le tirant fe tienne pour injurié, fur peine de deux deniers pour la reparation du foffé.

Ordures hors du foffé.

VIII

Item, enfuivant, que fi aucun perd fa fléche par efpal durant & faite la partie, que chacun la luy ayde à querir, fealement fans malice & à mefurer des coups...

Fléches perduës.

IX

Item, que en l'abfence du roy, gouverneur dudit noble jeu de l'arc, ayent puiffance les officiers, comme lieutenans & commis, comme fe il eftoit prefent, de tous débats & queftions qui pourront advenir.

Officiers au défaut du roy.

X

Item, que fur la table de noftredit roy dud. noble jeu de l'arc, & de la compagnie auffi, nul n'ofe feoir fur ladite tablè, ne faire chofe deshonnête... la peine impofée pour la reparation du foffé.

Table, point s'y affeoir.

XI

Item, que le dernier venu foit tenu d'aller ouvrir la porte du Vallat à celuy qui viendra aprés luy...

Porte du foffé.

XII

Item, quiconque rompra pinte, aujole ou cruche, qu'il foit tenu de la payer, & qui brifera un voirre, qu'il en paye deux.

Verres & cruches.

XIII

Item, pour tous débats de rompure d'arcs, de flèches, prendre, perdre, fers de flèche & cordes, feront tenus celuy ou ceux de payer l'arc, flèche, fer & cordes, à celui de qui ils feront.

Arcs & flèches.

XIV

Item, de toutes injures faites manifeftement ou obfcurement en faits & dits, ou en quelque maniére que ce foit, dedans ledit Vallat ou dehors, en queftions, querelles, contrats, vendition, emption, location, compaigne ou dépoft, foit mû & accordé par noftredit roy dudit noble jeu de l'arc, en fon bon confeil des archiers ; & de tous les contenus éfdits ftatuts confermez & ratifiez, foit pris connnoiffance par eux, pour doulcement mulcter quelconque perfonne que ce foit.

Injures & querelles.

Le roy & officiers juges.

XV

Ne tirer qu'entre les deux butes.

Et de furabondant eft ordonné que tout bon archier qui perceroit le blanc pour la premiere fois payera une cuiffe de mouton. Item, enfuivant, que nul archier de toute la compagnie ofe tirer de long ou de travers dudit Vallat, finon entre les deux butes, fans la licence du roy ou de fon lieutenant; & autrement, payera un fol trois deniers pour la reparation du foffé.

XVI

Le jeu fini quand le roy le dit.

Item, que nul defd. archiers ne ofe traire après que la jougade fera faite, pour aller boire, & que le roy ou fon lieutenant aura crié : laiffez le jeu, & adonc chacun fera tenu laiffer le jeu; & qui alors contre ira, payera un fol trois deniers pour la reparation du foffé.

XVII

Boire.

Item plus, que quand le roy ou fon lieutenant commandera aux archiers qu'ils viénent boire, adonc foit tenu chacun de venir, fi bon lui femble, ou le laiffer, puifqu'il aura payé.

PAGE 643.

XVIII

Parties.

* Item, que quand la partie fera faite & ordonnée, chacun foit tenu de la tenir pour faite; & qui à l'encontre viendra, payera un fol trois deniers pour la reparation du foffé.

XIX

Cordes.

Item, qu'il n'y ait aucun qui ofe joüer de corde-nozade; & qui contreviendra, payera deux deniers, comme deffus.

XX

Le roy eft garde de l'enfeigne.

Lefdits confeillers & archiers, du confentement de leur dit roy & gouverneur, ordonnent que dorfénavant l'enfeigne defdits archiers demourera au pouvoir & garde du roy & gouverneur, fauf que ne luy fera loifible de la prefter à nully, fans la volonté des quatre confeillers.

XXI

Boëte & argent.

Item, eft ftatué & ordonné, que le premier confeiller aura la boëte & argeant d'icelle, laquelle fera tenu faire porter chacun jour que l'on joüera au foffé; & le fecond confeiller en gardera la clef; & auffi demourera le prefent livre entre les mains du fecond confeiller.

XXII

Juges des differends.

Item, a efté ordonné que de tous les differends & queftions qui feront entre les archiers, & en toutes chofes concernant ledit jeu, ledit roy &

gouverneur en décidera, appellez lesdits archiers ou aucuns d'eux; & en défaut dudit roy & gouverneur, lesdits conseillers, sauf que le premier ou second y soit, en pourra juger & décider totalement; & seront tenus lesdits archiers acquiescer à leur appointement, à peine de deux sols six deniers, applicables comme cy-dessus.

XXIII

Item, a esté statué & ordonné, que celuy qui fauldra à observer lesdits ordres, après estre tansé, payera à la boëte un sol trois deniers, & sera tenu amander à discretion du capitaine & conseillers.

Amandes.

XXIV

Item, a esté ordonné & statué, que quand aucun nouveau archier passera chevalier, le droit qu'il a coûtume payer, sera appliqué à la discretion dudit roy & desdits conseillers; toutefois que soit au profit des..... & reparation du fossé.

Droit d'entrée.

XXV

Item, a esté ordonné & statué, que avant que aucun soit receu nouveau archier, après le serment, payera pour son entrée & pour la reparation du fossé, ce qui sera ordonné par le roy-gouverneur, lieutenant & conseillers; & aussi par tous les archiers qui sont dans le livre signez, & qui sont achargez pour les affaires du noble jeu de l'arc.

Et qui trouvera aucunes flèches & fers de flèche dans ledit fossé, qui ne trouvera maistre, seront vendües, & l'argent mis dans la boëte.

Après que le capitaine a prêté serment entre les mains du premier consul, de la manière que nous l'avons vû, il est instalé & mis en possession de sa charge; ce qui étant fait, il va reconduire les consuls à la maison de ville, dans le même ordre & avec les mêmes ceremonies qu'ils étoient venus; après quoi il revient au fossé, où il fait proceder à l'election du lieutenant, de l'enseigne & des autres officiers qu'il regale le même jour avec les principaux chevaliers; il leur fait présent de belles écharpes de sa couleur, bordées de galon ou de frange d'or ou d'argent, & les deux jours suivans, le lieutenant & l'enseigne donnent de pareils regales, & font présent de semblables echarpes, mais d'une couleur diferente.

Le livre où toutes ces ceremonies sont marquées contient les elections d'officiers qui ont été faites depuis trois cens ans; on y voit aussi le nom & le seing de tous ceux qui ont été reçûs dans cette compagnie, parmi lesquels sont ceux des personnes les plus qualifiées du païs, & de plusieurs seigneurs illustres par leur naissance & par leurs grandes charges, tels que celui du maréchal de Chatillon, qui figna & tira au perroquet en l'année 1614; du maréchal de Schomberg, gouverneur du Languedoc, qui figna en 1636; de monfeigneur le prince de * Conty, gouverneur de la province, qui honora cette compagnie du feing qu'il mit au-deffous de l'écuffon de fes armes, qu'on voit peintes en couleur dans ce regître.

Après ces noms illuftres on trouve ceux du comte d'Aubijoux, du comte de Roure & du marquis de Caftries, tous trois lieutenans généraux de la province, & gouverneurs de la ville & citadelle de Montpellier. Enfin, pour comble de gloire, monfeigneur le duc de Bourgogne & monfeigneur le duc de Berry voulurent, à leur paffage par Montpellier en 1700, honorer de leur augufte nom la compagnie du noble jeu de l'arc; en quoi ils furent fuivis par le maréchal de Noailles, par le comte de Maure, & par les autres feigneurs de leur cour.

Quoique felon les ftatuts on dût tirer le perroquet tous les premiers jours de mai de chaque année, on en a fouvent interrompu l'ufage, tant à caufe des troubles particuliers que des guerres genérales du royaume; mais, dans les occafions extraordinaires de réjoüiffance, le capitaine & les chevaliers concertent enfemble, & ayant obtenu l'agrément de celui qui commande pour le roi dans la ville, ils font faire les proclamations que j'ai dit ailleurs, afin que les chevaliers ayent le tems de preparer leur arc, leur carquois & leurs flèches; c'eft ce qu'on fait actuellement, pour célebrer l'heureufe naiffance de monfeigneur le dauphin, que le ciel vient d'accorder à la France pour combler fes vœux & ceux du roi Louis XV heureufement regnant.

Voici les noms des capitaines du noble jeu de l'arc que j'ai pû déchifrer dans leurs regîtres:

Petitquin Defchamps, élû roi, capitaine-gouverneur, le 1er de mai. 1411.

Ceux qui le fuivirent ne font pas marquez jufqu'à:

Noble Guillaume Sartre, élû le dernier avril. . . . . 1548.
Noble Simon de Sandre, baron & feigneur de Saint-George, élû le
   28 avril . . . . 1554.
Pierre Pons, marchand de Montpellier, élû roi-capitaine en janvier. 1556.
Noble Raulin Dumois, ecuyer, feigneur de Ferriéres, élû en avril. 1566.
Noble Pierre de Combes de Montagut, feigneur de Combas, élû le
   1er mai. . . . . 1594.
Noble Raulin de Girard, contrôleur de l'extraordinaire des guerres,
   élû le 4 juin. . . . . 1631.
Noble François-Antoine de Sarret de Calladon, baron de Fabregues, maréchal-de-camp des armées du roi, capitaine de cin-

quante hommes d'armes de fes ordonnances, élû roi le vingt-
troifiéme février. . . . . 1654.
Noble Charles de Combes de Montagut, feigneur de Combas, élû
le 28 octobre. . . . . 1676.
Noble Jean de Manny, ecuyer, élû le 15 février. . . 1701.
Noble

Le jeu de l'arbalête eft pour le moins auffi ancien que celui de l'arc, III. puifque nous en avons des ftatuts écrits en catalan, c'eft-à-dire faits pour le plûtard fous les rois d'Aragon, lorfqu'ils étoient feigneurs de Montpellier. Ce jeu étoit affecté aux artifans & aux gens de profeffion mécanique; ils élifoient leur capitaine & leurs officiers, de même que les chevaliers du noble jeu de l'arc; ils n'avoient d'autres armes que l'epée & l'arbalête, qui eft un arc d'acier qu'on bande avec effort par le fecours d'un fer propre cet ufage; ils s'en fervoient pour tirer des traits appellez matras, qui font plus courts mais plus gros que les flêches des archers. Le lieu deftiné à leurs exercices eft dans le foffé qui va de la porte de Lates à celle de la Saunerie, où nous les avons vû de nos jours s'exercer à tirer au blanc & au perroquet.

Comme leurs traits font plus forts & plus dangereux que les flêches ordinaires, on prend de plus grandes précautions lorfqu'ils tirent au blanc; car, au lieu des paillaffes piquées qui fervent de bute aux archers, les arbalêtriers en ont d'un maffif de bonne terre garnie de gafon, où leurs matras peuvent s'enfoncer jufqu'à demi trait. On verra, par ce que j'ai encore à raporter, les autres précautions que l'on a pris de tout tems pour empêcher que perfonne n'approche des butes dans le tems qu'on tire au blanc.

* Après cet exercice, nous les avons vû tirer à un perroquet, qui eft fait PAGE 645. d'un bois beaucoup plus dur que celui des archers, & élevé, comme le leur, fur un grand mât de navire : comme le trait de l'arbalête eft d'une grande viteffe, il ébranle plus fortement le perroquet lorfqu'il le touche ; mais en retombant il n'eft point fi dangereux que la flêche, qui a trois ailerons, au lieu que le matras n'en a que deux, ce qui retarde la precipitation de fa chûte.

Les préparatifs de ce jeu & les autres ceremonies qu'on obferve en allant chercher les confuls & en promenant le vainqueur dans toute la ville, font affés femblables à celles du noble jeu de l'arc, & il n'y a guere d'autre diference que celle de la dépenfe, qui eft beaucoup plus grande pour les archers que pour les arbalêtriers. On va voir la proclamation qui étoit faite dans leur foffé, lorfqu'ils devoient s'y affembler pour leurs exercices publics; je l'ai traduite du catalan, telle qu'elle fut faite le premier du mois de mai 1449:

*MANDE LA COUR DU ROY NOSTRE SEIGNEUR,
& par mandement de monseigneur le bailli de la ville de Montpellier, à la requisition des seigneurs consuls de la presente ville.*

  « ON fait à sçavoir à tout joueur d'arbalête, tant étranger que privé,
  « que cejourd'hui premier de mai (comme il est de coûtume) en ce
  « present fossé, feront donnez six cuilers d'argent fin pour être tirez au
  « jeu de l'arbalête, & qui plutôt aura huit coups bien & loyalement gagnez,
  « une desdites cuiliers lui fera livrée par lesdits seigneurs consuls, & celui
  « qui l'aura gagné ne pourra plus en tirer d'autres, mais il sera tenu de
  « défendre le jeu jusqu'à ce que tous soient tirez.
  « *Item*, On fait inhibition & défense à toute personne, de quelque état
  « & condition qu'il soit, de ne point passer les bornes reglées dans ledit
  « fossé par les seigneurs consuls pour servir de butes, sous peine de mettre
  « son soulier à la monerada; c'est-à-dire pour être à la merci des fléches de
  « tous les joüeurs, & au cas qu'il y eût quelcun qui, ayant passé lesdites
  « bornes, vint à être frapé d'une fléche, nul ne sera tenu envers lui.
  « *Item*, Qu'aucun joüeur n'ose foüiller dans la bute pour chercher le fer
  « des fléches qui y auroit resté, sinon avec le carrel (ou carré) d'une autre
  « fléche, & cela sous peine d'être privé pour tout ce jour du jeu de
  « l'arbalête.
  « *Item*, Qu'aucun joüeur d'arbalête, ni aucune autre personne, ne soit
  « assés osé que de monter sur lesdites butes, pour regarder de qui sera le
  « coup qui aura gagné, sous peine de mettre son soulier à la merci des
  « fléches, soit dans le premier jour du jeu ou dans le dernier.
  « *Item*, de plus, Que ledit jeu se fera, se mesurera & se tiendra de point
  « en point en la forme & maniére qui est marquée dans les statuts anciens
  « du present livre. Fait à Montpellier, le premier jour de mai 1449.
                          « JEHAN NICOLAS, baile. »

IV. Depuis que les armes à feu sont en usage, on a permis aux artisans de Montpellier de s'exercer à tirer de l'arquebuse, parcequ'on est obligé de les employer avec le reste du peuple à monter la garde de la ville, lorsqu'il n'y a point de troupes reglées; ils sont partagez en diferentes compagnies, qui portent le nom de leur sixain, & qui ont chacune leur capitaine & leurs autres officiers. Le tems ordinaire de leur exercice eft dans le mois de mai, où ils commencent de s'affembler, & d'aller dans le fauxbourg du Pile-Saint-Gilles pour y tirer au blanc à bale feule, de la manière que je l'ai décrit dans le xi⁰ livre de cette hiftoire, chap. 2.

Cet exercice a fait tomber, depuis plufieurs années, celui de l'arbalête, qui n'eft pas pour le tems prefent d'un fi grand ufage que celui de l'arquebufe; mais les perfonnes âgées qui vivent encore peuvent fe fouvenir d'avoir vû en vigueur l'un & l'autre de ces deux exercices; de forte qu'après avoir vû tirer le perroquet des arbalétriers à la porte de Lates, nous allions voir tirer le prix dans le foffé du Pile-Saint-Gilles.

* A tous ces jeux a fuccédé celui du balon, qui eft maintenant beaucoup plus en ufage à Montpellier qu'il n'étoit il n'y a foixante ans: les particuliers vont s'y exercer dans le grand foffé du noble jeu de l'arc, & fouvent les joüeurs des diocéfes voifins viénent donner ou accepter le défi que ceux de Montpellier leur ont donné, ce qui attire fur les parapets du foffé une foule extraordinaire de fpectateurs.   V. Page 645.

Le jeu du mail eft plus ancien & plus particulier à la ville de Montpellier que le jeu du balon, puifqu'on dit, en proverbe, que les enfans y naiffent un mail à la main ; il eft vrai qu'ils s'y exercent dès qu'ils font en état de marcher, ce qui leur donne une adreffe toute fingulière & qui les fait paffer pour les plus habiles joüeurs de l'Europe : j'en ai vû qui, dans trois coups, s'engageoient à mettre la boule dans la coupe d'un chapeau à cent pas de diftance, & ils ont plufieurs autres coups d'adreffe qui les font rechercher (de quelque état qu'ils foient) par tous les grands feigneurs qui s'arrêtent à Montpellier. Nous nous fouvenons avoir vû M. le duc de Verneüil, gouverneur du Languedoc, faire fa partie le long de la citadelle, dans le jeu qui a retenu fon nom, & prendre pour fecond un artifan, célébre joüeur, qui, étant confulté fur les parties qu'on propofoit à fon alteffe, lui difoit fouvent en fon patois : *jougas, monfeniour, jeu & vous lous gagnaren.*

Le marquis de la Trouffe, lieutenant général des armées du roi & commandant dans la province, fit faire un autre jeu de mail, qui a retenu fon nom, le long des murs de l'hôpital général ; mais comme on ne fçauroit en avoir affés pour toutes les parties qui fe font à Montpellier, le plus grand nombre va dans les chemins coupez qui font autour de la ville, où l'adreffe des joüeurs paroît encore davantage, parcequ'il faut mefurer fes coups & joüer à propos de la léve ou de la maffe.

Ces habiles joüeurs ont formé les meilleurs ouvriers, en fait de mail, qui foient peut-être dans toute l'Europe ; car il n'eft pas de fouverain qui ne s'en faffe pourvoir à Montpellier, d'où il eft ordinaire de voir partir pour toutes les cours des mails à viroles d'argent, avec le manche garni de velours & d'un petit trainon & frange d'or. Nosseigneurs les princes voulurent en emporter lors de leur paffage par Montpellier, en 1700, & parmi les prefens que la ville a coûtume de faire aux feigneurs de la plus haute qualité qui viénent à Montpellier, on n'oublie guere les mails & les boules, lorfqu'on fçait qu'ils pourront y prendre plaifir.

FIN DES OBSERVATIONS.

STATUTS

DE LA VILLE

DE MONTPELLIER

PRÉFACE

ES personnes les plus éclairées qui m'ont aidé de leurs conseils dans la composition de cette histoire, m'ont exhorté souvent de ne pas omettre les statuts ou coûtumes de Montpellier, pour faire mieux connoître l'ancien gouvernement

de cette ville, & pour éclaircir plufieurs faits auxquels ces ftatuts fervent de preuve.

Dans cette vûë, je ramaffai avec foin toutes les copies que je pûs tirer de divers particuliers ; mais, le nombre de fautes qui avoient échapé à leurs copiftes, m'obligérent de recourir aux plus anciens exemplaires & à l'original même.

J'eus le bonheur de trouver un exemplaire catalan & fort ancien, chés M. de Joubert, findic de la province.

Un autre en latin, écrit fur du velin, en beaux caractéres gothiques, appartenant à M. l'abbé de Roquefeüil de la Roquette.

Enfin, on me remit le grand rouleau de parchemin où ces ftatuts font fignez par Pierre, roi d'Aragon, & fcellez de fon grand fceau en plomb du 15 août 1204.

Je comparai tous ces exemplaires enfemble, & enfuite avec un*autre exemplaire en vieux gaulois que je recouvrai depuis : la conformité prefqu'entiére que j'y ai trouvé, m'a donné lieu d'efperer qu'on trouvera ici le texte de nos ftatuts & coûtumes le plus correct qui ait paru encore.

Pour en donner l'intelligence à ceux qui n'entendent pas le latin, on a jugé que je devois mettre à côté une traduction françoife ; & pour expliquer les mots de la baffe latinité qui font en grand nombre dans nos ftatuts, on a voulu que j'ajoûtaffe au bas de chaque article des notes de littérature & quelquefois des notes hiftoriques, pour en faire mieux connoître le fens & l'occafion qui les fit établir.

J'ai eu le plaifir, en confultant le *Gloffaire* de Ducange, de voir que nos ftatuts avoient été connus de ce fçavant antiquaire, puifqu'il en cite fouvent des articles entiers ; mais je dois avertir le lecteur que le numero des articles qu'il cite eft quelquefois diferent des exemplaires que j'ai fuivi.

Nos anciens jurifconfultes m'ont donné plufieurs lumiéres dont j'avois befoin ; car il y a fort peu d'articles de nos ftatuts qui n'ayent été commentez dans les livres de Rebuffi, de Boeri, de Philippy, de Pacius, d'Etiéne Ranchin, & d'Efcorbiac, dans fa *Bibliotéque touloufaine*. La plûpart de nos avocats, anciens & modernes, ont laiffé quelques notes manufcrites fur nos ftatuts ; mais, celui qui a traité la matiére plus à fonds, eft Lazare Gauteron, homme laborieux, qui a laiffé des commentaires fort amples fur nos coûtumes, qui m'ont été communiquez par M. le premier préfident : ainfi, je ne ferai pas façon de dire que je dois aux notes de Gauteron ce qu'on trouvera de meilleur dans les miénes.

Nos ftatuts, à qui l'on donne tantôt le nom de loix municipales, tantôt celui de coûtumes, de libertez & de priviléges de la ville de Montpellier, furent redigez en la forme que je les donne, lors du premier changement de domination qui arriva en cette ville, c'eft-à-dire en 1204, que la feigneurie de Montpellier paffa aux rois d'Aragon, par le mariage de Pierre II avec Marie de Montpellier, héritiére de nos Guillaumes. Alors les habitans voulant en quelque maniére fixer pour toûjours la forme de leur gouvernement, ramafférent leurs anciénes loix, & y en ajoûtérent de nouvelles pour les prefenter au roi & en obtenir la confirmation; le roi en jura l'obfervation dans l'eglife de Nôtre-Dame des Tables, le 15 du mois d'août 1204, & la reine enfuite les confirma dans le château de Montpellier, le cinq des calendes de feptembre de la même année.

ART. C. XXI.

Ces ftatuts regardent le gouvernement genéral de la ville, les droits du feigneur, les priviléges des habitans, l'ordre judiciaire & plufieurs autres points concernant le bien public; tout le refte qui fe voit dans le petit talamus écrit en langage catalan, eft regardé comme des reglemens de police pour les diferens métiers de la ville, & contient la forme du ferment que chaque artifan devoit prêter.

Le tems, qui altére toutes chofes, affoiblit infenfiblement dans Montpellier l'obfervation de ces anciens ftatuts. Nos confuls, ufant du pouvoir que le roi & la reine leur avoit donné, de faire tous les ftatuts qu'ils jugeroient néceffaires pour le bien public, firent plufieurs fois des reglemens pour renouveller les anciens ftatuts ou pour les expliquer; * mais la chofe ne put être faite fans y caufer quelque changement; je me contente de les marquer dans les notes que je donne, n'ayant pas crû devoir groffir

PAGE 649.

cet ouvrage du texte des lois particuliéres qui furent faites dans le conseil de ville, sous les rois d'Aragon & de Mayorque.

Depuis l'acquisition que Philipe de Valois fit de la ville de Montpellier en 1349, les habitans s'accoûtumérent insensiblement au droit romain, qui étoit en usage dans le Languedoc. Le duc d'Anjou, dans le tems de son gouvernement, donna de grandes atteintes à leurs exemptions. Charles, roi de Navarre, dans le tems qu'il eut la seigneurie de Montpellier, ordonna l'union de la baillie & de la rectorie; Henry II suprima l'une & l'autre pour établir un présidial & une charge de viguier. Ces changemens entrainérent l'inobservation de plusieurs anciénes loix, & l'etablissement des nouvelles cours introduisit de nouvelles regles dans l'ordre judiciaire; en sorte qu'on n'y suivit nos anciens statuts qu'autant qu'ils étoient conformes aux ordonnances de nos rois.

On n'a pas laissé d'en conserver un grand nombre que la ville de Montpellier met au rang de ses priviléges, tels que celui d'être ville d'arrêt; de donner pouvoir aux peres de réduire la légitime de leurs enfans; de prescrire une forme particuliére dans les testamens; d'autoriser les dons ou dispositions qu'une femme sans enfans veut faire en faveur de son mari; d'accorder au mari durant sa vie l'usufruit des immeubles dotaux de sa femme prédecedée.

Je ne sçais si je ne pourrois pas y ajoûter la propriété

du *Verdet*, ou *Verd-de-Gris,* que le préfident Philipy attribue aux femmes de Montpellier, qui s'y attachent avec une affection toute finguliére. *Noſtræ mulieres Monſ-pelienſes aſſervant velut caſtrenſe peculium, & proprium patrimonium, viridem illum pulverem quem vocant* (le Verdet, ou Verd-de-Gris) *ex laminis æneis vel æreis, prius vino, &c.*

Reſp. juris. XLVIII.

Ces priviléges rendirent nos ayeux fort attentifs à en faire renouveller la confirmation à chaque changement de regne; quelquefois ils l'obtinrent de nos rois à leur avénement à la couronne, quelquefois à leur paſſage par Montpellier, & en reconnoiſſance des ſecours que la ville leur avoit offert dans leurs plus grands beſoins. C'eſt ce qui réſulte de toutes les lettres-patentes qu'on voit dans le grand Talamus de la ville, depuis Pierre II, roi d'Aragon, juſqu'au roi Louis-le-Grand.

IN NOMINE DOMINI NOSTRI JESU-CHRISTI.

Tales sunt consuetudines et libertates villæ Montispessulani

ARTICLE PREMIER

Du ſeigneur & du bailli de Montpellier.

(a) UNUS *ſolus eſt dominus villæ Montiſpeſſulani, qui ſic ſuum, Deo favente regit populum &* (b) *honorem. Summo ſtudio dat operam ut de ſapientioribus & legalibus hominibus ſuis*

Il n'y a qu'un ſeul ſeigneur de Montpellier, qui, par la grace de Dieu, regit ſon peuple & ſa ſeigneurie de la maniére que nous allons dire: il s'applique avec très-grand

de la ville de Montpellier

*faciat** (c) *bajulum Montispessulani, de* (d)*hominibus tantum ejusdem villæ* (e) *communicato consilio proborum hominum ipsius villæ. Qui bajulus nulli alio bajulo subjiciatur, vel respondere, vel ejus consilium in aliquo requirere teneatur, sed* (f) *computum debeat reddere illi quem dominus statuit.*

Cui etiam bajulo omnes alii bajuli, & etiam ille de Latis & de Castro-novo (g), *obedire, & sub ejus examine de jure respondere debent, &* (h) *cum bajulo in sua curia statuit curiales probos viros & sapientes de hominibus villæ ejusdem, cui bajulo & curialibus* (i) *donat tantum de suo, quod ipsi postpositis aliis negotiis universis* (k), *adhæreant curiæ, & sint quotidie in curia & justitia. Et promissiones faciunt domino coram populo per sacramentum sanctorum Evangeliorum quod dona vel munia non accipiant ipsi, nec homo nec fæmina per eos, nec in antea spondeatur ipsis, nec ipsi spondeant se accepturos ab aliqua persona quæ placitum in curia habeat aliquo tempore quamdiu in curia steterint. Et quod legaliter & fideliter per bonam fidem secundum* (l) *usum curiæ tractent & judicent & examinent & definiant lites & placita, & uniquique velint jus suum tam pauperi quam diviti.*

soin à créer le bailli de Montpellier, du nombre des habitants, & d'entre les plus sages & les plus honnêtes gens de la ville, en prenant le conseil des consuls dudit Montpellier. Le bailli n'est soûmis à aucun autre bailli ni tenu de lui rendre raison ni de le consulter pour quelque affaire que ce soit, étant obligé seulement de rendre ses comptes à celui que le seigneur établit pour les recevoir.

Tous les autres baillis, même celui de Lates & de Castelnau, doivent obeïr à celui de Montpellier, & répondre sous son examen, & aprés que le seigneur avec le bailli ont élû pour officiers de la cour ceux d'entre les habitants de Montpellier qu'ils jugent les plus capables, le seigneur recompense de ses propres deniers le travail du bailli & de ses officiers, en consideration de ce qu'ils quitent toutes leurs affaires pour s'attacher à la cour où ils assistent tous les jours: ils promettent au seigneur, en présence du peuple, avec serment sur les saints évangiles, de ne prendre jamais, ni personne pour eux, des dons ou des présens de qui que ce soit; jurant qu'ils n'en recevront jamais d'aucune des parties qui aura procès à la cour, tandis qu'ils seront chargés d'administrer la justice, & qu'ils examineront & jugeront tous les procès selon les loix & de bonne foi, suivant l'usage de la cour, n'ayant d'autre vûë que de rendre à un chacun ce qui lui appartient, tant au pauvre qu'au riche.

PAGE 650.

NOTE.

(a) *UNUS SOLUS EST DOMINUS*. Il n'y avoit plus de conseigneur à Montpellier, lorsqu'on rédigea par écrit les présens statuts ; Guillaume, fils de Mathilde, ayant acquis, depuis 1199, toute la portion des vicaires de Montpellier, comme il a été dit au troisième livre de cette histoire, chap. 3.

(b) *HONOREM*, dans le stile de ce temps-là, signifie toute possession en fonds de terre.

* GAUTERON.
(c) *BAJULUM MONTISPESSULANI DE SAPIENTIORIBUS*. Un de nos * interprétes a cru que ce bailli étoit de robe courte, comme nos sénéchaux, parcequ'il n'est pas parlé d'examen sur la science, mais seulement de sa probité.

(d) *DE HOMINIBUS TANTUM EJUSDEM VILLÆ*. Guillaume, fils de Mathilde, l'avoit déja ordonné par son testament de 1202 ; mais, par un reglement du conseil de ville, du 30 juillet 1223, il fut réglé qu'il suffiroit que le bailli eût fait sa résidence à Montpellier depuis dix ans. On suivit cette même régle pour les autres officiers de sa cour & pour les notaires de la ville.

(e) *COMMUNICATO CONCILIO*. Nous avons raporté la forme de son élection sur la fin de cette histoire, en parlant des jurisdictions anciénes.

(f) *COMPUTUM DEBET REDDERE*. Comme, par l'art. CVIII, le bailli étoit chargé de la recette des amendes de la cour & des lods dûs au Seigneur, il en rendoit compte à celui qui étoit nommé pour l'ouïr ; ce qu'il fit entre les mains du lieutenant de roi, depuis que Pierre, roi d'Aragon, en eut établi un à Montpellier.

Grand Talamus.
(g) *OBEDIRE*. Sous nos Guillaumes, & encore longtemps après, les baillis de Lates & de Castelnau ressortirent à celui de Montpellier ; mais, par les lettres que nous avons de Jacques II, roi de Mayorque, du 19 juin 1287, il fut réglé : *Quod dicti consules Latarum & Castri-novi non intelliguntur esse subjecti bajulo Montispessulani, in iis quæ aguntur coram eis inter homines seu habitatores de Latis vel de Castro-novo*. Depuis

Voyés l'art. des jurisdictions.
cette ordonnance, les appellations des baillis de Lates & de Castelnau furent dévolues à la cour du lieutenant de roi, dite autrement la cour du palais.

(h) *CUM BAJULO STATUIT CURIALES*. Il est marqué ici que le seigneur avec son bailli élisoit les curiaux ; mais, dans la suite, les consuls intervinrent dans cette élection, comme il est marqué dans l'art. II des reglements faits à l'hôtel de ville le 12 janvier 1223, où il est dit par le lieutenant de roi & par les consuls, ne pourra choisir ses officiers que de l'avis & consentement des consuls, *absque consilio & voluntate consulum*. Ces curiaux consistoient, au sous-bailli, au juge, au viguier, au notaire ou greffier, & à l'assesseur, nommé assidu. Outre lesquels, le bailli pouvoit prendre d'autres assesseurs, quand il le jugeoit

PAGE 651.
Petit Talamus, fol. 345.
à propos ; mais, quand il avoit une fois élû ses officiers, il ne pouvoit plus varier, comme est porté dans une ordonnance du roi Jacques I du mois de décembre 1258. *Quibus officialibus nominatis non liceat deinc bajulo variare*.

(i) *DONAT DE SUO*. Le seigneur de Montpellier recompensoit ses officiers, comme on faisoit en Dauphiné (suivant la taxe contenuë dans les coûtumes dudit païs), afin qu'ils administrassent la justice avec plus de desinteressement. Nous verrons, dans l'art. V, le serment qu'on exigeoit d'eux sur cela.

(k) *ADHÆREANT CURIÆ*. Pour marquer la résidence à laquelle ils étoient tenus.

(l) *SECUNDUM USUM CURIÆ*. Le stile judiciaire de la cour du bailli est contenu dans la plûpart de nos statuts.

ARTICLE II

De l'autorité du bailli.

Hoc totum vero quod bajulus facit dominus pro (a) firmo habet in perpetuum.

Le seigneur tient toûjours pour fait tout ce qui a été fait par son bailli.

NOTE.

(a) *PRO FIRMO HABET.* Il semble qu'il faut entendre ces paroles, de l'autorité que le seigneur de Montpellier donnoit au bailli dans ses propres affaires, comme dans la levée de son droit des lods & des amendes de la cour dont le bailli étoit chargé, & non point des jugemens qu'il portoit sur les contestations des particuliers ; puisque, par l'art. XLIII, on pouvoit appeller au seigneur du jugement de son bailli, & que, dans l'art. XLIV, il est dit que si pendant le procès quelcune des parties accuse le bailli de dol personnel, le seigneur renvoyera la cause du diferend à d'autres juges.

ARTICLE III

Du serment de calomnie.

Cum conveniunt ad placita, factis (a) *sacramentis de calumnia, curia interrogat utramque partem per sacramentum, si bajulo vel judici, vel aliqui curialium propter illud placitum, suam dedit vel* (b) *promisit pecuniam.*

In consiliis & in judiciis in curia sua dominus habet viros laude & honestate præclaros, qui justitiam amant & misericordiam, qui prece vel pretio, donis vel muneribus, amicitia vel inimicitia non deviant à semita justitiæ & misericordiæ, & curas & negotia Montispessulani dominus facit præcipue cum suis hominibus Montispessulani.

Lorsqu'on se présente pour plaider, après le serment de calomnie, la cour interroge par serment l'une & l'autre des parties, si elles ont promis ou donné quelque somme de deniers au bailli, au juge ou à quelqu'autre des officiers ?

Le seigneur, dans ses conseils & jugemens, n'employe que des gens d'honneur & approuvez, qui aiment la justice & la misericorde, & qui ne s'en éloignent jamais, ni par priéres, ni par argent, ni par dons ou présens, ni par amitié ou par inimitié : & le seigneur prend soin des affaires de Montpellier & les administre avec ses prud'hommes de la ville.

NOTE.

(a) *FACTIS SACRAMENTIS DE CALUMNIA.* Le serment de calomnie étoit prêté au commencement du procès par le demandeur, par le défendeur & même par l'avocat : il portoit que celui qui intentoit ou défendoit le procès, ne le faisoit point en vûe de calomnier son adversaire, mais seulement parcequ'il croyoit sa cause bonne. Ce serment a été abrogé depuis pour éviter le parjure des parties, comme l'a remarqué Rebuffi.

(b) *PROMISIT PECUNIAM.* On pourra voir, dans la suite, que le principal objet de ceux qui dressérent ces statuts fut d'entretenir & de conserver dans les ministres de la justice un grand esprit de desintéressement.

ARTICLE IV

Affection des seigneurs de Montpellier envers les habitans de la ville.

Dominus Montispessulani & antecessores ejus amaverunt homines suos, & custodierunt & salvaverunt, in quantum potuerunt, * & non quæsierunt occasiones, nec aliquo modo fecerunt ut suas perderent possessiones, vel res aliquas mobiles immobiles (a), nisi propria culpa. Et si creverunt & multiplicaverunt homines Montispessulani (b) in avero vel honore, vel in aliis rebus, letatus est dominus & adjuvit eos crescere & multiplicare. Et ideo cum gaudio homines suas pandunt divitias & palam ostendunt sine timore. Et ita divitiæ & possessiones eorum revertuntur illis quibus relinquuntur in testamentis vel donationibus, vel per successionem eveniunt, sine omni retentione & impedimento domini. Ita quod dominus inde non accipit, neque aufert, neque contradicit.

Le seigneur de Montpellier & ses prédecesseurs ont aimé, gardé & protegé leurs vassaux, tout autant qu'il leur a été possible, & ils n'ont jamais recherché les occasions ou fait aucune chose pour les priver de leurs biens, meubles ou immeubles, à moins que lesdits hommes n'ayent été eux-mêmes la cause de leur perte par leur mauvaise conduite, & lorsqu'un homme de Montpellier a augmenté son bien, soit en argent comptant, soit en fonds de terre ou autres effets, le seigneur s'en est réjoüi & l'a aidé à s'accroître & à devenir plus riche : de là vient que les habitans de Montpellier font paroître leurs biens sans aucune crainte, & que leur succession parvient à ceux ausquels ils les laissent par testament ou par donation, sans nul obstacle ou empêchement du seigneur, qui, bien loin d'en prendre ou de s'en approprier quelque portion, ne s'oppose jamais à leur avancement.

NOTE.

Cet article est moins une loi qu'un témoignage public du bon gouvernement des anciens Guillaumes de Montpellier ; il pourroit bien aussi avoir été mis à dessein pour servir d'exemple à Pierre II, roi d'Aragon, qui venoit d'acquerir cette seigneurie, & qui devoit donner son approbation aux présens statuts.

(a) *NISI EX PROPRIA CULPA.* Par la faute des coupables, punis en leurs biens ou en leur personne.

(b) *IN AVERO VEL HONORE.* Terme souvent sinonime pour exprimer les facultés d'un homme. On disoit en vieux gaulois : *il est sans avoir*, en parlant d'un homme pauvre ; *il est de grand avoir*, pour exprimer un homme riche. Nous verrons, dans la suite de ces statuts, que par le mot AVERUM nos anciens vouloient désigner les biens d'un homme en argent comptant, & sous celui de HONORE ses possessions en fonds de serre. Voyez l'article XII ci-après.

ARTICLE V

Du serment du bailli de Montpellier & des officiers de sa cour.

Bajulus & curiales tale faciunt sacramentum.

Ego homo juro tibi domino Montispessulani (a), quamdiu bajuliam & administrationem villæ vel curiæ Montispessulani tenuero quod rationem & justitiam tenebo, & servabo omnibus & singulis personis quæcumque & undecumque sint vel fuerint, quæ causam habent vel habebunt coram me, vel in curiâ (b), secundum consuetudines & mores curiæ qui modo certi sunt & erunt.

Et ubi mores vel consuetudines curiæ deficient (c), secundum juris ordinem. Omni odio gratia & dilectione, & parentela, & affinitate & vicinitate penitus exclusis. Secundum quod melius mihi visum fuerit & conscientia mea mihi melius dictaverit. Et quod neque per me neque per alium ullo modo vel ulla occasione pecuniam vel aliam rem seu promissionem, vel aliquod servitium accipiam ab his qui causam habent vel habituri sunt coram me, vel in curia occasione * hujus placiti, vel ab aliis nomine eorum.

(d) Et quod justitiam vel aliquid nomine justitiæ non accipiam per me vel per alium ante finem causæ, vel antequam

C'est ainsi que le baile & ses officiers doivent prêter serment :

Moi homme, je jure entre les mains de vous, seigneur de Montpellier, que pendant le tems que je posséderai la baillie & que j'aurai la regie de la ville ou de la cour de Montpellier, je ferai raison & rendrai justice à toutes les personnes, de quelques lieux qu'elles soient, qui ont ou qui auront procès devant moi ou en ladite cour, selon les coûtumes de ladite cour, qui sont ou qui seront certaines & constantes.

Et, au défaut des coûtumes de la cour, je jugerai selon la disposition du droit romain, en bannissant entiérement de mon cœur toute faveur, affection & toute consideration des parens, alliez & voisins; mais suivant ce qui me semblera plus juste en ma conscience, & qu'en nule maniére ou occasion que ce soit je ne prendrai ni par moi ni par l'entremise d'autrui aucune somme de deniers, ni autre chose, ni promesse, ni le moindre service de ceux qui plaident ou qui plaideront devant moi ou en la cour, ni de quelqu'autre personne en leur nom, à l'occasion de leur procès.

Et que je ne recevrai aucune amende, sous le nom de justice, par moi ou par autrui, avant que la

PAGE 653.

solutum sit vel satisfactum creditori vel actori.

Et quod habebo & accipiam, mecum bonos & legales assessores, secundum quod melius mihi visum fuerit, & (e) recta judicia pronuntiabo in omnibus causis in quibus interfuero.

Et celabo ea omnia quæ in secreto & in consiliis & in dictanda sententia seorsum mihi revelabuntur.

Hæc omnia & singula sine dolo & arte & malo ingenio bona fide custadiam & servabo (f)*, ad fidelitatem domini Montispessulani, & ad custodiam & observantiam consuetudinis & juris omnium litigantium. Ita quod* (g) *ab isto sacramento nullatenus possim absolvi. Sic me Deus adjuvet & hæc sancta Dei Evangelia.*

cause soit terminée ni avant que le créancier ou demandeur soit payé & satisfait.

Je prendrai avec moi, selon qu'il me paroîtra plus convenable, des bons & fidéles assesseurs; je prononcerai des jugemens selon les loix & l'équité, dans toutes les causes où j'assisterai, & je tiendrai secret tout ce qui sera dit dans les opinions.

J'observerai toutes ces choses de bonne foi & sans dol ni fraude, de même que la fidelité que je dois au seigneur de Montpellier : je veillerai à ce que la coûtume soit gardée & qu'on fasse droit à toutes les parties plaidantes; ensorte que rien ne pourra me dispenser de ce serment, avec le secours de Dieu & des saints Evangiles que je touche.

NOTE.

(a) *QUANDIU BAJULIAM TENUERO.* C'est-à-dire pendant une année que devoit durer son administration, comme il est marqué plus expressément dans l'art. CXIX.

(b) *SECUNDUM CONSUETUDINES.* Cette partie du serment fut autorisée dans la suite par lettres du roi Charles VI, de l'an 1389, desquelles il resulte que les gouverneur, juge et assesseur du palais de Montpellier étoient tenus, en entrant en charge, de jurer qu'ils administreroient la justice suivant les coûtumes de ladite ville.

Grand Talamus, fol. 35, verso.

(c) *SECUNDUM JURIS ORDINEM.* Par cette disposition, on revenoit à l'usage général du Languedoc, qui fut réuni à la couronne sous cette condition qu'il useroit du droit romain dans la discussion des procès.

(d) *JUSTITIAM NON ACCIPIAM.* C'étoit une amende, tenant lieu de peine, contre les témeraires plaideurs dont il sera encore parlé ci-après, dans l'article XVI.

(e) *RECTA JUDICIA.* De ne juger jamais sur le seul dire d'une des parties ; à l'occasion de quoi nos anciens firent mettre sur la seconde porte de l'hôtel de ville un tableau qu'on y voit encore, où sont gravées en lettre gothique ces paroles latines : *audi aliam partem.*

Nota. Que dans tous les exemplaires de nos statuts écrits depuis Jacques I, après ces paroles : *Mihi revelabuntur,* il y a celles-ci, qui ne sont pas dans l'original : *Item juro quod sententias latas & ferendas contra homicidas & alios vulnera facientes observabo, & executioni debitæ mandabo, nec contra illas veniam, nec venire permittam.* Ce fut en exécution d'une ordonnance du roi Jacques-le-Conquerant, qui voulut que le bailli ajoûtât ces paroles au serment qu'il prêtoit en entrant en charge.

(f) *AD FIDELITATEM DOMINI MONTISPESSULANI.* On observe que ce serment de fidelité, exigé par les seigneurs de Montpellier, tant des habitants de ladite ville que de ceux de Montpellieret, n'étoit pas un hommage, comme il résulte des lettres du roi Jacques I, du 15 des kalendes de janvier 1258, où il dit : *Non intelleximus consules Montispessulani nobis fecisse homagium, a quo illos penitus absolvimus & quitamus, nec nobis esse aliter obligatos, nisi solum sub forma sacramenti.* Ce serment est réduit (par nos interprétes) à ces six devoirs : *Incolume, tutum, honestum, utile, facile & possibile.*

(g) *AB ISTO SACRAMENTO NULLATENUS POSSIM ABSOLVI.* Ces paroles sont regardées comme une des imprécations qui accompagnent ordinairement les serments.

ARTICLE VI

Juifs exclus de la charge de bailli.

(a) *Bajulum judæum non habet dominus Montispessulani in aliquibus redditibus suis.*

Le seigneur de Montpellier ne souffre jamais qu'un juif soit bailli dans toute sa domination.

NOTE.

(a) *BAJULUM JUDÆUM.* On a pû observer dans le cours de cette histoire que les juifs étoient en grand nombre dans Montpellier, qu'ils eurent le crédit d'y avoir une boucherie particuliére, un cimetiére & un quartier de la ville ; néanmoins, quelques riches qu'ils fussent, nos Guillaumes ne permirent jamais qu'ils fussent élevez à aucune charge. La chose paroît clairement par la disposition testamentaire des quatre derniers Guillaumes, qui défendent par exprès de faire jamais un juif bailli de Montpellier ; ce mot peut être pris aussi pour celui de *receveur*, comme il paroît par l'article CVIII.

PAGE 654.

On cite, à ce propos, le dialogue intitulé : *de altercatione ecclesiæ & sinagogæ*, qui se trouve dans les œuvres de saint Augustin, où le chrétien parle en ces termes au juif : *Tributum mihi solvis, ad imperium non accedis, habere non potes præfecturam, judæum esse comitem non licet, senatum tibi introire prohibetur.*

Quoique le roi Jacques leur eût accordé quelques faveurs dans Montpellier, il dit dans son ordonnance du 4 des ides de décembre 1258 : *Judæi fere in terris omnibus, christianorum principum subjacent servituti, cui eos nostri & sui contumelia creatoris addixit.*

ARTICLE VII

Le ministére des graduez n'étoit pas réguliérement nécessaire en la cour du bailli.

In curia sua (a) legistæ non manutenent causas nisi suas proprias ; & si causas proprias habuerint, contra eos poterit esse legista. Neque sunt advocati, nisi partes consentiant. Et (b) in consiliis dominus habet quando voluerit jurispe-

Les legistes en sa cour ne postulent que pour eux-mêmes ou en leur fait propre ; auquel cas un legiste pourra occuper au contraire, & il n'y a d'avocats en cette cour que du consentement des parties. Et dans

ritos, sed in causis semper debet habere judicem.

les conseils pour le bien public, il dépend du seigneur d'appeller des jurisconsultes; mais, dans les contestations des particuliers, il doit toûjours avoir un juge.

NOTE.

(a) *LEGISTÆ.* Ce mot est entendu dans ces coûtumes pour les simples graduez en droit civil ou en droit canon : & la raison pourquoi ils ne postuloient pas pour fait d'autrui en la cour du bailli, non plus que les avocats, c'est parceque la justice du bailli étoit sommaire, & que les parties elles-mêmes y exposoient leurs causes, à moins que de part & d'autre elles ne consentissent de se servir du ministère des avocats.

(b) *IN CONSILIIS, &c.* Lorsque le seigneur de Montpellier avoit à déliberer sur des affaires publiques, il appelloit à son conseil les jurisconsultes qu'il jugeoit à propos; mais, dans les contestations des particuliers, il en laissoit la décision au juge du bailli, & lorsqu'on appelloit au seigneur des sentences du bailli, alors l'affaire étoit portée à la cour du palais, où le juge, dit judex-major, décidoit avec les graduez qui l'assistoient.

ARTICLE VIII

Des faussaires.

(a) *Falsifitates omnino respuit &* (b) *punit.*

En sa cour, les faussetez sont totalement rejetées & punies.

NOTE.

(a) *FALSIFITATES OMNINO.* Sous ce nom, on entend tout crime de faux, faux actes, faux témoins, faux poids, fausse mesure, fausse monoye.

(b) *PUNIT.* La coûtume ne prescrivant aucun genre de punition, on croit que le bailli suivoit l'ordre judiciaire prescrit par le droit romain, conformément à un autre usage de la coûtume.

ARTICLE IX

Des usuriers.

(a) *Renovarii seu usurarii qui denarios pro denariis accommodant, non recipiantur in testimonio.*

Les usuriers, qui prêtent de l'argent pour en retirer du profit en argent, ne sont pas reçûs en témoignage.

NOTE.

(a) *RENOVARII*. Terme finonime avec *USURARII*. Il vient d'un mot efpagnol qui fignifie ufure, & l'on ne peut guere douter que la langue catalane qu'on parloit alors à Montpellier n'y eût introduit l'ufage de ce mot pour exprimer les ufuriers.

PAGE 655.

ARTICLE X

De la proclamation ou plainte.

De aliquibus difcordiis fi (a) proclamationes inde non fuerint domino vel curiæ, non debet dominus, aut ejus curia interponere partes fuas.

Le feigneur ou fa cour ne doit prendre connoiffance des querelles particuliéres que préalablement on ne lui en ait porté plainte.

NOTE.

(a) *PROCLAMATIONES*. C'étoit proprement les plaintes que les offenfez étoient tenus de porter en juftice, fans lefquelles les juges ne prenoient jamais connoiffance des diferens crimes des parties : ces proclamations font appelées *quærimoniæ* en l'article XXIX, & ailleurs *clamores*.

ARTICLE XI

De l'invefiture & du droit de prélation.

Homines Montifpeffulani quotiefcumque voluerint, univerfa bona fua vendere, & pretium fecum deferre poffunt, & abire ubicumque voluerint fine impedimento. Dominus vero debet eis & rebus fuis, & familiæ fuæ (a) ducatum præftare per totam terram fuam, & per totum poffe fuum. Et omnia quæ vendere illi voluerint in quibus dominus habebit laudimium, debet ipfe dominus aut ejus ba-

Les habitans de Montpellier peuvent, quand ils veulent vendre tous leurs biens, emporter le prix avec eux & s'en aller où il leur plaît, fans empêchement, & le feigneur doit donner faufconduit à eux, à leurs biens & à leur famille, par toute fa terre & domination : même ledit feigneur ou fon bailli font obligez d'accorder, fans contradiction, invefti-

julus sine contrarietate (b) *laudare* (c) *salvo sibi suo consilio.*

ture pour raison de toutes les ventes que lesdits habitans voudront faire des biens sur lesquels le seigneur a droit de lods, à moins qu'il ne veüille user de son droit de prélation.

NOTE.

(a) *DUCATUM, COMITATUM, GUIDATICUM*, sont employez comme termes sinonimes, & signifient sauf-conduit ou sauvegarde.

(b) *LAUDARE.* C'est l'investiture que le seigneur accorde des biens qu'il a baillez à fief ou en emphiteose, lorsqu'on les aliéne, en donnant son approbation & consentement à l'aliénation, & se contentant de ses droits seigneuriaux.

(c) *SALVO SUO CONSILIO.* Sauf son consentement, qu'il peut refuser lorsqu'il veut user de son droit de prélation ; mais, ayant une fois reçû le lods, il ne peut se servir de ce droit : ainsi le seigneur féodal n'est plus recevable à user du droit de prélation lorsqu'il a reçu l'hommage, non plus que le seigneur censier après avoir reçû le lods.

ARTICLE XII

Des successions, des droits de retour & de représentation.

Pater qui maritat filiam aut filias suas, cum hæreditate (a) *averi aut honoris, vel hæreditat eas cum avero vel honore; postea non possunt illæ filiæ aliquid petere in bonis paterni, nisi pater eis dimiserit. Et si pater habet magis unum filium & unam filiam qui non sint hæredati vel maritati, & pater moritur intestatus, bona patris intestati revertuntur filio & filiæ non maritatis vel hæredatis, æquis partibus. Et si moritur aliqua de maritatis filiabus & hæredatis a patre sine* (b) *gadio & hæredibus, bona ejus revertuntur communiter omnibus fratribus superstitibus patre jam mortuo. Et si filius vel filia quæ non fuerit maritata vel hæredata moriebantur sine gadio & sine liberis, bona illius revertuntur alteri vel ejus liberis. Et si ambo morie-*

Quand le pere, en mariant sa fille ou ses filles, leur a constitué dot en deniers ou en fonds, ou leur a baillé en appanage quelque somme ou quelque immeuble, après cela ses filles ne peuvent rien plus prétendre sur les biens paternels, hormis que leur pere ne leur ait legué quelque autre chose par son testament. Et quand le pere, qui a plus d'un fils & d'une fille, non pourvûs ni mariez, meurt *intestat*, ses biens parviénent ausdits enfans non mariez ni pourvûs, par égales portions : & si quelcune des filles, mariées ou pourvûës par son pere, meurt sans testament & sans enfans, les biens du prémourant parviénent, à égales parts, à tous ses freres qui ont survêcu à leur

bantur fine gadio & fine liberis, bona eorum revertuntur filiabus maritatis vel hæredibus eorum. Sed tamen unaquæque perfona poteft facere gadium de fuo jure. Et eodem modo dicimus de bonis matris.

pere, & fi tous deux decédent fans teftament & fans enfans, leurs biens parviénent aux filles mariées & aux héritiers d'icelles : chacun pourtant peut difpofer librement de fes droits, & le même reglement a lieu pour les biens de la mere.

NOTE.

(a) *AVERI AUT HONORIS.* Nous avons donné l'explication de ces mots dans les notes fur l'art. IV.
(b) *SINE GADIO.* Sans teftament. Ducange l'explique ainfi en la page 1241 de fon gloffaire, impreffion de Paris, & il cite, à ce propos, le teftament de Guillaume de Tortofe, fils de Guillaume, feigneur de Montpellier en 1157, qui commence par ces mots : *Sic ultimum elogium meum compono, & gadium five teftamentum meum nuncupative facio.*

La jurifprudence romaine & celle des arrêts eft contraire, en bien des points, à ce qui eft porté dans cet article.

ARTICLE XIII

Des héritiers des cautions.

Hæredes feu filii fidejufforum non tenentur de fidejuffione ab eis factâ poft mortem eorum (a), *nifi lis cum eo qui fidejuffit fuerit conteftata, vel de eo querimonia curiæ expofita.*

Les héritiers ou enfans des cautions ne font pas tenus après leur decès du cautionnement par eux prêté, hormis que la caufe n'eût été conteftée avec le défunt, ou qu'il n'eût été expofé clameur à la cour, pour raifon dudit cautionnement.

NOTE.

Cet article eft formellement contraire à la difpofition du droit civil, par lequel la caution laiffe fon héritier obligé pour le fait dudit cautionnement, puifque l'héritier repréfente toûjours le défunt, & qu'il eft naturel que celui qui joüit des avantages de l'hérédité en fuporte les charges : néanmoins, nos anciens établirent une régle contraire, par commiferation pour un pauvre caution qui fe feroit engagé pour faire office d'ami.

(a) *NISI LIS CUM EO FUERIT CONTESTATA.* Ils ne mirent d'autre exception à leur loi que la feule action qui auroit été intentée pendant la vie de la caution : *In judicio quafi contrahitur.*

ARTICLE XIV

Qualité du lods sur le sol sans édifice.

Quicumque comparat domum, vel solum forte inædificatum in Montepessulo dat inde (a) pro consilio quintam domino (b), etsi venditor habuerit de pretio centum solidos dat emptor domino viginti quinque solidos. Sed (c) maxima inde fit remissio.

Celui qui achete à Montpellier une maison ou sol sans édifice, doit donner au seigneur, pour son consentement, la cinquiéme partie du prix de l'acquisition; c'est-à-dire que, si le vendeur a reçu cent sols du prix de cette vente, l'acheteur doit payer au seigneur vingt-cinq sols; mais il en est fait une remise considerable.

NOTE.

(a) *PRO CONSILIO.* Pour le consentement du seigneur à cette aliénation; d'où vient qu'en feodale *consilium* est sinonime avec *laudimium*. Ducange, dans son glossaire, cite cet article de nos statuts, & donne au mot de *consilium* la signification que je viens de dire.

(b) *SI VENDITOR HABUERIT DE PRETIO CENTUM SOLIDOS, DAT EMPTOR VIGINTI QUINQUE.* Selon l'exemple, c'est la quatriéme, puisque vingt-cinq est la quatriéme partie de cent; mais, selon nos * interpretes, il faut entendre que les vingt-cinq sols pour le seigneur étoient payez par dessus les cent que recevoit le vendeur, ainsi l'acheteur payoit quatre portions au vendeur & une cinquiéme au seigneur.

* GAUTERON.

(c) *MAXIMA FIT REMISSIO.* Le bailli, chargé de lever les droits du seigneur, taxoit le droit des lods sur le pié qui est marqué dans cet article; mais le seigneur en remettoit ensuite une partie considerable: ce qui a passé en forme de loi, comme il a été jugé depuis par des arrêts.

ARTICLE XV

Des engagemens des héritages.

De pignoribus honorum habet dominus de centum solidis sex solidos pro consilio, sed (a) fit inde remissio; sed in pignoribus ille (b) qui rem immobilem pignori supponit, dat consilium.

Le seigneur prend pour son droit de lods, des engagemens des lods & héritages, six sols de cent, qu'il relâche ensuite; mais c'est à celui qui baille son bien en engagement à payer les lods.

NOTE.

On remarque que cet ancien ufage de Montpellier eft contraire à la jurifprudence des arrêts, qui tient pour principe que les lods ne font dûs que lorfque la propriété eft transférée ; néanmoins, nos anciens fe foûmirent à le payer pour faire honneur à leurs feigneurs, à qui ce droit étoit plus honoraire que lucratif, par la raifon qui fuit.

(a) *FIT REMISSIO.* Le feigneur ne l'exigeoit que comme une marque de fuperiorité, fans en profiter, puifqu'il en étoit fait une remife confidérable.

(b) *QUI REM IMMOBILEM PIGNORI SUPPONIT, DAT CONSILIUM.* Dans la vente, c'étoit à l'acheteur à payer les droits, comme nous l'avons vû dans l'article précedent ; mais, dans les engagemens, l'engagifte ne payoit point, parceque la propriété du fonds reftoit toûjours à celui qui avoit engagé.

ARTICLE XVI

Du clameur & de la peine appellée juftice.

Si de pecunia feu re mobili (a) *clamor fuerit in curia, eo quod debitor nolit folvere debitum, debitor convictus vel condemnatus folvit creditori totum debitum, & infuper pro* (b) *juftitia dat curiæ pro qualitate debiti quafi* (c) *quartam ; hoc eft fi creditor confequatur LX folidos, debitor qui ante clamorem noluit folvere, dat pro juftitia, & cogitur dare viginti folidos, fed inde fit* (d) *remiffio : fed ille cui perfolvitur pecunia non dat aliquid curiæ, & hoc eft ftatutum ideo ut aliquis non retineat jus alterius ; fed fi quis querimoniam fecerit curiæ de debitore fuo, non commonito prius debitore ut folvat, & per debitorem non fteterit quominus fatisfaciat ejus querelæ, juftitiam dare debitor non cogitur. Similiter fi quis pecuniam debitam fuo creditori oftenderit ab eo accipiendam, fi per creditorem fteterit quominus eam accipiat, &*

S'IL a été expofé clameur en la cour, pour raifon de quelque fomme ou de quelque chofe meuble, & refus ait été fait par le débiteur de vouloir payer, le débiteur, convaincu & condanné, doit payer au créancier l'entière dette, &, outre ce payement, il doit donner, pour juftice à la cour, la troifiéme partie de la dette : c'eft-à-dire que fi le créancier obtient foixante fols, le débiteur, qui n'a pas voulu payer avant la clameur, eft contraint de donner vingt fols pour la juftice, dont néanmoins il eft fait remiffion ; mais le créancier à qui la fomme eft payée ne donne rien à la cour, ce qui eft ainfi établi afin qu'aucun nè retiéne le bien d'autrui ; mais fi quelcun a expofé clameur à la cour avant que d'avoir averti fon débiteur de payer & qu'il n'ait pas tenu

PAGE 658.

postea pro ea pecunia clamor fuerit in curia, nulla inde debet dari justitia.

au débiteur qu'il n'ait satisfait, en ce cas le débiteur n'est pas tenu de payer justice pour ce clameur; de même si quelcun offre la somme en deniers à découvert à son créancier, afin qu'il la reçoive, s'il tient au créancier qu'il ne la retire, & qu'il expose ensuite clameur à la cour pour cette somme, nule justice n'en sera donnée.

NOTE.

(a) *CLAMOR*, se prend ici pour la commission verbale que le créancier obtenoit de la cour du bailli pour faire condamner son débiteur; la chose résulte de l'article LXX ci-après : ce clameur est appellé en plusieurs endroits de ces statuts *querimonia* ou *querela* ; mais maintenant on ne l'emploie qu'aux lettres que le créancier expose devant le juge du petit scel royal de Montpellier.

(b) *PRO JUSTITIA* est pris ici *pro mulcta judiciaria* ; c'est-à-dire pour l'amende : on voit plusieurs exemples de cette signification dans Ducange ; ainsi, dans le reste de cet article, il faut entendre le mot de *justitia* pour l'amende pecuniaire, qui tenoit lieu de peine contre les téméraires plaideurs.

(c) *QUASI QUARTAM.* L'exemple donné fait connoître que le mot *quasi quartam* signifie la troisiéme partie à cause du peu de distance qu'il y a de l'un à l'autre ; ainsi, ayant exprimé dans cet article le nombre de soixante, dont le quart est quinze, le tiers, qui n'est que vingt, est presque le tiers, suivant l'expression de ce statut *quasi*.

(d) *REMISSIO* se doit entendre d'une remise considérable, comme il a été dit ci-dessus.

ARTICLE XVII

Fraix de justice, par qui payez.

Placita quæ fiunt in curia de honoribus curia audit, & definit (a) *suis sumptibus, & aliquid inde a reo vel ab actore non percipit, vel exigit : nec aliquis qui litiget de aliqua re in curia, dat* (b) *pignora, nisi* (c) *fuerit miles qui dare debet.*

La cour prend connoissance & juge, à ses propres dépens, les procès intentez devant elle, pour raison des biens fonds, sans rien prendre du défendeur ni du demandeur, jusque-là qu'aucun des plaideurs ne donne gages en la cour, hormis qu'il ne soit chevalier, auquel cas il est tenu de donner gages.

NOTE.

(a) *SUIS SUMPTIBUS.* La juſtice étoit exercée gratuitement dans l'anciéne cour de Montpellier, comme il a été obſervé ci-devant en l'article XII, parceque ladite cour étoit ſalariée des revenus du ſeigneur, comme porte l'article XLIII ci-après.

(b) *NON DAT PIGNORA.* C'eſt-à-dire qu'on n'y conſigne pas.

(c) *NISI FUERIT MILES QUI DARE DEBET.* La raiſon la plus apparente qu'on apporte de ce ſtatut qui oblige les ſeuls chevaliers de conſigner au commencement de l'inſtance, c'eſt, dit-on, à cauſe que ces perſonnes puiſſantes ſont d'ordinaire de dificile convention.

ARTICLE XVIII

Des exilez & de la liberté d'un chacun en l'exercice de ſon art.

(a) *Iniqui interdicti panis, & vini & fœni, & omnium rerum, a Montepeſſulano* (b) *omnino excluduntur; & omnibus paſſim ibi proficere licet, &* (c) *officium ſuum exercere legaliter quodcumqueſit, ſine interdictione.*

Les criminels, qui ont été interdits de pain, vin, foin & de toutes autres choſes, ne doivent jamais être reçûs dans Montpellier; au contraire, il eſt permis à toute autre perſonne de faire du gain & d'exercer ſans empêchement ſon métier, quel qu'il ſoit, pourveu qu'il le faſſe loyalement.

NOTE.

Page 659.

(a) *INIQUI INTERDICTI*, ſe prend pour ceux qui ſont condannez à la peine du baniſſement.

(b) *OMNINO EXCLUDUNTUR.* Pierre, roi d'Aragon, ayant épouſé Marie de Montpellier, fit auſſitôt ſortir de la ville les fréres bâtards de la reine, ſon épouſe, avec Agnés, leur mere; & pour leur ôter tout eſpoir de retour, il fit inſerer dans nos ſtatuts ces mots : *Omnino excluduntur*, pour ſervir de loi générale, comme on a pû voir dans le quatriéme livre de cette hiſtoire, ch. 1.

En conſequence de cette loi, il fut paſſé une tranſaction entre le ſeigneur de Montpellier & l'evêque de Maguelonne, ſeigneur de Montpellieret : *Quod epiſcopus non ſuſtinebit in parte ſuâ ſaiditos & bannitos per curiam regalem; imo ſi eos capere poteſt, capiet & reſtituet curiæ regali, & è converſo.*

(c) *OFFICIUM SUUM EXERCERE.* Après avoir parlé de la peine encouruë par les gens de mauvaiſé vie, cet article expoſe les avantages qu'ont les bons habitans d'y pouvoir exercer en paix leurs talens & leur induſtrie.

ARTICLE XIX.

Des larcins faits dedans ou dehors la ville.

Si res alibi furata apud Montempeſſulanum inventa eſt, & a curia capta; ſi

Lorsqu'il s'agit d'une choſe qui a été volée ailleurs qu'à Montpellier, *de hominibus Montispessulani non fuerit,* (a) *tertia pars est domini, & duas partes recuperat extraneus homo dominus rei qui probat rem esse suam; sed si ipse dominus rei, aut ejus nuntius hoc ostendit curiæ antequam sciat curia, recuperat totum in integrum, sed in furtis quæ fiunt in Montepessulano, & hominibus Montispessulani aliquid dominus vel ejus curiales donec satisfactum sit furtum injuriam passo, non accipiunt, sed* (b) *personas furum puniunt.*

& qui, ayant été trouvée dans la ville, a été arrêtée par la cour, si elle n'appartient pas aux habitans de Montpellier, la troisiéme partie en est adjugée au profit du seigneur de Montpellier; & l'homme étranger, qui prouve qu'il est le maître de ladite chose, ou quelqu'autre faisant pour lui, justifie de sa propriété avant que la cour ait connoissance du cas, alors il recouvre entiérement ladite chose; mais, à l'égard du larcin commis dans Montpellier & fait aux habitans de lad. ville, le seigneur ni les officiers de sa cour ne peuvent rien prétendre jusqu'à ce qu'il ait été satisfait à celui qui a soufert du larcin; mais on se contente alors de punir les larrons.

NOTE.

(a) *TERTIA PARS ERIT DOMINI.* Cette portion de la chose derobée que le seigneur de Montpellier exigeoit de l'etranger, en recompense du soin que sa cour avoit pris de la lui assurer par l'arrestation qu'elle en avoit fait, a été depuis justement suprimée, comme contraire au commerce & à la liberté publique.

(b) *PERSONAS FURUM PUNIUNT.* Il n'est pas dit si c'étoit par une peine pecuniaire ou corporelle; ainsi, par les régles déja établies, il faloit recourir au droit romain.

ARTICLE XX.

De l'achat de la chose derobée & des courtiers.

Si quis forte a fure vel a non domino, rem aliquam furatam aut raptam, vel alienam (a) *publice venalem, bona fide putans esse illius, emerit; si postea verus dominus veniens rem esse suam probaverit facto sacramento ab emptore quod nesciffet esse furatam aut alienam, & non*

Lorsqu'un homme achete du larron ou de celui qui n'est pas le propriétaire, une chose derobée, ravie, ou appartenante à autrui, exposée publiquement en vente, & croyant de bonne foi qu'elle appartenoit au vendeur; si ensuite le véritable maî-

poſſit exhibere venditorem, dominus rei reſtituit emptori ſolum hoc quod in ea* emptor dedit, & rem ſuam recuperat.

tre de la choſe ſe preſente & prouve qu'elle eſt à lui, le vendeur doit jurer qu'il ne ſçavoit pas que ce fût une* choſe derobée; &, moyenant ce ſerment, le maître en la reprenant doit rendre aud. acheteur le prix de ſon achat tant ſeulement.

NOTE.

(a) *PUBLICE VENALEM.* En foire publique, ou par l'entremiſe d'une perſonne publique, comme courtiers & courtiéres. Dans ce dernier cas, on prit la précaution de faire regler par une ſentence arbitrale du 11 des cal. de janvier 1278 que le ſeigneur de Montpellier recevroit le ſerment de tous les courtiers & courtiéres de Montpellier, tant de ceux de ſon quartier que de ceux du quartier de l'évêque de Maguelonne.

ARTICLE XXI.

De l'adultére & de ſa peine.

Si mulier virum habens vel vir uxorem cum aliquo aut aliqua (a) *capti in adulterio fuerint; vel* (b) *poſteaquam eis interdictum a curia ne in ſimul ſoli in domo maneant propter malam famam, ſi auſu temerario contravenerint, mulier præcedens ambo* (c) *nudi currunt per villam & fuſtigantur, & in alio non condemnantur.*

Si un homme ou une femme mariée ont été ſurpris en adultére, ou ſi nonobſtant les prohibitions que la cour leur a faites, de demeurer ſeuls enſemble dans une même maiſon, à cauſe du ſcandale, ils ont eu la temerité de contrevenir à de ſi juſtes défenſes, ils ſont condannez tous deux à courir nuds par la ville, la femme allant devant, & à être foüetez; nule autre peine ne leur étant infligée.

NOTE.

(a) *CAPTI.* Nos anciens ne ſe contentoient pas du ſimple ſoupçon d'adultére, ils vouloient que pour punir les coupables ils euſſent été ſurpris dans le crime.
(b) *POSTEAQUAM EIS INTERDICTUM, &c.* Pour prévenir les mauvais bruits, la cour faiſoit défenſe aux perſonnes ſoupçonnées d'adultére de loger dans une même maiſon.
(c) *NUDI CURRUNT.* La pudeur a fait ſuprimer cet uſage.

ARTICLE XXII.

Injures verbales, comment punies.

Non omnia convitia & contumeliæ quæ verbis folummodo fiunt (a) *audiuntur in curia, nifi* (b) *perſonæ moverint judicem; præter cum quis ad contumeliam vocat aliquem malum ſervum, vel proditorem, vel traditorem, vel furem probatum, vel perjurum; vel ſi uxoratam aut viduam vocaverit meretricem, niſi ea probare potuerit; aut ſi* (c) *fuſtigatum vel fuſtigatam pro juſtitia facta appellaverit; vel ſi quis chriſtianum vel chriſtianam de progenie Sarracenorum aut Judæorum* (d) *Sarracenum vel* (e) *Judæum appellaverit; hæc utique convitia quæ percutionibus & concutionibus fere æquiparantur, arbitratur curia pro qualitate & dignitate perſonarum. Etſi quis ea vel aliquid eorum dixerit* (f), *injuriarum teneatur; & quantum per ſententiam vel compoſitionem perſtiterit injuriam paſſo, tantum & non plus præſtare teneatur* (g) *pro juſtitia curiæ; ſed inde* (h) *poſſit fieri remiſſio voluntate * curiæ : ſed ſi vilis perſona ea dixerit probo homini, dat juſtitiam* (i) *in verberando corpore ſuo, ſi æverum non habet.*

La cour ne prend pas connoiſſance de toutes ſortes d'injures verbales, à moins que le juge ne ſoit touché de l'état de la perſonne injuriée; outre lorſque quelcun appelle un autre mechant ſerviteur, ou traître, ou larron averé, ou parjure, & qu'il appelle putain celle qui eſt femme ou veuve, à moins qu'il ne puiſſe le prouver; ou s'il appelle quelcun fuſtigé ou fuſtigée par les mains de la juſtice; ou s'il nomme ſarraſin ou juif quelque chrétien ou chrétiéne qui feroit de la race des ſarraſins ou des juifs; car, à l'égard de ces injures verbales qui équipolent aux injures réelles, elles ſont punies à l'arbitre de la cour, ſelon la qualité & la dignité des perſonnes; ſi donc quelcun les a proferées, il eſt coupable d'injures, & il doit payer pour amende envers la cour autant qu'il a été condanné par ſentence ou par tranſaction de donner à celui qu'il a injurié; mais il dépend de * la volonté de la cour de remettre cette peine; que ſi c'eſt une perſonne de la lie du peuple qui ait proferé ces injures contre un homme d'honneur & qu'il n'ait pas de biens pour payer ladite amende, on la lui fera payer en ſon corps.

NOTE.

(a) *NON AUDIUNTUR IN CURIA*. La fuite fait voir de quelle forte d'injures la cour prenoit connoiffance.

(b) *PERSONÆ MOVERINT JUDICEM*. La dignité des perfonnes aggravoit l'injure. Le nom de mechant ferviteur portoit une tache d'infidélité ; celui de traître rapelloit parmi les chrétiens le fouvenir de Judas ; voleur reconnu, fupofoit une conviction de larcin ; & celui de parjure, portoit avec foi l'idée d'un homme infame & indigne de toute fonction publique.

(c) *FUSTIGATUM*. Il étoit prohibé de reprocher à un homme qu'il eût été repris en juftice, par la regle que, *afflictis non debet addi afflictio*. Toutes ces injures étoient cenfées graves & dignes de cenfure ; mais, les mauvais termes dont on fe fervoit envers une femme, veuve ou mariée, étoient fujets à la preuve ; ce qui a été fuprimé depuis.

(d) *SARRACENUM*. Il est hors de doute qu'après la prife de Maguelonne par les Sarrafins, dans le huitiéme fiécle, plufieurs familles de cette nation s'arrêtérent dans le Languedoc, où nous avons vû qu'ils attirérent les armes de Charles Martel, de l'empereur Charlemagne & de Loüis-le-Débonnaire. Plufieurs de ces familles y embraffèrent le chriftianifme ; mais il n'étoit pas permis de leur reprocher leur origine.

(e) *JUDÆUM*. Il en étoit de même de ceux qui tiroient leur origine des Juifs, à qui ce feroit encore une groffe injure de les appeler marrans.

(f) *INJURIARUM TENEATUR*. L'offenfeur étoit tenu envers l'offenfé à la peine ordonnée par la cour, ou reglée par tranfaction entre parties ; & comme cette peine étoit ordinairement pecuniaire, l'offenfeur étoit tenu envers la cour à la même fomme & non au-delà de celle qu'il devoit payer à l'offenfé.

(g) *PRO JUSTITIA*. Se prend ici pour amende pecuniaire, comme en l'art. XVI.

(h) *POSSIT FIERI REMISSIO PRO VOLUNTATE CURIÆ*. La cour pouvoit remettre de cette amende ce qu'elle jugeoit à propos.

(i) *IN VERBERANDO CORPORE*. Par la régle, *Qui non folvit in ære folvat in cute*.

ARTICLE XXIII.

De l'homicide & de fa peine.

Homicidia & cætera crimina quæ pœnam fanguinis irrogant (a), *pro arbitrio & judicio domini & fapientum virorum puniuntur.*

Les homicides & les autres crimes qui meritent peines de fang, font punis à l'arbitre & felon la prudence du feigneur & des gens les plus fages.

NOTE.

(a) *PRO ARBITRIO*. Après ces mots, *Quæ pœnam fanguinis irrogant*, devoient s'entendre naturellement du genre du supplice qu'on laiffoit au jugement du feigneur & des fages jurifconfultes qu'il appelloit en ces occafions ; cependant il paroît par une ordonnance de Jacques Ier, du 4 des ides de décembre 1258, qu'il étoit permis aux héritiers de celui qui avoit été tué, de remettre au condanné pour homicide, la peine de mort.

Enfuite, fous le roi Jacques II, par fentence arbitrale du onziéme des calendes de janvier 1278, il fut reglé que le juge pourroit de droit, avec connaissance de cause, commuer la peine corporelle qui devoit être infligée au coupable en peine pecuniaire.

Cette commutation fut permise aussi (par la même sentence arbitrale) au juge de la cour episcopale, lequel, après avoir exigé la peine pecuniaire tenant lieu de punition corporelle, devoit en payer de bonne foi la troisiéme partie au bailli du seigneur de Montpellier, en faisant serment qu'il la lui payoit sans fraude.

ARTICLE XXIV.

Leude du bois non vendu, est prohibée à Montpellier.

Frocelli neque fardelli qui in Montepessulano non venduntur, non donant neque faciunt aliquod usaticum, neque teoloneum.

Les trousseaux de bois ou fagots, qui sont portez à Montpellier sans y être vendus, ne doivent aucun usage ni péage.

NOTE.

Ce texte fait entendre que le bois à brûler, comme fagots & sarmens, qui étoient portez à Montpellier par eau ou par terre, ne payoit aucun droit, lorsqu'il n'y étoit pas exposé en vente ; mais par cette exception expresse, on doit conclurre que le bois qu'on y apportoit pour y être vendu, payoit un droit appellé usage ou leude, lorsqu'il venoit par terre, & teoloneum, quand il venoit par eau.

Les fermiers du domaine prétendirent, en 1685, que ce droit sur le bois à brûler leur appartenoit ; mais les commissaires du roi ayant vû le dénombrement donné par les consuls en 1448 & 1472, déboutèrent les fermiers du domaine de leur demande sur le bois à brûler, & ils ne furent maintenus que dans la leude du bois de vermilhon & magoul, conformément à certains contrats de vente de 1349.

ARTICLE XXV.

Des témoins uniques & singuliers.

Unus legalis & idoneus & notus testis creditur in rebus mobilibus, usque ad centum solidos.

En choses meubles, on ajoûte foi à la déposition d'un seul témoin legal, idoine & connu, jusqu'à la valeur de cent sols.

NOTE.

La modicité de la somme & la probité du témoin rendoit son témoignage valable, quoique dans la régle generale, *unus testis, nullus testis*.

ARTICLE XXVI.

De la preuve par deux témoins

Duo legales & idonei testes creduntur de omni facto.

Tout fait est prouvé valablement par le témoignage de deux témoins irreprochables.

NOTE.

Cet article ne regarde point les testamens, pour lesquels la coûtume de Montpellier demande un plus grand nombre de témoins. Art. LV.

ARTICLE XXVII.

Des orfévres & de leurs ouvrages.

In Montepessulano non fiunt vasa argentea vel aurea, nisi fina.

On ne fabrique à Montpellier que de la vaisselle d'or & d'argent fin.

NOTE.

Cette régle, devenuë générale dans le royaume, depuis les lettres patentes du roy Henry IV du mois de mai 1599, étoit déja observée à Montpellier depuis plusieurs siécles, comme il paroît par cet article & par un réglement de l'an 1335, entre les consuls & les orfévres de la ville, pour raison de la façon de leurs ouvrages & de la qualité de la matiére qu'ils devoient y employer, suivant deux patrons marquez au coin ou poinçon de Montpellier, dont l'un devoit être tenu par les consuls, & l'autre par le garde de l'argenterie; mais, depuis l'ordonnance de François Ier, en 1543, les gardes des monoyes devaient être dépositaires de ces poinçons. *Grand Talamus, fol. 253, verso.*

ARTICLE XXVIII.

Lieux affectez pour les diferens métiers et pour la poissonnerie.

Omnia officia & officinæ quæ per diversa loca hactenus usitata & frequentata sunt in Montepessulano, in suis locis

Tous les métiers & boutiques d'artisans qui jusqu'ici ont été dans diverses ruës de Montpellier, doivent

semper permaneant; & nulla occasione in aliis locis debent mutari, nisi solummodo (a) peissonaria quæ semel & non sæpius (b) * debet mutari, sine damno illorum quorum nunc sunt domus & tabulæ peissonariæ: sed in locis vicinis, omnia officia & officinæ (c) augmentari & ampliari possint.

toûjours rester, sans pouvoir être changez ailleurs pour quelque occasion que ce soit; excepté la poissonnerie, laquelle *doit être changée une seule fois & non davantage, sans nul dommage de ceux à qui appartiénent maintenant les maisons & les etaux de ladite poissonnerie; le nombre pourtant de tous les métiers & boutiques peut être augmenté & étendu dans les ruës voisines.

NOTE.

La commodité des acheteurs fit introduire l'usage d'assembler les ouvriers d'un même métier dans une même ruë; mais, depuis long-tems, on s'est départi de cet usage en faveur des ouvriers qui souvent étoient obligez de se loger cherement dans la rue qui leur étoit assignée. Ils ont maintenant la liberté de se placer où ils veulent; mais l'ancien nom qu'ils avoient donné aux ruës a subsisté. Ainsi l'on dit encore: l'Argenterie pour les orfévres, la Friperie-Vieille & Nouvelle pour les fripiers, la Savaterie-Neuve & Anciéne pour les cordoniers & savetiers, la Verrerie, la Teinturerie, la Charbonnerie, la Blanquerie, la Barlerie, l'Eguillerie, &c.

(a) PEISSONARIA. La hale au poisson a appartenu toûjours aux consuls & habitans de Montpellier, préferablement au seigneur, suivant un acte de 1212, à raison duquel ils furent maintenus en ladite proprieté, contre les prétentions du fermier du domaine, par jugement des commissaires, du 17 septembre 1685.

On trouve dans cet acte de 1212 que nos consuls concederent & firent don à quelques particuliers du sol où est encore à present la poissonnerie, sous l'usage de trente-cinq francs tous les ans & d'un droit d'entrée de cinquante-deux livres melgoriénes, à la charge par les preneurs d'y construire une hale pour la débite publique du poisson, qui est si abondant & si bon à Montpellier, qu'on a voulu tirer de là l'etimologie de *Monspessulanus quasi Monspisciculanus.*

La leude du poisson qui est apporté à Montpellier appartient aux consuls, qui sont les maîtres de vendre à qui ils veulent les tabliers ou etaux sur lesquels on expose le poisson en vente.

Tout ce qui regarde la poissonnerie leur appartient si fort, que l'evêque de Maguelonne ayant prétendu avoir droit d'en établir une à Montpellieret, il fut reglé, par sentence arbitrale des ides de septembre 1260, qu'il ne le pouvoit sans le consentement du seigneur de Montpellier.

(b) *PEISSONARIA SEMEL DEBET MUTARI.* Pour l'intelligence de ces mots, il est necessaire d'observer que ces statuts furent faits en 1204, & que la vente du sol de la poissonnerie ne fut consommée qu'en 1212, c'est-à-dire huit ans après. Pour lors, dans la vûë qu'avoient nos consuls de changer la hale, ils voulurent en faire mention dans ces statuts, afin de ne faire ce changement qu'avec le consentement de Pierre, roi d'Aragon, & de Marie de Montpellier, son épouse; ils en parlent ici comme d'une chose projettée pour une seule fois, sans avoir d'autre suite.

Il est à croire que ceux qui dresserent à Rome la complainte de la reine Marie au pape Innocent III, dont il a été parlé dans le quatriéme livre de cette histoire, ne connoissoient pas nos statuts, déja confirmez par cette princesse, puisqu'on la fait plaindre du changement de la poissonnerie comme d'un attentat contre son autorité; mais la chose fut enfin éclaircie, comme il a été dit dans le même livre.

Par lettres patentes du roi Charles VII, de l'an 1449, il étoit permis à tous pêcheurs qui portoient du poisson à Montpellier, de le décharger en tel lieu de la ville qu'ils voudroient; mais depuis, par diverses ordonnances de police, confirmées par arrêt, il a été défendu d'exposer le poisson en vente hors l'enclos de la poissonnerie pour éviter la puanteur.

(c) *AMPLIARI POSSINT*. Nul métier n'étoit alors réduit à un certain nombre d'artifans, mais chaque ouvrier, fans craindre d'être interdit comme furnumeraire, pouvoit librement exercer fon métier, pourveu qu'il fe logeât au voifinage des autres du même art. Nos rois ont reftraint depuis le nombre des maltrifes de chaque métier.

ARTICLE XXIX.

De la fauvegarde & à quelles perfonnes elle eft refufée.

Dominus Montifpeffulani nec aliquis voluntate ejus in villa Montifpeffulani nullum debet præftare (a) *ducatum vel aliquam fecuritatem alicui homini* (b) *militi vel clerico, aut cuilibet alteri aut rebus ejus qui aliquem vel aliquam partem de villa Montifpeffulani vel res ejus violenter invaferit vel vulneraverit aut occiderit vel ceperit, vel corporalem contumeliam intulerit per fe aut per alium, fine affenfu & voluntate, damnum vel injuriam paffi vel hæredis ejus. Et fi alio modo aliquis offenfor* (c) *intraverit villam Montifpeffulani, injuriam vel damnum*paffi, plenam habent & habere debent poteftatem & licentiam* (d) *ulcifcendi fua propria autoritate, & de aliquo damno vel injuria quæ illata fuerit illi offenfori vel coadjutoribus ejus, nullatenus teneantur. Domino vel ejus curiæ, & in iis teneantur offenforum hæredes, in iis dumtaxat in quibus eorum fucceffores jure poffunt effe obligati, fed ante præfatam ultionem vel vindiĉtam debent exponere offenfi vel eorum hæredes* (e) *quærimoniam domino aut curiæ, qualitatem maleficii & malefaĉtores declarare fub prefentia & teftificatione teftium; vel cum carta publica notarii, ne res in dubium*

Le feigneur de Montpellier, ni quelqu'autre par fon ordre, ne doit donner de faufconduit ou de fauvegarde à aucun homme, fût-il chevalier ou clerc, qui auroit bleffé, tué ou ravi les biens de quelque habitant de Montpellier, fans le confentement de la perfonne lézée, ou celui de fes héritiers. Et fi l'offenfeur entre dans Montpellier fans ce confentement, l'offenfé a plein pouvoir de fe venger de fa propre autorité fans être tenu à aucune fatisfaĉtion, ni envers lui, ni envers le feigneur, ni envers la cour; il peut même s'en prendre*aux héritiers de l'offenfeur, pour les chofes aufquelles les fucceffeurs font tenus de droit; mais, avant que de tirer cette fatisfaĉtion, l'offenfé ou fes héritiers doivent faire leur plainte au feigneur, ou pardevant fa cour, & marquer le nom de l'offenfeur & la qualité de l'offenfe, en préfence de témoins, ou par aĉte public devant notaire, afin que la chofe ne puiffe être revoquée en doute. Quant à ceux qui par dévotion viénent en pélerinage à Nôtre-Dame-des-Tables, ils peuvent avec

Page 664.

possit revocari, sed si causa orationis tantum peregrinus venerit (f) *ad limina beatæ Mariæ, secure movetur in villa per duos dies & duas noctes, & tertia die secure recedat, nisi fuerit talis qui aliquem aut aliquam de Montepessulano cæperit vel vulneraverit aut corporalem contumeliam intulerit, vel exul de Montepessulano est vel fuerit, quibus nulla datur securitas.*

sûreté séjourner dans la ville pendant deux jours & deux nuits, & s'en retourner de même, à moins qu'ils n'eussent pris, blessé ou tué quelque personne de Montpellier, ou qu'ils n'eussent été banis de la ville ; auxquels cas, il n'y a aucune sûreté pour eux.

NOTE.

(a) *DUCATUM vel SECURITATEM.* Termes sinonimes pour exprimer le saufconduit & sauvegarde.

(b) *MILITI vel CLERICO.* Pour rendre la loi plus générale, par la mention expresse des chevaliers & des clercs qui avoient plus de priviléges que le commun des habitans.

(c) *ET SI ALIO MODO INTRAVERIT.* Doit s'entendre sans le consentement de l'offensé.

(d) *ULCISCENDI SUA PROPRIA AUTHORITATE.* Ces voyes de fait n'ont plus lieu à Montpellier, non plus que dans les autres villes du royaume.

(e) *QUÆRIMONIAM.* Plainte, dite ailleurs *clamor.*

(f) *AD LIMINA BEATÆ MARIÆ.* Nôtre-Dame-des-Tables, où le concours des pélerins étoit fort grand, à cause des guerisons miraculeuses qui s'y faisoient ; ce qui donna lieu anciénement d'établir une fête, dite des miracles de Nôtre-Dame-des-Tables, qu'on célebre encore tous les ans, le dernier d'août. Gariel nous a donné, dans son *Idée de la ville de Montpellier,* un abregé des miracles faits dans cette eglise, qu'il a tiré des anciens regîtres.

ARTICLE XXX.

De la liberté du commerce accordée aux étrangers.

Si quis extraneus apud quemquam deposuerit vel cuipiam crediderit aurum, argentum, nummos aut alias quaslibet res, vel averum suum miserit (a) *in societatem alicui : vel ipsemet tabulam, vel operatorium, vel quodlibet* (b) *officium exercebit, omnia debent esse salva & secura in pace & guerra. Et si quis miserit filium suum vel nepotem vel quemlibet*

Si un étranger a déposé quelque somme entre les mains d'un homme de Montpellier, ou s'il lui a prêté son or, son argent ou autre chose, ou s'il est entré avec lui en société de biens, ou s'il exerce lui-même quelque art ou métier, il doit avoir sûreté pour tous ses effets en tems de paix & de guerre ; de même, s'il a

alium ad officium cum rebus eorum, salvi sint & securi in pace & guerra.

mis en apprentissage son fils, petits-fils ou autres personnes, eux tous avec leurs effets, doivent être en sûreté dans la ville en tems de paix & de guerre.

NOTE.

(a) *IN SOCIETATEM.* Le commerce étant aussi considerable à Montpellier que nous l'avons fait voir dans* l'article du consulat de mer, nos ancêtres ne pouvoient assés favoriser les étrangers qui trafiquoient avec eux ; ainsi, l'on voit dans cet article l'entière sûreté qui leur étoit donnée pour leurs personnes & pour leurs biens.

(b) *OFFICIUM.* Puisque les étrangers y amenoient leurs enfans pour les y mettre en apprentissage, on peut conclure que les artisans de cette ville devoient avoir la reputation d'exceller dans leur art, comme ont encore les orfévres, les architectes, les serruriers, les menuisiers & quelques autres.

PAGE 665.

ARTICLE XXXI.

Sûreté pour les étrangers

Omnes & singuli, quicumque, undecumque sint & fuerint, per pacem & per guerram (a) *salvi & securi cum rebus suis possunt ad villam Montispessulani accedere; & ibi morari, & inde exire sine contrarietate; & res ejus in pace & guerra etiam* (b) *sine eo, salvæ & securæ debent esse, nisi* (c) *ex propria culpa ille reus inveniatur. Verumtamen si in villa vel in castro inde ille sit, homines Montispessulani damnum vel injuriam passi, non* (d) *invenerint ibi exhibitionem justitiæ & rationis, curia debet indicere illis hominibus illius loci, ut cum suis rebus de villa recedant salvi & securi; & post discessum eorum liceat injuriam vel damnum passi* (e), *pignorare & vindicare de hominibus illius loci & de rebus eorum, in quo loco defectus justitiæ inve-*

TOUTE personne, d'où qu'elle soit, peut, en tems de paix & de guerre, entrer en sûreté avec ses biens dans Montpellier, y séjourner & en sortir sans opposition ; alors tous ses effets doivent être en sûreté dans la ville, même en son absence, à moins qu'il ne soit trouvé coupable par sa propre faute ; mais, si les habitans de Montpellier, après avoir été maltraitez dans la ville d'où est cet étranger, n'y ont pu trouver satisfaction des outrages qui leur ont été faits, la cour doit enjoindre aux hommes dudit lieu de se retirer & sortir de Montpellier avec leurs biens ; mais, après leur départ, il est permis aux habitans de Montpellier offensez d'user contre eux de pignoration &

nietur, vel in quo loco malefactor malefactum reduxerit.

de fe venger fur les biens de ces étrangers, en haine du déni de juftice qu'ils ont trouvé chés eux, & dans le lieu où le malfaiteur a commis le forfait.

NOTE.

(a) *SALVI ET SECURI CUM REBUS SUIS.* On attribuë à cette sûreté accordée aux étrangers qui venoient à Montpellier le grand progrès que fit cette ville en fort peu de temps depuis fa fondation.
(b) *ETIAM SINE EO.* En fon abfence.
(c) *NISI EX PROPRIA CULPA.* Le dol ou le mauvais traitement que le nouveau venu faifoit à quelcun de la ville lui faifoit perdre fon privilége.
(d) *NON INVENERIT EXHIBITIONEM JUSTITIÆ.* C'étoit un déni de juftice.
(e) *PIGNORARE ET VINDICARE*, eft ici une efpece de droit de reprefaille que les habitans offenfez exerçoient contre l'étranger qui les avoit infulté, & contre les autres de fon païs, par la gagerie ou faifie de leurs effets, comme on voit dans l'efpece d'un arrêt du parlement de Paris, de l'an 1389, rendu en la caufe des marchands de Montpellier contre les Genois, raporté par Papon en fes arrêts, liv. 5, tit. 3, art. 2.
Maintenant il n'appartient qu'au roi de permettre qu'on ufe de reprefaille.

ARTICLE XXXII.

Montpellier, ville d'arrêt contre les débiteurs forains.

Si aliquis homo miles aut clericus vel quilibet alius extraneus, deinde fuerit debitor alicujus hominis Montifpeffulani & clamore expofito curiæ de folutione, nifi fatisfecerit, liceat creditori (a), *fua propria authoritate, illum in perfona & rebus fuis, de folutione fui debiti cogere &* (b) *pignorare; cujus coactionis vel pignorationis nomine, ille creditor vel coadjutores fui, domino vel curiæ, vel etiam illi coacto;* * *vel pignorato nullatenus teneantur obnoxii; fed clerici in perfonis non cogantur, fed in rebus* (c) *falvo jure & jurifdictione Magalonenfis*

Si un chevalier ou clerc ou tout autre étranger fe trouve débiteur d'un habitant de Montpellier, & fi, après avoir expofé clameur à la cour pour être payé, le débiteur ne fatisfait pas, il eft permis au créancier de contraindre de fon autorité privée fon débiteur en fa perfonne & en fes biens, & de le gager ou faifir; pour raifon de laquelle faifie ou gagerie le créancier ni fes adjoins ne font en* rien tenus envers le feigneur ni envers la cour, moins encore envers le débiteur; mais les clercs ne doivent

episcopi in clericis sui episcopatus, & rebus eorum.

pas être contrains en leur personne, mais seulement en leurs biens, sauf le droit & juridiction de l'evêque de Maguelonne sur les clercs de son diocése & sur leurs biens.

NOTE.

(a) *SUA PROPRIA AUTHORITATE.* On observe que ce privilége, attaché aux villes d'arrêt, est conforme à la loi des XII Tables, liv. 2, tit. 20, & à l'ordonnance d'Henry IV, faite, à Paris, au mois de mai 1609.

Bornier, sur l'art. XI de l'ordonnance de 1667, sur ces mots *des priviléges des villes*, reconnoît que les habitans de Montpellier ont le privilége, par leur statuts municipaux, d'arrêter de leur propre autorité les personnes & biens des étrangers, soit homme, chevalier ou clerc.

Selon l'usage d'aujourd'hui, l'execution ne se fait pas tellement de l'autorité du créancier que celle du juge ne doive intervenir, sans quoi nul huissier n'oseroit executer.

(b) *PIGNORARE.* C'est proprement la gagerie ou saisie des meubles.

(c) *SALVO JURE ET JURISDICTIONE EPISCOPI MAGALONENSIS.* L'autorité de l'evêque de Maguelonne sur les clercs de son diocése est reconnuë en son entier dans cet article de nos statuts ; mais sa juridiction temporelle dans Montpellier et fut souvent traversée par les officiers du roi Jacques le Conquerant.

Il fut reglé, par sentence arbitrale, des ides de septembre 1260, que l'evêque auroit droit de connoître, dans sa portion épiscopale & de ses fauxbourgs lui appartenans, généralement de toutes causes criminelles quant à la capture, détention & examen des criminels, & presque jusqu'au jugement, à la charge seulement par la cour épiscopale ès crimes meritans peine de mort ou mutilation de membres, d'appeler le bailli de la cour royale de Montpellier, pour assister audit examen & jugement du procès, & à faute par ledit bailli ou un de ses officiers pour lui, la cour episcopale pouvoit proceder audit entier examen & jugement, en laissant à la cour royale l'execution de la condannation, lorsqu'elle seroit à mort, ou abcision des membres, sans que le jugement pût la reformer.

Par transaction du quatre des ides de mai 1261, l'évêque de Maguelonne se départit de toute justice de sang sur ceux de son quartier qui y seroient condannés, & ce au profit du seigneur de Montpellier, dont la cour seroit tenuë d'appeler le bailli de l'évêque.

Après l'acquisition de Montpellier par nos rois de France, ils y introduisirent les cas royaux ou privilegiez : d'où vient que Charles V, par son ordonnance du 8 mai 1372, déclara que lorsqu'il avoit permuté Montpellier avec le roi de Navarre, il avoit entendu, en faisant cet échange, se reserver lesdits cas royaux : « à cause de quoi, ajoûte-t-il, il établit à Montpellier un gouverneur qui auroit intendance sur tous les droits du roi & de la garde d'iceux. » Voyés le livre IX de cette histoire, ch. 2.

ARTICLE XXXIII.

Reglement de juridiction entre les habitans de Montpellier & ceux de Melgüeil.

Si homines (a) *de potestativo & justitia* (b) *comitatus Melgorii contraxerint, vel aliquid commiserint in villa Montis-*

Si les habitans du ressort & justice du comté de Melgüeil ont contracté quelque dette ou commis quelque

pessulani (c), ibi debent respondere, si ibi inveniantur; & eodem modo homines Montispessulani sub jurisdictione comitatus Melgorii; & si extra villam contractum vel commissum fuerit, ultro citroque actor sequitur forum rei; sed si defectus justitiæ intervenerit, tunc injuriam vel damnum passus poterit (d) pignorare, facta (e) proclamatione (ut supra dictum est) vel curia potest eum cogere.

délit dans la ville de Montpellier, ils doivent y répondre s'ils y sont trouvez, & respectivement les habitans de Montpellier doivent reconnoître audit cas la juridiction du comté de Melgüeil; mais si le contrat a été passé ou le délit commis hors la ville, alors de part & d'autre, le demandeur doit suivre la juridiction du défendeur: néanmoins, s'il intervient déni de justice, celui qui a souffert l'injure ou le dommage peut prendre la voye de la pignoration dont il a été fait mention ci-dessus, ou bien la cour peut user de contrainte contre l'offenseur.

NOTE.

(a) *DE POTESTATIVO* est expliqué dans Ducange, par le mot de *dominio*.

(b) *JUSTITIA COMITATUS MELGORIENSIS*. Il resulte de cet article & de plusieurs actes * particuliers que dans le tems des anciens comtes de Melgüeil, ils avoient un châtelain qui exerçoit la justice dans toute l'étenduë de leur comté; mais, depuis l'acquisition que les evêques de Maguelonne firent de cette comté, ils y établirent des juges ordinaires, dont les appellations étoient dévoluës au sénéchal de Beaucaire.

(c) *IBI DEBENT RESPONDERE SI IBI INVENIANTUR*. Cette disposition est conforme à la transaction passée le 9 mai 1125, entre Guillaume, fils d'Ermesende, seigneur de Montpellier, & Bernard III, comte de Melgüeil, dond il a été parlé dans le second livre de cette histoire, ch. premier, § 2.

(d) *PIGNORARE*. C'étoit un privilége des habitans de Melgüeil de ne pouvoir être executez qu'en leurs biens par ceux de Montpellier, & non corporellement, selon l'exception contenuë en l'article IXLIX ci-après, quoique les habitans de Montpellier eussent droit de capturer les habitans forains, comme nous l'avons vû dans l'article précedent.

(e) *PROCLAMATIONES (UT SUPRA DICTUM EST)*; c'est-à-dire dans les articles X & XXIX.

ARTICLE XXXIV.

De la contrainte par corps contre le debiteur fugitif, & de la distribution de ses biens.

Si quis privatus aut extraneus (a) captalarius aut debitor arripiat fugam a villa Montispessulani, creditor aut quis-

Si quelque particulier ou étranger, exacteur ou débiteur s'enfuit de la ville de Montpellier, son créancier, *libet ejus nomine poteſt eum* (b) *capere & retinere, &* (c) *vinculis ferreis cuſtodire quouſque ſatisfaciat; & ſi fugerit quis ſine voluntate creditoris, dominus non debet facere aut pati ut redeat ſine voluntate creditorum nec* (d) *cum avero, nec ſine avero debet* (e) *aſſecurare, donec ſatisfecerit ſuis creditoribus, & omnes res & facultates ejus pro ratione libræ debent diſtribui ſuis creditoribus* (f), *ſalvis privilegiis actionum a lege indultis; & nulla carta, nullum privilegium, nullave facta ſecuritas impetrata aut impetranda iis debet aliquatenus præjudicare.*

ou quelqu'autre en ſon nom, le peut capturer & le garder ſous les fers juſqu'à ce qu'il ait payé la dette, & ſi quelcun s'en eſt enfui ſans la volonté de ſes créanciers, le ſeigneur ne doit permettre ni ſoufrir qu'il reviêne, ſi ces créanciers n'y conſentent, &, ſoit qu'il offre de l'argent ou qu'il n'en offre pas, le ſeigneur ne doit pas lui donner de ſauvegarde, juſqu'à ce qu'il ait ſatisfait à ſes créanciers, & tous ſes biens doivent être diſtribuez aux créanciers au ſol la livre, ſauf les privilèges des actions accordez par la loi, & nules lettres, nul privilège, ni quelque ſauvegarde qu'il puiſſe obtenir ne doit en aucune maniére préjudicier à ce qui eſt ici ordonné.

NOTE.

(a) CAPTALARIUS *ſeu* CAPITULARIUS ſignifie, ſelon Ducange, un exacteur.
(b) CAPERE. L'arrêter par précaution & ſans commandement préalable, en vertu du privilège des villes d'arrêt, *ut fit in Montepeſſulano*, dit Rebuffy, Gloſſ. 3, numero 77 *in fine*.
(c) FERREIS VINCULIS, de peur qu'il ne s'enfuye. Cette diſpoſition eſt conforme à la loi des Douze-Tables, liv. 2, tit. *de Hæredibus ab inteſtato*: mais l'uſage d'aujourd'hui eſt de n'employer les fers qu'en matiére criminelle.
(d) CUM AVERO, NEC SINE AVERO. Soit qu'il offre de l'argent ou qu'il n'en offre pas.
(e) DEBET ASSECURARE. Lui donner ſauvegarde.
(f) SALVIS PRIVILEGIIS ACTIONUM. Sauf l'anteriorité ou privilège des hipotéques.

ARTICLE XXXV.

Des débiteurs inſolvables, & de la nourriture que les créanciers leur doivent fournir en priſon.

Debitores qui fuerint non ſolvendo creditoribus (a) *chriſtianis tradi debent,*

Les débiteurs inſolvables doivent être mis au pouvoir de leurs créan-

eo tenore quod de villa ista non trahantur; qui creditores non coguntur in aliquo illis victum procurare, nisi eis qui non habent unde vivant, quibus (b) *dabitur refectio* * *arbitrio curiæ : si tamen aliquo* (c) *fortuito casu, sine eorum culpa facti sunt non solvendo, decernere debet curia* (d) *utrum sint tradendi creditoribus.*

ciers chrétiens, à la charge de ne les transporter point hors de cette ville, & les créanciers ne sont point tenus de les nourrir, lorsqu'ils n'ont pas dequoi vivre, mais il y* sera pourvû au jugement de la cour : si toutefois les débiteurs sont devenus insolvables par accident & sans fraude de leur part, la cour doit déliberer s'il y a lieu de les mettre au pouvoir de leurs créanciers.

NOTE.

(a) *CHRISTIANIS.* Le grand nombre de juifs qui habitoient à Montpellier fut cause de cette restriction en faveur des chrétiens.

(b) *DABITUR RESTRICTIO ARBITRIO CURIÆ.* Elle consistoit à leur donner du pain & de l'eau pendant deux mois, qui étoit le terme de leur détention jusqu'à la vente de leurs biens, comme il resulte d'un reglement qui est dans le Grand Talamus, fol. 283, *verso.* Mais, par ordonnance de Jacques II, seigneur de Montpellier, du x. des calendes de mai 1279, donnée à Perpignan, il fut réglé que le débiteur vivroit d'aumônes, s'il n'avoit pas dequoi vivre d'ailleurs, sans que ses créanciers, ni la cour fussent tenus de lui rien fournir.

L'ordonnance de 1670 a remis les choses au premier état; & c'est maintenant au créancier à consigner l'argent de la nourriture, sauf à en être payé sur les biens du prisonnier préférablement à tous autres.

(c) *FORTUITO CASU.* En ce cas, les débiteurs étoient reçûs à la cession des biens.

(d) *UTRUM TRADENDI.* Pendant ce tems lesdits débiteurs étoient gardez par la cour, comme porte le susdit article.

ARTICLE XXXVI.

Du délai de deux mois, & execution contre les débiteurs condannez & solvables.

Si vero debitores bona habuerint & non solverint post rem judicatam (a) *intra duos menses, bona fide & sine omni malo ingenio; authoritate curiæ eorum bona debent distrahi ab ipsis coactis, sin autem a curia; & totum eorum pretium pro rata debiti in solutum cedat omnibus creditoribus, salvis privilegiis actionum a lege indultis, & nemo de* (b) *evictione rerum*

Et si les débiteurs sont solvables, & qu'ils ne payent pas de bonne foi & sans fraude, dans deux mois après la chose jugée, leurs biens doivent être saisis d'autorité de la cour, pour être délivrez à tous les créanciers, en payement & à proportion de leurs dettes, sauf le privilége des actions accordées par la loi, & nul

diſtractarum tenebitur niſi debitor & hæres ejus.

n'eſt tenu d'éviction des effets ſaiſis, ſi ce n'eſt le débiteur & ſes héritiers.

NOTE.

(a) *INTRA DUOS MENSES.* Ce terme de deux mois pouvoit être prorogé, à la volonté de la cour, juſqu'au quatriéme mois & au-delà, comme il ſera dit en l'article LXXI de ces coûtumes.

(b) *EVICTIONE.* Par le droit, le créancier qui a vendu le gage, *jure creditoris*, n'eſt tenu d'aucune garantie, quand le gage vient à être évincé, à moins qu'il n'y ait de ſon dol. Il ſera parlé de cette éviction ſur l'article XL.

ARTICLE XXXVII.

Des édifices, & fenêtres du mur commun.

Si quis habet onus in pariete ex inferiori parte (a) *libere poteſt ædificare in ſuperiorem partem* (b) *& obſcurare lumina ejus* (c) *dum tamen pro rata reddat expenſas ſuperioris partis parietis, & nemo in pariete poſſit facere* (d) *feneſtram ſubtus tegulas, & ſi facta fuerit* (e) *obſcuretur, niſi vigor pacti ad hoc reclamaverit.*

Celui qui a charge au mur de la partie inferieure peut bâtir librement en la partie ſuperieure & en obſcurcir les vûës, pourveu toutefois qu'il indemniſe à proportion ladite partie ſuperieure du mur; mais perſonne ne peut faire une fenêtre audit mur ſous le toit, & ſi elle a été faite elle doit être fermée, hormis qu'il n'ait été autrement convenu.

NOTE.

* Cet article, l'un des plus obſcurs de nos coûtumes, eſt interpreté diverſement : les uns l'entendent de la ſervitude *oneris ferendi*, comme lorſque celui à qui appartient un mur depuis le fondement juſqu'au plancher du premier etage d'une maiſon appartenante au voiſin, eſt obligé de ſuporter le mur qui eſt bâti deſſus, laquelle ſervitude eſt fort frequente à Paris.

Les autres prétendent que l'eſpece qui eſt propoſée dans le préſent article eſt de deux perſonnes qui poſſedent en commun une muraille, l'un étant proprietaire de la partie inferieure, l'autre de la partie ſuperieure de ladite muraille.

(a) *LIBERE POTEST ÆDIFICARE.* Dans ce dernier cas, chacun des deux conſors peut reparer ladite muraille, & la mettre au même état qu'elle avoit été auparavant; mais, s'il veut lui donner une autre forme qu'elle n'avoit, il ne le peut ſans le conſentement de ſon conſort.

(b) *OBSCURARE LUMINA EJUS.* On dit que ces termes n'expriment autre choſe, ſi ce n'eſt que les deux proprietaires n'ont pas droit de ſervitude l'un ſur l'autre.

(c) *DUM TAMEN PRO RATA REDDAT EXPENSAS.* Si néanmoins l'un des deux proprietaires cauſe préjudice à ſon conſort, il doit l'indemniſer.

(d) *FENESTRAM SUBTUS TEGULAS*. Crainte (difent quelques interprétes) d'affoiblir les murailles ; mais cette crainte ne devoit pas avoir lieu à Montpellier, où les bâtimens font très-folides ; & l'on peut remarquer que la défenfe n'y fut pas longtems obfervée, puifqu'on y voit des maifons de trois ou quatre cens ans, avec des fenêtres immédiatement fous les tuiles.

(e) *OBSCURETUR NISI VIGOR PACTI, &c.* Le confentement de l'intereffé levoit toute forte de difficulté ; mais, dans le cas d'une difcuffion, on fuivoit les régles genérales, qui permettent de prendre du jour par des fenêtres hors d'afpect, fermées avec grille, verre dormant & fil d'archal.

ARTICLE XXXVIII

Du velleïen & des cas où il n'a pas lieu.

Si mulier fidejufferit pro aliquo vel pro aliqua, tenetur (a) *in illis cafibus in quibus leges permittunt; nam fecundum leges viget interceffio fœminæ* (b) *creditoribus ignorantia & obligantis fe fcientia* (c) *largitione* (d) *rei propriæ ratione* (e), *renuntiatione* (f), *pignoris & hipothecæ remiffione* (g), *fecundo poft biennium cautione* (h) *coram tribus teftibus, in inftrumento præmiffa confeffione* (i), *libertate* (k), *dote & fi* (l) *exerceat officium & gratia illius intercedat, vel voluntate mariti, efficaciter obligatur.*

Si la femme cautionne pour autrui, elle eft valablement obligée dans les cas où les loix lui permettent de cautionner : or, felon les loix, l'interceffion de la femme eft valable, quand elle s'oblige fciemment envers un créancier qui eft dans l'ignorance; quand elle donne, quand elle ne cautionne pas fous le benefice du fénatus-confulte velleïen; quand elle fe départ de fon gage ou de fon hipotéque; quand elle cautionne une feconde fois après deux années; quand par contrat public, fait en préfence de trois témoins, elle a confeffé, en cautionnant, avoir reçû quelque fomme ou les deniers pour lefquels elle a cautionné quand il eft queftion de la liberté ; quand il s'agit d'une dot; enfin, elle s'oblige valablement lors qu'exerçant quelque métier ou négoce, elle intercéde en confideration d'icelui ou du confentement de fon mari.

NOTE.

(a) *IN ILLIS CASIBUS IN QUIBUS LEX OBLIGAT.* Le fenatus-confulte velleïen, introduit en faveur des femmes qui cautionnent ou interviénent pour autrui, eft encore en ufage à Montpellier, de même qu'il l'étoit dans le temps qu'on dreffa cet article de nos ftatuts. On s'y conforme auffi aux exceptions fuivantes.

(b) *CREDITORIS IGNORANTIA ET OBLIGANTIS SE SCIENTIA*. La fcience frauduleufe de la femme, jointe à l'ignorance du créancier, la faifoit déchoir du benefice du fenatus-confulte.

(c) *LARGITIONE*. On réduifoit cette donation à une fomme modique.

(d) *REI PROPRIÆ RATIONE*. Quand elle s'étoit obligée pour un fait qui la regardoit en fon particulier, comme pour fes propres alimens, ou pour ceux de fes enfans, pour l'éducation de ces mêmes enfans, & lorfque les deniers empruntez étoient convertis à fon profit; lorfqu'elle s'étoit obligée en qualité d'héritiére de fon mari.

(e) *RENUNCIATIONE*. On obferve que cette renonciation à fon privilége devoit être faite dans un acte feparé, & dans un autre jour du contrat d'obligation.

(f) *PIGNORIS ET HIPOTHECÆ REMISSIONE*. A l'égard du gage, on dit que, quoique donner des gages foit interceder, néanmoins quand la femme créanciére rend les gages qu'elle a reçûs, elle n'intercéde pas; &, par confequent, elle ne peut pas être relevée de ladite reftitution des gages. Quant à l'hipotéque la renonciation étoit valable : 1º lorfqu'elle s'obligeoit avec fon mari envers un créancier ; 2º lorfqu'elle confentoit à la vente d'une partie des biens de fon mari pour caufe légitime, comme pour le tirer de la prifon où il feroit pour dette civile, fe contentant du refte des biens de fondit mari : *Quia tunc non intercedit fed minuit*.

PAGE 670.

(g) *SECUNDO POST BIENNIUM CAUTIONE*. A caufe du loifir qu'elle a eu pendant deux ans de fe faire relever.

(h) *CORAM TRIBUS TESTIBUS PRÆMISSA CONFESSIONE*. L'aveu fait en préfence de trois témoins d'avoir reçû elle-même les deniers.

(i) *LIBERTATE*. Pour la liberté de fon mari, détenu en prifon pour affaire criminelle; pour celle de fon fils, prifonnier de guerre, ou tombé en efclavage ; de même que fes enfans mineurs pouvoient s'obliger valablement pour la délivrer elle-même.

(k) *DOTE*. Lorfqu'elle s'eft obligée à la dot & convention matrimoniale de fa fille.

(l) *SI EXERCEAT OFFICIUM*. Si elle étoit marchande publique, elle pouvoit s'obliger pour le fait & dépendances de fon négoce.

Ces exceptions fe trouvent conformes aux coûtumes de plufieurs autres villes & païs du royaume.

ARTICLE XXXIX

De la récifion pour lézion d'outre-moitié du jufte prix.

(a) *In rebus immobilibus licet deceptio excedat dimidiam jufti pretii, venditio non refcinditur* (b), *fed in rebus mobilibus fi ultra dimidiam erit deceptio, penitus* (c) *refcindatur, vel* (d) *pretium fuppleatur*.

La vente des chofes-immeubles n'eft point refcindée, quoiqu'il y ait lézion de la moitié du jufte prix ; mais fi cette lézion d'outre-moitié intervient és ventes des chofes mobiliaires, elle en opére la récifion ou le fuplément du prix.

NOTE.

(a) *IN REBUS IMMOBILIBUS*. Cette difpofition, qui eft contraire à la decifion du droit romain & à la jurifprudence du royaume, eft abrogée à Montpellier, où la déception énormiffime eft recevable contre la vente des immeubles.

(b) *IN REBUS MOBILIBUS*. On donne pour raison de cette loi la sûreté du commerce qui fleurissoit considérablement à Montpellier dans le tems que ces coûtumes furent établies.

(c) *RESCINDATUR*. On sousentend d'autorité du juge.

(d) *VEL PRETIUM SUPPLEATUR*. Par compassion pour le vendeur, à qui l'acheteur étoit obligé de rendre la chose venduë, ou d'en supléer le juste prix.

ARTICLE XL

Du gage immeuble & du gage meuble.

(a) *Si pignus fuerit obligatum non compellatur redimere nisi fuerit conventum licet pignus minus debito valeat, nec pro alio debito illud potest retineri, sed* (b) *triennio elapso potest creditor mandato curiæ rem immobilem distrahere & sibi satisfacere; nisi debitor comminatus voluerit solvere, vel nisi pactum resistat* (c) *& pro evictione rei distractæ debitor & ejus hæres teneantur, & non alius, sed anno elapso potest creditor* (d) *pignus mobile distrahere, nisi debitor comminatus solverit.*

Le débiteur qui a obligé le gage-immeuble, ne doit pas être contraint à le restituer, hormis qu'il n'ait été autrement convenu, bien que ce gage soit de moindre valeur que ladite dette, & le créancier ne peut pas le retenir par une autre dette ; mais, après trois ans, le créancier peut vendre ledit gage d'autorité de justice & le payer, hormis que le débiteur comminé veüille payer ou qu'il y ait pacte du contraire, & pour raison de l'éviction dudit gage vendu, le seul débiteur ou son héritier en sont tenus & nul autre ; mais, après l'an, le créancier peut vendre le gage-meuble, hormis que le débiteur comminé ne paye la dette.

NOTE.

Page 671.

* (a) *SI PIGNUS FUERIT OBLIGATUM.* Celui qui bailloit en gage à son créancier un héritage ou fonds pour l'assurance de sa dette, avoit par cet article de nos statuts un double avantage : 1º de ne pouvoir être contraint de se redimer, s'il n'étoit convenu du contraire ; 2º lorsqu'il vouloit se redimer, son créancier ne pouvoit retenir le bien engagé, quand même il auroit fait un autre prêt pour lequel il n'eût pas reçu de gage.

(b) *TRIENNIO ELAPSO.* En revenche, on donnoit au créancier le privilége du droit romain, suivant lequel, après avoir gardé le gage pendant trois ans, il en acqueroit la propriété comme s'il l'avoit acheté. A quoi nos coûtumes ajoûtent qu'après ce terme, le gage seroit vendu d'autorité de la cour, si le débiteur ne vouloit payer, ou s'il n'avoit été convenu autrement entre parties.

(c) *ET PRO EVICTIONE.* Après la vente faite, suivant toutes ces régles, le créancier n'étoit tenu d'aucune garantie, à moins qu'il n'y eût de son dol, conformément à la disposition du droit romain.

(d) *PIGNUS MOBILE.* C'est un second chef du présent article concernant le gage-meuble, qui, selon l'ancien droit romain, pouvoit être vendu après un an écoulé ; mais nos coûtumes y ont ajoûté les sommations qui préalablement doivent être faites au débiteur, comme on le doit entendre par ces mots : *debitor comminatus.*

ARTICLE XLI

De la préférence de deux acheteurs de la même chose.

(a) *Qui prior est in emptione* (b) *vel pignore* (c) *vel retorno* (d), *cum laudimio domini ad quem pertinet, potior est, salvis privilegiis actorum à lege indultis.*

Celui qui est premier en achat ou en hipotéque ou en retour, suivi du payement du lods fait au seigneur legitime, doit être preferé, sauf le privilége des actions accordées par la loi.

NOTE.

(a) *PRIOR IN EMPTIONE.* Selon cet article de nos statuts, la priorité du tems décidoit entre deux ventes faites dans la même forme, maintenant celui de deux acheteurs qui a pris possession le premier est preferé à l'autre, quoiqu'il ne soit que le second acheteur ; ainsi l'acheteur par contrat public est preferé à celui qui n'a qu'une promesse privée, quoiqu'antérieure. Ainsi le locataire qui a pris possession d'une chose loüée, est preferé ; de même que le donataire à qui la chose a été délivrée, ou qui en a fait le premier la demande en justice.

(b) *VEL PIGNORE.* Il en étoit à peu près de même des hipotéques ; mais le roi a dérogé à toutes coûtumes contraires, par l'établissement des greffes d'enregîtrement des oppositions, du mois de mars 1673, & par l'édit du contrôle des actes, du même mois 1693.

(c) *VEL RETORNO.* Dans le tems que les fiefs n'étoient pas encore patrimoniaux ou héreditaires, lesdits fiefs revenoient au seigneur par droit de retour, après la mort de l'emphiteote ; alors l'investiture du seigneur direct étoit absolument nécessaire pour la perfection de la vente.

(d) *CUM LAUDIMIO.* L'investiture du seigneur étant considerée comme la veritable tradition, elle étoit d'une plus grande autorité que la possession réelle ; ainsi, celui des deux acheteurs qui avoit eu la précaution de se faire investir, l'emportoit sur l'autre.

ARTICLE XLII

Des confessions.

Si quis fuerit (a) *confessus se debere* (b) *præsente creditore* (c) *vel ejus procuratore* (d) *causam exprimat vel non, etiam extra judicium valet ; & de pro—*

Si quelcun confesse devoir, en présence de son créancier ou de son procureur, une telle confession est valable, quoique faite sans cause &

curatione si dubium sit, credatur sacramento precise actoris & procuratoris tantùm sine testibus; & idem per omnia observetur in omnibus confessionibus extra judicium factis (e) *exceptis in criminibus.*

hors jugement, & si la procuration paroît suspecte, on doit s'en tenir precisément au serment du demandeur & du procureur seulement, sans prendre la voye de la preuve par témoins : le même doit être entiérement observé, en toutes confessions faites extrajudiciairement, excepté ès matiéres criminelles.

NOTE.

* (a) *CONFESSUS SE DEBERE.* La confession de dette ne faisoit preuve que lorsqu'elle étoit accompagnée des circonstances suivantes.

(b) *PRÆSENTE CREDITORE.* Conformément à la coûtume de Toulouse, portant que la confession de dette, quoique faite hors de jugement, est valable, pourveu qu'elle soit faite en préfence du créancier.

(c) *VEL EJUS PROCURATORE.* Parce qu'en effet, ce qui est fait avec le procureur, est censé fait avec celui qui l'a constitué.

(d) *CAUSAM EXPRIMAT.* Autre conformité avec la coûtume de Toulouse, qui porte que la seule confession de dette sufit sans autre cause. Le roi Jacques Ier, seigneur de Montpellier, paroît avoir confirmé cet usage par une ordonnance donnée à Perpignan le 10 des calendes de mai 1272, portant que la seule exhibition de l'instrument public qui contient la somme dont il est fait demande, est reputée valable, *etiam nulla causa adjecta* : aujourd'hui la confession n'est ferme & irrevocable que lorsqu'elle est faite en jugement.

(e) *EXCEPTIS IN CRIMINIBUS.* En matiére criminelle la confession du prévenu n'étoit pas sufisante pour le faire condanner, suivant les coûtumes de Montpellier & de Toulouse; mais elle sufisoit pour le faire arrêter, suivant l'ordonnance du roi saint Loüis, de l'an 1254.

ARTICLE XLIII

Des appellations.

A sententia lata (a) *infra legitimum tempus* (b) *appellari potest ad dominum, vel ad eum quem dominus ad hoc constituerit; & ipse dominus vel ille qui ad hoc erit constitutus, diligenter debet inquirere si in posse suo sit aliquis jurisconsultus qui nulli partium* (c) *dederit consilium, aut interfuerit judicio; &* (d) *cum illo jurisperito debet audire* (e) *& determinare causam; si tamen nullum invenerit, potest* (f) *vocare extraneos ju-*

Après la sentence, on peut appeler, dans le tems légitime, au seigneur ou à son lieutenant, & le seigneur ou son lieutenant doit s'informer diligemment si dans tout son territoire il y a quelque jurisconsulte qui n'ait pas donné conseil aux parties ou qui n'ait pas intérêt au procès, & il doit connoître de la cause & la terminer avec ce jurisconsulte : Et quand il ne se trouve pas de ju-

dices, & (g) suis propriis expensis mi-
noribus quibus poterit, debet determinare
causam: & si appellator obtinuerit, nullas
expensas præstabit; sed (h) victus, præs-
tet eas minores quas curia poterit: nec cu-
ria possit eas exigere donec causa appella-
tionis (i) sit terminata.

risconsultes, il doit appeler de juges étrangers, et avec eux il doit juger l'affaire à ses propres dépens, moindres qu'il se pourra : & l'appellant qui obtient gain de cause ne contribuë pas à ces dépens, mais celui qui perd son procès les paye seul, autant modérément qu'il se peut; mais la cour ne peut pas les exiger jusqu'à ce que l'instance d'appel soit terminée.

NOTE.

(a) *INFRA LEGITIMUM TEMPUS.* Les statuts ne marquent point quel est ce temps légitime pour pouvoir appeler : on peut supposer, par tout ce qui a été dit ci-devant, qu'on s'en tenoit sur cela au droit romain qui donne dix jours.

(b) *APPELLARI POTEST AD DOMINUM.* C'est-à-dire, du bailli au seigneur de Montpellier, nonobstant les prétentions contraires de l'évêque de Maguelonne, qui s'en départit enfin par transaction du onzième de mai 1261, dans laquelle il est dit qu'il ne seroit jamais appellé du seigneur de Montpellier à l'évêque de Maguelonne ; mais que les juges dudit seigneur termineroient les appellations, excepté aux causes sommaires qui n'excéderoient pas la somme de cinquante sols, desquelles il n'étoit pas permis de se rendre appellant.

(c) *DEDERIT CONSILIUM VEL INTERFUERIT.* Tous ces motifs de récusation sont encore en usage.

(d) *CUM ILLO.* Le seigneur ou son lieutenant avec le jurisconsulte choisi, décidoient en seuls des appellations.

(e) *DETERMINARE CAUSAM.* Le tems dans lequel se devoit terminer l'appel n'est pas ici exprimé ; mais on trouve ailleurs que la première appellation devoit se terminer dans six mois, & la deuxième dans trois mois.

(f) *VOCARE EXTRANEOS JUDICES.* Comme François Ier l'ordonna depuis en 1535.

(g) *SUIS EXPENSIS.* Parce que tous procès se poursuivoient & terminoient aux dépens du seigneur de Montpellier ou de sa cour, comme porte l'article XVII ci-devant.

(h) *VICTUS PRÆSTET EAS.* Le vaincu étoit condanné à quelques petits dépens envers le vainqueur, parce qu'il avoit poursuivi l'instance témérairement ; & envers le seigneur ou son lieutenant, pour le dédommager des fraix par lui faits pour appeler l'assesseur étranger.

* (i) *DONEC CAUSA SIT TERMINATA.* Parceque les officiers de la cour étoient engagez par leur serment solennel contenu en l'art. V de ne rien prendre des parties qu'après fin de cause.

ARTICLE XLIV

Des plaintes contre les juges & des prises à partie:

Si pendente lite quis litigatorum dixe-
rit se esse gravatum vel læsum, vel in jure

Il est permis à la partie qui prétend avoir reçû affront ou injustice du

suo diminutum, possit (a) conqueri domino de omnibus curialibus & de singulis; & ipse dominus (b) coram alio judice sine morâ & sine expensis litigatorum debet (c) eum facere audire (d) & rem determinare.

juge pendant le cours de l'inftance de porter plainte au feigneur contre tous & chacuns les officiers de la cour, & il eft du devoir du feigneur de commettre un autre juge pour regler ce diferend promptement & fans fraix.

NOTE.

(a) *CONQUERI.* Du dol, fraude, ou concuffion du juge, ce qui eft compris fous le terme général de malverfation, lorfqu'il a procédé, comme difent les loix, *Per gratiam, inimicitiam, vel fordes.*

(b) *CORAM ALIO JUDICE.* Le feigneur de Montpellier donnoit un autre juge à la partie plaignante, puifqu'alors fon premier juge devenoit fa partie.

(c) *EUM FACERE AUDIRE. Eum* s'entend du juge qui devoit répondre fur les griefs qu'on avoit porté contre lui.

(d) *ET REM DETERMINARE.* Pour décider fur le fonds du procés & fur les plaintes contre le juge intimé.

ARTICLE XLV

Du méchant confeil.

Si quis de toto poffe & diftrictu Montifpeffulani (a) manifeftum dolofum confilium domino Montifpeffulani dederit, & ex eo confilio, aut occafione illius, damnum aut contumelia aliis evenerit; ille malignus confiliarius (b) tenetur damnum aut injuriam paffo omnia reftaurare, & praeterea effe (c) in mercede domini; & dominus (d) non debet celare, fed tenetur damnum aut injuriam paffo fine mora malum confilium & confiliatorem manifeftare.

QUAND quelcun du diftrit & juridiction de Montpellier a donné frauduleufement confeil au feigneur, & qu'à caufe de ce confeil ou à l'occafion d'icelui quelque domage ou injure a été faite, ce malheureux confeiller eft tenu d'indemnifer entiérement celui qui a foufert le dommage ou injure, & outre cela il eft à la merci du feigneur, & le feigneur ne doit pas le cacher; mais il eft obligé de découvrir le confeil & le mauvais confeiller à celui qui a foufert le dommage ou injure.

NOTE.

(a) *MANIFESTUM CONSILIUM DOLOSUM.* S'entend du confeil frauduleux.

(b) *TENETUR OMNIA RESTAURARE.* Premiére punition de ce méchant confeiller.

de la ville de Montpellier.

(c) *ET IN MERCEDE DOMINI.* La feconde punition, d'être à la mercy de fon feigneur qui pouvoit le punir à fa volonté.

(d) *NON DEBET CELARE.* Afin que celui qui avoit fouffert le dommage ou injure pût agir contre lui pour fon indemnité.

ARTICLE XLVI.

Des privléges nuls.

Omnia privilegia & fcripta (a) *data & datura* (b) *judæis feu* (c) *chriftianis contra rationem, funt & femper effe debent caffa & nullius momenti.*

Tous priviléges & conceffions par écrit qui ont été accordez ou qui pourroient l'être contre la raifon aux juifs ou aux chrêtiens font & doivent être nuls, & de nule confideration.

NOTE.

*(a) *DATA ET DATURA.* C'étoient les confuls de Montpellier qui accordoient alors les priviléges dont parle cet article. Il borne leur pouvoir à la feule raifon, c'eft-à-dire à l'utilité publique. PAGE 674.

(b) *JUDÆIS.* Les juifs, au tems de ces coûtumes, vivoient avec les autres habitans chrêtiens fous une même police, il ne leur étoit point permis d'avoir plufieurs femmes, quoique, felon leur loy, ils puffent les avoir; il leur étoit défendu d'époufer une chrêtiéne; on leur permettoit d'entretenir et de reparer les finagogues qu'ils avoient déjà, comme nous avons vû qu'ils en avoient une à Lunel, mais on ne fouffroit pas qu'ils en fiffent de nouvelles; on défendoit même aux chrêtiens de rien leguer à leur finagogue, & à eux de le recevoir : on leur laiffoit la liberté de leguer leurs biens à leurs heritiers comme les autres habitans, mais on les feparoit d'eux pour le logement, pour la boucherie & pour le cimetière ; nous trouvons même dans le petit talamus, fol. 317, verfo, une ordonnance des douze confuls, portant que les juifs de Montpellier ne pourroient boire d'autre eau que celle d'un certain puids qui leur fut affigné. Enfin, le roi Jean, par *Grand Talamus,* lettres patentes données à Rheims le 20 octobre 1363, les obligea de porter à découvert, fur leurs habits & *fol. 100.* fur leur manteau, une marque, partie de rouge & de blanc, de la grandeur du grand fceau du roi, pour les diftinguer des chrêtiens : « Ordonnons que tous juifs, de quelque état qu'ils foient, porteront une grande roëlle bien notable, de la grandeur de nôtre grand fcel, partie de rouge & de blanc, & telle que l'on puiffe bien appercevoir au vêtement deffus, foit mantel ou autre habit, en tel lieu qu'ils ne le puffent cacher, nonobftant quelconque privilége que eux ou aucun d'iceux dient avoir ou ayent de non porter icelle roëlle, lefquelles nous caffons, irritons & mettons du tout au néant. »

(c) *CHRISTIANIS.* On prohiboit aux confuls d'accorder aux chrêtiens aucune exemption des charges qui font réelles ou patrimoniales, comme quand il s'agit de la reparation des murs de la ville, des chemins & autres befoins publics.

ARTICLE XLVII.

Des leudes & coupes.

Quilibet habitator Montifpeffulani pro domo & pro locali fuo, cujufcumque

Tous les habitans de Montpellier font exempts de payer les leudes &

sit prætii parvi aut magni, debet salvare (a) *ledas &* (b) *cuppas; & bajulus Montispessulani debet ei* (c) *laudare illam domum vel illud locale salvo suo consilio, si dominus ibi habebit laudimium; sed quisque* (d) *canonicus Magalonensis ecclesiæ habens domum in Montepessulano valentem decem solidos, salvat cuppas & leudas; & omnes* (e) *monachi Cistercienfis ordinis aut eorum homines habentes vel non habentes domum, salvant cuppas & leudas in tota dominatione Montispessulani.*

les coupes pour leur maison ou mafure, de quelque prix & de quelque étenduë qu'elle soit, & le bailli de Montpellier doit leur donner inveftiture de ladite maison ou mafure, sauf son conseil, si le seigneur y a droit de lods; mais chaque chanoine de l'église de Maguelonne, qui a une maison dans Montpellier valant au moins dix sols, est exemt de coupe & de leude; de même que tous les moines de Cîteaux ou leurs hommes, soit qu'ils ayent ou n'ayent pas maison, sont exemts de payer les coupes & les leudes dans toute la seigneurie de Montpellier.

NOTE.

Il est à obferver, comme un préliminaire des explications de cet article, que les grands procès que la ville de Montpellier a eu à foûtenir au fujet du droit de coupe ont fait alterer le texte de cet article dans quelques exemplaires modernes, où on lit *folvere* pour le mot de *falvare*, qui fe trouve dans l'original de nos ftatuts, dans l'exemplaire de Roquefeüil & dans les manufcrits de feu Mr Loys, avocat de la partie adverfe de la ville.

(a) *LEDAS* ou *LESDAS*. Les leudes font appellées dans nos coûtumes tantôt *ufaticum* & *teoloneum*, art. XXIV ; tantôt *péage*, art. LXXXIX ; & *reve*, art. III ci-deffous ; tantôt *tolte*, *quête*, *exaction* ou *prêt*, *forcé* art. LX ; tantôt *monopole*, *raffe* ou *trace*, art. LXXXXVI. C'eft un terme général pour exprimer tous fubfides extraordinaires établis autrefois à Montpellier & dans tout le Languedoc, pour fubvenir aux néceffitez des affaires communes.

Elles fe levoient fur les denrées apportées du dehors & vendués dans la ville.

Elles étoient divifées en leudes groffes & en leudes menuës, ainfi nommées pour les diftinguer de la leude mage, qui confifte dans les droits exigez pour le poids du roi.

Cette leude mage appartient à fa majefté, dont le fermier du domaine obtint la maintenuë par jugement de M^{rs} les commiffaires du domaine, du 17 feptembre 1685, & parceque ledit fermier conteftoit aux confuls de Montpellier les leudes menuës, foûtenant qu'elles appartenoient au roi; les confuls de Montpellier, par ledit jugement, furent maintenus en la propriété d'icelles, parcequ'ils juftifiérent, par un acte de l'an 1553, que la communauté les avoit acquifes à titre onereux.

Ainfi, ces mêmes leudes appartenans à la communauté, les habitans de Montpellier ne les payent point, fuivant un ancien acte couché dans le grand talamus, fol. 174, verfo, duquel il refulte que Philipe-de-Valois, par fes lettres patentes de 1350, confirme celles de Jacques, roi d'Aragon, feigneur de Montpellier, * du 4 des ides de décembre 1258, où il dit qu'étant venu à fa connoiffance que ceux qui exigent fes droits donnoient un mauvais fens aux termes du prefent article, & n'exceptoient defdites leudes que ceux des habitans de Montpellier qui avoient des maifons & fols dans l'enclos de ladite ville ou à fes fauxbourgs, relevans d'autres feigneurs ; il declare, pour corriger cet abus, qu'il entend que tous les habitans de Montpellier, fans exception, joüiffent du privilége de ne pas payer lefdites leudes : *Quidam vero*, dit-il, *qui nostris redditibus percipiendis præsunt illos solummodo ad dictæ libertatis beneficium admittebant, qui vel infra murorum ambitum, loca vel domos habebant sub nostro dominio, & si tenebant ab aliis dominis eos à* *dicta immunate penitus excludebant: nos ergo hunc reprobantes abusum, omnes habitatores Montispessulani qui intra muros vel in suburbiis sub nostro vel aliorum dominio domos suas vel localia habent vel habebunt imposterum ad dictam recipimus libertatem, & hoc dicimus quantum ad jus quod in lesdis & cuppis recipimus.*

Cette exemption étoit conforme à deux autres actes encore plus anciens, l'un de 1204 & l'autre de 1226, dont il sera parlé dans l'art. LXXXIX.

(b) *CUPPAS & LESDAS* en général sont deux termes sinonimes, comme il paroît par l'art. LXXXIII ci-après ; à cause de quoi le droit d'exiger les leudes aussi bien que les coupes, est appellé *copponagium* par Ducange, en son glossaire sur le mot *cuppa*, où il raporte pour exemple une partie du présent article ; mais, en particulier, la coupe est un droit de prendre une petite quantité de tous les grains ou farines qui se vendent ou débitent à Montpellier, sçavoir : de trente mesures une.

On trouve dans les archives de la ville que ce droit fut établi par Guillaume, fils de Sibille, en l'an 1168, & ensuite concédé par le roi de Mayorque au sieur de Valbonay, lequel le vendit aux auteurs du sieur de Saffenage, d'où il parvint à Antoinette de Saffenage, sa fille, laquelle en fit don au sieur de Montagut, son fils, qui, après l'avoir dénombré & hommagé au roi ès années 1448 & 1472, la vendit en 1526 à Loüis de Bucelli, seigneur de la Mousson, & ce fut ledit sieur de Bucelli qui, par contrat de l'an 1553, vendit à la communauté de Montpellier la moitié dudit droit de coupe, avec les entiéres leudes, grosses & menuës, pour le prix de trois cens écus d'or.

Sur le fondement de cette acquisition, les consuls de Montpellier furent maintenus en 1685 contre le fermier du domaine, en la propriété de la moitié du droit de coupe, pour en joüir de même que des leudes par extinction, à la charge d'en rendre hommage au roi, & d'obtenir des lettres de sa majesté pour en joüir par extinction, sans s'arrêter à l'offre que faisoit le fermier du domaine de rembourser les trois cens écus d'or du prix de l'acquisition.

Jugement du 17 septembre.

A l'égard de l'autre moitié dudit droit de coupe, elle appartenoit autrefois à Pons de Montlaur, dont les prédécesseurs en avoient joüi depuis 1260, elle fut ensuite adjugée à M. le duc d'Uzés, par arrêt de la chambre de l'édit de Guiène du 15 septembre 1578.

François de Solas, président en la cour des aides de Montpellier, ayant acquis cette moitié du droit de coupe, prétendit l'exiger des habitans de Montpellier, de même qu'il l'exigeoit des forains & étrangers qui apportoient & débitoient leurs grains dans la ville ; il surprit en sa faveur une sentence du sénéchal de Montpellier, dont il fut relevé appel au parlement de Toulouse par le sindic des habitans, & l'instance ayant été évoquée à Grenoble, il intervint arrêt du 6 février 1663, par lequel les habitans de Montpellier domiciliez & actuellement résidens en ladite ville, soit qu'ils fussent proprietaires des maisons, ou qu'ils les tinssent à loyer, furent déclarez francs & exemts du droit de coupe pour les grains provenans de leur héritage, sauf à les payer pour raison des grains autres que ceux de leur crû, dont ils font commerce, ou qui proviénent des fermes qu'ils tiénent des étrangers, & non de celles qu'ils tiénent des autres habitans de Montpellier, autrement qu'à prix d'argent.

Et par le même arrêt, les boulangers de la ville furent pareillement déclarez exemts du droit de coupe, pour les grains par eux employez à la fourniture des pains qu'ils font & débitent dans la ville.

Quoiqu'aux termes de cet arrêt la moitié du droit de coupe ne doive être levé que des grains & farines, & tout au plus des legumes, néanmoins par une tolerance sujette à correction, le droit se prend aussi sur les noix & châteignes qu'on apporte à Montpellier pour y être venduës.

Ceux qui l'exigent se fondent sur une concession qu'on voit dans le *Memorial des Nobles*, fol. 55, verso, & fol. 58, faite par Guillaume, fils de Sibille, seigneur de Montpellier, à Raimond & Bernard-Guillaume, freres de Gaucelin de Claret, en l'année 1104, & à une autre faite à Guillaume Aimond & à Pelagos en 1139, portant ces mots : *Seixtairalitium dono vobis de omni blado, & de omni legumine, & de farina, & de linoso, & de cannabsos, & de castaneis Longobardorum, si mensurentur cum seixteirale vel eminale.* Le mot *seixtairalitium* signifie en effet une leude ou coupe, suivant l'observation de Ducange sur le mot de *sextairalitium*, où il raporte mot à mot ladite concession de Guillaume, fils de Sibille, qu'il date de l'an 1103.

Mais ceux qui se plaignent de ladite exaction disent que quand on voudroit entendre le mot *seixtairalitium* pour les leudes & coupes, ce droit ne devroit être pris que des seules châteignes du païs de Lombardie, ou Gaule cisalpine, à cause du grand commerce que les gens de ce païs-là faisoient avec ceux de Montpellier, & non sur celles des Cévènes, parceque les statuts sont de droit étroit & ne sont pas susceptibles d'extension.

(c) *LAUDARE*. L'inveſtiture, pour raiſon des leudes & coupes, competoit uniquement le bailli de Montpellier, en qualité d'officier du ſeigneur & de la ville; il fut relaxé de la demande que l'evêque de Maguelonne en faiſoit, par ſentence arbitrale des ides de ſeptembre 1260.

(d) *CANONICUS*. Il paroît, par les obſervations déjà faites, que le chapitre de la catédrale n'eſt pas moins exemt du droit de coupe que les autres habitans de Montpellier.

(e) *MONACHI CISTERCIENSIS ORDINIS*. Par le teſtament de Guy ou Guido, fait en 1146, & par celui de Bernard Guillaume, de l'an 1172, il étoit prohibé d'exiger jamais des leudes ou uſages des religieux de Cîteaux.

ARTICLE XLVIII.

Des cenſives.

<small>PAGE 676.</small>

Si quis ceſſaverit perſolvere (a) *canonem pro domo aut pro quolibet honore ſuo, qui a domino Montiſpeſſulani teneatur vel ab ejus fevalibus, etiam longiſſimo tempore; non habet locum periculum* (b) * *incurſionis, ſed* (c) *cenſum debitum ſolummodo perſolvatur.*

QUOIQUE durant un très-long temps on n'ait pas payé la cenſive des biens qui relévent du ſeigneur de Montpellier ou de ſes fermiers, le peril d'incurſion n'a pas lieu à défaut dudit payement; mais on doit ſeulement payer la cenſive qui eſt dûë.

NOTE.

(a) *CANONEM*. Il eſt ici parlé des veritables cenſives & directes qui appartenoient anciénement aux Guillaumes, ſeigneurs de Montpellier, & maintenant au roi, dont le fermier obtint la maintenuë par jugement de MM. les commiſſaires du domaine, du 17 ſeptembre 1685, ſans aucun pouvoir néanmoins de donner nouvel achat à défaut de titres.

(b) *NON HABET LOCUM PERICULUM INCURSIONIS*. C'eſt-à-dire, par droit de retour au ſeigneur, ou par confiſcation. Rebuffe, natif de Montpellier, & qui par cette raiſon devoit être plus au fait de nos uſages, déclare, dans ſon *Traité des conſtitutions de rente*, gloſſ. 17, n° 7, avoir vû que dans Montpellier le commis n'étoit pas en uſage, par la diſpoſition, dit-il, du ſtatut de la ville, qui n'eſt autre que celui-ci.

(c) *CENSUM DEBITUM SOLUMMODO PERSOLVATUR*. Sans payer l'amende, ni les arrerages, diſent nos interprétes; mais il paye en entier la cenſive du fonds qui lui a été baillé, quand même une partie de ce fonds auroit été ſubmergé.

ARTICLE XLIX.

En quels cas l'habitant de Montpellier n'étoit pas tenu de reconnoître la juridiction de Lates & de Caſtelnau.

Aliquis habitator Montiſpeſſulani (a) *non tenetur placitare in curia de Latis, vel in curia Caſtri-Novi, de rebus mobi-*

L'HABITANT de Montpellier n'est pas tenu de plaider en la cour de Lates ni en celle de Caſtelnau; ni

de la ville de Montpellier.

libus, vel de perfonalibus actionibus, & e converfo.

pareillement l'habitant defdits lieux en celle de Montpellier, pour chofes meubles ou en action perfonnelle.

NOTE.

La divifion de la feigneurie de Montpellier en baillie, rectorie & baronie, introduifit la diverfité de jurifdictions : les habitans de Lates & de Caftelnau fe reglérent avec ceux de Montpellier, comme avoient fait ceux de Melgüeil, felon ce qui a été dit dans l'art. XXIII. Ils avoient leur bailli feparé, dont les appellations reffortoient (comme dans les autres lieux de la baronie) aux fenéchaux de Beaucaire ou de Carcaionne, felon que les lieux de ladite baronie étoient fituez.

(a) *NON TENETUR PLACITARE.* Cela fupofe un reglement fait entr'eux : mais les uns & les autres, quand ils étoient demandeurs, pouvoient actionner le défendeur en fa jurifdiction, fuivant la maxime reçûë : *actor fequitur forum rei*, mais ils ne pouvoient y être contrains, à caufe du privilége qu'ils s'étoient accordé réciproquement.

Cet ufage a ceffé depuis les changemens qui font arrivez à tous ces lieux.

ARTICLE L.

Liberté de prendre du fablon à la riviére & d'y laver du linge.

In riperiis aut patuis omnes ad opus fuum aut publicum poffunt colligere arenam, & pannos exficare & lavare; nec poteft hoc aliquis prohibere propter aliquam acquifitionem inde factam, aut propter longævum ufum.

CHAQUE particulier, pour fon ufage ou pour celui du public, peut prendre du fable des riviéres ou des terres vacantes, & y laver ou faire fecher leurs draps; & nul n'a droit de s'y oppofer, fous prétexte qu'il a acquis lui-même cette faculté par un long ufage.

NOTE.

Nous trouvons une partie de ce ftatut confirmé dans une tranfaction paffée les nones de janvier 1272, entre Jacques, feigneur de Montpellier, & Berenger, evêque de Maguelonne, portant : *Quod dominus rex dominus Montifpeffulani, & epifcopus, comes Melgorii & Montisferrandi, vel etiam fui non poffint vel debeant impedire quominus panni lanei, vel linæi & alia libera fint omni fervitio, poffint & debeant ablui & exficari à quibuflibet perfonis in fluvium Lezi & riperiis ejus, abfque tamen præjudicio & damno alieno.*

ARTICLE LI.

Liberté de pêcher dans la riviére.

Pifcatio eft publica.

* LA pêche eft publique.

NOTE.

Cette disposition du statut est confirmée par une concession en emphiteose faite par Jacques Ier, seigneur de Montpellier, aux habitans de ladite ville, du 6 des calendes de septembre 1231, portant bail, en leur faveur, des étangs, mers & correges, depuis Lates & Aiguemortes jusqu'à Cette : *Ad usum piscandi & navigandi* ; & sans percevoir d'autre droit de leude des poissons que de ceux qui étoient vendus au port de Lates & de Melgüeil, suivant une clause apposée dans la transaction raportée en l'article précédent, entre le roi Jacques & l'evêque de Maguelonne.

En vertu de cet acte & de plusieurs autres titres autentiques, les consuls de Montpellier furent maintenus dans leur privilége contre le fermier du domaine, par jugement de MM. les commissaires, du 17 septembre 1685. Ainsi, ils jouissent du droit de pêche, comme appartenant aux habitans.

ARTICLE LII.

Des solennitez des testamens & de leurs preuves.

Omne testamentum & omnis quælibet ultima voluntas inter liberos & parentes, vel inter extraneos, in scriptis, aut sine scriptis, factum (a) *coram tribus testibus rogatis vel non rogatis, idoneis,* (b) *solemnitate adhibita vel omissa valet. Et probatur sufficienter per istos tres testes ; & si* (c) *ante publicationem unus decesserit, vel absens fuerit, duo dicentes tertium adfuisse, probare possunt sufficienter.*

Les testamens & toutes les autres derniéres volontez, entre enfans ou entre parens, de même qu'entre étrangers, par écrit ou nuncupativement, devant trois témoins idoines, soit qu'ils ayent été ou n'ayent pas été priez, & soit qu'on ait gardé toutes les autres solennitez ou qu'elles n'ayent pas été gardées, sont valables, & ces trois témoins sufisent pour en faire la preuve : que si avant la publication un de ces témoins décéde ou s'absente, les deux autres qui assurent que le troisiéme étoit présent font une preuve sufisante.

NOTE.

(a) *CORAM TRIBUS TESTIBUS.* Cette disposition de l'article est encore d'un usage inviolable dans la ville de Montpellier, où tous les testamens sont valables sans un plus grand nombre de témoins, de même que les codiciles & autres derniéres dispositions.

(b) *SOLEMNITATE ADHIBITA.* Philippy, en ses *Réponses* 13, n° 38 & 39, dit que le motif de nos anciens, en suprimant les formalitez prescrites par le droit romain, fut de faciliter le grand commerce qu'on faisoit alors à Montpellier ; ce qui n'empêche pas néanmoins qu'on ne soit tenu maintenant aux formalitez prescrites par les ordonnances de nos rois, qui sont des loix générales pour tout le royaume.

(c) *ANTE PUBLICATIONEM.* C'est-à-dire avant l'ouverture & lecture du testament.

ARTICLE LIII.

Le mariage est une émancipation tacite.

Filius conjugatus aut filia maritata voluntate patris (a) *intelligitur emancipatus.*

Le fils ou fille mariez par la volonté de leur pere sont censez émancipez.

NOTE.

(a) *INTELLIGITUR EMANCIPATUS.* Cette anciéne coûtume de Montpellier est observée encore aujourd'hui dans toute la France coûtumiére ; mais, par le tacite consentement des habitans de Montpellier & par la disposition de divers arrêts qui sont intervenus sur cette matiére, le present article n'y est plus observé. En quoi * M. Escorbiac, en sa *Bibliotéque tolosane*, tome II, livre 15, chapitre 34, s'est trompé en mettant le present article au nombre de ceux qui sont observez dans Montpellier. PAGE 678.

ARTICLE LIV.

Du testament des femmes sans enfans en faveur de leurs maris.

Filia maritata (a) *non potest condere testamentum vel ultimam voluntatem sine consilio patris sui, aut matris suæ, aut, eis deficientibus, propinquorum suorum; & si donum fecerit* (b) *marito, aut alicui occasione mariti, vel testamentum sine consilio patris sui, aut matris suæ vel propinquorum suorum* (c) *nullius debet esse momenti, sive sit ipsa major natu, vel minor; sed hoc* (d) *de filia intelligitur quæ sine libero est : attamen* (e) *si liberum habuerit, queat testari, & donare pro libitu suo, sine consilio parentum, aut propinquorum suorum. Mater tamen sit vel non,* (f) *quartam partem bonorum suorum potest marito relinquere, sine consilio parentum vel propinquorum; præsentibus autem parentibus, vel propin-*

La fille mariée ne peut point faire testament ou autre derniére volonté, sans le conseil de son pere ou de sa mere, ou à leur défaut de ses plus proches parens; & si elle fait donation ou testament en faveur de son mari ou de quelqu'autre personne par lui interposée, sans le conseil de son pere ou de sa mere ou de ses plus proches parens, une telle disposition est nule & de nul effet, soit qu'elle soit majeure ou mineure ; mais cela s'entend si elle n'a pas d'enfant de son mariage, car si elle en a, elle peut librement tester ou donner sans ledit conseil: néanmoins, soit qu'elle ait des enfans ou qu'elle n'en ait pas, elle peut laisser

quis, vel abfentibus (g) *fi per eos fleterit quominus intereffe velint, potefl fine diftinctione marito largiri, & relinquere quidquid voluerit.*

à fon mari la quatriéme partie de fes biens fans ledit confeil; elle peut même indiftinctement faire à fon mari toutes les liberalitez qu'elle voudra en l'abfence de fefdits pere, mere ou parens, quand il fe juftifiera qu'il n'a tenu qu'à eux de comparoir & d'être prefens.

NOTE.

(a) *NON POTEST CONDERE TESTAMENTUM.* Ce premier chef de l'article eft une reftriction du precedent, qui, ayant ordonné que toute fille mariée du confentement de fon pere étoit cenfée émancipée, fembloit lui permettre de tefter du vivant de fon pere, au cas elle n'eût point d'enfans.

(b) *MARITO.* Cet article n'eft en ufage à Montpellier que lorfqu'il eft queftion d'une femme fans enfans & fans pere ni mere, & dont le pere l'a émancipée par une émancipation expreffe.

(c) *NULLIUS ESSE DEBET MOMENTI.* Parcequ'il eft cenfé captatoire.

(d) *DE FILIA INTELLIGITUR.* Non du mari, lequel n'eft pas foûmis aux formalitez dont il s'agit, & qui, felon nos ufages, peut difpofer en faveur de fa femme *ad libitum*, & fans nule précaution.

(e) *SI LIBERUM HABUERIT.* Parceque dans les teftamens en faveur des enfans on a feulement égard aux droits des gens, non à la forme.

(f) *QUARTAM.* La coûtume de Montpellier permet à la femme de laiffer le quart à fon mari, foit qu'elle ait des enfans ou qu'elle n'en ait pas.

(g) *SI PER EOS STETERIT.* Parce qu'ils font reputez prefens, n'ayant pas daigné comparoir après avoir été dûëment appellez; néanmoins il demeure établi qu'en défaut de proches parens le teftament ou donation doit être faite en préfence d'un magiftrat requis.

ARTICLE LV.

De l'inflitution d'héritier & des légitimes.

(a) *Omne teflamentum per tres tefles factum* (b) *fine hæredis inflitutione valet, & parens potefl quidquid voluerit relinquere liberis, & fi* (c) *modicum fit relictum non poffunt liberi conqueri; fed in omnibus & per omnia fine quæflione* (d) *debiti bonorum fubfidii vel ejus fupplementi, liberi debent* (e) * *parere voluntati parentum, & fuis legatis effe contenti.*

Les teftamens faits avec trois témoins fans inftitution d'héritier font valables, & le pere ou la mere peut laiffer à fes enfans ce qu'il lui plaît, fans que lefdits enfans foient recevables à fe plaindre de la modicité des legs qui leur font faits; leur devoir étant d'obéïr à la volonté * de leur pere & mere, & de fe contenter de leurs legs, fans pouvoir demander un fuplément de légitime.

NOTE.

(a) *OMNE TESTAMENTUM.* Ce n'est qu'une repetition des premiers mots de l'article LII ci-dessus, & c'est à cause de la conformité de ces premiers mots que les notaires de Montpellier, par un stile qui leur est ordinaire, ont accoûtumé dans les testamens qu'ils reçoivent de faire mention desdits deux articles conjointement, en disant : *omne testamentum & omne testamentum*, après avoir exprimé que le testateur a fait son testament suivant la coûtume & statut de Montpellier. Sur quoi Philippy, en sa réponse 13, n⁰ˢ 19, 44 & 45, dit que l'omission de cette formalité n'empêcheroit point la validité de l'acte.

(b) *SINE HÆREDIS INSTITUTIONE.* Nôtre coûtume étoit en cela conforme à celle de Paris & à plusieurs autres du royaume; mais par l'usage d'à présent on ne fait aucun testament à Montpellier sans institution d'héritier.

(c) *MODICUM.* Par ce mot nos anciens docteurs ont entendu une chose ou somme certaine, comme celle de cinq sols, un chapeau de fleurs, ou un bouquet de roses; mais aujourd'hui ce terme de *modicum* est entendu de la moitié de la légitime avec quelque chose au-delà, suivant plusieurs arrêts du parlement de Touloufe; mais cette regle ne regarde que les biens situez dans le terroir & banlieuë de Montpellier.

(d) *DEBITI BONORUM SUBSIDII.* Ces tèrmes ne signifient autre chose que la légitime, qui est un droit naturel & un secours pour le soûtien de la vie.

(e) *PARERE VOLUNTATI PARENTUM.* On voit par ces paroles le motif qu'eurent nos ancêtres en établissant cette loi, qui ne fut autre que de tenir leurs enfans dans un plus grand respect.

ARTICLE LVI.

Des substitutions, des quartes & de l'âge pour tester.

In substitutionibus voluntas defuncti servari debet de cætero, omni loco & tempore (a) sine beneficio legis Falcidiæ, (b) in puberibus vel factis majoribus.

La volonté du défunt qui étoit pubere ou majeur, doit toûjours être gardée ès substitutions qu'il a fait, sans le benefice de la loi Falcidie.

NOTE.

(a) *SINE BENEFICIO.* Dans le tems que ce statut fut fait, l'héritier n'avoit point à Montpellier la faculté de distraire ni la quarte-*falcidie* ès legs ou fideicommis particuliers, ni la quarte-*trebellianique* ès fideicommis universels.

(b) *IN PUBERIBUS.* Ces tèrmes ne se raportent point à l'âge des héritiers mais à celui du testateur ; comme si l'article disoit que le testateur n'est capable de faire des substitutions que lorsqu'il est ou majeur ou du moins pubere, c'est-à-dire s'il n'a quatorze ans accomplis pour les mâles & douze pour les filles.

ARTICLE LVII.

Des testamens faits hors de Montpellier.

Si alibi testamentum vel ultima voluntas a patre vel extero fiat, legitime (a)

Si un habitant de Montpellier, soit qu'il soit pere ou étranger, fait

probari debet per septem aut quinque testes, (b) *non requisitis signaculis vel suprascriptionibus.*

son testament ou autre disposition par mort, ailleurs que dans la ville, alors sa volonté ne sçauroit être valablement prouvée que par le témoignage de sept ou de cinq témoins, sans pourtant qu'il soit necessaire de s'enquerir si lesdits témoins ont apposé leur cachet ou leur souscription audit testament, ou autre derniére volonté.

NOTE.

(a) *PROBARI DEBET PER SEPTEM AUT QUINQUE TESTES.* C'est une limitation de l'article LII ci-devant, portant que par la force du statut de Montpellier tout testament est valable dans ladite ville, signé par trois témoins, c'est-à-dire tout testament solennel reçû par un notaire, & non un testament olografe.

PAGE 680.   * On observe que si le testament en question étoit fait en pays régi par le droit romain, il faloit sept témoins pour les testamens, & cinq pour les codiciles; mais s'il étoit fait en pays coûtumier, il sufisoit qu'on eût conservé les formes prescrites par cette coûtume pour avoir son effet par raport aux biens situez dans le terroir ou banlieuë de Montpellier.

On ajoûte que si le testateur a déclaré dans son testament vouloir tester selon l'usage de Montpellier, son privilége lui est conservé en entier, lorsqu'il est prouvé qu'il y a son domicile permanent ; par la raison du contraire, celui qui a choisi son domicile hors de Montpellier, doit tester avec toutes les solennitez du droit, ce qui ne s'entend pas lorsque le nouveau domicile est dans les fauxbourgs ou dans les métairies des environs, non plus quand il a été obligé d'en sortir à cause de peste ou de guerre.

(b) *NON REQUISITIS SIGNACULIS.* Anciénement les témoins cachetoient les testamens avec un anneau, où quelque figure étoit gravée, ce qu'on appelloit *annulus signatorius ;* l'empreinte de ce cachet étoit appellée *signum* ou *signaculum,* & les paroles qu'on y ajoûtoit, *ego talis subscripsi,* étoient appellées souscription.

L'usage du cachet est suprimé à Montpellier comme dans le reste du royaume ; il n'est employé que dans les testamens clos.

ARTICLE LVIII.

De la *succession* ab intestat.

Si quis intestatus decessit, bona ejus ad liberos aut ad propinquos suos, deficientibus liberis, debent pervenire; & si filium conjugatum & hæredatum, aut filiam ab ipso patre maritatam habuerit, omnia ejus bona (a) *ad alios liberos* (b) *in so-*

Si quelcun est decedé *ab intestat,* ses biens doivent appartenir à ses enfans, & à défaut d'iceux à ses autres parens ; & si le pere a un fils marié & appané, ou une fille qu'il a lui-même mariée, tous ses biens doi-

lidum pervenire debent : (c) *si alios non habuerit, conjugati succedunt; sed* (d) *bona paterna debent esse proximiorum generis paterni, similiter materna proximiorum generis materni,* (e) *legibus in hac parte nullatenus servandis.*

vent appartenir entiérement & également à ses autres enfans: que s'il n'a d'autres enfans que ceux qui sont mariez, iceux succedent; mais les biens paternels doivent appartenir aux plus proches de la ligne paternelle, & semblablement les biens maternels aux plus proches de la ligne maternelle; les loix en cela n'étant en nule maniére observées.

NOTE.

(a) *AD ALIOS LIBEROS.* Conformément au XIIe article ci-dessus.

(b) *IN SOLIDUM.* C'est-à-dire par égales portions.

(c) *SI ALIOS NON HABUERINT, CONJUGATI SUCCEDUNT.* Par les raisons mises en avant sur l'article XII.

(d) *BONA PATERNA, &c.* Suivant cette regle établie par la loi *Generaliter,* le roi Charles IX fit son ordonnance du mois de mai 1567, appellée édit des meres, confirmée par Loüis XIII, & verifiée au parlement de Paris, & autres qui sont regis par les coûtumes.

(e) *LEGIBUS IN HAC PARTE NULLO MODO SERVANDIS.* Nonobstant cette disposition si expresse, l'usage a changé parmi nous; car aujourd'hui les enfans, quoique pourvûs, succedent également avec ceux qui ne l'ont pas été, toutefois en raportant à la masse de la succession ce qui leur a été donné.

ARTICLE LIX.

De la preference des parens aux étrangers en la vente des fonds délaissez pour obit.

Si quis testator reliquerit (a) *honorem suum pro remedio animæ suæ, ille* (b) *vendatur consilio curiæ, si honor ille* (c) *a domino Montispessulani teneatur; &* (d) *pretium illius detur eo modo quo testator disposuerit; sed proximiores testatoris de ea re debent certiorari, & si velint tale pretium bona fide dare, & sine malo ingenio, & sine contrarietate quale externus,* (e) *ante omnes alios proximiores ipsum habeant.*

Le fonds que le testateur a laissé pour le salut de son âme doit être vendu par le conseil de la cour, s'il releve du seigneur de Montpellier, & le prix d'icelui doit être distribué conformément à la disposition du testateur; mais ses plus proches parens doivent être avertis de cette vente: & s'ils offrent de bonne foi & sans fraude ni contrarieté une somme ou prix égal à celui que l'étranger en veut donner, ils doivent être preferez à tous autres, & les fonds doivent leur être délivrez.

Statuts

NOTE.

* (a) *HONOREM SUUM.* Ne peut se prendre ici que pour du bien-fonds ou pièce de terre delaissée volontairement par le testateur, pour faire prier Dieu à perpetuité pour le repos de son ame.

(b) *VENDATUR.* Lorsque la fondation regardoit les religieux mendians qui ne peuvent tenir & posseder de biens-fonds.

(c) *SI HONOR ISTE TENEATUR A DOMINO MONTISPESSULANI.* Pour éviter que le seigneur de Montpellier ne fût fraudé de ses droits de lods & ventes, par la détention dudit fonds en main-morte.

(d) *PRETIUM ILLIUS, &c.* Soit qu'on l'entende d'une pension obituaire, établie en espece ou en argent, la volonté du testateur devoit être toûjours executée.

(e) *ANTE OMNES ALIOS.* Cette preference, observée dans toutes les coûtumes de France où le retrait lignager a lieu, se trouve maintenant abrogée à Montpellier.

ARTICLE LX.

De la tolte, quête ou prêt forcé.

(a) *Toltam vel* (b) *questam vel* (c) *mutuum coactum, vel aliquam exactionem coactam, non habet neque unquam habuit dominus Montispessulani in habitatoribus Montispessulani, præsentibus vel futuris.*

Le seigneur de Montpellier n'exige point ni n'a jamais exigé des habitans de la ville presens & à venir, nule tolte ou quête ou prêt forcé, ni autre exaction forcée.

NOTE.

(a) *TOLTAM à TOLLENDO.* Pour signifier toute levée extraordinaire, d'où l'on a fait venir le nom de maltote.

(b) *QUESTAM* du mot *QUÆRERE.* Pour signifier aussi un semblable subside.

(c) *MUTUUM COACTUM.* Est appellé *firmancia* dans le premier article de la 2ᵉ partie ci-après. C'étoit un cautionnement des vassaux pour leur seigneur, avec promesse du seigneur de les en garantir.

Les habitans de Montpellier étoient exemts de ce cautionnement, comme il resulte entr'autres actes de celui du quatriéme des calendes d'octobre 1218, par lequel Jacques Iᵉʳ, seigneur de Montpellier, reconnoit qu'il n'a point *firmanciam* sur les habitans de Montpellier, lesquels ne sont pas tenus de s'obliger ni eux ni leurs biens pour leur seigneur, si ce n'est que par pure amitié ils voulussent cautionner pour lui.

En 1231, la communauté de Montpellier ayant fait don à Jacques Iᵉʳ, roi d'Arragon & seigneur de Montpellier, de cent mile sols melgoriens, le roi, en consideration de cette liberalité, accorda aux habitans d'être exemts de tolte, quête & prêt forcé, en ces termes :

Dictum munus quod fuit donum sponte vestra nobis oblatum, nos habentes valde gratum, expressim concedimus & volumus quod ipsum munus nunquam possit respici, intelligi, vel obligari ad quistam, vel toltam, vel exactionem coactam, seu mutuum coactum, nec ullo modo ad lesionem alicujus libertatis seu consuetudinis Montispessulani. Imo non obstante ipso dono vel munere, prædicta libertas & consuetudo de quæsta & tolta & exactione non habenda, & aliæ consuetudines & libertates datæ & concessæ hominibus Montispessulani in sua firmitate & integritate remaneant & in perpetuum durent.

Les seigneurs de Montpellier se reservoient seulement d'imposer quand ils vouloient, à la taille, les Juifs, qui residoient à Montpellier, comme il resulte de la sentence arbitrale rendue le jour des ides de septembre 1260, entre le roi Jacques & Guillaume, évêque de Maguelonne, dans laquelle il est convenu que l'évêque auroit la moitié de la somme qui reviendroit de la taille competant les Juifs residans dans sa partie épiscopale ; ce qui fut confirmé par transaction de l'année suivante 1261, où il est dit : *Composuerunt ad invicem quod de talliis & censibus Judæorum in parte episcopi habitantium, habeat dominus rex & sui in perpetuum medietatem & aliam medietatem episcopus.* En 1350, le roi Philipe de Valois confirma, en faveur des habitans de Montpellier, cette exemption à eux accordée par Jacques Ier, tant par le susdit acte de 1231 que par un autre de 1258, dont il a été parlé ci-devant en l'article XLVII.

Nous avons vû dans le sixiéme livre de cette histoire, chap. 2, les lettres que Philipe-le-Bel avoit donné en 1304, dans lesquelles il déclare que les sommes qu'il avoit reçû des habitans de Montpellier pour ses guerres de Flandres, ne pouvoient être regardées comme un nouveau droit acquis pour lui ni pour ses successeurs.

ARTICLE LXI.

Le seigneur ne peut disposer des lods avant l'accomplissement de la vente.

Dominus Montispessulani vel ejus bajulus nullatenus donare, aut vendere, aut concedere potest consilium seu laudimium alicujus rei quæ ab ipso teneatur, (a) donec ipsius venditio vel alienatio sit contracta; & (b) idem servare debent omnes qui a domino Montispessulani res aliquas tenent vel tenebunt : & si contra hoc aliquid fiet * rescindi debet, nec vires aliquas poterit obtinere.

Le seigneur de Montpellier ni son bailli ne peuvent, en nule maniére, donner ou ceder le droit de lods des fonds qui relèvent dudit seigneur jusqu'à ce que la vente ou alienation soit contractée ; & la même regle doit être gardée par tous ceux qui sont ou qui seront sous la directe dudit seigneur ; & si l'on * contrevient à ce statut, ce qui aura été fait sera rescindé, & n'aura aucune force ni vertu.

PAGE 682.

NOTE.

(a) *DONEC IPSIUS REI VENDITIO VEL ALIENATIO SIT CONTRACTA.* Parce que reguliérement le droit de lods n'est acquis au seigneur que par la vente consommée.

(b) *IDEM SERVARE QUI RES A DOMINO TENENT.* La même regle obligeoit également les feudataires.

ARTICLE LXII.

De la preuve par dûel, ou combat singulier.

Duellum vel judicium candentis ferri, vel aquæ ferventis, vel alia canonibus &

Le dûel ou combat singulier, ni le jugement par le fer ardent, ou par

legibus improbata, nullatenus in curia Montispessulani rata sunt, nisi utraque pars convenerit.

eau boüillante, ni les autres preuves reprouvées par le droit canon & civil, n'ont lieu à la cour de Montpellier que du consentement des parties.

NOTE.

Cet article nous fait voir que l'anciéne maniére de chercher la verité d'un fait par la voye du combat singulier & par les épreuves du fer ardent ou de l'eau boüillante, n'étoit pas hors d'usage à Montpellier dans le tems que ces statuts furent dressez, puisqu'on semble la permettre par ces paroles : *nisi utraque pars convenerit* ; c'est-à-dire qu'on la toleroit lorsque les parties vouloient y avoir recours, quoiqu'on la tînt pour illicite.

ARTICLE LXIII.

Des acquisitions des juges dans l'étendue de leur juridiction.

(a) *Vir bajulus aut aliquis curialium Montispessulani,* (b) *honorem non debet aliquem emere,* (c) *per se aut per alium, qui a domino Montispessulani teneatur, quamdiu stabit in bajulia, nec in fraudem istorum aliquid debent facere.*

Le bailli de Montpellier ni ses officiers ne doivent acheter aucun heritage ou immeuble relevant du seigneur de Montpellier, soit à son nom, soit sous le nom d'autrui pendant tout le tems qu'ils exercent leur charge, & ils ne doivent rien faire en fraude de ce statut.

NOTE.

(a) *BAJULUS VEL ALIQUIS CURIALIUM.* Les consuls n'étoient point compris dans cette défense, comme il resulte des lettres-patentes de Jacques Ier, seigneur de Montpellier, du 6 des calendes de septembre 1231, qui sont couchées dans le grand talamus, fol. 277, par lesquelles il permet aux consuls de faire toute sorte d'acquisition.

(b) *HONOREM NON DEBET EMERE.* Conformément à l'anciéne jurisprudence du droit & des ordonnances de nos rois qui ne sont plus en usage.

(c) *PER SE VEL PER ALIUM.* Pour empêcher les acquisitions & adjudications faites par les juges, indirectement prohibées par les loix.

ARTICLE LXIV.

De la qualité des témoins sur des faits arrivez dans la ville ou hors la ville.

(a) *Ignoti testes audiri aut recipi non debent de factis quæ fiunt aut fient in*

Les témoins inconnus ne doivent pas être oüis ou reçûs sur les faits

Montepessulano, (b) *nisi a producente vita eorum probetur* (c) *inculpabilis & moderata; sed* (d) *de factis extra actiis recipi debent, licet quod dictum est non probetur. Similiter recipi debent usque ad summam centum solidorum* * *tantummodo, licet eorum vita non probetur inculpabilis & moderata.*

arrivez dans la ville de Montpellier, hormis que celui qui les produit ne prouve leur bonne vie & mœurs ; mais ils doivent être reçûs quand il s'agit de faits arrivez hors de la ville, fans la preuve dont il vient * d'être parlé ; de même les témoins doivent être reçus fans nulle preuve de leur bonne vie & mœurs, jufqu'à la fomme de cent fols tant feulement.

Page 683.

NOTE.

(a) *IGNOTI TESTES*. Les gens fans aveu & vagabons n'étoient pas reçûs pour témoins d'un fait arrivé dans Montpellier, parcequ'il étoit cenfé que dans une grande ville il ne manqueroit pas de perfonnes fans reproche, qu'on pût recevoir toutes les fois que l'occafion s'en prefenteroit.

(b) *NISI A PRODUCENTE PROBETUR*. Cette procedure particuliére, d'obliger celui qui produifoit les témoins en matiére civile de prouver qu'ils étoient de bonne vie & mœurs, n'eft plus en ufage ; c'eft à celui contre qui les témoins font produits à prouver les défauts qui font en leur perfonne.

(c) *VITA ILLORUM INCULPABILIS ET MODERATA*. Ceux qui dreſſérent ce ſtatut ont pris les propres termes de l'empereur Juſtinien. *Novelle* 90.

(d) *DE FACTIS EXTRA ACTIS RECIPI DEBENT*. A cauſe de la penurie des témoins pour les faits qui arrivent à la campagne & fur les grands chemins.

ARTICLE LXV.

Du châtiment domeſtique permis aux maîtres et peres de famille.

(a) *Domeſtica furta, feu rapinæ vel injuriæ domeſticæ, corrigantur a dominis feu magiſtris; ita quod* (b) *non teneantur reddere curiæ,* (c) *nec caſtigati de caſtigatione non audiantur in curia; domeſticos autem intelligimus,* (d) *uxorem,* (e) *fervos,* (f) *liberos, mercenarios, filios, aut nepotes,* (g) *diſcipulos, ſcolares, auditores, &* (h) *omnes mares, & fœminas, qui funt de familia.*

Il eſt permis aux maîtres de punir par voye de correction les larcins & autres injures domeſtiques, fans être obligez de prendre la voye de la juſtice : à l'égard des domeſtiques coupables qui ont été châtiez, la cour ne reçoit jamais leurs plaintes ; or, fous le nom de domeſtiques on entend la femme, les ferviteurs, les enfans, les mercenaires, les fils ou petits-fils, les diſciples, écoliers, auditeurs, & les perfonnes de l'un & de l'autre fexe qui compoſent la famille.

NOTE.

(a) *DOMESTICA FURTA VEL INJURIÆ DOMESTICÆ.* Les larcins & le manquement de refpect & d'obéiffance dûe au maître de la maifon qui avoit droit de punition corrective.

(b) *NON TENEANTUR REDDERE CURIÆ.* Il refulte que par la coûtume de Montpellier le maître avoit le choix de châtier en particulier le larcin ou de le faire punir d'autorité de juftice.

(c) *NEC CASTIGATI AUDIANTUR.* Et que les domeftiques n'avoient aucune action contre leur maître, foit que le châtiment fût grand ou léger.

(d) *UXOREM.* Selon la difpofition de ce ftatut la femme ne pouvoit pas fe plaindre en juftice des mauvais traitemens de fon mari. Maintenant les chofes ont fort changé fur ce point.

(e) *SERVOS.* Ne peut être entendu des efclaves qu'on n'avoit point à Montpellier, non plus que dans le refte du royaume; mais on l'entend des ferviteurs ou laquais qui étoient fans gages, pour les diftinguer des mercenaires qui donnoient leur travail pour la recompenfe qu'ils en recevoient.

(f) *LIBEROS.* Les enfans non plus n'avoient nulle action pour fe plaindre en juftice d'avoir été maltraitez par leur pere.

(g) *DISCIPULOS, SCOLARES.* Les apprentifs, les écoliers, fur qui les loix accordoient aux maîtres le droit d'une punition legere.

(h) *OMNES MARES ET FŒMINAS QUI SUNT DE FAMILIA.* Les neveux ou niéces, les gendres & les belles-filles fur lefquels nos loix confervoient aux pères une autorité corrective.

ARTICLE LXVI.

Des lods.

PAGE 684.

(a) *In donationibus, in* (b) *legatis, in relictis,* (c) *in fcambiis aut permutationibus, in* (d) *dotibus, vel donationibus propter nuptias, aut pignoribus dotis nomine, mulieri aut ejus viro obligatis; earum rerum * quæ* (e) *a domino Montifpeffulani ab ejus fevalibus in pertinentiis Montifpeffulani tenentur vel tenebuntur, nullum habere vel percipere debent dominus aut ejus fevales laudimium, vel confilium. Et fi ille qui transferret,* (f) *onerabit accipientem in certa pecunia danda, fi talis fit accipiens cui tranflator neceffe haberet bona fua relinquere, fcilicet fi fuerit de numero liberorum, parentum, vel fratrum, vel nepotum, vel etiam extraneus qui hæres inftituatur, aut fi* (g) *pro falute animæ fuæ injungat accipienti*

LE droit des lods ne doit pas être pris par le feigneur de Montpellier, ou par fes fermiers, pour raifon des biens donnez, leguez, délaiffez, échangez, conftituez en dot, ou donnez en faveur de * mariage, ou hipotéque pour dot à la femme, ou à fon mari, quand leurs biens font fituez dans le diftrict de Montpellier, & quand ils relèvent dudit feigneur, ou de fes fermiers; & quand celui qui tranfporte lefdits biens par quelcun des fufdits titres, charge celui qui les accepte de bailler une certaine fomme de deniers; l'acceptant, nonobftant cette charge, ne doit payer nul lods, s'il eft héritier préfomptif ou fucceffeur de celui qui en

certam pecuniam dare; ille qui dare debebit pecuniam, nullum confilium aut laudimium in jam dictis cafibus dabit. (h) *In aliis autem cafibus laudimium dabit* (i) *in quantum pecuniæ quantitas extenditur.*

étoit le propriétaire, comme s'il eft du nombre de fes enfans, parens, freres ou neveux. Non pas même quoiqu'il foit étranger, s'il eft inftitué héritier; ni lorfqu'il donne charge à l'acceptant de payer certaine fomme pour le repos de fon âme. Mais, dans les autres cas, il doit payer les lods à proportion de la fomme qu'il eft obligé de bailler.

NOTE.

(a) IN DONATIONIBUS. Quoique régulièrement le droit des lods foit dû par fimple donation, néanmoins, par la force du préfent article, il n'eft pas dû à Montpellier, où on ne le paye pas, de même que dans le refte du Languedoc, à moins que le feigneur direct n'aye un titre fpecial du contraire.

(b) LEGATIS. La même regle eft obfervée pour les legs qui font de véritables donations.

(c) IN SCAMBIIS. Cette coûtume fubfifte encore à Montpellier, tant par la force de l'article que par les prohibitions faites par lettres pafcales du roi de Mayorque, de l'an 1339, d'exiger lods de l'efchange des fonds de Montpellier.

(d) IN DOTIBUS. Tout ce qui regardoit la dot d'une femme étoit exemt du droit des lods; mais on a fait naître tant de cas fur cet article que la jurifprudence a varié.

(e) QUÆ A DOMINO MONTISPESSULANI TENENTUR. Le droit de lods, en tous les cas, qui appartenoit anciènement au feigneur de Montpellier, appartient aujourd'hui au roi, dont le fermier obtint la maintenuë par jugement de MM. les commiffaires du domaine du 17 feptembre 1685, fans néanmoins pouvoir joüir du droit d'enchere qu'il avoit demandé.

(f) ONERABIT ACCIPIENTEM IN CERTA PECUNIA DANDA. Comme fi le donateur chargeoit l'acceptant de payer fes dettes, foit qu'il fût fon héritier naturel, ce qui eft exprimé par ces mots : *cui tranflator neceffe habet fua relinquere.* Soit qu'il lui fût étranger, *vel etiam extraneus inftituatur;* parce qu'il eft toûjours vrai de dire que les biens recüeillis par l'étranger héritier n'ont pas changé de main.

(g) PRO SALUTE ANIMÆ SUÆ. La charge établie fur un fonds de terre pour la fondation d'un obit n'étoit point fujette au droit de lods, à moins que la terre ne vint à être vendue.

(h) IN ALIIS LAUDIMIUM DABIT. Le roi Jacques Ier dérogea par acte de 1231 à la difpofition du préfent ftatut, en permettant aux habitans de Montpellier d'acquérir par toute forte de titre, fans être tenus de payer aucun lods. *Grand Talamus, fol. 124, verfo.*

(i) IN QUANTUM PECUNIÆ QUANTITAS EXTENDITUR. Cet article eft encore obfervé à Montpellier; c'eft-à-dire que lorfqu'en un échange il y a retour d'argent, le lods eft toûjours dû des deniers qui ont baillez de retour, pour fi petite que foit la fomme.

ARTICLE LXVII.

Du prêt fait pour joüer.

Si pecunia detur (a) *ludentibus mutuo,* (b) *creditor contra recipientem aut* (c)

Si des joüeurs fe prétent mutuellement de l'argent, le prêteur n'a

contra fidejussorem nullam habeat actionem, nec inde audiatur. Sed si pignus inde habeat, inde habet retentionem.

aucune action contre le créancier, ni contre son répondant; mais s'il a des gages, il peut les rêtenir pour son payement.

NOTE.

(a) *LUDENTIBUS.* On entend sous cet article les jeux illicites, tels que sont les jeux de hazard.

(b) *CREDITOR.* Ce terme en général comprend ici tant celui qui est du nombre des joüeurs, quand il prête aux autres joüeurs, que celui qui ne joüe pas quand il fait le prêt.

(c) *CONTRA FIDEJUSSOREM NULLAM HABET ACTIONEM.* Cette disposition est conforme aux ordonnances de nos rois & particuliérement à celle de Moulins & de Blois, portant que toutes promesses ou obligations faites au jeu ou pour le jeu, sont nulles & de nul effet.

Néanmoins, la jurisprudence moderne de MM. les maréchaux de France est diférente en ce point de nos anciénes coûtumes.

ARTICLE LXVIII.

De l'usure promise par serment.

Petitio usuræ (a) de denariis pro denariis nulla est, nec audiri debet, nisi cum sacramento aut fide plenita sit promissa. Et hoc est jus commune ut in christianis & judæis sacramentum & fides plenita in danda usura servetur.

La demande de l'usure de deniers pour deniers est nulle & doit être rejettée, si elle n'a été promise par serment. Et c'est un droit commun tant aux chrétiens qu'aux juifs que le serment & la pleine foi soit gardée dans le prêt à usure.

NOTE.

(a) *DE DENARIIS PRO DENARIIS.* La demande des interêts pour prêt étoit prohibée à Montpellier, à moins qu'ils n'eussent été promis par serment, qui fait quelquefois violence à la loi. Aujourd'hui ce serment est inutile; car on s'en tient aux ordonnances de nos rois, qui adjugent les interêts depuis l'interpellation en cause, laquelle est regardée comme le germe du prêt.

ARTICLE LXIX.

De la peine conventionnelle.

(a) *Periculum incursionis vel* (b) *pænam promissam curia non judicet,*

Que la cour ne connoisse du peril d'incursion, ou de la peine promise,

de la ville de Montpellier.

niſi ſacramento & fide plenita ſit firmata.

que lorſqu'elle eſt appuyée du ferment, ou de quelqu'autre preuve parfaite.

NOTE.

(a) *PERICULUM INCURSIONIS.* Ce peril d'incurſion a été expliqué ci-devant en l'article XLVIII.

(b) *PŒNAM PROMISSAM.* Eſt entendu d'une peine conventionnelle à défaut de ſatisfaire à quelque promeſſe faite avec ferment.

Nos notaires inſerent dans leurs actes que les parties ont juré d'obſerver le contenu au contrat; mais ces paroles ne ſont que de pur ſtile, qui n'opérent nulle action pour demander en juſtice la peine promiſe par ferment.

Maintenant on peut toûjours reclamer du compromis, quoiqu'il contiene promeſſe conventionnelle avec ferment de n'en reclamer jamais.

ARTICLE LXX.
De l'introduction d'inſtance & des délais.

(a) *Libellus conventionalis,* (b) *nec ſpatium viginti dierum detur. Sed* (c) *craſtina die poſt motam quærimoniam, vel* (d) *poſt notionem judicis reſponderi debet.*

On ne donnera ni libelle conventionel, ni délai de vingt jours. Mais les défendeurs feront tenus répondre le lendemain de l'expoſition du clameur, ou ſelon qu'il ſera réglé par le juge avec connoiſſance de cauſe.

NOTE.

(a) *LIBELLUS CONVENTIONALIS NON DETUR.* Parceque dans l'uſage de l'anciéne cour de Montpellier l'inſtance s'introduiſoit verbalement & ſans nulle aſſignation par écrit, comme porte l'article LXXVII ci-après.

* (b) *NEC SPATIUM VIGINTI DIERUM.* On ne donnoit point les délais de vingt ni de trente jours accordez par le droit romain.

(c) *CRASTINA DIE.* Mais le lendemain la cour pouvoit prononcer, comme on fait encore dans les juſtices des hôtels & maiſons de ville, à l'égard des cauſes ſommaires.

(d) *POST NOTIONEM JUDICIS.* Ce qui montre que les délais par la coûtume de Montpellier étoient arbitraires, comme il reſulte encore plus préciſément de l'article LXXVIII ci-après.

ARTICLE LXXI.
Des délais pour payement.

(a) *Reis condemnatis* (b) *quadrimeſtres induciæ non conceduntur, ſed* (c) *judicis arbitrio dantur.*

On n'accorde pas aux débiteurs condamnez le délai de quatre mois, mais le juge leur accorde le délai qu'il juge à propos.

NOTE.

(a) *REIS CONDEMNATIS.* Cela s'entend en matiére civile; c'eſt-à-dire envers les débiteurs condamnez à payer leurs dettes.

(b) *QUADRIMESTRES INDUCIÆ.* Le délai de quatre mois qui leur étoit accordé par la loi de douze tables, leur étoit refuſé par la coûtume de Montpellier.

(c) *JUDICIS ARBITRIO.* Mais le juge avoit la liberté de leur accorder tel délai qu'il jugeoit convenable, eu égard aux facultez & à la qualité du débiteur.

ARTICLE LXXII.

Du beneſice d'ordre & de diſcuſſion.

Debitores vel fidejuſſores pro arbitrio petentis (a) *prius aut poſterius conveniuntur.*

Le demandeur a le choix d'attaquer les cautions avant ou aprés les débiteurs principaux.

NOTE.

(a) *PRIUS VEL POSTERIUS CONVENIUNTUR.* Par la coûtume de Montpellier, les cautions peuvent être convenuës les premiéres ou les derniéres, à l'option du créancier.

ARTICLE LXXIII.

Du beneſice de diviſion à l'égard des cautions.

Fidejuſſores (a) *ſine remedio epiſtolæ divi Adriani ſolvere coguntur.*

Les cautions ſont obligez de payer ſans joüir du benefice de l'épitre de l'empereur Adrien.

NOTE.

(a) *SINE REMEDIO EPISTOLÆ D. ADRIANI.* Par la conſtitution de l'empereur Adrien, la caution attaquée ou convenuë ſeule, pouvoit demander que l'action fût diviſée avec les autres cautions, afin que chacun d'eux payât ſa part & portion de la dette; mais, par la coûtume de Montpellier, le créancier peut s'en prendre à celle des cautions que bon lui ſemble pour le contraindre au payement de toute la dette.

ARTICLE LXXIV.

Des donations.

Donatio (a) *inter vivos* (b) *carens legitimis documentis* (c) *in infinitum valet.*

La donation entre vifs eſt valable, quoiqu'elle ſoit deſtituée de titres legitimes, & bien qu'elle ſoit univerſelle.

NOTE.

* Il eût été à souhaiter qu'un article aussi important que celui des donations eût été dressé avec moins de précision que celui-ci. Car on fait sur chaque terme de l'article plusieurs dificultez, qu'il est dificile de resoudre.

(a) *INTER VIVOS.* Nôtre coûtume semble oublier que la donation entre vifs est souvent une donation à cause de mort, & *vice versa.* Elle ne parle point du terme irrevocable qui est apposé à toutes les donations. Elle ne fait aucune diference des biens, meubles & des immeubles, parce que la donation des meubles pourroit être regardée comme une simple tradition, elle exclut la necessité des écritures par les mots suivans.

(b) *CARENS LEGITIMIS DOCUMENTIS.* En quoi nôtre anciéne coûtume étoit contraire au droit romain, suivant lequel toute donation entre vifs doit être accompagnée *idoneis instrumentis.*

(c) *IN INFINITUM.* Ces termes expriment les donations universelles qui étoient prohibées par la loi *Cincia*; mais, dans le païs coûtumier, il est permis à tout homme qui a la libre disposition de ses biens de les donner tous ou en partie. Maintenant on observe à Montpellier les solemnitez prescrites par les déclarations de nos rois, sur les donations entre vifs.

ARTICLE LXXV.

De diverses natures de contrats. *

(a) *Per nuncupationem, omnes contractus vigent, in quibus leges inquirunt litterarum consignationes.*

Tous contrats, qui par les loix doivent être redigez par écrit, sont valables par la seule parole.

NOTE.

(a) *PER NUNCUPATIONEM.* Par la seule parole, ou par l'aveu des parties, dont le consentement donne toute la force aux contrats. En quoi l'on ne peut assez admirer la bonne foi de nos ancêtres, qui sembloient négliger la précàution de faire écrire les obligations contractées, à quoi l'on ne manque pas maintenant.

ARTICLE LXXVI.

Des sentences verbales & de leur prononciation.

Sententia definitiva lege municipali valet, & si (a) *sine scriptis fuerit* (b) *recitata.*

Par la coûtume, une sentence définitive est valable, quoiqu'elle ait été prononcée sans écriture.

NOTE.

(a) *SINE SCRIPTIS.* Cet article, qui est conforme à la coûtume de Toulouse, fut ensuite corrigé à Montpellier, par l'article VII de la partie septiéme ci-après, qui ordonne que toutes les sentences fussent redigées par écrit dans les regîtres du greffe.

(b) *RECITATA*. Selon nôtre ancien ufage, la fentence définitive prenoit toute fon autorité de la recitation ou prononciation verbale qu'en faifoit le juge. Surquoi on remarque que par l'ancien ufage du parlement de Paris on deftinoit le famedi pour prononcer tous les arrêts rendus dans le cours de la femaine, comme il eft raporté dans le 8e tome du *Journal du Palais*, page 138.

Par l'ordonnance de 1667 cette formalité fut abrogée dans toutes les cours de juftice.

ARTICLE LXXVII.

De l'affignation ou ajournement.

Partium fiat citatio (a) *judicis arbitrio,* (b) *fine folemni dierum numero &* (c) *fine fcriptis.*

L'ASSIGNATION doit être donnée aux parties à la volonté du juge, fans les délais folemnels du droit & fans écritures.

NOTE.

Cet ufage ne fubfifte à Montpellier que devant les confuls majeurs de la ville, lefquels, à la feule requifition d'une partie & pour caufes fommaires, envoyent un des valets ou écudiers de leur fuite enjoindre au défendeur * de comparoir devant eux, à l'heure qui leur eft prefcrite.

(a) *ARBITRIO JUDICIS.* Par la difpofition de cet article, il faloit s'adreffer au juge pour obtenir la permiffion ou commiffion de faire affigner les parties.

(b) *SINE SOLEMNI DIERUM NUMERO.* Sans la folemnité des délais établis par le droit romain, dont il a été parlé ci-devant en l'article LXX.

(c) *ET SINE SCRIPTIS.* Cela s'entend des deux premières affignations qui étaient verbales, mais non de la troifiéme qui devoit être par écrit, fuivant l'article XV de la partie 7 ci-après.

ARTICLE LXXVIII.

Des délais arbitraires.

Dilationes temporum non ferventur fed ex (a) *bono & æquo arbitrio judicis* (b) *abbrevientur.*

LES délais du droit ne font pas obfervez; mais ils doivent être laiffez à la prudence & à l'arbitre du juge qui les doit modérer.

NOTE.

Cet article fert à éclaircir le précedent & fait voir que les délais étoient arbitraires.

(a) *BONO ET ÆQUO ARBITRIO JUDICIS.* Ils étoient laiffez à la prudence du juge; mais ils n'étoient pas fi arbitraires qu'il ne dût faire fon poffible pour les abreger.

(b) *ABBREVIENTUR.* Pour ne pas éternifer les procès contre l'intention de tous les legiflateurs.

ARTICLE LXXIX.

De l'audition des témoins.

Judex debet (a) *inquirere testes* (b), *non autem eis aliquid suggerere.*

Le juge doit examiner les témoins sans leur rien suggerer.

NOTE.

(a) INQUIRERE. Interroger les témoins sur tout ce qui peut servir à découvrir la verité.

(b) NON AUTEM SUGGERERE. Parcequ'il se montreroit visiblement suspect & recusable, en témoignant du penchant pour l'une des parties au préjudice de l'autre.

ARTICLE LXXX.

De l'absence de l'avocat ou procureur de la cause.

Advocati absentia non differuntur jurgia.

La contestation de la cause ne doit pas être diferée par l'absence de l'avocat.

NOTE.

Nous avons vû dans l'article VII de ces coûtumes que, pour abreger les procès, les avocats n'étoient pas toûjours employés en l'anciéne cour de Montpellier. Par le même motif, on vouloit qu'ils fussent assidus, lorsque leur ministére étoit nécessaire. C'est ce qui donna lieu à la disposition du présent article, & fit ensuite établir par un nouvel statut que les avocats, de même que tous les jurisconsultes de cette ville, promettroient tous les ans par serment, non-seulement d'assister avec assiduité aux audiences, mais aussi de ne requerir jamais des délais pour fuir ou chicaner.

ARTICLE LXXXI.

Des habitans forains & des impositions qui les concernoient.

De domibus hominum (a) *non hic habitantium, nemo debet accipere nisi* (b) *partem dimidiam obventionum eorum, & hoc solummodo accipiatur* (c) *ad opus communitatis Montispessulani.*

Pour raison des maisons des habitans forains de Montpellier, on ne doit prendre que la moitié des revenus d'icelles, * pour être employée seulement aux ouvrages ou affaires de la communauté de Montpellier.

NOTE.

(a) *NON HIC HABITANTIUM.* C'eft-à-dire ceux qui poffedent des terres, métairies & autres poffeffions dans le terroir & taillable de la ville, même des maifons ou cazals dans fon enclos, & qui pourtant n'y ont pas leur domicile, ou n'y font pas leur habitation.

(b) *PARTEM DIMIDIAM OBVENTIONUM.* Leur contribution étoit fixée à la moitié des loyers de la maifon ou cazal qu'ils avoient dans Montpellier.

(c) *AD OPUS COMMUNITATIS.* Puifqu'ils joüiffoient des droits & facultez des habitans de la ville, il étoit bien jufte qu'ils contribuaffent aux impofitions & frais municipaux.

Il eft à obferver que ces impofitions fe faifoient autrefois par feux & non par diocéfes, fans exception de perfonnes, comme on le voit dans un grand nombre d'aĉtes confervez dans nôtre grand talamus, pour les reparations & fortifications des murailles, pour dettes de la communauté, pour mariages des filles de nos rois, pour la défenfe de l'Eglife, frais de guerre contre l'Angleterre, & principalement pour la rançon du roi Jean.

Il fufifoit autrefois que la communauté eût deliberé ces fortes d'impofitions, mais à prefent elles ne peuvent être faites que d'autorité du prince.

ARTICLE LXXXII.

Du loüage des maifons & de leur privilége.

Dominus vel locator (a) *domus, vel ejus nuntius pro eo,* (b) *inquilinum poteft expellere de domo,* (c) *pro propria domini aut locatoris ftaga,* (d) *nifi conventio ad hoc reclamet; & fi* (e) *non folverit penfionem, poteft cum de domo* (f) *authoritate fua ejicere, & domum claudere, & omnia inquilini qua intus invenerit* (g) *pro fua penfione retinere.*

Le maître ou le locateur d'une maifon, ou celui qui a fon ordre, peut faire vuider le locataire quand il veut y habiter lui-même, hormis qu'il n'ait été autrement convenu; & fi le locataire n'a pas payé les loyers, le locateur a droit de l'expeller de fa propre autorité, de fermer fa maifon, & de retenir pour fon payement tout ce qu'il y trouvera appartenant au locataire.

NOTE.

Cet article a été longtems obfervé à Montpellier dans toute fa teneur; mais la jurifprudence moderne y a mis quelques modifications que je dirai dans la fuite.

(a) *DOMUS.* Ce mot s'entend ici des maifons fituées dans la ville ou dans les fauxbourgs.

(b) *PRO PROPRIA LOCATORIS STAGA.* Pour la demeure du proprietaire de la maifon. Il faut maintenant qu'il foit furvenu quelque cas qui mette le proprietaire dans la neceffité de demander fa propre maifon pour s'y loger; il faut encore que ce cas n'eût pu être prévû.

(c) *INQUILINUM POTEST EXPELLERE.* On accorde quelques dédommagements au locataire expulfé qui fe réduifent ordinairement au tranfport des meubles que le locataire fait faire à fes fraix & dépens.

(d) *NISI CONVENTIO AD HOC RECLAMET.* Parcequ'il est permis à un chacun de renoncer à son privilége.

(e) *SI NON SOLVERIT PENSIONEM.* L'usage immemorial à Montpellier est de payer le loyer de six en six mois par avance; mais, par le même usage, le locateur ne peut expeller le locataire que lorsqu'il est en demeure de payer depuis deux ans.

(f) *AUTHORITATE SUA.* Maintenant il est obligé de recourir à l'autorité de la justice.

(g) *PRO SUA PENSIONE RETINERE.* Les meubles du locataire sont encore affectez au payement du loyer, preferablement à tous autres; mais, par l'usage d'aujourd'hui, le locateur doit prendre la voye de la saisie.

ARTICLE LXXXIII.

De la portion que devoit payer le collecteur du droit de leude & de coupe.

(a) *Captalarius non debet* (b) *præstare lesdam vel cuppas, nisi pro ea parte pro qua pertinet ad eum lucrum jam tunc acquisitum.*

LE captalier ne doit payer les leudes ou coupes que pour la portion pour laquelle le gain qu'il a déjà fait lui appartient.

NOTE.

(a) *CAPTALARIUS.* Les disputes qu'il y a depuis longtemps à Montpellier sur le droit de coupe ont été cause qu'on a jetté de l'obscurité sur la signification du mot *captalarius*.

Ducange, dans son glossaire sur le mot *cuppa*, raporte tout au long le present article de nos statuts, & veut qu'on lise *capitularius*, & qu'on explique ce mot par celui de *lesdarius*, ce qui revient à celui d'exacteur du droit de leude ou de coupe.

PAGE 690.

Jean Solas, conseiller au présidial de Montpellier & professeur en la faculté de droit de cette ville, dans les commentaires qu'il a fait sur quelques-uns de nos statuts, lit, comme Ducange, *capitularius* pour *captalarius*, mais il explique ce mot par celui de chef de famille, *tanquam caput laris*.

Lazare Gauteron dit tout simplement que ce mot vient de celui de *captare*, & qu'il signifie ici le receveur ou exacteur du droit de leude, qui étoit tout semblable à un autre droit appelé captage ou capeage.

(b) *PRÆSTARE LESDAM VEL CUPPAS.* Le sens de cet article (selon M. de Solas) est que lorsqu'un chef de famille achete quelque denrée sujette au droit de leude, il ne paye rien parceque les habitans de Montpellier sont exemts du droit de leude ; mais s'il revend la même denrée, il en doit payer les droits, conformément à un jugement du présidial de Montpellier qu'il cite, par lequel certains marchands de Montpellier furent condamnez à lui payer (comme proprietaire de la moitié du droit de coupe) une portion du blé qu'ils avoient acheté pour revendre.

La pensée de L. Gauteron est qu'on obligeoit l'exacteur ou captalier de contribuer aux leudes ou coupes à proportion du profit qu'il faisoit en ladite exaction, parcequ'on jugeoit raisonnable que, puisqu'il avoit quelque avantage dans cet emploi, il en suportât aussi les charges. Son sentiment est conforme à un arrêt du 27 janvier 1519, cité par Philippy dans ses *Arrêts de consequence de la cour des aides de Montpellier*, art. IV, page 3, par lequel un habitant de la ville, qui avoit obtenu la concession de ce droit de coupe, fut declaré contribuable aux tailles, pour ce même droit.

ARTICLE LXXXIV.

De la liberté des mariages.

Ullus dominus Montispessulani, vel aliquis pro eo, nullatenus debet compellere viduam, aut aliquam mulierem ad nuptias contrahendas; nec aliquo modo sine voluntate mulieris, & ejus amicorum, se inde debet intromittere.

Nul seigneur de Montpellier ou autre pour lui ne doit contraindre les veuves ou autres femmes à se marier; ni se mêler en aucune manière de leur mariage sans leur volonté, & sans celle de leurs amis.

NOTE.

Cet article n'a pas besoin d'explication pour faire voir que, selon nos anciénes loix, personne ne pouvoit donner aucune atteinte à la liberté des mariages.

ARTICLE LXXXV.

Peine des ravisseurs.

Sed (a) puella quæ nunquam habuit virum non possit nubere (b) sine consilio parentum suorum, vel (c) cognatorum, vel (d) gadiatorum; & ille qui eam duxerit sine consilio jam dictorum, (e) incidat in miseratione domini, persona ejus & tota sua substantia.

Mais la fille qui n'a jamais été mariée ne peut point se colloquer en mariage sans le conseil de ses pere & mere, parens ou tuteurs; & celui qui entreprendra de l'épouser sans le conseil desdites personnes sera exposé à la merci du seigneur, lui & tous ses biens.

NOTE.

(a) *PUELLA.* La prohibition faite par cet article aux filles fut étendûe aux mâles par l'art. II de la neuviéme partie de ces statuts.

(b) *SINE CONSILIO PARENTUM.* On entend par ces paroles le pere & la mere.

(c) *VEL COGNATORUM.* Pris subsidiairement, lorsque les enfans n'avoient ni pere ni mere.

(d) *VEL GADIATORUM.* Ce terme, dans nos coûtumes, se prend toûjours pour les tuteurs des pupilles.

(e) *INCIDAT IN MISERATIONE DOMINI.* On explique ces mots par ceux-ci, *sub pœna indignationis domini,* pour dire que la peine du ravisseur étoit soumise à l'arbitre du seigneur. D'où vient qu'à présent on se conduit à Montpellier par les ordonnances de nos rois sur ce fait.

ARTICLE LXXXVI.

Des poids & mesures & de la police.

Æqualitas servari debet (a) *in sestariis* * *& eminalibus; & majus vel minus sestariis & eminalibus; & majus vel minus sestarium aut eminale non debet esse salis & brenni quam tritici; &* (b) *in marcis & in unciis, & in libris, & in aliis ponderibus, &* (c) *in cannis & in alnis, &* (d) *in ferro quintalli,* (e) *æqualitas servetur, secundum quod antiquitus servatum est; & in* (f) *esmero auri & argenti similiter : & ad custodiam istorum,* (g) *duo probi homines constituantur, qui bis singulis annis omnia recognoscant.*

On doit garder égalité aux sétiers, * émines & autres mesures; & le sétier ou émine du sel ou du son, ne doit être ni plus grand ni moindre que le sétier ou émine du blé; égalité doit être aussi gardée aux marcs, onces, livres & autres poids; de même qu'aux cannes & aunes, & au poids du fer & quintal, comme elle a été gardée de toute anciéneté; & il doit être de même de l'émail, de l'or & de l'argent. Et pour tenir la main à ce que cette égalité soit gardée, deux prud'hommes doivent être établis pour reconnoître le tout deux fois l'année.

PAGE 691.

NOTE.

(a) *IN SESTARIIS ET EMINALIBUS.* La mesure ordinaire de grain est appellée sétier à Montpellier, & la demi-mesure émine. On s'en servoit également (comme on fait encore) pour mesurer le sel & le son, à qui l'on conserve en patois le nom de bren.

(b) *IN MARCIS, ET UNCIIS, ET LIBRIS.* Le poids du marc, de l'once & de la livre, étoit le même qu'à présent.

(c) *IN CANNIS ET ALNIS.* On mettoit une diference entre l'aune & la canne, comme on fait encore ; la canne, qui est plus longue que l'aune, est en usage parmi nos artisans.

(d) *IN FERRO QUINTALLI.* Il y a encore à Montpellier un carrefour appellé le Poids du Fer ; le droit en est réuni au poids du roi depuis la sentence arbitrale, dont j'ai souvent parlé, entre l'evêque de Maguelonne & le roi Jacques Ier, en 1260, par laquelle le seigneur de Montpellier fut relaxé de la demande de *ferro* que faisoit l'evêque ; lequel fut restraint à connoître des faux poids & des fausses mesures qui se trouveroient dans sa partie épiscopale, sauf lorsqu'il y auroit lieu, par la grieveté des circonstances, d'infliger la peine de mort ou de mutilation des membres.

(e) *ÆQUALITAS SERVETUR SECUNDUM QUOD ANTIQUITUS SERVATUM EST.* Cela fait voir que les poids & les mesures dont nous nous servons étoient en usage à Montpellier longtems avant que les présens statuts eussent été redigez par écrit.

(f) *IN ESMERO AURI ET ARGENTI.* L'émail en orfévrerie étoit vendu au prix de l'or même ; c'est pourquoi il en est fait mention dans cet article, séparément des autres poids & mesures. Il fut fort en vogue sous François Ier, mais sous Charles IX il fut prohibé en orfévrerie par l'abus qu'on en faisoit.

(g) *DUO PROBI HOMINES CONSTITUANTUR.* La connoissance de cette police a varié ; tout ce qui regarde l'orfévrerie est du ressort des juges de la monnoye ; nos consuls connoissent des poids & mesures des menuës denrées, ils mettent à l'amende les vendeurs qu'ils trouvent en faute; ils enlevent leurs faux poids ou mesures, & les font cloüer à la porte de l'hôtel-de-ville ; mais, quant aux grosses marchandises, le crime de faux poids & de fausse mesure est dévolu aux juges présidiaux, privativement à tous autres.

ARTICLE LXXXVII.

De la peine de celui qui aura fraudé la leude.

In retentis & retinendis lesdis ab extraneo, nulla pœna (a) *nullum periculum incursionis imponatur; sed* (b) *forte tenus restituantur : sed si habitatore hujus villæ requisito, retentæ fuerint, satisfiat inde* (c) *in duplum.*

L'ÉTRANGER ne doit pas être soûmis à la peine ou peril d'incursion pour fraude par lui commise au payement des leudes, lesquelles seulement on doit le contraindre de payer ; mais l'habitant de Montpellier qui, après avoir été requis de les payer, ne l'a pas fait, doit être condamné à la peine du double.

NOTE.

(a) *NULLUM PERICULUM INCURSIONIS.* Sans confiscation.

(b) *SORTE TENUS RESTITUANTUR.* On se contentoit seulement de faire payer à l'étranger les droits qui étoient dûs.

(c) *IN DUPLUM.* Mais on l'exigeoit au double de l'habitant, parcequ'il étoit censé sçavoir mieux les loix & les coûtumes de la ville.

Aujourd'hui la peine du double n'est plus en usage.

ARTICLE LXXXVIII.

Du ban & arriére-ban.

PAGE 692.

* (a) *Host & cavalcadam habet dominus Montispessulani* (b) *in hominibus ejusdem villæ præsentibus & futuris, dumtaxat pro maleficiis &* (c) *injuriis illatis hominibus vel dominationi, vel terræ Montispessulani de quibus* (d) *malefactor nollet facere rationem, quam*

* Le seigneur de Montpellier n'a droit de host & chevauchée sur les habitans de ladite ville presens & à venir, que pour raison des malefices & injures commises contre les habitans, ou contre la seigneurie & terre de Montpellier. Et quand il ne veut

cavalcadam tunc homines faciunt (e) *se-cundum antiquum & consuetum modum Montispessulani.*

pas tirer raison des malfaiteurs, alors les habitans doivent faire la chevauchée selon l'usage ancien & ordinaire à Montpellier.

NOTE.

(a) *HOST ET CAVALCADAM.* Termes sinonimes qui signifient le service de guerre auquel les vassaux étoient tenus envers leur seigneur féodal.

(b) *IN HOMINIBUS EJUSDEM VILLÆ.* Les habitans de la partie épiscopale y étoient compris, comme il est porté dans la transaction de 1261, entre l'evêque & le roi Jacques I*er*, seigneur de Montpellier, à l'exception des ecclésiastiques, des enfans, des sexagenaires, des notaires, jurisconsultes, philosophes, &c.

(c) *INJURIIS ILLATIS HOMINIBUS, DOMINATIONI, TERRÆ MONTISPESSULANI.* Le bien public des habitans ou du seigneur devoit être le motif de ces chevauchées.

(d) *SI NOLLET FACERE RATIONEM.* Mais si le seigneur negligeoit de tirer raison des dommages causez à la ville, les habitans, selon la disposition de cet article, avoient droit de lever des troupes pour se défendre.

(e) *SECUNDUM ANTIQUUM ET CONSUETUM MODUM.* Cette anciéne maniére n'est pas susisament expliquée, à moins qu'on n'entendît par ces paroles le tems que devoit durer ce service & la somme que chacun devoit contribuer.

ARTICLE LXXXIX.

Le péage prohibé à Montpellier.

(a) *Dominus Montispessulani non accipit* (b) *pedaticum in tota terra Montispessulani.*

LE seigneur de Montpellier n'exige point le péage dans toute sa terre.

NOTE.

(a) *DOMINUS MONTISPESSULANI NON ACCIPIT.* Pour l'intelligence de ces paroles il est bon de rapeller ce qui a été dit dans le second livre de cette histoire pour l'année 1194, que Guillaume, fils de Mathilde, après avoir reçû de Raymond, fils de Faidite, comte de Toulouse & de Melgüeil, les terres de Frontignan, d'Omelas & du Pouget, promit à Raymond de ne prendre jamais aucun droit de peage ou de guidage dans toute la comté de Substantion, c'est-à-dire de Melgüeil.

Pour rendre cette exemption plus autentique, les habitans de Montpellier n'oubliérent pas de l'inserer dans leurs coûtumes, lorsqu'ils voulurent les faire approuver par Pierre, roi d'Arragon, & par Marie de Montpellier, son épouse.

Ils obtinrent ensuite, en 1226, du roi St Loüis une sauvegarde, portant affranchissement en leur faveur de tous péages.

(b) *PEDATICUM.* Une version anciéne de nos statuts porte *Pedagium*, mais l'un & l'autre de ces mots signifie le droit de péage, qui se prend sur le passage du bétail ou des marchandises, introduit autrefois pour l'entretien des ponts & passages.

ARTICLE XC.

Des renonciations des filles aux successions futures, & de la restitution en entier des mineurs.

Pactiones, conventiones & absolutiones quas puellæ faciunt patri & matri, * *aut patri tantum, vel matri post mortem patris, de* (a) *bonis suis, aut parentum,* (b) *tempore quo maritant eas, etiamsi minores viginti quinque annis fuerint perpetuum valeant, dum tamen sacramento firmatæ fuerint; sed in* (c) *omnibus aliis casibus circa mares & fœminas, ætas viginti quinque annorum spectetur, sicut jus scriptum est.*

Les pactes, conventions & quittances que les filles font à leur pere & mere, * ou à leur pere seul, ou à leur mere après le decès de leur pere, de leurs biens ou de ceux de leurs autres parens, dans le tems qu'ils colloquent leur fille en mariage, quoiqu'elles soient mineures de vingt-cinq ans, sont toûjours valables, pourveu qu'elles soient confirmées par serment; mais, en tout autre cas, on doit faire moment à l'âge de vingt-cinq ans, tant à l'égard des mâles que des filles, conformément au droit écrit.

NOTE.

La disposition de cet article peut être regardée comme une suite de tout ce qui fut fait à Montpellier en 1197, lors du mariage de Marie de Montpellier avec Bernard, comte de Comenge, sur lequel je renvoy le lecteur au livre III du chapitre III de cette histoire. On y verra les renonciations de cette princesse âgée de quinze à seize ans, les sermens de toutes les parties qui intervinrent à cette renonciation pour la rendre plus solemnelle & la reservation qui y fût faite.

Ces sortes de renonciations sont encore valables à Montpellier, dans plusieurs circonstances, pour la conservation des familles.

(a) *DE BONIS SUIS.* C'est-à-dire de la succession future de celui en faveur de qui la renonciation est faite.

(b) *TEMPORE QUO MARITANT EAS.* Condition essentielle pour rendre lesdites renonciations légitimes, soit dans le tems que les filles se marient corporellement, aux termes de l'article; soit spirituelement par le contrat de possession religieuse. Il faut encore :

1º Que le mariage soit ensuite accompli;
2º Qu'il le soit du vivant de celui aux biens duquel la renonciation est faite ;
3º Que la fille qui renonce en se mariant soit pubere;
4º Qu'elle reçoive une dot dans son contrat de mariage ;
5º Et que cette dot soit proportionnée aux biens du pere qui la constituë.

(c) *IN ALIIS CASIBUS ÆTAS XXV ANNORUM SERVETUR.* Dans tous les autres cas on conserve aux mineurs lesez le benefice de la restitution.

ARTICLE XCI.

Voye de fait prohibée au seigneur de Montpellier.

Dominus Montispessulani ulla occasione capere vel facere capi nullatenus debet aliquem habitatorum Montispessulani præsentium aut futurorum; (a) nec ei denegare comitatum, nec (b) res ejus aliquatenus occupare, vel impedire; qui ei justitiam & rationem facere velit; sed in his omnibus; (c) ordo judicialis servari habet : sed ad hoc (d) exules excipiuntur.

Le seigneur de Montpellier ne doit en nule rencontre ni maniére prendre ou faire prendre aucun des habitans de Montpellier préfens ou à venir, ni leur dênier son saufconduit, moins encore s'emparer de leurs biens, ou les troubler en la joüissance d'iceux, s'il veut leur faire raison & justice; car, en ces occasions, l'ordre judiciaire doit être gardé, à l'exception de ceux qui ont été bannis de Montpellier.

NOTE.

(a) *NEC EIS DENEGARE COMITATUM.* Ce mot est expliqué en françois par celui de saufconduit ou sauve-garde ; de même qu'aux articles précedens XI & XXIX. *Ducatum præstare & securitatem præstare*, est la même chose.

(b) *RES EORUM OCCUPARE.* On peut voir, à ce sujet, tout ce qui est contenu dans l'article IV ci-devant.

(c) *ORDO JUDICIALIS SERVARI DEBET.* Le seigneur de Montpellier n'usoit point de voye de fait ; mais, ayant établi un ordre judiciaire, il s'y soumetoit lui-même.

(d) *EXULES EXCIPIUNTUR.* On peut voir ce qui a été déjà dit dans le XVIII⁰ article, au sujet de ces exilez.

ARTICLE XCII.

De la cause qui survient après la perfection de l'acte.

* *Testis qui tempore testamenti facti vel negotii contracti, erat bonæ opinionis,* (a) *licet postea factus sit infamis; nihilominus de eo testamento, vel negotio, sicut bonus & legalis testis credatur.*

* Quoique le témoin, qui au tems de la faction du testament ou du contrat, étoit de bonne réputation, devienne ensuite infame, il ne reste pas d'être autant digne de foi pour raison dudit testament ou contrat, que tout autre témoin sans réproche.

PAGE 694.

NOTE.

(a) *LICET POSTEA FACTUS SIT INFAMIS.* La regle établie dans cet article est conforme à la manière commune du droit, par laquelle il demeure établi que la cause qui survient après l'acte, n'est jamais capable de donner atteinte audit acte, une fois parfait.

ARTICLE XCIII.

Du privilége de l'étranger nouvellement marié à Montpellier.

Extraneus homo qui in villa Montispessulani duxerit uxorem, (a) *& ibi remanebit,* (b) *liber sit per annum & diem de cavalcada, & host, &* (c) *gacha.*

L'ÉTRANGER qui se marie à Montpellier & habite dans ladite ville, est exemt durant l'an & jour de chevauchée, host & ronde pendant la nuit.

NOTE.

(a) *ET IBI REMANEBIT.* Il paroît que le privilege, dont l'article fait mention, n'étoit pas accordé à l'habitant originaire de Montpellier, mais seulement à celui qui, étant né ailleurs, étoit venu établir son domicile & se marier dans cette ville.

(b) *LIBER SIT PER ANNUM.* Conformément à la loi du Deuteronome, chapitre 24, verset 5.

(c) *GACHA.* J'explique ce mot par celui de ronde qu'on faisoit faire aux habitans pendant la nuit. Ce mot est souvent mentionné dans les anciens statuts de Maguelonne, qui ordonnent aux soldats de la ronde de faire des contremarches. *Et dicta gacha tenetur facere salsas.*

ARTICLE XCIV.

Des officiers de la commune clôture.

Statutum est ut (a) *probi & legales viri de Montepessulano cum jurejurando eligantur qui debent arbitrari* (b) *cum jurejurando bona & facultates singulorum, & indicere & manifestare quantam unusquisque quantitatem debeat dare & expendere in iis quæ opus erunt* (c) *ad constructionem murorum; & isti possunt minuere vel augere in singulis hominibus, secundum quod eis bona fide visum fuerit*

IL est ordonné que des prud'hommes, gens de bien de Montpellier, feront élûs avec serment pour examiner les biens & les facultez d'un chacun, & declarer quelle est la portion en laquelle chacun doit contribuer pour subvenir à ce qui sera nécessaire à l'entretien des murailles de la ville, avec pouvoir ausdits prud'hommes d'augmenter ou dimi-

pro exiguitate, pro tenuitate, pro opulentia patrimonii cujusque : & isti eligantur cum jurejurando (d) *a quatuordecim, scilicet a duobus de unaquaque scalarum, qui quatuordecim jurent eligere bona fide : et omnia ista sint annualia, ita quod nemo ibi morari debet nisi* (e) *per annum, & postea alii eodem * modo substituantur; & illi supradicti quatuordecim colligere debent pecuniam pertinentem ad constructionem murorum, accipere & expendere in constructionem, sicut eis melius visum fuerit.*

nuer de bonne foi, quand ils le jugeront à propos, lesdites portions, eu égard aux grandes ou mediocres facultez des héritages d'un chacun ; & l'élection desdits prud'hommes sera faite avec serment par les quatorze; sçavoir, par deux de chacune des échelles, qui jureront de procéder * de bonne foi à ladite élection, laquelle sera annuelle; c'est-à-dire que nul ne pourra rester qu'un an en cette charge de prud'homme, après laquelle année il en sera élû d'autres de la même maniére. Et le devoir desdits prud'hommes élûs par lesdits quatorze, est de recevoir les deniers destinez à l'entretien des murailles, & de les employer à cet usage, comme ils verront bon être.

PAGE 695.

NOTE.

(a) *PROBI HOMINES.* Ce nom de prud'hommes, donné souvent à nos consuls, est donné ici aux officiers de la commune-clôture, qui devoient regler l'imposition dont il est parlé dans cet article.

(b) *CUM JUREJURANDO.* Avec serment de la part des électeurs & de ceux qui auroient été élûs.

(c) *AD CONSTRUCTIONEM MURORUM.* Pour l'entretien & reparation des murailles ; ils furent appellez *operarii communis clausuræ.* J'en ai parlé au long dans le IXe livre de cette histoire, chapitre II, page 161.

(d) *A QUATUORDECIM.* Ces quatorze, après avoir élû les consuls, élisoient les ouvriers de la commune-clôture.

(e) *PER ANNUM.* Ils n'étoient en exercice que pendant un an, de même que les consuls.

ARTICLE XCV.

Presens faits en faveur des nôces.

Dotes, aut hæreditates, aut propter nuptias donationes, vel sponsalitiæ largitates, (a) *æquis passibus non ambulent; sed* (b) *pro libitu conferentium, ex utraque parte, aut ex una sola valeant.*

Les constitutions de dot, les héritages, les donations en faveur des nôces, ou les liberalitez faites aux épousailles, ne marchent point à ce pas égal; mais elles prénent toute leur force de la volonté de ceux qui donnent ou de ceux qui reçoivent.

NOTE.

(a) *ÆQUIS PASSIBUS NON AMBULENT.* Par la raison générale que si tous les contrats se ressemblent en quelque chose, ils sont néanmoins diferens par les circonstances qui déterminent souvent les loix à faire des regles particuliéres pour chaque espece de contrat.

(b) *PRO LIBITU CONFERENTIUM.* Cette disposition peut être regardée comme une suite de l'article LV de ces coûtumes, qui permet au pere & à la mere de laisser à ses enfans ce qui lui plaît.

ARTICLE XCVI.

Divers subsides.

Monopolium vel (a) *ratsa, vel tratza nullatenus fiat.*

Qu'il ne soit fait en aucune maniére des monopoles, des ratses ou tratzes.

NOTE.

(a) *RATZA, TRATZA.* Nom odieux qu'on donnoit généralement à tous les subsides : ainsi, on disoit ratza du mot latin *radere*, qui signifie racler; tratza de celui de *trahere*, qui veut dire tirer; comme nous avons vû que celui de tolte venoit de *tollere*, qui signifie ôter & enlever.

ARTICLE XCVII.

Des fours & des moulins.

In furnis & molendinis mensura servetur * *arbitrio bonorum virorum.*

PAGE 696.

Que la mesure soit gardée aux fours * & aux moulins, de la maniére qu'il aura été reglé au jugement des gens de bien.

NOTE.

Nos ancêtres, dans le tems qu'ils dressérent ces statuts, ne jugérent pas à propos de marquer en détail quelle étoit cette mesure pour les fours & pour les moulins; mais dans un reglement fait huit ans après par nos consuls, c'est-à-dire en 1212, il est défendu à toute personne de Montpellier de donner au fermier du four bannal des torteaux ou gâteaux, ni de la farine à celui qui porte le pain sur des planches de bois, à celle qui le garde ou à la fourniére, ni à aucune des autres personnes qui demeurent dans le four. On regla que pour la cuite du pain, pour le porter ou le raporter, & généralement pour tout ce qui doit être payé à cette occasion, on donneroit tout au plus pour chaque sétier de farine deux deniers & une obole de Melgüeil : *Nullus in Montepessulano det tortellos neque farinam furnariis, neque posteriis, nec reigarda, neque furna-*

riæ, neque aliis perfonis in furno commorantibus : fed pro furnagio, & cuftodia, & coquendo, & portando & reportando panem, & pro aliis omnibus quæ pro occafione panis peti poffunt, non detur ad plus pro quolibet feftario farinæ, nifi duos denarios & obolum Melgorienfem.

Le prix a augmenté à proportion de l'augmentation de l'argent, mais on obferve encore de ne faire qu'un feul payement pour chaque fétier de farine, & l'on ne connoit plus ce grand nombre d'exacteurs dont il eft parlé dans ce reglement.

Il auroit été à fouhaiter qu'on nous eût confervé les autres reglemens qui furent faits pour les moulins, mais les procez que la ville a été obligée d'avoir à ce fujet ont fait éclipfer fes meilleurs titres.

ARTICLE XCVIII.

Des lettres marquées au fceau de la ville.

De bulla ita decretum eft, ut nemo invitus cogatur bullare; & fi quis bullaverit propria voluntate non det pro bulla nifi fex denarios, & pro figillo cereo quatuor denarios & non amplius; & quod quidam probus & legalis homo hujus villæ & non alius teneat bullam & figillum; & ille teneatur facramento aftrictus univerfitati hujus villæ.

Il eft ordonné que perfonne ne foit contraint de prendre contre fon gré des lettres-patentes, marquées au fceau de la ville; mais fi quelcun en prend volontairement, il ne donnera que fix deniers pour les lettres, & quatre pour le fceau de cire. Il eft auffi ordonné qu'un homme de probité de la ville, & non d'ailleurs, tiendra l'exemplaire des lettres-patentes & le fceau, après avoir fait ferment de fervir fidélement la communauté.

NOTE.

Le grand commerce des habitans de Montpellier les obligeant à faire de longs voyages, ils prenoient des certificats ou lettres de recommandation marquées au fceau de la ville; on declare pour maintenir la liberté publique que perfonne ne fera contraint de prendre ces fortes de lettres, *non cogatur bullare.*

Mais, pour en faciliter l'expedition à ceux qui en voudroient, on regle les droits de ces lettres, & l'on veut que l'exemplaire & le fceau foient entre les mains d'un homme de probité de la ville & non d'ailleurs.

ARTICLE XCIX.

Actions contre le débiteur étranger.

A creditore feu damnum aut injuriam paffo, debitor vel malefactor extra-

Le débiteur ou le malfaiteur étranger peut être détenu par fon créan-

neus (a) *potest retineri,* (b) *quando suspicatur ut fugiat, cum ad curiam venire renuerit; &* (c) *si ad curiam eo deducto* (d) *nihil detentor possit consequi, detentus a detentore vel coadjutoribus suis non possit conqueri, si* (e) *sacramento calumniæ ille detentor se purgaverit; & ab* (f) *hoc excipiuntur secundum quod dictum est, homines comitatus Melgorii,* (g) *& clerici.*

cier & par celui qui a soufert quelque dommage ou injure de lui, lorsqu'il est soupçonné de méditer sa fuite, & qu'il ne veut pas se presenter à la cour; que si après y avoir été conduit son détenteur ne peut rien obtenir de lui, le détenu ne peut se plaindre du détenteur ni de ses adjoints, s'ils viénent à se purger par le serment de calomnie; mais dans cette regle ne sont pas compris les habitans du comté de Melgüeil & les gens d'église, comme il a été dit.

PAGE 697.

NOTE.

(a) *POTEST RETINERI.* Cette disposition est relative à l'article XXXII de ecs statuts, par lequel Montpellier est établi ville d'arrêt contre les débiteurs forains.

(b) *QUANDO SUSPICATUR UT FUGIAT.* Première raison pour arrêter le débiteur.

(c) *AD CURIAM VENIRE RENUERIT.* Autre raison pour douter de sa bonne foi.

(d) *NIHIL DETENTOR POSSIT CONSEQUI.* Il semble par ce qui suit que ces paroles devroient s'expliquer par celles-ci : si le detenteur succombe pour ne pouvoir pas prouver sa créance.

(e) *SACRAMENTO CALUMNIÆ SE PURGAVERIT.* Alors le détenteur & ses adjoints doivent jurer qu'ils n'ont pas intenté le procès en vûe de calomnier leur adversaire, mais seulement parcequ'ils croyoient leur cause bonne.

(f) *EXCIPIUNTUR HOMINES MELGORII.* Cela est relatif à l'article XXXIII, qui regle l'exercice de la jurldiction entre les habitans de Melgüeil & de Montpellier.

(g) *ET CLERICI.* Autre exception en faveur des gens d'église, qui par l'article XXXII ne pouvoient être contrains en leur personne, mais seulement en leurs biens.

ARTICLE C.

Achat & vente.

Emptio aut venditio non valet sine (a) *palmata, aut sine solutione prætii particularis vel universalis, aut sine rei traditione.*

L'ACHAT ou la vente ne vaut sans attouchement de main d'une partie du prix, ou du tout en entier; comme aussi par la délivrance de la chose venduë.

NOTE.

(a) *PALMATA*. Par l'explication que Ducange donne à ce mot, on ne peut guere l'entendre que d'un payement fait de la main à la main.

ARTICLE CI.

Erres données.

(a) *Arris datis pœnitens amittit*, (b) *accipiens pœnitens in duplum restituit.*

Si celui qui a donné des erres vient à s'en repentir, il les perd; mais si celui qui les a reçûës s'en repent, il les rend au double.

NOTE.

(a) *ARRIS DATIS PŒNITENS AMITTIT*. C'est une convention tacite que, qui donne des erres, les perdra s'il vient à se retracter.
(b) *ACCIPIENS PŒNITENS*. Mais celui qui les reçoit s'étant engagé avec plus de connoissance, est censé avoir plus de tort; ainsi nos anciens l'obligeoient de rendre les erres au double.

ARTICLE CII.

Notarii præsentes & futuri nullo loco vel tempore, nulla causa vel occasione, ea quæ notant aut scribunt vel coram eis in secreto dicuntur, cogantur domino vel curiæ vel alicui manifestare; nisi causa perhibendi testimonium.

Qu'aucun notaire présent ou à venir ne soit contraint en aucun lieu ni en aucun tems, par aucun sujet, ni en aucune occasion, de manifester au seigneur ni à sa cour les notes ou écritures qui lui ont été dictées en secret, à moins qu'elles ne doivent servir pour rendre témoignage.

NOTE.

Cet article est autant pour la sûreté publique que pour celle des notaires qui ne pouvoient être contrains d'exhiber leurs regîtres qu'en justice.

ARTICLE CIII.

De la boucherie.

PAGE 698.

* (a) *In nullo loco macelli vendatur caro* (b) *hircorum vel de cabrit, nec caro de* (c) *moria, vel infirma, vel leprosa pro sana, vel de pecore quod vivens noluit manducare;* (d) *nec quis vendat carnes de feda aut arietis pro mutone castrato, nec carnem de trucia pro carne porci : si tamen hoc fecerit aliquis,* (e) *prætium carnis in duplum restituat; sed tamen carnes de moria, vel infirmas, vel non natas, nullus vendat infra villam, nec* (f) *in macello de bocaria vendantur carnes ovis, aut mutonis, vel agnorum, vel bovis, vel de trucia, vel de vacca.*

* Que dans aucun estal de la boucherie on ne vende pour bonne & pour saine la chair de bouc, de chevreau ou de bête morte, malade ou ladre, non plus que celle des bêtes qui étant en vie n'auroient pas voulu manger; il est aussi défendu à toute personne de vendre de la chair de brebis ou de belier pour du mouton, ni de la chair de truye pour du cochon. Que si néanmoins on y contrevient, le prix de cette viande sera rendu au double, & nule personne ne pourra vendre dans Montpellier de la chair morte, infirme ou non née. Il est à observer que dans le lieu où l'on tuë les bêtes de la boucherie, on ne doit pas faire la vente des chairs de brebis, de mouton, d'agneau, de porc, de bœuf, de truye, ni de cochon.

NOTE.

(a) *IN NULLO LOCO MACELLI.* Ne peut s'entendre que des étaux où l'on expose en vente la viande taillée en piéces.

(b) *HIRCORUM VEL DE CABRIT.* La viande de bouc est encore prohibée à Montpellier, mais celle de chevreau y est permise; on observe néanmoins de la vendre hors de la boucherie.

(c) *DE MORIA.* Quelques-uns lisent *de mortua* pour *de moria*, & lui donnent le même sens.

(d) *NEC QUIS VENDAT DE FEDA PRO MUTONE.* Il étoit défendu à toute personne de vendre de la chair de brebis pour du mouton, ou celle de truye pour du cochon.

(e) *PRETIUM CARNIS IN DUPLUM RESTITUAT.* Quiconque y avoit contrevenu, devoit rendre le double du prix qu'il en avoit reçû.

(f) *IN MACELLO DE BOCARIA.* Ne peut s'entendre que du lieu où l'on tuë les bêtes de la boucherie; c'est là où l'on prepare les viandes permises, mais il est défendu d'y en faire aucune vente.

ARTICLE CIV.

Des portes de ville.

(a) *In parietibus novis aut veteribus si quo tempore* (b) *portalia etiam multa fient,* (c) *nihil inde domino dari debet.*

Si, dans quelque tems que ce soit, on fait des portes de ville dans les vieilles ou nouvelles murailles de Montpellier, on n'en devra rien donner au seigneur.

NOTE.

(a) *IN PARIETIBUS NOVIS AUT VETERIBUS.* Tant aux murailles de ville déja construites que dans celles qu'on pourroit reparer ou faire de nouveau.

(b) *PORTALIA ETIAM MULTA FIENT.* Il paroît par ces mots que dans le tems qu'on fit la compilation de nos coûtumes, il étoit permis aux habitans de Montpellier de faire de nouvelles portes de ville; mais les choses changérent beaucoup environ cinquante ans après, car le roi Jacques le Conquerant disputa à l'évêque même de Maguelonne le pouvoir de faire ouvrir une nouvelle porte dans sa partie épiscopale.

Nous avons les articles reglez entre ces deux seigneurs par sentence arbitrale du 13 septembre 1260, par laquelle il est permis à l'evêque de faire ouvrir la muraille de la ville vis-à-vis de sa maison, & d'y faire un portail pour la commodité de l'evêque & des habitans de sa partie épiscopale. *Liceat episcopo in parte sua juxta domum suam, murum villæ aperire, & ibi portale facere pro commoditate episcopi, & hominum dictæ partis.*

Ce nouveau portail fut bâti dans la maison du président Bocaud, vis-à-vis la sale dite de l'evêque, & on laissa subsister l'ancienne porte de Montpellieret, attenant le lieu dit aujourd'hui le Gazillan de Nissole, par laquelle du tems même de nos Guillaumes, les habitans de Montpellieret alloient à leur parroisse de St Denis, bâtie alors sur * un des bastions de la citadelle d'aujourd'hui.

(b) *NIHIL INDE DOMINO DARI DEBET.* On semble avoir voulu dire par là que le seigneur de Montpellier ne pouvoit rien exiger pour ces ouvertures de nouvelles portes de ville; mais les suites firent bien voir que s'il n'avoit pas droit de rien demander pour cela, il avoit droit de l'empêcher.

ARTICLE CV.

Hommage étranger venu à Montpellier.

Si quis extraneus pro quolibet honore homo alterius fuerit, & in Montepessulo venerit pro statga, deinde liber est ab eo hominio, dum tamen honorem pro quo fuerit homo, domino desemparet.

Si un étranger qui fait hommage à autrui pour quelque fonds de terre, vient à Montpellier pour y habiter, il devient libre de son hommage, pourveu qu'il desempare au seigneur le fonds qui relevoit de lui.

NOTE.

Cet article fait voir que, quelque engagement qu'un vaffal eût pris avec fon feigneur, il en étoit libre en venant refider à Montpellier, & en defemparant audit feigneur la terre qu'il tenoit de lui.

ARTICLE CVI.

Defintereffement des juges.

Dominus Montifpeffulani aut ejus bajulus nullatenus debet vendere juftitias fuæ curiæ.

Le feigneur de Montpellier ou fon bailli ne doivent en aucune maniére vendre la juftice de fa cour.

NOTE.

Ce ftatut fut renouvellé en 1225 & amplifié en ces termes : *Quia dominus de fuo remunerat curiales, fta tuendo inhibemus quod bajulus & fubbajulus, judex & vicarius, & notarius curiæ, judex vel cognitor appellationum, vel delegatus quilibet, vel affeffor in auro vel argento vel aliqua re per aliquam promiffionem aut pactionem exigat vel recipiat per fe vel per aliam perfonam in aliqua caufa principali vel appellationis, neque pro dictandis fententiis, vel fcribendis compofitionibus, decretis vel tutelis, cognitionibus vel præceptis, vel quibuflibet aliis quæ ad caufas vel officia eorum pertineant ; fed judex cujuflibet caufæ, prædicta dictare fideliter teneatur ad utilitatem illorum ad quos fpectabunt.*

On voulut étendre cet efprit de defintereffement aux avocats, aux greffiers de la cour & aux notaires.

Les avocats juroient au commencement de chaque année qu'ils n'avoient rien promis, donné ou prêté pour fe procurer des caufes à plaider ; ils promettoient de n'en foutenir aucune qui leur parût contre la raifon ou contre la confcience, & que fi dans le cours d'un procez ils venoient à connoître qu'il fût injufte & déraifonnable, ils l'abandonneroient après s'être fait taxer par la cour à proportion de leur travail. *Imo fi in proceffu negotii caufam injuftam & irrationabilem effe cognoverit, eam manu tenere & tueri relinquet, & tunc de falario habeat pro arbitrio curiæ, confiderato ejus labore.*

Le greffier de la cour ne pouvoit recevoir au-delà de deux deniers pour chaque expédition. *Curia notarius vel notarii non accipiant ultra duos denarios pro fingulis fententiis feu decretis in curia vel per curiales latis* ; il s'obligeoit avec ferment de délivrer aux parties fans aucun retardement l'expedition des fentences. *Teneantur fub facramento partibus tranfcripta reddere quam cito poterunt.*

Les tabellions ou notaires juroient en prefence de la cour qu'ils n'avoient rien promis ou donné pour acquerir leur office & qu'ils ne prendroient rien au delà des legeres taxations qu'on leur avoit affignées.

ARTICLE CVII.

Production des témoins.

Si aliquis (a) *gratia teftium producendorum caufam differat novem menfibus* (b) *juxta quod lex jubet, debet fe-*

Si quelcun, à la faveur du délai de neuf mois que la loi lui donne, difere de produire fes témoins, il doit

creto curialibus nomina testium (c) *manifestare, & in actis curiæ nomina testium debent redigi; & si neminem illorum ad diem infixam produxerit, ei* (d) *omnis productio testium denegatur.* *.

declarer en secret le nom de ceux qu'il veut produire, en les faisant écrire dans les regîtres de la cour; & si au jour marqué il n'en produit aucun, toute production de témoins * lui est refusée.

PAGE 700.

NOTE.

(a) *GRATIA TESTIUM PRODUCENDORUM.* Les témoins se trouvant absens & quelquefois fort éloignez à cause des longs voyages que les marchands de Montpellier étoient obligez de faire pour leur commerce, la loi donnoit aux parties le terme de neuf mois pour rassembler leurs témoins.

(b) *JUXTA QUOD LEX JUBET.* Ce qui pouvoit être par une loi generale, car je n'en trouve point de particuliére dans nos coûtumes.

(c) *MANIFESTARE NOMINA TESTIUM.* Les parties devoient déclarer dans ce terme le nom des témoins qu'elles vouloient produire ; & afin d'éviter les variations qui pourroient survenir, on exigeoit que leurs noms fussent écrits dans les regîtres de la cour.

(d) *OMNIS PRODUCTIO TESTIUM DENEGATUR.* Si dans le terme de neuf mois les témoins ne paroissoient pas, la partie qui s'étoit engagée à les produire n'étoit plus écoutée.

ARTICLE C.VIII.

Receveurs des droits appartenant au seigneur.

Bajulus Montispessulani accipit (a) *justitias curiæ & laudimia tantummodo; & nullum bajulum dominus habere debet in aliquibus suis redditibus Montispessuli,* (b) *nisi de hominibus ejusdem villæ.*

Le bailli de Montpellier reçoit les amendes de la cour & les lods du seigneur tant seulement; & le seigneur de Montpellier ne doit avoir pour receveur de ses autres revenus dans la ville qu'un habitant de Montpellier.

NOTE.

(a) *JUSTITIAS CURIÆ, ET LAUDIMIA TANTUM.* Nous connoissons par cet article les deux recettes qui étoient attachées à la charge de bailli : celle des amendes de la cour & celle des lods dûs au seigneur; il a été fait mention de cette derniére dans l'article XIV.

(b) *NISI DE HOMINIBUS MONTISPESSULANI.* Mais pour les autres revenus du seigneur de Montpellier on exigeoit qu'il choisît son receveur d'entre les habitans de la ville, tant pour avoir cette marque de la confiance de leur seigneur que pour le soulagement des habitans qui n'auroient point à compter avec des etrangers.

ARTICLE CIX.

Teinture de draps.

(a) *Nullus extraneus homo aliquos pannos laneos in Montepeſſulo tingere poteſt* (b) *in grana aut in aliquo colore; nec quis extraneus pannos aliquos in hac villa* (c) *vendere debet ad tallium, niſi eos* (d) *quos ad collum portaverit per villam.*

Nul étranger ne peut teindre dans Montpellier aucun drap de laine en écarlate ou en autre couleur, & il ne peut vendre aucun drap en détail que ceux qu'il portera au col par la ville.

NOTE.

(a) NULLUS EXTRANEUS TINGERE POTEST. On ne permettoit pas aux etrangers d'entreprendre aucune teinture dans Montpellier ; mais, s'ils avoient beſoin de faire teindre quelque drap en ecarlate ou en autre couleur, on vouloit qu'ils s'adreſſaſſent aux ouvriers de cette ville, qui avoient la reputation d'y exceller.

(b) IN GRANA. Tout le monde ſçait que l'écarlate ſe fait avec la graine d'un arbriſſeau qui eſt une eſpece de petit houx, fort commun aux environs de Montpellier.

(c) VENDERE AD TALLIUM. Les ſeuls marchands de Montpellier avoient droit d'y vendre en gros & en détail ; on permettoit ſeulement aux étrangers de vendre les étoffes qu'ils porteroient par la ville, penduës à leur col.

(d) QUOS AD COLLUM PORTAVERIT. Comme ſont encore les petits merciers & les revendeuſes.

ARTICLE CX.

Teinture en écarlate.

Nullus pannus laneus albus tingatur * *in rogia* (a) *ita quod remaneat rubeus, niſi* (b) *ſolummodo in grana.*

Qu'aucun drap blanc ne ſoit teint * en rouge, en ſorte qu'il garde ſa première couleur rouge ; mais que tout ſoit teint en écarlate.

NOTE.

(b) ITA QUOD REMANEAT RUBEUS. On ne ſouffroit pas que le drap gardât la première couleur qu'il avoit reçû en rouge.

(a) NISI SOLUMMODO IN GRANA. Mais on vouloit qu'il fût teint en écarlate, dont les marchands de Montpellier faiſoient un grand trafic.

ARTICLE CXI.

Du subside appellé reve.

Nemo pro re propria exigat aut accipiat aut ab uxore seu familia sua exigatur, aut accipiatur aliquid (a) nomine revæ; nec revam dare aliquo modo teneantur habitatores Montispessulani præsentes aut futuri.

Nul ne doit exiger ni recevoir par lui-même, ou faire prendre par sa femme ou par sa famille quelque chose que ce soit sous le nom de reve, & tous les habitans de Montpellier, tant presens que futurs, ne doivent rien payer pour ce droit de reve.

NOTE.

(a) NOMINE REVÆ. Selon Ducange, qui raporte en entier cet article de nos statuts, la reve étoit un subside établi sur les marchandises étrangères, dont les habitans de Montpellier étoient exemts.

ARTICLE CXII.

Validité des arbitrages.

Confessiones, testificationes, transactiones, & omnia (a) coram arbitris actitata proinde valeant ac si in curia essent acta.

Les aveus, les témoignages, les transactions & tous autres actes passez entre mains des arbitres, vaudront autant que si elles étoient faites pardevant la cour.

NOTE.

(a) CORAM ARBITRIS ACTITATA. Pour inviter les plaideurs à terminer leurs procés par arbitrage, nos ancêtres voulurent attacher aux jugemens des arbitres la même force qu'avoient les sentences de la cour.

ARTICLE CXIII.

Exemption de logement forcé.

Nemo cogatur invitus hospites recipere aut albergare.

Que personne ne soit contraint de recevoir & d'heberger des hôtes contre son gré.

NOTE.

(a) *COGATUR INVITUS*. On ne parloit pas alors du logement des gens de guerre, mais lorsqu'un prince étranger ou autre grand seigneur venoit à Montpellier, nos consuls les logeoient à l'hôtel-de-ville, comme nous voyons qu'ils firent à l'égard d'Izabelle, marquise de Montferrat, du pape Urbain V & du duc d'Anjou. Quelquefois les riches particuliers recherchoient cet honneur, comme fit en 1503 Jean Boffavin, juge de la Part-Antique, qui logea chès lui l'archiduc Philipe, pere de l'empereur Charles Quint.

Nos rois de France, dans le tems qu'ils n'avoient d'autre portion que celle de Montpelliéret, logeoient à la sale de l'evêque, qui s'y trouve située ; mais depuis deux ou trois siécles on choisit pour leur logement la plus grande & la plus belle maison des particuliers de la ville.

ARTICLE CXIV.

Biens d'un homme mort sans héritiers.

PAGE 702.

* *Si quis habitator Montispessulani, vel extraneus ibi intestatus decesserit, & ibi nullus apparebit proximus ad quem ejus bona de jure pertinent, illa bona penes bonos & securos viros debent deponi, & ab eis per annum & diem reservari, ut si infra illud tempus venerit quis ad quem ea pertineant, ei reddantur, sin autem fisco, qui etiam postea teneatur ea reddere cui jus voluerit.*

* Lorsqu'un habitant ou un étranger meurt à Montpellier sans avoir fait son testament, & qu'il ne se presente aucun parent à qui son bien appartiéne de droit, alors on doit déposer ses effets entre les mains de bons & assurez citoyens qui les garderont pendant un an, afin que si quelcun qui y ait droit vient à les reclamer, on les lui rende; que si personne ne se presente pendant ce tems, les effets sont remis au fisc, qui est tenu ensuite de les rendre à celui à qui ils se trouveront appartenir.

NOTE.

Cet article, qui n'a guere besoin d'explication, fait voir l'attention de nos ancêtres pour conserver à chacun son droit & ses biens.

ARTICLE CXV.

Amende envers la cour.

Si quis condemnatus fuerit injuria, tantum det curiæ (a) *pro justitia, &*

Si un homme a été condanné pour quelque injure, qu'il donne

non (b) *plus, quantum emendare condemnatus fuerit per sententiam aut compositionem, injuriam passo* (c) *sed inde fiat remissio voluntate curiæ.*

pour amende envers la cour autant & non davantage qu'il aura été condamné, par fentence ou par compofition, de payer à celui qui a foufert l'injure; mais la cour relâchera de l'amende qui la compete ce qu'elle jugera à propos.

NOTE.

(a) *PRO JUSTITIA.* Nous avons vû ci-devant dans les articles V & XVI que ce mot étoit pris pour *mulcta judiciaria,* c'eft-à-dire pour peine pecuniaire ou amende.

(b) *TANTUM DET CURIÆ ET NON PLUS.* Ainfi la taxe de l'amende que le coupable devoit payer à la cour étoit précifément la même fomme qu'il étoit condamné de payer à celui qu'il avoit offenfé.

(c) *SED INDE FIAT REMISSIO PRO VOLUNTATE CURIÆ.* Mais la cour relâchoit ordinairement quelque chofe de cette amende, qui ne laiffoit pas d'être une fletriffure pour le condamné.

ARTICLE CXVI.

Interêt des fommes prêtées.

Poftquam ufura æquiparata fuerit forti, deinde ufura nullatenus accrefcat (a) *ulla temporis diuturnitate; & fi etiam facramento aut fide plenita promiffa fuerit; non judicetur in plus* (b) *judæis aut chriftianis, quia* (c) *ifta conftitutione ita taxantur.*

Après que les interêts d'une fomme auront atteint le fort principal, l'interêt ne peut accroître en aucune maniére par quelque longueur de tems que ce foit, quand même il auroit été promis par ferment ou par foi pleniére, & dans les jugemens il n'en doit être accordé davantage ni aux juifs ni aux chrétiens, parce que la taxe de ces interêts eft ainfi reglée par le prefent ftatut.

NOTE.

* (a) *ULLA TEMPORIS DIUTURNITATE.* Par cette loi il y avoit prefcription pour l'accumulation des interêts qui devoient finir lorfqu'ils avoient atteint le fort principal, quelque parole qu'on fe fût donnée du contraire.

(b) *JUDÆIS AUT CHRISTIANIS.* Le grand nombre de juits qu'il y avoit alors dans Montpellier les fit comprendre nommément dans cette loi.

(c) *ISTA CONSTITUTIONE ITA TAXANTUR.* Il eft vifible que c'étoit par un nouveau reglement, & que fuivant les anciénes coûtumes, il avoit été permis auparavant d'exiger au-delà.

ARTICLE CXVII.

Receveurs des droits seigneuriaux.

Omnes & singuli qui statuti sunt vel fuerint ad redditus domini exigendos aut recipiendos, jurare debent se illos fideliter exigere & accipere, & quod (a) *plusquam debitum sit inde non accipiant, nec servitia occasione illius officii percipiant.*

Tous les particuliers qui feront chargez d'exiger & de recevoir les revenus du seigneur de Montpellier doivent jurer de s'en acquitter fidélement & de ne rien prendre au-delà de ce qui leur fera dû, & qu'à cette occasion ils ne retireront aucun autre avantage.

NOTE.

(a) *PLUSQUAM DEBITUM NON ACCIPIANT NEC SERVITIA.* C'est toûjours pour entretenir dans toutes sortes de fonctions la justice & le desinteressement.

ARTICLE CXVIII.

Privilége des maris sur les immeubles de leur femme.

Res immobiles quæ in dotem viro traduntur, si præmoriatur uxor, vir (a) *debet uti & retinere in tota vita sua* (b) *nisi pactum in contrarium reclamaverit.*

Lorsqu'une femme meurt avant son époux, le mari doit se servir & retenir pendant toute sa vie les immeubles qu'il a reçû pour la dot de sadite femme, à moins qu'il n'y ait une convention expresse du contraire.

NOTE.

(a) *VIR DEBET UTI ET RETINERE IN TOTA VITA SUA.* Cet usage est encore en vigueur à Montpellier, & il est mis au nombre des priviléges de cette ville.
(b) *NISI FACTUM IN CONTRARIUM.* Chacun est maître de renoncer à ses droits; mais on ne s'avise guere maintenant de mettre dans les contrats de mariage une clause derogatoire à cet usage.

ARTICLE CXIX.

Les officiers de la cour étoient annuels.

Bajulus, subbajulus, judex aut vicarius, non debent in curia stare (a) *nisi per annum, &* (b) *post infra biennium nemo illorum in curia debet restitui.*

Le bailli, le sous-bailli, le juge, ni le vicaire, ne doivent exercer leur charge en la cour que pendant un an, & nul d'eux ne peut être remis dans la même charge qu'après deux ans.

NOTE.

(a) *STARE NISI PER ANNUM.* Ce statut est souvent rapellé dans nos coûtumes, & l'on verra dans l'article * CXXII qu'on en faisoit promettre l'observation aux jurisconsultes qui devoient remplir les charges de sous-bailli, de juge & de vicaire; il est hors de doute qu'on vouloit par là faire rouler ces charges dans toutes les familles, & empêcher en quelque maniére qu'aucune ne s'élevât au-dessus des autres.

PAGE 704.

(b) *POST BIENNIUM RESTITUI.* Le besoin de bons sujets permettoit de les remettre en place au bout de deux ans, mais toûjours après avoir gardé cet intervale; ainsi nos consuls ne voulant point exclurre du consulat les bons sujets qui avoient exercé la charge de bailli, ni de celle de bailli ceux qui avoient été consuls, firent le reglement suivant, en datte du 3 août 1223. *Utilitati reipublicæ providentes sancimus quod aliquis qui fuerit consul non possit infra annum a finito sui consulatus officii computandum, bajulus esse & subbajulus curiæ; & bajulus curiæ nullatenus eligatur infra annum proximum finiti sui officii, in consulem.*

ARTICLE CXX.

Des consuls majeurs.

Statutum est ut (a) *duodecim probi & legales viri Montispessulani, jam electi* (b) *ad consulendam communitatem Montispessulani, jurare debeant quod de bona fide consulant* (c) *eum quem dominus loco suo statuerit in hac terra;* (d) *& ille teneatur requirere consilium dictorum duodecim, & eorum stare consiliis de omnibus quæ ad communitatem Montispessulani, & terram Montispessulani spectabunt; in quibus duodecim*

Il est statué que les douze prudes & loyaux hommes de Montpellier qui doivent servir de conseil à la communauté, jureront de conseiller aussi de bonne foi celui que le seigneur de Montpellier aura établi à sa place dans sa seigneurie : lequel de son côté doit prendre & suivre le conseil desdits prud'hommes dans tout ce qui regarde la communauté & la seigneurie de Montpellier.

prædictis (e) *non ponatur nisi unus de uno albergo : qui duodecim non stent in ea administratione* (f) *nisi per annum, in fine cujus anni ipsimet duodecim debent ad hoc idem* (g) *alios duodecim eligere, præstito sacramento quod de bona fide eligant; qui de novo electi per omnia idem jurare debent, & istorum duodecim consilio, ille qui vices domini in hac terra geret* (h) *debet eligere bajulum curiæ, quando dominus præsens non fuerit in hac terra.*

Quant à l'élection de ces douze prud'hommes, on doit observer de ne prendre qu'un seul de la même maison, & ils ne doivent rester dans leur administration que pendant un an, à la fin duquel ces douze doivent en élire douze autres, avec serment qu'ils le feront de bonne foi. Les nouveaux élûs seront tenus aussi au même serment, & ce sera par leur conseil que le lieutenant du seigneur élira le bailli de la cour, lorsque le seigneur de Montpellier se trouvera absent de sa seigneurie.

NOTE.

(a) *DUODECIM PROBI.* Les consuls furent au nombre de douze jusqu'au regne de Charles VI, comme nous l'avons vû dans le cours de cette histoire.

(b) *AD CONSULENDAM COMMUNITATEM.* Ils servoient de conseil à la communauté.

(c) *ET EUM QUEM DOMINUS LOCO SUO STATUERIT.* Et à celui que les seigneurs de Montpellier nommoient à leur place pendant leur absence.

(d) *ET ILLE TENETUR REQUIRERE CONSILIUM.* Ce lieutenant étoit tenu de prendre & de suivre leur conseil dans les choses qui regardoient l'utilité publique ; mais ce statut eut besoin dans les suites d'être renouvellé, comme nous le trouvons dans un reglement en 1225, qui commence en ces termes : *Ille qui vices domini in hac terra tenebit, teneatur jurare consulibus in introitio sui regiminis se dicturum eis veritatem sine fraude quoties consules requirent.*

Les principaux articles sur lesquels on exigeoit de lui la verité, étoient de sçavoir s'il se seroit engagé à quelcun ou à plusieurs de la ville, de suivre leur conseil dans l'élection du bailli, ou dans le gouvernement des affaires publiques. Ils exigeoient qu'il promît avec serment de ne pas le faire. *Et teneatur se astringere consulibus quod aliquid istorum non faciet.* Et si le lieutenant du roi leur avouoit franchement avoir pris des engagemens avec quelques personnes de la ville, alors les consuls & la cour devoient contraindre ces particuliers, en leur corps & en leurs biens, de remettre au lieutenant sa promesse. *Per districtam coactionem in personis & rebus exercendam, consules & curiæ compellant eos ad remittendum omnes promissiones illas.*

Mais afin d'ôter à tous les habitans l'envie d'engager le lieutenant à leur faire jamais de pareilles promesses, on declare inhabiles à toutes charges publiques ceux qui se trouveront en être coupables. *Abjicientur ab omni publico officio curiæ & consulatus, si constiterit eos dictam promissionem recepisse.*

C'est ainsi que nos ancêtres cherchoient à se réunir tous pour le bien de la cause publique, & afin de ménager le lieutenant du roi dans un reglement qui l'interessoit si fort ; ils finissent par ces paroles remarquables : *Hoc statutum utile consilium est quod damus nos consules illi qui tenebit locum domini regis ut faciat & juret prædicta.*

(e) *NON PONATUR NISI UNUS SOLUS DE UNO ALBERGO.* Cela peut s'entendre d'une même famille aussi bien que d'un même logement, parcequ'il convenoit que les consuls fussent distribués dans les diferens quartiers de la ville.

(f) *NISI PER ANNUM.* Leur administration ne duroit qu'une année, & si dans les derniers siécles on a derogé quelquefois à cet usage, on a pû en voir les raisons dans l'article que j'ai donné sur le consulat de ville.

*(g) ALIOS DUODECIM ELIGERE. J'ai assez parlé de cette election sous le regne de Philipe de Valois. PAGE 705.

(h) DEBET ELIGERE BAJULUM CURIÆ. Dans le premier article de ces statuts il est dit que le seigneur lui-même élit son bailli, après avoir pris conseil des douze consuls de Montpellier, mais, comme il étoit facile à prévoir que les rois d'Aragon ne resideroient point, en cette ville, on ajoûte dans ce statut que le lieutenant du seigneur en son absence fera cette election avec les consuls.

ARTICLE CXXI.

Ces statuts n'ont point d'effet retroactif.

Hæ autem consuetudines (a) in futuris dumtaxat negotiis locum obtineant, (b) in præteritis autem negotiis nullam vim habeant, nisi illæ tantummodo quæ sunt antiquæ, quæ in præteritis suam obtineant firmitatem.

Les presentes coutumes n'obligent que pour l'avenir, & n'ont aucune force pour le passé, à moins de celles qui sont déjà établies anciénement, lesquelles conserveront toute leur autorité pour le passé.

NOTE.

Cet article est une preuve que la plûpart de nos coûtumes étoient déjà en usage longtems avant cette compilation, faite en 1204. La distinction de coûtumes anciénes & modernes en est une espece de demonstration.

(a) IN FUTURIS DUMTAXAT VIM HABEANT. On ôte tout effet retroactif aux loix modernes qui n'auront de force que pour l'avenir.

(b) IN PRÆTERITIS ILLÆ QUÆ SUNT ANTIQUÆ. Mais on declare que les anciénes coûtumes conserveront sur le passé toute leur force.

ARTICLE CXXII.

Serment du seigneur de Montpellier.

Insuper dominus Montispessulani (a) cum juramento promittere debet quod justitiam & rationem tenebit, & faciet tenere omnibus & singulis qui litigabunt vel litigare debebunt in curia sua, (b) tam pauperi quam diviti, (c) secundum mores & consuetudines hic insertas; vel (d) eis deficientibus secundum juris dis-

Le seigneur de Montpellier doit promettre avec serment qu'il rendra justice & fera faire raison à tous & chacun de ceux qui plaideront ou devront plaider en sa cour, tant au pauvre qu'au riche, suivant la forme, us & coûtumes ci écrites, & à leur défaut, suivant la disposition du droit

ciplinam. Et bajulus & subbajulus, & judex & vicarius, notarius & omnes (e) *curiales curiæ præsentes & futuri, per omnia idem jurare debent, & plus sicut in supradicto sacramentali continetur. Et omnes advocati præsentes & futuri* (f) *exceptis legistis, debent jurare* (g) *quod bona fide secundum quod sibi melius visum fuerit partes pro quibus fungentur officio advocationis,* (h) *consulant & manuteneant:* (i) *pecuniam aut aliam rem seu promissionem nisi a parte pro qua erunt in lite, non accipiant. Et omnes consiliarii quos sibi curia voluerit assumi,* (k) *exceptis qui jam juraverint, debent jurare, idem quod dictus judex & bajulus; vel subbajulus, vel judex, vel vicarius aliquis in curia* (l) *nullatenus stare debeant nisi per annum, ut dictum est.*

romain. Le bailli, le sous-bailli, le juge, son vicaire & le greffier avec tous les curiaux de la cour doivent prêter le même serment, en y ajoûtant ce qui est contenu dans la formule mentionnée ailleurs. Tous les avocats presens & à venir, excepté les légistes, jureront de conseiller de bonne foi & défendre les parties pour lesquelles ils feront office d'avocat, & que dans les procez ils ne recevront de l'argent ou promesse que de la seule partie pour laquelle ils plaideront. Tous les conseillers qui seront appellez par la cour feront le même serment, à moins qu'ils ne l'ayent déjà prêté, & nul bailli, sous-bailli, juge & vicaire, ne doivent rester en charge que pendant un an, comme il a été dit.

NOTE.

PAGE 706.

Nos ancêtres, après avoir parlé au commencement de ces coûtumes de la grande affection que les Guillaumes, leurs premiers seigneurs, avoient eu pour les habitans de Montpellier, finissent la compilation de ces mêmes coûtumes par l'engagement que le roi d'Aragon, leur nouveau seigneur, alloit contracter avec eux.

(a) *CUM JURAMENTO PROMITTERE.* Le seigneur roi devoit promettre avec serment.

(b) *JUSTITIAM TAM PAUPERI QUAM DIVITI.* Qu'il rendra & fera rendre justice au pauvre comme au riche.

(c) *SECUNDUM CONSUETUDINES HIC INSERTAS.* Suivant les coûtumes particuliéres à la ville de Montpellier.

(d) *ET EIS DEFICIENTIBUS.* Et dans les cas que ces coûtumes n'auroient pas prévû suivant le droit romain, pour les raisons qui ont été dites ci-devant dans l'article V.

(e) *CURIALES JURARE DEBENT.* Le seigneur roi devoit faire jurer tous les officiers de justice.

(f) *EXCEPTIS LEGISTIS.* On fait ici une exception pour les simples graduez, parce qu'il ne leur étoit pas permis de postuler pour fait d'autrui, comme on a pû voir dans l'article VII.

(g-h) *QUOD BONA FIDE CONSULANT ET MANUTENEANT.* De donner conseil de bonne foi & en conscience, suivant la forme du serment raportée ailleurs.

(i) *PECUNIAM NON ACCIPIANT.* On recommande aux avocats le desintéressement.

(k) *EXCEPTIS QUI JAM JURAVERINT.* Les avocats & curiaux, qui avoient déja prêté serment, n'étoient pas obligez de le renouveller.

(l) *NULLATENUS STARE NISI PER ANNUM.* Comme on prenoit des jurisconsultes pour remplir les charges de justice, on leur faisoit jurer que ceux d'entre eux qui seroient choisis pour les diferentes charges de la cour de Montpellier, ne les exerceroient pas au-delà d'une année, comme il est porté par l'article CXIX.

CONFIRMATION DE CES STATUTS
PAR LE ROY D'ARRAGON

ET ego Petrus, Dei gratia rex Aragonis, comes Barcinonis, & dominus Montispessuli; visis, auditis, & diligenter examinatis, omnibus supradictis & singulis, habita supra iis plenissima deliberatione, & multorum proborum virorum habito consilio, scientes & cognoscentes omnia prædicta & singula pertinere ad utilitatem meam, & totius universitatis Montispessuli; spontanea voluntate, & proprio meæ voluntatis motu, omnia supradicta & singula in perpetuum valitura laudo, statuo & confirmo.

Et decerno omnibus hominibus Montispessuli præsentibus & futuris, per me & per meos successores omnes dominos Montispessuli, quod promitto & convenio toti universitati Montispessuli quod omnia prædicta & singula tenebo, & observabo, & nullo tempore violabo, & ea omnia in perpetuum faciam teneri, nec patiar ab aliquo violari.

Volo & statuo quod curia Montispessuli judicet secundum prædictas consuetudines, & eis in perpetuum inviolabiliter utatur, & eis deficientibus secundum jus scriptum.

Sed de omnibus prædictis & singulis excipio omnes illos quos feci exules de Montepessulano, & de tota terra quæ fuit Guillelmi domini Montispessulani quon-

ET moi, Pierre, par la grace de Dieu roi d'Arragon, comte de Barcelonne & seigneur de Montpellier; vûës, oüies & diligemment examinées toutes les choses que dessus, après une mûre délibération, & pris le conseil de plusieurs prud'hommes, sçachant & connoissant que tout ce que dessus regarde mon utilité propre, & celle de la communauté de Montpellier, je l'approuve & confirme à perpetuité, tant pour moi que pour tous mes successeurs dans la seigneurie de Montpellier.

Je déclare & promets à tous les habitans de Montpellier, presens & à venir, de tenir, observer & ne violer jamais aucune des choses susdites; que je les ferai observer inviolablement, & ne souffrirai jamais qu'elles soient violées.

Je veux & j'ordonne que la cour de Montpellier juge selon ces coûtumes, & à leur défaut suivant le droit écrit.

Mais, j'excepte dans tout ce que dessus les personnes que j'ai fait bannir de Montpellier, & de toute la seigneurie de feu Guillaume, fils de

dam filii Mathildis ducissæ, eo quia cognoscens eorum culpas tempore quo terra Montispessulani ad me pervenit ad petitionem populi Montispessulani, juravi quod ipsi nunquam in Montepessulano & prædicta terra redirent.

Præterea volo & injungo quod regina uxor mea omnia prædicta & singula eodem modo laudet & confirmet mecum, aut sine * me, ad commonitionem populi, & omnes homines Montispessulani similiter hæc omnia se observaturos jurejurando confirment.

Singula supradicta per me & per successores meos, in bona fide mea & sub conscientia mea, & sub eo sacramento quod tactis sacrosanctis evangeliis feci in domo militiæ, de laudandis & tenendis moribus & consuetudinibus Montispessulani, tempore quo terra Montispessulani ad me pervenit me observaturum & nulla occasione aut ratione violaturum, ex certa scientia promitto & corroboro.

Ad majorem firmitatem horum omnium hanc cartam & omnia quæ inde fuerint translata, bullæ meæ plumbeæ patrocinio corroborari præcipio.

Acta sunt hæc omnia & laudata in ecclesia beatæ Mariæ de Tabulis, ubi hac specialiter de causa, fere totus populus Montispessulani, ad commune colloquium convenerat, anno ab incarnatione Domini

la duchesse Mathilde, jadis seigneur de Montpellier, parce que dans le tems que sa seigneurie m'est venuë, ayant une entière connoissance des fautes qu'ils avoient faites, j'ai juré, à la requête de tout le peuple de Montpellier, que ces exilez ne pourroient plus revenir dans cette ville, ni dans toute la seigneurie.

Je veux en outre & enjoins que la reine, mon épouse, approuve & confirme * toutes & chacunes des susdites choses avec moi, ou sans moi, à la requête du peuple de Montpellier, & que semblablement tous les habitans de ladite ville promettent avec serment d'observer les mêmes choses.

Je ratifie de science certaine, pour moi & pour mes successeurs, le serment que j'ai ci-devant fait sur les saints évangiles, dans la maison de la milice du Temple, dans le tems que la seigneurie de Montpellier me parvint, par lequel je m'obligeai d'approuver & d'observer les mœurs & coûtumes de ladite ville.

Et pour plus grande sûreté, j'ordonne que le present écrit, & les extraits qui en seront faits, ayent la même force que les patentes scelées en plomb, que nous en ferons expedier.

FAIT & approuvé dans l'église de Notre-Dame-des-Tables, où presque tout le peuple de Montpellier s'étoit assemblé à cette occasion, l'an de l'Incarnation 1204, au mois d'août, *millesimo ducentesimo quarto, mense Augusti in die Assumptionis beatæ Mariæ, in præsentia & testimonio Guidonis, præpositi Magalonensis.*

le jour de l'Assomption de la Sainte Vierge. Presens & servans de témoins, Guy, prevôt de Maguelonne, Gausselin, chanoine, Assalit de Gorsa, &c.

FIN DES STATUTS DE LA VILLE DE MONTPELLIER

TABLE
DES
NOMS DE LIEUX ET DE PERSONNES
CITÉS
DANS L'HISTOIRE CIVILE DE MONTPELLIER

Correspondant au premier volume de la première édition & aux deux premiers volumes de la seconde

NOTA. — La pagination suivie est celle de la présente édition. — Les chiffres de renvoi à la pagination du 2ᵉ volume sont précédés de la lettre *b*. — Les chiffres non précédés de cette lettre renvoient au 1ᵉʳ volume. — Les *italiques* indiquent les noms de lieux

A

Abayé (Guillaume de l'), auditeur des comptes, *b.* 416.
Abbes (Guil.), correcteur à la cour des comptes, *b.* 435.
Abbeville, 380.
Abdérame, envahit le Languedoc, XLI.
Ablagel (Robert de), évêque, 109.
Abraham, prophète, *b.* 283.
Abruzze (l'), 363.
Açagra (don Fernand de), 132.
Acher (Sgr. d'), 184.
Achery (D. Luc d'), 69, — *Spicilège*, 110.
Acier (Sgr. d'), ou baron de Crussol, 461, — échappe au massacre de la St-Barthélemy, 474.
Actium (bataille d'), XXXVIII.
Adalguier, chanoine, 70.
— de Campnou, 34.
— de Parme, 321.
Adalmudis, fille de Raimond-Aimon, 69.
Adam (Pierre), conseiller à la cour des comptes, *b.* 435.

Adam, voy. *Multiplians*.
Adania (Hugues de), 203.
Adde (l'), rivière, 362.
Adelaïs, mère de Bernard Guillaume, 9, — fille de Faidit, 25, — fille de Guillaume de M., 62, — de Cognac, 68, — (fille d') voy. *Raymond*.
Adelbert (Pierre), 138.
Adèle, fille de Raymond, LV.
Adelme, femme de Bernard de Montpeiroux, 82.
Adémar, 24, — fils de Garsende, 24.
Adémar de Murviel, 46, 72.
Adémar (Pierre), évêque de Maguelonne, 301, *b.* 342.
Adillan, 72.
Adissan, 185.
Adolfe, 4ᵉ comte de Maguelonne, LIV.
Adon de Vienne, cit., XXI.
Adrets (baron des), 449.
Adrien, empereur, XV, — (épître de l'empereur), *b.* 552.
Ælius, à propos d'une inscription sépulcrale, XLIX.

Aëtius, délivre Arles, XIX.
Afrique, ravagée par les Vandales, XVIII, XXXVIII, — (les juifs d'), XXXVI.
Agarelles (les), 161, — (ruisseau des), *b.* 240.
Agatensium (civitas), VIII.
Agatha, XXXIV.
Agatopolis, V.
Agde, VII. — les évêques de Languedoc y tiennent un concile, XXII, — cédé aux Visigoths, XXIV, — surpris par le comte Paul, XXXI, — Charles Martel fait démolir ses murailles, XLIII, — *b.* 6, *b.* 110, *b.* 137, *b.* 212, *b.* 225, *b.* 448, *b.* 466, *b.* 468.
Agel, 505.
Agel (d'), président, *b.* 56, *b.* 81, *b.* 140.
Agel (d'), 1ᵉʳ président, voy. *Beauxhostes*.
Agen, pris par Abdérame, XLI, 165.
Agenois (l'), 119, — (régiment d'), *b.* 303.

Agenois (Franç. d'), gén. des finances, *b.* 442.
Agila, roi des Visigoths, XXV.
Agiles (Raymond d'), cit., 14.
Aglan (Boniface d'), 138.
Agnadel, 376.
Agnès, parente du roi Alphonse d'Aragon, épouse Guillaume de M., 71, — comtesse de Foix, 256, 324, — mère de Marie de M., *b.* 509.
Agonez, *b.* 361, *b.* 386.
Agricola, voy. *Agricole*.
Agricole (fontaine d') son origine, LII.
Aguesseau (Henri d'), intendant de la province, *b.* 170, *b.* 172, *b.* 178, *b.* 205, *b.* 300.
Aguilar (Joseph-Marguerite d'), *b.* 149.
Aguillon (Jean), docteur ès loix, 302.
— (Léonard), 440, 446, — officier à la cour des aides, *b.* 410.
Aides & Comptes, leur union sous Louis XIII, *b.* 422.
Aigrefeuille (le président d'), 367 (note).
— (Charles d'), auteur de l'*Histoire*, signe la Dédicace de l'ouvrage en tête du 1er volume.
— (Guillaume d'), 248, — consul, 321.
— (Jean d'), 96.
— (Pierre), chanoine de Maguelonne, 69.
— (d'), président, *b.* 439.
— (Fulcrand, J.-Joseph, Hiac.), président de la cour des comptes, *b.* 436.
Aiguarelles, ruisseau, *b.* 360, — voyez *Agarelles*.
Aiguelongue, 73, — (métairie d'), LVII.
Aiguemortes, VII, 135, 140, — (châtelain de), voy. *Mallepue*, 273, 309, — entrevue de Charles-Quint & de François Ier, 396, 407, — pris par Damville, 485, *b.* 6, *b.* 49, — se rend à Louis XIII, *b.* 66, — *b.* 147, *b.* 199, *b.* 210, *b.* 280, — son territoire, acquis par saint Louis, *b.* 364, — *b.* 393, *b.* 459, *b.* 468, *b.* 538.
Aiguevives, 505, *b.* 98, *b.* 199.
Aiguillon (clos d'), *b.* 124, — (terre d'), érigée en pairie, *b.* 118.
Aiguillon, docteur ès loix, 296.
— (Blaise d'), préf. d. la c. des comptes, *b.* 416, *b.* 418.
Aiguin (Henry), conseiller du roi, *b.* 440.
Aigulfe, comte de Maguelonne, XLV, — 1er comte de Maguelonne, LIII.
Aillon de Lude (Gaspard d'), évêque d'Alby, *b.* 128.
Aimargues, 487, *b.* 83, *b.* 96, — se rend à de Rohan, *b.* 98, *b.* 459.
Aimeric (Guillaume), chanoine, 70.
— conseiller au présidial de de Maguelonne, *b.* 51, *b.* 56.
Aimery, vicomte de Narbonne, 32.
— de Clermont, 42.
— de Montclaret, 53.
Aimon le Moine, XXV, — historien, XLII.
Aimoine, fille de Raymond-Aimon, 69, 82.
Aimons (les), 41.
Airade, 6.
Airebaudouze (Raulin d'), conseiller, *b.* 20, — président, *b.* 411, *b.* 462.
Aix, les Cimbres y sont battus par Marius, XI, — repris sur les Sarrazins, XLIV, — 105, 393, *b.* 157, — (la grosse bombarde d'), 310, — (archev. d'), voy. *Barces*, 191, — voy. *Pierre*.
Aix-la-Chapelle, couronnement de Charles d'Autriche, 385.
Alaimande, troisième fille de Raymond-Aimon, 69, 82.
Alaire (Jehan), 365,
Alais, 463, — surpris par les confédérés, 486, — 500, *b.* 68, *b.* 88, — se soumet à Louis XIII, *b.* 103, — *b.* 110, *b.* 201, *b.* 237, — peste, *b.* 313, — *b.* 448, — (seigneur d'), voy. *Pelet*, — (seigneur d'), voy. *Pelets*.
Alanus, son livre contre les Vaudois, 81, — cit., 103.
Alard (Jean d'), 1er consul de M., *b.* 390.

Alaric, roi des Visigoths, XXII, — défait & tué, XXIII, — roi des Goths, XVII, — sa mort, XVII.
Alava, 249.
Albane (le cardinal d'), 269, 272, — (évêque d'), voy. Anglic.
Albani, cardinal, puis pape, *b.* 245.
Albare, ville de la Palestine, 18.
Albaygas (André d'), 251.
Albe (duc d'), 379.
Albenas (Jean d'), conseiller au présidial, *b.* 456, — président, *b.* 462, — conseiller au présidial, *b.* 463.
Alberoni, cardinal, *b.* 308. — *b.* 310.
Albert (Honoré d'), dit capitaine Luines, 490, — archiduc, *b.* 20.
Albeza, gentilhomme, 134.
Albi, repris sur les Sarrazins, XLI, voy. *Alby*.
Albiac (Charles d'), président de la cour des comptes, *b.* 417.
— (Pierre d'), 387
Albigeois (l'), envahi par Abdérame, XLI,
Albigeois (guerre des), mentionnée, I, — LVII, —(les), 71, — leurs troubles dans le Languedoc, 80.
Albret (connétable d'), 302, — (d'), 323, — (le seigneur d'), 353, — (Charles d'), 287, — (Henry d'), 384, — père de Jeanne d'Albret, 396, — (Jean d'), 379, — (Jeanne d'), 315.
Alby, une assemblée y condamne la secte des Albigeois, 104, 137, *b.* 365, — assemblée des états, *b.* 27, — les habitants chassent leur évêque, *b.* 110, — (archevêque d'), voy. *Berchère*, — voy. *Albi*.
Alcala (Guillem d'), 100.
Alceste, un des premiers opéras joués à M., *b.* 208.
Alco (Pierre), consul, 321.
Aldiarde, 24.
Aldiguier (François), *b.* 178.
Alebret (Bernard d'), 235, — voy. Albret.
Alègre (marquis d'), *b.* 293.
Aleiman (Bernard), évêque de Condom, 277.
Aleirac (seigneur d'), voy. *Castaing*.

Alemandine, femme de Raymond de Montpeiroux, 52.
Alencha (Jean), notaire royal, 271.
Alençon (le duc d'), 331, 481, 485, — frère de Henri III, 487.
Alet, pris par les catholiques, 501, — (évêque d'), voy. *Eflang*.
Alexandre III, pape, fon féjour à M., 55, 104.
Alexandre VI, pape, 356, 362.
Alexandre VII, pape, b. 159.
Alexandre VIII, pape, b. 209.
Alexandrie, prife par les Arabes, XXXVIII.
Alexis (le P.), b. 153.
Alfaro, 249.
Algarba, Portugal (note), 59.
Alger, 400, b. 30.
Alimany (Bernard), évêque de Condom, 262 (note).
Alincourt (marquis d'), b. 41.
Alizon (Jean), procureur général, b. 438, — (Pierre), préfident au préfidial, b. 458, b. 462.
Allemagne, traverfée par les croifés, 15, 407.
Allemant (Hugues), 204.
Almança, bataille, b. 273.
Almerad (P.), 96.
Alméras (Antoine d'), fils de Jacques, confeiller, b. 430, — (Bernard), auditeur, b. 433, — (J. Guill. d'), confeiller à la cour des comptes, b. 436.
Alméras (Jacques d'), confeiller à la cour des aides, b. 408, b. 412, — confeiller, b. 425, — (Pierre), archidiacre, b. 371.
Almeria, fur les côtes de Grenade, 46.
Almodis, femme de Pierre, comte de Melgueil, LV.
Almogavare de Buriana tue Jacques de Mayorque, 210.
Alois (d'), tréforier à Grenoble, b. 182.
Alpes (les), XV, — franchies par les croifés, 15, 382.
Alphonfe, roi d'Aragon, LVII, — frère de faint Louis, LVIII, — fils de Raymond de Touloufe, 21, — roi d'Aragon, 57, 63, — frère de Pierre II, d'Aragon, 93, — fils de P. d'Aragon, II.

s'empare de l'île Mayorque, 152, — comte de Poitiers, 134, — (don), fils du roi d'Aragon, 180, — roi de Caftille, fecouru par Bérenger & Guillaume de Montpellier, 39. — comte de Melgueil, 37, — de Caftille, 46, comte de Touloufe, 36.
Alphonfe II, roi d'Aragon, 181.
Alphonfe IX, roi de Caftille, 105.
Alquerii (Milon), b. 359.
Alquier, archidiacre de Lodève, 11, — facriftain, 437, b. 194.
Alris du Rouffet (Louis ch. des), évêque de Beziers, b. 299.
Alface, 411.
Alfatio (Pons de), archevêque de Narbonne, 66.
Altima, chef arabe, défend Narbonne contre Charles Martel, XLII.
Altiniac (Guillaume d'), de Maguelonne, 96.
Aluin (duc d'), fils de Schomberg, b. 113, — fa vifite à M., b. 115, — (Anne d'), maréchale de Schomberg, b. 124, — (duc d') voy. *Schomberg*.
Alvianne (Barthélemy d'), 376.
Alzau (d'), retiré en Efpagne, b. 112, b. 114.
Alzone, b. 63.
Amadis, 1er opéra joué à M., b. 208.
Amalbert, 6.
Amalric, fils d'Alaric, XXIII, — mis à mort par fes fujets, XXV, — vicomte de Narbonne, b. 395.
Amaneu (Guillaume), à la 1re croifade, 14, 240.
Amanieu, fire d'Albret, 278, 287.
Amaury, roi de Jérufalem, 99, — fes guerres avec Raymond le Jeune, 122.
Amboife, 350, b. 383, — (château d'), mort de Charles VIII, 360, — confpiration, 428, 452.
Amboife (François-Jacques d'), vicomte d'Aubijoux, b. 153, — (François d'), gouverneur de M., b. 473, — (Georges d'), cardinal, 377; — voy. *Aubijoux*.
Amboife-Toiras (M. Thérèfe-Elifabeth de), abbeffe, b. 221.

Ambres (le feigneur d'). 457, — (le baron d'), b. 9, — (marquis d'). b. 160, — voy. *Gelas*, — (fieur d'), voy. *Voifin*.
Ambroife (Déodat), bailli, 292, b. 359.
Ambrufiens (les), battent les Romains, x.
Ambrufium (Pont-Saint-Ambroix), XLVI.
Amédée VIII, duc de Savoie, 330.
Amelin (Pierre), archevêque de Narbonne, 135.
Americ (Etienne), confeiller au préfidial, b. 464, — (Pierre), 1er conful de M., b. 391.
Amicus, comte de Maguelonne, LIII.
Amiens, fe foumet à Henri IV, b. 17, — reconquis par Henri IV, b. 20, — repris par Henri IV, b. 21.
Amiens (Pierre), 93.
Amier (François), auditeur à la cour des comptes, b. 436, — (Raymond), auditeur à la cour des comptes, b. 438.
Ammien Marcellin mentionne les premières conquêtes des Romains en Provence & en Languedoc, x.
Amorus, battu par Charles-Martel, XLII.
Amfterdam, b. 51.
Anagni, 262, — Bonniface VIII y donne une bulle qui confirme le traité figné entre les rois d'Aragon & de Mayorque, 153.
Ancre (le maréchal d'), b. 41, — tué à Paris, b. 43.
Andaloufie (l'), XVIII, XLI.
Andelot (d'), 503, 420, 426.
Andoque (Pierre), fon *Hiftoire du Languedoc*, 8, 267, 491, 401, 508, b. 27, b. 30.
Andréa (J.-Fr. d'), 1er conful de M., b. 389.
Andrehan (d'), maréchal de France, 235, 237, 242.
Andrieu (Antoine), lieutenant du petit fceau, b. 56.
Andufe ou *Anduze*, 124, 463, b. 48, — b. 88, b. 89, b. 261, b. 303, — (d'), b. 25.

Anduze (Bernard d'), 28, 32, — voy. *Bernard.*
Ange (le P.), auparavant marquis de Boſchage.
Angennes ou Angênes (Jean d'), ſeigneur de Poigny & Rambouillet, 497, 503.
Angera, XXXIV.
Angervillers (d'), miniſtre de la guerre, *b.* 475.
Anges, XXXIV.
Anglais (les), guerre avec Philippe de Valois, 186, — débarquent à Cette, *b.* 282.
Angleſola (don Galceran de), 222.
Angleterre, ſon commerce avec M., 59. — en guerre avec la France, 112, 223, — Henri IV en reçoit du ſecours, *b.* 7, *b.* 92, — traité avec Louis XIII, *b.* 102, *b.* 200, — (l'), *b.* 556, — (roi d'), ſa médiation, 122, 152.
Anglic, 267, 271, — évêque d'Avignon, 241, — (Grimoard), cardinal, 262.
Angora, XXXIV,
Angoſa, XXXIV.
Angoulême, ſuite de Calvin, 423.
Angoulême (duc d'), bâtard de Charles IX, *b.* 41, *b.* 75, — (Charles d'), frère de Henri II, 396, — (Jean, comte d'), 381.
Angoumois (l'), 320, 406.
Anguien (duc d'), *b.* 129, voy. *Enguien.*
Aniane, 28, 235, 237, 497, — ſéjour du chapitre pendant la peſte à M., *b.* 123, — (abbaye d'), *b.* 359, — (les PP. bénédictins d'), XLVIII, — (religieuſes d'), Eudoxie ſe retire dans ce couvent, 72,—(abbé d'), voy. *Pierre.*
Anien, juriſconſulte, ſon *Code d'Alaric,* XXIII.
Anjou (l'), Henri IV s'en aſſure, *b.* 7, — *b.* 93.
Anjou (le comte d'), 222, — (duc d'), frère de Charles V, 271, — ſa mort, 283, *b.* 157, *b.* 245, — 3e fils de la ducheſſe de Bourgogne, *b.* 281, — ſa ſentence pour la démolition des murailles de M., *b.* 342, *b.* 355, *b.* 388, *b.* 493, *b.* 701,—(Charles d'), 346.

Annebaut, maréchal de France, 397.
Anne d'Autriche, régente, *b.* 127, — (Eléonard d'Autriche), ſœur de Charles-Quint, 396, — de Bretagne, meurt à Blois, 380.
Annonay, b. 204.
Antibes, 127, 393, *b.* 310, *b.* 395.
Anthimius, empereur, XXI.
Antioche, pris par les Mahométans, XXXVIII, — les croiſés s'en emparent après neuf mois de ſiége, 16, 17,—(prince d'), 127.
Antoine, vaincu par Auguſte, XXXVIII, — fils de Charles de Vendôme, 396.
Antoniac (Scipion d'), juge, 160.
Antonin, ſon *Itinéraire,* VIII, XI, XLVI, — empereur, XV.
Antorons père & fils, patrons d'Agde, *b.* 30.
Anvers, b. 69.
Apcher (comte d'), *b.* 10.
Appamée, ville de la Paleſtine, 18.
Appius, ſon chemin de Rome à Naples, XLVII.
Apremont (d'), 370.
Aqs (Jean, évêque d'), *b.* 356.
Aquæ Sextiæ, voy. *Aix.*
Aquilar, 249.
Aquitaine, ravagée par Abdérame, XLI, — attaquée par Evarix, XXI, — Charlemagne y établit des comtes & des vicomtes, LIII, 122, 338, — (duc d'), voy. *Eudes.*
Aquitanique (l'), XV.
Arabie, XXXVIII.
Aragon, ſoumis au royaume des Goths, XVIII, 36, — (députés d'), 153, — (prince d'), 46, — vient au ſecours de Guillaume, 41, — (roi d'), ſa mort, 151, 232, 358, — (rois d'), 1, 7, — premiers propriétaires des étuves de M., *b.* 107, *b.* 491.
Aragon (don Pedro d'), *b.* 126.
Aran (vallée d'), 153, 170, 195, 245.
Arbalète (jeu de l'), *b.* 484.
Arauris flumen (Hérault), 32.
Arauſio ſecundanorum (Orange), XI.
Arcas, ville de la Paleſtine aſſiégée par les croiſés, 18.

Archis, voy. *Arcas.*
Arcy (Jean d'), *b.* 404.
Ardèche (l'), rivière, *b.* 257.
Ardo (l'abbé), ſa *Vie de ſaint Benoît,* LIII.
Ardres, entrevue de Henri VIII & François Ier, 385, — paix conclue avec l'Angleterre, 403.
Areblay (Jean d'), 173, — voy. *Arreblay.*
Arelate Sextanorum (Arles), XI.
Arènes (arc d'), *b.* 346, *b.* 183, — Arènes (Gaſpard d'), conſeiller au préſidial, *b.* 458.
Areniers (la croix des), 237, 286, — (les), 452, *b.* 185.
Arefquiers (ſeigneur des), voy. *La Coſte.*
Areyno, 249.
Argemire, évêque de Maguelonne, LIII.
Argencour (d'), conduit la défenſe de M., *b.* 71, *b.* 76, — fait maréchal de camp, *b.* 83, *b.* 120.
Argenſon (d'), conſeiller d'état, *b.* 137.
Argenterie (l'), ancienne rue de M., 215, *b.* 516.
Argenteuil (curé d'), voy. *Vitry.*
Argillers, 155.
Argonne (Martin d'), greffier en chef, *b.* 413.
Aribert (Joſeph), *b.* 269, — (Philippe), *b.* 269,
Ariens (les), le peu qui en reſte en Languedoc ſe convertit au catholiciſme, XXVII.
Arles, — aſſiégée par Théodoric Ier, XXI, — priſe par les Viſigoths, XXI,—pris par Abdérame, XLI, — repris ſur les Sarrazins, XLIV, 137, 105, 244, 393, — paſſage de Louis XIII, *b.* 83, *b.* 395, — (archevêque d'), 41, 108, *b.* 275.
Arles (Antoine d'), 416, — (archevêque d'), voy. *Moreſio,* voy. *Imbert d'Aiguières.*
Armagnac (comte d'), 191, 216, — (le comte Jean d'), 224, 229, — (le connétable d'), ſes exactions, 305, — (d'), archevêque de Touloufe, *b.* 425, *b.* 203.

cités dans l'Histoire civile de Montpellier. 591

Armagnacs (les), massacrés à Paris, 299.
Armand (Pons), sous-bailli, 248.
Armazan (château d'), 66, — voy. *Bernard.*
Arménie, 16, — (roi d'), 127.
Arnail (Jacques), trésorier de France, *b.* 453, — (Louis), auditeur à la cour des comptes, *b.* 438.
Arnal, major de M., *b.* 473.
Arnaldi (Benoît), 444.
Arnauld, placé sur le siége de Maguelonne, LV, — bayle de M., *b.* 359, — jurisconsulte, 152.
Arnaud, abbé de Citeaux, 104, — archevêque de Narbonne, 123, — évêque de Barcelonne, 137, — chapelain, élu patriarche de Jérusalem, 20.
Arnaud de Leveze, archevêque de Narbonne, 38, — de Marojol, 50, — d'Omelas, 38, — (Fr.), conseiller à la cour des comptes, *b.* 437, — (Guillaume), 79, — (Honoré d'), correcteur à la cour des comptes, *b.* 435, — (Paul), trésorier de France, *b.* 449, *b.* 451.
Arnoye (d'), juge-mage, *b.* 25.
Arpajon (seigneur d'), 463, — (duc d'), *b.* 129, *b.* 158, *b.* 167, — (Louis d'), *b.* 116.
Arques, échec du duc de Mayenne, *b.* 7.
Arques (baron d'), fils de Joyeuse, 499.
Arquier (Jacques), docteur ès loix, 297.
Arras, 283, 302, 317.
Arreblay (seigr d'), voyez *Areblay & Thierry.*
Arrias-Montanus, traducteur du livre hebreu Rabbi, 59.
Arsas, voy. *Rostang.*
Artaud, évêque de Carpentras, 33, — (Jean), évêque de Grasse, 263 (note), — (Jean), cordelier, 303.
Artevelle (Philippe), 281.
Arthur de Bretagne, 314.
Artois (l'), 354, 362.
Ascalon, grande bataille où périrent plus de cent mille infidèles,

Ascalonites, battus par Baudouin III, 35.
Asfeld (baron d'), *b.* 207.
Asie, XXXVIII, 15.
Asiran (Pierre d'), 250.
Assalit, voy. *Gorsa.*
Assas, b. 361, *b.* 386, — (conseigneur de), 161, — (seigneur d'), voy. *Montchal.*
Assié (Louis d'), correcteur, *b.* 433.
Assier (Denis d'), *b.* 412.
Asti, 356, 358, 364.
Astarac, b. 425, — voy. *Centulle.*
Astier (Joseph), auditeur, *b.* 429, — (Hyacinthe), auditeur à la cour des comptes, *b.* 438, — (Louis), auditeur, *b.* 433.
Astorge, père de Bernard Raymond, 24,
Astoul, capitaine, 470.
Astruc (Jean), correcteur, *b.* 433, — (Pierre), conseiller du roi, *b.* 440, — (Pierre-Leynadier), conseiller à la cour des comptes, *b.* 437.
Asturies (royaume des), XL.
Asturies (prince des), né à Madrid, *b.* 274.
Ataulphe, successeur d'Alaric XVII, XVIII. — sa mort, XIX.
Atbrand, bailli de M., 132, — lieutenant du roi, 138.
Aterius Labeo Prætorius, proconsul de la Narbonnaise, XV.
Atgier (Antoine), conseiller au présidial, *b.* 464.
Ath, pris par Catinat, *b.* 232.
Athanagilde, roi des Visigoths, XXV.
Athènes (le duc d'), tué à Poitiers, 225.
Atho de Beziers, Ire croisade, 14, — un de ses exploits, 19.
Attalocus, évêque; on croit qu'il a tenu le siége de Narbonne, XXVIII.
Attigni, *b.* 77.
Attila à la tête des Huns, XX.
Aubais (manuscrits d'), *b.* 407, 6, — (baron d'), *b.* 95.
— (marquis d'), IV, — 7, 464,
Aubaix (d'), gouverneur de M., *b* 472.
Aubenas, b. 474.

Aubespine (de l'), 329, — (Anne de l'), officier de la cour des aides, *b.* 409.
Aubigni (d'), 369.
Aubijoux (vicomte d'), reçoit du duc d'Orléans le gouvernement de la ville de M., *b.* 128, — (d'), nommé lieutenant général de la province, *b.* 136, *b.* 141, *b.* 142, *b.* 147, *b.* 149, *b.* 152, — (comte d'), *b.* 484, — (mademoiselle d'), son baptême, *b.* 267, — (Isabaud d'), épouse de Toiras, *b.* 130, — (comte d'), voy. *Ambroise,* — voy. *Cailar-Toiras.*
Auch, XIX, — ruiné par Eorix, XXII.
Auch (archevêque d'), 79, 123.
Aude, rivière, 488, *b.* 27, — inondation, *b.* 113.
Audessens (île d'), *b.* 86.
Audessens (d'), *b.* 157, — (François d'), fils de René, président à la cour des comptes, *b.* 431.
Audifret (Hugues d'), correcteur, *b.* 433, — (Jean d'), corr. à la cour des comptes, *b.* 435, — (Jean-Louis), conseiller à la cour des comptes, *b.* 435, — père & fils, *b.* 351.
Audoyer, ministre protestant, *b.* 194.
Auger (Guillaume), 221.
Augsbourg (ligue d'), *b.* 203.
Auguste (empereur), division de la Gaule sous son règne, XV, — empereur romain, XXXVIII.
Augustins (pont des), 161, *b.* 360, *b.* 361.
Augustule, empereur, XXI.
Aumale (le duc d'), 406, — (chevalier d'), périt à Saint-Denis, *b.* 10.
Aumel, ministre protestant, *b.* 194.
Aumelas (d'), *b.* 152, — (vicomte d'), *b.* 180, — (baron d'), voy. *Bonnet.*
Auneau, défaite des reitres par le duc de Guise, 509.
Aunès (seigneur d'), voy. *Lafarelle,*
Aunis (l'), 406.
Aurélien, empereur, XVI.
Aurélius (Victor), XV.

Auriol (Léonard), bayle de M., *b*. 359, — (Pierre), conful de mer, *b*. 396.

Ausbourg, pris par le duc de Bavière, *b*. 261, voy. *Augsbourg*.

Aufone, x, — (hiftorien), xiv.

Auffac (Hugues de), moine, 248.

Auftrafie (roi d'), voy. *Sigebert*.

Auteville (Jean d'), capitaine des portes, *b*. 476.

Autrivay (Antoine d'), auditeur, *b*. 426, — tréforier de France, *b*. 453, — (Bernard d'), tréforier de France, *b*. 452.

Autun fe déclare pour Henri IV, *b*. 17, — (archidiacre d'), voy. *Cavillon*, — (évêque d'), voy. *Gautier*.

Auvergne (l'), 124, 136, 224, 237.

Auvergne (duc d'), oncle de Charles VIII, 351, *b*. 394, *b*. 398, — (régiment d'), *b*. 235, — (princeffe d'), *b*. 306.

Auxerre (l'évêque d'), 113.

Auxonne fe déclare pour Henri IV, *b*. 17.

Auzière (maifon de l'), où féjourna Mehemet-Effendi, *b*. 313.

Auzières (Noël Fages d'), confeiller à la cour des comptes, *b*. 436, — (d'), voy. *Fages*.

Avalrin (château d'), 155.

Avèze (monfeigneur d'), voy. *Mazade*.

Avignon, Jeanne de Boulogne eft reçue par le pape Clément VII, — les Sarrazins s'en rendent maîtres, xli, — repris fur les Sarrazins par Charles-Martel, xlii, 124, 137, 184, 240, 262, 263, 203, 84, *b*. 112, *b*. 157, *b*. 203.

Avignon (évêque d'), voy. *Lauger*.

Avignonet 223,—(paffage de Charles VII à), 287, — (le bailli d'), 135.

Aviler (d'), architecte, *b*. 206, — (Charles d'), conftruit la boucherie, *b*. 244.

Avitus, empereur, xxi.

Avoine (Jacques d'), feigneur de la Jaille-Gatine, *b*. 116, —fénéchal, *b*. 380, — lieutenant de roi de la cité, *b*. 474.

Ayen, fils du maréchal de Noailles, *b*. 267.

Ayfroid, confeigneur de Poupian, 24.

Azèbes, voy. Diégo, 105.

Azemar (Antoine), confeiller, *b*. 426, — auditeur, *b*. 433, — confeiller à la cour des comptes, *b*. 434, — (Guillaume), confeiller au préfidial, *b*. 464, — (L.-Ant.), auditeur à la cour des comptes, *b*. 437.

Azillan, 223, 280.

Azillanet, affiégé, *b*. 10.

Azille, 505.

Azincourt, bataille gagnée par les Anglais, 304.

B

Babote (tour de la), *b*. 71.

Babylone (foudan de), 19.

Baccon, capitaine, 492, 500.

Bachaumont, fon *Voyage*, *b*. 113.

Bachelery, 1er conful de Béziers, 457.

Bachelier (François de), préfident de la cour des comptes, *b*. 419, — (Gabriel de), préfident de la cour des aides, *b*. 412.

Bacquet, fon *Traité de la chambre du tréfor*, *b*. 441.

Bacqueville (régiment de), 329.

Bacqueville, *b*. 473.

Badafol (Seguin de), 235.

Bagniol (Jean), avocat général, *b*. 433.

Bagnols, *b*. 19, 124, 452.

Bagnols, conful de M. *b*. 129, — (Pierre de), tréforier, 264.

Baillargues, xlvii,—pris par Damville, 485.

Baillat, fergent-major, *b*. 11.

Baillé (Mathieu), correcteur des comptes, *b*. 416, *b*. 419.

Bais-fur-Bais, 487.

Baix-fur-Baix, *b*. 209.

Balagni, fournit du fecours au duc de Mayenne, *b*. 7.

Balaruc, 462, 508, *b*. 293, *b*. 332, *b*. 361, *b*. 386, *b*. 471, — pris par les catholiques, 464, — (étangs de), xlvii (notes).

Balazun (Pons de), tué au fiége d'Arcas, 18.

Balbazes (marquis de los), *b*. 292.

Bâle, 323, 486, — (concile de), 319, — féjour de Calvin, 424,

Balhadart (Robert), 221.

Balon (jeu de), *b*. 487

Baltazard, *b*. 143.

Balthazar, intendant, *b*. 135, — (Jean), maître des requêtes, *b*. 128.

Baluze, ii, — fes *Capitulaires*, xlv, — hiftorien, 86, — fa collection des épîtres d'Innocent III, 110, — fa *Vie des papes d'Avignon*, 152.

Ban (Guillaume), procureur du roi, 159.

Banal (Antoine), auditeur, *b*. 427, *b*. 437, — (Jean), *b*. 436.

Bandin, légat, 55.

Bandinel (J.-Antoine), 446, — préfident de la cour des comptes, *b*. 417.

Bandinelli, cons. au prés. *b*. 463.

Bandonnat, 496.

Bangars, 24.

Bannières (Pierre), auditeur des comptes, *b*. 416, *b*. 419.

Bapaumes, 302.

Bar (Charles de), 287, — (Henri de), 287, — (Pierre), 129, — (Renaud de), évêque, 108 (note).

Baraglie (Pierre), prieur, 248.

Barancy (Jean), trés. de Fr., *b*. 453.

Baraton, notaire à M., 411, — (Jean), *b*. 356.

Barbara, *b*. 300, — (Arnaud de), 301.

Barbarie (blé de), *b*. 280.

Barbe, *b*. 175, — (Pierre), cons. au prés. *b*. 465.

Barbeirac (maifon de), *b*. 131, — voy. *Saint-Maurice*.

Barberii (Pierre), officier de la cour des aides, *b*. 409.

Barberouffe, 392, — voyez *Frédéric*.

Barberouffet, patron provençal, *b*. 6.

Barberii, voy. *Barbier*.
Barbète, rue à Paris, affaffinat du duc d'Orléans, 296, 360.
Barbeyrac (Ant. de), tréf. de Fr., b. 453, — (Henry), tréf. de Fr., b. 453.
Barbier (Louis), procureur général, b. 413, — (Pierre), confeiller en la cour de M., 382, — voy.
Barbieu (mas de), trêve fignée entre le P. Ange & Montmorency, b. 14.
Barce (Armand de), archev. d'Aix, 191, — (Geraud de), b. 358, — (de la), voy. *Guerrao*.
Barcelone, mort de Jacques, roi d'Aragon, 181, — tremblement de terre, 315.
Barcelone, 189, 200, 244, b. 152, b. 267, b. 395, — affiégée par le duc de Vendôme, b. 232, — Ataulphe y est affaffiné, xix.
Barcelone (comte de), fe rend maître de Montpellier & y rétablit Guillaume, 42.
Barcelonne (comtes de), LVII.
Barcelonne (comté de), 137, 139.
Barcelone (maifon de), fa longue guerre avec la maifon de Baux, 42, — voy. *Raymond-Bérenger*.
Barcinona (Barcelonne), xxxiv.
Bardichon (Pierre), confeiller, b. 20.
Bardin (Guillaume), fes *Chroniques*, 163, — (Jean), tréf. de Fr., b. 446.
Bardy (Pierre), tréf. de Fr., b. 453.
Barenton (Alexandre), b. 408, — avocat général, b. 412, — juge criminel, b. 456, b. 461,
Barges (Charles de), juge criminel, 429, 446, b. 456, b. 461.
Baritau, avocat général, b. 182.
Barjac, b. 47, b. 59, b. 103, — voy. Raymond.
Barlerie, r. de M., b. 516, voy. *Barralerie*.
Barlette, 364.
Baronis (André), 372, — (Françoife), 372.
Baronius, cardinal, 55.
Barral, vicomte, 16, — vicomte de Marfeille, époufe la fille d'Eudoxie, 75.

Barre (Jacques), garde du petit fceau, b. 367.
Barri (feigneur de), voy. *Bourfier*.
Barrière (ifle de), b. 101.
Barrière (Barthélemy), licencié en décret, 298, — (Jean-Ifarn de), évêque, 357, — (marquife de), 372.
Barris des Fraires Menors, b. 343.
Barris-Uberts (les), 235.
Barry, capitaine, 469, — (Hercule de), gouverneur de Leucate, b. 120.
Barwik, fuccède à Villars dans le gouvernement du Languedoc, b. 263, — va réduire les Barcelonnais, b. 290, — (duchefie de), fon arrivée à M., b. 266.
Bas, vicomté, 197.
Bafco, conful de M., 486.
Bas-Languedoc, VII, — ravagé par la pefte, 177, — b. 50.
Baffet (David-André), aud. à la c. des c., b. 436.
Baffompierre, b. 63, b. 67, b. 75, b. 104.
Baftide, 155.
Baftide (Fr.), aud. à la c. des c. b. 436.
Baftier (François), 1er conful de M., b. 388, — (Guichard), 366.
Baftion-Blanc, b. 71.
Baftion-Noir, b. 71.
Bafville (de), xiv, — (N. de Lamoignon de), intendant de Languedoc, b. 196, — cité b. 183, b. 204, b. 208, b. 209, b. 213, b. 223, b. 229, b. 243, b. 260, b. 300, b. 460, b. 471, — éreétion de la ftatue de Louis XIV, b. 305, — (Mme de), b. 221.
Baubignon (Jean), maître des requêtes, 299.
Baucio (Raymundus de), 251.
Baudan, préfident, b. 105, b. 123, — (de), tréforier de France, b. 154, b. 175, — (Jacques de), tréf. de France, b. 382, — 1er conful de M., b. 391, — frère de Pierre, préfident de la cour des comptes, b. 429, — (Jacques), tréf. de Fr. b. 449, b. 451. b. 452, — (Maurice), tréf. de

France, b. 452, — (Pierre), confeiller, b. 419, —(Pierre de), préfident, b. 424.
Baudier (Didier), premières affemblées proteftantes à M., 425.
Baudouin, frère de Godefroy de Bouillon, 14.
Baudouin, frère du comte de Touloufe, pendu par fon ordre, 119.
Baudouin du Bourg, troifième roi de Jérufalem, 34.
Baudrand, XLVII (note).
Baume (de la), b. 150, b. 186, — (Olivier de la), lieut. de roi de M., b. 473, — (fieur de la), voy. *Paulet*.
Baume de Suze (L.-François de la), évêque de Viviers, b. 128.
Baumès (François), b. 326.
Baurillet (Pierre), dit Panconis, général des aydes, b. 405.
Baux (feigneurs de), LVI, — leur difpute contre Berenger, comte de Melgüeil, 41, — (Amédée de), fénéchal, 242, b. 377, — (Raymond de), 256, — (de), voy. *Raymond*, — (feigneur de), voy. *Trinquère*.
Bavière (duc de), b. 213, —(prince éleétoral de), b. 240.
Bayard, 380.
Bayart (Antoine), tréforier général, 353.
Bayé (Dominique la), auditeur des comptes, b. 417, — (Jacques de la), auditeur, b. 420, b. 425.
Bayeux (évêque de), 293, — voy. *Ablagel*.
Bayle (Pierre), 321.
Bayonne, 326, 387, 398, b. 27, b. 158, b. 271, b. 273, —vifitée par Charles IX, 460.
Bazas, ruiné par Eorix, xxii.
Baziéges, 223.
Bazin (Claude de), voy. *Bezons*.
Béarn, rétabliffement de la religion catholique, b. 44, — réuni à la couronne, b. 46, — (le prince de), conduit à Montauban, 469, — voy. *Centon*.
Béarn (vicomte de), 103.
Béatrix, femme de Raymond, LV, — femme de Bérenger-Ray-

mond, LVI, — héritière de Melgueil, 36, — femme de Pelet, 52.
Béatrix de Savoie, 139.
Beaucaire, 145, 335, 393, 430, *b.* 7, *b.* 35, — tenue des états de Languedoc, *b.* 84, — *b.* 103, *b.* 232, *b.* 280, *b.* 399, *b.* 442, *b.* 460, *b.* 522, — (sénéchal de), 149, 191, *b.* 522, — (sénéchaux de), *b.* 537, — (sénéchal de), voy. *Rotlaud*, — (sénéchauffée de), 159, *b.* 466, — (sénéchaux de), 157.
Beauchatel-sur-Rhône, b. 194.
Beaudiné (Jacques de), baron de Cruffol, 445.
Beaudrand (le), voy. *Heuze*.
Beaufort (duchesse de), *b.* 23.
Beaugé en Anjou, 310.
Beaujeu (dame de), 350, 353, — (Imbert de), 124.
Beaulac (de), 1er conful de M., *b.* 123, — tréforier de France, *b.* 150, — (François de), *b.* 140, 1er conful de M., *b.* 391, — conseiller, *b.* 429, — tréforier de France, *b.* 446, *b.* 449, *b.* 452, — conseiller au prés., *b.* 464, — (Gafpard de), premier préfident, *b.* 434, — (Henry-Fr. de), fils de François, préf. à la c. des c., *b.* 431, — (Louis de), tréf. de Fr., *b.* 452, — (Louis-François de), 1er conful de M., *b.* 393, — (Marc-Antoine de), baron de Pezènes, *b.* 304, — 1er conful de M., *b.* 393.
Beaulieu (baron de), voy. *Daudeffens*, — voy. *Pas*.
Beaumevielle (Gafpard), av. du roi, *b.* 454.
Beaune, fe déclare pour Henri IV, *b.* 17.
Beaune (de la), *b.* 312.
Beaupuis, 155.
Beaupuis (Sicard de), prévôt de Maguelonne, 171.
Beaupuy (Bertrand de), lieutenant de roi, *b.* 377.
Beauregard, *b.* 151, — (Cl.-César Colin de), tréf. de Fr., *b.* 453, — (Louis-Pujol de), conf. du roi, *b.* 440.

Beauvais, foumis par Charles VII, 316, — fe foumet à Henri IV, *b.* 17, — (cardinal de), 426, — (évêque de), voy. *Dormans*, — voy. *Dreux*, — voy. *Marigny*.
Beauvarlet (Mathieu de), général des finances, *b.* 442.
Beauvezet, *b.* 341, — (feigneur de), voy. *Mafclary*.
Beauvoir (Scipion-Grimoard de), *b.* 143. *b.* 167, — (de), *b.* 225.
Beauxhoftes (de), 478, — (Jean de), fils de Pierre, préfident, *b.* 429, — (Pierre de), 1er préfident de la cour des aides, *b.* 420, — préfident, *b.* 424, — (Simon de), 446, — officier de la cour des aides, *b.* 410.
Bec-Crefpin (Fr.-René du), *b.* 160.
Becderieux, b. 64.
Bécherand (Geoffroy de), confeiller, *b.* 424, *b.* 425, — (Pierre de), conf. à la c. des c., *b.* 432.
Bedmar (marquis de), *b.* 258.
Bedos (Jacques), procureur général, *b.* 413.
Beguin (Hugues), 1er conful de M., *b.* 389.
Beine, ingénieur, *b.* 95.
Beirez (Pierre), *b.* 269.
Beiffe, *b.* 251.
Belefta (baron de), voy. *Cailar-Toiras, b.* 164.
Belgique (la), XV.
Béliarde, 24, — femme de Bernard (Guillaume), 9.
Bellaud (Laurent), corr. à la c. des c., *b.* 435.
Bellay (du), fes *Mémoires*, 394, — cit. 400.
Bellefonds (de), *b.* 116.
Bellefontaine (marquis de), *b.* 309.
Bellcforeft, fa *Cofmographie*, V, *b.* 344.
Bellegarde, maréchal, voy. *Saint-Lary*.
Belle-Ifle, retraite des Anglais, *b.* 258.
Bellet (Jacques), tréf. de Fr., *b.* 452.
Belleval, *b.* 54, — (Gafpard de), *b.* 218, — 1er préf. de la c. des c., *b.* 434, — (George de), *b.* 214, 1er maire de M., *b.* 392, — fils

de Martin-Richer, préfident de la cour des comptes, *b.* 432, — (Richer de), chancelier de l'univerfité, *b.* 123, — 1er conful de M., *b.* 391.
Bellièvre (de), *b.* 19, — (Pompone de), préfident au parlement de Grenoble, 473, — préfident au parlement de Paris, 502.
Belliran (François de), lieut. de robe courte, *b.* 462.
Bellonnet (Antoine), greffier des eaux & forêts, *b.* 467.
Bellor et Belor (Jean), 343. — 352, — général des aides, *b.* 405.
Belot, maître des requêtes, 473.
Beloy, 485.
Belpech de Garnaguez, 497.
Bénévent (bataille de), 148, — (cardinal de), 118.
Bénézet (Firmin), tréf. de France, *b.* 453, — (Jean), tréf. de Fr., *b.* 453.
Benjamin, rabbi, *b.* 394.
Bennier (Pierre), 1er conful de M., *b.* 388.
Benoît XII, pape, exige l'hommage du roi d'Aragon, 184.
Benoît XIII, pape, *b.* 333, — voy. *Lune*, — (le P.), prieur des Jacobins, *b.* 180, — (Jacques), aud. à la c. des c., *b.* 436, — (Louis), aud. à la c. des c., *b.* 438.
Benquet (Pierre de), 339.
Bérald (F.), 437.
Berchère (de la), *b.* 270, — archevêque de Narbonne, *b.* 299, — (Ch. le Goux de la), nommé à l'archev. de Narbonne, *b.* 258, — (J. de la), archev., décédé à Narbonne, *b.* 310.
Bercy (feigneur de), voy. *Mabre*.
Bérenger, archev. de Narbonne, 104, — év. de Maguelonne, *b.* 537, — (Antoine de), baron d'Arvieu, 20, — (Pons), juge de la rectorie, 221, *b.* 362, — (Raymond), de Barcelone, 36, — affaffiné dans le port de Melgueil, 42.
Berenger-Balbi, chanoine, 70.
Bérenger de Frédol, évêque de Maguelonne, 140.

cités dans l'Histoire civile de Montpellier.

Berenger de Montpeiroux, fils de Garfinde, 40.
Berenger de Sauve, 34.
Berenger de Vallauquès, donation en alleu à Guillaume de M., 52.
Berenger-Prunet, 46.
Berenger - Raymond, comte de Melgueil, LVI.
Berengers de Barcelonne, la comté de Melgueil passe dans cette maison, LV.
Berenguele, 144.
Berga, en Catalogne, 199.
Bergeiron, sellier, 425.
Berger (Etienne), conseiller, *b*. 425, — (Philippe de), correcteur, *b*. 424, *b*. 425, *b*. 429.
Bergerac, 259, — paix signée entre Montpensier & le roi de Navarre, 495,—pris par Louis XIII, *b*. 47.
Bergier (Etienne), conf., *b*. 418, — *b*. 419, — (Nicolas), son *Histoire des chemins romains*, XLVII.
Bergue-Saint-Vinox, *b*. 154.
Bermond de Montferrier, 152.
Bermond de Vézenobre, 61.
Bermond (Pierre), 57, — (Pierre de), 124.
Bermond-Fulconis, chanoine, 70.
Bernadière (de la), 498.
Bernage (de), *b*. 308, *b*. 325, *b*. 475.
Bernard, archevêque, 119, — évêque, 195, — fils de Garsende, conseig. de Montferrier, 24, — fils de Guillaume de M., 131, — comte de Comenge, 77, *b*. 562, — comte de Melgueil, acte de donation en faveur de Guillaume de Montpellier 6.
Bernard Ier, comte de Melgueil, LV.
Bernard II, comte de Melgueil, LV.
Bernard III, comte de Melgueil, LVI, *b*. 522.
Bernard d'Anduse, 9, — épouse la fille de Guillaume, 23, 48.
Bernard d'Armazan, 53.
— de Castries, 39, 50.
— de Cazouls, 46.
— de Murviel, 83.

Bernard, chanoine de Gironne et de Lodève, 88.
Bernard de Pignan, 43.
— de Saint-Drezery, 76.
— de Sauve, 61.
— (Atho), 45, — vicomte d'Agde, conclut un traité de commerce avec le seigneur de M., 70.
Bernard (Bermond), chanoine, 70, — (Gaillard), rend hommage à Jacques II, 148,—(Guillaume), fils de Raymond-Aimon, chef de la branche des vicaires, 69, — (Geoffroy), de Milhau, 37, — (Guiraud), 24, — (Jean), juge, 414, 417. — juge de la rectorie, *b*. 361, *b*. 363, — (Pelet), épouse Béatrix, veuve de Bérenger, 42, — voyez Montlaur.
Berneuval, traité avec Gustave Adolph, *b*. 108.
Bernier (Jacob), juge-mage, *b*. 461.
Bernis (Françoise de Bérard de), *b*. 267, — (Pierre de), 66, — (seigneur de), voy. *Rochemore*.
Berre (rivière de), XLII.
Berry (le), 224, 329.
Berry (duc de), frère de Charles V, 275, — épouse Jeanne de Boulogne, 284, *b*. 245, 248, — sa mort, *b*. 290, — accorde aux consuls de M. le droit de barrage, *b*. 384, *b*. 484, — voyez Jean, — (duchesse de), accident arrivé à Charles VI, 291.
Bertache, 162.
Bertaut (P.), archidiacre de Maguelonne, 69.
Bertha (de), voy. *Arnaud Guillaume*.
Bertho, 6.
Bertichère (La), *b*. 60.
Bertillat (de), *b*. 207.
Bertrand, conseigneur de Poupian, 24, — fils de Béliarde, 2, — sacristain, 70, — légat, 121, — fils de Bernard Pelet, 57, — se défait de presque toutes ses terres en faveur de la maison de M., 60, — de Pierre, chanoine, 70, d'Espagne, voy. *Duguesclin*,

— de Saint-Drezery, 76, — de Gigean, 85,— de Saint-Geniez, chanoine, 70, — de Saint-Gervais, 40, — de Sauve, 39.
Bertuel (N.), *b*. 140.
Bervik (duc de), son arrivée à M., *b*. 233.
Besançon, pris par les Sarrazins, XLI, — (l'archev. de), 293.
Bessan, 280.
Bessède (Raymond), 132.
Besseire, 418.
Beterris, XXXIV, voy. *Beziers*.
Betfort (duc de), 314.
Bethléem, 19.
Betizach, trésorier du duc de Berry, 286.
Betterrensium (civitas), VIII, voyez *Beziers*.
Beuter, historien, 67, — cit. 143, & suiv.
Beuves, 367 (note), — *b*. 302.
Beuvron (marquis de), tué au siége de M., *b*. 72.
Beynaguet (Pierre de), trésorier de France, *b*. 451.
Bezac, procureur du roi, *b*. 366.
Bezace (Pierre), consul de Frontignan, 183.
Bezalu (comté de), 137.
Beziers, XI, — cédé aux Visigoths, XXIV, — surpris par le comte Paul, XXXI, — Charles-Martel fait détruire ses murailles, XLIII, — exécution de Betizach, 287, — assiégé par Charles de Bourbon, 310, — passage de François Ier, 390, — Montmorency y tient les états de la province, 506, — arrivée & séjour de Louis XIII, *b*. 64, — siége présidial, *b*. 455, — (amphithéâtre de), XIV, — (évêque de), 104, — (seigneur de), voy. *Guill. de Roquezels*, — (vicomte de), 28, — voy. *Atho*, — voy. *Matfred*.
— cité, 137, 254, 335, 440, *b*. 18, *b*. 149, *b*. 397, *b*. 448.
Bezons, *b*. 149, *b*. 154, *b*. 162.
Biagras, bataille où Bayard fut blessé à mort, 387.
Bidassoa (la), *b*. 41.
Bidosc (Bernard), chanoine, 70.
Bieules (comte de), *b*. 112, *b*. 149

Biez (le maréchal de), 403.
Bigorre (sénéchal de), 191, voy. *Rabastens.*
Bioule (comte de), *b.* 166, voyez *Bieules.*
Biquoque (la), bataille perdue par Lautrec, 386.
Biron (de), maréchal, assiége Rouen, *b.* 12, *b.* 23, — condamné à mort, *b.* 26.
Biscaye, le roi Vamba est obligé de composer avec son peuple, XXXI.
Bituit, roi des Auvergnats, x.
Bizard (N.), *b.* 140.
Bizargues, hôpital de M., 294.
Bize des Allières, 505.
Blain (seigneur du), voy. *Rohan.*
Blaine (Marie), *b.* 325, *b.* 326.
Blanc (Jean), auditeur, *b.* 433.
Blancard (Jean), conseiller au présidial, *b.* 464, — (Pierre), conseiller au présidial, *b.* 456, 463, — (Samuel), conseiller au présidial, *b.* 464.
Blanchard (Guillaume), cité, 391, *b.* 459.
Blanche, reine de France, 125, 157.
Blanchet, 220, — (Pierre), chanoine, 70.
Blanchon (Jacques), officier de la cour des aides, *b.* 410.
Blandin (Jean), trés. de France, *b.* 451.
Blanquerie (bastion de la), *b.* 75,— porte de Montpellier, 12, *b.* 340, *b.* 516.
Blaquière (régiment de la), *b.* 60.
Blavet (fort de), en Bretagne, rendu aux Français, *b.* 22, *b.* 37, — cité, *b.* 88.
Blay (Ch.), auditeur à la cour des comptes, *b.* 438, — (Jean), avocat général, *b.* 140, — (Pierre), auditeur des comptes, *b.* 416, *b.* 419, *b.* 425, *b.* 436.
Blaye, *b.* 27.
Blegeri (Pons). docteur ès lois, 225, 228.
Blois, 360, — états généraux, 490, — (paix de), 498, — assemblée des états généraux, 510, — la reine-mère s'y retire, *b.* 43, — mort du duc d'Orléans,

b. 157, — (ordonnance de), *b.* 550, — cité, *b.* 152.
Bocan, *b.* 96.
Bocaud (porte du président), *b.* 348.
Bocaud, président, *b.* 71, *b.* 88, *b.* 115, *b.* 181, *b.* 477, — (de), *b.* 91, — *b.* 341, — (Gabriel de), premier consul de M., *b.* 392, — (Hercule de), conseiller à la cour des comptes, puis président, *b.* 431, — (Jacques), premier consul de M., *b.* 388, — (Jean de), président de la cour des comptes, *b.* 435, — (Philippe de), *b.* 428, — (Pierre de), avocat général, *b.* 26, — premier président de la cour des aides, *b.* 411, — (Pierre), procureur général, *b.* 413, — (Raoul), procureur général, *b.* 413, voy. *Boucaud.*
Boccii (Mathieu), jurisconsulte, 164.
Bochages (Raymond de), *b.* 371.
Boëmond, prince, contribue à la prise d'Antioche, 17, — prince d'Antioche, *b.* 396.
Boëri (Nicolas), président au parlement de Bordeaux, cite M. dans ses ouvrages, III, *b.* 491.
Boerii (Petrus), 241.
Boëtius, évêque de Maguelonne, XXVII.
Bohier (Antoine), général des finances, *b.* 443.
Boiranicis ou Boirargues (Jean de), 274.
Boirargues (de), *b.* 149, — (Et. Pélissier de), trésorier de France, *b.* 453, — (Guillaume de), premier consul de M., *b.* 389, — maître des comptes, *b.* 415, — (Jean-P.-Pélissier de), trésorier de France, *b.* 453, — voyez *Boiranicis,* — (seigneur de), voy. Pélissier.
Boileau, officier de la cour des aides, *b.* 409.
Bois-le-Vicomte, retraite de Mademoiselle, *b.* 148.
Boisseras, voyez *Hugues.*
Boisseron, assemblée des religionnaires, *b.* 280.

Boisson (Guiraud), *b.* 400.
Boissy, 393.
Bon, premier président, *b.* 142,— sa mort, *b.* 180, — président, *b.* 188, — (Charles), premier consul de M., *b.* 392, — (François), président, *b.* 128, — (François-Xavier), succéda à son père dans sa charge, *b.* 274,— (François), premier président, *b.* 428, *b.* 429, — (François-Xavier), premier président à la cour des comptes, *b.* 434, — (Jean le), maître des comptes, *b.* 415,—(Louis-Guillaume de), président de la cour des comptes, *b.* 437, — (Philibert), succède à son père, *b.* 180, — sa mort, *b.* 284, — (Philibert), *b.* 428.
Bonail (de), *b.* 162.
Bonami (Pons), bayle de M., *b.* 359, — (Jacques), 221.
Bonamic (Pierre), *b.* 387.
Bonamy (Pierre), 236.
Bonard (François), ancien cordelier, *b.* 6 (note).
Bonaudière (La), enseigne, *b.* 125.
Bon-Homme, nom donné à Calvin, 423.
Bonicel (Jacques, dit Jacob), *b.* 318.
Boniface VIII, pape, 152, — (Pierre), 132, *b.* 358.
Bonivet (marquis de), *b.* 36, voy. *Bonnivet.*
Bonafous, docteur, 463,—(Pierre), conseiller à la cour des comptes, *b.* 435, *b.* 437, — (Pierre-François), correcteur, *b.* 433.
Bonnail, 425.
Bonnal (François de), *b.* 392.
Bonne (Bonn), *b.* 207.
Bonnefoy, *Historia hæresis,* *b.* 82.
Bonnet (de), conseiller, *b.* 20, — (Charles), trésorier de France, *b.* 449, — (Guillaume de), trésorier de Fr., *b.* 445, *b.* 451, — (Jean de), trés. de Fr., *b.* 453.
Bonneterre (François), consul de M., *b.* 410.
Bonnier, *b.* 215, — (Antoine), président de la cour des comptes, *b.* 437,—conseiller au présidial, *b.* 465.

cités dans l'Histoire civile de Montpellier.

Bonnivet, battu par le connétable de Bourbon, 387.
Bons-François, parti protestant, b. 21.
Bons-Hommes, nom que se donnaient les Albigeois, 103.
Bon-Villevert (Charles de), premier président, b. 432. — (Guillaume-André), conseiller à la cour des comptes, b. 435, — (J.-Fr.), conseiller à la cour des comptes, b. 437.
Bonzi (de), pose la première pierre à l'écluse du pont Juvenal, b. 173, — (cardinal de), sa mort, b. 258, — (Clément de), évêque de Béziers, b. 128, — (Pierre de), premier cardinal, b. 169, — (Thomas), évêque de Béziers, 507, — (Elizabeth de), sœur du cardinal, meurt à M., b. 277, — nom cité, b. 216, b. 233, b. 245, b. 401.
Bor (seigneur de), 462.
Borde (seigneur de la), b. 418.
Bordeaux (province de), subjuguée par Evarix, XXI, XXII, — pris et ruiné par Abdérame, XLI, — Louis XI y crée un parlement, 338, — révolte, 406, — visité par Charles IX, 460, — mort de Schomberg, b. 114, — parlement de, voyez *Boëri*, — cité, 223, 326, b. 40, b. 148, b. 182, b. 246.
Bordeille (Jean de), consul de M., 321.
Bordes (de), 293, — (Jean), sergent, b. 101.
Bordieu, ministre protestant, b. 188.
Borel, son *Trésor*, 327, — (N.), b. 140.
Boriac (Pons de), garde du petit sceau, b. 366.
Bornier, b. 179, b. 196, b. 621, — (Barthélemy de), correcteur des comptes, b. 416, b. 419, b. 425, — (Jacob), b. 244, — juge-mage, b. 247, b. 458, — lieut. part. au préf., b. 462, — président, b. 462, — (Paul de), conseiller au présidial, b. 457, — (Philippe), président de la II.

cour des comptes, b. 418, — lieut. part. au préf., b. 462, — conf. au préf., b. 464, — (Simon-Jean de), b. 420, — (Simon), conseiller, b. 425.
Borrit (Jean), greffier au présidial, b. 456.
Bosc (vicomte du), b. 170, — conseiller au parlement, b. 192, — (François), 352, 361, 368, — avocat général, b. 412, — trésorier de France, b. 453, — (H.), conseiller à la cour des comptes, b. 435, — (Jean), prieur de Saint-Just, b. 407, — officier de la cour des aides, b. 409, — (Laurent), conseiller à la cour des comptes, b. 434, — conseiller du roi, b. 440.
Boscha (Jean de), officier de la cour des aides, b. 409.
Bosquat (Jean), conseiller à la cour des comptes, b. 434, — (J.-Fr.), conseiller à la cour des comptes, b. 437.
Bosquet (de), évêque de M., b. 162, — sa mort, b. 174, — intendant de justice, b. 128.
Bossavin (Guillaume), avocat général, b. 412, — (Jean), seigneur de Pignan, 367 (note), recteur, b. 362, — juge de la Part-Antique, b. 701.
Bossonel, 459.
Bossuge, b. 341.
Bossuges (Amans de), trésorier de France, b. 453, — (Jacques de), premier consul de M., b. 391, — (Jean de), avocat du roi, b. 456, — procureur du roi, b. 463, — (Philippe de), premier consul de M. b. 390, — (Pierre de), conseiller, b. 424.
Botonet, 73.
Botonnet (château de), b. 39.
Boucairain, voy. *Guillaume*.
Boucaud (Jean), 361, — (Philipe de), conf., b. 425, — (Pierre de), avocat général, b. 20, — conseiller à la cour des aides, b. 439, — (Raoul), 352, — (Raulin), 363, voy. *Bocaud*.
Bouchain, pris par Villars, b. 287.
Bouchain, comte écossais, 310.

Bouchain, connétable, 314.
Bouche, son *Histoire de Provence*, XI, 231.
Boucherat (de), chancelier, b. 242.
Boucicaut, maréchal, fait la guerre au roi de Navarre, 239, — cité, 301, — le jeune, 287.
Boudon, payeur du présidial, b. 132, — (Philippe), b. 178, — trésorier de France, b. 447, b. 452.
Bouflers (de), maréchal, b. 258.
Bouillargues, capitaine, 449, 494.
Bouillargues, 477.
Bouillon (maréchal de), ligué contre Louis XIII, b. 40, — cité, b. 23, b. 36, — (cardinal de), b. 202, — voy. *Godefroy*.
Bouissou (mas de), 449.
Boulhaco (de), b. 187, — (Etienne de), auditeur des comptes, b. 419, b. 425, — (Charles de), fils d'Etienne, auditeur, b. 429.
Bouliaco, voy. *Boulhaco*.
Boulogne, assiégé par les Anglais, 354, — concordat de François Ier avec Léon X, 383, 390, assiégé par Henri VIII, 402, — assiégé par Henri II, 407, — cité, 378, 414.
Boulogne (cardinal), 240, — (Jeanne de), à M., 283, 284, — voyez *Longue-Épée*, — voyez *Oderic*.
Boulou (le), 184.
Bouques (Catherine), 366, — (Guillaume de), premier consul de M., b. 390, — (Jean de), premier consul de M., 446, b. 388, b. 408, — (Nicolas de), premier consul de M., b. 389, — (Pierre de), consul de mer, b. 396.
Bouques-d'Or, ancienne rue de M., b. 346.
Bourbon (le duc de), tué à Poitiers, 225, — (de), évêque du Puy, 340, — (le connétable de), sa disgrâce, 386, — (le duc de), comte de Forêt. 284, — (Antoine de), roi de Navarre, 426, — (Armand de), voy. *Conti*, — (Charles de), 379, — (François de), président-né de la

75

cour des aides, *b*. 410, — (Henry de), *b*. 100, — (Jacques de), 243, — (Jean de), évêque du Puy, *b*. 405, 335, — mort à Saint-Quentin, 420, — (Jeanne de), sa mort, 259,—(Marie de), duchesse de Montpensier, *b*. 91.
Bourbonnais (le), 320.
Bourbonnais & Auvergne (duc de), voy. *Pierre II*.
Bourdaloue (le P.), *b*. 198.
Bourdic (Pierre de), 418, — gouverneur de M., 434, *b*. 379.
Bourdon, peintre, *b*. 154, — (Pierre), notaire, 292.
Bouredon, 305.
Bourg (comte du), *b*. 222, — voy. *Baudouin*.
Bourgade (La), président, *b*. 12.
Bourg-en-Bresse, pris par Henri IV, *b*. 24.
Bourges, xv, — (Province de), subjuguée par Evarix, xxi, — assiégé par Charles VI, 300, — se soumet au roi Henri IV, *b*. 16, — cité, 123, 314, 328, 330, 362, — (l'archev. de), Henri IV abjure entre ses mains, *b*. 15, — cité, 104.
Bourges (Pierre), conseiller du roi, *b*. 440.
Bourgogne (la), 258, 259, 406, *b*. 27, *b*. 144, — (duché de), 388.
Bourgogne (duc de), sa naissance, *b*. 185, — cité, 7, 317, 330, *b*. 245, *b*. 248, *b*. 484.
Bourg-Saint-Andéol, 490.
Bourguignons (les), 309.
Bourlemont (de), archevêque, *b*. 165.
Bourlette (Victoire), *b*. 326.
Bournikel (de), 463.
Bourre, 343.
Bourrely (Jacques), dit Paul, *b*. 318.
Boursieur, seigneur de Barri & Saint-Aunès, *b*. 8.,
Bouschu (Mme de), intendante de Dauphiné, *b*. 276.
Bousquet, procureur, *b*. 304, — (François de), conseiller, *b*. 425, — président de la cour des comptes, *b*. 429, — (Jean de),

478, — (J.-Hercule de), procureur général, *b*. 438, — trésorier de France, *b*. 452, — (seigneur du), voy. *Gayon*, — voy. *Plos*, — voy. *Robert*.
Bouffonel (André), conseiller du roi, *b*. 440.
Boussuges (Jean), 416, — cadet, premier consul, *b*. 108, — recteur, *b*. 362, — (Philippe de), premier consul de M., *b*. 390, — conseiller, *b*. 418, — (Pierre de), conseiller, *b*. 419.
Boutard (Charles), *b*. 140, — trésorier de France, *b*. 446, *b*. 451, *b*. 452.
Bout-du-Monde, quartier de Montpellier, 12.
Boutefeu (Antoine), de Gênes, 233.
Boutières (les), 279.
Boutonnet, faubourg de M., 462, *b*. 212, *b*. 343, *b*. 70, — (seigneur de), voy. *Teinturier*.
Bouvines, 418.
Bouzigues, *b*. 471.
Bouzigues (baron de), voyez *Combet*.
Bovines, voy. *Bouvines*.
Boyer, capitaine, *b*. 117, — (Henri), trésorier de France, *b*. 443, — (Jean), avocat général, 382, 411, *b*. 412.
Brabant (le), 330, 418.
Bragance (Jean de), roi de Portugal, *b*. 124.
Brancas (de), 452.
Brandebourg, *b*. 200, — (électeur de), *b*. 170.
Brandille, place de M., sa création, 302, — cité, 367 (note), *b*. 348.
Branlaire (la), *b*. 131.
Bravard (Jean), auditeur, *b*. 424, *b*. 425.
Braymont ou Brayemont, juge-mage, 227, — (Jean de), 226.
Breizoles (de), voy. *Rocafolio*.
Brémond de Lunel-Viel, 34, — de Sommières, 50, 66, — (Pons de), cède à saint Louis le château de Sommières, *b*. 364, — cité, 38.
Brescou, fort bâti par Montmorency, *b*. 6, — ses fortifications

démolies par ordre de Louis XIII, *b*. 112, — cité, *b*. 199.
Bresse (la), 378, — (comté de), échange avec le marquisat de Saluces, *b*. 25.
Bressieux (de), *b*. 75.
Bretagne, 373, *b*. 21, — voyage de Louis XIII, *b*. 37.
Bretagne (le duc de), 333, — voy. *Jean*.
Breteuil (de), *b*. 139, *b*. 142, — intendant, *b*. 137.
Brétigny, traité en vertu duquel le roi Jean sort de prison, 234.
Bretigny (de), entreprise sur la citadelle de M., *b*. 93.
Brevard (Jean), auditeur, *b*. 429.
Brey (J.-B.), garde-manteau, *b*. 467.
Breys, *b*. 375.
Brezé (maréchal de), *b*. 113, *b*. 124.
Briçonnet (Guillaume), 353, — général des finances, *b*. 442.
Brie en Champagne, 345, *b*. 364.
Brignac (Pierre de), 1er consul de M., *b*. 392.
Brignon (Charles de), *b*. 153, *b*. 157.
Brindes, 356.
Bringaud, *b*. 175.
Brion (de), amiral, 399.
Brisac, pris par le duc de Bourgogne, *b*. 259.
Brisefranc (Jean-Meynon de), conseiller du roi, *b*. 440.
Brison (de), *b*. 61, *b*. 84.
Brissac (château de), 23, 161.
Brissac (de), maréchal, revient en France, 420, 426, — cité, 415, 468, *b*. 146, *b*. 361, *b*. 386, — (baron de), *b*. 149, *b*. 170, — frère du marquis de la Roquette, *b*. 147.
Brisse (Jean de la), trésorier de France, *b*. 446.
Britesse (siège de), *b*. 74.
Brizon (de), *b*. 46, voy. *Brison*.
Brogerie (Christophle), 416.
Broglio (comte de), *b*. 204, *b*. 208, *b*. 209, *b*. 213, *b*. 229, *b*. 256, *b*. 291, *b*. 221, — (Mlle de), épouse du président Riquet, *b*. 235.

cités dans l'Histoire civile de Montpellier. 599

Broffet (Giraud), conful, 226.
Broue (G. de la), 138.
Brouffe, avocat, *b*, 247.
Brouffon (Claude), fa mort, 238.
Brouffloré (Denis), confeiller à la cour des comptes, *b*. 433.
Brouzet (Jean), correcteur, *b*. 429,
Brozet (Pierre de), chanoine, 70, — voyez *Pierre*.
Brueys, auteur des paroles du premier opéra joué à Montpellier, *b*. 178.
Bruguières (Guillaume), conful de mer, *b*. 400.
Bruin (Georges), fon *Théâtre des cités*, *b*. 343.
Brun, 174, — (Jean de), confeiller, *b*. 429, — (Philippe de), correcteur, *b*. 429, — (Pierre de), confeiller à la cour des comptes, *b*. 432, — correcteur, *b*. 433, — confeiller à la cour des comptes, *b*, 435.
Brunefinde, 24.
Bruni (Guillaume), 352, — confeiller à la cour des aides, *b*. 407, *b*. 409.
Brûlée (la), courrier, 474.
Bruxelles, Charles-Quint remet le pouvoir à fon fils, 419, — exil de la reine-mère, *b*. 108.
Bruyères (Philippe de), gouverneur de Montpellier, 291, *b*. 359, *b*. 385, — général des aydes, *b*. 405.
Bruziac (Raymond de), 201.
Buccelli, voy. *Buccelly*.
Buccelly (Antoine), confeiller, 387, *b*. 417, — (J.-Fr. de Trémolet de), *b*. 172, — (Jacques), Ier conful de M., *b*. 388, — (Jean), Ier conful de M., *b*. 388, — (Louis de), capitaine du guet, 443, 478, — Ier conful de M., *b*. 389, — confeiller, *b*. 417, *b*. 535.
Buckingan (duc de), *b*. 91.
Budos (Louife de), de Portes, *b*. 22.
Bueil (de), fénéchal, 261, 323, — (Jean de), fénéchal de Touloufe, 268.
Buiffon (J.-Ant.), confeiller à la cour des comptes, *b*. 432, — (Louis), confeiller à la cour des comptes, *b*. 435.
Bulgares (les), difputent le paffage aux croifés, 15.
Bullion (de), *b*. 67. *b*. 111.
Burges, *b*. 49.
Burgondion, furnom donné à Guillaume, fils de Mathilde, 62, — chanoine du Puy, 88, — fils de Guillaume de M., 131.
Burgondioze, fille de Burgondion & d'Adélaïs de Cognac, 68.
Burgos, 241.
Burgues (Arnaud), 194.
Burie (de la), 405.
Burnel (Guillaume) ou Duvergier, général des aydes, *b*. 405.
Bufch (le captal de), 240, — voy. *Grely*.
Buxie (Raymond), licencié ès loix, 316.
Bzovius, cité, 101.

C

Cabanes (Etienne de), 221.
Cabaffe (Raymond), dominicain, 307, — (Vincent), grand vicaire, 303.
Cabaffut (Pierre), Ier conful de M., *b*. 390.
Cabot (Jean), tréforier de France, *b*. 453, — voy. *Colorgues*.
Cabre (grau de la), *b*. 399.
Cabrera (Bernard de), 221, — (Ermengaud de), comte d'Urgel, 181.
Cabrerolles (Adémar de), prévôt, 157.
Cabrefpine (Bernard), *b*. 362.
Cabrières (fort de), 499.
Cabrières (Guy de), viguier de Beaucaire, 159.
Cabrol (Barthélemy), profeffeur d'anatomie à M., *b*. 29.
Caderouffe (Bertrand de), époufe Fidis, 76.
Cadets de la Croix, marchent contre les camifards, *b*. 261.
Cadoule, 250.
Cadris (Guillaume de), gouverneur de M., 331, *b*. 378.
Caen, 326.
Cahors, pris par les Anglais, 51, — pris par S. de Montfort, 109, — cité, 137, *b*. 407, *b*. 425.
Cailar de Toiras (Louis-Bernard du), *b*. 164, — (Louis de Bermond du), *b*. 173, — voyez *Toiras*.
Cailus (le feigneur de), 453, — (marquis de), *b*. 306, *b*. 309.
Caire (foudan du), 19.
Caires d'Entraigues, gouverneur de M., *b*. 378.
Caifergues (Henri), conful de mer, *b*. 400.
Caiffade, capitaine, 493.
Calabre (la), 363, 364.
Calabre (duc de), voy. *Robert*.
Caladon (Antoine-Sarret de), *b*. 150.
Calaguera, 249.
Calais, *b*. 20, — rendu aux Français, *b*. 22, — entrevue du duc de Bourgogne avec le roi d'Angleterre, 305, — defcente des Anglais, 354, 390, — pris par le duc de Guife, 420, — (marches de), 287, — cité, *b*. 154.
Calça (Pons), 201.
Calce (Ponce), juge criminel, 221.
Calcinato, bataille gagnée par Vendôme, *b*. 270.
Calixte II, pape, 33.
Calonges, gouverneur de M., *b*. 79, *b*. 84, *b*. 472.
Calvet (Michel), confeiller au préfidial, *b*. 464, — (Nicolas), confeiller au préfidial, *b*. 456, — (Pierre), avocat, 292.
Calvière (François de), confeiller, *b*. 20, — (feigneur de Saint-Céfaire, 477.
Calvin (Jean), de Noyon, 423.
Calvifius, cité, XLV.
Calviffon, pris par Damville, 475.
Calviffon (marquis de), *b*. 173, *b*. 184, *b*. 242, *b*. 245, — (comte de), *b*. 268, — (Tifaine-Françoife de Nogaret de), abbeffe, *b*. 221, — (marquis de), voy. *Louet*.
Camargue (la), Marius y retranche fon armée, XI.
Cambacérès (Dominique), confeiller à la cour des comptes,

b. 152, *b.* 434, — (Jacques), conseiller à la cour des comptes, *b.* 346, — correcteur, *b.* 433, — (Jean), conseiller à la cour des comptes, *b.* 432.
Cambon, procureur, *b.* 304.
Cambous (de), chevalier, *b.* 92. — (maison de), *b.* 348.
Cambrai, b. 175, 376.
Cambrai (Adam de), 299, — (Etienne de), évêque d'Agde, 324, — (évêque de), voyez *Pierre-André.*
Camilly (de), *b.* 313.
Campan, juge garde de la monnaie, *b.* 374, — (Claude), *b.* 215, — correcteur, *b.* 433, — conseiller à la cour des comptes, *b.* 434, — (François), auditeur, *b.* 433, — (Fr.-Benoît), procureur du roi, *b.* 454, —(Jacques), conseiller à la cour des comptes, *b.* 436.
Campeço, 249.
Campnau, quartier de M., *b.* 340.
Campnou, voy. *Adalguier.*
Campredon, b. 206.
Canaye (Philippe de), *b.* 11, — seigneur du Fresne, président, *b.* 20.
Candale (Henri de Foix, comte de), beau-frère de Damville, 476.
Candiac, b. 256.
Candillargues, 243.
Candillargues, premier consul, *b.* 158, — (Etienne de), consul de mer, *b.* 395, — (Joseph de la Croix de), nommé lieutenant de roi, *b.* 329, — (seigneur de), voy. *Lacroix,* — voy. *Lauselergue.*
Canet, pris par Pierre d'Aragon, 196, — pris par Condé, *b.* 122,
Canet (vicomte de), voy. *Fenouillèdes,* 221, — voy. *Girard.*
Canillac (baron de), tué au siége de M., *b.* 72.
Canourgue, place de Montpellier, 43, — (la), église de M. détruite par les protestants, *b.* 55.
Canourgue (de la), *b.* 10.
Cantalops (château de), 155.
Cap-de-Biau, b. 358.

Cap-de-Porc (Guy), jurisconsulte, 136.
Cap-de-Quiers, b. 152.
Capelle (la), *b.* 16.
Capelle-Nove, 12.
Capestan, passage de Charles VI, 287, — cité, 279, 447, 454, *b.* 18, — (l'étang de), xiv.
Capestang, voy. *Gausserand.*
Capharda, ville de la Palestine, 18.
Capitanat, 364.
Capmayn (château de), 155.
Capon, *b.* 428, — (Charles), 1er consul de M., *b.* 392, — (Jean), auditeur, *b.* 425.
Capon-Bordelli, garde du petit sceau, *b.* 366.
Cappadoce, 16.
Cappendut (seigneur de), 191.
Capraria (château de), 155.
Capreriis, 83.
Capucin-Pintrat, ancienne rue de M., *b.* 307.
Capvillar (Pierre de), consul de mer, *b.* 396.
Carabettes, 185.
Carafa (Jean-Pierre), 419.
Caravas, 376.
Caravettes, *b.* 315, — voy. *Carabettes.*
Carbon (de Montpezat), archevêque de Toulouse, *b.* 191, — (Benjamin de), conseiller du roi, *b.* 440, — (Jacques du), conseiller au présidial, *b.* 465.
Carbonnière (tour), 464, *b.* 51,
Carcasso, viii.
Carcassona, xxxiv.
Carcassonne, xxii, — cédée aux Visigoths, xxiv, — les troupes de Gontran y sont exterminées, xxvi, — sédition, 280, — passage de Charles VI, 287, — passage de François Ier, 390, — entrée de Louis XIII, *b.* 63, — cité, 137, 223, 254, 273, 285, 307, 335, 451, *b.* 134, *b.* 142, *b.* 149, *b,* 225, *b.* 251, *b.* 280, *b.* 303, *b.* 365, *b.* 426, *b.* 458, — (évêque de), voyez *Estampes,* — (sénéchal de), 149, 191, *b.* 537, — (sénéchaussée de), v, 159.
Cardaillac (Louis de), comte de Bioule, *b.* 129.

Cardinal (Pierre), 104.
Cardonne (duc de), *b.* 169, — (vicomte de), voy. *Foulques,* — (Raymond de), vice-roi de Naples, 378.
Cardonet, 83.
Carescausses (Alard de), *b.* 51, — (sieur de), voy. *Libel.*
Carignan, prince de, *b.* 251.
Carinus (l'empereur), natif de Narbonne, xv.
Carinthie, 411.
Carladez, 188, 201.
Carlencas (Jean-Etienne de), sa relation des troubles de M., iv, *b.* 72, — ses manuscrits, *b.* 104.
Carmagnole, trève de trois mois, 395.
Carmain, bourg, 105, *b.* 63.
Carmes (porte des), 268, *b.* 71, *b.* 104.
Carouge, b. 211.
Carpentras, voy. *Artaud.*
Carpinel (Gaudemar), 20.
Carquet (Isaac), conseiller au présidial, *b.* 465, — (Jacques), conseiller du roi, *b.* 440.
Carrau (Jacques), 299.
Carrié, capitaine, *b.* 132.
Carroca, forteresse, 151.
Carsan (Hugues de), recteur, *b.* 362.
Carthagène, prise par Barwik, *b.* 271, — (province de), xxviii.
Carus (l'empereur), natif de Narbonne, xv.
Casal, les Espagnols en lèvent le siége, *b.* 102.
Casillone, fille d'Ervige, xxxvi.
Casius (Pierre de), 37.
Cassagne, 100 (note), — (seigneur de la), voy. *Arnaud.*
Cassan (Jacques), correcteur, *b.* 433, — (Pierre), consul de mer, *b.* 400.
Cassano, défaite du prince Eugène, *b.* 267.
Casseirol (Henri), juge, *b.* 204, *b.* 217, *b.* 387, *b.* 459, — (J.-Henry), juge criminel, *b.* 461, — lieutenant des eaux & forêts, *b.* 466.
Cassel, bataille gagnée sur le prince d'Orange, *b.* 175.

cités dans l'Histoire civile de Montpellier. 601

Caffet (Jean), 1er conful de M., b. 388.
Caffinel (Ferri), archevêque de Reims, 289.
Caftaing (Louis), confeiller à la cour des comptes, b. 436.
Caftanet, 223.
Caftanet, fe rend à Villars, b. 262, fe fait chaffer de Genève, périt fous la roue à M., b. 264.
Caftanier (Ant.-Fr.), confeiller du roi, b. 440, — (Guillaume), confeiller du roi, b. 440.
Caftel (Bertrand), docteur ès loix, 321, — (Jean), tréforier de France, b. 447, b. 452.
Caftelet-Cambous, b. 170.
Caftellan (Alexandre de), tréforier de France, b. 445, b. 451.
Caftel-Léon, 171.
Caftellet (Pierre de), 37.
Caftellionate (Jean), médecin du pape, 112.
Caftellum, XXXIV.
Caftelnau, inscription romaine, XLIX, — fa maladrerie, 49, — fiége de M., b. 70, — cité, XLVI, 37, b. 45, b. 164, b. 186, b. 250, b. 495, b. 536, — (chemin de), b. 343.
Caftelnau (feigneur de), voyez Urcières, — (Jacques de), évêque du Puy, 476, — (Pierre de), 104.
Caftelnaudary, 223, — paffage de François 1er, — Louis XIII y rejoint fon armée, b. 63, — (combat de), b. 110, — vifite de Louis XIII, b. 113, b. 206, — cité, 390, 496.
Caftelnau de Guers (feigneur de), 457, — (baron de), gouverneur de M., b. 472.
Caftelrodrigo (marquis de), ambaffadeur d'Efpagne, b. 250.
Caftel-Sarrazin, l'armée d'Abdérame y eft battue par le duc Eudes, XLI, — cité, b. 18.
Caftille, foumife au royaume des Goths, XVIII, 245, 357.
Caftille (connétable de), titre que prit Duguefclin après le combat de Moutiel, 242, — (grand prieur de), b. 272, — (roi de), 284, — voy. Alphonfe.

II.

Caftillon, pris par le prince de Conti, b. 152, — (vicomte de), voy. Pierre.
Caftres, repris fur les Sarrazins, XLI, 108, — foulèvement des religionnaires, 460, — conférence entre Montmorency & le roi de Navarre, 503, — formation de la chambre de l'édit, b. 19, — cité, 466, 490, b. 64, b. 85, b. 98.
Caftries, paffe dans la maifon des Guillaume de Montpellier, 50, — cité, 443.
Caftries (baron de), b. 24, b. 46, — 1er conful de M., b. 87, — (marquis de), b. 157, — (marquife de), vifite Mme de Toiras, b. 180, — citée, b. 206, — (comte de), fon mariage avec Mlle de Mortemar, b. 216, — fa mort, b. 302, — (marquis de), b. 219, b. 309, — fait chevalier, b. 327, b. 484, — (Eléazar de), 13, — voy. Bernard, — voyez Croix (de la), — voyez Dalmas, — voyez Ermenfende.
Caftro (Bernard de), lieutenant de roi, b. 376.
Catalaunicis campis, plaine de Châlons. Les Huns y font exterminés, XX.
Catalan (Guillaume), conful, 321.
Catalogne, traverfée par les Vandales qui envahiffent l'Efpagne, XVII, — foumife au royaume des Goths, XVIII, — citée, 36, 127, 294, b. 140, b. 149, b. 150, — (fénéchal de), 40.
Catane, ville de Sicile, 180, — bataille navale, b. 174.
Cateau-Cambréfis, paix conclue avec l'Angleterre, 421.
Catel, fes Mémoires de Languedoc, XII, — cité, XXII, 49, 105, 314, 318, 338, b. 369
Catherine, fille de Charles VII, 317, — fœur de Charles VII, 309, — d'Aragon, mère d'Edouard, roi d'Angleterre, 415, — de Portugal, 214.
Catinat (de), vainqueur à Stafarde, b. 210, — alliance avec le duc de Savoie, b. 229, — cité,

b. 241, — chef camifard, b. 261, — fe rend à Villars, b. 262, — pris à Nîmes, b. 265.
Caucafe (le), 19.
Caucat (Louis), confeiller au préfidial, b. 465.
Caulet (de), tréforier de France, b. 128, b. 175.
Caumartin (de), préfident au grand confeil, b. 26.
Caunelles (terre de), b. 340, b. 347.
Caunelles (feigneur de), voyez Ducher.
Caunes, pris par de Joyeufe, b. 10.
Caunes (Pierre), confeiller, b. 426, b. 431.
Cauquat, b. 154.
Caufit (Guillaume), conful, 226.
Caufiti (Guillaume), bayle, 160, — cité, 221, b. 359.
Cauffade (feigneur de la), voyez Guibal.
Cauffe, b. 358, — (Guillaume), correcteur, b. 420, — (Jofeph), confeiller à la cour des comptes, b. 437, — (fieur du), voyez Faudoas.
Cauvin, b. 304.
Cauviffan (château de), où meurt de Joyeufe, b. 13.
Cauviffon, b. 64, b. 98, b. 103.
Cavillon (Pierre), archidiacre d'Autun, 173.
Cavaillon, voy. Didier, — voy. Guy.
Cavalier, chef des camifards, b. 257 et fuiv.
Caveirac, b. 261, b. 268, — (château de), b. 276.
Cavillar (Etienne), b. 359.
Caylus (de), 481.
Cazalèdes (Jean), greffier, b. 20, — (Jean-Jacques de), b. 412, — confeiller, b. 425, b. 440.
Cazals (Georges), chancelier, b. 20.
Cazaux (Pierre), auditeur, b. 429.
Cazedieu (abbé de la), voy. Curduchefne.
Cazelez (le P.), b. 128.
Cazeneuve (feigneur de), voyez Lordat.
Cazenove, entrepreneur, b. 144.
Cazes (Antoine), auditeur, b. 420, b. 425, — (Jacques), auditeur des comptes, b. 416, b. 419.

75

Cazevieille, b. 386.
Cazillac, b. 361, b. 386.
Cazillac (de), b. 10.
Cazouls, 447, — voy. *Bernard*.
Cé (ponts de), b. 45.
Celeiran (feigneur de), voy. *Mengaud*.
Céleftin II, pape, 43, — III, pape, répond favorablement à la demande de Guillaume de M., 74.
Celets (feigneur de), voy. *Reverfac*.
Cellamare (prince de), ambaffadeur d'Efpagne, b. 308.
Celleneuve (églife Sainte-Croix de), LII, — village près de M., b. 49, b. 71, b. 212, b. 342, b. 358.
Celleneuve (Pons de), 70, — (feigneur de), voy. *Sourraffin*.
Celtes (les), leur établiffement dans l'Aragon, VIII, — cités, b. 250.
Celtibériens (les), VIII.
Cendras, abbaye, brûlée par les camifards, b. 257.
Centellas (Gilbert de), 210.
Centon de Béarn, affifte à la première croifade, 14.
Centreiran, 42.
Centreirargues, 46, 66, 85, — voy. *Guillaume*.
Centulle, comte d'Aftarac, 80.
Cepio (Q.), battu par les Cimbres, Teutons, etc., X.
Ceran, tué au fiége de M., b. 76.
Cerdagne (la), 28, 171, 192, 355, 357, 373, — (comté de), 137, 139.
Ceret, 155.
Cerignoles, défaite du duc de Nemours, 369.
Cerizoles, bataille, 402.
Cerkant, b. 355.
Cervera (Bérenger de), 127, — voy. *Cerveria*.
Cerveria (Bérenger de), lieutenant de roi, b. 376.
Cervian, 251, — voy. *Servian*.
Céfaire, évêque d'Arles, préfide le concile d'Arles, XXII.
Céfar (Jules), conquête des Gaules, X.
Céfarée (archev. de), 99.
Ceffenon, 247, — (comté de), 251.
Cefferon (château de), 502.

Cette, 238, b. 51, b. 225, b. 538,
— (gouverneur de), voy. *Croix* (de la).
Ceulat (prieur de), 173.
Cévennes (les), foulèvement des religionnaires, 475, — citées, b. 77, b. 148, 429, b. 209, b. 251, b. 535.
Cévenols (place des), 460, b. 306, b. 349.
Cizarée (évêque de), voyez *Toiras* (Claude).
Cezelli (Conftance de), défenfe de Leucate, b. 9, — (Claude), Ier conful de M., b. 388, — (Etienne), b. 400, — (Jean de), 407, 455, — préfident de la chambre des comptes de M., b. 9, b. 417,— (Pierre de), baile de M., b. 359.
Cezero ou Saint-Thibéry, XLVI.
Chabanes (Antoine de), 323, 330, — (Jacques de), dit la Palice, 382.
Chabot, de Nîmes, 428.
Chaïlard (vicomte de), b. 112.
Chaife-Dieu, abbaye, 209.
Chalançon, b. 194.
Chalas, avocat de Nîmes, b. 44.
Chalières, près de Saint-Flour, 274.
Chaliot, b. 415.
Challon (J.), 213, — voy. *Châlon*.
Châlon, 254, — voy. *Chalons*.
Châlon (Louis de), prince d'Orange, 306, — (Pierre), conful de M., 486, b. 389.
Chalons, pris par les Sarrazins, XLI, — (évêque de), 50.
Chambaud, b. 14.
Chambaud (château de), b. 193.
Chambéry, pris par Henri IV, b. 24.
Chamblay, maître des requêtes, b. 24.
Chameau, voy. *Chaumeau*.
Chamereau (comte de), b. 232.
Chamié, roué vif, b. 193.
Chamillard (de), b. 242.
Chammeiffa (Pierre de), 289.
Champagne (la), 258, 345, 385, 402, 406, b. 27, b. 75.
Champeaux (Guillaume de), b. 404, — général des finances, b. 442, — (Jean de), 230.

Chanclos (Jean-Auveiller de), confeiller du roi, b. 440.
Chantereau, b. 131.
Chantereuges (de), b. 112.
Chantilly, édit contre les vagabonds, b. 330, — cité, b. 45, 475, b. 22.
Chapelier (Jean), confeiller du roi, b. 440.
Chapelle (Pierre de la), évêque de Carcaffonne, 153, 159, — (feigneur de la), voy. *Boyer*.
Chapelon (J.-Laurent), confeiller à la cour des comptes, b. 434, (Pierre), confeiller à la cour des comptes, b. 436.
Charbonnerie (la), ancienne rue de M., b. 348, b. 516.
Charenton, 511.
Charité (la), ville de fûreté, 472.
Charlemagne, empereur, fait fes premières armes en Aquitaine, LI, — cité, XLV, b. 511, b. 513.
Charles (de), 281, — bâtard de Bourbon, 344, — V, dit le Sage, roi de France, fa lettre au cardinal d'Albane, 272, — cité, 2, 162, 239, b. 521, — VI, roi de France, 2, b. 344, b. 355, b. 500 (note), — VII, roi de France, 2, b. 344, b. 397, b. 516, — VIII, roi de France, 347, 370, b. 406, b. 356, b. 365, b. 442, — IX, roi de France, vifite le Languedoc, 458, — fixe la nouvelle année au 1er janvier, b. 381, — cité, 433, b. 415, b. 456, b. 543, b. 559, — archiduc, empereur d'Allemagne, b. 285, — comte d'Anjou & de Provence, 148, — comte de Charolais, fils du duc de Bourgogne, 317, — comte de Provence, b. 396, — d'Angoulême, père de François Ier, 381, — d'Autriche, archiduc, paffe en Efpagne, 384, — cité, b. 240, — de Bourbon, garde le Milanais, 383, — de Valois, reçoit l'inveftiture du royaume d'Aragon, 150, — de Navarre, 250, b. 355, b. 493, — de Valois, 151, 152, 171, — duc d'Angoulême, puis d'Orléans, 390

(note), — duc d'Anjou, 283, — duc de Berry, frère de Louis XI, 334, — duc de Normandie, fils de Jean le Bon, 227, — fils du duc de Bourbon, 308, — IV, fils de Philippe le Bel, 164, 369, — II, duc de Lorraine, 486, — le Bel, roi de France, fait un voyage en Languedoc, 176, — le Chauve, confirme les privilèges accordés aux réfugiés Espagnols, XLV. — le Mauvais, roi de Navarre, 2, 223, 282, — le Noble, roi de Navarre, 2, — réconcilie le duc d'Orléans avec le duc de Bourgogne, 295, — passe à M., 297, — se fait rendre la seigneurie de M., 279, 333, — Martel, vainqueur des Sarrasins, IX, — sa querelle avec Eudes, XLI, L, b. 513, — neveu de Charles-Quint, 411, — prince de Tarente, 294, — Quint, empereur, 363, b. 455, b. 701, — Ier, roi d'Angleterre, b. 91, — II, roi d'Angleterre, b. 192, — II, roi d'Espagne, sa mort, b. 245, — V, roi d'Espagne, 394.

Charlus (comte de), voy. Croix (de la).

Charlotte, fille du duc de Savoie, 326.

Charolais (comté de), b. 22.

Charolais (comte de), 332.

Charretier, secrétaire de Damville, 478.

Chartier (Alain), 318, 330, — (Mathurin), 490.

Chartrain (le pays), 311.

Chartres (comte de), première croisade, 14.

Chartres, son siège, b. 11, — cité, 234, 297, 509, — (évêque de), voy. Bar, — (vidame de), b. 36, b. 44.

Chartreuse de Villeneuve-lez-Avignon, sépulture de Conti, b. 161.

Chasse (de la), 432, — voy. Chassinon, 425.

Chassignon, chancelier de l'Université de médecine, b. 106.

Chassinon (Jean), ou de la Chasse, premier ministre protestant à M., 425.

Châteauneuf, 44, 66, 155.

Châteauneuf (de), b. 190.

Châteauneuf-de-Randon, siège & mort de Duguesclin, 274.

Châteauroux, b. 36.

Château-Thierry, mort du duc d'Alençon, 502.

Châtelleraud, 398.

Châtelet de Paris, siège du petit sceau, b. 364.

Châtelleraud, assemblée des protestants, b. 21.

Chateaudy (château d'If), petite île près de Marseille, 304.

Chatillon (le cardinal de), 452, — (l'amiral de), 470, 503, b. 190, b. 472, — petit-fils de Coligny, b. 40, b. 46, — est fait maréchal de France, b. 66, — cité, b. 484, — (seigneur de), voy. Coligny.

Châtre (maréchal de la), b. 34.

Chaudes-Aigues (le baron de), 344.

Chaudes-Maisons (Bernard de), procureur général, b. 483.

Chaume (de), 1er consul, 426, — (Guillaume de la), 1er consul de M., b. 389.

Chaurneau, son Histoire de Berry, 327.

Chaumont (le seigneur de), 377.

Chaunel (Jean), conseiller à la cour des comptes, b. 437.

Chauve, ministre de Sommières, b. 44.

Chauvel (Pierre), consul, 321.

Chauvelin, garde des sceaux, désigné dans le privilège en tête du 1er volume.

Chauvet (Jean), conseiller au présidial, b. 465, — (Louis), conseiller au présidial, b. 465.

Chayene (Jacques de la), 264, — (Jean de la), 274.

Chayla (abbé de), massacré par les religionnaires, 253.

Chefdebien (François de), receveur général à M., 410, 437, 446, 478, — président de la cour des comptes, b. — officier de la cour des aides, b. 410, — général des finances, b. 442, — trésorier de France,

b. 450, — (Mathurin de), premier président, b. 411.

Chelles, b. 8.

Chenaye (seigneur de la), voyez Bohier.

Chesu, cité, b. 379.

Cherbourg, 326.

Chesnon (Édouard de), conseiller, b. 424, b. 425.

Cheval-Blanc (logis du), b. 123.

Cheval-Vert (logis du), b. 124.

Chevreuse (de), b. 72, b. 79.

Cheze (seigneur de la), voyez Portalez.

Chicoyneau, chancelier en médecine, b. 247, — conseiller, b. 298, — (François), b. 315, — conseiller à la cour des comptes, b. 425, — (Michel), b. 161, — chancelier en méd., b. 432.

Childebert, conduit son armée jusqu'à Tolède, XXV.

Chilpéric, épouse une fille d'Athanagilde, XXV, — cité, b. 441.

Chindesvind, roi des Visigoths, assemble le VIIe concile de Tolède, XXIX.

Chinon, 228, 317, 347.

Chirac, 1er médecin du régent, b. 302.

Choisi (comte de), b. 36.

Chopl (François du), auditeur des comptes, b. 418.

Christian IV, roi de Danemark, b. 213.

Christofle (Guillaume), évêque de Maguelone, b. 360.

Chypre (île de), attaquée par les Mahométans, XXXIX, — citée, 294, b. 396, — (les rois de), 127.

Cicéron, XV.

Cimbres (les), battent les Romains, X.

Cinca, rivière, 143.

Cinq-Mars, grand écuyer de Louis XIII, b. 124.

Cinquanten, b. 397.

Cinthilla, frère de Sisenand, se fait élire roi des Visigoths par les grands & les évêques, XXIX.

Ciran, pris par de Joyeuse, b. 10.

Cîteaux, 36, 46, b. 534.

Clair (Henry de), conseiller au présidial, *b.* 464, — (Jacques de), conseiller au présidial, *b.* 464, —, (Jean de), 478, *b.* 389, *b.* 463.
Clairmond (P. de), 96, — (le comte de), 353.
Clamouse, voy. *Gaillac*, *b.* 433.
Claparède (Jean), 226, 248, 273, 321.
Clapiers, pris par de Chatillon, *b.* 47, — cité, 37, 494.
Clapiez (Pierre), correcteur, *b.* 433.
Clarence (duc de), frère de Henri d'Angleterre, 310.
Clarensac, 281, *b.* 194, *b.* 257.
Clarensac (Pierre de), 34.
Claret (Gaucelin de), son testament, 26, — cité, *b.* 535, — voy. *Gaucelin*.
Claris, *b.* 283, — (Antoine), conseiller à la cour des comptes, *b.* 434, *b.* 440, — (Etienne-François de), conseiller à la cour des comptes, *b.* 437, — (Maurice de), conseiller à la cour des comptes, *b.* 437.
Clary (Jean de), *b.* 465, — voyez *Le Clerc*.
Claude (l'empereur), son discours au sénat touchant les naturels de la Narbonnaise, xvi, — de France, fille de Louis XII, 374.
Clauzel, trésorier, 100 (note), — (François de), 1er consul de M., *b.* 390, conseiller, *b.* 419, *b.* 424, *b.* 449, — (Gabriel de), conseiller à la cour des comptes, *b.* 434, — (Guillaume de), *b.* 420, *b.* 425, — (Jean de), fils de Guillaume, conseiller à la cour des comptes, *b.* 431, — (Pierre de), *b.* 390, *b.* 418.
Clauzel-Fontfroide (de), *b.* 196.
Clauzel-Rouqueirol, conseiller, *b.* 425.
Clémence, sœur de Guillaume, 84, — tante de Marie de M., 114.
Clément IV, pape, sa réponse à Louis IX, roi de France, lvii, — cité, 144, 148, 157, *b.* 369, — V, pape, passe à M., 165, — cité, 172, — VI, pape, 191,

209, — VII, 262, 267, 271, 281, 387, — VIII, pape, *b.* 18, — X, pape, *b.* 169, — XI, pape, *b.* 245, *b.* 305.
Cléopâtre, reine d'Egypte, vaincue par Auguste, xxxviii.
Clérac (Jean-François du), premier consul de M., *b.* 392.
Clerc (François de), greffier en chef, *b.* 413, — (Guillaume de), greffier en chef, *b.* 413, — (Jean de), 483, — (Paul de), 410, *b.* 413.
Clermont, en Auvergne, siège épiscopal de Sidoine Apollinaire, xxii, — la première croisade y est décidée, 13, — (concile de), 14, — passage du pape Innocent II, 36, *b.* 365.
Clermont de Lodève, réduit par Damville, 488, — cité, 51, 216, 440, 502, — voy. *Robert d'Auvergne*.
Clermont, voy. *Aimery*, — d'Entragues (de), 499, — de Lodève (maison de), voy. *Castelnau*.
Clèves (états de), *b.* 31.
Clèves-Revestein (Philippe de), 364.
Cliffon (Olivier de), connétable, 287, 292.
Clotaire, frère de Childebert, xxv.
Clote (de la), *b.* 92.
Clotilde, son mariage avec Amalric, xxiv.
Clovis, vainqueur des Visigoths, xxiii, — cité, *b.* 441.
Cluny, 35, — voy. *Pons*, — (abbé de), voy. *Jean de Bourbon*.
Cluzes, 92.
Cocherel, en Normandie, 239.
Cocon, 66, 492, *b.* 61, — voyez *Coucon*.
Cocon (Pons de), chanoine, 69.
Codognan, *b.* 199.
Codolet (Raymond de), 189, 199, 202.
Cœur (Jacques), argentier du roi, 324, — son procès, 326.
Cognomb (Jean), 1er consul de M., *b.* 388.
Cognac (édit de), *b.* 441, — cité, 468, 472, 400, — voy. *Adélaïs*.
Coignac, voy. *Cognac*.

Colasou, petite rivière, *b.* 109.
Colbert (?), évêque de Montpellier, sa bibliothèque, III, — cité, *b.* 163, *b.* 181, 182, *b.* 247, *b.* 400, *b.* 232.
Col-de-Fy, 297.
Colet (Raymond de), consul, 226.
Colias (château de), 69.
Coligny (Charles de), sieur d'Andelot, *b.* 43, — (François de), gouverneur de M., *b.* 472, — cité, 492, — (Gaspard de), amiral de France, 426, — sieur de Chatillon, *b.* 43.
Collioure, 95, — pris par Pierre d'Aragon, 197, — cité, 131, 169, 171, *b.* 126.
Cologne, mort de la reine-mère, *b.* 126, — cité, *b.* 203.
Colombier (Jean), consul de M., 243, — (Pierre), *b.* 355.
Colombières, 508.
Colomby (P.), auditeur, *b.* 424, *b.* 429, *b.* 425.
Colomne (Prosper), général, 382.
Colondres (seigneur de), voyez *Girard*, — voy. *Vaquier*.
Colonges (Paul de), conseiller, *b.* 412, *b.* 425.
Colorgues (J.-Roch de), trésorier de France, *b.* 454.
Combalet (de), tué au siége de M., *b.* 73.
Colras (de), 478.
Combaliaux, *b.* 386.
Combas (de), 1er consul, *b.* 42, *b.* 121, *b.* 158, *b.* 175, *b.* 206, *b.* 215, — de Montagut (Pierre de), *b.* 108, — voy. *Montagut*.
Combelle (Fr.), conseiller à la cour des comptes, *b.* 437.
Combes, *b.* 228, *b.* 315.
Combes (Aimon de), 366, — (Charles de), 1er consul de M., *b.* 391, *b.* 392, — (Etienne de), officier de la cour des aides, *b.* 409, 446, — (Guillaume de), 1er consul de M., *b.* 388, — (Jean de), 1er consul de M., 411, *b.* 388, *b.* 389, — (Pierre de), 1er consul de M., *b.* 389, *b.* 390, — voy. *Montagut*.
Combet (Etienne), conseiller à la cour des comptes, *b.* 434, —

(Timothée), conseiller à la cour des comptes, *b.* 435.
Combettes (J.-Henry de), major de la citadelle de M., *b.* 474.
Comenge (le comte de), épouse Marie, 79, 103, 109, 164, — voy. *Bernard*, — voy. *Cominges*.
Comi (Pons), archiprêtre, 70.
Comines (Philippe de), 344, 353, — cité, 359.
Cominges (comte de), voy. *Roger*.
Comnène (Alexis), empereur, 15. — (Emmanuel), 67, — (les), 7.
Commune clôture, *b.* 340.
Compaigne, voy. *Compiègne*.
Compiègne, soumis par Charles VII, 316, — cité, 282, 302, 353, 415, 418, *b.* 154.
Comtal (le), 223, 280.
Comte (André), *b.* 326, — (Antoine), dit Moïse, *b.* 318, — (François), *b.* 326, — (Louis), *b.* 326, — (Philippe), *b.* 326, — (Raoul le), trésorier de France, *b.* 448, — (Samuel), conseiller à la cour des comptes, *b.* 436.
Condom (évêque de), voy. *Aleiman*.
Condres (de), *b.* 112.
Conférence (île de la), entrevue de Louis XIV avec Philippe IV, *b.* 157, — cité, *b.* 246.
Conflans (comté de), 137, 139, 171.
Conflant (le), 206, *b.* 373.
Conches (Jean de), 311, — (Pierre), 129, — (Pons de), consul de M., *b.* 355.
Conchini, maréchal, *b.* 35, — voy. *Ancre* (maréchal de).
Conchis (Guillaume de), consul de mer, *b.* 396, — (Pierre de), évêque de Maguelonne, 157, — (Raymond de), bayle, *b.* 358.
Condé (prince de), 426, 481, 497, *b.* 35, *b.* 36, *b.* 40, *b.* 43, *b.* 77, *b.* 144, *b.* 157, *b.* 327, *b.* 375, — (Louis de), duc d'Enghien, *b.* 140.
Condé, pris par Louis XIV, *b.* 173.
Conques, 470.
Conques (R. de), bailli de M., 130.
Conserans (évêque de), *b.* 6.

Constance (concile de), 306, 317.
Constance, sœur de Louis le Jeune, 51, — femme de Jacques, roi de Mayorque, 192, — fille de Mainfroi, roi de Sicile, 138, 148, — fille de l'infant don Alphonse, 180, — infante, fille de Pierre d'Aragon, 206, — épouse Louis d'Anjou, 215, *b.* 362, — meurt à M., 205, — (fils de), voy. *Raymond*.
Constantinople, le VIe concile général y est tenu, XXXV, — expédition de Ferdinand, 168, — cité, 15, 127, 399, *b.* 30.
Constantius (le comte), XVIII, — obtient la main de Placidie, veuve d'Ataulphe, XIX.
Conte (Fr.), conseiller à la cour des comptes, *b.* 433.
Conti (de), obtient le gouvernement du Languedoc, *b.* 1, — cité, *b.* 148, *b.* 150, *b.* 154, *b.* 160, *b.* 249, *b.* 308, *b.* 484.
Contors, voy. *Guillemette*.
Contour (Guillaume de), trésorier de France, *b.* 450.
Convers (Claude de), président, 486, *b.* 421, *b.* 462, — (François de), président, *b.* 462, — (Jean de), 418, — (Pierre de), 478, *b.* 25, *b.* 389, *b.* 415, *b.* 421, *b.* 456, *b.* 462, — (dame de), *b.* 54.
Conzié (François de), archevêque de Narbonne, 322.
Coquerel (Firmin), évêque de Noyon, 214.
Coquillose (grau de la), *b.* 399.
Corbeil (traité de), 137.
Corbière (Loys), général des aides, 343, *b.* 405, *b.* 409.
Corbinelli, *b.* 163.
Corconne, assiégé par de Rohan, *b.* 103, — cité, *b.* 78, *b.* 92, *b.* 94, *b.* 147.
Cordeliers, enclos de, *b.* 304.
Cordoue, dans l'Andalousie, les Sarrazins y établissent leur siège, XL.
Cornaro, cardinal, séjour à M., *b.* 233.
Corneillac (château de), XXVIII.
Corneillan (Raymond de), 124.

Cornon (Othon de), 13, — (Pons de), 70, — voy. *Gaucelin*.
Cornonsec ou *Cournonsec* (château de), 24, 28, 46, 72, 185, *b.* 48, *b.* 59.
Cornonterrail ou *Cournonterrail*, se rend à Montmorency, *b.* 48, — cité, 161, 440, *b.* 361.
Cornusson, capitaine, 492.
Corral (four du), 185.
Correch (Paul), conseiller, *b.* 20.
Corse, cédée aux Génois, 421, — cité, 165.
Cortaud, *b.* 106.
Cosmor (Guillaume), gouverneur de M., *b.* 379.
Costa (de), voy. *Lacoste*.
Coste, marchand d'Uzès, *b.* 283, — (Laurent), 418, — (Guillaume de la), 446, — (Mathieu de la), 478, — (Pierre de la), 429, 456.
Cotereau (Jean), trésorier de France, *b.* 443.
Coucon (seigneur de), voy. *Farges*, — voy. *Manse*, — voy. *Cocon*.
Couderc (Salomon), *b.* 268.
Coudognan (Louis), conseiller au présidial, *b.* 465.
Coudron (de), *b.* 73.
Coullarou (seigneur de), voyez *Villar*.
Coulon (Charles), auditeur, *b.* 424, *b.* 425, *b.* 429.
Courbé, imprimeur à Paris, 327.
Courbesson (seigneur de), correcteur à la cour des comptes, *b.* 435.
Courdurier (Jean), 2e avocat général, *b.* 438.
Cournonsec, 440, voy. *Cornonsec*.
Cournonterrail, *b.* 386, voy. *Cornonterrail*.
Courreau, *b.* 343.
Coursan, son pont emporté, *b.* 276, — cité, 488, 503.
Courselles (de), frère de Bretigny, *b.* 95.
Courson (comte de), *b.* 280.
Courten (de), *b.* 266, *b.* 290.
Courtillis (Ant.), conseiller à la cour des comptes, *b.* 435, *b.* 436, — (Raulin), correcteur à la cour des comptes, *b.* 435.

Courtils (N.), *b.* 140.
Coufinot (Adam), général des aydes, *b.* 405.
Couſſières, près de Tours, *b.* 45.
Coutelier, miniſtre de Nimes, *b.* 45.
Coutras, bataille gagnée par le roi de Navarre contre Joyeuſe, 508.
Craſſous (Nicolas), procureur du roi, *b.* 463.
Craxone (Fredigue de), 1ᵉʳ conful de M., *b.* 388.
Crécy, 225.
Cremone, *b.* 252, *b.* 396.
Crequi (de), *b.* 67, *b.* 78, *b.* 119, *b.* 179.
Crès (le), XLVII, 66, 471, 494, *b.* 45, *b.* 164.
Creſpy, ſoumis par Charles VII, 316, — paix conclue avec Charles-Quint, 402, — cité, 421.
Crevant, près d'Auxerre, 314.
Crillon (J.-Louis des Bretons de), *b.* 302.
Criſtin, *b.* 93.
Criſtol, voy. *Criſtophori*.
Criſtophori (Pierre), 1ᵉʳ conful de M., *b.* 389.
Croatie, *b.* 396.
Crocus, roi des Allemands, ſon invaſion juſqu'en Languedoc, XVI.
Croix (Armand-François de la) de Caſtries. L'*Hiſtoire de Montpellier* lui eſt dédiée. Voyez en tête du 1ᵉʳ volume, — (Jean de la), tréſorier principal, 234, — (Robert de la), 323, — (Louis de la), 361, — baron de Caſtries, 384. (R.-Gaſpard de la), *b.* 157, voy. *Caſtries*, — voy. *La Croix*.
Croix (Mᵐᵉ la préſidente de la), 366.
Cros, près Saint-Hippolyte, *b.* 318.
Cros (du), *b.* 112.
Croſſes (Pierre de), général des aides. *b.* 405.
Croufette (la), *b.* 96, — voyez *Crouzette*.
Crouy-Chièvres (Guillaume de), 383.
Crouzet (de), *b.* 151, — (Antoine de), juge-mage, *b.* 130, *b.* 431,
b. 458, *b.* 461, *b.* 462, — (Jean de), préſident, *b.* 429,—(Pierre de), *b.* 140, *b.* 159, *b.* 392, *b.* 432, *b.* 436, *b.* 438, *b.* 446, *b.* 449, *b.* 461, *b.* 462, — de Villa, *b.* 197.
Crouzette (la), 490, — ſeigneur de la), voy. *Nadal*.
Crouzier (George), 425.
Crozilles (Jean-Baptiſte de), tréſorier de France, *b.* 451.
Cruſſol (de), 427, 452, *b.* 472, — (Antoine de) 441, — (Charles de), vicomte d'Uzès, 401, — (Jacques de), embraſſe la religion catholique, 479, — cité, *b.* 400, — (Louis de), 340.
Cruzi, 505.
Cucy, *b.* 63.
Cuença, priſe par Barwik, *b.* 271.
Cuevas (las), forptereſſe, 192.
Curduchefne, abbé, *b.* 298, — (J.-André de), conſeiller à la cour des comptes, *b.* 432, — (Marc-Antoine de), conſeiller à la cour des comptes, *b.* 432, — (Paul de), conſeiller à la cour des comptes, *b.* 435, — (Pierre de), conſeiller, *b.* 429.
Curée (de la), *b.* 77.
Cuſſonnel (Gabriel de), maître des comptes, *b.* 416, *b.* 418.
Cuxac, 505.
Cuxac (ſeigneur de), voy. *Beaux-hoſtes*.
Cyprière (René de), fils de Claude de Savoie, 462.

D

D...., conſeiller au parlement, *b.* 145.
Dabbes (Guillaume), correcteur, *b.* 427.
Daché, *b.* 359. — (Fr.), greffier de l'amirauté, *b.* 470.
Dacier, voy. *Cruſſol*.
Dafis (Jacques), avocat général, 510.
Dairebaudouſe, 3ᵉ préſident de la crue, *b.* 408.
Daligre, *b.* 75.
Dalmas (Jean), conſeiller honoraire au préſidial, *b.* 465, — (Maurice), conſeiller, *b.* 418, *b.* 419, — de Caſtries, 9, 49.
Dalmatie (la), traverſée par les croiſés, 15, — citée, *b.* 396.
Dalſol (Bernard), tréſorier de France, *b.* 451.
Damas, les califes y établiſſent leur ſiége, XXXVIII, — cité, 35.
Damète (Jean), docteur, ſon *Hiſtoire des îles Baléares*, 167, — cité, 127.
Damian (Pierre), 339.
Dammartin (comte de), voyez *Chabannes*.
Dampierre (régiment de), *b.* 197.
Dampmartin, *b.* 81, *b.* 449, — (Etienne), conſeiller à la cour des comptes, *b.* 434, — (Hercule), conſeiller, *b.* 419, — (Pierre), gouverneur de M., *b.* 22, *b.* 379.
Damville (Henry de), 455, — maréchal de France, 459, 471, 485, *b.* 472.
Dandrehan (Arnaud), *b.* 399.
Damzete (dom), 366.
Dangot, *b.* 136.
Daniel, *b.* 54, — prophète, exécuté à M., *b.* 272, — de Narbonne, ſon différend avec Félix d'Urgel, LIII.
Danube, XX, 15.
Danval frères, *b.* 109.
Danty, *b.* 225.
Dardé (Pierre), correcteur, *b.* 433.
Darènes (Fr.-Gaſpard), préſident de la cour des comptes, *b.* 434, — (Fulcrand), conſeiller au préſidial, *b.* 465.
Daſſié (Jean), correcteur à la cour des comptes, *b.* 435.
Daudeſſens (François), préſident, *b.* 427, *b.* 125.
Daunes (Henry de), 334.
Dauphin (monſeigneur le), ſa naiſſance, *b.* 338, — cité, 240.
Dauphiné (le), XV, 323, *b.* 41, *b.* 85, *b.* 182.
Dauſſillac (ſeigneur de), voyez *Reverſac*.
Dautrivay (Etienne), aud., *b.* 433.

cités dans l'Histoire civile de Montpellier. 607

Dauviller, *b.* 170.
Dauzières (Fr.), conseiller à la cour des comptes, *b.* 435.
David (Etienne), auditeur à la cour des comptes, *b.* 420, — (Jacques), 1er consul de M., *b.* 389, — (Pierre), juge criminel, *b.* 461.
Daviler (Aug.-Ch.), architecte, *b.* 347 (note).
Declair (Henry), conseiller au présidial, *b.* 458.
Deffiat, surintendant des finances, *b.* 104.
Deffours (Fulcrand), conseiller du roi, *b.* 440.
Deidé (Jean), fils de Joseph, conseiller, *b.* 429.
Deidier, professeur de médecine, *b.* 315.
Deiffe, gouverneur d'Aigues-Mortes, 430.
Dejean (Jacques), *b.* 435, *b.* 437.
Delapierre, *b.* 55.
Delar (Arnaud), gouverneur de M., 264, — cité, 250, 253, 260, *b.* 378.
Delfaut, *b.* 269.
Delomenie, *b.* 34.
Delon (Jean), trésorier de France, *b.* 445, *b.* 449, *b.* 451, — (Sauvaire), auditeur des comptes, *b.* 418.
Delort (André), historien, IV, — cité, *b.* 66, *b.* 83, *b.* 106, *b.* 112, *b.* 202, — (Françoise), *b.* 326, — (Suzanne), *b.* 326.
Delpoux (Guillaume), 181.
Demaine, lieutenant de roi, *b.* 306.
Demanse (Marie-L.-Fr.), trésorier de France, *b.* 454.
Demonte, curé de N.-D., fait l'oraison funèbre du marquis de Castries, *b.* 335.
Demorest (Antoine), conseiller du roi, *b.* 440.
Denain, bataille gagnée par Villars, *b.* 287.
Denia (le comte de), 242, 244.
Denis d'Halicarnasse, cité, *b.* 347.
Depise ou Panurge, *b.* 92.
Deportes (de), *b.* 67.
Derand (François), architecte, *b.* 347 (note).

Derieu (Jacques), conseiller à la cour des comptes, *b.* 432, — (Jean), conseiller au présidial, *b.* 464.
Desandrieux, 425, — juge du petit sceau, *b.* 366, — (Antoine), 1er consul de M., *b.* 393, — fils, *b.* 367, — (George), premier consul de M., *b.* 392, — (Jacques) père, garde du petit sceau, *b.* 367, — (Jean-Polidore), 1er consul de M., *b.* 393.
Deschamps (Nicolas), huissier, 382, — (Pierre), 321.
Deschènes (Pierre-Garnier), trésorier de France, *b.* 453.
Deserres, 359.
Desforts, épouse Mlle de Baville, *b.* 271.
Desfours, *b.* 427.
Desgranges, maître des cérémonies, *b.* 249, *b.* 292.
Desloges (Robert), avocat général, *b.* 412.
Desmarets, ministre d'état, *b.* 293, — (Philippe), conseiller, *b.* 424, *b.* 425, *b.* 428.
Desperie (Jean), auditeur, *b.* 420.
Despinaut, *b.* 52.
Despioch (Antoine), trésorier de France, *b.* 453, — (Louis), trésorier de France, *b.* 453.
Desplans, 1er président, *b.* 188, *b.* 214, *b.* 246, *b.* 425, — voy. *Valete*, — (maison de), *b.* 302, *b.* 341.
Desprez (Antoine), seigneur de Montpezat, 394, — (Henry), marquis de Montpezat, *b.* 43, — (Théod-Ant.), conseiller-clerc, *b.* 465.
Destros, major de M., *b.* 115, *b.* 147, *b.* 151, 163.
Desvignoles (François), conseiller à la cour des comptes, *b.* 437.
Dévèze (la), XLVII.
Deville (Louis), conseiller à la cour des comptes, *b.* 434, *b.* 427, *b.* 435.
Deydé (Fr.), conseiller à la cour des comptes, *b.* 435, *b.* 437, — (Jean), *b.* 427, *b.* 434, — (Joseph), procureur général, *b.* 412, *b.* 413, *b.* 425.

Didier, évêque de Cavaillon, 11.
Die (comte de), voy. *Izoard*.
Diego de Azebes, évêque, 105.
Dieppe, assiégé par les Anglais, 323, — cité, *b.* 7.
Dieudonné, fils de Louis XIII, *b.* 121.
Dieulofec (Firmin), consul de M., 321.
Dijon, pris par les Sarrazins, XLI, — se déclare pour Henri IV, *b.* 17.
Dinan, 418.
Domaison, *b.* 228.
Dombes (prince de), fils aîné du duc du Maine, *b.* 227, — a la survivance du gouvernement de Languedoc, *b.* 286.
Dominique, fondateur des Frères prêcheurs, 105.
Dorbie, 51.
Dordogne (la), 285, 338.
Doria (Janetin), général des galères d'Espagne, *b.* 126.
Dormans (Miles de), 281.
Douze-Pans, voy. *Rondes*.
Douai, est repris, *b.* 287.
Dougue (la), *b.* 342, *b.* 360.
Douzon (Jean), 507.
Doyn (Pierre), 343, — général des aides, *b.* 405, — officier de la cour des aides, *b.* 409.
Dragonet, frère de Pons de Montdragon, 53.
Dreux, assiégé par Henri IV, *b.* 7, — cité, 451, 487.
Dreux (Philippe de), évêque, 108.
Drome (Joseph), conseiller du roi, *b.* 440.
Drougne, rivière, 508.
Dublin, *b.* 210.
Dubois, *b.* 175, — (l'abbé), archevêque de Cambrai, *b.* 310, — cardinal, *b.* 314, *b.* 326, — (Charles), 345, — (Nicolas), conseiller, *b.* 418.
Dubos (l'abbé), son approbation de l'*Histoire de Montpellier*, en tête du 1er vol.
Dubourg, gouverneur de l'Isle-en-Jourdain, *b.* 24.
Ducange, son *Glossaire*, *b.* 442, — cité, *b.* 505, *b.* 506, *b.* 522, *b.* 535, *b.* 557.

Duchatel (Pierre), 171.
Duché, *b.* 301, — 1er conful de M., *b.* 138, — (Jean), avocat général, *b.* 438, — (Henry), conseiller à la cour des comptes, *b.* 432, — (Pierre), 1er conful de M., *b.* 391.
Duchesne, son *Histoire française*, XXX, — cité, XXXIV, LI, 94, 107, 122.
Duclau (Jean), 374.
Ducros, avocat, *b.* 457, — capitaine, *b.* 49, — préfident, affaffiné à M., *b.* 58, — (François), lieutenant de robe courte, *b.* 459, *b.* 462, — (Jacques), auditeur, *b.* 424, *b.* 425, *b.* 429, — (Jean), lieutenant de robe courte, *b.* 462, — (Jean-François), auditeur, *b.* 433.
Dufaur (Arnaud), 506.
Dufaut (Bernard), conseiller du roi, *b.* 440,
Duffau (Jacques), correcteur à la cour des comptes, *b.* 435.
Duferrier, ministre à Nîmes, *b.* 35.
Dugua, lieutenant, tué au siège de M., *b.* 77.
Duguesclin, 235, 239.
Dujars (Jean), tréforier de France, *b.* 448.
Duluc, gouverneur de Narbonne, *b.* 112.
Dumas (Guillaume), 410, — (Jehan), 366, — (Pierre), 1er conful de M., *b.* 388, *b.* 389.
Dumois (Etienne), conseiller au préfidial, *b.* 464, — (Raulin), 1er conful de M., *b.* 389, — capitaine du jeu de l'arc, *b.* 484.
Dunkerque, racheté aux Anglais, *b.* 158, — cité, *b.* 154.
Dunois (comte de), 326.
Duplessis, sergent de bataille blessé au siège de M., *b.* 76.
Duplessis (Charles), général des finances, *b.* 443.
Duplessis-Mornay, *b.* 13.
Duplex (Guillaume), 1er conful de M., *b.* 389.
Dupont, *b.* 152, — (Antoine), *b.* 97, *b.* 391, — (Jean), avocat général, *b.* 412, — (Jérôme), 1er conful de M., *b.* 391.

Duprat (Antoine), chancelier, 390 (note).
Dupuy, son livre des *Droits du roi*, 363, — cité, 166, *b.* 364, *b.* 368, —partisan, *b.* 131, - (François), conseiller au préfidial, *b.* 456, *b.* 359, *b.* 463, — (Gérard), évêque de Carcaffonne, 301, — (Guillaume), conful de M., 214, 221, — (Imbert), cardinal, 196, — Marc-Antoine), *b.* 140, *b.* 446, *b.* 452.
Dupuy-Montbrun (Charles), 431.
Duranc, *b.* 106.
Durand, lieutenant, *b.* 186, — évêque d'Alby, 135, — (Benj.), conseiller au préfidial, *b.* 458, *b.* 464, - (Blaife), conseiller du roi, *b.* 440, — (François), 416, — *b.* 380, — (Guillaume), chanoine, 220, — (Jacques), conseiller à la cour des comptes, *b.* 432, *b.* 440, — (Jean), conseiller au préfidial, *b.* 465, — (Pierre), conseiller à la cour des comptes, *b.* 434, *b.* 440, — de Lodève, chanoine, 70.
Duranti (Etienne), victime de la ligue, 510.
Duras (duc de), commandant en Guyenne, *b.* 335.
Durfort (château de), 159.
Durfort (Bérenger), 129.
Duvergier (Guillaume), voyez *Burnel*. — (Jean), officier de la cour des aides, *b.* 409.
Duval, évêque de Séez, 433.
Duvidal, feigneur de Montferrier, *b.* 200, — (Ant.), conseiller à la cour des comptes, *b.* 432, — (Jean-Antoine), 1er conful de M., *b.* 392, — conseiller à la cour des comptes, *b.* 434.
Duvidal-Baillarguet (Fr.), conseiller au préfidial, *b.* 465.

E

Ebbon, fait lever le siège de Sens aux Sarrazins, XLI.
Ebrard (Pierre), 321.

Ebrards (les), 43.
Ebre (l'), fleuve d'Espagne, 249.
Edesse, prise par les Arabes, XXXVIII, — cité, 16, — (principauté d'), 35.
Edmond, *b.* 99 (note).
Edouard, roi d'Angleterre, 204, 223, 407.
Egica, cousin de Vamba, époufe Caffillone, XXXVI.
Eginard, son *Histoire de Charlemagne*, XLII.
Eguillerie (Aiguillerie), rue de M., *b.* 516.
Egypte, les Arabes s'en rendent maîtres, XXXVIII, — cité, 59, — (foudan d'), 19.
Ekeren, combat gagné par de Boufflers, *b.* 258.
Elbène (d'), *b.* 109, *b.* 114 (note).
Elbeuf (le duc de), *b.* 79, *b.* 108.
Eléazar, fils de Gaucelin de Claret, 50, — d'Uzès, 61, — voy. *Castries*, — voy. *Montredon*.
Eléonor, sœur de Charles-Quint, époufe François 1er, 389, 390 (note), — fille du roi de Caftille, époufe Jacques d'Aragon, 127, 144.
Eléonore de France, son mariage avec Henri II d'Angleterre, 50.
Elie (Raymond), *b.* 376.
Elizabeth, succède à Marie Stuart, 421, — fille du duc de Bavière, 283, — d'Aragon, femme de Philippe le Hardi, 150, — de France, *b.* 34.
Elne, cédé aux Vifigoths, XXIV, — pris par Pierre d'Aragon, 197, — cité, 216, — (diocèfe d'), 155.
Elvire, femme de Raymond de Toulouse, 21, 36.
Elzers, 73.
Embrun, 105, — (archevêque d'), voy. *Bernard*.
Emery, intendant des finances, *b.* 141.
Emmanuel (dom), frère du roi de Portugal, *b.* 332.
Empurias (le comte d'), 131.
Encanet, tour de M., *b.* 115.
Encivade (mas d'), 449, *b.* 62.
Endaye, 389.

Enfant (Robert l'), juge mage, 221.
Enguien (François d'), 401.
Enghiem, voy. *Anguien*.
Enguerran (Henry d'), conseiller, b. 430.
Entença (don Bernard Guillen de), 139, 151, — (Théréza d'), 180, — (maison d'), voyez *Empurias*.
Entragues (maison d'), 465.
Entre-Deux, rue de M., 328.
Entremencourt (d'), capitaine, mort au siége de Sommières, 476.
Envallat (mas de), 449.
Eorix, roi des Visigoths, xx.
Epcy (seigneur d'), voy. *Croix (de la)*.
Epernay, siége où périt de Biron, b. 13.
Epernon (le duc d'), 503, b. 6, b. 13, b. 23, b. 45, b. 65, b. 78, — voyez *Valette*.
Epinoy (prince de l'), b. 309.
Epire, passage des croisés, 15.
Erault, voy. *Hérault*.
Ernest, 5e comte de Maguelonne, LIV.
Ermengarde, fille de Raymond Ier, 11, — citée, LV, 7, b. 340.
Ermengaud de Béziers, 96, — de Fabrezan, 32, — de Melgueil, 50, — de Loupian, 50, — de Pignan, prête serment à Guillaume de M., 75, — de Vernet, 71, — d'Urgel, b. 373.
Erméniard, LI.
Ermeniarde, voy. *Ermengarde*.
Ermenonville (seigneur d'), voy. *Vic*.
Ermensende, femme de Guillaume de Montpellier, LV, —citée, 12, 45, 49, 60, b. 522.
Ervige, monte sur le trône des Visigoths, xxxiv.
Escalle (Guillaume d'), auditeur à la cour des comptes, b. 436.
Esclarmonde, sœur de Roger-Bernard, 140, — femme de Jacques II, 167.
Esclavons (les), s'opposent aux croisés, 15.
Escorbiac, auteur cité, 407, b. 364,

b. 386, b. 456, b. 459, b. 491, b. 539, — (Richard d'), conseiller, b. 20.
Escot (comte d'), 56.
Espagne, IX, XXVII, XXXIV, b. 119, b. 203, b. 245, b. 468.
Espagnols, menacent le duc de Mantoue, b. 102.
Espailly (château d'), 313.
Esparre (seigneur de l'), voy. *Foix*.
Espinasson (Guillaume d'), 208.
Espinaut, gouverneur de Cette, b. 110.
Esplanade (l'), embellie par Roquelaure, b. 302, — citée, 162.
Esplans (seigneur d'), voy. *Valette*.
Esquerdes (le maréchal d'), 353.
Estampes, une assemblée y est tenue pour examiner l'élection du pape Innocent II, 36.
Estampes (le comte d'), 283, — (Jacques d'), gouverneur de M., b. 472, — (Jean d'), évêque de Carcassonne, 324, — général des aydes, b. 405, — général des finances, b. 442, — voyez *Valencé*.
Estang (Christophle de l'), évêque, 450, 502, — voy. *Marron*.
Estanove, chirurgien, b. 106.
Esterie (Guy de l'), sénéchal de Rhodez, 264.
Estissac (détachement d'), b. 72.
Estival (Pierre), conseiller au présidial, b. 464.
Estouteville (Jean d'), 289.
Estrange (le vicomte de l'), b. 46, b. 109, — décapité, b. 112.
Estrées (d'), maréchal, b. 103, — (cardinal d'), ambassadeur, b. 255.
Estros (Arnaud d'), major de M., b. 473.
Etampes, 334, — voyez *Estampes*.
Etiéne (Jean d'), 1er consul de M., b. 390.
Etienne, archidiacre de Maguelonne, xxviii, —comte de Boulogne, 27, — voy. *Luzignan*.
Etiénette, 66.
Etrange (de l'), tué au siége de M., b. 72, — voy. *Estrange*.
Etuves de M., b. 107, 185.
Eu, 228.

Eu (le comte d'), b. 244, 287.
Eudes, duc d'Aquitaine, délivre Toulouse, assiégée par les Sarrasins, XLI, — II, duc de Bourgogne, 62, — III, duc de Bourgogne, 107.
Eudoxie, fille d'Emmanuel Compène, 67, — répudiée par Guillaume de M., 71.
Eugène III, pape, 54, — IV, pape, 317, — (le prince), se rend à Vienne, b. 266, — battu à Denain, b. 287.
Euricus, voyez *Eorix*.
Europe, XXXVIII.
Eustache (Jacques-Gabriel), 1er consul de M., b. 393,— (Pierre), b. 178, b. 217, b. 244, b. 424, b. 425, b. 429, b. 461, b. 462.
Eutrope, auteur cité, x, xv.
Euze, siége primitif des évêques d'Auch, xxii.
Evarix, voy. *Eorix*.
Eve, voy. *Multipliants*.
Evêque (moulin de l'), b. 217, — (porte de l'), b. 340.
Everard, 6e comte de Maguelonne, LIV.
Evol (vicomte d'), voy. *Sd*.
Evreux, 239, 257, 309 (note).
Evreux (comte d'), 252, — (bailli d'), voy. *Malfroment*.
Exerica (Pierre d'), 198.

F

Faber (Hugues), bayle, b. 358.
Fabre, b. 215, — procureur du roi à la monnaie, b. 374, — (Jean), consul, 321, — (Jean-Baptiste), conseiller, b. 427, b. 434, — (Pierre), b. 398.
Fabrèges, 162.
Fabrègues, XLVII (note), 243, 440, 444, b. 64, b. 361, b. 386.
Fabrègues (de), tué au siége de M., b. 72, b. 152, — (Guillaume de), 13, — (Pierre de), 175, — (Pons de), fait une reconnaissance au roi Sanche, 175, — (baron de), voy. *Caladon*, — voy. *Sarret*, — (seigneu

de), voy. *Boſſavin*, — voy. *Guillaume*.
Fabrezan, voyez *Ermengaud*.
Fabrias (ſeigneur de), voy. *Sauzet*.
Fabry (Jean), lieutenant au préſidial de M., III, 316, *b*. 456, *b*. 462.
Fages (Jean), conſeiller, *b*. 427, *b*. 434, *b*. 439, *b*. 440, — (Noël), conſeiller au préſidial, *b*. 465.
Faget, *b*. 90.
Faidit, bourgeois, 25,
Faidite (fils de), voy. *Raymond*.
Faille (de la), 264.
Fajac, *b*. 60.
Falcon (Pons de), 40.
Falcons (Falcon des), 374.
Falguerole (dame de), *b*. 131.
Falgueroles (de), *b*. 150.
Falguerolles (David de), garde du ſceau, *b*. 412, *b*. 439, *b*. 462.
Falguières, voy. *Salomon*.
Famagouſte, dans l'île de Chypre, 27.
Fanjeaux, paſſage de Charles VI, 287, — cité, 112, 223.
Fare (de la), nommé commandant en chef de la province, *b*. 329, — cité, *b*. 267, *b*. 313, *b*. 475.
Farge (Charles de la), conſeiller à la cour des comptes, *b*. 433.
Fargeon, 215 (note), *b*. 349, — (Jean), conſeiller à la cour des comptes, *b*. 434, *b*. 435, *b*. 440, — (Lambert), conſeiller à la cour des comptes, *b*. 436, — (Louis), procureur du roi, *b*. 467.
Farges (Jacques de), parfumeur, 460, 468, — conſeiller, *b*. 419, — (Jean de), conſeiller, 446, *b*. 417, — (Simon de), maître des comptes, *b*. 415, *b*. 418.
Fargues (métairie de), *b*. 156.
Farlet (de), *b*. 187.
Farnèſe (Octave), petit-fils du pape Paul III, 396, — (Eliſabeth), femme de Philippe V, *b*. 291.
Faucon (Alexandre de), 387, *b*. 421, — (François de), Ier conſul de M., *b*. 388.
Faudoas (Beraldon de), 264, 273, 279, — lieutenant du roi de Navarre, *b*. 378.

Faugères (baron de), 493, — voy. *Narbonne*.
Faulcon (de), *b*. 449, — voyez *Falcon*.
Faulcons (ſire de), Ier conſul, 372, — (Mme de), 372, — voyez *Falcons*.
Faur (Arnaud de), gouverneur de M., *b*. 472.
Faure, préſident, *b*. 67, — (Jean), tréſorier de France, *b*. 453.
Favars, 79.
Faverie (de la), *b*. 120, — voyez *Janvier*.
Favin, ſon *Théâtre*, *b*. 346.
Favy, diacre proteſtant, 425.
Fay de Peraut (P.-Antoine), évêque d'Uzès, *b*. 114 (note).
Fayet, orfévre, *b*. 176.
Federic, empereur d'Autriche, 346, — roi de Naples, 362, 373, — fils du roi de Danemark, *b*. 213, — voy. *Frédéric*.
Felis (Pierre), *b*. 324.
Félix, voy. *Urgel*, — V, voyez *Amédée VIII*.
Fenouillèdes, 137.
Fenouillèdes (Pierre), 171, 214, 221.
Fenouillet (monſeigneur de), évêque de M., *b*. 33, *b*. 42, *b*. 83, *b*. 124.
Ferdinand, frère de Charles-Quint, élevé à l'empire, 421, — frère de Pierre II d'Aragon, 117, — frère du roi de Mayorque, 185, 197, 355, — roi de Caſtille, 358, — roi d'Eſpagne, 362.
Fermaud (Jean-Jacques), lieutenant principal, *b*. 462, — (Pierre), conſeiller du roi, *b*. 440.
Fernand (don), abbé, 102.
Fernand-Sanchez, fils naturel de Jacques d'Aragon, 143.
Fernelles, tué au ſiége de M., *b*. 76.
Ferrand ou Ferdinand, 185.
Ferrar (Antoine), fils d'Elzias, conſeiller à la cour des comptes, *b*. 431, — (Elzias de), conſeiller, *b*. 425, — (Joſeph), conſeiller à la cour des comptes, *b*. 436.
Ferrare (duc de), 383.
Ferrare, 482.

Ferraterie (la), ancienne rue de M., *b*. 348.
Ferréol (Bernard), 96.
Ferri, de Metz, maître des requêtes du roi, 247.
Ferrière (de), voy. *Maligny*.
Ferrières (ſeigneur de), voyez *Dumois*.
Fertalleriis (Pierre de), commandeur des Templiers, 321.
Ferté-Senneterre (de la), *b*. 152.
Feſcal ou *Fiſcal*, pont, 37.
Feſc (J.-Fr. du), conſeiller, *b*. 430.
Feſquet (Claude), conſeiller à la cour des comptes, *b*. 436, — (Gaſpard), correcteur, *b*. 433, — conſeiller à la cour des comptes, *b*. 435.
Feuillade, *b*. 199, — (duc de la), *b*. 266,
Feynes (Etienne), avocat du roi, *b*. 463.
Fez, *b*. 29.
Fiac, ſurpris par les ligueurs, *b*. 11.
Fidis, veuve de R. Atho de Murviel, 76.
Fiennes (Robert de), connétable, 235, *b*. 399.
Fieubet (de), préſident. *b*. 165, *b*. 168, *b*. 202.
Figaret (de), 446, — (ſeigneur de), 455, — (Pierre), *b*. 326, — (ſeigneur de), voy. *Croix (de la)*.
Figeac, *b*. 425.
Figeon (Charles de), maître des comptes, *b*. 415, *b*. 418.
Figuières, 197.
Filia (frère Chriſtophle de), 371.
Fimarcon (brigadiers de), *b*. 257, — bat les fanatiques à Nages, *b*. 259, — (ſeigneurs de), 399.
Fitou (cabanes de), trêve conclue entre les envoyés de François Ier & de Charles-Quint, 395.
Fizes (Daniel), conſeiller à la cour des comptes, *b*. 432, — (David), receveur & payeur, *b*. 140, — (Laurent), maître des comptes, *b*. 416, *b*. 418, — (Marguerite), 480, — (Pierre), conſeiller à la cour des comptes, *b*. 344, — (Simon), baron de Sauve, 474, — ſecrétaire d'Etat, 482, *b*. 379.

cités dans l'Hiſtoire civile de Montpellier. 611

Flameſi (Raymond-Bernard), conſeiller du roi, 269.
Flammel (Nicolas), 328.
Flandres, 165, 259, 364, *b*. 31, *b*. 545.
Flandres (l'archiduc de), 365, — (comte de), voy. *Robert.*
Flaugergues (Joſeph), conſeiller à la cour des comptes, *b*. 436.
Flaux (ſeigneur de), voy. *Guérin.*
Flavacourt (Guillaume de), archevêque de Rouen, 226.
Fleiffières (Iſaac), *b*. 264.
Fleix (château de), 498.
Flères, 156.
Fleta, auteur anglais, 142.
Fleurus, victoire du duc de Luxembourg, *b*. 210.
Fleury (l'abbé), 11, — ſon *Hiſtoire eccléſiaſtique*, XXVIII, — cité, 120, — précepteur de Louis XV, *b*. 295, — à la tête des affaires, *b*. 333, — (Gabr. de), conſeiller à la cour des comptes, *b*. 432, — (Henry de), tréſorier de France, *b*. 452, — (Pierre de), tréſorier de France, *b*. 451.
Fleyres (Pierre de), évêque de Saint-Pons, *b*. 114 (note).
Flix, aſſiégé par les Eſpagnols, *b*. 141.
Florence, 162, 356.
Florenſac, 235, 479, *b*. 53.
Florentins (les), 362.
Florian (ſeigneur de), voy. *Clary.*
Florus, hiſtorien, X.
Flota (Guillaume de), 214.
Flotard d'Olargues, 83.
Foa (Bertrand), *b*. 395, — (Guy), *b*. 395.
Focard (François de), 1er conſul de M., *b*. 393, — (Honoré), auditeur des comptes, *b*. 415, *b*. 418, — (Jean de), 1er conſul de M., *b*. 390, *b*. 416, *b*. 418, *b*. 424, — (Pierre de), 418, *b*. 388.
Foglieta, auteur italien, 41.
Foix, 137.
Foix (comte de), 103, 164, 191, 237, 245, 314, 326, *b*. 395, — voy. *Roger-Bernard*, 123, — (André de), attaque la Navarre, 385, — (Gaſton de), 378, —

(Germain de), 373, — (Henri de), voy. *Candale.*
Foix-Candale (Marguerite de), 509.
Foix-Lautrec (Odet de), 379.
Folembray, *b*. 18.
Fonbon, mis en priſon, *b*. 66, — préſident, *b*. 298, — (Michel), greffier de la chambre des comptes, *b*. 56, *b*. 421, — voy. *Fontbon.*
Fonſeca (Antoine), 359.
Fontainebleau, naiſſance du dauphin Louis XIII, *b*. 26, — cité, 390, 428, *b*. 158, *b*. 357.
Fontaine-Françoiſe, près de Dijon, *b*. 17.
Fontanès, *b*. 78.
Fontanes (Hyacinthe), tréſorier de France, *b*. 453, — (Jacques), tréſorier de France, *b*. 453.
Fontanette, en Italie, mort de Toiras, *b*. 119.
Fontanier (François de), conſeiller, *b*. 20.
Fontanilles (château de), 155.
Fontanilles (ſeigneur de), voyez *Gardette* (de la).
Fontanon, 1er conſul, *b*. 200, — (François), *b*. 419, — conſeiller, *b*. 424, — (Jean de), conſeiller, *b*. 418, *b*. 390, — (Philippe), 1er conſul de M., *b*. 392.
Fontarabie, 373, *b*. 157, *b*. 240, *b*. 309.
Fontbon (J.-Jacques), préſident de la cour des comptes, *b*. 433.
Font-Couverte, *b*. 351.
Fontenay (Philippe de), général des aydes, *b*. 405.
Fontfroide (de), *b*. 145, — voyez *Clauzel.*
Font-Putanelle, 329.
Fonts de Sabatier (Pierre de), 1er conſul de M., *b*. 390.
Forcalquier, 137.
Forcalquier (comte de), 95.
Force (maréchal de la), *b*. 54, *b*. 109.
Foreſt (de la), *b*. 140, *b*. 145.
Forêt (comte de), voy. *Guillaume.*
Forez (le), 326.
Forez (Jean), *b*. 362.
Formy (Claude), 425, 474.

Fornoue, bataille gagnée par Charles VIII, 358.
Forojulium Octavianorum (Fréjus), XI.
Fort (Giraud), 331.
Fortia (Jacques de), préſident de la cour des comptes, *b*. 415, *b*. 417.
Fortville (Gabriel de), auditeur des comptes, *b*. 415, *b*. 418.
Forum Domitii, voy. *Pouſſan.*
Foſandier (Nicolas), chancelier, *b*. 20.
Foſſez (de), *b*. 94, *b*. 104, — (Jean de), évêque de Caſtres, *b*. 128, — (marquis des), voy. *Vallée.*
Foucaut (de), *b*. 181, 182.
Fougères, pris par Montmorency, *b*. 59.
Fouillade (Antoine), 374.
Foulque des Faulcons, *b*. 400.
Foulques (Raymond), vicomte de Cardonne, 155, — (Roch), 85, — de Marſeille, évêque, 109.
Fourbin (Palamèdes de), 347.
Fourmy, chirurgien, *b*. 106.
Fournier, bourgeois, *b*. 87, — (Jean), procureur, 343, *b*. 405, *b*. 413.
Fournival, tréſorier de France, *b*. 441.
Fourques (de), *b*. 81 (note), *b*. 125, *b*. 151.
Fourquevaux (baron de), 448.
Fraiſſe (Pierre), conſeiller du roi, *b*. 440.
Français, nom donné aux croiſés des provinces d'au-delà de la Loire, 14.
France (rois de), 1.
France (François de), préſident-né de la cour des aides, *b*. 20.
Francfort, Charles d'Autriche élu empereur, 385.
Franche-Comté (la), 330, 380.
François Ier, création du bureau des finances de M., *b*. 441, — cité, 381, *b*. 356, *b*. 375, *b*. 406, *b*. 515, *b*. 559, — II, roi de France, 350, 427, *b*. 358, — duc de Valois, nommé gouverneur du Languedoc, 403, — marquis de Mantoue, 358.

Franconie, patrie des Francs, XX.
Francs (les), leur paſſage dans la Gaule, XX.
Frankendal, b. 203.
Franquevaux (abbaye de), 61.
Franqui (la), b. 28.
Freboul, orfévre, b. 176, b. 374.
Fredelingen, bataille gagnée par Villars, b. 253.
Frédéric-Auguſte, prince de Pologne, b. 298.
Frédéric-Barberouſſe, empereur, 55.
Frédol (André de), évêque de Maguelonne, 176, — (Berenger de), évêque de Maguelone, 171, b. 363, — (Pierre), rend hommage à Jacques II, 147, — voy. *Bérenger*.
Fredoli (Raymond), 251.
Fréjus, XI, — (évêque de), voy. *Fleury*, — voy. *Villemur*.
Fremont (N. de), correcteur, b. 140.
Freſne (du), préſident, b. 19.
Freſſac (ſeigneur de), voy. *Airebaudouſe*.
Frette (de), tué au ſiége de M., b. 76.
Fribourg, victoire remportée par Condé, b. 140, — pris par Villars, b. 289.
Frioul (le), paſſage des croiſés, 15.
Friperie-Nouvelle, vieux quartier de M., b. 516.
Friperie-Vieille, vieux quartier de M., b. 516.
Frizons (Friſons), leur guerre avec Charles-Martel, XLII.
Froiſſart, hiſtorien, 284.
Froment, architecte de M., b. 105.
Fromentières (Audard de), baron de Melay, b. 92.
Fromigères, mort du roi Sanche, 177.
Fronſac (duc de), b. 36, — tué au ſiége de M., b. 72.
Frontignan, le roi Sanche y débarque, 170, — Montmorency y établit ſon camp, b. 59, — la cour des aides s'y tranſporte pendant la peſte de M., b. 123, — cité, XLVII (note), 72, 185, 254, 440, b. 106, b. 424, b. 457,

b. 468, b. 561, — (château de), 24, 76, — châtélenie de), 28, — (étang de), VII.
Frotard, abbé de Saint-Pons, 13.
Froteri (Pierre), de Lodève, 96.
Froulé (de), b. 147.
Fulcodi (Guy), 156, 157.
Fulcrand, évêque de Lodève, 4, — prévôt, 23.
Fulvius Flaccus (conſul), fait la première expédition contre la Provence, 629 de Rome, IX.
Furnes, b. 154.
Fuſtemberg (cardinal de), b. 203.
Fuſtier (Etienne), 505.

G

Gabard (Jean), 352, 361.
Gabian, 400.
Gaches, hiſtorien, cité, 462, 491, 507, b. 6, b. 27.
Gadagne, abbé, 497.
Gaétan (B.), de Montpellier, 129.
Gailhac (Antoine), auditeur à la cour des comptes, b. 438.
Gaillac (Jacques), auditeur b. 433, b. 438.
Gaillard, dit l'Allemand, b. 264, — (Jean), correcteur, b, 429, b. 449, — (Michel), maître d'hôtel de Louis XI, b. 400.
Gain (René du), 1er conſul de M., b. 392.
Galargues, 292, b. 98, b. 459.
Galargues le Monteux, XLVI.
Galceran (dom), voy. *Angleſola*.
Galéas, duc, empoiſonné par Ludovic Sforze, 356.
Galentiny (Jean), b. 321.
Galian (Jean de), juge criminel, b. 461.
Galibert (Ant.), auditeur à la cour des comptes, b. 438, — (Jean), auditeur à la cour des comptes, b. 436, — (Pierre), correcteur à la cour des comptes, b. 435, — (Pierre-Aug.), auditeur à la cour des comptes, b. 438.
Galien, empereur, XVI.
Galière (Daniel de), 1er conſul de

M., b. 37, b. 390, b. 424, b. 451.
Gallar, XXXIV.
Galles (le prince de), fils d'Edouard III, 224, 242, b. 203, — voy. *Edouard III*, — voyez *Jacques*.
Galliac, 79.
Gallo-Grèce, b. 250.
Gameriny, ingénieur du roi, b. 64, — tué au ſiége de M., b. 74.
Gand, 362, 399.
Ganges, entrée de Rolland & ſa troupe, b. 257, — cité, 73, b. 79, b. 232, b. 361, b. 386.
Ganges (le baron de), 465, — (ſeigneur de), 161, — (comteſſe de), b. 358, b. 307.
Gantois (les), leur révolte, 398.
Garaiſſi (Guillaume), 268.
Garancières (le ſire de), 288.
Garcias, roi de Navarre, ſa guerre contre Alphonſe de Caſtille, 39.
Gardette (Jean de la), 343, b. 406.
Gardia (Raym. de), 155.
Gardie (Jean de), ſeigneur d'Eſtandre, b. 37.
Gariel (Pierre), ſon *Idée de la ville de M.*, ſon *Series*, & ſon *Hiſtoire des évêques*, IV, — cité, IX, XV, XXXIII, XLV, 99, 336, b. 518.
Garnier (Jean), bourgeois de M., 321, — évêque de M., b. 27.
Garonne (la), limite de la domination des Goths, XIV, XVIII, 285, b. 27, b. 165, b. 304.
Garſende, 24.
Gaſcogne, expédition de Charles VII, 323.
Gaſques (de), b. 112.
Gaſſendi, ſon *Hiſtoire de Montpellier*, b. 118.
Gaſton, frère de Louis XIII, b. 91, — Phœbus, comte de Foix, ſes différends avec le duc de Berry, 278.
Gaucelin de Claret, vicaire de Montpellier, 40, — cité, 34, 43, — de Cornon, 34, — de Lunel, 9, — de Montauberon (P.), 50, — (Raymond), rend hommage à Jacques II, 148, — voy. *Claret*, *Lunel*, *Montauberon*.

Gaudemar (Guill.), conf. clerc, *b.* 464.
Gaudette (Alienor), 372, — (Jean de), 338, — gouverneur de M., *b.* 379, — 1er conful de M., *b.* 388, — établit la cour des aides, *b.* 442, — (Pierre de), gouverneur de M., 372, *b.* 379.
Gaudioufe, femme de Guillaume Roftang, 53.
Gaufrid, évêque de Béziers, 75, — de Marfeille, 37.
Gaule Cifalpine, b. 535, — *Narbonnaife, b.* 250.
Gaules (les), VIII.
Gault (de), conful de M., *b.* 158.
Gaufferand de Capeftang, 46.
Gaut (de), 1er conful de M., *b.* 98, (Catherine de), *b.* 112.
Gauteron (Lazare), *b.* 375, *b.* 491, *b.* 557.
Gauthier ou Gautier, évêque de Maguelonne, 22, 33, 107, — (Pierre), auditeur, *b.* 433.
Gavanon (Jean), 321.
Gavaudan (Antoine), juge du petit fceau à M., *b.* 367, *b.* 420.
Gavi (Guillaume), officier du parlement, 301.
Gayon, *b.* 154, — (J.-Fr.), fils de Pierre, confeiller à la cour des comptes, *b.* 431, *b.* 433, — (J.-Fr.-Henry), confeiller à la cour des comptes, *b.* 437, — (Marc-Ant.), confeiller à la cour des comptes, *b.* 436, — (Pierre de), confeiller, *b.* 404, *b.* 425, *b.* 428.
Gazillan de Niffole, b. 71, *b.* 342.
Gelas (Hector de), *b.* 116.
Gélafe II, pape, aborde à Maguelonne, 28.
Gelffaric, tué après trois ans de règne, XXIII.
Gendron, entrepreneur, *b.* 144.
Gênes, fes vaiffeaux apportent des fecours aux croifés, 20, — (pefte à), *b.* 241, — révolte contre les Français, 375, — 2e révolte, 379, — fe rend à Colonne, 386, *b.* 253, — cité, 136, 294, 359.
Genefius, archidiacre de Maguelonne, puis évêque, XXVI, XXVIII.
Genève, b. 27, *b.* 200, *b.* 238.

Genlis (chevalier de), fa mort, *b.* 241.
Geno (Reynerius), duc de Venife, *b.* 396.
Génois (les); Guillaume leur donne une maifon dans Montpellier, qui devient un centre de commerce, 43, — leurs pirateries, 58, — la ville de M. renouvelle fes traités de commerce avec eux, 127, —cit., 40, 205, *b.* 520.
Genolhac (Pierre), confeiller du roi, *b.* 440.
Genouillac (Jacques Galiot de), grand maître de l'artillerie, 403, — (Jean), confeiller du roi, *b.* 440.
Gentien (Jean), général des aydes, *b.* 405.
Gentil (Louis), procureur, 382, *b.* 413.
Genton, *b.* 129.
Geoffroy, 366 (note), — de Viterbe, XVIII.
Gerald (Pierre), 32.
Gerard (Emmanuel de), confeiller, *b.* 412, *b.* 424, — (Homer de), confeiller en la cour des aides, *b.* 23, *b.* 411, — (René de), confeiller-clerc, *b.* 464.
Gerauld, 6.
Germain (Barth.), correcteur à la cour des comptes, *b.* 435, — (François), correcteur à la cour des comptes, *b.* 435.
Gervot-Brunet, voy. *Larey.*
Gévaudan, 137, 274, 506, *b.* 394.
Gevaudan (Honoré), préfident en la chambre des comptes, *b.* 50, *b.* 419.
Gibert, 418.
Gibraltar (détroit de), les Arabes s'en rendent maîtres, XXXIX, — cité, 192.
Gibron, avocat du roi, *b.* 12.
Gien, conférence entre les ducs de Berry, de Bretagne & d'Orléans avec les comtes d'Alençon & d'Armagnac, 297.
Gigean, paffage de la reine d'Efpagne, *b.* 293, — cité, 440, *b.* 361, *b.* 386.
Gigeri, fon expédition, *b.* 160.
Gignac, réduit par Damville, 488.

— féjour des tréforiers de France pendant la pefte de M., *b.* 123, 31, 40, 65, 235, 237, 439, 497, *b.* 61, *b.* 112, *b.* 365, *b.* 449, — voy. *Guillaume.*
Gilbert, comte, 57, — archevêque de Lyon, 104.
Giles (Guillaume), 251, — de Saint-Martin, cardinal, 241.
Gillet, imprimeur, *b.* 39.
Gily, *b.* 306, *b.* 402, — (Simon), confeiller, *b.* 269, *b.* 440.
Ginefte (Jean), *b.* 407, — (N.), *b.* 140.
Gineftous, *b.* 96, — (de) du Vigan, *b.* 236.
Giradadda, 376.
Girard (de), conful, *b.* 108, *b.* 129, *b.* 341, — (Jean-Baptifte de), 1er conful de M., *b.* 140, *b.* 391, *b.* 449, *b.* 451, — (J.-Paul), tréforier de France, *b.* 452, *b.* 454, *b.* 432, — (Jofeph), tréforier de France, *b.* 452, — (Pierre-Guillaume), tréforier de France, *b.* 453, — (Raulin de), 1er conful de M., *b.* 150, *b.* 391, *b.* 484, — de Rouffillon, 1re croifade, 14.
Gironelle (tour de), 197.
Gironne, affiégée, 151, — tremblement de terre, 315, — prife par le duc de Noailles, *b.* 284, — Barwik marche à fon fecours, *b.* 288, 134, 176, 195, 197, *b.* 221, — (comté de), 137, — (chanoine de), voyez *Bernard,* — (l'évêque de), a la langue coupée, 144.
Giry, 491.
Gife (Raoul de), 166.
Glanitino, nom de la Verchand, *b.* 323, — voy. *Multipliants.*
Glorie (P.), 213.
Glycerius Nepos, empereur, XXI.
Godefroy, évêque de Maguelonne, rend fon fief à Guillaume de M., 11, 22, — de Bouillon, chef de la 1re croifade, 14, — élu roi de Jérufalem, 20, — de Saint-Omer, 54, — de Viterbe, hiftorien cité, XVIII.
Goltzius, fon *Catalogue des magiftrats romains,* XLIX.

Gombaud (Guillem), mort dans une expédition en Grèce, 181, — (Louis), docteur & officier de la cour des aides, 382, *b.* 409.
Gomefius, hiftorien cité, 100, 111, 118.
Gonçale, 363, 369.
Gondemar, tue Viteric, XXVII.
Gontaut (Pavine de), de Carcaffonne, 274.
Gontran, fa guerre contre Léovigilde, XXVI.
Gonzague (Charles de), 369.
Gorce (Guillaume de la), maître des comptes, *b.* 415.
Gordon (vicomte de), 463.
Gorgonniène (vallée), défaite des Turcs, 16.
Gorfa (Affalit de), *b.* 707.
Got, 70.
Goths (les), chaffent les Romains vers 421, IX, — leur entrée dans la Ire Narbonnaife, XVII, — leurs rois abjurent l'arianifme, XXIV, — d'Occident, voy. *Vifigoths*, — d'Orient, voy. *Oftrogoths*, — (Palais des), voy. *St-Gilles*.
Gouffier-Boiffi (Arthur de), 383.
Gougi (Raymond), 278.
Goulut (Louis), hiftorien, 27.
Gourdieges (feigneur de), voyez *Croix (de la)*.
Gouffonville (de), lieutenant de roi de M., *b.* 132, *b.* 473, — voy. *Halot*.
Goyrand (Raulin de), confeiller, *b.* 430.
Grabels, fa feigneurie paffe à la maifon de M., 60, — menacé de fiége, *b.* 47, — cité, 243, *b.* 361, *b.* 386.
Grace (abbaye de la), Charlemagne fut fon fondateur, LII.
Grammont, il y eft fait un accord entre Guillaume de M. & le comte de Touloufe, 73, — (bois de), le roi d'Efpagne y fait une partie de chaffe, *b.* 255, — cité, 494, *b.* 360.
Grammont (cardinal de), 390, — (duc de), traite du mariage de Louis XIV avec l'infante, *b.* 156, — cité, *b.* 272, — évêque de Saint-Papoul, *b.* 195, — (maifon de), 86.
Gramond, fon *Hiftoria Galliæ, b.* 86.
Grand-Mahomet, nom donné à Zamet par les habitants de M., *b.* 63.
Grand-Prieur (le), 4e fils du duc de Joyeufe, 508.
Grand-Saint-Jean, enclos de M., où les templiers avaient une maifon de leur ordre, 54, *b.* 345.
Grandfelve, monaftère, 45, 62, 86.
Grandfelve (le prieur de), 53, 48, — (feigneur de), voy. *La Cofte*.
Grandval (de), *b.* 275.
Grange-de-Pézenas, mort du connétable de Montmorency, *b.* 36.
Grange-des-Prez, mort de Conti, *b.* 161, — cité, *b.* 109.
Granier, juge du petit fceau, *b.* 366, *b.* 367, — (Pierre), 335, 343, 351, *b.* 405, *b.* 409.
Granfon, défaite du duc de Bourgogne, 345.
Granvelle, chancelier, 392.
Granville (de), 353.
Graffet (de), 1er conful de M., *b.* 88, — préfident, *b.* 136, *b.* 143, — (Charles de), préfident de la cour des aides, *b.* 411, *b.* 431, *b.* 447, *b.* 452, *b.* 454, — (Etienne de), confeiller à la cour des comptes, *b.* 432, — (Gabriel de), procureur général, *b.* 387, *b.* 391, *b.* 420, *b.* 425, — (Henry-Et. de), confeiller à la cour des comptes, *b.* 436, — (Jean de), confeiller, *b.* 117, *b.* 387, *b.* 391, *b.* 413, *b.* 420, *b.* 429, — tréforier de France, *b.* 446, — (Maximin de), auditeur à la cour des comptes, *b.* 438.
Graffy (Guillaume), *b.* 52.
Grau-de-Palavas, b. 101.
Graulhet, *b.* 153.
Gravelines, pris par le duc d'Orléans, *b.* 129, — cité, *b.* 154.
Graves (marquife de), fille du préfident Solas, *b.* 202, *b.* 222.
Graville (Guy de), 261.
Grecs (les), difputent le paffage aux croifés, 15.

Greffe (fieur de la), voy. *Trinquère*.
Greffeuille (de), *b.* 81, *b.* 187, *b.* 204, *b.* 303, — (Daniel de), 1er conful de M., *b.* 329, *b.* 393, — (Henri de), 1er conful, *b.* 175, *b.* 392, *b.* 453, — (Jacques de), tréforier de France, *b.* 452, — (Louis de), tréforier de France, *b.* 140, *b.* 452, — (Pierre de), tréforier de France, *b.* 98, *b.* 128, *b.* 391, *b.* 417, *b.* 425, *b.* 429, *b.* 433, *b.* 449, *b.* 451, — (Charles de), v. *Aigrefeuille (d')*.
Grégoire, 6, — *b.* 175, — pape, LV, — IX, pape, 121, 320, — X, pape, 141, 145, — XI, pape, 249, 322, — XIII, pape, 501, — XIV, fa bulle d'excommunication contre Henri IV, *b.* 11, — de Tours, XVI, XXI, XXII, XXIII, XXVI, *b.* 441.
Greififac (fort de), emporté par de Rignac, *b.* 58.
Grely (Jean de), captal de Buch, 240,
Gremian, 185, 449, 494, — (Antoine de Plex de), 476.
Grenade (Maures de), 139, — voy. *Maures*.
Grenoble, affemblée des proteftants, *b.* 40, — cité, 478, *b.* 40, *b.* 182, *b.* 535, — voy. *Hugues*.
Grève (place de), exécution de la maréchale d'Ancre, *b.* 43.
Griffy (Antoine), auditeur, *b.* 433, *b.* 436, — (François-Antoine de), 1er conful de M., 391, — (Gilbert de), 1er conful de M., *b.* 91, *b.* 391, *b.* 392, *b.* 393, *b.* 424, — (Jacques de), confeiller à la cour des comptes, *b.* 431, — (Jehan), 364, — (Pierre de), maître des comptes, *b.* 415, *b.* 462.
Grignan (comte de), commandant de la Provence, *b.* 277, — cité, *b.* 160, *b.* 167, — (J.-B. de), archevêque d'Arles, mort à M., *b.* 233.
Grille, capitaine, 450, — (Antoine de), préfident, *b.* 159, *b.* 411, *b.* 430, — (Honoré de), 481, — (Louis de), officier de la

cour des aides, b. 409, — (Nicolas de), officier de la cour des aides, 446, b. 410.
Grimaldy (Atho), 209, — (Charles), 206.
Grimauds (les deux), 281.
Grimaut (de), 353.
Grimoard (Guillaume), 207, — (Scipion de), gouverneur de M., b. 153, b. 473, — (Urbain), juge du petit sceau, b. 366.
Grise-Gonelle, surnom de Geoffroy, 266 (note).
Grisons (les), b. 122.
Grolée (Imbert de), gouverneur de M., b. 378.
Gros (Pierre), b. 326.
Gros-Sent, grosse cloche de l'hôtel-de-ville de M., 350, b. 382.
Grozellier (Michel), conseiller du roi, b. 440.
Guadalmar, LVI, 34, — (Bernard), 32.
Guast (marquis du), battu à Cerizoles, 402, — cité, 395.
Gudal (don Affalido de), 132.
Gueiraud (Raulin de), 1er consul de M., b. 391.
Guenois, b. 365.
Guérin (Claude), trésorier de France, b. 453, — (Etienne), trésorier de France, b. 452.
Guerine (Suzon), b. 324.
Guerrao de la Barce, 130.
Guibal (François de), conseiller à la cour des comptes, b. 429, b. 432.
Guibert (Pierre), correcteur, b. 433.
Guichard, 418, — (Barthélemi), vicaire, 302.
Guiche (comtesse de), passe à M., b. 208.
Guidinel, 10.
Guido, fils de Guillaume, 44, — cité, b. 536.
Guienne, voy. Guyenne.
Guigue, 162.
Guillaume, abbé de Nant, 85, — abbé de Saint-Florent, 241, — comte de Forêt, 1re croisade, 14, — évêque d'Orange, 14, — évêque de Maguelonne, 72, 87, 91, b. 545, —fils d'Agnez, frère de Marie de M., 110, —fils d'Al-

diarde, conseigneur de Montferrier, 24, — fils de Beliarde, un acte de ce seigneur, 10, — fils d'Ermengarde, b. 340, b. 381, — fils d'Ermensende, b. 522, — fils de Guillaume de M., 131, — fils de Mathilde, seigneur de M., 62, — épouse la princesse Eudoxie, 68, — cité, b. 496 (notes), b. 561, — fils de Sibille, son mariage avec Mathilde de Bourgogne, b. 341, — cité, b. 395, b. 535, — neveu de Gaucelin de Claret, 40, — prieur de Notre-Dame de Corneillan, 137, — roi de Sicile, 57, — sa mort, il laisse cinq enfants & trois filles, 44, — d'Altiniac, chanoine de Maguelonne, 83, — chevalier, 83, — d'Auberterre, 50, — de Baux, 93, — de Boucairan, 43, — de Centreirargues, 50, — de Fabrègues, 34, 50, — de Fleix, chanoine, 70, — — de Gignac, 34, — de l'Anguisel, évêque, 96, — de Lechas, chanoine, 70, — de Lodève, 248, — de Melgueil, 34, — de Montarnaud, chanoine, 69, — de Montolieu, 50, 69, 82, — de M., sa ratification avec Bernard Pelet de trois deniers sur la monnaie de Melgueil, LVI, — ses différends avec Bernard III, — cité, LV, — de Pierre, chanoine, 66, 69, 73, — de Pignan, 50, — de Puylaurens, 93, — de Roquezel, 83, — de Saint-Lazare, évêque, 107, — de Thezan, 72, — de Tortose, 50, — de Tyr, historien, 14, 21, — d'Omelas, 2e fils de Guillaume, 46, — d'Orange, ligue contre la France, b. 252, —le conquérant, 67, — (Adémar), chanoine, 70, — (Arnaud), frère prêcheur, 135, — (Aymon), fils de Bernard Guillaume, 9, 25 26, b. 535, —(Bernard), souche des vicaires de M., 9, 10, 25, b. 535, — (Bertrand), 13, — (Fulcran), 127, — (Maurin), archidiacre,

61, 69, — (Pierre), fils de Raymond de Montferrier, 65, — fils d'Etienne, conseiller à la cour des comptes, b. 432, — (Pons), 34, — (Raymond), évêque de Nîmes, 10, — archidiacre, 69, b. 535, — voyez Fabrègues, — (les), leur suite chronologique, 2, — cité, I, II, b. 368, b. 492, b. 501.
Guillelme, fille de Guillaume de Montpellier, 23, 45, — mariée à Raymond-Bernard, comte de Melgueil, 27, — mère de R. de Roquefeuil, 62, — servante de Marie de M., 114, — de Montpellier, 2e femme de Raymond-Guillaume, LVI.
Guillelmette de Contors, 79.
Guillem (Pons), seigneur de Clermont & Lodève, 334.
Guilleminet (Etienne), conseiller à la cour des comptes, b. 434, — (Paul de), b. 309, — (Pierre de), 1er consul de M., b. 391, — conseiller à la cour des comptes, b. 437, — conseiller au présidial, b. 464, — (maison de), b. 348.
Guillen (Jacques), auditeur des comptes, b. 417, — de Entença (don), fils de Bernard Guillen, 131.
Guillens (Jacques des), 1er consul de M., b. 389.
Guillermin, b. 151.
Guillot, directeur de la Monnaie, b. 374, — (Jean), viguier, 292.
Guimilus ou Guinilus, évêque de Maguelonne, sa révolte, XXX, s'enfuit à Nîmes, XXXI.
Guinard, comte, 190.
Guinegate, bataille perdue par les Français, 380.
Guines, entrevue de Henri VIII & de François Ier, 385, — paix avec Henri VIII, 403.
Guipuscoa, 249.
Guiraud, conseigneur de Poupian, 24, — (Pons), docteur, 248.
Guiraudus-Pargez, docteur, 208.
Guise, prise par le comte de Nassau, 393.
Guise (de), Claude de Lorraine,

397, — (duc de), 426, *b*. 85, — (Henri de), 503.
Guifnes (comté de), 326.
Guitard de Seveirac, 37.
Guitaud, prévôt, *b*. 35, — (de), *b*. 160, — tué au fiége de M., *b*. 77.
Gulet (Jean), conful de M., 480.
Guftave-Adolphe, roi de Suède, *b*. 108.
Guy ou Guillaume, feigneur de Montpellier, LV, — reçoit Montpellier en fief, 5, — fils de Guillaume de M., 131, — maître des Templiers, 69, 83, — moine de Citeaux, 104, — moine de Cluny, 88, — oncle du comte Amaury, 123, — prévôt de Maguelonne, *b*. 707, — feigneur de Pheines, gouverneur de M., *b*. 377, — de Boulogne, 240, — De Cavaillon, 93, — de Tournon, 124, — de Ventadour, prieur de Saint-Firmin, 70, 72, 82, 87, 94.
Guy-Guerregiat, 65.
Guyenne, Louis XIII la traverfe, *b*. 40, — citée, 122, 234, *b*. 144, *b*. 181.
Guyenne (le duc de), fa mort, 345.
Guyermont, tué au fiége de M., *b*. 77.
Guyez (Guiraud), 263 (note).
Guzargues, *b*. 361, *b*. 386.

H

Hailbron, *b*. 203.
Haillant (du), hiftorien, 370.
Hainaut (*le*), 418.
Halamard, chevalier, 241,
Halot (Jean de), feigneur de Gouffonville, *b*. 116.
Hames, 420.
Hannibal (régiment d'), *b*. 46.
Harcourt (prince d'), *b*. 140, *b*. 151.
Harcourt-Cavalerie, voy. du *Tremblai*.
Hardouin (le P.), XII.

Harfleur, affiégé par les Anglais, 304.
Haro (dom Louis de), miniftre d'Efpagne, *b*. 155, — del Povar, *b*. 169.
Haudeffan (René de), confeiller, *b*. 417, *b*. 425.
Hauterive (seigneur de), voyez *Marfac*.
Hauteville (d'), maître des comptes, *b*. 91, — (Jacques de), confeiller, *b*. 419, *b*. 424, — fils, auditeur, *b*. 429, — (Pierre d'), confeiller, *b*. 428.
Haut-Languedoc, envahi par Gontran, roi de Bourgogne, XXVII, — cité, *b*. 89.
Hautpoul (château de), pris par Condé, *b*. 122.
Hautpoul (Pierre de), 16.
Hauzière (Anglic de l'), conful de mer, *b*. 396.
Haye (*La*), *b*. 240.
Hébert (Jean), général des finances, *b*. 442, — (Louis), tréforier de France, *b*. 451, — (Michel), tréf. de France, *b*. 451.
Hébrard, *b*. 215, — (Guillaume d'), gouverneur de la juftice de M., *b*. 379, *b*. 390.
Heidelberg, *b*. 203, *b*. 216.
Helena, VIII, — voy. *Elne*.
Henin-Lietard (J.-Fr.-Gabriel de), évêque d'Alais, *b*. 299.
Henri Ier, roi de France, 10, — II, 219, 396, 405, *b*. 353, *b*. 356, *b*. 375, *b*. 406, *b*. 443, *b*. 455, *b*. 493, — III, fon voyage de Pologne en France, 482, — cité, *b*. 444, *b*. 456, — IV, roi de France, fa mort, *b*. 30, — cité, IV, *b*. 5, *b*. 416, *b*. 446, *b*. 456, *b*. 515, *b*. 521, — d'Angleterre, déclaré héritier de la couronne de France, 309, — II, roi d'Angleterre, prend poffeffion de la Guienne, 51, — IV, empereur d'Allemagne, 28, — VII, roi d'Angleterre, 354, 373, — VIII. paix renouvelée avec François Ier, 382, — cité, 377, — de Treftamare, eft couronné roi de Caftille, 242, — cité, 244.

Hérault (*l'*), 31.
Herbin, huiffier du confeil royal, *b*. 135.
Herbiny, intendant de Dauphiné, *b*. 182.
Héricon (Jean de), 339.
Herménégilde, fils de Léovigilde, fon martyre, XXV.
Hermite (Pierre l'), 330.
Hérouard (Michel), 439, 446.
Hefdin, pris fur Charles-Quint, 394.
Heffe (landgrave de), 411, *b*. 235.
Heudin (Enguerrand de), fénéchal, 268, 281, 282, *b*. 378.
Heuze (Jean de la), amiral, 235.
Hevrard (Jean d'), 1er conful de M., *b*. 390.
Hières (îles), *b*. 395.
Hilaire, notaire, 440, — (Jean), correcteur des comptes, *b*. 416, *b*. 419, *b*. 425.
Hildebrand, conful pour les Pifans à M., 59.
Hildegaire, archevêque de Taragone, 33.
Hire (La), 323.
Hochfet, *b*. 259, — (bataille de), *b*. 262.
Hocquincourt (maréchal d'), *b*. 149.
Hollande, guerre avec la France, *b*. 169, — paix de Nimègue, *b*. 178, — citée, *b*. 75, *b*. 238.
Hombourg, *b*. 476.
Hommet (Jordan du), évêque, 109.
Hondrat (Guillaume), auditeur, *b*. 424, *b*. 425, *b*. 429, — (Ph.-Jofeph), auditeur, *b*. 433.
Hongrie (*la*), occupée par les Huns, XX, — traverfée par les croifés, 15, — citée, 390, *b*. 194, — voy. *Yoland*.
Honoré II, pape, fait donner une règle & l'habit blanc aux Templiers, 54, — III, pape, 113.
Honorius, cède les Gaules aux Goths, XVII.
Horace, poète latin, L.
Hortolan, 446.
Hoftalier (Gafpard), confeiller à la cour des comptes, *b*. 437.
Houffaye (de la), voy. *Mailly*.

cités dans l'Histoire civile de Montpellier. 617

Hucher (Jean), docteur-régent à M., *b.* 444.
Huesca, ville d'Espagne; nom donné à un subside imposé à M. par Pierre d'Aragon, 95, — (évêque de), voy. *Roch.*
Hugues, comte de Rodez, 11, 38, 50, 108, — fils de Pétronille, 24, — roi de Jérusalem, *b.* 396, — (Honoré), chanoine, *b.* 58, — de Baux, 93, — de Boisseras, 34, — de Centreirargues, 72, — de Gignac, 40, — d'Obilion, 34, — de Payens, origine des Templiers, 54, — de Ulmis, chanoine, 69, — Fulverel, 77, — le Grand, 1re croisade, 14.
Huguet, notaire, 343.
Hullier (Louis l'), 342, — général des aydes, *b.* 405, — conseiller au parlement de Toulouse, *b.* 409.
Humières, assiégé dans Pignerol, 395.
Hunal, duc d'Aquitaine, battu par Charlemagne, LI.
Huns (les), leur invasion, xx.
Hyères, 127.

I

Ibba, gouverneur de Narbonne, XXII.
Icard, son remède pour Louis XIV, *b.* 294.
Icher (Jacques), receveur des tailles, *b.* 400.
Iduméens (les), leur commerce avec M., 59.
Imbert, *b.* 365, — d'Aiguières, demande au pape Célestin III la confirmation du second mariage d'Agnès avec Guillaume de M., 75.
Infantilla, maure, 128.
Ingeburge, reine de France, répudiée par Philippe-Auguste, 85.
Innocent II, reçu à Maguelonne par Guillaume, 36, — protège Guillaume contre ses sujets révoltés, 41, — III, inféode le

comté de Melgueil aux évêques de Maguelonne, 80, — cité, 102, 104, 110, 142, 320, *b.* 516, — IV, pape, 144, — VI, pape, 231, 244, — XI, pape, *b.* 203.
Inspruk, 411.
Irlande (l'), *b.* 210.
Isabeau de Bavière, mère de Charles VII, 290.
Isabelle, femme de Ferdinand, 373, — fille de Henri II, 421, — fille de Jacques d'Aragon, 137, 168, — fille de Jacques III de Mayorque, 216, 233, — reine, 362, — d'Aragon, femme de Philippe le Hardi, 137, *b.* 376, — de Mayorque, 269, 292, — de Castille, 355.
Isdegerd, roi des Perses, battu par les Arabes, XXXVIII.
Isdéric, comte de Nîmes, XXX.
Isidore, historien, XXV.
Isle (l'), rivière, 508, — ville, *b.* 18, — (seigneur de l'), voy. *Fenouillèdes,* 214, — en Jourdain, 496, 510.
Isnardi (Jean), officier de la cour des aides, *b.* 409.
Israélites du Portugal, leur commerce avec M., 59.
Issert (Joseph), correcteur à la cour des comptes, *b.* 435.
Italie (l'), ravagée par Attila, xx, — citée, x, XII, 358, *b.* 231.
Iverny (d'), maréchal de camp, *b.* 333, *b.* 336.
Ivry, victoire gagnée par Henri IV sur la Ligue, *b.* 7.
Izarn (Jean), correcteur des comptes, *b.* 415, — voy. *Barrière.*
Izensac, 185.
Izoard, comte, 17.

J

Jacques, archevêque de Narbonne, tient un concile à M., 137, — évêque de Maguelonne, *b.* 545, — fils de Jacques II, embrasse la règle de Saint-François, 168, — prince de Galles, *b.* 285, —

d'Aragon, 67, — héritier universel de sa mère Marie de M., 114, — otage de Simon de Montfort, 118, — son entrevue à Lyon avec Grégoire X, 142, — successeur d'Alphonse, 152, — roi d'Aragon, 2, *b.* 369, *b.* 395, *b.* 477, *b.* 500 (note), *b.* 501, *b.* 513, *b.* 530, *b.* 534, *b.* 538, *b.* 544, *b.* 559, — II d'Aragon, sa naissance, 98 & suiv., — prend le gouvernement de la seigneurie de M., 147, — ses prétentions, 179, — 2e fils de J. d'Aragon, est établi lieutenant de M., 143, *b.* 513, — seigneur de M., 2, *b.* 359, — roi de Mayorque, 2, *b.* 359, — III, neveu de Sanche, lui succède, 177, — roi de Mayorque, 2, 363, *b.* 388, — de M., 129, — IV, naît à Perpignan, 182, 216, — le Conquérant, *b.* 341, *b.* 343, *b.* 395, *b.* 500 (note), *b.* 521, — Cœur, 43, *b.* 346, *b.* 374, *b.* 442, *b.* 450, — David, 1er consul de M., 436.
Jaille (de la), mort devant Salces, *b.* 122, — cité, *b.* 118, — Gatine (seigneur de la), voy. *Avoine.*
Jannes (Léonard), bailli de M., *b.* 359.
Janvier (François de), seigneur de la Faverie, *b.* 122, — (Jean de), conseiller, *b.* 413, *b.* 419, *b.* 424.
Jardin des Plantes de M., *b.* 29.
Jarnac, victoire du duc d'Anjou, 468.
Jaule (Jean de), procureur général, 418, *b.* 413.
Jausserand (Henri), prévôt diocésain, *b.* 264, — (Jacques), conseiller au présidial, *b.* 458, *b.* 465, — (Jean-Fr.), conseiller au présidial, *b.* 465.
Jayme (l'infant don), frère de Pierre d'Aragon, 206, — (Jacques), fils de J. d'Aragon, reçoit en partage les îles Mayorques, le Roussillon & M., 145.
Jayot (Charles), 411, — (Jean de), major de la cité de M., *b.* 474.

Table des noms de lieux & de personnes

Jean, cardinal de Lorraine, 395, — comte de Clairmont, 295, — comte de Foix, 307, — comte de Poitiers, 229, — duc de Berry, 291, *b*. 399, — duc de Bourbon & d'Auvergne, 335, — duc de Bretagne, sa mort, 166, — duc de Foix, 359, — évêque de Maguelonne, 23, — prieur de Saint-Firmin, 48, — duc de Gironne, fils du roi d'Aragon, 274, — roi de France, fils de Philippe le Bel, 2, 188, 220, 238, *b*. 342, *b*. 384, *b*. 533, — II, duc de Bourbonnais, *b*. 405, 350, — président né de la cour des aides, *b*. 409, — II, roi d'Aragon, 333, — V, comte d'Armagnac, 345, — XXII, pape, canonise saint Louis, évêque de Toulouse, 172, — cité, 168, 321, — de Bourges, chapelain, 153, — de Montlaur, évêque de Maguelonne, 52, 61, 63, 70, — de Roquefeuil, chanoine, 70, — André, officier du parlement, 301, — Bernard, maître des requêtes, 399, — Lucien, bailli de M., 127, — Manuel, frère du roi de Castille, 168.

Jeanne, femme du roi de Navarre & sœur de Charles V, 139, — fille d'Arnaud Delar, 274, — fille de Henri d'Angleterre, LVII. — fille de Raymond de Toulouse, épouse Alphonse de Poitiers, 134, — de France, fille posthume de Philippe de Valois, 246, — fille de Louis XI, 362, — de Navarre, épouse de Philippe le Bel, 151, — reine de Naples, 244, 271, — sa mort, 283.

Jérôme, XVII.

Jérusalem, pris par les Mahométans, XXXVIII, — pris par les croisés, 20, — (patriarche de), 14, 99, — (rois de), 127.

Jésuites (rue des), 162.

Joannis (Pierre de), seigneur de la Roche-Saint-Angel, *b*. 110.

Joly, avocat général, *b*. 143, — (Etienne de), 2ᵉ avocat général, *b*. 408, *b*. 412, *b*. 425, *b*. 438, — (Jean), 1ᵉʳ avocat général, *b*. 438.

Jonquet, *b*. 265.

Jonquières, LIV, — (château de), 155.

Joppé, arrivée des vaisseaux génois, 20.

Jordan (Simon), 251.

Jornandez, son *Histoire des rois Goths*, II, — cité, XX.

Joseph, empereur, sa mort, *b*. 285.

Josserand, *b*. 307.

Joubert (le président), V, — syndic, *b*. 162, *b*. 278, *b*. 490, — (Isaac), conseiller au présidial, *b*. 81, *b*. 464, — (Laurent), docteur-régent à M., *b*. 444, — (Laur.-Ignace de), président de la cour des comptes, *b*. 437, — (René-Gaspard), avocat du roi, *b*. 463.

Jougla (de), trésorier de France, *b*. 150, — (Antoine), trésorier de France, *b*. 446, *b*. 451, — (Claude-François), 1ᵉʳ consul de M., *b*. 393, — (François), trésorier de France, *b*. 452.

Jouin (Jacques), consul, 226.

Jourdan, lieutenant de juge du petit sceau, *b*. 366.

Jousse (Mathurin), son *Secret d'architecture*, *b*. 347 (note).

Jove (Paul), historien, 359.

Joyeuse (de), assiège Agde, 450, — son voyage à Rome, 501, — est fait maréchal de France, 502, — cité, 439, 474, *b*. 6, *b*. 20, — (Antoine-Scipion), est fait grand prieur de Malte, 502, — (Guillaume), vicomte de, 431, — (Henriette de), épouse Henry de Montpensier, *b*. 22.

Juan (don), fils du roi de Castille, 246.

Jubinian (château de), XXVIII.

Judas, *b*. 513.

Juges (Paul de), conseiller, *b*. 20.

Jugie (François de la), seigneur de Rieux, 478.

Juifs (les), protégés à M. par Sanche, 173.

Juillers, *b*. 31.

Juin (Philippe), auditeur, *b*. 140, — procureur du roi, des eaux & forêts, *b*. 466, — (Thomas), auditeur des comptes, *b*. 415, *b*. 418.

Juiverie, ancienne place de M., *b*. 349.

Jules II, pape, ses démêlés avec Louis XII, 375.

Julien, sa mort, *b*. 285, — archevêque de Tolède, XXX, — (de), maréchal de camp, *b*. 256, — brûle 35 villages, *b*. 260, — de Tolède, historien, XXXII, — (comte), gouverneur de la Mauritanie tingitane, s'unit aux Sarrazins contre Rodrigue, XXXIX, — (Pierre), 268, — prieur de Montauberon, *b*. 371.

Jurieu, *b*. 238.

Jusiana, fille de Pons Hugues, épouse Bernard Guillem, 131.

Justin, évêque d'Agde, LIII.

Juvénal, pont de M., 161, *b*. 70, *b*. 271, *b*. 401.

Juvénal des Ursins (Jean), 332.

Juvignac, passe à la maison de M., 60, — cité, LII.

Juvignac, lieuten.-colonel, *b*. 206.

Juviniac, LIV.

Juviniac (seigneur de), voy. *Griffy*.

K

Kiel, pris par Villars, *b*. 257.

L

La Baulne (Jacques de), général des finances, *b*. 442.

La Baume, lieutenant de roi, *b*. 151, *b*. 154.

Lablatière (Jean), greffier, *b*. 421.

La Borde (seigneur de), voyez *Seigneuret*.

Labour (terre de), 363.

Laboureur (le), historien, 303.

Labourgade, 511.

La Brelby, *b*. 49.

Lac (baron du), voy. *Derieu.*
Lacaſſagne, *b.* 96.
Lacerda (Alphonſe de), 223.
Laclote, *b.* 120.
Lacoſte (Guillaume de), avocat général, *b.* 412.
La Coſte (Jean de), lieutenant particulier, *b.* 462, — (Pierre de), juge-mage, *b.* 456, *b.* 461.
La Croix (de), marquis de Caſtries, 50, *b.* 184, — (Armand-François), ſa naiſſance, *b.* 332, — cité, *b.* 380, *b.* 473, — (Armand-Pierre de), évêque d'Albi, *b.* 327, — (François-Joſeph de), ſeigneur de Caſtries, ſénéchal, *b.* 380, — gouverneur de M., *b.* 473, — (Guillaume de), gouverneur de M., *b.* 379, — officier de la cour des aides, *b.* 407, *b.* 409, — (Henri de), 1er conſul de M., *b.* 140, *b.* 391, *b.* 392, — (Jean de), 1er conſul de M., 310, 321, *b.* 359, *b.* 391, *b.* 392, — (Jean-André de), profeſſeur ès lois, *b.* 462. — (Joſeph de), 1er conſul de M., *b.* 393, — (Louis de), tréſorier de France, *b.* 452, *b.* 409, — (Louiſe-Thérèſe de), abbeſſe, *b.* 221, — (Pierre de), préſident de la cour des comptes, *b.* 417, *b.* 439, — (Pierre-Joſeph-François de), voy. *Caſtries,* — (R.-G. de), marquis de Caſtries, *b.* 166, — gouverneur de M., *b.* 473, — de Candillargues (Joſeph de), lieutenant de roi de M., *b.* 473, — du Maine, 328.
Ladeveze, maſſacré par les religionnaires, *b.* 253.
Ladron (comte de), *b.* 8.
Lafaille, ſes *Annales de Toulouſe,* XXIII, — cité, 100, 278, — (de), 318.
La Fare (de), *b.* 336, — de Laugère, *b.* 475.
Lafarelle, *b.* 87, *b.* 97.
Lafay (Jean), régent, 292.
La Fayette, maréchal, 310.
La Fère (régiment de), *b.* 196.
Laſleur, exécuté à M., *b.* 272.
Lafont (de), *b.* 149, — (Pierre de), auditeur des comptes, *b.* 419.
Laforeſt, ſénéchal, *b.* 151, — (de), *b.* 156, *b.* 388, *b.* 74, — voyez *Foreſt.*
Lafortune, au pont Juvénal, *b.* 277.
Lagarde (Pierre), conſeiller à la cour des comptes, *b.* 465.
Lago (de), tué au ſiége de M., *b.* 74.
Lagreſſe, jardin, établiſſement d'un aſile d'aliénés à M., *b.* 291.
Lagreffe, préſident, *b.* 123, — 1er conſul, *b.* 185, — (le P.), *b.* 172, — (ſeigneur de), voyez *Trinquère.*
Labire, voyez *Hire.*
Laiſtre (Jean de), faux monnayeur, 505.
Lambert (Jacques), correcteur, *b.* 429.
La Mecque, patrie de Mahomet, XXXVIII.
Lamoignon (Chrétien-François de), frère de Baſville, *b.* 235.
Lamouſſon ou *La Moſſon,* petite rivière de l'Hérault, 72, voyez *Moſſon (La).*
Lamouſſon (baron de), voy. *Bécherand.*
Lamoux, conſeiller du roi, *b.* 440.
Lampourdan (comté de), 137, 197, *b.* 283.
Lamuſa, XXXI.
Lancaſtre (le duc de), 224.
Landais, 350.
Landau, ſa reddition, *b.* 259, — Villars s'en rend maître, *b.* 289.
Lande (de la), commandant à Uzès, *b.* 283, *b.* 260.
Landrecy ou Landrecies, aſſiégé par Charles-Quint, 402, — pris par Turenne, *b.* 152, — cité, *b.* 474.
Laneil (ſeigneur de), voy. *Roſſignol.*
Langeais en Touraine, mariage de Charles VIII, 354.
Languedoc, ce nom ne fut donné à la province par les Goths, XVIII, — fournis au royaume des Goths, XVIII, — cité, v, 357, *b.* 493, *b.* 513, *b.* 534, — (lieutenant de roi en), voy. *La Croix (de),* — (régiment de), *b.* 46.
Lanerie (la), ancienne rue de M., 140.
Languterne (Pierre de), conſul, 226.
La Noue, 487.
Lanoy, vice-roi du Milanais, 388.
Lanſenègues, 49.
Lantiſſargues (pont de), *b.* 108.
Laon, fournis par Charles VII, 316, — ſe ſoumet à Henri IV, *b.* 17, — cité, *b.* 8, — évêque de, voy. *Champeaux.*
Laplace, miniſtre, 473, 498.
Larey (Gervot-Brunet de), conſeiller du roi, *b.* 440.
Laroche, 498, — maître des comptes, *b.* 81, — (Claude de), conſeiller, *b.* 425, — (Jean de), conſeiller, *b.* 425.
La Rochelle, 466, *b.* 85.
La Rochette (Jean-B. Renaud de), lieutenant de roi, *b.* 474.
Laroque (de), *b.* 100, — Fontiez, capitaine, *b.* 10.
Larzac (le), 83.
Laſale, *b.* 194, *b.* 199.
La Sale (ſeigr de), v. *Deſvignoles.*
Laſſet (François de), 1er préſident à la cour des aides, *b.* 408, *b.* 410, — (Jean de), 1er conſul de M., *b.* 389, *b.* 456, *b.* 463.
Laſſeur (Gilles le), général des aydes, *b.* 405.
Laterofa, XXXIV.
Lates, ſon château ſous les Romains, XI, 110, — réjouiſſances en l'honneur de Jacques d'Aragon, 133, — cité, 254, 418, 471, *b.* 358, *b.* 477, *b.* 495, *b.* 394, *b.* 536, *b.* 538, — (château de), ſa démolition entière pour la conſtruction du canal, *b.* 401, — cité, 158, 226, — (étang de), XII, — faubourg de M., établiſſement des coches, *b.* 293, — port de, 22, 329, — porte de, à Montpellier, 6, 161, — ſa réparation, 336, *b.* 71, *b.* 340, — ſeigneurie de, 154, — la tour de, 42.
Latillaye (Jean de), garde du ſceau, 316.
Latran, 3e concile, le pape y prêche la croiſade contre les Albigeois, 104, — cité, 120, 378, (palais des), 80.

La Treille (Girard de), *b.* 348.
Lauger, évêque, 39.
Laugère (de), voy. *Lafare.*
Lauragais (le), 137, 500.
Lauraguel, pris par Montmorency, *b.* 7, — cité, *b.* 11.
Laurens (André du), profeffeur de botanique à M., *b.* 29.
Laurentii (Gomez), gouverneur de M., *b.* 378,
Laurez (Claude-Jofeph, confeiller, *b.* 427, *b.* 434,—(Edmond), correcteur, *b.* 427, *b.* 435, *b.* 437.
Laurière (de), avocat au parlement, 143.
Laurilla (Philippe de), recteur, *b.* 362.
Lauriol (de), *b.* 182, *b.* 183, *b.* 205, *b.* 228, — (Antoine de), confeiller, *b.* 425, *b.* 428, — Viffec (Jean-Fr. de), confeiller, *b.* 181, *b.* 434.
Laufelergues (Guillaume de), officier de la cour des aides, *b.* 409, — (Jean de), 1er conful de M., 410, 446, 478, *b.* 389, *b.* 410, — (Louis de), maître des comptes, *b.* 415, *b.* 417, — (Philippe de), officier de la cour des aides, 361, 373, 382, *b.* 409.
Lauffel (Antoine), confeiller à la cour des comptes, *b.* 437, *b.* 440, — (Jacques), lieutenant des eaux et forêts, *b.* 467.
Lautier (Jacques), conful de M., 486, — (Pierre), conful, 226.
Lautrec (camp de), grande pefte, 401.
Lautrec, frère d'André de Foix, reperd la Navarre, 385.
Lauze (feigneur de la), voy. *Fargeon,* — voy. *Volhe.*
Lauzière, *b.* 235, — (Pons de), maréchal de Théminet, *b.* 14.
Lavagnac (Albert de), *b.* 371, — (feigneur de), voy. *Mirmand.*
Laval, b. 407.
Laval (Jean), confeiller honoraire au préfidial, *b.* 465, — Boiffet, (Hélie de), miniftre d'Aigues-Mortes, 430,—de Montferrand, *b.* 361.
La Vallée (Gabriel de), fénéchal, *b.* 380.

Lavalette-Planque, mort à Leucate, *b.* 120.
Lavaur, pris fur les Albigeois, 108, — foulèvement des religionnaires, 460, — (concile de), 112, — (évêque de), *b.* 275.
Lavedan (vicomte de), 493.
Lavenet, *b.* 343.
La Vergne (Polydore-Jean de), 1er conful de M.. *b.* 392.
La Vérune, 171, 237, *b.* 60, *b.* 67, *b.* 235, *b.* 249, *b.* 255, *b.* 361, *b.* 386, — (château de), la reine-mère s'y arrête, 496.
La Vérune (de), préfident, *b.* 135, — (Pierre de), 50, — (feigneur de), voy. *Galières,* — voy. *Pelet.*
Laviac (feigneur de), fénéchal d'Auvergne, 301.
Law, *b.* 310.
Laye (Gabriel de), *b.* 407.
Le Bas (Jean), confeiller au préfidial, *b.* 456, — cité, *b.* 463, 440, 446.
Leberon (marquis de), voy. *Gelas, b.* 116.
Le Blanc, fon *Traité des Monoyes,* — cité, *b.* 123, *b.* 368, *b.* 440.
Lebret, maréchal de camp, *b.* 167.
Lecamus (Nicolas), intendant de l'armée, *b.* 116.
Le Clair (madame), *b.* 83.
Le Clerc (Guillaume), 446, — (Jean), greffier, 361, 382, *b.* 413, — (Paul), 446.
Le Comte (Thierry), gouverneur de M., *b.* 377.
Lecques, *b.* 14.
Leczinfka (Marie), fon mariage avec Louis XV, *b.* 331.
Ledum (flumen), voy. *Lez.*
Lefèvre (Aubert), receveur des finances, 298, — de Caumartin (Louis), nommé garde des fceaux au camp de M., *b.* 75.
Leganez (marquis de), vice-roi de Milan, *b.* 235.
Legaffieu (porte du), *b,* 341.
Legendre, intendant de Guiène, *b.* 266.
Leitoure, b. 113.
Lelong (le P.), 111.
Le Mazuyer (Gilles), 1er préfident au parlement de Touloufe, *b.* 43.

Le Mercier (P.-A.), fyndic de la chambre de la librairie à Paris. Signe l'enregiftrement du privilège de l'*Hiftoire de Montpellier* en tête du 1er volume.
Le Moine, *les Femmes fortes, b.* 9.
Léobal, bleffé au fiége de M., *b.* 74.
Léon, ville d'Efpagne, xxxix.
Léon (prince de), *b.* 290, — voy. *Rohan,* — X, alliance avec l'empereur Maximilien & les Suiffes, 382, — (Pierre de), 36.
Léopold (archiduc), *b.* 145, — empereur, *b.* 266.
Léovigilde, maître de toute la monarchie des Goths, xxv.
Lèques (de), 397.
Leran (baron de), *b.* 112, — (de) fils, *b.* 114.
Lerida, pris par le duc d'Orléans, *b.* 275,—cité, 180, 200, *b.* 141, — (concile de), 144, — (facriftain de), voy. *Roch.*
Lefcun, frère de Lautrec, rend Crémone à Profper Colomne, 386.
Lefcure (Henry de), confeiller au préfidial, *b.* 464.
Lefdiguières (de), gouverneur du Dauphiné, *b.* 6, — nommé connétable de France, *b.* 63, — cité, *b.* 10, *b.* 41, *b.* 46, *b.* 416.
Léfignan, b. 64.
Lefpine (Jean de), confeiller, *b.* 424, *b.* 425, *b.* 428, *b.* 432, *b.* 435.
Lefterie (Arnaud de), 274, — (Marguerite de), fille du fénéchal de Rouergue, 274, — (Pierre de), 274, — (Renaud de), 274.
Leucate, défaite du comte de Serbellon, *b.* 120, — cité, 137, 204, 370, 395, *b.* 8, *b.* 399, *b.* 468, *b.* 469, — (château de), *b.* 18.
Leufe, bataille où de Toiras fut tué, *b.* 267.
Leuze (Pierre de), 1er conful de M., *b.* 388.
Leuzière (Jean de), gouverneur de M., *b.* 378.
Leveze (Arnaud de), archevêque . de Narbonne, 41.

Lévis (maréchal de), 221, — (Gaston de), 184.

Lévy (Anne de), duc de Ventadour, *b*. 8, — (Henri de), duc de Ventadour, *b*. 91, — (marquis de), voy. *La Croix (de)*.

Leynadier (Jean), greffier, *b*. 421.

Leytoure (Lectoure), 345, — voy. *Leitoure*.

Lez (le), rivière près de M., XI, 32, *b*. 70, *b*. 173.

Lezi (le Lez), *b*. 537.

Lezignan, passe pour être l'ancienne Lévia, XXII.

Lezigny (seigneur de), voy. *Pierrevive*.

L'Hôpital (chancelier de), 459.

Libel (Jean), maître des comptes, *b*. 415.

Liboirac (seigneur de), voy. *Gayon*.

Licaonie (la), 16.

Licas (Pierre de), 11.

Liégeois (les), bataille gagnée sur eux par le duc de Bourgogne, 297, — leur révolte, 343.

Ligerim, voy. *Loire*.

Lignan (Bernard de), 96.

Lignères-Lamorax (Jean de), 256.

Ligny (le comte de), 364.

Lille, assiégée, *b*. 276.

Limars, capitaine, mort au siége de Sommières, 476.

Limoges, ruiné par Eorix, XXII, — retraite de Monsieur, *b*. 148, — cité, 320.

Limousin (le), 234.

Limoux, passage de Charles VI, 287.

Limoux (seigr de), voy. *Ponchier*.

Limozin (Fulcrand), conseiller du roi, *b*. 440.

Lingonier (Abel de), conseiller du roi, *b*. 440, — (Antoine de), conseiller du roi, *b*. 440, — (Gabriel de), conseiller du roi, *b*. 440. — (Jacques de), conseiller du roi, *b*. 440.

Lironde, affluent du Lez, *b*. 287, *b*. 384.

Lirou, montagne près d'Alais, *b*. 281.

Liuva, roi des Visigoths, choisit Narbonne pour son séjour, XXV, XXVI.

Livia, Sidoine Apolinaire y est envoyé en exil, XXII, — citée, 203.

Lizieux (évêque de), voy. *Hommet*, 109.

Lobes (Etienne), *b*. 395.

Lobet (Pierre), syndic de Montpellier, 98.

Loches (château de), 362, *b*. 45.

Lodève, cédé aux Visigoths, XXIV, — Montmorency y rassemble des troupes, *b*. 58, — cité, 477, *b*. 204, *b*. 212, *b*. 448, *b*. 466, — voy. *Alquier*, — (chanoine de), voy. *Bernard*, 131, — (évêque de), voy. *Raymond*.

Loge (la), son origine, 43.

Lognac, assassine le duc de Guise, 510.

Loire (la), Attila y est encore défait, XX, 313.

Lomagne, *b*. 425.

Lombard (Claude), conseiller du roi, *b*. 440.

Lombardie (la), 15, *b*. 535.

Lombards, leur commerce avec M., 59.

Lombez (concile de), 104.

Londres, paix conclue entre la France & l'Angleterre, 380, — cité, 225, 229.

Longroy (Jean), 339.

Longue-Epée, comte de Boulogne, 35.

Longueville (comté de), 239, 246, *b*. 361.

Longueville (duc de), ses intrigues, *b*. 45, — cité, 379, 380, 420, *b*. 36.

Lordat (Arnaud de), 184, 199, — (Hugues de), 309.

Lorebose, *b*. 371.

Lorges (comte de), *b*. 216, — (seigneur de), père de Montgomery, 422.

Loris en Gâtinois, paix conclue par Raymond avec saint Louis, 135.

Lorme (Thomas de), trésorier de France, *b*. 445, *b*. 451.

Lorraine (le cardinal de), 426, — (duc de), paix avec Henri IV, *b*. 17, — (Antoine de), 396, — (Henry de), comte d'Harcourt,

b. 130, — (Marguerite de), épouse le duc d'Orléans, *b*. 114, — (René de), 323.

Loscazes (Ant.-Barth.), conseiller du roi, *b*. 440.

Lostau (Pierre de), bailli de M., *b*. 359.

Lothaire, roi, 7.

Loubert (Honorat), 1er consul de M., *b*. 388.

Loubière (Suzanne), *b*. 326,

Loudun, conférence, *b*. 41.

Loue (La), maréchal de camp, 471.

Louet (Louis Nogaret de), *b*. 167.

Louis II, roi de Sicile, arrivé à M., 295, — VIII, roi de France, 122, — IX, fils de Philippe-Auguste, visite le Languedoc, 120, — X, fils de Philippe-le-Bel, 164, — XI, comment il est représenté sur un tableau de l'Hôtel-de-Ville de Toulouse, 100, — cité, 330, *b*. 356, *b*. 400, *b*. 407, *b*. 439, *b*. 442, — XII, roi de France, 260, — sa maladie, 373, *b*. 356, *b*. 406, *b*. 442, — XIII, roi de France, son entrée à la Rochelle, *b*. 102, — crée la charge de sénéchal, *b*. 376, — établit une cour des aides à Montauban, *b*. 406, — cité, 219, *b*. 34, *b*. 375, *b*. 422, *b*. 446, *b*. 457, *b*. 468, *b*. 472, *b*. 543, — XIV, sa statue équestre, v, — gouverne seul l'Etat, *b*. 158, — pose sa statue à M., *b*. 227, 305, 306, — sa mort, *b*. 295, — cité, *b*. 27, *b*. 128, *b*. 401, *b*. 426, *b*. 458, *b*. 466, — XV, sa naissance, *b*. 281, — son mariage avec l'infante d'Espagne, *b*. 313, — cité, *b*. 484, — comte de Poitiers, 188, — dauphin, meurt à Meudon, *b*. 285, — duc d'Orléans, 360, — d'Amboise, évêque d'Albi, 362, — d'Anjou, sa lettre au cardinal d'Albane, 272, — de Bade, *b*. 253, — duc de Touraine, frère de Charles VII, 287, — fils de Charles le Boiteux, 168, — le Débonnaire, sa Constitution, XLV, — cité, *b*. 511, *b*. 513,

— le Gros, roi de France, 24, 34, — Innocent II implore fa protection, 36, — le Jeune, roi de France, 50, — le Hutin, fa mort, 172, roi de Naples, 283, — feigneur de Cruffol & de Florenfac, 340.

Louis-le-Grand (bibliothèque du collége), III.

Louife, fille ainée du roi, 383, mère de François Ier, traité de Cambrai, 389.

Louifet le Chaffeur, terme de mépris donné par Aymeric à Louis XIII, *b.* 66.

Loupian, paffage de Charles VI, 287, — pris par Damville, 488, — cité, 74, 462, voy. *Ermengaud*.

Louvet, 274.

Louviers, lettre d'amniftie de Charles VII, 326.

Louvois (de), *b.* 210.

Louvre (tour du), Pierre d'Aragon y eft enfermé, LVIII.

Loys, avocat, *b.* 534, — (Etienne), confeiller à la cour des comptes, *b.* 432, — (François), confeiller à la cour des comptes, *b.* 435, — (Hiérofme), correct, *b.* 433, — confeiller au préfidial, *b.* 464, — cité, *b.* 215, *b.* 245, *b.* 263, *b.* 316, *b.* 325, — (Jean), confeiller à la cour des comptes, *b.* 436, — confeiller au préfidial, *b.* 465, — (Noël), maître des eaux & forêts, *b.* 467.

Lucain, origine des Celtibériens, VIII.

Lucas-Tudenfis, hiftorien, XXXIX.

Luçon, 330, — (l'évêque de), *b.* 45.

Luitprand, roi des Lombards, XLIV.

Lulle (Raymond), 328.

Lunas, affiégé, *b.* 58.

Lunas (feigneur de), voy. *Viel*.

Lune (Pierre de), cardinal, puis pape, 267, 322.

Lunel, paffage de Charles VI, 284, paffage de François Ier, 390. — foumiffion au roi, *b.* 110, — fes murailles démolies, *b.* 112, — féjour du préfidial, *b.* 139, — cité, 295, 459, 487, *b.* 38,

b. 64, *b.* 134, *b.* 142, *b.* 318, *b.* 458, *b.* 459, *b.* 533, — (pont de), *b.* 185.

Lunel (feigneurs de), manufcrit les concernant, IV, — voy. *Gaucelin*, 48, — voy. *Pierre*, — *Viel*, voy. *Brémond*, — voy. *Tremolet*.

Lupus (le duc), ravage Béziers & s'enfuit à l'approche du roi Vamba, XXXIII.

Luquiffes frères, traitent avec les Efpagnols pour trahir la France, *b.* 27-28.

Luffan (de), tué au fiége de M., *b.* 73.

Luteba ou *Luteva*, VIII, XXXIV.

Luther (Martin), 423.

Luxembourg (le), 399.

Luxembourg (duc de), *b.* 36, *b.* 210, *b.* 214, — (Louis de), général des finances, *b.* 442, — (Marie Lieffe de), époufe de Henry de Levy, *b.* 91.

Luxen, plaine, 143.

Luynes (de), favori de Louis XIII, *b.* 45, — capitaine, 463.

Luzignan (frère Etienne de), fon *Hiftoire de Jérufalem & de Chypre*, 35.

Luzara, bataille gagnée par le roi d'Efpagne, 253.

Luzignan, défaite de l'armée des princes, *b.* 41, — citée, 327.

Luzignan (Ifabelle de), 134.

Lyon, tables d'airain confervées dans fon hôtel de ville, XVI, — pris par les Sarrazins, XLI, — y eft tenu un concile préfidé par Grégoire X, 142, — couronnement de Clément V, 165, — arrivée & féjour de Henri III, 483, — fe foumet au roi Henri IV, *b.* 16, — on y célèbre le mariage de Henri IV avec Marie de Médicis, *b.* 25, — établiffement d'une cour de monnaie, *b.* 374, — cité, xv, 356, 364, 369, *b.* 124, *b.* 365, *b.* 407, *b.* 416, *b.* 468, — (archevêque de), voy. *Gilbert*.

Lyonnais (le), 406, *b.* 41.

Lyonnaife (la), XV.

M

Maboul (Jacques de), évêque d'Alet, *b.* 320.

Mabre (Henri de), *b.* 149.

Macai, XXXIV.

Macé (Pierre), officier de la cour des aides, *b.* 409.

Macédoine (la), paffage des croifés, 15.

Machaut, (de), intendant, *b.* 99, *b.* 104.

Maclouin, roi d'Ecoffe, 51.

Mâcon, pris par les Sarrazins, XLI.

Madelaine (La), capitaine, 492.

Madeleine, mariée à Jacques Stuart, roi d'Ecoffe, 390 (note).

Madières, 46, *b.* 175.

Madrid (entrée du duc d'Anjou à), *b.* 245, — (révolution à), *b.* 273, — (château de), féjour de François Ier, 388. — cité, *b.* 310.

Madronet, 446, — (Etienne), confeiller au préfidial, *b.* 464, — (Pierre), confeiller au préfidial, *b.* 464.

Maderon, *b.* 105, — (François), *b.* 131, — (Henry), confeiller, *b.* 433, — (Pierre), audiencier, *b.* 424, *b.* 425, *b.* 429.

Maëftrick, affiégé & pris par Louis XIV, *b.* 170.

Magalas (baron de), furprend le Vigan, *b.* 10.

Magaloms (Maguelone), XXXIV.

Magalonenfium (*civitas*), VIII.

Magdus, fondateur de Maguelonne, IX.

Magni (Eftienne), 364, 367, — (Jean), 418.

Magnol (Antoine), confeiller honoraire au préfidial, *b.* 465.

Magoul (bois de), *b.* 514.

Maguelonne, fa démolition au VIIIe fiècle entraîne la conftruction de M., 1, — difcours préliminaire fur cette ville, VII, — cédée aux Vifigoths, XXIV, — furprife par le comte Paul, XXXI, — les Arabes y font leur

cités dans l'Histoire civile de Montpellier. 623

entrée, XLI, — cause de sa destruction par Charles-Martel, XLIII, — le domaine de Montpellier passe à son évêque, 4, — — citée, LVIII, 238, 273, b. 6, b. 394, b. 471, — (étang de), VII, XVIII, — (l'évêque de), 303, 371, b. 509, b. 511, b. 521.
Mahomet, fonde le mahométisme, XXXVIII, — cité, b. 369.
Maigret (François), 440, 446.
Mail (jeu de), b. 487.
Maillac, 505.
Maillard (Michel), général des finances, b. 442.
Maillebois (de), b. 293.
Maillezais, b. 84.
Mailly (Vict.-Augustin de), évêque de Lavaur, meurt à M., b. 288.
Maine (le), Henri IV s'en assure, b. 7, — (eaux de), b. 126.
Maine (comte du), 264, — gouverneur de Languedoc, 334, b. 338, — (de), lieutenant de roi, b. 232, — (duc du), père du prince de Dombes, b. 286, — cité, b. 210, b. 254, b. 291, — (L.-Auguste du), b. 184, — (Pierre de), b. 244, b. 329, b. 393, b. 473.
Mainfroy, roi de Sicile, 138, 148.
Maisonforte, b. 47.
Maisons (des), son Traité des Aydes, b. 404.
Maissende (Jacques), procureur à M., 197.
Majorien, empereur, XXI.
Malaripa (Pierre de), conseiller à la cour des aides, b. 407, — voy. Maluripa.
Maleuse (baron de), 344, — (marquis de), b. 61, b. 112.
Malbois-Caussonel (Pierre), conseiller du roi, b. 440.
Malepue (Guiraud), châtelain d'Aigues-Mortes, 273, 290, b. 355, b. 359.
Maleripe (Agnette de), 372, — (Pierre de), général des aides, 372.
Malesaigne (de), grand prévôt, b. 186, b. 341.
Malestang, médecin, LVII.

Malestar, 73.
Malevielle, 72.
Malfroment (Girard), bailli d'Evreux, 241.
Malherais (de), conseiller, 283.
Malherbe (seigneur de), voyez Fontanes.
Malhordy, b. 42.
Maligny, 431.
Mallasagne (Esprit), correcteur à la cour des comptes, b. 435.
Mallasagnel (J.-P.-Armand), correcteur à la cour des comptes, b. 435.
Malmesbury (Guillaume de), son Histoire des rois d'Angleterre, 21.
Mandajors (de), gentilhomme d'Alais, b. 336.
Mandellot (Jean), conseiller du roi, b. 440.
Mandronnet (arc de), b. 346, b. 360.
Mandronnet, b. 105.
Mandueil, b. 47.
Manduel, capitaine, 476.
Manduel, 477.
Manhania (Hugues de la), évêque de Ségovie, 277, 283, — (Jacques de la), consul de M., 205, 258, b. 355, b. 359.
Manheim, b. 203.
Manican (chevalier de), tué au siège de M., b. 74.
Manichéens (les), 103.
Manlius, battu par les Cimbres, Teutons, etc., x.
Manny (Bertrand), 1er consul de M., 440, 446, b. 278, b. 389, — (Etienne), 1er consul de M., b. 388, — (Jean de), 1er consul de M., b. 392, b. 393, b. 304, — capitaine du jeu de l'arc, b. 484, — (Pierre), 440.
Mans (le), 329, 362.
Manse (Jacques du), trésorier de France, b. 116, b. 449, b. 451, b. 462, — (Louis de), maître de M., b. 393, — trésorier de France, b. 453.
Mansfield, 469, — (baron de), b. 75.
Manso (Jacques de), archidiacre, 497, 490.
Mans, 259, 246, b. 361.
Mantoue (marquis de), voy. Gonzague, — (duc de), voy. Nevers.

Marast, b. 151.
Marca (de), historien cité, xiv, 136.
Marcel II, pape, sa mort, 419.
Marcha (N.), conseiller au présidial, b. 464.
Marche (le comté de la), 134, 297, — voy. Bourbon.
Marcillac, b. 88, b. 114, voyez Marsillac.
Marcin (comte de), b. 147, b. 254.
Marck (Pierre), trésorier du roi Sanche, 176.
Marcus Fonteius, gouverneur de la Narbonnaise, xv, — Popilius Lenas, consulaire, xv.
Mardochée, 59.
Mare (dom Vincenso de la), b. 126.
Marène (maison de), b. 350, — (de), b. 10.
Maretz (Arnaud de), b. 464.
Mareuil (Jean de), évêque d'Uzès, 339.
Marguerite, bâtarde de Charles-Quint, 396, — épouse du duc de Savoie, 396 (note), 421, — femme de Henri IV, 354, — fille de Maximilien, 354, — tante de Charles-Quint, 389, — d'Autriche, 354, — de Provence, son mariage avec saint Louis, 130.
Marguerites (château de), b. 47.
Mariana, son Histoire d'Espagne, VIII, 92.
Marie, femme de Raymond-Bernard, LVI, — fille de Charles, roi de Naples, 165, — fille de Guillaume Ristang, 53, — fille de Guillaume de M., 62, 68, — nièce d'Amaury, 99, — reine d'Angleterre, épouse Philippe, fils de Charles-Quint, 418, — sœur du roi d'Angleterre, épouse Louis XII, 380, — d'Autriche, épouse Louis XIII, b. 41, — de Bretagne, femme du duc d'Anjou, 243, 283, — de Luxembourg, 2e épouse de Charles le Bel, 176, — de Montpellier, rendue à tous ses biens en faveur du fils d'Agnès, 78, — citée, 2, b. 477, b. 492, b. 509, b. 516, b. 561, — (Prau-

çois), garde fcel, b. 456, b. 465, — Adélaïde de Savoie, fon mariage avec le duc de Bourgogne, b. 229, — fa mort, b. 286, — (Louife-Gabrielle), fille du duc de Savoie, b. 251, — Thérèfe d'Autriche, fon mariage avec Louis XIV, b. 158, — citée, b. 195.

Marien, gouverneur de Narbonne, prend le roi Crocus dans Arles, XVI.

Marignan, bataille gagnée par François Ier, 382, 383.

Marienbourg, cité 418.

Marigny (Jean de), évêque de Beauvais, 188, — (Pierre de), 298.

Marillac (de), b. 67, b. 104, — (Charles de), archevêque de Vienne, 429.

Marimont (Remy de), gouverneur de M., b. 379.

Marion (Hercule de), tréforier de France, b. 25, b. 451, — Milhes de), préfident des finances, b. 445, — intendant, b. 451.

Mariotte (de), préfident, b. 24, b. 222, — (Claude de), confeiller, b. 417, — (Gafpard de), 411, — (Henri de), correcteur des comptes, b. 417, b. 420, b. 425, — (Jacques-Philippe), préfident de la cour des comptes, b. 436, — (Jean de), fils d'Henry, préfident de la cour des comptes, b. 432, — (J.-Philippe de), préfident à la cour des comptes, b. 465.

Marius (conful), vainqueur des Cimbres & Teutons, X & XI.

Mark (Antoinette de la), 476, b. 8.

Marle (Arnaud de), 299.

Marly, b. 191.

Marmieffe, préfident, b. 151.

Marne (la), 310.

Maroc (le), b. 29.

Marojol (de), voy. *Arnaud*.

Marot (Clément), traduit les pfaumes, 424.

Marra, ville de la Paleftine, affiégée & prife par Raymond, 18.

Marran, nom donné aux Juifs venus d'Efpagne, b. 30.

Marron (Guill.), tréf. de France, b. 451, — (René), préfident de la cour des comptes, b. 418, b. 445, b. 450.

Marfac (François de), gouverneur de M., 353, b. 379.

Marfaille (la), victoire gagnée par Catinat fur le duc de Savoie, b. 218.

Marfand (Gaufferand de), 251.

Marfeillais (les), attirent les Romains dans les Gaules, IX.

Marfeille, pris par les Vifigoths, XXI, — repris fur les Sarrazins, XLIV, — mort de René de Provence, 347, — affiégée par Charles de Bourbon, 387, — mariage du duc d'Orléans avec Catherine de Médicis, 391, — fe défend contre Charles-Quint, 393, — féjour de Louis XIII, b. 83, — citée, IX, 127, 137, 237, 390, b. 27, b. 101, b. 157, b. 199, b. 241, b. 253, b. 311, b. 395, b. 400, — (frères prêcheurs des), 141, — voy. *Barral*, — voyez *Foulques*, — voyez *Gaufrid*.

Marfieu (chevalier de), b. 310.

Marfillac (de), gouverneur d'Auvergne, b. 14, b. 112, — voy. *Marcillac*.

Marfillan (Guillaume de), conful de M., 321.

Marfillian, 73.

Marfol (Bernard), procureur général, b. 413.

Martène (le P.), fes *Anecdotes*, 154, 162, 260.

Martial, origine des Celtibériens, VIII.

Martin (N.), greffier, b. 140, — IV, pape, excommunie Pierre d'Aragon, 149, — V, pape, 306, — (Jean), 411, 446.

Martinengues, 481.

Martini (Jean), Ier conful de M., b. 389.

Martinozzi (Marie), nièce de Mazarin, b. 150.

Martiny (Jean), auditeur des comptes, b. 415, b. 419, b. 425, b. 429, b. 433.

Martinzac (métairie de), 77.

Maruejols, pefte dans le Gévaudan, b. 312, — citée, 451, 506.

Maryé, 215 (note).

Marziac (Guichard de), recteur, 160, b. 362.

Mafcaloni (Maguelonne), 32.

Mafcaluns (Pierre), 24.

Mafcaregnas (d. Ignatio), ambaffadeur, b. 124.

Mafclary (Jean-Paul), tréforier de France, b. 452, — (Pierre), confeiller, b. 429, b. 432.

Mafculy (Jean), fecrétaire du duc de Berry, b. 356.

Mas de las Boffes, 351.

Mas-Saintes-Puelles, b. 63.

Maffane (île), ancien quartier de M., b. 86.

Maffane (de), confeiller, b. 58, b. 81, — (Antoine de), Ier conful de M., b. 390, — (Etienne de), confeiller à la cour des comptes, b. 434, — (Jean de), confeiller, b. 425, — (Louis de), fils de Jean, confeiller à la cour des comptes, b. 431, — (Philippe de), confeiller au préfidial, b. 465, — (Pierre de), Ier conful de M., b. 390, b. 411, b. 419.

Maffanet (château de), 155.

Maffargues, 2e fils du maréchal d'Ornano, b. 66.

Maffauve (Jacques de), tréforier de France, b. 452, b. 446, b. 449.

Maffia, tréforier de la Bourfe, b. 132, — (Guillaume), auditeur, b. 404, b. 425, b. 429, — tréforier de France, b. 446, b. 451.

Maffilian (Etienne), tréforier de France, b. 453, — (Gilbert), préfident du préfidial, b. 458, juge-mage, b. 461, b. 462, — (Jean), tréforier de France, b. 453, — (Paul-Antoine), confeiller au préfidial, b. 463, — Ier conful de M., b. 390.

Maffillargues, 235, 319, 481, b. 64, b. 104, b. 245, b. 459.

Maffureau (Jean), voy. *Maffilian*.

Mataplane (maifon de), 35.

Matelles (les), b. 61, b. 358, b. 361, b. 386, — (chemin des), 243.

Matfred, évêque de Béziers, 13.
Mathilde, fille de l'empereur de Conftantinople, 49, — fille de Marie de M., 80, 114, — fœur du duc de Bourgogne, 50.
Mathiis (Aifcelin de), bayle de M., *b.* 359, *b.* 367, *b.* 399.
Mathive, 66.
Matthœi (Bertrand), official), 157, — (Pierre), 446, *b.* 408.
Matignon (maréchal de), *b.* 18.
Matte, 1re verrerie à M., *b.* 263, — (Guillaume), 174.
Mauguet (Guillaume), miniftre de Nîmes, 425.
Mauguio (manufcrit d'un particulier de), IV, — cité, 440, *b.* 64, *b.* 469, — voy. *Melgueil.*
Maumiger, conful de M., 129.
Maupeau (de), 435, 473, — (François de), 1er diacre proteftant à M., 425, — (Michel de), tréforier de France, *b*, 450, — (Pierre de), 440.
Maupel (A.-Simon), tréforier de France, *b.* 453.
Maupeou (Michel de), général des finances, *b.* 444.
Maure (comte de), *b.* 249, *b.* 484.
Maureillan, 507, — (de), mort à Leucate, *b.* 120, — cité, *b.* 361, *b.* 386, — (feigneur de), voy. *Perdrier*, — voy. *Poitevin.*
Maurenti (Guillaume), 331.
Maures, nom donné par les Efpagnols aux Arabes venus de la Mauritanie, XL.
Maurice, duc, guerre avec Charles-Quint, 411.
Maurin, 365, — (J.), confeiller à la cour des comptes, *b.* 436.
Mauritanie tingitane, les Arabes s'en rendent maîtres, XXXIX.
Maury (Claude), confeiller, *b.* 427, *b.* 435.
Mauffac (J.-Philippe de), préfident, *b.* 25, *b.* 140, *b.* 420, *b.* 424.
Maxime, empereur, XXI.
Maximilien, empereur & roi des Romains, 353, — ligué avec Jules II, 376, — fa mort, 385, — cité, 363, — d'Autriche, 346.

Mayence, *b.* 207.
Mayenne (le duc de), général de la ligue, 510, *b.* 6, — cité, 506, *b.* 36.
Mayne (comte du), voy. *Charles d'Anjou,* — Chambaud (Le), ingénieur, *b.* 75.
Mayorque, expédition de Guillaume de Montpellier dans cette île, 27, — mort de Jacques II, 167, — Pierre d'Aragon s'en empare, 194, — (royaume de), conquis fur les Maures par Jacques d'Aragon, 144, — cité, 294, *b.* 373, — (îles), 139, — (roi de), 127, *b.* 535, *b.* 549, — (rois de), 1, *b.* 493.
Mazade (jardin de), *b.* 342.
Mazade, conful de mer, *b.* 153, — (Etienne), confeiller du roi, *b.* 440, — (Etienne-Laurent), 2e avocat général, *b.* 438.
Mazarin, s'élève au miniftère, *b.* 128, — cité, *b.* 125, *b.* 144, *b.* 155.
Mazars (Michel), confeiller à la cour des comptes, *b.* 437.
Mazaurigue (Jeanne), *b.* 325, *b.* 326.
Mazerand (Joachim de), 1er conful de M., *b.* 390, *b.* 449.
Mazères (château de), 28, — (conférence de), 497.
Mazis (Jehan), 366, — (Nicholas), 366.
Meaupou (de), fon mariage avec Mlle de Courfon, *b.* 286.
Meaux, affiégé & pris par les Anglais, 310, — cité, 402, — (monfeigneur de), 103.
Medant (Pierre de), procureur du roi, 159.
Medavy (maréchal de), *b.* 274.
Médicis (François de), duc de Florence, *b.* 23, — (Jean de), élu pape fous le nom de Léon X, — (Laurent de), père de Catherine, 391 (note), — (Marie de), recherchée par Henri IV, *b.* 23, — (les), 383.
Médine, les Arabes y proclament Mahomet prophète & roi, XXXVIII.
Méditerranée, les Arabes la par-

courent, XXXIX, — citée, VII, *b.* 164, *b.* 469.
Médoc (bataillons de), *b.* 292.
Mehemet-Effendi à Maguelone, *b.* 311.
Meirac (Jean de), garde du petit fceau, *b.* 367.
Meirieux, préfident du cercle proteftant, *b.* 54.
Meironet, confeiller à Aix, *b.* 182.
Meiffende (Jacques de), docteur, *b.* 356, — (Jean de), différend avec les confuls de M., *b.* 378.
Meiffendis (Jean), *b.* 383.
Méjean (Jean), garde-fcel, *b.* 464.
Melay (baron de), *b.* 92, *b.* 94.
Melgueil, fes mines d'argent, XIII, — les comtes de Maguelonne, établis à Subftantion, y transportent leur réfidence, LIV, — acte paffé par Marie de M. en faveur des confuls de M., 101, finode tenu en 1619, *b.* 45, — cité, 469, 471, 504, *b.* 368, *b.* 521, *b.* 538, — (comté de), confifqué au profit du faint fiége, LVIII, *b.* 522, — (comtes de), manufcrit les concernant, IV, — cités, 7, *b.* 522, — voy. *Raymond*, fils de Faidite, — (monnaie de), 159, — voy. *Mauguio.*
Melleraye (de la), *b.* 124.
Melon (Guillaume), confeiller du roi, *b.* 440, *b.* 215.
Melun, 296, 309.
Memphis, prife par les Arabes, XXXVIII.
Ménard (J.), auditeur à la cour des comptes, *b.* 438.
Ménardeau, maître des requêtes, *b.* 19.
Mende, ruinée par Eorix, XXII, *b.* 10, *b.* 318, *b.* 365, *b.* 448, *b.* 466, — (églife de), XVI.
Mengaud (Cypr.), confeiller à la cour des comptes, *b.* 437.
Meneftou, 329.
Menin (N.), docteur de Sorbonne, 437, *b.* 154.
Mer (Jean de la), confeiller, *b.* 20.
Mercer (Mathieu), vice-amiral, 210.
Mercœur (duc de), *b.* 21.
Mercy (couvent de la), fon établif-

fement, 121, — cité, b. 343, 144.
Merdanfon, ruiffeau de M., 461, — b. 70, b. 307, b. 358.
Merinville (comte de), b. 158, — (marquis de), b. 152.
Merle (Mathieu), furprend Mende, 498.
Mermet-Mutin, greffier en chef, b. 413.
Méroüée, chef des Francs, xx.
Mérovée, voy. *Méroüée.*
Mer-Rouge, xxxviii.
Merveil (Charles de), ambaffadeur auprès de François Sforce, 392.
Merven (Jacques), 1er conful de M., 352, b. 388, — (Jean), 361.
Meflé, b. 84.
Mefnier (François), 352, — officier de la cour des aides, b. 409.
Mefoa (Pons de), 43.
Méfopotamie, conquife par les Arabes, xxxviii, — Baudouin y fonde une principauté, 16, — citée, 19.
Meffiac (Renaud de), viguier de Béziers, 159.
Meffius Sulla, inscription romaine, xlviii.
Metz, ruinée par les Huns, xx, — Henri II s'en empare, 411, — cité, 323, b. 455.
Meulan, 230, 246, b. 361.
Meun-fur-Yeurre, mort de Charles VII, 332.
Meux (de), capitaine, b. 87.
Mex, détruit par un tremblement de terre, 315.
Meyffende (Jacques), profeffeur ès lois, 248, 250, — voy. *Meiffende.*
Mèze, 238, b. 471.
Mezer (Bernard de), 374.
Mézeray, hiftorien cité, 294, 323, 415, 428, b. 16.
Mézières, noces de Charles IX avec Elifabeth d'Autriche, 473.
Mezouls, 66.
Mialhe, b. 269.
Michel (Jean), confeiller du roi, b. 440, — (Nicolas), greffier, b. 20.
Migé, four, 185.
Milan, 378, 402, b. 69, b. 235,

b. 240, — (duché de), 382, — (duc de), 237.
Milanais (le), 359, 377.
Milhau, alliance des politiques avec les proteftants, 484, 135, — cité, 137, 466, b. 85.
Milhau (Jean), confeiller au préfidial, b. 465, — voy. *Bernard-Geoffroy.*
Mille, en Ninervois, b. 14.
Millia, xxxiv.
Milon, docteur, 105.
Minerbe ou *Minerve* (château de), 108, 500.
Minorettes (les), b. 362.
Miolens (monfeigneur de), 366 (note).
Mirabel, b. 98, — (feigneur de), voy. *La Voulte.*
Miramont (Remy de), 334.
Mirandole (la), fa reddition, b. 266, — citée, 378.
Miraumont, b. 441.
Miremond (Charles-Léonard de), avocat général, b. 420, — (Remy de), gouverneur de M., 338, 339.
Mirepeiffet, 505.
Mirepoix (marquis de), b. 19. — (feigneur de), 191, 222, — vicomte de), b. 8, — maréchal de), voy. *Lévis* (de).
Mireval, b. 471.
Mirevaux ou *Mireval,* 28, — aventure qui donne naiffance au jeu du chevalet, 99 & fuiv., — cité, 237, 440, b. 101, b. 358, b. 477.
Mirla, xxxiv.
Mirmand (Charles de), tréforier de France, b. 452, — (François de), préfident, b. 140, b. 160, b. 178, b. 432, — juge-mage, 462, b. 461, — (Jean de), tréforier de France, b. 446, b. 449, b. 451, b. 452.
Miron (Robert), préfident aux requêtes, b. 116.
Mifemond, remet à Pépin plufieurs villes de Languedoc, li.
Modène, rendue au duc de Ferrare, 383.
Moine (le), voy. *Ramire.*
Moiffet (Pierre), conful de M., 488.

Molé, confeiller au parlement de Paris, 473.
Molières, affemblée des religionnaires, b. 303.
Molines, 42.
Monaco, 209, b. 278, b. 291.
Moncada (don Guillem de), 128, — (Pedro de), amiral, 192, 209.
Moncaffin (de), 444.
Monceaux, b. 424.
Moncereau (maifon de), b. 427.
Monclaret, voy. *Aimery.*
Monçon (château de), 118, 127.
Moncontour (bataille de), 469.
Mondragon - lez - Avignon, 430 (note).
Moneins (Triftan de), 406.
Mongifcard, paffage de Charles VI, 287, — cité, 223.
Monjori, 505.
Monlaur (Jean de), prieur de St-Firmin, 171.
Monoye (chemin de la), xiv.
Monoyes (hôtel des), transféré à Montpellieret par Philippe le Bel, 162.
Monfieur, confpiration contre Richelieu, b. 108.
Monfpelium, Monfpellerius, Monfpeffulanus, Monfpeftellarius, Mons-Puellarum (Montpellier), v, voy. *Montpellier.*
Monfrufus, xxxiv.
Monftreuil, 395.
Montade (maifon de), b. 349.
Montagnac, pris par M. de Joyeufe, 448, — cité, 440, 497, b. 53, b. 106.
Montagnac (Bernard de), conful de M., b. 398, — (Pierre-Bernard de), 13.
Montagne (de), b. 408, — (Jacques de), avocat, 439, 446, — préfident de la cour des aides, b. 411, — avocat général, b. 412, — chancelier, b. 439.
Montagut (de), b. 535, — (Charles de Combes de), capitaine du jeu de l'arc, b. 484, b. 485.
Montaigne, b. 213, — confeiller au préfidial, b. 461, b. 464, — (Jean de), confeiller, b. 462, b. 464.

cités dans l'Histoire civile de Montpellier. 627

Montaise (Guillaume de), *b.* 404.
Montalba en Piémont, *b.* 266.
Montalban (comte de), 138, — voy. *Aglan.*
Montana, XXXIV.
Montanègre (marquis de), *b.* 180, *b.* 184, *b.* 225.
Montaner, historien, éloge qu'il fait des consuls de M., *b.* 381, — cité, 102.
Montanier (J.-Etienne), conseiller du roi, *b.* 440.
Montaragon (abbé de), voy. *Fernand.*
Montarnaud, 40, 147, 185, 216, — (château de), 24, 72.
Montarnaud, volontaire, *b.* 120.
Montataire (de), tué au siége de Pouzoles, 488.
Montauban, ville de sûreté, 472, — assiégé par Louis XIII, *b.* 47, — démolition de ses murailles, *b.* 106, — cité, 181, 255, 320, 323, 351, 466, 496, *b.* 406, *b.* 425.
Montauberon, voy. *Gaucelin.*
Montaud (Guillaume), ministre de Montbazin, 444.
Montbazen, 148, 185, — voyez *Montbazin.*
Montbazin, 440, — (château de), son acquisition par Guillaume de Montpellier, 24, — cité, 72, — (châtellenie de), 28, — voy. *Roslang.*
Montbel (François), greffier en chef, *b.* 413.
Montbéliard (Pierre), 77.
Montberon, fils de Montmorency, 420.
Montbrun (de), tué au siége de M., *b.* 72.
Montçauffen, *b.* 170.
Montchal (Jacques de), garde du petit sceau, *b.* 367, — (Pierre de), trésorier de France, *b.* 451, — (Timothée de), trésorier de France, *b.* 451.
Montcla (vicomte de), 463.
Montclar (seigr de), voy. *Adam.*
Montclus (baron de), voy. *Vivet.*
Mont-de-Marsan, pris par Louis XIII, *b.* 63.
Montdezert, 79.

Montdragon (Pons de), 53.
Monteil (Aymar de), 1re croisade, 14, *b.* 131.
Monteillet (seigneur de), voyez *Auteville.*
Montejan, 393.
Montélimar, 467, *b.* 124, *b.* 193.
Montels, château, 42, 454.
Montendieu (Etienne de), 321.
Montereau, 309.
Montereau-Faut-Yonne, 307.
Montespan (de), *b.* 75.
Montfaucon, auteur cité, XLVI, — (de), *b.* 408, — (Barthélemy), 1er consul de M., *b.* 388, — (Jacques de), 1er consul de M., *b.* 389, — officier de la cour des aides, *b.* 410, — conseiller au présidial, *b.* 456, *b.* 463, — (Jeanne de), épouse de Louis de la Croix, 366 (note), — (seigneur de), voy. *Rolland.*
Montferrand, 73, 274, *b.* 61, — (château de), 37, 38, 480, — (châtellenie de), 44.
Montferrat (le comte de), 233, — (comtesse de), *b.* 388, — (marquise de), voy. *Isabelle.*
Montferrier, 24, 147, 148, 471, *b.* 45, *b.* 82, *b.* 358, — (château de), 48, — (les consei- gneurs de), 32, 138.
Montferrier (Bermond de), lieu- tenant de Jacques III, *b.* 377, — (seigneur de), voy. *David*, — voy. *Duvidal.*
Montfort (Simon de), prise & mas- sacre de Béziers, 107, — tué sous les murs de Toulouse, 122.
Montfrin (seigneur de), 225.
Montgiron (de), 481.
Montgommery, mort de Henri II, 422.
Monthaut, 213.
Monthléry, bataille, 334.
Montiel, combat où est pris le roi Pierre le Cruel, 142.
Montils-lez-Tours, 327, 349, 374.
Montjouvent (baron de), voyez *Croix (de la).*
Montlaur, pris & rasé, *b.* 59.
Montlaur, président de la cour des comptes, *b.* 418, — (Bernard de), 13, — (François de), *b.* 37,

— 1er consul de M., *b.* 391, — (Hector de), recteur, *b.* 362, — (Jean de), évêque de Mague- lonne, 130, — (Pierre de), 96, *b.* 356, — (Pons de), 13, 39, 50, *b.* 535, — de Murles (Fr. de), gouverneur de M., *b.* 379, — (maison de), *b.* 307, *b.* 348, (seigneur de), voy. *Bousquet*, — voy. *Pons.*
Montluc (Jean de), évêque de Valence, 429, 433, 495.
Montmel (seigneur de), voyez *Teinturier.*
Montmélian, pris par Henri IV, *b.* 24, — pris par Catinat, *b.* 213, — sa capitulation, *b.* 267, — cité, *b.* 210.
Montmorenci (Henri de), conné- table, sources de son histoire, IV, voy. *Montmorency.*
Montmorenciette (sic), Montmoren- ciette, fort de Cette, *b.* 52.
Montmorenciette, démoli par ordre de Louis XIII, *b.* 112.
Montmorency, gouverneur de Lan- guedoc, *b.* 6, — dans le Bas- Languedoc, *b.* 102, — (duc de), son exécution, *b.* 113, — (de), passe à M., *b.* 309, — ôte à M. le consulat mi-partie, *b.* 382, — cité, 389, — (le connétable de), 396, — (le duc de), 500, *b.* 85, *b.* 91, *b.* 98, *b.* 169, *b.* 427, — (de), colonel de Tou- raine, *b.* 332, — (chevalier de), fils naturel du connétable, *b.* 28, — (Anne de), 390 (note), 426, — président-né de la cour des aides, *b.* 409, *b.* 410, — (Char- lotte de), *b.* 8, — (François de), sa mort, 496, — (Henry de), seigneur d'Ampville, 455, — fils du connétable, *b.* 22, — (Mar- guerite de), *b.* 8, — (Marie de), fille naturelle du connétable, *b.* 114 (note).
Montolieu (Pierre), 273.
Montmouth (duc de), *b.* 192.
Montoison, *b.* 14.
Montpeiroux (de), 476, — voyez *Berenger.*
Mont-Pelerin, en Syrie, Raymond de Toulouse y finit ses jours, 21.

Montpellier, son origine, XLIV, — fondé par les habitants de Maguelonne ruinée & par les Visigoths chassés d'Espagne, 3, — assemblée des ministres protestants, b. 21, — (conférence de), 152, — (concile de), 119, 123, — (seigneurie de), vendue par Jacques III à Philippe de Valois, 211, — (confuls de), Jacques d'Aragon les prend sous sa protection, 121, — (gouverneur de), voyez *Croix (de la)*, — (église de), 11, — (la tour de), 42.
Montpellier (Guillaume de), voy. *Guillaume*, — (Marie de), b. 509, — voy. *Marie*.
Montpellieret, opinion de Ranchin sur son origine, 4, — son étendue, 12, — Philippe le Bel en fait l'acquisition, 156 & suiv., — la cour des monnaies de Sommières y est transférée, b. 368, — cité, b. 500 (note), b. 509, — (porte de), b. 340.
Montpensier en Auvergne, 124.
Montpensier (de), 353, — (le duc de), 420, b. 23, — (Henry de), b. 22, — (Mlle de), son mariage avec le prince des Asturies, b. 313, — citée, b. 157, — (duchesse de), voy. *Marie de Bourbon*.
Montpessulan, nom donné à M. par le juif Rabbi, 59.
Montpezat, pris par Damville, 475.
Montpezat (de), maréchal, 399, — (baron de), tué à la prise de Massillargues, b. 64, — voyez *Trémolet*, — (marquis de), voy. *Bucelli*, — voy. *Desprez*.
Montpezat-lès-Sommières, 468.
Montréal, passage de Charles VI, 287, — cité, 223, 470, 501.
Montréal, maréchal de camp, b. 64, — (de), b. 67, — contrôleur de la monnaie, b. 374.
Montredon (château de), 1er siège du petit scel, b. 364.
Montredon (Eléazar de), 13, — (Guillaume de), 118, — voyez *Raymond*.
Montrevel (de), nommé gouverneur du Languedoc, b. 257, — cité, b. 259.
Monts, près d'Alais, b. 99.
Montségur (château de), pris sur les Albigeois, 135.
Mont-Tremblant, nom ancien de M., 59.
Montvaillant (Fredol de), conseiller en la cour de M., 382, — officier de la cour des aides, b. 409.
Montvert (pont de), b. 253.
Moran, intendant de Provence, b. 182, b. 202.
Morangers (de), b. 170.
Morat, défaite du duc de Bourgogne, 345.
Moreau (Marie), femme de Saint-Maurice, b. 331.
Moreri, collecteur du pape, 321.
Moresio (Michel de), 94.
Mores (terre des), 294.
Moret (comte de), b. 108.
Morezan (Michel), chanoine de Maguelonne, 69, 72.
Morèze (Michel de), prieur de Saint-Denis, 130.
Morgue (Fraïdette), 372, — (Guillaume), 374, — (Jehan), 372, — (Jacques), 1er consul de M., b. 388, — (Jean), 1er consul de M., b. 388.
Mori (Bertrand), huissier, 382.
Morichon, greffier en chef, b. 413.
Morin (Jean), lieutenant criminel, 423.
Morisques ou Grenadins, b. 30.
Mornas (Geoffroy de), 49.
Mornay (Pierre de), évêque d'Orléans, 153.
Mortare, 362.
Mortemar (comte de), b. 291, — (Mlle de), 216.
Mosson (la), rivière, 72, — voy. *Mousson (la)*.
Mote (La), 428.
Mote (la), b. 398.
Mothe (maréchal de la), b. 474, — Gondrin (la), 431, — Houdancour (Philippe de la), sa victoire en Catalogne, b. 125.
Moulceau, président, b. 181, b. 183, b. 274, — (Philippe), conseiller, b. 426, b. 431, — (maison de), b. 342.

Moulin (Denis du), b. 404, — (Pierre du), b. 404.
Moulines, près Lansargues, 38.
Moulins (ordonnance de), b. 550, — cité, 396, b. 365.
Mousa ou Moyse, soumet l'Espagne depuis Gibraltar jusqu'en Aragon, XL.
Mousseigne (sieur de), auditeur à la cour des comptes, b. 438.
Moussel (Henri du), 364.
Moussolens, pris par Montmorency, b. 7.
Moussolens, lieutenant de Joyeuse, b. 11, — (baron de), b. 112, — (dame de), b. 118.
Mousson (fief de la), 28.
Mousson (baron de la), 474, — voy. *Bucelli*.
Moustelon (Jean-Fr.), lieutenant particulier au présidial, b. 462.
Mouton, b. 341, — (Jacques), b. 269, — (Jean), conseiller du roi, b. 440, — (maison de), b. 124.
Mouvans (de), 467, — frères, 431.
Mudazon ou *Mudaison*, 243.
Mujolan, b. 386.
Mujoulan, b. 361.
Muntpestier ou Montpellier, b. 340.
Murat (le vicomte de), 306.
Murcie (maures de), 139, — (Jacques d'Aragon s'en rend maître, 140, — (royaume de), conquis sur les Maures par Jacques d'Aragon, 144.
Muredinė (Jacques de), 152.
Muret, bataille où périt Pierre d'Aragon, 112-113, — (château de), 79.
Murichon (Jean), greffier, 343, — général des aides, b. 405.
Murles, 161, b. 361, b. 386.
Murles (baron de), b. 97, b. 146, (seigneur de), 295, — (Pierre), consul de mer, b. 396, — (seigneur de), voy. *Montlaur*.
Murviel, XIV, XLIV, 72, b. 342, b. 361, b. 386, — voy. *Adémar*.
Muz, b. 199.
Myot, consul de M., 486, b. 215.

N

Nadal, 6, — (Jean de), seigneur de la Crouzette, 466.
Nadaud (de), voy. *Annebaut*.
Nages, défaite des camisards, *b*. 259.
Namur, pris par Catinat, *b*. 213, — (pays de), 418.
Nancy, 346.
Nangis (de), *b*. 313.
Nant (abbé de), voy. *Guillaume*, —(Pierre de), 34, — voy. *Pierre*.
Nantas (de), *b*. 77.
Nantes, 353, *b*. 91, — (chambre de justice de), *b*. 308, — (édit de), *b*. 21, *b*. 148, *b*. 168, — sa révocation, *b*. 196.
Naples, voyage de Charles VIII, 355, — cité, 165, 262, 359, 369, *b*. 240, — (royaume de), guerre entre les maisons de France et d'Aragon, 148, — cité, 261.
Narbo Decumanorum (Narbonne), XI.
Narbona (Narbonne), XXXIV.
Narbonnaise (la), VIII, XV.
Narbonne, délivrée par Aëtius, XIX, — déclarée colonie romaine, X, — cédée aux Visigoths, XXIV, — le comte Paul s'y fait nommer roi, XXXI, — épargnée par les Sarrazins, XLI, — assiégée par les Français, LI, — conférence relative aux affaires des Albigeois, 108, — passage de Charles VI, 287, — passage de François Ier, 390, — bloquée par Montmorency, *b*. 6, — arrestation de Cinq-Mars, *b*. 125, — citée, XI, XXII, 46, 137, 223, 359, 447, 506, *b*. 209, *b*. 223, *b*. 313, *b*. 336, *b*. 448, *b*. 468, *b*. 470, — (l'archevêque de), 104, — fait chevalier, *b*. 327, — (seigneur de), 28, — (vicomte de), tué à la bataille de Verneuil, 314, — cité, 191, 225, — (Claude de), baron de Faugères, 477, — voy. *Aimery*.
Nathan, fils de Zacharie, 59.

Nassau (le comte de), envahit la Picardie, 393.
Navailles, ses *Mémoires*, *b*. 175.
Navarre (la), réunie à la France, *b*. 46, — citée, *b*. 271.
Navarre (Pierre de), 287, 370, 379, — (le prince de), Henri IV, 459, — (roi de), *b*. 472, — voy. *Henri IV*.
Naves (de), *b*. 60, *b*. 62, *b*. 114.
Nazareth (l'archevêque de), 99.
Nébian (Pierre de), 51.
Néfiez (seigneur de), voy. *Sartre*.
Negrepelisse, forcée par le prince de Condé, *b*. 63.
Nemause (Pierre de), clerc, 410.
Nemausensium (civitas), VIII.
Nemausa (Nîmes), XXXIV.
Nemours (le duc de), empêche Henri IV d'entrer dans Paris, *b*. 7, — cité, 364, 369, 452, — (Pierre de), évêque, 109.
Nérac, pris par les troupes de Louis XIII, *b*. 47.
Néron, auteur cité, *b*. 456, *b*. 459.
Nervinde, en Brabant, victoire gagnée par le duc de Luxembourg, *b*. 218.
Néry, 162.
Nesle (le maréchal de), tué à Poitiers, 225.
Neubourg (duc de), *b*. 203.
Neubrigensis, historien, 56.
Nevers, 229.
Nevers (comte de), 107, — (duc de), nouveau duc de Mantoue, *b*. 102, — cité, *b*. 36, — (évêque de), voy. *Guillaume de St-Lazare*, 107.
Nèves (Etienne de), 366 (note),— (Margaride de), 366.
Nice, entrevue de François Ier avec Charles-Quint, 396, — le duc d'Orléans, aidé par Barberousse, en fait le siège, 401, — citée, 127, *b*. 211, *b*. 267, *b*. 395.
Nicée, tombe au pouvoir des croisés, 15.
Nicolas V, pape, 330, — (Albert), conseiller, *b*. 418, — (Blaise), correcteur, *b*. 424, *b*. 425, *b*. 429, — (Jehan), bailli de M., *b*. 359, *b*. 486.
Nicot (Jean), correcteur, *b*. 433.

Nigry (Henry-Joseph de), Ier consul de M., *b*. 393.
Nimègue, conférences pour la paix, *b*. 173.
Nîmes, ses monuments romains, XIII, — carnage de ses habitants par les troupes du roi Vamba, XXXI, — surpris par le comte Paul, XXXI, — passage de François Ier, 390, — sédition à propos du ministre Duserrier, *b*. 35, — arrivée de Montrevel, *b*. 257, — citée, 137, 150, 185, 439, *b*. 40, *b*. 48, *b*. 68, *b*. 77, *b*. 84, *b*. 85, *b*. 102, *b*. 149, *b*. 201, *b*. 212, *b*. 232, *b*. 251, *b*. 335, *b*. 398, *b*. 400, *b*. 422, *b*. 448, *b*. 455, — (sénéchal de), voy. *Rotland*, — (sénéchaussée de), actes la concernant, V, *b*. 466.
Niort (duc de), 320.
Niguer (François), conseiller d'état, *b*. 450.
Niffan, 500.
Nissole (jardin de), *b*. 477, — (Gazillan de), *b*. 698.
Niffole, juge-garde de la monnaie, *b*. 341, *b*. 374.
Noailles (de), Béziers lui ouvre ses portes, *b*. 111, — retour de Catalogne, *b*. 276, — délivre Cette des Anglais, *b*. 282, — cité, *b*. 188, *b*. 204, *b*. 247, *b*. 484, — (duchesse de), passe à M., *b*. 208, — (Anne-Jules, duc de), *b*. 184, — (Jean, seigneur de), 274.
Nodan (de), major de la cité de M., *b*. 474.
Noeillan (Mme de), *b*. 302.
Nogaillan, concierge des prisons du présidial, *b*. 42.
Nolasque (Pierre), gentilhomme, 121.
Nonenque (abbaye de), *b*. 221.
Normandie, Henri IV y attend les secours des Anglais, *b*. 6, — citée 224, 270, 313, 326, *b*. 35, *b*. 144, — (duc de), voy. *Charles*, — voy. *Jean de France*, — voy. *Robert*.
Nortlingue, victoire remportée par Condé, *b*. 140.
Nostradamus, historien, 42.

Notre-Dame, église de M., existait déjà du temps de Guillaume, fils d'Ermengarde, 12, — rendue aux catholiques, *b.* 25, — détruite par les religionnaires, *b.* 55, — *de Chartres*, sacre de Henri IV, *b.* 16, — *de Chaulet*, 224, — *de Corneillan* (prieur de), voy. *Arnaud*, — *des Bonnes-Nouvelles*, chapelle de M., 316, *b.* 344, — *des Tables*, son clocher foudroyé, 299, — *du Grau*, sépulture de Montmorency, *b.* 36, — *du Puy*, en Auvergne, entrevue du roi saint Louis avec Jacques d'Aragon, 136, — citée, 50.

Nouet (Romain), consul de M., 488.

Nouvelle (la), port, *b.* 8.

Nouvelle-France, *b.* 199.

Novarre, Français battus par les Suisses, 380, — citée, 362.

Noyers (de), secrétaire d'état, *b.* 124, — (Mme de), *b.* 251.

Noyon, en Picardie, patrie de Calvin, 423, — assiégé par Henri IV, *b.* 12, — pris par Henri IV, *b.* 17, — (traité de), 383, — (l'évêque de), 293, — voyez *Coquerel*.

Nuaillé, abbaye près de Poitiers, 224.

Nugaret (Etienne de), 37.

Numerianus (l'empereur), natif de Narbonne, xv.

Nuré, *b.* 163.

Nuys, *b.* 207.

Nusa, xxxiv.

O

Obilion, porte de M., *b.* 341.
Obilion (Pons d'), 34, — (les), ancienne famille de M., *b.* 341.
Octot, tué au siège de M., *b.* 72.
Odemart, *b.* 114.
Oderic de Boulogne, 115.
Odescalki, voy. *Innocent XI*.
Odoacre, empereur, xxi,
Ogero (Pierre de), licencié, 292.
Offemort (Hercule d'), *b.* 8.

Offemont, fils de Montmorency, *b.* 14, — (comte de), *b.* 22.
Oignon (seigneur d'), 491.
Olargues, 501.
Olargues (Pons de), 83.
Oleron, il y est conclu un traité, 152, — (île d'), *b.* 88, *b.* 238.
Oleti (villa), 259.
Olibrius, empereur, xxi.
Olimpiodore, cité, xviii.
Olive (Bernard), 339.
Olivier, vaudois, propage l'hérésie en Languedoc, 103, — ministre de M., *b.* 50, *b.* 209.
Olonzac, *b.* 14, *b.* 111.
Olric, chanoine, 70.
Omelas, 31, 110, 185, 188, 201, 353, 418, *b.* 561, — (château d'), son acquisition par Guillaume de M., 24, — cité, 72, — seigneurie réunie à Montpellier, 58,
Omelas (Guillaume d'), second fils de Guillaume de Montpellier, 31, — (Raimbaud d'), 49, — voy. *Arnaud*.
Opdam, général battu par de Bouflers, *b.* 258.
Oppa, archevêque, rend Tolède aux Sarrazins, xl.
Orange, repris sur les Sarrazins, xliv, — restituée au roi Guillaume, *b.* 234, — cité, xi, 330, *b.* 27, *b.* 157, *b.* 240, — (principauté d'), le prince de Conti en a l'investiture, *b.* 252.
Orange (maison d'), 58, — (prince d'), *b.* 203, *b.* 210, — (comte d'), voy. *Raimbaud*, — (évêque d'), voy. *Guillaume*, — (prince d'), voy. *Baux*.
Orangers (rue des), ancienne rue de M., *b.* 348.
Orb (l'), rivière, *b.* 64.
Or-de-Poitiers (abbaye de l'), *b.* 84.
Orgey (Léger d'), gouverneur de M., 240, 248, 261, *b.* 377.
Orgüeil (seigneur d'), fils du prince d'Orange, 306.
Orléanais (les), s'allient avec les Anglais, 300.
Orléans, assiégé par les Huns, xx, 452, — se soumet au roi Henri IV, *b.* 16, — cité, 402,

b. 365, — (états généraux d'), 431.
Orléans (duc de), lutte contre son frère Louis XIII, *b.* 108, — frère de Louis XIII, a la lieutenance générale, *b.* 127, — seul régent du royaume, *b.* 297, — meurt subitement, *b.* 327, — sa retraite à Chantilly, *b.* 333, — (Gaston d'), gouverneur de M., *b.* 473, — (duc d'), 350, — cité, 360, *b.* 143, *b.* 147, *b.* 152, *b.* 157, — (l'évêque d'), 113, — voy. *Mornay*, — voy. *Téodulfe*, — (la pucelle d'), 316.
Ornano (d'), maréchal, *b.* 66, — (maréchale d'), *b.* 148, — (Alphonse d'), colonel, 478.
Oronte, rivière, 16.
Oroze, historien cité, x, xix.
Ortez, 245, *b.* 44.
Ortholan (Jean), 1er consul de M., *b.* 389, — auditeur des comptes, *b.* 418.
Orthoman (Laurent d'), *b.* 151, *b.* 351, — (Nicolas d'), professeur, *b.* 351.
Orval (d'), 323.
Osma (évêque d'), voy. *Diego*.
Ossone (comté d'), 137.
Ossonne (duc d'), *b.* 44, *b.* 313.
Ostalric, *b.* 221.
Ostie, 94.
Ostrogoths, dits Goths d'Orient, xviii, — la Provence leur est cédée, xxiv.
Othon, empereur d'Allemagne, 108, — de Frizingue, cité, xviii, — voy. *Cornon*.
Ottoboni, cardinal, puis pape, *b.* 209.
Oudenarde, *b.* 154.
Oveillan, 505.

P

Pacius, *b.* 491.
Page, de Lunel, capitaine, 464.
Paget (Jacques de), conseilller, *b.* 424, *b.* 425, *b.* 429.
Pajot, intendant de Montauban, *b.* 332.

Palamos, b. 126, — (château de), b. 221.
Palaros (Arnaud de), 203.
Palatinat, envahi par nos troupes, b. 203, — cité, b. 216.
Palaudan (château de), 155.
Palavicin (Hubert), b. 396.
Paléologue (Michel), empereur des Grecs, 140.
Palestine (la), son commerce avec M., 59, — citée, 15, 19, — (seigneurs de la), 99.
Palice (La), 379.
Palissade, b. 342.
Pallas (Artal de), 203.
Palliez, 507.
Palomère, dans l'île Mayorque, 128.
Pamiers, 310, — (évêque de), voy. *Saisset*.
Pampelune, sa résistance, origine des jésuites, 385, — cité, 252, 258, 379.
Panat (de), b. 10, — de Castelpers (L.-Joseph de), épouse Elisabeth de Castries, b. 170.
Panisars, 155.
Paniscola, 139.
Panissa (Pierre de), président à la cour des aides, 407, 446, b. 409.
Papon, ses *Arrêts*, b. 520.
Parabère, capitaine, 496.
Paradis (Jean-Louis), conseiller honoraire au présidial, b. 465.
Parat (Daniel), brigadier général, b. 257.
Pardaillan, b. 145, — (Ségur de), 492.
Parent (Paul), maître des comptes, b. 415, b. 418.
Pariaut, 256.
Paris, mortalité sous Charles VI, 294, — entrée de Louis XI, 332, — Henri IV en force les fauxbourgs, b. 7, — cité, 249, 314, 352, 356, b. 357, b. 365, b. 422, b. 470,—(Mathieu de), historien, 107, — (archidiacre de), ingénieur, 108, — collège Louis-le-Grand, III, — (concile de), 123, — (évêque de), voy. *Nemours*, — (jésuites de), III, — (Parlement de), Philippe le Bel y cite le roi Sanche, 170, — cité, b. 520, b. 554.

Parisière (Jean de la), évêque de Nîmes, b. 299.
Parme, rendue à François Ier, 383, — cité, 141, — (états de), 407, — (duc de), envoie 4,000 hommes au duc de Mayenne, b. 7, — cité, b. 12.
Parra (de la), b. 260.
Part-Antique, 253, b. 358.
Part-Nouvelle, 253.
Pas (Jean), conseiller à la cour des comptes, b. 435, b. 440.
Pascal II, pape, suscite une croisade contre les Maures de Mayorque, 26-27, — (Arnaud), officier de la cour des aides, b. 410, — (Daniel), général des aides, b. 22, — 1er consul de M., b. 390, b. 411, — (Raymond), consul de Frontignan, 183.
Pas-Etroit, jeu de paume de M., b. 208.
Pas-Feuquières (Philibert-Charles de), évêque d'Agde, b. 299 (note).
Pasquier (Etienne), ses *Recherches*, 163, — cité, b. 441.
Passage (port du), en Espagne, b. 309.
Passau, traité, 412.
Pastourel, aide-major, b. 206.
Pasturel (Pierre), receveur des tailles, b. 400.
Pataria (Pierre), docteur ès lois, 302.
Patavia (Jean de), docteur ès lois, 311.
Patris, second consul, b. 96, — (Guillaume), conseiller au présidial, b. 464, — (Jean), doyen, b. 245, — conseiller au présidial, b. 464, — (Pierre), 418.
Pau, sa chancellerie érigée en parlement, b. 46, — Paul III, pape, b. 46, — IV, pape, 419, — (le comte), son infidélité à l'occasion des troubles de Nîmes, xxx, — (Louis), conseiller à la cour des comptes, b. 433, b. 434, b. 435, b. 437, — d'Aquilée, ce qu'il dit d'Honorius, xvii.
Paule (de), président, b. 25.

Paulet (Guillaume), conseiller au présidial, b. 464, — (Isabeau), b. 188, — (Pierre), auditeur, b. 55, b. 433, b. 438.
Paulette (La), b. 413.
Paulian, Guillaume avait engagé cette seigneurie pour subvenir aux frais du siège de Montpellier, 42, 110, 185, — (château de), 44, — (moulin de), 66.
Paulian (de), 446.
Paulin (de), 463, 493.
Paulo (Béranger de), gouverneur de M., b. 378.
Pavée (Abdias), 1er consul de M., b. 392, — (Bernard), conseiller, b. 417.
Pavie, François Ier prisonnier, 388, — citée, 55, 356, 362, b. 396.
Payen, ministre, 474, — (Adrien), maître des comptes, b. 415, b. 418, — (Denis), auditeur des comptes, b. 415, b. 419, — (Philippe), auditeur, b. 425.
Payens, voy. *Hugues*.
Pays-Bas (les), 346, 395, 474, b. 12, b. 148, b. 253, b. 332.
Pécais (les salines de), 485, b. 87, b. 301.
Pechconil, 228, b. 315.
Pedro (dom), fils de J. d'Aragon, reçoit en héritage les royaumes d'Aragon, de Valence et la Catalogne, 145.
Pegueiroles (Et.-Julien de), conseiller du roi, b. 440.
Peire (château de), b. 112.
Peire (Bernard), 24.
Peiresch, voy. *Gassendi*.
Peiret, consul de M., 129.
Peiron (porta del), Peirou : inscription gravée sur la porte, b. 293, — cité, 268, b. 71, b. 340, b. 341, — (leude du), 88.
Pelage, se réfugie dans les Asturies, xl, — frère de Raymond-Aimon, 69.
Pelagos, neveu de Gaucelin de Claret, 40, b. 535.
Pelet (seigneur de), gouverneur de M., b. 472, — (Bernard), comte de Melgueil, LVI, — (Bertrand), comte de Melgueil,

LVI, — (Jacques), feigneur de la Vérune, 437, — (Raymond), Ire croifade, 14.
Peletier de Souzy, directeur des fortifications, *b.* 271.
Pelets (les), le comté de Melgueil paffe dans cette maifon, LV.
Pélicier (Bernard), conful de M., 250, 321, — (Guillaume), évêque de Maguelonne, 367, 390, 430, — voy. *Peliffier.*
Peliffier (Charles), 1er conful de M., *b.* 392, — tréforier de France, *b.* 452, — (Etienne de), 1er conful de M., *b.* 392, — tréforier de France, *b.* 452, — (Guillaume de), évêque de M., 456, — (François), conful de mer, *b.* 396, — de Boirargues (Etienne), correcteur, *b.* 140, *b.* 424, *b.* 425, *b.* 429, — (J.-Dominique), 1er conful de M., *b.* 393.
Peliffon - Fontanier, confeiller, *b.* 426.
Pemiffon, pris par Danıville, 488.
Penautier, tréforier, *b.* 114, *b.* 170.
Penderia (Jean de), procureur général, *b.* 420.
Pennafort (Raymond de), 121.
Pépieux, 223, 505.
Pépin, fils de Charles - Martel, XLIV.
Peraud (Hugues), 166, — (feigneur de), gouverneur de M., 452, *b.* 114.
Perche (le), 311.
Percin (Hercule), auditeur, *b.* 433.
Perdigner (Jean), confeiller du roi, 264.
Perdrier (Barthélemy), procureur du roi, *b.* 463, — (Jean), procureur du roi, 437, 478, 480, *b.* 463.
Perdrix (Charles de), préfident de la cour des comptes, *b.* 434, — juge criminel, *b.* 459, *b.* 461, — avocat du roi, *b.* 463, — (Etienne-Gabriel), confeiller à la cour des comptes, *b.* 436, — (Gafpard de), juge criminel, *b.* 461, — avocat du roi, *b.* 463, — (Philippe), confeiller à la cour des comptes, *b.* 435.

Périac, pris par de Joyeufe, *b.* 10.
Périer (Antoine), receveur, 382.
Pérignan (baron de), voy. *Fleury.*
Périgord, b. 398, — (le cardinal de), 224.
Périgueux, ruiné par Eorix, XXII, pris par Abdérame, XLII.
Pérols, 243, *b.* 61, *b.* 200. *b.* 469, (étang de), VII.
Pérone, 343.
Perpignan, il y eft paffé un acte par lequel Jacques II fe déclare feudataire de la couronne d'Aragon, 148, — Pierre d'Aragon y fait fon entrée, 199, — tremblement de terre, 315, — acquis par Louis XI, 333, — fa révolte contre Louis XI, 345, — affiégé par Louis XIII, *b.* 125, — fe rend au maréchal de Schomberg, *b.* 126, — cité, 143, 151, 186, 245, 274, 399, *b.* 120, *b.* 157, *b.* 171, *b.* 204, *b.* 232, *b.* 258, *b.* 395, *b.* 524, *b.* 530.
Perrar (Pierre), confeiller à la cour des comptes. *b.* 435.
Perraud (feigneur de), gouverneur de M., *b.* 472.
Perfes (royaume des), conquis en partie par les Arabes, XXXVIII, — cité, 19, — (le foudan des), 17.
Péruze, 320.
Pefcaire (marquis de), 379.
Pefens, pris par Montmorency, *b.* 7.
Peffemeffe (Pierre), confeiller du roi, *b.* 440.
Peffon (Raymond), conful de Frontignan, 183.
Petit-Beaugé, 310.
Petite-Obfervance, *b.* 345.
Petitquin-Defchamps, *b.* 478.
Petot (Roch), 85.
Petra (Pierre de), confeiller à la cour des aides, 382, *b.* 407, *b.* 409.
Petronille, fille de Ramire, époufe Raymond Berenger, 40, — fille de Marie de M., 80, — mère d'Alphonfe, roi d'Aragon, 54, — veuve de Raymond Berenger, 55.
Petrono (de), *b.* 341.

Peynier (Pierre), 292.
Peyrat (Antoine), correcteur, *b.* 429.
Peyre (comte de), *b.* 225, — lieutenant général de la province, *b.* 310.
Peyrière (Raymond), conful, 321.
Peyron (Antoine), confeiller au préfidial, 465.
Peyronne, fille de Marie de M., 114.
Peytieux (Pierre-Durant), 1er conful de M., *b.* 393.
Pézenas, vifite du prince de Condé au duc de Montmorency, 499, — affemblée des principales villes de la province, *b.* 25, — les députés fe déclarent pour le duc d'Orléans, *b.* 108, — états de la province tenus par le marquis de Caftries, *b.* 170, — féjour du duc de Bervik, *b.* 233, — cité, 224, 440, *b.* 8, *b.* 22, *b.* 148, *b.* 256, *b.* 365, *b.* 449, *b.* 472.
Pezènes (Louis de), tréforier de France, *b.* 247, — (baron de), voy. *Beaulac.*
Phélypeaux, *b.* 135, — (J.-Antoine), évêque de Lodève, *b.* 221.
Philip (Jean), confeiller à la cour des comptes, *b.* 432.
Philippe, archiduc, 362, 369, — duc de Bourgogne, 284, — fils de Jacques II, 168, — fils de Jean le Bon, pris à Poitiers, 225, — fils aîné de faint Louis, 137, — frère de Charles de Navarre, 224, — oncle & tuteur de Jacques III, 180, — roi de France, LV, 14, — II, roi d'Efpagne, *b.* 20, — III, roi d'Efpagne, expulfion des juifs & des mahométans, *b.* 29, — IV, époufe Elifabeth de France, *b.* 41, — cité, *b.* 157, — fils de Philippe-le-Bel, 164, — V, roi d'Efpagne, *b.* 272, — Augufte, roi de France, 85, 105, 122, *b.* 441, — d'Autriche, fils de Charles-Quint, 407, — de France, duc d'Orléans, chef du confeil de régence, *b.* 295, — de Luxembourg, cardinal, 362,

— de Valois, roi de France, passe huit jours à M., 182, — sa mort, 219, — vente de M., *b.* 379, — cité, 162, 363, *b.* 361, *b.* 398, *b.* 493, *b.* 534, *b.* 545, — le Bel, acquisition de Montpelliéret, *b.* 359, — établit à M. la cour du petit scel, *b.* 363, — fixe à M. la chambre des comptes, *b.* 414, — cité, 6, *b.* 348, *b.* 373, *b.* 403, *b.* 545, — le Bon, duc de Bourgogne, 343, — le Hardi, réunit le Languedoc à la couronne, 126, — cité, 141, 149, *b.* 373, *b.* 376, — duc de Bourgogne, 291, — le Long, succède à Louis le Hutin, 172.

Philippy, sa préface de *Responsa Juris*, III, IV, — cité, 318, 331, 341, 500, *b.* 538, *b.* 557, — président, *b.* 104, *b.* 406, *b.* 491, — (Eustache), 1er consul, 408, *b.* 389, *b.* 409, — (Guillaume), procureur général, 446, *b.* 413, — (Jean), président de la cour des aides, 446, 455, *b.* 410, — (Louis), président de la cour des aides, *b.* 411, *b.* 424.

Philisbourg, pris par le duc d'Enghien, *b.* 129, — cité, *b.* 203.

Pibrac (Guy de), 506, *b.* 472.

Picardie, 380, 385, 387, 393, *b.* 7.

Pichot (Balthazar), officier de la cour des aides, *b.* 412, — conseiller, *b.* 425, — (Michel-Amé), conseiller à la cour des comptes, *b.* 431,

Piémont (le), 406.

Piennes (de), 353.

Pierre, abbé, 31, — archevêque d'Aix, 11, — archevêque de Vienne, 33, — comte de Melgueil, LV, — s'empare du droit de nommer à l'évêché de Maguelonne, 11, 12, — comte de Mortaing, 258, — duc de Bourbon, oncle de Charles VII, 287, 356, 359, — évêque d'Agde, signe un acte de confédération commerciale avec le seigneur de M., 70, — évêque de Ceute, 362, — fils de Brunesinde, conseigneur de Montferrier, 24, II.

— fils aîné de J. d'Aragon, épouse la fille du roi de Sicile, 138, — II, président-né de la cour des aides, *b.* 409, — II, roi d'Aragon, 2, — épouse Marie de M., 92, — cité, *b.* 492, *b.* 498 (note), — III, roi d'Aragon, reçoit l'hommage de Sanche, 171, — IV, évêque de Vence, 169, — fils d'Alphonse, 182, — vicomte, 16, — (André), évêque de Cambray, 221, — (Bernard de), consul de M., 321, — (Boniface), 130, — (Léon), 96, — (Raymond), chanoine, 69, — (Bernard), voy. *Montagnac*, — d'Alègre, 66, — d'Aragon, continue la guerre en faveur des Albigeois, LVIII, — cité, 39, *b.* 477, *b.* 490, *b.* 509, *b.* 516, *b.* 561, — d'Aubagne, 70, — de Bourges, notifie l'acquisition de Montpelliéret par Philippe le Bel, 160, — de Brozet, chanoine, 69, — de Castelnau, chanoine de Maguelonne, 69, — de Châteauneuf, chanoine, 69, — de Conchis, 77, — de Corbeil, archevêque, 107, — légat du pape en Languedoc, 96, — de Lunel, chanoine de Maguelonne, 69, — de Pignan, chanoine, 69, — de Saint-Grégoire, maître du Temple, 73, — du Puy, LV, — le Cruel, roi de Castille, 182, 237, — l'Hermite, prêche la croisade, 14.

Pierrebrune (G. de), 65.

Pierre-Encise, *b.* 273, — voyez *Cinq-Mars*.

Pierre-Pertuse, 137.

Pierre-Pertuze (Berenger), lieutenant de Sanche, *b.* 377.

Pierrerive (Charles de), trésorier de France, *b.* 443.

Pignan, 28, 40, 72, 185, 256, *b.* 142, *b.* 347, — (château de), 44, 48.

Pignan (Pierre de), rend hommage à Jacques II, 147, — voy. *Bernard*, — voy. *Bossavin*.

Pignerol, pris par Richelieu, *b.* 107, — cité, 395, *b.* 217.

Pignon, curé de Notre-Dame, *b.* 202, *b.* 223.

Pile-Saint-Gilles ou *Pila Saint-Gely*, fontaine de M., *b.* 350, — (porte de), à Montpellier, 6, 161, *b.* 340.

Pinard, secrétaire d'état, 497.

Pinel, consul de M., *b.* 129, — (Pierre), président de la cour des aides, *b.* 418.

Pio (princesse), *b.* 292.

Piombino (princesse de), *b.* 292.

Piquet (Honoré), médecin de Charles VIII, 354.

Pisans (la flotte des), 27, — (les), renouvellent leur traité de commerce avec M., 127, — le roi d'Aragon veut les chasser de la Sardaigne, 175.

Pise, traité de commerce avec les habitants de M., *b.* 376, — cité, 378, 390, *b.* 395.

Pissigiton (château de), 388.

Pithou, fait imprimer les lois des Visigoths, XXII, — cité, XLV.

Pitot (Jean), auditeur, *b.* 433.

Placentin, docteur en droit, 78.

Placidia, sœur d'Honorius, est faite prisonnière, XVII.

Placidie, son union avec Ataulphe, XVIII.

Plagne (de la), major de M., *b.* 474.

Plaisance, rendue à François Ier, 383, — citée, 358, 388, *b.* 396, — (concile de), 13.

Planmajour (champ de), 77.

Planque, brigadier, *b.* 258, *b.* 260, *b.* 284, — père, juge du petit sceau, *b.* 366, *b.* 367, — (Jacques), auditeur, *b.* 433, — (Pierre de), conseiller au présidial, *b.* 464.

Plantade, conseiller, *b.* 181, — (de), *b.* 230, — (François), avocat général, *b.* 434, *b.* 438, — (Gaspard-René), conseiller à la cour des comptes, *b.* 436, — (Jean-Jacques de), *b.* 114, *b.* 387, *b.* 408, *b.* 412, *b.* 425.

Plantavit (Simon), 1er consul de M., *b.* 390, — de la Pauze, sa *Chronologie des évêques de Lodève*,

79*

85, — (Jean), évêque de Lodève, *b.* 114 (note).
Plantier (Daniel), conseiller à la cour des comptes, *b.* 437.
Plantin (Christophle), imprimeur à Anvers, 59, — (André), conseiller du roi, *b.* 440.
Plauchut, auditeur à la chambre des comptes, *b.* 236, — (Laurent), auditeur, *b.* 427, — conseiller à la cour des comptes, *b.* 434, *b.* 435.
Pleissan, 72, 185.
Plessis-les-Tours, 346.
Plessy - Praslin (maréchal du), *b.* 138.
Pleix (Guillaume du), 1er consul à M., 499, — (Antoine de), voy. *Gremian*.
Pline, description d'une pêche singulière, XII.
Plœtorius (Cneius - Macrinus), XLIX.
Plomet (Arthur-G.), conseiller, *b.* 433, — (Gilbert), *b.* 215.
Plos (Jean), conseiller à la cour des comptes, *b.* 432, — correcteur, *b.* 433.
Pluvier, 387, — (Michel de), 1er consul de M., *b.* 389.
Poblet, monastère où Jacques d'Aragon va terminer ses jours, 144, — cité, 188.
Poids-de-Fer (*le*), ancien carrefour de M., *b.* 559.
Poids-du-Roy (*le*), ancien quartier de M., *b.* 346.
Poignant (Pierre), maître des requêtes, 343, *b.* 405.
Poigny (seigneur de), voy. *Angènes*.
Pointeau (Guillaume), chancelier, 264, 274.
Poissy (colloque de), 435.
Poitevin (Antoine), auditeur à la cour des comptes, *b.* 436, — (Eustache-Durand), conseiller à la cour des comptes, *b.* 436, — (Jacques), auditeur, *b.* 426, *b.* 433, — (Pierre), auditeur à la cour des comptes, *b.* 438.
Poitiers, les Sarrazins y sont battus par Charles-Martel, XLII, — bataille perdue, 224-225, — translation en cette ville du parlement & université de Paris, 308, — couronnement de Charles VII, 314, — fuite de Calvin, 423, — se soumet à Henri IV, *b.* 17, *b.* 40, — cité, 314, — (parlement de), 299, — (comte de), voy. *Alphonse*, — voy. *Jean*, — voy. *Louis*.
Poitou (*le*), 224, 320, 406, *b.* 84.
Pojet (château du), 10, — voy. *Pouget*.
Polhant (Thierry), 335.
Polieucte, tragédie jouée à M. devant le roi d'Espagne, *b.* 255.
Polignac (de), *b.* 158, — Saint-Germain (dame de), femme de Chatillon, *b.* 51.
Poltrot, assassine le duc de Guise, 452.
Polveret (Etienne de), évêque d'Alet, *b.* 114 (note).
Pomaret, chirurgien, *b.* 106.
Pomeirols, 235.
Pomerol (de), colonel des Miquelets, *b.* 256.
Pomerols, 479.
Pomessargues (croix de), *b.* 360.
Pomier, *b.* 269.
Pompée, XXXVIII.
Pomperan, 388.
Pompignan, ravagé par les camisards, *b.* 257.
Pomponius Mela, historien, XI, *b.* 401.
Ponat (Jean du), auditeur, *b.* 420.
Ponchier (Jean de), trésorier de France, *b.* 443.
Poncion, 6.
Pons, abbé de Cluny, LV, 28, — fils de Bangars, conseigneur de Montferrier, 24, — prévôt, 11, 66, 69, — (le frère), 174, — (prince de), gendre de Roquelaure, *b.* 332-333, — (Alméras), chanoine, 69, — (Garnier), chanoine, 69, — (Gaucelin), chanoine, 69, — (Jean), 446, — (Pierre), capitaine du jeu de l'arc, *b.* 484, — voy. *Montlaur*.
Pont (*le*), *b.* 55.
Pontcarré (de), maître des requêtes, 502.
Pontchartrain (de), contrôleur général, *b.* 183, *b.* 214, — surin-tendant de la marine, *b.* 224, *b.* 242.
Pontchevron (Guillaume de), sénéchal de Beaucaire, *b.* 377.
Pont-de-l'Arche, *b.* 7.
Ponthieu (comte de), voy. *Charles VII*.
Pontis (de), ses *Mémoires*, *b.* 73, — cité, *b.* 76, *b.* 93.
Pontmartin (seigr de), voy. *Perrar*.
Pontoise, 301, 433.
Pontrincat ou *Pont-Trincat*, *b.* 276.
Pont-Saint-Esprit, assiégé par de Joyeuse, 465, — cité, *b.* 59, *b.* 365.
Porcelet (Geoffroy), 37.
Porta (Hugues de), garde du petit sceau, *b.* 367.
Portail (Antoine), correcteur, *b.* 404, *b.* 425, — (Guillaume), conseiller à la cour des comptes, *b.* 432, *b.* 433.
Portal (Bringuier), trésorier général, *b.* 444.
Portalès, président, *b.* 174.
Portalez (Claude), frère de Pierre, conseiller, *b.* 430, — (Fr. de), fils de Claude, président de la cour des comptes, *b.* 432, *b.* 434, — (Pierre), *b.* 324, *b.* 425.
Portalière (couvent de la), *b.* 43.
Portes (le baron de), 476. — (marquis des), *b.* 46, — tué au siége de Privas, *b.* 103, — (Mathieu), greffier des eaux & forêts, 466.
Portian (le comte de), 274.
Portmouth, descente des Français, 402.
Porto, 94.
Porto-Cardinal (évêque de), voy. *Guy de Boulogne*.
Portocarrero (l'abbé), conspiration contre le régent, 308.
Port-Sarrazin, nom donné, depuis l'invasion arabe, au passage par où la Méditerranée se jette dans l'étang de Maguelonne, LX.
Portugal, guerre avec la France, *b.* 261.
Posquière (grau de la), *b.* 397.
Pot, seigneur de la Preigne, 298.
Pothion (Guillaume), consul de M., 480.

Potin (Nicolas), évêque de Gap, 299.
Pouget (le), 32, 185, 216, *b.* 561, — (château du), 44, 66, 72.
Pouget (André), conseiller du roi, *b.* 440, — juge de l'amirauté, *b.* 470, — (Honoré), conseiller du roi, *b.* 440, — (baron du), voy. *Arnaud*.
Pouille (la), 283, 363, 364.
Pouilly-le-Fort, 307.
Poujol (Antoine), correcteur, *b.* 433, — (Etienne), correcteur à la cour des comptes, *b.* 435, — (Guill.), conseiller à la cour des comptes, 434.
Poupian ou Popian (château de), 24, 72, 148, 185, 216.
Poupian (Arnaud de), 24, — (Raymond-Roſtang), 24, — (seigneur de), voy. *Durand*.
Pourcet (Pierre), conseiller du roi, *b.* 440.
Pous (seigr du), voy. *de Bouques*.
Pouſſan, opinion de d'Aigrefeuille sur son origine, XLVI, — surpris par les catholiques, 464, — cité, 69, 258, 281, 328, 440, *b.* 361, *b.* 386, — (seigneurie de), 159, — (seigneur de), 455, — voy. *Tournezy*.
Pouſſemote (seigneur de), voy. *Cheſnon*, *b.* 424.
Pouſſin (le), en Vivarais, 484, *b.* 58, *b.* 98.
Pouffin (seigneur du), voy. *Farge*.
Pouzols, 185, 216.
Povar (marquis del), *b.* 126.
Poyet (Guillaume), chancelier, 397 (note).
Pradel (Bernardin), tréſorier de France, *b.* 445, *b.* 451, — Charles de), évêque de M., sa mort, *b.* 229, — cité, *b.* 179, *b.* 195.
Pradelle (seigneur de), voy. *Portal*.
Prades (pont de), *b.* 271.
Praguerie, 320.
Praslin (maréchal de), *b.* 63, *b.* 67, *b.* 72.
Prat (Alexis), conseiller du roi, *b.* 440, — (seigneur de), voy. *Marſand*.
Précors (seigneur de), voy. *Montlaur*.

Preigne (seigneur de la), voy. *Pot*.
Prévoſt (Louis), conseiller, *b.* 418.
Prévôt, *b.* 154.
Prie (Aimard de), réduit Gênes, 382, — (Philippe de), sénéchal de Beaucaire, *b.* 398.
Primecombe, hermitage, *b.* 260.
Prince (M. le), 89, 97, *b.* 98, *b.* 100.
Priſis la Forquette (J.-Joſeph de), tréſorier de France, *b.* 452.
Privas, assiégé par Louis XIII, *b.* 102, — cité, *b.* 35, *b.* 422, (synode de), *b.* 35, — (dame de), veuve de Chambaut, *b.* 46.
Privat, cordelier, 305, — miniſtre d'Uzès, *b.* 96, — (Guillaume), juge de l'amirauté, *b.* 470.
Privé, capitaine, *b.* 37.
Priz, village où mourut Raymond de Touloufe, 135.
Probus, empereur, achève la deſtruction des barbares dans la Gaule, XVI.
Procope, cité, XXIV.
Procide (Jean de), vêpres ſiciliennes, 149.
Provence, envahie par Evarix, XXI, — ſon inféodation, XXIV, — abandonnée entièrement par les Sarrazins, XLIV, — Pierre d'Aragon s'y embarque pour aller à Rome se faire couronner, 94, — (comté de), assurée à Charles, frère de Saint-Louis, 137, envahie par Charles de Bourbon, 387, — citée, IX, 122, 234, 245, 330, — visitée par Louis XIII, *b.* 83, — voyage de Louis XIV, *b.* 157, — citée, *b.* 13, *b.* 250, *b.* 397, *b.* 399, — (le comte de), visite Jacques d'Aragon à M., 133, — voyez *Alphonſe*, — (marquis de), voy. *Raymond*.
Provenchaire, voy. *Raoul*.
Provinces-Unies, trève avec les Eſpagnols, *b.* 28.
Provinciaux, nom donné aux croiſés des provinces en deçà de la Loire, 14.
Prudhommes, ancien nom des conſuls de M., *b.* 381.
Prunet, 42.

Prunier (Jean), 352, 361, — officier de la cour des aides, *b.* 409, — greffier en chef, *b.* 413,
Pſalmodi, abbaye, *b.* 362, — (abbé de), voy. *Pierre de Leſterie*.
Pudentio de Sandoval, hiſtorien, XL.
Puechabon (Guillaume de), *b.* 340, (Pierre de), *b.* 340.
Puech-Calmo (Aubert de), recteur, *b.* 362.
Puech Sainte-Marie, 131.
Puechvilla (seigneur de), voyez *Perdrix*.
Pueclacher, 65.
Puget (Etienne de), tréſorier, *b.* 116.
Puicerda, pris par Conti, *b.* 151, — cité, *b.* 178.
Puifieux, secrétaire d'état, *b.* 79.
Puiſſerguier, 505.
Puits-de-Fer, ancien quartier de M., *b.* 346.
Puits-des-Eſquilles, rue de M., *b.* 349.
Puits-du-Palais, *b.* 350.
Pujol (de), *b.* 25, *b.* 48, *b.* 116, — (Guillaume), conseiller du roi, *b.* 440, — (Pierre), greffier, *b.* 421, — (Mlle), son mariage avec le préſident Bon, *b.* 286, — (seigneur de), voy. *Faur*.
Pujols, 508, — (seigneur de), 506.
Puſſort, *b.* 183.
Putinger ou Peutinger, ses *Tables*, XLVI.
Puy (le), paſſage du pape Innocent II, 36, — paſſage de François Ier, 390, — cité, 313, 335, *b.* 210, *b.* 365, *b.* 448, — (évêque du), voy. *Monteil*.
Puycerda, Pierre d'Aragon y fait publier l'union des états de Mayorque à ſa couronne, 200, — cité, 203, — voy. *Puicerda*.
Puylaurens, 490.
Puylaurens (de), son mariage avec la nièce de Richelieu, *b.* 118.
Puyſſéguier, viguier, 124.
Pyrénées (les), XIII, XV, 326.

Q

Quarante, 505.
Quarante (Guillaume), 1ᵉʳ conful de M., *b*. 388.
Quérafque, traité pour la paix d'I- talie, *b*. 108.
Quercy, enlevé aux Anglais par le duc d'Anjou, 243, — cité, 51, 119, 234, *b*. 398, *b*. 425.
Querelle (Etienne), auditeur, *b*. 433, *b*. 436.
Quillan (bois de), 258.
Quinebeuf, huiffier du confeil royal, *b*. 135.
Quintalier (Guillaume), 221.
Quintus Fabius Maximus (conful), fes conquêtes en Gaule, x.
Quirice, archevêque, facre Vamba roi des Goths (1ʳᵉ onction des rois, d'après Fleury), xxx.

R

Raab, voy. *Saint-Godard*.
Rabaftein (P.-Raymond de), fénéchal de Beaucaire, *b*. 399.
Rabaftens (P.-Raymond de), fénéchal de Bigorre, 171.
Rabaut, de Nice, 243.
Rabaval, xxxiv.
Rabbi (Benjamin), fon témoignage fur le commerce de M., 59.
Rabius (Jean-Verduron de), procureur du roi, *b*. 467.
Rafaëlis de Carpentras (Pierre), maître des comptes, *b*. 415, *b*. 417.
Rafin (J.-François), confeiller du roi, *b*. 440.
Raimbaud (le comte), 1ʳᵉ croifade, 14, — d'Orange, 58, 74, 76.
Raimond-Aimon, neveu de Gaucelin de Claret, 40.
Rambouillet (château de), mort de François Iᵉʳ, 403, — (feigneur de), voy. *Angînes*.
Ramire, roi d'Aragon, fa guerre contre Alphonfe de Caftille, 39.

Ramond (Pierre), confeiller en la cour des aydes, 366 (note), 446, *b*. 435.
Ragny (de), *b*. 75.
Ranchin (métairie de), *b*. 62.
Ranchin (de), *b*. 145, *b*. 187, — (Antoine de), avocat général, *b*. 412, *b*. 425, — (Daniel), maître des eaux & forêts, *b*. 466, — (Etienne), auteur cité, 111, 301, 354, 411, 417, 446, *b*. 358, *b*. 389, *b*. 410, *b*. 491, — (François de), fon *Traité de la Pefte*, 3, — chancelier de l'univerfité, *b*. 87, — enlevé par la pefte, *b*. 123, — 1ᵉʳ conful de M., *b*. 391, — cité, *b*. 97, *b*. 104, — (Guillaume de), avocat général, *b*. 22, — 1ᵉʳ conful de M., *b*. 390, — confeiller, *b*. 412, *b*. 463, — (Henri de), 1ᵉʳ conful de M., *b*. 215, *b*. 391, *b*. 430, *b*. 432, — (Jean de), official d'Uzès, *b*. 410, *b*. 411, *b*. 419, — (Pierre de), 1ᵉʳ conful de M., *b*. 393, — (Théoph.-Ant.), confeiller, *b*. 429, — (maifon de), *b*. 349, — Fontmagne (Gafpard de), confeiller, *b*. 157, *b*. 432, — (Guil.), confeiller à la cour des comptes, *b*. 435.
Rani ou Ramir (l'abbé), fa révolte, xxx.
Raoul, moine, 104, 105, — de Provenchaire, 37.
Raoulx (Jean), auditeur, *b*. 420, *b*. 425,
Raphaëlis (Pierre), 446.
Rapin, capitaine, gouverneur de M., 450, *b*. 472.
Raftat, entrevue de Villars avec le prince Eugène, *b*. 289.
Rat (Théodore), confeiller au préfidial, *b*. 465, — voy. *Ratte* (de).
Ratabon (Antoine), tréforier de France, *b*. 446, *b*. 451.
Ratte (Afrodife de), avocat général, *b*. 433, — (Aimé de), confeiller au préfidial, *b*. 456, *b*. 463, — (Etienne de), procureur général, *b*. 20, — officier de la cour des aides, *b*. 410, *b*. 419, *b*. 438, *b*. 463, — (Guillaume de), avocat général,

q. 432, — (Guitard de), confeiller, puis évêque de M., 510, *b*. 24, — (Jean de), tréforier de France, 416, *b*. 451, *b*. 456, *b*. 463. — (Jean-Pierre de), confeiller à la cour des comptes, *b*. 436, — (Pierre de), 1ᵉʳ conful de M., *b*. 135, *b*. 391, *b*. 411.
Ravanel, arrêté à Nîmes, *b*. 265, — cité, *b*. 262.
Ravaftains (de), 365.
Ravelle (feigneur de), 213.
Ravenne, bataille gagnée par Gafton de Foix, 379.
Raventlhau, général, *b*. 269.
Ravin (Etienne), correcteur, *b*. 420.
Raymond, abbé d'Aniane, 72, — abbé de Pfalmody, *b*. 364, — comte de Touloufe, lvii, — évêque d'Agde, 83, — évêque de Maguelonne, 46, — évêque, excommunie le comte de Touloufe, 108, — comte de Melgueil, fils de Senegonde, lv, — fils de Conftance, 101, — fils de Faidite, prend le titre de comte de Melgueil, 75, — (maifon), *b*. 561, — fils de Guillaume de M., 131, — fils de Guillem, 88, — fils de Trincavel, 50, — le Jeune, 122, — d'Arboras, chanoine, 70, — de Barjac, 38, — de Baux, 38, — de Caftries, 50, 85, — de Coyrnon, prête ferment à Guillaume de M., 75, — de Lates, 127, — de Montferrier, 50, 53, — de Montpeiroux, donation en faveur de Guillaume de M., 52, 69, — de Montredon, archevêque, 41, — de Provenchaire, 37, — de Roquefeuil, 85, — de Saint-Brès, chanoine, 70, — de Saint-Drezery, chanoine, 70, — de Salviniac, 50, — de Sauve, 73, — de Servian, 46, — de Soriech, 50, — de Vic, 70, — (Aimon), fa mort & fon teftament, 68, 69, — (Atho), 72, — (Berenger), comte de Barcelonne, fa mort, 55, — cité, 9, 27, 40, — (Bernard), comte de Melgueil, lv, — vicomte de Béziers, tranfaction avec Raymond Berenger,

9, — (Etienne) de Cervian, 50, 63, — (Gaucelin), feigneur de Lunel, 48, — époufe Sibille, fille de Guillaume de M., 62, 88, — coufin germain de Marie de M., 114, — (Guillaume), évêque de Nîmes, rend à fon frère les biens engagés, 22, — abbé d'Aniane, 66, — évêque de Lodève, 84, — (Guinet), chanoine, 69, — (Lambert), 77, — (Pierre) de Ganges, chanoine, 70, — rend hommage à Jacques II, 148, — (Roch), 53, — (Roger), comte de Foix, 104, — le Jeune, comte de Touloufe, xxiv, — (Roch), 37.
Raymond (château de), 155.
Raynard, architecte, b. 169.
Raynaud (Oderic), fa Collection, 145.
Raynier, moine de Citeaux, 104,
Razès, auteur arabe, viii.
Razis (Michel), conful, 335.
Ré (îles de), défaite de Soubife, frère du duc de Rohan, b. 61, b. 88.
Reale (chapitre de la), fa fondation fignée par Jacques III, 186.
Reboul (Antoine), tréforier de France, b. 453, — (Fr.), b. 453.
Rebuffe ou Rebuffi, fon Traité des conftitutions, b. 536, — cité, b. 364, b. 491, b. 497 (note), b. 523, — (Jacques), docteur ès lois, 242, 248, 279, 302, 315, — juge, b. 359, — (Jean), 250, — (Pierre), vicaire général, b. 92.
Recarède II, roi des Vifigoths, xxviii, — fecond fils de Léovigilde, fa converfion, xxvi.
Recefvind, fils de Chindefvind, fit tenir les viiie, ixe & xe conciles de Tolède, xxx.
Redon, confeiller à Montauban, b. 182.
Redorte (la), 280.
Refuge (Pierre de), général des finances, b. 442.
Reggio, rendu au duc de Ferrare, 383.
Regis, b. 163, — (le P. Jean-Franç.), fa béatification, b. 305.

Regnat (Jacques), 290.
Regordan (Bernard), 130.
Reich (P.-Louis de), tréforier de France, b. 446, b. 451.
Reillan (Jean-Paul de), avocat du roi, b. 454.
Reims facre de Charles VII, 316, facre de Louis XI, 332, — facre de Jean le Bon, 220, — Charles VI y eft couronné, 278, — facre de Charles VIII, 350, — facre de François Ier, 382, — facre de Charles IX, 434, — facre de Henri III, 486, — cité, 412, b. 455, b. 533, — (archev. de), voy. Caffinel.
Remiffe père & fils, procureurs du du roi, b. 461, — (Jean), procureur du roi, b. 463, — (Pierre), procureur du roi, b. 463.
Remolin, b. 151.
Renaudie (La), 428.
René, comte de Provence, 346, — duc de Lorraine, 346.
Renée, fœur de la reine, 383.
Renier (frère), de l'ordre de Citeaux, nommé par Innocent III légat auprès de Guillaume de M., 81.
Rennes, 353.
Renocinde (le duc), xxxi.
Renty (château de), 419.
Requezens (château de), 155.
Reffouche (feigneur de), voyez Buiffon.
Reftinclières (château de), mort de Saint-Bonnet-Toiras, b. 166.
Reftinclières, l'aîné des Toiras, b. 66, — bleffé au fiège de M., b. 74, — cité, b. 120, b. 129, — (Jacques), gouverneur de Lunel, b. 88, — voyez Saint-Bonnet-Toiras, — voy. Cambacérès.
Rethel, défaite de Léopold & Turenne, b. 145.
Retronchin (Antoine), 316.
Retz (duc de), b. 36.
Revel, 490, b. 13, — (feigneur de), voy. Flota.
Reverdy (J.-B. Gaudoy de), auditeur à la cour des comptes, b. 438.
Reverfac (A.-Henry-Melchior de),

tréforier de France, b. 453, — (Ch. de), tréforier de France, b. 453, — (J.-Melchior de), tréforier de France, 452.
Rey (François), 446, — (Jean), correcteur, b. 140, b. 420, b. 425, — (Pierre), confeiller honoraire au préfidial, b. 465, — (Salomon), correcteur des comptes, b. 416, b. 419.
Reynes (Guillaume), correcteur, b. 433.
Rhin (le), paffé par les Francs, xx.
Rhinfeld, bataille où eft bleffé de Rohan, b. 122,
Rhodes, 294.
Rhodez, ruiné par Eorix, xxii, — cité, 135, 137.
Rhône (le), x, xviii, 38, b. 27, b. 46, — (canal du), fait par Marius, xi.
Riaci (Chriftine de), b. 277.
Rians (de), confeiller, b. 182.
Ribafara, xxxiv.
Ribanfon, ruiffeau de M., 174.
Ribaute (Bernard de), conful de M., 321. — (Raymond de), b. 371.
Ribera, xxxiv.
Riberan, b. 71.
Ribes (Las), 501.
Ribogar, xxxiv.
Ricard (Albert), auditeur des comptes, b. 417, — (Barthélemy), bailli, 248, b. 359, — (Guillaume), 96, — (Jean de), correcteur des comptes, b. 419, b. 420, b. 424, — (Nicolas), auditeur des comptes, b. 417.
Ricardi (André), b. 407, — (Bernard), 257, 309 (note), — bailli de M., b. 359.
Richard, chanoine, 69, — frère du roi d'Angleterre, 134, 215 (note), — petit-fils d'Edouard III, roi d'Angleterre, 259, b. 55, — (Camille), confeiller du roi, b. 440.
Richelieu (Armand de), évêque de Luçon, promu cardinal, b. 84, — meurt à Paris, b. 126, — cité, b. 91, b. 104, b. 422, b. 468.
Richer de Belleval (Martin), fa mort, b. 161.

Ricimer, fils de Suintilla, XXVIII.
Ricuin, évêque de Maguelonne, reçoit le don de Montpellier & Montpellieret, LIV, 4, 5.
Rieutord, *b.* 117.
Rieux, pris par de Joyeuse, *b.* 10.
Rieux (le maréchal de), 370, — (baron de), 481, 501, — (comte de), tué à Castelnaudary, *b.* 112.
Riez (évêque de), voy. *Hugues.*
Rigaudon (Jean), 364.
Rignac (de), conseiller à la cour des aides, 7, *b.* 58, — consul de M., *b.* 119, *b.* 128, — procureur général, *b.* 142, — ses manuscrits, *b.* 408, — (Arnaud de), consul de M., 488, *b.* 389, *b.* 418, — (François de), procureur général, *b.* 413, — (Jean de), conseiller en la cour des comptes, ses manuscrits sur M., IV, *b.* 407, *b.* 412, *b.* 425, *b.* 462, — (Pierre de), 1er consul de M., *b.* 391, *b.* 425, *b.* 429, *b.* 462, — (Raulin de), officier de la cour des aides, *b.* 411.
Rigord, historien, *b.* 441.
Rigordan (Bernard), 132.
Riquet (de), *b.* 163, — président, *b.* 235.
Ris (de), intendant de la Haute Guyenne, *b.* 181, *b.* 183.
Rissende, camérière de Marie de M., 114.
Risvik, traité de paix, *b.* 232.
Rives (François de), *b.* 309.
Rivière, b. 425.
Rivière, *b.* 106, — guidon, *b.* 186, (Alexandre), auditeur, *b.* 420, *b.* 425, — (Charles), trésorier de France, *b.* 452, — (Guillaume), trésorier de France, *b.* 454, — (Jacques), consul de M., 243, — (Martin), auditeur des comptes, *b.* 419, — (Michel Poncet de la), évêque d'Uzès, *b.* 221, — (La), sergent, *b.* 92, — (Poncet de la), évêque d'Uzès, *b.* 172.
Rivoire (de la), *b.* 96.
Rixende, 40.
Roannez (chevalier de), *b.* 259.
Robaut (Louis), de Nice, capitaine, 237.

Robert, 3e comte de Maguelonne, LIII, — 1re croisade, 14, — le duc, 1re croisade, 14, — duc de Calabre, fils de Charles, roi de Naples, 165, — roi de Jérusalem & de Sicile, couronné à Avignon, 167, — (Alexandre le), 1er consul de M., *b.* 392, — (Anne), dite la Verchand, *b.* 324, *b.* 326, — (François), trésorier de France, *b.* 444, *b.* 450, — d'Auvergne, évêque, 107, — de Genève, voy. *Clément VII.*
Robertet, 377.
Robin (Pierre), provincial des Augustins, 297, — (du), *b.* 145, — (Antoine du), recteur, 414, 463, *b.* 361, *b.* 362, — viguier de M., *b.* 386, — 1er consul de M., *b.* 389, *b.* 412, — avocat général, *b.* 420, — (François du), conseiller, *b.* 430, — (Guillaume du), avocat général, *b.* 420, — (Henry du), trésorier de France, *b.* 452, — (Jean-Antoine du), conseiller, *b.* 425, — (Pierre du), garde du sceau, *b.* 411, *b.* 439, — (Pierre-Hip. du), trésorier de France, *b.* 453, — Terrade (du), *b.* 154.
Robineau, 353.
Rocaberti (château de), 155.
Rocafolio (Guillelmus de), 251, — (Joannes de), 251, — voy. *Roquefeuil.*
Roch (Bertrand), 193, — (Imbert), 321, — (Jacques), 145, — (Jean), bailli de M., 300, *b.* 359, — (Michel), 193, — (Raymond), 189, 193, — gouvr de M., *b.* 377.
Roche (de la), *b.* 91, — (Claude de la), conseiller, *b.* 424, — (Ermengarde de la), 83, — (Jean de la), *b.* 417, — (J.-Fr. de la), conseiller à la cour des comptes, *b.* 431.
Rocheblave (Vincent de), 440.
Rochebonne (L.-Joseph de), évêque de Carcassonne, *b.* 336.
Rochefoucaut (La), ses *Mémoires, b.* 141.
Rochefort (seigneur de), gouverneur de Blois, 491.

Rocheguyon (duc de la), *b.* 329.
Rochelle (La), révolte, 400, — ville de sûreté, 472, — bloquée par le duc d'Epernon, *b.* 47, — construction de la digue, *b.* 98, — sa reddition, *b.* 102, — citée, *b.* 41.
Rochelois (les), leur résistance au duc d'Anjou, 477.
Rochemore, 1er président, *b.* 123, — (de), *b.* 19, — (Charles de), 1er consul de M., *b.* 392, — (François de), *b.* 18, *b.* 128, *b.* 423, *b.* 424, *b.* 430, — (Jean de), lieutenant principal, *b.* 462, — (Louis de), conseiller en la cour des aides, *b.* 25, — officier de la cour des aides, *b.* 411, — (Philippe de), trésorier de France, *b.* 447, — (Phil. de), trésorier de France, *b.* 453.
Rochepot (de la), 370.
Roche-Saint-Angel (seigneur de la), voy. *Joannis.*
Rochette (J.-B. Renaud de la), lieutenant de la ville & de la cité, *b.* 475.
Rocinola, XXXIV.
Rocroy, victoire remportée par Condé, *b.* 140.
Roderic, fils de Téofrède, sa révolte, XXXVIII, — succède à Vitiza, XXXIX.
Rodez, repris sur les Sarrazins, XLI, *b.* 425, voy. *Rhodez*, — voy. *Hugues.*
Rodolphe, duc d'Autriche, 269.
Roger, vicomte de Béziers, prisonnier de S. de Montfort, 107, — comte de Cominges, 195, — Bernard, comte de Foix, 123, 140.
Rogier (Jean), notaire & greffier, 160, — (Robert), 322, — (du), 491.
Rohan (cardinal de), évêque de Strasbourg, *b.* 331, — (duc de), gouverneur de Saint-Jean-d'Angéli, *b.* 35, *b.* 54, — son arrivée à Montpellier, *b.* 57, *b.* 77, *b.* 190, *b.* 375, *b.* 446, *b.* 472, — (Henry de), *b.* 89, — Guemené (Armand-Jules), archevêque de Reims, *b.* 332.

Roias (Pierre de), 16.
Rolland, chef des fanatiques, *b.* 257, — son mariage, *b.* 260, — meurt près d'Uzès, *b.* 262, — (Antoine), procureur du roi, *b.* 463, — (Pierre-Ant.), conseiller à la cour des comptes, *b.* 437.
Romagne (la), 388.
Romains (Maguelonne sous les), 1, — leur grande route établie dans la Gaule Narbonnaise, XLVI, — (les), VIII.
Romain, légat, 123, *b.* 56.
Rome, prise par les Goths en 409, XVII, — Marie de M. y meurt, 114, — entrée de Charles VIII, 356, — siége & mort de Charles de Bourbon, 389, — citée, VIII, 73, 330, 379, *b.* 233, *b.* 347.
Rome (Pierre), seigneur de Fonds, *b.* 410.
Romède, *b.* 136.
Romieu (Jean), 374, — seigneur d'Usclas, *b.* 93.
Roncevaux, défaite de Charlemagne, LII.
Rondelet, métairie, *b.* 62.
Rondelet, *b.* 107, — (Guillaume), docteur-régent, 440, 446.
Rondes (chemin des), 237.
Roquaful (don Guillen de), 139, — voy. *Roquefeuil.*
Roque (de la), *b.* 112.
Roquefeuil, *b.* 534, — (Arnaud de), cousin de Marie de M., 114, — père de Bernard, 216, *b.* 377, — (Bernard de), sa mort, 215, — cité, 72, 201, — (François de), conseiller à la cour des comptes, *b.* 432, — (Guillaume de), lieutenant de roi, 137, *b.* 376, — (Raymond de), 23, 114, 222, — de la Roquette (l'abbé), *b.* 490, — voy. *Rocafolio (de).*
Roquelaure, maréchal de camp, tué au siége de M., *b.* 76, — a le commandement de la province, *b.* 268, — installé dans la charge de 1er président à la cour des aides, *b.* 271, — fait l'ouverture des états, *b.* 275, — son voyage à Paris, *b.* 290, — fait maréchal de France, *b.* 327, — (duchesse de), arrivée à M., *b.* 272, — cité, *b.* 318.
Roquemaure, 273, 286.
Roques, consul, *b.* 117, *b.* 304, — seigneur de), voy. *Goyrand.*
Roquette (la), *b.* 64.
Roquette (marquis de la), *b.* 147, voy. *Roquefeuil.*
Roscelin, frère de Barral, vicomte de Marseille, 77, 93.
Rose (La), se rend à Villars, *b.* 262.
Rosel, 1er président à la cour des aides, XLVIII.
Roses, en Espagne, *b.* 309.
Rossan (seigneur de), voy. *Roussel.*
Rosselly, *b.* 326, — (Pierre), conseiller au présidial, *b.* 464.
Rosset (Jacques), subdélégué de l'intend., *b.* 465, — (Pierre-Fulc.), conseiller à la cour des comptes, *b.* 437, — (Thomas), *b.* 141.
Rossignol (François), conseiller, *b.* 426, *b.* 431, — (Jean de), 339.
Rostaing (Bertrand), 364.
Rostang de Sabran, 38, 62, 84, — d'Arsas, 76, — de Montbazen, 69, — de Saint-Privat, 73.
Rotbert (Guillaume), chanoine, 70.
Rothelin (le comte de), 364.
Rotland (Guillaume), seigneur de Montfaucon, 221.
Rouch (Anne de), trésorier de France, *b.* 452, — (Henry de), trésorier de France, *b.* 453.
Roudil (Charles), conseiller au présidial, *b.* 458, — (François), trésorier de France, *b.* 453, — (Raymond), trésorier de France, *b.* 453.
Rouen, arrestation de Charles, roi de Navarre, 224, — pris par les Anglais, 306, — supplice de Jeanne d'Arc, 317, — se soumet au roi Henri IV, *b.* 16, — assemblée des états généraux sous Louis XIII, *b.* 43, — cité, XV, 340, 352, 402, *b.* 304, — (archevêque de), voy. *Flavacourt.*
Rouergue (le), envahi par Abdérame, XLI, — pris aux Anglais par le duc d'Anjou, 243, — soulèvement des religionnaires, 475, — cité, 234, 463, *b.* 394.
Rouet (de), vicomte de Rhode, *b.* 116.
Rouillé (Mme de), épouse de Bernage, *b.* 306.
Roure (de), tient les états de la province à M., *b.* 175, — sa révolte, *b.* 474, — cité, *b.* 154, *b.* 156, *b.* 189, *b.* 198, *b.* 222, *b.* 484, — voy. *de Beauvoir,* — voy. *Grimoard.*
Rousier (J.), conseiller à la cour des comptes, *b.* 435.
Rousseau-Lavalette, maire de Pezenas, *b.* 252.
Roussel (Jean de), conseiller, *b.* 429, — (Salomon de), conseiller, *b.* 425.
Rousset (Jean), conseiller au présidial, *b.* 464, — (Thomas de), juge, *b.* 387.
Roussillon, guerre avec l'Espagne, *b.* 122, — sa réunion définitive à la France, *b.* 126, — cité, XV, 152, 171, 245, 355, 357, 373, *b.* 171, *b.* 373, — (comté de), 92, 137, 139, — (de), voy. *Girard.*
Roussy (Jean), conseiller du roi, *b.* 440, — (Pierre), conseiller du roi, *b.* 440.
Rouveirac (Alphonse de), sénéchal de Beaucaire, 159, *b.* 360.
Rouveirolis (David), auditeur, *b.* 424, *b.* 425, — (Louis), auditeur, *b.* 429.
Rouvier (Raymond), auditeur des comptes, *b.* 418.
Rouvière, 2e consul, *b.* 148, — (André), auditeur, *b.* 140, — second consul, *b.* 153, *b.* 391.
Roux, *b.* 269, — entrepreneur, *b.* 144, — (Antoine), trésorier de France, *b.* 452, — (François de), conseiller, *b.* 20, 453, — (Gairaud du), substitut, 292, — (Jacques), conseiller, *b.* 433, — auditeur à la cour des comptes, *b.* 436.
Rouzier (Jean), conseiller, *b.* 427.
Rovegia, rivière, 77.

Roveirac (Alphonſe de), ſénéchal de Beaucaire, 163.
Roveirolis (David), conſeiller au préſidial, b. 464.
Rovenac (Roger de), lieutenant de Jacques III, 199, b. 377.
Rovira (Nicolas), 244.
Royan, pris par Louis XIII, b. 63.
Royan (Bernard), 221.
Roye (Renaud (de), 287.
Roze, en Catalogne, pris par de Noailles, b. 217.
Rozebec, défaite des révoltés par Charles VI, 281.
Rozel (de), juge mage, b. 35, — major, b. 120, — (marquis de), b. 204, b. 206, — (François de), conſeiller, b. 20, — 1er conſul de M., b. 391, — greffier, b. 421, — procureur du roi, b. 454, — (Pierre de), b. 27, — 1er préſident de la cour des aides, b. 411,—(Rolin de), 1er conſul de M., b. 391, — avocat royal, b. 447, — procureur du roi, b. 454,—Laclote (de), conſul de M., 143.
Rozier (Etienne), bourgeois, 225, 226, 228, — (François), premier conſul de M., b. 389, — — (Laurent), b. 269.
Rua (Jacques), 260.
Ruben, fils de Théodore, 59.
Rudant (Roquet), 374.
Rudavel, conſeiller au préſidial, b. 461, — (Adrien), conſeiller au préſidial, b. 464,— (Claude), conſeiller au préſidial, b. 464, — (Jean), 1er conſul de M., b. 390, — (Pierre), conſeiller au préſidial, b. 464.
Ruffi ou Roux (Durand), juge du petit ſcel, 221, b. 367, voy. *Roux*.
Ruffiers (André de), b. 140.
Rufin (factions de), XVII.
Rugie, ville de la Paleſtine, 18.
Ruiter, amiral hollandais, b. 174.
Reupé (ſeigneur de), 161.
Ruperé, b. 120, — (de), lieutenant de roi de la citadelle, b. 474.
Ruffas (de), conſeiller, b. 135.

S

Sabatier, procureur à la cour des aides, b. 351, — (Jean), préſident, b. 20, — (Pierre), correcteur à la cour des comptes, b. 435.
Sablier, b. 269.
Sablières, maître de muſique, b. 178.
Sablon (Michel de), receveur général des aides, 293.
Sabors (Bernard), 181, — (Etienne), proteſte contre l'acquiſition de Montpellieret, 160, — ou Saporis (Pierre), bayle de M., b. 359.
Sabran (Guillaume de), 20, — (Louis), conſeiller à la cour des comptes, b. 435, b. 436, — (Pierre), auditeur, b. 433, — (Roſtang de), 97, 114, 124, — voy. *Roſtang*.
Sacchetti (Guillaume), recteur, 290, b. 362, — gouverneur de M., b. 378.
Sague (La), 431.
Sailly (de), brigadier, b. 244, — de la Grange (de), lieutenant de roi de la cité, b. 474.
Saint-Aignan, évêque d'Orléans, XX.
Saint-Amans, 72, 185, 216.
Saint-Amant (de), b. 112, b. 114.
Saint-Ambroix, b. 103, b. 259.
Saint-André (de), gouverneur d'Aiguemorte, 468, cité, 430, 426, b. 62, — (Charles d'Albon de), 359.
Saint-André-d'Avignon, 281, — de Buèges, b. 194.
Saint-Ange, château, 356.
Saint-Antoine, hôpital fondé par Sanche, 174, — (journée du faubourg de, b. 147, — de Cadoule, 286, — de Pinet, 83.
Saint-Antonin, pris par le duc de Vendôme, b. 63, — cité, b. 77.
Saint-Aphrodiſe (l'abbé de), 96.
Saint-Auban, b. 10.
Saint-Aubans (de), b. 112.
Saint-Aubin, 353.
Saint-Aunais ou Aunès, bleſſé à Leucate, b. 120.
Saint-Aunès, XLVIII.
Saint-Aunès (ſeigneur de), voy. *Baudan*.
Saintaurant (Jean de), conſeiller à la cour des comptes, b. 435, b. 436.
Saint-Barthélemy, fontaine aux environs de M., 298, b. 350.
Saint-Bauzeli (Saint-Bauzile), 24, 31, 72, 185, 216, b. 361, — *de Putois*, b. 386.
Saint Benoît (d'Aniane), XLV.
Saint Bernard, défend le pape Innocent II, 36.
Saint-Bertrand de Cominges, ruiné par Eorix, XXII, — cité, 79, — évêché, 171.
Saint-Bonnet (Fredol de), b. 371, — Toiras, fils de Jacques, 130, — (J. de), b. 376, b. 380, — (Louis de), ſénéchal, b. 380, — (Simon de), ſénéchal, b. 380.
Saint-Brès, b. 64.
Saint-Brès, tué au ſiège de M., b. 72.
Saint-Brez (ſeigneur de), voyez *Croix (de la)*.
Saint-Céleſtin, pape, 152.
Saint-Chapte, b. 96.
Saint-Chaumont (marquis de), b. 70.
Saint-Chinian (l'abbé de), 303.
Saint-Cirice, LVII.
Saint-Clément, b. 287, b. 361, b. 386.
Saint-Clément (Jacques de), 244, — (ſeigneur de), voy. *Boſc*.
Saint-Cloud, mort de Henri III, 511.
Saint-Côme, b. 342, b. 351.
Saint-Coſme, b. 257.
Saint-Coſme (de), maſſacré par les religionnaires, b. 253, — voy. *Blanchon*.
Saint-Cyriaque, voy. *Bernard*, évêque.
Saint-Denis, le duc de Bourgogne s'en empare, 302, — Anglais battus, 318, — bataille où périt Montmorency, 464, — cité, 298, — égliſe de Montpellier,

son ancienneté, 12, — faubourg de M., 316,— fort de M., b. 71.
Saint-Drezery, b. 59.
Sainte-Anne, fixain de M., b. 385.
Sainte-Catherine, vieux monaſtère, b. 42, — fort, pris au duc de Savoie par Henri IV, b. 24, — de Sienne, monaſtère de filles de M., b. 341.
Sainte-Claire (couvent de), b. 449.
Sainte Clotilde, XXV.
Sainte-Croix, égliſe de Montpellier fondée par Guillaume, 43, — égliſe de M. détruite par les proteſtants, b. 56, — citée, 249, — églife de M., 437, — fixain de M., b. 385, — de Fontanés, 159.
Sainte-Eulalie, paroiſſe de M., 28.
Sainte-Foy, pris par Louis XIII, b. 63, — égliſe de M.,457,— détruite par les proteſtants, b. 55, — fixain de M., b. 385.
Sainte-Jaille (Didier de Toulon de), grand maître de Malte, 394.
Sainte-Marie de Lèzes, égliſe des Templiers, conſacrée par Gautier, évêque de Maguelonne, — Majeure, égliſe de Rome, donation de Marie de M., 114.
Sainte-Marthe, hôpital de M., b. 345.
Sainte-Marthe (Mrs de), IX, — auteurs, cités, 61, etc.
Sainte-Menehould, traité, b. 37, — (priſe de), b. 149.
Sainte-Rufine, 71.
Saint-Eſprit, 235, 309, 457, 506, b. 41, b. 167, b. 257, b. 423,— hôpital de M., b. 344, — pont de M., b. 361.
Sainte-Eulalie, tour de M., b. 343.
Saint-Fargeau, 329.
Saint-Felieu, 155.
Saint-Félix (monaſtère de), 86.
Saint-Félix (Brémond de), officier de la cour des aides, 339, b. 409, — (François de), procureur général, b. 43, — (Henri-Paſcal de), 1er conful de M., b. 393.
Saint-Félix-de Monceau, monaſtère, donation de Marie de M., 114.
Saint-Firmin, égliſe de Mont-

pellier; Guillaume, de retour de la Terre Sainte, lui donne la relique de ſaint Cléophas, 23, — au pouvoir des Huguenots, 438, — fixain de M., b. 385, — (prieur de), voy. Morin (Guillaume).
Saint-Florent, près de Saumur, 241.
Saint-Florentin (de), b. 335.
Saint-Flour, b. 365.
Saint-Fortunat, b. 194.
Saint-François (religieux de), les couvents qu'ils ont à M., 144.
Saint-Gely-du-Feſc, b. 386.
Saint-Genié, voy. Duluc.
Saint-Geniés, b. 347, — (abbaye de), ſa fondation, 9, — cité, 5, 86, b. 225.
Saint-Geniez (ſeigneur de), voy. Croix (de la).
Saint-Georges, 72, 185, b. 60.
Saint-Georges (ſeigneur de), voy. Griffy, — (chevalier de), voy. Jacques, — (baron de), voyez Sandre.
Saint-Géran (maréchal de), b. 67, b. 77.
Saint-Germain, collége, b. 343, — porte de M., b. 340, — (monaſtère de), 264.
Saint - Germain (marquis de), b. 171, — (marquiſe de), b. 116.
Saint-Germain-des-Prez (abbé de), 153.
Saint-Germain-en-Laie, édit favorable aux religionnaires, 472, — mort de Louis XIII, b. 126, — cité, 380, 386, b. 34, b. 142, b. 375, b. 414, b. 466.
Saint-Gervais, paſſe à la maiſon de M., 60, — (château de), 32, — voy. Bertrand, — de Juviniac, LVI.
Saint-Gilles, ſéjour du roi Ataulphe, XVIII, — paſſage du pape Innocent II, 36, — le comte de Touloufe y reçoit l'abſolution, 106, — pris par le duc d'Uzès, 485, — cité, XI, 137, b. 47, b. 361.
Saint-Gilles (le comte de), en Syrie, 16, — voy. Raymond, — (abbé de), voy. Sauvaire.

Saint-Godard, combat contre les Turcs, b. 160.
Saint Guillaume, duc d'Aquitaine, 51.
Saint-Guillem (hôpital de), doté par Guillaume, 43, — porte de M., b. 71, b. 340.
Saint-Guillem (l'abbé de), 96.
Saint-Hippolyte, b. 194, b. 201.
Saint-Ibéri, 280.
Saint Iſidore, de Séville, eſt regardé comme le principal auteur de la lithurgie dite moſarabique, XXX.
Saint-Jacques (tour de), 185, — hôpital de M., b. 343, — porte de M., b. 340.
Saint Jacques, apôtre, à propos du nom de baptême donné au fils de Marie & de P. d'Aragon, 102.
Saint-Jacques-de-Galice, b. 231.
Saint-Jaumes, baſtion de M., b. 71.
Saint-Jean-d'Angely, pris & raſé, b. 47, — cité, b. 35, b. 84.
Saint - Jean - de - Cucules, b. 361, b. 386.
Saint-Jean de Gardonenque, b. 209, b. 261.
Saint-Jean de Jéruſalem (chevaliers de), 172.
Saint-Jean de Latran, égliſe de Rome, donation de Marie de M., 114.
Saint-Jean de Léon, 254.
Saint-Jean de Luz, b. 157.
Saint-Jean de Murviel, 51.
Saint-Jean de Paget, b. 171, b. 210.
Saint-Jean de Védas, la piſtole volante, b. 159, — cité, 256, 284, 473, b. 60, b. 161, b. 246, b. 347.
Saint-Jean-Pié-de-Porc, 241, 379.
Saint-Julien (ſieur de), voy. Gorce.
Saint-Julien-de-Grabels, LVI.
Saint-Juſt, 71, — monaſtère où meurt Charles-Quint, 421, — de Narbonne, égliſe foudroyée, 295.
Saint-Lary (Roger de), dit le maréchal de Bellegarde, 490.
Saint-Laurens (de), b. 112.
Saint-Laurent (ſeigneur de), voy. Sarret,

Saint-Lazare ou *Maladerie*, 250.
Saint Léandre, évêque de Séville, xxv.
Saint-Léon (le pape), fauve la ville de Rome, xx.
Saint Louis, fon traité avec Raymond le Jeune, xxiv, — roi de France, 126, *b*. 363, *b*. 395, *b*. 442, *b*. 530, *b*. 561, — (frère de), voy. *Charles d'Anjou*.
Saint-Maixant, *b*. 84.
Saint-Malo, en Bretagne, vii, — (évêque de), voy. *Briçonnet*.
Saint-Marcel (chemin de), *b*. 360, 505.
Saint-Marcel (le cardinal de), 99.
Saint-Martial (l'évêque de), 283.
Saint-Martial (feigneur de), voy. *Auzières*.
Saint-Martin (feigneur de), voy. *Griffy*, — voy. *Leſpine*.
Saint-Martin-de-Crès, inscriptions romaines, xlviii, — cité, lvii, 44.
Saint-Martin-de-Prunet, 224, 450, *b*. 115.
Saint-Mathieu, églife de M., les proteſtants y font le prêche, 426, — détruite, *b*. 55, — fixain de M., *b*. 385.
Saint-Maur, couvent de M., 459, 494, — *des Foſſés*, pris par Henri IV, *b*. 7.
Saint-Maurice (de), préſident en la cour de monnaies à Lyon, *b*. 286, — nommé intendant du Languedoc, *b*. 329, *b*. 333, — grande fête en l'honneur de la naiſſance du dauphin, *b*. 338, — (feigneur de), voy. *Barbeirac*.
Saint-Michel (marquis de), *b*. 164.
Saint-Nazaire, 505.
Saint-Nicolas, églife de M., 26.
Saint-Omer, 414, *b*. 175, — voy. *Godefroy*.
Saint Orens, évêque d'Auch, xix.
Saint-Ouen, 222
Saint-Palais (feigneur de), *b*. 46.
Saint-Papoul, 135, — (évêque de), voy. de *Gramont*.
Saint-Paſgoire, 72, 85.
Saint-Paul, 185, 394, — églife de M., 457, — fixain de M., *b*. 385.
Saint-Paul, (comte de), 1ᵉʳ croifade, 14, 107, — père du jeune de Fronſac, *b*. 73, — voy. *Durand*.
Saint-Paul-de-Fenouillèdes, 188.
Saint-Paul-de-Montcalmel, 72, 76, 83.
Saint-Paul-de-Narbonne (l'abbé de), 110.
Saint-Pierre, églife de Genève où fut enterré de Rohan, *b*. 122.
Saint-Pierre-de-Rome, donation de Marie de M., 114.
Saint-Pons, xiii, *b*. 111, *b*. 212. *b*. 448, — (château de), 28, *b*. 49, — *de Mauchiens*, château, 10, — *de Tomières*, 498, — voy. *Frotard*.
Saint-Priſque (le cardinal de), 81.
Saint-Privat, fur le Vidourle, entrevue de Rohan avec Lefdiguières, *b*. 67.
Saint-Privat, évêque, fon martyre, xvi, — voy. *Roſtang*.
Saint-Py (le fire de), 287.
Saint-Quentin, paſſage de Charles-Quint en France, 398, — cité, 420, — (feigneur de), voy. *Deville*.
Saint-Ravy (de), général, 476, — (Claude de), 1ᵉʳ conful de M., *b*. 390, — (Guillaume de), juge du petit fceau, *b*. 366, *b*. 388, *b*. 409, — (Michel de), officier de la cour des aides, 440, 443, 446, *b*. 410, — (Pierre de), officier de la cour des aides, *b*. 410.
Saint-Romain, gouverneur de Béziers, 491.
Saint-Romans (de), voy. *Valat*.
Saint-Ruf, collège de M., 262.
Saint-Rut, maréchal de camp, *b*. 193, *b*. 210.
Saint-Salvaire, 365.
Saint-Saturnin (péage de), lvii, 61.
Saint-Sauveur (moulin de), 449, — *d'Aniane*, donation de Marie de M., 114.
Saint-Sauveur, frère de Joyeufe, tué à la bataille de Coutras, 508.
Saint-Sébaſtien, *b*. 240, *b*. 309.
Saint-Simon (de), *b*. 112, *b*. 313.
Saint-Sorin (Jean de), 268.

Saint-Taon (de), *b*. 112.
Saint Théodorit, hiſtorien, li, — (feigneur de), voy. *Reverdy*.
Saint-Thibéry, xlvi, voy. *Saint-Ibery*.
Saint-Thomas, églife de M., *b*. 345.
Saint-Vincent, 24, *b*. 363, *b*. 366.
Saint-Vincent (Pierre de), 32, — d'Ortouls, 281.
Saint-Ybery, paſſage de Charles VI, 287, — cité, 148, 444, 497, — voy. *Saint-Ibéry* & *Saint-Thibery*.
Saintonge, 406.
Saiffet (Bernard de), évêque de Pamiers, 164.
Sajole (de la), *b*. 260.
Sala (Antoine de), 1ᵉʳ conful de M., *b*. 388, — officier de la cour des aides, *b*. 409, — voy. *Senegonde*.
Sahagoffe (fieur de), voy. *Izarn*, voy. *Tremolet*.
Salaiſon, *b*. 164, — (chemin de), 243, — (croix de), 286, — (habitants de), lvii, — (pont de), *b*. 185.
Salamias, 59.
Salces, pris par Condé, *b*. 122, — cité, 218, *b*. 171, — voy. *Salſes*.
Sale de l'Evêque, *b*. 342.
Saleilles (Raymond de), 194.
Salerne (prince de), 458.
Salgas (Raymond de), chanoîne, 191.
Salgues, conful de M., 486, *b*. 129.
Saliens (les), chaſſés par les Romains, ix.
Salinelles (feigneur de), voy. *Brun*.
Salleles, près de Narbonne, 399.
Salmon (Jean), 361.
Salneriæ portale, porte de la Saunerie, 270, — voy. *Saunerie*.
Salomon (Firmin), 248, — (Jean), conſeiller à la cour des aides, *b*. 407, 382, — de Falguières, 73.
Salou (port de), 128.
Salſa (Raymond de), 215.
Salſes, ſa diſtance de Narbonne, xlvi, — cité, 93, 359, 370, *b*. 8, — (fontaine de), 101.
Saluces (marquifat de), 490, *b*. 23, *b*. 210.

Saluces (le marquis de), 369, 393, — (Louis), prince de), 397.
Salvien, fa *Defcription du fiége de Touloufe*, xx.
Salviniac, voy. *Raymond*.
Salze (Moyfe), auditeur à la cour des comptes, *b*. 436.
Sambia, XXXIV.
Samblançay, voy. *La Baulne*.
Samfon, figne le privilége de *l'Hiftoire de Montpellier* en tête du 1er volume.
San-Celoni, 187.
Sancerre, 466.
Sancerre (de), maréchal, 268, — (le comte de), 283.
Sanche, roi de Mayorque, fon mariage, 169, — cité, 2, — de Barra, 80, — de Caftille, infante, 67, — de Navarre, 46, — (dom), fils naturel de Jacques d'Aragon, eft pris & tué dans un combat contre les Maures 143, — fils de Jacques II, époufe Marie, fille de Charles, roi de Naples, 165, — cité, 169, — (Pierre), profeffeur, *b*. 123.
Sanchez, oncle paternel de Pierre d'Aragon, 93, — frère de Pierre II d'Aragon, 117.
Sancie, fille de Jacques II, époufe Robert, duc de Calabre, 165, — reine de Sicile, 170, — veuve de Robert de Sicile, envoie une ambaffade à Pierre d'Aragon, 192, — d'Aragon, LVIII, 134, — de Provence, 134.
Sandoval, auteur cité, 46, *b*. 394.
Sandre, 162, — (François de), 1er conful de M., *b*. 390, — (Guichard (de), 1er conful de M., *b*. 388, — (Simon de), 1er conful de M., *b*. 389, — capitaine du jeu de l'arc, *b*. 484.
Sandricourt (de), gouverneur de Nîmes, *b*. 265.
Sannerie ou Saunerie, 385.
Sans (Jaime), 129.
Santon, 280.
Saône (la), *b*. 27.
Saporis (Léger), évêque de Maguelonne, 316.
Saporta (Antoine), 446, — (Etienne), préfident, *b*. 462, — (Jean),

procureur royal, *b*. 447, *b*. 454, — (Louis), auditeur, *b*. 424, *b*. 425, *b*. 429, — (Pierre), procureur du roi, *b*. 454.
Saragoffe, défaite des Efpagnols, *b*. 283, — cité, XXV, 39, 180, 196.
Sardaigne (la), 165.
Sarlabous (de), colonel, 465, — gouverneur d'Avignon, 485.
Sarralleri (Berenger), achète de Jacques II fon droit fur les iffues des bêtes, 164.
Sarrat (Jean de), 1er conful de M., 343, *b*. 389, — général des aides, *b*. 405, — avocat des aides, *b*. 412, — (Pierre), général des aydes, *b*. 405.
Sarrazins (les), chaffent les Goths en 720, IX, — renverfement définitif du royaume des Vifigoths, XXXIII, — leur origine, XXXIX, — s'emparent de Maguelonne, *b*. 513.
Sarret (coquille de), *b*. 347.
Sarret (de), *b*. 203. — (Etienne), conseiller à la cour des comptes, *b*. 432, *b*. 435, — (François-Vincent de), conseiller à la cour des comptes, *b*. 245, *b*. 431, — (Jacques de), auditeur des comptes, *b*. 417, — (feigneur de Saint-Jean-de-Védas, 472, — (Jean de), officier de la cour des aides, *b*. 411, — conseiller, *b*. 424, — (Philippe de), 1er conful de M., 390, *b*. 411, — avocat général, *b*. 412, — tréforier de France, *b*. 453, — (Pierre de), officier de la cour des aides, *b*. 411, — conseiller au préfidial, *b*. 463, — (Vincent de), conseiller au préfidial, *b*. 464, — de Céladon (François-Antoine de), capitaine de l'arc, *b*. 484, — Saint-Laurent, 367 (note), — (de), voy. *Céladon*.
Sartre (jardin de), *b*. 224, *b*. 344.
Sartre (Jean de), préfident, *b*. 438, *b*. 154, — (Gabriel de), correcteur, *b*. 424, *b*. 425, — (Guillaume de), conseiller, *b*. 425, — capitaine du jeu de l'arc, *b*. 484, — (Jean), conseiller,

b. 425, *b*. 428, — (Mathieu), conful, 321, — (Pierre), confeiller à la cour des aides, *b*. 408, *b*. 412.
Saffenage (Antoinette de), *b*. 535.
Saturargues, *b*. 199.
Saumate (Marguerite de Pierre de), 274.
Saumur, affemblée des proteftants, *b*. 21, — pris par Louis XIII, *b*. 47, — cité, *b*. 35.
Saunerie, porte de M. réparée, *b*. 336, — cité, *b*. 71, — porte de M., *b*. 340.
Saunier (Louis), procureur général, *b*. 298, *b*. 438.
Sauret, fur le Lez, 44.
Saurin, *b*. 51.
Sauffan, 185.
Sauffan, commandant, *b*. 120, — (de), *b*. 189, — voy. *Serres*.
Saut (pays de), 137.
Sauvaire (Guillaume), 262, 277, 278.
Sauve, *b*. 92, *b*. 199, *b*. 459, — (baillie de), 159.
Sauve, voy. *Berenger*, — voy. *Bernard*, — voy. *Bertrand*, — (baron de), voy. *Fizes*.
Sauveterre (château de), 156.
Sauveterre (feigneur de), voyez *Cailar-Toïras*.
Saux (de), conseiller, *b*. 20, — (François-Chevalier de), évêque d'Alais, fa mort, *b*. 287, — cité, 221.
Sauzet, 66, *b*. 358, — (moulin de), *b*. 360.
Sauzet (Ifaac), auditeur à la cour des comptes, *b*. 438.
Savaterie, ancien quartier de M. habité par les Juifs, *b*. 348.
Savaterie-Neuve, vieux quartier de M., *b*. 516.
Savaterie-Vieille, vieux quartier de M., *b*. 516.
Saverdun, 113.
Savignac, *b*. 100, — (feigneur de), voy. *Serres*.
Savoie, traité avec Louis XIII, *b*. 102, — fe ligue contre la France, *b*. 203, — citée, 233, — voy. *Savoye*.
Savoie (le duc de), 326, *b*. 23.

Savoifi (Philippe de), 249.
Savonarolle, 358.
Savonnières (feigneur des), voy. *Du Pleffis*.
Savoye (Honorat de), comte de Villars, etc, 406, — V. *Villars*.
Scatiffe (Pierre), tréforier de France, 213, 226, 241.
Schomberg (de), obtient le gouvernement du Languedoc, *b.* 113, en Catalogne, *b.* 141, — réconciliation avec Créquy, *b.* 179, — cité, *b.* 64, *b.* 104, *b.* 122, *b.* 130, *b.* 210, *b.* 236, *b.* 484, — (Charles de), duc d'Aluin, fénéchal, *b.* 380, — préfident-né de la cour des aides, *b.* 412, — gouverneur de M., *b.* 473, — (Frédéric de), maréchal, *b.* 171.
Second, miniftre, *b.* 45.
Sedan (édit de), 412, *b.* 36.
Ségovie (évêque de), *b.* 272, — voy. *Manhania*.
Seguier, chancelier, *b.* 169, — (Anne), *b.* 173, — (Pierre), 34, 43.
Seguin (Etienne), Ier conful de M., *b.* 393, — (Guillaume), correcteur, *b.* 424, *b.* 425, *b.* 429, — (Pierre), bayle de M., *b.* 140, *b.* 359, — (Raymond), conful, 321, — (de), *b.* 171, — voy. *Badafol*.
Seigneuret (Jean de), préfident de la cour des aides, *b.* 418, *b.* 445, — tréforier de France, *b.* 451.
Seine (la), 310.
Seiras, 505.
Seiffel (Claude de), évêque de Marfcille, 384.
Semalens (moulin de), *b.* 217, — (pont de), *b.* 271.
Seminare, défaite de d'Aubigni, 369.
Sénac (de), *b.* 145, — v. *Colonges*.
Senaut (le P.), jéfuite, *b.* 299.
Senegonde, femme de Bernard Ier, comte de Melgueil, LV, 6.
Senefcalle (Othon), 37, — (Raymond), 43.
Seneterre (de), 491.
Senez (Dominique de), confeiller à la cour des comptes, *b.* 437.

Sengla, capitaine, 450, 491, — (de), *b.* 148, *b.* 153, — (Pierre de), Ier conful de M., *b.* 391.
Senlis, traité, 354, 361.
Senravy, voy. *Saint-Ravy*.
Sens, affiégé par les Sarrazins, XLI, — réfidence du pape Alexandre III, 56, — cité, XV, 130, 309, — (évêque de), voy. *Pierre de Corbeil*.
Septcans ou *Septcamps*, *b.* 276, — (moulin de), *b.* 117.
Septimaniam (Septimanie), attaquée par le roi Gontran, XXVI.
Septimius (le pont de), XIV.
Serbellon (comte de), chef des troupes d'Efpagne, *b.* 120.
Sérignan, *b.* 28, *b.* 468.
Serquemanens, *b.* 149.
Serrat (Secondin de), prieur de Saint-Firmin, 355.
Serre (Pierre), 129, 321.
Serres, fes *Manufcrits*, IV, *b.* 204, — cité, *b.* 133, — (André), procureur du roi, *b.* 454, — (Antoine), conful, 408, — (François), correcteur, *b.* 427, *b.* 435, — (Henry), confeiller à la cour des comptes, *b.* 433, *b.* 434, — (Jean), auditeur à la cour des comptes, *b.* 436, *b.* 437, — (Pierre de), correcteur, puis Ier conful de M., *b.* 390, — cité, *b.* 420, *b.* 425, — (feigneur de), voy. *Arnail*.
Servian, 447, 470, — voy. *Raymond-Etienne*.
Servole (Arnaud de), 231.
Sette (cap de), *b.* 469.
Sette (montagne de), 129, — voy. *Cette*.
Seu d'Urgel, 245, *b.* 212.
Seveirac, voy. *Guitard*.
Sévère, empereur, XXI.
Séville, voy. *Saint-Ifidore*, — (évêque de), voy. *Saint-Léandre*, XXV.
Sextatio, voy. *Subftantion*.
Sextus Domitius Calvinus (conful), fondateur d'Aix, X.
Sezelli (Pierre), 374, — voyez *Cezelli*.
Sforce (François), duc de Milan, 333, (Ludovic), ufurpateur des états de Milan, 355, — cité, 358, 362, — (Maximilien), rétabli dans le Milanais, 379.

Sfrondate (Hercules), neveu de Grégoire XIV, *b.* 12.
Sibille, mère de Guillaume, LVI, *b.* 535, — petite fille de Raymond-Atho, 74, — d'Obilion, fon mariage avec Armand d'Omelas, 35.
Sicile (la), les Mahométans en réduifent une partie en captivité, XXXIX, — mife en feu par Pierre d'Aragon, 148, — guerre entre les maifons de France & d'Aragon, 148, *b.* 240, — (roi de), 294, — voy. *Mainfroy*.
Sidegundis, fille de Sigebert, époufe d'Herménégilde, XXV.
Sidoine Apollinaire, exilé par Eorix, XXII, — cité, XXI.
Sidonius, XIV, — voy. *Sidoine*.
Sigalon, *b.* 154.
Sigeric, fucceffeur d'Ataulphe, XIX.
Sigibert (Segebert), époufe une fille d'Athanagilde, XXV.
Sijean, les Sarrazins y font défaits par Charles-Martel, XLII.
Silvecane, conful de M., *b.* 215, *b.* 306.
Simmachus, pape, XXII.
Simon, maître des comptes, 299, — de Villeneuve, 322.
Sinderede, archevêque de Tolède, XXXVII.
Sion (enfants de), v. *Multiplians*.
Sion (le cardinal de), 382.
Sirmond (le P.), fon opinion fur Livia, XXII.
Sisbert, archevêque de Tolède, confpire contre Egica, XXXVI.
Sizebut, roi des Vifigoths, XXVIII.
Sizenand, élu roi des Vifigoths, XXVIII.
Sô (Guillaume de), 194, — (Jean), vicomte d'Evol, 198.
Soiffons, foumis par Charles VII, 316, — cité, 302, *b.* 36.
Soiffons (comte de), commande l'armée devant La Rochelle, *b.* 85, — cité, *b.* 35.
Solas (de), préfident, *b.* 157. *b.* 173, *b.* 187, *b.* 401, — (Alain de), confeiller au pré-

fidial, *b.* 464, — (Auguftin), frère de François, confeiller à la cour des comptes, *b.* 432, *b.* 464, — (François de), tréforier de France, *b.* 453, — préfident à la cour des aides de M., *b.* 535, — (Jean de), préfident de la cour des aides, *b.* 387, *b.* 411, *b.* 424, *b.* 432, *b.* 463, *b.* 557, — (Louis de), tréforier de France, *b.* 447, *b.* 453, — (N. de), confeiller au préfidial, *b.* 464, — (Pierre de), profeffeur, *b.* 412, — auditeur, *b.* 425, *b.* 429, *b.* 438.

Solfa, nom donné à A. Comte, *b.* 323, voy. *Multipliants.*

Solier (Daniel), auditeur à la cour des comptes, *b.* 436, *b.* 463, — (Jean), chirurgien, *b.* 315, — maître des comptes, *b.* 416, — confeiller, *b.* 418, — (Pierre), chanoine, *b.* 440, — (feigneur de), 462.

Soliman, envahit la Tranfylvanie, 407, — cité, 19.

Solinhac (de), *b.* 161.

Solmifa, nom de Jean Veffon, *b.* 323, — voy. *Multipliants.*

Solfonne, affiégée par les Efpagnols, *b.* 152.

Solu (Guillaume), notaire, 410.

Sommerive (le feigneur de), 450.

Sommières, 150, — occupé par les Huguenots, 475, — fa capitulation, *b.* 65, — cité, 253, 319, 439, *b.* 51, *b.* 88, *b.* 147, *b.* 153, *b.* 237, *b.* 459, *b.* 460, — (l'hermite de), *b.* 261 — voy. *Brémond.*

Son (Louis de), avocat, 478.

Sorèze, 490.

Sorgues, 501.

Soriech, où fut réglé le différend de Guillaume de M. & Bernard Pelet, 52, — (conférence de), LVI, 42, — (fourches de), *b.* 360, — voy. *Raymond.*

Soto (don Juan de Tornamira de), 100.

Soubeirac, *b.* 361.

Soubeiran, *b.* 386.

Soubife, défend Saint-Jean-d'Angély, *b.* 47, — fa fuite en Angleterre, *b.* 90, — cité, *b.* 84, *b.* 88.

Soucelle (Jeanne de), 274.

Souliers (de), voy. *Fourbin.*

Sourdis (de), *b.* 207.

Sourlan (feigneur de), voy. *Viel.*

Sourraffin (Théophile), *b.* 418.

Souffoy (Louis), avocat royal, *b.* 447, *b.* 454.

Souftelle (Jean), notaire à Anduze, *b.* 89.

Souvignargues (feigneur de), voy. *Roufier.*

Soyon fur le Rhône, *b.* 103.

Spire (bataille de), *b.* 259.

Spitame (Jacques), confeiller, *b.* 417.

Stafarde, victoire de Catinat, *b.* 210.

Stagel (château de), pris par Condé, *b.* 122.

Staleth, XXXIV.

Staremberg (comte de), défait par de Vendôme, *b.* 261, — cité, *b.* 231, *b.* 283.

Steinkerque, réjouiffances à M. à propos de ce combat, *b.* 214.

Stenay, furpris par efcalade, *b.* 12.

Stilicon (factions de), XVII.

Sterum (comte de), battu par le duc de Bavière & Villars, *b*, 259.

Stolophen, *b.* 273.

Strabon, fa *Géographie*, XIII, — cité, VII.

Strasbourg, 481, 207, *b.* 69, *b.* 331, Strozzi (Laurent), évêque d'Alby, 451.

Stuart (Marie), nièce du duc de Guife, 421.

Suau (Jean), conful, 321.

Subjet (Antoine de), évêque de M., 480, *b.* 5.

Subftantion, devient le fiége de l'évêque & du chapitre de Maguelonne, XLV, — (droit fur les cabarets de), LV, — fes comtes étaient, à l'origine, maîtres de Montpellier, 4, — & fon territoire font donnés à Guy de M., 60, — cité, XIV, XLIV, 44, 66, *b.* 369, — (comté de), *b.* 561.

Suède (roi de), fa médiation amène les puiffances à figner le traité de Rifwick, *b.* 233.

Sueilles (Jean de), conful de M., mort à Leucate, *b.* 120, — cité, 214, *b.* 89, *b.* 119, *b.* 341.

Suèves, attaqués par Théodoric II, XXI.

Suffren, miniftre, *b.* 59.

Suintilla, termine la conquête de l'Efpagne fur les Romains, XXVIII.

Suiffes (les), ligués contre Louis XII, 377, — cités, 359.

Sully (duc de), perd le gouvernement de la Baftille, *b.* 34.

Sumène (baron de), voy. *Fefc (du).*

Surènes, conférence au fujet de l'élection d'un roi, *b.* 15.

Sufe (comte de la), *b.* 36.

Suze (pas de), forcé par Louis XIII, *b.* 102, — cité, 395, — (traité de), *b.* 107.

Suze (le comte de), 450, 481, — (L.-François de la), évêque de Viviers, *b.* 162.

Syllanus, battu par les Cimbres, Teutons, &c., X.

Syrie, fa conquête par les Arabes, XXXVIII.

T

Tabours (N.), *b.* 140,

Taillebourg, défaite des Anglais, 135, — cité, 327.

Talamandier (Claude), lieutenant au préfidial, *b.* 23, *b.* 462.

Talard, greffier du confiftoire, 425, — (de), gagne la bataille de Spire, *b.* 259, — maréchal, prifonnier en Angleterre, *b.* 265, — cité, *b.* 194, — (Nicolas), 431, 440.

Talbot, 327.

Tallemant (Gédéon), confeiller, *b.* 424, *b.* 425.

Tamarin, roi maure à Maguelonne, LII.

Tanaïs (le), 19.

Tancrède, un de fes exploits, 19.

Tanneguy du Châtel, 330.

Tarafcon, traité entre la France, l'Aragon & la Sicile, 152, — féjour de Louis XIII, *b.* 83, — cité, 242, 393.

Tardivier (Claude), greffier, *b*. 421.
Tarente (prince de), 149, — voy. *Boëmond*, 16-17.
Tarn (*le*), rivière, XIII, XIV, 358, *b*. 13.
Tarquin le Vieux, *b*. 347.
Tarragone, 127, *b*. 126, — (archevêque de), 144.
Tartas en Gascogne, 320.
Tau (étang de), 238.
Taupifié (Pierre), greffier en chef, 352, *b*. 413.
Tavanes (marquis de), *b*. 112.
Teinturerie, ancienne rue de M., *b*. 516.
Teinturier (Guillaume), 373, — (Guillaume le), seigneur de Boutonnet, 384, — (Michalet), 327, — (Pierre), 324.
Teiran, 162, 443, *b*. 361, *b*. 386.
Teirargues, *b*. 191.
Teissier (Antoine), conseiller du roi, *b*. 440, — (Izaac), *b*. 269, — (Jean), 361, — (Paul), juge de l'amirauté, *b*. 470.
Templiers (les), Tortose, frère de Guillaume de Montpellier, entre dans leur ordre, 50.
Tende (comte de), voy. *Cyprière*, 462, — voy. *Villars*, 407, — (la comtesse de), 476.
Téodulfe, ce qu'il dit de Maguelonne & de Substantion, XLVI.
Ter (*le*), *b*. 220.
Téréza (dona), 145.
Térouanne, assiégée par Maximilien & Henri d'Angleterre, 380, — assiégée & détruite par Charles-Quint, 414, — citée, 395.
Terragone, voy. *Hildegaire*.
Terrail (*le*), 449, *b*. 358, *b*. 361, — (château du), 119.
Terrault (de), tué au siège de M., *b*. 74.
Terrre-Neuve, *b*. 258.
Terre-Sainte, *b*. 93.
Terride (de), 432.
Terrier, major de M., *b*. 474.
Tessé (de), son passage à M., *b*. 271, — cité, *b*. 274.
Tessereau, son *Histoire des chancelleries*, *b*. 439.

Testoris (Etienne), procureur général, *b*. 420, — (Jean), procureur général en la chambre des comptes, *b*. 23, — ou Texier, officier de la cour des aides, *b*. 409, voy. *Texier*.
Teutavelle (château de), pris par Condé, *b*. 122.
Teutobagus, roi des Cimbres, pris à la bataille d'Aix, XI.
Teutons (les), battent les Romains, X.
Teutons (hôpital des) à M., *b*. 345.
Texier le Vieux (Bernard), bailli de M., *b*. 355, *b*. 359, —(Pierre), consul de M., 250, 321, — voy. *Testoris*.
Teyran (de), *b*. 172.
Teyssèdre (François), maître des eaux & forêts, *b*. 467.
Tezeli, 194.
Thémines (de), sénéchal de Quercy, *b*. 13, maréchal, *b*. 88.
Thérouanne (évêque de), voy. *Luxembourg & Térouanne*.
Théobal, médecin, 112.
Théodise, docteur, 105.
Théodoric, présente la bataille à Pépin, LI, — ses lois, XXII, — Ier, sa guerre malheureuse contre les Romains, XIX, — tué à la bataille de Châlons, XX, — II, ses guerres en Espagne, XXI, — de Pamiers, sa guerre contre Pépin, L & LI.
Théodose, ses lois, XXII, — (les enfants de), XVI.
Thermes (château de), 108.
Theudis, roi des Visigoths, XXV.
Theudisclus, roi des Visigoths, XXV.
Thézan, 251.
Thézan (Pons de), 124, — voy. *Guillaume*.
Thiboust (Mathieu), conseiller du roi, *b*. 440.
Thierry le Comte, gouverneur de M., 216.
Thionville, pris par le duc de Guise, 421.
Thomas, fils de Guillaume de M., 87, 131, —(Antoine de), *b*. 420, — conseiller, *b*. 425.
Thonains (Guil. de), prieur, 141.

Thoré, 481, 493.
Thorismond, proclamé roi des Visigoths, XX.
Thou (de), conseiller d'état, *b*. 125.
Thrace (la), 15.
Thubert, graveur de la monnaie, *b*. 374.
Tibaut (Georges), notaire, 292.
Tibère, empereur, XLVIII.
Tibre (*le*), 95.
Tiburge, petite-fille de Raymond Atho, 74, — veuve de Geoffroy de Mornas, 49,
Tiburgette, 46.
Tierache en Picardie, *b*. 21.
Tilladet, capitaine de Picardie, *b*. 98.
Tinturier (Jean), Ier consul de M., *b*. 388.
Tirol, *b*. 261.
Toiras (de), mort en Italie, *b*. 119, — cité, *b*. 64, *b*. 141, *b*. 146, *b*. 260, — (Claude de), évêque de Nîmes, *b*. 82, *b*. 111, — (Jacques de), *b*. 457, — (Marie de), *b*. 267, — (l'aîné des), voy. *Restinclières*.
Tolède, séjour ordinaire d'Amalric, XXIV, — (2e concile de), XXVII, — (4e concile de), XXVIII, — (conciles de), XXIV, — le roi Cinthilla y convoque les Ve & VIe conciles, XXIX, — (l'évêque de), XXVIII, XXXV.
Tolga, élu roi des Visigoths, XXIX.
Tolosa (Navas de), victoire remportée sur les Maures par Pierre d'Aragon & Alphonse de Castille, 102.
Tolosatium (civitas), Toulouse, VIII.
Tondut, professeur de droit, *b*. 247, — (demoiselle), *b*. 54.
Torillon (Jean), lieutenant principal au présidial, *b*. 456, *b*. 462, *b*. 463, *b*. 456.
Tornamira (don Juan de), voy. *Soto*.
Tornier (Jean), 306.
Torrillon (Jean), 478, — voyez *Torillon*.
Tortose (Guillaume de), *b*. 505.
Tortose, prise par Raymond Pelet, 18, — son inféodation à Guillaume de Montpellier, 39, —

prife fur les Maures, 47,— prife par Schomberg, *b.* 141,— prife par le duc d'Orléans, *b.* 276,— cité, 44, 87.
Tortofette, nom donné à Raymond Guillaume, 132.
Toul, Henri II s'en empare, 411.
Toulon, affiégé par le duc de Savoie, *b.* 274,— cité, 127, *b.* 27, *b.* 278, *b.* 394.
Toulon (de), voy. *Sainte-Jaille.*
Touloufe, Thorifmond y eft affaffiné, XXI,— capitale du royaume des Vifigoths, XIX, — affiégée par les Romains, XIX, — refte au pouvoir des Français depuis la conquête de Clovis, XXIV,— affiégée par les Sarrazins, XLI, — affiégée par les Anglais, 51, — vifite de Charles VI, 287,— fon parlement transféré à Montpellier, 338, — parlement rétabli, 344, — vifitée par Charles IX, 460, — rétabliffement du parlement, *b.* 18, — enregiftrement de l'édit de Nantes, *b.* 23,— entrée du roi Louis XIII, *b.* 63, — vifite de Louis XIII, *b.* 113,— citée, 137, 165, 254, 285, 337, 351, 357, *b.* 36, *b.* 157, *b.* 165, *b.* 168, *b.* 244, *b.* 357, *b.* 365, *b.* 401, *b.* 457, *b.* 470.
Touloufe (le comte), vifite Jacques d'Aragon à M., 133, — voy. *Raymond*, fils de Conftance, — le comté de Melgueil paffe dans cette maifon, LV,— (comtes de), 7, 57, — (évêque de), 104, — voy. *Raymond*, fils de Faidite, — (fénéchauffée de), actes la concernant, v.
Tour (Henri de la), duc de Bouillon, *b.* 26, — (Raulin de la), *b.* 50, — voy. *Pleix*, — d'Auvergne (Madeleine de la), mère de Catherine de Médicis, 391 (note).
Touraine (la), Henri IV s'en affure, *b.* 7, — (duc de), titre de Louis d'Anjou, 264, — gageure contre fon frère Charles VI, 288.
Tournac (compagnie de), *b.* 101.

Tournefort (Guillaume de), conful de M., *b.* 355.
Tourneil (marquis de), *b.* 210.
Tournel (feigneur de), voy. *Roffet.*
Tournemire, 100, — (plan de), place de M., 100 (note), — *b.* 150,
Tournemire (Pierre de), *b.* 371.
Tournes (Jean), *b.* 77.
Tournezy (Jacques), confeiller à la cour des comptes, *b.* 432.
Tournon, mort de François, dauphin de France, 390 (note), — arrivée du duc de Noailles, *b.* 193.
Tournon (comte de), *b.* 143, — (le cardinal de), 390, — (JuftHenry de), *b.* 116, — voy. *Guy.*
Tours, fuite du daupin, 297, — états tenus par Charles VII, 317, — cité, XV, 305, 347, 350, 373, 378, 511, *b.* 111, *b.* 415, — (château de), le jeune de Guife s'en échappe, *b.* 12.
Tourtourel, moulin, *b.* 60.
Tourville (de), vice-amiral, *b.* 210, — fon paffage à M., *b.* 220.
Touzard (Pierre), avocat, *b.* 467.
Travers, enfeigne, 469,
Treboin (vicomte de), *b.* 170.
Trebon (de), lieutenant de roi, *b.* 149, *b.* 473.
Treille (Girard de la), *b.* 151, — (Pierre de la), 339.
Tremblai (du), capitaine, *b.* 148.
Trémouilhe (Ant.), auditeur à la cour des comptes, *b.* 436.
Trémolet (de), *b.* 156, — (Antoine de), 1er conful de M., 446, 486, *b.* 407, *b.* 409, — (George), confeiller à la cour des comptes, *b.* 436, — (Jean-Louis de), *b.* 391, *b.* 474, — (René-Gafpard de), 1er conful de M., *b.* 392, *b.* 474, — de Bucelli (Mathurin de), 1er conful de M., *b.* 390.
Trémont (de), *b.* 75.
Trente, concile, 460, — (vallée de), 376.
Trefpaffens (rue des), 289.
Treffan, 216, — (château de), 85.
Treftamare (Henry de), 237.
Trèves, XV.

Tréviez, *b.* 361, *b.* 386.
Triadou (*le*), *b.* 361, *b.* 386.
Triadou (feigr du), voy. *Bouffuge.*
Trial (Jean), vicaire, 248.
Triche, 162.
Tricourt (feigneur de), voy. *Vanel.*
Trimond (de), chanoine, *b.* 299, — (Honoré), 1er avocat général, *b.* 438, — (Léon), 1er avocat général, *b.* 438.
Trimouille (de la), envoyé dans le Milanais, 380, — cité, 353, *b.* 23, — (Louis de la), 362,— voy. *Trémouilhe.*
Trincaire (Jean), 1er conful de M., *b.* 388.
Trincat, pont de M., 449, *b.* 202.
Trincavel, feigneur, 43, 46, — vicomte de Béziers, 123.
Trinquère (André de), officier de la cour des aides, *b.* 412, *b.* 418, *b.* 458, *b.* 461, — (Claude), confeiller au préfidial, *b.* 464, — (Etienne de), 1er conful de M., *b.* 392, — confeiller à la cour des comptes, *b.* 432, — — (Jean de), avocat général, *b.* 412, — juge-mage, *b.* 461, — confeiller au préfidial, *b.* 464, — (Samuel de), juge-mage, *b.* 22. — préfident de la cour des comptes, *b.* 419, *b.* 424, — juge-mage, *b.* 461.
Tripet (Jean), officier fupérieur de la cour des aides, 351, *b.* 409.
Tripoli, Afrique proconfulaire, XXXIX, *b.* 396, — de Syrie, 21.
Triffemil (recteur de), 321.
Troisloups (Bernard de), *b.* 398.
Tronchond (de), 478.
Troffel (Pierre), 221.
Trouffe (marquis de la), lieutenant général, *b.* 487, — cité, *b.* 198, *b.* 200, *b.* 204.
Trouffel (Jacques), avocat du roi, *b.* 454, — (Nicolas), avocat du roi, *b.* 454.
Troyes, concile tenu dans cette ville, 54, — cité, 288, 305.
Tubeuf (de), *b.* 162.
Tucé (de), 323.
Tudebord, 16.
Tudellenfis, voy. *Rabbi.*

Tuffany (Guillaume de), préfident, 446, *b.* 58, *b.* 358, — (Pierre de), préfident de la cour des comptes, *b.* 415, *b.* 418.
Tuir, 199.
Tulles, *b.* 365.
Tunis (le roi de), 197.
Turc, de Nîmes, *b.* 97.
Turcs (les), 15.
Turenne (Raymond), vicomte de, 18, 487, 508, *b.* 145.
Turin, Damville eft reçu favorablement par Henri III, 482, — déroute des Français, *b.* 271,— cité, 382, *b.* 266, — (archevêque de), voy. *Seiffel.*
Turle (François), maître des comptes, *b.* 417.
Turfellin, hiftorien, *b.* 77.
Tufculum (cardinal de),voy. *Fredol.*
Tyr (l'archevêque de), 99, — voy. *Guillaume.*

U

Uchau, 243, *b.* 251.
Ul, 156.
Union, ligue contre Pierre d'Aragon, 206.
Urbain II, eft reçu à Montpellier par Guillaume, 13, — pape, 207, 240, 299, 321, *b.* 388.
Urbec (Jofeph d'), tréforier de France, *b.* 453.
Urcières (le baron des), 474, — (Jean des), 473, — 1er conful de M., *b.* 389, *b.* 449, — gouverneur de M., *b.* 472,—conful de M., 480.
Urfé (Pierre de), grand écuyer de France, *b.* 400.
Urgel (comte d'), 137, — (Félix d'), LIII, — (le cardinal de), 224, — voy. *Cabrera.*
Urraca, fille de Gombaud Guillem, 181.
Urs (Jehan), 371.
Urfins (Côme des), beau-frère de Montmorency, *b.* 39, — (Juvénal des), 307, — (Marie-Félice des), époufe du duc de Montmorency, *b.* 39, — (princeffe des), *b.* 251, — voy. *Juvénal.*
Urfperg, fa *Chronique,* 224.
Utrek, traité de paix, *b.* 289.
Uxelles (marquis d'), tué au fiége de Privas, *b.* 103.
Uzès, pris par Duguefclin, 243,— cité, 351, 475, *b.* 61, *b.* 68, *b.* 84, *b.* 85, *b.* 88, *b.* 167, *b.* 212, *b.* 232, *b.* 365, *b.* 448, — (le doyen d'), 32.
Uzès (le duc d'), fait chevalier, *b.* 327, *b.* 535,— voy. *Eléazar,* — (évêque d'), voy. *Raymond.*
Uzillis (Antoine d'), confeiller au préfidial, 478, *b.* 456, *b.* 463, — (Jean de), 446, — (Pierre d'), confeiller, *b.* 20.

V

Vabres (Martin de), chanoine), 157, — (P. de), prévôt de Maguelonne.
Vachier (Jean), dit le Galois, 274.
Vaifier, fa guerre contre Pépin, L.
Vailhauquès (Pons de), 34, — voy. *Valhauquez* & *Vallauquès.*
Vaillac (Hugues de), prieur de Saint-Firmin, 283.
Vaiffete, voy. *Vaiffette.*
Vaiffette (P.), III.
Vaiffière (Pierre), confeiller à la cour des comptes, *b.* 431, *b.* 432.
Val (forterefle du), 76.
Val (Gaubert du), évêque de Marfeille, 321.
Valat (Jean-Jofeph de), *b.* 154, *b.* 328.
Valautre (fiefs de), 45, 66.
Valbonay (de), *b.* 535, — feigneur de), voy. *Allemant.*
Valcourtois, *b.* 60.
Valdagne, 61, — (péage de), LVII.
Valdec (prince de), *b.* 210.
Valeine (feigneurie de), *b.* 315, — voy. *Valène.*
Valence, en Dauphiné, les Sarrazins s'en emparènt, XLI, — entrevue du comte de Touloufe avec les chefs croifés, 106, — prife par le duc de Guife, 419, — citée, 131, 176, 187, 192,
b. 46, — (royaume de), conquis par Jacques d'Aragon fur les Maures, 144, — cité, 131, 143, *b.* 67, *b.* 81, *b.* 91, — (marquis de), voy. *Eftampes.*
Valenciennes, 398, *b.* 175.
Valène (bois de), 72, *b.* 166.
Val-en-Laval, *b.* 386.
Valentin, capitaine, *b.* 47.
Valentine, bifaieule de François Ier, 382, — de Milan, ducheffe d'Orléans, 292 (note).
Valentinien, empereur, XIX, XXI.
Valentinois (duc de), *b.* 309.
Valeraugue, *b.* 208, — voy. *Valleraugue.*
Valérien, empereur, XVI.
Valery, *b.* 35.
Valefcure, *b.* 99.
Valefpir (comté de), 139, 171.
Valette (cardinal de la), *b.* 79, — (Jacques de la), confeiller, *b.* 411, *b.* 425, *b.* 434, *b.* 436, — (Bernard de la), gouverneur de Provence, *b.* 13, — (Jean-Louis de la), duc d'Epernon, 509, — (Léonard de la), préfident, *b.* 428, — (feigneur de la), voy. *Planque,* — Defplans (Jacques), préfident, *b.* 465.
Valfère, fon étymologie, 4.
Valfernay, fon *Hiftoire des Albigeois,* 120, — voy. *Valfrenay.*
Valflaunès, *b.* 361, *b.* 386.
Valfrenay, fon *Hiftoire des Albigeois,* 104, — voy. *Valfernay.*
Valhauquez, *b.* 386, — voyez *Vailhauquès.*
Valhauquez de Murles, *b.* 120.
Valiac (Guillaume), conful, 397.
Valiboufe(Jean), correcteur, *b.*433, — tréforier de France, *b.* 453.
Valladolid, *b.* 283.
Vallat (Jacques), confeiller à la cour des comptes, *b.* 432, — (Pierre), 2me conful de M., *b.* 392, —Saint-Romans (Jean-Jofeph), 1er conful de M.. *b.* 393.
Vallauquez, *b.* 361.
Vallauquez (Arnaud de), 138, — (Pons de), rend hommage à Jacques II, 147,—v. *Valhauquez.*
Vallée-Foffez (Gabriel de la), gouverneur de M., *b.* 92, *b.* 473.

Valleraugue, 23, — voy. *Valeraugue*.
Valleville (Maur de), évêque de Maguelonne, 339.
Vallia, s'établit à Toulouse, XIX.
Vallon, *b*. 114.
Valmagne (abbaye de), 45, 61, 87, 280, *b*. 246, *b*. 345.
Valmale, 72, 83, 185.
Valobscure, conseiller au présidial, *b*. 461, — (François), conseiller au présidial, *b*. 463, — (Henri), conseiller au présidial, *b*. 464, — (Jean de), conseiller au présidial, *b*. 464, — (Pierre de), conseiller au présidial, *b*. 464, *b*. 465.
Valois (le duc de), 374, — (Charles de), duc d'Angoulême, *b*. 8. — (François de), 373, 379, — voy. *Louis*, — voy. *Charles*.
Valros, pris par Damville, 488.
Vals, *b*. 47,
Valteline, *b*. 88, *b*. 122.
Valz en Vivarais (temple de), *b*. 148, — voy. *Vals*.
Vamba, est sacré à Tolède, XXX, — meurt empoisonné, XXXIV.
Vandales (les), leur invasion en 406, XVII, — se retirent en Espagne, ve siècle, XVIII, — expéditions de Vallia contre eux, XIX, — origine de ce nom, XLI.
Vanel (Jean-Baptiste), auditeur, *b*. 433.
Vaquier (Pierre), consul de M., 214, — conseiller à la cour des comptes, *b*. 437.
Var (le), 393.
Varanda (David), conseiller au présidial de M. & professeur de droit, IV, — cité, 35, — (Charles de), 1er consul, *b*. 169, *b*. 392, — (David de), conseiller au présidial, *b*. 463, — (Jeanne de), épouse de La Faverie, *b*. 122.
Varandal (de), sa *Table chronologique des Guillaumes*, 7.
Vareille-Reclot (Pierre), conseiller à la cour des comptes, *b*. 435.
Varènes, nommé gouverneur d'Aiguesmortes, *b*. 66.
Varie (Guillaume de), général des finances, 334, 338, *b*. 405, *b*. 406, *b*. 442.
Vassadel (Raymond), rend hommage à Jacques II, 148.
Vassal (Jean), conseiller à la cour des comptes, *b*. 437.
Vasselis (Aimeric de), gouverneur de M., *b*. 378.
Vassy, 442.
Vaubecourt (François de), évêque de Montauban, *b*. 299.
Vaudemont (Marguerite de), 499, — (Nicolas de), 486.
Vaudois (les), leur apparition dans le Dauphiné, 103.
Vauguières, métairie, *b*. 200.
Vaulfière (seigneur de la), voy. *Dampmartin*.
Vaunage (la), *b*. 148, *b*. 199, *b*. 234, *b*. 258, *b*. 317.
Vauvert, est excepté de la juridiction de M., 414, — cité, *b*. 199, *b*. 460, — (château de), pris par le duc d'Uzès, 486.
Vauvert (sieur de), voy. *Hauteville*.
Vaux (Perrin de), 1er consul de M., *b*. 388.
Vedrines (Pierre), conseiller au présidial, *b*. 464.
Veillane, combat où Doria fut défait, *b*. 107.
Veilles, 376.
Veine (seigneur de), voy. *Mazars*-Veirac, *b*. 268.
Veissière (de), aide-major, *b*. 475, *b*. 476, — (Pierre de), conseiller, *b*. 250, *b*. 454.
Velasque (Fernand de), connétable de Castille, *b*. 17.
Velay (le), *b*. 116, *b*. 167.
Velay (comte du), voy. *Jean de Bourbon*.
Velence, dans le Milanais, *b*. 229.
Velleius Paterculus, cité, X.
Vely, ambassadeur, 392.
Venaissain (le comtat), XV.
Vence (évêque de), voy. *Pierre IV*.
Vendargues, 443, *b*. 347.
Vendargues (Richard de), conseiller du roi, *b*. 440.
Vendémian, 32, — voy. *Vindémian*.
Vendôme (duc de), passe à M. pour se rendre en Catalogne, *b*. 224, — à Naples, *b*. 253, — rétablit le roi d'Espagne, *b*. 284, — cité, 353, *b*. 21, *b*. 36, *b*. 37, *b*. 78, *b*. 74, *b*. 148.
Vendres, XIV, — (port de), *b*. 469.
Venero (Bernardin de), consul de M., 480.
Venise (peste à), *b*. 241, — citée, 376, 399, *b*. 122.
Vénitiens (les), Jacques d'Aragon recherche leur alliance, 205, — ligue contre les Français, 358, — cités, 362, 376.
Ventadour (de), lieutenant en Languedoc. *b*. 16, — (le comte de), 225, 314, — (duc de), préserve le Languedoc de la disette, *b*. 27, — préside les états de Languedoc, *b*. 84, — lieutenant général du Languedoc, *b*. 91, — cité, 487, *b*. 20, *b*. 22, *b*. 46, *b*. 115.
Verchand, *b*. 95, — (Daniel), *b*. 152, — (Guillaume), 411, — (Jean), jeune, 408, — (Pierre), 418, — (Samuel), conseiller du roi, *b*. 440, — (la), *b*. 316, *b*. 319, — voy. *Multipliants*.
Verdale (Arnaud de), évêque de Maguelonne, 4.
Verdun, Henri II s'en empare, 411, — cité, *b*. 12, *b*. 425.
Verdun, 1er président à Toulouse, *b*. 28.
Verduron (Pierre), avocat du roi, *b*. 215, *b*. 463.
Verfeil, près de Toulouse, *b*. 18.
Vergier (du), 343, 339.
Vergne (de la), *b*. 89, — (Louis), conseiller au présidial, *b*. 465.
Verly (marquis de), voyez *Vallée-Fossez*.
Vermandois (comte de), voyez *Hugues le Grand*.
Vermeil, en Ethiopie, *b*. 118.
Vermillon (bois de), *b*. 514.
Vernède (Bérenger de), lieutenant de Jacques III, 183, *b*. 377.
Vernet, *b*. 56, — voy. *Ermengaud*.
Verneuil, bataille perdue par Charles VII.
Verneuil (duc de), *b*. 163, *b*. 169, *b*. 173, *b*. 184, *b*. 487, — (du-

cheffe de), *b.* 401, — voy. *Seguier (Anne)*.
Vernioles (jardin de), *b.* 343, *b.* 349.
Vernon, entrevue du roi de Navarre avec Charles V, 246, — cité, 239.
Vernon (Guillaume de), lieutenant de la ville & cité de M., *b.* 474, *b.* 475.
Verny (Jean), correcteur, *b.* 315, — conseiller à la cour des comptes, *b.* 437.
Verrerie, ancienne rue de M., *b.* 516.
Vers (Etienne de), chambellan de Charles VIII, 355.
Versailles, accouchement de la reine, *b.* 334, — cité, *b.* 113, *b.* 191.
Vertus (comte des), 297.
Verue, pris par Vendôme, *b.* 266.
Vérune (de la), gouverneur de M., 480.
Vervins, assemblée, paix avec l'Espagne, *b.* 21.
Vervins (Louis de), archevêque de Narbonne, *b.* 43.
Vesson (Jean), *b.* 318.
Vestiaire, de Saint-Guillem du Désert, docteur en décret, 248.
Vestrict (Jean-Bérard de), conseiller à la cour des comptes, *b.* 432.
Vetula, 37.
Vezelay, 466.
Vezenobre, voy. *Bermond*.
Vezian (Bernard), chanoine, 70, — (Jean), auditeur, *b.* 433, *b.* 438.
Veziens (archip. de), voy. *Servole*.
Vianes (Vincent), *b.* 200.
Viano (Marie-Anne-Thérèse de); *b.* 231.
Viard (Raymond), général des finances, 478, *b.* 444, *b.* 450.
Vias, *b.* 469.
Vic, 237, *b.* 361, *b.* 386, *b.* 471.
Vic (Mery de), seigneur d'Ermenonville, *b.* 75, — voy. *Roquefeuil*, — voy. *Roussel*.
Vichet (Jacques), maire de M., *b.* 393, — trésorier de France, *b.* 453.

Victor, antipape, 55.
Victoria, nièce du pape Paul III, 396.
Vidal (Jean), consul de M., 480, — notaire, 366.
Vidalon (Henry), auditeur, *b.* 433, — conseiller à la cour des comptes, *b.* 434.
Vidaure (Thérèse-Giles), 144.
Vidourle (le), rivière, XLVI, 37, 87, 486, *b.* 364.
Vieille (logis de la), 215.
Vieille-Friperie, *b.* 347, — voy. *Friperie*.
Viel (Antoine), président de la cour des comptes, *b.* 437, — (Jean), conseiller du roi, *b.* 440, — (Louis-Antoine), conseiller à la cour des comptes, *b.* 436.
Viène (Guillaume de), seigneur de Saint-George-Renier, 298.
Vienne (Dauphiné), au concile tenu dans cette ville l'ordre des Templiers est aboli, 54, 172, — citée, XV, 105, 317, 356, *b.* 17, — voy. *Viène*, — voy. *Pierre*, — (Autriche), assiégée par les Turcs, *b.* 231, — citée. *b.* 194.
Vieufville (le sire de), 288.
Vieussens (Daniel-Louis), trésorier de France, *b.* 454.
Vieux-Brisach, *b.* 262.
Vigan (le), 235, *b.* 194, *b.* 459.
Vignes, procureur général, IV, *b.* 268, — (Barthélemy), sa relation des troubles de M., IV, — (François), auditeur, *b.* 433, — (Jean), correcteur des comptes, *b.* 415, *b.* 418, *b.* 464, — (Louis), procureur général, *b.* 432, *b.* 438.
Vignogoul (le), abbaye près de M., *b.* 173, *b.* 221, *b.* 341.
Vignoles (de), 323, *b.* 449, — (Fulcrand de), sa mort, *b.* 10, — (Henry de), garde scel, *b.* 456, *b.* 463, — (Jacques de), conseiller, *b.* 20, *b.* 411.
Viguier (Aphrodise), *b.* 149.
Vilaret, chanoine, 437.
Vilespassiers, *b.* 151.
Villa (seigneur du), voy. *Crouzet*.
Villar (Jacques), auditeur à la cour

des comptes, *b.* 438, — (Pierre), auditeur à la cour des comptes, *b.* 436.
Villaragut (Guillaume de), 170, — lieutenant du roi Sanche, *b.* 377.
Villaret (François), conseiller du roi, *b.* 440.
Villarnaud (Raymond), 199.
Villars (de), en Allemagne, *b.* 253, — a le commandement de l'armée de la Moselle, *b.* 263, — cité, 430, *b.* 253, — (Alexandre-Robert de), major de la cité de M., *b.* 474, — (Honorat de), dit le Bâtard de Savoie, 405.
Villas, *b.* 265.
Villaviciosa, bataille, *b.* 284.
Villefalse (étang de), XLII.
Villefranche, passage de Charles VI, 287, — citée, 203, 206, *b.* 111, — en Piémont, *b.* 266, — ancien faubourg de M., 174, *b.* 344, — de Rouergue, *b.* 365, — en Roussillon, assiégée par le prince de Conti, *b.* 150.
Villemagne, 440, 498.
Villemagne (l'abbé de), 96.
Villemur, assiégé par de Joyeuse, *b.* 13.
Villemur (Bertrand de), évêque de Fréjus, 277.
Villeneuve, VII, — rendue par le comte Robert à Argemire, LIV, — citée 40, 72, 98, 184, 440, — *d'Avignon*, 442, *b.* 59, *b.* 358, *b.* 361, 386, *b.* 471, — (château de), 28, — (faubourg de), premier nom donné à la Saunerie, *b.* 345, — *d'Avignon*, 216, — voyez *Villeneuve-lez-Avignon*, 506, — *de Berg*, *b.* 46, — *la Crémade*, 499, — *lez-Avignon*, passage de Charles VI, 284, — tenue des états, 485, — citée, 195, *b.* 365, — *lez-Maguelonne*, VIII.
Villeneuve la Crémade (marquis de), voy. *Panat de Castelpers*, — (de), tué au siège de Sommières, 476, — gouverneur de M., 478, — procureur du roi, *b.* 467, — (G.-Roch de), 198, — (Pierre de), 124, — (seigneur de), 462.

Villepinte, prise par Montmorency, b. 7.
Villeroy, se retire de la cour, b. 314, — (duc de), gouverneur de Louis XV, b. 295, — cité, b. 13.
Villers (Guillaume de), 191, 198, — l'Isle-Adam (Philippe), 306.
Villespassans, 505.
Villespassiez (de), lieutenant de roi de la citadelle, b. 474.
Villeveyrac, 235.
Ville-Vieille, château près de Sommières, 475, b. 65.
Villevieille (de), b. 206.
Vinça, 206.
Vincennes, mort de Charles V, 275, — mort de Charles IX, 481, — élargissement du prince de Condé, b. 45, — détention de Condé, b. 144, — mort de Puylaurens, b. 119, — cité, 186, 246, 284, 309 (note).
Vincentius, évêque de Maguelonne, xxv, xxxiii, xxxv.
Vindémian, 65, 72, 185, 216, b. 53, — voy. *Vendemian*.
Violette (Bernard), docteur en décret, 316.
Viols-en-Laval, b. 361.
Vires (de), 1er consul de Narbonne, b. 149.
Viret (Pierre), ministre huguenot, 442.
Virgile (montagne de), b. 469.
Visigoths (Maguelonne sous les), 1, — division des terres entre eux & les Ostrogoths, xxiv, — leur conversion dans le vie siècle, xxv, — ils demandent des terres à Pépin, xliv, — cités, xviii.
Visitation (la), couvent de M., b. 346.
Vistule (Goths venus de la), xvii.
Viterbe, voy. *Geofroy*.
Viteric, tue Liuva, xxvii.
Vitiza, fils d'Egica, succède à son père, son immoralité, xxxvi, — fait démolir les murailles des villes, xxxix.
Vitrac, b. 170.
Vitry (maréchal de), investit Beaucaire, b. 109, — (Jacques de), curé, 109.
Vittemberg (Christophle de), 397.
Vivarais (le), xv, b. 116, b. 148, b. 167, b. 209, b. 279, b. 394.
Vivens, ministre protestant, b. 208, — (François), b. 238.
Vives (Gabriel), conseiller, 351, b. 407, b. 409.
Vivet (Louis), président de la cour des comptes, b. 426, b. 431, — trésorier de France, b. 452.
Vivian (Gilles), 282, — gouverneur de M., b. 378.
Viviers, les Sarrazins s'en emparent, xli, — cité, 467, 490, b. 212, — (église de), devient le siége épiscopal du Vivarais, — xvi, (évêque de), 104.
Vivonne (maréchal de), b. 216.
Vivrac (Jean de), 1er consul de M., b. 389.
Voglay (bataille de), xxiii.
Voisin (Hector de), b. 116, — (Jeanne de), belle-sœur de Basville, b. 235, — (Louis de), sieur d'Ambres, b. 43.
Volhe (Jean de la), baille, 410, b. 359, — 1er consul de M., b. 389, — (P. de la), président de la cour des comptes, b. 418.
Volmar (Melchior), professeur de grec, 423.
Volsques (étang des), vii.
Vopiscus, sa *Vie de Probus*, xvi.
Voulte (Louis de la), 353.
Voute (la), b. 194.
Vrillière (de la), b. 125.

W

Wardes (marquis de), b. 190, — voy. *Bec-Crespin*.

Witt (Ile de), prise par d'Annebaut, 402.
Winteringue, évêque de Nîmes, liii.
Wisigoths, voy. *Visigoths*.

X

Xaintes (Saintes), pris par les Sarrazins, xlii.
Xativa (château de), 214.

Y

Yesid, calife, xl.
Yoland, 2e femme de Jacques III, 222, — 2e femme de Jacques IV de Mayorque, 292, 293, — fille de Jacques d'Aragon, est mariée à l'infant de Castille, 145, — fille du duc de Bar, 274, — de Hongrie, épouse de Jacques d'Aragon, 144.
Yuda (terre de), 249.
Yves (Jacques), 321.
Yviça, île, 144, 197.
Yvon, 229.

Z

Zaën, roi de Valence, 131.
Zama, son armée s'empare de Narbonne, xl, — tué au siége de Toulouse, xli.
Zamet, maréchal de camp, b. 62, b. 67, — tué au siége de M., b. 73.
Zindrio (paroisse de), 28.
Zurita, son *Histoire des rois d'Aragon*, II, — cité, 39, 67, 100, b. 477.

FIN DE LA TABLE DES NOMS CITÉS DANS L'HISTOIRE CIVILE

TABLE DES MATIÉRES

CONTENUES DANS L'HISTOIRE CIVILE

Nota. — La pagination est celle de la première édition, dont les chiffres ont été maintenus en manchettes dans les marges de cette réimpression.

A

	Pages
Abolition (lettres d') pour les habitans de Montpellier par le roi Charles VI.	177
Autre par le roi Loüis XIV.	418
Acier (le seigneur) qui avoit tenu si longtemps le parti des huguenots, revient dans le pays pour celui des catholiques.	307
Admiral de Châtillon, après la bataille de Montcontour, passe par Montpellier & y cause bien du ravage.	301
Agnez, seconde femme de Guillaume de Montpellier, du vivant de la premiere travaille heureusement pour ses affaires, ne peut faire confirmer son mariage par le pape Celestin, ni par Innocent II.	54
Aimargues pris par le duc de Rohan	391
Alberoni (cardinal), son passage par Montpellier.	531
Albigeois, commencemens de ces heretiques	65
Croisade en Languedoc contre eux.	67
Ils donnent la bataille de Muret, où ils sont défaits.	71
Alexandre III pape, son arrivée à Montpellier.	35
Alienation du domaine du roi à Montpellier.	260
Acquisition qu'en font les Consuls.	263
Almeras, lieutenant-général des armées du roi. Sa mort.	442

	Pages
Aluin (le duc d') Schomberg, gouverneur du Languedoc, son entrée à Montpellier.	400
Est fait maréchal de France.	405
Ambassadeur de la Porte au roi Loüis XV.	533
Amirauté de Montpellier & de Sette. Voyez l'article de ce siége.	654
Ampville (le maréchal d'), destitué de son gouvernement, s'y soûtient en s'unissant aux huguenots.	312
Anglic (le cardinal) s'employe utilement pour les habitans de Montpellier après leur sédition.	168
Anglois au port de Sette.	512
Anjou (Loüis duc d') frere du roi Charles V, est promis avec l'infante d'Aragon par le roi Jean son pére, qui lui assigne la seigneurie de Montpellier, 142. Il veut faire prendre possession de cette ville pendant la détention du roi son pere, à Londres, 144. Les habitans députent au roi en Angleterre, qui écrit à son fils de suspendre ses poursuites jusqu'à son retour en France, 147. Il s'oppose de toutes ses forces à la prise de possession du roi de Navarre, 160. Il fait publier une sentence terrible contre les habitans de Montpellier, 168. Qu'il mitige le lendemain, 172. Fin déplorable de ce prince, 180. Son testament.	181
Aran, vallée dans les Pyrénées, rendue au	

Table des Matières

	Pages
roi d'Aragon par le roi Sanche, seigneur de Montpellier.	107
Archiduc d'Autriche à Montpellier.	235
Armagnac (comte d') gouverneur de Languedoc.	149
Armoiries anciénes de la ville, rétablies par le marquis des Fossés.	388
Arnaud de Lordat, chancelier du roi de Mayorque Jacques III.	116
Arquebuse (exercice de l') retabli à Montpellier.	486
Arrivée du roi Charles IX à Montpellier.	294
Arrivée à Montpellier du roi d'Espagne Philippe V.	494
Arrivée de Madame la duchesse de Roquelaure à Montpellier.	509
Arrivée de nosseigneurs les princes à Montpellier.	490
Arrivée du duc de Montmorency, fils du connétable, à Montpellier.	346
Articles de la paix de Montpellier après le siége.	382
Assemblée des huguenots après l'affaire de la Paulet à Montpellier & en différentes provinces.	454
Assemblée extraordinaire de cinq intendans à Montpellier.	44
Assignation des sommes payables par la ville après la sédition sous le duc d'Anjou.	175
Aubijoux (le vicomte) gouverneur de la ville & citadelle sous Mgr. le duc d'Orléans, 412. Se déclare pour les princes.	424
Audience (premiere) de la cour ordinaire.	420
Aydes (Cour des) envoyée à Carcassonne. Voyez son article.	417 593

B

	Pages
BAillie de Montpellier, suprimée par le roi Henry II, 259. Voyez son article.	560
Barvik (le duc de) en Languedoc.	500
Bassompierre fait maréchal de France à Montpellier.	378
Bâtards de Guillaume fils de Mathilde.	87
Batême d'apparat fait au nom du roi.	404
Benjamin de Tudelle, rabin, son témoignage sur Montpellier.	38
Bernage (M. de) intendant en Languedoc.	529
Bernage St-Maurice, son fils lui succede.	543
Billets de banque, troubles qu'ils causent.	533

	Pages
Bougie de la longueur de la ville autour d'un cilindre, qu'on faisoit brûler dans l'église de Notre-Dame.	188
Bouillon (le duc) à Montpellier & de là à Orange & à Geneve.	345
Bourg (comte du), sa mort funeste à Montpellier.	473
Bonzi (le cardinal), sa mort.	497
Bourse commune des marchands, établie à Montpellier.	467
Brandille, place Brandille.	526
Brescou fortifié par le maréchal de Joyeuse, surpris par le duc de Montmorency, 333. Il y envoya une colevrine dont lui avoit fait présent le duc d'Epernon.	336
Broglio (le comte) à Montpellier.	461
Brouillerie entre le parlement de Toulouse & la cour des aides de Montpellier.	422
Brousson (Claude) ministre, son exécution à Montpellier.	484
Bureau des trésoriers de France établi à Montpellier, 255-264. Voyez l'article du bureau des finances.	

C

	Pages
CAlvinistes, leurs commencemens à Montpellier, 170. Se saisissent de Notre-Dame des Tables, 279. Assiégent le fort St.-Pierre, 281. Pillent les églises du dehors de la ville, 382. Se préparent à la guerre civile.	185
Campement à Montpellier sur la rivière du Lez.	470
Canal du Lez, première pierre qui y fut mise par M. le cardinal de Bonzi & Madame la duchesse de Verneüil.	441
Capitation.	475
Cardinal (de Châtillon) à Montpellier.	280
Carrousel à Montpellier.	440
Castries (le marquis de) succede à M. de Bioule dans la lieutenance-générale au département du Bas-Languedoc.	437
Catherine de Médicis, venant de Nerac y traiter de la paix, s'arrête à la Verune, où elle fait venir les principaux des deux religions.	320
Cavalerie bourgeoise.	504
Caumartin (M. de) fait garde-de-sceaux au camp de Montpellier.	376
Cauvissan (château) dans le diocése d'**Aleth**,	

	Pages
où meurt le maréchal de Joyeuse, nombre de ses enfans.	337
Cazernes établies à Montpellier.	474
Censive papale établie anciénement à Montpellier, suspendue sous le roi Charles VI, 192. Suprimée sous Charles VII.	206
Cévenes, commencemens des troubles qui y paroissent.	458
Chambre des comptes de Montpellier, établie par François I, 247. Voyez son article.	600
Chambre de l'édit du Languedoc, resolue & formée à Montpellier.	340
Chancelerie auprès de la cour des aides & chambre des comptes. Voyez son article.	616
Charles V, roi de France regle plusieurs affaires à Montpellier pendant l'éloignement du roi son pere.	174
Et depuis qu'il fut parvenu au trône.	174
Charles VI, roi de France, arrive à Montpellier, 183. Y séjourne plusieurs jours, 184. Il visite le Languedoc jusqu'à Toulouse, *ibidem*. Il revient à Montpellier & part brusquement de là pour Paris avec le duc de Touraine son frere, 184. Maladie du roi qui fut le commencement de tous les troubles de son regne, 192. Les Anglois sont attirez dans son royaume, qui y mettent la désolation, 196. Le dauphin se retire dans le Languedoc, il est desherité par le roi son père & déclaré déchû de la couronne.	197
Charles VII, roi de France, ses amis lui conservent le Languedoc, 200. Et la pucelle d'Orléans rétablit ses affaires du côté de France, 201. Le roi vient à Montpellier, où il fit ses Pâques en 1437, & donne deux édits remarquables pour le parlement & pour la cour des aides, 202. Le dauphin son fils lui donne bien de l'exercice & sort du royaume, les soupçons qu'en prit le roi causèrent sa mort.	211
Charles VIII, roi de France, accorde par surprise la supression de la cour des aides de Montpellier, 230. Il la revoque & donne des lettres patentes pour son rétablissement, 224. Progrès surprenans du roi Charles en Italie, 227. Il donne à Naples des lettres remarquables pour Montpellier, 228. Il défait ses ennemis à *Fournoüé*, & ses lieutenans chassent Ferdinand d'Aragon des frontières du Languedoc, 229. Mort du roi.	230
Charles IX, roi de France, les religionnaires	

	Pages
sous son regne commencent à troubler dans Montpellier, ils s'emparent des églises et les pillent, 277 *& les suiv*. Ils se preparent à la guerre civile, 295. Le roi vient à Montpellier, 294. Il n'empêche pas que les troubles n'augmentent après son départ. Petites guerres aux environs de Montpellier, 304. Alternative de faveur & de rigueur envers les huguenots, augmente les desordres. Mort du roi.	308
Charles le Mauvais, roi de Navarre, trouble le regne du roi Jean & celui de Charles V, qui lui enlève la comté de Longueville & les villes de Mantes & de Meulan, 153. Il obtient en dedommagement la seigneurie de Montpellier, 156. Elle lui est ôtée pour ses trahisons durant les guerres de Castille, *ibidem*. Il se reconcilie avec le roi Charles V, qui lui fait rendre la seigneurie de Montpellier, 158. Il vient en cette ville où il donne diferens ordres pour le bon gouvernement, 160. La reine son épouse vient à Montpellier pour adoucir le duc d'Anjou son frère, 164. Des nouveaux attentats du roi de Navarre contre Charles V, lui font ôter Montpellier.	166
Charles le Noble, roi de Navarre, fils de Charles le Mauvais, est rétabli dans la seigneurie de Montpellier, 178. Le duc de Berry son oncle la lui fait saisir & puis le rétablit, 179. Charles le Mauvais ayant broüillé de nouveau sous le roi Charles VI, il fit prendre la résolution d'ôter à son fils la joüissance de Montpellier, qui toujours depuis a resté à la France.	180
Cinqmars (Mr. de), dans la citadelle de Montpellier.	408
Citadelle à Carcassonne bâtie par le duc de Montmorency, 333. Est prise & reprise par les ligueurs & les royalistes.	335
Citadelle à Montpellier demandée par les habitans pour se décharger du logement des gens de guerre.	384
Cleophas (Saint), l'un des patrons de Montpellier.	14
Coligny (Mr. de) fils du célèbre admiral de Châtillon, se jette dans Montpellier pour en soûtenir le siége contre le maréchal de Montmorency. Belle marche qu'il fait pour revitailler la ville, 318. Est démis du généralat, 360. Est fait maréchal de France.	270
Combat à Villeneuve-lez-Maguelonne. Autre à la Verune, autre à Castelnaudary.	398.

Table des Matières

	Pages
Commencement des grands troubles dans les Cévenes.	459
Compagnies defapointées dites les mauvaises Compagnies, 151. Dites auffii Compagnies bleuës.	180
Concile de Montpellier en 1214. Députations des pères au pape Innocent III, pour lui demander la confirmation du choix qu'ils avoient fait de Simon de Montfort pour leur feigneur.	74
Concile de Montpellier en 1224.	77
Concile provincial tenu à Montpellier en 1258, pour les mœurs des ecclésiastiques, & pour la confervation des biens de l'église.	86
Concile de Bâle, confirme toutes les graces accordées par les fouverains pontifes à la communauté de Montpellier.	203
Condé (le prince), change les attaques de Montpellier.	376
Conference à Montpellier entre Gouffier & Chievres pour les interêts de Charles-Quint & François I.	245
Connétables (bâton des) donné par Henri IV au duc de Montmorency, 338. Qui le rappelle à la Cour.	338
Sa mort.	352
Corcone (château de), pris par le duc de Rohan, repris par le marquis de Foffez.	388
Conftance d'Aragon, reine de Mayorque, époufe de Jacques III.	114 *& fuiv.*
Conftance de Cezelly, époufe de M. St Aunez, gouverneur de Leucate.	333
Confuls tous catholiques.	408
Confuls mi-partis. Tentatives de Mr. de Rohan pour en eluder la nomination.	383
Confuls, ancienne forme de leur élection.	139
Confulat de ville, voyez fon article particulier.	578
Confulat de mer, voyez fon article.	586
Contagion à Marfeille 532, et dans le Languedoc.	533
Convalefcence du roi Loüis XIV. Réjoüiffances qu'elle produit à Montpellier.	459
Convalefcence du roi Loüis XV.	545
Converfion du roi Henri IV.	338
Converfion des huguenots à Montpellier.	456
Cour (du Baile), voyez fon article.	560
Cour du Petit-Sceau-Royal de Montpellier.	566
Cour du gouverneur du palais.	573

D

	Pages
Dampville (le duc) gouverneur du Languedoc, arrive à Montpellier, 291, & y rétablit les catholiques.	293
Démolition totale des églifes.	298
Démolition des fortifications de Montpellier après le fiége.	383
Démolition de Maguelone.	402
Démolition du Petit-Temple, 438. Du grand.	451
Démêlez entre la Cour des aides & les tréforiers de France, 426. Entre la Cour des aides & l'intendant, 525. Entre Mrs d'Aubijoux & Briffac, 426. Entre le fénéchal & le juge-mage.	423
Denis (Saint), l'églife, on y met la première pierre.	486
Denis (fort), attaqué par les troupes du roi, 474 *&*	375
Defunion de la Cour des aides d'avec la chambre des comptes.	416
Difpofition de l'armée du roi Loüis XIII devant Montpellier.	373
Dubois (l'abbé), fait archevêque de Cambrai & cardinal.	533
Duel entre Mrs d'Aubijoux & Briffac.	426

E

Emeute des vignerons au Petit-Temple.	482
Emeute (petite) pour les toiles peintes.	514
Embeliffemens faits à Montpellier.	547
Entrée du roi Loüis XIII, dans Montpellier après le fiége.	379
Entrée du roi Charles IX à Montpellier.	294
Entrée du marquis & de la marquife de Caftries.	476
Entreprife mémorable du duc de Rohan fur la citadelle de Montpellier.	389
Equivalent dans le Languedoc, reçoit une nouvelle forme.	215
Ermenfende de Melgüeil, veuve du feigneur de Montpellier, travaille utilement pour fes enfans.	19
Efplanade, travaux qu'on y fait pour fon embéliffement.	543

contenues dans l'Histoire civile.

	Pages
Etats de la province tenus à Montpellier, sous le roi Charles VI, par ordre de la reine Isabelle & du duc de Bourgogne. Forme de la tenuë de ces états.	196
Etats de Tours sous Loûis XII, où assistèrent les deputez de Montpellier.	238
Etats assemblez extraordinairement à Montpellier par ordre de la reine Catherine de Médicis.	274
Etats de la province, tenus en diférens endroits par les huguenots & par les catholiques.	320
Etats tenus à Blois, où le duc de Guise est tué	329
Etats tenus à Paris, où assistent les députez de Montpellier.	354
Etat-major de la ville & de la citadelle, voyez-en l'article.	636
Etuves à Montpellier sous le roi d'Aragon, abandonnées depuis la découverte des bains de Balaruc.	397
Eudoxie de Constantinople, epouse du dernier Guillaume de Montpellier, 41. Elle en est répudiée, 43. Et se retire aux religieuses d'Aniane.	43
Exemption du droit de lods pour les échanges en faveur des habitans de Montpellier.	117
Exemption pour les mêmes de tout service de guerre donnée par le roi Philippe de Valois.	117

F

	Pages
FAnatiques, leurs commencemens, leurs mouvemens.	497, 510, 514, 515, 517
Fare (marquis de la), commandant en Languedoc.	542
Faucon (maison), qui a exercé longtemps diverses charges à Montpellier, dont il est fait mention en divers endroits de cette histoire, 239 &	237
Faux-monoyeurs à Montpellier.	327
Ferdinand, frere de Jacques III, reçoit plusieurs terres en sûreté de ses pensions.	117
Fonbon maltraité par les révoltez de Montpellier.	370
Fontaine de St-Clément, projet de la conduire à Montpellier.	515
François I, roi de France, confirme à son avenement la cour des aides de Montpellier, 243. Conference en cette ville entre *Chievres* & *Goussier* pour la bonne intelligence de l'empereur & du roi, 245. Arrivée de François I. à Montpellier, qui va voir l'isle de Maguelonne & approuve le projet d'en transférer la cathédrale à Montpellier, 249. Assemblée pour la paix aux cabanes de Fitou, qui attire le roi à Montpellier, 252. Son entrevuë de Nice avec le pape, *ibidem*. Autre à Aiguesmortes avec l'empereur.	253
Frejus (l'évêque de) est mis à la tête des affaires, 546. Est fait cardinal par le pape Benoît XIII.	546
Frontignan (ville de), accorde un secours d'argent au roi Jacques III.	115

G

	Pages
GAllargues (château), est assigné à Isabelle de Mayorque avec ses revenus en dédommagement du reste de ses prétentions sur Montpellier. Pris par le duc de Montmorency.	187
Suites de cette prise.	393
Genlis (le chevalier de), sa mort à Montpellier	485
Grenadin condamné à Montpellier.	359
Guesclin (connétable) vient à Montpellier, meurt à Châteauneuf de Randon.	176
Guillaume-Bernard, fils d'*Adelais*, assiste avec son père à la fondation de l'abbaye de St-Geniez.	5
Guillaume, fils de *Beliarde*.	5
Guillaume, fils d'*Ermengarde*, ses démêlez avec l'évêque Godefroy, 6. Part pour la Terre-Sainte, 9. A son retour il fait fleurir le commerce à Montpellier, 13. Il part pour une expedition à Mayorque.	16
Guillaume, fils d'*Ermensende*, ses démêlez avec le comte de Melgüeil, 19. Il fait un voyage à la Terre-Sainte, 21. Se marie avec *Sibille* de Mataplane, 22. Fait divers traitez pour le comté de Melgüeil, 23. Il va au secours du roi de Castille, 24. Et acquiert la ville de Tortose, il est chassé de Montpellier & rétabli par le comte de Barcelonne, 26. Il se retire dans l'ordre de Cîteaux.	28
Guillaume, fils de *Sibille*, va au secours du roi de Castille, 29. Se marie avec Mathilde de Bourgogne, 31. Prend le parti du roi d'Angleterre contre le comte de Touloufe.	32
Guillaume, fils de *Mathilde*, persuade à Eudoxie de Constantinople de l'épouser, 43. Il la

	Pages
répudie, & prend Agnez qui gouverne avec fuccèz toutes les affaires. Ils ne peuvent obtenir du St-Siége la confirmation de leur mariage, 54. Guillaume tombe malade de déplaifir, & fait fon dernier teftament.	55
Guy le guerroyeur.	41
Guy, fait la fouche des feigneurs de Montpellier.	3
Guy, fondateur de l'ordre hofpitalier du St-Efprit.	39

H

	Pages
Honneurs funébres de la reine Marie Therefe d'Autriche.	456
Honneurs funébres de Mgr le duc de Bourgogne.	516
Hôpital-Général établi à Montpellier.	445
Hôpital nouveau établi pour la retraite des pauvres.	469
Hoftilitez entre le duc de Montmorency & le vicomte de Joyeufe que le roi tente inutilement d'accorder, 323 & fuivantes.	
Hoftilitez entre Mr de Rohan & le duc de Montmorency. 394 &	395
Hôtel des monnoyes de Montpellier, 570. Voyez son article.	570
Hugues de Lordat reçoit procuration du roi Charles VII de retirer la fomme de foixante mille livres que les Etats de la province lui avoient accordées.	193

J

	Pages
Jacques I, roi d'Aragon, feigneur de Montpellier, particularitez de fa naiffance, 62. Il confirme les priviléges de la ville, 73. Il epoufe Eleonor de Caftille, 79. Part pour la conquête de Mayorque, il revient à Montpellier en 1234 & 1238, marie fa fille avec Philippe-le-Hardi, roi de France. Ses exploits à Grenade & à Murcie, 87. Son départ pour la Terre-Sainte, 88. Affifte au fecond Concile général de Lyon, 89. Son teftament & fa mort.	90
Jacques II, roy de Mayorque, accorde plufieurs priviléges aux habitans de Montpellier, 93. Il eft forcé de reconnoître ses états au roi d'Aragon fon frere, 94. Il fe ligue contre lui avec le roi de France, 96. Traite pour la reftitution de fon royaume de Mayorque, 68. Il vient à Montpellier en 1309, avec fa famille, 105. Retourne à Mayorque & y meurt.	105
Jacques III, roi de Mayorque, rend hommage de fes états au roi d'Aragon, 114. Dégoûts qu'il commence de recevoir du roi Pierre d'Aragon qui le broüille avec la France, 115. Et élude de lui donner fecours, 116. Conference de ces deux princes par la médiation du légat, 121. Expedition du roi d'Aragon à Mayorque où le roi Jacques eft trahi, ibidem. Il eft dépoüillé de fes états de Rouffillon, 123. Nouvelle conférence de deux rois, 125. Toute la cour d'Aragon fe partage pour l'intérêt des deux rois, 127. Le roi Jacques fait des nouvelles tentatives en Rouffillon & à Mayorque, 130. Etat particulier de fes affaires, 132. Il traite de la vente de Montpellier avec Philippe de Valois, 132. Il conduit une armée à Mayorque, y donne une bataille où il eft tué.	133
Jacques IV, infant de Mayorque, fils du roi Jacques III, eft pris dans la bataille où fon père fut tué, enfermé par le roi Pierre le Cérémonieux dans une prifon d'où il ne fortit qu'au bout de douze ans, 156. Il fe refugie à Naples auprès de la reine Jeanne qui le prit pour fon troifiéme mari; il va combattre dans la Caftille pour Pierre le Cruel avec lequel il défait & prend Duguefclin, ramaffe des troupes contre Pierre le Ceremonieux, marche vers l'Aragon, & dans le temps qu'on fe preparoit à une bataille, on le trouve mort dans fon camp.	157
Jacques-Cœur, fon hiftoire.	204
Jacques-Rebuffy, grand citoyen de Montpellier, très-utile à la patrie, 180. Meurt en 1428.	201
Jean, roi de France, vient à Montpellier au commencement de fon règne, 141. Il traite avec le roi d'Aragon pour la feigneurie de cette ville, 142. Il regle les demandes de la reine Yoland, veuve de Jacques III, roi de Mayorque, ibidem. Charles le Mauvais, roi de Navarre, attire les Anglois dans la Guyenne, qui défont le roi Jean à Poitiers & le font prifonnier, 144. On fe donne bien des mouvemens à Montpellier pour fa délivrance, ibidem. Les députez de la ville qui vont à Londres où le roi étoit prifonnier,	

contenues dans l'Histoire civile.

lui apprennent les prétentions du duc d'Anjou son fils sur la seigneurie de Montpellier, 146. Le roi donne ses ordres aux consuls & écrit au duc d'Anjou. 147
Jeux d'exercice particuliers à la ville de Montpellier, voyez-en l'article, 639. De l'arc, dit le perroquet, de l'arbalète & celui de l'arquebuse. 639
Journée des moissonneurs. 368
Jugement contre les prisonniers d'Orange. 483
Juifs, le roi Jacques I leur permet d'avoir une boucherie particulière à Montpellier. 88
Isabelle de Mayorque, fille du roi Jacques III, séjourne à Montpellier en allant épouser Jean, comte de Montferrat en Italie, 150. Lettre qu'elle écrivit aux Consuls sur la naissance de son fils aîné, 550. Elle accompagne son frere Jacques IV, dans sa derniere expédition en Aragon, 157. Et après la mort funeste de ce prince elle revint en France. 157

L

*L*Ates (camp de) pendant les guerres civiles & combats qui y furent donnez. 287
Laverune combat qui y fut donné. 366
Ledisguieres (le duc de) est fait connétable à Laverune, 371. Négocie la paix avec le duc de Rohan. 379
Lettre écrite de Naples par le roi Charles VIII en faveur des habitans de Montpellier. 128
Lettre du roi Loüis XII, aux habitans de Montpellier sur la victoire remportée contre les Vénitiens. 240
Ligue (le projet de la), donne occasion au duc de Montmorency de s'unir au roi de Navarre & aux religionnaires. 324
Loge des marchands de Montpellier, fut bâtie par Jacques-Cœur, leur fut donnée par le roi Charles VII. 208
Loüis VII, dit le jeune, roi de France, secourt le comte de Toulouse & fait lever le siége de cette ville à Henry II, roi d'Angleterre, qui l'attaquoit avec les rois d'Aragon & d'Ecosse, Guillaume de Montpellier & Trincavel de Beziers. 32
Loüis VIII, roi de France, fait deux expeditions en Languedoc, dans la premiere il visite toutes les villes depuis Avignon jusqu'à Toulouse, 75. Dans la seconde il donne des sauvegardes à la ville de Montpellier, *ibidem.* Il parcourt la province, passe dans l'Auvergne & meurt à Montpensier. 79
Loüis IX, dit St Loüis, roi de France, acquiert le Languedoc sous la regence de la reine Blanche sa mere, 78. Fait le traité de Corbeil avec Jacques I, roi d'Aragon, 85. Il fait les épousailles de son fils aîné avec la fille du roi Jacques qui lui est remise à Montpellier. 86
Loüis X, dit Hutin, roi de France, eut des démêlez avec Sanche, roi de Mayorque, seigneur de Montpellier, qui furent terminez sous le roi Philipe-le-Long. 108
Loüis XI, roi de France, transfère le parlement de Toulouse à Montpellier, 215. Il fixe la cour des aides à Montpellier & rétablit le parlement de Toulouse, 218. Il fait une grande libéralité à l'église de Nôtre-Dame des Tables. 220
Loüis XII, roi de France, se loue des députez de Montpellier aux états de Tours, 239. Lettre qu'il écrit aux habitans de cette ville sur la victoire remportée à Agnadel. 240
Loüis XIII, vient en personne faire le siége de Montpellier, 366. Il y revient après la révolte du Languedoc, 395. Puis pour aller faire le siége de Perpignan, 408. Et pour la quatrieme fois à son retour pour aller prendre les eaux du Maine. 409
Loüis XIV, réjoüissances faites à Montpellier pour sa naissance, 406. Il passe par Montpellier lors de son mariage. 431
Lunel, siége de Lunel. 369

M

*M*Aine (le duc du), gouverneur du Languedoc. 449
Mairie, premiers troubles que causa son établissement. 469
Maison achetée pour l'intendant de la province. 530
Maîtrise des eaux & forêts, voyez son article. 633
Manufacture de laines établie sous le roi de Navarre, à Montpellier. 165
Mariage du roi Loüis XV. 545
Marie de Montpellier est mariée avec Barral,

Table des Matières

	Pages
vicomte de Marseille, 47. Puis avec le comte de Comenge, 49. Enfin avec Pierre, roi d'Aragon qui veut inutilement faire rompre son mariage.	70
Mendians enfermez suivant la déclaration du roi.	544
Milices levées à Montpellier,	462
Miquelets des Pirenées, appellez contre les fanatiques.	496
Monoye, on recommence à la frapper à Montpellier sous Loüis XIII.	404
Monoyeurs (faux), recherchez à Montpellier.	405
Montmorency (la maréchale) violement insultée à Montpellier, 317. Son mari vient bloquer la ville.	317
Montpellieret, acquisition qu'en fait le roi Philipe-le-Bel.	99
Montrevel (le maréchal de) envoyé contre les fanatiques.	496
Morisques chassez d'Espagne, passent par Montpellier.	348
Mort du cardinal de Bonzy.	497
Mort de la marquise de Castries la doüairiére.	509
Mort du sieur Planque, brigadier d'armée & inspecteur d'infanterie.	516
Mort du roi Loüis XIV, 520. Honneurs funèbres qu'on lui rend en cette ville.	524
Mort du comte de Castries.	526
Mortalité des oliviers à Montpellier.	239
Mortalité du bétail.	507
Multiplians, nouveaux sectaires, 535, & *suiv.* Jugement porté contre eux.	541
Muriers ordonnez par Henry IV, dans le Languedoc.	345

N

	Pages
Naissance d'Armand-François de la Croix de Castries.	545
Naissance de Mesdames de France.	547
Naissance de Monseigneur le dauphin.	550
Nantes (édit de)	345
Noailles (le duc de) commande en Languedoc pour Mr le duc du Maine, fait son entrée à Montpellier. Est reçu à la cour des aides, 443 & 450. Il fait une campagne glorieuse en 1694.	472
Nôtre-Dame des Bonnes-Nouvelles (chapelle de), bâtie par les consuls de Montpellier en reconnoissance de celles qu'ils avoient reçues des progrez de Charles VII.	201

O

	Pages
Obseques magnifiques du comte d'Offemont, fils unique du duc de Montmorency, faites à Pezenas.	337
Obseques de Mr de la Forest-Toinas.	437
Ordinaire (Cour de l') unie au presidial.	470
Ordonnance du duc de Rohan pour la levée des troupes & de deniers.	385
Ordonnance du cercle pour le pillage des églises.	363
Origine du chevalet.	83
Ossone (le duc d') à Montpellier.	356
Ouvriers de la Commune-Clôture, confirmez par le roi de Navarre, seigneur de Montpellier.	161

P

	Pages
Paix conclue à Rastat entre le prince Eugène et le maréchal de Villars.	517
Paix de Bergerac mal gardée par les deux parties.	319
Parlement de Toulouse sous Charles VII, dauphin.	196
Transféré par le même à Beziers en 1425.	200
A Montpellier en 1467, 214. Rétabli deux ans après à Toulouse.	219
Partisans (sédition des).	414
Passage du prince Emmanuel de Portugal.	545
Passage de nosseigneurs les princes par Montpellier.	489
Passage de Marie-Loüise-Gabriele de Savoye, reine d'espagne, par Montpellier.	493
Peirou (promenade du).	467
Pelerine remarquable.	479
Pelet, comte de Melgueil, ses diferends avec Guillaume de Montpellier.	32
Peste à Montpellier en 1640.	396
Peste (petite) en 1638.	407
Philippe d'Autriche, fils de l'empereur Charles-Quint, relâche au port d'Aiguesmortes pendant la tenue des états à Montpellier.	260

Philippe-le-Bel, roi de France, acquiert dans Montpellier la portion épiscopale dite Montpelieret, 34. Il donne en échange à Berenger de Fredol, évêque de Maguelonne, la *baillie de Sauve*, le château de *Durfort*, *Ste-Croix de Fontanez*, & tout le droit qui appartenoit au roi sur la seigneurie de Pouffan, 100 & 101. Pour illustrer sa nouvelle acquisition, il établit dans Montpellier une bourse des marchands, la juridiction du petit-sceau, l'hôtel des monoyes, 102. Il vient à Montpellier. 104

Philippe de Valois, roi de France, acquiert pour le prix de six vingt mille écus d'or la portion des rois de Mayorque dans Montpellier, 136. Il fait lever les oppositions que le roi d'Aragon vouloit y mettre, 132. Il termine l'affaire de Bernard de Roquefueil, 132. Il confirme les priviléges de la ville, & l'anciéne forme de l'élection des consuls, 139. Et établit à Montpellier un sequestre de justice. 140

Pierre II, roi d'Aragon, épouse l'héritière de Montpellier, 37. Il confirme les statuts & privileges de la ville. Il fait la guerre en Provence & engage la ville de Montpellier. Il ne peut faire rompre son mariage avec la reine Marie, 70. Il se déclare pour les Albigeois, 71. Donne la bataille de *Muret* & y est tué. 71

Pierre le Ceremonieux, roi d'Aragon, injustice & dureté outrée de sa conduite envers son beau-frere Jacques III, roi de Mayorque, 120 & *suivantes*.

Pierre de Castelnau, inquisiteur de la foi, tué à St Gilles sur le Rône. 66

Police (charge de lieutenant de), remboursée par la ville. 487

Presidial établi à Montpellier par Henry II, envoyé à Lunel lors de la sédition des partifans, 419. Voyez son article. 626

Privas assiégé par le roi Louis XIII. 358

Punition des révoltez du Languedoc sous Louis XIII, 400 & 401

Q

Querelle entre les deux maisons de Castries & de Toiras, 436. Leur reconciliation. 449

R

Recherche des nobles. 436

Rectorie de Montpellier suprimée par le roi Henry II, 259. Voyez l'article de cette anciéne juridiction. 564

Reduction de tout le Languedoc sous l'obéissance du roi Henry IV. 339

Rejouissance pour la majorité du roi, 544. Autres pour sa convalescence. 546

Renouvellement du jeu de l'arbalète & du jeu de l'arc. 443

Reparations faites à la porte de la Saunerie, 547. Puis à la porte de Lates. 549

Resistance vigoureuse à la demi-lune d'Argencour. 377

Retour des trésoriers de France à Montpellier. 427

Réunion de tout le parlement de Toulouse. 340

Réunion de la cour des chambres des comptes & de la cour des aides. 421

Revolte dans le Vivarés. 438

Richelieu (le cardinal de), fait un séjour considérable à Montpellier. 395

Rohan (le duc de) élû pour chef par les rebelles de Montpellier. 365

Rondes (chemin des), dit les douze pans, fait à Montpellier. 152

Roquefueil, maison fort anciéne dont il est souvent fait mention en cette histoire. 72, 87, 138 & 161

Roquelaure (le duc de), commandant en Languedoc, 503. Est fait maréchal de France. 542

Roure (le comte de), lieutenant-général à la place de Mr d'Aubijoux. 428

Roy (le) Louis XIII marche contre le secours qui venoit aux assiegez. 377

Rupture avec l'Espagne. 530

S

Sanche, roi de Mayorque, rend au roi d'Aragon la vallée d'Aran & lui fait hommage de ses Etats, 107. Ses diferends avec les rois Philipe-le-Bel & Louis-Hutin, sont terminez sous Philipe-le-long, 108. Il exerce librement son autorité dans Montpellier,

	Pages
109. Il aide le roi d'Aragon à la conquête de l'île de Sardaigne & de Corſe, 131. Meurt à Fromigéres.	112
Sédition à Montpellier ſous le duc d'Anjou.	167
Sédition à Montpellier.	355
Sédition à Nîmes.	350
Sénéchal (nouvelle charge de), créée à Montpellier, en faveur de Mr de Toiras.	384
Sengla, Cornuſſon & la Madelaine, victimes de la colère du maréchal de Montmorency.	317
Sentence rigoureuſe du duc d'Anjou contre la ville de Montpellier.	169
Sequeſtre, gouverneur de juſtice, établi après l'acquiſition de Montpellier par Philipe-de-Valois.	140
Serbellon défait à Leucate par le duc d'Aluin.	405
Serment exigé des huguenots & des catoliques.	299
Siège du fort St-Pierre, aujourd'hui la catédrale.	296
Siège de Sommiéres par le maréchal d'Ampville.	304
Sièges (petits) autour de Montpellier.	358
Société royale des ſciences,	505
Sommières tenté inutilement par le duc de Rohan.	385
Sort funeſte de Jacques de Farges.	300
Statue equeſtre de Loüis XIV, projettée aux Etats de la province, 477. Tranſportée de Paris à Montpellier, 527. Erigée à la place du Peirou.	528
Subſtantion, V. le diſcours préliminaire.	XVI

T

TEmple (petit) des huguenots, bâti ſans autorité.	346
Templiers, leur établiſſement à Montpellier, 34. On leur fait leur procès où ceux de Montpellier ſubirent un interrogatoire.	105
Thereſa d'Entença, héritière des Guillaumes etablis en Aragon, épouſe l'infant Alphonſe.	114
Toiras (le maréchal de), ſa mort.	405
Tortoſe acquiſe par le ſeigneur de Montpellier.	24

	Pages
Trahiſon à Montpellier, 307. Autre.	321
Tréſoriers de France, voyez l'article du bureau des finances.	617
Tudeſques, battus auprès de la *Nouvelle*, par le duc de Montmorency.	333

V

VAiſſeau. qùi portoit des armes aux revoltez à Montpellier, eſt pris au port de Sette.	361
Vardes (marquis de), à la citadelle de Montpellier.	433
Eſt rappelé à la cour.	453
Vedas (St Jean de), folle entrepriſe qui y fut faite.	432
Ventadour (le duc de) ſuccede dans la lieutenance de roi du Languedoc, au maréchal de Joyeuſe.	340
Vente de Montpellier faite au roi Philipe de Valois.	135
Vermeil, ſes aveutures en Ethiopie.	404
Verneüil (le duc de), gouverneur du Languedoc.	435
Vicaires de Montpellier, 4 &	15
Vigan (le) ſurpris par les ligueurs, & repris par les royaliſtes.	334
Vignoles (Fulcrand de), aſſaſſiné auprès de Mende par ordre du comte d'Acher.	335
Viguerie ou charge de viguier établie à Montpellier par le roi Henry II.	265
Villars (le maréchal de) en Languedoc.	499
Vin, impôt à Montpellier pour ſon entrée.	471
Union de la cour des aides & de la chambre des comptes. Voyez cet article.	605

Z

ZAmet (le ſieur), auteur de la journée des moiſſonneurs, 368. Eſt tué au ſiége de Montpellier.	375

TABLE
DES MATIÈRES

CONTENUES DANS CE VOLUME

                                                           Pages

LIVRE DIX-SEPTIÈME.   5

    Chapitre premier. — I. Commencemens du roi Henry IV. II. Troubles dans le Languedoc pour fes intérêts. III. Blocus de Paris. IV. Continūation des troubles dans nôtre province. V. Sort funefte du gouverneur de Leucate. VI. Autres *expeditions entre les ligueurs & les royaliftes*. .   5

    Chapitre second. — I. Affaires de France. II. Affaires du Languedoc. III. Carcaffonne furprife par les ligueurs. IV. Projets de paix. V. Siége de Villemur. VI. Le nouveau duc de Joyeufe fait une trève avec le duc de Montmorency, qui perd fon fils unique. VII. Mauvais état des affaires du roi. VIII Sa converfion   10

    Chapitre troisième. — I. Le maréchal de Montmorency eft fait connétable de France. II. Il eft appellé à la cour par le roi Henry IV. III. Reduction de tout le Languedoc à l'obéïffance du roi. IV. Réunion du parlement de Touloufe. V. Chambre de l'édit de Caftres refolue & formée à Montpellier. VI. Fâcheux hiver en cette ville   16

    Chapitre quatrième. — I. Le roi s'affure de la Bretagne. II. Y donne l'édit de Nantes. III. Survivance du gouvernement du Languedoc accordée au fils du connétable. IV. Paix de Vervins. V. Mariage du roi. VI. Demandes des catoliques de Montpellier. VII. Sédition à ce fujet. VIII. Reglemens faits pour y remedier.   21

    Chapitre cinquième. — I. Le duc de Boüillon à Montpellier. II. Trahifons dans le Languedoc. III. Nouveau temple des religionnaires. IV. Arrivée du duc de Montmorency à Montpellier. V. Faveurs que le roi accorde à l'univerfité de cette ville. VI. Année du grand hiver. VII. Paffage des Morifques. VIII. Mort de Henry IV   26

LIVRE DIX-HUITIÈME.   33

    Chapitre premier. — I. Premiers troubles fous la minorité de Loüis XIII. II. Sédition à Nîmes. III. Guerre des Princes. IV. Mort du connétable. V. Suite de la guerre des princes. VI. Etats generaux. VII. Hiftoire particulière d'un grenadin condamné à Montpellier   33

    Chapitre second. — I. Entrée de la ducheffe de Montmorency à Montpellier. II. Nouveaux troubles dans le royaume. III. Mariage du roi. IV. Sédition à Montpellier. V. Troubles finis par la mort du maréchal d'Ancre. VI. Affemblée des notables à Roüen. VII. Affaires particuliéres à Montpellier   39

    Chapitre troisième. — I. Troubles à l'occafion de la reine-mere. II. Differentes affemblées des huguenots. III. Nouveaux mécontentemens de la reine. IV. Guerre dans le Languedoc.

V. Expéditions du roi dans la Guiène. VI. Petits siéges autour de Montpellier. VII. Etat de cette ville. VIII. Etablissement du cercle. IX. Tentatives inutiles pour ramener les factieux. . . 44

Chapitre quatriéme. I. Chatillon est démis du generalat. II. Continuation des troubles à Montpellier. III. Prise d'un vaisseau qui apportoit des armes aux revoltez. IV. Ordonnance du cercle contre les catoliques. V. Pillage des églises. VI. Mr. de Rohan élû chef des rebelles. VII. Ordonnance pour la démolition des eglises. VIII. Nouvelles fortifications à Montpellier. . . 51

Chapitre cinquiéme. — I. Supression du cercle à l'arrivée du duc de Rohan. II. Desordres à Montpellier. III. Meurtre du président Ducros. IV. Diferens siéges aux environs de cette ville. V. Combat de Laverune. VI. Degâts aux environs de Montpellier. VII. Journée des moissonneurs 57

Chapitre sixiéme. — I. Marche de l'armée du roi pour venir à Montpellier. II. Divers siéges autour de cette ville. III. Le roi vient à Lunel & à Sommières. IV. Folies faites à Montpellier. V. Conseil de guerre tenu à Laverune, où le siége est resolu 63

Chapitre septiéme. — I. Disposition de l'armée du roi devant Montpellier. II. Fortifications de la place. III. Attaque du fort Saint-Denis. IV. Mort du sieur Zamet. V. Nouvelle attaque à Saint-Denis. VI. Maladies dans notre armée 70

Chapitre huitiéme. — I. Mr. de Caumartin fait garde des sceaux au camp de Montpellier. II. Le prince de Condé change ses attaques. III. Vigoureuse resistance des assiégez à la demi-lune d'Argencour. IV. On marche au-devant du secours qui venoit à Montpellier. V. Le connétable arrive au camp. VI. Il négocie la paix avec Mr. de Rohan. VII. Qui vient demander pardon au roi 75

Chapitre neuviéme. — I. Harangue des habitans de Montpellier au roi. II. Le connétable vient prendre possession de la ville. III. le roi y fait son entrée. IV. Il prend des otages pour la démolition des fortifications. V. Articles de la paix de Montpellier 80

Chapitre dixiéme. — I. Démolition des fortifications. II. Tentative du duc de Rohan pour éluder la nomination des consuls mi-partis. III. Les habitans demandent une citadelle pour éviter le logement des gens de guerre. IV. Création d'un nouveau senéchal à Montpellier. V. Renouvellement des troubles dans les Cevénes. VI. Ordonnance du duc de Rohan pour la levée de troupes & des deniers 85

Chapitre onziéme. — I. Nouvelle paix accordée aux prétendus reformez. II. Réjoüissance à Montpellier. III. Guerre ouverte avec les Anglois. IV. Nouveau gouverneur à Montpellier. V. Le duc de Rohan y ramène la guerre. VI. Anciénes armoiries de la ville rétablies. VII. Entreprise mémorable sur la citadelle 90

Chapitre douziéme. — I. Suites de l'entreprise sur la citadelle. II. Le prince de Condé arrive à Montpellier avec le commandement general dans la province. III. Il agit dans le Haut-Languedoc, & Mr. de Montmorency dans le Bas. IV. Aimargues est pris par le duc de Rohan, & Galargues par le duc de Montmorency. V. Suites funestes de ces deux prises 96

Chapitre treiziéme. — I. La prise de la Rochelle fait armer les prétendus reformez dans le Languedoc. II. Hostilitez entre les ducs de Rohan & de Montmorency. III. Le roi vient d'Italie faire le siége de Privas & reduire plusieurs autres villes. IV. Affaires particuliéres de Montpellier. V. Le cardinal de Richelieu y fait un séjour considérable. VI. Grande peste en cette ville 102

Chapitre quatorziéme. — I. Divers événemens particuliers à Montpellier. II. Troubles dans la province. III. Combat à Villeneuve-lez-Maguelonne. IV. Autre à Castelnaudarry. V. Arrivée du roi à Montpellier. VI. Démolitions ordonnées dans le Languedoc. VII. Départ du roi pour Touloufe, où le duc de Montmorency est condamné à mort 107

Chapitre quinziéme. — I. Démolition de Maguelonne. II. Entrée du duc d'Aluin à Montpellier. III. Etats de la province qui y furent tenus. IV. Divertissemens qu'on y fit pour l'arrivée du duc d'Aluin. V. Batême d'apparat fait au nom du roi. VI. Défaite des Espagnols à Leucate. . 114

Chapitre seiziéme. — I. Naissance de Loüis XIV. II. Guerre dans le Roussillon. III. Petite peste à Montpellier. IV. Recherche des rogneurs de monoye. V. Arrivée du roi à Montpellier. VI.

M. de Cinqmars à la citadelle. VII. Siége de Perpignan, & fes fuites. VIII. Mort du cardinal, fuivie de celle du roi Loûis XIII 121

LIVRE DIX-NEUVIÉME 127
 CHAPITRE PREMIER. — I. Nouveau premier premier préfident à Montpellier. II. Le duc d'Orléans gouverneur de la province, & le vicomte d'Aubijoux gouverneur de la ville & de la citadelle. III. Troubles pour l'élection des confuls. IV. Nouveau juge mage & nouveau fenéchal. V. Sédition des partifans 127
 CHAPITRE SECOND. — I. Defunion de la cour des aides & de la chambre des comptes. II. Tentatives des officiers pour l'éluder. III. Abolition accordée pour la fédition des partifans 134
 CHAPITRE TROISIÉME. — I. Le préfidial envoyé à Lunel. II. Nouvelle chambre des comptes. III. Embelliffement à l'hôtel-de-ville. IV. Retour de la cour des aides & du préfidial à Montpellier. V. Réunion de la cour des aides & de la chambre des comptes. VI. Lieutenance generale du Languedoc donnée au comte de Roure 139
 CHAPITRE QUATRIÉME. — I. Emprisonnement des princes. II. Broüillerie entre le parlement de Touloufe & la cour des aides de Montpellier. III. Autre démêlé entre le fenéchal & le juge mage de cette ville. IV. Le vicomte d'Aubijoux fe déclare pour les princes. V. Troubles à Montpellier à cette occafion, fomentez par les huguenots. VI. Etats à Montpellier. VII. Suite funefte du démêlé entre le fenéchal & le juge mage 144
 CHAPITRE CINQUIÉME. — I. Grand démêlé entre la cour des aides & les tréforiers de France. II. Arrivée de madame la princeffe de Conty à Montpellier. III. Retour des tréforiers de France en cette ville. IV. Le comte de Roure gouverneur de la ville & citadelle de Montpellier. V. Troubles au fujet de l'élection des confuls. VI. Plus grand trouble à l'occafion d'un amortiffement des tailles 15
 CHAPITRE SIXIÉME. — I. Rétabliffement de la cour des aides. II. Nouveaux embelliffemens à Montpellier. III. Arrivée du roi Loûis XIV en cette ville. IV. Le prince de Conty gouverneur du Languedoc. V. Fole entreprife de St-Jean-de-Vedas. VI. Arrivée de M. le prince de Conty . . 155
 CHAPITRE SEPTIÉME. — I. Honneurs funebres du prince de Conty. II. Batême fait au nom de la province. III. Le port de Cette commencé. IV. Arrivée du duc de Verneüil, gouverneur du Languedoc. V. Querelle entre les deux maifons de Caftries & de Toiras. VI. Recherche des nobles. VII. Mort du fieur de Laforeft-Toiras 161
 CHAPITRE HUITIÉME. — I. Nouveaux lieutenans genéraux de la province. II. Revolte dans le Vivarés. III. Démolition du petit temple à Montpellier. IV. Divers evenémens arrivez en cette ville. V. Milices envoyées en Catalogne. VI. Première pierre mife au canal du Lez 167
 CHAPITRE NEUVIÉME. — I. Mort du Sr. d'Almeras, lieutenant général des armées du roi. II. Renouvellement du jeu de l'Arquebufe. III. Funeftes effets d'un grand hiver. IV. Cérémonies du jeu de l'Arc. V. Paix de Nimégue 173
 CHAPITRE DIXIÉME. — I. Hôpital général. II. Celebre reconciliation de deux grandes familles. III. Mort du premier préfident. IV. Affemblée extraordinaire à Montpellier de cinq intendans. V. Evenémens particuliers 1
 CHAPITRE ONZIÉME. — I. Mr. le duc du Maine gouverneur de la province. II. Naiffance de monfeigneur le duc de Bourgogne. III. Entrée du duc de Noailles à Montpellier. IV. Sa reception à la cour des aides. V. Démolition du grand temple des Huguenots 184
 CHAPITRE DOUZIÉME. — I. Rapel du marquis de Wardes à la cour. II. Affaire de la Paulet. III. Chagrin qu'en eurent les huguenots. IV. Ils s'affemblent à Montpellier. V. Dans le Dauphiné. VI. En Vivarés. VII. Et dans les Cévénes. VIII. Honneurs funebres faits par les états de la province à Marie-Téréfe d'Autriche 190
 CHAPITRE TREIZIÉME. — I. Converfion des huguenots à Montpellier. II. Revocation de l'édit de Nantes. III. Soins que l'on prit pour l'inftruction des nouveaux catoliques. IV. Commencement de grands troubles dans les Cévénes. V. Réjoüiffances faites pour la convaléfence du roi. VI. Précautions prifes pour contenir les Cévénes 196
 CHAPITRE QUATORZIÉME. — I. Froid & chaleur exceffive. II. Evenémens particuliers. III. Ligue

666 *Table des matières.*

Pages

d'Ausbourg. IV. Le comte de Broglio à Montpellier. V. Levée des milices. VI. Promenade du Peirou. VII. Retraite de Nuys honorable au marquis de Caſtries 202

CHAPITRE QUINZIÈME. — I. Evenémens particuliers. II. Heureux ſuccés des armes de la France. III. Nouvelle crûë à la cour des aides. IV. Inſcription de la promenade du Peirou. V. Etabliſſement de la bourſe des marchands. VI. Arrivée du prince de Danemark. VII. Création des mairies. 209

CHAPITRE SEIZIÈME. — I. Troubles à l'etabliſſement de la Mairie. II. Union de la cour de l'ordinaire au ſiége préſidial. III. Campement autour de Montpellier. IV. Impôt ſur l'entrée du vin. V. Froid extrème en 1694. VI. Nouvel hôpital établi pour la retraite des pauvres. VII. Campagne glorieuſe au maréchal de Noailles. 215

CHAPITRE DIX-SEPTIÈME. — I. Evenémens particuliers. II. Foire du pont Juvenal. III. Mort du comte du Bourg. IV. Inondation extraordinaire. V. Etabliſſement des caſernes. VI. Capitation. VII. Paſſage du duc de Vendôme & du ſurintendant de la marine. VIII. Etats à Montpellier. IX. Entrée du marquis de Caſtries en cette ville. X. Naiſſance du prince de Dombes. 221

CHAPITRE DIX-HUITIÈME. — I. Projet pour la ſtatuë équeſtre du roi. II. Evenémens particuliers. III. Les conſuls rétablis dans la ſeigneurie de Combes, qui leur étoit diſputée. IV. Mort de l'evêque Pradel. V. Paix avec la Savoie. VI. Prince de Danemark à Montpellier. VII. Arrivée d'une pélerine fort remarquable. VIII. Diferens evenémens. IX. Paix de Riſvik 227

CHAPITRE DIX-NEUVIÈME. — I. Grands mouvemens à Montpellier aprés la paix de Riſvik. II. Emeute des vignerons au Petit-Temple. III. Jugement contre les priſonniers d'Orange. IV. Execution de Claude Brouſſon. V. Réponſe de la cour ſur l'émeute du Petit-Temple. . . 234

CHAPITRE VINGTIÈME. — I. Evenémens particuliers. II. Jeu de l'Arquebuſe. III. Aſſemblée des états. IV. Lieutenance de police établie & ſuprimée. V. Nouveau juge mage. VI. Arrivée de Mgrs les princes 240

CHAPITRE VINGT-UNIÈME. — I. Séjour des princes à Montpellier. II. Grands préparatifs de guerre. III. Remburſement des aſſeſſeurs du maire. IV. Nouveaux troubles des fanatiques. V. Arrivée de la reine d'Eſpagne. VI. Inveſtiture de la principauté d'Orange pour le prince de Conty. 247

CHAPITRE VINGT-DEUXIÈME. — I. Arrivée du roi d'Eſpagne. II. Préparatifs contre les fanatiques. III. Le maréchal de Montrevel en Languedoc. IV. Mort du cardinal de Bonzy. V. Suite de l'affaire des fanatiques 254

CHAPITRE VINGT-TROISIÈME. — I. Conſeil tenu à Montpellier contre les fanatiques. II. Le maréchal de Villars en Languedoc. III. Evenémens particuliers pour Montpellier. IV. Le duc de Barwik en Languedoc. V. Conſpiration des fanatiques à Montpellier. VI. Evenémens particuliers. 260

CHAPITRE VINGT-QUATRIÈME. — I. Le duc de Roquelaure en Languedoc. II. Cavalerie bourgeoiſe. III. Grande eclipſe du ſoleil. IV. Mauvais ſuccés de nos armes. V. Société royale des ſciences. VI. Priſonniers d'Eſpagne. VII. Mortalité du bétail. VIII. Inſtalation du premier préſident. IX. Evenémens particuliers. 268

CHAPITRE VINGT-CINQUIÈME. — I. Evenémens particuliers. II. Arrivée de la ducheſſe de Roquelaure. III. Mort de la marquiſe de Caſtries. IV. Commencement du grand hiver. V. Etat violent où reduiſit la diſette des grains. VI. Troubles dans le Vivarés. VII. Suite de la diſette. VIII. Naiſſance du roi Loüis XV. IX. Retraite des Anglois au port de Cette 275

CHAPITRE VINGT-SIXIÈME. — I. Changemens en Eſpagne. II. Grand paſſage de troupes à Montpellier. III. Dîme royale. IV. Petite émeute pour les toiles peintes. V. Priſe d'un célébre fanatique. VI. Arrivée du chevalier de St-George. VII. Recherche des faux monnoyeurs. VIII. Projet d'une nouvelle fontaine. IX. Honneurs funébres pour nos princes. X. Paix genérale 283

CHAPITRE VINGT-SEPTIÈME. — I. Publication de la paix avec l'empereur. II. Siége & priſe de Barcelonne par le maréchal de Barwik. III. Supreſſion de pluſieurs charges municipales. IV. Paſſage de la nouvelle reine d'Eſpagne. V. M. de Maillebois, lieutenant-genéral de la province. VI. Evenémens particuliers. VII. Maladie & mort du roi Loüis XIV 290

Table des matières. 667

	Pages
LIVRE VINGTIÉME	297

CHAPITRE PREMIER. — I. Divers évenémens à Montpellier aprés la mort de Loüis-le-Grand. II. Honneurs funébres qu'on lui rendit en cette ville. III. Projets pour la ftatuë equeftre. IV. Recherche des gens d'affaires. V. Diferends entre la cour des aides & M. l'intendant. VI. Mort du jeune comte de Caftries. VII. Place Brandille 297

CHAPITRE SECOND. — I. Nouvelle affemblée des fanatiques. II. Conduite de la ftatuë equeftre depuis Paris jufqu'au pont Juvenal. III. Supreffion des confuls perpetuels. IV. Erection de la ftatuë equeftre. V. Départ de M. de Bafville. VI. Nouvelle maifon achetée par M. de Bernage. VII. Commencement de troubles avec l'Efpagne 303

CHAPITRE TROISIÉME. — I. Rupture avec l'Efpagne. II. Paffage du cardinal Alberoni par Montpellier. III. Troubles au fujet des billets de banque & de la contagion. IV. Arrivée de l'ambaffadeur de la Porte. V. Contagion dans le Gevaudan. VI. Evenémens particuliers. VII. Retour de l'ambaffadeur de la Porte. VIII. Suite des affaires de la contagion 308

CHAPITRE QUATRIÉME. — I. Rejoüiffances pour la majorité du roi. II. Découverte d'une nouvelle fecte, dite des multiplians. III. Emprifonnement de ces nouveaux fectaires. IV. Figures miftérieufes trouvées chès eux. V. Explication defdites figures 315

CHAPITRE CINQUIÉME. — I. Suite de l'affaire des multiplians. II. Jugement rendu contr'eux. III. Trouble à l'occafion des billets de banque. IV. Orage épouvantable à Montpellier. V. Le duc de Roquelaure fait maréchal de France. VI. Travaux de l'Efplanade 323

CHAPITRE SIXIÉME. — I. Mr. le marquis de la Fare, commandant en chef dans la province. II. Mr. de Saint-Maurice, intendant. III. Mendians enfermez, fuivant la déclaration du roi. IV. Suite des travaux de l'Efplanade. V. Mariage du roi. VI. Naiffance d'Armand-François de la Croix, gouverneur de Montpellier. VII. Paffage du prince Emanüel de Portugal. VIII. Evenémens particuliers. IX. Mr. de Fréjus à la tête des affaires du royaume. X. Sa promotion au cardinalat 329

CHAPITRE SEPTIÉME. — I. Reparations faites à la porte de la Saunerie. II. Naiffance de mefdames de France. III. Evenémens particuliers. IV. Mort du marquis de Caftries. V. Froid extrême durant les états de Narbonne. VI. Ouvrages publics. VII. Nouveaux projets pour la décoration de la ville. VIII. Naiffance de monfeigneur le Dauphin 334

OBSERVATIONS HISTORIQUES SUR L'ANCIEN PLAN DE MONTPELLIER 339

I. Obfervations fur les murailles de la ville. II. Sur fes portes. III. Sur fes faubourgs. IV. Sur fes ruës. V. Divers noms qu'elles ont porté. VI. Quartier des Juifs. VII. Epoques des maifons les plus anciennes. VIII. Puits & fontaines 339

OBSERVATIONS SUR LES ANCIÉNES JURIDICTIONS DE MONTPELLIER 353

LA COUR DU BAYLE 353

I. Anciéneté de cette juridiction. II. Fonctions du bailli. III. Forme de fon élection. IV. Les habitans maintenus dans le droit de l'élire. V. Henry fecond, dans fes lettres de confirmation, nous apprend l'hiftoire de la baillie de Montpellier. VI. Le même roi le fuprime cinq ans après. VII. Obfervations fur cette anciéne charge. VIII. Noms de quelques anciens baillis . . 353

LA RECTORIE 360

I. Appartint à l'evêque de Maguelone jufqu'à l'acquifition qu'en fit Philipe-le-Bel. II. Son ancien diftrict, tant dedans que dehors la ville. III. Elle fut fuprimée par le roi Henry II. IV. Noms de quelques anciens recteurs 360

LA COUR DU PETIT SCEAU 363

I. Motifs du roi St. Loüis en établiffant le petit fceau. II. Loix particuliéres de cette cour. III. Diferens lieux où elle a refidé. IV. Priviléges qui lui ont été accordez. V. Lieutenans du garde du petit fceau de Montpellier, établis en plufieurs villes du royaume. VI. Caufe du déchet de cette juridiction. VII. Noms de fes anciens officiers 363

Table des matières.

	Pages
L'HÔTEL DES MONOYES	368

I. L'hôtel des Monoyes d'aujourd'hui fut établi dans Montpellier par Philipe-le-Bel. II. Il y avoit eu auparavant une fabrication de monoyes à Melgüeil. III. Les evêques de Maguelonne, en qualité de comtes de Melgüeil, furent maîtres de cette monoye. IV. Le roi Jacques le Conquérant en établit une autre à Montpellier. V. Elle fut célébre dans le royaume. VI. L'hôtel des Monoyes établi par Philipe-le-Bel subsiste toûjours dans le même lieu. VII. Juridiction des officiers de cet hôtel 368

LA COUR DITE DU GOUVERNEUR OU DU PALAIS 375

I. Elle commença sous les rois d'Aragon, seigneurs de Montpellier. II. Le gouverneur ou lieutenant du roi faisoit exercer la justice par des officiers de robe. III. Cette juridiction fut suprimée à l'érection des présidiaux 375

LE CONSULAT DE VILLE 381

I. Ancien nom de nos consuls. II. Changemens faits pour leur nombre & pour leur religion. III. Conseils établis pour les aider dans leurs diferentes fonctions. IV. Le juge ordinaire rendoit justice pour eux en qualité de viguiers de la ville. V. Suite de ces juges ordinaires. VI. Justice sommaire renduë par les consuls. VII. Hôtel-de-Ville ancien & moderne. VIII. Suite des premiers consuls depuis 1500 381

LE CONSULAT DE MER 394

I. Commerce maritime continué à Montpellier par les habitans de Maguelonne. II. Ils établissent des consuls de mer pour en prendre soin. III. Diferens traitez de commerce faits par ces consuls. IV. Leur attention pour la conservation du port de Lates. V. Histoire de celui d'Aiguemortes. VI. L'acquisition de la Provence par le roi Loüis XI change le commerce de Montpellier. VII. Nos consuls de mer projettent un canal sur le Lez. VIII. Leur charge est changée en bourse commune des marchands. IX. A laquelle on a ajoûté une chambre de commerce . 394

OBSERVATIONS SUR LES JURIDICTIONS MODERNES DE MONTPELLIER 403

LA COUR DES AYDES 403

I. Ce qu'on entend sous le nom des aydes. II. Le roi Charles VII en établit une cour dans le Languedoc. III. Loüis XI la fixe à Montpellier. IV. Priviléges que nos rois lui ont accordé. V. Crües d'offices qui y ont été faites. VI. Noms de tous les officiers de la cour des aydes jusqu'à son union avec la chambre des comptes 403

LA CHAMBRE DES COMPTES 414

I. François Ier, en établissant une chambre des comptes dans le Languedoc, la fixe à Montpellier. II. Nombre des premiers officiers. III. Augmentation d'offices & de gages faite dans cette cour jusqu'à son union avec la cour des aydes. IV. Noms de tous les officiers qui en remplirent les charges jusqu'à l'union 414

UNION DE LA COUR DES AYDES ET DE LA CHAMBRE DES COMPTES 421

I. Cette union fut souvent traversée. II. Elle ne put réüssir que sous le cardinal de Richelieu. III. Précis de l'édit de Loüis XIII pour cette union. IV. Premiéres crües faites en cette cour. V. Démembrement de son ressort pour former la cour des aydes de Montauban. VI. Défunion de ces deux cours en 1646. VII. Leur réünion en 1649. VIII. Nouvelles crües. IX. Attribution du domaine pour cette cour. X. Observation sur les diferens lieux où elle a siegé. XI. Noms de tous les officiers jusqu'à present 421

CHANCELLERIE AUPRÉS DE LA COUR DES AYDES ET CHAMBRE DES COMPTES DE MONTPELLIER 439

LE BUREAU DES FINANCES DE MONTPELLIER 441

I. Anciéneté des tréforiers de France. II. Etablissement du bureau de Montpellier. III. Anciens généraux des finances. IV. Changemens faits à leur charge. V. Création de celles des gens du roi au bureau des finances. VI. Ressort des tréforiers de France de Montpellier. VII. Leur

Pages

féjour en diférentes villes de la province. VIII. Acquifition qu'ils firent de la maifon qui leur fert aujourd'hui de bureau. IX. Noms de tous les officiers depuis leur établiffement. 441

LE SIÉGE PRÉSIDIAL DE MONTPELLIER 455
    I. Création dudit fiége. II. Son éreƈtion en fenéchauflée. III. Suite des fenéchaux. IV. Offices nouveaux créés en 1636. V. Union de la cour ordinaire au fiége préfidial. VI. Diftriƈt de fa jurldiƈtion. VII. Obfervations particuliéres fur cette cour. VIII. Suite de tous les officiers qu'il y a eu depuis fa création 455

LA MAITRISE DES EAUX ET FORÊTS DE LA VILLE DE MONTPELLIER 466
    I. Son anciène étenduë fut réduite en 1677. II. Nouveaux officiers qui furent établis alors. III. Leur fiége, qui étoit ci-devant à la cour ordinaire, eft aujourd'hui à la cour du petit fceau 466

SIÉGE DE L'AMIRAUTÉ DE MONPELLIER ET DE SETTE 468
    I. Le cardinal de Richelieu fait établir dans le Languedoc plufieurs fiéges d'amirauté. II. Qui font réduits du confentement de la cour par le parlement de Touloufe. III. Le port de Sette occafionne l'établiffement d'un fiége à Montpellier. IV. Premiers officiers qui y furent nommez. V. Raifons pour lefquelles ils fe tiennent à Sette 468

ETAT MAJOR DE LA VILLE DE MONTPELLIER 472

DE QUELQUES JEUX D'EXERCICE PARTICULIERS A LA VILLE DE MONTPELLIER . . 476
    I. La danfe du chevalet. II. Le noble jeu de l'arc, dit le perroquet. III. Le jeu de l'arbalète. IV. Celui de l'arquebufe. V. Celui du mail & du balon 476

STATUTS DE LA VILLE DE MONTPELLIER 489

PRÉFACE 489
    Article premier. Du feigneur & du bailli de Montpellier 494
    Article II. De l'autorité du bailli 496
    Article III. Du ferment de calomnie 497
    Article IV. Affeƈtion des feigneurs de Montpellier envers les habitans de la ville 498
    Article V. Du ferment du bailli de Montpellier & des officiers de fa cour 499
    Article VI. Juifs exclus de la charge de bailli 501
    Article VII. Le miniftère des graduez n'étoit pas réguliérement néceffaire en la cour du bailli . . . 501
    Article VIII. Des fauffaires 502
    Article IX. Des ufuriers 502
    Article X. De la proclamation ou plainte 503
    Article XI. De l'inveftiture & du droit de prélation 503
    Article XII. Des fucceffions des droits de retour & de reprefentation 504
    Article XIII. Des héritiers des cautions 505
    Article XIV. Qualité du lods fur le fol fans édifice 506
    Article XV. Des engagements des héritages 506
    Article XVI. Du clameur & de la peine appellée juftice 507
    Article XVII. Fraix de juftice, par qui payez 508
    Article XVIII. Des exilez & de la liberté d'un chacun en l'exercice de fon art 509
    Article XIX. Des larcins faits dedans ou dehors de la ville 509
    Article XX. De l'achat de la chofe derobée & des courtiers 510
    Article XXI. De l'adultère & de fa peine 511
    Article XXII. Injures verbales, comment punies 512
    Article XXIII. De l'homicide & de fa peine 513
    Article XXIV. Leude de bois non vendu, eft prohibée à Montpellier 514
    Article XXV. Des témoins uniques & finguliers 514
    Article XXVI. De la preuve par deux témoins 515
    Article XXVII. Des orfévres & de leurs ouvrages 515
    Article XXVIII. Lieux affeƈtez pour les diférens métiers & pour la poiffonnerie . . . 515
    Article XXIX. De la fauvegarde & à quelles perfonnes elle eft refufée 517

Table des matières.

	Pages
Article XXX. De la liberté du commerce accordée aux étrangers	518
Article XXXI. Sûreté pour les étrangers	519
Article XXXII. Montpellier ville d'arrêt contre les débiteurs forains	520
Article XXXIII. Réglement de juridiction entre les habitans de Montpellier & ceux de Melgüeil	521
Article XXXIV. De la contrainte par corps contre le créancier fugitif & la distribution de ses biens	522
Article XXXV. Des débiteurs insolvables & de la nourriture que les créanciers leur doivent fournir en prison	523
Article XXXVI. Du délai de deux mois & exécution contre les débiteurs condamnez & solvables	524
Article XXXVII. Des édifices & fenêtres du mur commun	525
Article XXXVIII. Du Velleïen et des cas où il n'a pas lieu	526
Article XXXIX. De la récision pour lézion d'outre-moitié du juste prix	527
Article XL. Du gage immeuble & du gage meuble	528
Article XLI. De la préférence de deux acheteurs de la même chose	529
Article XLII. Des confessions	529
Article XLIII. Des appellations	530
Article XLIV. Des plaintes contre les juges & des prises à partie	531
Article XLV. Du méchant conseil	523
Article XLVI. Des priviléges nuls	533
Article XLVII. Des leudes & coupes	533
Article XLVIII. Des censives	536
Article XLIX. En quels cas l'habitant de Montpellier n'étoit pas tenu de reconnoître la juridiction de Lates & de Castelnau	536
Article L. Liberté du sablon à la rivière & d'y laver du linge	537
Article LI. Liberté de pécher dans la rivière	537
Article LII. Des solennitez des testamens & de leurs preuves	538
Article LIII. Le mariage est une émancipation tacite	539
Article LIV. Du testament des femmes sans enfans en faveur de leurs maris	539
Article LV. De l'institution d'héritier & des légitimes	540
Article LVI. Des substitutions des quartes & de l'âge pour tester	541
Article LVII. Des testamens faits hors de Montpellier	541
Article LVIII. De la succession ab intestat	542
Article LIX. De la preference des parens aux étrangers en la vente des fonds délaissez pour obit	543
Article LX. De la tolte ou prêt forcé	544
Article LXI. Le seigneur ne peut disposer des lods avant l'accomplissement de la vente	545
Article LXII. De la preuve par duel ou combat singulier	545
Article LXIII. Des acquisitions des juges dans l'étendüe de leur juridiction	546
Article LXIV. De la qualité des témoins sur des faits arrivez dans la ville ou hors la ville	546
Article LXV. Du chatiment permis aux maitres & pères de famille	547
Article LXVI. Des lods	548
Article LXVII. Du prêt fait pour joüer	549
Article LXVIII. De l'usure promise par serment	550
Article LXIX. De la peine conventionnelle	550
Article LXX. De l'introduction d'instance & des délais	551
Article LXXI. Des délais pour payement	551
Article LXXII. Du bénéfice d'ordre & de discussion	552
Article LXXIII. Du bénéfice de division à l'égard des cautions	552
Article LXXIV. Des donations	552
Article LXXV. Des diverses natures de contrats	553
Article LXXVI. Des sentences verbales & de leur prononciation	553
Article LXXVII. De l'assignation ou ajournement	554
Article LXXVIII. Des délais arbitraires	554
Article LXXIX. De l'audition des témoins	555
Article LXXX. De l'absence de l'avocat ou procureur de la cause	555
Article LXXXI. Des habitans forains & des impositions qui les concernoient	555

Table des matières. 671

Pages

Article LXXXII. Du louage des maisons & de leur privilège 556
Article LXXXIII. De la portion que devoit payer le collecteur du droit de leude & de coupe . . . 557
Article LXXXIV. De la liberté des mariages 558
Article LXXXV. Peine des ravisseurs 558
Article LXXXVI. Des poids & mesures & de la police 559
Article LXXXVII. De la peine de celui qui aura fraudé la leude 560
Article LXXXVIII. Du ban & arrière-ban 560
Article LXXXIX. Le péage prohibé à Montpellier 561
Article XC. Des renonciations des filles ou successions futures & de la restitution en entier
    des mineurs 562
Article XCI. Voye de fait prohibée au seigneur de Montpellier 563
Article XCII. De la cause qui survient après la perfection de l'acte 563
Article XCIII. Du privilège de l'étranger nouvellement marié à Montpellier. 564
Article XCIV. Des officiers de la commune clôture 564
Article XCV. Presens faits en faveur des nôces. 565
Article XCVI. Divers subsides 566
Article XCVII. Des fours & des moulins 566
Article XCVIII. Des lettres marquées au sceau de la ville. 567
Article XCIX. Actions contre le débiteur étranger 567
Article C. Achat & vente. 568
Article CI. Erres données 569
Article CII. Inviolabilité des notaires 569
Article CIII. De la boucherie 570
Article CIV. Des portes de la ville 571
Article CV. Hommage étranger venu à Montpellier. 571
Article CVI. Desinteressement des juges 572
Article CVII. Production des témoins. 572
Article CVIII. Receveurs des droits appartenant au seigneur. . . . . . : 573
Article CIX. Teinture de draps 574
Article CX. Teinture en écarlate 575
Article CXI. Du subside appellé reve 575
Article CXII. Validité des arbitrages 575
Article CXIII. Exemption de logement forcé 575
Article CXIV. Biens d'un homme mort sans héritiers 576
Article CXV. Amende envers la cour 576
Article CXVI. Interêt des sommes prêtées 577
Article CXVII. Receveurs des droits seigneuriaux 578
Article CXVIII. Privilèges des maris sur les immeubles de leur femme 578
Article CXIX. Les officiers de la cour étoient annuels. 579
Article CXX. Des consuls majeurs 579
Article CXXI. Ces statuts n'ont point d'effet retroactif 581
Article CXXII. Serment du seigneur de Montpellier. 581
Confirmation de ces statuts par le roy d'Aragon. 583
Table des noms de lieux & des personnes cités dans l'histoire civile de Montpellier correspondant
    au premier volume de la première édition & aux deux premiers volumes de la seconde. . . . 587
Table des matières contenues en cette première partie. 663

LYON. — IMP. MOUGIN-RUSAND.

www.ingramcontent.com/pod-product-compliance
Lightning Source LLC
Chambersburg PA
CBHW050106230426
43664CB00010B/1453